Post Orientalism and
Qualitative Research
in South Korea:
1980-2030
Historical Inquiry

포스트 오리엔탈리즘과 한국의 질적연구 방법론: 1980-2030 역사적 탐구

김영천·정정훈·조재성 편저

아카데미프레스

포스트 오리엔탈리즘과 한국의 질적연구방법론: 1980~2030 역사적 탐구

발행일 2025년 9월 10일
편저자 김영천·정정훈·조재성
발행인 이한성 **발행처** 아카데미프레스 **주소** 서울시 마포구 월드컵북로5길 33 (2층)
전화 02-3144-3765 **팩스** 02-6919-2456 **웹사이트** www.academypress.co.kr
등록번호 제2018-000184호

ISBN 979-11-91791-27-3 93370
정가 28,000원

머리말

질적연구의 전세계적 확산 속에서 한국의 질적연구 역시 1990년 이후로 점차 발전되어 이제 모든 사회과학 분야 그리고 예/체능 연구분야에 광범위하게 이용되고 있고 연구되고 있다. 서구 질적연구 패러다임 유형을 이론화한 Patti Lather가 인정한 것처럼 대부분의 학문분야의 연구자들은 질적연구에 대한 방어적 차원에서의 설명을 벗어나 보다 자유롭게 그리고 창의적으로 자신의 학문 분야에서 질적연구를 수행하고 있다. 그러한 새로운 연구태도와 문화는 한국 양적 연구 패러다임의 한계와 문제점을 넘어서서 양적연구 패러다임에서 할 수 없었던/답하기 어려웠던 새로운 연구주제와 현상을 탐구할 수 있는 새로운 탈경계적 연구와 글쓰기를 가능하게 만들어 주었다.

한국의 이러한 질적연구의 새로운 연구문화의 정립은 비서구 국가 중에서는 한국이 아시아에서 가장 선도적인 역할을 하는 듯이 보인다. 중국이나 일본 그리고 다른 아시아 국가들 역시 질적연구들이 많이 이루어지고 있지만 한국만큼 질적연구 관련 학문적 전통과 조직이 잘 갖추어져 있는 나라는 드물다고 하겠다. 중국은 민주화 이후 최근에야 질적연구를 서구에서 공부한 학자들이 질적연구 관련 연구들을 하고 있고 일본은 자국 중심의 연구문화의 전통으로 인하여 질적연구에 대한 서구적 수입과 영향은 별로 체계적으로 이루어지 않는 듯 한다. 그러한 점에서 학문의 서구화에 가장 열심인 한국이 질적연구 역시 서구에서 공부하는 일련의 연구자들의 노력으로 인하여 아시아에서는 가장 먼저 그리고 가장 오랜 전통을 갖고 있는 듯이 보인다. 이러한 연구역사를 반영한 듯이 한국의 질적연구는 아시아의 다른 나라들에 비하여 상당히 많은 질적연구 관련 학회들 그리고 전문 학술지들을 소유하고 있고 많은 질적연구 논문들이 출간되고 있다. 아울러 서구의 교육학/ 사회과학 분야에서 많은 한국인 연구자들이 질적연구의 전문가로서 활동하고 있다. 한국 연구자들에 의하여 만들어진 아시아 질적탐구 학회(Asian Qualitative Inquiry Association)는 한국의 아시아적 선도적 역할을 잘 반영한 것이다.

이에 이 책은 한국이 아시아에서 질적연구의 선도적 위치를 점해온 국가로서, 지난 30년간 질적연구가 어떻게 지적으로 성장하고 다양한 학문 분야에서 어떤 방식으로 발전해왔는지를 역사적으로 조망하고자 한다. 특히 한국의 질적연구가 기존 양적연구 패러다임과는 다른 문제의식과 목적을 지니고, 한국 사회에 고유한 이해를 바탕으로 새로운 지식 생산과 지적 전통의 형성에 기여해왔는지를 분석하고자 한다. 이는 지난 세기 동안 서구 지식의 검증과 확증에 몰두했던 한국 학계의 양적연구 중심주의를 비판적으로 성찰하고, 그 한계를 넘어서는 새로운 학문적 탐구 공간으로서 질적연구가 비서구적, 토착적, 문화적인 지식과 경험을 어떻게 다루어 왔는지를 밝히려는 시도이다. 더 나아가, 이러한 질적연구 작업과 성과들은 기존 서구 이론이나 가설의 검증에 의존하던 연구들과 구별되며, 이전 연구 패러다임으로는 포착하거나 사유하기 어려웠던 한국적 현상과 주제들을 어떻게 새롭게 탐색하고 해석해왔는지를 한국 사회과학의 재개념화라는 지적 과제 아래 고찰하고자 한다.

이에 각 학문 분야에서 대표 연구자로 선정된 저자들이 자신의 학문분야에서 질적연구의가 어떻게 그리고 어떠한 발전의 역사를 거쳐왔는지를 문헌분석과 문서분석 방법을 통하여 정리해주었다. 나아가 이 책의 제목처럼 아시아적 탐구 공간으로 한국의 질적연구는 서구의 해당 분야의 질적연구가 이루지 못한/연구할 수 없는 한국적/아시아적 지식과 이론화에 어떤 지적 통찰과 시사점을 주었는지를 추가로 제시해주었다. 이를 통하여 탈서구적/ 새로운 아시아적 지식 생산에 한국의 질적연구의 역할과 기대가 무엇이 있을 수 있는지를 한국의 해당 분야의 후학들에게 교육시키고 감화시키고자 하였다.

그러한 점에서 이 책은 다음 두 가지 점에서 아시아 질적연구의 새로운 탐구의 정체성과 방향 수립하는데 기여할 것으로 믿는다. 첫째, 서구 지식으로 도입된 식민적 담론으로서 질적연구가 갖는 태생적 한계를 벗어나 그것이 갖는 진정한 의미와 가치(1. 지역적/토착적 지식의 발견과 개념화, 2. 서구 외부자의 관점이 아닌 한국과 아시아 내부자의 관점의 탐구)를 찾아내고 탐구하고 이론화하는 작업을 더욱 자극시키는 텍스트로서 읽혀 지기를 바란다. 둘째, 한국의 많은 경험적 질적연구들에서 이루어지고 있는 서구의 이론과 연구결과에 기초한 실증주의적 연구탐구 문화(이론 선정, 연구방법, 연구주제, 연구결론 도출 등)를 벗어나 더욱 도전적이고 지역적 현상의 개념화를 고민하는 연구 텍스트로서 읽혀 지기를 기대한다. 셋째, 서구와는 다른 새로운 아시아적 질적연구방법에 대한 이론화에 대한 학문적 관심을 불러 일으키는 자극적 텍스트로서 읽혀 질 수 있다. 이 책은 어떻게 한국과 아시아 연구자들이 서구가 개념화한 "질적연구방법"에 대한 서구적 이론화를 넘어서/벗어나 아시아적인/탈서구적인 질적연구방법을 새롭게 탐구하고 이론화할 수 있을 것인지에 대한 새로운 탈경계적 인식과 연구태도를 불러 일으키기를 기대한다.

더 나아가 한국의 각 학문 분야에서의 질적연구의 역사적 정리는 한국의 질적연구자들에게 "질적연구방법"과 관련하여 그 어떤 실제적인 방법이나 지식을 설명해주고 있지는 않지만 미래의 젊은 한국과 아시아의 질적연구자들에게 왜 무엇을 위하여 질적연구를 하여야 하는지에 대한 질문에 대한 보다 근본적인 답을 찾을 수 있도록 가르쳐 줄 것으로 생각한다. 그것은 지난 30년 동안에 이루어진 그 많고 다양한 그러나 우리 한국의 연구자들에게 널리 알려지지 않은 훌륭한 한국적 질적연구 작업과 작품들을 읽어 가면서 전 세계적으로 확산되고 있는 "지식의 탈식민화"의 학문적 운동의 그 목적을 진실하게 경험 할 수 있을 것으로 기대한다. 그리하여 이 책을 통하여 "의식의 식민화"가 어떻게 우리의 연구와 글쓰기를 지배하고 통제하고 관습화하는지를 직접 각성하기를 바라며 나아가 그들의 인생 삶을 통하여 아시아적 타자의 국제화 담론을 세계의 사회과학 이론으로 승화시킨 아시아(Said, Spivak, Chen)의 교훈을 자신의 한국적 질적연구를 통하여 실현시킬 수 있기를 바란다.

그러한 점에서 이 책의 목적과 가치를 잘 이해하고 아무런 보상이 없이 이루어진 약 1년간의 원고 글쓰기를 해주신 저자들에게 진심으로 감사드리지 않을 수 없다. 한국의 미래 후학 질적연구자들을 위하여 한 개인 저자가 해당 연구분야에서 이루어진 수많은 연구작업들과 연구논문들, 그리고 저서들을 직접 찾고서 읽고 체계적으로 정리하는 작업은 "개척자적 정신" 이나 "학문적 사명감"이 없이는 불가능한 것이라고 말하고 싶다. 그리고 그러한 글쓰기의 학문적 보상은 그 글을 읽고서 감동 받게 될 해당 분야의 질적연구자의 지적 성장일 것으로 믿어 의심치 않는다.

마지막으로 이 책의 학문적 가치를 충분히 이해하고 출판을 결정해주신 아카데미프레스 출판사에 감사드린다.

2025년 7월

편저자_김영천, 정정훈, 조재성 씀

차례

제2부 신생 질적 연구방법론

제3부 다양한 학문 분야와 질적연구방법론

제4부 포스트 오리엔탈리즘과 한국 질적연구의 미래

서 론

한국 질적연구의 발달과 성취: 1980~2030

조재성(광주교육대학교)
김영천(진주교육대학교)
정정훈(부산대학교)

질적연구는 전 세계적으로 사회과학을 위한 연구방법론으로 확고하게 자리를 잡았으며 지금까지 주목할 만한 발전을 이루어왔다. 이러한 발전의 증거는 굳이 힘들게 찾아보지 않더라도 우리 주변에서 쉽게 찾아볼 수 있다. ① 온라인-오프라인상에서 끊임없이 이루어지고 있는 질적연구 관련 학술대회, ② 대학과 대학원에 개설된 질적연구 전공 수업, ③ 질적연구를 소개하고 구체적인 실천 방법을 알려주는 특강, ④ 질적연구의 다양한 세부 방법론을 다루는 세미나와 포럼, ⑤ 몇 주간에 걸쳐 집중적으로 이루어지는 질적연구 워크숍, ⑥ 온라인 데이터베이스에 축적되고 있는 질적연구 학술지 논문과 학위 논문 등을 통해 질적연구가 소위 말하는 '대세' 연구방법론이 되었음을 누구나 쉽게 알아차릴 수 있다. 질적연구를 주된 연구 도구로 사용하는 많은 학자가 등장했고 이들이 길러낸 또 다른 연구자들이 대학과 현장에서 질적연구 문화를 주도하고 있다는 사실 또한 질적연구의 유행을 가늠할 수 있는 또 다른 사회적 현상이다.

다만 이처럼 질적연구가 우리 연구 현장에 깊숙이 뿌리내린 것은 자연스럽거나 당연한 일이 아니다. 이미 수십 년 전부터 질적연구를 사회과학 분야에 도입하려는 시도가 이루어져 왔다. 때로는 창의적이고 예술적인 모습으로, 또 한편으로는 기존 담론에 도전하는 치열한 투쟁의 형태로 질적연구가 활용되었다. 따라서 이 장에서 연대기적 순서에 따라 우리나라에서 질적연구가 어떻게 시작되었고 어떠한 과정을 거쳐 발전했는지를 살펴보는 작업은 매우 뜻깊은 일이 될 것이다. 특히 이 책은 우리나라의 다양한 학문 분야에서 질적연구의 역사적 발전을 다룬 「교육에서의 질적연구」, 「교과교육과 수업에서의 질적연구」에 이은 세 번째 전문 서적으로서 앞의 두 책에 비하여 한국의 질적연구 역사적 발전을 총 50년에 걸쳐서 종합하고 소개하고 있다는 점에서 매우 방대하고 그 심오하다고 하겠다.

1. 한국 질적연구의 동향

우리나라의 질적연구의 기원을 좇아 올라가 보면 1980년대 서구의 질적연구 흐름을 소개하고 그 개념이 무엇인지를 논하는 데서 시작하게 된다. 대표적으로 번역된 저서에는 「Qualitative Research for Education: Introduction to Theories and Methods(Bogdan & Biklen, 1991)」, 「Participant Observation(Spradley, 1996)」, 「Understanding and Conducting Qualitative Research(Stainback & Stainback, 1997)」, 「Qualitative Research Methods for Health Professionals(Morse & Field, 1997)」 등이 있다. 이 시기에는 서구에서 이루어지고 있던 질적연구에 관한 논의를 우리나라에 그대로 전달하는 수준에 그치고 있었는데, 당시 서구의 질적연구 패러다임이 이미 해체적 개념을 토대로 다양하게 분화하는 것과 비교하였을 때 아쉬운 측면이 있다.

이후 1990년대부터 한국의 선구적 연구자들이 질적연구의 개념과 활용 기법을 개념화하고 집대성하여 대학을 비롯한 연구 현장에 보급하였으며 이를 토대로 실험적인 연구물이 출판되면서 비로소 '한국적' 질적연구가 태동하게 된다. 대표적으로는 「질적연구방법의 철학적 배경(신경림, 1994)」, 「교육인류학의 탐색(이종각, 1995)」, 「네 학교 이야기(김영천, 1997)」, 「교육에서의 질적 연구(이용숙, 김영천, 1998)」, 「질적연구: 방법과 사례(조용환, 1999)」 등을 들 수 있다.

이 시기는 질적연구를 하나의 단일한 연구방법론으로 보거나 때로는 문화기술지와 거의 같은 개념으로 상정하는 등의 오류가 있었던 시기이기도 하다. 따라서 기존의 연구 방법(통계 연구, 단순 조사 연구 등)과 비교하여 방향과 가치에서의 차이를 살펴보거나 적용할 수 있는 연구 주제 등을 탐색하는 방식으로 탐구가 많이 이루어졌다. 이러한 접근 방식은 질적연구의 인식을 높이는 데는 효과적이었다. 우리나라의 연구자들이 대부분 질적연구라는 용어 자체를 처음 접하는 경우가 많았으므로 그 개념을 직접적으로 설명하거나 이해시키기 위한 목적을 지니고 있었다. 한편으로는 이러한 방식은 질적연구 방법론에 대한 심층적인 이해나 방법론별 세부적인 차이를 분석하는 데 이르지는 못했다. 따라서 연구자들은 문화기술지나 근거이론의 자료수집이나 분석 기법을 거의 그대로 받아들이는 방식으로 질적연구를 이해하곤 했다.

2000년 이후는 질적연구의 폭발적인 성장과 발전의 시기로 명명할 수 있다. 2000년대 초기만 하더라도 학위 논문을 질적연구로 작성하는 것이 생소한 일이었으며 심사를 받는 과정에서 질적연구가 무엇인지, 질적연구를 사용하면 타당도나 신뢰도에 취약하지는 않은지에 관한 질문이나 비판을 받는 일이 잦았다. 논문 심사위원이나 지도교수가 질적연구를 잘 알지 못하여 그들을 설득하면서 논문을 발표하기도 하였다. 그러나 20년이라는 짧은 시간 동안 사회과학 연구의 패러다임이 급변하였다. 질적연구 개념에 대한 이해도 깊어졌으며 질적연구를 구성하고 있는 수많은 방법론(문화기술지, 자문화기술지, 생애사, 근거이론, 실행연구, 내러티브 탐구 등)이 쏟아져 들어왔다. 양적연구만을 사용하던 대학 연구자들도 새로운 연구 주제를 발굴하고 사회적 현상을 새로운 시각으로 바라보기 위하여 질적연구를 배우기 시작하면서 자연스럽게 질적연구의 보급이 가속화되었다.

이러한 흐름을 주도한 것은 기존의 1세대 연구자들과 그 후속 세대들이라고 할 수 있다. 이들은 분야별로 기존의 질적연구 개념을 더욱 충실히 설명하는 개론서를 출간하는 한편, 질적연구 패러다임을 구성하는 세부 방법론을 집중적으로 소개하고 탐구하면서 질적연구의 지평을 확장해 갔다. 위 두 가지 방향에서 발전을 정리하면 〈표 1〉과 같다.

질적연구 관련 이론서는 종적으로는 질적연구를 처음 접하는 초보자 수준에서부터 서구의 최신 질적연구 패러다임을 원하는 전문가 수준까지 광범위하게 다루고 있다. 그리고 횡적으로는 특정 철학이나 사조가 강조되기보다는 일반화나 이론화를 강조하는 방법론과 개인의 경험과 인식을 깊이 있게 다루는 방법론을 모두 포괄하는 매우 다양한 차원의 탐구가 이루어지기도 했다. 이것은 2000년대 이전까지 지속되었던 양적 패러다임과 질적 패러다임 간의 선호나 우위에 관한 갈등이 줄어들고 각 패러다임의 장점을 존중하며 적합한 연구 방식을 연구자들이 직접 선택하는 문화가 정착된 데 따른 것으로 볼 수 있다.

이처럼 2000년대 이후 시기에 질적연구의 양적 팽창이 가속화될 수 있었던 원인으로는 우리나라가 서구의 질적연구 발전 과정과 그 내용을 매우 빠르고 효과적으로 흡수했다는 점을 들 수 있다. 서구의 질적연구는 제국주의 시기부터 약 100년에 걸쳐 점진적으로 이루어졌

〈표 1〉 한국에서의 질적연구 개론서와 방법론 탐구 이론서의 현황

질적연구 개론	세부 방법론 탐구
• 「교과교육과 수업에서의 질적연구」(김영천, 2001) • 「질적 연구 방법론」(신경림 외, 2004) • 「질적 연구 방법의 이해」(박성희, 2004) • 「질적 연구」(이효선, 2005) • 「교과 교육 현상의 질적 연구」(이혁규, 2005) • 「질적 연구: 철학과 예술 그리고 교육」(곽영순, 2009) • 「문화와 역사연구를 위한 질적 연구 방법론」(윤택림, 2013) • 「초보 연구자를 위한 질적 연구 방법론」(박휴용, 2014) • 「질적 연구 방법론: 학교와 수업 연구의 새 지평」(조영달, 2015) • 「광고 연구의 질적 방법론」(정승혜, 2015) • 「박물관 교육과 질적연구」(김명희, 2015) • 「질적연구방법론: 오디세이」(김영천, 2017) • 「질적연구 아틀라스: 열다섯 가지 성공전략」(김영천, 2019)	• 「실행연구 방법」(이용숙 외, 2005) • 「연구 방법론: 근거이론과 수정근거이론의 실제」(최종혁, 2011) • 「생애사에 기초한 질적 연구 방법」(박성희, 2011) • 「질적 연구와 자문화기술지」(이동성, 2012) • 「통합 연구 방법론: 질적 연구+양적 연구」(이현철 외, 2013) • 「민속방법론: 현상학적 사회학과 질적연구」(손민호, 2014) • 「현상학과 질적 연구: 응용현상학의 한 지평」(이남인, 2014) • 「생애사 연구」(이동성, 2015) • 「질적 자료 분석: 파랑새 2.0 소프트웨어」(오영범 외, 2016) • 「실행연구: 이론과 방법」(박창민, 조재성, 2016) • 「질적연구: 열다섯 가지 접근」(김영천 외, 2017) • 「근거이론적 방법: 현장 기반 이론 생성을 위한 질적연구」(변기용, 2020)

고 새로운 방법론의 도입과 정착 역시 장기간 비판과 논의의 과정을 거쳐왔다. 우리나라에서는 그러한 과정을 압축하여 우리 사회의 문화적 현상을 다양하게 관찰하고 분석하는 실험적인 도구로 서구의 방법론을 찾아내고 이를 현장에 즉시 적용하여 새로운 연구물로 생성하면서 단기간에 질적연구의 많은 방법론이 공존하는 상황을 만들어낼 수 있었다.

현재는 지금까지 정착된 질적연구의 방법론이 심화하면서 한국적 질적연구의 모습이 본격적으로 나타나는 시기로 볼 수 있다. 이러한 흐름은 현재 진행 중이라고 볼 수 있으며 지금 순간에도 기존 방법론의 변용과 한국적 주제를 바탕으로 한 새롭고 창의적인 질적연구가 이루어지고 있다. 특히 탈식민주의의 직접적인 소개와 보급은 우리나라의 연구자들로 하여금 주변 연구 현장을 더욱 주의 깊게 살펴보고 자신의 편견과 선이해에 관해 점검하는 계기를 제공하였고, 이를 통해 서구의 이론을 단순히 재생산하거나 모방하는 수준에서 벗어나 기존 모형을 재구성하고 한계점을 다시 살펴보는 차원의 연구가 이루어지고 있다.

한편, 질적연구의 동향을 다른 측면에서 확인할 수 있는 부분이 바로 학회의 결성과 운영이다. 이와 관련하여 1997년에는 한국교육인류학회가 창립되어 질적연구에 관한 논의의 장을 이루었으며, 교육학을 중심으로 질적연구에 관심을 둔 많은 연구자에게 실질적인 도움을 제공하였다. 한편, 1998년에는 한국질적연구회가 결성되었고 이를 토대로 2000년부터 질적연구 학회지가 창간되기도 하였다. 한국질적연구회는 후에 2011년에 질적연구학회로 계승되어 간호학을 중심으로 질적연구의 발전을 주도하게 되었다.

2014년에는 한국질적탐구학회가 창립되었다. 기존의 한국교육인류학회와 질적연구학회가 특정 학문 분야(교육학, 간호학)에 기반을 두었다면, 한국질적탐구학회는 학문에 상관없이 교육학, 사회학, 상담심리학, 간호학, 행정학, 신학, 인문학 등 거의 모든 분야를 아우르며 질적연구의 본질적 가치와 의미를 밝히는 데 이바지하고 있다. 방법론 측면에서도 내러티브 탐구, 문화기술지, 자문화기술지, 현상학적 질적연구, 근거이론, 실행연구 등 우리나라에 알려진 기법 대부분을 포괄하여 학문의 경계를 초월하여 다양한 수준의 연구자들이 자유롭게 교류할 수 있는 장을 마련하고 있다. 매년 학술대회를 통해 질적연구의 최신 주제를 다루고 있으며 방법론 워크숍, 주제 강연, 화로 정담 등의 특화된 세션을 운영하는 점도 특징이다. 국제 규모의 학회도 설립되었는데, 2022년 창립된 아시아질적탐구학회는 한국의 질적연구가 기반이 되고 아시아 지역의 연구자들이 주축을 이루어 설립되었다는 점에서 매우 기념비적인 사례라고 볼 수 있다. 아시아질적탐구학회는 방법론과 실증적 연구 측면에서 질적탐구의 새로운 담론을 개발하는 것을 목표로 하고 있으며, 탈식민주의와 포스트 서구 담론의 시대에 아시아 철학, 인식론, 존재론, 문화, 역사, 경험에 기반한 새로운 아시아 연구와 담론을 공동으로 탐구하려는 목적에 따라 설립되었다. 아시아질적탐구학회는 아시아 연구자와 전문가들이 고유한 관점과 해석을 중시하는 이론과 방법론에 접근하는 방식을 공유하고 발전시킬 수 있는 건설적인 공간을 제공하는 긍정적인 결과를 도출하였다. 궁극적으로 아시아 담론뿐만 아니라 다양한 분야의 지적 담론의 국제화를 진전시키는 두 가지 목표를 모두 달성할 것으로 기대받고 있다.

한편, 질적연구의 구체적 방법론에 집중하는 학회도 운영되기 시작하였다. 대표적으로 2012년 설립된 한국내러티브교육학회는 교육 분야에서의 내러티브 탐구에 관심을 두며 이와 관련된 주제들을 심도 있게 탐색한다. 최근에는 인공지능 혁명, 디지털 대전환 시대에 이루어지는 커리어 개발과 내러티브 생성이 서로 영향을 미친다는 점을 전제로 두 가지 사건의 상호텍스트성을 탐구하는 국제학술대회를 개최하기도 하였다. 2020년에는 한국근거이론학회가 설립되었는데, 한국근거이론학회는 사회과학 분야 질적연구의 새로운 동향을 반영하여 보다 다양한 시각에서 사회과학의 주요 문제를 탐구하는 데 근거이론을 활용하고자 하며, 이를 통해 현장에 기반한 이론화 연구를 활성화하기 위한 생산적 논의와 교류의 장을 제공하려는 목적을 지니고 있다. 근거이론이라는 매개체를 통해 양적연구와 질적연구 사이에 깊숙이 패여 있던 깊은 틈을 메울 수 있을 뿐만 아니라 교육학, 사회학, 행정학 등 서로 다른 학문 분야의 학자들이 서로 활발히 교류하는 계기를 만들 수 있다는 점에서, 한국근거이론학회는 향후 사회과학의 발전에 이바지할 수 있을 것으로 보인다. 다음으로 한국실행연구학회는 기존 학회가 대학 연구자를 중심으로 하는 것에 문제를 제기하며, 연구 현장에서의 실제적인 목소리와 사례를 공유하고 소통할 수 있는 공간이 필요하다는 점을 제시한다. 2023년 창립된 한국실행연구학회는 학문적인 교류뿐 아니라 연구 현장에서 발생하는 다양한 문제들에 대한 해결책을 모색하고 공유하는 것을 목표로 한다. 궁극적으로는 실행연구가 의미하는 바와 같이 연구자와 현장 전문가가 중심이 되는 학회로 성장하여 교육 현장에서 직면한 다양한 도전 과제에 대한 해결책과 새로운 시각을 제시하여 실제적인 교육에 도움을 주는 것에 중점을 둔다.

정리하여 우리나라에서의 질적연구 발전의 의미는 다음과 같이 제시할 수 있다. 첫째, 한국 질적연구는 양적연구와 대등한 수준으로 성장했으며 이를 뛰어넘어 현상을 바라보는 주된 패러다임으로 자리 잡게 되었다. 앞서 서술한 질적연구에 관한 의심이나 비판적 시선이 이제는 거의 사라졌으며 오히려 연구 주제를 다룰 때 우선으로 고려하는 연구방법론이 되었다. 더 이상 논문 심사장에서 질적연구가 무엇인지 물어보는 심사위원은 사라졌으며 오히려 그와 같은 질문은 자신의 학문 스펙트럼의 편협함을 드러내는 부끄러운 일이 되었다. 그보다는 연구자가 선택한 세부적인 방법론(문화기술지, 생애사, 근거이론, 사례연구 등)이 적절한지에 관한 토의와 논쟁이 더 활발해지고 있다. 이는 우리나라 질적연구의 깊이와 폭이 그만큼 넓어졌음을 알려주는 단적인 예시이다.

둘째, 질적연구에 관한 기초이론에 관한 논의가 성숙해졌다. 1세대 선구자들과 그 후속 세대들의 노력을 통해 질적연구의 핵심적인 성격과 특징이 우리 손을 통해 많은 부분 규명되었으며 이를 통해 서구 담론을 그대로 우리나라에 재생산하던 초기 질적연구의 아쉬운 점이 어느 정도 해소되었다. 그리고 질적연구에 완전히 무지한 초보 연구자를 위한 접근에서부터 매우 높은 수준의 전문 연구자를 위한 철학적 접근까지 설명이 풍성히 이루어져 질적연구의 철학, 전통, 이론, 절차, 성격, 특성, 유의점 등 기본 요소에 관한 탐구는 어느 정도 완성되었다고 평가할 수 있다.

셋째, 질적연구를 주된 연구방법론으로 활용하는 연구자들이 급속히 증가하고 있다. 2000년대 이전까지는 양적연구를 주로 활용하고 질적연구를 보조적인 연구방법론으로 적용하는 연구 패러다임이 대부분을 차지하고 있었다. 반면에 이 시기부터는 대학원에서부터 질적연구를 주로 다루고 이를 활용하여 대부분의 연구를 수행하는 전문 연구자들이 양성되기 시작했다. 그 결과 훨씬 깊이 있고 창의적인 질적연구 실적물들이 발표되고 있다. 또한 1세대 질적연구 선구자들의 학문 후속 세대들이 대학과 연구 현장에 자리 잡게 되면서 자연스럽게 대학의 학위 논문 발표 경향도 질적연구의 비율이 높아지고 있다. 이처럼 연구자들의 세대교체를 통해 질적연구의 결과물들이 양적으로 축적되면서 우리나라 질적연구의 선순환적 발전을 가능하게 하고 있다.

넷째, 질적연구는 사회과학 분야의 전 영역에서 그동안 다루어지지 못했던 새롭고 참신한 연구 주제들을 발견할 수 있도록 길을 만들어주었다. 그동안은 질적연구 그 자체에만 집중하는 경향이 있었다면, 이 시기에는 질적연구를 비교적 자유롭게 활용하면서 숨겨진 주제들, 내부적 시선들, 외면받았던 현상들, 소외되었던 사람들에 대한 이해와 탐구가 이루어졌다. 이를 통해 사회적인 현상 그 자체를 심층적인 탐구 대상으로 바라보고 기존 학문 분야에서 미처 다루지 못한 새로운 시각과 관점을 획득할 수 있게 되었다. 결국 질적연구는 우리 사회 전반의 발전에 이바지하였다.

다섯째, 마지막으로 질적연구는 학계뿐만 아니라 사회 전반에서 인정받게 되었다. 질적연구 결과가 타당하다는 점을 연구자들뿐만 아니라 사회 각계각층에서 이해하고 지지하게 되었다. 이는 질적연구가 단순히 객관성이나 엄밀한 수학적 법칙에만 의존하지 않고 공감이나 이해와 같은 인간적인 요소에 토대를 두기 때문이다. 연구 결과를 설명할 때 제시되는 내러티브, 생애사, 그래픽 등의 요소들은 전문 연구자가 아니라고 할지라도 시사점이나 문제점에 관해 어느 정도 알 수 있도록 도와주며 설득력도 뛰어나다. 이에 따라 비전문가들도 구술생애 기록, 면담, 참여관찰과 같이 질적연구의 방식을 빌려 사회적인 현상을 다루기도 하였다. 앞으로도 이러한 경향은 지속될 것으로 보인다.

한편, 우리나라의 질적연구는 다음의 과제를 반드시 해결해야 할 필요가 있다는 사실도 알게 되었다. 그것은 바로 앞서 소개한 성과에도 불구하고 한국 질적연구는 서구의 질적연구에 비해 특색적인 주제나 방법론을 다룬 우리나라 고유의 질적연구를 발전시키는 데는 이르지 못하고 있다는 점이다. 우리의 현실을 엄밀히 비판하면, 여전히 한국 질적연구는 서구의 학문적 패러다임에 종속되어 있거나 매우 큰 영향을 받고 있다. 질적연구 자체가 탈식민적이어야 함에도 대학과 연구 현장에서는 여전히 서구에서 어떠한 방법론이 유행하는지, 그리고 서구의 연구자들이 무엇을 하고 있는지에 큰 관심을 보이고 있으며, 그들의 소식에 항상 귀를 기울이고 있다. 이것은 서구 학자들이 새로운 탐구의 주제로 한류나 한국의 사례에 주목하는 사회적 현상과는 다른 차원의 것이다. 여전히 우리는 서구의 것이 더 우월하고 혁신적이라고 생각하고 있으며 새로운 발전을 온전히 우리의 방법으로 만들기보다는 그대로 빌려 연구하고 있다.

이에 관해 냉철한 시각을 갖고 그들의 학문적 수행 능력과 우리들의 학문적 수행 능력에 차이가 있는지, 그리고 우리가 우리의 방법을 만들어낼 수는 없는지 대한 성찰적 질문을 던

져볼 필요가 있다. 이미 한국 학자들의 역량과 재능만으로도 충분히 서구의 패러다임을 뛰어넘는 참신하고 엄밀한 연구방법론이 만들어질 수 있다고 기대한다. 예를 들어 우리나라에서 이루어지고 있는 거대한 K-culture 현상을 파고들 수 있는 새로운 문화기술지, 사교육을 부정적인 시각이 아니라 기존 교육 체제와 교육학 이론에 대한 창조적인 변용으로 볼 수 있는 경험적 연구, 한국적 질적 자료 분석 소프트웨어 개발과 운영, 한국적 실행연구 모델 개발 연구 등이 그 예시가 될 수 있을 것이다. 한국의 연구 풍토에 알맞은 특색있는 주제와 방법론에 따른 질적연구는 우리에게 꼭 필요하다.

이처럼 우리나라 질적연구는 각 전통을 수용하여 더욱 공고히 하고 전문적으로 해당 주제를 발전시켜야 할 과업에 직면하고 있다. 따라서 이 책에서도 그 내용들에 중요한 관심을 가지고 해당 전통들을 전문적으로 정리하고 한국적 질적연구 풍토에 맞게 심화하여 한국의 연구자들과 대학원생들에게 소개하고자 한다. 이러한 작업은 향후 질적연구의 또 다른 도약과 성장을 가능하게 할 것이다.

2. 한국 질적연구에서의 다양한 지적 전통의 발아와 확산

한편, 우리나라에서는 질적연구와 관련된 다양한 전통들이 시작되고 발전하기 시작하였다. 이는 질적연구의 성장을 좀 더 구체적으로 나타내주는 예시라고 할 수 있을 것이다. 이미 몇몇 선구적 학자들이 이를 정리하고 종합하기도 하였다. 다만 여기서 이를 다시 정리하고 소개하는 것도 의미가 있을 것이다.

1) 문화기술지

우리나라 초기 문화기술지는 서구의 역사적 흐름에 따라 주로 소규모 집단을 주요한 연구 대상으로 하여 그 문화를 총체적으로 기술하고자 했다. 연구자는 주로 특정 지역을 근거로 살아가는 집단 전체를 연구 대상으로 삼았다. 연구자는 그들이 공유하는 생계 방식이나 음식, 경제나 친족관계 등 삶의 양식을 살펴보고자 했고 그들이 공유하는 풍속 연구들 통해 가치관이나 세계관 등의 사고 양식을 규명하였다. 이에 총체적 문화기술지는 현지에서 장기체류하면서 부분들의 전체적인 체계를 기술하려고 노력했고, 구체적으로는 Franz Boas, Margaret Mead, Ruth Benedict, Marvin Harris, Roy Rappaport 등의 문화기술지 연구가 수입되었다(김영천, 2014). 이러한 문화기술지 연구는 문화의 기능에 관한 탐구, 문화의 구조에 대한 탐색, 문화의 패턴 분석, 문화의 생태학적 탐색 등으로 이어졌다.

총체적 문화기술지의 도입 이후에는 문화의 개념이 핵심적인 상징들과 의례들을 해석함으로써 해독할 수 있는 독자적이고 고유한 의미의 체계로 확장되었다. 인간은 문화의 구조나 기능의 부품이 아니라 문화를 토대로 의미를 구성하는 능동적 존재로 보았다. 그들은 문화를 곧 그 사회에서 공유하는 상징이라고 보았는데, 이러한 상징에는 의미들이 녹아져 있어 상징을 의미의 전송수단이라고도 말한다. 이러한 상징은 그들 사회에서 학습하고 전승하며 축적하여 하나의 체계를 이루고 있으며 개인의 두뇌 속에 있는 것이 아니라 공공적으로 전시된다. 그 사회의 사람들은 이러한 상징 체계에 기초하여 의미를 전달하고 사람들이 보는 세계를 공유하며 세상을 느끼는 방식을 소통하게 된다. 이에 따라 문화기술지 연구의 접근 또한 사회의 구조와 기능, 문화의 패턴에서 상징과 의미에 대한 주제로 변화되었다. 우리나라에서 주목받았던 서구의 학자로는 Clifford Geertz, Victor Turner, Mary Douglas, Evans Prichard 등이 있다.

이와 관련하여 문화기술지에서는 한 사회나 문화 속의 구성원들은 스스로가 참여자로서 세계를 해석하고 의미를 만들어내며, 특수한 상징을 산출해 낸다는 점에 주목하였다. 초기의 총체적 문화기술지에서의 거대 이론들을 구축하고 사회 구조의 인과법칙을 추구하는 학문적 경향을 상징과 해석의 이슈로 전환하였는데, 이를 통해 문화를 바라보는 방식을 바꿀 수 있었다. 한편으로는 의례에서 나타나는 상징의 사회적 역할도 중요한 역할을 담당하였다. 이후의 문화기술지는 그러한 의미들과 상징들이 사회적 행위의 특정한 분야에서 어떻게 작동하는지를 고려하였다는 데에 차이점이 있다(Barnard, 2002). 전통적인 사회뿐만 아니라 발전된 사회에서 나타나는 의례도 중요한 연구 주제가 되었으며 의례가 부족공동체와 특정한 종교적인 행사일 뿐만 아니라 현대의 일상적인 생활들에서도 동일한 의례적 행위라는 인식이 생겨났다. 더 나아가 넓은 의미에서 의례적 행위들을 사회적, 문화적으로 규정된 행동양식으로서, 일상생활에서의 인사나 손님 응대뿐만 아니라 세속적 의식과 일상의 형식적 행동과 카니발이나 구경꺼리와 같은 퍼포먼스에까지 확대되었다. 심지어 국가의례와 스포츠 행위들을 모두 의례라고 봄으로써 사회적 행위와 문화를 의례적 행위라는 관점에서 보도록 했다.

좀 더 질적연구의 성격에 가까운 내용으로는 지극히 일상적이고 평범한 사실에서 그 사회에 내재된 고유한 상징과 의미의 체계를 효과적으로 탐구하는 연구들이 시도되었다는 점을 들 수 있다. 문화기술지는 현대사회에서도 문화를 전달하고 사회의 가치를 강화하기 위한 의례가 이루어지고 있다고 보았으며 현대사회에서의 일상적 행위들과 모든 사물들이 의례적인 행위이며 의례적 상징물이라는 것을 밝혀냈다.

최근에는 문화기술지가 응용인류학의 성격을 띠고 있다. 응용인류학이란 인류학적 문화에 대한 이해를 바탕으로 인간 사회의 문제를 효과적으로 해결하고 발전과 개혁 등의 정책을 효과적으로 시행하기 위한 목적으로 행해지는 학문적 노력이라 볼 수 있다. 문화기술지의 연구 초점이 과거의 재구성에서 현재의 분석으로, 단순한 사회의 연구에서 복잡한 사회의 연구로, 뚜렷이 구별되는 다른 민족의 문화에 대한 탐구에서 자기 사회의 문화에 대한 탐구로 전환되면서 다양한 특징이 생겨나고 있다. 특히 세계화가 가속화되며 자문화와 타문화의 문화적 경계가 불분명해지면서 문화기술지도 기존과 상당히 다른 특성을 띨 것을 요구받게 되었다. 사회학에서의 문화기술지적 연구와 지구화 시대의 도래, 그리고 탈근대적인 논의가 풍부해지고 연구자와 사회 연구가 진행됨에 따라 문화기술지는 폭발적으로 분화되어 발달하게 되고 일상생활과 관련된 폭넓은 문제들로 넓혀지게 된다. 이러한 문화기술지는 다양한 분야에서의 연구 대상에 대한 체계적, 비교적, 총체적 이해를 제공하게 될 뿐만 아니라 인간 사회의 문제를 해결하고 국가 정책의 효과적인 수행을 하는 데 폭넓게 활용되면서 응용인류학이 급속히 발전하게 된다.

응용인류학은 인류의 문제를 해결하기 위하여 문화기술지적 연구방법과 이론을 활용한다. Foster(1969)는 이를 '사회 · 문화 이론의 창출보다는 차라리 현재의 사회 · 경제 · 기술적 문제들의 개선을 도모하는 방향으로 인간의 행위를 변화하도록 추구하는 인류학자들의 작업'이라고 정의하고 있다(최협, 1991). 이러한 응용인류학은 다양한 방식으로 실제 세계의 문제들에 적용될 수 있다. 문화기술지는 정책입안자, 조직, 협회들은 물론이며 세계를 더 나은 방식으로 개선하고자 노력하는 모든 사람에게 유용하다. 이는 문화기술지가 우리에게 일상 속에 숨겨져 있는 사회적 삶을 펼쳐내어 그들의 입장에서 가치관과 그들의 행위들의 의미, 그리고 일상을 매순간 구조화하는 복잡한 구조들을 심층적으로 이해하는 데 도움을 주기 때문이다. 그래서 문화기술지는 진실로 그들의 입장에서 상황을 이해하는 데 효과적이다. 이에 따라 문제를 해결하고 갈등을 조정하고 어려움을 처리하기를 원하거나 또는 상황을 개선하기를 원하는 사람은 문화기술지적 연구방법들이 유용하다는 것을 발견하게 된다.

이에 따라 많은 인류학자들은 불평등과 부당성, 착취라는 문제들과 그것들의 권력과의 관계에 관심을 기울인다. 또한 응용인류학은 정부, 의료, 교육 그리고 서비스 부문은 물론이며 기업에서도 활용된다. 즉, 인류학자들은 정부의 정책입안과 국회의원의 의정활동에 긍정적 도움을 주고 의료서비스를 개선하고 학교 교육에 대한 이해를 높인다. 그리고 회사의 성공적 사업을 위한 컨설팅에 긍정적인 도움을 준다. 뿐만 아니라 응용인류학은 다양한 문화집단들 간의 이해를 높이고 갈등을 해소하며 효과적 상호협력을 돕는 문화 중재자의 역할을 한다.

2) 생애사

최근 생애사 연구는 다양한 학문 분야에서 활발히 사용되고 있다. 생애사 연구는 사회과학과 인문학 분야에서 그 중요성과 역할이 증대되고 있으며, 특히 여성학(Becker-Schmidt, Dausien, Diezinger, Krueger)과 교육학(Cole & Knowles, Freeman, Goodson&Sikes, Harnett, Samuel, Vithal, Sikes) 등의 분야에서 활발히 이루어지고 있고, 다른 학문 분야에서도 마찬가지다(민성은 외, 2015). 이 장에서는 생애사 연구의 발전 과정와 어떠한 학문 분야에서 많이 사용되고 있는지 살펴볼 것이며, 각 학문분야별 국내 · 외 대표적인 연구물을 통해 생애사 연구의 동향을 소개할 것이다. 이를 통해 생애사 연구의 중요성 및 필요성과 앞으로 더욱 다양한 학문 분야에서도 활용 가능하다는 시사점을 제공하고자 한다.

생애사 연구의 선구적인 텍스트는 1920년대 Tomas와 Znaniecki의 『유럽과 미국의 폴란드 농부(*The Polish Peasant in Europe and America*)』로 미국과 유럽으로 이민 온 폴란드 농부들의 공동체, 가족, 교육적 경험 등의 사회적 정체성에 대해 밝히는 연구이다(Goodson&Sikes, 2001; 김영천, 한광웅, 2012) 이 연구를 계기로 생애사 연구가 사회적인 소수 집단을 연구하는 방법론으로 사용되기 시작했다. 그 뒤 생애사 연구는 1920~30년대 시카고 대학의 사회학파에 의해 이민자와 도시 빈민들의 삶과 같은 사회적 문제를 연구하는 방법으로 활용되었다(Ojermark, 2007). 즉, 최초로 개인의 삶을 통해사회적 구조를 바라보는 사회적 연구로 활용된 것이며, 이로 인해 생애사 연구는 다양한 심리 · 사회적 현상을 설명하는데 유용한 방법이라는 평가를 받게 되었다(Haglund, 2004). 생애사 연구에 대해 최초로 이론적 개념을 적립한 Dollard(1935)는 『생애사를 위한 준거(*Criteria for the Life History*)』를 통해 생애사 연구에 대해 최초로 이론적 개념을 정리하였고, 이 책은 현재까지도 전 세계적으로 생애사 연구를 대표하는 텍스트로 인정받고 있다(김영천, 2013).

그러나 생애사 연구는 1930년대 시카고 학파의 활발한 연구에도 불구하고, 사회학에서 실증주의의 등장과 통계학 연구에 대한 관심도가 높아짐과 더불어 이론적 추상성 때문에 점차 활용도가 낮아지게 되었다(Lewis, 2008, 이동성, 2016). Becker(1970)는 이러한 현상을 두고 "생애사 연구가 가지고 있는 다양한 과학적 유용성에도 불구하고, 연구자들은 상대적으로 생애사 연구를 소홀히 여겼다."라고 진술하였다(Becker 1970: 71-72, 김영천, 2013 재인용).

다행히 생애사 연구는 포스트모더니즘의 출현으로 다시금 부각되었다(Roberts, 2002). 포스트모더니즘을 계기로 이야기를 지식으로 인정하기 시작하며, 연구 참여자의 이야기를 더욱 가치 있게 바라보기 시작했다(Lewis, 2008; 김영천, 2013). 즉, 사회과학 연구에서 연구자와 연구 참여자 사이의 경계가 없어지는 것과 내부자적 관점을 중요시 여기며 생애사 연구가 재조명되기 시작한 것이다(Bertaux, 1981). 그 후 생애사 연구와 관련 된 다양한 연구가 진행되었다. 특히 Bertaux(1981)의 『전기와 사회(*Biography and Society*)』에서 생애사 연구의 필요성과 사회학에서의 유용성을 설명하고 있으며, 이어서 Bertaux과 Kohli(1984)는 『생애사에 대한 접근(*The Life Story Approach*)』을 통해 전 세계적으로 개인의 이야기를 통해 진행되는 연구동향에 대해 정리함으로써 생애사 연구 활성화에 기여하였다. Atkinson(1998)은 『생애사 인터뷰(*The Life Story Interview*)』에서 개인의 이야기를 수집하기 위한 인터뷰 가이드라인을 제시하였고, 개인의 이야기를 해석하고 분석하는 방법을 구체화시켰다. Roberts(2002)는 『전기 연구(*Biographical Research*)』를 통해 개인의 이야기를 연구하는 전기 연구에 대해 종합적으로 정리하였다. 이 연구에서는 생애사, 자서전, 전기, 구술사, 내러티브 분석, 기억, 자문화기술지 등 다양한 방법에 대한 개념 정리와 이들의 비교 · 분석에 도움을 주었다. 이어서 Ojermark(2007)는 『생애사에 대한 소개(*Presenting Life Histories*)』를 통해 기존의 생애사 연구의 흐름과 구체적인 연구물들을 소개하며, 생애사 연구의 역사와 동향을 정리하는데 기여하였다.

생애사 연구는 교육학, 사회복지학, 체육학 등의 분야에서 활발히 이루어지고 있다. 생애사 연구는 개인의 삶이라는 미시적인 측면을 통해 각 분야의 정책과 제도 및 시대적 분위기 등의 거시적인 측면을 바라볼 수 있기 때문에 다양한 분야에서 활용가능성이 높다. 또한 다원화 시대에서 한 개인의 생애사는 충분히 가치가 있을 뿐만 아니라 그 사람이 살아가고 있는 사회를 이해하는 창문이 된다. 최근 생애사 연구는 해석적 패러다임에 근거하여 실증주의적 관점을 비판하고, 사회적 행위 주체인 인간의 삶에 대한 탐구의 중요성을 강조하고 있다(이동성, 2016). 포스트모던에 기초한 생애사 연구는 이론적으로 명료해지고 있으며, 점차 다양한 분야에서 주목을 받고 있다. 실증주의적 패러다임에 의한 쇠퇴와 재조명의 역사를 가진 생애사 연구는 포스트모더니즘의 해석적 관점을 가장 잘 나타낼 수 있는 연구방법 중 하나이며, 앞으로의 성장이 기대되는 바이다.

3) 근거이론

근거이론 방법론의 시작은 사회학자 Glaser와 Strauss가 실증주의와 상징적 상호작용 이론을 접목시킨 협동작업의 결과물인 『근거이론의 발견(*The Discovery of Grounded Theory*)』을 출판하면서부터로 볼 수 있다. Glaser와 Strauss는 사회 안에 살고 있는 인간의 삶의 현장에서 일어나는 여러 현상을 그 사회구성원이 제공하는 다양한 자료를 통해 이해하고, 그 결과물을 지식과 개념 등을 포함한 하나의 이론적 구조로 정리되어 제시하여, 이렇게 도출된 이론은 다시 삶의 현상을 이해하고 현장의 문제를 해결하는 데 적용될 수 있다고 보았다(Glaser & Strauss, 1967). 질적연구에서 근거이론(grounded theory) 접근방법의 목적은 특정 현상(개인이 한 현상에 대한 반응으로 상호작용하고 행동하거나 혹은 하나의 과정에 관여되는 것)을 경험하는 사람들이 제공하는 자료를 바탕으로 그 현상을 설명하는 이론 또는 모형을 도출하는 데에 있다. 다시 말해 연구하고자 하는 현상의 맥락과 밀접하게 관련되는 이론을 개발 혹은 생성하는 것이 근거이론의 핵심이라 할 수 있다. 이들은 이론이란 현장(field), 특히 그 현장에 있는 사람들의 행동, 상호작용, 사회적 과정 등으로부터 수집된 “자료에 근거”해야 한다고 주장하였다.

Strauss는 질적 연구에 있어 오랜 역사와 전통을 가진 미국 시카고 대학에서 석박사 학위를 받았다. 그는 상호작용주의자 및 실용주의자의 저술에 크게 영향을 받았다고 한다. 특히 Dewey(1929), Mead(1934), Park(1967), Thomas(1966), Hughes(1971), 그리고 Strauss의 스승인 Blumer(1969)의 저술들은 후에 근거이론 방법론을 개발하는데 큰 영향을 끼쳤다고 한다. 근거이론 방법론 개발에 있어 중요한 이론적 기반인 상징적 상호작용론은 사회심리학자인 Mead(1934)에 의해 주창되었다. Mead는 『*Mind, Self and Society*』라는 저서에서, 인간은 어떠한 사건에 반응하기 전에 그 의미가 이미 그 개인의 마음 속에 구축이 되며, 개인은 자신과 관련하여 다른 사람의 태도를 추정하고 예측하는 능력이 있기 때문에, 인간의 상호작용을 해석하고 통제하는 데 있어 그 개인의 마음이 어떤 역할을 하는지에 관심을 가져야 한다고 주장했다. 이후 Mead의 제자인 Blumer(1969)는 상징적 상호작용론을 이론적으로 더욱 발전시켰다. 그는 사회 안에서 일어나는 현상들은 개인과 사회간의 상징적 의사소통을 통해 이해할 수 있다는 것을 기본 전제로 삼았다. 사회에서 일어나는 삶이란 하나의 과정이고, 사건의 연속으로 이해할 수 있기 때문에, 인간의 행동에 있어서도 항상 변하는 상황과 과정의 연속을 통해서 이해할 수 있다고 본다. 그리고 의미라는 것도 인간의 상호작용을 통해 일상적으로 재창조되기 때문에, 새로운 의미와 행위도 과정 속에서 나타나며, 따라서 과정을 이해하는 것이 중요하다고 보았다.

위와 같은 배경에 터하여, 이후 Strauss는 Corbin과의 공동 작업을 통해 자료수집과 분석을 위해서는 다음의 여덟가지를 철학적 전제로서 고려해야 한다고 주장하였다. 첫째, 실제로 진행되고 있는 것을 발견하기 위해 현장으로 나아갈 필요가 있다는 것, 둘째, 학문의 발전 및 사회적 활동의 기초로서 자료에 근거한 이론(data-based theory)의 관련성 및 적절성이 중요하다는 것, 셋째, 인간 행동과 현상은 매우 복잡하고 다양하는 것, 넷째, 개인은 문제적 상황에 대응하여 적극적 역할을 배운다는 것, 다섯째, 개인은 의미라는 기초 위에 행동한다는 것, 여섯째, 의미는 상호작용을 통해 정의 및 재정의 된다는 것, 일곱째, 사건과 과정이 가진 발전과 전개되는 본질에 대한 민감성이 필요하다는 점, 여덟째, 조건, 행동, 결과 간의 상호관계에 대한 인식이 연구에 중요하다는 점이다(Strauss & Corbin, 1998). 이러한 전제는 인간이 주변과의 상호작용을 통해 성장해 간다는 실용주의적 관점에 토대를 둔 것으로, 실제적이고 현장중심의 연구를 강조하는 쪽으로 이 방법론을 발전시키는 데 영향을 주었다.

Strauss와 Corbin(1998)은 질적 연구자가 연구를 할 때 유념해야 할 가정으로 다음의 세 가지를 들었다. 첫째, 연구 그 자체를 위한 가설이나 연구 질문은 연구가 진행됨에 따라 변동이 가능하다는 것이다. 질적연구의 주 목적은 "이론"을 개발하는 것이다. 이를 위해서는 연구자가 관심을 두고 있는 현상을 깊이 탐색하기에 필요한 유연성과 자유를 제공할 수 있는 방식으로 질문을 구성해야 한다. 둘째, 주어진 현상과 관련된 모든 개념이 아직 다 밝혀진 것이 아니라는 점을 유념해야 한다. 만일 밝혀진 개념이 있다 하더라도, 개념간의 관계가 제대로 이해되지 못하거나 개념적으로 덜 발전되어 있기 때문이다. 셋째, 아무도 이 특정한 연구 질문을 똑 같은 방식으로 물어본 적이 없기 때문에, 아직까지는 어떤 변수가 이 영역과 관련되어 있고 어떤 것이 관련되어 있지 않은가를 미리 결정하는 것은 불가능하다는 가정이다. 따라서 탐구의 과정에 있어서 융통성을 허용한다. 새로운 개념이나 주제가 도출 되더라도 그것이 연구의 주제와 어떻게 연결되는지에 대해 개방적인 태도로 접근한다.

Glaser는 미국 컬럼비아 대학에서 대학원 교육을 마쳤으며, 처음에는 계량방법론자인 Lazasfeld와 Merton으로부터 양적 연구방법의 영향을 받았으나, 박사학위 취득 후 1960년에 Strauss가 수행하는 대형 연구프로젝트에 참여하면서 질적 분석에 관심을 갖게 된다. 이 때 산출된 결과물이 『*Awareness of Dying*』(1965)이다. 이를 통해 Glaser는 어떤 현상에 대해 개념을 밝히고, 발전시키고 연관시키기 위해 자료간의 비교가 필요하다는 것을 인식하게 된다. 실증적 연구를 강조하는 컬럼비아 대학의 학문적 전통의 영향을 받았지만, Glaser 역시 이론 개발을 위한 경험적 자료의 수집, 그리고 그 자료들의 지속적 비교가 질적 연구를 하는 데 있어 중요한 부분이라고 여겼다(Glaser & Strauss, 1967).

이와 같은 배경에 터하여 1967년 Glaser와 Strauss는 기존 사회학 분야의 선험적인 이론적 접근을 비판하면서, 이론은 현상이 발생하고 있는 현장, 즉 사람들의 행동, 상호작용, 사회적 과정 등에서 수집된 자료에 '근거해야'(grounded)한다고 주장하였다(Creswell, 2013). 다시 말해 경험적인 자료로부터 일련의 체계적인 과정을 통해 어떤 현상에 대해 귀납적으로 이끌어내어 하나의 이론을 발전시킬 수 있다고 보았다.

Glaser는 당시 계량적 방법으로 현상을 보던 방법론을 질적 자료 분석에 적용한 학자로 볼 수 있다. 그는 저서『이론적 민감성』(1978)을 통해서 기본적 사회 안에서의 과정 연구의 중요성을 새롭게 제시하면서 연구방법을 구체화 시키기 시작하였다. 그러나, 근거이론 방법론을 함께 탄생시킨 Strauss와는 이후 연구절차와 기법을 지나치게 강조하는 Strauss와 심각한 견해차이를 갖게 되면서 갈라지게 되었다. Glaser는 Strauss가 사회적 실재의 복잡성을 하나의 선형적이고 형식적인 기법과 절차로 제한해 버렸다고 비판하였다(Schreiber & Stern, 2001).

Glaser와 Strauss가 서로의 견해와 방법론 전개에 있어 차이를 나타냈지만, 두 사람 모두 공통적으로 자료의 객관성과 코딩으로 대표되는 방법상 절차에는 의견을 같이 하였다. 이러한 의미에서 Charmaz(2000)는 Glaser와 Strauss의 이론이 모두 객관주의 방법이라고 보았다. Charmaz(2006)는『근거이론의 구성(*Constructing Grounded Theory: A Practical Guide Through Qualitative Analysis*)』에서 이전의 객관주의, 실용주의 및 상징적 상호작용주의 보다는, 사회 안에서 살아가는 연구 참여자들이 구성해 내는 현상과 그를 바탕으로 하여 도출된 이론의 의미가 주관성을 띨 수 밖에 없다는 점에 주목하였다. Charmaz가 표방하는 구성주의적 근거이론의 전제에 따르면, 지식은 사회적이고 상황적인 산물이며, 이 지식은 연구참여자, 사회 구조, 연구자, 연구자의 지위 및 상호작용 등 복잡한 과정들이 포함되어 있다. 따라서 이러한 전반을 바라보고 성찰하는 연구자의 역량이 중요하며, 연구참여자들과 연구과정에 미칠 수 있는 연구자의 영향력에 대한 반영성을 강화해야 한다고 본다.

Charmaz(2006/2009)의 구성주의 근거이론의 기본 전제는 다음 세 가지로 요약된다. 첫째, 자료는 여러 차원의 실재와 그들 간의 상호작용을 통해 모아지며, 참여자와 연구자가 이를 토대로 공동으로 구성해 가는 것이다. 이 과정에서 참여자 뿐만 아니라 연구자의 가치, 우선성, 지위, 행위가 자료를 바라보는 관점에 영향을 끼칠 수 있다.

둘째, 사회 안에서 살고 있는 구성원들이 제공하는 자료에 터하여 산출된 근거이론은 탈맥락적이 되거나 일반화를 목표로 할 수 없다. 왜냐하면 일반화라고 하는 현상도 그 순간의 맥락과 상황에 대한 해석적 이해의 영향을 받을 수 있기 때문이다. 따라서 연구의 결과로 도출된 근거이론은 이론이 독자들에게, 또 연구 참여 당사자들에게 얼마나 신뢰로운지, 도출된 이론이 얼마나 독창적이라고 받아들여 지는지, 그리고 독자들과 얼마나 공명(resonance)하는지, 실제 현장에서의 유용성이 어떠한지에 대해 점검해 보아야 한다.

셋째, 자료분석에 있어 특히 Glaser가 객관적 과정을 강조한 것과는 대조적으로, Charmaz는 자료 분석에서의 주관성을 인정한다. 또한 연구자와 참여자가 자료를 공동구성해 나가며, 이러한 과정이 분석에까지 이어진다는 것을 인정한다. 연구자 또한 참여자와 함께 공명하는 존재로서, 참여자가 제공하는 자료와 반응을 어떻게 반영하고 있는지가 중요하다.

이상 살펴본 바와 같이, 근거이론 방법론은 큰 흐름을 주도하고 있는 세 학자의 견해의 공통점과 차이점이 있으므로, 연구자 스스로가 자신의 연구에 적용할 때 그 특징을 잘 구별하여 이해할 필요가 있다. 이영철(2014)은 근거이론의 큰 세가지 흐름을 방법론적 기초, 방법 및 절차, 주된 연구자료, 연구자와 참여자의 관계, 연구 대상, 산출된 지식과 이론의 객관성 및 타당성 평가의 방법 측면에서 비교 개관하였다.

4) 탈식민주의

탈식민주의는 물리적 식민 지배가 끝난 이후에도 식민적 역사의 영향이 현재까지 계속적으로 남아 과거 피식민지 국가 사람들의 삶과 문화에 심대한 영향을 끼치고 있다는 문제의식을 가지고 있다(Gandhi, 1998; Young, 2001). 이 때문에 탈식민주의는 우리에게 특정 사회와 지식들의 과거와 현재를 어떻게 바라볼 것인지에 대한 새로운 관점을 제공해 주고 있다. 탈식민주의 담론의 인식론적 · 방법론적 발전은 질적 연구에서 연구 대상과 연구 방법이 가진 자체의 성격에 대해 성찰과 해체의 과정을 고민하도록 한다. 특히 '연구'(research)는 역사적으로 유럽의 식민주의로부터 분리할 수 없는 연관성을 가지고 있다는 Smith(1999: 1)의 주장처럼, 질적 연구 또한 역사적으로 이러한 성격에서 자유롭지 못할 뿐 아니라 그와 공모해 왔다(Bourdieu, 2008). 따라서 탈식민주의는 서구의 문화적 제국주의의 영향과 이에 공모의 혐의가 있는 질적 연구의 '현재적 상황'을 통찰하여 그 식민성을 성찰하고 해체하는데 중요한 역할을 할 것으로 보인다.

이를 반영하듯 서구의 경우, Denzin, Lincoln과 Smith(2008)은 지역성, 비판성, 탈식민성을 강조하는 최근의 질적 연구의 흐름에 더해 현재는 탈식민주의적 방법론의 고민에 빠져 있다고 주장하고 있다. 이에 Lincoln과 Gonzalez(2005)는 언어에 포커스를 두면서, 이중언어 자료, 비서구적 전통, 복합적 관점, 복합적이고 이중적인 텍스트, 그리고 접근성과 관계된 기술적인 논쟁들을 중심으로 조직된 상호문화적 질적 자료의 해석과 글쓰기를 강조하고 있다. 이들은 이 다섯 가지의 중요한 자료들은 탈식민적이고 국지적인 연구 형태의 가능성을 제공한다고 주장한다.

반면, 우리나라의 경우에는 탈식민주의 이론을 질적 연구에 적용한 연구는 전무한 실정이다. 최근 지적 전통으로서 탈식민주의에 대한 학문적 관심은 활발하고(안태환, 2014; 주재홍, 김영천, 2013; 태혜숙, 2016; 허창수, 2011; 홍원표, 2013), 이를 질적 연구에 적극적으로 반영하여 탈식민주의 질적 연구는 무엇을 지향하며, 어디로 나아갈 것인지를 조망함으로써 질적 연구의 새로운 방향을 탐색하는 연구들도 시도되고 있다.

5) 포스트 휴먼

우리는 오늘날 "포스트휴먼 전환(posthuman turn)"이라는 대변혁의 시대를 살고 있다. 이 인류 역사적 시점은 전통적인 인간중심주의에 도전하고 인간과 비인간 간의 관계를 재인식하도록 촉구하는 포스트휴머니즘의 등장과 확산으로 더욱 명확해지고 있다. 또한, 새로운 패러다임으로써 포스트휴머니즘은 사회과학 연구의 중요한 관점으로 자리 잡았다(Braidotti, 2013; Haraway, 2016; Wolfe, 2010). 포스트휴먼 질적연구는 인간중심주의를 넘어 인간과 비인간, 유기체와 기계, 자연과 인공물 간의 복잡한 상호작용을 탐구하는 것이다(Barad, 2003). 즉, 포스트휴먼 질적연구는 인간을 우월한 존재로 보는 전통적 관점을 탈피하고, 인간이 다양한 비인간적 요소들과 끊임없이 상호작용하며 공존함을 강조한다(Bennett, 2010). 이에 포스트휴먼 질적연구는 인간과 비인간의 관계를 재정의하고, 환경 문제, 기술윤리, 교육 등 현대 사회의 복잡한 문제들에 대한 포괄적이고 다층적인 이해를 제공하고자 한다.

최근 20여 년 동안, 포스트휴먼 질적연구는 사회과학 여러 분야에서 활발히 탐구되고 활용됨으로써 급격한 확산과 발전을 이루었다. 철학에서는 인간과 비인간의 경계와 관계를 재정립하는 이론적 철학적 탐구들이 이루어졌다(Braidotti, 2013; Haraway, 2016). 환경학에서는 인간과 자연의 상호작용을 재고하게 만드는 생태 비평이 중요한 이론적 틀을 제공하였다. 기술윤리 분야에서는 AI와 로봇의 윤리적 문제가 심도 있게 다루어지고 있다. 문학에서는 사이버네틱스를 문학과 결합하여 인간과 기계의 관계를 재고하는 연구가 진행되었다. 예술에서는 인터랙티브아트를 통해 인간과 기술의 융합을 탐구하는 연구가 주목받고 있다. 관광과 레저 분야에서는 포스트휴먼 관광의 개념을 제시하며, 인간과 비인간 요소들이 관광 경험을 탐구하였다. 의료/의학과 보건 분야에서는 생명의료기술이 인간 신체와 건강에 미치는 영향을 분석하며 포스트휴먼 건강학의 기초를 다지는 연구가 진행되었다. 이러한 연구들은 각각의 학문 분야에서 포스트휴먼 질적연구의 적용 가능성을 넓히고, 학제 간 협력을 통해 새로운 지식과 실천의 지평을 열어가고 있다. 교육학은 포스트휴먼 질적연구가 활발하게 이루어지고 있는 분야 중 하나다. 실제로 서구의 교육학 연구에서는 교육문화, 교수법, 수업형태, 학습문화와 학습법 등의 주제로 활발한 포스트휴먼 질적연구가 진행되고 있다. 예를 들어, AI와 교육의 상호작용을 통해 학습자의 참여를 증대시키는 방법 탐구(Antony & Ranmath, 2023 Zhai, et al, 2021), 디지털 기술이 학습자와 교사 간의 관계를 어떻게 재구성하는지에 대해 연구(Bayne & Jandrić, 2017), 온라인 학습 환경의 특징과 본질에 대한 연구가 진행되었다(Gourlay, 2020; Knox & Bayne, 2013). 이러한 연구들은 교육학에서 포스트휴먼 접근이 교육의 다양한 측면을 재고하고 혁신하는 데 중요한 기여를 하고 있음을 보여준다.

한국에서 포스트휴먼 질적연구는 2000년대 이후 다양한 학문 분야에서 활발히 진행되었다. 초기 연구는 과학기술 중심으로 시작되어 사이보그와 기계론 등의 주제를 탐구하였다(강승지, 이연선, 2017). 이후, 사회인문학과 생태학적 사유가 등장하면서 포스트바디와 주체 개념이 부각되었고, 인공지능과 트랜스휴머니즘이 4차 산업혁명과 맞물려 인간의 한계를 기술로 극복하는 접근법이 강조되었다. 최근에는 인문학, 사회과학, 예술, 교육 등 다양한 분야에서 포스트휴먼 주체성과 존재론적 지평을 모색하는 연구가 활발히 이루어지고 있다(박휴용, 2019; 류영휘, 강지영, 소경희, 2023; 서덕희, 2020).

3. 한국에서 널리 알려진 다섯 개의 질적연구 전통들

여기에서는 우리나라에서 가장 널리 알려지고 많이 연구되고 있는 다섯 개의 질적연구 전통에 관해 소개하고자 한다.

1) 문화기술지

문화기술지 측면에서는 가장 먼저 김영천의 역사적인 선구적 작업으로부터 이야기를 시작하고자 한다. 김영천은 1990년대 우리나라 잠재적 교육과정의 규명과 한국의 학교문화를 탐구하는 도구로서 미시문화기술지를 사용하였다. 그는 질적연구방법론자로서 모두에게 익숙한 현상과 경험을 정치화하는 질적연구의 기본 전제로부터 출발하였고, 한국의 학교 교육 현장에 끊임없이 제기되던 의문들(어떻게 과밀학급 학생들을 잘 관리하면서 수업을 할 수 있는가?)을 실제 연구 주제로 상정하는 데 이르렀다. 그리고 이 연구 문제에 근거하여 과밀학급의 질서를 성공적으로 유지하는 방법을 찾고자 하였다. 이에 관찰과 해석의 준거로 질서에 관한 당시의 미시문화기술적 수업 연구 기법들을 사용하게 되었다. 연구의 결과로 서구의 학자들이 궁금해했던 한국 초등학교의 교실 관리/통제 기술에 관해 직접적으로 답변할 수 있게 되었다. 그리고 교실 현장에서 가장 중요한 연구 영역 중 하나인 교실 관리 방법이나 관점에 관한 학구적 관심도 끌어낼 수 있었다. 마지막으로 한국의 교육 상황에 특수한 문화적 가치와 규범을 반영하는 교실관리기법이 존재하고, 그것들을 밝혀내면서 서구 중심의 교실관리기법에 대한 논의가 갖는 제한점을 극복하고자 하였다.

다음으로, 오영범의 인터넷 문화기술지 연구를 주목해 볼 수 있다. 연구 방법으로서 인터넷 문화기술지는 온라인 커뮤니티와 문화 연구에 적용되었다. 오영범은 가상 문화기술지, 인터넷 질적연구, 웹노그라피(webnography)', 디지털 문화기술지, 사이버인류학 등 다양한 용어들을 통합하여 포괄하는 개념으로 '인터넷 문화기술지'를 제안하였는데, 이를 통해 가상의 온라인 환경을 연구 장소로 이용함으로써 문화기술지를 수행하고 구축하는 과정으로 보았다. 인터넷 문화기술지의 일반적 개념은 전통적 문화기술지와의 비교를 통해 보다 구체화 된다. 문화기술지가 인간의 삶과 경험을 연구한다는 측면에서 인터넷 문화기술지 역시 폭 넓은 관점에서 문화기술지의 새로운 형식이라고 할 수 있을 것이다. 즉, 인간의 삶, 경험, 상호작용, 일상을 연구한다는 점에서 문화기술지의 주요한 연구지향점을 그대로 반영하고 있다. 그리고 문화기술지에서 개발한 많은 연구 방법을 인터넷 문화기술지에서 그대로 또는 변형하여 활용하고 있다(조용환, 2005). 그러나, 조금 세부적인 관점에서 바라보면 나름대로 인터넷 문화기술지는 일반 문화기술지와는 여러 측면에서 나름대로 특징과 방법을 가지고 있다. 인터넷 문화기술지는 물리적으로 흩어진 사람들이 화면을 통해 함께 공간을 공유하는 특별한 가상공간을 형성하기 때문에 필드의 개념이 근본적으로 다르다(Miller & Slater, 2000). 이로인해 연구자의 역할, 자료수집 방법, 참여 기간, 비교 문화기술지의 가능성에서 전통적인 문화기술지와 차별적인 모습을 보이게 된다. 그리고 인터넷 문화기술지는 장기간 몰입의 과정이 아니라 간헐적인 참여 과정으로 구현된다. 또한 인터넷 문화기술지는 연구 대상이 되는 공동체와 집단의 개념, 본질, 특성 면에서도 전통적인 문화기술지와는 차이점을 드러낸다.

김인숙은 2000년대 중반 제도적 문화기술지를 사회학 연구에 도입하여 이를 적용한 연구를 수행하기도 하였다. 제도적 문화기술지를 대략 정의하면 일상생활을 하는 행위자의 관점에서 그들의 삶이 어떻게 그들을 둘러싼 제도 또는 지배관계에 얽혀드는지를 연구자 해석이 거의 개입되지 않고 객관적으로 보여주는 방법론이다. 사람들의 일상 세계가 제도적 과정에 의해 어떻게 만들어져 있는지를 묘사하는 것이 제도적 문화기술지 탐구의 출발이다. 여기서 행위자인 주체는 제도나 지배관계에 포섭되는 수동적 존재로 여겨지지 않는다. 행위자와 제도는 모두 상호 조정되는 능동적 존재로 간주된다. 이러한 제도적 문화기술지는 몇 가지 점에서 기존 질적연구방법과 큰 차이를 보인다. 첫째, 미시 현상을 거시 개념으로 설명함으로써 미시와 거시 모두를 능동적 주체로 간주한다. 이로써 행위자들의 경험적 실제가 '조정'되는 과정 자체를 '사회(the social)'로 보고 연구가 진행된다. 둘째는, 미시와 거시를 연결하는 개념적 도구들 예를 들면, 일 지식(work knowledge), 텍스트, 제도적 담론, 문제틀(problematic), 입장(standpoint), 조정(coordination), 사회적 조직화(social organization), 실제(actualities), 지배관계(ruling relation) 등을 설정함으로써 미시와 거시가 함께 '조직화'되는 모양새를 보다 정교하게 묘사해 줄 장치들을 갖고 있다는 점이다. 제도적 문화기술지는, 이 다양한 장치들을 이해하는 데는 다소 많은 시간을 요하지만, 개인적 문제나 고통을 불평등의 문제로 이동시키거나, 개인이 모든 종류의 억압에 어떻게 반응하는지를 이해하는 정교한 도구이다(Campbell & Gregor, 2004). 셋째, 대부분의 질적연구방법들이 미시와 거시의 연결을 이해하는 방법적 도구는 '해석'이다. 미시 현상을 거시 개념이나 이론으로 해석함으로써 미시와 거시의 연결을 시도한다. 제도적 문화기술지는 '해석된 실제'가 아닌 '실제' 그 자체를 그려주려 한다. 따라서 개념이나 이론을 가지고 실제를 해석하거나, 연구 과정에서 이론이나 개념이 개입하는 것을 거부한다. 사람들의 일상에서의 실제 경험이 지배관계로서의 제도와 어떻게 맞물리면서 '조직화'되는지를 보여주기 위해 '해석'의 방법을 동원하는 것이 아니라 '묘사(description)'의 방법을 선택한다.

2) 생애사

국내에서의 생애사 연구는 외국에 비해 활발하지 않지만, 최근 들어 생애사 연구에 대한 관심이 점차 증가하고 있는 추세다(유철인, 1990; 최영신, 1999; 박성희, 2003; 김영천, 허창수, 2004; 김영천, 한광웅, 2012; 강숙희, 2013; 김영천, 2014; 이동성, 김영천, 2014; 민성은 외, 2015; 이동성, 2016). 국내의 생애사 연구는 1990년대 사회학 분야에서부터 시작되었다(이희영, 2005). 유철인(1990)은 『생애사와 신세 타령』을 통해 우리나라에서 처음으로 생애사의 개념과 본질에 대해 소개하고 있으며, 우리나라에서의 생애사를 '신세 타령'이라는 단어에 비유하여 설명하였다. 그 후로 최영신(1999)은 『질적 자료 수집: 생애사 연구 사례를 중심으로』에서 생애사 연구에 대한 개념적 설명과 더불어 생애사 연구를 위한 심층면담, 참여관찰 등의 질적 자료 수집 방법에 대해 논의하였고, 박성희(2003)는 『평생교육으로서의 연구방법론: 생애사 분석법』에서 벡(Beck), 알헤이트(Alheit) 등의 독일의 사회학자들의 의해 논의된 생애사 연구와 기본 이론들을 탐구하였다. 특히 김영천(2014)은 『질적 연구방법으로 생애사연구의 성격과 의의』와 그의 책 『질적연구방법론 II』에서 생애사 연구의 역사, 개념, 성격, 절차, 타당도 및 교육학 분야에서의 동향을 다루어 생애사 연구에 대한 종합적인 이해를 제공하였다. 최근 민성은 외(2015)는 생애사 연구를 위한 효과적인 자료 분석 방법을 6가지로 구체화하여 생애사 연구의 실제적이고 구체적인 적용 방법에 대해 논의하였다. 또한 이동성(2016)은 『생애사 연구』라는 책을 통해 생애사 연구의 이론적 배경, 연구 방법, 글쓰기 등 생애사 연구의 전반에 대해 정리하여 생애사 연구에 대한 전반적인 이해에 도움을 주었다.

국내 생애사 연구의 동향과 관련해서 강숙희(2013)는 학술연구정보서비스(RISS)에서

1992년부터 2013년까지 '생애사 연구'라는 주제어로 검색하여 찾은 242편의 학위논문 및 교육학 분야의 학위논문 29편을 분석하였다. 그 결과 1992년~1999년도에 발표된 학위논문은 박사 1편, 석사 11편, 총 12편으로 전체 논문의 4.96%에 해당하였으며, 2000년~2009년도에는 박사 22편, 석사 90편, 총 112편으로 전체 논문의 46.28%로 급격히 증가한 것을 살펴 볼 수 있었다. 2010~2013년도의 경우 앞선 기간보다 상대적으로 짧은 기간인데도 불구하고 박사 40편, 석사 78편, 총 118편으로 전체 논문의 48.76%에 해당하여 생애사 연구에 대한 관심이 점차 증가하는 추세라는 것을 증명할 수 있었다. 강숙희(2013)는 생애사 연구의 시대별 분석과 더불어 전공별 분석도 실시하였다. 생애사 연구 학위논문 전공별 비중은 사회복지학(23.55%), 기타(22.31%), 스포츠(14.88%), 교육학(11.98%), 여성학(10.33%), 인류학(8.68%), 사회학(8.26%) 순으로 나타나고 있었다.

3) 자문화기술지

한국에서 자문화기술지 연구는 2010년 자문화기술지가 한국에 연구방법론으로 소개된 이후 자문화기술지를 연구방법으로 최초로 수행한 이동성(2010)의 논문을 필두로 2010년부터 교육학, 상담(심리)학, 체육(교육)학을 중심으로 꾸준히 출간되어, 뚜렷하게 증가하는 양상을 드러내고 있다. 이전까지는 한 자릿수로 나타나던 자문화기술지 연구는 총 14편이 집계된 2015년부터 두 자릿수로 증가하였으며, 2017년을 기점으로 매년 20~30편 이상 폭발적으로 연구가 수행되고 있다. 2021년은 '자문화기술지의 해'라고 해도 과언이 아닐 만큼, 총 58편의 논문이 발표되어 자문화기술지 연구가 최초 수행된 2010년 이래로 가장 많이 자문화기술지 연구가 수행되었다.

학문 분야에 따라 살펴본 결과로는 한국에서 자문화기술지 연구의 약 78%(연구방법론 논문을 제외한 261편 중 205편)가 교육학, 상담(심리)학, 체육(교육)학 영역에 집중되어 있음을 확인할 수 있다. 상담(심리)학 분야의 자문화기술지 연구는 해당 분야에서 처음으로 자문화기술지 연구가 수행된 2015년부터 폭발적으로 증가하는 추세를 보였으며, 2021년에는 한국 자문화기술지 연구의 절대 강세였던 교육학 분야를 양적으로 근소하게 추월하는 것으로 나타났다. 그리고 2018년부터 사회학, 사회복지학, 인류학, 여성학, 지리학, 행정학, 관광학 등 다양한 인문사회과학 분야에서 자문화기술지 연구가 잇달아 출현하였다. 이러한 연구 동향은 한국에서의 자문화기술지가 기존 교육학, 상담(심리)학, 체육(교육)학 분야를 넘어 저변을 넓혀 나가고 있음을 나타낸다.

한편, 방법론적 개념과 특질을 다룬 한국 자문화기술지 연구들은 자문화기술지를 한국에 처음으로 소개한 박순용, 장희원, 조민아(2010) 이래로 지속적으로 출현하였다. 자문화기술지의 방법론 전반에 주목한 연구부터 자문화기술지의 방법적 이슈, 글쓰기를 집중적으로 다룬 연구까지 찾아볼 수 있었다. 그리고 특정 학문 분야와 자문화기술지를 연결하여 자문화기술지의 방법론적 개념과 특질을 해석함으로써 학문 분야에 특화된 자문화기술지를 탐색하고자 하는 연구들이 나타났다(김나래, 김선희, 2018; 박상봉, 김동식, 200; 박수연, 임부연, 2022; 이현진, 김명찬, 2018; 이현진, 이동성, 김명찬, 2020; 하정미, 좌문경, 2016). 이와 함께, 자문화기술지에 대한 연구방법론 전문서적(handbook) 3편('질적 연구와 자문화기술지 1, 2판(이동성 저)', '차근차근 자문화기술지(한유리 저)')도 출간되는 등 방법론적 차원에서 자문화기술지를 정립하려는 학술적 시도들이 확인되었다. 결국, 자문화기술지를 해명하기 위한 학술적 관심이 걸음마 단계에 머물렀다는 이동성(2016)의 분석과 달리, 2022년(상반기)에는 한국에서 자문화기술지의 방법론적 개념과 특질을 다룬 연구들이 출현하였다.

4) 실행연구

1990년대 후반부터 질적연구와 실증연구의 한 가지 방법으로서 실행연구가 도입되기 시작하였다. 21세기에 들어서면서 사회과학 분야에서 이론과 실천의 괴리는 점점 더 커졌다. 현장연구가 50년 가까이 이루어졌음에도 여전히 많은 실제적인 문제가 남아 있었고, 국가의 연구 정책도 점점 빨라지는 사회의 변화 속도를 따라잡지 못하고 있었다. 그러던 중 질적연구와 실증주의 패러다임이 소개되고 보급되기 시작하였다(이용숙, 김영천, 1998; McCutchen & Jung, 1990). 이러한 질적연구와 실증주의 패러다임은 실행연구의 보급과 현장 적용도 빠르게 만들었다.

이러한 주장에 공감한 연구자들은 실행연구의 방면에서 활약하기 시작했다. 구체적으로는 최의창(1998), 이용숙(2001) 등이 교육학 분야에서 교육의 문제를 개선하기 위한 실제적인 방안을 모색하기 위하여 실행연구를 도입하였다. 이 과정에서 서구의 실행연구 이론들이 우리나라에 본격적으로 소개되었다.

요약하면 이 시기에는 실행연구가 무엇인지에 대한 개념적 탐색과 더불어 실행연구와 기존의 현장연구의 차이점 규명에 관한 이론적 탐색이 주로 이루어졌다. 그리고 일부 현장에서는 실행연구를 직접 수행하고 경험하는 연구가 병행되었다.

이후에는 실행연구의 양적 · 질적 확장 시기가 있었다. 실행연구는 기존의 현장연구를 대체할 수 있는 새로운 방법으로 각광받게 되었다. 그리고 실행연구는 곧바로 새로운 연구 패러다임의 한 종류로 인정받게 되었다. 특히 실행연구가 석 · 박사 학위 논문이나 학술 논문에 활용되기 쉬운 방법론으로 인식되면서 대학과 현장에서 골고루 활용되기 시작하였다. 이는 새로운 연구 주제를 찾아내려는 대학 연구자들과 현장에서 발견한 독특한 현상을 이론화하려는 현장 실천가들의 요구가 맞아들어간 데 따른 것이다. 이처럼 실행연구 용어가 확립되고 보급됨에 따라 실행연구의 이론을 좀 더 깊이 탐구하려는 수요가 늘어났고, 자연스럽게 실행연구의 개념과 적용 방법을 체계적으로 다루는 번역서와 전문 서적이 출간되었다. 한국 학자들의 전문 서적에는 '실행연구방법(이용숙 외, 2005)', '실행연구: 이론과 방법(박창민, 조재성, 2016)' 등이 출간되었다.

많은 연구 사례에서는 실천가 스스로 연구한 경우와 더불어 협력적 실행연구나 참여적 실행연구도 확인된다. 이러한 사실은 실행연구가 현장의 개선과 더불어 그동안 소외되었던 사람들의 목소리를 많이 반영하는 사회적인 기능을 수행한다는 점에서 고무적이다. 또한 실행연구의 대부분은 해석적 패러다임에 근거하여 수행되는 경우가 많은데, 이 역시 실행연구가 질적연구방법을 널리 알리는 데에도 이바지한 것으로 이해할 수 있다.

현재는 실행연구가 완전히 정착되고 심화하는 시기로 볼 수 있다. 실행연구는 많은 분야에서 비교적 활발하게 연구되고 있다. 특히 인문학과 사회과학 분야에서 주된 연구방법론으로 기능하고 있다는 점을 알 수 있다. 지금도 실천가들은 실행연구를 활용하여 이론을 정립하고 이를 확산하는 작업에 매진하고 있다. 특히 가장 많이 활용되는 교육학 분야에서 이러한 현상이 두드러지게 나타나는데, 실제 교육 현장의 개선에 실행연구가 그 역할을 담당하고 있다. 대표적인 연구에는 '보편적 학습설계에 기반한 수업혁신 실행연구(이형빈, 2023)', '유치원 통합학급에서의 협력교수에 대한 실행연구(김희태 외, 2024)', '더 나은 기술수업 만들어가기를 위한 실행연구(함형인, 2024)' 등이 있다. 간호학에서도 실행연구가 활용되고 있다. 대표적으로 '팬데믹 속, 요양시설 거주노인들의 자기결정 지원(오혜인, 이현주, 2023)', '의료취약계층을 위한 지역사회통합돌봄 실행연구(정원미 외, 2023)', '간호현장에서 정맥주사요법 교육 프로그램 실행연구(김효연, 김윤희, 2023)' 등이 발표되었다. 이외에도 돌봄, 상담, 지역 사회 개혁, 공공사업 평가 등 사회과학의 제반 분야에서 그 영역을 확장하고 있다.

5) 내러티브 탐구

한국에서는 1990년대 말부터 Clandinin과 Connelly의 내러티브 탐구가 도입됐다. University of Alberta에서 1999년에 내러티브 탐구로 박사학위를 받고, 교사교육개발연구센터에서 박사 후 연구원으로 근무하면서 Clandinin과 학문적 교류를 한 염지숙 교수와, 2009년에 Clandinin에게 박사학위 지도를 받은 홍영숙 교수가 내러티브 탐구 확산에 기여했다. 이들의 역할을 계기로 국내 여러 교육 연구자들이 내러티브 탐구에 관심을 기울였으며, 특히 교육과정 연구자들의 수용이 두드러졌다.

연구자들은 2000년대 초반부터 내러티브 탐구자들 중, 주로 Clandinin과 Connelly가 참여한 저서를 집중적으로 번역했다(Clandinin & Connelly, 2000; Clandinin & Rosiek, 2007; Clandinin, 2013). 이들 저서는 내러티브 탐구 방법론을 소개하거나, 특정 주제, 혹은 철학과 이론적 '뿌리'를 다룬 책이다. 이들의 저술 외에, 다른 내러티브 탐구자들의 저술도 일부를 번역, 소개했다(Lauritzen & Jaeger, 1996; Polkinghorne, 1988; Webster & Mertova, 2007).

2000년대 중반부터는 한국 연구자들의 저서가 등장해 최근까지 이어지고 있다. 특히 교육학과 교과교육학, 상담학처럼 현장을 중요하게 다루는 학문 분야 연구자들이 내러티브 탐구를 적극적으로 확산시켰다(신동일, 유주연, 2006; 신동일, 유정원, 2022; 김신혜, 2020; 양유성 외, 2022; 홍영숙, 2024). 또 J. Bruner와 D. Polkinghorne의 내러티브 인식론을 근간으로 교육과 인문사회과학에서 내러티브학을 정립하려는 시도도 나타났다(강현석, 2016; 강현석, 2023). 이 외에도, 내러티브 탐구 방법론을 활용하는 교육 연구의 증가와 더불어, 질적연구방법론을 다룬 책들에서도 '내러티브 탐구'를 하나의 챕터도 꾸준히 포함하고 있다(신경림 외, 2004; 김영천, 2014; 김신혜, 2020; 조용환 외, 2022; 한국교육과정학회 편, 2023; 서경혜, 2023). 이들 저서에서는 내러티브 탐구에 대해 개념, 탐구 절차와 방법, 주목할 만한 학술논문 사례, 신뢰성 문제와 최신 동향 등을 폭넓게 다루고 있다. 이들 저자의 전공 분야로는 교육학 교육과정 전공자가 가장 많고(3인), 유아교육(1인), 영어교육(1인) 전공자가 있다.

이러한 연구 성과를 토대로 2012년에는 교육학 교육과정 전공자인 강현석, 한승희 교수가 중심이 되어 한국내러티브교육학회를 창립했다. 한국내러티브교육학회는 직접적으로 내러티브 탐구를 주된 연구방법론으로 다루는 전문 학회라는 점에서 의미가 깊다.

4. 새로운 질적연구 방법론의 도입과 적용

1) 탈식민 질적연구

우리나라에서는 해방 직후부터 일부 학자들 사이에서 서구 의존적 학문 연구 풍토에 대한 비판과 자성의 목소리가 꾸준히 터져나왔고, 이후 민주화 운동이 활성화된 1970~1980년대에 이르러 사회과학 연구 전반에서도 민중, 토착, 현지화의 목소리가 점차 커지기 시작했다. 이러한 흐름은 본격적인 탈식민 담론으로 발전하여 사회과학 연구 분야의 주요 탐구 주제로 자리 잡았다. 2000년대를 전후로 하여서는 《우리 학문의 길》(조동일, 1993), 《한국 사회과학의 탈식민성 담론 어디까지 와있는가?》(김정근 편, 2000), 《우리 학문 속의 미국》(학술단체협의회 편, 2003) 등 초기 한국의 사회과학 연구 분야에서 이루어진 탈식민 담론을 체계적으로 정리하려는 시도가 이루어지면서 관련한 연구 성과들을 조망할 수 있게 되었다(김현구, 2024; 채웅준, 2019).

대표적으로 경제학, 정치학, 행정학, 사회학, 교육학 등의 분야에서 다양한 학자들이 식민주의를 비판하며 탈식민에 관한 초기 담론을 형성하였는데, 한국 사회과학 연구에서 발달한 탈식민 담론은 크게 두 가지 특징을 가진다(c.f. 이성용, 2015; 채웅준, 2019). 첫째, 서구 이론과 관점으로 설명할 수 없는 현상들을 맥락적 관점에서 재해석하려는 시도로, 이는 서구 이론이 갖는 현실 모순을 드러냄으로써 보편성을 해체하고 토착화하려는 노력이었다. 둘째, 서구 의존적인 학문 연구 풍토에 대한 비판을 넘어 한국 사회과학의 토착적 현상을 구체적으로 탐구하고 이론화하려는 시도이다. 이러한 탈식민 담론의 확산에 따라 한국의 맥락과 현장의 경험을 미시적으로 탐구하고 이를 이론화하려는 질적 연구 및 질적 연구방법론에 대한 관심이 자연스레 커졌다.

한국에서 질적연구는 특히 교육학 분야에서 가장 활발하게 성장했다(Kim & Cho, 2005). 따라서 초기 탈식민주의적 질적연구 역시 교육학 분야에서 두드러지게 이루어졌다. 이후 한국 교육학계에서 질적 연구가 적극적으로 주목받게 되면서 한국 교사와 학교장의 삶과 교육적 실천, 학생과 교육에 대한 인식, 교실문화의 특성 등을 한국의 고유한 맥락 속에서 탐구하려는 노력이 확대되었다. 이를 통해 교육에 대한 맥락적이고 실천적인 지식이 형성되었으며, 이는 비서구-한국의 독특한 교육적 경험과 현실에 기반한 탐구 주제들을 형성하는 데 기여했다(김영천, 1997; 이용숙, 김영천 편, 1998; 조용환, 1999). 가령, 김영천(2005)은 《미운 오리 새끼》를 통해 초임교사들의 적응과 발달에 관한 서구의 이론이 한국 초임교사들에게는 다른 방식으로 작동한다는 사실을 질적 연구를 통해 규명하였다. 그는 서구와 다른 권위주의, 장유유서, 가부장제와 같은 전통적 윤리들이 어떠한 방식으로 한국 초임 교사들에게 개입하고 있는지를 생생하게 드러냈다. 또한, 오영재(2006)는 《한국 학교 조직 질적연구》에서 기존 실증적 연구가 한국 학교 조직의 특수성을 설명하지 못한다고 지적했다. 따라서 그는 질적 연구를 통해 한국 학교 조직의 성격과 작동 기제를 구성하는 조직 구조, 인간 자원, 문화, 정치라는 네 가지 요소를 규명하였다. 그 외에도 김소희(2004)와 서근원(2008)의 연구는 한국 사회의 '교육열'을 교육인류학적 또는 내러티브적 관점에서 탐구한 사례로 주목받는다. 이들은 한국적인 교육 현상을 질적연구를 통해 분석하며, 비서구적 탐구 주제를 구체화하고 심화시켰다고 볼 수 있다.

이후 다양한 탈식민주의 이론이 한국에 도입되고 논의되면서 질적연구를 통한 탈식민주의적 탐구가 더욱 활성화되었다. 특히 교육학에서는 탈식민주의적 탐구를 심화시키기 위해 방법론적 탐구와 이론화 시도가 진행되었고, 탈식민주의 이론가들이 제안한 개념을 바탕으로 서구 중심적 교육과정 텍스트의 비평과 담론분석이 이루어졌다. 또한 탈식민주의적 관점에서 교육 정책 분석과 비평을 통해 사회 문제를 진단하고, 탈식민주의적 대안을 제시하려는 노력도 활발히 전개되었다. 더불어 다문화사회를 위한 인식적 기반 마련을 위한 연구가 수행되면서 탈식민주의적 질적 연구의 범위가 지속적으로 확장되어왔다.

이와 같은 탈식민주의적 담론은 한국 사회과학 연구의 발전과 학문적 자립화에 크게 기여해왔다. 특히 질적연구에 기반한 탈식민주의적 탐구는 서구 중심의 이론과 관점에서 벗어나 한국 사회와 문화의 고유한 맥락을 반영한 연구를 통해 비서구적 시각을 강화하고, 우리의 경험을 토대로 새로운 지식체계를 구축하는 데 중요한 역할을 해왔다고 볼 수 있다.

2) 포스트 휴먼 질적연구

국내에서도 탈인간중심주의적 사유에 기반한 연구 방법에 관한 이론적 논의가 이루어져 왔다(류영휘 외, 2023; 박휴용, 2019; 이수한, 소경희, 2023; 이연선, 2023; 정정훈, 김영천, 2021; 정학성, 2023). 공통적으로 이러한 논의들은 포스트휴머니즘이 강조하는 탈인간중심주의적 사유를 받아들일 때, 질적 연구 방법은 어떠해야 하는가의 방향성을 탐색한다. 반면, '탈인간중심'의 방점을 어디에 두는가에 따라 포스트휴먼 연구에 접근하는 뉘앙스 또한 나타난다.

예컨대, 박휴용(2019)은 포스트휴먼적 질적 연구의 배경을 과학기술의 발전에 따른 '포스트휴먼적 사회'로 설정하면서, 포스트휴먼 연구는 "기술적 환경 속에서 인간의 의미와 역할"을 비판적으로 탐색해가는 것을 강조한다(p. 56). 반면, 정정훈, 김영천(2021)은 동물, 식물, 무생물, 기계와 인간의 평평한 존재론(존재자로서의 물질) 및 비인간 물질의 행위성(행위자로서의 물질), 존재들의 관계성(비대표적 관계성)을 포스트휴머니즘의 핵심 개념으로 간주하며, 전통적인 질적연구에서 소외되었던 비인간 물질을 연구에 '참여'시키고 '물질-세계'를 탐구하는 방식에 초점을 둔다. 포스트휴먼 질적연구의 주요 목적을 '비인간 물질의 관점 포착,' '인간중심주의를 넘어 물질-생활 세계에 대한 규명,' '인간-기계를 비롯한 물질 간 상호작용' 등으로 제시하고 다양한 관찰 기법과 심층 면담 기법을 제시한 것이 대표적이다. 류영휘 외(2023)의 경우, 이론과 함께 사유하는 방식의 절차화된 연구 방법을 대체, 데이터의 행위성 고려, 방법론적 실험을 통해 관계적 현상을 포착 등 지식을 생산하는 실천으로 연구 방법에 대한 접근 자체를 변화시킬 것을 강조하였다.

이처럼, 국내에서도 짧은 시간이지만 포스트휴먼 연구 방법에 대해 연구자들은 탈인간 중심주의라는 공동의 기반 위에서, 인간중심주의를 해체하는 방법에 대한 다양한 논의를 생성해왔다. 그렇다면, 실제로 국내에서 포스트휴먼 연구들은 어떻게 수행되고 있을까? 포스트휴머니즘은 기존의 '질적 연구'를 어떻게 바꾸었을까? 국내 포스트휴먼 연구물에서 방법에 대한 체계적 분석은 후속 연구를 통해 이루어질 필요가 있다.

3) 포스트모던 질적연구

포스트모더니즘이라는 새로운 시대정신은 국내의 질적 연구에도 새로운 관심과 전환을 불러일으켰다. 질적 연구 분야의 인식론적 패러다임의 전환은 어떠한 권위, 방법, 또는 패러다임에도 특권을 부여하기를 거부하는 현대적 감각을 대변하는 용어인 포스트모더니즘의 영향을 반영하고 있다. 포스트모더니즘이 가지고 있는 고유의 철학적 기반과 이에 따라 사용되어지는 다양한 방법 및 이슈들에 대해 학자들의 관심이 점차 높아지고 있는 실정이다. 한국 질적 연구 분야에서는 김영천(1997)의『네 학교 이야기: 한국 초등학교의 교실 생활과 수업』, 곽영순(2009)의『질적 연구: 철학과 예술 그리고 교육』, 유혜령(2011)의「'포스트' 시대 질적 연구 방법론의 경향과 논리: 해체와 생성의 패러다임」등을 통해 포스트모던 질적연구가 알려졌다.

한편 포스트모던 탐구의 기준에 따라 나타난 한국의 질적연구 동향과 그 특징은 다음과 같다. 포스트모더니즘의 기본적인 전제와 가정들은 질적연구에 어떤 새로운 문제와 현상들을 제기하였다. 그것들은 인간과 사회현상을 연구하는 질적 연구자들에게 이론적 측면에서 그리고 연구 실제적 측면에서 다양한 시사점을 제공하였다. 따라서 이러한 기준을 통해 한국의 질적연구 동향을 체계적으로 분석한 결과 한국의 포스트모던 질적연구 동향은 다음 네 가지 영역으로 구분하여 나타났다. (1) 메타내러티브의 거부와 차이에 대한 탐구, (2) 지식에 대한 권력적 탐구, (3) 인간의 주관성과 위치성 탐구, (4) 비언어적 상징과 표상 체계의 탐구

5. 포스트 오리엔탈리즘과 한국의 질적연구: 미래적 탐구

포스트 오리엔탈 질적 연구는 오리엔탈리즘이 내포한 아시아에 대한 열등하고 부정적 묘사와 재현에서 벗어나, 아시아의 현상과 실제를 탈서구적 관점에서 질적연구의 실천과 이론화를 통하여 이해하고 설명하려는 비판적 탐구를 의미한다. 그리하여, 서구 식민적 관점에

서 이루어진 아시아에 대한 재현과 지식 생산의 역사에 저항하고, 보다 새롭고 토착적인 시각에서 아시아에 대한 긍정적 · 문화적 · 다문화적 · 문화 상대적 관점에서 아시아의 현상을 탐구하며, 이를 새로운 국제 학술 담론의 탈식민적 지식으로 정립하는 것을 목적으로 한다.

이러한 목적 아래 이 개념은 다음과 같은 구체적인 특징을 갖는다. 첫째, 포스트 오리엔탈 질적 연구는 서구가 아시아를 특정 방식으로 규정하고 이질화했던 서구 중심의 해석과 지식 생산에 저항한다. 이는 서구 중심 학문이 아시아를 타자로 규정하며, 동양을 고정되고 이국적인 이미지로 표상했던 역사적 과정과 그로 인한 지적 · 문화적 편향성을 문제 삼는 데에서 출발한다. 즉, 아시아를 단순히 서구의 타자화된 대상이 아닌, 능동적이고 주체적인 지식 생산의 장으로 재구성하고자 한다. 이를 통해 포스트 오리엔탈 질적 연구는 서구 중심적 학문 구조와 인식 체계를 해체하고, 아시아의 관점에서 새로운 학문적 지평을 열어가는 데 기여하고자 한다.

둘째, 이 접근은 서구 담론 속에서 배제되거나 왜곡된 동양의 목소리와 서사를 질적 연구를 통해 발굴하고 이를 이론화한다. 예를 들어, 동양의 공동체 중심적 가치, 전통적 지혜, 그리고 식민 경험 속에서 형성된 저항적 서사를 탐구하며, 이를 통해 기존의 서구 중심적 이론과 대비되는 새로운 지식 체계를 제시한다. 이러한 작업은 구체적인 현장 연구와 참여적 방법론을 통해 동양 내부의 경험과 목소리를 기록하고, 이를 학문적으로 해석함으로써 동양 고유의 관점에서 설명가능한 이론 창조에 기여한다. 아시아 사회의 이질성과 복잡성을 강조하는 이러한 관점은, 서구 중심적 서사의 균질화 경향을 약화시키고, 연구 방법론이 문화적으로 민감하며 비서구 사회의 현상과 경험에 대한 내부자로서의 해석과 재현을 보장하려는 탈식민주의의 목표와 일치한다.

셋째, 이 연구 개념은 아시아를 연구하는 아시아 출신 연구자들과 서구 학자들 모두에게 자신이 은연중에 내면화한 서구 중심의 아시아에 대한 관점과 편견을 비판적으로 성찰하고 해체하도록 요구한다. 이는 연구자들이 자신의 학문적 훈련과 교육 과정에서 학습된 서구적 사고와 오리엔탈리즘적 시각이 연구의 관점과 방법론에 어떻게 작용했는지를 드러내고, 이를 바탕으로 새로운 연구자로서의 정체성을 성찰하도록 촉구한다. 연구자들은 자신의 세계관과 학문적 입장에 내재된 다양한 주관성(문화적 편향, 권력 관계, 그리고 무의식적인 이질화의 과정)을 노출시키고 비평함으로써, 보다 자기반성적인 연구 태도를 갖추게 된다. 이러한 과정은 단순히 서구적 시각을 비판하는 데 그치지 않고, 연구자가 자신의 위치성과 인식론적 한계를 인정하며, 이를 넘어서는 대안적 접근을 탐구하도록 이끈다.

넷째, 포스트 오리엔탈 질적 연구는 탈서구적이고 보다 공정한 방식으로 아시아에 대한 새로운 지식을 생산하고 이를 유포함으로써, 미래 교육과 학문적 · 전문적 대화에서 중요한 자료로 활용될 수 있도록 한다. 이는 아시아 맥락과 문화적 특수성을 반영한 지식 생산을 통해 기존의 서구 중심적 서사와 균형을 맞추려는 시도이다. 이렇게 생성된 새로운 지식은 아시아 지역의 역사와 문화를 보다 정확하고 공정하게 이해하는 데 기여한다. 이를 통해 교육과 학문 후속세대 양성에서 아시아적 관점을 확장하고, 글로벌 학술 담론에서 아시아의 목소리를 정당하게 포함시키는 기반이 된다. 나아가 이러한 자료는 글로벌 학문 생태계에서 보다 동등하고 정의로운 대화를 가능하게 하고, 지역적 다양성을 존중하는 학문적 다원화에 기여한다.

이와 같이, 포스트 오리엔탈 질적 연구는 아시아에 대한 보다 공정하고 토착적인 새로운 지식을 생산함으로써, 아시아 지역 사회가 자신들의 존재와 정체성을 긍정적으로 인식하고 자부심을 고취할 수 있도록 한다. 이는 아시아 학자, 시민, 학생들이 무의식적으로 내면화한 의식의 식민화를 해체하고, 프란츠 파농(Fanon)이 지적한 것처럼 서구인이 아니라는 이유로 타자로 규정된 아시아인의 심리적 · 문화적 열등감을 극복하는 것을 목표로 한다. 이러한 지식 생산은 단순히 학문적 담론의 확장을 넘어, 아시아인의 주체성을 회복하고 서구 중심의 지식 체계에 도전하는 실천적 역할을 한다. 따라서, 이러한 연구는 지식을 생산하는 과정 자체를 실천적 활동으로 간주하는 'Research as Praxis'의 역할을 수행한다.

포스트 오리엔탈 질적 연구는 단순히 기존 오리엔탈리즘의 비판에 머물지 않고, 이를 초월하여 아시아 맥락에 적합한 독창적이고 진정성 있는 연구 담론을 제안함으로써 학문적 변혁을 추구한다. 첫째, 포스트 오리엔탈 질적 연구는 서구 중심적 학문 패러다임에 도전하며, 아시아 고유의 사회적 · 문화적 · 역사적 맥락을 반영한 새로운 지식 생산과 연구 방법론을 정립하고자 한다. 이를 통해 비서구적 지역과 그 구성원들의 목소리를 강화하고, 이들의 경험을 연구 중심에 위치시킴으로써 학문적 다양성을 증진시키고자 한다. 둘째, 기존의 유럽 중심적 서사를 해체하고, 탈식민주의적 관점을 확장함으로써 질적 연구의 담론적 지형을 재구성하려 한다. 셋째, 연구자들이 자신의 연구를 비판적으로 성찰할 수 있도록 지원하며, 연구 과정에서의 문화적 민감성과 윤리적 책임을 고취시키고자 한다. 넷째, 학제적 통합을 통해 탈식민 질적 연구의 다차원적 접근을 제시함으로써, 글로벌 지식 생산과 확산의 역동성을 증대하려 한다. 마지막으로, 토착적 인식론과 방법론을 활용하여 아시아 사회의 독특한 현상을 설명할 수 있는 실질적이고 구체적인 지적 도구를 제공하는 데 기여하고자 한다.

참고문헌

강강숙희(2013). 국내 학위논문을 통해서 본 생애사 연구의 최근 동향. **교육연구, 28**(1), 1-21.

강승지, 이연선(2024). 만남을 통한 유아교육연구의 전환: 후기질적탐구로 어린이~물질 충만하게 만나기. **교육인류학연구, 27**(3), 101-128.

강현석(2016). **인문사회과학의 새로운 연구방법론: 내러티브학 탐구**. 서울: 한국문화사.

강현석(2023). **내러티브와 교육: 삶, 앎, 그리고 가르침**. 대구: 경북대학교출판부.

김나래, 김선희(2018). 미술심리치료학 분야에서의 자문화기술지 활용에 관한 고찰. **질적탐구, 4**(2), 1-24.

김신혜(2020). **내러티브 탐구와 제2언어 학습**. 대구: 계명대학교 출판부.

김영천(2013). **초임교사는 울지 않는다**. 아카데미프레스.

김영천(2014). **질적연구방법론: Methods**. 파주: 아카데미프레스.

김영천, 한광웅(2012). 질적 연구방법으로 생애사 연구의 성격과 의미. **교육문화연구, 18**(3), 5-43.

김영천, 허창수(2004). 생애사 텍스트로서의 교육과정 연구. **교육과정연구, 22**(4), 49-81.

류영휘, 강지영, 소경희(2023). 포스트휴먼 시대의 교육과정 연구 방법: '후기질적탐구' (post-qualitative inquiry)를 중심으로. **교육과정연구, 41**(1), 53-78.

민성은, 김영천, 정정훈(2015). 생애사 연구를 위한 효과적인 자료 분석 방법 탐구. **교사교육연구, 54**(4), 621-638.

박상봉, 김동식(2020). 스포츠교육 연구에서 자기연구: 자문화기술지를 중심으로. **한국체육학회지, 59**(1), 161-176.

박성희(2003). 평생교육으로서의 연구방법론: 생애사 분석법. **한국성인교육학회, 6**(1), 29-57.

박수연, 임부연(2022). 자문화기술지 글쓰기의 방법론적 제안: 유아교육현장의 대안적 글쓰기로서 감응적 글쓰기 생성으로 나아가며. **교육혁신연구, 32**(2), 199-229.

박순용, 장희원, 조민아(2010). 자문화기술지: 방법론적 특징을 통해 본 교육인류학적 가치의 탐색. **교육인류학연구, 13**(2), 55-79.

박휴용(2019). 포스트휴먼적 존재인식론에 기반 한 질적 연구의 성격과 방법. **교육혁신연구, 29**(2), 41-68.

서경혜(2023). **질적연구방법론**. 서울: 학지사.

서덕희(2020). 교육인류학과 질적 연구의 포스트휴머니즘과의 접속과 생성. **교육인류학연구, 23**(1), 1-43.

신경림, 조명옥, 양진향(2004). **질적 연구 방법론**. 서울: 이화여자대학교출판부.

신동일, 유정원(2022). **내러티브 탐구: 언어교육사회 연구방법**. 서울: 제이콥 아카데미.

신동일, 유주연(2006). **내러티브 탐구방법의 이해**. 서울: 경진문화사.

안태환(2014). 사회적 소수자를 바라보는 두 개의 시각 - 포스트식민주의와 탈식민성 담론 : 반 신자유주의의 라틴아메리카의 맥락에서. **코기토, 75**, 35-70.

양유성, 한계수, 조난영(2022). **상담학 논문 작성을 위한 내러티브** 탐구. 서울: 학지사.

유철인(1990). 생애사와 신세타령: 자료와 텍스트의 문제. **한국문화인류학회, 22**, 301-308.

이동성(2016). **생애사 연구**. 아카데미프레스.

이동성, 김영천(2014). 질적자료 분석을 위한 포괄적 분석절차 탐구: 실용적 절충주의를 중심으로. **교육종합연구, 12**(1), 1-26.

이영철(2014). 근거이론의 근거에 대한 음미: 방법론과 방법. **한국정책과학학회보, 18**(1), 187-214.

이용숙(2001). 열린교육 전개과정에서의 시행착오와 개선방안. **열린교육연구, 9**(1), 153-185.

이용숙, 김영천(1998). **교육에서의 질적연구: 방법과 적용**. 서울: 교육과학사.

이현진, 김명찬(2018). 정서기반 자문화기술지의 방법론적 탐색: 상담학 분야를 중심으로. **질적탐구, 4**(1), 31-58.

이현진, 이동성, 김명찬(2020). 상담학 이론에 기반한 자문화기술지의 개념적 특질 탐색. **질적탐구, 6**(1), 71-105.

조용환(2005). **질적 연구: 방법과 사례**. 서울: 교육과학사.

조용환, 박순용, 염지숙, 서근원, 강대중, 서덕희(2022). **질적 연구 전통별 접근**. 서울: 학지사.

주재홍, 김영천(2013). 다문화 교육 연구를 위한 탈식민주의 이론의 역할과 가능성. **열린교육연구, 21**(4), 69-93.

최영신(1999). 질적 자료 수집: 생애사 연구 사례를 중심으로. **교육인류학연구, 2**(2), 1-22.

최의창(1998). 학교교육의 개선, 교사연구자, 그리고 현장개선연구. **교육과정연구, 16**(2), 373-399.

최협(1991). 응용인류학의 성립과 발전. **현대사회과학연구, 2**(1), 1-29.

태혜숙(2016). 포스트식민 시대의 로컬 연구로서 '아시아 여성연구'의 연구방법론을 위하여. **마르크스주의 연구**, **13**(2), 148-171.

하정미, 좌문경(2016). 사회복지연구에서의 자문화기술지 연구방법의 가치와 적용. **한국사회복지질적연구**, **10**(2), 41-75.

한국교육과정학회 편(2023). **교육과정 연구방법론**. 파주: 교육과학사.

허창수(2011). 탈식민주의 이론과 실제의 꼴라주. **교육과정연구**, **29**(3), 23-48.

홍영숙(2024). **내러티브 탐구**. 서울: 학지사.

홍원표(2013). 탈식민주의와 교육과정 연구: 다문화 시대의 새로운 인식론적 기반을 찾아서. **교육과정연구**, **28**(1), 47-65.

Atkinson, R. (1998). *The life story interview*. London: Sage.

Barad, K. (2003). Posthumanist performativity: Toward an understanding of how matter comes to matter. *Signs: Journal of women in culture and society*, *28*(3), 801-831.

Barnard, A. (2002). *History and theory in anthropology*. Cambridge: Cambridge University Press.

Bennett, J. (2010). A vitalist stopover on the way to a new materialism. *New materialisms: Ontology, agency, and politics*, *91*(1), 47-69.

Bertaux. D. (1981). *Biography and society: The life history approach in the social sciences*. London: Sage.

Bertaux, D., & Kohli. M. (1984). The life story approach: A continental view. *Annual Review of Sociology*, *10*, 215-237.

Blumer, H. (1969). *Symbolic interactionism: Perspective and method*. NJ: Prentice Hall.

Braidotti, R. (2013). *Posthuman*. Cambridge: Polity.

Charmaz, K. (2006). *Constructing grounded theory: A practical guide through qualitative analysis*. London: Sage.

Charmaz, K. (2009). Shifting the grounds: Constructivist grounded theory methods. In Morse, J. M. et al. *Developing grounded theory: The second generation*. CA: Left Coast Press.

Clandinin, D. J. (2013). *Engaging in narrative inquiry*. NY: Routledge.

Clandinin, D. J., & Connelly, F. M. (2000). *Narrative inquiry: Experience and story in qualitative research*. NY: Jossey-Bass.

Clandinin, D. J., & Rosiek, J. (2007). Mapping a landscape of narrative inquiry: Borderland spaces and tensions. In D. J. Clandinin (Ed.). *Handbook of narrative inquiry: Mapping a methodology*. CA: Sage.

Creswell, J. W. (2013). *Qualitative inquiry and research design: Choosing among five approaches*. CA: Sage.

Denzin, N. K., Lincoln, Y. S., & Smith, L. T. (2008). *Hand of critical and indigenous methodologies*. CA: Sage.

Dewey, J. (1929). *The quest for certainty*. NY: Capricom.

Dollard, J. (1935). *Criteria for the life history: With analyses of six notable documents*. NY: Yale University Press.

Foster, G. M. (1969). *Applied anthropology*. MA: Little, Brown.

Gandhi, L. (1998). *Postcolonial theory: A critical introduction*. Allen & Unwin.

Glaser, B. G. (1978). *Theoretical sensitivity: Advances in the methodology of Grounded Theory*. CA: Sociology Press.

Glaser, B., & Strauss, A. (1967). *The discovery of grounded theory*. IL: Aldine.

Goodson, I. F., & Sikes, P. (2001). *Life history research in educational settings: Learning from lives*. Buckinghamshire: Open University.

Haglund, K.(2004). Conducting life history research with adolescence. *Qualitative Health Research*, *14*(9), 1-13.

Haraway, D. (2016). *Manifestly Haraway*. MN: University of Minnesota Press.

Hughes, E. C. (1971). *The sociological eye: Selected papers*. IL: Aldine-Atherton.

Lauritzen, C. & Jaeger, M. (1996). *Integrating learning through story: The narrative curriculum*. CA: Wadsworth.

Lewis, D. (2008). Using life histories in social policy research: The case of third sector/public sector boundary crossing. *Journal of Social Policy*, *37*(4), 559-578.

Lincoln, Y. S. & Gonzalez, E. M. (2005). Decolonizing qualitative research: Nontraditional reporting forms in the academy. In Denzin, N. & Giardian, M. D. (Eds.), *Qualitative inquiry and the conservative challenge*. CA: Left Coast Press.

Mead, G. H. (1934), *Mind, self and society*. IL: University of Chicago Press.

McCutchen, G., & Jung, B. (1990). Alternative perspectives on action research. *Theory into Practice*, *34*(3), 144-150.

Miller, D., & Slater, D. (2000). *The internet: An ethnographic approach*. NY: Berg.

Ojermark A. (2007). Presenting life histories: A literature review and annotated bibliography. *Chronic Poverty Research*

Center, CPRC working paper 101.

Park, R. E. (1967). *On social control and collective behavior*. IL: University of Chicago Press.

Polkinghorne, E. D. (1988). *Narrative knowing and the human sciences*. NY: State University of New York Press.

Roberts, B. (2002). *Biographical research*. Buckingham: Open University Press.

Schreiber, R. S., & Stern, P. N. (2001). *Using grounded theory in nursing*. NY: Springer.

Smith, L. (1999). *Decolonizing methodologies: Research and indigenous peoples*. London: Zed Books.

Strauss, A., & Corbin, J. (1998). *Basics of qualitative research: Grounded theory procedures and techniques*. CA: Sage.

Thomas, W. I. (1966). *On social control and collective behavior*. IL: University of Chicago Press.

Webster, L. & Mertova, P. (2007). *Using narrative inquiry as a research method: An introduction to using critical event narrative analysis in research on learning and teaching*. NY: Routledge.

Wolfe, C. (2010). *What Is Posthumanism?*. MN: Univ Of Minnesota Press.

Young, R. (2004). *White mythologies: Writing history and the West*. London: Routledge.

제1부 전통적 질적연구방법론

제 1 장

국내 문화기술지 연구 동향 및 주제

김필성(부산대학교)

1. 서론

오늘날 학문 연구에서 '경험'과 '맥락'을 이해하는 방식이 점차 다양해지고 있다. 특히 삶의 현장에서 구체적으로 이루어지는 일상적 실천과 상호작용을 심층적으로 조명하려는 시도로서 문화기술지(ethnography)는 질적 연구의 중요한 방법론으로 자리잡고 있다. 문화기술지(ethnography)는 특정 집단이나 문화의 일상, 상호작용, 상징 등을 참여관찰과 심층면담을 통해 기술하고 해석하는 질적 연구 방법이다(Spradley, 1980). 최근 국내에서도 문화기술지를 활용한 연구가 다양한 분야에서 활발하게 이루어지고 있다. 특히 사회적으로 소외된 집단의 삶을 재조명하고, 이들의 목소리를 드러내며, 현장과 실천을 연결하는 연구로 주목받고 있다. 즉, 문화기술지는 단순한 문화의 기술이나 묘사를 넘어, 참여자들의 목소리를 담고, 권력관계와 사회 구조 안에서 의미의 생산과 재구성을 탐색하는 방식으로 발전해왔다. 한국에서는 사회적 주변부에 위치한 집단의 삶과 경험, 이들이 속한 공간, 관계, 감정 등을 기록하고 해석하려는 연구들이 증가하고 있으며, 이를 통해 단순한 현상 기술을 넘어 비판적 성찰과 사회적 실천을 추구하는 연구 경향이 나타나고 있다(조명남, 2019; 이재용, 2010; 박광옥, 2018;

이효영, 2020; 김화순, 2009, 이주현, 2022).

최근 국내에서 수행된 문화기술지 연구들은 학교 밖 청소년, 이주여성, 노년 여성, 장애인, 디지털 환경 속 사용자 집단 등 다양한 주체를 탐색 대상으로 삼아 왔다. 이들 연구는 일상적 공간과 상호작용, 감정, 정체성 형성 과정 등을 복합적으로 탐색함으로써, 제도적 틀이나 통계 수치로는 포착할 수 없는 삶의 결을 포착하고 있다. 예를 들어, 경로당을 이용하는 여성 노인의 건강생활을 분석한 연구(김은하, 양진향, 2018)는 단순한 건강 관리 활동의 기술을 넘어서, '몸 돌봄', '관계성', '시간성', '공간성'이라는 문화적 요소를 중심으로 연령대별 차이와 사회문화적 맥락을 분석하며, 이들의 건강 실천을 관계적 · 시간적 · 심리적 차원에서 다층적으로 해석하였다. 이는 보건 · 간호학에서의 문화적 접근을 심화시키는 성과라 할 수 있다.

또한 최근 디지털 기술과 문화가 결합된 맥락 속에서 수행된 문화기술지 연구들은 새로운 층위를 제시하고 있다(서청원, 2015; 이명주, 2018; 이하영,, 2021; 소유석, 2017). 유튜버가 된 초등학생, 아이돌 팬덤 활동을 실천하는 청년, 모바일 학습을 일상화한 Z세대 등은 단순히 '사용자'가 아니라, 디지털 기술을 매개로 자신을 구성하고 새로운 소통 및 사회적 관계를 만들어가는 주체로 나타난다. 이러한 연구들은 디지털 공간이 단순한 배경이 아니라, 감정, 정체성, 실천이 교차하는 새로운 문화적 장(場)임을 보여준다. 이처럼 디지털 문화기술지는 실재 공간과 가상 공간을 넘나드는 복합적 서사를 구성하며, 청소년 문화, 미디어 리터러시, 정체성 형성 과정에 대한 깊은 통찰을 제공하고 있다.

국내 문화기술지 연구는 이처럼 다채로운 삶의 장면과 실천을 담아내며 학문적 지평을 확장해왔다. 이는 단순한 현장 기술에 머무르지 않고, 참여자의 목소리를 중심에 놓고 사회구조와 권력관계를 재해석하는 비판적 시도를 통해 가능했다. 특히 여성, 청소년, 노년층, 이주민, 장애인 등 사회적 주변부에 위치한 이들의 삶을 서사화하고, 이를 통해 제도와 정책의 한계를 비판적으로 조명하는 작업은 학문적 성과를 넘어 사회적 기여로 이어진다. 문화기술지는 단지 '문화적 특성'을 드러내는 방식이 아니라, 일상의 경험을 학술적으로 해석하고, 사회적 대안을 모색하는 도구로서 기능한다.

그러나 이러한 문화기술지 연구들이 지닌 방법론적 강점에도 불구하고, 일부 연구에서는 참여자의 서사와 해석자 관점의 경계를 넘나들며 의미의 왜곡 가능성, 혹은 현장 중심의 분석이 담론적 구조나 정책적 맥락을 충분히 고려하지 못하는 한계가 지적되기도 한다(이효영, 2020; 조명남, 2019). 또한 질적 연구의 특성상 일반화 가능성이 낮고, 자료의 해석에서 연구자의 위치성이나 편향에 대한 비판적 검토가 충분히 이루어지지 않는 경우도 존재한다. 그럼에도 불구하고 문화기술지 연구는 다양한 사회집단의 삶을 구체적으로 이해하고, 이들의 목소리를 사회적 담론에 위치시키며, 정책적 실천으로 연결하려는 시도로서 여전히 강력한 실천적 · 학문적 도구가 되고 있다.

이 글에서는 국내에서 수행된 문화기술지 연구들을 체계적으로 검토하고, 그 경향성과 주요 논점을 정리하고자 한다. 이를 통해 문화기술지의 학문적 기여와 사회적 의미를 분석하고, 향후 질적 연구에서의 새로운 가능성과 과제를 제시하고자 한다. 특히 본 보고서에서는 '공간과 장소의 재구성', '비제도적 실천과 공동체의 형성', '정체성의 재구성', '디지털 시대의 감정 · 관계 · 몸', '여성의 서사화와 문화기록' 등의 핵심 주제를 중심으로, 문화기술지가 어떻게 삶을 해석하고 사회적 개입의 근거를 제공하고 있는지를 분석할 것이다. 이 과정에서 다양한 집단의 삶을 심층적으로 이해하는 문화기술지의 힘과 한계를 동시에 성찰하고, 이후 연구와 실천을 위한 학제 간 통합의 방향을 제안하고자 한다.

2. 한국 문화기술지 연구의 동향과 주요 논의

국내 문화기술지 연구는 특정 지역사회, 마을, 교육기관 등의 정형화된 공간을 중심으로 이루어지는 측면도 있지만(조영진, 2019) 사회의 주류 질서에서 소외되거나 주변화된 이들의 삶을 중심에 두고, 그들의 일상적 경험과 목소리를 면밀히 들여다보려는 경향을 보이고 있다. 특히, 이 연구들은 이주 여성, 탈시설 청년, 거리청소년, 노인, 장애 아동, 이혼 여성, 북한이탈주민 등 다층적이고 다양한 정체성을 가진 참여자들을 대상으로 하여, 그들의 삶 속에 내재된 구조적 불평등과 동시에 그 불평등을 돌파하려는 주체적 실천의 양상에 주목한다. 한국에서 수행된 문화기술지 연구들은 '변두리' 또는 '경계선'에 위치한 사회적 주체들의 경험과 실천을 섬세하게 포착하며, 제도 바깥의 문화 형성과 정체성 구성 양상을 비판적으로 조명하고 있다. 특히 공간의 의미 재구성, 비제도적 실천, 낙인의 내면화와 저항, 그리고 감각적 · 정서적 관계의 교육적 가능성이 주요한 연구 주제로 부상하고 있다.

1) 시기별 흐름

국내 문화기술지 연구는 2000년대 초반부터 점차적으로 활성화되기 시작했다고 볼 수 있다. 1980~90년대에 인류학 분야를 중심으로 문화기술지 연구가 이루어지고 이론적으로도 심화되는 양상이 나타났으며(이용숙, 1985, 1989, 1993, 1996), 2000년대 초반에 이르러서는 구술생애사, 증언록 등 유사한 질적 연구 방법들이 활발해지면서, 문화기술지는 한국 사회의 복잡한 단면들을 심층적으로 이해하고 재현하는 핵심적인 질적 연구 방법론 중 하나로 확고히 자리매김하게 되었다. 이 시기는 질적 연구 전반의 관심이 커지면서 참여관찰과 심층면담을 중심으로 한 문화기술지적 접근이 교육학, 간호학, 사회복지학 등 실천 중심 학문 분야에서 시도되던 시기이다(김진미, 서정화, 2006; 권지성, 2004, 2008; 김소진, 2009; 이현주, 2009; 이윤신, 2009). 한편 여성, 소수자 등 다양한 사회 집단에 대한 학문적 관심이 높아지면서 이들의 삶을 구체적으로 조명하기 시작했다(오혜경, 2001; 채수홍, 2003; 박상미, 김광억, 1999). 당시의 연구들은 대부분 문화기술지의 방법론 자체를 소개하거나, 제한된 사례를 통해 그 가능성을 탐색하는 데 중점을 두었다. 예를 들어, 거리노숙인이나 쪽방 거주자의 일상에 대한 연구가 조금씩 이루어졌다. 연구자는 관찰자 중심의 입장을 유지하며 문화 묘사에 충실한 접근을 하였고, 분석보다는 기술 중심의 서술을 하였다.

2010년대에 들어서면서 문화기술지는 방법론으로서 본격적으로 자리 잡기 시작하였다. 특히 여성, 노인, 청소년, 장애인 등 주변화된 집단의 삶을 탐색하는 데 효과적인 연구 방법으로 평가받으며, 문화기술지를 활용한 박사학위 논문이나 학술지 논문들이 급증하였다. 이 시기의 연구들은 '몸', '돌봄', '공간', '정체성', '실천'과 같은 키워드와 연결되어 있으며, 행위자의 관점에서 삶의 맥락을 분석하고자 하는 시도가 돋보인다(한정우, 2016, 2019; 양차미, 2012; 장용규, 김동식, 2020). 문화기술지의 이론적 기반과 분석틀도 보다 정교해졌으며, Spradley나 Geertz의 이론을 인용하거나, 감정사회학, 페미니즘 이론 등과의 접목도 시도되었다.

이후 문화기술지 연구는 더욱 확장되며 새로운 실천적 흐름을 보이기 시작하였다. 이 시기에는 단순한 문화 묘사를 넘어, 연구자가 대상자와 함께 실천하고 변화를 도모하는 참여적 접근, 협력적 글쓰기, 비판적 문화기술지 등으로 전환되었다. 예를 들어, 일부 연구에서는 연구자가 관찰자에 머무르지 않고 연구 참여자와 실천적 연대를 구성하며, 문제 인식과 해결 방향을 공동으로 탐색하고자 하였다(강선주, 2015; 김미덕, 2014; 박광옥, 이동성, 2018). 이와 함께 최근 연구에서는 문화기술지 수행과정에서 발생하는 감정노동, 윤리적 갈등, 글쓰기의 책임성 등이 연구자 반성의 중심 축으로 제시된다(한슬기, 이원일, 여인성, 2013).

2020년 이후로는 디지털 전환과 코로나19 팬데믹이라는 사회적 변화가 문화기술지 연구의 영역과 방식을 확장하는 계기가 되었다(김현영, 김현진, 2023; 서재희, 2021; 김지훈, 2024). 디지털 공간에서의 상호작용, 온라인 커뮤니티, 유튜브 크리에이터, 팬덤 활동 등을 분석 대상으로 삼는 연구들이 등장하면서, 문화기술지는 오프라인 공간을 넘어 온라인 문화와 물질문화의 교차지점을 탐색하는 데에도 적극 활용되고 있다. 또한, 학교교육, 청소년 문화, 다문화 가정 등에서 디지털 감수성과 혼종적 정체성의 문제를 다루는 연구들이 주목받고 있다(정지연, 2016; 장용규, 김동식, 2020). 이 시기의 연구들은 디지털 매체를 통한 새로운 문화 형성 방식에 주목하며, 기존의 문화기술지 방법론을 디지털 환경에 맞게 수정・적용하고 있다.

전반적으로 국내 문화기술지 연구는 초기의 도입기에서부터 방법론적 정착과 비판적 전환을 거쳐, 최근에는 디지털 감수성과 실천성을 결합한 융합적 탐구로 발전해오고 있다. 이러한 시기별 흐름은 문화기술지가 단순한 연구 방법의 차원을 넘어, 시대적 변화와 사회적 요구를 반영하는 유연한 지식 생산 도구로 기능하고 있음을 보여준다.

2) 방법론적 특징

문화기술지는 기본적으로 참여관찰, 심층면담, 현장기록 등을 핵심 방법으로 삼는다. 국내 연구들에서도 이 세 가지 기법이 주된 수단으로 활용되며, 연구자는 특정 집단의 일상 속으로 장기간에 걸쳐 깊이 들어가 관계를 형성하고 맥락화된 의미를 수집하는 방식으로 접근한다. 특히 연구자는 단순한 외부 관찰자가 아닌 '참여적 관찰자'로서 자신의 위치를 끊임없이 성찰하며, 연구의 신뢰성과 진정성을 확보하고자 한다. 이로 인해 문화기술지 연구는 '누가 연구하는가'에 대한 질문과 함께 '어떻게 관계를 맺고 해석하는가'에 대한 자기반성과 연구자의 윤리의식이 중요한 특징으로 부각된다.

또한 국내 문화기술지 연구에서는 Spradley의 영역분석이나 주제분석, Geertz의 '두터운 기술(thick description)' 방식 등이 자주 활용되며, 해석적이고 서사적인 접근이 강조된다. 특히 연구자들은 단순한 문화기술적 묘사에 그치지 않고, 경험의 구조를 밝히고, 내러티브를 구성하며, 그 속에 내재한 권력관계, 감정의 정치, 젠더 규범 등을 해석하려는 노력을 기울인다(한슬기, 이원일, 여인성, 2013; 강선주, 2015; 한정우, 2019; 김영옥, 2014). 이 과정에서 다양한 이론적 틀이 동원되는데, 페미니즘, 탈식민주의, 감정사회학, 행위자-네트워크 이론 등이 자주 활용된다.

더 나아가 최근의 문화기술지 연구에서는 '참여자 중심' 접근이 두드러진다. 이는 연구자가 지식을 일방적으로 생산하는 것이 아니라, 참여자와 함께 공동으로 의미를 구성하고 해석하며, 연구 결과 또한 공동의 산물로 간주하는 방향이다. 예를 들어, 청소년 참여연구나 장애인 공동체 연구 등에서는 연구 참여자들이 인터뷰뿐만 아니라 자료분석, 글쓰기 과정에도 적극 참여하며, 문화기술지가 협력적 글쓰기와 실천적 변화를 도모하는 수단이 되고 있다.

디지털 환경과 연결된 새로운 방법론적 시도도 눈에 띈다. 온라인 커뮤니티, SNS, 유튜브 등의 디지털 현장을 연구 대상으로 삼는 연구에서는 디지털 민속지적 접근이나 가상참여관찰, 온라인 내러티브 분석 등의 기법이 도입되고 있다. 이러한 변화는 문화기술지의 전통적인 현장 기반 방법론을 확장시키며, 물리적 현장뿐 아니라 디지털 공간에서도 '문화'와 '실천'을 탐색할 수 있는 가능성을 보여준다.

마지막으로, 다수의 국내 문화기술지 연구는 단순한 기술적 기술(description)을 넘어서, 연구자의 실천성과 윤리적 위치성을 적극적으로 반영하고자 한다(한슬기, 이원일, 여인성, 2013). 이는 특히 주변화된 집단과의 연구에서 두드러지며, 연구자는 단지 타인을 분석하는 사람이 아니라, 함께 목소리를 구성하고 구조적 문제를 드러내며, 나아가 사회적 개입을 꾀하는 실천적 주체로 자리매김하게 된다. 이와 같은 방법론적 전환은 문화기술지를 학문적 탐구를 넘어서서 사회변화를 위한 도구로 확장시키는 기반이 된다.

3. 국내 문화기술지 연구의 주제별 내용 리뷰

이 장에서는 주요 주제별로 국내 문화기술지 연구의 내용을 리뷰해본다. 각 주제 내에서 어떤 구체적인 내용들이 다루어졌는지 주요 연구 사례를 중심으로 소개한다.

1) 여성 주체의 재현과 저항의 서사

먼저 여성 관련 문화기술지 연구들이 다수 이루어져왔다. 이들은 주로 다양한 여성 집단의 생생한 삶의 경험을 사회문화적 맥락 속에서 심층적으로 이해하려는 시도를 보여준다. 주요 내용을 살펴보면 다음과 같다.

(1) 성별 규범과 저항: 여성 몸과 행위성의 재구성

여성 관련 문화기술지 연구들에서는 기존의 성별 규범에 저항하거나 이를 변형하며 살아가는 여성들의 실천이 강조된다. 예를 들어, 승마라는 비전통적 종목에서 활동하는 여성 승마선수들은 "고급 스포츠" 혹은 "위험한 스포츠"라는 이중적 시선을 받으며, 여성성에 대한 사회적 기대와 전문적 수행자 사이에서 끊임없이 정체성을 조정해 나간다. 이들은 스스로의 몸을 통제하고 훈련하는 과정을 통해 규범적인 여성성과는 다른 신체 감각과 자율성을 획득하며, 스포츠 현장에서 남성 중심의 권위와 질서에 도전한다. 이러한 행위성은 개인적 차원을 넘어서 사회적 인식 변화를 이끌 수 있는 중요한 문화적 실천으로 해석된다. 특히, 문화기술지적 접근은 이러한 여성들의 신체적 실천을 단순한 스포츠 참여가 아닌, 젠더 권력 구조 속에서 이루어지는 저항과 재구성의 현장으로 본다. 이를 통해 여성들의 삶이 수동적인 피해자가 아니라 능동적인 재구성 주체로 해석될 수 있는 가능성을 제시한다.

대표적으로 '비판적 문화기술지: 여성 승마 선수로 살아가기'(한슬기, 이원일, 여인성,

2013))의 연구는 여성 승마선수들이 남성 중심적 스포츠 문화와 규범 속에서 어떻게 자신의 몸과 정체성을 재구성하며 살아가는지를 비판적 문화기술지 방법론으로 분석했다. 승마는 전통적으로 남성 엘리트 중심의 종목으로 인식되며, 여성은 주변화되거나 '보조자'로 간주된다. 여성 승마 선수들은 훈련, 시합, 일상에서 남성 규범에 부딪히며 신체적 · 정서적 갈등을 겪지만, 그러나 이들은 자기 신체에 대한 감각, 판단, 전략적 조절을 통해 '스포츠 수행 주체'로서의 정체성을 형성한다. 연구자는 이들의 실천을 '몸의 훈련을 통한 젠더 규범의 전복'으로 해석하고, 행위성과 저항의 가능성을 탐색하며, 이는 여성 신체가 단지 억압되는 대상이 아니라, 새로운 규범을 구성하는 문화적 실천의 장이 될 수 있음을 보여준다. 이 논문은 여성의 몸이 스포츠라는 물리적이자 사회적인 공간에서 어떻게 젠더화되며, 동시에 그 젠더화에 어떻게 저항하는지를 구체적으로 보여주는 사례이다. 특히 몸에 대한 인식, 감각의 훈련, 기술 습득등이 어떻게 젠더 규범을 내면화하거나 재조직하는지를 분석함으로써, 여성 행위성의 실제 작동을 생생하게 포착하고 있다.

(2) 노년 여성의 일상과 자율성: 건강, 관계, 의미 만들기

노년 여성을 대상으로 한 문화기술지 연구는 노화, 건강, 관계, 자율성 등 다면적 요소들이 얽힌 일상을 조명한다(김은하, 양진향, 2018; 김선희, 2012). 이들은 남성 중심의 경로당 운영 문화에 편입되기보다는 여성들끼리의 네트워크를 형성하며, 생활체육이나 손뜨개, 식사 준비 등을 통해 집단 속 자신의 역할을 찾아간다. 또한 노년 여성들은 여전히 건강에 대한 실천적 판단을 수행하는 주체들로 나타난다. 다양한 질병과 신체적 불편을 겪으면서도 스스로의 몸에 대한 감각과 해석을 통해 병원 치료, 민간요법, 운동 등을 조합하며 자신의 삶을 조율한다. 이는 노인을 단순한 보살핌의 대상으로 보기보다는, 문화적 자원 속에서 능동적으로 건강을 구성하는 존재로 바라보게 한다.

대표적으로 '경로당 이용 여성노인의 건강생활에 관한 문화기술지'(김은하, 양진향, 2018)라는 논문은 경로당을 일상적으로 이용하는 여성 노인들이 그 공간을 통해 건강, 사회적 관계, 삶의 의미를 어떻게 만들어가는지 탐색한다. 경로당을 이용하는 여성노인들은 단순한 여가생활을 넘어서, 공동체 안에서 돌봄을 주고받으며 자신들의 '존재 이유'와 '건강 정체성'을 재구성한다. 경로당은 단순한 복지 공간을 넘어 여성 노인들이 신체 활동, 여가, 대화 등을 통해 '자기 돌봄'과 '상호 돌봄'이 일어나는 장소로 작동한다. 여성 노인들은 건강에 대한 정보 교류, 운동 참여, 영양 식단 실천을 통해 삶의 질을 자율적으로 관리하며, 동시에, 노년기 삶의 허무나 외로움을 공동체적 관계 속에서 치유하고, '쓸모 있는 존재'로서의 자기 이미지를 회복한다. 연구자는 문화기술지 접근을 통해, 연구자는 노인의 '의존적 존재'라는 고정관념을 깨고, 그들의 일상에서 실천되는 주체성과 회복력을 조명한다. 이를 통해 노인은 자신의 삶을 돌보고 조절하는 능동적이고 자율적인 존재임을 문화기술지적으로 잘 보여준다. 건강이나 운동은 단순한 신체적 행위가 아니라, 사회적 정체성과 자율성의 회복이라는 의미를 내포하며, 이는 '노년기 주체성'에 대한 기존의 편견을 전복한다.

(3) 이주여성의 삶과 미디어 실천: 교차정체성과 대항적 재현

결혼이주여성과 필리핀 이주여성에 대한 문화기술지 연구는 이들이 경험하는 복합적 억압과 그에 대한 창의적 대응을 다룬다(정지연, 2016; 한정우, 2014; 이인경, 2025). 여성 주체의 삶은 종종 제도적 장치에서 소외되며, 이는 연구 대상자에 대한 낙인의 메커니즘과 관련되어 있음이 지적되었다. 이주여성들은 '다문화 가정의 어머니'라는 획일적 이미지로 대상화되지만, 실제로는 지역사회에서 다양한 역할을 수행하며 정체성과 삶의 의미를 재구성한다. 문화기술지는 이들의 경험을 '피해'로만 보지 않고, 국가 폭력과 제도 억압을 돌파하는 일상의 전략으로 재구성한다. 특히 미디어 교육을 받은 이주여성들은 카메라와 글쓰기를 통해 자신의 경험을 이야기로 풀어내며, 한국 사회의 배제적 시선에 맞서는 대항 담론을 형성한다. 또한 이들은 언어적 장벽, 인종차별, 경제적 불안정성이라는 삼중의 경계 안에서 살아가면서도, 공동체 속에서 상호지지와 문화 공유를 통해 교차정체성을 형성한다. 문화기술지는 이들의 서사를 단순한 피해담이나 통합의 대상이 아닌, 이주와 여성이라는 교차적인 위치성 속에서 생성되는 복합적 주체로 읽어낸다. 이를 통해 문화기술지는 섹슈얼리티와 정치, 생존 전략이 교차하는 주변 공간의 실천성을 재조명한다.

대표적으로 '필리핀 이주 기지촌 여성 '쥬시걸'의 민족지적 연구'(한정우, 2014)는 기지촌에서 일하는 필리핀 출신 여성들이 자신의 삶을 어떻게 해석하고 재구성하는지를 민족지/문화기술지적으로 분석한다. 여성들은 성적 노동에 대한 사회적 낙인을 안고 있음에도 불구하고, 자신들의 경험을 해석하고 스토리텔링하며 목소리를 내기 시작하며, '쥬시걸'이라는 호명에 저항하거나 재전유하며 정체성을 구성하는 방식이 관찰된다. 연구자는 이를 통해 이들이 단지 피해자가 아니라, 복합적 정체성과 전략을 가진 주체임을 드러낸다. 여성의 목소리와 삶의 서사를 중심에 둔 민족지적 실천이 돋보인다. 이주여성들이 단순한 타자화된 존재가 아닌 다중적인 정체성과 실천을 수행하는 능동적 주체임을 강조한다. 이들은 미디어, 글쓰기, 스토리텔링등 다양한 문화 실천을 통해 한국 사회 속에서의 낙인을 재전유하거나 거부하며, 자신만의 정체성과 의미 세계를 구축해나가고 있다. 이러한 흐름은 이주여성 연구에서 '대상화'의 경계를 넘고, '공동 제작' '서사적 실천'으로 이동하는 문화기술지의 현대적 특징과도 맞닿아 있다.

(4) 여성의 이야기와 문화기술지: 경험을 담아내는 대안적 서사 형식

여성 관련 문화기술지 연구에서 이야기(narrative)는 단순한 증언이 아니라, 사회 구조와 감정, 신체, 관계를 담아내는 중요한 분석 단위로 작용한다. 이는 자기 돌봄과 성장을 위한 재서사화 전략이며, 문화기술지가 단순한 현장기록을 넘어 '살아있는 지식'을 만들어내는 방식임을 보여준다. 이와 같은 이야기 방식은 연구 참여자들의 정체성과 실천을 풍부하게 드러내는 동시에, 연구자와 참여자의 경계를 재정립하게 한다. 여성들의 서사는 제도 담론이 놓치는 영역—감정, 몸, 신앙, 일상 등—을 드러내며, 이는 곧 지식 생산의 민주화를 의미한다.

대표적으로 '결혼이주여성의 경험쓰기: 새로운 재현 방법으로서의 민족지적 이야기 생산'(정지연, 2016)라는 논문은 결혼이주여성이 자신의 생애 경험을 민족지적 글쓰기 형식으로 풀어내는 실천 연구이다. '이야기하기'를 통해 당사자 주체의 목소리와 삶의 논리를 드러내며, 이주여성의 경험을 단순한 피해 서사로 소비하지 않고, 서사 생산자로서의 권한과 자기 주체화를 강조한다. 기존 학문 담론이나 제도적 분석 틀을 넘어, 경험의 미시성과 정서적 층위를 섬세하게 다룬다. 이를 통해 연구자와 참여자가 공동으로 이야기하는 형식도 실험되며, 참여형 연구 서사로서의 확장을 모색한다. 이야기 중심의 문화기술지 형식은 단지 정보를 수집하는 것이 아니라, 여성 삶의 의미를 구성하는 '형식 그 자체'로 기능한다는 점에서 비판적 민족지, 자문화기술지, 참여형 서사 연구 등의 흐름과도 맞닿아 있다.

2) 도시 공간과 공동체 관련 문화기술지

국내 문화기술지 연구들은 도시 개발, 재개발, 도시 빈민, 특정 지역 공동체 연구 등을 소재로 다루었다. 급격한 도시화와 재개발 과정에서 나타나는 공간의 정치경제학, 장소 상실과 애착, 공동체의 해체와 재구성 노력, 도시 빈민의 생존 전략, 특정 장소(예: 전통시장, 오래된 골목, 신도시 아파트 단지)에 대한 문화적 의미와 정체성 형성 등을 다루고 있다. 소외된 공동체부터 공공 여가 공간의 이용자에 이르기까지 다양한 대상을 다루고 있지만, 특정 도시 환경 내에서 전개되는 생생한 경험, 문화적 의미, 사회적 역동성을 이해하고자 하는 민족지적 접근법을 공유한다는 공통점이 있다. 이 연구들은 크게 1) 도시 소외 계층의 생존 공간과 공동체, 2) 도시 공공 및 여가 공간의 문화와 정체성, 3) 특정 집단의 문화 실천과 젠더화된 공간이라는 세 가지 범주로 분류하고 분석할 수 있다.

(1) 도시 소외 계층의 생존 공간과 공동체

상당수의 연구는 사회·경제적으로 소외된 집단의 삶에 초점을 맞추고, 그들이 살아가는 공간을 여가가 아닌 생존의 장소로 탐구한다. 거리 노숙인, 쪽방 거주자, 거리 청소년, 그리고 빈곤 등이 이 범주에 포함된다(김진미, 2018; 상종열, 2019, 이채윤, 2023, 김소형, 2020; 탁창환, 2024). 이런 연구들은 도시 사회의 변두리에서 살아가는 사람들의 일상, 사회적 관계, 생존 전략을 깊이 있게 다룬다. 예를 들어, 거리 노숙인에 대한 연구(김진미, 서정화, 2006)는 이들이 중요한 지원 수단이자 존재의 기반으로서 유대감과 사회적 네트워크를 어떻게 형성하는지에 집중한다. 쪽방 거주자에 대한 연구는 비좁고 불안정한 주거 환경 속에서의 일상생활을 심층적으로 기술하여(thick description) 그들만의 고유한 생활 문화와 어려움을 드러낸다. 마찬가지로 부천역 주변의 거리 청소년 연구는 그들의 시선으로 그들의 세계를 포착하여 거리에서의 삶의 의미와 고군분투를 상세히 기록한다.

이 연구들 전반에 걸친 핵심적인 발견 중 하나는 대안적 형태의 공동체와 사회적 자본의 형성이다. 전통적인 가족이나 제도적 지원이 부재한 상황에서, 이들 집단은 생존을 위해 자신들만의 규칙, 유대감, 지원 체계를 만들어낸다. 나아가 일부 연구는 사회복지 개입의 영향을 비판적으로 검토한다. 자활사업에 관한 연구는 부르디외의 이론을 분석틀로 삼아 빈곤 청년의 아비투스(habitus) 및 자본과 복지 프로그램의 상호작용을 분석하며, 쪽방촌 연구는 빈곤 감소 정책과 만성적 빈곤의 현실 사이의 괴리를 평가한다.

(2) 도시 공공 및 여가 공간의 문화와 정체성

이 범주는 생존의 공간에서 벗어나, 일반 도시민들이 공공 및 준공공 공간에서 벌이는 일상적인 문화적 실천에 초점을 맞춘다. 수변공원과 도시 카페에 대한 연구가 이 그룹에 속한다(이혁기, 구희곤, 임수원(2010; 양차미, 2012). 이 민족지들은 현대 도시인들이 공유 공간을 어떻게 사용하고 경험하며 의미를 창출하는지 탐구한다. 수변공원에 대한 연구는 여가 공간으로서의 가치와 도시 거주자들의 '장소 정체성(place identity)'을 형성하는 역할을 분석한다. 도시 카페에 대한 연구는 마르크 오제의 '비장소(non-place)' 개념을 적용하여 그 안에서 일어나는 일시적이고 익명적이지만 문화적으로 중요한 상호작용을 이해하고자 한다(양차미, 2012).

이런 연구들은 이러한 공간에 생기를 불어넣는 미묘한 행동, 사회적 규범, 개인의 동기 등을 관찰하고자 한다. 연구자들은 사람들이 휴식, 사회적 연결, 또는 고독의 필요를 충족시키기 위해 물리적 환경 및 타인과 어떻게 상호작용하는지를 관찰한다. 이 연구들은 겉보기에 익명적인 공공 공간이 실제로는 풍부한 사회적, 문화적 의미로 가득 차 있음을 보여준다. 이러한 공간들은 단순히 삶의 배경이 아니라, 사용자에 의해 적극적으로 생산되고 해석된다. 이를 통해 현대인의 여가, 소비 패턴, 그리고 도시적 정체성 및 공동체의 유동적인 본질에 대한 더 깊은 이해에 기여하며, 사람들이 일시적이고 상업화된 도시 공간 속에서도 어떻게 개인적, 사회적 의미를 만들어내는지를 보여준다.

(3) 특정 집단의 문화 실천과 젠더화된 공간

마지막 범주는 특정 집단의 구체적인 문화 활동에 집중하여 젠더의 구성과 같은 더 넓은 사회적 역동을 분석하는 연구를 포함한다. 초등학생들의 K팝 방송댄스 문화에 대한 연구가 대표적이다(장용규, 김동식, 2020). 이 연구는 '비판적 문화기술지(critical ethnography)'의 관점을 사용하여 K팝 방송댄스라는 대중문화 실천이 아동들에게 어떻게 '젠더화된 공간'으로 기능하는지를 탐구한다. 학생들이 이 활동에 참여하면서 성별 규범과 정체성을 어떻게 배우고, 수행하며, 협상하는지를 분석한다. 연구자는 아동들의 댄스 교실 세계에 몰입하여 학생과 강사, 그리고 미디어 콘텐츠 자체와의 상호작용을 관찰한다. '비판적' 민족지라는 측면은 단순히 기술하는 것을 넘어, 해당 문화 실천에 내재된 권력 구조(이 경우 젠더 이데올로기)를 비판하려는 목적을 내포한다.

주요 발견 및 기여를 보면, 젠더 역할과 같은 거시적 수준의 사회 규범이 아동들의 놀이와 문화 참여라는 미시적 수준에서 어떻게 재생산되고 때로는 도전받는지를 보여준다. 이는 민족지가 동시대 대중문화와 그것이 어린 시절의 정체성 형성에 미치는 영향을 연구하는 데 유용함을 보여주며, 젠더 연구, 아동 연구, 미디어 연구 분야에 귀중한 통찰을 제공한다.

3) 학교와 교사 관련 연구들

문화기술지 연구에서 가장 중요한 원칙 중 하나는, 참여자의 '정체성'을 단순한 배경 정보로 취급하지 않고 문화적 행위의 조건이자 해석의 단서로 이해하는 것이다. 학교와 교사 관련 연구들 역시 교사 등 연구참여자들을 단일한 직업집단으로 보지 않고, 그들의 세대, 경력, 지위, 역할, 과목 등을 기준으로 다층적으로 접근한다. 특히 연구 참여자의 정체성은 그들이 학교라는 공간에서 어떠한 방식으로 문화를 체화하고, 재구성하며, 저항하거나 수용하는지를 설명하는 중요한 키워드가 된다. 예를 들어, 신임교사들을 대상으로 한 연구들(허정수 2004; 최국남 2016)은 조직에 처음 진입한 이들이 어떻게 기존의 문화에 적응하거나 거리두기를 시도하는지를 보여준다. 이들은 단순히 미숙한 존재가 아니라, '관찰자이자 학습자'의 이중적 입장에서 학교 문화의 작동 원리를 감지하고 탐색하며, 자신의 생존 전략을 모색하는 문화적 주체로 등장한다.

반면 문지영(2021)의 연구는 '밀레니얼 세대' 교사들의 정체성에 주목하여, 그들이 세대적 가치관(자율성, 수평성, 감정노동에 대한 경계 등)을 바탕으로 기존의 권위적 문화와 충돌하거나 변형시키는 과정을 조명한다. 이 외에도 과목 특화 교사(예: 사회 교사, 연극 담당 교사), 관리자(교장 · 교감), 지역학교 교사 등이 연구 참여자로 등장하며, 그들이 처한 위치에 따라 문화에 대한 인식과 해석이 어떻게 달라지는지 탐구된다. 참여자의 정체성을 중심으로 삼는 이러한 접근은, 문화기술지가 '현장'만이 아니라 '현장을 살아내는 사람들'의 내면과 시선을 해석의 출발점으로 삼고 있음을 잘 보여준다.

(1) 교사 문화와 조직 적응

초임 교사나 밀레니얼 세대 교사들은 교육 현장이라는 '준관료적 조직'에 진입하면서 다양한 문화적 장벽과 맞닥뜨린다. 허정수(2004)의 연구는 교직 생활 초기에 나타나는 교사의 적응 양상을 문화기술지 방식으로 포착하며, 신임 교사들이 직면한 과업의 복잡성, 인간관계의 긴장, 조직참여의 난해함 등을 보여준다. 특히 "민속적 원리"라는 개념을 통해 교직 현장에서 구체적으로 작동하는 문화적 규칙들(예: 침묵, 거리두기, 순응의 미덕 등)을 분석한다. 한편, 최국남(2016)은 초임 교사들이 승진 중심의 학교문화를 어떻게 인식하고 이에 적응하거나 비판적으로 거리를 두는지를 추적한다. 그는 승진이 교사들의 문화적 좌표로 작용함과 동시에, 이를 내면화하지 않으려는 개인의 전략(예: 실천 중심 교사 정체성의 강조, 회피적 참여 등)을 주목한다. 문지영(2021)은 밀레니얼 세대 교사들을 중심으로 이들이 기존 조직문화와 상충하는 "다중적 교직관"을 갖고 있음을 강조한다. 이들은 전통적 규범과 동시대 가치(자율, 평등, 소통)를 긴장 속에서 조율해 나가며, 결과적으로 학교 내 '경계인'으로서의 지위를 형성하고 있었다.

(2) 학교 관리자와의 관계 및 의사소통

학교 관리자와 교사 간 관계는 단순한 위계적 지시와 응답을 넘어서, 조직문화 속에서 형성된 '소통의 규칙'에 의해 구성된다. 유미라(2017)는 교장 · 교감과 교사 간 의사소통을 중심으로 초등학교 내 권위와 신뢰, 거리 두기라는 세 가지 축이 어떻게 얽혀 있는지를 문화기술지적으로 탐색했다. 그녀는 관리자와 교사의 상호작용에서 "형식적 수용과 실질적 유보"라는 이중적 태도가 자주 목격되며, 이는 교사들이 조직 내 갈등을 피하면서도 자율성을 확보하기 위한 전략임을 보여준다. 조영진(2019)은 이러한 관계를 보다 입체적으로 구조화하였다. 그는 교장-교사, 교감-교사, 동료 교사 간 커뮤니케이션 전략을 각각 유형화하고, 이들이 공식/비공식 회의나 일상적 대화 속에서 어떻게 발현되는지를 추적하였다. 특히 교사들은 직접적인 거절보다는 우회적 표현, 관리자들은일방적 통보보다는 정서적 포장을 사용하는 경향이 강하다는 점에서, 학교 내 의사소통은 단순한 정보 전달이 아닌문화적 해석과 협상의 장으로 기능한다는 시사점을 남긴다.

(3) 교육 실천과 교사 정체성

교사에게 교육은 단순한 업무가 아니라 자신의 가치관과 자아를 투사하는 실천의 장이다. 주혜민(2019)은 교육연극 프로그램을 실행한 초등학교를 연구하면서, 연극 수업이 교사와 학생 간 관계를 재구성하고, 교사의 정체성을 재정립하는 계기가 되었음을 밝혀냈다. 그는 교육연극이 단순한 교수기법이 아니라교사와 학생 모두의 내면을 드러내고 교감하는 문화적 실천임을 강조하며, 교사는 이를 통해 자신의 교육 철학과 실천적 신념을 시험하고 반추하게 된다.

또한 선보라(2024)는 사회 교사들을 대상으로 한 문화기술지 연구에서, 교사의 직업적 행복이 수업 내용과 삶의 일치성, 학생 변화에 대한 실감, 자아실현 등에서 비롯된다고 보았다. 이들은 단순히 수업을 전달하는 존재가 아니라, 사회적 가치(민주시민 교육, 공공성 등)를 내면화한 '사회적 실천가'로서 자각하고 있었다. 결국 교육 실천은 교사에게 정체성을 형성하는 핵심 행위이며, 문화기술지는 이 실천의 내면적 감정과 윤리적 갈등을 구체적으로 서사화하는 도구가 될 수 있다.

(4) 지역성 · 맥락성의 반영

학교 문화는 단지 제도적 틀 안에서만 형성되는 것이 아니라, 그것이 뿌리내린 지역 사회의 특성과 깊이 연관되어 있다. 김동현(2018)의 연구는 폐광지역 벽지 초등학교를 배경으로 하여, 열악한 환경 속에서도 교사들이 어떻게 생존하고, 서로를 지지하며, 때로는 제도적 기대에 무기력해지는지를 섬세하게 보여준다. 교사들은 '무사안일주의', '카풀문화', '행사 중심 동원 체제' 같은 일상을 통해 특정한 교직문화를 형성했고, 이는 도시 학교와는 다른 '교직의 민속적 질서'를 구성하였다. 이러한 연구는 '학교'를 분석할 때사 회 · 문화 · 지리적 맥락의 중요성을 환기시킨다. 문화기술지는 연구자가 단순히 '학교라는 공간'에 머무르지 않고, 지역사회와 역사적 조건, 인근 관계자(학부모 · 행정실 · 지역 주민 등)의 관점까지 포괄하여 맥락화된 분석을 가능하게 한다. 이는 학교를 '사회적 문화장'으로 이해하는 데 필수적인 접근이다.

4) 청소년, 학습경험 관련 연구들

한편 학교 안팎의 다양한 청소년 관련 공간을 주요 현장으로 설정하고, 그 안에서의 실천, 상호작용, 권력관계, 문화적 의미들을 탐색하는 문화기술지 연구들이 다수 이루어졌다. 주요하게 학교 내부의 제도적/비제도적 실천 장면을 탐색한 연구들이 눈에 띈다. 예를 들어, 통합놀이 동아리 활동이나 또래문화의 형성 과정은 정규 교육과정 바깥에서 이루어지는 상호작용이지만, 학생들의 정체성과 관계 형성에 중요한 역할을 한다. 이런 실천은 학교의 공식 담론과 충돌하거나 교차하면서 학생 주체성을 드러내는 장으로 기능한다. 연구자들은 이러한 장면에서 드러나는 권력 구조와 규범의 작동, 그리고 학생들의 자율성과 창의성을 세밀하게 추적한다.

둘째, 학교 외부의 비형식적 공간도 주요한 연구 현장으로 부각된다. 청소년 자치배움터, 부천역 주변의 거리 청소년 공간, 수련시설의 영상제작반, 비행청소년의 일상 등은 모두 공교육의 제도적 틀에서 벗어난 공간이지만, 동시에 청소년의 삶과 문화가 역동적으로 형성되고 유지되는 곳이다. 이러한 공간에서는 학교에서 잘 드러나지 않는 청소년의 욕망, 정체성 탐색, 저항적 실천 등이 더 두드러지게 나타나며, 연구자들은 그 과정에서 '주류 사회의 규범'과 충돌하는 장면을 민감하게 포착하고자 한다.

셋째, 특수 상황이나 사회적 배경이 개입된 현장도 주목된다. 예컨대, 보호종료 청년의 삶의 재구성 과정, 시각장애 유아와 일반 유아 간의 또래 관계 맥락, 디지털 환경에서의 문식성 실천 등은 개인의 특수한 조건과 구조적 환경이 맞물리는 지점을 드러낸다. 이들은 단순히 '현상 관찰'에 그치지 않고, 청소년이 처한 사회적 조건에 대한 비판적 이해와 함께 실천적 함의를 도출하고자 한다

이처럼 다양한 연구들은 공간의 다층성(제도/비제도, 중심/주변)을 중심으로 현장을 구성하며, 각 공간에서 벌어지는 문화 실천의 의미를 탐색하는 데 집중하고 있다. 단지 장소적 배경으로서의 '현장'이 아니라, 연구자는 현장 안의 긴장, 갈등, 저항, 협력, 창조의 움직임에 주목하며, 문화기술지 특유의 감응성과 정서적 몰입을 통해 그 속의 의미 지형을 서술한다.

(1) 공간과 장소의 문화적 재구성

여러 연구들은 청소년, 교사, 아이들이 머무는 공간을 단순한 배경이 아닌, 의미 생성의

장소로 바라본다. 학교 안에서는 노스페이스 브랜드를 둘러싼 학생 문화가 형성되며, 교실이나 복도, 운동장은 학생들의 사회적 위계, 유대, 갈등이 촉발되는 문화적 장으로 기능한다. 학교 밖 거리(예: 부천역 일대), 자치배움터, 탈시설 이후 거주 공간, 온라인 커뮤니티 등도 참여자들의 정체성 형성과 집단적 감정 형성의 장소로 묘사된다. 이러한 장소들은 구조적 제약을 넘어서거나, 그 안에서 협상하며 새로운 질서와 규범을 만들어내는 공간으로 분석된다. 공간은 곧 행위가 이루어지고, 정체성이 드러나는 문화 실천의 무대로 재구성된다.

첫째, 공간은 단순한 배경이 아닌 '경험의 장'이다. 문화기술지적 접근에서 공간은 단지 물리적 배경이 아니라, 사회적 관계와 정체성이 형성되고 교차하는 역동적 장으로 이해된다. 예를 들어, 교정시설을 경험한 보호종료청년들의 사례(차명희, 2020)에서는 자립 이후 주거 공간이 단순한 독립의 수단이 아니라, 사회와의 관계를 재정립하고 자기 정체성을 재구성하는 무대로 작동한다. 그들은 탈시설 이후 주거지에서 과거의 통제적 공간을 떠나 자율적 실천을 시도하지만, 동시에 고립, 낙인, 경제적 취약성 등으로 인해 새로운 공간적 한계에 부딪히기도 한다.

둘째, 학교 바깥의 공간이 학습과 문화를 담는 방식을 잘 보여준다. '거리청소년', '중간아동', '학교 밖 청소년'을 대상으로 한 연구들은 공적 교육공간 외부에서도 청소년들이 나름의 규칙과 가치, 정체성을 형성해 가는 문화적 실천의 장으로서의 공간을 보여준다(이호연, 2000; 강선주, 2015; 박용성, 2015; 민요한, 2019). 부천역 일대에서의 거리청소년 문화기술지 연구는 청소년들이 버스정류장, 상점 골목, PC방 등 일상 공간에서 비형식적 관계망을 통해 생존전략을 구축하고, 저항적이면서도 유희적인 삶의 공간을 창출해 가는 과정을 조명한다. 이처럼 비공식 공간은 배제된 존재들이 서로를 인식하고 세계와 연결되는 교차지점이 된다.

(2) 비제도적 실천과 공동체의 형성

제도권 안의 공간도 비제도적 문화로 채워진다. 학교 내 공간조차도 학생들에 의해 새롭게 의미화되며 비공식 문화의 중심지가 될 수 있다. 예를 들어, '노스페이스 현상'을 다룬 연구(서민경, 2012)에서는 교복과 패딩 브랜드를 통해 드러나는 서열화, 패션 경쟁, 소속감과 배제의 상징 구조 등이복도, 급식실, 운동장 등 공간 내에서 실천되며 장소적 의미를 변형시키는 과정을 분석한다. 이는 제도화된 교육 공간이 동시에 학생 문화가 실천되는 대항적 공간이기도 함을 보여준다.

첫째, 자치와 비공식적 규범 속에서 관계망이 형성된다. 은하수학교의 '자치배움터' 사례에서는 학생들이 교사나 예술가의 일방적 지시 없이 자율적으로 활동을 기획하고 운영하는 과정을 보여준다. 이 사례에서는 학생들이 예술 프로젝트, 공동체 활동을 통해 학교의 벽면, 놀이터, 복도 등 물리적 구조를 직접 바꾸며 새로운 공동체적 의미를 부여하는 과정을 담고 있다. 이는 전통적인 학교 제도나 교육과정에서 벗어난 실천이지만, 그 안에서 형성된 공동체는 참가자 간의 신뢰와 상호 인정에 기반해 작동한다. 비공식적인 규칙, 역할의 유동성, 또래 간 돌봄은 이 공동체를 유지하고 강화하는 주요 요인으로 작용한다. 이러한 실천은 기존 제도에 포섭되지 않지만, 아이들은 이를 통해 자기표현, 협업, 정체성 탐색을 실현하며 '의미 있는 배움'을 경험한다. 이처럼 비제도적 실천은 학습의 장일 뿐 아니라 관계적 공동체를 조직하는 기제로 기능한다.

둘째, 거리에서 생존과 돌봄의 자생적 네트워크와 공동체가 형성됨을 보여준다. 부천역 인근에서 생활하는 거리청소년들의 문화기술지(강선주, 2015)에서는 그들이 공적 제도에서 배제된 상태에서도 서로를 돌보며 살아가는 공동체를 형성하고 있음을 보여준다. 이 공동체는 규칙적이지도, 안정적이지도 않지만, 음식 공유, 위험 회피 전략, 정서적 지지 등을 통해 구성원들 간의 유대를 유지한다. 이들은 법적 · 교육적 제도의 보호는 받지 못하지만, 실제적인 일상 속의 연대와 협력 구조를 통해 생존하고 있다는 점에서, '비제도적'이라 불리는 생활 방식이 결코 무질서하거나 무가치한 것이 아님을 드러낸다. 이러한 공동체는 제도의 부재 속에서 오히려 더욱 유기적인 인간관계를 가능케 한다.

셋째, 형식교육 밖에서의 학습과 공동의 성장 모습을 보여준다. 청소년 수련시설의 영상 제작반에 참여하는 청소년들 역시 학교의 공식 교육과는 다른 방식으로 지식과 기술을 습득하며 공동체를 구성하고 있다(이호연, 2000). 영상 콘텐츠를 기획하고 제작하는 과정에서 아이들은 기술, 표현력, 협업, 시간관리 등의 다양한 역량을 자연스럽게 체득하며, 상호존중과 책임감을 배우게 된다. 이들은 서로를 평가하거나 줄세우는 경쟁 대신, 공통의 프로젝트를 완성하기 위한 협력자이자 또래 멘토로 기능한다. 이 같은 공동체는 기존 제도의 권위 대신 경험과 실천을 중심으로 작동하며,비제도적 공간이 더 민주적이고 수평적인 학습 환경이 될 수 있음을 보여준다.

(3) 사회적 낙인과 정체성의 재구성

첫째, 제도적 시선이 '문제 청소년' 이미지를 만들어낸다(강선주, 2015; 박용성, 2015). 공교육 시스템이나 복지 제도 내에서 청소년들은 종종 '문제아', '비행청소년', '중도탈락자' 등으로 규정되며, 이들의 다층적이고 복합적인 삶은 하나의 낙인으로 단순화된다. 예를 들어, 거리 청소년들을 다룬 연구에서는 이들이 제도 바깥에 있는 존재로 취급되며, 사회의 보호와 지원

대상이자 동시에 관리의 대상으로 간주됨을 지적한다. 하지만 이러한 규정은 실제 청소년들의 자아 인식 및 대인 관계 형성에 부정적인 영향을 미치며, 자기혐오나 위축, 혹은 저항적 정체성을 강화하는 방식으로 작동한다. 즉, 사회적 낙인은 단순한 시선의 문제가 아니라, 개인의 정체성 형성과 삶의 방향성 자체를 구성하는 힘으로 작용한다.

둘째, 청소년들이 예술 · 자치활동을 통해 '새로운 나'를 발견하는 모습을 보여준다. 은하수학교의 자치배움터 활동 사례나(장수지, 2022), 영상제작 동아리에 참여한 청소년들의 사례(이호연, 2000)에서 공통적으로 나타나는 것은, 비제도적이고 수평적인 활동 구조가 정체성 전환의 계기를 제공한다는 점이다. 학생들은 자신이 '말을 잘 못하는 아이'나 '무기력한 아이'가 아니라, '표현을 잘하는 예술가', '함께 기획할 수 있는 사람', '서로에게 배움의 자원이 되는 존재'로 다시 태어난다. 이러한 활동은 사회가 부여한 낙인으로부터 거리를 둘 수 있게 하고, 청소년이 스스로의 정체성을 재구성할 수 있는 언어와 경험을 제공한다. 다시 말해, 자율성과 상호성에 기반한 실천의 장은 청소년이 자신을 다시 쓰는 장소가 된다.

셋째, 청소년 '비행'이 아니라 '삶의 전략'으로 읽는다. 비행청소년이나 학교밖 청소년을 대상으로 한 문화기술지 연구(박용성, 2015; 이호연, 2000)는 기존의 '일탈' 혹은 '문제행동'이라는 프레임을 해체하고자 한다. 예를 들어,비행청소년들이 보여주는 행동들은 실제로는 생존 전략이며, 공동체 내에서 인정받기 위한 사회적 수행이자 기술이기도 하다. 이러한 해석은 청소년의 행동을 교정하거나 통제의 대상으로 보는 대신 그들의 현실 조건과 감정, 욕망을 있는 그대로 이해하려는 시도이다. 이러한 관점 전환은 교육 및 복지 실천에서 낙인을 줄이고 청소년과의 관계 맺기를 가능하게 한다.

(4) 감정, 몸, 관계의 교육적 재발견

감정과 몸, 관계는 교육학에서 종종 부차적 요소로 다뤄지지만, 문화기술지 연구는 이를 중심적인 분석 단위로 삼는다. 교사-학생, 또래 간, 교사-제도 사이의 감정적 긴장과 공감, 갈등과 화해의 과정은 학습과 성장의 중요한 장면으로 묘사된다.

첫째, 감정은 통제 대상이 아니라 이해의 대상임을 보여준다. 기존 학교교육에서는 감정을 억제하거나 통제의 대상으로 다루는 경향이 강했다. 특히 분노, 슬픔, 불안과 같은 부정적 감정은 '지도'나 '치유'의 대상이 되곤 했다. 그러나 문화기술지 연구들은 이러한 감정들이 단순히 제거되어야 할 문제가 아니라, 청소년의 삶을 구성하고 의미를 부여하는 중요한 실천의 일부임을 보여준다. 예를 들어, 은하수학교의 예술 프로젝트에서 청소년들은 자신이 겪는 감정들을 말, 이미지, 움직임으로 표현하며, 감정을 '관리'하는 것이 아니라 공유하고 의미화하는 감정문화(emotional culture)를 형성한다(장수자, 2022). 이는 감정을 통제하는 대신 감정적 경험을 함께 이해하고 돌보는 관계적 실천으로 전환한 사례이다.

둘째, 몸을 배움의 중요한 장치로 바라본다. 학교교육에서 몸은 주로 규율과 관리의 대상이지만, 문화기술지 연구에서는 몸을 배움과 정체성 형성의 주요 장치로 이해한다. 예를 들어, 영상제작 활동에 참여한 청소년들이 카메라를 들고 공간을 탐색하거나 장면을 연기하는 과정은, 단순히 기술 습득을 넘어서 자신의 몸을 통해 세상과 관계를 맺고 표현하는 실천이 된다(이호연, 2000). 또한 통합놀이 동아리 연구(조현경, 2017)에서는 놀이를 통해 아이들이 서로의 몸짓을 주고받으며 상호작용을 체득하고 규범을 내면화하는 과정이 드러난다. 이처럼 몸은 규범을 따라야 할 대상이기 이전에, 배움과 관계맺기의 감각적 통로로 작동한다.

셋째, 관계는 성과보다 교육의 본질임을 보여준다. 문화기술지들은 '관계'가 단지 효과적인 학습의 수단이 아니라, 교육의 목적 그 자체가 될 수 있음을 강조한다. 특히 소외되거나 주변화된 청소년들의 경우, 학업 성취보다 신뢰, 친밀감, 돌봄의 관계를 형성하는 것이 교육 참여의 핵심 동기가 되는 경우가 많다. 예를 들어, 거리청소년들과의 연구(강선주, 2015)에서는 관계가 성과 중심 교육을 거부하고 새로운 공동체를 형성하는 토대로 기능했다. 교사나 연구자가 이들을 '문제 청소년'이 아닌 하나의 삶을 가진 동료로 인정하는 순간, 청소년들은 스스로 학습의 주체로 나아가려는 변화를 보여준다.

결국, 감정, 몸, 관계는 서로 단절된 것이 아니라, 교육적 실천 안에서 통합적으로 작동한다. 문화기술지 연구들은 이러한 요소들이 학교라는 제도 안팎에서 어떻게 구성되고, 또 어떻게 다시 발견되어야 하는지를 실천적으로 보여준다. 이러한 관점은 교육을 성과 중심의 제도적 활동이 아니라, 삶과 만나는 감각적, 정서적, 관계적 경험의 장으로 전환한다. 교육은 이론이나 지식의 전달을 넘어서, 삶의 방식, 감정의 언어, 몸의 감각, 관계의 윤리를 함께 나누는 실천이라는 점이 잘 드러난다.

5) 디지털 문화기술지 관련 연구

이들 연구는 디지털 공간을 하나의 삶의 세계로 사용자들을 문화적 실천가로 이해하려는 전환적 관점을 공유하고 있다. 문화기술지는 디지털 매체가 개인의 일상과 감정, 신체, 정체성 구성에 어떻게 개입하고 재구성하는지를 세밀하게 포착할 수 있는 강점을 가지며, 특히 주변화된 개인과 집단의 목소리를 존중하고 드러내는 윤리적 도구로 기능한다.

(1) 디지털 일상성과 주체 형성의 탐색

이들 연구는 디지털 환경 속에서의 일상 실천을 중심으로 개인의 주체성과 경험 세계를 문화기술지적으로 파악하고자 하였다. 예를 들어, 유튜브 콘텐츠 제작에 참여하는 초등학생의 사례(김윤경, 2022)에서는 단순히 영상 제작을 넘어 자아 표현과 사회적 관계를 구성하는 공간으로 디지털 플랫폼이 작용함을 보여준다. 이 연구는 어린 사용자가 미디어 기술을 통해 어떻게 '콘텐츠 생산자'라는 새로운 정체성을 형성하며, 자기효능감 및 창의성을 발현하는지를 문화기술지적 시선으로 조망한다.

또한, 모바일 학습을 수행하는 Z세대 사용자들에 관한 연구(김현영, 김현진, 2023)에서는 스마트폰이라는 디지털 매체가 학습의 장소, 시간, 리듬을 재구성함과 동시에 사용자의 정체성(학생 · 디지털 사용자 · 실천가)을 복합적으로 매개하는 문화적 도구로 기능함을 분석하였다. 이처럼 디지털 문화기술지는 '미디어 이용' 그 자체를 넘어서 그것이 삶과 자아, 사회적 관계에 미치는 영향까지 통합적으로 이해하려는 접근을 보여준다.

(2) 비가시적 주체들의 실천과 저항의 공간화

문화기술지적 접근은 기존 담론에서 주변화되거나 비가시화되었던 실천들을 세밀하게 드러내고 이를 통해 저항적 의미를 추출한다. '비장소로서의 도시 카페에 대한 문화기술지 연구'(양차미, 2012)에서는 도심의 카페 공간이 단순한 소비 장소를 넘어서, 불안정한 청년들이 휴식과 자율성, 정체성 사유의 공간으로 활용하는 '대안적 사적공간'으로 기능함을 보여주었다. 디지털화된 장소 경험은 이들에게 심리적 안식처이자 임시적 정착 공간의 성격을 띠며, 이를 통해 이들은 사회로부터의 소외에 대응하고 삶의 리듬을 조율한다. 비슷하게, '버추얼 아이돌 팬덤 활동에 대한 문화기술지 연구'(김림, 2024)에서는 여성 팬들이 디지털 아바타 팬덤 활동을 통해 성별 규범에서 벗어난 대안적 취향 공동체를 형성하며, 현실의 제약을 넘어서는 자기표현과 집단적 소속감을 구성하는 과정을 보여준다. 이는 디지털 실천이 기존 제도나 위계에 대한 저항과 탈코드화를 담지하고 있음을 시사한다.

(3) 청소년과 아동의 디지털 감수성과 교육적 시사점

다수의 연구는 디지털 환경에서 청소년과 아동이 갖는 감수성과 실천이 교육적 시사점을 가진다는 점에 주목한다. '청소년 놀이문화의 디지털 구술성에 대한 문화기술지적 연구'(박지혜, 2015)는 디지털 매체를 활용한 놀이(예: 밈, 챌린지 등)가 단순한 유희를 넘어서 사회적 소통, 창의적 표현, 정체성 탐색을 가능케 한다는 점을 강조한다. 이러한 디지털 놀이 속 구술성은 전통적 글쓰기 중심 교육에서 포착하기 어려운 역동성과 서사성, 다층적 소통방식을 드러내며, 교육적 반영 가능성을 제시한다. 또한 '디지털 환경에서 청소년의 비판적 문식성 실천에 대한 사례연구'(권은선, 2019)는 디지털 플랫폼을 활용한 청소년의 콘텐츠 생산 활동이 단순 소비가 아닌 비판적 독해, 재구성, 표현의 실천임을 강조한다. 이는 디지털 리터러시 교육이 단순 기술 숙달을 넘어서 문화적 감수성과 실천 능력을 배양하는 방향으로 재설계되어야 함을 시사한다.

(4) 서사 형식과 연구 방법의 진화

디지털 문화기술지는 단순히 내용을 다루는 것을 넘어, 연구자 자신과 참여자 간의 서사 구성 과정을 중시한다. 일부 연구는 연구자와 참여자 사이의 상호작용을 중심으로, 연구의 윤리성과 참여자의 주체성을 함께 고려한 '공동 서사적 재현' 방식에 주목하였다. 연구자의 개입과 참여자의 실천이 엮여 하나의 서사로 재구성되는 과정은 질적 연구 방법론의 확장성과 문화기술지의 미학적 · 윤리적 가능성을 잘 보여준다. 또한 디지털 기반 연구는 이미지, 영상, 멀티미디어 자료를 기반으로 한 '다중양식적 문화기술지'로 진화하는 경향도 보인다. 정량적 설문이나 인터뷰 중심의 서술이 아닌, 플랫폼 상의 댓글, 콘텐츠 시청 행태, 비주얼 스냅숏 등을 분석 재료로 활용함으로써 텍스트 중심의 질적 연구를 넘어서는 다감각적 분석이 이루어지고 있다. 향후 연구는 보다 다양한 디지털 환경(예: 메타버스, AI 동반 플랫폼 등)을 포함하고, 비서사적 경험이나 비정형적 실천에 대한 새로운 분석 틀을 모색하는 방향으로 나아갈 수 있다. 동시에 디지털 환경의 불평등, 피로, 감시 등의 문제에 대한 비판적 관점도 함께 확장될 필요가 있다.

4. 문화기술적 연구의 기여 및 제언

이상으로 문화기술지 연구들의 동향과 주요 사례들을 살펴보았다. 종합적으로 문화기술지가 학술적으로 사회적으로 기여한 바를 정리하면, 문화기술지 연구들은 사회적 약자의 삶을 기록하고 이해하려는 진정성 있는 노력이며, 비판적 민감성과 현장 중심 윤리를 갖춘 접근이라는 점에서 학술적, 실천적 가능성이 매우 크다. 그러나 앞으로는 더 다층적이고 포괄적인 정체성, 참여자 중심의 협력 방식,디지털 기술의 융합, 그리고 사회적 환류를 위한 실행 기반이 강화될 필요가 있다. 이는 문화기술지를 단순한 관찰의 도구에서 사회를 변혁하는 대안적 지식생산 방식으로 진화시키는 관건이 될 것이다.

1) 국내 문화기술지의 학술적, 사회적 기여

(1) 학술적 기여

첫째, 국내 문화기술지 연구들은 주변화된 삶을 학문적으로 재현한다. 즉, 주류 담론에서 소외되었던 여성, 노인, 이주민, 청소년, 성소수자 등의 삶을 중심에 놓고, 그들의 일상 경험과 실천을그 자체로 유의미한 지식의 원천으로 간주한다. 예컨대, '이혼 여성의 성장 서사', '경로당 여성노인의 건강 실천', '결혼이주여성의 미디어 실천' 등은 기존 사회과학이 다루지 않았던 사소하고 주변적인 서사를 정면으로 다루며, 대안적 지식 생산의 모델을 제시했다.

둘째, 국내 문화기술지 연구는 질적 연구 방법론을 확장시켰다. 문화기술지 연구는 심층면담, 참여관찰, 디지털 기록물 분석, 구술 서사 수집등 다양한 방법을 종합적으로 활용하여 다층적 맥락의 의미 생산 구조를 잘 드러낸다. 특히, Spradley의 분석 틀이나 내러티브 기반 문화기술지 등은 연구자와 참여자 사이의 공동 의미 구성 과정을 중시하며, 질적 연구에서 윤리성과 서사성을 강화하는 데 기여했다.

셋째, 국내 문화기술지 연구는 디지털 시대의 모습을 섬세하게 탐색한다. 최근 연구들은 청소년 유튜버, Z세대의 모바일 학습, 버추얼 아이돌 팬덤 등 디지털 공간과 새로운 미디어 문화를 분석 대상으로 삼아 디지털 환경에서의 주체성, 감정, 정체성 구성이라는 새로운 연구 의제를 개척했다. 이는 문화기술지가 전통적인 현장 중심 ethnography에서 나아가 디지털 민속지학(digital ethnography)의 방향으로 나아가고 있음을 보여준다.

(2) 사회적 기여

첫째, 국내 문화기술지 연구는 사회적 소수자의 목소리를 드러냈다. 이들 연구는 사회적 낙인, 배제, 차별 등의 문제를 참여자의 시선과 언어로 정교하게 묘사함으로써, 단순한 피해자의 초상이 아닌 능동적인 주체로서의 삶의 전략을 부각시켰다. 예컨대, '캠프타운 여성', '쥬시걸', '간병 이주민' 등의 삶을 통해 제도 밖 여성들의 자기존중, 공동체적 연대, 일상 속 저항을 포착함으로써 사회적 담론을 풍부하게 확장했다.

둘째, 정책과 실천을 위한 근거를 제공한다. '노년 여성의 건강생활', '이주여성의 미디어 교육', '청소년의 디지털 리터러시'와 같은 연구는 각 집단의 구체적 요구와 문화적 맥락을 기술하여, 맞춤형 복지 · 교육 · 간호 프로그램 개발의 기초자료로 기능할 수 있다. 문화기술지는 단순히 진단하거나 비판하는 데 그치지 않고, 실천 가능한 대안을 설계할 수 있는 사회적 리서치 도구로 작동한다.

셋째, 국내 문화기술지 연구는 사회 인식의 변화에 기여한다. 다양한 연구는 기존 사회가 갖는 편견, 고정관념, 제도 중심 시선에 질문을 던지고, 참여자들의 삶을 통해 다층적인 인간 조건과 문화적 차이를 이해하는 기반을 제공한다. 이는 교육, 언론, 복지, 시민사회 영역에서 포용적 시선의 확산에 기여하고, 제도적 형평성에 대한 감수성을 강화한다.

결론적으로 문화기술지 연구들은 학문적 전통을 새롭게 재정의하고, 실천적 차원의 사회적 개입 가능성을 탐색하며, 연구자로 하여금 사회와 현장에 응답하는 윤리적 존재가 되도록 촉구한다. 이들은 단순히 소외된 주체를 묘사하는 것을 넘어서, 사회적 약자의 삶과 실천이 지닌 지식적 가치와 정치적 의미를 드러내며 '가장 작은 이야기'에서 '가장 큰 통찰'을 끌어내는 인문사회학의 대안적 기획이라고 평가할 수 있다.

2) 국내 문화기술지의 연구의 미래 방향

문화기술지 연구의 방향을 살펴보면, 첫째, 다문화 · 교차정체성의 연구 범위를 확장할 필요가 있다. 이주여성, Z세대, 도시 하위문화 등을 다룬 일부 연구는 정체성의 교차성(intersectionality)을 민감하게 포착하고 있으나, 장애, 성소수자, 종교적 소수자 등 더 다양한 문화적 위치를 반영한 연구가 더 확장될 필요가 있다.

둘째, 공동연구자와 참여자 중심의 서사를 강화할 필요가 있다. 기존 문화기술지는 연구자가 현장을 관찰하고 기술하는 방식이 중심이었다면, 참여자가 자신의 이야기를 직접 기록하거나 공동으로 분석에 참여하는 '협동 문화기술지(co-ethnography)' 접근을 도입함으로써 참여자의 주체성을 보다 적극적으로 강화할 수 있다.

셋째, 디지털 도구를 통합적으로 활용할 필요가 있다. 디지털 플랫폼 기반의 연구에서는 스크린 레코딩, 디지털 로그, SNS 메시지, 팬 커뮤니티 활동 기록등 다층적 자료를 수집하고 시각화하는 도구들이 개발되고 있다. 이러한 기술을 문화기술지에 접목한다면 텍스트 기반 해석의 한계를 넘어서 보다 생생한 기록을 가능하게 한다.

마지막으로 문화기술지 연구의 미래 가능성을 보면, 첫째, 문화기술지 연구는 '현장'의 재개념화와 하이브리드 문화기술지로 발전할 수 있다. Z세대, 팬덤, 유튜버 등 디지털 기반 참여자들의 '현장'은 더 이상 물리적 공간에 국한되지 않으며, 온라인과 오프라인이 뒤섞인 하이브리드 공간이다. 앞으로 문화기술지는 이러한 비가시적 현장, 유동적 관계, 실시간 상호작용을 포착하는 다차원적 관찰 방법으로 진화할 수 있다.

둘째, 문화기술지 연구는 정책 · 교육 · 복지 현장의 실행연구로 확장될 수 있다. 문화기술지는 경험과 맥락을 중심으로 구체적 필요와 실천을 드러내는 연구이기 때문에, 앞으로는 교육과정 개발, 정책 수립, 복지 실천 등 현장 실행연구(action research)와 더욱 강력하게 연결될 수 있다. 예를 들어, 노년 여성의 건강 실천 문화를 바탕으로 한 마을 돌봄 프로그램, 청소년의 미디어 리터러시 경험을 기반으로 한 디지털 교육 모형 설계 등이 가능하다.

셋째, 문화기술지 기반 서사치료, 공공 커뮤니케이션로 확장될 수 있다. 참여자의 삶을 이야기로 구성하고 해석하는 문화기술지는 치유적 글쓰기, 서사치료, 커뮤니티 미디어 제작 등으로도 확장 가능하다. 특히 트라우마, 차별, 낙인 경험을 가진 개인이나 집단에게 자기 서사를 되찾고, 세상과 공유하는 플랫폼으로 기능할 수 있다.

참고문헌

강선주(2015). **거리청소년들의 삶에 대한 문화기술지: 부천역 주변지역을 중심으로**. 서강대학교 대학원 석사학위논문.

권은선(2019). **디지털 환경에서 청소년의 비판적 문식성 실천에 대한 문화기술지적 사례 연구**. 서울대학교 대학원 박사학위논문.

권지성(2004). 공개입양가족의 적응과정에 대한 문화기술지. **한국아동복지학, 17**, 7-48.

권지성(2008). 쪽방 거주자의 일상생활에 대한 문화기술지. **한국사회복지학, 60**(4), 131-156.

김동현(2018). **폐광지역 벽지 초등학교의 교직문화 연구**. 춘천교육대학교 교육대학원 석사학위논문.

김림(2024). **2030세대 이용자들의 버추얼 아이돌 팬덤 활동에 대한 문화기술지 연구**. 중앙대학교 대학원 석사학위논문.

김미덕(2014). 미군 캠프타운 한국 여성에 대한 한 민족지적 연구: 일과 정체성. **아태연구, 21**(3), 251-290.

김선희(2012). **농촌 여성노인의 생활체육 실천요인과 방해요인에 대한 문화기술지**. 명지대학교 산업대학원 석사학위논문.

김소진(2009). 노인들의 집단 문화에 대한 문화기술지 연구 -종묘공원노인들의 일상생활을 중심으로. **사회복지연구, 40**(3), 349-375.

김소형(2020). **청년의 빈곤과 자활사업 참여에 관한 문화기술지: Bourdieu의 이론적 관점**. 경남과학기술대학교 대학원 박사학위논문.

김영옥(2014). 결혼이주여성의 경험쓰기: 새로운 재현 방법으로서의 민족지적 이야기 생산. **여성학논집, 31**(1), 117-143.

김윤경(2022). 한 초등학생의 유튜버 경험에 대한 디지털 문화기술지: 미디어 리터러시 역량의 변화를 중심으로. **현장수업연구, 3**(2), 1-32.

김지훈(2024). **초등교사의 경제교육 온라인 교사학습공동체 참여 경험에 대한 디지털 문화기술적 사례연구: A 연구회의 금융교육 교육과정 개발 과정에서 발현된 행위주체성을 중심으로**. 서울대학교 대학원 박사학위논문.

김진미(2018). **노숙인의 거처 찾기 일에 관한 제도적 문화기술지**. 가톨릭대학교 대학원 박사학위논문.

김진미, 서정화(2006). 거리노숙인의 유대 형성에 대한 문화기술지. **한국사회복지학, 58**(3), 51-79.

김현영, 김현진(2023). Z세대의 모바일 학습 일상에 관한 디지털 문화기술지. **교육공학연구, 39**(1), 105-154.

김화순(2009). **말기암환자 가족의 사별과정에 관한 문화기술지 연구**. 평택대학교 대학원 박사학위논문..

문지영(2021). **행복초등학교 밀레니얼 세대 교사에 관한 문화기술지 연구**. 한국교원대학교 대학원 석사학위논문.

민요한(2019). **학교 밖 청소년의 영어 학습에 관한 문화기술지 연구**. 연세대학교 교육대학원 석사학위논문.

박광옥(2018). **발달장애인의 고용서비스 경험의 사회적 조직화: 제도적 문화기술지의 적용**. 성공회대학교 일반대학원 박사학위논문.

박광옥, 이동성(2018). 발달장애인의 고용서비스 경험의 제도적 상호관계 탐색 - 제도적 문화기술지의 적용. **한국장애인복지학, 42**, 107-137.

박상미, 김광억(1999). 1980 · 90년대 한국여성에 있어서 집안 일의 의미와 정체성. **한국사회과학, 21**(4), 33-74.

박용성(2015). **비행청소년의 일상생활에 대한 문화기술지 연구**. 고신대학교 대학원 박사학위논문.

박지혜(2015). **청소년 놀이문화의 디지털 구술성에 대한 문화기술지적 연구: 벤야민의 미메시스와 월터 옹의 구술성에 대한 사유를 중심으로**. 중앙대학교 대학원 석사학위논문.

상종열(2019). 쪽방촌 일대에 거주하는 알코올 의존 노숙 인의 생활세계: 총체적 문화기술지 접근을 중심으로. **질적탐구, 5**(1), 139-172.

서민경(2012). **학교 내 또래문화의 형성과 전파: 노스페이스 현상을 중심으로**. 부산대학교 대학원 석사학위논문.

서제희(2021). "15초의 소통": SNS에 나타난 짧은 동영상의 시각적 소통 방식에 관한 연구. **조형교육, 77**, 95-117.

서청원(2015). **엄마대학원생의 SNS 커뮤니티를 통한 역량강화 경험: '서울대부모학생조합 맘인스누'의 사례를 중심으로**. 서울대학교 대학원 석사학위논문.

선보라(2024). **문화기술지를 활용한 사회 교사의 직업적 행복에 관한 이해**. 서울대학교 대학원 석사학위논문.

소유석(2017). **코스프레 참여집단의 하위문화 실천에 대한 문화기술지 연구**. 중앙대학교 대학원 석사학위논문.

조명남(2019). **장기요양시설 입소노인의 생활경험에 관한 문화기술지 연구**. 대구대학교 대학원 석사학위논문.

양차미(2012). **비장소로서의 도시 카페에 대한 문화기술지 연구**. 서울대학교 대학원 석사학위논문.

오혜경(2001). **한국 여대생의 성 인식에 대한 문화기술지**. 경희대학교 대학원 박사학위논문.

유미라(2017). **초등학교 교장 · 교감과 교사 간 의사소통에 관한 문화기술지**. 한국교원대학교 대학원 석사학위논문.

이명주(2018). **북 카페 이용자들의 독서 미메시스에 대한 문화기술지 연구 - 벤야민의 미메시스와 유희를 중심으로**. 중앙대학교 대학원 석사학위논문.

이용숙(1985). 경제성장에 있어서의 교육의 역할에 대한 인류학적 연구 고찰. **한국문화인류학, 17**(1), 221-235.

이용숙(1989). 문화 기술적 수업 연구 방법. 한국교육개발원, 16(1).

이용숙(1993). 실제학습시간 비교분석을 위한 인류학적 연구방법: 질적 · 양적 접근방법의 통합적 적용. **비교문화연구, 1**, 139-183.

이용숙(1996). 한국 학교 문화의 특성과 잠재적 교육과정. **한국문화인류학, 29**(2), 289-340.

이윤신(2009). **여대생의 웰빙에 관한 문화기술지**. 경희대학교 대학원 박사학위논문.

이인경(2025). **캄보디아 결혼이주여성의 이혼 후 초국적 가족 만들기 실천**. 부산대학교 대학원 박사학위논문.

이재용(2010). **그룹홈 지적장애인의 자립생활에 대한 문화기술지 연구**(석사학위논문). 서울기독대학교 대학원 박사학위논문.

이채윤(2023). **여성 홈리스의 '집' 만들기: 서울역 인근 여성 홈리스의 생존과 돌봄**. 연세대학교 대학원 석사학위논문.

이하영(2021). **여성 청소년 정치 참여에 관한 문화기술지 연구: 청소년 페미니스트 네트워크 '위티'를 중심으로**. 서울대학교 대학원 석사학위논문.

이혁기, 구희곤, 임수원(2010). 도심 속 여가공간으로서의 수변공원 가치와 장소정체성. **한국스포츠사회학회지, 23**(1), 69-82.

이현주(2009). **여성결혼이민자의 삶과 자녀교육에 관한 문화기술적 연구**. 순천대학교 대학원 석사학위논문.

이호연(2000). **'중간애들'의 학교 밖 문화: 청소년 수련시설 영상제작반 아이들에 대한 문화기술지**. 동국대학교 대학원 석사학위논문.

이효영(2020). **보호대상과 통일역군 사이, '탈북민-창업가'의 비/형성: 탈북민창업지원사례에서 발현하는 '신자유주의'에 관한 문화기술지**. 연세대학교 대학원 석사학위논문.

장수지(2022). **청소년 자치배움터의 학교문화가 학생들에게 미치는 영향: 은하수학교 예술 프로젝트를 중심으로**. 한국교원대학교 대학원 박사학위논문.

장용규, 김동식(2020). 젠더화 된 공간: 초등학생들의 방송댄스 문화에 대한 비판적 문화기술지. **한국초등체육학회지, 25**(4), 39-60.

정지연(2016). **결혼이주여성의 미디어교육과 다중지성에 대한 문화기술지 연구: 네그리와 하트의 '다중이론'을 중심으로**. 중앙대학교 대학원 석사학위논문.

정지연(2016). **결혼이주여성의 미디어교육과 다중지성에 대한 문화기술지 연구**. 중앙대학교 대학원 석사학위논문.

조명남(2019). **장기요양시설 입소노인의 생활경험에 관한 문화기술지 연구**(석사학위논문). 대구대학교 대학원 석사학위논문.

조영진(2019). **서울하늘초등학교의 교원 간 의사소통에 관한 질적 연구**. 한국교원대학교 대학원 박사학위논문.

조현경(2017). **초등학교 통합 놀이 동아리에 관한 문화기술지**. 공주대학교 교육대학원 석사학위논문.

주혜민(2019). **어느 초등학교의 교육연극 프로그램 실행에 관한 문화기술적 사례연구**. 서울교육대학교 교육전문대학원, 석사학위논문.

차명희(2020). **교정시설보호를 경험한 청년의 퇴소 후 삶의 적응 연구: 문화기술지 접근으로**. 서강대학교 신학대학원 박사학위논문.

채수홍(2003). 여성, 노동자, 여성노동자: 여성주의 민족지의 젠더와 계급. **여성연구, 65**, 83-116.

최국남(2016). **초등학교 승진문화에 대한 초임교사들의 인식과 적응전략**. 경상대학교 대학원 박사학위논문.

최나연(2019). **베트남 결혼이주여성의 산후조리에 관한 문화기술지 연구**. 계명대학원 대학원 박사학위논문.

탁창한(2024). **빈곤 감소 개입과 쪽방촌의 만성적 빈곤**. 서울대학교 대학원 박사학위논문.

한슬기, 이원일, 여인성(2013). 비판적 문화기술지: 여성 승마 선수로 살아가기. **한국체육학회, 52**(2), 41-55.

한정우(2014). 필리핀 이주 기지촌 여성 '쥬시걸'의 민족지적 연구. **여성학논집, 31**(2), 33-65.

한정우(2019). 조선족 간병인의 서비스 과정에 대한 민족지적 연구. **다문화와 평화, 13**(1), 116-138.

한정우(2019). 중국동포 남성 간병인의 돌봄 경험에 관한 민족지적 연구. **사회복지정책과 실천, 5**(2), 133-177.

Spradley, J. P. (1980). *Participant observation*. Holt, Rinehart and Winston.

제2장

한국 현상학적 질적연구의 동향

권향원(아주대학교)

1. 현상학 연구 역사 논의의 배경과 의의

현상학적 질적연구는 인간의 경험 "현상" 속에 담긴 본질적 의미를 탐구하는 접근으로, 20세기 후반 질적연구가 대두되면서 양적 연구의 한계를 보완하는 하나의 대안으로서 부각되었다. 현상학은 원래 후설(E. Husserl), 하이데거(M. Heidegger) 등 철학자들의 사상에서 출발한 철학이지만, 오늘날 교육학, 간호학, 상담한, 사회복지학, 행정학 등 인간을 대상으로 하는 다양한 사회과학 분야에서 질적연구 방법론으로 폭넓게 활용되고 있다. 이에 "현상학적 연구는 연구 참여자의 주관적 경험 세계"를 심층적으로 기술하고 해석함으로써, 수량화하기 어려운 인간 경험의 의미를 이해하는 것을 중시하는 철학적 관점인 동시에, 인간 경험을 "있는 그대로" 포착하여 기존 실증주의적 방법이 놓치는 통찰을 제공하는 중요한 연구방법으로 자리잡은 것으로 이해된다.

한국 학계에서 현상학 자체는 20세기 중반에 철학 분야를 통해 소개되었다. 그러나 질적연구 방법론으로서의 현상학이 본격적으로 도입된 것은 훨씬 후대의 일이라고 할 수 있다.

이는 한동안 국내 경험연구들은 양적 접근을 주류로 이루어졌으며, 이에 질적연구방법에 대한 수용도가 높지 않았기 때문이다(권향원, 최도림, 2011). 더욱이 현상학에 대한 이해와 수용은 주로 철학자들의 담론에 머물렀고, 방법론으로서의 현상학을 소개하는 연구들도 구체적인 자료수집과 분석에 대한 실천적인 논의보다는 철학적이고 이론적인 논의를 중심으로 구성된 특성을 보이기도 하였다(권향원, 2016).

이후 1990년대에 들어서 질적연구방법론에 대한 관심이 교육학, 간호학 등을 중심으로 증가하면서 현상학적 연구가 점차 활용되기 시작하였다. 현재는 간호학, 교육학, 심리 · 상담, 사회복지, 행정 등 다양한 분야에서 현상학적 질적연구가 활발히 진행되고 있으며, 연구주제도 인간 삶의 여러 측면으로 다변화되고 있는 경향성을 보이는 것으로 파악된다.

본 장에서는 현상학이 소개되기 시작한 1980년대부터 현재까지 한국에서 현상학적 질적연구의 전개 과정을 시대별로 살펴보고, 간호학, 교육학, 심리상담, 사회복지, 행정 · 경영 등 각 분야에서의 도입과 확산, 주요 연구자와 연구성과, 방법론 적용 등을 중심으로 고찰하고자 한다. 아울러 지오르지(Giorgi), 콜라지(Colaizzi), 반 캠(Van Kaam), 반 매넌(Van Manen), 하이데거(Heidegger) 등 대표적인 현상학적 연구방법론의 특징과 차이를 간략히 비교하여 논의의 이론적 폭을 더하였다. 이를 통해 한국 현상학적 질적연구의 전체 흐름과 특성을 조망하고, 향후 발전 방향에 대한 시사점을 도출해 보고자 한다.

2. 대표적인 현상학적 연구방법론 비교

현상학적 질적연구에는 여러 접근 방법이 존재하며, 연구자들은 연구 목적과 철학적 입장에 따라 적절한 방법을 선택한다. 대표적인 현상학 연구방법론으로 지오르지(Giorgi)의 기술적 현상학(descriptive phenomenology), 콜라지(Colaizzi)의 현상학적 분석법, 반 캠(Van Kaam)의 방법, 반 매넌(Van Manen)의 해석학적 현상학(hermeneutic phenomenology), 그리고 하이데거(Heidegger)에 기반한 해석적 접근(예: IPA) 등을 들 수 있다(김분한 외, 1999). 각 방법론은 현상에 대한 철학적 관점과 분석 절차에서 차이를 보이며, 이를 이해하는 것은 연구자가 자기 연구에 가장 적합한 접근을 선택하고 적용하는 데 필수적이다. 아래에서는 이러한 주요 현상학적 방법론들의 특징을 비교하여 설명한다.

1) 지오르지(Giorgi)의 기술적 현상학 방법

지오르지의 방법은 후설의 초월론적 현상학 철학에 토대를 둔 기술적 현상학(descriptive

phenomenology)을 심리학 등 사회과학에 대한 대표적인 방법론적 적용 예시라고 할 수 있다. 이 방법은 후설의 현상학 철학의 접근방법을 수용하여, 연구자가 '현상학적 괄호치기(Epoché)'를 통해 자신의 선이해와 편견을 최대한 배제하고, 경험 현상을 있는 그대로 기술하고자 노력해야 한다고 제안한다(Giorgi, 1985; 2009). 연구과정 측면에서, 연구자는 자료수집 후에는 참여자의 진술을 세밀하게 읽고 의미단위로 구분한 다음, 각 의미단위를 추상적이고 일반적인 심리학적 의미로 변환(transform)하는 과정을 거치고, 이러한 의미들을 종합하여 경험의 본질적 구조(essential structure)를 기술할 것을 제안한다.

지오르지의 방법은 절차가 비교적 체계적이고 명확하게 정립되어 있어 국내 질적연구자들에게도 오랫동안 활용되어 왔다. 예를 들어, 박경자, 김명찬(2022)에 따르면, 2010~2020년 사이에 출간된 국내 상담학 분야의 현상학 분석연구 논문의 63편 중 약 44.5%가 지오르지의 절차를 사용하였다. 이는 지오르지의 방법이 연구자의 주관 개입을 최소화하면서도 경험의 구조를 엄밀하게 밝혀낼 수 있는 장점 때문에 상담학, 간호학 등 다양한 분야에서 신뢰받아 왔음을 함의한다.

2) 콜라지(Colaizzi)의 현상학적 분석법

콜라지의 방법은 간호학 분야에서 많이 활용되는 기술적 현상학적 분석법으로, 지오르지의 접근과 마찬가지로 후설 현상학에 이론적 기반을 두고 있다. 다만 콜라지의 접근이 지오르지의 접근과 구분되는 지점은 '연구 참여자 검증 절차'를 포함하는 것을 특징으로 한다는 점이다(Colaizzi, 1978). 콜라지는 현상학적 자료분석을 위한 7단계 절차를 다음과 같이 제시하였다. 우선 모든 면담 자료를 반복하여 읽으며 전체적인 느낌을 파악한 후 중요한 진술을 추출하고, 다음으로 각 진술에서 의미를 공식화(formulated meaning)하고, 이들을 모아 주제(theme)와 주제모음(theme cluster)을 도출하는 절차를 거친다. 그리고 이렇게 얻어진 주제들을 다시 범주(category)로 묶여 경험의 구조로 서술한다. 더하여 방법의 마지막 단계에서 분석결과를 참여자에게 다시 제시하여 연구의 해석이 참여자의 실제 경험과 부합하는지를 확인함으로써 연구결과의 신뢰성을 높이고자 하는 절차를 부가하였다. 콜라지에 따르면, 이러한 참여자 확인 절차는 현상학적 연구 결과의 타당성을 높이는 데 기여 할 수 있다고 이해된다. 이는 콜라지의 방법이 "고객 혹은 수요자의 경험을 특히 중시하는" 간호학 및 사회복지학 등의 분야에서 널리 활용되는 이유를 시사한다. 국내의 질적연구들에서도 콜라지의 7단계 기법은 간호분야를 중심으로 많이 적용되어 왔다. 특히 여러 참여자들이 가지고 있는 개별 경험들 속에서 공통된 속성을 도출할 때 유용한 접근으로 평가된다.

다만 콜라지의 방법은 '경험의 보편적 양상'에 초점을 맞추므로 개별 참여자의 독특한 경험을 세부적으로 드러내기 어려울 수 있다는 한계가 지적될 수 있다. 따라서 연구자는 연구 목적에 비추어 이러한 장점을 최대화하고 단점은 보완하도록 주의할 필요가 있다.

3) 반 캠(Van Kaam)의 현상학적 방법

반 캠(Van Kaam)의 현상학적 방법은 '기술현상학적 분석법'의 논리를 따르되, 경험의 본질을 도출하기 위한 비교적 정형화된 절차를 갖추고 있는 점을 특징으로 한다(Van Kaam, 1966). 이 방법 역시 지오르지, 콜라지의 방법과 유사하게 자료를 의미 단위로 분해하고 주제를 추출하여 공통된 본질을 찾아가는 과정을 따른다. 하지만 반캠의 방법은 일부 양적 절차를 가미하고 있다는 점을 고유한 특징으로 들 수 있다. 예를 들어, 의미 있는 진술들의 빈도와 순서를 파악함으로써 어떤 측면의 경험이 더 자주 나타나는지, 더 중요한지를 고려하도록 하는 등 정량적인 요소를 포함하고 있다. 또한 도출된 의미들에서 부주제(sub-theme)를 선정하고 이를 재통합하여 최종 주제(theme)와 범주(category)를 조직하는데, 이 과정에서 연구자의 언어로 정련된 표현을 사용하여 주제를 기술하는 점이 특징적이다. 다시 말해, 콜라지가 최종 주제를 기술할 때 참여자의 원어 표현을 비교적 그대로 활용하는 데 비해, 반 캠과 지오르지의 방법에서는 연구자가 자료를 해석하여 다듬은 개념적 언어로 주제를 기술하는 경향이 있다. 더하여 반 캠의 방법은 방법은 경험의 필수 구조(essential structure)를 확인하기 위한 명확한 기준과 검증 과정을 강조하는데, 예를 들어 도출된 본질이 모든 사례에 적용되는지를 검토하거나 다른 연구자와 교차 분석하여 확인하는 절차를 포함하기도 한다.

그간 국내 연구자들에게 반 캠의 방법은 상대적으로 생경하였고, 실제 경험연구에 있어서도 상대적으로 적게 활용되어 온 것으로 파악된다. 한편 이 방법이 적용 사례로 소개된 기점을 1990년대 후반 김분한 외 연구자들이 암 환자 가족의 경험 자료를 가지고 지오르지(Giorgi), 콜라지(Colaizzi), 반 캠(Van Kaam) 등의 세 가지 방법으로 각각 분석을 시도하여 결과를 비교한 연구에서 찾을 수 있다(김분한 외, 1999). 이 비교연구에 따르면, 세 방법 모두 경험의 본질을 기술한다는 공통점이 있지만 도출된 주제의 수와 표현 방식에서 차이가 있다고 다음과 같이 보고되었다. 가령, 콜라지(Colaizzi)의 방법은 해당 연구에서 "부정적 대처"와 "긍정적 대처"라는 두 범주 아래에 여러 세부 주제를 포함시키는 결과를 산출한 반면, 지오르지(Giorgi)의 방법은 각 참여자의 독특한 경험을 개별적으로 자세히 서술한 뒤 이를 통합된 본질 구조로 제시하였다. 반 캠(Van Kaam)의 방법을 통한 분석에서는 경험 요소들의 출현 빈도를 함께 제시함으로써 어떤 주제가 보다 보편적이고 중요한지 우선순위를 고려할 수 있게 했다. 이러한 차이는 연구자가 어떤 방법을 선택하느냐에 따라 연구 결과의 표현과 해석이 달라질 수 있음을 보여준다.

4) 반 매넌(Van Manen)의 해석학적 현상학 접근

반 매넌(Van Manen)의 접근은 현상학을 해석학적(hermeneutic) 관점에서 수행하는 대표적인 방법론으로, 후설(Husserl) 보다는 하이데거(Heidegger)와 메를로 퐁티(Merleau-Ponty) 등의 철학에 뿌리를 두고 있다(van Manen, 1990; 2002). 교육학자이기도 한 반 매넌은 현상학적 연구를 일련의 엄격한 단계로 보기보다는, 연구자가 참여자의 생활세계를 깊이 성찰(reflection)하고 그 의미를 본질적으로 드러내도록 글로 표현해 가는 과정으로 간주한다. 반 매넌은 연구자가 현상에 대해 갖는 질문, 직관, 사색 등을 통해 경험의 의미를 해석적으로 포착하고자 하며, 연구결과는 단순한 개념적 분석보다는 문학적이고 예술적인 서술로 제시되는 경향이 있다.

예를 들어, 그는 현상학적 글쓰기를 통해 독자가 연구 참여자의 삶의 경험에 공감하고 의미를 느낄 수 있도록 생생하게 기술하는 것을 중시한다. 이러한 접근은 연구 결과를 읽는 이로 하여금 단순한 주제어의 나열이 아니라, 해당 경험의 맥락과 깊이를 이해하게 하는 힘이 있다. 그의 방법론은 특히 교육학 분야에서 많이 활용되어 왔는데, 교사와 학생의 교육 경험, 상담 장면의 경험 등 인간 경험의 맥락적 · 해석적 이해가 중요한 주제들에 자주 적용되고 있다. 그의 저서 「경험의 연구(Researching Lived Experience)」에서 제시된 연구 활동들은 현상학 연구자가 따라야 할 일련의 태도와 실천으로서, 이를테면 현상 자체에 몰입하기, 경험을 있는 그대로 기술하기 위한 자문자답과 성찰, 본질적 주제와 의미에 대한 끊임없는 해묵음(반추), 글쓰기와 재서술을 통한 의미의 포착 등이 강조된다. 반 매넌의 해석학적 현상학은 철학적으로는 하이데거의 존재론적 해석학을 계승하여 경험의 의미 구조를 해석을 통해 밝히는 작업이며, 방법론적으로는 연구자의 선입견과 선이해에 대한 성찰을 거쳐 그것을 연구의 도구로 활용한다는 특징을 가진다. 이는 후설 계열의 기술적 현상학이 연구자의 개입을 최소화하려는 것과는 달리, 해석학적 현상학에서는 연구자의 경험과 직관 역시 해석 과정의 일부로 인정된다는 중요한 차이가 있다.

5) 하이데거(Heidegger) 학파의 해석학적 현상학과 IPA

하이데거(Heidegger)의 철학에 기반한 해석학적 현상학(interpretive phenomenology) 접근들은 해석을 통해 경험의 숨은 의미와 본질을 밝히고자 한다(Heidegger, 1927/1962). 이 계열에서는 현상을 있는 그대로 "묘사"하기보다는, 그 이면에 담긴 의미를 파헤치고 이해하는 데 초점을 맞춘다. 대표적인 예로 영국의 IPA(Interpretative Phenomenological Analysis)를 들 수 있다. IPA는 심리학자 스미스(J. Smith) 등이 1990년대 중반 개발한 방법으로서, 개인의 고유한 지각과 경험 세계를 심층적으로 분석하기 위해 고안되었다. IPA 연구자들은 대개 소수의 사례(ex. 5~10명 미만)를 대상으로 각 사례의 면담 자료를 상세히 분석하고, 해석학적 순환(hermeneutic circle)을 적용하여 참여자가 자신의 경험에 부여하는 의미를 연구자가 다시 해석하는 이중적 해석(double hermeneutic) 과정을 거친다(Smith et al., 2009). 요컨대, 참여자가 자기 경험을 해석하는 것을 연구자가 다시 해석함으로써 그 경험의 본질을 이해하고자 하는 것이다.

IPA의 철학적 배경에는 현상학(개인의 경험에 대한 탐구), 해석학(텍스트와 맥락에 대한 이해), 그리고 '개별 사례의 고유성 중시'(idiography)가 있으며, 이는 일반 법칙보다는 특정 개인의 삶의 세계에 깊이 들어가는 연구를 지향한다. 국내 질적연구에서도 하이데거 계열의 이러한 접근이 "해석학적 현상학" 혹은 '해석현상학'이라는 이름으로 소개되어, 간호학 · 상담학 등에서 맥락에 따른 의미 해석에 초점을 맞춘 연구에 활용되고 있다. 예를 들어, 간호학에서는 환자의 질병 경험에 담긴 은유적 의미를 해석한다거나, 상담학에서는 내담자 경험의 문화 · 사회적 맥락을 고려하여 해석하는 연구들이 이에 속한다. 해석현상학적 연구는 연구자의 선이해와 해석 과정을 인정하고 활용한다는 점에서, 모든 편견을 배제하고자 하는 기술현상학과 구별된다. 하이데거는 애초에 이해란 선이해(미리 가진 이해)를 전제로 시작되며, 해석자는 자기의 선입견을 완전히 벗어날 수 없지만 이를 통해 더욱 풍부한 이해에 이를 수 있다고 보았다.

따라서 해석적 접근을 따르는 연구자는 자신의 철학적 입장과 경험을 연구 과정에 비추어 보되, 그것이 부당한 왜곡을 낳지 않도록 지속적으로 성찰하면서 자료를 해석하게 된다. 이러한 방식은 연구 결과에 연구자의 통찰이 반영되어 경험의 숨은 맥락과 의미를 드러낼 수 있다는 강점을 가지며, 질적연구의 한계를 보완하는 대안으로 국내 학계에 소개되었다.

6) 기술적 현상학과 해석적 현상학의 비교 요약

요약하면, 기술적 현상학(descriptive phenomenology)과 해석학적 현상학(interpretive phenomenology)은 연구자의 태도와 자료분석 방법에서 뚜렷한 차이를 보인다. 전자는 후설(Husserl)의 영향아래 편견배제(bracketing)와 경험의 구조 기술에 중점을 두고 엄격한 절차를 따르며, 연구 참여자의 진술을 최대한 있는 그대로 드러내는 것을 목표로 한다. 이에 비해 후자는 하이데거(Heidegger) 계열로서 경험의 해석과 이해를 중시하여 보다 유연한 접근을 취하고, 맥락 속에서 드러나는 의미를 파악하는 것을 중점으로 삼는다. 기술적 현상학에서 연구자는 마치 객관적 관찰자처럼 행동하여 자신의 선입견을 억제하고자 하지만, 해석적 현상학에서는 연구자 자신도 이해의 도구로 간주되어 자신의 배경지식과 직관을 통해 자료를 깊이 있게 해석한다. 이러한 차이로 인해, 연구 목적에 따라 어느 접근이 적합할지가 결정된다. 예를 들어 개인의 주관적 의미를 최대한 왜곡 없이 드러내는 것이 중요하다면 지오르지나 콜라지와 같은 기술적 접근이 유리하며, 반대로 경험에 내재한 숨은 의미를 해석하고 맥락적 이해를 얻는 것이 목표라면 하이데거적 해석현상학이나 밴 메넌, IPA와 같은 방법이 더 적합할 수 있다.

국내 연구자들도 지난 수십 년간 이러한 다양한 현상학적 방법론들을 자기 분야와 연구 질문에 맞게 활용해왔으며, 각 방법론의 장단점 및 철학적 전제를 둘러싼 논의를 지속해오고 있다. 앞서 언급한 김분한 등(1999)의 연구처럼 동일한 자료를 가지고도 선택한 방법에 따라 분석 결과의 초점과 표현이 달라질 수 있음이 보고되면서, 연구자들은 현상학적 접근을 택할 때 해당 방법론의 철학적 배경과 절차를 충분히 이해하고 있어야 함이 강조된다. 결국, 대표적인 현상학 연구방법들의 특징과 차이를 올바르게 이해하는 것은 연구자가 자기 연구에 가장 적합한 접근을 비판적으로 선택하고 창의적으로 응용하는 데 필수적이며, 이를 통해 연구의 깊이와 타당성을 한층 높일 수 있을 것이다

3. 한국에서 현상학적 질적연구의 도입과 확산 (1980년대 후반~2000년대 초)

1) 패러다임 전환과 질적연구의 부상 (배경)

1980년대 후반에 접어들면서 한국 학계에서도 전통적인 양적 실증주의 방법의 한계를 인식하고 질적연구의 필요성이 대두되기 시작한다(이혁규, 2004). 질적연구는 소수 사례의 심층적 경험을 통해 인간 생활세계의 의미를 탐구하고자 하는데, 특히 현상학은 이러한 질적 접근에 대하여 강력한 철학적 토대를 제공하기 때문에 대안 담론으로서 관심을 받게 되었다. 서구 학계에서는 이미 1960~1970년대에 간호학, 교육학 등에서 현상학적 방법을 도입해 인간 경험의 본질을 연구하려는 움직임이 활발하였고, 이러한 흐름 속에서 한전숙 등 연구자가 1974년에 「현상학적 심리학」 등의 논문을 통해 현상학의 방법론적 성격을 논의하기도 하였다. 그러나 한국의 경우 1980년대를 기점으로 특히 간호학 등의 분야에서 현상학적 접근의 활용도가 증가하기 시작하였다(공병혜, 2004).

한국에서는 1980년대 후반부터 질적연구 패러다임의 수용도가 점차 상승하며, 기존 양적 방법 일변도의 연구 풍토에 새로운 변화의 조짐이 나타나게 된다. 당시 철학계 일각에서는 현상학을 이론적으로 설명하기 시작하였는데, 예를 들어 1978년 창립된 '한국현상학회'를 중심으로 후설(Husserl)과 하이데거의 현상학 사상이 논의되고, 신귀현 등 철학자가 1985년「현상학의 이해」등의 논문을 통해 현상학의 연구방법론적 의의를 해설하였다. 그러나 이러한 초기 소개는 개념적인 수준에 머물러, 철학계 외 다른 분야 연구에 미친 영향은 아직 가시적이지 않았던 것으로 판단한다. 다만 학문 방법론으로서 현상학의 실질적 도입은 아직 미약했으나, 이런 철학자들의 논의는 후일 각 분야 연구자들이 현상학을 받아들이는 데 이론적 기초를 제공하였고, 한국 학계의 현상학 수용에 바탕이 되었음을 부정하기 어렵다고 본다.

2) 간호학 분야: 현상학적 연구의 선구적 도입

한국에서 현상학적 질적연구의 시초는 간호학 분야에서 이루어졌다. 서울대 간호대학의 한경자 교수는 1987년「간호연구를 위한 현상학적 접근법」논문을 발표하여 국내 간호학계에 현상학적 연구방법을 최초로 체계적으로 소개하였다(한경자, 1987). 이 논문은 미국의 간호이론가인 라이닝거, 왓슨, 오메리 등의 문헌을 토대로 간호학에 현상학적 접근을 도입할 필요성을 역설하였고, 현상학의 기본 개념과 반 캠, 지오르지, 콜라지 등의 현상학적 연구 절차를 간략히 소개하면서 간호현상에의 적용 방법을 시론적으로 제안하였다. 이 논문을 통해 한 교수는 양적 통계에 치중하던 간호 연구 풍토에 문제를 제기하며, 비록 현상학적 연구에 정형화된 절차는 없더라도 실천 학문인 간호학에 충분히 가치 있는 접근이므로 발전시켜야 한다고 주장하였다. 이러한 이론적 소개에 힘입어 1990년에는 현상학적 질적연구논문이 간호학에서 나타나기 시작하였다. 가령, 김애정, 최영희(1990)는 대학병원 입원 환자 8명을 심층 면담하여 "환자가 인지하는 간호 돌봄의 의미"를 탐구한 연구를 발표하였는데, 반 캠의 현상학적 분석방법을 활용하여 환자들이 간호사의 돌봄에서 느끼는 다양한 요소(관심, 온정, 성의, 함께함 등)와 돌봄 부재 시 느끼는 부정적 요소(무관심, 냉담 등)를 도출하였다. 이는 "환자는 무엇을 돌봄으로 인식하는가"를 한국 문화 속에서 밝혀내어 간호 실무에 중요한 통찰을 제시한 의의 있는 사례였다. 이렇게 1980년대 말부터 1990년대 초까지 간호학계를 중심으로 현상학적 연구가 실제 연구에 적용되기 시작했고, 간호 연구자들은 환자와 간호사의 생활세계 경험을 이해하는 다양한 연구를 수행하게 된다. 1990년대 중반 이후 간호학 분야에서는 현상학적 접근이 더욱 확산되어, 말기암 환자 호스피스 돌봄 경험을 분석한 연구 등 구체적인 간호현상에 대한 질적연구들이 축적되었다. 예를 들어 김분한 외(1996)는 호스피스 간호 상황에서 말기 암환자의 임종 경험을 현상학적으로 탐구하여 돌봄의 본질을 기술하였는데, 이는 간호현장에서 현상학적 방법을 활용한 대표적 연구 사례로 꼽을 수 있다(김분한 외, 1996). 이러한 연구들을 통해 간호학계에는 질적연구에 대한 관심이 높아졌고, 박사학위 논문 등을 중심으로 현상학적 방법론이 적극 활용되기 시작하였다.

신경림(1996) 등의 지적처럼 국내 간호 연구에서 질적 접근이 활발해지면서, 인간의 총체적 경험과 의미를 파악하려는 새로운 연구 전통이 자리잡게 된다. 나아가 1990년대 후반에는 간호학 연구자들이 현상학 방법론 자체를 비교 · 평가하는 메타 연구도 등장하였다. 가령, 김분한 외(1999)은 "현상학적 연구방법의 비교고찰" 논문에서 지오르지, 콜라지, 반 캠이 제시한 세 가지 현상학적 분석 절차를 동일한 간호현상 자료에 적용하여 비교함으로써, 각 방법의 특징과 결과를 검토하였다. 이 연구는 초보 연구자들에게 현상학적 질적연구의 구체적 절차를 안내하고자 한 시도로서, 현상학 방법론의 토착화 노력의 일환으로 이해된다.

이러한 방법론 논의를 통해 간호학계는 현상학적 연구의 철학과 기법을 더욱 깊이 있게 이해하고자 했으며, 2000년대 초까지 다수의 간호 현상학 연구 사례가 축적되었다. 그 결과 2000년대 초반에는 간호학 분야에 현상학적 연구에 대한 메타논의가 이루어지기에 이른다. 정혜경, 홍성하(2001)는 간호학 분야의 다양한 질적연구방법을 현상학적 관점에서 고찰한 논문을 발표하여, 간호 연구에서 현상학 방법론의 의의와 한계를 분석하였다. 이 논문은 1980년대 후반 이래 간호학계에 축적된 여러 현상학적 연구 사례를 토대로, 해당 방법의 철학적 토대와 활용 상의 쟁점을 짚어본 것이었다. 요컨대 간호학은 한국에서 현상학적 질적연구의 도입기와 초기사례 축적기를 이끈 선구 분야라고 할 수 있으며, 1980년대 후반부터 2000년대 초까지 상당한 연구 성과를 이루고 방법론적 논의를 심화시켰다.

3) 교육학 분야: 현상학적 접근의 수용과 확산

1990년대에 들어서며, 현상학적 접근은 한국 교육학 분야에도 서서히 전파되었다. 특히 독일의 교육현상학 전통과 캐나다의 해석학적 현상학(예. Max van Manen의 경험연구 접근)이 소개되면서 교육 연구자들이 교육현상의 본질을 탐구하기 위해 현상학적 방법을 도입하기 시작한다. 예를 들어 1990년대 중후반 일부 교육철학 및 교육과정 연구자들은 학생들의 학습 경험이나 교사의 체험을 심층적으로 이해하고자 현상학적 연구를 시도하였다. 이러한 연구들은 교실에서의 살아있는 경험을 기술함으로써 기존 실증주의 교육연구에서 간과되기 쉬운 의미의 층위를 밝혀내는 데 기여하였다(이남인, 2010).

다만 교육학 분야의 현상학적 연구 도입 초기는 방법론적 시행착오도 수반되었다. 철학적 현상학에 대한 충분한 이해 없이 연구기법으로서 현상학 용어와 절차만을 차용한 사례들도 일부 나타났는데, 이로 인해 개념 오용과 방법 혼동에 대한 비판이 학계 내부에서 제기되었다. 실제로 후설의 순수현상학과 응용분야의 현상학(예컨대 교육현상학) 사이의 구분을 명확히 하지 못하거나, 현상학과 해석학의 차이를 간과한 채 방법을 적용하는 등 문제가 지적되었다. 이러한 성찰은 2000년대 초반 이후 본격화되어, 배상식(2014) 등의 연구자들이 현상학적 방법 활용상의 한계를 지적하고 올바른 적용을 촉구하기도 하였다. 이를 통해 교육학계에서는 현상학적 연구의 철학적 기반을 재점검하고 개념을 정확히 이해하려는 움직임이 촉진되었다. 그럼에도 2000년대에 이르면서 교육현장의 다양한 경험을 조명하는 데 현상학이 널리 활용되기 시작하였다. 교사, 학생, 학부모의 교육 경험을 심층적으로 이해하려는 연구들이 증가했고, 반 매넌 등의 방법론을 활용한 현상학적 연구 사례도 누적되었다. 예컨대 김대현, 강이화(1999)는 교사양성 교육을 받고 있는 대학생들에게 고등학교 시절의 선생님과 성적이 어떠한 의미를 갖는지를 하이데거의 해석학적 현상학적으로 분석하여 교육현장에서의 체험의 본질을 해석하는 등 교육학 분야에서도 의미 있는 초기 사례들이 축적되었다. 더하여 홍기형(1997) 등의 연구자는 「교육현상의 재개념화: 현상학, 해석학, 탈현대주의적 이해」라는 편저에서 '교육연구방법에 있어서 현상학적 이해와 접근'이라는 제목의 북챕터를 발간하였다. 이러한 선구적 연구들을 통해 교육학에서도 현상학적 질적연구가 2000년대 초까지 점진적으로 뿌리내리기 시작했다고 평가할 수 있다. 다만 이 시기 교육학 현상학 연구자들은 주로 외국의 이론과 절차를 번역 및 차용하는 단계에 있었던 것으로 이해되며, 이후 점차 한국 교육맥락에 맞게 방법론을 토착화하는 노력이 이어지게 된다.

4) 상담학 분야: 인간 경험 탐구로의 전환

심리학 및 상담학 분야에서도 1990년대 후반에 이르러 현상학적 관점이 일부 도입되기 시작했다. 여기에는 인간주의 심리학의 국내 소개와 함께 칼 로저스(Carl Rogers)나 매슬로우(Maslow) 등의 이론이 알려지면서, "개인의 주관적 경험을 이해"하는 것이 심리치료와 상담에서 중요하다는 인식이 확산된 배경이 있다. 이러한 맥락에서 상담 분야 연구자들도 내담자와 상담자의 개인적 체험에 주목하게 되었고, 1990년대 말부터 상담 현장에서 내담자 경험을 탐색하는 질적 방법으로 현상학을 접목하려는 시도가 등장하였다. 예를 들어 몇몇 상담심리 연구자들은 내담자의 상담 경험, 치료적 변화 경험 등을 질적으로 분석하면서 현상학적 면담 기법과 직관적 분석을 활용하였다. 이는 과거 주로 심리검사와 양적 실험에 의존하던 상담 연구에 새로운 접근을 제시한 것이었다. 2000년대 초반에 들어 상담 및 임상심리 분야에서는 질적연구 방법론 전반이 주목받게 되었고, 그 중에서도 현상학적 연구는 내담자의 삶의 맥락과 의미를 깊이 이해할 수 있는 방법으로 관심을 모았다. 예컨대 상담 장면에서 내담자의 특정 경험(ex: 상담 중 울음의 의미, 트라우마 경험 등)을 현상학적으로 분석한 연구들이 발표되기 시작했다. 이러한 연구들은 내담자의 목소리를 중심에 두고 경험의 본질적 주제를 도출함으로써, 상담자-내담자 관계와 상담 효과를 새로운 시각에서 조망하게 해주었다. 초기 상담 분야의 현상학적 연구는 주로 소수 연구자들의 탐색적 시도로 이루어졌지만, 그 의미는 컸다. 이는 상담 분야 연구 풍토를 다변화시켜 질적연구의 수용 범위를 넓혔고, 2000년대 중반 이후로는 상담전문대학원 학생들의 학위논문 등에서 현상학적 방법을 활용한 사례도 누적되었다. 다만 다른 분야와 마찬가지로 상담학에서도 처음에는 현상학의 철학보다 기법적인 측면에 치중하는 경향이 있어서, 이후 학문적 공동체 내에서 방법론 교육과 철학적 이해에 대한 요구가 증가하였다. 전체적으로 2000년대까지 상담학 분야는 현상학적 접근을 통해 내담자 경험의 깊은 이해를 추구하는 새 흐름을 받아들이며, 양적 연구 일변도에서 질적 · 경험적 탐구로 지평을 확장해 나갔다고 볼 수 있다. 권경인, 양정인(2013)의 "상담학 분야의 질적연구 동향분석" 연구에 따르면, 2000~2012년 국내 상담 분야 질적 논문 160편을 메타분석한 결과, 현상학이 이 기간 동안 다섯 핵심 질적 방법 중 하나로 자리 잡았음이 통계적으로 입증되었다고 보고된다. 이는 2000년대 초반 이후 상담연구 지형이 양적 일변도에서 질적 · 경험적 다변화로 전환되었음을 보여주는 근거라고 할 수 있다.

5) 사회복지·행정 분야: 실천 현장의 경험연구 도입

사회복지학 및 행정학 분야에서는 현상학적 질적연구의 도입이 상대적으로 늦어, 2000년대 초부터 점진적으로 연구들이 발간되기 시작되었다.

우선 사회복지 분야의 경우, 클라이언트의 삶의 경험이나 사회복지사들의 실천 경험을 있는 그대로 이해하려는 필요성이 대두되면서 현상학적 인터뷰와 분석 기법이 활용되기 시작했다. 예를 들어 2000년대 초반 일부 연구들이 저소득층 암 생존자의 사회복귀 경험, 위기 청소년의 생활세계 경험, 한부모 가족의 돌봄 경험 등 당사자의 목소리를 담는 주제로 현상학적 접근을 시도하였다. 이러한 연구에서는 콜라지나 지오르지의 방법 등을 적용하여 경험의 본질적 구조를 밝혀내고, 그로부터 사회복지 실천이나 정책에 대한 시사점을 도출하곤 했다. 이렇듯 사회복지 현장에서 당사자 주관적 경험에 초점을 둔 연구가 등장한 것은, 그동안 계량적 연구에 치중했던 사회복지학계에 새로운 통찰을 불어넣었다. 이 과정에서 다양한 경험연구들이 이루어지게 되었는데, 가령, 정선욱(2005)은 밴 매넌의 해석학적 현상학을 적용하여 지역사회복지관 초임 사회복지사 7명의 심층면담을 분석하였다. 연구자는 '사회복지사로서 자신 발견', '전문성-현실 간 간극', '조직 역할 재인식' 등 7개 본질 주제를 제시하며, 입문기 실천가를 위한 체계적 수퍼비전 · 정체성 형성 지원책의 필요성을 강조하였다. 박미성, 김금순(2008)은 콜라지(Colaizzi) 방법으로 저소득 암 생존자 6명의 경험을 추출하였다. 이에 참여자들은 "돌아왔지만 변해버린 일상", "신체 · 관계의 재구성", "생계 · 복귀의 두려움"을 호소하였고, 연구는 치료-후 단계별 심리 · 경제 통합지원 모델 마련을 제언하였다. 더하여 주영신(2008)은 보호관찰 중인 비행 청소년 14명의 중도퇴학 경험을 현상학적으로 분석하였다. 생태학적 맥락별로 '자기중심성-불일치성' 등 복합 요인을 확인하고, 청소년들을 '돌파구 모색형'과 '불만족 안주형'으로 구분하여 맞춤형 학습 · 사회적응 서비스의 필요성을 밝혔다. 아울러 이금진(2010)은 콜라지 방법을 통해 정신장애인 6명의 취업 전-후 과정을 탐색하고 '좁은 문을 비집고 들어가기-내 한계를 인정하며 한발 더 내딛기' 등 6개 주제묶음을 도출하였다. 연구는 고용 유지 · 직무지원 정책을 수립할 때 차별 · 낙인 완화와 역량강화를 병행해야 함을 시사하였다. 한인영 등(2008)은 12-18세 성폭력 피해 여자청소년 10명을 면담하고 벤 매넌의 방법을 활용해 '몸 · 공간 · 시간 · 관계' 네 차원에서 "시선으로부터 살아남기" 서사를 해석하였다. 결과는 피해자 관점의 회복 프로그램과 권익옹호 정책 설계에 경험적 근거를 제공하였다.

행정학 분야는 사회과학 분야 중 현상학 도입이 가장 늦은 축에 들지만, 2000년대 중반 이후 변화의 움직임이 나타났다. 전통적으로 행정학 · 정책학 연구는 거시적 자료나 설문조사에 기반한 양적분석에 집중하는 경향을 보여왔으나, 일선 정책 집행자나 공공서비스 이용자의 주관적 경험을 탐구하려는 연구자들이 배출되면서 현상학적 방법을 받아들이기 시작한 것이다. 행정학 분야가 다른 분야와 구분되는 특질은 현상학에 대한 이론적 이해도의 수준이 높고 정교하여, 현상학에 대한 철학적 주제 자체를 다루는 연구가 나타나기도 하였다는 점에 있다. 가령, 미국 뉴스쿨에서 현상학을 전공한 신충식(2008)은 파머의 '행정 언어' 개념을 토대로, 정책실무자가 사용하는 전문용어와 상징체계가 행정현실을 어떻게 구성-재현하는지를 해석학적 현상학으로 탐구하였다. 연구는 행정학에 '언어-의미' 연구 프로그램을 도입한 전환점으로 평가된다. 아울러 김선명(2005)은 공공부문 혁신 담론을 실증주의-합리주의의 대안적 관점으로 대비하고, 혁신 과정에서 인간 주체의 '의식적 정향'을 우선시하는 현상학적 프락시스 모델을 제시하였다. 이는 조직개혁을 '수단-목표'가 아니라 행위자 간 상호주관적 의미 형성으로 이해해야 함을 강조한 초기 이론 연구로서 의미를 갖는다.

경험연구 측면에서 몇몇 정책학 연구는 정책 수행 현장에서 공무원들이 느끼는 가치갈

등이나 주민 참여 경험 등을 질적 사례연구로 다루었고, 그 과정에서 현상학적 자료분석을 접목하였다. 가령, 윤견수(2001)는 명시적으로 현상학이라는 용어는 사용하지 않았지만, 하위직 지방공무원의 '개혁참여' 체험을 현상학적 문체로 기술하였다. 그는 공무원이 조직 내부 권력구조와 지역 정치 환경 사이에서 느끼는 '약자의 설득 전략'을 5개 본질 주제로 제시하면서, 정책집행 단계에서의 가치갈등 · 권한경험을 현상학적으로 해석하였다. 더하여 그는 2006년에는 함평 나비축제 사례를 스토리텔링-현상학 관점에서 분석하였다. 여기에서 그는 변혁적 리더십이 지역 아이덴티티를 재구성하는 '이야기-짓기' 과정임을 밝히며, 축제가 거듭될수록 스토리와 맥락이 불일치할 때 리더십 효력이 약화됨을 경고하였다. 더하여 강진숙, 장지훈, 최종민(2009)은 2008년 촛불집회 참여 대학생과 1인미디어 이용자 20인의 심층면담을 후설의 현상학적 접근을 통해 분석하였다. '광장 경험-온라인 확장-시민 정체성 각성' 3단계를 도출하며, 집단행위 동기가 거시 담론이 아닌 개인적 삶의 의미망에서 형성됨을 보여주었다.

비슷한 시기 경영학 분야에서도 조직 내 개인 경험의 의미(예: 리더십 경험, 소비자 경험 등)를 밝히는 연구에 현상학을 활용하는 사례가 늘어났다. 이러한 흐름은 행정 · 경영 현상의 인간적 측면을 조망하는 데 기여하여, 2010년 무렵부터 해당 분야에도 질적연구의 저변 확대가 뚜렷해졌다. 경영학 분야에서 양석준, 김영경(2008)은 서비스업 소비자 18인의 경험을 지오르지의 방법으로 분석, 서비스 제공자-고객 관계의 본질을 '기대-개인화-경제적 혜택-고객노력-비핵심 교류' 5차원으로 구조화하였다. 이는 국내 경영학에서 고객 경험을 현상학적으로 모델화한 초기 연구로 파악된다.

요약하면, 2000년대까지 사회복지와 행정 분야에서도 현상학적 질적연구가 서서히 확산되었다. 간호학이나 교육학에서 이른 시기는 아니지만, 실천현장의 경험적 자료를 중요시하는 사회복지학에서 현상학은 비교적 자연스럽게 수용되었고, 행정학에서도 일부 연구자를 통해 도입의 물꼬가 트였다. 2010년 전후로 사회복지 분야에 질적연구학회가 창립되는 등 (한국사회복지질적연구회, 2010) 이러한 방법론의 확산은 더욱 가속화되었으며, 이는 이후 해당 분야에서 폭발적인 연구 증가로 이어졌다.

6) 현상학 방법론의 토착화 노력과 학문적 정착

현상학적 질적연구가 여러 학문분야에 도입되는 과정에서, 학문적 토착화 노력도 함께 진행되었다. 이는 곧 외국 이론과 기법을 들여오는 단계를 넘어, 한국적 맥락에서 현상학 방법론의 타당성과 활용 방안을 모색하려는 움직임이었다. 앞서 언급한 김분한 외(1999)의 연구는 서로 다른 현상학적 분석법을 비교 검토함으로써 한국 연구자들에게 맞는 적용 지침을 고민한 대표적인 사례라고 할 수 있다. 또한 현상학 관련 주요저작과 연구 사례의 번역·소개도 이 시기 이루어졌다. 예컨대 반 매넌(Van Manen)의 해석학적 현상학 저서나 지오르지(Giorgi) 등의 연구 절차에 대한 해설이 국내 학술지와 단행본을 통해 2000년대 초까지 소개되면서, 연구자들이 현상학적 연구절차를 학습할 수 있는 자료들이 마련되었다. 그 결과 대학원 과정 등에서 질적연구 방법 교육에 현상학이 포함되고, 연구 현장에서 방법론 매뉴얼로 활용되기도 하였다. 아울러 철학적 도입 논의도 학제 간 대화를 통해 전개되었다. 1990년대 말부터 철학 전공 학자와 실증 분야 연구자들이 함께 현상학 방법의 의미를 논의하는 세미나나 특별 강연이 열렸는데, 이는 현상학의 철학적 엄밀성과 응용 가능성 사이의 균형을 찾는 작업이었다. 예를 들어 홍성하(1995)는 후설과 하이데거의 개념인 지향성을 해석학적 관점에서 조명하며 현상학과 해석학의 관계를 논했고, 이어「질적연구와 현상학」(홍성하, 2002)에서는 사회과학 질적연구에서 현상학이 가지는 의의를 정리하였다. 이러한 논의를 통해 "과연 현상학적 연구가 철학적 전통에 충실한가"에 대한 물음이 제기되었고, 연구자들은 현상학 연구를 수행함에 있어 개념적 엄밀성을 기하기 위한 성찰을 하게 되었다. 서울대학교 이남인 교수는 2005년 논문에서 다양한 현상학적 체험연구들이 철학적 기반이 부족함을 지적하며, 현상학이 질적방법으로서 타당성을 확보하려면 보다 견고한 철학적 기초 작업이 뒷받침되어야 함을 강조하였고, 이러한 문제의식에서 연구를 지속하여 이후 2014년에「현상학과 질적연구」라는 저작으로 이어지기도 하였다. 이처럼 방법론적 비교연구, 해외 문헌 번역, 철학자들과의 대화 등이 어우러지면서 한국 학계 내 현상학적 질적연구의 학문적 정착이 이루어져 갔다.

7) 도입기 및 초기사례 축적기의 의의와 이후의 확산

정리하면, 1980년대 후반부터 2000년대 초까지는 한국에서 현상학적 질적연구의 '도입기 및 초기사례 축적기'로 평가된다. 간호학을 시작으로 교육학, 상담학, 사회복지·행정 등 여러 분야에 걸쳐 선구적인 연구자들의 노력으로 현상학적 접근이 소개되고, 초기이지만 의미 있는 연구 성과들이 축적되었다. 이 시기 연구자들은 인간 경험의 본질을 밝히고자 하는 열정으로 새로운 방법론을 실험했고, 그 과정에서 시행착오도 일부 있었으나 학계 전반에 걸쳐 질적연구의 지평을 크게 확장시킨 것으로 평가된다. 도입기 말기인 2000년대 초반까지 각 분야에서 현상학적 연구에 대한 개념 이해와 적용 경험이 어느 정도 축적되자, 뒤이어 2000년대 중후반에는 양적 확산, 즉 연구 수행 건수의 급증과 활용 범위의 폭발적 확대가 뒤 따르게 된다. 실제로 2000년대 중 · 후반에는 질적연구를 다루는 학술지 논문과 학위논문이 눈에 띄게 늘어났고, 간호, 교육, 심리, 사회복지, 행정 등 다양한 분야에서 현상학적 연구가 보편적인 한 방법론으로 자리매김하게 되었다. 이러한 양적 성장기에는 앞선 도입기의 경험과 논의가 밑거름이 되어, 연구자들이 보다 자신감 있게 현상학을 활용하고 자기 분야에 특화된 질적연구전통을 형성할 수 있었다. 결국 한국 학계에서 현상학적 질적연구는 도입기와 초기사례 축적기를 거쳐, 2000년대 중후반에 이르러 본격적인 확산과 정착의 단계에 접어들었다. 이 초기 단계의 성과는 이후 세대 연구자들에게 현상학적 접근의 유용성을 입증해 보이는 역할을 했고, 동시에 방법론적 숙고를 통해 보다 정교한 연구설계와 해석이 가능하도록 길을 닦았다. 현상학은 이제 단지 철학에 머무르지 않고, 한국의 여러 학문 분야에서 인간 경험의 의미를 탐구하는 핵심 질적연구방법의 하나로 확고히 자리 잡게 된 것이다.

4. 주요 분야별 현상학적 연구 동향 (2010년대~현재)

1) 교육학 분야

교육학에서는 이 시기 교사, 학생, 학부모의 살아있는 교육 경험을 이해하는 데 현상학이 널리 활용되었으며, 다양한 연구들이 이루어졌다. 정량적 설문으로 파악하기 어려운 학교 현장의 체험을 깊이 있게 조망하기 위해, 연구자들은 현상학적 인터뷰와 분석을 도구로 사용하였으며, 특히 반 매넌(Van Manen)의 해석학적 현상학 방법이 교육분야에 적합하다는 인식하에 많이 적용되고 있다. 참여자의 생생한 목소리를 통해 교육 현상을 "있는 그대로" 드러내려는 이러한 접근은 교실 안팎에서 일어나는 인간 경험의 복잡한 의미망을 파악하는 데 유용하다. 예를 들어 정영희, 이준기, 신세인(2016)은 중학교 자유학기제를 겪어 본 학생 8명, 교사 6명, 학부모 6명을 심층 면담하고 반 매넌의 방법으로 자료를 분석한 현상학적 연구를 수행하였다. 그 결과 학생 경험에서 7개, 교사에서 7개, 학부모에서 5개로 총 19개의 본질 주제가 도출되었다. 이 연구는 자유학기 동안의 경험이 교육주체들의 인식에 다양한 변화를 일으키고, 특히 학생들의 진로 발달에 도움을 주었음을 밝혀냈다. 한편 교육주체들이 자유학기제 운영 개선과 관련하여 다양한 요구를 갖고 있음도 드러나, 정책 개선의 근거를 제시하였다. 이러한 결과는 자유학기제라는 새로운 교육정책이 현장에서 어떻게 받아들여졌는지에 대한 깊은 통찰을 제공하며, 교육과정 설계 및 지원책 마련에 시사점을 주었다. 이처럼 교육과정 경험, 수업 체험, 대안학교 생활 등 다양한 주제로 현상학적 연구들이 이루어졌으며, 특히 COVID-19 팬데믹 시기에는 원격수업에서 학생들이 겪은 어려움을 규명한 연구도 발표되었다. 예를 들어 오세라, 김신애(2021)는 코로나 기간 고등학생들의 온라인 수업 경험을 현상학적으로 분석하여, 학생들이 느낀 '교육의 어려움'으로 자기존중감 상실, 자신의 한계 인식 불가능, 교사와의 상호작용 감소, 자기와의 싸움에서의 좌절, 성장 불감의 다섯 가지 본질을 밝혀냈다. 이 연구는 비대면 수업 환경이 학생들의 학습 동기와 정서에 미친 부정적 영향을 심층적으로 드러내어, 원격교육의 문제점을 이해하고 대안을 모색하는 데 기여하였다. 나아가 특수교육 분야 등에서도 현상학적 연구 동향을 분석하고 향후 연구 방향을 제언하는 논의가 이루어지는 등, 교육학 내에서 질적 방법론에 대한 논의도 성숙 단계에 접어들고 있다. 전반적으로 교육학계는 현상학을 통해 교육주체의 삶의 세계에 다가감으로써 학습자 중심 교육, 교사의 성찰적 실천 등 인간적 측면을 조명하는 연구를 활발히 수행하고 있다. 더하여 평생교육학 분야에서는 권향원, 김선이(2016)가 성인학습자들이 인문학 평생교육을 통해 경험하는 학습체험을 현상학적 질적연구 방법으로 탐색하였다. 연구결과 성인학습자들은 인문학 평생교육을 통해 '얻음', '비움', '나눔'이라는 본질 구조를 경험하며, 이러한 체험이 개인의 삶에 변화를 가져오는 것으로 나타났다. 특히 인문학 동아리 활동을 중심으로 학습자들의 전환학습 경험을 심층적으로 분석하여, 평생교육의 일환으로서 인문학 학습이 개인의 가치관과 삶의 의미를 재구성하는 중요한 역할을 한다고 보았다. 이 연구는 평생교육에서 인문학의 의미와 성인학습자의 자기성찰 및 삶의 변화에 대한 이해를 확대하는 데 기여하였다.

2) 간호학/의료보건 분야

간호학은 한국에서 현상학적 질적연구가 가장 활발하고 오랜 전통을 가진 분야이다. 지난 수십 년간 간호학계에는 환자, 가족, 간호사 자신의 경험을 탐구하는 현상학 연구가 풍부하게 축적되었고, 질병과 돌봄 현상의 본질적 의미를 밝히는 데 크게 이바지해왔다. 국내 간호 현상학 연구의 초창기 사례로 자주 언급되는 김분한, 탁영란(1996)의 말기암 환자 임종경험 연구는, 호스피스 병동에서 죽음을 앞둔 환자들의 고통과 평온, 가족의 돌봄 심경 등을 생생히 밝혀내어 현상학적 접근의 유용성을 보여주었다. 이후 말기 암 환자의 가족 돌봄 경험, 호스피스 자원봉사자의 영적 성장 등에 대한 연구가 이어졌다. 가령, 곽수영, 이병숙(2013)은 말기암 환자의 호스피스 수용 경험을 주제로 호스피스 병동에 입원한 말기암 환자 9명을 콜라지 방법으로 면담하였다. 환자들은 "고통 없이 편안한 죽음"에 대한 희망과, 호스피스에 대한 편견을 넘어서는 심리적 갈등, 그리고 '남은 삶-가족을 위한 마지막 배려' 사이에서 끊임없이 줄다리기하며 호스피스를 받아들이는 과정을 경험하였다. 연구는 호스피스 초기 거부감을 완화할 교육 · 상담이 필수적임을 시사했다. 그리고 김계숙(2016)은 말기암 환자 가족 돌봄 경험을 주제로 말기암 환자를 간병하는 가족 7명을 현상학적으로 분석하여 "절망 · 무력감→돌봄 쇄압→애증 이중성→좋은 죽음을 위한 선택" 등 흐름으로 연계된 7개의 본질주제를 제시하였다. 이 과정에서 가족은 심리적 붕괴와 동시에 '돌봄의 의미 재구성'을 통해 평온한 임종을 돕고자 했으며, 전인적 호스피스 지지가 가족 회복탄력성의 핵심 요인으로 확인되었다. 더하여 이병숙, 곽수영(2017)은 호스피스 간호사의 영적 갈등을 주제로 임상경력 1년 이상 호스피스 병동 간호사 12명을 대상으로, 죽음과 빈번히 마주하는 과정에서 나타나는 실존적 불안 · 신념 동요 · 영적 돌봄 무력감 등 13개 주제를 도출하였다. 연구는 간호사 소진을 방지하려면 영적 슈퍼비전과 조직 차원의 정기적 디브리핑이 요구됨을 강조하였다. 그 외에도, 중년 여성 호스피스 자원봉사 경험에 대한 강선미, 한영주(2017)의 연구, 중환자실 간호사의 임재(presence) 경험에 대한 김지영, 김묘성(2018)의 연구, 치매노인을 돌보는 요양병원 간호사 경험에 대한 서은경, 김혜령(2019)의 연구, 연명의료결정법 시행 후 ICU 간호경험에 대한 안경진 외(2020)의 연구, 그리고 병원 내 언어폭력 피해 간호사 경험에 대한 우민수 외(2022)의 연구 등 다수의 연구들이 확인된다.

방법론적으로 간호학계에서는 지오르지, 콜라지, 반 캠 등의 기술적 현상학 방법과 하이데거 철학에 근거한 해석적 현상학 방법이 모두 활용되고 있다. 실제로 최근 한 분석에 따르면, 현상학을 적용한 간호 연구 38편 중 콜라지의 방법을 쓴 사례가 16편(42.1%)으로 가장 많았고, 지오르지의 방법 10편(26.3%), 반 매넌의 방법 9편(23.7%) 등의 순으로 다양한 접근이 병행되고 있었다(장혜영, 송은옥, 2019). 예를 들어 중환자실 간호사의 경험을 다룬 연구에서는 지오르지 절차에 따라 의미 단위와 주제를 도출하였고, 암환자 간호사의 돌봄 경험을 탐구한 다른 연구에서는 하이데거의 존재론에 기반한 해석학적 순환 절차를 적용해 맥락적 의미를 해석하기도 했다. 이러한 방법론적 다양성은 간호 현상의 복합적 측면을 이해하는 데 도움을 주었으며, 간호학계는 축적된 성과를 바탕으로 현상학적 접근의 학문적 기여와 실천적 함의를 지속적으로 확장하고 있다. 이제 간호학 분야에서의 현상학 연구는 근거기반간호(evidence-based nursing)와 더불어 인간 중심 간호실무를 지탱하는 중요한 한 축으로 자리매김하고 있다고 평가할 수 있다.

3) 심리학 및 상담 분야

심리학과 상담 영역에서도 지난 10여 년간 현상학적 연구가 크게 증가하였다. 인간의 주관적 체험 세계를 다루는 학문 특성상, 심리 · 상담 분야 연구자들은 내담자와 상담자의 경험, 치료과정의 의미 등을 탐구하기 위해 현상학적 방법을 적극 도입하고 있다. 특히 상담학에서는 2010년대에 질적연구가 활발해지면서 국내 주요 상담학술지에 현상학적 연구들이 다수 게재되었다. 한 분석에 따르면 2010~2020년 사이 상담 관련 학술지에 실린 현상학적 연구만 60편 이상에 달하며, 상담자의 성장 경험, 내담자의 심리 문제 경험, 발달 단계별 주관적 체험 등 주제도 다양하다(박경자, 김명찬, 2022). 이러한 연구들은 주로 510명 내외의 참여자를 심층 면담한 후 지오르지나 콜라지 등의 기술현상학 절차로 자료를 분석하는 경향이 있다. 동시에 무스타카스(Moustakas)의 방법이나 IPA(해석현상학적 분석) 등 다양한 접근도 함께 시도되어, 심리, 상담 분야의 현상학 연구는 방법론적 폭을 넓혀가고 있다. 사례를 하나 들면, 박현우, 김민(2019)은 대학생 7명의 연애 경험을 지오르지의 방법으로 분석한 연구를 통해 연애를 통한 자기발견 및 확장의 과정을 밝혀냈다. 이들은 1년 이상 연인 관계를 맺었던 대학생들을 심층 인터뷰하고, 그들의 연애 경험에서 총 42개의 의미단위를 추출하여 16개의 하위구성요소와 7개의 구성요소(핵심 주제)로 정리하였다. 도출된 7개 핵심 주제에는 "지나간 연인에 대한 애증", "너와 나의 거리와 갈등", "온전히 보살펴주는 자기대상으로서의 연인", "연인관계 속에서 다시 서는 나" 등이 포함되었으며, 일반적 구조 진술을 통해 연애 경험의 본질적 의미를 "나와 너의 변증법적 이음매"로 요약하였다. 이는 청년기의 로맨틱한 사랑 경험이 자아 발견과 확장의 변증법임을 함의하는 것으로, 양적 연구에서 다루기 어려운 친밀한 관계의 역동성과 주관적 의미를 잘 보여준 사례로 평가된다. 또 다른 예로 오현수(2012)는 13명의 종결 후 내담자를 콜라지 방법으로 분석하여, '상담자와의 내면화된 관계'가 변화 유지의 핵심 자원이 됨을 규명하였다. 이는 상담 효과 연구를 '세션-이후 삶'으로 확장한 초기 사례로, 이후 장기 추적 연구의 모델이 되었다. 이미정, 박승민(2015)은 수련 중 상담자 9명을 지오르지의 차로 탐색하여 찰적 자기 발달→전문가 성장' 5구성요소를 도출하였다. 상담자 개인사 치유 경험이 공감 · 유능성 자원이 됨을 실증함으로써 교육 · 수퍼비전 체계 개선 근거를 제시하였다. 오효정(2019)은 상담과정에서 눈물을 흘린 내담자 4인을 분석하여, '정당한 나이고 싶은 몸짓'이라는 본질을 제시하였다. 눈물이 감정 통합-변화 촉진 신호임을 보여주어 정서중심 개입의 실제적 가이드를 제공한다. 유사한 맥락에서 정윤희, 김희정(2020)은 65세 이상 노인 내담자 8명의 경험을 해석학적 현상학으로 분석하여, 드러내고 받아들여짐으로써 있는 존재로 나아가기"라는 핵심 주제와 5개 본질 주제를 도출하였다. 이를 통해 노인 상담에서 관계적 수용과 존재 재정립 지원의 중요성을 부각하였다. 그 외에도 청소년 도박행동 경험에 대한 김송이 등(2018)의 연구, 불편한 정서를 다룬 내담 경험을 다룬 강임정, 김영근(2021)의 연구, 비대면 집단상담 운영 경험을 다룬 이혜은 등(2021)의 연구 등 다수의 연구들이 확인된다.

한편 최근 국내 상담학계의 질적연구 동향을 살펴본 결과, 연구자들이 지오르지의 기술 현상학을 가장 많이 활용하면서도 반 캠, 무스타카, IPA 등 다양한 접근법을 병행하고 있는 것으로 나타났다. 이는 상담 분야의 현상학 연구가 방법론적 다양성을 수용하며 발전하고 있음을 보여준다. 앞으로 각 방법의 철학적 가정과 절차, 강점과 한계를 비교 평가하여 한국적 맥락에 적합한 현상학적 연구 절차를 모색하는 과제가 제기되고 있다.

4) 사회복지학 분야

사회복지학에서도 현상학적 질적연구가 중요한 연구 방법의 하나로 자리 잡은 것으로 이해된다. 사회복지 분야의 현상학 연구는 주로 클라이언트 집단의 삶의 경험이나 사회복지 실천가들의 경험을 깊이 이해하여, 서비스 향상과 정책 개발에 시사점을 얻는 데 초점을 둔다. 2000년대 초부터 사회복지 현장에서 마주하는 다양한 인간 경험을 조명하려는 시도가 늘어났고, 2006년에는 '한국사회복지질적연구학회'[1)]가 창립되어 질적연구의 저변이 확대되었다. 대표적인 사례로 이오복, 권순애(2015)는 종합사회복지관 등에 근무하는 사회복지사 6명을 심층 면담하여 프로그램 성과측정 업무에서의 어려움을 탐구한 연구를 수행했다. 이들은 콜라지의 6단계 분석법으로 면담자료를 분석한 결과, 13개의 하위 주제를 6개 주제묶음으로 범주화하였는데, "성과측정에 대한 지식 부족", "정량적 성과와 현장실천 간의 간극에서 오는 좌절" 등과 같이 현장에서 느끼는 복합적 어려움이 도출되었다. 이는 숫자로 표현되는 정량적 평가지표로는 드러나지 않던 현장의 현실적 고충을 보여준 것으로서, 사회복지사의 업무 환경 개선과 현실에 맞는 성과평가 체계 구축의 필요성을 시사하였다. 이 연구처럼 사회복지 현안 문제를 다룬 현상학적 연구들은 실무자들의 현장 목소리를 정책 담론으로 끌어올리는 역할을 하고 있다. 그 밖에도 "사회복지사의 감정노동 경험", "미혼모의 자녀 양육 경험", "빈곤 독거노인의 일상생활 경험", "정신장애인의 자립생활 경험" 등 다양한 주제의 현상학적 연구들이 이루어졌다. 이를 통해 기존에 통계 숫자로는 포착되지 않던 삶의 질 문제나 사회적 배제 경험 등이 드러나, 사회복지 실천과 교육에 귀중한 통찰을 제공하고 있다. 더욱이 2020년대에는 '한국사회복지질적연구 학회지'가 창간되어 현상학을 포함한 질적연구를 전문적으로 다루게 되면서, 사회복지 분야에서 현상학의 활용은 앞으로도 지속적으로 확대되고 방법론도 정교화될 전망이다. 요약하면, 사회복지학계는 현상학적 연구를 통해 취약계층의 목소리를 대변하고 인간 중심의 복지 서비스를 설계하는 데 기여하고 있다. 나아가 연

1) http://kaqsw.or.kr

구자들은 정책 입안자들이 현장 경험에 담긴 함의를 수용하도록 설득하는 노력을 기울이고 있으며, 이는 복지 정책의 현장 적합성을 높이는 데 도움을 주고 있다.

5) 행정학·경영학 분야

행정학과 경영학에서는 전통적으로 양적 연구가 주류를 이루었으나, 최근 조직과 구성원의 경험 세계를 이해하려는 질적연구가 소폭 늘어나면서 현상학적 접근도 조금씩 도입되고 있다. 특히 경영학 분야에서는 2010년대에 질적연구 방법에 대한 수용도가 증대하면서, 현상학적 접근에 대한 관심도가 아울러 증대하는 것으로 파악된다. 행정학에서는 정책 집행과정이나 조직문화 속에서 공무원의 주관적 경험을 조명하려는 연구자들이 나타나고 있고, 경영학에서도 소비자와 종업원의 인식과 체험에 관한 질적연구가 서서히 시도되고 있다. 예컨대 서비스 이용자가 특정 브랜드와 상호작용하며 겪는 생생한 경험, 조직변화에 대한 직원들의 심리, 기업가정신과 창업자의 삶의 이야기 등을 심층 면담으로 탐구하여 의미를 도출하려는 연구들이 간헐적으로 보고되고 있다. 이러한 변화는 양적 성향이 강한 경제 · 경영 분야에서도 질적연구의 중요성이 세계적으로 확산되는 추세와 맥을 같이 한다. 비록 한국 경영학계에서 현상학 적용 사례는 아직 적지만, 연구자들의 인식 전환을 통해 현상학이 경험 중심 경영 연구의 한 방법으로 서서히 받아들여지고 있다고 볼 수 있다.

행정학 분야에서는 권향원(2016)이 정책연구 영역에서 질적연구방법론으로서 현상학의 응용성과 적용성을 높이기 위하여 노력하였다. 그는 현상학의 이론적 기반과 방법론적 적용 가능성을 탐색하는 선도적인 연구를 통해 연구의 체계성을 고도화하기 위한 노력을 수행하였다. 뿐만 아니라, 그는 현상학이 방법론적 기법을 넘어서, 공공정책과 사회과학을 대하는 인식과 태도를 전환하는 철학적 가치를 지니고 있음을 아울러 논증하였다. 이후 공공행정 분야에서 현상학의 유용성을 보여준 흥미로운 사례로, 박경련, 김하나(2022)의 세월호 침몰사고 대응경험 연구를 들 수 있다. 이 연구는 세월호 참사 당시 현장에서 대응했던 해양경찰관 10명을 일대일 심층면담하고, 그들의 심리적 경험을 현상학적으로 분석하였다. 그 결과 7개의 구조(theme cluster)와 18개의 중심 의미(theme), 그리고 53개의 의미단위가 도출되었다. 예컨대 "말 못할 죄인으로 전락", "조직에 대한 신뢰 상실", "트라우마 속 성장과 위축" 등 당시 해경들이 겪은 복합적 심경이 본질 수준에서 추출되었다. 연구자들은 이를 통해 대형 재난을 겪은 공무원들에게 도덕적 손상(moral injury)과 직업 정체성의 훼손이 일어났음을 심층적으로 규명하였다. 이는 기존의 PTSD 척도 등 정량적 트라우마 평가로는 포착하기 어려운 도덕적 고통과 정체성 상실의 측면을 드러낸 것으로서, 재난 대응 인력 지원 정책에 새로운 시각을 제공하였다. 아울러 연구 결과를 토대로 조직 차원의 심리지원과 리더십 개선, 국민 신뢰 회복을 위한 방안을 제시함으로써 행정조직 내 체험 기반 개입의 필요성을 강조하였다. 이 사례는 행정학 분야에 현상학이 기여할 수 있는 가능성을 잘 보여준 성과라 할 수 있다.

한편 기업 경영 분야에서는 아직 현상학 적용 연구가 상대적으로 많이 확인되지는 않고 있으나, 연구자들의 관심이 높아지면서 조금씩 사례가 나오고 있다. 예를 들어 소비자의 브랜드 경험을 심층 인터뷰로 분석하거나, 조직문화와 리더십에 대한 직원들의 인식을 현상학적으로 탐색하는 연구, 창업가의 생애사를 통해 기업가정신을 조명하려는 연구 등이 시도되었다. 이러한 연구들은 대규모 설문으로는 드러나지 않는 미묘한 인식과 의미를 포착하여 실무적 통찰을 제공할 수 있다는 점에서 의의가 있다.

요약하면, 행정 · 경영 분야는 현상학 도입의 "후발주자"에 속하지만 최근 연구자들의 패러다임 전환으로 사례가 차츰 늘고 있다. 앞으로 조직행동이나 소비자행동 영역에서 현상학적 연구가 축적된다면, 인간 경험에 대한 보다 깊은 이해를 바탕으로 혁신적인 조직 관리와 마케팅 전략을 도출하는 데 기여할 것으로 기대된다. 나아가 분야 간 교류 세미나나 통합 학술대회를 통해 이러한 성공 사례들을 공유하고 방법론을 전파함으로써, 행정 · 경영학에서도 질적연구와 현상학의 활용이 더욱 촉진될 전망이다. 이는 현상학 연구의 학제적 발전을 도모하고 한 분야에 국한되지 않은 보편 학문으로서의 가치를 살리는 길이기도 하다.

5. 결론: 성찰과 전망 – 한국 현상학적 질적연구의 과제

지난 수십 년간 도입기를 거쳐 성장기를 지나온 대한민국의 현상학적 질적연구는 이제 성숙기를 향해 나아가고 있다. 초기에는 대학 철학과 등 일부 학자들의 이론 담론으로 시작되었지만, 1980년대 후반부터 간호학 박사과정생들을 중심으로 국내에 질적연구방법이 도입되며 현상학적 접근이 실무 연구에 활용되기 시작하였다. 이후 교육학과 간호학 분야를 중심으로 인간 경험의 본질을 탐구하는 연구들이 활발히 전개되어, 현상학은 현재 교육 · 간호 등 인간과학 전반에서 인간 이해의 핵심 방법론으로 확고히 자리잡은 것으로 이해된다. 이러한 발전을 토대로 앞으로 한국의 현상학적 연구 공동체는 더욱 견고한 학문적 기반을 쌓고 사회에 기여하기 위해 몇 가지 주요 과제를 마주하고 있다고 할 수 있다. 아래에서는 한국 현상학적 질적연구가 직면한 과제들을 성찰하고 향후 발전 방향을 전망한다.

1) 현상학적 연구방법론의 정교화

먼저, 현상학적 연구방법론의 정교화가 필요하다. 실제 국내 연구자들이 현상학을 적용할 때 다양한 접근법을 혼용하거나 방법론적 기반을 명확히 구분하지 못하는 경우가 자주 확인되었으며, 이는 연구의 일관성과 엄밀성을 저해할 우려가 있다. 실제로 한 동향 분석에 따르면 국내 상담학 분야 현상학 연구 63편 중 지오르지의 기술현상학적 접근을 따른 논문이 약 44.5%로 가장 많았지만, 나머지 절반 이상의 연구는 콜라지나 반 매넌, IPA 등 여러 현상학적 절차를 혼용하거나 각각 활용한 것으로 나타났다. 이는 곧 국내 연구 현장에서 여러 접근법이 병존하고 있음을 의미하며, 각 접근법 간의 차별성과 공통점을 보다 분명히 짚어줄 필요성을 보여준다. 기실 현상학적 접근 내에서도 철학적 배경과 분석 절차에 따라 다양한 갈래가 존재한다. 예컨대 후설(Husserl)의 기술현상학은 선입견을 배제(bracketing)하고 현상의 보편적 본질을 기술하려는 데 초점을 두며, 경험의 개인적 의미를 정확히 기술함으로써 공통의 구조를 도출하려 한다. 반면 하이데거(Heidegger)의 해석학적 현상학은 인간 존재의 맥락적 의미와 해석에 주안점을 두고, 연구자의 선이해와 해석학적 순환을 적극적으로 활용하여 현상의 숨은 의미를 드러내고자 한다. 이러한 철학의 차이는 구체적인 연구방법론에서도 드러나는데, 지오르지나 콜라지 등의 방법은 연구 참여자들의 진술을 연구자 언어로 정련하여 공통된 주제와 구조를 도출하는 기술적 절차를 강조하며, IPA(Interpretative Phenomenological Analysis)나 반 매넌의 방법은 각 참여자의 경험을 깊이 있게 해석하고 개별적 의미세계를 중시하는 해석적 · 개별적 접근을 취한다. 실제로 IPA는 개인의 지각과 경험의 고유성을 심층 탐구하는 방법으로, 인과관계 규명보다 개별적 의미에 초점을 맞추고 있어 심리학을 비롯한 사회과학 분야에 유용하게 응용될 수 있다. 따라서 한국적 맥락에서 다양한 현상학적 접근 사이의 차이점과 공통점을 더욱 명확히 규명하고, 연구주제와 목적에 가장 적합한 방법을 선택 · 적용할 수 있는 가이드라인을 마련해야 할 필요성이 있다고 본다.

이를 위해 앞서 언급한 각 접근법의 철학적 전제, 구체적 분석 단계, 강점과 한계를 체계적으로 비교 · 평가하는 작업이 이루어질 필요가 있다. 본문에서 검토한 바와 같이, 실제 간호학 분야에서는 지오르지, 콜라지, 반 캠의 세 가지 방법을 동일한 자료에 적용하여 결과를 비교한 선행연구가 있었는데, 이 연구는 지오르지 방법이 개인 경험의 독특성을 자세히 밝히고 콜라지 방법은 공통된 속성 도출에 초점을 둔다는 등 방법별 특성을 제시한 바 있다. 이처럼 각 방법론의 특징과 차별성을 학술적으로 논의하고 정리하는 작업을 고도화한다면, 연구자들이 자신의 연구주제에 가장 적합한 현상학적 절차를 이해하고 선택하는 데 큰 도움이 될 것이다. 나아가 이러한 비교 연구를 토대로 통합적이고 표준화된 교육 자료를 개발한다면, 신진 연구자들이 현상학 방법론을 보다 용이하게 습득하고 활용할 수 있을 것으로 전망한다. 대학원 연구방법론 수업 등에 현상학의 철학적 배경부터 실제 자료분석 연습까지 아우르는 체계적 커리큘럼을 마련하고, 소규모 데이터 분석 실습을 통해 학생들이 현상학적 분석 절차를 직접 경험해보도록 하는 것도 한 방안이라고 할 수 있다. 이러한 교육 강화는 현상학 연구의 질적 제고로 이어져, 연구 결과의 신뢰성과 학술적 설득력을 높일 수 있을 것이다.

아울러 해외에서 발전한 새로운 현상학적 기법을 적극 도입하여 글로벌 스탠더드에 부합하는 연구를 추구하는 것도 중요하다. 가령, 영국을 중심으로 발전한 IPA 기법이 국내 사회과학 연구에 소개되어 청소년 보호관찰 대상자의 재범 경험 분석 등에 응용되는 등 새로운 시도가 이루어지고 있다. 이처럼 국제적으로 확산되는 다양한 현상학적 방법론에 대한 정보 공유와 훈련 기회를 확대함으로써, 한국 연구자들이 최신 기법을 활용하여 국제 경쟁력 있는 연구를 수행하도록 지원해야 할 필요성이 있다. 이러한 방법론적 정교화와 혁신 추구는 한국 현상학 연구의 학문적 엄밀성을 높이고, 우리 연구가 국제 학술무대에서 호환성과 설득력을 갖추는 밑거름이 될 것이라고 본다.

2) 학문분야 간 균형 발전과 교류

다음으로, 학문분야 간 균형 있는 발전과 교류가 필요하다. 지금까지 국내 현상학적 질적 연구는 교육학과 간호학, 상담심리학 등 일부 분야에 상대적으로 집중되어 발전해왔다. 반면에 사회복지, 행정학, 경영학, 정책학 등 다른 분야에서는 질적연구에 대한 인식과 현상학 적용이 비교적 늦게 형성되었다. 그러나 이들 분야에도 현상학을 적용할 수 있는 주제들이 많으며, 오히려 새로운 통찰을 얻을 수 있는 비옥한 토양이 존재하고 있음을 부정하기 어렵다. 가령 조직구성원들의 변화 경험, 공공서비스 이용자의 체험, 정책 수혜자의 목소리 등은 현상학적 접근을 통해 그 생생한 의미와 맥락을 파악함으로써 정량적 지표만으로는 알기 어려운 깊은 통찰을 제공할 수 있는 영역이라고 할 수 있다. 이에 국내에서도 이러한 학제 간 확장의 시도가 조금씩 나타나고 있다. 예를 들어, 사회적경제 분야 연구에서 해석현상학적 분석(IPA)을 도입하여 보호관찰 청소년의 재범 경험을 심층 이해한 사례가 보고되었고, 해양경찰 공무원들의 재난 대응 경험을 현상학적으로 분석한 연구에서는 PTSD나 외상 후 성장만으로는 설명되지 않는 미묘한 심리적 경험들을 밝혀내고 이를 토대로 조직적 · 정책적 개입방안을 제안하는 등 다양한 시도가 나타나고 있다. 이렇게 교육 · 간호 분야 외의 현장에서도 현상학 연구의 가치를 입증하는 선도적인 사례들이 나오고 있다는 점은 고무적이라고 할 수 있다. 앞으로는 이러한 흐름을 더욱 가속화하여, 현상학 연구가 모든 인간과학 분야에 걸쳐 고르게 활용될 수 있도록 장려할 필요성이 있다고 제안한다. 각 학문분야 연구자들이 자신의 고유한 연구 주제에 현상학을 접목할 수 있도록 학제 간 교류의 장을 활성화하는 것이 필요하다. 예를 들어, 질적연구 학회나 관련 연구회에서 다양한 분야의 연구자들이 모여 우수 현상학 연구 사례를 발표하고 토론하는 워크숍을 정기적으로 개최하는 등의 방안을 생각해 볼 수 있을 것이다. 간호학, 교육학뿐 아니라 사회복지학, 행정학, 경영학 등의 연구자들이 한자리에 모여 방법론적 경험과 노하우를 공유하면, 현상학적 접근에 대한 상호 이해가 높아지고 새로운 적용 아이디어가 활발히 교환될 수 있을 것이다. 이러한 교류는 현상학이 한 분야에 갇히지 않고 모든 학문에 통하는 보편적 통찰을 제시할 수 있다는 현상학의 장점을 극대화하는 길이 될 것이다. 나아가 국제적인 동향과 연계하여, 해외의 흥미로운 적용 사례들과 국내 연구를 비교 · 협력하는 노력도 중요하다고 할 수 있다. 예를 들어 간호학 분야에서는 인본주의적 간호이론에 현상학이 기여한 바를 살펴보고, 교육학 분야에서는 생애사(narrative) 연구 등 현상학과 유사한 접근을 통한 해외 연구를 참고하여 국내 연구와 접목시킬 수 있을 것이다. 해외에서는 이미 현상학을 활용하여 환자 중심 돌봄이나 교사 성찰 등 다양한 실천이론을 개발하고 있는 만큼, 국내 연구자들도 이러한 국제 사례들을 접하면서 한국적 맥락에 맞는 독자적인 현상학 연구를 모색한다면 학문적 시너지 효과를 낼 수 있을 것이다. 이러한 국내외 교류 협력을 통해 한국의 현상학 연구 공동체는 더욱 풍부한 연구주제를 발굴하고, 우리 사회의 특수성에 뿌리내린 토착적 현상학 지식을 창출해갈 것으로 기대된다.

3) 연구자 교육과 연구윤리의 강화

세 번째 과제로, 현상학적 질적연구자를 양성하는 교육 강화와 연구윤리의 철저한 준수를 들 수 있다. 현상학 연구의 저변을 확대하고 질을 높이기 위해서는 신진 연구자 교육이 무엇보다 중요하다. 대학원 과정의 질적연구방법론 수업에서 현상학을 다룰 때, 단순히 철학 이론을 소개하는 데 그치지 않고 실제 연구 절차를 익히게 하는 실천적 교육이 필요하다. 이를 위해 소규모로 연구 참여자 인터뷰 자료를 나누어주고 직접 현상학적 분석 단계를 실습해 보게 한다든지, 서로의 분석 결과를 토론하며 코딩과 주제 도출 과정을 체험하도록 하는 방안을 도입할 수 있을 것이다. 이러한 교육 과정을 통해 신진 연구자들은 현상학 연구의 철학적 배경부터 방법론적 기술까지 통합적으로 이해하게 되고, 나아가 연구 현장에서 스스로 자료를 다루는 역량을 갖추게 될 것이다. 결과적으로 연구자 교육의 내실화는 현상학적 연구의 전반적인 질 향상으로 이어져, 연구 결과의 신뢰성(reliability)과 학술적 설득력을 높여줄 것으로 기대된다. 더불어 연구윤리의 강화는 질적연구 전반에서 지속적으로 강조되는 부분이며, 현상학적 연구에서도 예외가 아니라고 할 수 있다. 현상학 연구는 인간의 개인적이고 때로는 민감한 경험을 다루기 때문에, 연구자는 참여자의 자율성과 존엄성을 최우선으로 고려해야 한다. 이를 위해 연구 참여자 동의 확보, 익명성 및 비밀 보장, 연구자의 중립성과 겸손한 태도 유지 등 윤리 원칙을 철저히 지키는 문화가 정착되어야 할 것이다. 특히 기관생명윤리위원회(IRB) 승인 절차를 거치는 것은 이제 양적 연구뿐 아니라 질적연구에도 기본적인 요건이 되고 있다. 우리나라에서도 2013년 「생명윤리 및 안전에 관한 법률」 개정으로 모든 인간대상연구에 IRB 심의가 의무화되어 연구 수행 전에 연구계획서의 IRB 승인 취득이 요구되고 있다. 이러한 제도적 변화 이후 현상학적 연구에서도 IRB를 취득하는 사례가 점차 늘고 있지만, 아직도 상당수 연구에서 윤리 절차를 명시적으로 밝지 않는 경우가 있는 것으로 파악된다. 예를 들어 국내 상담학 분야의 2010~2020년 현상학 연구 63편 중 IRB 승인을 받은 논문은 8편(약 12.7%)에 불과했고, 연구자 윤리교육 이수를 밝힌 논문도 1편에 지나지 않았다. 물론 2000년대 초반까지 IRB 개념이 질적연구계에 널리 확산되지 않았던 점을 감안하면 2010년대 들어 이런 수치가 생긴 것은 긍정적 변화이지만, 여전히 충분하지 않은 수준이라고 판단한다. 이에 앞으로 학계 차원에서 연구윤리 교육과 지침 보급을 더욱 강화하여, 모든 현상학적 연구자가 연구설계 단계부터 윤리적 고려를 면밀히 하고 IRB 심의를 거치는 것을 표준 관행으로 만들어야 할 것이다. 이를 위해 학회나 연구 모임에서 윤리교육 워크숍을 개최하고, 모범적으로 윤리 절차를 준수한 연구 사례를 공유하는 것이 도움이 될 것이라고 본다. 가령 연구 초기 단계에서 참여자 동의서 작성 요령, 면담 과정에서 윤리적 딜레마 상황 대처법, 연구 결과 발표 시 개인정보 보호 방안 등을 주제로 한 실습 중심의 교육 프로그램을 운영할 수 있을 것이다. 또한 질적연구 학술지들은 논문 투고 규정에 IRB 관련 내용을 명시하고, 게재 논문에서 연구윤리 준수 여부(예: IRB 승인 번호 기재)를 요구함으로써 연구자들이 자연스럽게 윤리 절차를 따르도록 유도해야 한다. 다행히 많은 국내 학술지들이 2010년대 후반부터 질적연구 논문에 대해서도 IRB 승인 여부를 확인하고 있으며, 연구자들 사이에서도 윤리 의식이 높아지고 있는 추세에 있다. 이러한 분위기를 이어 받아 현상학적 연구 분야에서도 윤리적으로 모범적인 연구 방식이라는 인식이 확산된다면, 일반 대중과 정책입안자들의 신뢰를 얻고 사회에 미치는 긍정적 영향력도 더욱 커질 것이다. 결국 방법론 교육의 내실화와 연구윤리의 강화는 현상학적 질적연구의 학문적 성숙도와 사회적 책임성을 동시에 높이는 필수 과제라 할 수 있다.

4) 실천적 함의와 사회적 기여의 극대화

마지막으로 강조할 과제는 현상학적 질적연구의 실천적 함의를 극대화하고 그 성과를 사회에 환원하는 일이다. 현상학적 연구는 특정 현상의 본질과 의미구조를 깊이 있게 밝혀냄으로써, 학술적인 기여를 넘어 현실 세계의 문제 해결이나 정책 개선에도 유용한 시사점을 제공할 잠재력이 크다고 본다. 앞으로 연구자들은 자신의 현상학적 연구 결과가 학술지 논문에 머무르지 않고 현장의 변화로 이어질 수 있도록, 실천적 맥락에서의 의미를 적극적으로 도출하고 전달해야 할 것이다. 이를 위해 연구 과정에서부터 현장의 목소리를 경청하고, 연구 질문을 사회적 요구와 연결하며, 결과 해석 시에도 실제 적용 가능성을 염두에 두는 노력이 필요하다. 이미 몇몇 현상학 연구들은 이러한 실천적 기여의 가능성을 잘 보여주고 있다. 예를 들어 앞서 언급한 자유학기제 경험에 대한 현상학적 연구에서는 학생 · 교사 · 학부모의 생생한 경험을 통해 자유학기제 운영상의 다양한 개선 요구가 드러났으며, 이러한 참여자들의 목소리를 토대로 자유학기제 운영 개선 및 발전 방향에 대한 실질적 시사점을 제시하였다. 연구 결과는 자유학기제가 학생들의 진로발달에 도움을 주는 한편, 제도운영 측면에서 현장의 요구를 반영한 개선책이 필요함을 밝혀내어 정책 입안자들에게 유용한 정보를 제공한 것이다. 또 다른 사례로, 해양경찰 공무원의 세월호 사고 대응 경험을 다룬 현상학적 연구는 기존의 PTSD 개념으로 충분히 설명되지 않는 심리적 고통과 정체성의 손상 등을 밝힘으로써, 해양경찰 조직 내 도덕적 손상을 치유하기 위한 조직문화 개선과 심리지원 정책의 필요성을 제언하였다. 이 연구는 구조 임무를 수행하는 경찰관들이 겪는 삶의 본질적 변화를 조명하여, 단순히 개인 상담 차원을 넘어 조직과 정책 차원의 개입방안을 구체적으로 제시하였다는 점에서 평가를 받았다. 이처럼 각 분야의 현상학적 질적연구 결과를 해당 분야 실무자나 정책결정자에게 알기 쉽게 전달하고, 그들이 이를 활용할 수 있도록 돕는 노력이 더욱 확대될 필요성이 있다. 연구자들은 필요한 경우 연구보고서, 정책 제언집, 대중서적 등의 형태로 연구 결과를 재구성하여 현장에 피드백하는 것을 고려할 수 있다. 예를들어 교육 분야 연구자는 교육청 관계자나 학교 관리자들을 대상으로 연구 결과를 설명하는 간행물을 발간하거나 세미나를 열고, 간호 분야 연구자는 병원 관리자나 간호사들을 위해 환자 경험 연구의 함의를 정리한 가이드북을 만드는 방안을 고민해 볼 수 있을 것이다. 이러한 지식 환류 노력을 통해 현상학 연구는 학술 담론을 넘어 현장의 실천 변화를 견인할 수 있을 것이다. 또한 일반 대중에게 현상학의 통찰을 알리는 작업도 중요하다. 현상학은 우리 삶의 경험을 있는 그대로 깊이 이해하는 시각을 제공하기 때문에, 이 관점을 공유하면 사회 전체의 공감과 성찰을 이끌어낼 수 있다. 예를 들어 간호학 분야의 현상학 연구들은 환자 중심 돌봄의 중요성을 부각시켜 인간주의적 의료의 필요성을 뒷받침하고 있으며, 사회복지 분야의 현상학 연구들은 취약계층의 목소리를 대변함으로써 사회적 인지와 공감을 높이는 데 기여할 수 있다.

아울러 연구자들이 언론 매체와의 인터뷰나 대중 강연, 기고문 등을 통해 현상학적 연구의 발견을 대중과 공유한다면, 이는 학문과 사회를 잇는 가교역할을 할 것이라고 본다. 실제로 일부 연구자들은 자신의 현상학 연구를 바탕으로 에세이나 대중서를 출간하여, 일반인이 이해하기 쉬운 언어로 인간 경험의 본질에 대한 이야기를 풀어내기도 한다. 이러한 노력은 현상학 연구에 대한 사회적 관심을 높이고, 더 나아가 인간 중심의 지식이 사회 곳곳에 뿌리내리게 하는 원동력이 될 것이다.

종합하면, 한국의 현상학적 질적연구 공동체는 지난 수십 년간 도입기를 지나 성장기를 거치며 비약적인 발전을 이루었고, 이제 본격적인 성숙기에 접어들고 있다. 현상학은 한때 철학계 일부의 담론으로 머물렀지만, 현재는 교육 · 간호 · 심리 등 인간과학 전반에서 인간 이해를 위한 필수 방법론으로 자리매김하였다. 앞으로 한국의 현상학 연구는 철학과 방법의 통합적 발전을 통해 방법론을 한층 정교화하고, 학제 간 협력을 통해 연구 지평을 넓힘으로써 더욱 견고한 학문적 토대를 쌓아갈 것으로 기대된다. 또한 국제적 동향과 보조를 맞추면서 동시에 한국 사회의 맥락에 뿌리내린 토착적 현상학 연구로서 독자적인 성과를 창출해 갈 것이라고 전망한다. 무엇보다 "현상 그 자체로, 삶의 본질로" 돌아가려는 현상학의 정신은 우리 학문공동체와 사회가 인간 중심의 지식을 형성하고 실천하는 데 지속적으로 기여할 것이다. 앞으로도 한국의 연구자들은 이 현상학적 태도를 가슴에 품고, 풍요로운 학문적 발견과 더 나은 실천을 이어나가리라 믿는다. 한국 현상학적 질적연구의 성찰과 도전은 결국 인간을 이해하고 존중하는 지혜를 축적하는 길이며, 그러한 지혜가 사회 곳곳에 스며들 때 우리의 학문과 공동체가 더욱 풍요로워질 것이다.

참고문헌

강선미, 한영주(2017). 중년 여성의 호스피스 자원봉사 경험에 관한 현상학적 연구. **지역과 세계, 41**(1), 149-180.

강임정, 김영근(2021). 상담과정에서 내담자의 정서경험에 대한 현상학적 연구. **복지상담교육연구, 10**(2), 97-117.

강진숙, 장지훈, 최종민(2009). 2008 촛불집회 참여 경험에 대한 현상학적 연구: 대학생 참여자 및 1인 미디어 이용자를 중심으로. **한국방송학보, 23**(4), 7-48.

공병혜(2004). 간호연구에서의 현상학. **현상학과 현대철학, 23**, 151-178.

곽수영, 이병숙(2013). 말기암 환자의 호스피스 수용 경험: 현상학적 연구. **대한간호학회지, 43**(6), 781-790.

권경인, 양정연(2013). 상담학 분야의 질적연구 동향분석(2000~2012년). **상담학연구, 14**(6), 3871-3893.

권향원(2016). 현상학과 사회과학연구-정책연구에의 질적방법론적 적용을 중심으로. **한국정책학회보, 25**(1), 355-395.
권향원, 김선이(2016). 성인학습자의 인문학 평생교육 학습체험에 대한 현상학적 질적연구. **평생교육학연구,** 22(2), 193-221.
권향원, 최도림(2011). 근거이론적 방법의 이론화 논리에 대한 이해: 한국행정학의 비맥락성과 방법론적 편향성 문제를 중심으로. **한국행정학보,** 275-302.
김계숙(2016). 호스피스 병동 말기 암환자 가족의 돌봄 경험에 관한 현상학적 연구. **한국가족복지학, 52,** 35-66.
김대현, 강이화(1999). 교사양성 교육을 받고 있는 대학생들의 고등학교 시절의 선생님과 성적의 의미-자서전적 방법을 중심으로. **교육과정연구, 17**(1), 351-371.
김분한, 김금자, 박인숙, 이금재, 김진경, 홍정주, 이미향, 김영희, 유인영, 이희영(1999). 현상학적 연구방법의 비교고찰: Giorgi, Colaizzi, Van Kaam 방법을 중심으로: Giorgi, Colaizzi, Van Kaam 방법을 중심으로. **대한간호학회지, 29**(6), 1208-1220.
김분한, 탁영란, 전미영(1996). 호스피스 간호사 말기 암환자의 임종 현상 연구-독립형 호스피스 센타를 중심으로. **대한간호학회지, 26**(3), 668-677.
김선명(2005). 공공부문 혁신의 접근방법에 관한 인식론적 비평: 현상학적 접근방법을 중심으로. **한국행정학보, 39**(4), 1-18.
김송이, 김용수, 정찬구(2018). 청소년 도박행동 경험에 대한 현상학적 연구. **상담학연구, 19**(3), 159-181.
김애정, 최영희(1990). 간호사와 환자의 상호작용에서 환자가 인지하는 간호 (돌봄) 개념의 구성요소에 관한 연구. **성인간호학회지, 2**(1), 52-74.
김지영, 김묘성(2018). 임종 환자를 간호하는 중환자실 간호사의 임재 경험. **질적연구, 19**(2), 112-130.
박경련, 김하나(2022). 세월호 침몰사고 대응과 조직변화에 따른 해양경찰공무원의 심리적 경험에 관한 현상학적 연구. **한국해양경찰학회보, 12**(3), 1-44.
박경자, 김명찬(2022). 국내 상담학 분야의 현상학적 연구 동향 분석(2010~2020): 상담학 연구, 상담 및 심리치료. **학습자중심교과교육연구, 22**(11), 173-187.
박미성, 김금순(2008). 암 생존자의 생활경험. 종양간호학회지, 8(2), 93-104.
박현우, 김민(2019). 연애경험을 통한 대학생의 자기발견 및 확장에 관한 현상학적 연구: 자기대상과 관계적 자기를 중심으로. **한국청소년연구, 30**(3), 33-65.
배상식(2014). 질적연구를 위한 '교육학적 현상학'의 한계와 문제. **철학연구,** 83-109.
서은경, 김혜령(2019). 치매노인을 돌보는 요양병원 간호사의 경험. **노인간호학회지, 21**(2), 99-111.
신경림(1996). 질적연구평가 기준. **대한간호학회지, 26**(2), 497-506.
신귀현(1985). 현상학의 (現象學) 이해. 철학연구, 20, 261-265.
신충식(2008). 파머의 행정언어에 대한 현상학적 이해. **서울행정학회 동계학술대회 발표논문집,** 1-24.
안경진, 공병혜, 송윤진(2020). '연명의료결정법' 시행 이후 중환자실 간호사의 환자 연명의료결정 및 임종기 돌봄 경험 연구. **생명윤리, 21**(2), 31-53.
양석준, 김영경(2008). 서비스 제공자-고객 관계의 본질적 구조에 관한 연구. **상품학연구, 26**(3), 1-13.
오세라, 김신애(2021). COVID-19 시기 원격수업에서 학생들이 겪은'교육의 어려움'에 대한 현상학적 연구. **교육원리연구, 26**(2), 73-103.
오현수(2012). 상담종결 후 상담성과 지속경험에 대한 현상학적 연구. **상담학연구, 13**(6), 2839-2860.
오효정(2019). 내담자가 경험한 상담회기 내 눈물에 대한 현상학적 연구. **질적탐구, 5**(3), 67-103.
우민수, 김형숙, 김증임(2022). 병원 내 언어폭력에 노출된 임상 간호사의 경험: 현상학적 연구. **여성건강간호학회지, 28**(2), 154-164.
윤견수(2001). 약자의 설득전략: 어느 하위직 지방공무원의 개혁활동에 대한 현상학적 보고서. **한국행정학보, 35**(1), 143-160.
윤견수(2006). 기초단체장의 변혁적 리더십과 지역축제: 함평 나비축제에 대한 스토리텔링을 중심으로. **한국행정학보, 40**(4), 77-100.
이금진(2010). 정신장애인의 취업경험에 관한 현상학적 연구. **한국사회복지학, 62**(1), 237-261.
이남인(2010). 현상학적 교육학. **교육철학, 47,** 127-158.
이미정, 박승민(2015). 상담수련과정에서 상담자의 자기 발달 경험에 대한 현상학적 연구. **상담학연구, 16**(1), 1-29.
이병숙, 곽수영(2017). 호스피스간호사의 영적 갈등 경험: 현상학적 연구. **대한간호학회지, 47**(1), 98-109.
이오복, 권순애(2015). 프로그램 성과측정 시 겪는 사회복지사의 어려움에 대한 현상학적 연구. **한국사회복지행정학, 17**(3), 163-191.
이정윤, 서영석(2017). 상담 과정에서 의미 있었던 내담자의 눈물 경험에 대한 현상학적 연구. **한국심리학회지: 상담 및 심리치**

료, 29(3), 553-576.

이혁규(2004). 질적연구의 타당성 문제에 대한 고찰. **교육인류학연구, 7**(1), 175-210.

이혜은, 박애실, 김현정(2021). 대학생 대상 비대면 집단상담 운영 경험에 대한 현상학적 연구: 실시간 화상매체 활용을 중심으로. **상담학연구, 22**(6), 331-366.

장혜영, 송은옥(2019). 최근 10년간 간호학술지에 게재된 질적연구 분석: JKAN 과 ANR 중심으로. **질적연구, 20**(2), 100-112.

정선욱(2005). 사회복지관 초임 사회복지사의 직업 경험에 관한 현상학적 연구. **한국사회복지행정학, 7**(1), 67-100.

정혜경, 홍성하(2001). 간호학에서의 질적연구 방법에 대한 현상학적 고찰. **현상학과 현대철학, 18**, 176-202.

정영희, 이준기, 신세인(2016). 자유학기를 겪어 본 교육주체들의 경험에 대한 현상학적 연구: 전라북도 지역 사례를 중심으로. **중등교육연구, 64**(3), 777-808.

정윤희, 김희정(2020). 노인 내담자의 상담경험에 관한 해석학적 현상학 연구. **한국심리학회지: 상담 및 심리치료, 32**(2), 693-723.

주영신(2008). 비행청소년의 중퇴경험에 대한 현상학적 연구. **청소년학연구, 15**(1), 247-270.

한경자(1987). 간호연구를 위한 현상학적 접근법. **대한간호학회지, 17**(2), 99-104.

한인영, 김선민, 김진숙(2008). 청소년 성폭력 경험자의 현상학적 연구: 시선으로부터 살아남기. **정신건강과 사회복지, 30**, 385-417.

한전숙(1974). 현상학적 심리학. **철학연구**. **제9집**. 19-45.

한전숙(1996). 한국에서의 현상학 연구. **현상학과 현대철학, 9**, 309-355.

홍성하(1995). 해석학과 현상학: 지향성 개념에 대한 해석학적인 현상학-브렌타노와 훗설 그리고 하이데거에게 있어서. **해석학연구, 1**, 13-40.

홍성하(2002). 질적연구와 현상학. **대동철학, 19**, 209-225.

Colaizzi, P. F. (1978). Psychological research as the phenomenologist views it. In R. S. Valle & M. King (Eds.), *Existential-phenomenological alternatives for psychology* (pp. 48-71). Oxford University Press.

Giorgi, A. (2009). *Descriptive phenomenological method in psychology: A modified Husserlian approach*. Duquesne University Press.

Giorgi, A. (Ed.). (1985). *Phenomenology and psychological research*. Duquesne University Press.

Heidegger, M. (1927/1962). *Being and time* (J. Macquarrie & E. Robinson, Trans.). Harper & Row. (Original work published 1927)

Smith, J. A., Flowers, P., & Larkin, M. (2009). *Interpretative phenomenological analysis: Theory, method and research*. Sage.

Van Kaam, A. (1966). *Existential foundations of psychology*. Image Books.

van Manen, M. (1990). *Researching lived experience: Human science for an action sensitive pedagogy*. State University of New York Press.

van Manen, M. (2002). *Writing in the dark: Phenomenological studies in interpretive inquiry*. The Althouse Press.

제3장

근거이론의 발전과 한국적 근거이론을 위한 탐색

신서원(인제대학교)

1. 근거이론(Grounded theory)이란?

근거이론은 Glaser와 Strauss(1967)에 의한 개발된 질적 연구방법론으로 사회과학, 인문학, 간호학 등의 분야에서 널리 활용되고 있는 대표적인 질적 연구 연구방법론 중 하나이다. 근거이론은 기본적으로 그 명칭에서 알 수 있듯이 자료에 근거하여(grounded) 이론(theory)을 만들어 내는 것을 목적으로 한다. 또한 근거이론은 사회적 상황에서 일어나는 일반적인 경향성을 설명하는 이론보다는 중규모의 실질적인 이론을 개발하려는 목적을 가지고 있다(Merriam & Tisdell, 2016). 구체적으로 설명하자면, 근거이론은 일반적으로 '사람들은 이렇게 행동한다.', '대체로 사람들은 이런 경향성을 가진다.'와 같은 광범위한 맥락에 적용되는 결론을 도출하기 보다는 특정한 '사회적 맥락'에서 일어나는 독특한 '사회적 변화(social change)'에 관심을 가진다는 것이다. 예를 들자면, '왜 마약에 중독된 사람들 중에서 일부는 마약을 끊는 단약이라는 선택을 하는가?', '외상을 경험한 사람들 중에서 외상 후 성장을 이루어내는 사람들이 있는데, 그들은 어떤 과정을 거쳐 외상 후 성장에 이르는가? 또 외상 후 성장에 영향을 미치는 요인들은 무엇인가?'와 같은 의문을 해소하기 위한 연구를 한다는 것이다. 결국 근거이론은 사회적 맥락 속에서 일어나는 독특한 인간의 행동, 상호작용, 행동의 결과를 연구주제로 삼아 그러한 행위가 일어나는 과정에 영향을 미치는 요인을 밝히는 데에 초점을 두고 있는 것이다. 이번 장에서는 먼저 근거이론이 가진 특징들을 소개하려고 한다.

1) 근거이론의 특징

근거이론 연구방법론의 특성을 이해하고 또 근거이론 연구를 수행하기 위해서는 몇 가지 핵심적인 개념을 이해하는 것이 필수적이다. 근거이론을 소개하고 있는 대부분의 문헌에서 공통적으로 언급하고 있는 개념들은 이론적 민감성, 이론적 표집, 그리고 지속적 비교 방법 등이다.

이론적 민감성(theoretical sensitivity)이라는 개념은 근거이론의 대표 학자인 Glaser(1978)가 출판한 책의 제목으로 쓰일 정도로 근거이론을 활용하는 연구자에게는 반드시 숙지해야 하는 개념인 동시에 근거이론 연구자가 갖추어야 할 핵심적인 자질 또는 역량이다. 이론적 민감성은 원자료 속에서 개념을 발견하고 범주화하는 데에 있어서 필요한 연구자의 특수한 감각 및 통찰이라고 정의할 수 있는데(Glaser & Strauss, 1967), 근거이론이 목적으로 하고 있는 특정한 사회적 맥락 속에서 일어나는 인간의 행동과 상호작용을 밝히기 위해서는 사회적 변화의 과정을 면밀하게 관찰하고 이를 적절하게 분류하는 연구자의 뛰어난 역량이 필요하다.

이론적 민감성의 개념을 조금 더 알기 쉽게 설명하기 위해서 [그림 1]의 패러다임 모형을 바탕으로 근거이론 연구의 과정을 좀 더 면밀하게 살펴보겠다. 먼저 패러다임 모형(paradigm model)은 Strauss와 Corbin(1998, 2008)이 제시한 모형으로 근거이론 연구를 수행하는 과정에서 참고하거나 지침이 될 수 있는 인간 행동의 발생 과정을 알기 쉽게 도식화한 모형을 말한다. 패러다임 모형은 인간 행동의 발생 과정에 대한 탁월한 통찰을 보여주고 있는데, 이 모형에 의하면 인간의 행동은 특정한 조건(인과, 맥락, 중재) 속에서 일어나며, 그러한 행위를 직접적으로 촉발시키는 내적 현상(중심 현상)에 의해 행동이 촉발된다. 근거이론 연구자는 특정한 사회적 변화 과정에 영향을 미치는 다양한 요인들을 찾아내는 동시에 이들이 영향을 미치는 방식, 수준에 따라 이를 분류해 낼 수 있어야 하는데, 이러한 특수한 통찰 능력이 바로 이론적 민감성인 것이다.

근거이론을 설명하는 데에 있어서 또 하나의 빠질 수 없는 개념은 바로 이론적 표집(theoretical sampling)이다. 이론적 표집은 외부 현실을 잘 설명하는 이론을 만들어내기 위해서 충

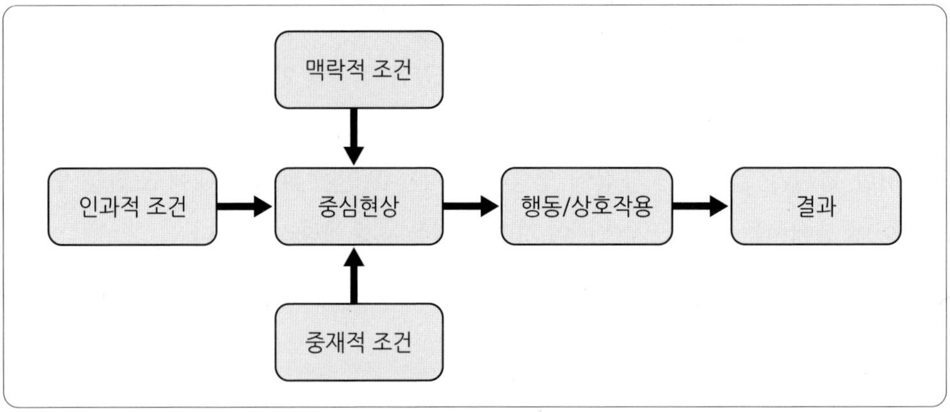

[그림 1] 패러다임 모형

분한 정도의 표집을 수행하는 절차를 의미한다(Merriam & Tisdell, 2016). 근거이론은 사회적 변화를 설명하는 이론을 만들어 내는 것이 목적이므로, 관련 자료들을 충분히 수집하지 않으면 설명하고자 하는 현상을 포괄적으로 설명하는 것이 불가능하다. 또한 질적 연구에서 표집은 언제나 편향될 가능성이 존재하기 때문에, 이론적 표집을 위해서는 설명하고자 하는 현상을 대표하는 다양한 사례들을 모으는 동시에, 자료수집이 일어나는 각 시점마다 어떤 자료들이 얼마나 모아졌으며, 추가적으로 어떤 자료들이 더 모여야 현상에 대한 포괄적인 설명이 가능한지에 대한 판단이 필요하다.

이론적 표집을 위해서 연구자는 자료수집과 자료분석을 동시에 수행할 필요가 있으며, 새로운 자료가 추가될 때마다 어떤 지점에서 추가적인 자료수집이 일어나야 하는지에 대한 판단을 해야 한다. 그리고, 최종적으로 충분한 자료수집을 통해 새로운 자료가 수집된다고 하더라고 더 이상 새로운 자료가 등장하지 않는다는 판단이 이루어질 때 자료수집을 중단하는 것이 필요하다. 이렇게 더 이상 새로운 의미 있는 자료가 발견되지 않는 지점을 자료의 포화(data saturation) 또는 이론적 포화(theoretical saturation)라고 부르며, 근거이론 연구자는 자료가 포화된 지점에 이르렀다는 판단이 섰을 때 자료수집을 중단하여야 한다.

마지막으로 지속적 비교 방법은 근거이론의 자료수집과 자료분석 과정을 잘 묘사한 개념으로, 자료수집 및 자료분석 과정이 반드시 순차적으로 일어나는 것이 아니라 앞의 단계와 뒤의 단계들을 지속적으로 오고 가며 반복적 또는 순환적으로 일어나는 것을 의미하는 개념이다(Charmaz, 2014). 근거이론 연구에서 지속적 비교 방법이 중요한 이유는 근거이론의 자료분석 과정이 다른 질적 연구의 자료분석 과정보다 복잡하기 때문이다. 일반적으로 질적연구에서 자료의 분석은 원자료로부터 중요하다고 생각되는 '의미 단위'나 '개념'을 추출하고, 이를 유사성에 근거하여 '범주'로 만드는 과정으로 이루어지는 경우가 많다. 하지만 근거이론 연구의 경우 개념과 범주를 만들어내는 것을 넘어서 반드시 도출된 범주의 위계나 순서를 정하고 조직화하여 '이론'이나 '모형'으로 도식화하는 분석과정이 필수적이다. 근거이론 연구만이 갖춘 이 과정은 선택적 코딩(selective coding) 또는 이론적 코딩(theoretical coding)이라고 불린다(Merriam & Tisdell, 2016). 이와 같이 근거이론은 다른 질적연구 방법론과는 달리 필수적으로 수행해야 하는 하나의 자료분석 절차를 더 가지고 있으며, 그런 의미에서 자료분석이 까다로울 뿐만 아니라 오류가 생길 가능성도 높다. 부연하자면, 원자료로부터 추상화된 개념이 도출되며, 개념으로부터 더 추상화된 범주가 도출되고, 범주로부터 또 한 단계 추상화된 이론이 도출되기 때문에, 최종적으로 도출된 이론은 원자료의 본질과는 상당히 다른 속성을 대표하는 경우도 종종 발생하곤 한다. 지속적 비교 방법은 개념화, 범주화, 이론화의 단계를 거쳐 완성되는 근거이론의 오류를 줄여주는 역할을 하며, 연구자는 개념화, 범주화, 이론화의 단계를 지속적으로 오고 가는 비교점검 과정을 통해 좀 더 설득력 있는 '근거이론(grounded theory)'을 만들어낼 수 있게 되는 것이다.

2. 한국의 근거이론 역사와 현황

지금까지 근거이론의 일반적인 특성과 근거이론 연구자가 갖춰야 할 자질에 대해 알아보았다. 이 장에서는 한국에서 이루어진 근거이론 연구의 실태 및 현황, 그리고 앞으로 한국적 근거이론이 어떤 방향으로 발전해나가야 하는지에 대한 몇 가지 제안들을 해보려고 한다.

1) 1990년대: 한국 근거이론 연구의 태동기

근거이론 연구가 언제 처음 한국에서 수행되었는지에 대한 명확한 자료는 존재하지 않는다. 그 이유는 1990년 이전에는 전자파일 형태로 학술자료가 보관되는 경우가 드물었고, 지금처럼 인터넷을 통해 전자파일 형태의 자료들을 쉽게 열람할 수 있는 시스템이 갖추어져 있지 않았기 때문이다. 단적인 예로 다양한 전자파일 형태의 논문을 쉽게 찾아볼 수 있는 학술연구정보서비스(riss.kr) 역시 1998년이 되어서야 시작되었으며, 이 서비스와 함께 다양한 학술자료들이 전자파일 형태로 변환되어 열람이 가능해지긴 하였으나, 이 과정에서 과거의 학술자료들이 모두 전자파일 형태로 전환된 것은 아니었다.

이러한 제한점을 고려했을 때 한국에서 근거이론 연구가 언제 처음 이루어졌는지를 정확하게 알 수는 없으나 기록상으로 확인 가능한 최초의 근거이론 연구는 1990년에 이루어진 노춘희(1990)의 연구이다. 이 연구는 간호학 분야에서 이루어진 근거이론 연구인데, 노춘희(1990)는 정신병동에 입원한 환자와 그 가족의 분리경험에 관한 근거이론 연구를 수행하였다. 한국의 근거이론 연구가 간호학 분야에서 처음 시작되었다는 것은 서구권의 근거이론 역사와 일부 일맥상통하는 부분이 있다. 사실 서구권에서 개발된 근거이론은 주로 사회학을 전공한 학자들에 의해 발전해 왔는데, 근거이론의 대표 학자라고 불리는 Glaser, Strauss, Charmaz는 모두 사회학을 전공한 학자들이었다. 하지만 2세대 근거이론을 창시한 Strauss와 함께 Corbin 역시 근거이론의 발전에 기여했는데 바로 Corbin의 전공이 간호학이었다.

이렇듯 한국의 근거이론 연구가 간호학 분야에서 시작되었다는 것으로 미루어 볼 때, 서구권에서 전파된 근거이론이 한국에 어떤 식으로든 영향을 준 것은 분명해보인다. 노춘희(1990)의 연구 이후에도 전자파일 형태로 열람할 수 있는 초창기 근거이론 연구들은 대부분 간호학 분야에서 이루어졌는데, 성명숙(1993)은 '중년남성의 자기관리에 관한 근거이론 접근방법' 연구를 발표하였으며, 김애경(1994)은 '성인의 건강행위에 대한 근거이론적 접근'이라는 연구를 발표하였다. 뒤이어 강은실(1995)은 '근거이론 접근방법을 적용한 알콜중독자 부인의 경험'이라는 논문을 발표하였으며, 같은 해에 양경희, 정주연, 최선하(1995) 역시 '한국 주부들이 경험하는 스트레스 본질의 근거이론적 접근'이라는 연구를 발표했다. '근거이론적 접근방법을 적용한 간호학생들의 임상실습 경험'(서문숙 등, 1996) 역시 간호학 분야에서 발표한 근거이론 연구였으며, 배정이(1996)의 '산후 우울 경험에 관한 연구' 역시 근거이론적 접근을 활용한 간호학 분야의 연구였다. 이 밖에도 '관절염을 앓고 있는 노인 여성 피로 경험의 근거 이론적 접근'(권영은, 정명실, 1996), '관절염 환자의 치료추구행위에 대한 근거이론적 접근'(이은옥 등, 1997), '물질사용 장애 청소년의 회복과정에 대한 근거이론적 접근'(현명선, 1997), '입원대상자의 안위경험에 대한 근거이론적 접근'(김경희 등, 2000), '노년기 여성의 분노현상'(권혜진, 노은선, 2000) 등이 간호학 분야에서 이루어진 근거이론 연구이다.

또한 간호학 분야에서는 근거이론 연구방법론을 소개하거나, 근거이론 연구방법이 간호학 분야에서 어떤 방식으로 활용 가능한지를 소개하는 연구들도 이루어졌는데 김귀분과 이경희(1994)는 '간호학적 연구접근으로서의 근거이론적 방법'이라는 논문을 통해 간호학 분야에서 근거이론을 어떻게 활용할 수 있는지에 대해 역설하였으며, 박연숙(2000)과 이경우(2000)는 근거이론 연구방법론을 소개하는 연구를 발표하기도 하였다.

종합하자면, 한국에서의 근거이론 연구는 1990년에 시작되었으며, 2000년도까지 거의 모든 근거이론 연구는 간호학 분야에서 이루어졌다는 것을 알 수 있다. 연구의 주제는 주로 특정 환자군의 행동에 대한 연구, 또는 환자 가족의 행동에 대한 연구가 많았으며, 일부 간호학생들의 행동에 대한 연구들도 있었다. 또한 근거이론 연구방법론이 무엇이며, 간호학 분야에서 이를 어떻게 활용할 수 있는지에 대한 연구들 역시 발표되면서 근거이론 연구가 한국 간호학 분야에 뿌리를 내리는 결과로 이어졌을 것으로 보인다.

2) 2000년대: 한국 근거이론 연구의 확장기

2000년대는 간호학 분야에만 국한되던 근거이론 연구들이 체육학, 행정학, 경영학, 교육학, 상담 및 심리치료학, 사회복지학, 관광학, 디자인학 등 다른 분야에서 나타나기 시작한 시기이다. 물론 2000년 초반까지만 하여도 근거이론 연구는 주로 간호학 분야를 중심으로 이루어졌으며, 다른 학문 분야에서 이루어진 근거이론 연구는 흔치 않은 시기였다. 2000년대 초반 간호학 분야에서 발표된 대표적인 근거이론 연구들을 살펴보면 배정이(2001)의 '정신질환자 가족의 경험 연구', 이정섭 등(2001)의 '여대생의 다이어트 경험에 관한 근거이론적 접근', 이가언(2002)의 '시설노인의 적응과정에 대한 근거이론적 접근' 등이 있다.

간호학이 아닌 다른 분야에서 근거이론 연구가 이루어진 것은 김미향(2002)의 '여가, 레크레이션: 근거 이론적 접근을 통한 스키 매니아의 경험 연구'가 최초인 것으로 보인다. 김미향은 체육학 분야에서 스키 매니아들이 스키 활동에 참여하는 과정을 근거이론 방법론을 활용하여 분석하였다. 또한 김미향(2003)은 '여가 연구의 근거 이론적 접근에 관한 고찰'이라는 연구를 통해 체육활동이나 여가 활동에 대한 연구를 함에 있어서 근거이론적 접근이 매우 유용할 수 있음을 역설하기도 하였다. 이후에도 체육학 분야에서 현선희(2005)는 '댄스스포츠 수업에서 학생사고과정에 대한 근거이론적 접근'이라는 논문을 통해 체육학 분야의 근거이론의 맥을 이어가게 된다.

또 다른 학문 분야에서 근거이론 연구가 이루어진 것은 행정학, 교육학, 경영학 분야였다. 최홍석 등(2003)은 '사회적 갈등의 근거이론적 이해: 댐건설을 중심으로'라는 연구를 통해 행정학 분야에서도 근거이론 연구가 활용될 수 있음을 보여주었다. 교육학 분야에서도 근거이론 연구가 시작되었는데, 손소영 등(2004)은 'E-learning 하도급 업체의 콘텐츠 개발과정에 관여하는 품질 저하요인 규명 및 개선방안에 관한 근거이론적 연구'를 통해 교육학 콘텐츠 개발과정을 근거이론 방법론으로 분석하기도 하였다. 경영학 분야에서도 근거이론 연구가 이루어졌는데, 김재윤 등(2004)은 '중소기업의 정보화 성공요인에 관한 근거이론적 연구'를 통해 중소기업의 정보화 과정을 근거이론을 통해 분석해내는 연구를 발표하기도 하였다. 이러한 시작에 힘입어 행정학, 교육학, 경영학 분야에서는 이후에도 꾸준히 근거이론 연구가 등장하는 것을 볼 수 있다.

2000년대 초반 근거이론 연구에서 주목할 부분은 상담 및 심리치료 분야에서도 근거이론 연구가 이루어졌으며, 이후 상담 및 심리치료 분야의 근거이론 연구가 급격하게 늘어났다는 점이다. 2004년 상담 및 심리치료 분야에서 근거이론 연구가 처음으로 발표되었는데, 백은정과 유영권(2004)은 '기독 남성동성애자의 스트레스와 적응과정: 근거이론적 접근'이라는 연구를 통해 근거이론 연구가 상담 및 심리치료 분야에도 적용될 수 있음을 보여주었다. 뒤이어, 상담 및 심리치료 분야의 근거이론 연구는 그 수가 급격하게 증가하는 현상을 보인다. 대표적인 연구들을 살펴보면 최지영(2005)의 '수험생 어머니의 불안과 가족경계에 관한 연구: 근거이론적 접근', 장창민(2005)의 '마약류 사용 재소자의 관계구조에 대한 근거이론적 분석', 최은희 등(2005)의 '학대받은 아동의 쉼터 적응과정에 대한 근거이론 연구', 박태영과 조성희(2005)의 '근거이론을 활용한 폭식장애 여대생의 경험에 대한 사례분석' 등이 있다.

2000년대 후반에는 관광학, 사회복지학, 디자인학 분야에서도 근거이론 연구가 시작되었다. 먼저 사회복지 분야의 근거이론 연구를 살펴보면, 홍현미라(2006)는 '지역사회관계망을 활용한 자원개발경험의 유형에 관한 근거이론 연구'를 발표하게 되는데, 이러한 발표를 시작으로 사회복지 분야의 근거이론 연구 역시 급격하게 늘어나게 된다. 대표적인 연구들을 살펴보면, 이은화(2006)의 '노인복지회관 이용 후 노인의 삶의 경험: 근거이론 접근방법', 김도희 등(2007)의 '사회복지전공학부생의 자원봉사 활동 과정 질적 분석: 근거이론 적용', 전성남(2007)의 '농촌지역 남성노인의 케어경험에 관한 근거이론 연구' 등이 있다.

2006년 관광한 분야에서도 근거이론 연구가 처음 이루어지는데, 김동규(2006)는 '광고카피의 산출 과정에 관한 근거이론 연구'를 통해 관광학에서도 근거이론 연구가 유용할 수 있음을 보여주었다. 이후에도 차성미 등(2007)의 '근거이론 접근방법에 의한 외식정보 구전 커뮤니케이션 패러다임 모형 개발', 김길래와 정소연(2009)의 '컨벤션 정보포탈을 이용한 정보수집 과정에 관한 연구: 근거이론적 접근방법으로'가 발표되면서 관광학 분야의 근거이론 연구가 맥을 이어가게 된다.

2008년에는 디자인 분야에서도 근거이론 연구가 발표되기 시작하였다. 류혜지와 이연숙(2008)은 '고령친화 유비쿼터스 주택 서비스 요구에 관한 근거이론적 연구'를 통해 디자인 분야 근거이론 연구의 서막을 열었으며, 이후 박영춘과 이문규(2008) 역시 '성공적 신제품 디자인 출시를 위한 기능별 역할에 관한 근거이론연구'를 발표하였으며, 유택상 등(2009)은 '아동가구디자인에 있어 근거이론방법론으로 도출된 가이드라인의 적용'이라는 연구를 통해 근거이론이 디자인 분야에서도 꾸준히 활용될 수 있음을 보여주었다.

정리하자면, 1990년 간호학에서 시작된 한국의 근거이론 연구는 2000년대부터 다른 학문 분야로 확장되기 시작한 것으로 보인다. 대표적으로 체육학, 행정학, 경영학, 교육학, 상담 및 심리치료학, 디자인학, 관광학 등의 분야에서 근거이론 연구들이 이루어지기 시작하였으며, 이후에도 관련 분야에서 근거이론 연구가 꾸준히 출판되었다. 특히 주목해야 할 부분은 이 시기 상담 및 심리치료 분야, 사회복지 분야의 근거이론 연구가 급격하게 증가하였다는 점이다. 특히 이 두 분야에서 이루어진 근거이론 연구물들은 점차 간호학 분야의 근거이론 연구물의 숫자를 넘어서게 되는데, 이에 힘입어 2000년대 초반 연간 5편 이내로 발표되던 근거이론 연구물들이 2000년대 후반에 이르러 연간 10편까지도 증가하게 된다. 결과적으로 보자면 2000년대는 다양한 분야에서 근거이론 연구들이 이루어지면서 한국의 근거이론 연구가 보편화되는 계기가 마련된 시기라고 할 수 있겠다.

3) 2010년대: 한국 근거이론의 양적 팽창기

2010년이 되면서 한국 근거이론은 양적인 팽창기를 맞이하게 된다. 2000년대 한국의 근거이론이 다양한 학문 분야로 뻗어나가는 시기였다면, 2010년부터 한국의 근거이론은 다양한 학문 분야로 확산되기보다는 양적인 팽창을 특징으로 하는 것이다. 단적인 예로 2011년에 발표된 근거이론 연구들을 살펴보면 교육학, 사회복지학, 체육학, 상담 및 심리치료 분야에서 발표된 논문만 각각 5편 이상이며, 간호학, 행정학, 디자인학, 관광학 분야에서 발표된 논문 일부를 합치면 총 40편이 넘는 근거이론 연구가 1년 동안 이루어졌다는 것을 알 수 있다. 이러한 양적 팽창은 2020년까지도 지속되며 지금도 매년 40~50편 수준의 근거이론 연구가 다양한 학문 분야에 걸쳐 이루어지고 있다.

또한 주목해야 할 사실은 각 학문 분야별 근거이론 동향 연구가 출현하기 시작했다는 점이다. 기본적으로 특정 연구방법론에 대하여 각 학문 분야별 동향 연구가 이루어졌다는 것은 해당 학문 분야에 충분한 숫자의 근거이론 연구물들이 쌓여왔다는 것을 의미한다. 관련 연구물들을 살펴보면 김가람(2019)은 '한국어교육학 연구에서 근거이론 연구 방법론의 동향 분석'을 발표하였으며, 양홍식과 김현주(2020)는 '상담분야 근거이론 연구 동향: 국내 및 북미 학술지 게재 논문 분석(2000-2018)'을 발표하였다.

4) 2020년대: 한국 근거이론의 확립기

2020년대가 되면서 한국의 근거이론 연구는 양적인 면에서나 질적인 면에서 절정을 맞았다고 해도 과언이 아니다. 2021년부터 연간 80편 이상의 근거이론 연구가 행해지고 있는데, 최근까지도 인간의 행동에 관심을 가지는 체육학, 관광학, 상담 및 심리치료학, 경영학,

행정학, 사회복지학, 교육학 등의 모든 분야에서 근거이론 연구가 활발하게 이루어지고 있다.

또 하나 주목해야 할 부분은 서구권의 근거이론 연구방법론이 발전함에 따라 우리나라에서도 이러한 방법론적 진보가 일어났다는 점이다. 이 장에서는 서구권의 근거이론 방법론이 우리나라의 근거이론 발전에 어떤 영향을 미쳤는지를 설명해보려고 한다.

(1) 1세대 근거이론

1세대 근거이론은 고전 근거이론(classical grounded theory)으로 불리며, 처음 근거이론을 주창한 Glaser의 방법론을 따르는 근거이론 연구방법론이라고 할 수 있다. 물론 처음 근거이론을 소개할 당시에는 Strauss 역시 이 과정에 참여하였으나, Strauss는 추후 Corbin과 함께 자신만의 근거이론 방법론을 제안하면서 Glaser의 방법론과는 구별되는 다른 길을 걷게 된다.

Glaser의 근거이론 방법론을 이해하기 위해서는 처음 근거이론이 등장했던 그 시대의 역사적 맥락을 이해할 필요가 있다. Glaser가 처음 근거이론을 발표했던 1967년은 사회과학 영역에 있어서 양적 연구가 매우 우세하던 시기로, 모든 사회적 현상을 객관적으로 검증할 수 있다고 믿었던 실증주의 철학이 지배하던 시대였다. 현지 참여관찰을 주로 활용하는 질적 연구 방법론이 1900년 초반부터 존재하긴 하였으나, 양적연구를 수행하기 어렵고 언어가 잘 통하지 않는 특수한 문화권에서 일어나는 현상을 탐색하는 매우 제한적인 용도로만 질적연구가 활용되고 있었다. 다만, 모든 사회현상을 객관적으로 실증할 수 있다는 양적 연구의 주장에 대해서는 끊임없이 문제가 제기되고 있었으며, 새로운 연구방법론이 필요하다는 주장 역시 점차 목소리가 커지고 있는 상황이었다.

Glaser가 제안한 1세대 근거이론 방법론은 이러한 양적 연구의 한계점을 보완하는 동시에, 양적 연구의 객관주의와 실증주의 철학을 비판하며 나타난 연구방법론이었다. Glaser의 근거이론 연구방법론은 연역적 추론이 아닌 귀납적 방법론을 사용하여, 양적 연구가 밝혀내기 어려운 인간의 내면과 행동의 원인 등을 탐구할 수 있는 가능성을 열었다는 점에서 획기적인 방법론이라는 평가를 받기도 하였다.

특히, Glaser와 Strauss(1967)는 지속적 비교 방법(constant comparison method)과 이론적 샘플링(theoretical sampling)이라는 개념을 처음 제안하였고, 자료로부터 사회적 변화를 설명하는 이론을 만들어내는 과정에서 자료와 이론을 끊임없이 오고가며 진정으로 자료에 근거한 이론을 만들어내기 위해 노력해야 한다는 점, 사회적 변화를 포괄적으로 설명할 수 있을 정도의 충분한 자료수집을 하여야 한다는 점을 강조하였다는 것에서 근거이론 방법론의 기반을 마련하였다고 볼 수 있다(Glaser, 1978). 이들이 주장한 지속적 비교 방법과 이론적 샘플링은 현재 수행되고 있는 근거이론 연구에서도 지속적으로 언급되는 개념 중 하나이다.

Glaser의 고전 근거이론의 또 다른 특징 중 하나는 절차적 유연성을 중시하였다는 점이다(Glaser, 1978). Glaser의 고전 근거이론에서는 특별한 자료분석 절차를 제시하지 않았는데, 그 이유는 지나치게 경직된 자료분석 절차를 준수하다 보면 오히려 독창적인 이론을 발견하는 것이 어려워질 수도 있기 때문이다. 같은 취지에서 Glaser는 선행연구를 검토하는 것 역시 오히려 연구자가 가진 객관성을 해치고 편견을 만들 수 있는 행위로 보았다. 연구자가 할 일은 자신의 전문성과 객관성을 바탕으로 자신이 탐색한 자료를 유심히 관찰하고 분석하면서 새로운 이론을 만들어 내면 되는 것이었다. Glaser의 표현에 따르면 근거이론은 연구자가 자료에 대해 숙고하다보면 어느 순간 도출(emerge)되는 것이라고 볼 수 있다.

하지만 Glaser의 연구방법론이 가진 절차적 유연성과 연구자의 전문성에 대한 신뢰는, 최근의 질적연구 관점과는 맞지 않으며, 많은 비판을 불러오는 특징 중 하나이기도 하다. 왜냐하면 절차적 유연성이 높다는 것은 구체적인 절차에 대한 지침이 확실하지 않다는 것이며, 이는 다시 말해 전문성이 높지 않은 연구자에게는 지나치게 많은 모호함을 유발하는 요인이기도 하다. 또한 연구 과정에서 연구자의 재량과 전문성에 지나치게 의지한다는 것은 제한된 경험과 편견을 가진 연구자의 결정에 의해 연구의 과정과 결과가 심하게 오염될 확률이 높아진다는 것을 의미하기도 한다. 그런 이유로 현재 Glaser의 방법론을 사용한 근거이론 연구는 거의 이뤄지지 않고 있으며, 일부 유럽 국가들에서만 간혹 수행되는 경향이 있다.

국내의 경우에도 Glaser의 방법론에 따라 근거이론을 수행했다는 연구는 거의 찾아보기 힘들지만 일부 연구가 Glaser의 연구방법론에 따라 이루어지기도 하였다. 이근무와 이재관(2022)은 북한이탈주민들의 직업생활에 대한 근거이론 연구를 수행하면서 Glaser의 근거이론 접근을 따랐다고 표방하였다. 하지만 이 연구의 경우에도 전통적인 Glaser의 접근과는 많은 차이를 보인다. 예를 들어, Glaser는 선행연구 검토를 중시하지 않았으며 오히려 선행연구 검토가 연구자에게 편견을 가져올 수가 있다고 하였는데, 이 연구는 북한이탈주민들에 대한 비교적 철저한 선행연구 검토를 하고 있다. 또한 Glaser가 자료분석의 절차를 규정하지 않은 것과는 별개로 이 연구는 통상적인 방식과는 조금 다르지만 개방코딩, 선택코딩, 이론적 코딩이라는 자신만의 코딩 절차를 언급하고 있다. 한마디로 정리하자면 이 연구는 Glaser가 주장한 유연한 근거이론 연구방법론을 표방하면서도, 최근 질적연구에서 강조되는 선행연구 검토, 연구의 엄격성 확보 등 연구의 질을 높이기 위한 절차들을 채택한 것이다.

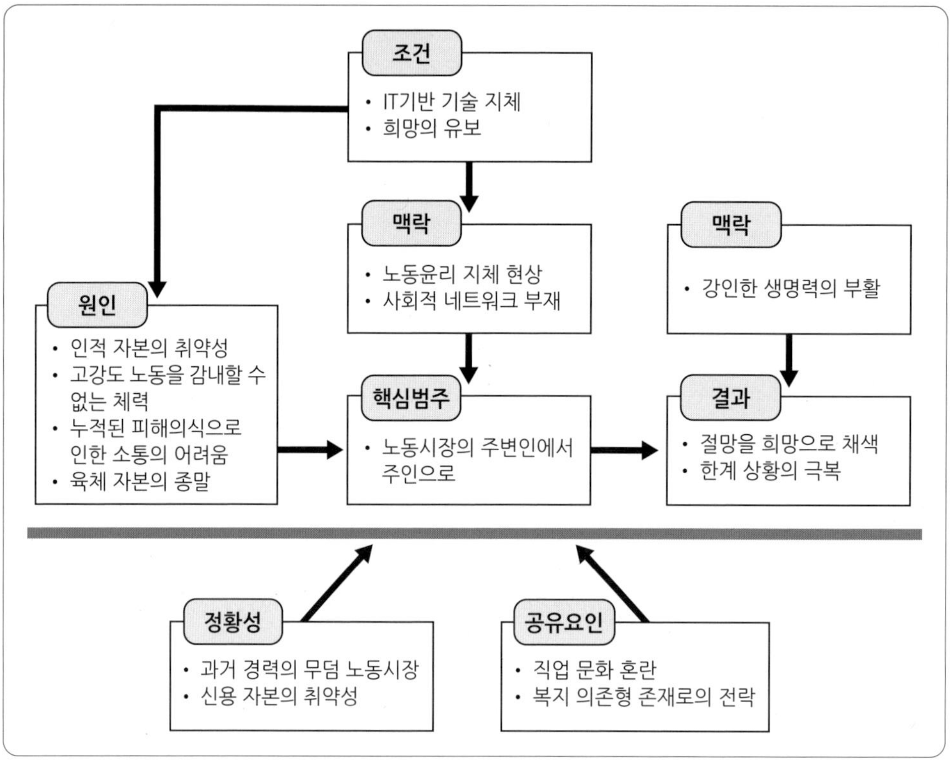

[그림 2] 이근무, 이재관(2022). 북한이탈주민들의 직업생활에 대한 근거이론 연구

물론 이러한 절차들을 수용했다고 하여, 이 연구가 Glaser의 방법론이 가진 중요한 가치들을 위반했다고 보기는 힘들다. 어쨌든 Glaser는 상황이나 주제에 맞게 연구자가 최대한 자신의 전문성을 발휘하여 연구절차를 유연하게 가져갈 것을 주장했기 때문이다. 다만 그 선택권이 지나치게 넓기 때문에 처음 연구를 수행하는 연구자 입장에서는 따라하기 힘든 연구방법론이긴 하다. [그림 2]는 이 연구가 밝혀낸 북한이탈주민의 직업생활 과정을 보여준다.

(2) 2세대 근거이론

2세대 근거이론은 Strauss와 Corbin(1990)에 의해 처음 소개가 되었으며, 특히 Strauss는 근거이론 연구방법론에 있어서는 심대한 기여를 한 학자인 동시에 근거이론 연구방법론을 많은 사람들이 활용할 수 있도록 그 절차와 과정을 명료하게 만든 학자로 평가받고 있다. 2세대 근거이론 방법론 역시 일부 문헌에서는 Strauss의 이름을 딴 Struass의 근거이론(Straussian grounded theory)라고 소개가 될 정도로 Strauss는 근거이론의 발전에 혁혁한 기여를 한 사람이다. 이미 언급했던 것처럼 Strauss는 Glaser와 함께 근거이론 방법론을 처음 세상에 소개한 사람이기도 한데, 점차 Glaser의 방법론에 대한 의문을 제기하며 자신만의 독특한 근거이론 방법론을 고안하게 되었다.

2세대 근거이론은 1세대 근거이론과는 달리 상징적 상호주의와 실용주의 철학에 기반한 연구방법론을 제안하고 있다. 전문성과 객관성을 갖춘 연구자가 사회현상을 실증적으로 파악할 수 있다는 관점에서 완전히 벗어나지 못한 1세대 근거이론과는 달리, 2세대 근거이론은 연구자를 포함한 사람들이 사회현상 자체를 있는 그대로 인식하는 것이 아니라 나름의 주관적 해석을 거친 하나의 상징으로 받아들인다는 것을 가정하였으며, 이렇게 상징화된 인식에 기반하여 내적, 외적 상호작용을 선택하는 존재로 가정하고 있다. 예를 들어, 어떤 사람이 친구로부터 "너 왜 이렇게 키가 작아."라는 말을 들었다고 가정했을 때, A라는 사람은 이를 '무시하는 행동'으로 상징화할 수 있다. 반면 B라는 사람은 이렇게 자신의 단점을 지적하는 행위를 '친밀감을 확인하는 장난'이라고 상징적으로 인식할 수도 있다. 이렇게 받아들이는 방식에 따라 사람들의 반응 역시 달라질 수 있는데, 무시하는 행동이라고 받아들이는 사람은 그 친구를 피하거나 화를 내는 행동을 보일 수 있을 것이고, 이를 친밀감을 확인하는 행동으로 받아들인 사람은 웃으면서 같이 장난을 칠 수도 있다.

앞서 [그림 1]에 제시된 패러다임 모형은 이러한 상징적 상호주의에 기반하여 사회현상을 바라보는 2세대 근거이론의 관점을 잘 보여주고 있다. 특정한 조건(인과, 맥락, 중재)이 갖춰진 상황에서 사람들은 그것을 상징적으로 받아들이고 해석(중심현상)하며, 그러한 해석에 기반하여 행동(행동/상호작용)을 선택하고 그 결과로서 사회적 변화(결과)를 일으키는 것이다.

2세대 근거이론에서 일어난 상징적 상호주의의 채택은 연구자에 대한 관점을 바꿔놓기도 하였다. 연구자 역시 자신의 경험에 기반하여 사회적 현상을 상징적으로 받아들일 수밖에 없기 때문에, 이러한 철학 속에서 연구자는 여전히 잘 훈련된 전문가이긴 하지만, 한편으로 편견과 주관을 어느 정도 가질 수 있는 한 인간이기도 한 것이다. 연구자 역시 편견과 주관을 가질 수밖에 없다는 인식을 채택함으로써, 2세대 근거이론은 연구를 시작하기에 앞서 선행연구를 비롯한 기존 문헌에 대한 검토를 충실하게 하는 것이 중요하다는 것을 주장하였다. 왜냐하면 이러한 검토 과정이 연구자로 하여금 자신이 가진 좁은 시야에서 벗어나 다양한 관점을 확립하게 되는 계기가 될 수도 있기 때문이다. 현시점에서 근거이론을 포함한 다양한 질적연구 방법론들은 질적연구의 과정을 연구자의 주관이나 편견으로부터 출발하여 다른 사람의 주관과 편견을 만나 연구자의 주관이 점차 확장되어 가는 과정으로 해석하기도 한다. 다만 2세대 근거이론은 연구자의 주관이 연구의 과정과 결과에 지나치게 영향을 미치는 것을 경계하였으며, 이러한 편향을 방지하기 위해 다양한 진실성 확보 방법들을 사용할 것을

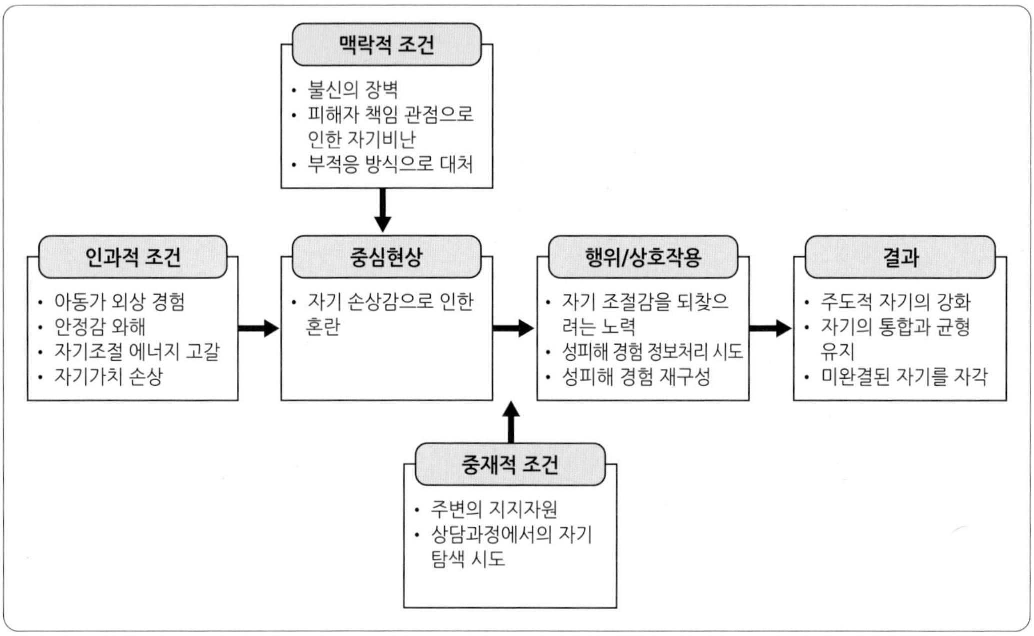

[그림 3] 전명주, 반신환(2021). 복합외상 성폭력 여성 피해자의 상담을 통한 자기 재구성 과정

제안하기도 하였다.

Strauss와 Corbin(1990)의 또 다른 기여는 실용주의에 기반하여 근거이론 방법론의 절차를 구체화했다는 점이다. 이들은 개방코딩, 축코딩, 선택코딩이라는 절차를 통해 원자료에서 중요한 개념이나 의미단위를 뽑아내고, 그러한 개념과 의미단위를 유사성에 근거하여 범주화하며, 범주화된 주제나 범주의 관계를 모형이나 이론으로 표현하는 3단계의 자료분석 절차를 처음으로 제안하였다. 이러한 방식을 통해 근거이론 연구 과정의 절차적 유연성은 많이 낮아졌으나, 역설적으로 연구의 과정이 세분화되고 명료화됨으로써 많이 학자들이 근거이론을 활용하여 사회현상을 연구할 수 있는 계기가 되었다. 그런 의미에서 2세대 근거이론은 근거이론의 대중화에 가장 많이 기여한 근거이론 연구방법론이라고 할 수 있겠다.

한국에서 이루어진 근거이론 연구의 대부분도 Strauss의 근거이론 방법론을 가장 많이 따르고 있는 것이 사실이다. [그림 3]은 2세대 근거이론 연구방법론을 활용한 연구의 결과를 잘 보여주고 있다. 전명주와 반신환(2021)은 복합외상을 경험한 성폭력 여성 피해자들이 상담을 통해 자기를 재구성해 나가는 과정을 2세대 근거이론 방법론을 활용하여 탐색하였으며, 그 결과를 패러다임 모형으로 제시하였다. [그림 3]에서 알 수 있듯이 참여자들은 피해 경험 이후 다양한 조건의 영향을 받으며, 핵심적인 내적 변화를 통해 구체적인 행위로 나아가는데, 이 연구는 그러한 과정을 잘 보여주고 있다.

(3) 3세대 근거이론

3세대 근거이론은 Charmaz(2006, 2014)가 제안한 근거이론의 방법론이다. 구성주의 근거이론(Constructivist grounded theory)으로 주로 불리는 3세대 근거이론은 연구자가 기존에 가진 지식으로부터 지식을 구성해나가는 구성주의의 철학과 연구자 역시 자신의 주관으로부터 자유로울 수 없음을 보다 폭넓게 인정하는 주관주의 철학에 기반하고 있다. 물론 2세대 근거이론에서도 연구자는 주관을 가질 수밖에 없는 존재였으며, 이러한 주관이 연구의 과정이나 결과에 지나치게 영향을 미치는 것을 경계하였다. 하지만 3세대 근거이론에서는 연구자의 주관 역시 하나의 현상으로 인정받게 되었으며, 주관을 배제하거나 영향이 없도록 관리한다는 입장보다는 연구자의 주관이 확장되어 가는 과정으로 연구를 바라보게 되었다. 즉, 연구자의 주관을 명료하게 하는 데에서 근거이론 연구가 출발하고, 다양한 참여자들과 검토자들의 주관을 만나면서 포괄적인 현상을 설명하는 이론으로 진화해나가는 것이다. 그런 의미에서 연구자의 주관을 명료화하는 연구자 진술문(researcher as instrument statement), 성찰저널(reflective journaling)과 같은 진실성 확보의 절차가 더욱 강조되게 되었다.

또한 3세대 근거이론은 2세대 근거이론이 가진 연구 절차의 명료성은 그대로 가져가면서도, 지나치게 경직된 연구절차를 좀 더 유연하게 만들어서, 자료분석 단계에서만 적용하던 지속적 비교 방법을 자료수집 단계를 포함한 개념으로 확장시켰으며, 이론적 표집 역시 연구주제에 맞게 자료 및 주제 등 다양한 포화를 확인하는 과정으로 확장하였다. 3세대 근거이론은 인터뷰를 통한 자료수집도 강조하였는데, 이는 주관의 확장이 일어나기 위해서는 연구자가 참여자 또는 검토자와 심도 있게 소통하고 교류하는 것이 중요하다고 본 사회구성주의의 관점을 일부 채택한 영향도 존재한다.

또한 3세대 근거이론은 2세대 근거이론에서 지나치게 경직되게 사용되었던 패러다임 모형을 탈피하려고 시도한 측면이 있다. 2세대 근거이론을 주장했던 Strauss와 Corbin(1998) 역시 패러다임 모형을 제안하기는 하였으나 이를 모든 사회적 현상을 설명하는 데에 사용하는 것이 바람직하다고 생각하지는 않았다. 다만 그 모형이 가진 편의성이 크기 때문에 후세의 학자들이 이를 지나치게 남용한 경향도 없지 않다. 하지만 패러다임 모형은 장점도 많지만 단점도 분명한 모형이다. [그림 1]의 패러다임 모형을 보면 이러한 한계점들을 잘 알 수 있는데, 그 한계점 중의 하나는 이 모형이 일방향의 변화를 가정하고 있다는 것이다. 상식적으로 생각해보아도 모든 사회적 변화가 일방향의 변화를 일으킨다는 설명은 적절하지 않다. 패러다임 모형은 3가지 조건 속에서 일어난 내적 변화가 행동을 유발한다는 것을 가정하고, 그

행동의 결과로서 사회적 변화가 일어난다는 관점을 채택하고 있는데, 실제 현실에서는 어떤 행위(행동/상호작용)로 인해 내적 변화(중심 현상)가 일어나고, 그 내적 변화가 또 다른 행위(행동/상호작용)로 이어지는 순환적인 변화도 나타날 수 있다. 또한 패러다임 모형은 변화에 있어서 여러 경로 또는 유형이 있을 경우 이를 적절하게 담아내지 못한다. 패러다임 모형에 따르면 모든 사회적 변화는 단선적 또는 하나의 경로로만 일어난다. 즉, 마약중독자가 '단약'에 이르는 경험을 연구한다고 했을 때 단약에 이르는 과정은 하나의 단일한 과정으로 표현될 수밖에 없는 것이다. 하지만 현실은 이와 매우 다를 수 있다. 마약중독자들이 '단약'에 이르는 과정을 보더라도, 어떤 현실 자각에 의해 매우 쉽게 단약에 이르는 참여자들이 있을 수 있으며, 재발과 단약을 반복하다가 단약에 이르는 경우 또는 지속적인 고군분투와 노력을 통해 힘겹게 단약에 이르는 경우도 있을 수 있다. 이처럼 패러다임 모형은 다양한 변화의 유형을 정확하게 묘사하기에는 부적합한 모형이다. 정리하자면, 패러다임 모형은 그 모형이 가지는 편의성은 높지만, 순환적 변화나 변화의 유형이 나눠져야 하는 경우 이를 도식화하기에는 한계를 가지는 경우가 많을 수밖에 없다.

3세대 근거이론은 이러한 패러다임 모형이 가진 독특한 영역(3가지 조건과 중심현상, 변화의 과정 등)의 장점은 그대로 유지하되, 순환적 변화나 변화의 유형을 충분히 표현할 수 있는 확장된 모형을 권장하고 있다. [그림 4]를 보더라도 3세대 근거이론은 패러다임 모형의 한계

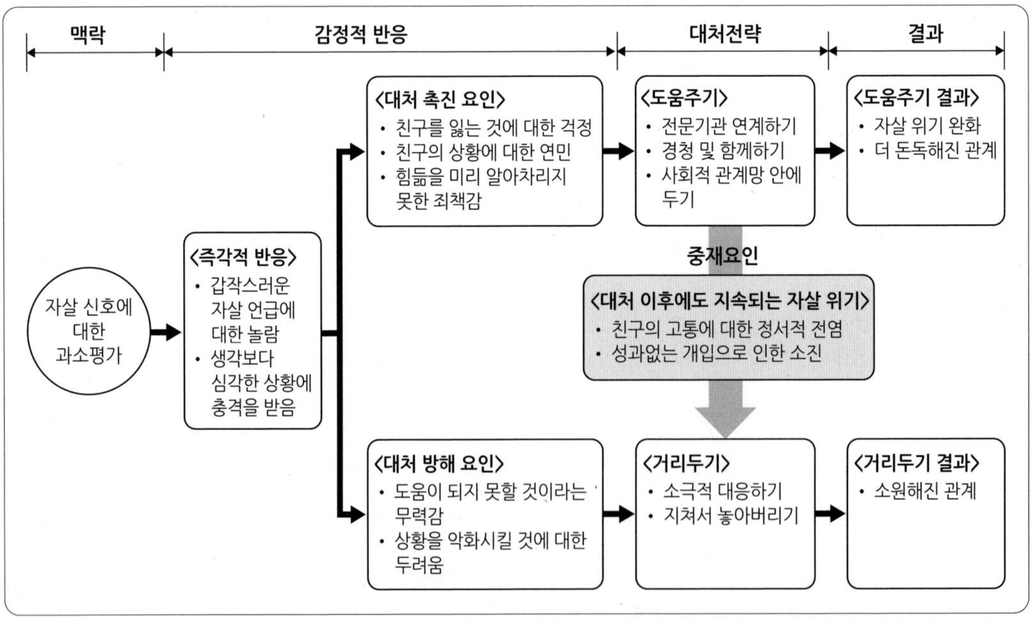

[그림 4] 신은혜, 신서원(2025). 친구의 자살 위기에 대한 대학생의 대처과정 탐색

를 극복하는 다양한 형태의 사회적 변화를 도식화한 연구결과들을 제시하고 있다. 신은혜와 신서원(2025)은 친구의 자살 위기를 인지한 대학생들이 친구의 자살위기에 대응하는 과정과 그 과정에 영향을 미치는 요인들을 두 가지 유형으로 나누어 결과로 제시하였다. 또한 최초에 도움주기 대처를 선택한 참여자들 역시 친구의 반복적인 자살 시도를 경험하면서 다시 거리를 두는 방식의 대처로 변화할 수 있음을 묘사하여, 이러한 사회적 변화가 단선적으로 일어나지 않음을 보여주고 있다.

3. 한국적 근거이론을 위한 제언

1990년에 한국에서 처음 근거이론 연구가 시작된 이래로, 2021년부터는 연간 약 100편에 이르는 근거이론 연구가 발표될 정도로 한국의 근거이론 연구는 양적인 면에서나 질적인 면에서 전성기를 맞이하고 있다. 또한 근거이론 연구가 주로 수행된 학문 분야 역시 간호학에서 출발하여 교육학, 상담 및 심리치료학, 사회복지학, 경영학, 행정학, 정치학, 체육학, 관광학 등 셀 수 없이 많은 분야에서 근거이론 연구가 행해지게 되었다.

근거이론 연구물의 증가와 더불어 또 한 가지 고무적인 사실은 2020년 이후로 근거이론 방법론 자체에 대한 논의들이 늘어나고 있다는 점이다. 일부 연구들은 근거이론 방법론이 자신들의 학문 분야에서 어떤 방식으로 활용될 수 있는지, 혹은 어떤 방식으로 활용되는 것이 적절하지 않은 지 등과 같이 활용 방안과 활용시 주의사항 등을 정리하는 학술자료를 생산하고 있었다. 예를 들어, 김은정(2017)은 사회학 분야에서 근거이론 방법론을 어떻게 활용할 수 있는지를 밝히고 향후 방향을 모색하였으며, 변기용 등(2020)은 교육행정학 분야에서 근거이론 방법론을 어떻게 활용해야 하는 지에 대한 심도있는 논의를 본인의 연구에서 제시하였다.

하지만, 한국에서 수행된 근거이론 연구에 대해 비판적인 시선을 가진 연구물도 다수 존재한다. 이들 연구들이 공통적으로 지적하고 있는 한국 근거이론 연구의 문제점 중 하나는 다수의 근거이론 연구가 Strauss와 Corbin(1990)의 패러다임 모형을 기계적으로 적용하고 있다는 것이다(김은정, 2017; 최정희. 2023). 실제 근거이론 방법론을 활용한 최근 연구들을 살펴보면, 2024년 기준 약 150여 편의 근거이론 연구 중 패러다임 모형을 적용하지 않은 연구는 4편에 불과하였으며, 2025년 3월 기준 25편 중 1편만이 패러다임 모형을 채택하지 않고 있었다.

물론 패러다임 모형은 사회적 변화를 설명하는 데에 있어서 장점이 많은 모형 구조이며 패러다임 모형을 활용했을 때 다양한 사회적 변화 과정이 적절하게 설명되는 경우도 많을 것이다. 하지만 앞서 언급한 것처럼 패러다임 모형은 단선적 혹은 단일한 과정을 통한 변화와 일방향의 변화를 가정하기 때문에, 변화의 다양한 경로가 있는 경우나 순환적 변화가 일어날 경우 이러한 사회적 변화 과정을 잘 설명하지는 못한다. 다시 말해, 단점 역시 존재하는 패러다임 모형을 다양한 사회적 변화를 설명하는 데에 기계적으로 활용하다 보면 사회적 변화의 다양한 형태와 방식들을 무시하는 결과를 초래할 수 있다.

그러나 유감스럽게도 한국에서의 근거이론 연구는 패러다임 모형이 거의 전부라고 해도 과언이 아니다. 패러다임 모형이 곧 근거이론이라는 오해는 이미 다양한 학문 분야에 깊숙하게 자리 잡고 있기 때문에, 일부 학자들은 패러다임 모형이 곧 근거이론이라는 오해를 공공연하게 드러내기도 한다.

물론, 이러한 오해가 만연함에도 불구하고, 근거이론 연구에 대한 인식은 서서히 변화해 가고 있다. 역사가 도도한 물결처럼 흘러가고 그 대세를 거스를 수 없듯이, 한국의 근거이론 연구방법론 역시 그 변화가 조금씩 드러나고 있는 것이다. 근거이론 분야에 있어서 중요한 변화는 세 가지로 요약해 볼 수 있다.

첫째, 앞서 언급한 것처럼 2세대 근거이론 연구방법론과 패러다임 모형이 가진 장점과 단점을 객관적으로 기술하고 이러한 방법론을 다양한 학문 분야에 기계적으로 활용하는 것이 적절하지 않다는 주장들이 많아지고 있다는 점이다. 김은정(2017)과 최정희(2023)는 공통적으로 이러한 문제점들을 지적하였으며 패러다임 모형을 기계적으로 적용하기 보다는 사회적 변화가 일어나는 맥락에 맞는 적절한 모형을 생산할 것을 제안하였다.

둘째, 2세대 근거이론 연구방법론에 대한 객관적 평가와 더불어, 3세대 근거이론인 구성주의 근거이론의 철학과 방법론을 받아들인 학술자료들 역시 늘어나고 있다는 점이다. Charmaz가 근거이론의 구성(Constructing grounded theory)을 출판한 시점이 2006년이고 이 책이 한국에 번역된 것이 2014년이라는 점을 고려하면 다소 늦은 감은 있으나, 구성주의 근거이론을 활용한 연구물이 처음 등장한 것은 2018년이었다(이양림, 김영미, 2018). 이후 구성주의 근거이론을 활용한 연구물들은 체육학, 사회복지학, 교육학, 상담 및 심리치료학 분야로 퍼져나갔으며, 매년 3~5편 정도의 구성주의 근거이론을 활용한 연구물들이 학술정보시스템에 추가되고 있다.

셋째, 마지막으로 언급하고 싶은 근거이론 분야의 변화는 근거이론 방법론 자체에 대해 연구하고 논의하는 한국근거이론학회가 2024년에 창설되었다는 점이다. 한국근거이론학회는 2024년부터 연차학술대회와 월례 연구발표회를 꾸준히 열고 있는데, 이러한 학술행사를 통해 근거이론의 일반적인 특성과 발전 과정을 소개하는 한편, 한국적 근거이론이 나아가야 할 방향성에 대해서도 논의를 이어가고 있다. 물론 한국근거이론학회는 창설한 지 2년이 채 되지 않은 학회로서 아직 학회원 수나 학술행사의 다양성 측면에서 아직까지는 그리 영향력이 크지 않은 학회인 것은 분명하다. 하지만 앞으로 학술지 발간이나 워크샵 개최 등을 통해 그 영향력을 확대해 나갈 예정으로 보이며, 이러한 과정을 통해 근거이론이 다양한 학문분야에 적절하게 활용될 수 있도록 기여할 것으로 보인다.

지금까지 한국에서 근거이론이 어떻게 뿌리를 내려왔으며, 최근까지 어떤 방식으로 다양한 학문 분야에서 활용되고 있는지, 또 활용에 있어서 어떤 문제점을 가지고 있는지를 살펴보았다. 이러한 실정을 바탕으로 한국적 근거이론의 발전을 위해 몇 가지 제언을 하자면 다음과 같다.

첫째, 무엇보다도 한국에서의 근거이론은 패러다임 모형을 탈피하여 다양한 사회적 변화를 설명할 수 있는 창의적 변화 모형을 도출해내는 것이 필요하다. 패러다임 모형의 구성요소들이 가진 취지와 의미는 수용하되, 기계적으로 이 모형을 적용할 것이 아니라 사회적 변화가 다양한 경로를 통해 일어날 수 있다는 사실과 함께 순환적 또는 양방향으로 일어날 수 있다는 점을 고려하여 다각적이면서도 설득력 있는 모형을 창안해내고 이를 자료에 근거하여 제시할 필요가 있다. 이러한 연구방법론을 적용하기 위해서는 연구자들 역시 사회적 변화 과정을 예리하게 인식하는 이론적으로 민감한 관점과 태도를 가져야 하며, 마치 다양한 가설을 세우듯 모형을 설계하고, 이를 질적 자료에 기반하여 지속적으로 비교하고 검증하는 연구방법에 익숙해질 필요가 있을 것이다.

둘째, 근거이론을 포함하여 연구방법론을 바라보는 관점 역시 바뀌어야 한다. 연구방법론은 절대적인 것이 아니라 그 시대의 철학 또는 진리를 바라보는 관점이 변화함에 따라 같이 변화하는 것이며 기존의 연구방법론에 대한 비판을 통해 새로운 연구방법론이 지속적으로 개발될 수 있다는 시각이 중요하다. 이런 관점에서 근거이론 방법론 역시 지속적으로 변화해 나가는 추세이며, 조만간 이러한 변화를 일으키는 주체가 한국의 질적 연구자들일 가능성도 충분히 존재한다.

3세대 구성주의 근거이론 방법론이 서서히 자리 잡아가고 있는 이 시점에서 한국의 근거이론 연구자들은 구성주의 근거이론 방법론이 가진 장점과 단점을 냉정하게 평가할 필요가 있으며, 이를 보완하기 위한 새로운 방법론을 제안할 수도 있다. 예를 들어, 구성주의 근거이론은 연구를 수행하기에 앞서 탐구하고자 하는 현상에 대해 연구자가 가진 편견과 선입견을 적극적으로 드러내는 방식을 선호하며, 연구 과정에서도 연구자에게 떠오르는 선입견과 편견을 지속적으로 기록할 것을 권장하고 있다. 우리는 단순히 이러한 절차를 따르는 데에 그치는 것이 아니라, 연구자의 편견과 선입견을 충분히 인식하게 만드는 방법이나 연구자의 편견과 선입견이 참여자들의 편견과 선입견을 만나서 하나의 포괄적인 결과물로 탄생하는 주관의 확장 과정을 어떻게 하면 보다 잘 드러낼 수 있을지 고민해 볼 필요가 있다. 예를 들어, 연구를 시작하기 전에 연구자가 생각한 모형과 연구를 수행하고 난 뒤 최종적으로 도출된 모형을 비교 분석하는 과정을 반드시 기술하게 하는 새로운 진실성 확보 절차를 제안할 수도 있는 것이다.

셋째, 학계 역시 이러한 방법론적 변화를 적극적으로 장려하고, 방법론 자체에 대해 논의하는 장을 끊임없이 마련하여야 한다. 한국근거이론학회가 창설되어 이러한 역할을 조금씩 수행하고 있지만 이것만으로는 부족하다. 질적연구를 주축으로 하는 한국질적탐구학회, 대한질적연구학회 등도 이러한 방법론적 변화를 위해 노력할 필요가 있으며, 새로운 질적연구 방법론에 대해 제안하고 토론하는 장을 끊임없이 마련하여야 한다. 예를 들어, 학술지를 활용하여 질적연구에서 진실성(trustworthiness) 또는 엄격성(rigor)을 강화하는 다양한 절차에 대해 소개하고 새로운 진실성 확보 방법에 대해 제안하는 특별호를 기획한다든지, 세대별 근거이론 연구의 장단점을 소개하고 각자의 방식을 적용했을 때 가장 적절한 연구사례에 대해 토론회를 개최한다든지 이러한 다양한 학술의 장을 마련하여 방법론적 변화를 모색할 필요가 있을 것이다.

근거이론 연구방법론 역시 10년이나 20년 뒤에는 또 한 번의 진화 과정을 필연적으로 맞이할 것이다. 몇 년 후에는 철학을 바탕으로 새로운 절차와 과정을 가진 4세대 또는 5세대 근거이론 방법론이 개발되어 있을 것이며 이러한 방법론을 적용한 학술자료들 역시 학계에 소개되어 있을지도 모른다. 가장 상상하고 싶지 않은 상황은 4세대, 5세대 근거이론이 개발되어 국제적인 학술지에 출판되고 있을 때 한국에서는 여전히 3세대 근거이론 연구방법론이 득세하여 그 방법론을 기계적으로 활용하는 연구물들만 출판되고 있는 상황일 것이다. 이러한 상황을 방지하기 위해서는 연구방법론 역시 끊임없이 진화한다는 관점을 가지는 것이 중요하다. 그리고 그러한 관점에 기반하여 방법론 자체를 변화시키는 집단지성을 발휘하는 것이 지금부터 필요하다. 그러한 변화가 일어나서 4세대 또는 5세대 근거이론이 개발되었을 때, 4세대 근거이론의 개발자 또는 5세대 근거이론의 개발자 명단에 한국의 질적 연구자들이 올라가 있기를 간절히 바라며, 이 글을 마치려고 한다.

참고문헌

강은실(1995). 근거이론 접근방법을 적용한 알콜중독자 부인의 경험. **대한간호, 34**(3), 63-66.

권영은, 정명실(1996). 관절염을 앓고 있는 노인 여성 피로 경험의 근거 이론적 접근. **근관절건강학회지, 3**(1), 50-62.

권혜진, 노은선(2000). 노년기 여성의 분노현상 - 근거이론적 접근 -. **정신간호학회지, 9**(2), 220-230.

김가람(2019). 한국어교육학 연구에서 '근거 이론 연구 방법론'의 동향 분석. **한글, 80**(3), 595-626.

김경희, 김금순, 강규숙, 강현숙, 김원옥, 백훈정, 원종순, 임난영, 정인숙, 권혜진(2000). 입원대상자의 안위경험에 대한 근거이론적 접근. **Journal of Korean Academy of Nursing, 30**(3), 750-763.

김귀분, 이경희(1994). 간호학적 연구접근으로서의 근거이론적 방법. **논문집, 23**, 779-801.

김길래, 정소연(2009). 컨벤션 정보포탈을 이용한 정보수집 과정에 관한 연구: 근거이론적 접근방법으로. **관광학연구, 33**(3), 267-285.

김도희, 김은영, 김경희, 이영선(2007). 사회복지전공학부생의 자원봉사 활동 과정 질적 분석: 근거이론 적용. **청소년복지연구, 9**(2), 101-122.

김동규(2006). 광고카피의 산출 과정에 관한 근거이론 연구. **한국광고홍보학보, 8**(2), 106-157.

김미향(2002). 여가, 레크리에이션: 근거 이론적 접근을 통한 스키 매니아의 경험 연구. **한국체육학회지, 41**(5), 323-335.

김미향(2003). 여가 연구의 근거 이론적 접근에 관한 고찰. **한국여성체육학회지, 17**(2), 37-47.

김애경(1994). 성인의 건강행위에 대한 근거이론적 접근. **Health & Nursing, 6**(0), 32-54.

김은정(2017). 한국의 사회학 연구영역에서의 근거이론의 활용 방법과 전개, 그리고 향후 방향의 모색. **한국사회학, 51**(3), 37-70.

김재윤, 이훈희, 이정우(2004). 중소기업의 정보화 성공요인에 관한 근거이론적 연구. **중소기업연구, 26**(4), 25-53.

노춘희(1990). 정신병동에 입원한 환자와 그 가족의 분리경험에 관한 근거이론 접근. **이화간호학회지, 23**, 97-103.

류혜지, 이연숙(2008). 고령친화 유비쿼터스 주택 서비스 요구에 관한 근거이론적 연구. **한국디자인포럼, 21**, 283-292.

박연숙(2000). 근거이론(Grounded Theory)의 고찰. **공주문화대학 · 논문집. 27**, 299-311.

박영춘, 이문규(2008). 성공적 신제품 디자인과 출시를 위한 기능별 역할에 관한 근거이론연구. **한국디자인포럼, 19**, 155-168.

박태영, 조성희(2005). 근거이론을 활용한 폭식장애 여대생의 경험에 대한 사례분석. **상담학연구, 6**(1), 93-107.

배정이(1996). 산후 우울 경험에 관한 연구 -근거 이론적 접근-. **Journal of Korean Academy of Nursing, 26**(1), 107-126.

배정이(2001). 정신질환자 가족의 경험 연구 - 근거이론적 접근 -. **정신간호학회지, 10**(1), 53-65.

백은정, 유영권(2004). 기독 남성동성애자의 스트레스와 적응과정: 근거이론적 접근. **한국심리학회지: 상담 및 심리치료, 16**(4), 825-842.

변기용, 권경만, 이현주, 홍바울(2020). 교육행정학 연구에서 근거이론 접근방식 활용 실태와 비판적 성찰. **교육행정학연구, 38**(1), 169-197.

서문숙, 김명희, 전미영(1996). 근거이론적 접근방법을 적용한 간호학생들의 임상실습 경험. **기본간호학회지, 3**(1), 128-140.

성명숙(1993). 중년남성의 자기관리에 관한 근거이론 접근방법적 연구. **중앙의학, 58**(11), 777-784.

손소영, 유영만, 한재훈(2004). e-Learning 하도급 업체의 콘텐츠 개발과정에 관여하는 품질 저하요인 규명 및 개선방안에 관한 근거이론적 연구. **교육정보미디어연구, 10**(2), 221-272.

신은혜, 신서원(2025). 친구의 자살 위기에 대한 대학생의 대처과정 탐색: 근거이론 접근. **한국콘텐츠학회지, 25**(2), 556-573.

양경희, 정주연, 최선하(1995). 한국 주부들이 경험하는 스트레스 본질의 근거이론적 접근. **지역사회간호학회지, 6**(2), 183-196.

양홍식, 김현주(2020). 상담분야의 근거이론 연구 동향: 국내 및 북미 학술지 게재 논문 분석 (2000-2018). **한국심리학회지: 상담 및 심리치료, 32**(1), 51-88.

오은비, 이상호(2024). 근거이론법을 적용한 관광자의 지속가능한 관광의사결정과정 분석. **관광진흥연구, 12**(4), 147-173.

유택상, 강병길, 박진수(2009). 아동가구디자인에 있어 근거이론방법론으로 도출된 가이드라인의 적용. **조형미디어학**, 12(1), 3-12.

이가언(2002). 시설노인의 적응과정에 대한 근거이론적 접근 : 거부감 다스리기. **한국간호과학회, 32**(5), 624-632.

이경우(2000). 간호 연구방법으로서의 근거이론. 논문집, 18, 359-374.

이근무, 이재관(2022). 북한이탈주민들의 직업생활에 대한 근거이론 연구: Glaser의 근거이론 접근. **다문화와 평화**, **16**(2), 1-29.

이양림, 김영미(2018). 구성주의적 근거이론을 통한 성지순례자의 관광동기: 기독교 성지순례자를 대상으로. **관광학연구**, **42**(2), 157-185.

이은옥, 강현숙, 이인숙, 은영(1997). 관절염 환자의 치료추구행위에 대한 근거이론적 접근. **근관절건강학회지**, **4**(1), 26-47.

이은화(2006). 노인복지회관 이용 후 노인의 삶의 경험(II) - 근거이론 접근방법 -. **대한케어복지학**, **1**(3), 166-205.

이정섭, 김병희, 정현철, 이성은(2001). 여대생의 다이어트 경험에 관한 근거이론적 접근. **여성건강간호학회지**, **7**(4), 596-609.

장창민(2005). 마약류 사용 재소자의 관계구조에 대한 근거이론적 분석. **상담학연구**, **6**(4), 1129-1150.

전명주, 반신환(2021). 복합외상 성폭력 여성 피해자의 상담을 통한 자기 재구성과정: 근거이론 적용. **상담학연구**, **22**(6), 241-270.

전성남(2007). 농촌지역 남성노인의 케어경험에 관한 근거이론연구. **한국노년학연구**, **16**(0), 105-128.

차성미, 양일선, 신서영(2007). 근거이론 접근방법에 의한 외식정보 구전 커뮤니케이션 패러다임 모형 개발. **관광학연구**, **31**(4), 119-138.

최은희, 윤여정, 류경희(2005). 학대받은 아동의 쉼터 적응과정에 대한 근거이론 연구. **한국아동복지학**, **19**, 37-73.

최정희(2023). 우리나라 교육과정 연구에서 근거이론의 활용방식이 지닌 문제점. **한국교육**, **50**(3), 31-57.

최지영(2005). 수험생어머니의 불안과 가족경계에 관한연구 : 근거이론적 접근. **가족과 가족치료**, **13**(1), 31-56.

최홍석, 홍성만, 주경일(2003). 사회적 갈등의 근거이론적 이해: 댐건설을 중심으로. **한국행정학보**, **37**(4), 169-192.

현명선(1997). 청소년 건강 1 : 청소년건강관련 연구 ; 물질사용 장애 청소년의 회복과정에 대한 근거이론적 접근. **간호학탐구**, **6**(1), 109-132.

현선희(2005). 댄스스포츠수업에서 학생사고과정에 대한 근거이론적 접근. **한국 스포츠 리서치**, **16**(6), 307-319.

홍현미라(2006). 지역사회관계망을 활용한 자원개발경험의 유형에 관한 근거이론 연구. **한국사회복지학**, **58**(4), 65-92.

Charmaz, K. (2006). *Constructing grounded theory: A practical guide through qualitative analysis*. Sage.

Charmaz, K. (2014). *Constructing grounded theory*. Sage.

Corbin, J., & Strauss, A. (2014). *Basics of qualitative research: Techniques and procedures for developing grounded theory*. Sage.

Creswell, J. W. (2008). *Educational research: Planning, conducting, and evaluating quantitative and qualitative research*. Pearson.

Glaser, B. (1978). *Theoretical sensitivity: Advances in the methodology of grounded theory*. The sociology press.

Glaser, B. G., & Strauss, A. L. (1967). *The discovery of grounded theory: strategies for qualitative research*. Aldine.

Merriam, S. B., & Tisdell, E. J. (2016). *Qualitative research: A guide to design and implementation*. John Wiley & Sons.

Strauss, A., & Corbin, J. (1990). *Basics of qualitative research*. Sage.

Strauss, A., & Corbin, J. (1998). *Basics of qualitative research techniques*. Sage.

Strauss, A., & Corbin, J. (2008). *Basics of qualitative research: Techniques and procedures for developing grounded theory (3rd ed.)*. Sage.

제4장

한국 자문화기술지의 수용 및 발전 과정 탐구

김재윤(한국교원대학교)
이동성(전주교육대학교)

1. 들어가며

포스트모던 철학에 기초하여 연구자의 개인적인 자기 내러티브를 거시적인 맥락과 연결함으로써 사회문화적 이해로의 확장을 시도하는 자문화기술지(autoethnography)는 대안적 질적 연구방법으로서 지속적인 관심을 받고 있다(이동성, 2020; Chang, 2008). 자문화기술지는 1970년대 후반 Heider, Hayano에 의해 등장하였는데, 여타 질적 연구방법론들에 비해 최근에 정립된 질적 연구방법론이다. 한국에서 자문화기술지라는 연구방법론은 2010년 박순용, 장희원, 조민아(2010)의 연구를 통해 소개되었고, 교육학, 체육(교육)학, 특수교육학, 상담심리학 분야에서 공유 및 확산하기 시작하였다. 특히, 질적 연구 분야에서 자기연구의 부상 및 강세 흐름은 자문화기술지 연구의 활발한 수행을 추동하였다(이동성, 2016). 자문화기술지 논문 편수 증가와 여러 학술지에서의 출판 등을 통해 확인할 수 있듯이, 새로운 연구방법론으로서 자문화기술지는 교육학을 넘어 행정학, 사회복지학, 예술학 등 각종 학문 분야에 적용되고 있다.

자기노출에 다소 거부감이 있는 한국의 사회문화적 현실에도 불구하고, 자문화기술지는 자기연구의 불모지나 다름없던 한국에서 여느 질적 연구방법론에 견줄 만큼 방법론적 위상을 확보하였다고 볼 수 있다. 주인석, 이현진, 김명찬(2021)의 견해처럼, 신생 자문화기술지가 비교적 최근에 방법론적 체계성을 갖추었음에도 불구하고, 그 위상이 높아졌다는 것은 상당히 흥미로운 현상이다. 자문화기술지의 방법론적 매력에 매료되어 자문화기술지 연구를 지속적으로 수행하고 있는 연구자들은 이러한 현상에 상당히 고무되어 있다. 그러나 한편으로, 자문화기술지는 여전히 한국 학계에서 환영받지 못하는 의심스러운 질적 연구방법론으로 치부되기도 한다. 저자들은 이러한 자문화기술지에 대한 상반된 견해들을 마주하면서, 자문화기술지가 한국에서 어떻게 수용되고 발전되었는지를 탐색할 필요성을 느끼게 되었다.

한편, 한국에서 자문화기술지의 방법론적 위상이 점차적으로 높아지면서 자문화기술지의 연구동향을 분석하는 시도들이 출현하고 있다(김수안, 김명찬, 2021; 서유진, 2020; 이동성, 2016). 해당 작업들은 상담학, 특수교육학 등 특정 학문분야에서 자문화기술지 연구동향이 어떠한지를 파악하는 데에 초점을 두었다. 이러한 선행연구 접근 방식은 특정 학문분야에서 자문화기술지의 도입 및 확산 양상을 파악함과 동시에 자문화기술지 연구수행에 관한 향후 과제를 도출해내는 데 유용하였다. 그러나 기존 선행연구 동향은 특정한 학문 분야에 한정된 분석이었기에 한국에서 수행된 자문화기술지 연구들을 종합적으로 분석하는 차원으로 나아가지 못하였다. 따라서 자문화기술지를 수행한 한국의 다양한 학문 분야의 논문들을 종합하여 분석해볼 필요가 있다. 물론, 한국 자문화기술지의 연구동향에 관한 종합적인 분석은 이동성(2016)에 의해 수행된 바 있다. 그러나 그의 연구는 방법론적 준거에 기초하여 자문화기술지 연구동향을 분석하였기에 종합적인 분석 차원으로는 나아가지 못하였다. 또한, 해당 연구가 수행되었던 시점(2016년)보다 자문화기술지 연구가 확산한 점을 고려할 때 후속연구가 필요하다고 볼 수 있다.

이러한 문제의식과 연구의 필요성에서 기초하여, 이 연구의 목적은 한국의 자문화기술지 연구들을 종합적으로 분석함으로써 한국 자문화기술지의 수용과 발전 과정에서 나타났던 중요한 특징을 살펴보는 데 있다. 특히, 한국이라는 사회문화적 맥락에서 자문화기술지가 어떻게 한국 학계에서 수용되고, 발전했는지를 탐구하기 위해 특정 시기에 양산된 선행연구를 대상으로 양적 및 질적 분석을 시도하고자 한다. 이 연구의 결과는 자문화기술지라는 신생 연구방법론이 한국 학계에서 어떻게 수용되고, 발전하였는지에 대한 심층적인 탐색을 시도함으로써 한국 자문화기술지 연구의 질적 제고를 위한 방법론적 토대를 제공하고, 한국의 토착적인 자문화기술지 연구를 촉진하고 활성화하는 데 이바지할 것이다.

2. 자문화기술지의 방법론적 특성

자신(self)의 경험과 내러티브를 사회문화적 차원에서 해석하는 연구방법으로서 자문화기술지는 연구자 스스로 자아의 근본에 대해 철학적 물음을 던지는 데서 출발한다(Maydell, 2010). 포스트모던 철학에 기초한 자문화기술지는 순수 무결함을 중요시하는 과학주의적 연구 패러다임에 대해 대항하면서, 개인의 자아가 사회문화적 맥락과 조건에서 구성된다는 측면을 강조한다. 자문화기술지는 개인적이고 미시적인 이야기를 사회문화적이고 거시적인 담론에 연결하여 연구자의 자아와 정체성을 중심으로 사회현상을 비판적, 성찰적으로 해석하는 것을 목표로 한다(이동성, 2020). 이를 바탕으로 자아를 사회적 맥락에 위치시켜 자아와 타자, 그리고 문화를 연결하여 자아에 대한 사회문화적 및 정치적 이해를 풀어낸다(이동성, 2020; Chang, 2013; Denzin, 2013; Jones, 2005). 자문화기술지의 존재론적 및 인식론적 전제는 주관적 관점에서 삶을 이해하는 자기 지향적이고 개인화된 유아론적 자아를 넘어, 다층적인 사회적 맥락과 조건을 고려하며, 생태적 관점에서 삶에 대해 접근하는 자기성찰적, 사회문화적인 자아에 주목한다(김영천, 이동성, 2011). 다시 말해, 자문화기술지의 중점은 집단이나 공동체, 타인들과의 관계에서 자아가 사회문화적으로 어떠한 속성과 의미를 지니고 있는지를 규명하는 데에 있다.

자문화기술지는 여타 질적 연구방법론과는 구별되는 방법론적 특징이 있다. 자문화기술지에서 연구자는 자신의 삶과 정체성에 더해 자신을 둘러싼 타자들과 대상세계, 그리고 사회문화적 맥락과 조건에 관해 함께 분석한다(Grant, 2010; Reed-Danahay, 1997; Winkler, 2018). 이러한 자문화기술지의 연구 방식은 특정 집단과 그러한 집단의 문화적 속성을 조명하는 전통적 문화기술지가(classic ethnography)가 추구하는 방식과 유사한 측면이 있다. 다만, 개인의 자아를 중심으로 하여 연구를 진전해간다는 특징은 자문화기술지가 전통적 문화기술지와 차별화된다는 점을 확인시켜준다. 자문화기술지에서는 연구자 자신의 지속적인 자기성찰에 기초한 주관성(subjectivity)과 반영성(reflexivity)이 연구 과정에서 긴요하게 다뤄진다. 이러한 측면에서, 자문화기술지는 연구자와 연구 참여자 사이의 엄격한 구분을 바탕으로 내부자의 주관성을 지양하는 전통적인 자문화기술지와 다른 점이 포착된다(김영천, 이동성, 2011).

자문화기술지의 이러한 방법론적 특성은 단순히 개인적 시점에서 자신의 삶에만 초점을 두고 이야기를 전개하는 자서전과는 구별된다. 물론, 개인의 경험과 이야기가 글쓰기의 원천이라는 점에서는 자문화기술지와 자서전이 유사하다. 그러나 자문화기술지는 개인뿐만 아니라 개인과 긴밀하게 연관된 주변의 타자나 집단까지도 다룬다는 특징이 있다. 이처럼 개인적 측면을 넘어 사회문화적 측면을 망라한 개인의 기억과 이야기를 조명하는 자문화기술지는 문화적 자아에 대한 이론화를 시도할 수 있다(Das & Mullick, 2015; Pathak, 2010).

앞서 밝힌 바와 같이, 자문화기술지에서는 연구자 자신의 지속적인 자기성찰에 기초한 주관성과 반영성을 긴요하게 다룬다. 연구자가 자기성찰을 통해 자신의 자아가 어떻게 거시적 맥락과 조건 안에서 나타나는지를 드러내는 작업이 자문화기술지의 핵심적인 과업이다. 이를 위해, 자문화기술지는 그동안 사회과학 연구에서 배제되었던 자기성찰, 자기회상 등 연구자의 개인적 주관성과 반영성이 내포된 원 자료(raw sata)를 적극적으로 활용한다(Chnag, 2013a; Boullough & Pinnegar, 2001; Ellis & Bochner, 2000; Muncey, 2010; Wall, 2008). 그리고 연구 전반에서 자신의 이야기를 풀어가는 데 있어 자의식과 내면, 그리고 반영성에 대해 성찰적인 글쓰기를 통해 솔직하게 자기-내러티브를 서술하는 방식을 선호한다(이동성, 2019; Anderson, 2006; Denshire, 2014). 즉, 자문화기술지는 연구자와 연구 참여자 사이의 엄격한 구분을 바탕으로 내부자의 주관성을 지양하는 전통적 자문화기술지와 분명하게 다르다는 점이 포착된다(김영천, 이동성, 2011). 따라서 자서전과 문화기술지의 결합체인 자문화기술지는 자기-내러티브를 중심으로 자기와 공동체에 대한 사회문화적 이해와 성찰적 검토를 실행함으로써 자아에 함의되어 있는 사회문화적 맥락과 조건을 해석하는 연구방법이라 볼 수 있다(김영천, 이동성, 2011; 박순용, 장희원, 조민아, 2010; 이동성, 2020; 이현진, 이동성, 김명찬, 2020; Chang, 2013).

한편, 자문화기술지는 우리가 자기 자신의 앎과 존재, 행위 그리고 감정, 자의식을 비판적으로 성찰함으로써 사회문화적 해석과 통찰을 모색할 수 있도록 이끌어준다(Adams & Jones, 2011; Chang, 2013). 특히, 개인적 삶과 경험, 내러티브에 대해 사회정치적 접근을 취하는 자문화기술지는 개인의 자아와 정체성, 신념이 탈맥락화된 것이 아니라, 사회의 거대한 담론 혹은 문화와 깊이 맞닿아 있다는 점을 일깨워 준다. 우리는 자문화기술지를 기술하고 서술함으로써 자기 자신에 대한 비판적, 사회문화적 자각과 성찰을 시도할 수 있고, 우리의 개인적 자의식과 존재방식을 사회문화적 차원으로 전환하고 확장할 수 있다. 연구자는 자문화기술지를 수행함으로써 주관적 자아를 사회문화적 맥락에 교차시켜 자아에 대한 탐구를 할 수 있다(이동성, 2020; Adams, Jones & Ellis, 2015; Ellis, 2004; Wall, 2006).

연구자는 자문화기술지에서 '연구 주제'이자 '연구 대상', '연구 자료'이면서 '연구 도구' 그 자체라 할 수 있다. 자문화기술자(autoethnographer)는 연구자뿐만 아니라 연구 참여자까지

도맡는 이중적 역할을 수행하여 연구자가 연구 전반에서 분리되는 현상을 방지한다(Chang, Ngunjiri, & Hernandez, 2013). 이러한 점은 자문화기술지가 사회문화적 맥락과 거시적 담론을 조명하지만, 자문화기술지의 1차적 초점은 연구자 자신에게 집중되어 있다는 점을 의미한다. 하지만 자문화기술지의 이러한 특성은 연구자가 자기함몰이나 자기애로 흘러갈 수 있는 위험을 내포하고 있기도 하다(Holt, 2003). 왜냐하면, 연구자가 자신의 기억과 체험에만 몰두하면, 자신에게 관대해져 자아도취에 빠질 수 있기 때문이다(이동성, 2019; Allen-Collinson & Hockey, 2008; Buzzard, 2003; Chang, 2013; Lapadat, 2017).

또한, 연구자는 자문화기술지 수행을 위해 연구주제와 관련한 자기 노출을 감내해야 한다. 연구자의 자기노출 자문화기술지 수행을 가로막는 애로점으로 작용하기도 한다(Tullis, 2013; Winkler, 2018). 따라서 자기노출 혹은 자기 개방에는 부정적인 한국사회가 자문화기술지가 수용되기가 쉽지 않을 것이라는 우려가 있었다(김영천, 이동성, 2011; 박순용, 장희원, 조민아, 2010). 자문화기술지 연구를 지속적으로 수행해온 김재윤, 이동성(2024)은 '조용한 저술' 경향성이 지배적인 한국 학계에서 자기노출에 대한 비판적인 시선들을 견뎌내야 했음을 회고하였다. 그런데 놀랍게도, 자기노출에 대한 학계의 우려와는 달리, 우리나라에서는 자문화기술지 연구가 폭증하고 있다. 자문화기술지 연구는 2010년부터 오늘날에 이르기까지 교육학, 상담심리학, 체육학 등 여러 학문 분야에서 점증하고 있다(김수안, 김명찬, 2021; 서유진, 2020).

3. 연구방법

이 연구의 목적은 자문화기술지라는 신생 연구방법론이 한국이라는 상황과 맥락 속에서 어떻게 수용되고 발전해왔는지를 양적 · 질적 연구 방법을 활용하여 체계적으로 분석하는 데 있다. 이를 위해, 이 연구는 자문화기술지가 한국에 본격적으로 소개된 2010년부터 2022년 8월까지 발간된 학술지 논문과 연구방법론 전문서적을 수집하여 분석하였다. 보다 구체적으로, 자문화기술지를 연구방법으로 채택 및 활용하였거나 자문화기술지의 방법론적 개념과 특성을 탐색했던 272편의 학술지 논문과 학술도서 3편을 분석 대상으로 설정하였다. 특히, 한국의 학술지 및 게재논문에 대한 각종 학술정보 파악에 활용되는 KCI에서 '자문화기술지'로 검색된 논문들을 분석의 대상으로 삼았다.

우선, 이 연구에서는 자문화기술지와 관련한 연구 동향을 탐색하기 위하여 발행 연도별 현황 및 상위 출현 키워드를 분석하는 텍스트마이닝을 실시하고, 이를 바탕으로 의미 연결망 구조와 핵심 키워드 간 중심성을 살펴보았다. 텍스트마이닝(Text Mining)은 텍스트 데이터에 내재된 맥락과 유의미한 정보를 추출하는 과정인데, 비정형적인 데이터에서 의미를 드러내는 정보를 추출하기 위하여 데이터를 정제하는 과정인 전처리 과정이 필요하다(정희엽, 홍후조, 2021). 이에 이 연구에서는 TEXTOM을 활용하여 조사, 어미, 의존명사를 제거하고 명사를 중심으로 데이터를 정제하였고, 연구자에 의해 상위 개념 및 유사어를 통합하는 표준화 작업을 통해 데이터 전처리를 실시하였다. 전처리가 완료된 데이터를 바탕으로 키워드 출현 빈도, TF-IDF 그리고 N-gram을 산출하는 텍스트마이닝을 실시하였다. TF-IDF(Term Frequency-Inverse Document Frequency)는 특정 단어의 문서 내 중요도를 평가하는 방법으로, 문서 내 빈도(TF)와 전체 문서에서의 희소성(IDF)을 결합하여 계산한다(이성직, 김한준, 2009; Salton & Buckley, 1988). N-gram은 텍스트 내 연속된 N개의 단어로 구성된 패턴을 추출하는 기법으로, 키워드의 동시 출현 빈도를 키워드 쌍으로 표현한 것이다(정진이, 2020; Brown et al., 1992).

다음으로, 텍스트마이닝을 통해 추출된 키워드와 키워드 쌍을 바탕으로 의미 연결망을 구성하였다. 의미 연결망 분석은 네트워크 분석 기법을 활용하여 텍스트 데이터 내 키워드 간의 관계를 시각화하고 구조를 해석하는 방법이다(Freeman, 1979; Wasserman & Faust, 1994). 이 연구에서는 텍스트마이닝으로 추출된 키워드를 노드로, 키워드 간 연관성을 엣지로 정의하여 네트워크를 구성하였다. 연결 중심성, 근접 중심성, 매개 중심성과 같은 중심성 지표를 통해 네트워크에서 중요한 키워드를 식별하였고, 이를 통해 키워드 간 의미적 맥락과 상호작용 구조를 분석하였다(이성직, 김한준, 2009). 연결 중심성(degree centrality)은 연결망에서 중심이 되는 정도를 뜻하며, 해당 키워드가 연결망에 끼치는 영향력을 의미하고, 근접 중심성(closeness centrality)은 다른 키워드와의 거리고 키워드의 의존도를 계산한 수치이다(김현하, 서희, 박창언, 2022; 김주혜, 김치열, 2022). 그리고 매개 중심성(betweeness centrality)은 연결망 내에서 키워드 간 매개 역할을 하는 정도로 의미 연결망 전체 흐름에 영향을 주는 정도를 가리킨다(김현하, 김대현, 권다남, 2024; 이재은, 조영아, 2021). 이를 바탕으로 이 연구에서는 '자문화기술지'를 에고(ego) 노드로 설정하고, '자문화기술지' 키워드를 중심으로 하는 네트워크 및 다른 키워드와의 연결 관계를 분석하였다.

그리고 이와 더불어, 이 연구에서는 분석의 대상이 된 논문들과 단행본에 대하여 다음과 같은 질적 문서 분석을 시도하였다. 첫째, 학술지 논문은 자문화기술지를 연구방법으로 채택하거나 활용한 논문과 자문화기술지의 방법론적 개념과 특성을 탐색한 유형으로 나누었고, 각기 다른 기준에서 논문과 단행본을 분석하였다. 자문화기술지를 연구방법으로 채택하거나 활용한 논문을 분석하기 위해, Reed-Danahay(1997)의 자문화기술지 유형 분류(① 원주민 또는 소수자 문화기술지, ② 성찰적 문화기술지, ③ 자서전적 문화기술지), Chang(2008)이 제안한 자문화기술지 글쓰기 방식 분류(① 기술적-사실적 글쓰기, ② 고백적-감성적 글쓰기, ③ 분석적-해석적 글쓰기, ④ 상상적-창조적 글쓰기), 발행연도를 분석 기준으로 삼았다. 왜냐하면, 자문화기술지를 비롯한 질적 연구에서 글쓰기 작업은 단순한 언어적 재현이 아니라 그 자체가 방법론이기 때문이다(이동성, 2020; Richardson, 1994). 둘째, 자문화기술지의 방법론적 개념과 특성을 탐색한 논문은 연구의 초점(방법론 전반, 이슈, 글쓰기), 저자, 관련 학문 분야, 발행연도를 기준으로 질적 분석을 시도하였다. 셋째, 자문화기술지에 대한 연구방법론 전문서적은 이동성(2012)의 '질적 연구와 자문화기술지', 이동성(2020)의 '질적 연구와 자문화기술지(2판)', 한유리(2022)의 '차근차근 자문화기술지'를 중심으로 단행본의 구성 체제 및 목차, 세부 내용을 체계적으로 비교 분석하였다.

4. 자문화기술지의 한국적 수용과 발전: "수적천석(水滴穿石)"

1) 인문사회과학 분야별 점진적 수용과 양적 증가

한국에서 자문화기술지 연구는 2010년 자문화기술지가 한국에 연구방법론으로 소개된 이후 자문화기술지를 연구방법으로 최초로 수행한 이동성(2010)의 논문을 필두로 2010년부터 교육학, 상담(심리)학, 체육(교육)학을 중심으로 꾸준히 출간되어, 뚜렷하게 증가하는 양상을 드러내고 있다. 이전까지는 한 자릿수로 나타나던 자문화기술지 연구는 총 14편이 집계된 2015년부터 두 자릿수로 증가하였으며([그림 1]), 2017년을 기점으로 매년 20~30편 이상 폭발적으로 연구가 수행되고 있다. 2021년은 '자문화기술지의 해'라고 해도 과언이 아닐 만큼, 총 58편의 논문이 발표되어 자문화기술지 연구가 최초 수행된 2010년 이래로 가장 많이 자문화기술지 연구가 수행되었다.

이상의 결과를 학문 분야에 따라 살펴본 결과는 다음 〈표 1〉과 같다. 2022년 상반기를 기준으로, 한국에서 자문화기술지 연구의 약 78%(연구방법론 논문을 제외한 261편 중 205편)가 교육학, 상담(심리)학, 체육(교육)학 영역에 집중되어 있음을 확인할 수 있다. 특히, 특수교육, 미술(교육), 유아교육 등 '교육'과 직간접적으로 연관되는 분야들까지 포함하면, 교육학 분야 자문화기술지 연구는 한국 자문화기술지 연구의 90% 이상을 차지하고 있음을 살펴볼 수 있다. 상담(심리)학 분야의 자문화기술지 연구는 해당 분야에서 처음으로 자문화기술지 연구가

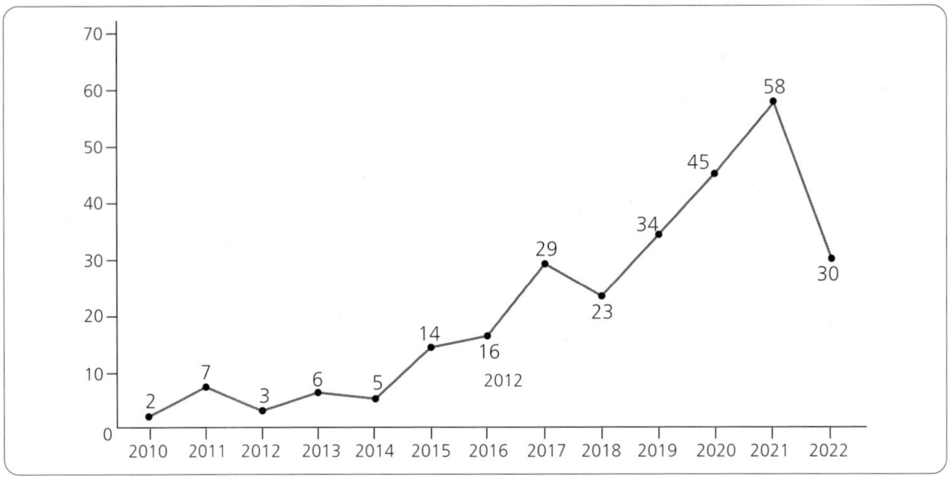

[그림 1] 연도별 한국 자문화기술지 연구 수

수행된 2015년부터 폭발적으로 증가하는 추세를 보였으며, 2021년에는 한국 자문화기술지 연구의 절대 강세였던 교육학 분야를 양적으로 근소하게 추월하는 것으로 나타났다. 그리고 2018년부터 사회학, 사회복지학, 인류학, 여성학, 지리학, 행정학, 관광학 등 다양한 인문사회과학 분야에서 자문화기술지 연구가 잇달아 출현하였다. 이러한 연구동향은 한국에서의 자문화기술지가 기존 교육학, 상담(심리)학, 체육(교육)학 분야를 넘어 저변을 넓혀 나가고 있음을 나타낸다.

이를 자문화기술지의 세부 유형에 따라 살펴본 결과는 다음 [그림 2]와 같다. 2010년부터 2022년 상반기까지 수행된 한국 자문화기술지의 다수는 Reed-Danahay(1997)의 자문화기술지 세부 유형(원주민/소수자 문화기술지, 성찰적 문화기술지, 자전적 문화기술지)으로 볼 때, '자전적 문화기술지(211편)'인 것으로 드러났다. 자전적 자문화기술지 유형은 한국 자문화기술지 연구의 약 80%에 해당할 만큼 절대 다수를 차지하였다. 더욱이, 자전적 문화기술지 유형을 타 유형과 혼합하여 수행한 연구들까지 종합하면, 한국에서 수행된 자문화기술지는 사실상 대부분이 자전적 문화기술지에 해당한다고 정리해볼 수 있다. 이와 다르게, '원주민 문화기술지'는 16편 그리고 '소수자 문화기술지'는 9편, '성찰적 문화기술지'는 7편으로 한국에서 다소 드물게 수행된 것으로 나타났다.

또한, 자문화기술지의 글쓰기 유형에 따라 살펴본 결과는 다음 [그림 3]과 같다. 한국에서 수행된 대부분의 자문화기술지 연구들은 Chang(2008)의 자문화기술지 글쓰기 유형으로 볼 때, '기술적-사실적 글쓰기'(102편)와 '고백적-감성적 글쓰기'(94편)를 적용한 것으로 드러났

〈표 1〉 연도 및 학문 분야별 자문화기술지 연구 추이

년도	2010	2011	2012	2013	2014	2015	2016	2017	2018	2019	2020	2021	2022 (상반기)	합계
교육학	1	5	2	1	4	7	8	11	4	11	14	17	11	96
상담 (심리)학	-	-	-	-	-	2	3	12	9	9	8	19	5	67
체육 (교육)학	-	1	1	2	1	2	2	6	-	4	9	6	9	43
특수 교육학	-	-	-	1	-	1	1	-	1	2	3	8	2	19
미술 (교육)학	-	-	-	-	-	1	1	-	2	1	3	2	0	10
사회학	-	-	-	1	-	1	-	-	1	1	-	2	1	7
사회 복지학	-	-	-	-	-	-	-	-	2	2	1	1	-	6
유아 교육학	-	-	-	-	-	-	-	-	-	-	2	2	-	4
예술학	-	-	-	-	-	-	-	-	1	2	-	1	-	4
인류학	-	-	-	-	-	-	-	-	-	-	1	-	1	2
여성학	-	-	-	-	-	-	-	-	-	-	1	-	-	1
지리학	-	-	-	-	-	-	-	-	-	-	1	-	-	1
행정학	-	-	-	-	-	-	-	-	1	-	-	-	-	1
관광학	-	-	-	-	-	-	-	-	-	1	-	-	-	1
방법론	1	1	-	1	-	-	1	-	2	1	2	-	1	10
합계	2	7	3	6	5	14	16	29	23	34	45	58	30	272

다. 그리고 기술적-사실적 글쓰기와 고백적-감성적 글쓰기를 다른 글쓰기 방식과 혼용한 논문도 56편으로 집계되어, 두 글쓰기 방식에 기초한 연구가 한국 자문화기술지 연구의 다수인 것으로 드러났다. 이와 다르게, '분석적-해석적 글쓰기'(9편)와 '상상적-창조적 글쓰기'(0편)를 적용한 자문화기술지 연구는 극히 드문 것으로 나타났다. 특히, 상상적-창조적 글쓰기를 적용한 논문은 2010년부터 2022년 상반기까지 고백적-감성적 글쓰기와 혼합한 논문 1편을 제외하고, 단독으로 적용된 경우가 전무한 것으로 나타났다.

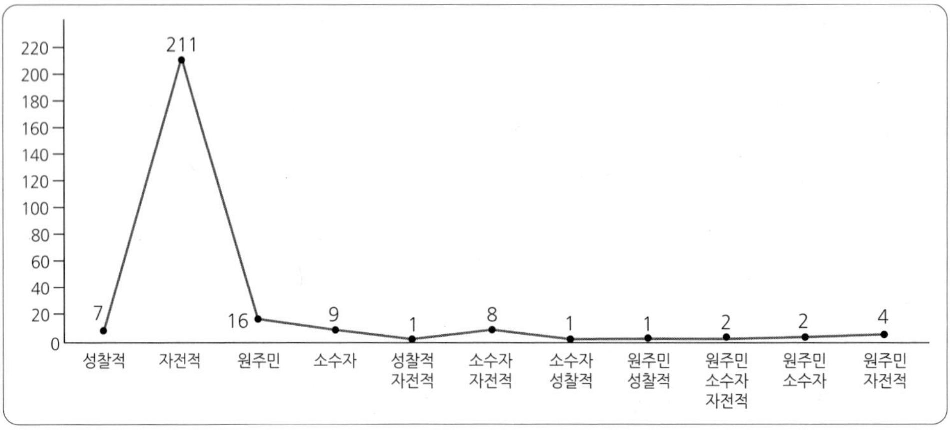

[그림 2] 한국 자문화기술지 연구의 세부 유형과 논문 편수

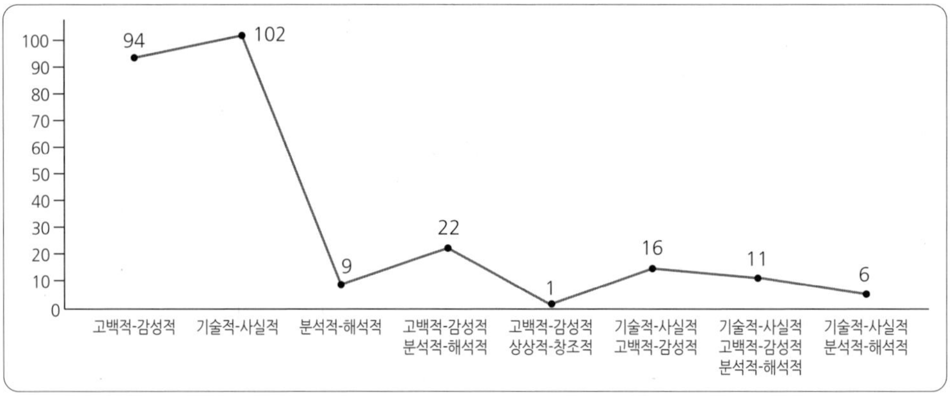

[그림 3] 한국 자문화기술지의 글쓰기 유형과 논문 편수

한편, 방법론적 개념과 특질을 다룬 한국 자문화기술지 연구들은 자문화기술지를 한국에 처음으로 소개한 박순용, 장희원, 조민아(2010) 이래로 지속적으로 출현하였다. 자문화기술지의 방법론 전반에 주목한 연구부터 자문화기술지의 방법적 이슈, 글쓰기를 집중적으로 다룬 연구까지 찾아볼 수 있었다. 그리고 특정 학문 분야와 자문화기술지를 연결하여 자문화기술지의 방법론적 개념과 특질을 해석함으로써 학문 분야에 특화된 자문화기술지를 탐색하고자 하는 연구들이 나타났다(김나래, 김선희, 2018; 박상봉, 김동식, 200; 박수연, 임부연, 2022; 이현진, 김명찬, 2018; 이현진, 이동성, 김명찬, 2020; 하정미, 좌문경, 2016). 이와 함께, 자문화기술지에 대한 연구방법론 전문서적(handbook) 3편('질적 연구와 자문화기술지 1 · 2판(이동성 저)', '차근차근 자문화기술지(한유리 저)')도 출간되는 등 방법론적 차원에서 자문화기술지를 정립하려는 학술적 시도들이 확인되었다. 결국, 자문화기술지를 해명하기 위한 학술적 관심이 걸음

마 단계에 머물렀다는 이동성(2016)의 분석과 달리, 2022년(상반기)에는 한국에서 자문화기술지의 방법론적 개념과 특질을 다룬 연구들이 출현하였다.

이상에서 살펴본 한국 자문화기술지와 관련한 272개의 연구를 분석한 결과, 총 625개의 키워드가 산출되었다. 이 중에서 출현 빈도가 상위 10위에 해당하는 키워드는 '자문화기술지', '경험', '교사', '과정', '교육', '초등', '학교', '협력적 자문화기술지', '수업', '체육' 순이었다. 그리고 TF-IDF에서 상위 10위에 해당되는 키워드는 '교사', '과정', '교육', '경험', '초등', '학교', '수업', '협력적 자문화기술지', '체육', '연구' 순으로 나타났다. 대부분의 키워드는 출현 빈도와 TF-IDF 순위가 비슷하였으나, '자문화기술지'는 출현 빈도는 상위 1위인데 비해 TF-IDF는 상위 10위 안에 포함되지 않았다. 이러한 결과는 '자문화기술지'가 전체 문서에서 일반적으로 등장하는 단어이기 때문이다. 이와 같이 출현 빈도가 11 이상인 키워드 30개의 빈도, TF-IDF 및 TF-IDF 순위를 정리하면 다음 〈표 2〉와 같다.

〈표 2〉 한국 자문화기술지 연구 키워드별 출현 빈도 및 TF-IDF

순위	키워드	빈도	비율 (%)	TF-IDF (순위)	순위	키워드	빈도	비율 (%)	TF-IDF
1	자문화기술지	198	9.25	64.15(11)	16	장애	17	0.80	49.20(14)
2	경험	150	7.01	89.73(4)	17	여성	17	0.80	47.07(18)
3	교사	69	3.23	96.42(1)	18	성장	16	0.75	45.27(18)
4	과정	54	2.52	92.36(2)	19	지도	15	0.70	43.41(19)
5	교육	50	2.34	90.90(3)	20	학생	15	0.70	43.41(20)
6	초등	43	2.01	80.17(5)	21	자녀	15	0.70	43.41(20)
7	학교	39	1.82	76.62(6)	22	미술	14	0.66	47.67(17)
8	협력적 자문화기술지	38	1.78	74.65(8)	23	삶	14	0.66	41.48(24)
9	수업	36	1.68	74.73(7)	24	스포츠	13	0.61	41.65(23)
10	체육	30	1.40	69.19(9)	25	대학	12	0.56	38.45(25)
11	연구	27	1.26	64.35(10)	26	특수	12	0.56	37.41(27)
12	교수	19	0.89	52.61(12)	27	사회	11	0.51	37.45(26)
13	운영	18	0.84	48.81(15)	28	참여	11	0.51	35.25(28)
14	자기	18	0.84	48.81(15)	29	예술	11	0.51	35.25(28)
15	상담	17	0.80	51.63(13)	30	음악	11	0.51	35.25(28)

〈표 3〉 한국 자문화기술지 연구 키워드쌍의 N-gram

순위	키워드1	키워드2	빈도	순위	키워드1	키워드2	빈도
1	경험	자문화기술지	86	1	음악	치료사	9
2	초등	학교	21	2	체육	교사	8
3	경험	협력적 자문화기술지	19	3	기반	자문화기술지	8
4	운영	경험	14	4	학교	교사	7
5	과정	자문화기술지	14	5	수업	경험	7
6	교수	경험	11	6	참여	경험	6
7	지도	경험	11	7	경험	분석	6
8	자문화기술지	연구	10	8	전담	교사	6
9	초등	교사	10	9	발달	장애	6
10	교육	과정	9	10	장애	학생	6

다음으로, 키워드 간의 동시 출현 빈도를 중심으로 N-gram 분석을 실시하여 동시 출현 빈도가 6 이상인 20개의 키워드쌍은 〈표 3〉과 같다. 우선, 이 연구의 핵심 키워드이자 출현 빈도 1순위 키워드인 '자문화기술지'는 경험(86), 과정(14), 연구(10), 기반(8), 삶(4), 변화(3), 형성(3), 성장(3), 성찰(3) 등과 동시에 나타났다. 이외에도 경험-협력적 자문화기술지, 운영-경험, 교수-경험, 지도-경험, 수업-경험, 참여-경험, 성장-경험, 초등-학교, 회복-과정, 상실-경험, 미술-치료 등의 키워드쌍이 출현하였다. 이는 자문화기술지가 연구자가 자신의 문화적 경험을 탐구하고 서술하는 데 초점을 둔 질적 연구 방법 중에 하나이기 때문에 이러한 키워드쌍이 주제로서 출현하는 것으로 해석할 수 있다.

출현 빈도가 5 이상인 79개의 키워드를 바탕으로 한 의미 연결망 분석 결과는 다음 〈표 4〉와 같으며, 네트워크가 단일 연결망으로 형성된 구조를 이루고 있음을 확인하였다. 노드(Node)의 총 개수는 79개였고, 노드 간의 관계를 나타내는 선(line)인 엣지(Edge)의 총 개수는 1000개로 노드별 평균 연결선 개수는 25.32개였다. 이 네트워크에서 의미 연결망의 밀도는

〈표 4〉 한국 자문화기술지 연구 의미연결망 분석 결과

노드(Node)	엣지(Edge)	노드별 평균 연결 정도	밀도	중심화지수	표준편차
79	1000	25.32	0.325	0.680	0.209

0.325, 중심화 지수는 0.680, 표준편차는 0.209인 것으로 나타났다.

의미 연결망의 밀도가 0.325라는 것은 네트워크가 완전히 연결된 구조는 아니지만, 키워드 간의 관계가 비교적 높은 수준으로 연결되어 있음을 보여준다. 이는 자문화기술지와 관련된 연구에서 키워드 간 연관성이 활발히 형성되어 있다는 점을 시사한다. 그리고 중심화 지수가 0.680이라는 것은 네트워크에서 일부 노드가 중심적인 역할을 수행하며, 다른 노드와 높은 연결성을 보이고 있음을 의미한다. 이는 특정 키워드(자문화기술지)가 주요 허브(hub) 역할을 수행하며 연구 주제 간 상호 연결성을 강화하는 데 기여하고 있음을 시사한다. 한편, 이 의미연결망은 표준편차가 0.209로, 상대적으로 낮은 수준이다. 이는 네트워크 내 노드 간 연결 중심성 값의 분포가 고르게 분포되어 있음을 의미한다. 다시 말해, 표준편차가 낮으면 네트워크의 노드들이 연결 중심성 면에서 서로 비슷한 수준의 연결성을 가지고 있다는 것을 의미하는 것으로, 전체적으로 균형 잡힌 연결성을 가진 네트워크 구조를 시사한다.

마지막으로, 전체에서 '자문화기술지'를 대상으로 하는 네트워크를 추출하여 연결된 다른 노드와의 연결 관계를 분석하여 의미연결망을 시각화한 결과는 다음 [그림 4]와 같다.

2) 한국학계에서의 자기노출에 대한 거부감 및 저항감 극복

자문화기술지는 연구자와 연구 참여자의 엄밀한 분리 혹은 객관적인 연구자의 입장을 유보하고, 연구자 자신의 삶과 이야기, 그리고 정체성과 역할을 연구의 주제와 과정에 적극

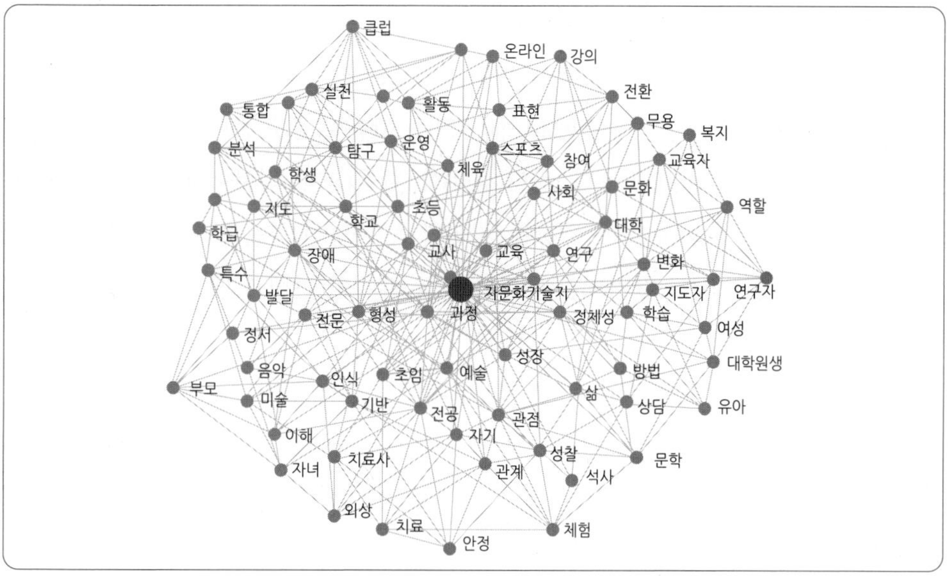

[그림 4] 한국 자문화기술지 연구 동향 의미연결망

적으로 포함한다(이동성, 2020; Reed-Danahay, 1997). 따라서 인문사회과학 연구자가 자문화기술지를 수행한다는 것은 연구자가 자신을 외부 세계나 타자들에게 폭로해야만 하는 '자기노출(self-disclosure)'의 상황에 직면한다는 것을 의미한다(Winkler, 2018). 인문사회과학 분야의 연구자로서 연구에서 자신을 적극적으로 공개하는 것이 다소 부담스러운 일이기는 하다. 하지만 연구자의 자기노출은 연구자와 연구 참여자, 독자들 사이에서 보다 친밀감 있고 대화적인 관계를 형성하며, 독자들은 연구자의 자기노출이 담긴 연구를 통해 색다른 방식으로 사회현상을 고려하도록 이끌 수 있다(Chang, 2008; Foster et al., 2005). 하지만 자문화기술지의 자기노출은 방법론적 장점과 특색을 갖고 있지만, 동시에 겸양과 정서적 자기통제, 집단주의로 상징되는 한국사회의 문화적 맥락과는 상당한 거리감이 있다. 왜냐하면, 자기통제를 중요시하는 아시아의 문화적 특성과 가치는 자신을 개방하고 노출하는 데 부정적 영향을 줄 수 있기 때문이다(Chen & Danish, 2010; Park & Kim, 2008; Shen & Tsui, 2018; Wei et al., 2013).

이러한 지점에서, 자기 개방과 노출을 필연적으로 해야 하는 자문화기술지의 방법론적 특징은 자기통제와 겸손을 강조하는 한국의 사회문화적인 전통과는 다소 이질적이라 할 수 있다. 따라서 자기노출을 수반하는 자문화기술지가 한국의 학계에 착근하는 데 어려움이 있을 것이라 예상하였다(김영천, 이동성, 2011; 박순용, 장희원, 조민아, 2010). 그런데 놀랍게도, 이러한 방법론적 우려와는 달리 한국의 자문화기술지 연구는 저자의 자기 노출이나 개방에 대한 거부감이나 저항감을 극복하고, 양적 및 질적 성장을 거듭한 것으로 나타났다. 한국에서 자문화기술지를 연구방법으로 선택한 최초의 논문이 출간된 2010년부터 2020년(상반기)에 이르기까지, 한국에서 자문화기술지 연구는 지속적으로 양적 및 질적 성장을 거듭하고 있다. 앞서 연구동향에 관한 데이터 분석 결과에서 확인할 수 있다시피, 자문화기술지 연구는 불과 한 자릿수에 불과했던 2010년대 초반보다 매년 20~30편 이상 논문이 출간되어 괄목할만한 성장을 보여주고 있다. 그리고 교육학, 상담(심리)학, 체육(교육)학 분야에 집중되었던 자문화기술지 연구가 사회학, 사회복지학, 행정학, 지리학 등 다양한 학문 분야로 점진적인 확산을 보이는 것도 자문화기술지의 자기노출에 대한 한국 학계의 인식과 태도가 변화하였음을 방증한다.

한국학계에서의 자기노출에 대한 거부감과 저항감의 극복은 자문화기술지 연구들이 더 이상 조용한 저술이 아닌, 저자의 위치성과 상황성을 적극적으로 드러내는 '연약한 저술'을 적극적으로 수용하였음을 의미한다. 즉, 한국 자문화기술지 연구의 다수는 연구자 자신의 정서적 혼란과 딜레마를 진솔하게 고백하는 고백적-감성적 글쓰기, 자신의 개인적 경험과 이야기를 사회적 담론에 연결하여 심층적으로 접근하는 분석적-해석적 글쓰기로 연구자의 자의식과 내성, 그리고 반영성을 기술하고 서술하였다. 자기노출에 대한 거부감의 극복은 한국 자문화기술지 연구들이 자기성찰 을 중심으로 한 성찰적 문화기술지 그리고 자전적 문화기술지를 연구 유형으로 설정하였다는 데서도 충분히 짐작할 수 있다.

3) 한국인의 정서를 반영하는 자전적 및 감성적 자문화기술지의 강세

자문화기술지는 개인적인 삶의 이야기가 강조되는 자서전의 특징과 특정한 집단의 문화를 탐색하는 문화기술지의 특징을 이종혼교적으로 결합한 질적 연구방법론이다(Ellis, Adams & Bochner, 2011). 자서전과 문화기술지의 교집합인 자문화기술지는 연구자의 개인적 이야기와 기억을 중심으로 연구자를 둘러싼 사회문화적 맥락과 조건에 대한 탐색을 지향한다. 이러한 자문화기술지는 자서전과 문화기술지의 특징을 공통적으로 포함하고 있지만, 실제적인 연구수행에서는 자서전이라는 문학 장르의 감성적 특징과 문화기술지의 분석적 및 해석적 특징 가운데 어느 한쪽이 두드러지는 특성이 있다(이동성, 2020; Wall, 2006). 이는 자문화기술자의 연구 주제나 글쓰기 방식과 밀접하게 연관되어 있다(김영천, 이동성, 2011, 2013; Adams, & Herrmann, 2023; Chang, 2013). 시나 소설, 사진, 음악 등 문학 및 예술 장르에 기초하여 개인의 기억과 정서를 재현하는 글쓰기 방식은 자전적이며 감성적 성격이 강화된다(Ellis & Bochner, 2001; Muncey, 2010). 이와 달리, 특정한 학문의 이론적 얼개에 기초하여 개인적인 경험과 이야기를 보다 거시적인 사회문화적 담론과 결부하여 학문적 분석과 해석을 시도하는 글쓰기 방식은 자문화기술지 분석적이고 해석적인 측면이 부각된다(Anderson, 2006; Chang, 2008).

2010년~2022년 상반기에 출현한 한국 자문화기술지는 분석적 및 해석적 차원의 자문화기술지보다는, 자전적이고 감성적인 차원의 자문화기술지가 강세를 보이는 것으로 나타났다. 한국에서 수행된 질적 연구들은 주로 인류학 및 사회학에 기초한 사회과학적 글쓰기 방식에 의존하는 경향이 강했다(김영천, 주재홍, 2010; 김영천, 2013; 김영천, 이동성, 2013). 하지만 한국의 자문화기술지 연구동향은 저자의 감성적 딜레마와 고통을 진솔하게 고백하는 고백적-감성적 글쓰기를 선호하는 경향을 나타냈었다. 즉, 개인의 감정과 정서를 탐색하는 자전적 자문화기술지가 원주민 및 소수자 문화기술지에 견주어 다수 수행되고 있음을 살펴볼 수 있다. 따라서 자전적이고 감성적인 특징이 한국 자문화기술지의 주요한 특징이라 볼 수 있다. 특히, 개인의 심리와 정서를 이해하고 탐색하려는 상담(심리)학, 예술치료학, 미술(교육)학 분야에서 자전적이고 감성적인 자문화기술지의 특징을 뚜렷하게 나타내었다.

자전적이고 감성적 차원의 연구가 강세를 보이는 한국 자문화기술지 연구 동향은 전통적인 한국 질적 연구의 경향성과는 차별성이 있다고 볼 수 있다. 자전적 및 감성적 자문화기술지의 강세 흐름에서 눈여겨볼 만한 대목은 한국적 상황에서 창조적 형태의 자문화기술지가 차츰 출현하고 있다는 점이다. 예를 들면, 연구자의 정서적 및 신체적 경험에 주목하는 '정서기반 자문화기술지(emotion-based autoethnography)'나 예술 기반 연구와 자문화기술지를 혼합한 '예술기반 자문화기술지(art-based autoethnography)'가 여기에 해당한다(김경희, 2020; 김다롱, 임지연, 김동민, 2021; 김은주, 소라엘, 김동민, 2022; 여정모, 김명찬, 2017; 이현진, 김명찬, 2017, 2018; 최영광, 임지연, 김동민, 2021). 창조적 형태의 자문화기술지는 질적 연구자의 정서와 감성을 보다 심미적이고 예술적으로 재현할 수 있는 장점이 있다. 한국 자문화기술지의 이러한 연구동향은 기존 과학주의와 논리실증주의에 함몰된 사회과학연구 관행에 새로운 통찰을 제공하고, 한국 질적 연구의 분기와 발전을 위한 방법론적 발판이 될 수 있다.

4) 이식과 일방적 수용을 넘어서 자생적인 연구 방법적 탐구 시도

한국 학계에서 질적 연구방법론은 1980년대 교육학 분야를 중심으로 소개되었고, 질적 연구자들의 활발한 학문적 활동과 도전 덕분에 양적 연구방법에 버금갈 정도로 방법적 자리매김을 하였다(Kim & Cho, 2005). 하지만 한국 학계가 서구처럼 질적 연구의 질을 제고하는 데 실패했다는 자성의 목소리가 흘러나오기도 한다. 특히, 한국에서의 질적 연구는 서구의 방법론적 지식을 이식하고 일반적으로 수용함에 따라 독자적인 질적 연구방법론을 개발하지 못했다는 비판에서 자유롭지 못한 측면이 있다(김영천, 이현철, 2017). 이러한 비판은 한국을 비롯한 비영어권, 비서구권의 학자들이 서구의 지적 작업을 소개하고 의존한 나머지, 한국의 토착적이고 자생적인 질적 연구방법론을 개발하지 못한 학문적 식민화에 기인한다(Anderson-Levitt, 2014). 한국의 자문화기술지도 이와 같은 한국의 학문적 식민화 논리로부터 자유로운 것은 아니다(이동성, 2020).

2010년대 초반에 박순용, 장희원, 조민아(2010)와 김영천, 이동성(2011)은 서구의 자문화기술지 연구방법론을 국내 학자들에게 체계적으로 소개하였다. 당시에는 새로운 연구방법론인 자문화기술지를 알리는 것이 급선무이었기에, 이 연구들은 자문화기술지에 관한 서구의 문헌, 서구 학자의 논의들을 중심으로 자문화기술지를 안내하는 수준에 머물렀다. 하지만 질적 연구 분야에서도 국지적이고 토착적인 연구방법론 지식을 규명하고 생성해야 한다는 목소리가 제기되기 시작했다(주재홍, 2016; Denzin, 2014; Jung & Kim, 2018). 이러한 방법론적 반성은 최근 한국 연구자들에 의해 수행된 자문화기술지 연구사례를 통해 어렵지 않게 확인할 수 있다. 연구 동향을 분석한 결과, 국내 선행연구는 서구 자문화기술지에 대한 방법적

〈표 5〉 자문화기술지에 대한 연구방법론적 탐색 결과

순	제목	저자	발행연도	연구 초점	관련 분야
1	자문화기술지: 방법론적 특징을 통해 본 교육인류학적 가치의 탐색	박순용, 장희원, 조민아	2010	방법론 전반	
2	자문화기술지의 이론적 관점과 방법론적 특성에 대한 고찰	김영천, 이동성	2011	방법론 전반	
3	자문화기술지의 학문적 적용과정과 무용 자문화기술지 방법론 연구	고현정	2013	방법론 전반	무용학
4	사회복지연구에서의 자문화기술지 연구방법의 가치와 적용	하정미, 좌문경	2016	방법론 전반	사회복지학
5	정서기반 자문화기술지의 방법론적 탐색: 상담학 분야를 중심으로	이현진, 김명찬	2018	방법론 전반	상담(심리)학
6	미술심리치료학 분야에서의 자문화기술지 활용에 관한 고찰	김나래, 김선희	2018	방법론 전반	상담(심리)학
7	자문화기술지의 방법적 이슈와 글쓰기 전략	이동성	2019	이슈, 글쓰기	
8	스포츠교육 연구에서 자기연구: 자문화기술지를 중심으로	박상봉, 김동식	2020	방법론 전반	체육(교육)학
9	상담학 이론에 기반한 자문화기술지의 개념적 특질 탐색	이현진, 이동성, 김명찬	2020	방법론 전반	상담(심리)학
10	자문화기술지 글쓰기의 방법론적 제안: 유아교육현장의 대안적 글쓰기로서 감응적 글쓰기 생성으로 나아가며	박수연, 임부연	2022	글쓰기	유아교육학

소개 수준을 넘어서 한국 자문화기술지를 심층적으로 분석하려는 연구들이 출현하였다(박수연, 임부연, 2022; 이동성, 2019; 이현진, 김명찬, 2018; 이현진, 이동성, 김명찬, 2020). 자문화기술지에 대한 자생적인 방법론적 탐구 시도를 정리하면, 다음 〈표 5〉와 같다.

〈표 5〉에서 확인할 수 있는 것처럼, 이동성(2011, 2019, 2020) 그리고 이현진과 김명찬(2018, 2020)은 지속적으로 자문화기술지를 이론적으로 탐구함으로써 자문화기술지에 대한 방법론적 개념과 엄격성을 강화해 나가고 있다. 즉, 이들은 자문화기술지의 개념적 특질을 탐색하고, 방법적 엄격성을 강화하기 위한 이론화 작업을 시도하였고(이동성, 2011, 2019, 2020), 특정 학문(무용학, 사회복지학, 스포츠교육학, 상담학, 유아교육학 등)과의 이론적 연결을 통해 자문화기술지의 학술적 및 방법론적 가능성을 실현하는 데 이바지하였다. 또한, 일군의 학자들은 자문화기술지 연구방법론에 관한 전문 학술서적을 출간하여 한국적 상황에 적용이 가능한 국지적인 방법론적 지식을 제시하기도 하였다. 그 예로, 이동성(2012, 2020)과 한유

리(2022)는 한국의 국지적 맥락과 상황을 고려한 자문화기술지 연구방법론 전문서적을 출간하여 보급하였다. 이 서적들은 한국의 인문사회과학자들이 서구의 연구자들에게 의존하는 연구관행을 탈피하여, 한국형 자문화기술지를 시도하는 데 있어서 방법적 기여를 하였다고 볼 수 있다.

5. 나가며

이 연구의 목적은 한국에 자문화기술지가 도입된 이후 지난 10여년 동안 출판된 자문화기술지의 연구 동향을 종합적으로 분석하는 데 있다. 특히, 자문화기술지라는 신행 연구방법론이 한국의 사회문화적 맥락과 조건을 반영하여 학계에서 어떻게 수용되고 발전했는지를 파악하고자 하였다. 한국 자문화기술지의 연구동향에 대한 분석결과를 바탕으로 한국 자문화기술지의 수용과 발전 과정에서의 특징에 대한 의미를 제시하면 다음과 같다.

첫째, 자기 내러티브에 주목하는 자문화기술지는 연구자의 자기노출을 수반할 수밖에 없다. 자문화기술지의 이러한 방법론적 특성은 자기통제와 겸양을 중시하는 한국학계에 쉽사리 받아들여지지 않을 것이라 예상할 수 있다. 그러나 자기노출에 대한 비판적인 시선이 있을 것으로 예측되었던 한국학계에서 자문화기술지는 양적으로 큰 성장을 이루었다. 논리실증주의, 과학주의 패러다임과는 대척점에 있는 자문화기술지가 한국 학계에서 수용되고 발전하는 일은 고무적인 현상이다. 최근에 SNS나 소셜 미디어 등 자기노출에 친화적인 한국의 문화적 맥락을 고려한다면, 자문화기술지는 앞으로도 확산일로에 접어들 것으로 기대한다.

둘째, 한국의 자문화기술지 연구동향은 분석적 차원의 자문화기술지보다는 자전적이고 감성적인 차원의 자문화기술지가 강세를 보이는 것으로 나타났다. 이러한 흐름 속에서, 정서기반 자문화기술지, 예술기반 자문화기술지와 같은 창조적 형태의 자문화기술지가 출현하며 자문화기술지 예술적 및 심미적 경향성이 강화되고 있다. 하지만 인류학, 사회학에 바탕을 둔 분석적 자문화기술지 유형은 상대적으로 소수에 머물렀다. 이러한 이유로 한국에서 양산된 자문화기술지가 학술적 깊이가 저하되고 있다는 비판이 제기되고 있다(서유진, 2020; 이동성, 2016, 2019). 자문화기술지가 정교한 분석보다는 감성적 측면에 경도될 경우에 이론적 수준과 방법론적 엄격성이 약화될 수도 있다(Anderson, 2006; Maydell, 2010). 따라서 자문화기술지 연구를 수행할 인문사회과학 연구자들은 자전적 및 감성적 측면의 재현뿐만 아니라, 사회문화적 측면의 정교한 분석과 해석에도 학술적 관점을 가져야 할 것이다.

셋째, 한국의 자문화기술지 연구동향은 서구의 자문화기술지에 대한 소개 차원을 넘어서, 한국의 자문화기술지를 심층적으로 이해하고 분석하려는 특징을 나타내었다. 즉, 한국 자문화기술지 연구자들은 자문화기술지의 이론적 관점, 세부적인 연구방법과 절차, 글쓰기 전략에 대한 학술 작업이 활발하게 진행하였다. 이러한 시도는 자문화기술지의 방법적 엄격성을 강화고, 자문화기술지가 다양한 학문 분야에 적용되고 확산될 수 있는 방법적 토대로 기여하였다. 따라서 자문화기술지는 한국적 상황과 맥락에 조응하면서, 인문사회과학 분야의 대안적 연구방법론으로서 자리매김하였다고 할 수 있다. 하지만 한국의 자문화기술지가 학문 생태계에서 방법론적 위상을 유지하기 위해서는 좀 더 많은 노력이 필요하다. 우선, 자문화기술지 자체에 대한 방법론적 저술 작업이 지속되어야 할 것이다. 즉, 자문화기술지가 인문사회과학 분야의 연구방법론으로서 공격받을 수 있는 사항들을 세밀히 검토하여, 이를 보완할 수 있는 질적 연구자들의 노력이 추가적으로 필요하다. 그리고 한국적 철학과 사상을 반영한 토착적인 자문화기술지 연구방법론을 새롭게 생성하여 연구방법론의 식민성을 극복해야 할 것이다.

넷째, 한국 자문화기술지의 수용과 발전 과정을 탐구한 이 연구는 자문화기술지의 방법론적 가능성과 위상을 조명한 측면에서 학술적 가치가 있다. 특히, 한국의 사회문화적 토양 속에서 자문화기술지의 수용과 발전 과정을 탐구하였다는 측면에서 기존 선행연구들과 차별성을 지닌다고 볼 수 있다. 이 연구는 한국에서 수행된 다양한 학문 분야의 자문화기술지 연구들을 종합적으로 분석하여 한국의 연구자들이 자문화기술지를 어떻게 받아들이고 변용하였는지를 종단적으로 파악하는 데 유용할 것이다. 또한, 이 연구는 자기노출이 수반되는 자문화기술지의 방법론적 특성에도 불구하고, 자문화기술지가 다양한 학문 분야에서 수용되고 발전하고 있음을 양적 및 질적으로 밝혀내었다. 이러한 이슈에서, 이 연구의 결과는 앞으로 자문화기술지 연구를 시도하거나 자문화기술지의 한국적 변용과 발전을 시도하고자 하는 한국의 인문사회과학 연구자들이 참고할 수 있는 방법론적 개념지도로써 기여할 것이다.

마지막으로, 이 연구는 한국에서 발간된 학위논문을 제외하였고, KCI 등재 논문과 전문 학술서적만을 주요한 대상으로 분석을 시도하였다. 따라서 후속연구는 학위논문으로 분석 대상을 확장하여 한국의 신진연구자들이 자문화기술지로 자신의 학위논문을 어떻게 작성해 왔는지를 분석하는 연구가 수행될 필요가 있다. 또한, 이 연구는 자문화기술지의 유형, 글쓰기 방식, 자기노출을 중심으로 자문화기술지의 수용과 발전에 대한 특징을 제시하였으나, 후속 연구는 보다 다양한 준거(예, 자료수집 및 분석, 연구윤리, 타당성 및 신뢰성 등)를 바탕으로 한국적 특성을 고려한 한국 자문화기술지 연구동향을 추가적으로 분석할 필요가 있다. 이러한 후속 연구들이 축적될 수 있다면, 한국만의 토착적이고 창의적인 자문화기술지가 새롭게 생겨날 것으로 기대한다. 그리고 이 연구의 결과를 바탕으로 한국의 토착적인 자문화기술지를 정립하고 생성하기 위한 방법론적 대화와 학술적 시도가 지속되기를 기대하며 글을 마무리 짓고자 한다.

참고문헌

고현정(2013). 자문화기술지의 학문적 적용과정과 무용 자문화기술지 방법론 연구. **한국무용교육학회지, 24**(1), 35-53.

김경희(2020). 한 교수의 문학상담 집단 프로그램 기획 및 진행 경험에 대한 예술기반 자문화기술지. **교육인류학연구, 23**(1), 155-191.

김나래, 김선희(2018). 미술심리치료학 분야에서의 자문화기술지 활용에 관한 고찰. **질적탐구, 4**(2), 1-24.

김다롱, 임지연, 김동민(2021). 상실을 경험한 음악치료사의 애도과정에 대한 예술기반 자문화기술지. **질적탐구, 7**(1), 317-351.

김수안, 김명찬(2021). 국내 상담학 분야의 자문화기술지 연구동향. **질적탐구, 7**(4), 1-33.

김영천(2013). **질적연구방법론III: Writing**(제2판). 아카데미프레스.

김영천, 이동성(2011). 자문화기술지의 이론적 관점과 방법론적 특성에 대한 고찰. **열린교육연구, 19**(4), 1-27.

김영천, 이동성(2013). 질적 연구에서의 대안적 글쓰기 이론화 탐색. **열린교육연구, 21**(1), 49-76.

김영천, 이현철(2017). **질적연구: 열다섯 가지 접근**. 아카데미프레스.

김영천, 주재홍(2010). 질적 연구에서의 글쓰기 : 다양한 접근들의 이해. **열린교육연구, 18**(1), 155-183.

김은주, 소라엘, 김동민(2022). 음악치료사의 또래관계 외상 회복과정에 대한 예술기반 자문화기술지. **교육치료연구, 14**(1), 61-79.

김재윤, 이동성(2024). 한국 교육학계에서 자문화기술지 연구자로 살아남기: 조용한 저술에 대한 도전과 자기노출의 연속. 2024 **아시아질적탐구학회 연차학술대회 자료집**, 314-318.

김주혜, 김치열(2022). SNA 분석을 이용한 해상 수출입화물의 네트워크 구조와 국내 항만의 중심성 분석. **한국항만경제학회지, 38**(4), 25-43.

김현하, 김대현, 권다남(2024). 학교-지역 연계 교육 관련 연구 동향 분석 -의미 연결망 분석과 CONCOR 분석을 중심으로-. **평생교육학연구, 30**(1), 65-91.

김현하, 서희, 박창언(2022). Trend Analysis of Individualized Learning -Using the Keyword Network-. **아시아태평양융합연구교류논문지, 8**(9), 139-151.

박상봉, 김동식(2020). 스포츠교육 연구에서 자기연구: 자문화기술지를 중심으로. **한국체육학회지, 59**(1), 161-176.

박수연, 임부연(2022). 자문화기술지 글쓰기의 방법론적 제안: 유아교육현장의 대안적 글쓰기로서 감응적 글쓰기 생성으로 나아가며. **교육혁신연구, 32**(2), 199-229.

박순용, 장희원, 조민아(2010). 자문화기술지: 방법론적 특징을 통해 본 교육인류학적 가치의 탐색. **교육인류학연구, 13**(2), 55-79.

서유진(2020). 특수교육 분야에서의 자문화기술지 연구 동향분석 및 향후과제. **특수아동교육연구, 22**(4), 135-164.

여정모, 김명찬(2017). 관계 단절의 고통에 대한 정서기반 자문화기술지. **인간발달연구, 24**(3), 111-131.

이동성(2010). 초등학교 기초학습부진학생지도 경험에 대한 자문화기술지. **교육인류학연구, 13**(3), 141-168.

이동성(2012). **질적 연구와 자문화기술지**. 아카데미프레스.

이동성(2016). 국내 자문화기술지의 연구동향 분석. **초등교육연구**, 27(2).

이동성(2019). 자문화기술지의 방법적 이슈와 글쓰기 전략. **질적탐구, 5**(2), 1-28.

이동성(2020). **질적 연구와 자문화기술지**(2판). 아카데미프레스.

이성직, 김한준(2009). TF-IDF의 변형을 이용한 전자뉴스에서의 키워드 추출 기법. **한국전자거래학회지, 14**(4), 59-73.

이재은, 조영아(2021). 키워드 네트워크 분석을 활용한 평생교육정책 주요 시기별 평생교육학연구 연구동향 분석. **평생교육학연구, 27**(4), 43-72.

이현진, 김명찬(2017). 권위자와의 관계 경험에 대한 정서기반 자문화기술지. **교육인류학연구, 20**(3), 41-66.

이현진, 김명찬(2018). 정서기반 자문화기술지의 방법론적 탐색: 상담학 분야를 중심으로. **질적탐구, 4**(1), 31-58.

이현진, 이동성, 김명찬(2020). 상담학 이론에 기반한 자문화기술지의 개념적 특질 탐색. **질적탐구, 6**(1), 71-105.

정진이(2020). TF-IDF와 N-gram을 활용한 공연콘텐츠 선정평가기준 키워드 분석 : 공공기관 국고보조금 지원사업을 중심으로. **인문콘텐츠, 58**, 253-282.

정희엽, 홍후조.(2021). 텍스트 마이닝을 통한 4차 산업혁명시대 '맞춤형 교육' 연구 동향 분석. **교육방법연구, 33**(3), 433-454.

주인석, 이현진, 김명찬(2021). 질적탐구 학회지에 게재된 논문의 연구 동향 분석(2015년-2020년). **질적탐구, 7**(2), 1-28.

주재홍(2016). 탈식민주의와 질적 연구: 방법적 이슈들. **교육과정연구, 34**(4), 1-25.

최영광, 임지연, 김동민(2021). 한부모가정 자녀 음악치료사의 죄책감 통찰 과정에 관한 예술기반 자문화기술지. **한국음악치료학회지, 23**(2), 83-107.

하정미, 좌문경(2016). 사회복지연구에서의 자문화기술지 연구방법의 가치와 적용. **한국사회복지질적연구, 10**(2), 41-75.

한유리(2022). **차근차근 자문화기술지**. 박영스토리.

Adams, T. E., & Herrmann., A. F. (2023). Good Autoethnography. *Journal of Autoethnography*, *4*(1), 1-9.

Adams, T. E., Jones, S. H., & Ellis, C. (2015). *Autoethnography: Understanding Qualitative Research*. Oxford University Press.

Allen-Collinson, J & Hockey, J. (2008). Autoethnography as 'valid' methodology? A Study of disrupted identity narratives. *The International Journal of Interdisciplinary Social Sciences*, *3*(6), 209-217.

Anderson, L. (2006). Analytic autoethnography. *Journal of Contemporary Ethnography*, *35*(4), 373-395.

Anderson-Levitt, K. M. (2014). Significance: Recognizing the value of research across the national and linguistic boundaries. *Asia Pacific Education Review*, *15*, 347-354.

Brown, P. F., Della Pietra, V. J., Desouza, P. V., Lai, J. C., & Mercer, R. L. (1992). Class-based n-gram models of natural language. *Computational Linguistics*, *18*(4), 467-479.

Bullough, R. V., & Pinnegar, S. (2001). Guidelines for Quality in Autobiographical Forms of Self-Study Research. *Educational Researcher*, *30*(3), 13-21.

Buzzard, J. (2003). On auto-ethnographic authority. *The Yale Journal of Criticism*, *16*(1), 61-91.

Chang, H. (2008). *Autoethnography as Method*. Walnut Creek, Left Coast Press, Inc.

Chang, H. (2013). *Autoethnography as method: Developing qualitative inquiry*. Walnut Creek, CA: Left Coast Press.

Chang, H., Ngunjiri, F. W., & Hernandez, K. C. (2013). *Collaborative autoethnography*. Walnut Greek, CA: Left Coast Press.

Chen, J. C., & Danish, S. J. (2010). Acculturation, distress disclosure, and emotional self-disclosurewithin Asian populations. *Asian American Journal of Psychology*, *1*(3), 200-211.

Das, K., & Mullick, P. D. (2015). Autoethnography: An introduction to the art of representing the author's voice and experience in social research. *International Journal of Applied Research*, *1*(7), 265-267.

Denshire, S. (2014). On auto-ethnography. *Current Sociology*, *62*, 831-850.

Denzin, N. K. (2014). Reading the challenges of a global community and sociological imagination. *Qualitative Inquiry*, *20*, 1122-1127.

Ellis C., Adams T. E., Bochner A. P. (2011). Autoethnography: An overview. Historical *Social Research/Historische Sozialforschung*, *36*, 273-290.

Ellis, C. & Bochner, A. P. (2000). Autoethnography, Personal narrative, Reflexivity: Researcher as subject. In N. K. Denzin, & Y. S. Lincoln (Eds.), *Handbook of qualitative research*. Thousand Oaks, CA: Sage Publications Ltd.

Foster, K. et al. (2005). *Coming to autoethnography: A mental health nurse's experience*. http://creativecommons.org/licenses/by/2.0.

Freeman, L. C. (1979). Centrality in social networks conceptual clarification. *Social Networks*, *1*(3), 215-239.

Grant, A. (2010). Autoethnographic ethics and rewriting the fragmented self. *Journal of Psychiatric and Mental Health*

Nursing, *17*, 111-116.

Jones, S. H. (2005). Autoethnography: Making the personal political. In N. K. Den-zin & Y. S. Lincoln (Eds), *Handbook of Qualitative Research* (3rd ed.) (pp.763-791). Sage.

Jung, S. W., & Kim, Y. C. (2018). Becoming a qualitative researcher with a postcolonial sensibility in South Korea. *International Review of Qualitative Research*, *11*(4), 375-393.

Kim, Y. C. & Cho, J. S. (2005) Now and forever: portraits of qualitative research in Korea, *International Journal of Qualitative Studies in Education*, *18*:3, 355-377.

Lapadat, J. C. (2017). Ethics in Autoethnography and Collaborative Autoethnography. *Qualitative Inquiry*, *23*(8), 589-603.

Maydell, E. (2010). Methodological and Analytical Dilemmas in Autoethnographic Research. *Journal of Research Practice*, *6*(1), Article M5. Retrieved [date of access]. http://jrp.icaap.org/index.php/jrp/article/view/223/190.

Muncey, T. (2010). *Creating autoethnographies*. London: Sage Publications Ltd.

Park, Y. S., & Kim, B. S. K. (2008). Asian and European American cultural values and communication styles among Asian American and European American college students. *Cultural diversity and Ethnic Minority*, *14*(1), 47-56.

Pathak, A. A. (2010). Opening my voice, claiming my space: Theorizing the possibilities of postcolonial approaches to autoethnography. *Journal of Research Practice*, *6*(1), 1-12.

Reed-Danahay, D. E. (1997). *Auto/Ethnography: rewriting the self and the social*. Routledge.

Richardson, L. (1994). Writing: A method of inquiry. In N. K. Denzin & Y. S. Lincoln (Eds.), *Handbook of Qualitative Research* (pp. 516-529). Thousand Oaks, CA: Sage.

Salton, G., & Buckley, C. (1988). Term-weighting approaches in automatic text retrieval. *Information Processing & Management*, *24*(5), 513-523.

Shen F., & Tsui, L. (2018). Revisiting the Asian values thesis: An empirical study of Asian values, internet use, and support for freedom of expression in 11 societies. *Asian Survey*, *58*(3), 535-556.

Tullis, J. (2013). Self and others: Ethics in autoethnography research. Holman Jones S., Adams TE, Ellis C. (Eds.), *Handbook of autoethnography* (pp. 244-261). Walnut Creek, CA: Left Coast Press.

Wall, S. (2006). *An autoethnography on learning about autoethnography*. http://creative-commons.org/licenses/by2.0.

Wall, S. (2008). Easier Said than Done: Writing an Autoethnography. *International Journal of Qualitative Methods*, *7*(1), 38-53.

Wasserman, S., & Faust, K. (1994). *Social network analysis: Methods and applications*. Cambridge University Press.

Wei, M., Su, J. C., Carrera, S., Lin, S, & Yi, F. (2013). Suppression and interpersonal harmony: A cross-cultural comparison between Chinese and European Americans. *Journal of Counseling Psychology*, *60*(4), 625-633.

Winkler, I. (2018). Doing Autoethnography: Facing Challenges, Taking Choices, Accepting Responsibilities. *Qualitative Inquiry*, *24*(4), 236-247.

제5장

한국 실행연구의 동향

조재성(광주교육대학교)

1. 서론: 이론과 실행의 융합

실행연구는 지난 20년 동안 사회과학 분야를 위한 독자적인 연구 패러다임으로 소개된 이래 비교적 활발히 활용되고 있다. 실행연구는 연구 상황에서 흔히 발생하는 딜레마인 이론과 실천의 괴리 문제를 실질적으로 해결할 수 있는 방법론으로 인정받으면서 대학과 현장을 모두 아우를 수 있는 연구 방법으로 자리 잡기도 했다. 즉, 실천이 필요한 대학의 이론가들과 학문적 깊이가 필요한 실천가들의 요구에 모두 대응할 수 있다는 장점에 따라 실행연구는 사회과학의 여러 분야에서 적용되는 중이다(신철균, 임종헌, 2022). 이론과 실천을 연결하고 문제 상황을 실제로 해결하는 데 관심을 두는 실행연구의 비전은 미래 사회의 화두가 될 융합, 통합, 실용, 실증의 가치 아래 더욱 확장될 것으로 기대되고 있다.

이러한 실행연구의 역사는 약 100년 정도 거슬러 올라가게 되는데, 'Action Research'라는 용어를 공식적으로 처음 사용한 학자는 Lewin(1946)이다. 그는 현장에서부터 시작되어 중요한 사회적인 법칙을 생성했던 몇몇 연구에 주목하였다. 그는 유용한 사회적 연구들은 직접 현장에 적용되었고, 실제적인 효과를 나타냈으며, 연구 결과가 기존의 이론을 수정하고 개선하는 데 활용된다는 점을 강조하였는데, 이것이 실행연구의 이론적 토대로 자리 잡게 되었다.

이후 실행연구는 1930~40년대 실증적 패러다임, 1970년대 질적연구와 해석적 패러다임, 실천적 지식 개념 등의 확장을 통해 지금에 이르게 되었다. 특히 실행연구가 단순히 이론의 발견이나 검증의 역할에만 머무르지 않고, 현장 실천가들을 전문가로 성장시키고 수많은 사회적 문제점과 딜레마를 효과적으로 해결하는 데 효과적이라는 사실이 밝혀지면서 기존의 이론적 연구에 한계를 느낀 많은 연구자에게 인기를 끌게 되었다. 현장 연구자들은 실행연구를 통해 다양한 문제를 안고 있는 사회적 세계를 이해함은 물론이고 주어진 사회적 환경 속에서 삶의 질을 끌어올릴 수 있었다. 이러한 점은 실행연구가 교육, 보건, 의료, 행정, 경영 등 사회과학의 다양한 분야 등에서 두루 활용되는 것을 가능하게 하였다.

이러한 배경 아래 우리나라에서의 실행연구 동향을 자세히 탐구하는 것은 몇 가지 의미를 지닌다. 우선 우리나라 실행연구의 구체적인 동향을 추적하여 실행연구물의 양적 축적 상황을 점검하는 것은 메타분석에 필요한 기초적 데이터를 제공할 수 있을 것이다. 이와 더불어 방법론의 질적 수준을 세계적인 수준과 비교하고 그 강점과 한계점을 도출할 수 있으며 결과적으로 실행연구방법론의 미래 발전 가능성을 논의할 토대를 마련할 수도 있을 것이다. 또한, 우리나라의 맥락에 근거한 실행연구 이야기는 탈식민주의적 의미를 지닐 수 있다. 그동안 한국의 실행연구 동향에 관해서는 잘 드러나지 않았으므로, 이를 표면에 나타내는 것은 새롭고 인상적인 작업이 될 수 있다. 지금까지 서구 중심의 질적연구와 실행연구 전통만을 탐색하던 관습에서 벗어나, 한국에서의 지역적 담론을 다룬다는 의미를 가질 수 있다(Hsiung, 2012).

2. 한국 실행연구의 과거: 역사적 탐구

우리나라에서의 실행연구 흐름을 종합하면 다음과 같이 크게 네 단계로 정리할 수 있다.

첫째, 현장연구 시기가 있다. 실행연구의 개념이 도입되기 오래전부터 현장연구라는 연구 방법이 있었다. 현장연구는 현장 실천가가 직접 현장을 연구하는 방법을 뜻한다(진보영, 1987). 1950년대에 시작된 현장연구는 50여 년 동안 지속되면서 현장을 개선하는 주류 연구 방법으로 자리 잡았다. 이 방법은 실천가들의 연구 활동을 이론적으로 뒷받침했으며 실제로

도 대학의 연구자가 아닌 실천가가 자기 현장을 탐구하도록 촉진했다는 데 의의를 둘 수 있다. 다만 그동안 수행되어 온 현장연구는 본질적인 한계점들이 존재했다(이혁규, 2002). 구체적으로는 ① 교사의 삶과 연구 사이에 틈이 존재한 점, ② 제시된 연구 사례가 어떤 맥락에 따른 것인지에 대한 심층적인 설명이 없으며 대부분 평범한 점, ③ 연구 과정에 대한 자세한 설명이 이루어지지 않은 채 오로지 성공 사례만 제시된 점, ④ 대부분의 연구가 제한된 구조 내에서 작은 변화를 만드는 데만 초점이 맞춰져 있었고 참가자의 역할 변화나 권력관계의 재조직과 같은 실제적인 개혁에 관한 연구는 거의 찾아볼 수 없었던 점 등이 지적되었다.

게다가 오랜 시간 동안 현장연구는 순수한 탐구 활동이 아니라 현장의 실적을 과시하거나 행정 · 재정적 지원을 얻어내는 수단으로 변질되고 있었다. 특히 교육 분야의 현장연구는 대부분 연구의 주관 기관이 교육부나 지역 교육청인 경우가 많았고, 교사 대부분은 승진에 필요한 점수를 획득하거나 학교 지원 예산을 받기 위해 현장연구를 수행했는데, 그로 인해 연구의 결과가 현장을 개선하는 데 큰 영향을 발휘하지 못했다.

이것은 그 당시 미국, 캐나다, 영국, 핀란드, 호주 등에서 이미 이루어지고 있던 혁신적인 실행연구의 흐름과 비교하면 상당히 아쉬운 점이라고 할 수 있었다. 서구 학자들은 실천과 반성의 순환적 흐름에 따른 실행연구를 교육의 질적 개선에 가장 중요한 방법으로 인정하고 있었다(Mills, 2011). 또한 대학 이론가들과 현장 실천가들이 다양한 과정을 통해 연구 방법과 기술을 보급하고 적용하는 협동적 실행연구 문화가 이미 보편화되어 있었다(Grundy, 1982).

둘째, 실행연구의 소개와 도입 시기가 있다. 1990년대 후반부터 질적연구와 실증연구의 한 가지 방법으로서 실행연구가 도입되기 시작하였다. 앞서 언급하였듯이 21세기에 들어서면서 사회과학 분야에서 이론과 실천의 괴리는 점점 더 커졌다. 현장연구가 50년 가까이 이루어졌음에도 여전히 많은 실제적인 문제가 남아 있었고, 국가의 연구 정책도 점점 빨라지는 사회의 변화 속도를 따라잡지 못하고 있었다. 그러던 중 질적연구와 실증주의 패러다임이 소개되고 보급되기 시작하였다(이용숙, 김영천, 1998; McCutchen & Jung, 1990). 이러한 질적연구와 실증주의 패러다임은 실행연구의 보급과 현장 적용도 빠르게 만들었다.

이와 관련하여 우리나라에 실행연구를 소개하고 적용한 1세대 학자인 이용숙(2001)은 다음의 문제점들을 지적하며 질적/실증적 실행연구를 도입할 것을 주장하였다. ① 현장에서 연구하는 연구자들의 대다수는 대학에서 제시하는 이론을 아무런 의심 없이 적용하는 기능주의적 입장을 따르고 있다. ② 실천가들은 연구 현장의 특정한 맥락과 연구 대상의 상황을 무시하고 오로지 대학이나 연구 주관 기관의 성과를 위한 프로젝트만을 수행하고 있다. 이것은 주체적인 연구자의 지위를 포기하고 대학 연구에 스스로 종속된다는 현상을 비판한 것이다. ③ 기존의 현장연구는 대부분 공동 연구가 아닌 개인적인 연구로 수행되고 있어 연구 결과가 확산이 더디고 평가도 잘 일어나지 않는다.

이러한 주장에 공감한 연구자들은 실행연구의 방면에서 활약하기 시작했다. 구체적으로는 최의창(1998), 이용숙(2001) 등이 교육학 분야에서 교육의 문제를 개선하기 위한 실제적인 방안을 모색하기 위하여 실행연구를 도입하였다. 이 과정에서 서구의 실행연구 이론들이 우리나라에 본격적으로 소개되었다. 대표적으로는 'The Research Act: A Theoretical Instruction to Sociological Methods(Denzin, 1978)', 'Action Research for Educational Change(Elliott, 1991)', 'The Action Research Planner(Kemmis & McTaggart, 1988)', 'Professional, Personal, and Political Dimensions of Action Research(Noffke, 1997)', 'Handbook of Action Research(Reason & Bradbury, 2001)' 등이 있다.

요약하면 이 시기에는 실행연구가 무엇인지에 대한 개념적 탐색과 더불어 실행연구와 기존의 현장연구의 차이점 규명에 관한 이론적 탐색이 주로 이루어졌다. 그리고 일부 현장에서는 실행연구를 직접 수행하고 경험하는 연구가 병행되었다.

셋째, 실행연구의 양적 · 질적 확장 시기가 있다. 실행연구는 기존의 현장연구를 대체할 수 있는 새로운 방법으로 각광받게 되었다. 그리고 실행연구는 곧바로 새로운 연구 패러다임의 한 종류로 인정받게 되었다. 특히 실행연구가 석 · 박사 학위 논문이나 학술 논문에 활용되기 쉬운 방법론으로 인식되면서 대학과 현장에서 골고루 활용되기 시작하였다. 이는 새로운 연구 주제를 찾아내려는 대학 연구자들과 현장에서 발견한 독특한 현상을 이론화하려는 현장 실천가들의 요구가 맞아들어간 데 따른 것이다. 이처럼 실행연구 용어가 확립되고 보급됨에 따라 실행연구의 이론을 좀 더 깊이 탐구하려는 수요가 늘어났고, 자연스럽게 실행연구의 개념과 적용 방법을 체계적으로 다루는 번역서와 전문 서적이 출간되었다. 구체적으로는 번역서의 경우에는 'Curriculum Action Research: A Handbook of Methods and Resources for the Reflective Practitioner(McKernan, 1991)', 'Becoming a Teacher through Action Research: Process, Context, and Self-Study(Phillips, & Carr, 2013)', 'Action Research: Improving Schools and Empowering Educators(Mertler, 2014)', 'Doing Action Research in Early Childhood Studies(Naughton & Hughes, 2008)' 등이 번역 및 보급되었다. 그리고 한국학자들의 전문 서적에는 '실행연구방법(이용숙 외, 2005)', '실행연구: 이론과 방법(박창민, 조재성, 2016)' 등이 출간되었다.

현장 실천가들은 대학원에서 전문적인 교육을 받고 현장에서 문제를 해결하거나 자신이 흥미롭다고 생각하는 이론을 검증하기 위해 실행연구를 사용하기 시작했다. 그리고 실행

〈표 1〉 실행연구의 양적 축적(1984년~2024년)

학문 분야	논문 수	비율(%)
교육학	573	57.5
예술체육	161	16.2
사회과학	99	9.9
인문학	58	5.8
복합학	43	4.4
의약학	16	1.6
자연과학	15	1.5
공학	10	0.9
농수해양	3	0.0
기타	18	1.8
합계	996	100

연구로 작성된 논문이 양적으로 급속도로 축적되기 시작하였다. 구체적으로는 학술 데이터베이스 RISS에 '실행연구' 키워드로 검색된 학술 논문이 총 996편에 이르며 그 분야는 교육, 예술체육, 사회과학 등 10개 분야에 이른다(〈표 1〉 참조).

많은 연구 사례에서는 실천가 스스로 연구한 경우와 더불어 협력적 실행연구나 참여적 실행연구도 확인된다. 이러한 사실은 실행연구가 현장의 개선과 더불어 그동안 소외되었던 사람들의 목소리를 많이 반영하는 사회적인 기능을 수행한다는 점에서 고무적이다. 또한 실행연구의 대부분은 해석적 패러다임에 근거하여 수행되는 경우가 많은데, 이 역시 실행연구가 질적연구방법을 널리 알리는 데에도 이바지한 것으로 이해할 수 있다.

넷째, 현재는 실행연구가 완전히 정착되고 심화하는 시기로 볼 수 있다. 〈표 1〉과 같이 현재 실행연구는 많은 분야에서 비교적 활발하게 연구되고 있다. 특히 인문학과 사회과학 분야에서 주된 연구방법론으로 기능하고 있다는 점을 알 수 있다. 지금도 실천가들은 실행연구를 활용하여 이론을 정립하고 이를 확산하는 작업에 매진하고 있다. 특히 가장 많이 활용되는 교육학 분야에서 이러한 현상이 두드러지게 나타나는데, 실제 교육 현장의 개선에 실행연구가 그 역할을 담당하고 있다. 대표적인 연구에는 '보편적 학습설계에 기반한 수업혁신 실행연구(이형빈, 2023)', '유치원 통합학급에서의 협력교수에 대한 실행연구(김희태 외, 2024)', '더 나은 기술수업 만들어가기를 위한 실행연구(함형인, 2024)' 등이 있다. 간호학에서도 실행연구가 활용되고 있다. 대표적으로 '팬데믹 속, 요양시설 거주노인들의 자기결정 지원(오혜인, 이현주, 2023)', '의료취약계층을 위한 지역사회통합돌봄 실행연구(정원미 외, 2023)', '간호현장에서 정맥주사요법 교육프로그램 실행연구(김효연, 김윤희, 2023)' 등이 발표되었다. 이외에도 돌봄, 상담, 지역 사회 개혁, 공공사업 평가 등 사회과학의 제반 분야에서 그 영역을 확장하고 있다.

다만 여전히 실행연구는 기존의 현장연구를 완전히 대체하지는 못하고 있다. 여전히 일선 현장에서는 승진이나 재정적인 지원 정책과 관련된 현장연구들이 계속되고 있다. 게다가 학술적인 연구가 아닌 정부가 주관하는 많은 정책 연구 대회나 프로젝트에서는 현장연구라는 용어가 더 많이 활용되고 있기도 하다. 또한 실행연구를 대상으로 하는 전문 학회나 학술지가 부족하다. 서구에서 'American Educational Research Association 교육과정 실행 분과', 'Education Action Research', 'Action Research International', 'Action Research Electronic Reader'와 같은 대규모의 실행연구 학회가 운영되고 있다는 사실과 비교하였을 때 상당한 아쉬움으로 남는다. 다행스럽게도 2023년부터 '한국실행연구학회'가 창립되어 현장에서 적용되는 실행연구의 흐름을 정리하고 실행연구와 관련된 다양한 이론적, 실천적 탐구 결과를 논의할 수 있는 장이 마련되었다.

3. 한국 실행연구의 현재: 유형과 사례

보통 실행연구는 주로 '프로그램 개선'에 초점을 맞추고 있지만, 실제로 우리나라에서 수행된 실행연구는 다양한 특징을 지닌 유형으로 구분할 수 있다.

강지영과 소경희(2011; 207)는 전문성 발달, 교수자 개인의 내면적 변화와 성장, 사회구

〈표 2〉 한국 실행연구의 유형

유형	연구의 목적	연구자의 역할	연구 과정
기술적 실행연구	효율, 효과 개선 전문성 개발	전문가	계획→실행→성찰→계획수정
실천적 실행연구	이해, 의식변화	성찰자 참여자	문제인식→문제분석→계획→실행→ 효과분석→평가→계획조정
비판적 실행연구	자기로부터의 해방 체제 비판, 변화	공동연대자	문제파악→계획→실천→결과관찰→ 성찰→계획수정

조의 개선으로 구분하였다. 먼저, 전문성 발달에 초점을 둔 실행연구의 경우에는 세부적으로 이론적 지식의 적용 방안을 위한 연구, 프로그램 개발 및 적용에 관련된 연구, 그리고 효과적인 교수 · 학습 방법을 탐색하는 연구로 나누어진다. 다음으로 교수자 개인의 내면적 변화와 성장을 위한 실행연구는 교사의 내면에 주목함으로써 연구를 통해 교사가 자신을 성찰하는 데 중점을 둔다. 마지막으로 사회구조의 개선에 초점을 둔 실행연구는 교실 내에서 발생하는 권력의 불균형 문제를 해소하고 민주주의와 평등, 정의 등이 교실 내에 자리 잡을 수 있도록 하는 데 목적을 둔다. 이러한 실행연구의 전문적, 개인적, 정치적 특징은 다음에 소개할 기술적(technical), 실천적(practical), 비판적(critical) 실행연구의 이론적 기반이 된다.

1) 기술적 실행연구(Technical Action Research)

첫 번째 유형은 기술적 실행연구이다. 이 유형은 실행연구의 가장 기본적인 형태로서, 현장에서 드러나는 중요한 문제들을 직접 해결하고 효율적이고 전문적인 연구 과정을 규명하는 데 초점을 맞춘다. 이러한 기술적 실행연구는 1970년대 이전까지 서구에서 주로 활용되었으므로 자연스럽게 우리나라에도 영향을 끼치게 되었다. 현장의 연구자들은 어떤 주어진 문제를 그대로 수용하기보다는 어떠한 방식으로든 실제로 해결해 보려고 노력했고 이것이 기술적 실행연구로 이어졌다. 기술적 관점에서는 학자들이 도출한 이론적 처방이 연구자의 해석과 적용 여부에 따라 그 효과를 달리 할 수 있다고 본다(서경혜, 2005). 따라서 기술적 실행연구는 문제를 해결하기 위해 과학적이고 논리적인 절차를 중시하게 되며 이는 실행연구의 기본적인 특징으로 자리 잡기도 하였다(Mckernan, 1991). 기술적 실행연구는 연구가 수행되는 단계에서도 공학적 특징을 확인할 수 있다. 문제를 발견하고 나면 공동 연구자 혹은 연구 참여자들과 문제 해결을 위한 계획을 세우고 실행한 뒤, 과정 및 결과를 성찰하면서 순환적으로 이어진다. 이는 실행연구의 기본적 특성이 충실히 반영된 것이며 현재 많은 실행연구가 이러한 기술적 패러다임에 따라 이루어지고 있다.

기술적 실행연구를 수행하는 연구자는 문제 분석 이후에 일련의 연구 절차를 수립하고 그것이 그대로 잘 적용되는지를 확인해야 한다. 만일 연구 절차가 문제를 해결하는데 적절하지 않다면 이를 개선하여 새롭고 효과적인 절차를 개발하는 데 초점을 맞추게 된다. 이것은 마치 고장난 기계를 점검하고 고치는 과정과 유사하다. 즉, 연구를 계획하고 수행할 때 특정 상황에서 가장 효율적인 방법을 찾고자 한다. 결과적으로 이는 우리나라 연구 현장에서 실제 발생하는 다양한 문제를 해결할 수 있는 지식을 생산하는 데 이바지하였다(Warrican, 2006).

기술적 실행연구의 사례 1

대학생 학사경고자를 위한 코칭 프로그램의 개발 및 적용에 관한 실행연구

(남상은, 유기웅, 2017)

이 실행연구는 연구는 점점 증가하고 있는 대학생 학사경고자들의 숫자에도 불구하고 현재까지 그들을 지원하기 위한 학교별 프로그램이 미흡하다는 선행연구들에서의 결과를 전제로 대학생 학사경고자를 위한 프로그램의 필요성에 의해 실시되었다. 본 연구의 목적은 대학생 학사경고자를 위한 코칭 프로그램을 개발하는 것이며, 연구를 통해 대학생 학사경고자를 위한 코칭 프로그램의 개발 과정과 프로그램의 내용 및 구성을 실행연구의 방법으로 제시하였다. 프로그램을 개발하고 이를 합리적 과정으로 전개하여 효과와 의미를 살펴보았다는 점에서 기술적 실행연구의 전형으로 볼 만하다.

연구의 과정은 다음과 같다. 첫째, 문헌 고찰을 통하여 선행연구를 분석하였다. 둘째, 2016학년도 1학기에 1차 프로그램을 개발하여 적용하였다. 셋째, 1차 프로그램 적용 시 나타난 문제점을 수정 · 보완하여 2016학년도 2학기에 2차 프로그램을 개발하여 실행하였다. 넷째, 1차와 2차 프로그램을 적용하면서 생긴 문제점을 코칭 일지, 동료 코치와의 심층 면담 및 참여 학생들의 성찰일지, 소감문, 활동지, 서술적 설문지 등을 바탕으로 수정 · 보완하여 프로그램을 완성하였다.

완성된 프로그램은 오리엔테이션, 그룹 워크숍 4회, 일대일 코칭 3회, 시상식 및 마무리의 총 9회기로 구성되었다. 그룹 워크숍의 주제는 목표 세우기, 시간 관리, 지속 학습과 사례발표, 시험전략이며, 일대일 코칭의 주제는 자기 이해, 시간 관리, 끊임없이 쇄신하여 균형 있는 삶을 지향하는 것으로 구성되어 있다.

이 연구의 결론으로는 다음 내용이 도출되었다. 첫째, 학사경고는 단순히 학업적 문제로부터 기인하는 것이 아니라, 다양한 삶의 문제로부터 기인하므로 학습지원에만 국한된 프로그램보다는 자기효능감 및 자아존중감 등의 인지 · 심리적 요소의 향상까지도 고려한 프로그램이 필요하다. 둘째, 프로그램의 운영을 위하여 참여자가 더 능동적으로 활동할 수 있는 코칭을 활용하는 것이 적절하다. 셋째, 대학생 학사경고자들에게는 일회성 프로그램보다는 다회성 프로그램을 활용하는 것이 적절하다. 넷째, 일대일 프로그램과 집단 프로그램을 조합하여 운영하는 것이 필요하다.

기술적 실행연구의 사례 2

독서치료 효과 증진을 위한 수퍼비전 실행 연구

(임성관, 2011)

이 연구는 독서치료 수퍼비전 활동이 치료 효과 증진에 기여를 할 것이라는 생각에서 시작되었다. 치료사에게 있어 치료 효과를 거둔다는 것은 단순한 치료 작업 이상의 의미를 지닌다. 그러나 현장에서 활동하고 있는 치료사들은 치료라는 말이 주는 부담을 느끼며 자신이 실행하고 있는 치료에 대한 확신이 부족하다. 이러한 상황들은 독서치료가 치료로서의 가치를 입증받지 못하는 현상으로 나타나고 있어, 독서치료 전문가로 활동하는 연구자에게도 개선해 나갈 필요가 있음을 느끼게 해주었다. 이러한 필요성에 의해 시작된 연구가 치료 효과 증진을 위한 독서치료 수퍼비전 실행 연구이다. 이 연구는 연구 과정에 대한 '방법적' 접근을 강조하여 해석적 실행연구의 형태로 진행했다. 연구 과정에서 나타나는 수퍼바이지의 문제점을 관찰하고 개선점을 마련함으로써 치료들이 더욱 효과적일 수 있도록 함은 물론, 연구자와 연구 참여자 모두 성장을 기할 수 있도록 하는 데 목적이 있다.

기술적 실행연구의 사례 3

실행연구 방법론을 통한 예술기업가정신 함양 연구

(박신의, 장웅조, 민정아, 2017)

본 연구는 한국에서 이제 막 논의가 시작된 예술기업가정신과 관련하여 예술단체와 예술기업가를 대상으로 그들이 얼마만큼 예술기업가정신을 인식하고 실제로 구현할 수 있을지를 점검하고, 이를 토대로 추후 필요한 예술기업가정신 교육과 관련한 전망을 제시하는 데 목적이 있다.

연구 방법으로 실행연구(Action Research)를 채택하여, 두 차례의 워크숍을 중심으로 세부 연구 설계에 따른 사전 설문조사와 참가자들의 발표 및 자가 진단, 토론, 사전/사후 심층 인터뷰 등을 진행하였다. 특별히 설문조사는 이들이 갖는 예술기업가의 자질 및 특성에 대한 수준을 점검하기 위한 것으로, 역량 이론에 근거하여 설문을 구성하였다.

워크숍의 결과로, 이들에게는 열정에 기반한 도전적 측면과 예술을 통한 비즈니스 모델에 대한 확신은 충분히 드러났으나, 새로운 환경 변화에 대한 대응과 더불어 기술의 인식과 활용 부분에서, 그리고 예술기업가정신에서 요구하는 혁신에 대한 이해와 시도가 낮은 것으로 나타났다. 이에 따라 기술과 예술 자체에 대한 혁신적 접근이 필요함을 확인하였고, 추후 예술기업가정신의 실천을 위해 혁신적 사고를 키울 수 있는 프로그램 개발이 이루어질 경우, 이러한 부분이 강조될 필요가 있음을 제안하였다.

2) 실천적 실행연구(PracticallAction Research)

우리나라 실행연구의 두 번째 유형은 실천적 실행연구이다. 이 유형의 실행연구는 연구자의 자주성과 의지를 중요시하고 실제 연구 과정에서 성찰을 강조한다는 특징이 있다. 연구자의 꾸준한 숙의와 반성은 이 연구가 왜 이루어지는지, 그리고 연구의 본질적인 의미는 무엇인지를 계속 떠올리게 하여 실행연구의 실제성을 더욱 높여줄 수 있다(김영천, 2013). 또한 실행연구가 흔히 간과할 수 있는 가치에 대한 문제를 직접 다룬다는 점에서 유용하다. 실천적 실행연구에서는 측정이나 통제 대신 인간적 해석, 해석적 소통, 숙의, 타협 등 상세화된 기술 등을 선호한다. 즉, 단순히 문제를 해결하는 것을 넘어 문제를 '근본적으로' 해결하고자 한다. 실제 현장에서 벌어지는 사건을 도덕적, 철학적, 근본적 입장에서 다시 생각하고 올바른 방향으로 문제를 해결하도록 돕는다. 또한 단순히 연구 결과에 집착하는 것이 아니라 문제를 해결하는 과정에 더 큰 관심을 보인다(Mckernan, 1991).

실행연구에서 숙의와 실천을 강조했던 대표적 학자는 Elliott(1991)이다. 그는 지금까지 활용되었던 실행연구를 비판하였다. 특히 자신이 연구하는 현장에서 무엇이 일어나는지에 대한 반성과 성찰이 있어야 한다고 주장했다(Elliott, 1991). 실행연구에서 반성을 강조함에 따라 연구자들은 연구의 진정한 목적에 대해 다시 생각하게 되었다. 이를 통해 자신의 연구 경험을 반성하면서 더 나은 연구 과정을 추구할 수 있었다. 여기서 기술적 실행연구와의 차이가 두드러지는데, 실행연구의 실천적 특징은 단순히 연구를 기계적으로 반복하는 것이 아니라 연구의 결과를 분석하고 자신의 연구 과정을 다시 보면서 성찰하는 데 중점을 두는 것을 의미한다. 결과적으로 이 유형에서 추구하는 바람직한 연구는 자신을 돌아보고 성찰하는 연구자를 만드는 윤리적이고 도덕적인 작업이 된다. 연구자는 자기 행동이 다른 사람에게 미치는 윤리적, 도덕적 효과를 탐색한다. 그리고 진정한 변화는 연구자가 자신의 특정한 상황에서 현명하게, 어떻게, 그리고 왜 행동하는지를 이해할 때 이루어진다고 본다(Naughton & Hughes, 2008; 75).

이와 관련하여 반성적 사고를 강조했던 Schön(1983)에 의하면, 현실에서 '문제'는 당사자에게 객관적인 성격이 아닌, 불확실하고 불안정하며 특수하고 가치 갈등을 특성으로 하는 '문제 상황'의 성격을 지닌다. 문제란 것은 명확히 정의된 것이 아니라 실천가가 '특정한 상황'으로부터 '문제'를 도출하는 것이다. 따라서 실천가로서 연구자의 역할은 문제가 무엇인지 모르는 혼란스러운 문제 상황에서 문제가 무엇인지를 도출하는 '문제 인식'에 있으며, 이것은 과학적 이론과 기술보다는 '행위 중 앎'이라는 예술적이고 직관적인 과정에 의해 이루어진다는 특징을 갖는다(서경혜, 2005). 여기에서 Schön이 말하는 '행위 중 앎'은 우리가 무의식적이고 직관적으로 수행하는 일상적 행동 속에 존재하는 것이며 일반적으로 '실제적 지식' 또는 '암묵적 지식'이라고 부르는 것과 유사하다. 이에 따라, 실제적 관점에서는 연구자들이 현장 밖에서 이론을 구축하는 것이 아니라, 현장 내에서 벌어지는 일과 그것을 경험하는 연구자 본인에 초점을 맞추어 자신들의 실천적 지식을 규명하는 데 중점을 둔다(Cochran-Smith & Lytle, 1999).

실천적 실행연구의 단계별 특징으로는 모든 연구 과정마다 반성과 성찰 활동이 포함된 것을 들 수 있다. 치열한 반성을 통해 본래의 연구 목적에 대한 지속적인 검증은 물론이고 발견한 문제를 정의하고자 한다. 실천적 실행연구는 문제를 해결하기 위한 인간의 자연스러운 사고 과정이라고도 할 수 있다. 문제를 제대로 해결하기 위해서는 여러 번 반성하는 작업이 필요하다. 성찰이 지속되면 그 내용이 나선형으로 확장되며, 그 결과 일회적인 연구보다 더 효과적인 결론을 도출할 수 있게 된다. 이것이 의미하는 바는 성찰이 실제적인 연구 결과를 도출하기 위한 필수적인 조건이 되며 연구 단계는 엄격하게 통제되어야 하는 것이 아니라 연구의 상황과 맥락에 따라 자연스럽게 전개될 수 있어야 한다(Mckernan, 1991). 이를 종합하면 실천적 실행연구에서는 문헌 검토와 더불어 연구자의 경험이나 통찰을 바탕으로 계획을 수립한다. 그 이후에 자신이 설정한 해결 방법을 실행하고 효과들을 꾸준히 점검한다. 그리고 연구가 일단 수행되고 나면 모든 연구 과정을 다시 훑어보고 반성할 점을 찾아 수정된 연구 아이디어를 도출한다. 연구는 반복될수록 정교해지고 문제는 점점 명확해진다.

정리하면, 실천적 실행연구에서는 복잡한 문제를 접하더라도 맥락에 근거한 탐구를 통해 문제를 해결해 나갈 수 있다. 이 패러다임에서는 연구자가 실제로 인식한 문제는 무엇인지, 인식한 문제를 해결하기 위해 찾은 방법이나 실천 계획은 무엇인지, 그리고 구체적인 해결 과정은 어떠한지에 관심을 둔다. 그리고 그 속에서 연구자가 어떠한 역할을 할 수 있을 것인지를 알고자 한다. 그러므로 연구 과정이 비교적 이해하기 쉬우며 그 과정이 상당히 합리적이고 타당하므로 연구의 신뢰도도 높은 편이다.

실천적 실행연구의 사례 1

사회과 수업의 협력적 실행연구: 초등학교 4학년 '문화재와 박물관' 단원을 중심으로

(천호성, 2007)

이 연구에서는 초등학교 4학년 사회과 수업을 중심으로 수업자와 연구자의 협력적 실행연구 과정이 교사의 수업 전문성 신장에 어떠한 영향을 미치는지에 관해 탐색하였다. 구체적으로 수업자와 연구자의 협력적 실행연구에서 이루어지는 교사의 성찰과 반성, 연구자의 조언에 대한 교사의 반응 등, 교사에 대한 의식 분석을 통해 수업의 질적 개선 과정을 탐색하였다는 점에서 실행연구의 실천적이고 반성적 특징이 강조됨을 알 수 있다. 일반적인 실행연구가 프로그램을 개발하고 그 프로그램이 어떻게 개선되는지를 중점적으로 다루는 것과 차별화된 점을 확인할 수 있다.

이를 위해 연구에서는 S 초등학교 K 교사를 사례로 선정하여 실제 상황과 현실에 대해 있는 그대로 기술하고, 상황과 맥락 속에서 그 의미를 심층적으로 해석하는 질적 사례 연구 방법을 추가로 사용하기도 하였다.

연구 결과 교사의 수업 전문성 신장이라는 관점에서 다음 2가지를 결론으로 제시할 수 있다. 첫째, 교사는 연구자와의 협력적 실행연구를 통해 타자의 눈으로 수업을 볼 수 있는 기회를 가질 수 있으며, 교사는 자신의 수업에 대한 반성적 성찰을 통해 수업 운영에 대한 중요성을 인식하고 자신이 지닌 문제점을 자각하게 되었다. 둘째, 협력적 실행연구 과정은 교사에게 갈등, 고민, 희열, 행복 등을 경험하게 하였고, 수업에 대해 근본적인 물음과 함께 자신의 수업상(授業像)을 풍부하게 하는 과정이었다. 이러한 과정과 경험은 더 나은 자신의 수업을 위한 새로운 도전으로 발전하였다.

교사들은 자기 자신의 성찰, 실천, 자신을 바꾸기 위해 노력(self-directed projects)하는 가운데 전문성을 높일 수 있다. 연구자는 교사의 수업 전문성을 신장시키는 방안으로 다음 2가지 점에 주목하였다. 하나는 다른 교사의 수업에 대하여 관찰의 기회를 많이 확보하는 것이다. 이는 다른 교사의 수업을 보며 새로운 방법이나 수업 전개 전략 등에 대해 다른 사람의 관점에서 학습하고 비교할 수 있으며, 자신이 가지고 있는 자신의 수업상(授業像)과 비교를 통해 수업의 과정을 이해하는 것이 가능하기 때문이다. 또 하나는 다른 사람에게 자신의 수업을 더 많이 공개하고 토론의 장을 마련하는 것이다. 다시 말해 단지 수업 공개에서 끝나는 것이 아니고 자신의 수업에 대해 다른 사람들은 어떻게 느끼고 받아들이는지에 관해 상호 협의 및 토론을 통해서 자신의 수업상을 더욱 풍부하게 만들 수 있어야 한다. 이러한 점에서 용기로 시작하여 새로운 도전에 임하는 K 교사의 사례는 좋은 수업을 희망하는 현장 교사들에게 시사하는 바가 크다. 수업이 이루어지는 교실은 공적인 영역이라고 말할 수 있다. 수업 공개에 대한 교사의 열린 마음은 교사 자신의 수업 전문성 신장을 위한 첫걸음이 될 것이다.

실천적 실행연구의 사례 2

영어평가 프로그램 개발 실행연구: 채점자 교육과정에 관한 성찰과 반성

(신동일, 2005)

이 연구는 실행연구 방법론을 통해 평가자 훈련 프로그램을 탐구했다. 2001년부터 대학 부설 평가 센터에서 새로운 평가자 훈련 프로그램이 시도되었다. 새로운 프로그램의 첫 번째와 두 번째 실행은 지속적인 실행 반성을 통해 계획되고 진행되었다.

프로그램 개발 참여자들로부터 수집하거나 기록한 자료로는 참가자들의 일지 작성 결과, 이메일 교환, 공식 문서 및 기타 관련 평가 기록이 있었다. 또한 현장에서 개발된 프로그램은 ISLPR, ACTFL 평가자 훈련 프로그램, 영국 의회의 평가 세미나의 관점에서 재구성되었다. 자료 수집한 결과는 2003년 하반기에 문제점을 파악하고 실질적인 해결책을 제시했다. 영어 능력 평가 프로그램에서 비원어민(NNS)을 재평가하여 EFL 중심의 NNS 전문가들이 효과적으로 한국에서 평가자 훈련 프로그램을 구축할 수 있도록 제안하였다. NNS 테스트 전문가들의 정체성 문제도 논의하였다.

실천적 실행연구의 사례 3

유아교과교재연구및지도법 수업에서 예비유아교사의 반성적 수업분석 능력 신장을 위한 실행연구

(한희경, 2018)

본 연구는 예비유아교사의 반성적 수업분석 능력을 신장시키기 위한 실행연구로, 2017학년도 2학기에 연구자가 강의하는 유아교과교재연구및지도법 수업을 중심으로 8월부터 12월까지 수행되었다.

연구 참여자는 충청도 소재 4년제 대학의 유아교육학과 3학년 학생 32명이었다. 연구자는 이전 수업에 대한 반성과 문헌분석을 바탕으로 현직 교사의 수업사례분석, 마이크로티칭, 교수와의 수업 분석 면담을 계획하고 실행하였다. 추가로 연구 참여자들의 경험을 알아보기 위하여 저널, 수업 행동 분석보고서, 면담 전사 노트, 연구자 저널을 수집하고 내용을 심층적으로 분석하였다.

실행 결과, 현직 교사의 수업사례분석, 마이크로티칭, 교수와의 수업 분석 면담은 예비유아교사의 반성적 수업 분석 능력 신장에 긍정적인 영향을 미쳤음을 확인할 수 있었다. 본 실행연구 과정을 통해 연구자도 유아교과교재연구및지도법 수업을 분석하고 반성할 수 있었으며 과정과 결과를 공유함으로써 예비교사교육에 이바지하고자 한다.

3) 비판적 실행연구(Critical Action Research)

실행연구의 마지막 유형은 바로 비판적 실행연구이다. 기술적 실행연구와 실천적 실행연구가 개인의 전문성이나 프로그램의 개선에 초점이 맞추어져 있다면 비판적 실행연구는 개인의 차원을 넘어서 사회 재건과 인간 해방을 위해 거시적인 차원에서의 연구를 추구한다. 궁극적으로는 연구 활동을 통해 사회적 구조나 환경을 개선하고자 하며 이를 위해서는 비판적이며 참여적인 탐구가 필요하다고 본다. 비판적 실행연구에서는 현장의 작은 변화가 사회나 국가의 변화와 연속선상에서 이루어질 수 있다고 생각한다. 연구자는 권력이 어떻게 제한되는지, 실제적인 권한과 힘이 누구에게 있는지, 그 힘이 어떻게 부여되고 작동하는지를 탐구한다. 그리고 연구자는 사회적 정의를 개선하기 위해서 어떤 새로운 방법으로 행동하고, 사고하고, 존재해야 하는지를 이해하고자 한다(Naughton & Hughes, 2008; 75).

비판적 실행연구의 근원은 1980년대 초 이론과 실천의 이원적 분리를 비판하면서 등장한 비판적 관점에 있다. 사회과학의 여러 한계를 가져온 이원적 사고 경향을 해체하기 위해서 비판적 관점에서는 연구자들이 가진 연구 패러다임이 어떤 가치관과 믿음 체계, 그리고 문화적 배경을 따르고 있는지 검토할 것을 주장하였다. 그리고 그동안 인식하지 못했던 숨겨진 것들을 발견해 내기를 촉구하였다. 이것을 '해체'라는 용어로 설명할 수 있다(Derrida, 1983). 해체는 무엇이 옳고 그른가보다는 그 틀이 타당한지에 관해 질문을 던지는 것이다. 이를 통해 반대되거나 모순되어 보이는 개념들을 의심 없이 양자택일 방식으로 생각하려는 경향을 거부하는 것을 의미한다. 예를 들어, 부모는 친근해야 하는가 혹은 권위적이어야 하는가와 같은 이원적 질문을 받을 때, 어떤 한 편을 택하기보다는 부모는 반드시 친근하거나 권위적이어야 하는가와 같은 질문을 다시 던짐으로서 틀을 거부할 수 있다(Phillips & Carr, 2013). 같은 맥락에서 Lather(1991)는 특정 문제를 해결하기 위해서는 자기 생각과 행동에 영향을 미치는 사고의 틀을 아는 것이 중요하다고 지적한다. 즉, 우리가 보는 행위에 영향을 미치는 맥락과 환경적 관계들을 고려하는 것이 해체에 중요한 과정이다.

비판적 실행연구는 이처럼 이론화를 통한 실천의 이해와 실천에 기반을 둔 이론화를 동시에 추구함으로써 연구를 통한 이론과 실천의 변증법적 발달에 목적을 둔다. 이러한 비판적 패러다임의 등장은 이전까지 미국과 영국의 일부 학자에게만 관심을 받던 실행연구가 포스트모던 패러다임의 주요한 연구방법론으로 부상하게 된 계기를 제공하였다. 왜냐하면 "연구자와 연구자의 상황 모두를 변화시키면서 체계적인 진화를 거듭하는 살아있는 과정"(McTaggart, 1991: 181)으로서의 실행연구는 이론과 실천의 변증법적 발달을 가능하게 하였기 때문이다. 즉 실행연구에서는 자신의 실행에 대한 좀 더 깊은 이해를 추구하면서 동시에 이러한 이해가 후속적인 실천으로 이어지는 출발점이 됨으로써 "교육적 지식의 창조가 다시 교육적 실천으로 재창조되는 순환"(김희연, 2004) 과정을 가능하게 한다. Whyte(1991)에 따르면 이러한 비판적 실행연구는 공동체가 포함된 사회 연구, 산업과 기업, 교육 이외의 조직체에서 오랜 역사를 지니고 있다고 했다. 비판적 실행연구는 앞서 언급했듯이 개인적인 교실이나 학교의 문제보다는 사회적이거나 공동체적 방향성을 가지고 연구는 진행하는 데 중점을 둔다. 대표적인 학자로는 Stringer를 들 수 있는데, 비판적 실행연구에서는 연구자가 개인과 다른 사람들과의 관계를 탐구하는데 이바지하므로 연구를 일종의 사회적 관계로 본다. 쉽게 말해, 비판적 실행연구는 자기 발전이나 자주적인 결정을 제한하는 불합리하거나 불공정한 구조를 탐색하고 개선하고자 하는데 활용된다.

비판적 실행연구에서는 비판적 탐구를 중요하게 여긴다. 비판적 탐구를 통해 실천가들은 교육적 행위들이 갖는 해석적 의미를 찾을 수 있을 뿐 아니라, 여러 가지 제약을 극복할 수 있는 방향으로 행위를 조직할 수 있다. 그리고 문제 해결에서 지식의 도구적 역할에 대한 실증주의자들의 신념을 거부한다(Mckernan, 1991). 또한 비판적 실행연구는 사회와 연구와의 관계에 주목한다. 즉, 사회에 관한 연구는 사회 재건과 인간 해방을 위한 통로가 되어야 하는 것이다. 이러한 논리에 따르면 연구는 연구자만의 소유물이 될 수 없고, 연구 결과는 주변 사람들과 연구실을 둘러싼 모든 곳에서 공유해야만 한다. 그러므로 실행연구는 협력적이어야 한다(Kemmiss & McTaggart, 1988). 이러한 특징은 비판이론과 포스트모더니즘 이론의 핵심과도 유사하다. 실행연구는 우리가 아무런 의식 없이 취하는 개인적, 사회적 행동에 대해 다시 생각해 보기를 요구한다. 실행연구를 해 나가면서 연구자들은 끊임없이 연구를 재검토하고 특별한 경험을 표현하게 된다.

비판적 실행연구가 기술적, 실천적 실행연구와 뚜렷하게 구별되는 부분은 바로 개혁, 사회의 재구조화, 인간화, 정의적 요소의 강조에 있다. 비판적 실행연구에서는 비판적이고 자기 해방적인 문제를 강조하고, 이러한 문제를 해결하기 위해 실천하고자 한다. 이러한 특징은 실행연구를 적극적이고 현실 참여적으로 만들어주는 요소이다. 비판적 실행연구의 특징을 통해 문제점을 다시 바라보게 만들고, 더 나아가 자신의 연구를 개선하고 더욱 믿을만한 것으로 만든다. 비판적 실행연구자들은 문제의 이슈를 좁히는 것 혹은 초점화하고 그것을 공론화하는 데 관심이 있다. 이것을 달성하기 위해서는 '지금 무슨 일이 벌어지고 있는가?, 어떤 면에서 그것이 문제가 되는가?, 그것에 관해서 무엇을 할 수 있을 것인가?'와 같은 질문들을 제기해야 한다(Mckernan, 1991). 이것은 참여자들에게 정치적으로 권한을 부여하는 과정으로도 볼 수 있다. 보다 합리적이고 공정하게 그리고 민주적인 교육의 형식을 위해 노력하는 과정이기도 하다. 비판적 실행연구에서 이론의 창출은 외부 연구자뿐만 아니라 모든 참여자의 과업이 된다. 실행연구를 통해 현장에 소속된 실천가들이 자신의 전문 영역에서부터 그들이 일하고 살아가는 사회체제 및 사회구조와의 전반적인 관계까지도 고려하도록 한다. 그러므로 실천가들은 더 넓은 사회 속에서 교육의 사회적 개혁을 주도하는 사람으로 거듭나게 된다. 다시 말해 비판적 실행연구의 이론은 현장의 문제 해결과 더불어 문제가 발생하는 근본적인 구조를 변화시키는 데 관심을 두고 있다(Mckernan, 1991).

비판적 실행연구의 사례 1

정신장애인의 직업능력개발을 위한 참여적 실행연구(PAR): 공공 직업훈련의 가능성 탐구 및 지원체계준비 중심

(이금진, 2005)

본 연구는 정신장애인에 대한 공공직업 능력 개발 서비스의 확대를 위하여 현장을 중심으로 정신장애인의 직업훈련 가능성 평가 및 직업훈련에 필요한 지원 체계를 분석 · 반추 하였다. 연구의 참여자는 직업훈련의 욕구를 갖고 총 7개 정신 보건 기관에서 추천된 8명의 정신장애인과 이들의 가족, 직업훈련을 담당하는 공공 직업 훈련 교사, 사례관리자, 사회생활 교사, 특수 체육 교사, 생활 지도 교사, 연구원 등 직업훈련과 관련된 다양한 인력이 공동으로 연구

팀을 이루어 진행되었다.

연구의 방법은 '참여적 실행연구(Participatory Action Research)'로 공단 참여 인력에 대한 정신 장애 이해를 위한 사전교육, 다양한 문제 해결 및 반추, 대안 마련을 위한 집단 협의, 전문가 간담회, 학부모간담회, 학생들의 직업훈련 및 집단 면접 등으로 2003년 1월부터 2004년 1월까지 진행되었다.

실행연구의 평가 방법은 다음과 같다. 첫째, 정신장애인의 직업훈련의 가능성 평가를 위하여 '직업 능력 향상 정도'와 '취업 여부'를 평가하였다. '직업 능력 향상 정도'의 평가를 위해서 WPP(Work Personal Profile), WBI(Work Behavior Inventory)의 사전-사후 검사를 수행하였다. '취업 여부'의 평가는 실행연구 이후의 '취업상태'를 결과로 제시하였다. 둘째, 공공 직업훈련의 정신장애인에 대한 미 경험으로 인한 서비스 지원 체계 조사를 위하여 훈련 참여자들에 대한 질적 심층 인터뷰를 통해 결과를 도출하였다.

정신장애인의 직업 능력 개발이라는 참여적 실행연구(PAR)를 수행한 본 연구는 통계적으로 유의미하게 정신장애인의 '직업 능력'이 향상된다는 점과 직업훈련을 통한 동종업무로의 '취업 가능성'을 확인하였으며, '직업 기술 훈련 방법'과 '지원 체계'에 대한 의미 있는 시사점들을 제시하였다. 또한 이러한 실행 경험과 참여자들의 논의를 통해 정신장애인의 서비스 제공을 못 하고 있던 공공 직업 훈련 교사들의 사고 전환을 가져오고, 실행연구의 경험 공유를 통해 정신장애인에 대한 공공직업 훈련의 확대 기반을 마련하였다.

비판적 실행연구의 사례 2

초등학교 시험주도 교육과정 현상에 대한 협력적 실천연구

(양윤희, 성열관, 장진혜, 2005)

이 연구는 질적연구의 한 형태인 협력적 실천연구를 통해 서울시에 위치한 두 초등학교에서 학업성취도평가시험 정책이 어떤 과정을 거쳐 적용되었는지, 출제 방법과 통지 유형은 어떻게 결정되었는지 살펴보고, 이러한 정책이 교실수준 교육과정 운영에 미친 영향을 알아보고자 하였다.

연구 결과 서울시의 학력 신장 방안은 공문에 나타난 진술과 상관없이 수행평가와 진보주의적 수업방식을 위축시키고 있는 것으로 나타났다. 이러한 현상은 행동주의적 평가 방식으로 구성적 인지를 강조하는 구성주의적 학습 능력을 평가하는 모순을 내포하고 있다.

이에 연구자들은 교육적인 대안으로, 일제식 · 객관식 위주의 시험을 지양할 것, 수행평가의 기조를 유지하여 학급 단위 별로 성취도 평가를 시행할 것, 교사가 학부모와의 교육적 소통을 통해 자녀의 성장과 발달 정보를 제공할 것을 제안했다.

비판적 실행연구의 사례 3

사회참여미술로서 포토보이스를 통한 협력적 참여에 관한 실행연구

(이혜선, 손지현, 2024)

본 연구는 사회참여미술의 맥락에서 포토보이스 프로젝트를 실행하고, 그 과정에서 나타나는 다차원적 상호작용을 탐색하여 미술교육적 의의를 고찰하는 것을 목적으로 한다.

이를 위해, 기존 포토보이스의 "협력적 상호작용" 측면을 확장하여 프로젝트를 계획하여 초등학교 6학년 학생 19명과 연구자가 함께하는 참여적 실행연구를 수행하였다. 협력적 참여의 개념을 탐색하고 그 유형을 도출하여 초기 분석 틀로 설정하고, 수업 녹취, 참여자가 생성한 사진, 온라인 클래스 내 텍스트 등의 자료를 프레임워크 분석하였다.

연구 결과는 연구참여자들이 프로젝트에 참여하고 실행해 나가는 과정에서 언어/비언어적 상호작용을 통해 생성적 주제가 발현되었다. 뿐만 아니라, 관계에 따른 임파워먼트의 역동적 변화와 주체성 측면에서 특히 주요한 몇 가지 양상을 발견할 수 있었다. 이 연구는 포토보이스의 미술교육에의 적용, 예술적 사회참여 실현 등의 측면에서 중요성과 의의를 가진다.

4. 결론: 한국 실행연구의 미래

지금까지 우리나라 실행연구의 역사적 흐름과 현재를 살펴보았다. 실행연구는 다음과 같은 가능성을 보여줄 것으로 기대된다. 이러한 가능성은 한편으로는 후대의 연구자들이 달성해야 할 목표가 될 수도 있을 것이다.

1) 이론과 실천의 연계

우리나라 실행연구의 비전 중 가장 먼저 제시되어야 할 부분은 이론과 실천의 연계이다. 실행연구는 우리나라 연구 현장의 이론과 실천의 괴리에 관한 문제를 해결하고 있다. 지금까지 양적연구를 활용한 현장연구는 주로 사전, 사후 검사를 통해 처치의 효과성을 확인하거나 조작적인 실험 연구를 통하여 결과를 도출해 왔다. 따라서 개인이나 단일한 사례보다는 최대한 많은 집단과 사례 수를 확보함으로써 학문 이론이나 정책을 일반화하는 것을 목표로 하였다. 연구 결과를 적용하는 과정도 효율을 강조하는 방향으로 이루어졌다.

반면 실행연구는 연구의 중심을 이론의 일방적인 검증이 아니라 이론과 실행 사이의 수평적인 연결에 둔다. 따라서 실행연구는 일반적인 양적연구와 다른 표집을 실시한다. 즉, 연구 대상은 의도적 표집에 따라 교실 한 곳이나 학생 개인, 심지어는 교사 연구자 자신이 되는 것이다. 이는 전통적인 연구보다 사례의 범위가 좁아지고 깊어진다고 볼 수 있다. 이것은 실제적인 해결 방법의 도출에 도움이 된다. 또한 참여관찰, 문서분석, 성찰일지 작성 등 질적연구 방법들을 적극적으로 활용하여 연구 결과를 추상적인 숫자 데이터가 아니라 실제적인 증언, 학습 결과, 사진, 비디오 등으로 직접 확인한다.

즉, 방법적 측면에서 실행연구는 결과를 증명하기에 효과적인 수단이다(Lewin, 1952). 이것은 문제 상황을 해결할 수 있어야 한다는 간결하고도 명확한 원칙에 따른 것이다. 실행연구에서도 이론이 활용되지만, 그 이론은 대부분 연구 현장을 변화시키거나 교사 연구자 자신을 발전시키는 등의 눈에 띌 만한 결과를 끌어내는 데 집중된다. 연구자는 단순히 이론을 검증하는 것을 넘어서, 이론에 근거하여 자기 아이디어를 검증하고, 다양한 결과를 다음 연구에 반영하는 데 집중할 수 있게 되었다. 이것은 연구자의 현장을 개선할 여지를 더 높여주고 있다.

연구자들은 실행연구를 통해 교육적인 문제에 실제로 접근할 수 있고, 맥락과 상황에 맞는 적절한 해결 방안을 도출할 수 있는 능력을 갖출 수 있다. 다만 이론과 실천을 철저하게 연계한다는 원칙은 연구자들에게 상당히 고된 과정으로 받아들여질 것이다. 실제로 실행연구의 연구 과정에 대해 많은 연구자는 어려움을 호소하고 있다(김현령, 임부연, 2016; 박대권, 2013; 배지현, 2014; 이진희, 이선영, 2015). 따라서 실행연구자들이 연구 과정을 자신에게 맞게 간소화하고, 주변의 연구자, 연구 참여자들과 연계하면서 고된 연구 과정을 극복하는 것은 또 다른 연구 주제가 될 수도 있다(Stenhouse, 1981).

2) 연구 주제의 혁신에 기여

우리나라 실행연구의 비전에 관한 두 번째 내용은 주제적 측면을 다루고 있다. 실행연구는 새로운 연구 주제의 발견에 이바지할 것으로 기대되고 있다. 그 이유는 실행연구 과정에서 찾을 수 있다. 실행연구의 초기 수행 과정 중에서 문제의 발견 단계가 존재하는데(Noffke,

1997; 박창민, 조재성, 2016), 이것은 실행연구의 초기 수행 단계 중에서 자신의 이야기와 연구 현장에 대한 묘사를 통해 그동안 지각하지 못했던 새로운 연구 주제를 찾아내는 과정이다. 이것은 실행연구의 핵심 주제가 대학의 이론을 증명하거나 이미 정해진 가설을 검증하는 것이 아닌, 자신의 삶과 개인적인 경험에서 도출된다는 사실을 의미한다(Mertler, 2014).

실행연구에서 많은 연구 주제가 기존의 이론이나 정책이 아니라 연구자 본인이 겪었던 사건들, 문제 상황으로부터 도출된다는 사실은 실행연구를 더 창의적이고 혁신적인 연구로 만들어줄 것이다. 실행연구에서 연구 주제는 연구자가 최대한 자유롭게 선택할 수 있으며 연구 주제에 대한 제한도 없다. 이것은 실행연구가 질적연구의 전통을 따르게 되면서 얻게 된 장점이다. 질적연구가 거의 무한한 연구 주제를 갖고 있으며 이에 걸맞은 다양한 연구 방법들을 갖추게 된 것과 같이 실행연구에서도 창의적이고 의미 있는 연구 주제들이 제시될 수 있다.

더 나아가 실천가들은 현장을 단순히 이론의 적용 대상으로 보는 것이 아니라 구체적인 연구 주제로 생각하고 그 속에서 벌어지는 현상들을 직접 연구할 수 있다. 이를 통해 과거에는 생각하기 어려웠던 다양한 내용과 주제들에 관한 실행연구가 수행되고 있다. 정책이나 이론에 의문을 제기하고 스스로 그것을 검증 해보고자 하는 연구 동기가 실행연구의 출발점이며, 독창적인 연구 주제를 만들어내는 힘이다. 예를 들면 다음의 창의적인 연구 주제들을 발견할 수 있을 것이다.

① 연구자가 직접 경험한 딜레마 상황을 해결하기 위해 각 가장 적합한 방법을 탐색하는 연구
② 하달된 정책이나 시행 지침을 천편일률적으로 적용하는 대신 현장의 상황에 맞게 변용하고 융통성 있게 적용하는 연구
③ 연구자 자신의 실천 과정에 대한 질적이고도 예술적인 분석과 비평에 관한 연구
④ 연구자를 포함한 현장의 전체 구성원들이 프로그램을 겪어 나가면서 어떻게 변화하고 발전하는지를 묘사하는 연구

이러한 내용들을 모두 고려하여 볼 때, 실행연구가 다양한 연구 주제를 창출할 수 있는 무궁무진한 가능성을 지니고 있다는 사실에는 의심의 여지가 없다. 특히 성찰이나 반성에 관련된 연구나 연구 참여자들의 연구 경험을 탐색하는 질적 실행연구 등은 다른 연구 분야에서는 찾기 힘든 창의적인 주제임이 분명해 보인다. 무엇보다도 실행연구의 새로운 주제들은 연구자 내부와 현장 주변에서 도출되고 있다는 점이 더욱 중요하다.

다만 다양한 주제가 도출될 수 있다는 사실만으로 실행연구의 타당성을 쉽게 인정받을 수 있다고 생각해서는 안 된다. 실행연구자는 독자들에게 자신이 직접 도출한 연구 주제를 설득하기 위해 부단히 노력해야 한다. 연구의 전체 과정을 직접 설계하고, 자료도 수집할 필요가 있다. 그리고 자신의 주변에 놓인 문제를 주변의 도구들을 활용하여 직접 해결하고 그 효과를 살펴보아야 한다. 즉, 실행연구의 타당도는 권위 있는 이론이나 외부적인 요소에서 나오지 않고, 연구자 내부에서 도출되어야만 한다. 연구의 신뢰도도 마찬가지다. 실행연구에서 신뢰도를 확보하기 위해서는 연구를 정말로 수행했다는 것을 충분히 증명해야만 한다. 자료의 세부 내용과 출처도 공개할 준비가 되어야 한다. 즉, 모든 연구 과정은 이것은 외부의 압박이나 명령이 아니라, 연구자 스스로 노력과 필요성에 따른다.

결론적으로 실행연구의 시작과 끝은 연구자에게서 나오는 것이다(Mills, 2011). 물론 이러한 사실은 기존의 연구에 비해 연구자들에게 부담되고 어려움을 느끼게 할 것이다. 하지만 이것을 성취 해냄으로써 연구자들은 자신의 연구 역량을 명확하게 인정받을 수 있다. 그들은 자신의 실천을 자신의 목소리로 직접 이야기하고 검증받아야 한다.

3) 협력적 연구 문화 정착에 공헌

실행연구의 세 번째 가능성은 협력적인 연구 문화의 확산에서 찾을 수 있다. 이것은 기존의 사회과학 연구가 갖고 있던 개인 중심의 연구와는 또 다른 모습을 보여준다. 실행연구에서 연구자의 수와 연구의 규모는 제한이 없으며, 연구 과정에 다양한 집단이 참여하는 것도 허용한다. 오히려 실행연구에서는 개인적인 연구보다는 협력적 연구를 더 강조하기도 한다(McKernan, 1991). 그 이유는 실행연구의 근본적인 목적인 문제 해결과 현장의 변화에 집단적이고 협력적 실행연구가 더 큰 영향을 줄 수 있기 때문이다. 앞서 살펴본 실행연구의 동향에 따르면 이미 이루어진 실행연구의 많은 사례가 협력적 실행연구 형태를 띠고 있으며, 이러한 비율은 점점 더 늘어날 것으로 예상된다.

협력적으로 이루어지는 실행연구는 세 가지 형태로 수행될 수 있다. 첫 번째는 여러 사람이 단일한 연구 주제에 대해 단일한 방법으로 연구하는 것이다. 이것은 개인적 연구가 확장된 형태이며, 가장 쉽지만 단순한 방법이다. 이러한 방식의 연구는 가장 빠른 시간에 문제에 대한 해답을 찾는 데 효과적이나 반대로 기존의 개인 중심의 연구 방식과 큰 차별성이 없다는 점에서 한계가 있을 수 있다. 둘째, 여러 사람이 단일한 연구 주제에 대해 다양한 방법으로 연구하는 것이다. 이것은 하나의 공통된 문제를 두고 각자의 현장에서 자신만의 해결 방안을 찾아 나가는 연구 과정으로 요약할 수 있다. 즉, 단일한 주제에 대해 다양한 방법으로 연구하게 되면서 다른 연구자들의 생각을 공유하고 공통점을 추출할 수 있다. 이 방법은 협력적 실행연구에서 가장 많이 활용될 것으로 보인다. 셋째, 다양한 연구 주제에 대해 다양한 방법으로 연구하는 것이다. 이 형태는 가장 모호하고 추상적이지만 예술적인 특성이 있다.

이처럼 실행연구는 협력을 권장하는 특성에 따라 다양한 방식으로 수행될 수 있을 것이다. 실행연구의 협력적 연구 효과와 연대의 정신에 관해 연구자들도 동감하고 있다. 특히 연구에 드는 노동력을 분담할 수 있고, 연구를 지속시킬 수 있는 원동력도 얻을 수 있다는 사실을 높게 평가하고 있다. 추가로 실행연구는 그동안 연구 참여자들의 참여를 독려한다는 점에서도 협력적 연구 문화의 정착에 이바지할 것이다. 그동안 사회과학 연구에서는 연구 대상을 연구 참여자의 역할로 높이는 데까지는 성공하였으나 여전히 그들을 연구에서 주도적인 역할을 할 수 없는 수동적인 존재로 단정하거나 그들의 참여를 제한하는 경우가 많았다. 이제 실행연구에서 현장 연구자들은 연구 참여자와 동료를 연구 과정에 적극적으로 참여시킬 수 있게 되었다(조재식, 2002; Elliott, 1991; Noffke, 1997). 연구 참여자들은 비록 전문 연구자는 아니지만, 현장에서 그 누구보다 중요한 역할을 담당할 수 있다. 특히 실행연구의 순환적 흐름을 가능하게 하는 중요한 요소가 연구 참여자인 현장 전문가, 그리고 지역 사회 전문가들의 피드백이다. 연구자들은 연구의 결과를 반성하고 연구 결과를 개선하기 위한 추가적인 연구를 계획할 때 연구 참여자들의 구술, 서술 의견을 적극적으로 반영할 수 있다. 심지어는 그들이 제시하는 조언에 따라 연구 과정을 바꿀 수도 있을 것이다. 이와 같이 실행연구는 공동체 구성원들의 참여를 촉진하고 공동체의 발전도 가능하게 할 것으로 기대된다.

참고문헌

강지영, 소경희(2011). 국내 교육관련 실행 연구(action research) 동향 분석. **아시아교육연구, 12**(3), 197-224.

김영천(2013). **질적연구방법론II: Methods**. 파주: 아카데미프레스.

김현령, 임부연(2016). 협력적 실행연구를 경험한 교사의 내러티브 탐구. **학습자중심교과교육연구, 16**(6), 899-920.

김효연, 김윤희(2023). 간호현장에서 정맥주사요법 교육프로그램 실행연구. **한국간호연구학회지, 7**(3), 43-55.

김희연(2004). 실행 연구자(action researcher)로서의 유아교사: 유아교사의 정체성 확립을 위한 일고. **한국유아교육학회, 24**(6), 235-256.

김희태, 임수현, 원종희, 김명나(2024). 유치원 통합학급에서의 협력교수에 대한 실행연구. **유아교육연구, 44**(6), 5-29.

남상은, 유기웅(2017). 대학생 학사경고자를 위한 코칭 프로그램의 개발 및 적용에 관한 실행연구. **교양교육연구, 11**(1), 281-311.

박대권(2013). 협동적 게임을 적용한 체육수업 실행 연구. **학습자중심교과교육연구, 13**(5), 383-411.

박신의, 장웅조, 민정아(2017). 실행연구 방법론을 통한 예술기업가정신 함양 연구. **문화경제연구, 20**(2), 19-45.

박창민, 조재성(2016). **실행연구: 이론과 방법**. 파주: 아카데미프레스.

배지현(2014). 지리학습활동을 통한 유아세계시민교육 적용에 관한 실행연구: 국제가상교류활동을 중심으로. **다문화교육연구,**

7(2), 107-127.
서경혜(2005). 반성과 실천: 교사의 전문성에 관한 소고. **교육과정연구, 23**(2), 285-310.
신동일(2005). 영어평가 프로그램 개발 실행연구: 채점자 교육과정에 관한 성찰과 반성. **영어교과교육, 4**(1), 83-112.
신철균, 임종헌(2022). 실행연구, 무엇이고 왜 필요한가?. **한국교육행정학회 학술연구발표회논문집, 2022**(12), 439-473.
양윤희, 성열관, 장진혜(2005). 초등학교 시험주도 교육과정 현상에 대한 협력적 실천연구. **교육학연구, 43**(4), 293-317.
오혜인, 이현주(2023). 팬데믹 속, 요양시설 거주노인들의 자기결정 지원: 돌봄종사자들과 함께 한 12주 동안의 실행연구 기록. **한국노년학, 43**(4), 591-613.
이금진(2005). 정신장애인의 직업능력개발을 위한 참여적 실행연구(PAR): 공공 직업훈련의 가능성 탐구 및 지원체계준비 중심. **한국장애인복지학, 2**, 97-123.
이용숙(2001). 열린교육 전개과정에서의 시행착오와 개선방안. **열린교육연구, 9**(1), 153-185.
이용숙, 김영천(1998). **교육에서의 질적연구: 방법과 적용**. 서울: 교육과학사.
이용숙, 김영천, 이혁규, 김영미, 조덕주, 조재식(2005). **실행연구방법**. 서울: 학지사.
이진희, 이선영(2015). 한 어린이집 교사들의 3년간 실행연구 순환을 통한 포트폴리오 평가의 실천과 반성. **유아교육연구, 35**(3), 411-436.
이혁규(2002). 현장연구지원제도의 현황과 개선 방향. **교육인류학연구, 5**(2), 115-155.
이형빈(2023). 보편적 학습설계에 기반한 수업혁신 실행연구. **교육과정평가연구, 26**(3), 247-268.
이혜선, 손지현(2024). 사회참여미술로서 포토보이스를 통한 협력적 참여에 관한 실행연구. **미술과 교육, 25**(4), 25-54.
임성관(2011). 독서치료 효과 증진을 위한 수퍼비전 실행 연구. **한국문헌정보학회지, 45**(1), 149-167.
정원미, 선미정, 천덕희(2023). 의료취약계층을 위한 지역사회통합돌봄 실행연구. **한국웰니스학회지, 18**(4), 31-40.
조재식(2002). 연구자로서의 교사 개념에 대한 이론적 고찰. **교육인류학연구, 5**(2), 193-225.
진보영(1987). **현장연구의 이론과 실제**. 서울: 심문당.
천호성(2007). 사회과 수업의 협력적 실행 연구. **사회과교육, 46**(3), 5-30.
최의창(1998). 학교교육의 개선, 교사연구자, 그리고 현장개선연구. **교육과정연구, 16**(2), 373-399.
한희경(2018). 유아교과교재연구및지도법 수업에서 예비유아교사의 반성적 수업분석 능력 신장을 위한 실행연구. **학습자중심교과교육연구, 18**(12), 589-613.
함형인(2024). 더 나은 기술수업 만들어가기를 위한 실행연구: 노마드 중학교 사례를 중심으로. **한국실과교육학회지, 37**(1), 175-198.
Cochran-Smith, M., & Lytle, S. (1999). The teacher research movement: A decade later. *Educational Researcher*, *28*(7), 15-25.
Denzin, N. K. (1978). *The research act: A theoretical instruction to sociological methods*. New York: Mcgraw-Hill.
Derrida, J. (1983). The principle of reason: The university in the eyes of its pupils. *Diacritics*, *13*(3), 2-21.
Elliott, J. (1991). *Action research for educational change*. Milton Keynes: Open University Press.
Grundy, S. (1982). Three modes of action research. *Curriculum Perspectives*, *2*(3), 23-34.
Hsiung, P. (2012). Globalization of qualitative research: Challenging Anglo-American domination and local hegemonic discourse. *Forum: Qualitative Social Research*, *13*(1). DOI: 10.17169/fqs-13.1.1710
Kemmis, S., & McTaggart, R. (1988). *The action research planner*. Victoria: Deakin University Press.
Lather, P. (1991). Deconstructing/deconstructive inquiry: The politics of knowing and being known. *Educational Theory*, *41*(2), 153-170.
Lewin, K. (1946). Action research and minority problems. *Journal of Social Issues*, *2*, 34-46.
Lewin, K. (1952). *Field theory in social science: Selected theoretical papers*. London: Tavistock.
McCutchen, G., & Jung, B. (1990). Alternative perspectives on action research. *Theory into Practice*, *34*(3), 144-150.
Mckernan, J. (1991). *Curriculum action research: A handbook of methods and resource for the reflective practitioner*. London: Kogan Page.
McTaggart, R. (1991). *Action research: A short modern history*. Geelong, Victoria: Deakin University Press.
Mertler, C. A. (2014). *Action research: Improving schools and empowering educators*. Thousand Oaks: Sage.
Mills, G. E. (2011). *Action research: A guide for the teacher researcher*. New York: Pearson.

Naughton, G. M., & Hughes, P. (2008). *Doing action research in early childhood studies*. London: Open University Press.

Noffke. E. (1997). Professional, personal, and political dimensions of action research. *Review of Research in Education*, *22*, 305-343.

Phillips, D. K., & Carr, K. (2013). *Becoming a teacher through action research: Process, context, and self-study*. New York: Routledge.

Reason, P., & Bradbury, H. (2001). *Handbook of action research*. London: SAGE Publication.

Schön, D. A. (1983). *The reflective practitioner: How professionals think in action*. New York: Basic Books.

Stenhouse, L. (1981). What counts as research?. *British Journal of Educational Studies*, *29*(2), 103-114.

Warrican, S. J. (2006). Action research: A viable option for effecting change. *Journal of Curriculum Studies*. *38*(1). 1-14.

Whyte, W. F. (1991). *Participatory action research*. Thousand Oaks: SAGE.

제 6 장

한국 내러티브 탐구의 동향과 과제[1)]

양영자(한국교육과정평가원)

1. 들어가며

나는 '삶으로서의 교육과정'을 추구하는 교육과정 전공자이다. 나는 연구를 구상할 때마다 어떤 방법론을 적용해야 할지, 왜 그 방법론이어야 하고, 그에 수반된 인식론이어야 하는지 등을 깊이 고민했다. 그 결과로, 지금까지 대부분의 연구에서 '내러티브'에 관심을 갖고 선택한 주된 방법론은 Connelly와 Clandinin의 '내러티브 탐구(narrative inquiry)'였다.

그동안 내가 수행한 연구 주제는 크게 세 범주로 나눌 수 있다. 첫 번째 범주는 이주배경 소수자와 이들을 지원하는 다수자이다. 이 범주에서 '이주배경학생', '한국 다문화교육의 역사적 소수자 곧 재일조선인, 고려사람, 중국동포, 북한이탈주민 등', '한국 다문화교육에서의 모델 마이너리티인 국제결혼자, 그중에서도 결혼이주여성과 이들의 국내출생자녀', '제3

1) 이 글은 "내러티브 탐구 경험을 통해 성찰한 한국 교육 분야 내러티브 탐구의 도전과 과제"라는 제목으로 **질적탐구, 11권 1호**, 33~55쪽에 게재한 논문을 수정 · 보완했다.

국 출생 북한이탈주민 자녀', '학교교육에서의 탈북-다문화배경 소수자 교육자', '탈북-다문화 코드의 생애를 살아가는 대한민국 1세대 난민 활동가', '하나원 하나둘학교에서 탈북배경청소년을 교육한 교사' 등을 탐구했다. 두 번째 범주는 교사로, '다문화교육 실천가로서의 교사', '영화읽기 수업의 교사 내러티브', '교사 저서의 교사론', '초등교사 출신 교과교육 연구자', '중등교사 출신 교과교육 연구자' 등을 탐구했다. 세 번째 범주는 나 자신으로, '교육과정 교육자로서의 나'와, '다문화교육 연구자로서의 나'에 대해 탐구했다.

그렇다면 나는 어떻게 내러티브 탐구를 통해 이주배경 소수자에게 관심을 기울이게 되었을까. 나는 연구자로서의 첫발을 내딛은 박사학위 논문, 《한국 다문화교육의 개념 정립과 교육과정 개발 방향 탐색》에서부터 현재까지, '분단-다문화 시대'에 한반도에서 살아가는 교육 연구자라는 인식을 지니고 있다(양영자, 2023b). 이러한 인식을 바탕으로 주변을 돌아보면, 한반도 근현대사에 뿌리를 두거나 다양한 배경을 지닌 소수자들-이주배경학생, 탈북배경학생(북한이탈주민과 제3국 출생 북한이탈주민 자녀 등), 통일전담교육사, 다문화언어강사와 이중언어강사, 중국동포, 고려인, 재일조선인, 난민 등으로 다채롭게 불리는 이들-이 나와 더불어, 다수자 학생이나 교육자와 함께, 교육 현장에서 살아가고 있었다. 이들은 주로 내가 담당한 수업과 각종 연수, 교육과 연구 모임 등에서 만난 분들과 그들의 제자나 그들이 지원하는 대상자들이었기에, 자연스럽게 만남이 이어졌다. 나는 오랜 시간 각기 다른 영역의 현장을 찾아가 관계를 형성하며 그들의 내러티브 속으로 들어갔고, 그들 역시 나의 내러티브 속으로 들어왔다.

나는 어떻게 내러티브 탐구를 통해 교사에게 관심을 기울이게 되었을까. 과거 11년 동안 교원양성교육기관에서, 학부에서는 교육과정 수업, 대학원에서는 다문화교육 수업을 통해 예비교사와 교사, 활동가 등을 만나, 삶을 나누고 함께 살아가는 기회를 가졌다. 당시 나는 비정규직 교원교육자였기에, 가보지 않은 길이나 되어 보지 못한 존재를 경험한 양 살아야 한다는 내적 부담감과 아울러, 예비교사와 교사의 삶과 경험에 대해 충분히 공감하지 못한다는 미안함이 부채의식처럼 자리 잡고 있었다. 이러한 이유에서 그들의 실제 삶을 더 깊이 알고자 교사단체에 가입해 각종 모임에 참석했으며, 교사가 초대하는 자리라면 웬만하면 거절하지 않고 참여했다. 지금 내게 교사교육자로서의 정체성이 형성되었다면, 그것은 단순히 223학점으로 치환된 물리적 시간만이 아니라, 수업을 통해 그들과 삶을 공유했던 경험과 아울러, 교사 일상의 경험에 대한 성찰이 묻어나는 비공식적인 '수다' 자리에 초대받아 교류했던 경험이 더해졌기 때문이다. 이로 인해 교사들이 교직과 아이들에게 쏟는 애정이 어떤 것인지 깊이 느낄 수 있었고, 자연스럽게 이런 마음을 지닌 교사들에게 애정을 갖게 되었다. 하지만 교직 세계를 이해할수록 더 무거워지는 측면도 있었다. 예비교사가 교육에 대한 희망으로 교직에 들어서는 것이 점점 어려워지고, 거대한 시스템 속에 살아가면서 세월이 흐를수록 교사됨의 마음이 무뎌진 이들의 모습도 보았기 때문이다. 지금의 교직 현실에서 교사가 과연 숨을 쉴 수 있을지도 의문이었다. 이런 복합적인 감정 속에 깊어진 생각은, 교사가 스스로 목소리를 내는 일도 매우 중요하지만, 교사의 삶과 경험의 가치를 존중하는 외부자로서의 연구자가 교사의 경험을 진정으로 이해하고 이를 공언하는 일 또한 필요하다는 것이었다. 교사가 곧 교육과정이라고 생각하며 교사에 대한 애정을 지닌 내가 그런 역할을 하는 한 사람이기를 바랐다. 이는 근원적으로 교사를 위한 길이 곧 다음세대를 위한 길이라는 믿음 때문이다.

나는 어떻게 내러티브 탐구를 통해 연구 참여자인 나 자신에게 관심을 기울이게 되었을까. 나는 삶과 교육, 연구가 분리되지 않는 삶을 지향한다. 이에 나와 더불어 살아가는 소수자, 예비교사와 교사, 나 자신 사이에 교육과 연구의 내러티브가 끊임없이 순환하는 흐름 속에서, 교육자로서 내가 하는 말과 연구자로서 내가 쓰는 글을 내 삶과 통합하는 과정 자체가 교육이자 연구였다. 따라서 자연스럽게, 이런 과정을 경험한 '교육과정 교육자인 나'와, '다문화교육 교육과정 연구자'인 나를 탐구하게 됐다.

요컨대, 이 세 범주의 연구 주제는 내가 살면서 만나고 교류하는 삶의 반경 안에서 궁금함을 불러일으키는 사람들과 그들의 경험이었으며, 참여자의 '경험을 경험'하며 사는 나였다. 그래서 이 세 범주는 상호 중첩적으로 긴밀히 연결돼 있었다. 따라서 나에게 내러티브 탐구는 단지 하나의 연구 방법론을 넘어, 삶과 교육, 연구가 유기적으로 맞물려 순환하는 과정에서 선택한 존재론적인 양식이라고 할 수 있다.

이에 나는 지금까지 지속해 온 방법론이자 사유 양식, 삶의 방식으로서의 내러티브 탐구를 개인적 차원을 넘어 학문의 장에서도 위치 지어 보며, 그 좌표를 확인하고 싶다는 생각이 들었다. 왜냐면, 내러티브 탐구를 거듭할수록 내가 수행했던 연구에서 이전에는 보이지 않던 시행착오와 한계가 보이고, 이 방법론에 대한 여러 고민과 딜레마도 마주했기 때문이다. 또 내러티브 탐구를 수행하는 많은 연구자들은 이러한 시행착오와 어려움을 어떻게 마주하고 있는지 궁금하기도 했다. 나아가 Clandinin과 Connelly의 내러티브 탐구를 적용하는 데 머물지 않고, 이를 통해 한국 교육 분야에서 한국의 맥락적 특성을 반영해 내러티브 탐구 지평을 확장하는 일이 가능할지도 궁금했다. 그들은 그들 나라의 사회와 문화, 역사와 정치, 제도, 언어의 내러티브 맥락에서 방법론을 제안했고 탐구를 수행하고 있다는 점에서, 내러티브가 형성되는 맥락이 상이한 한국 교육 분야 내러티브 탐구의 도전과 과제를 탐색해 본다면, 내러티브 탐구 발전뿐 아니라, 한국 교육 맥락에서 내러티브 탐구의 지평을 확대하고 새로운 이해 방식을 창출하는 데에도 기여할 수 있을 것이라 생각했기 때문이다.

이를 위해 먼저 내러티브 탐구 방법론의 도입과 정립 과정을 검토하고, 이를 토대로 한국 교육 분야에서 번역서와 저서, 학술논문 등을 통해 내러티브 탐구를 어떻게 수용했는지를 살펴보고자 한다. 다음으로, 내러티브 탐구다움과 내러티브 탐구자의 역할에 대한 이론적 논의를 바탕으로, 나의 사례를 통해 한국적 맥락이 잘 드러나는 참여자의 경험을 3차원적 내러티브 탐구 공간에서 어떻게 탐구했는지 성찰하고자 한다. 마지막으로, 내러티브 탐구 이론에 근거하여 내러티브 탐구자가 되어가는 과정에서 마주한 주요 변곡점을 살펴본 뒤, 수행 과정에서 경험한 쟁점과 딜레마를 제시하고, 한국 교육에서 요구되는 내러티브 탐구의 과제를 제안하고자 한다.

2. 한국 교육 분야에서 내러티브 탐구 수용 양상

1) 내러티브 탐구 방법론 도입과 정립

20세기 후반 인문학과 사회과학 분야 전반에서 실증주의를 비판하고 의미의 구성과 내러티브의 해석적 역할을 강조하며 질적 접근을 촉진하는 내러티브 전환(narrative turn)이 일어났다. 이는 인식론적, 방법론적, 윤리적 차원의 변화로서 인간이 세계를 이해하고 의미를 형성하는 데 이야기와 이를 구성하는 구조가 근본적인 역할을 한다는 점을 강조하는 흐름이다. 이에 여러 학문 분야 연구자들이 개인과 공동체가 정체성과 사회적 현실을 어떻게 이야기 형식으로 구성하는지를 살펴보고자 내러티브 분석을 적극 도입했다(Riessman, 2008; Herman, 2009; Somers, 1994; González-Monteagudo, 2011). 이러한 내러티브 전환의 흐름 속에, 보편성을 담지 하는 거대 담론(grand narrative)과 대비해, 인간 경험의 일시적이고 맥락적인 성격에 주목하며 경험을 내러티브적으로 탐구하는 연구 방법론으로 내러티브 탐구(narrative inquiry)가 등장했다. 이는 코드, 범주, 주제로 해체하는 방식의 '내러티브 연구'와 달리, 내러티브를 인간 경험의 속성으로 보고 그 고유한 특성과 맥락에서 내러티브에 대한 분석(analysis of narratives)을 수행하는 방법론이다(Polkinghorne, 2007).

1980년대부터 교사 경험의 내러티브를 탐구했던 두 교육 연구자 F. Michael Connelly와 D. Jean Clandinin이 내러티브 탐구를 연구 방법론으로 정립하며 질적 연구 분야에 큰 변화를 가져왔다. 이들은 1990년에, 미국 교육 연구 분야의 대표 학회지인 Education Researcher에 발표한 논문 〈Stories of Experience and Narrative Inquiry〉에서 해당 용어와 방법론을 제안했다. 이들은 인간을 이야기하는 존재이자 개인적이고 사회적인 '이야기화 한 삶'을 살아가는 존재로 형상화하고, 이런 인간이 세상을 경험하는 방식을 탐구하는 관점, 또는 방법론을 '내러티브 탐구'로 정의했다(Connelly & Clandinin, 1990). 10년 뒤, 그들은 저서, Narrative Inquiry: Experience and Story in Qualitative Research에서 내러티브란 연구의 현상이자 방법임을 분명히 하고(Clandinin & Connelly, 2000), 다양한 사례로 내러티브 탐구의 본질과 작동 방식을 상세히 설명하며, 20년간의 연구 여정을 공유했다. 이후에도 이들은 이 방법론의 발전을 위해 헌신함으로써, 경험을 내러티브 현상으로 주의 깊게 다루며, 연구 참여자와의 관계적 참여와 윤리를 핵심에 두고 협력적인 탐구를 가능하게 하는 방법론적, 철학적 토대를 마련했다(Clandinin & Caine, 2008; Clandinin, Steeves, & Cain, 2013; Caine, Clandinin, & Lessard, 2022).

2) 한국 교육 분야에서 내러티브 탐구 번역서와 저서 현황

한국에서는 1990년대 말부터 Clandinin과 Connelly의 내러티브 탐구가 도입됐다. University of Alberta에서 1999년에 내러티브 탐구로 박사학위를 받고, 교사교육개발연구센터에서 박사 후 연구원으로 근무하면서 Clandinin과 학문적 교류를 한 염지숙 교수와, 2009년에 Clandinin에게 박사학위 지도를 받은 홍영숙 교수가 내러티브 탐구 확산에 기여했다. 이들의 역할을 계기로 국내 여러 교육 연구자들이 내러티브 탐구에 관심을 기울였으며, 특히 교육과정 연구자들의 수용이 두드러졌다.

연구자들은 2000년대 초반부터 내러티브 탐구자들 중, 주로 Clandinin과 Connelly가 참여한 저서를 집중적으로 번역했다(Connelly & Clandinin, 1988; Clandinin & Connelly, 2000; Clandinin (Ed.), 2007; Clandinin & Rosiek, 2007; Clandinin, 2013; Caine, Clandinin, & Lessard, 2022). 이들 저서는 교사의 개인적·실천적 지식을 전문적 지식의 전경으로 이해한 것이거나, 내러티브 탐구를 개념화하고 이론적·방법론적 측면에서 체계화한 것이거나, 내러티브 탐구 수행의 전략과 기술을 실제 사례를 통해 보여준 것이거나, 철학과 이론적 '뿌리'를 다룬 것이었다. 이 외에도, 다른 내러티브 탐구자들의 일부 저술도 번역, 소개했다(염지숙, 2015; Lauritzen & Jaeger, 1996; Polkinghorne, 1988; Webster & Mertova, 2007).

2000년대 중반부터는 한국 연구자들의 저서가 등장해 최근까지 이어졌다. 특히 교육학과 교과교육학, 상담학처럼 현장을 중시하는 학문 분야 연구자들은, 단행본 제목에 '내러티브 탐구'를 포함하는 저서를 집필하여 이 방법론을 적극적으로 확산시켰다(신동일, 유주연, 2006; 신동일, 유정원, 2022; 김신혜, 2020a; 양유성 외, 2022; 홍영숙, 2024). 이와 다소 맥락은 다르지만, J. Bruner와 D. Polkinghorne의 내러티브 인식론을 근간으로 교육과 인문사회과학에서 내러티브학을 정립하려는 시도도 꾸준히 진행되고 있다(강현석, 2016; 강현석, 2023). 또 내러티브 탐구 방법론을 활용하는 교육 연구의 증가와 더불어, 질적연구방법론 저서에서도 '내러티브 탐구'를 하나의 챕터로 포함하고 있다(신경림 외, 2004; 김영천, 2013; 김신혜, 2020b; 조용환 외, 2022; 조현희, 2023; 서경혜, 2023). 이들 방법론 저서에서는 내러티브 탐구와 관련해 대부분 Connelly와 Clandinin이 제안한 내러티브 탐구의 개념, 탐구 절차와 방법, 주목할 만한 학술논문 사례, 신뢰성 문제와 최신 동향 등을 다루고 있다. 이들 저자의 전공 분야로는 교육학 교육과정 전공자가 가장 많고(3인), 이 외에 유아교육(1인), 영어교육(1인) 전공자 등이 있다.

이러한 연구 토대와 성과를 근간으로, 2012년에는 교육학 교육과정 전공자인 강현석, 한승희 교수가 중심이 되어 한국내러티브교육학회를 창립했고『내러티브와 교육연구』학술지를 발간하고 있다. 아울러, 2014년에는 내러티브 탐구를 포함하는 포괄적인 범위의 질적 연구 학회로, 전영국 교수 등이 중심이 되어 한국질적탐구학회를 창립해『질적탐구』학술지를 발간하고 있다. 2022년에는 교육학 교육과정 전공자인 김영천 교수 등이 아시아질적탐구학회를 창립해『아시아질적탐구』학술지를 발간하고 있다. 이는 서구의 질적 연구 공간에서 다뤄질 수 없는 아시아적인 현상, 주제, 방법에 주목해 아시아적인 존재론, 인식론, 방법론 관점에서 질적 연구를 위한 새로운 가능성을 모색하기 위함이다(각 학회 홈페이지의 학회 연혁 등 참조).

3) 한국 교육 분야에서 내러티브 탐구 학술논문 현황

1991년 창간한 *Journal of Narrative and Life History*가 1997년에 *Narrative Inquiry*로 명칭을 바꿔 John Benjamins Publishing에서 발행되는 등 국제적으로도 내러티브 탐구 방법론이 확장되고 있다. 또 AERA에서는 내러티브 연구 SIG(narrative research special interest group)를 승인해 분과 연구가 이뤄지고 있다(https://www.aera.net/SIG145/Narrative-Research-SIG). 한국에서도 내러티브 탐구 학술논문이 급증하고 있다. 특히 최근 들어서는 상담, 장애, 특수교육, 한국어교육 등 특정 분야의 내러티브 탐구 동향 분석 연구가 나올 정도로, 각 분야별 내러티브 탐구가 축적되었다. 다만, 내러티브 탐구의 양적 수에 비해 질적 수준의 동반 성장을 온전히 담보하지 못한다는 지적이 있다(홍영숙, 2024).

'내러티브 탐구'를 키워드로 KCI(한국학술지인용색인)에서 검색했을 때, 2024년 10월 3일 기준, 1,423편에 달했다. 1) 연도별로 보면, 처음 확인한 발행 연도는 2003년이다. 2013년부터는 매년 30편 이상, 2019년부터는 100편 이상, 2022년부터는 170편 이상 출간되는 등, 한국의 질적 연구 확대 풍토와 맞물려 내러티브 탐구 학술논문이 급증하는 양상이다. 2) KCI의 학문

분류 기준으로 살펴보면, 사회과학 962편(이중 교육학 분야 666편), 예술체육 184편, 복합학 152편, 인문학 91편, 자연과학 18편, 의약학 16편 등으로 나타난다. 이를 통해 내러티브 탐구가 다양한 학문 분야의 주제를 아우르는 연구 방법론으로 자리 잡았으며, 그중에서도 사회과학의 교육학 분야에서 가장 활발히 수행되고 있다는 점을 알 수 있다. 3) 내러티브 탐구 학술논문을 가장 많이 수록한 국내 교육학 분야 학술지는 학습자중심교과교육연구(102편)이며, 누적 논문이 30편 이상인 학술지는 내러티브와 교육연구(75편), 교육인류학연구(42편) 등이 있다. 4) 국내 교육학 분야의 내러티브 탐구자로, KCI 데이터 기준, 단독 또는 제1저자로 가장 많이 논문을 낸 연구자는, 염지숙(24편), 홍영숙(19편), 박인서(12편), 김필성, 윤현수(이상 9편), 김광수(7편), 양영자, 엄수정, 이은주(이상 6편), 박한숙, 송하인, 최선남(이상 5편) 등이 있다.

교육학 분야 내러티브 탐구 학술논문의 주제를 검토하기 위해, 2024년 10월 12일에 KCI에서 '내러티브 탐구'를 제목으로 하는 1,068편의 서지정보를 엑셀 파일로 내려 받았다. 이후, Python의 자연어 처리(NLP) 도구를 활용해 텍스트 전처리를 하고, 주제 모델링 알고리즘으로 분류했다. 또 엑셀로 자주 등장하는 단어와 문구를 분석하고, 분류된 주제를 바탕으로 각 주제별 논문 수를 정리했다. 이 과정에서 도출된 데이터를 ChatGPT의 보조를 받아 확인하고 분석 방향을 조정했다. 그 결과, 가장 빈도가 높은 주제는 '교사 경험'이었고, 기타(기타 주제와 내러티브 탐구 이론 연구)를 제외하면, '학생 학습', '상담 및 치료', '가족 및 부모 역할' 등이 뒤를 이었다. 이 결과를 아래 〈표 1〉로 정리했다.

〈표 1〉 KCI의 '교육학' 분야에서 '내러티브 탐구' 용어를 제목에 포함한 학술논문의 주제 분류

주제	내용	편수
교사 경험	**(예비) 교사의 교육, 리더십, 상담, 수업 관련 경험**	**435**
기타	분류되지 않은 기타 주제(도박중독배우자, 출소한 미혼 청년, 아동학대 피해자, 공공통합사례관리사 등), 내러티브 탐구 이론	287
학생 학습	학생들의 학습 과정 및 경험	112
상담 및 치료	상담사나 치료사의 경험, 상담/치료에 관련된 사례	106
가족 및 부모 역할	가족 내에서의 부모 역할, 양육 경험	71
진로 및 직업 탐색	진로 교육 및 직업 선택 경험	26
정체성과 자전적 서사	자전적 탐구	13
특수교육 및 장애 관련	특수교육, 장애 학생 또는 교사 관련 경험	13
문화 및 다문화 경험	다문화교육이나 외국인 학생의 경험	5

이처럼 내러티브 탐구의 주제가 '교사'와 '학생'에 집중되었다는 점은, 국내 내러티브 탐구 학술논문 동향을 분야별로 일정 기간 분석한 기존 연구 결과에서도 유사하게 확인할 수 있다(박병기 외, 2015). 이 결과로 Connelly와 Clandinin(1988)이 교사의 개인적 · 실천적 지식 연구로부터 이 방법론을 시작해 다양한 학문 분야로 확장한 것과 마찬가지로, 국내 학술논문에서도 내러티브 탐구가 교육학 분야에서 가장 활성화되어 교사 경험의 탐구 방법론으로 자리매김하고 있으며, 더 나아가, 학생의 경험, 교사-학생 상호작용 탐구로도 확대함으로써, 교육 실천 현장을 맥락적으로 이해하는 데 중요한 방법론이 될 수 있음을 알 수 있다(염지숙, 2003; 조용환 외, 2022). 앞으로도 질적 연구의 활성화와 더불어, 교육 실천 현장과 교사 연구의 중요성에 대한 자각이 강화될 것으로 전망되는 만큼, 내러티브 탐구는 다양한 교육 경험을 이해하는 데 더욱 중요한 역할을 할 것으로 기대된다. 그러나 '문화 및 다문화 경험' 관련 영역의 연구가 현재는 매우 적다. 하지만 학령인구 감소 추세에도 다양한 사회문화적 배경을 지닌 이주배경학생 등이 꾸준히 증가하고 있다. 이에 대응하고자 관계부처합동으로 교육 지원 정책을 발표하고 있는 한국 교육의 맥락을 고려하면, 앞으로 한국 내러티브 탐구가 활성화해야 할 영역은 이와 같은 영역일 것이다.

3. 한국 사회와 교육의 맥락을 반영한 내러티브 탐구

1) 내러티브 탐구다움과 내러티브 탐구자의 역할

내러티브 탐구가 이론적이지 않거나 이론이 충분하지 않다는 비판을 받는 경향이 있지만, 내러티브 탐구는 심리학, 철학, 인류학, 의학 등 다양한 학문 분야에 토대를 두고 있다고 할 수 있다. 예컨대, 심리학에서는 Bruner(1962/1979)의 패러다임적 앎과 내러티브적 앎 개념, 철학에서는 Carr(1977)의 삶의 내러티브 구조와 일관성에 대한 개념, 인류학에서는 Bateson(1984)의 삶의 불확실성 속에서의 연속성과 즉흥적 대응 개념, 의학에서는 Coles(1989)의 삶과 교육 실천에서의 내러티브 개념 등이 그 이론적 기반을 제공했다(Clandinin & Caine, 2008). 더 나아가 실용주의, 페미니즘, 원주민의 철학 등으로도 내러티브 탐구의 다양한 이론적 뿌리를 확인하고 그 인식의 지평을 확장했다(Caine, Clandinin, & Lessard, 2022). 그러나 내러티브 탐구의 핵심 개념은 John Dewey의 경험 이론에 깊은 영향을 받았다고 할 수 있다(Dewey, 1938). 이는 Clandinin과 Connelly(2000)가 Dewey의 경험 이론에서 계속성, 상호작용, 상황 개념에 주목하고, 경험의 두 가지 기준인 상호작용과 연속성을 상황 속에서 실행하여 시간성(temporality), 사회성(sociality), 장소(place)의 3차원으로 구현하는 경험 탐구의 기본 틀로, '3차원적 내러티브 탐구 공간'(three-dimensional narrative inquiry space)을 제안한 것에서 확인할 수 있다. 탐구자가 참여자의 경험을 내러티브하게 탐구하는 이 탐구 공간은, 인간 경험 이해를 목적으로 다양한 내러티브와 더불어 경험을 분석하고 해석하는 틀로서, 인간 경험의 개별성과 고유성, 다름의 복잡함을 초점화 하여 그것을 통찰적, 통합적, 성찰적으로 풀어내기 위해 제안된 은유적 공간이다. 내러티브 탐구가 특수성, 맥락성 탐구에 탁월한 방법론으로 평가받는 것은(Gudmundsdóttir, 1997), 바로 참여자의 경험을 이러한 3차원적 내러티브 탐구 공간에서 탐구하기 때문이다. 이 탐구 공간은 내러티브 탐구를 안내하고 확인하는 중요한 항목으로(염지숙, 2003; 2006; 2009; 홍영숙, 2019; 2024), 내러티브 탐구다움의 핵심이라고 할 수 있다.

3차원적 내러티브 탐구 공간에서, 1) 시간성 차원은 경험이 시간의 흐름에서 영향을 주고받으며 형성되고 변화하는 과정에 있음을 이해하는 것을 의미한다. 시간성은 과거, 현재, 미래를 연결하며, 각각의 시점에서 경험을 다르게 해석하도록 한다. 과거의 경험은 현재의 상황 형성에 영향을 미치고, 현재는 과거 경험에 가치를 부여하고 현재의 관점에서 해석하게 한다. 미래는 현재의 경험을 바탕으로 의도를 전달하며 앞으로의 가능성이나 기대를 반영한다. 과거를 이해하고 미래의 가능성을 상상하는 것은 현재의 시점에서 이루어진다. 이 시간성 차원에서 경험을 바라보는 두 방향성이 존재한다. 안쪽 방향은 경험이 일어나는 개인의 내적 조건으로 감정, 희망, 가치관, 종교관, 도덕적 성향, 미학적 반응 등이며, 바깥 방향은 경험을 만들어내는 외적 환경 조건으로, 사회, 문화, 언어, 기관, 가족의 내러티브를 포함한다. 이에 따라 연구의 전 과정에서 안 · 밖의 방향에 깨어 있어야 한다. 2) 사회성 차원은 개인적 경험이 결국 사회적 관계와 상호작용 속에서 형성된다는 것을 의미한다. 연구자는 참여자의 사회적 관계와 맥락을 고려해야 하며, 참여자가 처한 사회적 환경에서 경험을 어떻게 의미화하는 지도 주목해야 한다. 이 사회성 차원에서 경험을 바라보는 또 다른 두 방향성, 곧 과거 경험의 뒤쪽 방향과, 앞으로 다가올 경험을 향해 있는 앞쪽 방향도 고려해야 한다. 이에 내러티브 탐구자는 과거에 참여자의 어떤 경험이 이 경험으로 형성되었고 미래에 어떤 경험으로 형성될 것인지에 민감하게 깨어 있어야 한다. 3) 장소 차원은 경험이 발생하는 구체적인 위치와 환경의 물리적 공간과 상징적인 공간에서 일어난 사건과 상호작용이 어떻게 경험의 의미를 구성하는지 탐구한다(Connelly & Clandinin, 1990; Clandinin & Connelly, 2000). 이처럼 시간성, 사회성, 장소의 3차원적인 내러티브 탐구 공간에서 참여자의 경험을 위치시켜, 시간성과 사회성 차원에서 안 · 밖, 뒤 · 앞 방향을 고려해 탐구한다. 이러한 은유적 탐구 방식은 연구 현상, 연구자와 참여자의 경험과 관계를 다차원적이며 계속 변화하는 삶의 공간에서 일어나는 것으로 이해하도록 하며(염지숙, 2003), 경험의 복합성을 동적으로 다룰 수 있도록 돕는다. 이를 Caine 외(2022)에서는 다음과 같이 설명한다.

> 기억과 역사의 은유를 통해 우리는 타인의 삶을 상상한다. 은유는 낯선 이의 마음을 헤아려 볼 수 있는 힘이다(Ozik, 1989: Caine, Clandinin & Lessard, 2022에서 재인용). 상상력을 체화된 지식의 한 형태로 이해하며, 존재의 필수 방식이자 경험에 주의를 기울이는 방법으로 여기는 것이 은유적 사고이며, 이는 '만약에'라고 생각하는 것이다. 여기서 인간성과 타인에 대한 감각이 구현된다. 상상력은 대화적이며, 우리 자신과의 관계, 우리의 역사, 현재와 미래, 서로 간의 관계에서 우리가 살아가는 이야기에 공명한다(Caine & Steeves, 2009; Caine, Clandinin & Lessard, 2022에서 재인용). 우리가 '만약에'를 숙고할 때 우리의 상상력은 날아오르며, 새로운 존재의 기초를 쌓기 시작한다.

이처럼 내러티브 탐구에서는 각 차원에서 발생하는 여러 이야기를 동시에 고려하고 연결하며, 비선형적 순환 과정을 통해 참여자의 경험을 동적이며 다면적으로 다루어야 한다. 이에 내러티브 탐구자들은 3차원적 내러티브 탐구 공간의 구현 자체를 어려워하는 경우가 많다(Pinnegar & Daynes, 2007; 염지숙, 2006; 박병기 외, 2015). 더욱이 내러티브 탐구는 연구자와 참여자 간 관계, 시간, 장소, 느낌, 사건 등에 따라 유동적으로 변화하는 과정이므로, 연구자는 참여자와의 관계적 협력을 중요하게 여기고 충분한 시간을 들여 신중하게 수행할 필요가 있다(Clandinin, 2024).

내러티브 탐구자는 자신의 경험에 대한 내러티브적 자기 탐구로부터 시작한다. 따라서 내러티브 탐구는 이론적 토대뿐 아니라 자전적 토대도 갖추고 있다. 이는 'what(무엇을)'이 아닌 'how(어떻게)'의 관점에서 연구 퍼즐(research puzzle)을 형성하고 심화하는 출발점이다. 더 나아가, 내러티브 탐구는 탐구의 전 과정에서 연구자가 자신의 경험을 끊임없이 탐구하도록 요구하는 지속적인 성찰적 방법론이다. 이런 점에서 연구자 자신이 곧 참여자가 되는 자전적 내러티브 탐구도 활발히 이뤄지고 있다(Clandinin & Caine, 2008).

내러티브 탐구는 인터뷰 대화, 참여 관찰, 시각 매체 등으로 참여자가 자신의 이야기를 말하고 살아가는 과정을 연구자가 함께 생활하며 참여자의 이야기를 살아감으로 진행된다. 내러티브 탐구자는 이야기를 말하는 것에서 시작하든 살아가는 것에서 시작하든, 개인 경험의 내러티브가 사회 · 문화 · 제도적 내러티브에 어떻게 녹아있고 맞물리는지를 주의 깊게 살펴야 한다.

내러티브 탐구자는 현장 텍스트, 중간 연구 텍스트(내러티브 기술), 연구 텍스트를 작성하는 과정에서 모호함, 복잡성, 어려움, 불확실성을 경험하지만, 이 과정에서 인간 경험에 대한 관계의 중요성, 시간과 공간, 다층적 맥락도 체감하게 된다. 또 내러티브 탐구자들은 내러티브 탐구의 전 과정 동안 참여자와의 관계에서 윤리적 긴장, 의무, 책임, 돌봄 등을 항상 염두에 두게 된다(Clandinin & Caine, 2008). 연구자와 참여자 간 관계뿐 아니라, 연구가 진행되는 사회적, 정치적 맥락에서의 상호작용도 탐구한다. 이로써 연구자는 내러티브 탐구를 수행하며 윤리적 책임을 지니고 사회 정의를 반영하게 된다(Caine, Clandinin, & Lessard, 2022).

요컨대 내러티브 탐구자는 3차원적 내러티브 탐구 공간에 위치해 인간의 경험을 내러티브 탐구로 사유하며, 살아내야 한다. 이는 인간의 이야기를 대상으로 분석하는 것(thinking about stories)이 아니라, 이야기를 매개로 함께 생각하는 것(thinking with stories)을 의미한다. 달리 말하면, 내러티브를 연구 대상에 국한하기보다, 내러티브가 우리와 상호작용하도록 하는 것을 의미한다(Clandinin, 2013).

2) 한국 맥락에서 3차원적 내러티브 탐구 공간 구현 사례

한국에서 살아가는 내러티브 탐구자가 내러티브 탐구 방법론에 충실하게 자기 탐구에서 시작해, 참여자와의 관계적 윤리에 주의하며(Clandinin, Caine, & Lessard, 2018), 한국에서 살아가는 참여자의 경험을 3차원적 내러티브 탐구 공간에서 탐구했다면, 그 자체로 한국 맥락에서 내러티브 탐구를 수행한 것이라고 할 수 있다. 그럼에도, 한국의 사회적, 문화적, 역사적, 정치적, 언어적 환경에서 그 맥락적 특성을 더욱 부각하는 3차원적 내러티브 탐구 공간 구현과 그에 따른 한국 교육의 새로운 이해와 의미화가 가능하다고 생각한다. 물론 이러한 관점 자체가 서구의 탈식민주의 담론을 그대로 수용한 식민주의적 사유 양식으로 오해할 수도 있다. 그러나 지식의 하이브리드 관점에서 보자면(Bhabha, 2004), 다른 나라와는 다른 맥락에서 형성되는 한국의 특수한 사회적, 문화적, 역사적, 정치적, 언어적인 내러티브와 연계해 탐구자가 어떻게 내러티브적 사유와 의미를 생성하는지 모색하는 노력을 조명해 볼 필요가 있는 것이다.

(1) 분단-다문화 시대 한국 교육의 특수성과 해당 사례 제시의 이유

한국은 분단국가이고 다문화사회로도 빠르게 전환하고 있다. 이 전환의 중심에는 한반도의 근현대사에서 발생한 디아스포라 코리안, 곧 역사적 소수자라고 할 수 있는 중국동포, 고려사람과 사할린 한인, 재일조선인과 탈북민 등의 귀환 흐름도 존재한다(양영자, 2015). 나아가, 학령인구가 전반적으로 감소하는 추세에도, 태어난 곳과 언어가 다른 이주배경학생 등이 전국 각지에서 꾸준히 증가하고 있다. 이에 한국 교육 현장의 다수자 교사와 학생들은 이들 소수자 교사, 학생들과 더불어 독특하면서도 역동적인 변화를 경험하고 있다(양영자, 2018).

이와 같은 한국 교육의 맥락적 특성을 반영한 3차원적 내러티브 탐구 공간 구현의 한 예로, '한 중등교사의 하나원 하나둘학교 북한배경청소년 교육 경험에 대한 내러티브 탐구'(양영자, 2023a)를 소개해 보고자 한다. 비록 졸고이지만 내가 수행한 탐구 사례이므로, 어떻게 한국 교육의 맥락적 특성을 반영해 3차원적 내러티브 탐구 공간에서 참여자 경험을 탐구 했는지, 이와 아울러 탐구 과정에서 겪은 시행착오와 한계는 물론, 이 탐구가 더 내러티브 탐구다워지려면 어떻게 변화되어야 하는지 등을 잘 드러낼 수 있으리라 생각했다. 이러한 점을 고려할 때, 다른 연구자의 논문을 사례로 활용하는 것은 조심스러운 부분이 있었다.

내가 이 탐구를 한국 사회와 교육의 맥락적 특성을 반영해 3차원적 내러티브 탐구 공간에서 탐구했다고 생각하는 이유는, 한반도 분단 역사가 응축된 북한이탈주민정착사무소(이하, 하나원) 안에 위치한 '하나둘학교'라는 특별한 장소에서, 입국 초기 교육을 경험하는 탈북배경청소년의 삶을 전경으로, 이들과 3년 동안 하나원에서 기숙하며 교육한 한 중등교사의 삶과 경험을, 그동안의 17년 교직 인생과 파견 후 경력 경로 전환으로 이어질 삶과의 연속성 속에서 이해하며 의미화 하고자 했기 때문이다. 특히 이 탐구의 주된 장소인 하나둘학교는 중등 학령기 탈북배경청소년-북한이탈주민인 북한 출생자뿐 아니라 제3국 출생 북한이탈주민 자녀 등을 모두 포괄하는 명명으로, 해당 논문에서는 '북한배경청소년'이라는 용어를 사용했으나, 이후 이 명명이 탈북민 당사자에게는 북한 출생자만을 대상으로 하는 명명으로 오인하게 한다는 점을 확인하여, 이 글에서는 탈북배경청소년으로 수정하고자 한다.-이 하나원에 머무는 12주 동안 입국 초기 교육을 제공하는 곳이다. 그런데 하나원 자체가 한반도의 특수한 역사적, 정치적 상황이 집약적으로 드러나는 곳이자 1급 보안시설로, 인터넷이나 내비게이션에 위치 정보도 공개되지 않는다. 이에 외부에서는 그곳의 교육 실제나 간략한 소식조차 쉽게 접하기 어렵다. 그러므로 이런 한국적 특수성을 지닌 장소에 위치시켜 참여자의 교육 경험을 탐구했다는 점이 한국 사회와 교육의 맥락적 특성을 반영해 3차원적 내러티브 탐구 공간에서 탐구를 수행했다고 볼 수 있다.

(2) 탐구 사례

이 탐구의 참여자는 나도 함께하는 남북한 교 · 강사 모임 소속 중등교사로, 오랜 지인이다. 이 탐구를 본격적으로 하기 전에, 나는 참여자가 교직에서 대부분 고3 담임교사만 하면서 가졌던 고민, 하나둘학교 파견 교사로 지원한 동기, 하나둘학교 근무 경험의 단편들, 근무 기간 연장의 이유 등에 대해 어느 정도 알고 있었다. 그런 점에서 참여자를 알게 된 시점부터 이 탐구는 이미 시작하고 있었던 셈이다. 그리고 참여자가 3년간의 하나둘학교 파견 근무를 마치고 교직 경력 경로를 전환하게 됐다고 이야기 했을 때, 본격적인 탐구를 위해 나는 '1) 하나원 하나둘학교 탈북배경청소년 교육 경험이 어떻게 참여자의 경력 경로 전환에 '결정적 사건(critical event)'이(Webster & Mertova, 2007) 됐는지, 2) 참여자가 하나둘학교라는 입국 초기 교육 제도를 어떻게 경험했는지, 3) 탈북배경청소년과 그 보호자를 어떻게 인식하며 연결하고 있는지' 등의 연구 퍼즐을 갖고, 참여자의 삶과 경험 속으로 들어갔다.

이 탐구의 주된 현장 텍스트는 참여자와의 인터뷰 대화였다. 그 처음은 파견 근무 중에, 두 번째는 파견 종료 후에 진행했으며, 참여자가 작성한 다양한 문헌 자료, 등장한 영상 자료 등도 참고했다. 내러티브 기술의 초안이나 연구 텍스트 초안 작성 후에, 네 차례 정도 현장 텍스트를 더 구성했고, 이메일과 문자 메시지를 통해 지속적으로 의견을 나누었다.

이 탐구의 전 과정에서 내러티브 탐구의 중요한 속성 중 하나인 관계적 윤리를(Clandinin, Caine, & Lessard, 2018) 더욱 세심히 고려하고자 했다. 왜냐면 참여자 내러티브에는 '정보보안'이 필요한 부분이 많았으며, 참여자가 관계를 맺고 있는 이들, 이를 테면 탈북배경학생과 보호자, 하나둘학교 파견 교사와 탈북배경학생 교육 경험자 등의 대상자 범위가 매우 협소해 참여자가 누구인지는 물론, 참여자가 말하는 이가 누구이고, 어느 기관인지 등을 특정할 가능성이 높았다. 따라서 내러티브 기술과 연구 텍스트에 사회적 책임 이슈가 제기될 만한 내용을 쓸 때는 이를 참여자에게 알려 의논하고 조정하고, 블라인드 처리하며, 혹은 상당 부분을 삭제했다.

3차원적 내러티브 탐구 공간에서 참여자 경험의 시간성(과거 · 현재 · 미래), 사회성(개인 · 관계 · 제도), 장소(하나둘학교와 그 밖의 삶의 영역)를 살피는 동시에, 안 · 밖, 앞 · 뒤 방향으로 확장해 가며 탐구했다. 참여자가 중등교직에 품었던 희망과 절망, 선택과 결정에 작용하는 도덕적 성향과 종교적 가치관의 영향, 가족 · 교회 · 학교 · 여러 소속 교사 공동체 내러티브와의 연결, 하나둘학교 파견 전후로 참여자가 위치했던 지역과 학교 환경, 탈북배경청소년 교육 제도 속에서의 하나둘학교 교육과정, 참여자와 학생의 하루 일상, 학생들의 입국 사유와 경로, 학생들의 기숙 생활, 이후의 학생 진학과 진로에 대한 참여자의 견해와 지도 방식, 참여자가 학생 보호자와 맺고 있는 관계 양식 등, 참여자의 삶과 경험을 하나원 하나둘학교라는 장소를 중심으로 전후 · 내외로 상상하고 숙고했다.

그 결과로, '하나원 하나둘학교 파견 교사에 지원한 동기와 이유, 교사 삶의 변곡점이 된 하나둘학교 제자들, 참여자가 하나둘학교 12주 교육 기간에 부여한 의미와 노력, 학생 생활 교육 문제와 정체성 차이에 따른 끼리끼리 문화에 대한 고민, 세 갈래 진학 지도 방향과 성인 학생의 동거라는 변수, 참여자가 탈북민 네트워크에 연결되고자 하는 이유와 방식' 등의 주제로 내러티브 기술(narrative account)을(Huber, Caine, Steeves & Huber, 2013) 구성한 후, 참여자와 함께 살아가며 깨달은 것을 다시 이야기하고, 그것을 공유함으로써 또 다른 살아가기와 이야기하기로 이어지는 순환의 과정에서 해석한 것을(Connelly & Clandinin, 2000; Clandinin & Rosiek, 2007; Clandinin, 2013; Huber, Caine, Steeves, & Huber, 2013) 연구 텍스트로 구성했다. 그 내용은 '탈북배경청소년을 통한 중등교사의 존재론적 의미 되찾기, 탈북배경청소년 교육 제도 변화의 필요성 자각하기, 탈북배경청소년과 탈북민 네트워크에 대한 인식과 연결 방식의 변화 희망하기' 등이었다(양영자, 2023a).

나는 이 탐구를 통해 탈북배경학생과 이들을 교육하는 교사의 삶이 한국 사회와 교육의 맥락적 특성을 반영한 다양한 교육 현장의 하나로서 그 실제적인 삶의 경험에 대한 이해의 폭을 넓히는 계기가 되고, 한국 교육 연구에서 이를 새롭게 의미화 하는 데 기여할 수 있기를 바랐다. 또 현재의 탈북배경학생교육 제도나 정책이 수립 초기와 달라진 여러 변화된 상황을 반영함으로써 입국 초기부터 정착기까지 실질적으로 학생들의 삶을 이끌며 지원하는 제도와 정책으로 변화되기를 바라는 마음도 있었다. 나아가, 탈북배경청소년과 탈북민 네트워크에 대한 인식과 연결 방식에 있어, 이들을 취약계층이나 약자로만 인식하고 대상화, 타자화, 시혜화 하는 시선에서 벗어나, 참여자처럼 자신과 다를 바 없는 평등한 존재로서 함께 살아가는 동반자로 여기는 이해 방식이 사회적으로도 확장되기를 바랐다.

(3) 탐구 후기

오랜 지인인 참여자의 삶을 해석하는 것이 조심스러웠다. 이와 아울러 그동안 탈북배경학생을 연구해 온 나의 시각이 참여자가 교육한 탈북배경학생의 삶에 머무르며 복합적인 감정이 일어났다. 이런 측면이 논문 투고 당시의 연구 텍스트에 고스란히 드러났다. 논문 심사 과정에서 이에 대한 숙련된 탐구자의 조언이 있었고, 이를 반영해 최종 연구 텍스트에는 참여자 경험의 의미를 더 적극적으로 해석하고, 교사 경험에 초점을 맞추는 방식으로 보완했다. 다만, 학회지의 원고 분량 제한으로 인해 참여자의 내러티브를 충분히 인용하지 못한 점은 아쉬움으로 남았다.

연구 텍스트를 다른 전문가들에게 리뷰 받은 것은, 일종의 '응답 공동체'로서 큰 도움이 되었다. 탈북민 출신 교육학자와 하나둘학교 초창기에 교사 생활을 했고 교사선발 경험도 있는 남한 출신 문화인류학자에게 연구 텍스트에 대한 피드백을 받았는데, 이를 통해 탈북민 입장에서 이 탐구가 이해되는 방식이나, 내가 놓치고 있던 지점 등을 알게 되어 해석이 한층 깊어졌다. 이 과정에서 이 탐구가 다양한 독자에게 참여자나 그가 만난 탈북배경청소년을 실제적으로 이해하게 하고, 그로 인해 독자들이 자신들의 이야기를 하게 하며, 더불어 살아가게 하는 면이 있음도 확인할 수 있었다.

이 탐구는 참여자에게도 영향을 미쳤다. 이를 드러내는 참여자 소회를 당시 본문에는 지면 제한 상 포함하지 못했는데, 이 글에 싣고자 다시 동의를 구했다.

> 저는 이 연구에 참여하면서 고등학교 이후의 저의 삶을 쭈욱 돌아보게 되었는데요. 저의 삶의 많은 일들과 만남들, 기회들이 하나의 방향으로 내 삶을 살아가게 했구나라는 느낌을 갖게 되었어요... (중략) ... 이러한 제 삶의 궤적들이 사회에서 소외된 사람들을 만나고 대하는 것을 자연스럽고 편하게 했고, 또 제가 다른 사람들의 삶에 긍정적인 변화를 가져오는 데에 일조하는 것을 제 삶의 가치로 여기며 살아오고 있게 하는 것 같아요... (중략) ... 저는 탈북청소년 교육지원분야가 교사들이 할 수 있는 활동 중, 가장 마이너 중에 마이너 분야라고 생각했어요. 꾸준히 활동하시는 분도 적고 일반교사들의 관심은 거의 없어서 외부활동을 아무리 열심히 해도 학교 내에서 동료들과 나눌 수 있는 기회도 없고요... (중략) ... 이런 거 다 알면서도 탈북학생들 만나는 게 좋아서 이런저런 기회 주어지는 대로 참여하고 있었지만, 비슷한 연배의 교사들이 승진점수를 다 채워가거나, 전문직으로 진출하거나, 어떤 분야의 교육 전문가로 인정받는 모습들을 보면서 한편으론 난 뭐하고 있나 라는 생각도 했었어요. 그런데 연구에 참여하며 제 삶을 돌아보니 빛나지는 않지만 나답게 잘 살아왔구나 라는 긍정의 마음이 생기더군요. 그리고 앞으로 상당 기간 탈북학생들, 탈북민들과 연계된 삶을 살 것이고 그러한 삶이 후회스럽지는 않겠다는 깨달음(?)을 갖게 되었어요. -2023년 4월 22일 참여자의 글

이 탐구는 내게도 깊은 영향을 미쳤다. 내러티브 탐구자로서 참여자 내러티브에 몰입하며 3차원적 내러티브 탐구 공간에 머무는 동안, 참여자와 탈북배경학생의 삶의 경험이 내게도 체현되어 마음이 힘들거나 마치 온몸을 맞은 것 같은 느낌이 들 때마다, 참여자나 참여자가 관계를 맺고 있는 탈북배경학생 당사자들의 고단함과 힘겨움을 생각해 보게 됐으며, 그 과정에서 관계적 탐구자인 내러티브 탐구자의 역할이야말로 참여자들의 삶 결에 머물며 경험을 깊이 이해하고 의미화 하는 일이라는 사실을 다시금 깨달았다(양영자, 2023a: 351).

(4) 한국 맥락에서 내러티브 탐구자로 다시 살아가기

탐구 종료 후에 나는 참여자가 했던 것처럼 사람과 사람의 삶을 연결하는 방식의 탈북배경학생 교육이야말로 현재 통일교육의 중요한 한 방식이 될 수 있음을 공유하고자, 한국교육학회 연차 학술대회 한국통일교육학회 분과에서 이 탐구 결과를 발표했다. 그리고 1년 정도 지난 시점에, '탈북학생교육의 현황과 통일교육의 과제와 도전'이라는 주제의 한국통일교육학회 학술대회에 자유주제 발표자로 초대받았는데, 특별히 이날은 학회 차원에서 학술대회 전에 하나원 방문 순서를 마련했다.

하나원에서 통일부 담당자의 기관 소개와 시설 안내를 받으며, 참여자가 3년간 살았던 삶의 주된 공간인 하나둘학교 교실도 둘러보았다. 그날 방문으로 새삼스럽게 깨달은 것은, 하나원이 12주간 머무는 탈북민의 임시 거처일 뿐이지만 지난 20여 년의 역사 동안 200여 명의 신생아가 태어난 곳이며, 하나둘학교도 여느 학교 학생과 다를 바 없는 청소년들이 교복을 입고 공부하는 삶의 공간이라는 것이었다. 한편, 하나원 분소를 마련해야 할 정도로 많은 탈북민이 오던 시기와 달리, 김정은 시대에 강화된 북중 국경 경계나 COVID-19 등의 여파로 탈북이 어려워져, 조력 비용이 몇 배로 뛰고 탈북민 수도 현격히 줄어서 원내가 매우 한적하다는 점도 체감할 수 있었다. 그러나 브로커들은 탈북민이 졸업하는 날이면 하나원 앞에 대기하다가 탈북민 정착지원금을 탈북 조력 비용으로 받아간다는 점에서, 하나원은 탈북민에게 녹록하지 않을 남한 생활을 예견하는 남한 사회로의 출입구이기도 했다.

이날 방문은 하나원에 재직 중인 남북한 교·강사 모임의 탈북민과도 조우하고, 탈북배경학생의 전환기 교육을 담당하는 한겨레 중고등학교로 이동해 논문을 발표하는 자리이기도 했다. 곧 한반도의 특별한 맥락을 반영하는 장소에서, 탈북배경청소년 관련 연구 주제로 삶을 이어가며, 1년 전에 관련 연구를 재개하고자 했던 다짐을 실천하는 의미 있는 시간이었다. 이는 동시에, 오래 전 탈북배경청소년 연구를 수행하며 만났던 탈북아동청소년그룹홈과 탈북 대안학교 학생들, 북한교사 출신 교사와 탈북민 교육자 등이 12주간 거주하고 교육받았던 환경을 살피며 그들을 조금 더 이해해 보는 시간이자, 이후로 이뤄질 탈북배경학생 교육을 담당하는 탈북민 교·강사 연구의 또 다른 참여자들과 함께 살아가는 순간이기도 했다.

이상에서와 같이, 분단·다문화라는 한국의 특별한 맥락에서 연구자와 참여자가 함께 공감과 연대의 내러티브를 다시 이야기하며 살아갈 때, 한국 사회와 교육의 맥락적 특성을 반영한 3차원적 내러티브 탐구 공간이 구현되고 확장되는 데 기여할 수 있으며, 이것이 바로 한국 사회와 교육의 맥락적 특성을 반영해 내러티브 탐구자로 살아가는 삶의 한 방식이라는 생각이 들었다.

4. 내러티브 탐구자로서 경험하는 쟁점과 딜레마

1) 내러티브 탐구자 되어가기

내러티브 탐구자가 되어가는 데 몇 가지 변곡점이 존재한다. 첫째, 양적 연구의 사고에서 벗어나 내러티브 탐구 특성이 인간의 경험 이해에 있다는 것을 체화하는 일이 필요하다. 내러티브 탐구 이론에 비춰보면 당연한 이 사고의 전환이 생각보다 쉽지 않다. 탐구 초기에는 인과 관계적 추론, 문제 해결이나 시사점 도출, 대안 제시 등에서 벗어나기 어려웠다. 물론 지금도 나는 이런 사고가 중요한 대규모 연구도 지속적으로 수행해야 하는 맥락에 있으나, 내러티브 탐구를 할 때만큼은 이런 사고에서 벗어나 참여자 경험을 이해하는 데 집중하려고 한다. 또 탐구 초기에는 여러 참여자의 내러티브에서 패턴을 찾고 줄거리를 구상해서 의미화할 때, 의미 패턴을 찾는 데 중점을 두느라 종종 환원주의의 오류에 빠지기도 했다면, 점차 참여자 개개인의 고유하고 복합적인 경험에 집중하며, 그 내러티브 단편들에서 일관성을 이해하는 데 중점을 두는 것으로 변화하고 있다. 그러다보니, 한 탐구에 참여하는 참여자 수가 점차 줄었다. 초기 탐구의 참여자는 세 학교에서 각 2명씩 총 6명이었다. 그러다가 점차 3명, 2명으로 줄었고, 현재 진행 중인 내러티브 탐구의 참여자는 각 1명으로, 한 탐구에서 1명 이상을 참여자로 선정하기는 어렵다는 생각을 하게 됐다.

둘째, 이 방법론의 입문 초기에는 내러티브 탐구의 독특한 용어와 개념, 탐구 수행 절차와 방법 등을 일종의 프로토콜처럼 적용하는데 치중해 내러티브 탐구답지 않은 탐구를 수행했다면, 점차 방법론의 의미를 체화하는 영역이 이전보다 확장됐다. 탐구 초기에는 연구 문제가 아닌 연구 퍼즐, 인터뷰가 아닌 대화(혹은 인터뷰 대화), 데이터가 아닌 현장 텍스트, 연구 결과가 아닌 연구 텍스트, 연구 텍스트 전의 중간 연구 텍스트 혹은 내러티브 기술, 3차원적 내러티브 탐구 공간 등의 용어와 개념을 모방하는 수준에 머물렀다. 그래서 연구 퍼즐이라는 용어를 사용하면서도 궁금함보다는 해결이 필요한 문제를 제시하고, 인터뷰 대화라는 용어를 사용하면서도 나와 참여자와의 대화라기보다는 참여자의 이야기 경청에 중점을 뒀으며, 현장 텍스트라는 용어를 사용하면서도 이를 연구자가 협력적으로 구성한 경험적이고 간주관적인 텍스트로서(Clandinin & Connelly, 2000) 대화 당시의 환경, 시간, 마음 상태, 기억력 등 다양한 요인에 영향을 받는 변화 가능한 인식 구성의 산물로(홍영숙, 2024) 이해하지 못했다. 또 탐구 초기에는 3차원적 내러티브 탐구 공간에서 참여자 경험을 안과 밖, 전과 후로 사유하기보다 시간성, 사회성, 장소를 요소로 고려해 이 세 요소의 구성을 갖추는 데 치중했으며 안과 밖, 전과 후로 사유하는 것이 쉽지 않았다. 그러다가 점차 3차원적 탐구 공간에 몰입해 세 차원과 네 방향의 사유가 유기적으로 이뤄져 참여자의 경험이 일관성을 이루는 순간들이 생겨났다. 이처럼 용어와 개념을 진정으로 이해하는데 시행착오의 경험이 필요했다. 탐구 절차와 관련해서도 탐구 초기에는 현장으로 들어가기, 현장에 존재하기, 현장 텍스트 구성하기, 중간 연구 텍스트 구성하기, 연구 텍스트 구성하기 등의 연구 수행 단계를 순서대로 따르고자 했다. 하지만 탐구가 거듭될수록 이 과정에서 연구 텍스트 구성 중에 현장 텍스트를 다시 구성하기도 하는 등의 순환이 이뤄지며, 탐구 수행 절차를 조정할 수 있게 됐다.

셋째, 내러티브 탐구가 거듭될수록 관계적 탐구의 의미를 더 깊이 알아가고 있다. 그 예로 탐구가 거듭될수록 탐구자인 나의 경험이 탐구에 깊숙이 작용하게 됐다. 초기 탐구에서는 참여자의 경험만을 탐구하고자 하는 경향이 강해서 관계적 내러티브의 특성이 잘 드러나지 않았다. 그러나 점차 탐구의 시작, 의미 해석, 개인적 정당화 등의 과정에서 나의 경험을 더 긴밀히 드러내게 됐다. 이러한 변화로 인해 참여자와의 협력도 더불어 강화됐다. 탐구 초기에는 참여자와의 협력이 인터뷰 대화에만 집중 돼 있었다면, 점차 탐구 전 과정에 걸쳐 지속적으로 이뤄지는 방향으로 바뀌고 있다.

넷째, '왜 내러티브 탐구인가'에 대한 대답이 필요할 때, 예를 들면, 매번 탐구에서 내러티브를 시작해야 할 때나, 개인적, 실제적, 사회적 혹은 이론적으로 정당화하고자 할 때, 때로는 논문 심사과정에서 양적 방법론의 사고로 비판하는 심사자를 만날 때마다, 내러티브 탐구에 대해 근원적인 성찰을 하게 되면서, 내게 내러티브 탐구가 무엇이며 나는 누구로 변화해 가는 중인지 등의 연구자 내러티브가 확장되며 심화되고 있다.

이상의 여러 변곡점을 거치며, 아직도 많이 부족하지만, 내러티브 탐구자가 되어가고 있다.

2) 내러티브 탐구 특성에서 비롯한 쟁점과 딜레마

내러티브 탐구를 수행하면서, 나의 부족한 탐구자적 자질에서 비롯된 것일 수도 있겠지만, 어느 정도 내러티브 방법론의 특성에서 비롯한다고 여겨지는 쟁점과 딜레마를 경험했다.

첫째, 참여자와의 관계성에서 비롯한 문제들이 존재한다. 나는 참여자와 연구 시작 이전에 이미 관계가 형성된 경우가 많았다. 탐구의 대부분이 연구 참여자와 오랜 기간 관계적 삶을 사는 과정에서 탐구를 구상하고 연구 퍼즐이 도출된 경우였다. 그런 점에서 내러티브 탐구의 질은 연구자의 해석 능력도 중요하지만, 그보다 앞서 참여자와의 관계성 자체에 깊은 영향을 받는다는 생각이 들곤 한다. 아울러, 이처럼 '살아가는 이야기'로 탐구를 시작할 때, 탐구와 삶이 분리되지 않고 탐구자 정체성을 지니며 살게 되는 측면이 있는데, 이때 탐구를 위한 관계적 거리두기, 해석적 글쓰기의 거리두기를 어떻게 설정할지에 대해 고민한다. 이 거리두기는 참여자와 형성한 관계성에 영향을 받는다. 나의 경우는 참여자에 대한 애정이 깊어 거리두기가 쉽지 않았기에 내러티브 탐구를 할 때마다 참여자와의 관계적 · 해석적 거리를 고민했다. 이는 탐구 종료 후에도 여전히 더불어 살아갈 참여자들과의 관계에 영향을 미칠 수 있다는 점에서 비롯한 고민이기도 하다.

둘째, 내러티브 탐구를 언어 기반으로 탐구하므로, 경험 이해의 언어화, 혹은 언어 은유화의 한계 등을 고민할 때가 있다. 참여자와는 일상 언어뿐 아니라, 학문적 언어, 때로는 영적 언어 등 다양한 차원의 언어적 상호작용이 일어나는데, 참여자와의 관계성과 상호작용 정도에 따라 언어화되는 깊이와 폭이 달라짐을 경험한다. 또 참여자와의 관계가 깊을수록 다차원적인 상호작용을 충분히 언어화하지 못한다는 한계도 경험한다. 이럴 때 언어의 은유화가 필요하다. 3차원적 내러티브 탐구 공간도 은유적이라는 점에서 은유화 능력은 내러티브 탐구자에게 매우 중요한 자질이다. 다만, 은유는 직관의 언어여서 길러진다기보다는 탐구자의 타고난 감각과 자질에서 빚어진다는 생각이 들며 은유화의 한계를 느낄 때가 있다.

셋째, 참여자 내러티브의 신뢰성 문제이다. 연구 분야의 학문적 지식 개발에 있어서, 전통적 데이터와 분석 과정을 고수하는 연구자들과 이를 혁신적으로 재구성하려는 연구자들이 공존해 왔다. 내러티브 탐구는 이중, 후자에 가깝다(Polkinghorne, 2007). 특히 내러티브 탐구는 신뢰성(trustworthiness), 내러티브의 진실성(narrative truth), 그럴듯함(verisimilitude), 유용성(utility) 등을 통해 평가하며(Loh, 2013), 참여자가 자신의 경험을 해석한 내용과 연구자가 그것을 추가로 해석한 것 사이의 연결성을 어떻게 확보하는지에 주목한다(Polkinghorne, 2007). 참여자가 발화한 이야기가 얼마나 진실하게 재현되었는지, 연구자와의 상호작용 속에서 의미의 왜곡 없이 구성되었는지, 혹은 왜곡된 기억이나 과거 사건의 투영인지 등을 고려하는 부분에서, 탐구자로서 내적 갈등을 경험할 때가 있다. 물론 내러티브 탐구에서는 참여자와 내러티브 의미를 구성하고 협의하는 과정이 요구된다. 그런데 과연 참여자 내러티브의 신뢰성을 담보하기 위해 조정과 협의만이 최선인지, 참여자와의 관계성을 훼손시키지 않으면서 어떻게 내러티브 탐구의 신뢰성을 높일 수 있는지를 고민하게 된다.

넷째, 내러티브 탐구의 해석에 있어서 이론의 역할이 무엇인지에 대한 고민이 있다. 일반적으로 질적 연구에서는 이론 검증을 지양한다는 점에서 이론은 늘 논쟁의 대상이다. 동시에 해석적 렌즈로서의 이론은(Creswell & Creswell Báez, 2021) 탐구 전과 중간, 종료 후에 모두 작동할 수 있다. 그런데 귀납적으로 경험적 이해에 도달하는 성격을 지닌 내러티브 탐구에서는(김병극, 2012) 참여자 내러티브가 해석적 렌즈로서의 이론과 긴장 관계에 놓인다는 생각이 들 때가 있다. 물론 내러티브 탐구도 연구의 일환으로 이뤄지므로 그 결과를 사회적, 이론적으로 맥락화 하는 일은 매우 중요하다. 그러나 참여자 내러티브의 고유한 독특성이나 복잡성이 드러날 때, 이론이 경험과 삶, 내러티브적으로 사고하는 것 등과는 다른 관계에 놓인다는 생각이 들며(Caine, Clandinin, & Lessard, 2022), 이론이 이를 훼손하지 않도록 하려면, 탐구자가 이론을 활용하여 해석한다는 것이 어떤 의미인가, 더 나아가 그 해석이 이론에 의존해야 하는가를 고민하게 된다.

다섯째, 관계적 탐구의 특성상 탐구 종료 시점에 참여자가 연구 참여를 중단하기로 결정하면, 내러티브 탐구자 입장에서는 복합적인 고민과 딜레마가 생긴다. 내러티브 탐구에서는 '내러티브의 오염'을 방지하고자 연구 참여자에게 어떤 이야기를 듣고 싶다고 미리 요청하지 않는 경우가 많으며, '응답의 즉시성'을 중시하기도 한다. 이런 특성이 연구 말미에 참여자가 연구 참여 철회를 하게 할 수 있는 요인이 되는 것 같다. 일반적으로 질적 연구에서는 공용기관생명윤리위원회(IRB) 등에서도 참여자의 연구 참여 중단을 보장하고 있지만 '관계의 존재론'을 중시하는 내러티브 탐구에서는 특히나 참여자가 느끼는 부담감과 탐구 공동체의 가치를 함께 고려해야 한다. 이런 점에서 내러티브 탐구자는 특히 더 약한 위치에 놓인다고 생각한다.

이상의 쟁점과 딜레마는 앞으로 내러티브 탐구를 거듭할수록 방향성을 찾아갈 수도 있으나, 새롭게 탐구를 할 때마다 거듭 직면해야 하는 과제일 수 있다.

5. 한국 교육에서 내러티브 탐구의 과제

질적 연구에서 존재론적 전환이 이루어지면서 나타나는 '후기 질적 탐구'의 양상을 내러티브 탐구 방법론에 어떻게 반영할지는 여전히 도전적인 과제로 보인다. 지금까지 내러티브 탐구는 주로 언어 중심 자료에 의존했지만, 최근에는 언어 기반 내러티브 탐구에서 벗어나 시각 자료나 다중 감각 접근(multisensory approaches) 등을 도입하려는 시도가 일어나고 있다. 후기구조주의나 포스트모더니즘 관점에서 언어의 권력성과 가치중립 불가능성이 인정됨에 따라(엄수정, 2023), 한국에서도 점차 사진, 만화, 회화 자료와 영화, 연극, 문학, 예술작품 전시, 공연 등을 활용하는 내러티브 탐구가 이뤄지고 있다(조용환 외, 2022: 142; 조현희, 2023:

616-617; 서경혜, 2023: 217-225; 홍영숙, 2024: 244). 이처럼 언어를 넘어서는 다양한 시도는 내러티브 탐구를 한층 풍성하고 깊이 있게 만들어주며 연구와 예술의 경계를 확장하여, 억압받아 온 소외된 집단의 이야기를 새로운 표현 방식으로 드러내고 공감하게 해 줄 수 있다. 그러나 그 과정에서 연구의 신뢰성이나 형평성 문제를 간과해서는 안 된다. 언어 이외의 다양한 감각 양식을 활용하는 내러티브 탐구는 아동이나 이주배경 소수자 등 다양한 참여자의 경험을 깊이 이해하는 방법일 수 있으나, 탐구자와 참여자의 문화자본이나 사회경제적 배경에 따라 감각적 표현 능력과 해석 능력에서 차이를 심화할 수도 있기 때문이다. 따라서 내러티브 탐구자가 언어 중심을 넘어 다중 감각 접근을 시도하려면, 연구의 신뢰성을 제고하고 형평성을 보완할 실천이 필요하다.

아울러, 내러티브 탐구는 방법론이자 동시에 존재론이기에 이를 삶의 양식으로 받아들인다면, '지금, 여기, 한국'이라는 삶의 맥락 속에서 내러티브 탐구자로 살아내는 문제를 명료히 할 필요가 있다. 이런 점에서 볼 때, 한국 내러티브 탐구가 질적으로 성장하기 위해서는 한국의 역사와 정치, 사회와 문화, 제도, 언어 등을 충분히 고려하여 이를 체현하는 참여자 경험을 3차원적 내러티브 탐구 공간에서 일관성 있게 구성하는 노력이 필요하다.

이를 위해, 한국 교육 분야에서 두 가지 방향의 탐구 활성화를 제안하고자 한다. 첫째, '서이초 사건'을 기점으로 급변하는 교직 사회와 교사 경험에 대한 내러티브 탐구이다. 교사 경험에 대한 탐구는 내러티브 탐구의 핵심 주제이자, 국내외로 현재 가장 활성화된 연구 영역이다. 그러나 한국 사회에서는 '서이초 사건' 이후 교사의 일상과 역할이 사회적 이슈로 부상하면서, 아동학대 신고 의무, 업무 분장, 학부모 민원 등의 복합적인 문제와 맞물려, 교사들의 심리적 · 정서적 어려움과 교사 정체성의 흔들림이 심화된 상황이다. 이런 상황에서 한국 사회와 교육의 맥락적 특성을 반영한 3차원적 내러티브 탐구 공간을 통해 교사 경험을 깊이 이해하는 일이 더욱 절실해졌다. 따라서 한국 교육 분야의 내러티브 탐구자는 교사의 내러티브 속으로 들어가, 교사가 풀어내는 삶의 궤적, 생각, 감정을 함께 탐구함으로써 교직에 대한 비판과 회의, 그리고 여전히 남은 희망 등 복합적인 교사 경험의 변화를 존중해야 한다. 동시에 교사와 신뢰 관계를 쌓고, 교사가 살아가는 장소, 시간, 사회 · 정치적 여건들을 깊이 이해하며 함께 내러티브를 만들어 가는 과정이 필요하다. 결국 탐구자가 교사 삶의 내러티브 안에 머물며 살고, 교사와 함께 '공동 저자'로 의미를 재구성해 낼 때, 한국적 상황에서 교사와 '함께' 살아가는 '관계적 탐구자'가 될 수 있을 것이다.

둘째, 분단-다문화 시대라는 맥락에서, 한국 사회의 소수자 학생과 교사 경험을 3차원적 내러티브 탐구 공간에서 이해하고 의미를 구성하는 노력이 더욱 활성화될 필요가 있다. 이들은 주류 권력 구조에서 소외되어 목소리를 내기 어려운 억압받은 집단(Spivak, 1988)이지만, 동시에 주류를 변화시킬 독자적 경험과 목소리를 지니고 있다. 분단-다문화 시대의 한국 사회에서는 이러한 역사적 · 정치적 · 문화적 조건이 교사와 학생 개개인의 삶에 직접적이고 구체적인 영향을 미친다. 그러므로 이러한 다양한 배경을 지닌 이들이 살아가는 교육 현장을 깊이 이해하고, 그 의미를 재구성하는 일은 곧 한국 사회와 교육의 맥락적 특성을 반영해 내러티브 탐구를 수행하고자 하는 탐구자들에게 주어진 중요한 과제라고 할 수 있다.

결국 '서이초 사건' 이후 교육 분야가 겪는 변화와 '분단-다문화'라는 역사적, 사회문화적, 정치적, 제도적 맥락이 복합적으로 얽혀 있는 현장에서, 참여자와 탐구자가 함께 내러티브적으로 사유하고 연구하며 '내러티브적 삶'을 살아갈 때, 지금, 여기에서 우리와 더불어 살아가는 수많은 이들의 삶과 경험을 더 깊이 이해할 수 있을 뿐 아니라, 한국 내러티브 탐구의 깊고 풍부한 질적 성장으로도 이어질 것이다.

참고문헌

강현석(2016). **인문사회과학의 새로운 연구방법론: 내러티브학 탐구**. 서울: 한국문화사.

강현석(2023). **내러티브와 교육: 삶, 앎, 그리고 가르침**. 대구: 경북대학교출판부.

김병극(2012). 내러티브 탐구의 존재론적, 방법론적, 인식론적 입장과 탐구과정에 대한 이해. **교육인류학연구, 15**(3), 1-28.

김신혜(2020a). **내러티브 탐구와 제2언어 학습**. 대구: 계명대학교 출판부.

김신혜(2020b). **응용언어학 질적 연구 방법론: 이론과 실제**. 서울: 한국문화사.

김영천(2013). **질적연구방법론 2: Methods**. 서울: 아카데미프레스.

박병기, 김지영, 박현아, 김영미(2015). 교육 연구에서 내러티브 탐구의 적용. **교육심리연구, 29**(3), 383-408.

서경혜(2023). **질적연구방법론**. 서울: 학지사.

신경림 외(2004). **질적 연구 방법론**. 서울: 이화여자대학교출판부.

신동일, 유정원(2022). **내러티브 탐구: 언어교육사회 연구방법**. 서울: 제이콥 아카데미.

신동일, 유주연(2006). (영어교육 현장 연구를 위한) **내러티브 탐구방법의 이해**. 서울: 경진문화사.

양영자(2015). 한국 다문화교육의 새 지평: 역사적 소수자의 미래지향적 재현. **교육과정연구, 33**(2), 179-205.

양영자(2018). 학교교육에서 탈북 · 다문화 배경 소수자 교육자의 교육경험에 대한 내러티브 탐구. **다문화교육연구, 11**(3), 1-47.

양영자(2023a). 한 중등교사의 하나원 하나둘학교 탈북배경청소년 교육 경험에 대한 내러티브 탐구. **한국교원교육연구, 40**(2), 325~354.

양영자(2023b). 한 교육과정 연구자의 다문화교육 교육과정 연구 경험에 대한 자전적 내러티브 탐구. **교육과정연구, 41**(3), 127-152.

양유성, 한계수, 조난영(2022). **상담학 논문 작성을 위한 내러티브** 탐구. 서울: 학지사.

엄수정(2023). 포스트 질적 탐구. 한국교육과정학회(편), **교육과정 연구방법론**(pp. 611-633). 경기: 교육과학사.

염지숙(2003). 교육 연구에서 내러티브 탐구(Narrative Inquity)의 개념, 절차, 그리고 딜레마. **교육인류학연구, 6**(1), 119-140.

염지숙(2006). Narrative inquiry -A trend, issues, and possibilities. **교육인류학연구, 9**(1), 99-122.

염지숙(2009). 유아교육연구에서의 내러티브 탐구 -'관계'와 '삼차원적 내러티브 탐구 공간'에 주목하기. **유아교육학논집, 13**(6), 235-253.

염지숙(2015). 내러티브 탐구자로서 관계적 윤리의 삶을 살아가기. **내러티브와 교육연구, 3**(3), 57-65.

조용환, 박순용, 염지숙, 서근원, 강대중, 서덕희(2022). **질적 연구 전통별 접근**. 서울: 학지사.

조현희(2023). 교육과정연구에서 내러티브 탐구의 의미와 활용방안. 한국교육과정학회(편), **교육과정 연구방법론**(pp. 363-385). 경기: 교육과학사.

홍영숙(2019). '관계적 탐구'로서의 내러티브 탐구. **질적탐구, 5**(1), 81-107.

홍영숙(2024). **내러티브 탐구**. 서울: 학지사.

Bhabha, H. K.(2004). *The location of culture* (2nd). London: Routledge.

Caine, V., Clandinin, D. J., & Lessard, S.(2022). *Narrative inquiry: Philosophical roots*. London: Bloomsbury Publishing. 염지숙, 김아람 공역(2024). **뿌리부터 이해하는 내러티브 탐구**. 서울: 학이시습.

Clandinin, D. J.(2013). *Engaging in narrative inquiry*. NY: Routledge. 강현석, 박세원, 조덕주, 조인숙(공역)(2015). **내러티브 탐구의 이해와 실천**. 경기: 교육과학사.

Clandinin, D. J.(Ed.)(2007). *Handbook of narrative inquiry: Mapping a methodology* (pp. 35-75). Thousand Oaks, CA: Sage. 강현석, 소경희, 박민정(공역)(2011). **내러티브 탐구를 위한 연구방법론**. 경기: 교육과학사.

Clandinin, D. J., & Connelly, F. M.(2000). *Narrative inquiry: Experience and story in qualitative research*. Jossey-Bass Inc Publication. 소경희, 강현석, 조덕주(공역)(2007). **내러티브 탐구**. 경기: 교육과학사.

Clandinin, D. J., & Rosiek, J.(2007). Mapping a landscape of narrative inquiry: Borderland spaces and tensions. In D. J. Clandinin(Ed.). *Handbook of narrative inquiry: Mapping a methodology* (pp. 35-75). Thousand Oaks, CA: Sage. 강현석, 소경희, 박민정(공역)(2011). **내러티브 탐구를 위한 연구방법론**. 경기: 교육과학사.

Clandinin, D. J., Caine, V., & Lessard, S.(2018). *Related ethics in narrative inquiry*. London: Routledge.

Clandinin, D. J., Steeves, P., & Cain, V.(2013). *Composing lives in transition: a narrative inquiry into the experiences of early school leavers*. Bingley, U. K.: Emerald.

Clandinin, D.(2024). 서문. 홍영숙(2024). **내러티브 탐구**. (pp. 11-15). 서울: 학지사.

Clandinin, D., & Caine, V.(2008). Narrative inquiry. In Lisa M. Given (Ed.), *The Sage Encyclopedia of Qualitative Research Methods* (pp. 542-545). Thousand Oaks, CA: SAGE Publication.

Connelly, F. M., & Clandinin, D. J.(1988). *Teachers as curriculum planners*. 강현석, 박민정, 소경희(2007). **교사와 교육과정: 교사들의 경험에 대한 내러티브**. 서울: 양서원.

Connelly, F. M., & Clandinin, D. J.(1990). Stories of experience and narrative inquiry. *Educational Researcher*, *19*(5), 2-14.

Creswell, J. W., & Creswell Ba´ez, J.(2021). *30 Essential skills for the qualitative researcher* (2nd ed.). Sage.

Dewey, J.(1938). *Experience and Education*. New York: Macmillan Company.

González-Monteagudo, J.(2011). Jerome Bruner and the challenges of the narrative turn: Then and now. *Narrative Inquiry*, *21*(2), 295-302.

Gudmundsdóttir, S.(1997). Introduction to the theme issue of "narrative perspectives on research on teaching and teacher education". *Teaching and Teacher Education*, *13*, 1-3.

Herman, D.(2009). *Basic elements of narrative*. Wiley-Blackwell.

Huber, J., Caine, V., Steeves, P., & Huber, M.(2013). Narrative inquiry as pedagogy in education: The extraordinary potential of living, telling, retelling, and reliving stories of experience. *Review of Research in Education*, *37*, 212-242.

Lauritzen, C. & Jaeger, M.(1996). *Integrating learning through story: The narrative curriculum*. 강현석, 소경희, 박창언, 박민정, 최윤경, 이자현(공역)(2007). **내러티브 교육과정의 이론과 실제**. 서울: 학이당.

Loh, J.(2013). Inquiry into issues of trustworthiness and quality in narrative studies: A perspective. *The Qualitative Report*, *18*(33), 1-15.

Pinnegar, S., & Daynes, J. G.(2007). Locating narrative inquiry historicalcieoly. In D. J. Clandinin(Ed.), *Handbook of narrative inquiry: Mapping a methodology* (pp. 3-34). Sage Publications.

Polkinghorne, D. E.(2007). Validity issues in narrative research. *Qualitative Inquiry*, *13*(4), 471-486.

Polkinghorne, E. D.(1988). *Narrative knowing and the human sciences*. State University of New York Press. 강현석, 이영효, 최인자, 김소희, 홍은숙, 김웅경(공역)(2009). **내러티브, 인문과학을 만나다: 인문과학연구의 새 지평**. 서울: 학지사.

Riessman, C. K.(2008). *Narrative methods for the human sciences*. SAGE Publications.

Somers, M. R.(1994). The narrative constitution of identity: A relational and network approach. *Theory and Society*, *23*(5),

605-649.

Spivak, G. C.(1988). Can the subaltern speak? In C. Nelson & L. Grossberg (Eds.), *Marxism and the interpretation of culture* (pp. 271-313). Urbana, IL: University of Illinois Press.

Webster, L. & Mertova, P.(2007). *Using narrative inquiry as a research method: An introduction to using critical event narrative analysis in research on learning and teaching*. NY: Routledge. 박순용(역)(2017). **연구방법으로서의 내러티브 탐구**. 서울: 학지사.

제2부 신생 질적 연구방법론

제7장 한국에서 문서분석의 역사와 현재

제8장 한국 담론 분석의 역사적 동향

제9장 한국 포스트모던 질적 연구: 방법적 탐구와 비평

제10장 탈식민주의와 한국의 질적 연구: 역사, 발달, 그리고 전망

제11장 한국의 포스트휴먼 질적 연구

제 7 장

한국에서 문서분석의 역사와 현재

지연정(이화여자대학교)

1. 서론

이 장에서는 한국에서 문서분석 연구가 어떻게 발전해왔고, 한국의 사회문화적 특성을 어떻게 조명해 왔는지 탐색하고자 한다. 문서분석에 관한 연구는 다양한 학문 분야에서 진행되어 왔다. 문서분석은 일기, 편지, 신문, 소셜미디어 게시물, 정부보고서, 회의록 등 다양한 종류의 문서를 해석하고 이해함으로써 특정 주제나 연구 질문에 대한 심층적인 분석이 가능한 방법이다. 이는 인문, 사회과학 분야에서 복잡한 인간의 경험과 사회적 현상을 탐구하는 데 핵심적인 연구 방법으로 인정받아 왔다(Asdal & Reinertsen, 2021). 특히 디지털 시대에 온라인 문서가 폭발적으로 증가하면서 그 영역이 더욱 확대되었다. 문서분석이 텍스트의 표면적인 의미를 넘어 텍스트 이면에 담긴 의미까지 파악하게 되면서, 질적연구가 본질적으로 추구하는 현상에 대한 심층적 이해가 가능해졌다(지연정, 2024). 또한 문서분석은 오래된 역사적 사건이나 현상을 다루거나, 연구자가 관찰하거나 인터뷰할 수 없는 상황에서도 시간과 공간의 제약 없이 독자적인 질적연구방법으로 활용될 수 있다는 점에서 그 가치가 더욱 강조되고 있다.

그러나 이러한 문서분석의 잠재적 가치에도 불구하고, 한국의 질적연구 분야에서 문서분석에 관한 이론적 논의는 제한적이다. 현재까지는 문서의 종류와 그 특징, 문서의 역할을 이론적으로 고찰한 연구(김영천, 정상원, 2015)와 질적연구방법으로서 문서분석에 관한 방법론적 탐구를 시도한 연구(지연정, 2024)에 불과하다. 이로 인해 문서들이 지닌 고유한 연구적 가치가 충분히 조명되지 못하고 있다. 많은 연구자들이 문서를 단순히 배경 정보라고 생각할 수 있겠지만, 사실 문서는 그 자체로 풍부한 맥락과 의미를 담고 있는 가치 있는 경험적 자료이다(Asdal & Reinertsen, 2021).

이처럼 문서분석의 이론적 논의가 제한적인 상황에서, 그동안 한국에서 실제로 이루어진 문서분석 연구들의 특성과 경향을 체계적으로 파악하는 것은 향후 문서분석 연구의 발전을 위한 기초 작업이라 할 수 있다. 이에 본 연구는 한국의 사회문화적 맥락에서 문서분석 연구가 어떻게 수행되어 왔는지 검토함으로써, 그동안 한국의 질적연구방법론에서 상대적으로 주목받지 못했던 문서분석의 독자적 가치를 재고하여 질적연구의 방법론적 다양성을 풍부하게 하는데 기여하고자 한다. 한국에서의 문서분석 연구가 단순히 자료 수집 도구를 넘어 질적연구방법의 이론적 지형을 확장하고, 향후 한국에서 문서분석 연구 방향과 가능성을 제시하는 이론적 토대를 마련하는 데 기여하길 기대한다.

2. 문서분석 연구의 발달

문헌 연구는 문서분석(documentary analysis)이라는 용어로 질적연구의 방법론으로서 사회과학 분야에서도 진행되었다. 이 장에서는 한국의 사회학, 교육학, 간호학 분야에 한정하여 문서들이 어떻게 활용되었는지 전개하고자 한다.

1) 사회학

사회학 분야에서 문서분석은 초기에 신문 기사를 양적 내용분석 방법으로 분석하는 형태로 진행되었다. 국내에서는 1969년 이상희의 경제 정책에 대한 신문의 보도 태도를 분석한 연구가 시초였다(김성태, 2005). 1980년대까지는 분석 방법으로 빈도와 키워드 중심의 통계 기법을 사용하였다. 대표적으로 윤희중(1985)은 309개의 대학신문을 대상으로 대학 설립 유형과 성별 구성에 따른 차이와 언론 통제 양상을 분석했다. 주제, 기사 유형, 필자 등 6개범부를 기준으로 1970-1984년 기간의 내용을 검토했다. 같은 시기 이온죽(1986)은 북한 사회변동 연구를 위해 〈로동신문〉 사설을 분석했다. 1950년대 초부터 1985년까지의 사설을 대상으로 주제, 표현 방식, 용어 사용 등을 파악했다. 이러한 초기 연구들은 신문방송 분야에서 내용분석 방법론의 토대를 마련하는 데 기여했다.

이후 1990년에는 내용분석 방법이 더욱 체계화되면서 정치학, 경영학, 사회학 분야로 확산되어 문서분석 연구가 진행되었다. 정치학에서는 정책 추진, 지방 자치, 국회 활동, 선거 캠페인(김영평, 1994; 이기식, 2002; 김정미, 2011; 정성호, 이준호, 2011) 등을 분석하였고, 경영학에서는 마케팅 전략, 기업 보도 분석(강명주 등, 1995; 한정호, 1997), 사회학에서는 여론조사 분석, 사회 인식 연구(이철영, 2007; 오주영, 김지현, 2019)로 확산되었다.

포스트모더니즘의 영향으로, 2000년대에는 사회의 복잡성을 심층적으로 이해하기 위한 질적연구방법으로서 문서분석이 전개되고 널리 확산되었다. 신문방송 분야의 연구 주제는 주로 시의성 있는 사회 이슈였으며, 구체적으로 국민연금(강수영, 2003), 원자력(김원용, 이동훈, 2005), 용산사태(임양준, 2010), 세월호 사건(김영욱, 함승경, 김영지, 2017), 디지털 성범죄(이수범, 송민호, 2020) 등 사회적 파장이 컸던 사건들을 다룬 연구가 큰 비중을 차지했다. 이러한 연구들은 언론이 사회 현상을 반영하고 해석하는 역할에 중점을 두고 있음을 잘 보여준다. 국내 정치 및 권력 구조와 관련해서는 정부-언론 관계, 정부의 대학 개혁, 대통령 측근 비리, 대통령 탄핵 사건, 정치적 갈등 이슈 등을 다루고 있었다(김영욱, 임유진, 2009; 박현식, 김성해, 2014; 이오현, 2017; 윤철수, 김경호, 2018; 최중홍, 이효규, 2020). 국제 이슈와 관련해서는 미국 · 이라크 전쟁, 리비아 전쟁 등 국제 사회의 주요 사건들을 연구 주제로 삼았다(백선기, 2006; 이봉현, 김성욱, 2011). 여기에서 주목할 점은 단순한 사건이나 이슈를 나열하는 데 그치지 않고, 신문보도 경향의 서사구조나 담론구조를 함께 논의했다는 점이다. 이외에도 사회변화 속에서 남성들의 시장노동과 가사노동의 변화(조성은, 정지영, 윤소영, 2006), 인터넷상 사이버모욕죄 도입(허원구, 2011), 한국인이 겪는 불공정한 경험(양혜진, 안정민, 이태헌, 2021) 등 현대 사회의 주요 쟁점들이 연구되었다.

특히 최근에는 디지털 문서를 활용한 연구가 나타나고 있다. 예를 들어, 이종철(2011)은 집단지성의 한계를 진단하기 위해 한국어 위키피디아(위키백과)의 북한 문서를 실증적으로 모니터링하고 내용 분석을 하였으며, 최연실(2019)은 비혼성인자녀와 부모의 동거에 대한 웹 문서의 의미 구조를 파악하였다. 연구자는 한국 사회에서 '캥거루족'이라고 일컬어지는 가족의 세대 관계 속성에 접근하고, 이를 토대로 가족치료의 함의를 얻고자 하였다. 이를 위해 국내 포털사이트 네이버에서 제공하는 블로그, 카페, 뉴스, 지식iN 등의 웹 문서를 대상으로 하였다. 그리고 양혜진, 안정민, 이태헌(2021)은 국민청원게시판을 분석하여 한국인의 불공정 경험과 인식을 탐색하였다.

이러한 연구들은 연구방법적 측면에서 크리펜도르프(Krippendorff, 2004)의 내용분석 방법과 비판적 담론분석을 주로 활용하여 체계적으로 분석하였다. 먼저, 허원구(2011)의 연구는 크레펜도르프의 내용분석 방법을 적용하여 사이버모욕죄 도입에 대한 언론 보도를 분석했는데, 매체별 보도량과 주제별 보도 형태는 양적 분석으로, 보도의 내용, 성격, 방향은 질적으로 분석하였다. 다음으로, 이봉현과 김성욱(2011)은 비판적 담론분석 방법을 활용하여 리비아사태에 대한 전체적인 보도의 성향을 파악했으며, 담론분석을 통해 정치, 경제, 사회적 맥락 속에서 기사의 이념적 작용을 분석했다. 또 다른 사례로 김영욱, 함승경, 김영지(2017)은 세월호 사건 보도를 비판적 담론분석 틀로 분석했다. 이때 빅데이터 언어네트워크 분석기법을 결합하여 연구의 타당도를 높였다. 이수범과 송민호(2020)도 디지털 성범죄 사건으로 n번방 사건에 대한 언론 보도를 분석하기 위해 비판적 담론분석과 언어 네트워크 분석을 결합하여 분석했다. 이와 같이 비판적 담론분석은 텍스트의 표면적 의미를 넘어 사회적 맥락, 권력관계, 이데올로기적 함의를 도출하기 위해 사용되었다. 이와 함께 자주 사용되는 프레임 분석은 특정 사건이나 이슈가 어떻게 구성되고 해석되는지를 분석하는 방법으로(정의철, 이창호, 2007), 특히 비판적 담론분석과 함께 신문을 분석한 연구에 사용되었다. 그 예로, 임양준(2010)은 용산참사 보도에 대한 연구에서 신문지면을 통해 사용된 뉴스프레임과 뉴스 보도를 통해 인용된 주요 행위자들에 대한 프레임을 분석하였다.

2) 교육학

교육학 분야에서 초기 문서분석 연구는 교육 정책과 교과서 내용분석을 중심으로 발전했다. 먼저, 김재은 등(1973)은 중학교 학습부진 학생을 대상으로 한 교육 프로그램의 효과를 검증하여 당시 문교부의 정책 수립을 위한 기초자료를 제공하고자 하였다. 그리고 이미나(1993)는 30년간의 교육예산 내역을 분석하여 수월성 정책의 변천 과정을 실증적으로 규명하였다. 이러한 연구들은 정책의 효과를 평가하고 향후 정책 방향성을 제시했다는 점에서 의미를 지닌다. 다음으로 교과서 분석 연구에는 조재홍 등(1981)의 화학 교과서 분석, 송인명 등(1982)의 물리 교과서 분석, 안재근(1991)의 화학실험 교육내용 분석, 권경오, 장남기(1996)의 생물교과서 분석에 이르기까지 과학교과 전반에 걸친 체계적인 분석이 이루어졌다. 이는 과학교육의 질적 향상을 위한 기초연구로서 중요한 의미를 지닌다. 이외에도 한양일(1988)은 가정교과서를, 심은리(1996)는 국어교과서를, 양원택(1996)은 한 · 중 고등학교 세계지리 교과서의 국제이해교육과 관련된 내용을 비교 분석하였다. 조성규, 손병선(1999)은 5, 6차 교육과정의 정치교육 내용변화와 사회적 기능을 심층적으로 분석하였다. 1990년대까지는 주로 양적연구방법을 통해 교과서의 내용을 비교 분석하여 초기의 한국 교육 발전에 기여하였다고 평가할 수 있다.

2000년대 이후 교육학의 문서분석 연구는 질적연구방법을 활용하여 교육 정책에서부터 학생 경험까지 폭넓은 영역을 다루며 교육 전반에 걸쳐 발전해 왔다. 첫째, 교육 정책에 관한 연구는 시대적 변화와 교육 현장의 필요에 따라 다양한 주제로 발전하였다. 다문화 교육과 관련해서는 한국의 다문화 교육 정책의 특징 및 문제점과 변화 양상을 분석한 연구(이민경, 2010; 이경희, 2011; 김기영, 2017; 김한길, 소경희, 2018; 이영신, 2023), 다문화 교육의 연구 동향을 분석한 연구(박윤경, 박선운, 2022) 등이 있다. 또한 고교무상교육 정책(이지수, 주철안, 2021), 평생교육 정책(최운실, 2006; 권대봉, 2007; 이희수, 백평구, 2010), 지속가능한 발전을 고려한 환경교육의 관점에서 환경교육 정책(박혜영 등, 2009), 교육 정책에서 돌봄을 바라보는 관점과 현상을 위한 돌봄 담론분석(손유진, 서보순, 2024) 등 다양한 주제의 교육 정책 연구가 이루어졌다.

둘째, 교육과정 연구는 교육과정 개정 시기별로 총론과 각론 차원에서 각각 진행되었다. 총론 연구에서는 혁신학교 교육과정(강이화, 김혜진, 2015), 핵심역량과 교과 역량의 관점에서 2015 개정 교과 및 창의적 체험활동 교육과정(한혜정, 이주연, 2018), 초등학교 교육과정 자율권(박남국, 김대현, 2019), 교육과정 총론 문서와 해설서에 재현된 담론을 분석한 연구(장수빈, 2018), 국가 교육과정 문서에 함의된 교사 전문성 담론(소경희, 최유리, 2022), 마을학습 교육과정의 운영 및 개선 방안(김대현, 권다남, 2023), 교육과정 지역화 정책 개선 탐구(이의연, 홍후조, 2024) 등을 주제로 연구가 진행되었다. 2025년부터 전면 시행되는 고교학점제와 AI 교과서 도입에 앞서 저작권 교육 강화를 위해 2022개정 교육과정의 교과별 저작권 관련 내용을 분석한 연구(이경민, 김자미, 이원규, 2023)도 수행되었다.

셋째, 실제 교육 현장에서 사용하는 각 교과별 교과서 연구도 방대하게 이루어졌다. 교과서 연구는 2000년부터 2024년까지 학술연구정보서비스(RISS) 기준으로 초등교육(약 3,456편), 국어(약 1,299편), 수학(약 1,332편), 과학(약 1,845편), 사회(약 2,494편), 영어(약 716편), 음악(약 531편), 미술(약 309편), 체육(약 207편)에 이른다. 이러한 수많은 연구들의 공통점은 교과서가 교육과정을 적절히 반영하고 있는지, 모학문의 내용학 연구 성과들을 충실히 담고 있는지 분석하였으며, 교과서의 삽화, 지도, 사진, 어휘 분석 등에 초점을 두고 있었다. 이와 함께, 탈식민지적 관점에서 고등학교 세계사 교과서와 초등학교 교과서 내용을 분석한 연구도 진행되었다(김영천, 문승호, 주재홍, 2013; 김두겸, 2019).

넷째, 교육의 주체인 교사와 학생에 관한 연구도 이루어지고 있었다. 특히 학생을 대상으로 한 연구에서는 학교생활기록 기재요령의 학생 학습권과 인권 침해 가능성(주주자, 2019), 한국 고등학생들의 학원 학습 경험(조재성, 최성호, 2015), 한국 청소년 성소수자들의 삶의 특징(주재홍, 2017) 등 학생 인권과 학습 경험이 주요 주제로 다루어졌다. 그리고 교사를 대상으로 한 연구에는 교사의 평가 제도에 관한 경험과 인식을 조사한 연구(이지연, 2008; 정상원, 2014), 학부모의 고소를 경험한 교사의 경험을 분석한 연구(김기홍, 2019), 교사 참여 연구대회의 제도적 개선을 탐구한 연구(최원준, 김천기, 2022), 예비교사들의 교사론 과목의 수업 설계상 특징을 분석한 연구(허은정, 2022) 등이 있다.

이러한 교육학 분야의 연구들은 연구방법적 측면에서 엘로와 기나스(Elo & Kyngas, 2008)의 방법론을 많이 활용하였다. 이 방법론은 질적 자료를 조직하는 과정에서 귀납적 분석과 연역적 분석으로 나뉘는데, 귀납적 분석은 자료를 통해 개념을 도출할 때, 연역적 분석은 기존의 이론을 토대로 분석의 구조를 조직할 때 사용된다(Elo & Kyngas, 2008). 귀납적 질적 내용분석의 대표적 사례로, 김한길과 소경희(2018)의 연구는 다문화교육 정책 문서를 대상으로 분석 자료를 '개방코딩-범주형성-추상화'라는 세 단계로 분석하여 다문화교육 성격 변화를 탐구했다. 또 다른 연구 사례로, 양영자(2020)는 교사들이 직접 저술한 교사론 관련 개인 저서를 분석하여 실천 경험을 바탕으로 한 실용적인 '교사의 교사론'을 조사했다. 그 결과, 교사의 교사론을 '문제의식 측면', '문제 해결 측면', '현장에서 요구되는 훌륭한 교사상의 새로움'이라는 세 가지 측면으로 체계화하여 제시했다. 연역적 분석의 주목할 만한 사례로는 김영천, 문승호, 주재홍(2013)의 연구가 있다. 그들은 탈식민 이론의 틀에 기초하여 한국의 고등학교 세계사 교과서가 유럽 중심의 식민지 패권을 어떻게 재현하고 있는지 탐구하였다. 이를 위해 연구자들은 파농(Franz Fanon, 1963, 1967), 사이드(Edward Said, 1979), 스피박(Gayatri Spivak, 1988)의 연구를 참고하여 '주체와 타자의 구성', '포용과 배제의 담론', '목소리의 침묵', '재식민지화의 서술'이라는 네 가지 분석 기준을 설정하였다. 교과서 내용을 분석한 결과, 서구 중심적 서술이 발견되었으며, 동양을 타자화하는 식민주의적 관점이 지속적으로 재생산되고 있음을 확인하였다.

이와 같이 한국 교육학 분야의 문서분석 연구는 교육 정책 및 교육과정 문서, 교과서, 강의계획서, 학교생활기록부, 교육 저서, 학생 에세이, 교생실습일지, 성찰일지 등 다양한 문서를 통해 교육의 본질적 가치를 추구하고, 교육 현장과 교육 주체들의 다양한 목소리를 담아내는 방향으로 발전해 나가고 있었다.

3) 간호학

간호학 분야에서는 간호 교육의 효과와 환자 보호자들의 경험을 이해하기 위해 문서분석이 활용되었다. 특히 실습 및 성찰 일지를 활용한 연구가 주로 이루어졌는데, 이는 간호대학생들이 작성한 실습 및 성찰 일지를 통해 다양한 실습교육 경험을 심층적으로 이해하고 개선 방안을 모색하는 데 중점을 두었다(정추영, 서영숙, 2017; 임소희, 2021; 이인숙, 김혜옥, 이병숙, 2022; 송미숙, 이정숙, 2023; 이은영, 2024). 그중에서 정추영, 서영숙(2017)은 간호대학생들의 실습일지를 분석하여 임상 실습교육 경험을 이해하고 실습 과정을 탐구하였다. 연구자들은 학생들이 익명으로 작성한 자서전적 기록인 실습일지를 분석하여, 학생들의 경험을 '불안', '몰입', '성찰'이라는 세 가지 영역으로 범주화하였다. COVID-19 시기의 특수한 교육 환경을 반영한 임소희(2021)의 연구에서는 성인간호학 온라인 비대면 실습을 경험한 간호대학생의 성찰일지를 분석하였다. '주제선정-주제모음-범주화' 단계를 거친 분석을 통해 실습 과정의 경험을 '다양한 상황 경험', '새로운 학습의 경험', '임상실습에 대한 성취감', '교수자와의 관계형성', '비대면 실습에 대한 양가감정', '예비간호사에 대한 두려움'으로 설명하였다. 또한 이인숙 등(2022)은 간호학생의 지역사회 연계 간호교육 프로그램에 참여한 경험을 탐구하기 위해 학생들의 성찰기록지를 분석하였다.

한편, 환자 보호자들의 경험을 탐색한 연구로는 조선희(2006)의 연구가 주목할 만하다. 이 연구는 실존주의적 관점 틀을 이용하여 알코올 의존자 부인들이 직접 쓴 자서전의 내용을 분석한 것으로, 알코올 의존자 부인으로서 살아가는 삶의 이야기를 고난 그리고 승리, 의미 있는 사람들, 영적 성장, 보살핌, 삶의 의미로 범주화하여 심층적으로 탐구하였다. 또한 구술자료를 전사하여 분석하는 기존의 질적연구방법과 달리, 연구 참여자가 현장에서 수기로 작성한 자서전을 텍스트로 활용했다는 점에서 방법론적 의의가 있다.

간호학 연구에서는 질적연구방법 중 심층 면담을 통한 분석이 주를 이루고 있어서 문서분석 방법을 활용한 연구가 상대적으로 적은 편이었다. 이것은 참여자의 직접 경험을 듣는 심층 면담 방식이 선호되어 왔으며, 환자의 의료기록이나 간호사의 업무 일지와 같은 문서들은 개인정보보호 문제로 접근이 제한적일 수 있다고 보인다.

이상에서 살펴본 사회학, 교육학, 간호학 분야에서 한국의 문서분석 연구들은 연구 주제의 다양화와 크리펜도르프의 내용분석, 엘로와 기나스의 내용분석, 비판적 담론분석, 프레임분석 등 방법론적 정교화라는 측면에서 괄목할 만한 발전을 이루어 왔다.

3. 한국에서의 문서분석 연구의 특징

문서를 다룬 연구들이 다양하고 방대하게 이루어졌기에 이 장에서는 한국에서 문서분석 연구의 특징을 사회문화적 맥락에서 '한국 문화의 독자성 규명', '탈식민주의 실천', '다문화 사회에 대한 관심 증가', '현대적 연구방법론으로의 재해석'이라는 4개의 주제로 범주화하여 연구 동향을 정리하였다. 각 주제에 대한 개괄적인 소개와 주제에 해당하는 대표적인 연구와 그 결과에 대해 제시하고자 한다.

1) 한국 문화의 독자성 규명

한국에서 문서분석의 첫 번째 특징은 많은 연구들이 한국 문화의 독자성을 규명하고 있다는 점이다. 일제강점기를 겪은 후, 해방 이후 한국인들 사이에서 민족정체성과 전통문화에 관한 관심이 고조되었으며, 1960년대부터 한국학의 정체성과 관련된 논의가 본격적으로 전개되기 시작했다(허재영, 2024). 이러한 시대적 배경 속에서 한국학 연구는 한국 문화의 독자성과 가치를 강조하는 방향으로 전개되었으며, 이는 민족의식 함양이라는 시대적 과제와 맞물려 있었다. 1990년대 이후 세계화라는 흐름 속에서 민족적, 문화적 정체성이 절실히 요구되었다(윤택림, 2003). 이에 역사학자들은 과거의 문헌들을 통해 주요 사건과 현상을 재조명하여 한국 문화의 독자성을 학문적으로 규명하였다.

과거의 문헌 중에서 대표적으로『조선왕조실록』연구는 1960년대의 기초 연구를 시작으로 현재까지 꾸준히 발전해 왔다(강문식, 2015).『조선왕조실록』은 조선시대 기록문화의 정점을 보여주는 자료로서 그 가치를 세계적으로 인정받아 유네스코 세계기록유산에 등재되었다. 강문식은『조선왕조실록』연구의 현황을 살펴보았는데, 1960년대에는 신석호가 선구적인 연구를 수행했다. 그는 '조선왕조실록의 편찬과 보관'이라는 논문을 통해 실록 연구의 기틀을 마련했으며, 기존의 해제와 논문을 종합하여『한국사료해설집』을 발간했다. 이 연구는 예문춘추관의 조직 체계부터 사고 운영과 실록 복구에 이르기까지 포괄적인 내용을 다루었다. 이후 1979년에는 차용걸이 '조선왕조실록의 편찬 태도와 사관의 역사의식' 논문을 게재하였는데 특히 사관의 역사의식에 초점을 맞추었다.

1980년대에는 실록 연구가 더욱 체계화되었다. 이 시기에『조선왕조실록』연구가 체계화된 것은 한국학 연구 기반이 확충되고 국학연구 기관들이 설립되면서 본격적인 사료 연구가 가능해졌기 때문이다. 차장섭(1984)은 조선 전기 사관의 제도적 성격과 정치적 역할을 분석했으며, 한우근(1988)은 사관의 직제와 선발 과정, 사관의 직무, 시정기 작성, 실록 편찬 방식

등 사관제도의 운영과 실록 편찬의 실상을 상세히 분석했다.

1990년대 연구는 이전 시기의 성과를 토대로 새로운 지평을 열었다. 김경수(1998)는 현존하는 사초를 실증적으로 분석하여 사초와 실록의 관계를 구체적으로 밝혔다. 오항녕(1998) 역시 사관 및 실록에 관한 연구를 수행하면서 제도적 측면을 넘어서 실록 편찬의 역사적 기원과 배경, 실록 편찬을 둘러싼 당대인들의 갈등, 실록 편찬자의 역사관까지 연구 범위를 확장시켰다. 이러한 학술적 연구 성과물과 달리, 이성무(1999)는 일반 대중들을 대상으로 『조선왕종실록 어떤 책인가』를 출간하여 실록의 대중화에 공헌했다. 2000년대에 이르러서는 연구 주제가 더욱 세분화되어 실록청의궤, 실록의 보존과 관리 체계, 사고(史庫) 운영, 수정본 실록의 특성 등으로 다각화되었다.

이러한 연구 성과들을 통해 실록이 단순히 역사 기록물을 넘어 조선의 독자적인 국가 운영 체계와 정치 문화를 보여주고 있다. 특히, 춘추관에 전임사관을 두어 시정기를 작성하고, 사초를 엄격히 관리하며, 실록을 편찬하는 과정에서 복수의 검토 단계를 거치는 조선의 기록 체계는 중국이나 일본과 차별화되는 특징이라고 할 수 있다.

이처럼 한국의 과거 문헌 연구는 그 안에 담긴 가치뿐만 아니라 현대적 의미를 재조명하는 방향으로 확장되고 있다. 이러한 맥락에서 『자산어보』에 대한 최근의 관심은 주목할 만한 사례이다. 최근에 정약전과 장덕순의 인연을 다룬 역사소설 『자산어보』(오세영, 2021)와 영화(2021)가 제작되면서 『자산어보』에 대한 대중의 관심이 높아지고 있다. 이는 『자산어보』라는 고문헌이 학술적 가치를 넘어 현대 문화 콘텐츠 창작의 중요한 토대가 될 수 있음을 보여준다. 『자산어보』는 수산학자 정문기에 의해 일반인에게 알려졌다. 그는 1930년대에 수산학 관련 고문헌을 연구한 결과를 『조선어명보』에 발표하고, 1977년에 『자산어보』를 출간하여 대중에게 소개하였다(남진숙, 이영숙, 2019). 이 책은 정약전이 1801년 신유박해에 연루되어 흑산도로 유배된 후, 그곳에서 알게 된 장덕순의 도움을 받아 조선의 해양생물들을 체계적으로 정리한 저술이다(정명현, 2016). 정약전은 『자산어보』 서문에서 저작 동기와 저작 과정 그리고 효율성을 상세히 기술하였으며, 본문에서는 해양생물을 체계적인 분류 체계에 따라 서술하였다. 전체 구성은 권1에서 비늘 있는 어류인 인류 20류 72종을, 권2에서는 비늘 없는 어류인 무린류 19류 43종과 껍데기가 있는 어류인 개류 12류 66종을, 권3에서는 해충4종, 해금5종, 해수1종, 해초35종 등 기타 해양생물을 잡류로 분류하여 해양생물 총 55류 226종을 체계적으로 수록하였다. 이러한 분류 체계는 당대로서는 혁신적이었으며, 정약전은 당시 이름이 없었던 흑산도의 해양생물 이름을 직접 지었다. 그의 상세하고 체계적인 기록은 오늘날 해양생태계와 기후 변화 연구에도 귀중한 자료로 활용되어, 그 학문적 가치가 매우 높다(남진숙,

이영숙, 2019). 다음은『자산어보』에 수록된 내용의 일부이다.

> 권1
>
> 접어鰈魚 넙치
>
> 큰 놈은 길이가 4~5척이고, 너비는 2척 남짓이다. 몸통은 넓적하면서 얇다. 눈 두 개가 왼쪽으로 치우쳐 있다. 입은 세로로 갈라졌고 꽁무니는 입 아래에 있다. 창자는 종이 갑처럼 생겼고, 방이 두 개 있다. 알에는 알집이 두 개 있다. 가슴에서 등골뼈 사이를 거쳐 꼬리에 이르기까지 등은 검고 배는 희다. 비늘은 극도록 잘다. 맛은 달고 진하다.
>
> 권3
>
> 해초
>
> 해대海帶 미역
>
> 길이는 10척 정도다. 뿌리 하나에서 잎이 생기는데, 그 뿌리 속에 줄기 하나가 서 있고 줄기에서 날개 두 개가 나온다. 날개는 안이 촘촘하고 바깥은 느슨해 인전과 같은 주름치마 모양이다. 잎은 옥수수잎과 비슷하다. 1~2월에 뿌리에서 생기며, 6~7월에 채취해서 말린다. 뿌리의 맛은 달고, 잎의 맛은 담백하다. 해산한 여성의 여러 병을 치료하는데 이를 뛰어 넘는 약이 없다. 서식지는 해조와 분포대가 같다.

『자산어보』의 학술적 가치는 이태원(2002), 정명현(2016), 남진숙, 이영숙(2019), 권경순, 김광년(2021) 등 여러 연구자들에 의해 조명되었다. 이태원(2002)은 한국의 고전에 나타난 생물 관련 기록을 연구하면서 정약전을 200년 전의 박물학자로 칭하였고 직접 신지도, 우이도, 흑산도를 답사하며『자산어보』에 기록된 생물들의 정체를 규명하였다. 정명현(2016)은『자산어보』를 자산(흑산도의 별칭) 근해에 서식하는 어류를 비롯해 모든 해양생물을 다룬 한국의 역사상 최초의 수산학, 해양생물학 백과사전이라고 평가하였다. 특히 정명현은 흑산도 현장에서 얻은 경험 지식을 문헌 지식과 결합하여 학문 단계로 정립한 선구적인 역작이라고 높이 평가하였다. 이러한 학술적 가치를 인정받은 자산어보는 현재까지도 남서해 해역의 수산 자원과 해양 생태계를 이해하는 데 매우 중요한 문서로 활용되고 있으며, 해양수산부가 한국 해수역의 수자원 연구 사업을 '신자산어보'라고 명명한 것은 이 문서의 현대적 가치를 잘 보여준다(정명현, 2016, p.17).

이외에도 이순신의 '난중일기'는 임진왜란 시기의 군사작전과 전술, 지리뿐만 아니라 리더십을 생생하게 보여주어 현대 군사학, 지리학, 정치학 리더십 연구에 기반이 되었으며(고광

섭, 박태용, 김득봉, 2018, 황보식, 2019, 이수경, 2020, 이봉수, 2022), 다양한 문화콘텐츠 제작의 소재로도 활용되었다. 또한 허준의 '동의보감'에 담긴 한의학 지식은 오늘날까지도 한의학 연구와 실천, 식이문화에 기초가 되고 있으며(정우열, 2002, 김락형, 박현철, 유경, 정은희, 2006, 원진희, 2010, 류서원, 2015), 정약용의 '목민심서'에 제시된 정책들은 현대의 형사사법, 행정정책, 도시 및 지역계획 연구, 사회복지 등 여러 분야 연구에서 중요한 시사점을 제공하고 있다(김성수, 2008, 이무영, 2016, 이승원, 2014, 김효건, 2013). 이렇게 과거의 문서들은 현대 한국 사회를 이해하고 학문을 연구하는 데 중요한 토대가 되고 있다.

한편, 과거에 응시했던 유생들의 삶과 문과 급제자의 한평생을 구체적으로 분석한 차미희(2012)의 연구는 현재 한국 사회의 입시 문화나 시험에 임하는 사람들의 희망과 기대를 시간과 공간을 초월하여 공유할 수 있음을 보여준다. 그는 조선시대 과거시험과 유생의 삶을 연구하기 위해 편지, 기행문, 일기, 문학작품 같은 문서들을 활용하였다. 이러한 접근은 기존의 조선시대 과거시험 연구가 관찬 연대기, 법전, 방목(급제자 명단), 각종 인사 기록 등의 문서를 분석하여 제도적 측면에만 집중되어 있었다는 점에서 벗어나 과거시험에 응시했던 사람들의 삶에 대한 모습을 풍부하게 담아내고자 한 시도였다고 한다. 기존의 사료 이외에 언문편지를 비롯해, 『저상일월』, 『표해록』, 『도담행정기』등의 일기와 여행기, 『어우야담』, 『이조한문단편집』, 『기문총화』 등의 문학작품을 활용하였다. 특히 우리에게 익숙한 오성과 한음의 주인공 중 한 명인 이항복의 생애를 통해 문과 급제자의 삶을 구체적으로 조명하고자 『백사집』에 실린 시를 사료로 활용하였다. 또한 이항복의 연보, 행장, 묘지명, 『사마방목』, 『문과방목』 등을 종합적으로 분석하였다. 다음은 이 연구에서 활용한 어우야담의 일부이다.

> 생원 신숙은 시험을 치를 때마다 고양이가 그의 앞을 가로질러 가면 반드시 합격했다. 그런데 이번에는 과거 시험일을 앞두고 종일 돌아다녀도 고양이를 발견하지 못했다. 그러다가 신숙은 밤이 깊어서야 병든 고양이가 길가 점포의 문밖에 쪼그리고 앉아 있는 것을 보고 부채를 휘둘러 자기 앞을 가로질러 가게 만들었다. 신숙은 그때서야 비로소 안도하며 돌아가 푹 쉴 수 있었고, 실제로 그는 선조 2년(1568)의 '별시'에서 급제를 했다.

> 눈 속의 한매와 비 내린 후의 산은, 말하기는 쉬어도 그리기는 어려워라. 시인의 눈에 들지 않을 것을 일찍 알았던들, 차라리 연지 잡아 모란 그릴 것을

연구자는 이처럼 과거시험을 앞둔 유생들의 심리가 때로는 징크스나 좌절감으로 나타났으나, 낙방한 모든 유생이 허탈한 마음으로 곧바로 귀향한 것은 아니었다고 한다. 순조 시

대의 기행문인『도담행정기』에 따르면, 한진호와 친구들은 과거시험에서 낙방한 뒤 과거시험 준비로 가보지 못한 유람을 떠났다. 서울을 떠나 뚝섬, 팔당, 양수리, 마현, 여주, 단양, 제천 등을 여행하면서 서로 시를 지었는데, 이는 다음 구절에서 확인할 수 있다.

> "친한 벗들이 함께 서운해하면서 길에 오르던 날, 먼저 시골 마을에 낙방한 사람의 이름을 전하네"
>
> "이렇듯 강호에 유락해 낭만에 젖으니 낙방의 비탄도 잊어버렸다."

한편, 조선시대 유생들의 미래에 대한 불안은 점을 보는 것으로도 나타났다고 한다. 다음은 이러한 상황을 보여주는『이조한문단편집』의 일부 내용으로 당시 사회상을 잘 보여준다.

> 영남의 한 유생은 서울에서 정시가 열린다는 소식을 듣자마자 김 생원에게 달려가 자기가 급제할지를 물었다. 김 생원은 이 시험에 또 낙방할 것이라고 예언을 하면서도 액막이를 할 수 있다고 하며, 이 시간 이후에 집에 들르지 말고 곧장 서울로 길을 떠나 50리를 가서 자고, 내일 새벽에 동으로 험준한 고개를 넘어 긴 골짜기를 지나 내려가면 시냇가 버드나무 아래 소복한 여인이 있을 테니, 반드시 그 여자와 인연을 맺으라고 비법을 알려주었다. 유생은 김 생원이 말한 대로 그렇게 만나 여인과 인연을 맺고, 그 정시에서 급제를 했다.

연구자는 이 문학작품이 급제에 대한 기대가 조선시대 사람들에게 어떻게 표출되었는가를 보여준다고 평가하였다. 이처럼 과거시험을 둘러싼 유생들의 희망과 불안, 급제의 기쁨과 낙방의 좌절 등 삶의 다양한 면모를 담고 있는 일기, 기행문, 문학작품 등은 개인의 경험을 기록한 것을 넘어, 당대 사람들의 심리와 생활상, 사회적 분위기를 생생히 드러낼 수 있다.

2) 탈식민주의 실천

두 번째 특징은 연구들이 식민주의를 극복하기 위한 탈식민주의를 실천하고 있다는 점이다. 한국에서 탈식민주의는 1980년대 후반에 소개되었고, 1990년대 이후부터 문화적 담론으로 주목받기 시작했다(조영란, 2015). 특히 탈식민적 관점에서 역사를 재해석하고 문화적 정체성을 재확립하려는 노력을 통해 구체적으로 전개되었다. 탈식민주의는 인종, 민족, 문화 간 그리고 그 내부에서 구조화된 지배-종속의 위계질서와 그러한 불평등한 관계를 해체하고자 하는 움직임이다(Hickling Hudson et al., 2004, Moore Gibert, 1997). 더 나아가 탈식민주의는 식민 지배 권력에 의해 규정되고 왜곡되어 온 인종적, 문화적 타자성의 문제를 비판적으로 성찰하고, 스스로 자부심을 회복하고자 시작한 인식론적 운동이라고 할 수 있다(김성곤,

1997). 이러한 탈식민주의의 실천적 과제는 단순히 정치적 독립이나 제도적 변화를 넘어서, 식민 지배가 남긴 심리적, 문화적, 사회적 영향으로부터의 실질적인 해방을 목표로 한다(김복영, 2004; 조영란, 2015). 이러한 맥락에서 볼 때, 한국의 식민지 경험과 그 극복 과정은 탈식민주의적 실천의 중요한 사례로 평가할 수 있다.

탈식민주의 담론이 한국 문학 분석에 활용된 양상을 살펴보면, 김성곤(1991)은 현진건의 『B사감과 러브레터』, 이상의 『날개』, 김승옥의 『서울 1964년 겨울』을 탈식민주의 시각으로 분석하였다. 송현호(1994)는 이해조의 『자유종』을, 장수익(1996)은 염상섭의 『만세전』을, 이해년(2000)은 조정래의 『아리랑』, 『태백산맥』, 김진명의 『무궁화꽃이 피었습니다』를 살펴보았다.

조보라미(2010)는 최인훈의 『광장』, 『회색인』, 『서유기』, 『소설가 구보씨의 일일』, 『태풍』 분석을 통해 최인훈 소설이 서구의 가치와 문화가 한국을 지배하는 현실을 통렬하게 비판하고 있으며, 한국이 나아가야 할 미래의 방향성과 그 극복 방안을 제시하고 있다고 설명한다. 조보라미에 따르면, 『태풍』은 세계 패권국의 지배권 경쟁 구도 가운데 약소국들의 국제적 연대 필요성을 강조하고, 민족이라는 고정 관념을 유보한 채 잡종성을 하나의 대안으로 제시하고 있다. 또한 『소설가 구보씨의 일일』은 식민지적 현실을 극복할 대안으로 불교를 중심으로 한 전통 회복을 제시하였으며, 『회색인』에서는 황선생을 통해 한국이 제구실을 하기 위해서는 서구를 추종하지 말고 자신의 것을 지켜야 한다는 '전통'의 중요성을 강조하고 있다.

김태호(2014)는 1950년대 미국의 문화적 영향력에 대한 비판적 시각을 담은 아동문학 작품 네 편을 분석하여, 아동문학에서도 탈식민주의적 저항이 드러났음을 보여주었다. 첫째, 채만식의 『이상한 선생님』(1949)은 해방 이후 일본의 식민 지배가 미국의 신식민지적 지배로 대체되는 사회상을 강 선생님과 박 선생님이라는 두 인물을 통해 비판적으로 그렸다. 이는 식민지 지배의 형태만 바뀌었을 뿐 본질적인 종속 관계는 다를 바 없다는 문제의식을 담고 있다. 둘째, 곽학송의 『성종소리』(1956)는 한국 전쟁 이후에 자신과 가족들의 생존을 위해 미군에게 몸을 파는 누나와 그를 바라보는 동생 병호와의 갈등을 다루었다. 양공주라 불리는 누나와 동생의 갈등을 통해 민족적 주권을 상실한 한국의 현실과 비극을 보여준다는 점에서 탈식민성을 내재한 작품으로 평가받는다. 셋째, 김요섭의 『종이집』(1951)은 한국 전쟁 시기에 부산에서 피난 생활을 하는 두 자매의 이야기를 통해 미국 원조에 의존하는 한국 사회의 모습을 상징적으로 보여준다. 영어로 뒤덮인 종이집이라는 소재를 통해 미국의 도움으로 겨우 체제를 유지하는 사회 현실과 미국 문화의 침투를 표현하였다. 그는 미국 문화에 예속된 현실로부터 탈피해야 한다고 주장하며, 환상적 요소를 활용하여 민족적 자주성 회복에 대한 희망을 제시하였다. 넷째, 김요섭의 또 다른 작품 『밤은 깊은데』(1953)는 흑인 병사 브라운과 남한 소년의 만남을 통해, 백인 중심 사회에서 소외된 타자들의 연대를 보여준다. 이를 통해 미국 제국주의의 모순을 지적하고, 외부자의 시각에서 당시 한국 사회를 성찰했다. 이러한 작품들은 공통적으로 1950년대 한국 사회가 직면한 새로운 형태의 식민성을 비판적으로 조명한 것이다.

탈식민주의에 관한 연구는 한국의 교육과정과 교과서까지도 새로운 시각으로 검토하는 계기가 되었다. 교과서가 가진 이데올로기의 영향력에 주목하여 탈식민주의 관점에서 교과서의 내용을 분석하는 연구가 진행된 것이다. 특히 역사교육에서 세계사 영역의 서양사 서술에 대한 문제점으로 서구 중심적인 경향을 지적하였다(강선주, 2003). 구체적인 교과서 분석 연구로, 김중락(2003)은 사회교과서의 서양사 부분이 서구문명과 비서구문명과의 교류와 접촉을 생략한 채 지나치게 유럽 중심적으로 서술되어 있다고 지적했다. 예를 들어, 중세와 근세 유럽 문명의 이해에 핵심적인 기독교 문명과 이슬람 문명의 접촉이 교과서에서 누락되어 있으며, '신항로의 발견' 서술에서도 유럽 중심적 관점이 드러났음을 밝혔다. 주재홍(2005)의 연구에서도 중학교 사회과 교과서의 세계사 영역을 서양중심주의, 인종차별주의, 제국주의의 세 범주로 나누어 분석했다. 그는 교과서의 오리엔탈리즘적 서술이 동양을 열등한 존재로, 서구를 우월한 존재로 서술함으로써 서구의 문화적 지배를 정당화하는 기능을 한다고 설명하였다. 홍종혁(2005)도 중학교 사회 교과서의 세계사 영역에서 서양과 아시아 단원의 서술 분량을 비교하여 서구 중심적인 서술 경향을 밝혔다.

김영천, 문승호, 주재홍(2013)은 탈식민주의 이론을 바탕으로 한국의 고등학교 세계사 교과서가 유럽 중심의 식민지 패권을 어떻게 재현하고 있는지 분석하였다. 그들은 '주체와 타자의 구성', '포용과 배제의 담론', '목소리의 침묵', '재식민지화의 내러티브'라는 네 가지 분석 기준을 설정하여 교과서의 내용을 분석하였다. 분석 결과, 교과서가 서구의 식민지 이데올로기를 지배적인 세계관으로 재현하고 있음을 설명하였다. 교과서에는 새로운 무역로의 발견을 찬양하고, 이러한 발견이 서구에서 다른 나라로 경제 발전을 가져왔다고 서술하며, 식민지화의 중요한 과정과 결과를 의도적으로 배제하고 억압, 착취, 약탈, 폭력 등 피식민지의 경험을 소외시키고 있다고 주장하였다. 또한 서구의 식민지 이데올로기가 재생산된 역사적 사건인 산업혁명에 대해서도 유럽 중심적 관점에서 서술되어 있음을 지적하였다. 산업혁명에 대한 긍정적인 이미지만을 구축하고 부정적인 영향은 배제하며, 식민지 피지배자들의 목소리를 침묵시킴으로써 유럽 중심의 세계사를 재현하고 있음을 밝혔다.

초등 사회과 영역에서, 마미화(2006)는 초등 사회과 '세계' 관련 단원의 내용을 분석하여 교과서에서 세계 관련 내용이 서구에 대한 혼용적 · 해체적 접근에 따라 구성되어 있음을 밝혔다. 그러나 구체적인 서술과 자료 배열에서는 서구 중심적인 동화적 관점이 남아 있었으며, 특히 비문자 자료의 제시 방식에서 서구의 우월성이 드러났다. 김두겸(2019)도 탈식민주의적 관점에서 초등학교 교과서를 분석하였다. 연구자는 이를 통해 탈식민주의적 관점에서 식민성을 재생산하거나 혹은 이를 극복하고자 하는 노력을 드러내고, 초등학교 다문화교육에 대한 총체적인 이해를 도모하고자 하였다. 구체적으로, 초등학교 교과서에서 다른 나라와 인종이 어떻게 묘사되고 있는지, 이러한 묘사에 내재한 특징과 한계가 무엇인지 조사하였다. 이를 통해 교과서가 서구 중심주의나 백인 우월주의와 같은 식민성을 극복하기 위한 노력과 함께 식민적 증후들이 동시에 혼재되어 있음을 설명하였다. 그리고 교과서에는 각 나라 별로 고정화된 문화 개념을 전제로 하고 있으며, '혼종성'의 인종 개념을 지향하고 있다고 하였다. 백인과 유색 인종을 각각 단일한 실체로 간주하던 관행에서, 이제는 다양한 인종들이 서로 접촉하는 경계선상에서의 현상에 주목하는 방향으로 나아가고 있다. 이러한 인종 개념의 이동은 학생들에게 다문화, 다인종 사회의 맥락에서 다양한 존재론적 가능성과 혼종적인 정체성에 대해 인식할 수 있는 시각을 제공해 줄 수 있다고 주장하였다.

이러한 연구들에 따르면, 탈식민주의 관점에서 현행 교과서들은 여전히 서구 중심적 서술에서 완전히 벗어나지 못하였지만, 시간의 흐름에 따라 교과서의 그 서술 방식이 변화되고 있음도 확인할 수 있다. 과거의 유럽 중심의 식민지 패권을 반영하는 서술에서 점차 다양한 인종과 문화 간의 상호작용과 혼종성을 강조하는 방향으로 발전해가고 있다.

한편, 염태근과 소경희(2024)는 탈식민주의적 관점에서 한국 다문화교육 정책 연구의 본질적 특성을 재조명하였다. 연구자들은 한국의 다문화교육 담론이 서구적 인식 체계에 암묵적으로 의존하고 있는지, 다문화 배경 학생들의 고유한 문화적 맥락과 경험이 충분히 고려되고 있는지에 주목하였다. 특히 한국의 고유한 다문화 현실을 반영한 이론적 논의와 다양한 인식론적 접근의 필요성을 탈식민지주의적 시각에서 제기하였다. 이러한 문제의식을 바탕으로 이들은 다문화교육 정책 관련 연구물들을 분석하여 다문화교육 정책의 문제점과 개선 방안들을 검토하였으며, 각 연구가 기반하고 있는 이론적 틀을 비판적으로 논의하였다. 분석 결과, 한국 다문화교육 정책에 관한 연구물들은 자유주의적 · 다원적 다문화주의 접근에 편중되어 있으며, 개선 방안은 주로 주류와 비주류, 다수와 소수를 구분하는 이분법적 인식 체계를 고수하는 경향을 보였다. 또한 서구 다문화주의의 이론에 입각하여 다문화교육 정책을 논의하는 경향이 있음을 지적하였다. 연구자들은 한국 사회 다문화 아동의 부모가 주로 아시아 출신이라는 점을 고려할 때, 서구의 맥락에서 발전한 지식과 이론보다는 한국의 역사적, 지역적 독특성에서 파생되는 이론을 모색할 필요가 있다고 제안하였다.

3) 다문화사회에 대한 관심 증가

세 번째 특징은 한국의 문서분석 연구에서 다문화사회에 대한 연구가 현저하게 나타나고 있다는 점이다. 1990년대부터 한국의 국제화가 본격화되고 국제결혼과 이주노동자의 유입이 많이 늘어나면서 한국 사회는 다양한 문화적 변화를 겪게 되었다. 이러한 사회변동은 '다문화가정', '다문화 자녀'와 같은 새로운 개념을 등장시켰고, 현재 한국의 주요 정책과 사회적 현안의 중심이 되었다(오경석 외, 2007; 이태주 외, 2008; 김현민, 2009). 이러한 변화에 대응하기 위해 2006년부터 중앙정부와 지방자치단체는 '다문화정책'이라는 다양한 정책들을 적극적으로 추진하였다(이민경, 2010). 다문화정책에 관한 연구는 다양한 분야에서 이루어졌으며, 그중에서도 교육 분야에서 활발하게 진행되었다. 이것은 다양한 인종적, 문화적 배경을 가진 학생들의 증가로 인해 한국 교육 시스템 전반에 변화가 필요해졌고, 한국 사회의 미래상을 재조명하는 중요한 계기가 되었기 때문으로 보인다.

교육 분야의 다문화정책 연구들은 주로 정부가 2006년부터 매년 공식적으로 발표한 다문화교육 정책 문서를 분석하는 방식으로 진행되었다. 이를 통해 다문화교육 정책의 기본 방향을 평가하고 향후 발전 방향을 제시하고자 하였다. 한국의 다문화교육 정책이 중앙정부 주도로 시행되어 온 점을 고려할 때, 특히 '다문화가정 자녀 교육지원 계획'은 한국의 다문화교육 정책의 핵심 방향과 세부 내용을 분석하는 데 있어 유용한 문서로서 의미를 지닌다(이민경, 2010; 류방란, 2013; 김한길, 소경희, 2018).

한국의 다문화교육 정책 연구는 2024년까지 학술연구정보서비스(RISS) 기준으로 약 966편에 이른다. 이처럼 지난 20여 년간 다문화교육 연구는 비약적인 성장을 이루었으며, 다양한 관점에서 심도 있는 논의가 이루어졌다. 그중에서 이민경(2010)은 국가정책으로서 다문화교육 담론의 전개 과정과 특성을 밝히기 위해 2006년부터 2009년까지 교육과학기술부에서 발표한 '다문화가정 자녀 교육지원 계획'을 비판적으로 분석하였다. 연구자는 비판적 정책분석 접근방법을 통해 정책의 문제점을 비판하고 개선점을 도출하였다. 한국 사회의 지배적인 다문화교육 정책 담론을 '문화기반 담론, 온정주의 담론, 글로벌 인적자원 담론, 정체성 담론, 인권 기반 담론' 5가지로 분류하고, 현행 다문화교육 정책의 한계점을 사회정의적 측면보다는 문화적 측면에만 초점을 두고 있는 점, 구조적 비판보다는 현상적 이해와 시혜적 관점에 치중해 있는 점, 이주가정 자녀들의 사회적, 문화적 권력 문제를 외면한 점, 정치적 · 사회적 권리보다는 문화적 권리만 강조하는 점이라고 지적하였다. 이 연구는 한국의 다문화교육 정책이 표면적인 문화이해와 시혜적 관점에서 벗어나 구조적 차원의 변화를 통한 실질적인 사회통합을 추구해야 한다는 것을 강조하고 있다.

이경희(2011)는 2006년부터 2010년까지 '다문화가정 자녀교육 지원계획'을 분석하여 한국 다문화교육 정책에 대한 비판적 탐색을 수행하였다. 다문화사회에 대한 잘못된 이해와 이주민들에 대한 편견이 존재하며, 현행 다문화교육 정책에서도 이들을 주류구성원들과 구별짓거나 편중된 교육지원을 하는 등 분리, 분절성이 강하게 나타나고 있음을 지적하였다. 이주민들만을 대상으로 한 편협한 다문화교육이 아닌, 한국 사회 구성원 모두를 위한 다문화교육의 필요성을 제기하였다. 이와 같은 맥락으로 최영준(2018)도 2006년부터 2018년까지 다문화교육 정책의 변화와 한계에 대해 분석하여 다문화 교육 대상이 이주민 자녀인 다문화 학생들에게 국한되었다는 점을 한계로 지적하였고, 이영신(2023)은 2006년부터 2023년까지 '다문화교육 지원계획'을 Cooper의 다차원 정책분석 모형을 적용하여 규범적, 구조적, 구성적, 기술적 차원으로 분석하였다. 종합적인 관점에서 정책을 심층적으로 파악하고자 하였다.

우라미, 황지현, 서경혜(2018)는 2006년부터 2017년까지 교육부에서 발표한 다문화교육 지원 계획 문서를 분석하여 한국의 다문화교육 정책의 특성을 동화주의, 다원주의, 신자유주의, 비판적 다문화교육이라는 네 가지 주요 접근으로 유형화하였다. 이 연구는 노무현 정부 시기부터 박근혜 정부까지 다문화교육 정책 접근 방식의 변화를 거시적인 측면에서 파악하였다는 점에서 의미가 있다. 김한길과 소경희(2018)도 2006년부터 2018년까지 11년간 국가 수준의 문서에서 다문화교육 성격이 어떻게 변해왔는지 전체적인 흐름과 특징을 종합적으로 분석하였다. 정권별로 다문화교육의 대상, 목표, 내용 측면에서 질적 내용분석을 진행한 결과, 한국의 다문화교육 정책은 정책이 발표된 첫해를 제외하고 다른 문화적 배경의 학생뿐만 아니라 기존의 한국 학생들까지 교육 대상에 포함시키고 있었다. 또한 문화적 다양성보다는 교육기회의 평등 추구라는 목표에 중점을 두었으며, 다문화교육의 내용은 다문화에 대한 인정을 강조하는 것이 특징이었다.

한편, 김기영(2017)은 정책 예산의 세부 내역을 중심으로 2006년부터 2016년까지 다문화교육정책의 변화 과정을 연구하였다. 연구 결과, 다문화교육 정책의 사업 내용과 예산은 큰 폭으로 증가했으나, 예산안은 주로 이주 배경을 가진 다문화 학생들의 한국어 교육과 한국 문화 적응에 집중되어 있었다.

실행 측면에서는 여러 연구자들이 정책의 현장 적용을 분석하였다. 박창민, 조재성, 김영천(2016)은 한국의 초등학교에서 다문화교육의 현실을 비판적으로 분석하기 위해 심층 면담, 참여관찰과 함께 전국의 다문화교육 연구학교 및 지역중심학교의 계획서와 보고서 및 정부의 다문화교육 정책 문서들을 분석하였다. 이병준, 박정현(2014)은 다문화교육 정책 프로그램의 문제점을 진단하고 평생교육적 대응 방안을 모색하였다. 연구자들은 다문화 지원서비스 정책 프로그램과 관련된 정부 정책 사이트와 사업설명자료, 정책보고서의 내용을 분석하고 전문가 초점집단면접을 실시하였다. 이를 통해 여성가족부, 법무부, 교육부, 문화관광체육부, 지방자치단체 등의 다문화교육정책 프로그램 현황과 문제점을 파악하고, 평생교육 측면에서의 개선 방안을 제시하였다. 결혼이주여성을 위한 한국어 교육 프로그램 모듈의 통합화, One stop 평생학습 체계 구축, 다문화공동체 문화 조성을 위한 평생교육 프로그램의 기획 및 제공, 다문화 관련 가족, 복지, 평생교육 기관 간의 협력체제 구축, 다문화가족센터의 인력 확보를 제안하였다.

이와 같이 지난 20여 년간의 다문화교육 정책 연구는 정책의 기본 방향을 점검하고 평가함으로써 미래의 방향을 제시하는데 기여해 왔다. 이러한 연구들을 통해 단일민족의 우수성을 강조했던 해방 이후 한국 사회의 배타적 민족주의 담론이 다문화사회를 포용하는 새로운 패러다임으로 전환되고 있음을 보여준다.

4) 현대적 연구방법론으로의 재해석

네 번째, 한국에서 문서분석은 과거의 문서들을 현대적 연구방법론으로 재해석하고, 다양한 학문 분야와 연계하며 연구 영역을 더욱 확장해 나가고 있다. 최재천 등의 연구(2003)가 대표적인 사례이다. 이 연구는 조선 후기의 검안 문서를 분석하여 조선 후기에 발생한 살인사건을 진화심리학적 접근으로 분석한 것이다. 실제 고문서를 분석하기 위해 역사학자와 동물행동학자, 생물학자, 인류학자, 진화심리학자가 함께 참여한 학제간 연구였다. 연구자들은 조선시대에서도 인간의 보편적인 갈등 양상이 나타나고 있음을 밝히고, 살인 행위와 번식 전략 간의 연관성을 진화생물학적 관점에서 해석하였다. 현재 서울대학교 규장각에 소장되어 있는 조선 후기 형사사건 자료들과 고문서들의 목록집인『규장각한국본종합목록』에 수록된 531건의 검안 문서를 분석하였다. 형사사건 자료로는 1799년 홍인호, 금희조 등에 의해 편찬된『심리록』과 정약용의『흠흠신서』를 활용하였다.『심리록』은 조선시대에 살인범을 포함한 중죄인에 대한 심리와 형벌 결정 과정을 간추려 기록한 판례집이며,『흠흠신서』는 인륜에 어긋나는 잔악한 사건 18건의 사례를 소개하고 있다. 이 자료들은 단편적인 정보만을 제공하고 있기 때문에, 연구자들은 고문서 가운데 당시 살인 사건의 조사 내용 일체를 담고 있는 검안 문서를 중점적으로 분석하였다. 검안 문서는 부검감정서를 포함하여 사건 관련자들을 심문한 기록까지 담고 있다. 이 검안 문서들을 통해 연구자들은 시공간을 초월하여 반복되는 개인 간 갈등 구조를 진화심리학적 접근 방식으로 설명하였다. 즉 조선시대 문서를 현대 학문적 관점에서 분석한 것이다. 다음은 이 연구에서 활용한 검안 문서의 일부이다.

사건 번호: #078
문서 제목: 양주군 길양주면 신천리에서 발생한 김자근철 치사 사건의 검안 기록
발생 지역 및 시기: 경기도 양주군, 1901년
사건 개요: 윤순만이 김자근철의 딸과 동거하고 있었는데, 윤순만의 장모가 윤순만에게 처가에 들어와서 살라고 권하였으나 분가를 고집하고 있었다. 이 해 신정에 처가에 간 처가 돌아오지 않으므로 윤순만이 가보았더니 병이 나서 거동이 불편하였다. 어쩔 수 없이 처를 처가에 두고 윤순만은 볼일이 있어 강원도 영월에 갔다가 2월에 돌아왔다. 이때 처가에서 이혼하자는 기별이 있다고 윤순만의 어머니가 전해주자 격분하여 처가에 갔다가 장인 김자근철을 구타 살해한 사건이었다.

사건 번호: #087
문서 제목: 용인군 수여면 김양리에서 발생한 조소사의 사망 사건에 대한 검안 기록
발생 지역 및 시기: 경기도 용인군, 1902년
사건 개요: 조소사는 광주 정안리의 금치삼과 혼인하였다가 상배하여 광주 김량리의 정천준에게 개가하여 살고 있었다. 어느 날 정천준이 조소사와 장락현이 대낮에 간통하는 것을 보고 조소사를 구타하여 숨지게 한 사건이었다.

사건 번호: #017
문서 제목: 양구군 해안리 오류동의 김암회 치사사건과 만대동의 사망한 여인 김소사의 시신 초검 기록
발생 지역 및 시기: 강원도 양구군, 1901년
사건 개요: 이 해 9월 시집살이를 심하게 하던 김소사가 시집과의 관계를 끊는 방법은 남편 김암회를 살해하는 것뿐이라고 생각하여 요대로 목을 졸라 죽였다.
김암회 모친 방소사의 증언 내용: 지난 음력 9월 17일 밤에 내방에서 곤하게 자고 있는데 며느리가 그녀의 방으로부터 와서는 들어오며 "어머니"하고 부르면서 말하기를 남편이 숨을 쉬는 소리가 없다고 하였습니다. (생략) 아들의 몸을 어루만져 보니 언제 죽었는지 전신이 차갑고 목덜미에 허리띠가 있어 며느리에게 죽인 이유를 물었습니다. "저는 시가에 있는 것이 평생 불원(不願)이요 남편이 없다면 친정에 갈 수 있을 것 같아 허리띠로 목을 조이기에 이르렀다"고 하므로 외아들을 비명에 잃게 되어 분통한 마음이 가슴에 가득 찼으나 유약한 성품에 당장 조치를

취하지 못하고 다음날 18일 새벽에 이웃의 이봉기로 하여금 거짓으로 딸이 위급하니 빨리 오라는 심부름을 시켰습니다.

위 사례에서 볼 수 있듯이, 연구자들은 남편의 폭력은 아내 개인뿐만 아니라 그녀의 가족까지 위협하여 아내로 하여금 남편과의 관계를 단절하기 어렵게 만든다고 보았다. 또한 배우자 간 살해 사건은 남편에 의한 아내 살해는 주로 아내의 정절 등을 문제 삼는 반면, 아내의 남편 살해는 당시 결혼 제도로부터 벗어나기 위한 최후의 수단이라고 하였다.

또 다른 예로, 양윤정과 김지영(2021)은 지리적 관점에서 『조선왕조실록』의 홍수 기록을 분석하여 현대의 홍수 리질리언스 증진에 활용할 수 있는 가치를 연구했다. 연구자들은 먼저, 국사편찬위원회 조선왕조실록 원문 · 번역문 서비스 사이트에서 홍수 기록을 조사하여 기본정보, 시간정보, 공간정보, 홍수피해 유형, 구제 및 방재대책, 인문 · 사회 요소 등을 포함한 데이터베이스를 구축했다. 다음으로 이 데이터베이스를 바탕으로 시 · 공간 패턴을 파악했으며, 마지막으로 조선시대 홍수 관리와 피해 구제 방안에 대한 지식을 도출했다. 다음은 연구에서 활용한 홍수로 인한 인명 · 재산 피해와 구제 방안을 기록한 문서의 일부이다.

경상도 영해(寧海)등 39개읍에 다시 홍수가 나서 민가 6백 3호가 떠내려가고 2천 59호가 무너졌으며 떠내려가거나 깔려 죽은 자가 3백59명이었다.(『정조실록』35권 정조16년 8월21일)

재령(載寧)등 고을의 떠내려갔거나 쓰러진 민가 1백23호에 특별히 휼전(恤典)을 시행하라 명하였다. (『순조실록』13권 순조10년 7월2일)

경상도에 큰 홍수가 졌는데 수재의 참혹함이 을사년때보다 더 심했다. 인가가 표몰되었으며 물에 빠져 죽은 사람도 많았다. 상이 본도에 명하여 휼전을 행하게 하고 제방과 전지가 파괴된 것도 수리하게 하였다. (『인조실록』49권 인조26년 5월27일)

연구자들은 데이터베이스 구축을 통해 근현대 자료와의 연계성을 확보하였다. 조사 결과, 총 2,048건의 홍수 기록에서 지역별로는 경상도가 가장 많은 홍수 피해를 입었고, 개별 지역으로는 한양이 122건으로 최다 발생한 것으로 나타났다. 조선왕조실록에 기록된 구체적인 내용들은 당시의 피해 상황과 대응 방안을 상세히 보여주었다. 이와 같은 맥락에서 고문헌을 현대적 연구방법으로 분석한 기상 재해 연구로, 김오진(2008)은 조선시대 제주도의 기상 재해와 대응 양상을 분석하기 위해 통계자료로서 『조선왕조실록』, 『증보문헌비고』, 『비변사등록』, 『승정원일기』, 『탐라기년』 등을 활용하였다. 이명희(2010)는 『조선왕조실록』, 『증보문헌

비고』, 『승정원일기』에서 재해 365건을 조사하여 홍수와 가뭄의 발생 빈도와 시공간적 분포를 분석했다. 이를 통해 조선시대 발생한 재해의 규모와 빈도, 계절적 · 지역적 특성을 파악했으며, 특히 홍수의 지리적 분포를 최초로 연구했다는 점에서 의의가 있다.

이처럼 과거 문서에 대한 현대적 분석은 과학적 검증을 가능하게 했을 뿐만 아니라, 역사학, 지리학, 인류학, 동물행동학, 진화심리학 등 다양한 분야의 학제간 융합연구 가능성을 보여준다.

4. 결론 및 시사점

지금까지 이루어져 온 한국의 문서분석 연구들을 사회문화적 맥락에서 '한국 문화의 독자성 규명', '탈식민주의 실천', '다문화사회에 대한 관심 증가', '현대적 연구방법론으로의 재해석'이라는 네 가지 주요한 특징으로 살펴보았다. 이러한 특징들은 한국 사회의 역사적 발전과 밀접하게 연결되어 있다. 일제강점기 이후 민족 정체성과 전통 문화에 대한 관심이 고조되면서 한국 문화의 독자적 가치를 강조하는 방향으로 연구가 시작되었다. 한국 문화의 독자성을 규명하려는 노력은 식민 지배의 흔적을 비판적으로 성찰하는 과정에서 탈식민주의적 접근으로 이어졌다. 탈식민주의 연구가 증가한 것은 세계적으로 탈식민주의 이론이 확산되면서 한국 학계에도 이러한 비판적 시각이 도입되었기 때문이다. 또한 해방 이후 단일민족의 우수성을 강조했던 한국 사회의 배타적 민족주의 담론이 점차 다문화사회를 수용하는 새로운 패러다임으로 전환되면서, 문서분석 연구 또한 이러한 사회적 변화를 반영해 왔다. 2008년 정부의 '다문화가족 지원법' 제정과 교육부의 '다문화가정 자녀 교육지원 계획' 수립이 관련 연구의 직접적인 계기가 되었다. 더불어 이러한 연구들은 현대적 연구방법론을 통해 재해석되며 학문적 깊이를 더해가고 있다. 이처럼 한국에서의 문서분석 연구는 사회의 변화와 함께 연속성을 가지고 발전해 왔다.

문서분석이 한국 사회의 생활과 문화, 그리고 아시아적 삶을 조명하는 데 있어서 다른 질적연구방법과 달리 어떻게 활용할 수 있는지 시사점을 살펴보면, 첫째, 문서분석은 통시적 연구가 가능하다는 점이다. 참여관찰이나 심층 면담은 특정 시점의 데이터를 제공하는 것과 달리, 문서분석은 과거와 현재까지 시간의 흐름에 따른 변화를 연구할 수 있어서 맥락적 변화를 포착할 수 있다. 특히 한국의 경우, 조선왕조실록이나 자산어보와 같은 풍부한 전통 기록물부터 현대 디지털 문서까지 다양한 시대의 자료가 공존하고 있어서 이러한 장점은 더욱 극대화될 수 있다. 실제로 문서분석을 통해 탈식민지 관점에서의 한국 문학 분석, 교과서 분석, 조선왕조실록 연구, 다문화교육 연구 등에서 시대적 변화와 발전 과정을 효과적으로 추적할 수 있었다. 또한 조선왕조실록의 홍수 기록을 분석한 연구는 시·공간적 특성과 대응 양상을 통시적으로 살펴봄으로써, 현대 사회의 재난 위협에 대응하기 위한 방안을 제시할 수 있었다.

둘째, 물리적 접근이 어려운 연구 대상의 경우에 다양한 문서들을 통해 연구가 가능하다. 아카이브 데이터도 주요 연구 자료로 활용할 수 있다. 아카이브 연구는 전통적으로 역사적 문서를 연구하는 방법으로 인식되어 왔지만(Ventresca & Mohr, 2017; Roulston & deMarrais, 2021), 최근 사회과학 분야에서 아카이브에 관한 관심이 증대되면서 현장 조사, 설문조사, 심층 면담 등 기존의 질적연구방법을 보완하는 도구로 그 활용도가 확대되고 있다(Ventresca & Mohr, 2017). 조선시대 과거시험 응시생들의 삶을 분석한 차미희(2012)의 연구나, 조선 후기 살인 사건을 진화심리학적으로 분석한 최재천 등(2003)의 연구는 문서를 통해 과거의 현상을 새로운 관점에서 해석할 수 있음을 보여준다. 더욱이 디지털 아카이브 구축으로 자료의 접근성이 확대되면서 이러한 연구 가능성은 더욱 커지고 있다.

셋째, 한국의 문서분석 연구는 내용분석, 담론분석, 프레임분석 등 서구에서 발전된 방법론을 주로 활용해 왔다. 이것은 한국 사회의 특수한 역사적 맥락을 반영한 독자적 분석 틀의 개발이 미진했음을 의미한다. 1970년대 이후 한국학의 학문적 정체성 확립을 위한 다양한 논의들이 있어 왔지만, 연구 방법론적 측면에서는 전통적인 인문학과 사회과학 방법론을 그대로 사용하거나 학제간 연구와 비교문화연구의 틀에 국한되는 경향을 보였다(윤택림, 2003). 이러한 한계점을 극복하기 위해서는 사회과학 각 분야의 경계를 허물고, 한국 사회만의 고유한 특성을 담아낼 수 있는 독창적이고 포괄적인 학제간 융합연구를 지향할 필요가 있다. 최재천 등(2003)의 연구는 역사학, 생물학, 인류학, 진화심리학 등 다양한 분야의 전문가들이 협력하여 조선 후기의 검안 문서를 분석함으로써 융합연구의 새로운 가능성을 보여준 좋은 사례이다. 이와 유사하게 『자산어보』 연구에서도 남진숙과 이영숙(2019)은 『자산어보』가 생물학은 물론 해양학, 인문학, 음식학, 지역학, 민속학, 인간학, 교양학 등 다양한 학문의 영역을 내포하고 있기 때문에 자산어보의 현대적 의미와 가치를 계승하고 확산하기 위해서는 학문의 경계를 넘나드는 학제간 융합연구의 필요성을 제안하였다. 이러한 연구 사례들은 한국의 고유한 맥락과 특성을 반영한 학제간 융합연구가 한국학 발전에 새로운 전기를 마련할 수 있음을 시사한다.

이러한 시사점들은 문서분석이 단순한 자료 수집 방법을 넘어 한국만의 사회문화적 현상을 이해하고 해석하는 데 있어 강점을 지니고 있음을 보여준다. 풍부한 역사적 기록물을 보유하고 있는 한국에서 문서분석은 과거와 현재를 연결하고 새로운 통찰을 제공하는 중요한 연구 방법으로서 가치를 지닌다.

참고문헌

강문식(2015). 『조선왕조실록』연구의 현황. **조선시대사학보, 74**, 215-245.

강선주(2003). 세계사교육의 '위기'와 '문제': 역사적 조망. **사회과교육, 42**(1), 57-86.

강수영(2003). **국민연금에 대한 언론의 보도성향과 보도 내용분석: 조선일보와 한겨레 신문을 중심으로.** 서강대학교 언론대학원 석사학위논문.

강이화, 김혜진(2015). 언어 네트워크 분석기법을 통한 혁신학교 교육과정 문서 분석. **교육학연구, 53**(2), 185-211.

강지숙, 김은미, 이인영, 이미림(2020). 간호학 논문에 나타난 '전문간호역량' 관련 질적 내용분석. **학습자중심교과교육연구, 20**(14), 257-279.

권경오, 장남기(1996). 고등학교 생물 교과서의 과학적 소양에 관한 양적 분석. **생물교육, 24**(2), 181-197.

권대봉(2007). 공공정책으로서 평생학습-한국 평생교육정책의 변화와 특징 분석. **평생교육학연구, 13**(4), 149-172.

김기영(2017). 한국 다문화 교육 정책의 변화과정에 관한 연구. **입법과 정책, 9**(1), 371-393.

김기홍(2019). 학부모의 고소를 경험한 교사의 비판적 자문화기술지. **교육사회학연구, 29**(2), 33-66.

김대현, 권다남(2023). 마을학습 교육과정의 운영 현황 및 개선 방안 탐색- 중학교 문서분석과 교사인식을 중심으로. **교육종합연구, 21**(1), 157-181.

김두겸(2019). **탈식민주의적 관점에서 본 초등학교 교과서 내용.** 서울대학교 대학원 석사학위 논문.

김성곤(2001). 세계화시대의 한국문학. **비교한국학, 8**, 33-50.

김성태(2005). 국내 내용분석 연구의 방법론에 대한 고찰 및 제언. **커뮤니케이션이론, 1**(2), 39-67.

김영욱, 임유진(2009). 언론의 정부-언론 관계와 언론 정책에 대한 담론 변화 분석. **한국언론학보, 53**(4), 94-115.

김영욱, 함승경, 김영지(2017). 세월호 침몰 사건의 미디어 담론 분석: 비판적 담론분석(CDA)과 빅데이터 언어네트워크 분석의 결합. **한국언론정보학보, 83**, 7-38.

김영천(2016). **질적연구방법론1: Bricoleur**(제3판). 파주: 아카데미프레스.

김영천, 정상원(2015). 질적 연구 방법으로서 문서분석. **교육문화연구, 21**(6), 253-285.

김오진(2008). 조선시대 제주도의 기상재해와 관민(官民)의 대응 양상. **대한지리학회지, 43**(6), 858-872.

김원용, 이동훈(2005). 언론보도의 프레임 유형화 연구- 국내 원자력관련 신문보도를 중심으로. **한국언론학회, 49**(6), 166-197.

김중락(2003). 제7차 교육과정에 따른 중,고등학교 사회교과서(서양사부분)의 문제점과 개선과제. **역사교육논집, 31**, 69-98.

김태호(2014). 1950년대 아동문학에 나타난 탈식민주의 연구. **한국아동문학연구, 26**, 1-29.

김한길, 소경희(2018). 한국의 다문화교육정책 문서에 나타난 다문화교육 성격의 변화 양상 분석. **다문화교육연구, 11**(2), 59-83.

김현미(2009). **결혼이주여성의 사회통합: 가부장제와 다문화주의 사이에서.** 서울: 국회입법조사처.

김현실, 김은미, 이동숙(2021). 간호대학생의 임상실습 교과의 교내실습 경험연구: 정신간호학 실습을 중심으로. **한국산학기술학회논문지, 22**(2), 169-178.

남진숙, 이영숙(2019). 『玆山魚譜』의 해양생태인문학적 가치와 융합연구 제언. **문학과 환경, 18**(2), 139-173.

류방란(2013). 다문화교육 정책과 교육 현실의 성찰. **다문화교육연구, 6**(4), 131-149.

문서영, 박재용(2021). 초등 과학 교과서의 기후변화 및 에너지 분야에 나타난 과학의 본성 분석. **에너지기후변화교육, 11**(2), 175-196.

박윤경, 박선운(2022). 다문화교육의 연구 동향 분석: 『다문화교육연구』(2008-2021)를 중심으로. **다문화교육연구, 15**(4), 111-132.

박현식, 김성해(2014). 대통령 측근 비리에 관한 언론 보도 연구. **언론과학연구, 14**(2), 75-112.

박혜영, 김희경, 이유리, 최승연(2009). '지속가능발전을 고려한 환경교육'의 관점에서 본 환경교육정책 분석: 환경부의 '환경교육발전계획(2006~2015)'을 중심으로. **한국환경교육학회 학술대회 자료집.**

백선기(2006). 인터넷 미디어의 미국이라크 전쟁 보도 경향과 담론구조. **한국언론정보학보, 33**, 115-167.

서덕희(2003). "교실붕괴" 기사에 대한 비판적 담론 분석. **교육인류학연구, 6**(2), 55-89.

소경희, 최유리(2022). 국가교육과정 문서에 함의된 교사 전문성 담론의 변화와 특징 고찰. **교육과정연구, 40**(2), 73-99.

손유진, 서보순(2024). 교육정책 문서에서의 돌봄 담론 분석. **교육혁신연구, 34**(3), 27-50.

송미숙, 이정숙(2023). 간호대학생의 성인간호학 플립러닝 학습경험에 관한 연구: 성찰일지 내용분석 중심으로. **아시아태평양 융합 연구교류논문지, 28**(3), 223-235

양영자(2020). 교사 저서에 나타난 교사론의 질적 내용분석 연구. **한국교원연구, 37**(1), 31-60.

양원택(1996). 한 중 고등학교 세계지리 교과서의 내용 비교 분석: 국제이해교육의 관련 내용을 중심으로. **현대사회과학연구, 7**(1), 305-338.

양윤정, 김지영(2021).『조선왕조실록』홍수 기록의 시 · 공간적 특성과 대응 양상 분석- 홍수 리질리언스 사료로서의 가능성 탐색. **문화역사지리, 33**(3). 34-54.

양혜진, 안정민, 이태헌(2021). 텍스트 빅데이터 분석을 통한 한국인의 불공정 경험 분석: 국민청원 게시판 데이터 분석 결과를 중심으로. **조사연구, 22**(1), 25-59.

오경석 외(2007). **한국에서의 다문화주의: 현실과 쟁점**. 서울: 한울아카데미

우라미, 황지현, 서경혜(2018). 한국의 다문화교육정책에 대한 비판적 고찰. **교육과학연구, 49**(2), 59-88.

유성상, 강희영, 정성현(2023). 아서 슈나이더 일기에 나타난 전후 한국 고등교육 원조사업의 양상 분석. **교육학연구, 61**(4), 267-298.

윤철수, 김경호(2018). 박근혜 대통령 탄핵사건 보도에 대한 비판적 담론 분석 - 일간신문의 정파성과 담론경쟁을 중심으로. **정치커뮤니케이션연구, 48**, 79-120.

윤택림(2003). 한국학 연구방법의 모색: 문화기술지적 방법(ethnographic method)을 중심으로. **정신문화연구, 26**(1), 107-124.

윤희중(1985). 한국대학신문의 비교분석적 연구: 1970년으로부터 1984년까지의 내용분석을 통하여. **한국문화연구원논총, 47**, 91-134.

이경민, 김자미, 이원규(20213). 2022 개정 교육과정 문서에 제시된 교과별 저작권 관련 내용분석. **한국컴퓨터교육학회 학술발표대회논문집, 27**(2).

이경희(2011). 한국 다문화교육 정책에 대한 비판적 고찰. **교육사회학연구, 21**(1), 111-131.

이명희(2010). **조선시대의 기상재해 분포에 관한 연구: 홍수와 가뭄재해를 중심으로**. 이화여자대학교 교육대학원 석사학위논문.

이민경(2010): 한국 다문화교육정책 전개과정과 담론분석: 교과부의 다문화가정 자녀교육 지원정책(2006-2009)을 중심으로. **한국교육, 37**(2). 155-176.

이병준, 박정현(2014). 다문화교육 정책프로그램 분석과 평생교육적 대응방안 연구. **문화예술교육연구, 9**(4), 147-172.

이봉현, 김성욱(2011). 미디어 담론분석을 통해 본 리비아 전쟁: 언론에 의한 카다피 악마화 과정을 중심으로. **커뮤니케이션이론, 7**(2).

이수범, 송민호(2020). 디지털 성범죄 사건 보도에 대한 비판적 담론 분석: n번방 사건을 중심으로. **언론정보연구, 57**(4), 150-195.

이영신(2023). 다차원 정책 분석 모형을 적용한 다문화교육정책 분석. **교육발전, 43**(2), 457-486.

이영희(2013). 질적 연구에 의한 고등학교 생명과학1 교과서 생명과학의 이해 단원에 내포된 과학의 본성 분석. **교과교육학연구, 17**(1), 173-197.

이오현(2017). 언론의 '대학 개혁' 담론에 대한 비판적 연구- 이명박 정권 이후 대학 정책에 대한 주요 신문의 보도를 중심으로. **한국언론정보학보, 82**(2), 29-72.

이온죽(1986). 북한사회 연구를 위한 기초사료 분석:「로동신문」사설의 내용분석을 통한 북한사회 변동의 추적. **사회과학과정책연구, 8**(1), 303-327.

이의연, 홍후조(2024). 시 · 도 교육과정 문서의 국가교육과정기준 총론 위임 규정 반영 실태 분석. **교육과정연구, 42**(3), 179-204.

이인숙, 김혜옥, 이병숙(2022). 간호학생의 지역사회 연계 간호교육 프로그램 참여 경험: 질적 내용분석. **한국간호교육학회지, 28**(3), 223-235.

이지수, 주철안(2021). 다차원 정책분석 모형을 적용한 고교 무상교육 정책 분석. **학습자중심교과교육연구, 21**(19), 489-503.

이해준(2001), 생활사 연구의 역사민속학적 모색, **역사민속학, 13**, 31-47.

이희수, 백평구(2010). 전략적 사고에 기초한 평생교육 정책 분석과 시사점. **평생교육학연구, 16**(3), 183-209.

임소희(2021). 온택트 시대의 졸업학년 간호대학생이 경험한 온라인 비대면 성인간호학실습에 대한 내용분석. **한국산학기술학회논문지, 22**(4), 195-205.

임양준(2010). 용산사태에 대한 일간신문의 뉴스보도 비교연구. **한국언론학보, 54**(1), 337-361.

임현진, 정일준(2012). 사회학에서의 한국학 연구동향: 한국학의 세계화 전략 모색. **한국학연구, 43**, 461-494.

정상원(2014). 초등학교 평가와 기록에 대한 현상학적 탐구. **내러티브와 교육연구, 2**(2), 75-105.

정약전 지음, 권경순, 김광년 옮김(2021). **자산어보**. 서울: 미르북컴퍼니.

정약전, 이청 지음, 정명현 옮김(2016). **우리나라 최초의 해양생물 백과사전 자산어보**. 파주: 서해문집.

정재철(2001). 언론개혁에 관련된 담론분석: 조선일보와 한겨레신문을 중심으로. **한국언론정보학회, 17**, 112-144.

정창원(2012). 한국학 연구와 문집정리의 필요성. **한국학연구, 26**, 431-461.

정추영, 서영숙(2017). 간호대학생의 카데바 실습일지에 대한 내용분석. **한국산학기술학회논문지, 18**(8), 257-264.

정희철, 이창호(2007). 혼혈인에 대한 미디어 보도분석. **한국언론학보, 51**(1), 84-110.

조보라미(2010). 한국적인 심성의 근원'을 찾아서: 최인훈 문학의 도정. **한국현대문학연구, 30**, 377-404.

조선희(2006). 알코올 의존자 부인의 자서전 분석: 삶의 의미 찾기. **대한간호학회지, 38**(5), 758-767.

조성규, 손병선(1999). 고등학교 정치교과서의 정치교육내용 비교 분석:『정치 · 경제』·『정치』교과서의 비교를 중심으로. **과학과 교육, 7**, 43-64.

조영란(2015). 탈식민주의와 한국 문학. **내일을 여는 역사, 59**, 156-166.

조재성, 최성호(2015). 클라이맥스(Climax): 한국 고등학생의 학원에서의 학습경험에 대한 질적 연구. **한국질적탐구학회, 1**(2), 57-97.

주재홍(2005). 제7차 교육과정 중학교 사회과 교과서의 오리엔탈리즘 분석. **교육학연구, 43**(2), 225-258.

주재홍(2017). 한국의 청소년 성소수자들로부터 알게 된 그들의 삶의 이야기들: 질적 사례 연구. **교육문화연구, 23**(1), 175-215.

주주자(2019). 학생인권 관점에서 "학교생활기록"에 대한 비판적 분석- 2019 학교생활기록부 기재요령 문서를 중심으로. **법과 인권교육연구, 12**(1), 109-141.

지연정(2024). 질적연구방법으로서 문서분석의 방법적 탐구. **질적탐구, 10**(3), 25-56.

차미희(2012). **조선시대 과거시험과 유생의 삶**. 서울: 이화여자대학교출판부.

최성호, 정정훈, 정상원(2016). 질적 내용분석의 개념과 절차. **질적탐구, 2**(1), 127-155.

최연실(2019). 비혼성인자녀-부모 동거에 관한 웹 문서의 의미구조 분석과 가족 치료적 함의. **가족과 가족치료, 27**(3),

최영준(2018). 다문화교육 정책의 변화와 개선방안. **평생교육 · HRD 연구, 14**(2), 55-75.

최운실(2006). 평생교육법 제정 및 개정 논의의 정책적 함의 분석. **교육정치학연구, 13**(2), 55-74.

최원준, 김천기(2022). 교사 참여 연구대회의 의미와 효용성에 대한 질적 문서분석. **교육종합연구, 20**(3), 91-119.

최재천, 한영우, 김호, 황희선, 홍승효, 장대익(2003). **살인의 진화심리학**. 서울: 서울대학교출판부.

최중홍, 이효규(2020). 정치적 갈등 이슈에 대한 신문 사설 프레임 및 국면 분석: 2019년 '조국 사태' 관련 보도를 중심으로. **사회과학연구, 27**(2), 112-134.

한혜정, 이주연(2018). 핵심역량과 교과 역량의 관점에서 2015 개정 교육과정 분석 및 결과 활용 방안 탐구. **학습자중심교과교육연구, 18**(21), 139-162.

허원구(2011). 인터넷상 사이버모욕죄 도입에 대한 언론보도 내용분석-KINDS 신문보도를 중심으로. **한국치안행정논집, 7**(4), 81-102.

허은정(2022). 수업 설계 측면에서 본 교사론 과목의 특징 분석. **한국교원교육연구, 39**(1), 31-56.

Asdal, K., & Reinertsen, H. (2021). *Doing Document Analysis: A Practice-Oriened Method*. SAGE Publications Ltd.

Elo, S., & Kyngäs. H. (2008). The qualitative content analysis process. *Journal of Advanced Nursing*, *62*(1). 107-115.

Kim, Y. C., Moon, S., & Joo, J. (2013). Elusive Images of the Other: A Postcolonial Analysis of South Korean World History Textbooks. *Educational Studies*, *49*(3), 213-246.

Krippendorff, K. (2004). *Content analysis: An introduction to its methodology* (2nd ed.). Thousand Oaks, Califonia: Sage.

Roulston, K., & deMarrais, K. (2021). *Exploring the archives: A Beginner's Guide for Qualitative Researchers*. Bloomfield: Myers Education Press.

Ventresca, M., & Mohr, J. (2017). *Archival Research Methods*. Wiley Online Library.

Yi, J. Y.(2008). The Use of Diaries as a Qualitative Research Method to Investigate Teachers' Perception and Use of Rating Schemes. *Journal of Pan-Pacific Association of Applied Linguistics*, *12*(1), 1-10.

제 8 장

한국 담론 분석의 역사적 동향

유주영(대구교육대학교)
김진한(서울대학교)

1. 서론

이 장에서는 한국에서 질적연구 방법으로서 담론 분석 연구가 어떻게 이루어졌는지 역사와 특징을 탐구할 것이다. 인간은 텍스트를 통해 세상을 이해한다. 텍스트는 담론을 구성하는 중요한 요소로서 사회적 실천과 상호작용하며 개인을 특정 방식으로 위치시키고 구성하며, 다양한 의미를 제공한다(Lucke, 1996). 담론은 단순한 언어의 집합을 넘어, 사회적 맥락 속에서 권력, 지식 등을 구성하고 강화한다. 이러한 담론의 특성으로, 담론을 분석하는 연구는 사회, 정치, 문화, 교육 등의 다양한 분야에서 텍스트가 실천을 어떻게 구성하는지, 이 과정에서 어떠한 권력이 생산되는지 등을 분석한다. 이와 같이 담론 분석(discourse analysis)은 사회적 실천과 언어적 표현의 상호작용을 통해 형성되는 사회적 구조와 권력관계를 분석하고, 이것이 사회적 맥락에서 어떤 의미를 가지고 변형되었는지를 분석하고 해석하는 방법이라고 할 수 있다.

담론 분석이 질적연구 방법이라는 것은 두 가지 특징에서 찾아볼 수 있다. 우선, 담론 분석은 일반화에 목적이 있다기보다는 특정 담론이나 텍스트의 구체적 사례를 중심으로 사회적 현상을 이해하고자 한다는 점에서 질적연구의 특성과 맞닿아있다. 또한, 담론 분석은 인간 사회에서의 언어를 중심으로 분석과 해석이 이루어지는데, 질적연구도 사회에 유통되고 있는 언어를 통해 의미를 이해하고자 한다는 점에서 밀접하게 연관되어 있다. Olson(1995)은 담론 분석이 타인과 자신에게 감춰진 동기 등을 더 깊이 이해할 수 있도록 돕고 문제를 해결하는 데 도움을 준다고 주장하였다. 이는 연구 주제의 맥락을 깊이 있게 이해하고자 하는 질적연구의 특징과도 연관된다. 이러한 점들을 볼 때, 담론 분석은 언어를 사회적, 문화적 맥락에서 이해하고 권력 구조와 이데올로기 관계를 분석하며 해석하는 과정을 통해 구체적 사례를 탐구하는 질적연구 방법론이라고 할 수 있다.

담론 분석의 초창기에는 푸코의 이론에 기반한 담론 분석이 주로 시행되었다. 푸코의 담론 분석을 기반으로 하여 연구된 대표적인 저작은 Said(2015)의 『오리엔탈리즘』이다. 푸코의 영향을 논할 때 가장 중심에 있는 개념은 "텍스트의 세계성"이라고 설명되는데, 텍스트는 폐쇄적인 것이 아닌 "세속적이고 상황적"이라고 이해하며, "역사적 우발성과 감각적 특수성"을 가진다고 이해한 것이다(강미라, 2012: 258 재인용). 따라서 사이드는 텍스트가 권력을 정당화하고 권위를 부여한다는 점에 주목하였다. 사이드는 푸코의 텍스트 해석을 기반으로 방대한 문헌을 분석하였으며, 서구인들이 동양에 대해 이해할 때 오리엔탈리즘이라는 틀에 기반해 동양을 바라본다고 주장하였다. 오리엔탈리즘은 동양에 대해 열등한 존재로 타자화하여 바라보며, 지배하고 억압할 존재, 계몽해야 할 존재로 바라본다는 것이다. 오리엔탈리즘은 지리적 구분이 아닌 타자화를 통해 인위적으로 만들어진 관념임을 강조하였다.

이후 1990년대 후반부터 2000년대까지는 푸코의 담론 분석에 이론을 기반으로 다양한 비판적 담론 분석 틀이 개발되었다. 주로 분석을 위한 구체적인 틀이 제시되었는데 페어클러프, 반 다이크, 라클라우와 무페 등이 제시한 분석 틀이 대표적이다.

최근 해외에서의 담론 분석 연구는 분석적 담론 분석의 틀과 함께 대규모 텍스트 데이터의 코퍼스 분석, 텍스트 마이닝 등의 다양한 기술적 분석을 함께 시행하는 경향이 있다(Page, 2012; Reyes, 2011). 예컨대, Page(2012)의 연구는 트위터(X) 게시물이라는 대규모 데이터를 분석하였다. 이 연구에서는 오프라인상에서의 경제적 수준이 현실에서 어떻게 이어지는지 밝히기 위해 시행되었다. 이와 같이 담론 분석 연구의 주제와 방법론은 지속적으로 발달하고 있다.

본 연구는 한국에서 수행된 담론 분석 연구의 흐름과 특징을 체계적으로 고찰하고자 한다. 1980년대 이후 담론 분석 연구가 태동하기 시작했다는 점에서 1980년대 이후 한국적 담론 분석 연구가 어떤 경향을 보이는지, 이론적이고 방법론적 발전 과정에서 어떤 특징과 한계를 나타내는지를 분석하고자 한다. 이를 통해 담론 분석이 질적연구 방법론으로서 한국적 맥락에 어떻게 기여할 수 있는지를 제안함으로써 학문적 발전을 위한 디딤돌을 마련하고자 한다.

2. 한국에서의 담론 분석 연구 동향

1) 담론의 개념 및 특징

담론은 'discourse'를 번역한 말이다. 학계에 따라서는 학문적 선호에 따라 'discourse'를 담화로 번역하기도 한다. 보통 '담화'는 특정 맥락에서 사람들 사이에 소통되는 언어가 어떤 의미로 구성되고 유통되는지로 분석되었다. 예컨대, 권혜윤과 신인선(2014)은 중학교 수학 영재교실에서 교사와 학생 간 담화를 분석하였고, 강현자와 김선정(2012)은 여성 결혼이민자의 담화를 분석하였다. 박종문 외(2018)는 도시재생에 대한 국제 연구 동향을 분석하며 국내 정책결정자의 담화에서 핵심 단어의 빈도수와 중심성 등을 분석하였다. 온라인에서 소통되는 담화를 분석한 연구도 있다. 대표적으로, 신유리(2020)는 어린이 유튜브의 공영 채널은 중앙 행정 기관과 어떠한 방식으로 상호작용하며 담화를 구성하는지를 분석하였고 연구 결과, 국가 제도가 유튜브를 활용하여 시민과 친밀감을 형성하기 위한 담화를 구성하고 유포하였다고 하였다.

'담론'이라고 표현한 논문에서는 주로 정책이나 사회에서 유통되고 있는 특정 개념에 대한 의미에 대하여 분석하였다. 예컨대, 정책 담론 분석으로는 여성고용정책에 대한 담론 분석(김학실, 2015), 성소수자 관련 교육정책에 대한 담론 분석(강윤주, 손준종, 2023), 교육 정책에서 돌봄 담론 분석(손유진, 서보순, 2024) 등이 있다. 이러한 연구에서는 정책 문서에 드러난 개념이 어떠한 용어 중심으로 서술되어 있고, 정책 대상자를 어떠한 관계로 보는지 등을 분석하였다. 예를 들어, 이연선(2013)은 유아다문화교육정책에 대한 담론을 분석하며, 텍스트 소비자로서의 교사를 비판하였다. 연구 결과, 교사는 이데올로기와 편견에서 자유로울 수 없다는 점에서 교사 스스로의 자기반성이 중요하다는 것을 제언하였다.

사회에서 유통되고 있는 특정 개념에 대한 담론 분석으로는 '독박육아'라는 개념이 대두된 배경과 담론을 분석한 연구(김은주, 신승희, 김정미, 2021), 교사에게 있어 능력주의 담론 분석 연구(김재윤, 2023), 학생선수 학습권 담론 분석 연구(명왕성, 2020) 등이 있다. 이러한 연구들에서는 한국 사회에서 특정 개념이 언론에서 다루어지는 방식과 개인이 인식하는 방식을 비교하여 분석하고, 실천에서 어떤 노력이 필요할지, 각 분야에서 담론에 어떻게 접근해야 할지 등에 대하여 제언하였다.

discourse가 담화 혹은 담론으로 번역되지만 담론 분석 연구는 모두 담론이라는 개념에 대한 간주관성을 확보한 후 분석이 이루어졌다. 즉 담론에 대한 상호 이해를 기반으로 연구가 수행되어 분석방법이 유사하게 활용되었고, 결과의 형식이나 양상도 유사하게 나타났다.

담론 분석 연구를 토대로 담론의 개념에 대하여 정리하자면, 담론은 시대와 사회문화적 상황에 따라 구성된 언어적 실천이라고 할 수 있다. 담론이 사회적으로 구성된다는 것은 담론이라는 것은 실재를 완벽하게 재현하고 반영하는 것이 아니라는 것이다. 즉, 모든 것은 "담론을 통해서만 의미를 갖는다"(Hall, 2001: 73)는 것처럼 담론은 우리의 지식과 관점을 구성한다고 볼 수 있다.

담론의 특징은 담론과 관련된 주요 개념을 통해 설명할 수 있다. 담론과 관련된 주요 개념은 이데올로기, 상호텍스트성, 담론의 변화성 등이 있다. 우선, 담론은 특정 이데올로기와 결합되어 있다. 사회적 맥락에서 생산되고 확산되면서 생성된 담론은 사회에서 이미 형성된 이데올로기를 담고 있다는 것이다. 거대 담론은 개별 담론을 통합하고 지배하는 상위 체계로서 특정 이데올로기를 정당화하고 재생산한다. 이 과정에서 사회구성원은 자신이 내면화한 이데올로기를 반영하여 텍스트들의 형성에 기여한다. 이렇게 형성된 무수히 많은 텍스트들은 선별과 배제를 통하여 특정 담론을 변화시키는 역할을 하게 된다. 이는 또다시 이데올로기의 변형이나 확대에 영향을 미친다. 담론과 이데올로기의 관계를 분석한 연구로는 여성 생활문화 담론과 제국 이데올로기를 분석한 연구(박선영, 2017), 정체성 담론과 이데올로기 관계를 분석한 연구(심재중, 2004) 등이 있다. 대표적으로 심재중(2004)은 아이티와 마르티니크에서의 정체성 담론과 정치적 이데올로기의 관계를 분석한 결과, 특정 문화 정체성에 대한 연구는 포스트모더니즘 시대의 복합 문화 현상에 대한 하나의 모델을 제공해줄 수 있을 것이라고 하였다.

이러한 점에서 담론 분석은 포스트모더니즘과 긴밀하게 연결되어 있다고 할 수 있다. 이는 대항 담론의 출현에서도 알 수 있다. 이데올로기는 인간이 세상을 특정한 의도된 틀로 이해하게 하면서도 새로운 실천을 만들어내기도 한다. 즉, 이데올로기는 대항 담론에 의해 변화될 수 있다는 것이다. 대항 담론은 기존 이데올로기의 한계를 지적하고 새로운 가치와 규범을 제안한다. 이를 통해 거대 담론과 이데올로기는 재구성될 수 있는 것이다. 한국에서 대항 담론에 대한 연구도 다수 수행되었다. 예컨대, 포스트휴먼 시대의 생태적 대항담론에 대한 연구(심현주, 2021), 능력주의 세계관에 대항하는 교육에 대한 연구(박지원, 2023) 등이 있다. 이러한 연구에서는 현 시대에 유통되는 담론에 대하여 비판적으로 분석하고, 새로운 가능성을 제안하였다. 포스트모더니즘과 대항 담론은 모두 기존의 지배적인 담론과 질서 등을 해체하고 도전하고자 하는 공통점이 있다. 담론 분석은 우리를 지배하고 있는 담론을 비판적으로 분석하는 목적이 있다는 점에서 포스트모더니즘과 긴밀한 연관을 갖고 있다고 할 수 있는 것이다.

또한, 담론은 항상 다른 담론과의 관계 속에서 구성된다. 이러한 점에서 상호텍스트성을 살펴볼 필요가 있다. 상호텍스트성이란 독창적인 원본은 없으며, 텍스트들이 서로 결합한 형태들로 있다는 것이다(김영천, 2016). 이처럼 모든 텍스트는 단독으로 무에서 유로 창조된 것이 아니라 그 이전의 무수히 많은 텍스트들의 결합으로 만들어졌다. 데리다도 텍스트는 이전의 텍스트에서 활용한 개념의 인용이고 모자이크라고 하였다(Derrida, 1976). 상호텍스트성은 담론이 무수히 많은 텍스트로 결합되어 구성되었으며, 모든 담론은 고립된 실체가 아니라 상호작용적으로 구성된다는 것을 말해준다. 담론과 상호텍스트성에 대하여는 대표적으로 박진영(2014)이 1960년대 지배담론의 수사와 '서울 1964년 겨울'에 나타난 상호텍스트성에 대하여 연구하였다.

마지막으로, 담론은 시대적 맥락에 따라 생성되고, 확대/유통되기도 하며, 소멸되기도 한다. 담론이 생성될 때는 특정한 사회적, 정치적, 문화적 조건과 결합하면서 새로운 권력 관계를 형성한다. 반대로, 담론이 소멸될 때는 기존의 사회적 맥락이 크게 변화하거나 해당 담론에 대한 한계가 드러나면서 소멸이 이루어진다. 즉, 담론은 고정된 것이 아니라 사회적 맥락과 권력 관계 속에서 형성, 소멸, 재구성되며 끊임없이 변화한다는 것이다. 이에 대한 연구들은 특정 개념을 중심으로 시대별 흐름에 따라 담론이 어떻게 변화했는지를 분석하였다. 예컨대, 윤순진과 김선희(2024)는 기후변화의 담론 변화에 대하여 분석하였고, 이가영(2023)은 코로나19 시기 한국 언론에서 중국 관련 담론이 어떻게 변화하였는지를 분석하였다. 곽송연(2022)은 1980년대 이후 한국 대통령 연설문에서 민주주의 담론이 어떻게 변화했는지를 연구하였다.

이와 같이 선행연구를 통해 담론의 개념과 특징을 살펴볼 수 있었다. 다음 장에서는 한국 담론분석 연구의 동향에 대하여 살펴보고자 한다.

2) 한국 담론 분석 연구의 개괄적 동향

본 연구에서는 한국에서 담론 분석 연구가 어떻게 수행되었는지를 분석하기 위하여 한국학술지인용색인(Korea Citation Index, KCI), 학술연구정보서비스(Research Information Sharing Service, RISS), 한국학술정보(Koreanstudies Information Service System, KISS), DBPia, 국회도서관 등의 데이터베이스를 활용하였다. 검색어는 '담론 분석', '담화 분석', '담론', '담화' 등으로 하였다. '담론 분석'을 키워드로 검색한 논문은 한국학술지인용색인(KCI)에서만 무려 9,750건이 검색되었다. 한국에서 담론 분석 연구가 매우 많이 수행되었다는 것을 알 수 있다. 중복되는 문헌이나 학술지 등재 논문 894건을 제외하여도 8,856건이며, 수기로 논문의 동향을 파악하기에는 그 수가 매우 많았다. 따라서 본 연구에서는 시대별, 주제별, 연구방법별 연구의 경향에 대해서는 대표될 만한 논문을 선정하여 자세히 소개하고자 하였다. 대표 논문은 피인용지수가 높은 논문과 인기 논문, 다운로드의 수 등을 기준으로 선정하였다.

담론 분석 논문을 많이 출판한 학회지로는 〈인문사회 21〉, 〈한국언론학보〉, 〈한국콘텐츠학회〉, 〈한국언론정보학보〉, 〈학습자중심교과교육연구〉, 〈경제와 사회〉, 〈문화와융합〉, 〈사회과학연구〉, 〈현대소설연구〉 등이 있었다. 이 중에서 〈인문사회 21〉과 〈현대소설연구〉는 인문학에서 많은 연구를 출판하였다. 특히 〈현대소설연구〉는 문학 중에서도 한국의 현대소설을 다루는, 다소 특수하고 한정된 저널임에도 불구하고 많은 담론 분석이 출판되었다. 이를 통해 문학 분야에서 담론 분석이 활발하게 이루어짐도 짐작할 수 있다. 〈한국언론학보〉, 〈한국언론정보학보〉, 〈학습자중심교과교육연구〉, 〈경제와 사회〉는 사회과학 분야에 속한 저널이다. 사회과학 분야 중에서도 신문과 뉴스 등에서 다루어지는 담론을 분석하는 연구가 많다는 점에서 언론분야의 담론 분석 연구가 많이 수행되었다는 것을 알 수 있다. 또한, 〈학습자중심교과교육연구〉 저널은 사회과학 안에서도 교육학만을 다루는 저널로, 교육학 안에서 담론 분석 또한 활발하게 이루어짐을 알 수 있다.

3) 시대별 담론 분석 연구의 흐름

이 장에서는 시대별 한국 담론 분석 연구의 대표 연구에 대하여 소개하고자 한다. 대표 논문은 피인용지수가 높은 논문과 인기 논문, 다운로드의 수 등을 기준으로 선정하였다.

1980년대는 담론 분석 연구가 많이 수행되지는 않았지만 관련 학회지가 생겨나기도 하였다. 대표적인 학술지는 〈역사와 담론〉이다. 〈역사와 담론〉은 '호서사학회'로서 1971년에 설립된 역사학 학회다. 이 학회지에는 담론을 분석한 연구들이 실려왔는데, 보통 역사학 분야의 담론을 분석하는 연구들이 수행되었다. 예컨대, 중학교 사회 교과서를 분석한 연구(김학렬, 1977), 조선 후기 호적목록을 분석하여 노비와 시녀의 관계에 대해 분석한 연구 등이 있다(이해준, 1980).

1980년대 '담론 분석'이라는 용어를 사용하여 한국에서 진행한 대표적인 연구는 1986년에 김영범이 조선 후기 판소리에 대해 분석한 연구가 있다(김영범, 1986). 김영범은 조선후기 판소리를 이데올로기의 측면에서 분석하고자 하였다. 연구자 본인은 실제로 조선후기 민중들이 판소리 담론을 자신이 해석한 대로 느꼈을지 의문을 제기하면서도, "역사시기의 민중담론"이라는 제약이 불가피하게 있음을 또한 인정하였다(김영범, 1986: 121p). 이후 1990년대부터는 담론 분석 연구가 활발하게 수행되기 시작하였다.

1990년대의 담론 분석은 문학이나 텍스트 분석이 가장 많이 이루어졌다. 이원표(1993)의 연구는 의지감탄사 "예", "글쎄", "아니"에 대한 담화 분석을 시도하였다. 변호사와 의뢰인 간 상담 내용, 친구 사이의 잡담, 방송 이야기 쇼 대담 내용 등을 분석대상으로 삼았다. 이를 통해 세 단어의 담화표지와 언어뭉치로서의 역할 및 특징에 관하여 기술하였다. 정치적인 담론을 분석하는 작업도 함께 수행하였다. 김근식(1999)은 북한에서 출판된 책, 잡지, 문헌 등을 자료로 분석하였다. 이를 통해 주체사상의 '실천 이데올로기' 및 '정치 담론'으로서 역할에 대해 살펴보았다. 사회주의의 몰락에 대처하는 북한의 담론을 분석한 해당 연구는, 당시에도 중요한 현안에 대해 발 빠르게 담론 분석을 진행하려고 하는 의지를 엿볼 수 있는 사례이다.

2000년대 담론 분석은 한국에서 담론 분석이 본격적으로 시작한 때이다. 이러한 맥락에서 담론 분석 자체에 대한 연구가 대표적인 논문으로 부상한 것은 하등 이상하지 않다. 이기형(2006)은 푸코와 페어클러프 관련 저작, 뉴스 기사와 해당 기사를 분석한 연구를 연구 자료로 삼고 비판적 담론에 대한 고찰을 진행하였다. 이를 통해 비판적 담론 분석은 "다양한 방식을 혼합적으로 채택"하며 "소통의 공간을 열 수 있다는 장점"이 있음을 통찰하였다(이기형, 2006: 141). 그리고 2000년대부터 한국의 담론 분석은 한국에서의 이슈와 현안에 대해 다루기 시작하였다. 김혜순(2008)은 결혼이주여성에 주목하여 한국에서의 다문화담론에 대해 사회학적으로 접근하였다. 연구자 본인이 참여한 사업에서의 문건, 언론 보도 자료, 관련 학술회의 자료뿐 아니라 정책 자문과 간담회 자료 등 폭넓은 내・외부적 자료를 활용하였다. 이를 통해 시민권 개념으로서 다문화사회에 대한 이해가 필요함을 주장하였다.

2010년대 담론 분석은 한국에서 담론 분석이 활성화된 때이다. 2000년대에는 푸코와 비판적 담론을 비교하여 분석하였다면, 2010년대에는 비판적 담론 분석 자체에 대해 이론적인 접근을 시도하면서 깊이를 더해가고자 하였다. 신진욱(2011)은 비판적 담론의 핵심 목표를 "권력과 지배, 사회불평등, 이데올로기에 대한 비판적 의식과 해방적 지향"으로 보았다(신진욱, 2011: 34). 이와 관련하여 푸코, 페어클러프, 반 다이크, 보닥 등 이론가들의 저작을 분석하였고, 2차적인 이론적 논의들을 살폈다. 이후 비판적 담론 분석의 한계를 지적하며, "국가이론, 정치이론, 정치경제학 비판에 더욱 깊게 결합시키는 일"이 중요함을 지적하였다(신진욱, 2011: 36). 또한 이를 바탕으로 시대적 흐름에 따라 담론이 어떻게 형성되고 있는지 파악하기도 하였다. 김진희(2015)는 1995년부터 2014년까지 발간된 UNESCO 보고서 중 세계시민교육과 관련된 문헌들과 2차 자료들을 분석하였다. 이를 통해 세계시민교육 페다고지의 한계와 학습 담론 소외 현상을 지적하고, "평생학습으로서의 세계시민교육"으로 패러다임이 전환되어야 함을 주장하였다(김진희, 2015: 82). 담론 분석 자체에 대한 이론적 토대를 단단히 다지기 시작하면서 현재 만들어지고 있는 담론에 대한 분석도 시도되기 시작하였다.

2020년대에는 인공지능과 빅데이터의 시대라는 특징이 담론 분석 대표 논문에서도 드러난다. 빅데이터와 데이터마이닝 기법이 활성화되고 활용됨에 따라 기존까지는 질적 연구방법론으로만 여겨졌던 담론 분석 방법에도 새로운 흐름이 본격적으로 나타나기 시작하였다. 양경은과 노법래(2020)는 2001년부터 2017년까지의 언론 기사를 통해 다문화 담론에 대한 분석을 시도하였다. '다문화', '이민자', '이주민', '이주배경' 네 가지 키워드를 검색어로 삼아 107개 언론사의 기사 85,987건을 추출하였다. 이후 전처리와 형태소 분해를 진행하여 데이터베이스를 만들고 자료를 가공하였다. 형태소 분석을 위해서는 Python 패키지 KoNLP를, 분석을 위해서는 R 프로그램을 활용하였다. 토픽을 추출하여 의미 구조를 검토하여 연구한 결과, '비난회피 전략 가능성', '협소한 대상화 문제', '다문화 패러다임에 대한 성찰 필요' 등을 지적하였다. 손승남 외(2021)의 연구에서는 교양교육 관련 전문가 5인의 집단적 글쓰기를 통해 역량기반 교육 담론을 분석하였다. 해당 연구자들은 실제 교양교육자로서 대학에서의 실용적 활용 방안까지 대안을 제시하였다. 이러한 흐름은 앞으로 질적연구로서 담론 분석에 대하여 보다 유연한 방식에 대한 기대감을 품게 한다.

위에서 소개된 연구들은 피인용지수와 인기도 등의 순으로 선택된 연구들이다. 내용 면에서 담론 분석으로 충분히 활용하고 살펴볼 수 있지만 대부분의 연구는 방법론적으로 문헌분석에 따라 진행되었다. 보다 구체적으로 담론 분석 방법론과 틀을 활용한 연구들은 이후 방법론별로 다시 살펴보고자 한다.

4) 연구주제별 대표적 담론 분석 연구

담론 분석의 대상이 되는 주제는 매우 다양하다. 푸코가 시작하였던 젠더, 성, 신체와 관련한 연구는 전형적인 주제이다. 최근에는 세계화, 신자유주의, 다문화주의, 탈식민주의 등 이데올로기적인 측면을 다루는 연구도 수행되고 있다.

(1) 성(性)과 신체 관련 담론 분석 연구

젠더와 관련한 연구로는 김훈순과 김미선(2008)의 연구가 있다. 연구자들은 텔레비전 드라마가 여성 담론을 생산하는 장(場)으로서 어떻게 역할을 하는지 분석하였다. 이를 위해 주인공이 30대 미혼여성인 드라마 〈결혼하고 싶은 여자〉, 〈내 이름은 김삼순〉, 〈여우야 뭐하니〉를 분석 대상으로 삼았다. 그리고 주인공들의 성과 사랑, 일에 대한 여성담론이 어떠한지 살펴보았다. 연구 결과, 해당 드라마에서는 남성중심적 담론이 유지되면서 저항적 여성담론이 동시에 존재하는 양면성이 드러났다. 탈가부장적 요소와 가부장적 장치들이 갈등을 빚고 통합되는데, 이러한 과정에서 나타난 균열들이 드라마 젠더 코드에 다의적이고 역동적인 해석을 시사한다.

이희영(2010)은 성(sexuality)와 관련하여 담론 분석을 진행하였다. 한국에서 출간된 종합여성지를 중심으로 섹슈얼리티 담론 분석을 진행하였고, 이러한 결과를 통해 신자유주의적 주체화라는 개념에 다가가고자 시도하였다. 연구방법으로는 언술과 이미지에 대한 담론 분석 방법을 사용하였다. 연구 결과, 2008년 기준 종합여성지 내 섹슈얼리티 담론은 능동적 섹스를 강조함으로써 친밀성 구조를 만들어내고 있었다. 둘째로 종합여성지 내 섹슈얼리티 담론은 여성의 몸을 강조함을 통해 신자유주의적인 주체화를 수행하고 있었다. 마지막으로 종합여성지에서는 여성들이 무차별적 다수의 여성들과 결혼 혹은 연애관계를 두고 경쟁하고 있음을 부각하였다.

신체와 관련한 담론 분석으로 정현우(2014)는 신체문화담론이 체육정책에 어떻게 담겨 있는지 분석하고자 하였다. 연구자는「학교체육진흥법」를 중심으로 신체 관련 담론을 살펴보았다. 관련하여 법 공포안을 포함한 정책문서와 교육과학기술부의 보도 자료를 중심으로 담론을 식별하였고, 각 담론이 어떤 특징을 가지고 있는지 분석하였다. 하위 담론으로 '건강', '시티즌십', '스포츠', '평생체육'이라는 키워드를 추출하였고, 신체문화담론에서는 시티즌십 담론이 가장 지배적으로 작용함을 알 수 있었다. 그리고 신체문화담론이 가진 복잡성에 따라 정책실행에서 어려움을 겪으면서 신체문화담론이 재맥락화 되는 문제점이 있음도 보였다.

(2) 세계화 및 다문화 담론 분석 연구

허윤철과 박홍원(2010)은 한국언론에서 세계화 담론을 어떻게 다루는지 분석하였다. 세계화는 이미 많이 쓰이고 있고, 주체와 맥락에 따라 의미가 달라지는 용어다. 이에 대해 분석하기 위해 연구자들은 김영삼 정부 이후 〈조선일보〉와 〈한겨레〉가 세계화 담론을 어떻게 다루고 있는지, 그리고 담론은 어떻게 변화했는지 살펴보고자 하였다. 연구자들은 1993년 2월부터 2005년 7월 사이 두 신문의 기사를 KINDS를 통해 수집하였고, 2005년 7월부터 2009년 12월까지의 기사는 〈조선일보〉는 자체 아카이브 시스템을 통해, 〈한겨레〉는 KINDS를 이용하여 활용하였다. 중복기사 및 연구목적에 따라 기사를 분류한 결과 1차 수집에서 552건, 2차 수집에서 271건, 총 933건의 기사를 분석 대상으로 삼았다. 연구 결과, 초창기의 세계화 담론은 발전담론 중심이었다. 김대중 정부 이후 반세계화 운동이 국내외를 막론하고 전개되면서 사회 및 시민 영역에서 종속담론이 주목 받기 시작하였다. 두 언론은 세계화 담론을 다루는 방식에서도 차이를 보였다. 〈조선일보〉는 발전담론이 다른 두 담론에 비해 압도적인 비율을 보였다. 〈한겨레〉에서는 발전담론이 여전히 높으나, 종속담론의 비율이 〈조선일보〉에 비해 높게 나타났다. 보도 시기도 진보적인 정부시기보다는 보수적인 정부 시기에 세계화와 관련하여 긍정적인 보도 비율이 높았다.

다문화주의와 관련하여서도 연구가 진행되었다. 김태영과 윤태진(2016)은 예능 프로그램에서의 다문화주의 담론을 분석하고자 하였다. JTBC 예능 프로그램 〈비정상회담〉에서 '기미가요'와 관련된 논란이 있었다. 연구자들은 이와 관련하여 〈비정상회담〉 제작진이 운영하는 페이스북 게시물, 댓글들을 주요 분석 대상으로 삼고, 관련한 신문 및 뉴스 기사들도 분석 대상으로 포함하였다. 연구 결과, 지배적 · 안정적으로 보이던 담론도 끊임없이 대항 담론들과 경쟁과 갈등 관계를 형성하고 있고, 어떠한 사건 하나만으로 지배담론의 취약성 또한 드러날 수 있었다. 〈비정상회담〉은 프로그램 자체로 다문화주의를 표방하지만, 반일 정서가 개입할 시 프로그램 내 지배담론인 다문화주의는 언제든 무너질 수 있는 담론이었다. 이를 통해 연구자들은 한국에서의 다문화주의는 일시적 약화가 아니라 본질적 취약성을 가지고 있음을 분명하게 밝히고자 하였다.

(3) 교육 담론 분석 연구

교육학도 담론 분석 연구가 많이 수행되었다. 대부분 교육정책 현안에 대한 담론적 분석이 많이 이루어졌다(김병만, 이강훈, 2020; 서덕희, 2019; 이강훈, 황해익, 2020; 이경민, 2017; 이경화, 2019). 교육 현안이나 현상에 대한 분석도 있었다(김희연, 2013; 이경민, 윤혜경, 2017; 이광수, 2013; 이기일, 성열관, 2012; 주재홍, 2007). 담론 분석을 위한 자료를 수집할 때에는 인터뷰를 통하여 수집한 이후, 담론 분석으로 진행한 경우도 있었다(박휴용, 2015; 배지희, 조미영, 봉진영,

2009; 이연선, 2013). 담론 분석에 대한 이론적인 접근을 시도한 연구도 있었다(김병욱, 2014; 서덕희, 2010; 손흥숙, 2013).

대표적인 연구로 서덕희(2003)은 "교실붕괴" 담론을 신자유주의와 연결하였다. 연구자에 따르면 "교실붕괴"는 〈조선일보〉 기사들이 일으킨 '담론적 사건'이다. 담론적 사건에 대해 연구자는 페어클러프의 비판적 담론 분석 방법론을 활용하여 거시적 문제의식과 미시적 문제의식을 모두 다루고자 하였다. 이를 위해 1999년 8월에 '무너지는 교실'이라는 주제로 실렸던 기사들과 이후 2002년 12월까지 "교실붕괴" 키워드가 포함된 기사, 사설, 칼럼 등 총 179건을 분석 대상으로 활용하였다. 연구 결과, "교실붕괴" 관련 기사들은 교육에서 충분히 자율적으로 발생할 수 있는 담론을 '시장화'하였고, 나아가 이를 일상적인 교육담론으로 유포하고자 하였다. 때문에 연구자는 교육학도로서 교육담론과 '시장화'를 분리해 내고 비판적으로 검토하여, 교육의 본질을 강조하는 역할이 중요함을 기술하였다.

(4) 탈식민주의 관점의 담론 분석 연구

탈식민주의와 관련하여 최숙(2009)은 영어교육에 대해 분석하였다. 연구자는 페어클러프의 비판적 담론 분석 방법을 활용하여 EBS의 〈잉글리시 카페〉를 대상으로 연구를 진행하였다. 연구 결과, 해당 프로그램은 언어제국주의적 영어교육의 문제를 답습하고 있었다. '원어민에 대한 이상화의 오류', '미국인들의 영어만을 기준으로 삼는 표준영어의 오류'가 그것이다. 기존 교육의 한계를 넘기 위해 발전한 에듀테인먼트는 영어교육미디어로서도 비판적인 관점을 가지고 있었다. 그럼에도 불구하고 오락적인 요소가 중요한 나머지 '여성의 성적 대상화', '남성중심의 가부장적 담론', '인종주의', '엘리트주의' 등 다양한 불평등 담론이 에듀테인먼트와 결합하고 있었고, 불평등 담론을 재생산하는 역할까지 맡고 있었다. 에듀테인먼트는 탈식민주의적 가능성을 분명히 가지고 있음에도 활용되지 못하는 측면도 연구자는 지적하였다.

탈식민주의와 관련된 연구 중 남상우와 김한주, 고은하(2010)의 연구가 있다. 연구자들은 김연아 선수가 어떻게 '국민 여동생'에서 '국민 영웅'이 되었는지 담론 분석을 통해 살펴보며, 글로벌시민론과 탈식민주의 담론 등과의 연결에 대하여도 말하였다. 연구에 활용된 자료는 2002년부터 2010년까지 김연아와 관련하여 〈경향신문〉, 〈국민일보〉, 〈내일신문〉, 〈동아일보〉, 〈문화일보〉, 〈서울신문〉, 〈세계일보〉, 〈한겨레〉, 〈한국일보〉, 〈아시아투데이〉 등 서울 지역 종합일간지 10개의 기사들은 기사검색사이트(KINDS)였다. 연구 결과, 김연아와 관련된 초기 담론은 우호적인 이미지 구축에 집중되었다고 하였다. 이후 김연아는 국가정체성과 중첩되기 시작하였고, 선구자론, 글로벌시민론, 탈(脫)식민주의 담론과도 연결됨을 말하였다.

(5) 환경 관련 담론 분석 연구

환경과 관련된 담론을 분석한 연구들은 우리 주변에서 일어나는 재난이나 환경 정책 등과 관련하여 분석하였다. 대표적으로 이예슬 외(2019)는 2017년에 있었던 포항지진을 중심으로 담론 분석을 실시하였다. 재난과 관련하여서는 정치 · 경제 · 사회 등 다양한 이해관계자들이 담론을 생산해낸다. 연구자들은 대표적인 세 일간지 〈조선일보〉, 〈중앙일보〉, 〈한겨레〉에 2017년 11월부터 2018년 11월까지 1년 동안 실린 포항지진과 관련된 신문기사를 대상으로 페어클러프의 방법을 활용하여 분석하였다. 연구 결과 기사들에서는 재난대응 매뉴얼과 대피 훈련의 실효성이 낮음을 지적하였다. 둘째로 대피소 관련 서비스 강화 및 이재민을 위한 지원 재원 확대 필요성을 강조하였다. 마지막으로 내진설계에 대한 강화 필요성, 알림 서비스의 질 향상을 이루기 위한 노력 필요성을 제안하였다.

도시 공원의 담론에 대하여 분석한 연구도 있다. 이제이와 성종상(2015)은 서울숲과 관련한 도시공원 미시담론에 주목하였다. 미시담론을 분석하기 위해 연구자들은 블로그 글을 자료로 삼았다. 이들은 네이버에서 서울숲으로 검색된 블로그 글을 자료로 수집하였다. 연구 결과, 서울숲 담론은 2005년~2006년은 조성 초기, 2007~2008년은 형성기, 2009~2010년은 전개기, 2011년~2013년까지는 성숙기로 구분되었다. 이들은 서울숲 관련 미시담론은 사회적 담론, 복합적 담론, 이용적 담론, 장소적 담론 등 4가지의 차원으로도 분석하였다.

(6) 의학 관련 담론 분석 연구

의학 관련 담론을 분석한 연구도 다양하게 수행되었다. 대표적으로 이현정(2012)은 우울증 담론의 변화를 분석하였다. 연구자는 1991년 1월부터 2010년 12월까지 〈조선일보〉, 〈동아일보〉, 〈국민일보〉, 〈경향신문〉, 〈한겨레〉 등 5개의 주요 일간지를 기사통합검색 서비스(KINDS)를 통해 검색하였다. 총 960건이었으며, 동물의 우울증을 다룬 2건을 제외한 958건을 대상으로 삼았다. 구체적인 방법으로는 근거이론을 활용한 내용 분석(content analysis) 방법을 따랐다. 이를 통해 우울증은 1) 시대의 반영이면서 동시에 사회적 은유의 의미가 있었고, 2) 유명 연예인 관련 기사가 우울증 담론에 큰 영향을 끼치며, 3) 신자유주의 흐름 속에서 우울증은 자기관리 지식으로서 다루어지고 있음을 기술하였다.

의학 및 간호학 지식에 대한 담론 분석도 이루어졌다. 권봉숙과 박형숙(1997)은 간호학에 대한 담론 분석을 실시하였다. 연구자들은 한국에서 간호지식체가 생산되는 과정을 분석하고 이후 전망에 대해서도 제안하였다. 특히 푸코의 담론 분석 방법에서처럼 "'지식이란 무엇인가'의 문제가 아니라 '어떻게 해서 특정 시기에 특정 수준의 실천을 통하여 이러저러한 유형의 지식체가 성립될 수 있었는가'"의 문제에 대해 다루고자 하였다(권봉숙, 박형숙, 1997: 62). 한국간호과학의 담론에서는 푸코가 말한 바와 같이 지식이 중요하며, 지식 생산을 결정짓는 구체적인 조건들이 있었고, 간호학 지식에서도 에피스테메의 문제는 중요하였다. 간호학은 특히 실천 현장이 명확하고 임상실무가 중요하므로, 이러한 지식의 문제는 곧바로 임상에 영향을 끼치고 있었다.

3. 방법론별 대표적 담론 분석 연구

담론 분석은 하나의 형태로만 이뤄지지 않았다. 푸코(M. Foucault), 페어클러프(N. Fairclough), 반 다이크(van Dijk) 등 다양한 방법론이 활용되었다. 아래에서는 방법론별 특징을 간단하게 서술하고, 해당 방법론을 활용한 한국 담론 분석 연구 중 대표적인 연구들을 소개하고자 한다.

1) 푸코의 분석 틀

푸코에게 담론은 특정 맥락에서 권력을 행사하는 지식의 체계라고 할 수 있다. 그는 담론은 어떤 사회에서든지 생산되고, 통제되고, 선별하되고, 조직화되고, 재분배되는 것으로 보았다(Foucault, 2001). 푸코의 담론 분석에서 핵심적인 개념 중 하나는 권력-지식(power/knowledge)이다. 그는 권력을 물리적이고 억압적인 힘으로 보지 않고, 비가시적인 권력도 있으며, 권력은 생산된다고 보았다.

푸코의 담론 분석은 크게 고고학적 접근과 계보학적 접근으로 구분하여 볼 수 있다. 우선, 고고학은 특정 시대와 맥락에서 담론이 어떻게 형성되고, 이것이 시간이 흐름에 따라 역사적으로 변화한 조건에 대하여 연구하는 방법이다(Foucault, 1973). 고고학적 접근은 주로 특정 시기의 담론 형성과 지식 체계를 탐구하거나 담론 내부의 규칙과 질서를 분석할 때 활용할 수 있다. 푸코는 초기에 고고학적 접근을 했다면, 후기에는 계보학적 접근으로 연구를 수행하였다. 그는 고고학으로는 담론과 관련된 실천과 여기에 담긴 권력 관계 등을 포착하기에는 어려움이 있었기 때문이다. 즉, 푸코가 고고학에서 계보학으로 접근을 전환한 것은 담론이 생성되고 유통, 소비되는 데는 담론적인 것뿐만 아니라 비담론적인 것도 담겨 있으며, 이

안에는 다양한 권력 관계가 포함된다는 것을 드러내기 위함이었다. 푸코의 담론분석 방법은 담론이 역사적 맥락 속에서 어떻게 형성되고 변화하였으며, 권력관계를 유지 혹은 변화시키는 데 어떻게 기여하는지를 분석하는 방법이라고 할 수 있다.

〈표 1〉 푸코의 분석 틀을 활용한 대표적 연구

연구 제목	연구 자료	분석 과정
• 사교육 담론에 담긴 학교 교육의 의미역사적 고찰(강태중, 강충서, 2013)	• 조선일보, 동아일보 아카이브, 카인즈 활용 • '과외'와 '사교육' 등의 키워드 중심 검색 • 이후 맥락에 따라 검색어 추가(학원, 학관, 사설강습, 방과후 학교 등)	• 담론의 역사적 변화 파악: 1차 검색 기사 3,000건 이상 활용 • 2차 분석: 담론상 의미 굴곡이 이루어지는 시점 기사 중심 분석
• 건강가정 보호의 법적 계보: 건강가정기본법의 '건강가정' 개념에 대한 계보학적 담론분석(이소영, 2012)	• 「건강가정기본법」의 제정 배경 및 내용 • 대한매일신보, 조선일보 등 신문기사 활용	• 포스트모던 연구방법으로 계보학적 담론 분석 시도 • 법의 일직선적인 역사발전에 대한 가설 해체 • 억압 가설의 해체
• 한국 코미디영화 형성기의 담론분석: 텍스트의 사회역사적 의미를 중심으로 • (김대근, 2016)	• 1950년대 한국 코미디 영화 6편 • 푸코의 '언표'를 기초 단위	• 푸코의 '언표'를 기초 단위로 분석 • 시대별 코미디 영화에 대한 담론의 변화

한국에서 푸코의 담론 분석 방법으로 진행한 대표적 연구들은 다음과 같다. 먼저 강태중, 강충서(2013)는 사교육 담론에서의 학교 교육이 어떤 의미인지 푸코식으로 분석하였다. 1차적으로 조선일보 아카이브를 통해 기사를 검색하였고, 카인즈 시스템과 동아일보 아카이브도 활용하였다. 기사를 검색할 때에는 '과외'와 '사교육'을 키워드로 먼저 검색하였고, 이후 몇 가지 검색어들을 추가하였다. 1차적으로는 3,000건이 넘는 기사였고, 해당 자료로는 대략적인 역사 변화를 파악하였다. 이후 담론상으로 의미 굴곡이 생기는 시점에서의 기사들 약 210건을 중심으로 다시 분석하였다. 연구자들에 따르면, 사교육 담론은 시대마다 달라졌다. 사교육을 문제 삼았던 초기에도 사교육에 대해 부정적이고 비판적인 시각이 많았다. 1950년대까지는 학교에서 과외 교습 등의 행위는 절대 금지였다. 하지만 1960년대 이후로 사교육 양성화에 대한 논의가 올라오기 시작하였다. 1980년대에도 과외 금지 시도가 있었으나 2000년에 위헌판결을 받으면서, 오늘날 사교육은 적극적으로 변모하였다. 그리고 시장에서의 경쟁력 논리가 절대적으로 지배하고 있다. 연구자들에 따르면 사교육 담론은 학교 교육이 가지는 의미를 결과적으로 그리고 지속적으로 흔들었고, 역전시키기까지 하였다.

이소영(2012)은 계보학적 담론 분석을 통해 건강가정 개념에 대해 법적으로 분석하였다. 연구자는 건강가정은 무엇인지(what)에 관심을 가지기보다 건강가정이라는 담론이 어떻게(how) 작동하는지 관심을 가지고 분석하였다. 건강가정 담론을 형성하는 지식-권력구조와 구조 안에 존재하는 상이한 이해관계들이 언제 접합되고 언제 대립하는지 등을 밝히고자 하였다. 먼저 건강가정 담론에서 가장 중요한 법은「건강가정기본법」이다. 연구자는 동법의 제정 배경과 건강가정의 개념을 분석하였다. 그리고 건강가정이라는 개념을 계보학적으로 분석하여 전통-근대성의 이항대립 및 억압가설은 어떻게 해체되는지를 보이고, 건강가정 보호 담론이라는 진보 가설을 해체함으로써 건강가정 관련 담론을 계보학적으로 드러내었다.

김대근(2016)은 코미디영화에 대한 푸코식의 담론 분석을 시도하였다. 영화 속에서 사용되는 대사를 푸코가 말하는 '언표'로 보고 기초적인 분석 단위로 삼았다. 분석한 영화는 1950년대의 한국 코미디영화 6편이었다. 〈백만장자가 되면〉(1959), 〈여사장〉(1959), 〈홀쭉이 뚱뚱이 논산 훈련소에 가다〉(1959)는 시나리오가 있어 바로 사용하였다. 〈청춘쌍곡선〉(1957), 〈오부 자〉(1958), 〈자유결혼〉(1958)은 시나리오가 남아있지 않아 연구자가 영화를 직접 본 이후에 대사를 재구성하였다. 분석 결과 1950년대에는 6 · 25전쟁 이후 웃음에 대한 요구가 있었다. 코미디영화는 이러한 사회적 요구를 반영한 것이었다.

푸코를 활용한 담론 분석은 위와 같이 크게 세 가지 형태로 나뉘었다. 첫째로 고고학적인 담론 분석이다. 시기별로 담론이 어떻게 형성되고 어떻게 달라지는지 분석하는 방법이다. 둘째로는 계보학적 방법이다. 어떤 개념이나 담론이 어떻게 형성되고 작동하는지 살펴보는 방법이다. 셋째로 언표를 분석하는 방법이다. 대화나 일상생활 속에서 권력이 어떻게 작용하는지 살펴보는 형태이다.

2) 비판적 담론 분석: 페어클러프의 분석 틀

페어클러프는 담론이 사회적 현실을 구성하고 재구성하는 과정을 탐구하는 데 주목하였다. 그는 담론이란 사회구조에 의해서 구성되는 것이고, 이는 인간의 지식과 신념 체계를 형성하는 데도 기여한다고 보았다(Fairclough, 2013).

페어클러프는 담론 분석을 함에 있어서 크게 담론의 세 가지 차원에서의 분석을 제시하였다. 텍스트적 실천과 담론적 실천, 사회적 실천이다. 텍스트적 실천 차원에서는 텍스트의 주요 분석영역인 문법, 어휘, 결합, 텍스트 구조의 분석이 이루어진다(Fariclough, 1992). 담론적 실천 차원에서는 텍스트의 생산과 소비 과정을 분석하며 담론이 어떻게 변화했는지를 분석하는 것이 이루어진다. 사회적 실천 차원에서는 정치적, 사회적, 이념적 실천 방식에 대하여 분석한다(Fairclough, 2013). 페어클러프는 담론의 세 가지 차원에 상응하는 비판적 담론 분석의 세 차원을 제시하였다(Fairclough, 2013). 텍스트 분석 차원은 그 텍스트의 내용과 형식을 기술(description)하는 것이고, 담론적 실천은 텍스트를 어떻게 해석(interpretation)하느냐에 대한 것, 그리고 사회적 실천은 담론의 생산과 해석에 영향을 미치는 사회적 결정에 대하여 설명(explanation)하는 것이다.

한국에서 페어클러프를 활용한 연구는 2010년대 이후 매우 크게 증가하였다. 페어클러프가 텍스트적, 담론적, 사회적 실천이라는 세 차원으로 구분하고 만든 방법론적 틀이 명확한 구조가 있기에 많이 활용된 것으로 보인다.

〈표 2〉 페어클러프의 분석 틀을 활용한 대표적 연구

연구 제목	연구 자료	분석 과정
국내 아동학대 뉴스에 대한 비판적 담론분석 - '원영이 사건'을 중심으로 - (김해연, 강진숙, 2016)	• 경향신문, 동아일보, 조선일보, 한겨레 4개 일간지의 각 사이트에서 기사 추출 • '원영이 학대'라는 키워드로 1차 검색 • '원영이 사건'으로 재검색 후 연구에 적합하다고 판단되는 83건 기사 최종 추출	• 텍스트 실천과 담론적 실천, 사회적 실천으로 나누어 분석 • 이후 텍스트 실천과 담론적 실천의 내적관계 분석 진행 • 사회적 실천의 외적관계분석 진행
온라인 커뮤니티와 혐오의 문화정치: 일간베스트저장소와 메갈리아의 사례를 중심으로 (장소연, 류웅재, 2017)	• 일간베스트 및 메갈리아 사이트 게시글 및 댓글	• 텍스트 실천을 통한 텍스트적 기능, 개념적 기능, 대인적 기능 분석 • 담론적 실천 층위에서 개별, 하위 담론 분석 • 사회적 실천 층위에서 한국 사회 내 경제적, 사회문화적 배경 고찰
유보통합정책 형성과정의 비판적 담론분석 (손흥숙, 2017)	• 2013년 2월 14일 ~ 12월 20일 간 발표된 문건 • 대통령, 정부, 추진위원회, 공익단체, 언론, 학계, 학부모, 시설대표, KDI, 육아정책연구소, 보육진흥원, 국회, 지방정부, 교원단체 등의 다양한 단체의 문건 활용	• 사회적 실천 영역 차원에서 정책 형성의 역사적 과정, 사회적 맥락, 정책 네트워크 분석 • 담론적 실천 영역 차원에서 장르와 주요담론에 대한 분석

김해연과 강진숙(2016)은 '원영이 사건'을 중심으로 국내 아동학대 뉴스에 대해 비판적 담론 분석을 실시하였다. 원영이 사건은 친부와 계모 사이에서 원영이라는 아동이 학대에 의해 죽음에 이른 사건이었다. 연구자들은 관련된 담론은 분석하기 위해 〈경향신문〉, 〈동아일보〉, 〈조선일보〉, 〈한겨레〉 등 4개의 일간지를 선정하였고, 2016년 3월 10일부터 2016년 10월 4일까지의 총 95건의 기사를 추출하여 활용하였다. 이후 '원영이 사건'으로 재검색하여

최종적으로는 83건의 기사를 활용하였다. 페어클러프의 비판적 담론 분석 틀에 따라 1) 텍스트 범주화, 2) 텍스트의 내적관계분석 및 의미 탐색, 3) 외적관계 분석을 통한 실천적 함의까지 살펴보았다. 분석결과 언론사별 권력 주체 차이가 일부 나타났고, 아동학대 증가에 대한 우려와 장기결석 미취학아동 조사가 해당 사건의 담론을 구성하고 있음을 밝혔다.

장소연과 류웅재(2017)는 페어클러프의 이론적 틀을 활용하여 일간베스트저장소와 메갈리아 사례를 중심으로 온라인 커뮤니티에서의 혐오 문화정치를 연구하였다. 연구자들은 2016년 8월 1일부터 8월 15일까지 일베 사이트에서 일반 일간베스트 게시글과 댓글들, 그리고 메갈리아 사이트에서 일일 베스트 게시글과 댓글들을 분석하였다. 연구방법론으로는 페어클러프의 '텍스트적 실천', '담론적 실천', '사회적 실천'으로 이루어진 세 가지 층위로 담론을 분석하였다. 이에 따르면 혐오 담론은 게시글과 댓글 작성자들이 불안한 미래에 대한 불만을 소수자와 개인을 향해 쏟아냄으로써 형성되었다. 이러한 발화는 사회·경제적 구조에서 비롯된 모순보다 극단적이고 왜곡된 정체성의 형태로 나타났다.

손홍숙(2017)은 유보통합정책에 대한 담론을 페어클러프의 방법을 통해 비판적으로 분석하였다. 페어클러프가 제안한 방법을 활용하여 유보통합교육정책의 사회적 실천, 담론적 실천을 구분하여 분석하였다. 분석 대상으로는 대통령과 중앙정부 및 지방정부, 국회, 추진위원회와 언론, 학계, 각종 단체 등에서 나온 다양한 문헌들을 활용하였다. 연구자는 특별히 박근혜 정부의 유보통합정책이 어떻게 형성되었는지 역사적 과정과 사회적인 맥락, 정책 네트워크 및 장르와 주요 담론 등을 분석하였다. 첫째로 유보통합정책의 형성과정을 먼저 살피고, 둘째로 유보통합정책이 세계화, 평등한 출발점, 저출생, 지방 선거 등 사회적인 맥락과 어떻게 관계 맺고 있는지 밝혔다. 셋째로 해당 정책의 촉발자로서 대통령의 역할에 대해 서술하고, 마지막으로 의견을 내는 집단마다 유보통합정책에 대한 방향은 달랐음을 기술하였다.

페어클러프의 비판적 담론 분석을 활용한 연구들은 대부분 '텍스트-담론적 실천-사회적 실천'이라는 틀을 적극적으로 차용하고 활용하고 있었다. 페어클러프의 이러한 틀은 연구자에게 매우 활용도가 높은 이론과 틀로서 가치가 있다. 반면 한국에서 페어클러프의 이론을 활용한 연구들은 해당 틀에 갇히는 문제도 보인다. 때문에 페어클러프식 비판적 담론 분석에서 잘 구성된 틀은 양면적 성격이 있음을 알 수 있다.

3) 비판적 담론 분석: 반 다이크의 분석 틀

반 다이크는 페어클러프와 마찬가지로 '비판적'인 담론 분석방법을 제시하였다(van Dijk, 2015). 그러나 담론이나 언어와 사회 사이에 대한 견해 차이가 있다. 페어클러프는 담론 혹은 언어와 사회 사이를 담론적 실천(discursive practice)이 매개한다고 보았지만 반다이크는 사회적 인지(social cognition)가 이를 매개한다고 보았다(전문영, 2021).

그는 텍스트와 담론의 구조를 분석하는 것을 통해 담론이 어떻게 구성되는지에 대하여 탐구하였다. 그는 담론의 구조는 사회의 구조와 매우 다르다는 점에서 이는 언어를 발화하는 자의 정신적 표상을 통해서만 둘 간의 관계가 드러난다고 보았다(전문영, 2021). 이러한 점에서 담론과 사회의 관계는 인지적으로 매개되는 것이라고 하였다.

비판적 담론 분석을 수행할 때는 거시적 수준(macro-level)과 미시적 수준(micro-level)의 간극을 해결해야 하는 과제가 있다(van Dijk, 1980). 그는 이를 위하여 미시적, 거시적 수준의 중간인 중간 수준(meso-level)도 함께 분석할 필요가 있음을 말하였다(van Dijk, 2015). 이러한 접근은 언어적 상호작용과 사회적 구조를 통합적으로 이해하고, 권력의 작동 방식에 대한 비판적 분석을 가능하게 한다.

〈표 3〉 반 다이크의 분석 틀을 활용한 대표적 연구

연구 제목	연구 자료	분석 과정
글로벌 인재와 영어능력에 관한 비판적 담론분석 (김가현, 신동일, 2016)	• 중앙선데이 관련 기사 • 〈기업 인사담당자가 말하는 '글로벌 인재'〉 기획 기사 6건	• 텍스트의 의미적 거시구조로 '핵심가치', '과제', '화제' 차원에서 분석 • 텍스트의 미시구조에서는 '어휘 선택과 환유적 표현', '전제', '서법과 은유', '타동성', '결합'이라는 키워드로 분석
차별 · 혐오 담화에 대한 사회인지적 고찰: 반려견 안전관리 대책안 공표에 따른 대형견에 대한 인식을 중심으로 (신유리, 2021)	• 2017년 10월 21일 ~ 2020년 12월 담화 자료 • 제도적, 이데올로기적 담화로서 농림축산부의 대책안, 공익광고협의회 광고, 관련 뉴스 기사 • 미시적 담화로서, 뉴스보도에 달린 댓글	• 구조의 층위로는 거시적 구조와 미시적 구초로 나누어 분석 • 차별과 혐오를 인지적, 사회적, 담화적 차원에서도 분석

김가현과 신동일(2016)은 글로벌 인재와 영어능력에 대한 담론을 반 다이크식으로 분석하였다. 글로벌 인재라는 담론은 김영삼 정부에서부터 시작하였다. 1993년 발표된 세계화 정책에서부터 1995년 5 · 31 교육개혁 당시 인적자원정책에도 포함되었다. 이러한 담론에 대해 연구자는 2008년 1월부터 2016년 3월까지 〈중앙선데이〉에 실린 기사 22건, 2012년 9월부터 2013년 2월까지 보도된 〈중앙일보〉의 기획보도 "기업 인사담당자가 말하는 '글로벌 인재'" 6개의 기사를 대상으로, 반 다이크의 이론에 따라 거시적 차원과 미시적 차원으로 분석하였다. 거시적 차원에서는 의미적 거시구조로서 핵심가치 및 과제, 화제라는 키워드로 분

석하였다. 그리고 미시적 차원에서는 어휘 선택, 환유적 표현, 서법과 은유, 타동성, 결합이라는 범주를 묶어 '긍정적 자기제시', '부정적 타인 제시'라는 키워드로 분석하였다.

신유리(2021)는 대형견과 관련하여 차별과 혐오 담화가 어떠한지 비판적 담론 분석을 활용하여 분석하였다. 그중에서도 반 다이크의 담화 · 인지 · 사회의 삼각접근법을 활용하였다. 분석 대상으로는 2017년 10월부터 2020년 12월까지 담화 자료를 사용하였다. 농림축산식품부의 '반려견 안전관리 대책안'을 포함하여 뉴스보도, 공익광고, 기사 등을 다양하게 활용하였다. 연구 결과, 정치 · 제도적 차원에서 대형견에 대한 차별 담화가 생산되었고, 미디어 담론을 통해 대형견에 대한 혐오 담화로까지 발전하였다. 이를 통해 거시적, 사회적 차원에서 차별과 미시적, 개인적 차원에서 혐오가 다르게 나타남을 보였다.

위와 같이 반 다이크의 방법론을 활용한 경우에는 거시적 차원과 미시적 차원을 분리하여 분석하였다. 이는 담론이 단순히 거시적 차원으로만 존재하는 것이 아니라, 일상에서 미시적으로 어떻게 재생산되는지까지 살펴볼 수 있는 유용한 틀이다. 하지만 거시와 미시를 단순하게 나누는 것에 대한 우려점도 있다.

4) 라클라우와 무페의 분석 틀

라클라우와 무페는 포스트 마르크스주의에 기초하여 담론 분석 방법을 제시하였다(Laclau & Mouffe, 2014). 이들은 담론과 이데올로기 등의 사회문화적인 영역이 경제적인 토대에 의하여 결정된다고 보는 마르크스주의를 비판하였다. 라클라우와 무페의 담론 이론에서 중요한 점은 모든 사회적 현상이 담론을 통해 매개된다는 점에서, 그 의미는 고정된 것이 아니라는 것이다(Rear & Jones, 2013).

라클라우와 무페의 주요 개념으로는 '결절점(modal points)', '부유하는 기표(floating signifier)', '비어있는 기표(empty signifier)'가 있다. 결절점은 특정한 의미 체계를 만들고, 해당 담론의 다른 기표에 의미를 구성한다. 결절점은 자체적으로 고정된 의미를 가지고 있지 않고, 의미화되지 않은 순수한 기표인 '비어있는 기표(empty signifier)'로 간주된다(Zizek, 1989). 기표는 서로 결합하는 과정을 통해 의미를 가지게 된다. 이 때 여러 의미를 가질 가능성이 있는 기표를 '부유하는 기표(floating signifier)'라고 한다(Laclau & Mouffe, 2014). 이들은 사회에서의 이질적 운동이 서로 연대를 형성하는 것을 헤게모니적 접합으로 설명한다. 요소들 간의 관계는 각기 자율성을 지속적으로 유지하면서 공존하는 관계를 구성한다고 보았다(전문영, 2021). 즉, 라클라우와 무페의 담론 분석은 사회적 현실의 변동성과 의미 구성의 정치성을 드러내는 방법이라고 할 수 있다.

〈표 4〉 라클라우와 무페의 분석 틀을 활용한 대표적 연구

연구 제목	연구 자료	분석 과정
성인교육 분야 국제개발협력에서 임파워먼트 논의의 변화: UNESCO 발간자료에 대한 담론분석 (정다정, 2023)	• 임파워먼트 및 성인교육과 관련하여 발행된 UNESCO 공식 발간자료, UNESCO의 중기전략 및 세계성인교육회의 결과보고서 등 총 21건의 문헌자료 • UNESCO 디지털도서관에서 검색하여 활용	• 라클라우와 무페의 '담론', '등가사슬', '비어있는 기표', '떠다니는 길표' 등의 주요 개념을 활용하여 담론 분석

정다정(2023)은 라클라우와 무페를 활용하여 분석하였다. 연구자는 성인교육 분야와 관련한 국제개발협력에서 임파워먼트 논의가 어떻게 변화되었는지 살펴보았다. 라클라우와 무페의 이론에서 '담론', '등가사슬', '비어있는 기표', '떠다니느 기표'를 논의에서 주로 활용하였다. 그리고 UNESCO에서 1984년부터 2022년까지 발간한 자료 21건을 연구 분석 대상으로 삼았다. 연구 결과, 1980년대 후반부터 1990년대 중반까지는 국제개발협력 분야에서 임파워먼트 개념이 확산된 시기였다. 이 시기에는 UNESCO의 성인교육 관련 담론에서도 사회변혁적 의미가 중점적으로 다루어졌다. 2990년대 후반부터 2010년대 초반까지는 개인에 대한 관심이 확대되었다. 이에 따라 역량, 개인의 선택, 기회의 확대 등과 관련한 임파워먼트 담론이 형성되었다. 이후 2010년대 중반부터는 지속가능발전에 초점을 두었다. 그리고 전세계적인 도전과제에 대한 역량을 학습자들이 갖추도록 요청하는 임파워먼트 논의가 이루어졌다.

라클라우와 무페를 활용한 담론 분석은 아직 한국에서는 많지 않았다. 한국에서의 담론 분석은 푸코와 페어클러프에 집중되어 있는 상황이다. 때문에 앞으로 다양한 방법론에 대한 관심과 연구가 필요하다.

5) 한국식 담론 분석 방법을 제안한 연구: 백선기의 분석 틀

한국에서의 담론 분석 연구 동향 중 특기할 만한 점 중 하나는 한국만의 독창적인 방법론의 탄생이다. 대표적으로 백선기는 활발한 담론 분석 연구를 토대로 본인만의 독창적인 방법론을 만들었다. 백선기는 기호네트워크분석(Semiotic Network Analysis)와 담론구조분석(Discourse Structure Analysis)를 제안하였다(백선기, 2007; 백선기, 김강석, 2009; 백선기, 백은정, 2011; 백선기, 이금아, 2011). 백선기의 담론구조분석의 예시는 [그림 1]과 같다.

백선기가 제시한 담론구조분석은 수평적 네트워크와 수직적 네트워크로 이루어진다. 먼저 수평적 네트워크는 문헌, 기사에서 제시되는 사건, 주장문, 아이템 등을 기준으로 구성된다. 네트워크는 하나로만 구성될 수 없기 때문에 다양한 구성요소를 포함할 수밖에 없다.

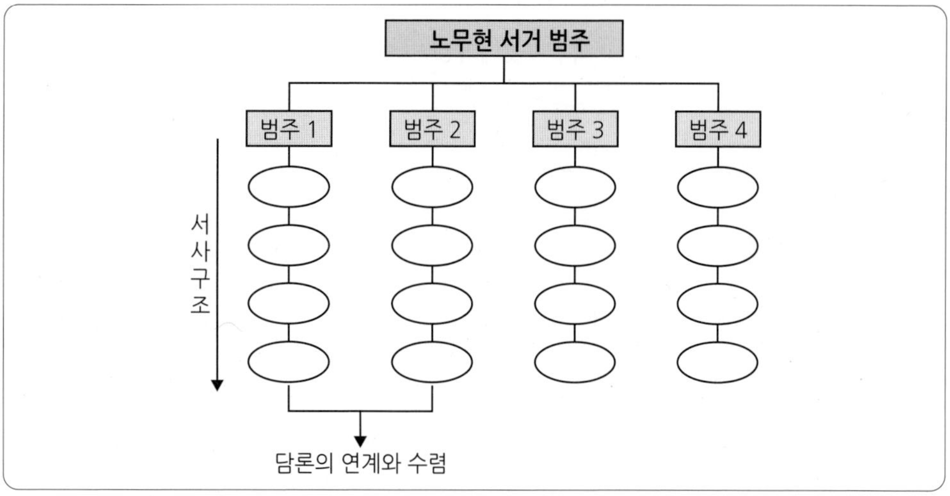

[그림 1] 백선기의 담론구조분석 예시

출처: 백선기, 김강석(2009). 미디어의 사회적 죽음에 대한 재현과 맥락적 의미 - '故 노무현 대통령 서거' TV 보도에 대한 기호네트워크 분석(Semiotic Network Analysis) -. **기호학 연구**, **26**, p. 180.

다양한 구성요소는 다시 범주화되어 묶인다. 수많은 구성요소를 단순하게 나열하지 않고 줄기를 형성하게 된다. 수평적 네트워크의 줄기들은 개별적으로 담론구조를 가지며, 대부분 하나의 구조를 가지지만, 하나 이상을 가지기도 한다.

수직적 네트워크는 수평적 네트워크의 구성요소가 수직적으로 연결되면서 서사구조를 가지게 되는 구조를 의미한다. 수직적 네트워크에서는 구성요소들이 연계되면서 만들어진 의미를 심층적으로 파악하는 데에 목적이 있다. 이렇게 만들어진 서사구조는 그 자체로 담론적 역할을 수행하면서 또한 다른 수직적 네트워크 간의 연계되기도 한다. 백선기는 수직적 담론구조가 둘 이상 연계되는 것을 '수렴'이라고 개념화하였다.

[그림 2]는 백선기와 이금아(2011)가 천안함 침몰 사건 당시 경향신문 보도의 제 2국면에 대한 담론구조분석이다.

백선기와 이금아(2011)는 경향신문 제 2국면의 핵심은 "사고 직후 곳곳에서 드러나는 허점"이라고 보았다. 이와 관련하여 "군의 뒷북 대응으로 인해 드러나는 기강 해이", "결정적 물증 찾지 못함", "원인에 대한 각계의 섣부른 예단"이라는 세 가지 범주로 묶었다. 각 범주는 각자의 서사구조, 담론구조를 가진다. 그리고 "군의 뒷북 대응으로 인해 드러나는 기강 해이"와 "결정적 물증 찾지 못함", 두 가지 수직적 네트워크는 "정부의 우왕좌왕"이라는 수직적 네트워크로 수렴되며, 새로운 수직적 네트워크는 다시 서사구조와 담론을 가지게 된다.

백선기는 한국 담론 분석이 가지지 못했던 담론 분석의 새로운 틀을 만들고, 이후 많은

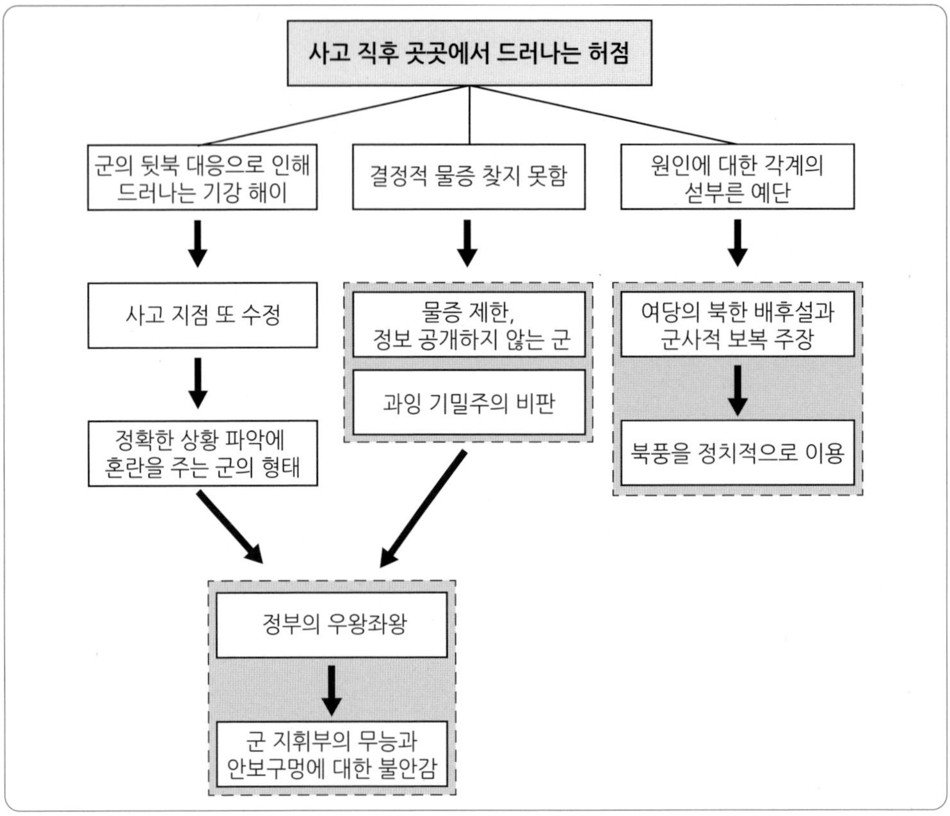

[그림 2] 천안함 침몰 사건 관련 경향신문 제 2국면의 담론구조분석

출처: 백선기, 이금아(2011). '천안함 침몰' 사건의 보도 경향과 이데올로기적 의미 –뉴스기사들에 대한 백선기의 기호네트워크분석(SNA)과 담론구조분석(DSA)을 중심으로–. **지역과 커뮤니케이션, 15**, p. 116.

경험 연구를 통해 틀을 확립하고자 한, 매우 큰 시도라고 볼 수 있다. 푸코 이후 비판적 담론 분석에서 페어클러프와 반 다이크가 새로운 틀을 만들어내었듯이 한국에서도 이러한 시도가 이미 이루어지고 있었다. 물론 새로운 방법에 대한 고민과 깊이는 앞으로 더해가야 한다. 하지만 이러한 한 발짝을 통해 한국 담론 분석과 사회과학 연구가 서구적 방법론에만 의존하는 문화로부터 벗어나 새로운 생태계를 만들어낼 수 있는 싹이 발아하였다는 점은 분명하게 주목할 점이다.

4. 결론 및 시사점

지금까지 한국에서 담론 분석이 질적 연구방법으로서 어떻게 역사적으로 발전하고 적용되어 왔는지를 고찰하였다. 한국에서 담론 분석 연구는 1980년대부터 점차 이루어지기 시작했으며, 본격적으로 수행된 것은 1990년대 후반부터다. 이 시기부터 담론 분석은 정치, 젠더, 언론, 교육 등 다양한 분야에서 수행되었다. 특히 한국에서는 급격한 사회 변화와 더불어 나타난 이념적 충돌과 문화적 갈등 등이 담론 분석의 주요 연구 주제였다. 그러나 서구 이론에 대한 높은 의존도로 인하여 한국적 맥락을 충분히 반영하지 못하여 담론 분석의 한계가 나타나기도 한다. 이는 한국 사회의 독특한 역사적, 문화적, 사회적 맥락을 반영한 담론 분석 연구의 필요성을 일깨운다. 이를 바탕으로 결론과 시사점을 제시하면 다음과 같다.

첫째, 담론 분석은 질적 연구방법으로서 많이 활용되고 있었다. 최근 들어, 양적 연구가 활발하게 수행되면서 담론 분석을 양적으로 분석하는 연구들이 증가하고 있다. 그러나 담론 분석은 언어와 실천, 권력과 지식, 사회적 이데올로기의 복잡한 상호작용을 이해하고자 하는 접근법으로, 사회에서의 언어와 사람들 사이의 소통에서의 개념, 의미를 중심으로 이루어진다. 즉, 담론 분석은 사회와 문화 내부자의 관점과 차이 등을 탐구한다는 점에서 근본적으로 질적 연구방법이라고 할 수 있다. 또한, 담론 분석은 새로운 가능성과 대항 담론을 제시하는 연구들이 많이 수행되었는데, 이는 포스트모더니즘과 연관된다. 질적연구 또한 과도한 일반화를 경계하고 사례의 구체성을 존중한다는 점에서 포스트모더니즘과 연결된다고 할 때, 담론 분석은 포스트모더니즘을 통해 질적연구와 다시 연결된다. 한국에서 질적연구 방법으로서 담론 분석은 다양한 분야에서 다양한 주제로 수행되어 한국 사회와 한국인으로서 우리를 이해할 수 있게 하였다. 한국의 담론 분석 연구는 한국 사회의 다양한 담론 지형을 이해하고, 학문적이고 실천적 발전을 구축하는 데에 강력한 학문적 도구로 자리매김할 것으로 기대한다.

둘째, 한국에서의 담론 분석 연구는 1990년대 이후 다양한 분야에서 점차 확산되었으나, 서구의 방법론에 대한 의존이 강하여 한국적 맥락을 충분하게 반영한 연구가 부족한 편이다. 많은 연구에서는 담론 분석 방법론에 대한 정확한 이해 없이 텍스트 분석 차원으로만 담론 분석을 시도하였다. 특히, 페어클러프의 분석 방법이 다양한 분야에서 급속하게 퍼져나가면서 서구의 방법론에 의존하는 경향을 볼 수 있었다. 서구의 다양한 담론 분석 방법이 체계적으로 제시되어 활용하기 용이하다는 점이 있지만, 이는 담론 분석 연구 자체가 식민화된 것으로 해석할 수도 있을 것이다. 이상과 같은 해외 담론 분석을 한국과 비교하면 다음과 같다. 우선, 해외의 담론 분석의 특징 중 하나는 이론적 틀에 갇히지 않는 점이다. 이론과 틀을 활용하지만, 그 안에 갇히거나 그 틀만을 무조건 활용하지는 않는다는 특징을 보인다. 그렇기 때문에 데이터의 코퍼스 분석, 데이터 마이닝을 활용하는 데에 장벽이 더 낮은 것으로 여겨진다. 한국에서 페어클러프나 반 다이크의 이론과 틀이 딱딱하게 활용되는 것과 비교하였을 때, 해외에서의 담론 분석은 보다 유연하다고 볼 수 있을 것이다.

셋째, 한국에서 담론 분석은 주로 신문 기사를 연구 자료로 삼았다. 담론을 분석하기 위해 공식적으로 발표된 언표를 모으기 위해서는 기사가 가장 적합한 매체이다. 때문에 한국 담론 분석을 위해서 기사검색사이트(KINDS)를 활용한 경우가 많았다. 하루에도 한 사건에 관한 기사들이 쏟아지다 보니, 자연스레 기사를 활용한 담론 분석은 기사 내 주요 키워드 간 네트워크 분석이나 데이터 마이닝 분석 방법이 많이 시도된 것으로 보인다. 블로그와 SNS 등을 분석하는 경우에도 검색되는 데이터의 양이 방대하기에 양적 방법론을 활용하는 연구들이 자연스레 생겨났다. 그럼에도 한국에서 담론 분석은 신문 기사를 활용한 연구가 압도적으로 많았다.

넷째, 담론 분석의 연구가 분야별, 주제별로 확대되고 있지만 여전히 정책적인 목적에서 활용한 연구가 많다. 사회의 수많은 지식은 권력과 밀접하게 연관되어 있다. 우리가 일상적으로 사용하는 개념과 지식에는 수많은 권력과 이데올로기가 밀접하게 붙어있을 것이다. 이러한 개념과 지식을 구성하는 한국사회에서의 담론이 어떻게, 왜 변화했는지를 분석하는 것은 사회적 실천에 있어 중요한 시사점을 제공하는 데 도움이 될 것이다. 그러나 한국의 많은 담론 분석 연구에서는 정부 정책이 형성되고 실행되면서 사용되는 언어와 개념이 사회적으로 어떠한 의미를 가지는지 분석하였고, 정책에서의 담론을 분석하거나 결국 정책적 분석과 제언으로 마무리되는 경우가 많았다. 반면, 해외에서는 모종의 사회적 개념을 중심으로 담론을 분석하는 연구가 많았다. 해외에서는 주로 특정 사회적 개념이 사회적으로 어떻게 구성되며, 시간이 지나면서 어떻게 변화하는지 분석하였다. 이러한 차이는 연구의 주제에 대한 관심과 맥락에서 비롯된 것으로 볼 수 있다. 한국에서는 국가 중심의 정책 결정 과정과 행정적 실천이 사회에 미치는 영향에 관심이 많다. 하지만 해외에서는 개념과 담론이 사회적 인식과 정체성 형성에 미치는 영향에 보다 관심이 많은 것으로 보인다. 따라서 담론 분석이 단지 정책적 관심을 넘어 다양한 실천의 새로운 가능성을 실천하는 도구로서의 역할을 할 수 있도록, 보다 다양한 연구가 수행될 필요가 있을 것으로 본다.

그럼에도 서구적 식민주의에서 벗어나 담론 분석에 대한 새로운 인식과 방법을 개척하고자 하는 연구들도 있었다. 서구의 인식론은 기본적으로 나와 타자를 구분한다. 서구의 인식론에 기반한 담론 분석 연구도 많은 경우 연구자가 철저하게 외부의 시선으로 분석하는 경우가 많다. 그에 비해 동양과 한국의 인식론은 전통적으로 공동체적 인식론에 기반해 있다. 담론 분석에서 이와 같이 서구적 인식론에 기반하지 않은 담론 분석은 탈식민주의적인 또 다른 시도로 볼 수 있다. 김혜순(2008)은 연구자 본인이 참여한 사업에서의 담론을 분석하며, 연구자 안팎을 넘나드는 담론에 대해 살펴보고자 하였다. 나아가 손승남 외(2021)의 연구에서는 다섯 명의 연구자가 연구를 같이 진행하면서, 연구자들의 내적 담론에 대해서 집단적 글쓰기를 시도하였다. 이러한 연구들은 담론이 연구자에게도 이미 내재하고 있다는 점을 인식하고 이루어진 연구들이다. 이렇듯 대부분의 연구는 담론이 연구자 외부에 있는 것으로 상정하고 연구를 진행하였지만, 담론이 연구자에게도 이미 내재하고 있다는 점을 바탕으로 이루어진 연구들도 있었다. 그리고 질적연구의 기본적인 입장이 연구자의 한계와 인식을 인정하고 연구참여자와 함께 연구를 만들어간다는 점에서, 연구자를 담론 분석에 어떻게 포함할지에 대한 고민은 질적연구로서 담론 분석의 진정한 시작점이라고 볼 수도 있다. 나아가 백선기의 연구들은 페어클러프나 반 다이크 등의 연구에 갇히지 않고 자신만의 담론 분석 방법을 개발하여 제시하였다. 이처럼 담론 분석에 대한 새로운 인식과 분석 틀에 대한 도전은 한국만의 담론을 어떻게 잘 포착해내고 담아낼 수 있을지에 대한 고민이기도 하다.

한국의 사회과학 연구에 담론 분석이 주는 시사점은 다음과 같다. 우선, 담론 분석은 한국적 맥락을 반영한 독자적인 연구 지평을 확대해 줄 것으로 본다. 담론 분석은 서구에서 발전한 방법론으로 푸코, 페어클러프, 반 다이크 등의 이론적 틀을 바탕으로 연구가 수행되었다. 그러나 한국에서 담론 분석 연구는 한국 사회의 역사적이고 문화적 맥락을 반영한 독자적인 연구가 필요하다. 한국에서는 주로 서구 이론을 차용하여 연구하는 경향이 짙었지만, 최근 들어 한국적 상황을 반영한 연구들이 증가하고 있는 것은 담론 분석의 희망을 보여준다. 예컨대, 앞에서 살펴본 바와 같이 담론 분석에서조차도 소외될 수 있는 연구자 자신을 하나의 내용과 분석 대상으로 삼는 등의 새로운 방식과 시도는 담론 분석의 새로운 측면을 열고 부각할 수 있다. 근본적으로 담론이란 결국 연구자 자신과도 무관하지 않으며, 연구자 자신도 '담론의 질서' 안에서 살고 있기 때문이다. 이러한 한국적 담론 분석은 사회과학 연구 분야에서 한국뿐 아니라 전 세계적으로 큰 영향을 미칠 수 있다.

또한, 담론 분석은 한국 사회적 문제와 권력 구조에 대한 비판적 도구로서 사회과학 연구에 도움을 준다. 한국은 빠른 경제 성장과 민주화 과정을 거치면서 다양한 사회적 담론이 형성되어 왔다. 김혜순(2008: 68)의 지적대로 "서구이론보다는 한국현상을 출발점으로 삼아" 한국에 대한 성찰을 진행해야 한다. 이러한 점에서 담론 분석은 특정 이데올로기가 어떻게 형성되고 정당화되는지, 이에 대항하는 담론은 어떤 것이며 어떤 맥락에서 등장하였는지를 분석하는 중요한 도구가 된다. 즉, 담론 분석은 한국 사회에서의 갈등과 권력 관계를 해체하는 과정을 밝힘으로써 사회적 문제를 비판적으로 성찰할 수 있는 기회를 제공한다. 이는 사회적 현실을 비판적으로 해석하고 변화 가능성을 모색하는 사회과학 연구에 중요한 도구가 될 수 있다.

결론적으로 한국에서 질적 연구 방법으로서 담론 분석은 한국의 환경에 맞게 진화하고 있다. 한국에서의 담론 분석 방법은 유기체적 특성을 가지고 한국의 특성에 맞게 성장하고 발달하고 있다. '담론'이라는 같은 용어를 사용하였지만, 연구들은 시대와 분야에 따라 용례와 분석 방법이 달라졌다. 한편으로는 '담화' 등 다른 용어로 표현되었지만 담론 분석과 비슷한 형태로 수렴 진화하는 연구들도 있었다. 앞서 시사한 바와 같이 정책에 치중되거나 특정한 분석 방법, 분석 틀이 국내 학문 세계에서 강하게 살아남는 생태에 대해서는 비판적인 시각을 유지하여야 한다. 그러나 한편으로는 왜 특정 분야에서 담론 분석이 많이 활용되는지, 왜 특정 방법론을 활용한 연구가 많이 출판되었는지도 질문할 필요가 있다. 한국에서의 담론 분석을 둘러싼 학문 생태의 기후적, 지형적 특성이 어떻게 달라졌는지를 파악한다면 담론 분석 연구의 흐름을 거시적으로 살펴볼 수 있다. 이를 통해 우리는 한국 학문 생태계에서 담론 분석을 둘러싼 지질학적 특성과 담론 분석 연구의 계통학적 진화를 총체적으로 이해할 수 있을 것이다.

참고문헌

강미라(2012). E. 사이드의『오리엔탈리즘』에 남겨진 푸코의 유산. **철학과 문화, 25**, 253-271.

강민아, 장지호(2007). 정책결정과정의 프레이밍에 대한 담론 분석: 방사성폐기물처리장입지 선정 과정을 중심으로. **한국행정학보, 41**(2), 23-45.

강윤주, 손준종(2023). 성소수자 관련 교육정책에 대한 반동성애 담론 분석: 혐오를 중심으로. **교육사회학연구, 33**(3), 27-73.

강태중, 강충서(2013). 사교육 담론에 담긴 학교 교육의 의미역사적 고찰. **교육사회학연구, 23**(4), 1-28.

강현자, 김선정(2012). 언어,교육: 여성 결혼이민자의 구어 자유 담화 분석 -사회언어학적 능력을 중심으로-. **비교문화연구, 26**, 509-533.

곽송연(2022). 민주화 이후 '민주주의와 성장'에 대한 언론의 담론지형 연구. **NGO 연구, 17**(2), 41-76.

권봉숙, 박형숙(1997). 한국 간호지식체의 생산과정과 담론분석적 전망. *Journal of Korean Academy of Nursing, 27*(1), 61-70.

권혜윤, 신인선(2014). 중학교 수학 영재 교실 담화 분석-교사와 학생 간의 담화를 중심으로. **한국수학교육학회 학술발표논문집, 2014**(2), 279-283.

김가현, 신동일(2016). 글로벌 인재와 영어능력에 관한 비판적 담론분석. **사회언어학, 24**(3), 249-280.

김근식(1999). 1990년대 북한의 체제정당화 담론: '우리식 사회주의'와 '붉은기철학'을 중심으로. **통일정책연구, 8**(2), 37-59.

김대근(2016). 한국 코미디영화 형성기의 담론분석: 텍스트의 사회역사적 의미를 중심으로. **씨네포럼, 25**, 79-108.

김병만, 이강훈(2020). 복잡계에 근거한 공동선 증진 유아교육재정 정책 방향 탐색: 사회적 담론 및 경쟁 담론 분석을 중심으로. **학습자중심교과교육연구, 20**(10), 407-438.

김병욱(2014). 질적 연구유형별 정당화 논거 탐색: 내러티브 연구법과 담론분석법을 중심으로. **교육사회학연구, 24**(1), 55-76.

김승희(1999). 상징 질서에 도전하는 여성시의 목소리, 그 전복의 전략들. **여성문학연구, 2**, 135-166.

김영범(1986). 조선후기 판소리 담론과(談論) 민중집단의 집합의식. **한국학보, 12**(2), 2082-2122.

김영천(2016). **질적연구방법론 I: Bricoleur**. 서울: 아카데미프레스.

김은주, 신승희, 김정미(2021). '독박육아'에 관한 담론분석: 신문 기사를 중심으로. **생태유아교육연구, 20**(4), 47-73.

김재윤(2023). 초등학교 초임교사의 직업적 삶에서 능력주의 담론에 대한 자문화기술지. **교육사회학연구, 33**(2), 1-32.

김진희(2015). Post 2015 맥락의 세계시민교육 담론 동향과 쟁점 분석. **시민교육연구, 47**(1), 59-88.

김태영, 윤태진(2016). 텔레비전 예능 프로그램 속의 다문화주의: JTBC 〈비정상회담〉의 '기미가요' 논란을 통해 본 다문화주의의 담론의 취약성 연구. **한국언론정보학보, 77**(3), 255-288.

김학렬(1977). 中學校 社會 I 學習內容의 分析-國土 地理를 中心으로. **역사와 담론, 5**, 71-89.

김학실(2015). 여성고용정책에 대한 비판적 담론 분석-경력단절여성을 위한 경제활동촉진법을 중심으로. **한국자치행정학보, 29**(3), 189-216.

김해연, 강진숙(2016). 국내 아동학대 뉴스에 대한 비판적 담론분석. **한국언론학보, 60**(6), 283-312.

김혜순(2008). 결혼이주여성과 한국의 다문화사회 실험: 최근 다문화담론의 사회학. **한국사회학, 42**(2), 36-71.

김희연(2013). 유아교육에서의 통합교육과정에 대한 비판적 담론분석. **유아교육학논집, 17**(2), 521-544.

김훈순, 김미선(2008). 여성 담론생산의 장(場)으로써 텔레비전 드라마: 30대 미혼여성의 일과 사랑을 중심으로. **한국언론학보, 52**(1), 244-270.

남상우, 김한주, 고은하(2010). 국민 여동생에서 국민 영웅으로: 김연아 "영웅" 만들기와 미디어의 담론전략. **한국스포츠사회학회지, 23**(2), 61-85.

명왕성(2020). 학생선수 학습권 관련 지식 담론에 관한 내용분석. **한국체육학회지, 59**(5), 221-239.

박민정(2009). 역량기반 교육과정의 특징과 비판적 쟁점 분석 : 내재된 가능성과 딜레마를 중심으로. **교육과정연구, 27**(4), 71-94.

박선영(2017). 여성지(誌) 의 생활문화 담론과 제국이데올로기－[여성(女性)](1936-1940) 을 중심으로－. **일본학보**, ???(113), 241-262.

박종문, 김지혜, 윤순진(2018). 도시재생에 대한 국제 연구 동향과 국내 정책결정자 담화 분석: 의미 연결망 분석과 토픽 모델링을 중심으로: 의미 연결망 분석과 토픽 모델링을 중심으로. **도시행정학보, 31**(2), 31-59.

박지원(2023). 취약한 몸들과 능력주의 교육 너머: 혐오, 장애, 동물을 경유하여. **교육사상연구, 37**(2), 123-143.

박진영(2014). 1960 년대 지배담론의 수사와 [서울 1964년 겨울]의 상호텍스트성 연구. *Journal of Korean Culture, 27*, 101-120.

박휴용(2015). 자유학기제 실행 과정에서의 정체성 갈등에 대한 비판적 담론 분석. **교육과정연구, 33**(3), 1-27.

배지희, 조미영, 봉진영(2009). 유아들의 문제행동에 대한 유아교사들의 담론 분석. **유아교육연구**, 29(5), 165-189.

백선기(2007). **미디어 기호학**. 커뮤니케이션스북스.

백선기, 김강석(2009). 미디어의 사회적 죽음에 대한 재현과 맥락적 의미 - '故 노무현 대통령 서거' TV 보도에 대한 기호네트워크 분석(Semiotic Network Analysis) -. **기호학 연구, 26**, 167-201.

백선기, 백은정(2011). '촛불집회'에 대한 보도경향과 이데올로기: 백선기의 기호네트워크구조 분석(SNA)과 담론구조 분석(DSA) 적용을 중심으로. **기호학 연구, 29**, 227-269.

백선기, 이금아(2011). '천안함 침몰' 사건의 보도 경향과 이데올로기적 의미 －뉴스기사들에 대한 백선기의 기호네트워크분석(SNA)과 담론구조분석(DSA)을 중심으로－. **지역과 커뮤니케이션, 15**, 93-135.

서덕희(2003). "교실붕괴" 기사에 대한 비판적 담론 분석: 조선일보를 중심으로. **교육인류학연구, 6**(2), 55-89.

서덕희(2010). 교육학에서 담론적 접근의 의미. **교육사회학연구, 20**(4), 111-137.

서덕희(2019). "적정규모 학교"라는 담론의 질서: 농촌 교육정책에 대한 비판적 담론분석. **교육사회학연구, 29**(2), 195-233.

손승남, 김인영, 송하석, 이재성, 최예정(2021). 고등교육에서의 역량기반 교육과 핵심역량. **교양교육연구, 15**(1), 11-30.

손유진, 서보순(2024). 교육정책 문서에서의 돌봄 담론 분석. **교육혁신연구, 34**(3), 27-50.

손홍숙(2013). 교육정책 분석을 위한 방법론 탐색: Fairclough의 비판적 담론분석. **교육학연구, 51**(1), 163-189.

손홍숙(2017). 유보통합정책 형성과정의 비판적 담론분석. **유아교육학논집, 21**(5), 399-419.

신동일(2012). '토플대란'에 관한 신문기사 분석 -비판적 담론분석을 기반으로-. *Foreign, Languages Education, 19*(1), 187-210.

신유리(2020). 어린이 유튜브 채널에 대한 비판적 담화 연구. **어린이재단 연구논문 모음집, 2020**, 1-55.

신유리(2021). 차별, 혐오 담화에 대한 사회인지지적 고찰: 반려견 안전관리 대책안 공표에 따른 대형견에 대한 인식을 중심으로. **사회언어학, 29**(1), 115-147.

신진욱(2011). 비판적 담론 분석과 비판적, 해방적 학문. **경제와 사회, 89**, 10-45.

심재중(2004). 정체성 담론과 이데올로기: 아이티와 마르티니크의 흑인 정체성 담론을 중심으로: 아이티와 마르티니크의 흑인 정체성 담론을 중심으로. **라틴아메리카연구, 17**(2), 5-23.

심현주(2021). 포스트휴머니즘의 기회와 위기: 포스트휴먼 시대의 생태적 대항담론 구상. **생명연구, 60**, 185-207.

양경은, 노법래(2020). 한국 다문화 담론 구조와 그 시계열적 변동 -언론 기사문 텍스트 마이닝 분석을 중심으로-. **한국사회복지학, 72**(3), 33-58.

엄효진, 이명진(2020). 인공지능(AI) 기반 지능정보사회 시대의 노동시장 변화: 경제사회학적 접근을 중심으로. **정보사회와 미디어, 21**(2), 1-19.

윤순진, 김선희(2024). 단어 빈도의 통시적 분석을 통해 본 IPCC 기후변화 담론 변화. **언어학 연구**, ???(73), 269-300.

이가영(2023). 코로나 19 시기 한국 언론의 중국 관련 담론 변화 및 이슈 분석. **중국인문학회 학술대회 발표논문집, 2023**(2), 105-133.

이강훈, 황해익(2020). 빅데이터를 통해 살펴본 누리과정 평가 담론 분석. **미래유아교육학회지, 27**(4), 77-109.

이경민(2017). 새로운 시대 인재상의 유아교육적 함의: 4차 산업혁명시대와 행복교육에서 추구하는 역량의 담론을 중심으로. **유아교육연구, 37**(3), 137-156.

이경민, 윤혜경(2017). 4차 산업혁명 시대 교육혁명 담론의 비판적 분석을 통한 유아교육적 함의. **유아교육연구, 37**(4), 137-155.

이경화(2019). 3-5세 연령별 누리과정에 따른 정부 발행 교단지원 자료의 놀이 담론 비판. **생태유아교육연구, 18**(1), 1-25.

이광수(2013). 서울시 무상급식 정책결정과정에 대한 비판적 담론 분석. **교원교육, 29**(3), 177-196.

이기일, 성열관(2012). 학생인권은 교권에 대립하는가?: 교권 대 학생인권 프레임에 대한 비판적 담론분석. **교육사회학연구, 22**(4), 171-197.

이기형(2006). 담론분석과 담론의 정치학: 푸코의 작업과 비판적 담론분석을 중심으로. **언론과 사회, 14**(3), 106-145.

이소영(2012). 건강가정 보호의 법적 계보: 건강가정기본법의 '건강가정' 개념에 대한 계보학적 담론분석. **가족법연구, 26**(3), 217-254.

이연선(2013). 유아다문화교육정책 및 실제에 관한 비판적 담론분석: 정책, 교육청, 현장교사를 중심으로. **유아교육연구, 33**(6), 181-204.

이예슬, 전혜숙, 이권민, 민배현, 최용상(2019). 신문기사의 비판적 담론분석을 통한 재난대응에 대한 고찰—2017년 11월'포항지진'을 중심으로. **한국재난정보학회 논문집, 15**(2), 223-238.

이원표(1993). 의지감탄사 "예, 글쎄, 아니"의 담화분석. **인문과학, 69**, 139-185.

이제이, 성종상(2015). 블로그(Blog)에 나타난 도시공원 미시담론 - 서울숲을 대상으로 -. **한국조경학회지, 43**(1), 29-39.

이해준(1980). 朝鮮後期 湖西地方 한 兩班家의 奴婢所有實態-公州中湖 · 慶州李家所傳 戶口單子分析. **역사와 담론, 8**, 65-90.

이희영(2010). 섹슈얼리티와 신자유주의적 주체화: 대중 종합여성지의 담론 분석을 중심으로. **사회와역사, 86**, 181-219.

장소연, 류웅재(2017). 온라인 커뮤니티와 혐오의 문화정치: 일간베스트저장소와 메갈리아의 사례를 중심으로. **한국소통학보, 16**(1), 45-85.

정다정(2023). 성인교육 분야 국제개발협력에서 임파워먼트 논의의 변화: UNESCO 발간자료에 대한 담론분석. **국제개발협력연구, 15**(2), 39-55.

정현우(2014). 담론분석을 통한 체육정책 이해- 학교체육진흥법에 담긴 신체문화담론의 의미 -. **한국스포츠교육학회지, 21**(1), 1-19.

정희모(2017). 비판적 담화 분석의 문제점과 국어교육에의 적용- 페어클러프와 푸코의 방법 비교를 중심으로 -. **작문연구, 35**, 161-194.

전문영(2021). **담론분석과 담론연구**. 경기: 푸른사상.

주재홍(2007). 세계사 교과서에서 주류 담론의 한계: 이슬람의 재현에 대한 분석. **교육과정연구, 25**(2), 171-195.

최숙(2009). 국내 영어교육미디어에 대한 비판적 분석: 에듀테인먼트의 탈식민주의적 전략으로서의 가능성과 한계. **커뮤니케이션학 연구, 17**(3), 139-165.

한준, 김석호, 하상응, 신인철(2014). 사회적 관계의 양면성과 삶의 만족. **한국사회학, 48**(5), 1-24.

허윤철, 박홍원(2010). 한국언론과 세계화 담론: 조선일보와 한겨레의 세계화 보도 비교 연구. **언론과학연구, 10**(4), 562-602.

Derrida, J. (1976). *Of grammatology*. Baltimore MD: Johns Hopkins University.

Foucault, M. (1973). *The Order of Things: An Archaoology of the Human Sciences*. New York: Vintage.

Foucault, M. (1975). *Discipline and Punish: the birth of the prison*. London: Penguin. Vintage Books.

Foucault, M. (2001). "Nietzche, la généalogie, l'historie". *Dits et écrits II. Paris: Gallimard*, 76-100.

Fairclough, N. (1992). Discourse and text: Linguistic and intertextual analysis within discourse analysis. *Discourse & society*, *3*(2), 193-217.

Fairclough, N. (2013). Language and ideology. In *Critical Discourse Analysis*. Routledge.

Gabrielatos, C., & Baker, P. (2008). Fleeing, sneaking, flooding: A corpus analysis of discursive constructions of refugees and asylum seekers in the UK press, 1996-2005. *Journal of English linguistics*, *36*(1), 5-38.

Hall, S. (2001). Foucault: Power, knowledge and discourse. *Discourse theory and practice: A reader*, *72*, 81.

Laclau, E., & Mouffe, C. (2014). *Hegemony and socialist strategy: Towards a radical democratic politics* (Vol. 8). Verso Books.

Lucke, A. (1996). Text and discourse analysis. New York: *American Educational Research Association*, *21*, 3-17.

Olson, H. (1995). Quantitative" versus" qualitative research: The wrong question. In *Proceedings of the Annual Conference of CAIS/Actes du congrès annuel de l'ACSI.*

Page, R. (2012). The linguistics of self-branding and micro-celebrity in Twitter: The role of hashtags. *Discourse & communication*, *6*(2), 181-201.

Reyes, A. (2011). Strategies of legitimization in political discourse: From words to actions. *Discourse & society*, *22*(6), 781-807.

Said, E. W. (2015). **오리엔탈리즘**. 박홍규 역. 교보문고. (원서출판 1978년).

Rear, D., & Jones, A. (2013). Operationalising Laclau and Mouffes discourse theory as a practical method for text analysis. *Critical Policy Studies*, *7*(4), 375-394.

van Dijk, T. A. (1980). *Macrostructures: an interdisciplinary study of global structures in discourse, interaction, and cognition.*

van Dijk, T. A. (2015). Critical discourse analysis. *The handbook of discourse analysis*, 466-485.

Zizek S. (1989). *The Sublime Object of Ideology*. London: Verso.

제9장

한국 포스트모던 질적 연구: 방법적 탐구와 비평

주재홍(진주교육대학교)

1. 서론

포스트모더니즘으로 대변되는 현시대는 단일 실재의 거부, 객관성에 대한 의심, 인간의 합리적 사유에 대한 불신, 거대 담론에 대한 비판, 실재의 전달 매체로서 언어에 대한 불확실성, 표현의 위기 등으로 특징지을 수 있다(주재홍, 김영천, 2012). 기존의 모든 권위나 권력을 거부하는 포스트모더니즘은 인간/사회과학의 탐구 논리를 지배해 온 과학적 객관성, 연구의 중립성, 그리고 지식의 절대성 등의 정당성에 의문을 제기함으로써 전통적으로 당연시 해온 학문의 관점, 접근, 탐구 방법 등에 새로운 아이디어를 제공한다.

포스트모던 정신은 인간의 세계 이해를 위한 연구 방법과 연구 논리 자체에 대하여 민감한 자기 비판적 성찰을 요구하며 모더니즘 인식론의 가치중립성에 대한 전제를 근본적으로 불신하고, 인간의 지식구성 방식이 궁극적으로 상대적이고 잠정적인 성격을 지닐 수밖에 없음을 주장한다(유혜령, 2011). 존재와 실재에 대한 포스트모더니즘의 새로운 가정과 해석은 인간의 경험과 세계의 의미를 규명하고 재현하려는 질적 연구자들에게 어떻게 연구할 것인가에 대한 근본적인 질문과 의문을 가지도록 요구한다. 이론적 패러다임과 관점은 질적 연구자의 존재론과 인식론, 방법론에 대한 신념 및 원리와 결부되어 연구전략과 자료수집 및 분석, 해석과 평가에 이르기까지 연구자의 기본적인 지향을 형성하기 때문이다(Guba & Lincoln, 2005: 22-23).

이에 서구의 많은 질적 연구자들은 새로운 지적 전통으로서 포스트모더니즘에 주목하기 시작하였다. 그들은 패러다임으로서 포스트모더니즘이라는 용어가 포함하고 있는 다양한 지적 연구 전통을 통해 기존의 질적 연구를 문제시하고 새롭게 적용하기 시작하였다. 예컨대, 포스트구조주의(Denzin, 1994; Moon, 2016; St. Pierre, 2023), 탈식민주의(Denzin, Lincoln, and Smith, 2008), 페미니즘(McHugh, 2014; Seibold, 2001), 담론분석(Zajda, 2020), 해체주의(Jackson and Mazzei, 2008; Taguchi, 2010), 젠더연구(Broom, Hand & Tovey, 2009; Plowman and Smith, 2011) 등의 연구에서 포스트모더니즘의 기본 가정과 전제에 기반한 질적 연구의 새로운 방향과 방법 및 적용을 모색하기 시작하였다. 이러한 연구들은 기존 질적 연구의 이론적 · 방법적 가정들을 문제시하거나 다양한 지적 전통의 핵심 개념인 언어, 담론, 진실, 주체, 권력과 지식, 해체 등을 통해 연구 방법과 표현 방법에 대한 탐구와 적용을 확대하기 시작했다. 그리고 무엇보다 기존 연구자의 지배적인 역할과 권위에 도전, 연구자의 자기반성성(self-reflexitivity)을 통해 연구자의 맥락적 위치와 주관성을 반영하여 연구자 자신을 탐구의 대상으로 삼고 있다. 이러한 새로운 연구 동향을 반영하듯 덴진과 링컨은 질적 연구의 여덟 가지 발전 과정 중 세 번째 단계인 탈장르적 연구 방법, 네 번째 단계인 재현의 위기, 그리고 다섯 번째 단계인 실험적 글쓰기는 모두 포스트모더니즘의 기본 전제와 관련이 있다고 강조하였다(Denzin & Lincoln, 2011: 14-20; 주재홍, 김영천, 2012: 30에서 재인용).

포스트모더니즘에 대한 질적 연구 분야에서의 관심은 서구에 한정되지 않고 최근 우리나라에도 다양한 관심을 불러일으키고 있다. 예컨대, 포스트모더니즘의 다양한 지적 전통에 따른 질적 연구의 경향과 변화(이경준, 이원일, 김영준, 2011; 주재홍, 김영천, 2012; 유혜령, 2011; 강은영, 2009; 배은주, 2008), 연구 모델과 방법론의 적용(이수정, 김자영, 2024, 조대훈, 2022; 서덕희, 2007), 질적 연구의 타당성 문제(이혁규, 2004; 조재식 외, 2006) 등을 중심으로 활발한 작업 연구 작업이 이루어지고 있다. 하지만, 기존의 선행연구들에도 불구하고 이전과는 다른 새로운 경향들이 나타나고 있는 한국의 포스트모던 질적 연구의 동향을 전체적으로 조망하고 그 변화의 특징을 체계적으로 분석한 연구는 드물다. 포스트 사조의 핵심 사상과 차이점을 중심으로 질적 연구 경향(유혜령 2011)과 문화기술지를 중심으로 새로운 질적 연구 동향(배은주,

2008)을 분석한 몇 연구들이 있지만 새로운 전환을 가져온 포스트모던 질적 연구의 동향을 체계적으로 분석하고 그 특징을 규명하는 데는 한계가 있다.

이러한 문제의식을 바탕으로 이 연구는 한국 포스트모던 질적 연구의 주요 동향과 그 특징을 비평하고, 방법적으로 탐구하고자 한다. 이를 통해 한국 질적 연구의 영역과 연구 문제들이 어떻게 새롭게 규명되어야 하는가를 보다 체계적으로 제시할 수 있을 것이다. 이러한 연구 목적을 달성하기 위한 연구 내용으로 첫째, 포스트모던 학자들의 다양한 사유와 관점을 통해 포스트모던 탐구의 구체적 기준을 개념화할 것이다. 둘째, 포스트모던 탐구 기준에 의거 한국의 질적 연구 분야에는 어떤 연구들이 있고, 어떤 연구 결과를 제공하고 있는지를 분석할 것이다. 셋째, 한국 포스트모던 질적 연구의 특징을 통해 그 시사점을 구체적으로 제시할 것이다. 이 연구는 포스트모던 시대에 한국의 질적 연구 동향을 분석하고 비평함으로써 한국 질적 연구에서의 포스트모던 탐구의 미래 지평에 대한 새로운 제안을 제공해 줄 것이다.

2. 한국 포스트모던 질적 연구의 역사와 발전

포스트모더니즘은 국내의 질적 연구에도 새로운 관심과 전환을 불러일으켰다. 실재, 존재, 그리고 방법론에 대한 포스트모더니즘의 새로운 해석과 등장은 현장 연구 작업을 통하여 인간의 경험과 세계의 의미를 규명하고 재현하려는 질적 연구자들에게 어떻게 연구할 것인가 그리고 어떻게 연구 경험을 재현할 것인가와 관련하여 근본적인 질문과 회의와 함께 다른 관점에서 연구할 것을 요구하였다(주재홍, 김영천, 2012). 이에 포스트모더니즘은 시대정신으로 간주되면서 국내의 많은 질적 연구자들에 의하여 새로운 탐구 주제로 성장하였다. 이 절에서는 한국 포스트모던 질적 연구의 역사와 발전을 살펴보기 위해 질적 연구의 패러다임과 관점, 질적 연구 방법론, 탐구 전략, 표현의 실제라는 주제를 중심으로 대표적인 몇 연구를 소개하고자 한다.

첫째, 포스트모더니즘의 지적 전통에 따른 질적 연구의 패러다임과 관점의 변화를 논의한 연구들이다(배은주, 2008; 유혜령, 2011). 이 연구들은 포스트모더니즘으로 통칭되는 우리 시대의 인식론적 패러다임, 즉 포스트모더니즘, 포스트구조주의, 탈식민주의, 포스트휴머니즘, 페미니즘 등이 가지고 있는 고유한 철학적 기반에 따른 질적 연구의 내용과 탐구 방법, 원리에 대한 성찰과 대안적 가능성을 논의하고 있다. 먼저, 배은주(2008)는「질적 연구의 최근 동향과 그 의미」라는 논문에서 포스트모더니즘의 지적 패러다임에 따라 질적 연구 분야에서 나타나는 새로운 동향과 그 의미를 구체적으로 고찰하고 있다. 이 연구는 포스트모던 질적 연구의 새로운 동향을 다음과 같은 네 가지로 제시하고 있다. 첫째, 연구자와 연구 참여자가 동등한 삶의 주체로서 서로의 체험을 공유하여 문제를 함께 인식함으로써 사회변화를 지향하는 '자전적 경향'의 등장이다. 둘째, '타자'의 문제를 '우리'의 문제로 인식함으로써 현실의 이해와 더불어 현실의 실질적 개선을 모색하고자 하는 '참여적 경향'의 등장이다. 셋째, 문화기술적 텍스트주의의 한계를 넘어서 새로운 표현 방식인 연행에 주목하는 '연행적 경향'의 등장이다. 넷째, 개인의 주관적 체험의 느낌, 감각을 중시하여 다양한 예술적 자료수집과 표현 방법을 활용하는 '심미적 경향'의 등장이다. 이 연구는 질적 연구자들에게 포스트모던 질적 연구의 방향을 구체적으로 안내하고 있다는 점에서 의미가 있다.

다음으로 유혜령(2011)은「'포스트' 시대 질적 연구 방법론의 경향과 논리: 해체와 생성의 패러다임」이라는 논문에서 최근 질적 연구 방법론의 사상적 토대가 되고 있는 포스트모더니즘의 핵심 사상과 차이점을 중심으로 최근 질적 연구 경향을 파악하여 그 특징을 규명하고 있다. 이에 먼저 의미론의 관점을 실증주의, 현상학, 구조주의를 포함하는 전통적 사조의 의미론과, 이에 대비되는 후기구조주의 및 탈구조주의를 포함하는 포스트 사조 의미론으로 나누고, 각각의 관점에서 질적 연구 방법론을 위한 함의를 제시하였다. 이를 기초로 하여 1990년대 초부터 현재에 이르는 질적 연구 방법론의 발전 과정을 전통적인 실증주의적 시기, 해석주의 경향과 장르 혼합의 갈등기, 초학제적 접목을 통한 해체와 생성의 시기로 나누고, 그 속에서 일어난 여러 방법론적 쟁점들의 성격을 분석하였다. 이러한 분석에 근거하여 포스트 시대 질적 연구의 논리를 탈중심화 현상과 주변부 목소리 듣기, 의미의 입체적 장(場) 및 중층적 맥락 중시, 갈등과 긴장, 역동적 흐름 강조, 공동참여와 행위적 실천 강조, 민주적이고 협동적인 관계성 강조, 형식의 해체와 자유로운 실험적 재구성으로 제시하고 있다. 이 연구는 포스트모더니즘의 시대정신 속에서 질적 연구 동향이 급격한 변화를 보이고 있지만 실증주의의 거대담론적 지배에서 자유롭지 못한 한국의 학계에 많은 시사점을 제공하고 있다.

둘째, 포스트모던 질적 연구 방법론을 체계적으로 정리하여 제시한 연구들이다(김영천, 2007, 2012, 2013, 2018; 곽영순, 2009). 이 연구들은 질적 연구의 설계, 자료수집, 전사와 분석, 표현, 타당도 등 질적 연구의 일반적인 방법론을 구체적으로 연구하여 제시한 단행본들이다. 먼저 김영천은『질적 연구 방법론 1』(2007)을 출간한 이후 현재까지 질적 연구 방법론 단행본을 지속적으로 발전시켜 출간하고 있다. 특히,『질적연구방법론 1, Bricoleur』(2012)는 기존의 일반적인 질적 연구 방법론에 질적 연구의 지적 전통에 대한 다양한 관점, 아홉 가지 지적 전통, 연구 패러다임과 질적 연구 등을 새롭게 추가하여 포스트모더니즘에 따라 질적 연구 방법이 기존과는 어떻게 다르게 접근해야 되는지를 제시하고 있다. 특히, 연구자는 단순히 객관적인 관찰자가 아닌, 연구 참여자의 경험과 현실을 함께 구성하는 역할을 강조, 연구 참여자의 권리와 개인적 경험을 존중하는 윤리적 책임, 자신의 위치성, 편견, 경험이 연구 과정과 해석에 어떻게 영향을 미치는지 지속적으로 검토해야 된다고 주장하고 있다.

다음으로 곽영순(2009)의 저서『질적 연구: 철학과 예술 그리고 교육』은 질적 연구 방법을 철학적, 예술적, 교육적 맥락에서의 탐구 작업을 통해 인간 경험과 이해를 심층적으로 분석하려는 시도이다. 질적 연구라는 배경 그림을 이해하기 위해 전경에 놓은 철학과 예술에 대한 광범위한 기초적 내용과 이론, 개념을 제시하고 있다. 이 과정에서 포스트모더니즘 및 포스트구조주의의 대표적인 학자들인 Deleuze, Guattari, Derrida, Foucault 등의 핵심적인 개념과 사유들을 알기 쉽게 풀어 설명하고 있다. 이를 통해 질적 연구의 단계, 질적 연구 방법과 전략, 질적 연구 윤리, 질적 연구의 글쓰기, 좋은 질적 연구, 질적 연구와 교육, 질적 연구의 미래까지 광범위한 내용을 매우 체계적이고 구체적으로 설명하고 있다. 저자는 서문에서 "이미 남들이 다 해놓은 것이고, 무엇 하나 새로울 것 없는 글쓰기이고 삶의 방식이고 이야기 방식에 불과"하다고 겸손하게 말하고 있다. 하지만, 이 저서는 한국의 많은 연구자들에게 포스트모던 질적 탐구를 위한 철학적 성찰, 예술적 표현, 교육적 실천을 융합하여 인간 경험의 본질을 탐구하기 위한 방향과 실제적인 아이디어를 구체적으로 제공하고 있다.

셋째, 포스트모더니즘에 따른 질적 연구의 탐구 전략을 구체적으로 논의한 연구들이다(강은영, 2009; 김영천, 1996; 주재홍, 김영천, 2012). 이 연구들은 포스트모던 패러다임에 근거한 질적 연구 작업에서 중요하게 고려되어야 하는 방법적 절차나 이슈를 구체적으로 제시하고 있다. 먼저, 한국에서 누구보다 이 주제에 대해 오랫동안 지속적인 관심과 연구를 수행해 온 김영천(1997)은「질적/후기 실증주의 연구 작업에서 고려해야 할 방법적 이슈들」이라는 논문에서 선도적으로 질적 연구자가 자신의 작업에서 실천해야 하는 방법적 이슈/절차로서 크게 네 가지 주제를 제시하고 있다. 그것은 첫째, 질적 연구에 있어서 타당도 문제, 둘째, 연구자의 방법적 반성(self-reflexivity). 셋째, 연구 윤리, 넷째, 질적 연구에서의 새로운 글쓰기 양식들이다. 그는 이 네 가지 주제에 대한 학습과 이해는 질적 연구를 잘 읽기 위한, 즉 어떤 연구가 잘된 질적 연구인지 그리고 그 연구의 해석이 정당한 것인지를 평가할 수 있는 기초적 통찰을 제공해 줄 것이라고 하였다.

또한 주재홍, 김영천(2012)은「질적 연구의 지적 전통으로서 포스트모더니즘: 그 방법적 이슈들」라는 논문에서 포스트모더니즘의 이론적 가정과 전제가 질적 연구에 어떤 방법적 이슈들을 제기하고 있는지를 개념화시켰다. 이를 위해 먼저, 포스트모던 학자들의 주장에 근거하여 포스트모더니즘의 핵심적 가정과 전제로 메타내러티브의 거부, 진리와 실재의 구성, 재현의 불가능성, 권력과 지식의 유착 등의 네 가지 개념을 구체화하였다. 그들은 이러한 가정과 전제를 통해 포스트모더니즘으로부터 얻을 수 있는 질적 연구의 방법적 실천 아이디어로 국지적 · 맥락적 지식의 탐색, 자기반성, 다성성 등을 제시하였다.

넷째, 포스트모더니즘은 질적 연구자들로 하여금 연구 결과를 어떻게 표현할 것인가 하는 문제에도 주목하도록 하였다(김영천, 1997; 2013b). 포스트모던 '재현의 위기'는 질적 연구자들로 하여금 독자가 직접 대상과 상황을 해석 및 평가하고 결론에 도달할 수 있는 기회를 부여하고 있다. 또한 글쓰기 과정에도 주목하여 탈장르적 글쓰기, 실험적 글쓰기, 대안적 글쓰기 등을 제안하고 있다. 먼저, 김영천(1997)의 『네 학교 이야기: 한국 초등학교의 교실 생활과 수업』책은 참여관찰과 심층 면담의 질적 방법을 통해 한국 초등학교 교실 문화, 교실 관리, 수업 문화의 특징을 규명하고 설명하는 데 초점을 맞추고 있다. 이 연구는 제1장에서 제시하고 있는 것처럼 "포스트모던/포스트콜로니얼" 패러다임을 적용하고 있다. 내용적으로는 탈식민주의(postcolonialism)의 인식과 통찰을 통해 한국 초등학교 교실 생활과 수업의 특징을 규명하고 있다. 하지만, 연구의 과정과 글쓰기 방식은 포스트모더니즘을 적용하고 있다. 즉, 연구자는 자신의 연구에 어떤 사회적 조건과 고유한 입장이 반영되었는지를 자기반성적으로 독자에게 제시하고 있다. 예컨대, 1장에서 미국에 대한 자신의 탈식민적 또는 서구적 사고와 학자적 태도가 이 연구에 어떤 영향을 끼쳤는지를 구체적인 경험을 들어 밝히고 있다. 3장에서는 포스트모던 패러다임의 변화에 따른 질적/후기 실증주의 연구 작업에서 질적 연구자가 고려해야 할 방법적 이슈의 하나로서 질적 연구에서의 새로운 글쓰기 양식들을 소개하고 있다. 이에 연구 현장에서 겪은 어려움과 자신의 과거 학생 시절의 경험을 구체적으로 제시한다. 이런 포스트모던 글쓰기 방식은 연구의 전 과정에서 시도되고 있다. 의미가 연구자에 의해 일방적으로 제시되어 구성되는 것이 아니라 연구자와 독자들과의 관계를 통해 다양하게 구성되는 방식을 활용하고 있다. 이를 통해 독자가 연구자의 텍스트를 읽고 연구의 결과를 해석할 수 있도록 하고 있다. 이러한 점에서 이 저서는 우리나라 질적 연구 역사에서 포스트모던 탐구를 적용한 최초의 텍스트이자 이후의 질적 연구에 많은 영향을 끼쳤다는 점에서 이정표로 평가할 만하다.

다음으로 김영천(2013b)의 『질적연구방법론 3: Writing』은 질적 연구의 결과를 효과적으로 작성하고 표현하는 방법에 중점을 둔 저서이다. 질적 연구자가 수집한 데이터를 독창적이고 설득력 있는 글로 발전시키는 과정을 다루고 있다. 오랫동안 이 분야에서 질적 연구 방법론에 천착하고 있는 김영천은 이 저서에서는 탐구 주제로서 질적 글쓰기와 실험적이고 대안적인 글쓰기 방법 등의 방대한 내용을 매우 체계적으로 정리하여 제시하고 있다. 특히, 2부에서 다양한 글쓰기 방법의 개념과 특징, 그리고 대표적인 작품을 제시하여 연구자들로 하여금 새로운 표현의 세계로 초대하고 있다. 구체적으로 사실적/전통적 글쓰기, 현장 작업적 글쓰기, 현상학적 글쓰기, 자서전적 글쓰기, 시적 글쓰기, 소설적 글쓰기, 연극적 글쓰기, 포스트모던 글쓰기 등을 연구 사례와 함께 소개하고 있다. 이 저서는 질적 연구자의 글쓰기 과정을 철학적 기초, 데이터 해석, 글쓰기 기술 등 다각도로 다루며, 연구 결과를 독자에게 설득력 있게 전달하기 위한 실질적인 가이드 역할을 한다. 특히, 이 책은 특히 질적 연구의 서사적, 예술적 접근을 강조하며, 연구자의 목소리와 참여자의 경험을 조화롭게 전달하는 데 중점을 두고 있다.

3. 연구 방법

이 장에서는 한국의 포스트모던 질적 연구 동향과 그 특징을 분석하기 위한 기준을 구체화하였다. 이를 위해 포스트모던 철학의 대표적인 이론가들로 알려진 Lyotard, Derrida, Foucault, Deleuze 등의 포스트모더니즘 철학자들의 주요 이론과 사유에 근거하여 포스트모던 탐구의 개념과 주요 내용을 제시하였다. 이러한 포스트모던 탐구의 구체적인 기준은 〈표 1〉과 같이 네 가지로 구분하여 제시하였다.

포스트모던 탐구의 첫 번째 개념은 '메타내러티브의 거부와 차이에 대한 탐구'이다. 이 개념은 문화적이고 맥락적인 경계를 초월한 근대적 이론들에 나타나는 총체화의 경향들을 해체하고(Lyotard, 1984), 주변화되었던 작은 목소리들을 탐구하는 것을 말한다. 포스트모더니즘은 역사적 선험성과 객관성을 보증하는 메타내러티브의 정당화를 거부한다. 왜냐하면 메타내러티브의 개념에 기반한 역사나 사회의 거대 담론과 서사는 맥락이 배제되고 생략된 채 적절한 의미를 왜곡하기 때문이다. 메타내러티브는 단지 실제(reality)에 대한 자신의 비전

〈표 1〉 포스트모던 탐구의 개념과 내용

개념	주요 내용
메타내러티브의 거부와 차이에 대한 탐구	탈중심화와 주변부 목소리
지식에 대한 권력적 탐구	지식에 내포된 권력의 문제
인간의 주관성과 위치성 탐구	인간의 고유한 입장 비판 및 해체
비언어적 상징과 표상 체계의 탐구	비언어적이고 자유로운 표현형식

을 정당화하고, 기존 권력의 토대를 유지하기 위해 차이를 억압할 뿐이다(Grbich, 2004: 26). 오히려 총체적인 획일성을 위한 테러에 불과한 것이다(Lyotard, 1984). 이에 포스트모더니즘은 주변부의 '작은 이야기들'에 주목하고 지지한다. 그것들은 추상적 이론, 보편성, 일반화의 가능성과 관련 있는 주장이 아닌 구체적이고 특수한 맥락 안에 위치한 작은 규모의 입장들에 설명을 제공한다(Grbich, 2004, p. 26). 이는 포스트모더니즘이 '총체화하는 메타내러티브'의 근대성과 단절하고, 다양성, 국부성, 특수성, 우연성을 보여주는 새로운 변화 조짐이다(주재홍, 김영천, 2012: 34).

포스트모던 탐구의 두 번째 개념은 '지식에 대한 권력적 탐구'이다. 이 개념은 지식 속에 작동하고 있는 권력과 권력이 지식을 어떻게 창출하여 권력과 지식이 직접 관계하고 있는지를 탐구하는 것을 말한다. 푸코는 권력과 지식의 관계가 분리될 수 없고, 순수하고 중립적인 지식이란 결코 존재할 수 없다고 주장한다(Foucault, 1980). 즉, 우리가 지식이라고 부르는 것은 보편타당한 진리를 담고 있다기보다는 이데올로기에 가까우며, 권력의 행사와 밀접한 관계가 있다(주재홍, 김영천, 2012: 38). 푸코는 누구보다 지식의 객관성에 의문을 품고 그것의 정치적 이데올로기적인 성격을 드러냈다. 그는 담론(discourse)개념을 통해 권력 체계 속에 지식 체계가 어떻게 포섭되어 있는지 설명하고 있다. 예컨대, 서양의 19세기 정신 병리학, 위생학, 범죄학 등의 담론이 사실은 타자들을 박해하는 것을 정당화하기 위해서 만들어낸 지식장치들이라는 것이다(이정우, 2004). 진리 창출의 정치성을 파헤치고 있는 푸코의 이와 같은 담론에 대한 설명은 어떤 불변의 진리나 지식을 표현하는 수단이 아니라, 진리와 지식 및 정의 그 자체를 만들어내는 사회적 규칙의 체계이기 때문에, 담론이 있는 곳에는 어디나 선택과 배제가 행사된다(Foucault, 1980: 199). 우리는 보통 지식을 무엇인가를 획득하는 원천으로 생각하는 반면, 푸코에게 있어 지식은 '다른 것에 대한 힘이고, 다른 것을 규정하는 힘'이다(Sarup, 1988: 73). 지식은 세계를 배치하고, 조직하기 때문에 세계는 그 안에서 제도화된 지식에 의해 형성된다. 이렇게 지식과 권력은 매우 밀접하게 관계하고 있다.

포스트모던 탐구의 세 번째 개념은 '인간의 주관성과 위치성에 대한 탐구'이다. 이것은 연구자가 연구 결과의 도출에 영향을 끼쳤을지도 모르는 자신의 주관적 가정과 신념을 규명하기 위한 개념이다. 포스트모더니즘은 다원적이고 상대적인 관점에서 모든 현상을 파악하고, 다의적 해석을 통한 차이성을 중요하게 부각시킨다(Deleuze, 1995; Derrida, 1997). 과학적이고 이성적인 추론 방법을 통하여 진리를 알아낼 수 있다고 주장하던 실증주의에 도전하면서 포스트모더니즘은 연구자가 지닌 관점에 입각해서만 어떤 현상을 이해할 수 있다고 주장한다(곽영순, 2009: 224). 이를 입증하듯 연구자의 성, 나이, 지위, 전문성, 국적의 여부가 현장

연구에서 질적 연구자가 성취할 수 있는 가능성에 상당한 제한을 가하거나 특정한 방식으로 영향을 끼쳤음이 지적되었다(Wax, 1986). 그 결과, 연구자가 얼마나 자신의 주관성과 위치성을 은연중에 반영했는지를 해체하도록 주장한다(Fontana, 1994). 포스트모더니즘은 연구자를 눈에 드러나는 대화의 참가자로, 연구자 스스로를 연구자료의 하나로 만듦으로써 기존의 연구자가 지녔던 지배적인 역할과 권위에 도전하여 이를 제거하도록 요구한다.

포스트모던 탐구의 네 번째 개념은 '비언어적 상징과 표상 체계의 탐구'이다. 이것은 전통적인 연구물의 표현과 구성 체계의 형식을 해체하고 접근 방법의 변화와 새로운 시도를 하는 것을 말한다. 포스트모더니즘 및 포스트구조주의 철학자들은 인간이 언어를 통해 언어 밖의 대상을 정확하고 객관적으로 재현할 수 있다고 가정한 근대적 사고를 거부한다(Derrida, 1981; Deleuze, 1995; Foucault, 1970). 이들에게 언어는 차이로 규정되는 임의적인 기호들 간에 서로 연결된 체계이며 이 체계는 언어 외적인 세계를 반영하거나 지시하지 않는다. 이 관점에서는 언어를 통해 언어 이외의 사물이나 현상을 만나는 것은 불가능하며, 언어를 매개로 한 재현으로 언어 이외의 것을 지시하는 것도 불가능하다(강은영, 2009: 49). 이러한 언어에 대한 포스트모던적 자각과 언어의 비재현성 · 비제시성은 포스트모더니즘 연구자들에게 연구물을 어떻게 표현하고 구성할 것인지에 대한 새로운 접근 방법을 모색하도록 한다. 이러한 방법은 글쓰기 상의 언어를 의도적으로 다양화시키는 포스트모던 글쓰기를 통해 독자가 직접 연구의 결과를 해석하고 결론에 도달할 수 있는 기회를 부여하고 있다.

4. 한국 포스트모던 질적 연구 영역과 그 특징

이 장에서는 3장에서 개념화한 포스트모던 탐구의 기준을 통해 한국의 질적 연구 동향과 그 특징을 분석하였다. 포스트모더니즘의 기본적인 전제와 가정들은 질적 연구에 어떤 새로운 문제와 현상들을 제기하였다. 그것들은 인간과 사회 현상을 연구하는 질적 연구자들에게 이론적 측면에서 그리고 연구 실제적 측면에서 다양한 시사점을 제공하였다. 따라서 이러한 기준을 통해 한국의 질적 연구 동향을 체계적으로 분석하여 포스트모던 질적 연구에는 어떤 연구들이 있고, 그 특징은 무엇인지를 영역별로 제시하였다.

1) 메타내러티브의 거부와 차이에 대한 탐구

한국 포스트모던 질적 연구의 첫 번째 영역은 '메타내러티브의 거부와 차이에 대한 탐구'이다. 이 분야는 모더니즘의 보편타당한 진리를 전제로 이루어진 거대 담론을 해체하고 주변부의 작은 목소리를 탐구하기 위한 영역이다. 작은 이야기들이 의미를 가지게 되면서 질적 연구는 주변화된 국지적 지식(local knowledge)을 탐색하게 되었다. 포스트모더니즘이 가지는 일반화와 메타내러티브에 대한 거부는 질적 연구의 관심을 실증적 관점에서 사회현상을 자연현상과 같은 법칙을 만드는 대상으로서가 아닌 다양한 차이에 대한 이해와 발견의 현상으로서 바라보게 하였다(Alvesson, 2002; Freeman, 1993).

이 연구 영역의 첫 번째 특징은 한국 질적 연구 분야의 연구 주제들이 다양화되는 경향을 보인다. 실재를 총체화하려는 메타내러티브에 대한 거부와 불신은 다양한 담론과 정치적 행위의 증폭 가능성을 열어주었다. 고정된 의미로 간주 되어온 보편적 지식과 진리, 이론과 법칙 등을 해체하고 다의적 해석을 통한 차이를 중요하게 부각시킨다. 그 결과, 다양성, 국부성, 특수성, 우연성을 통한 중심부에서 밀려난 주변부의 '작은 이야기'들을 연구하는 경향이 나타났다. 이 분야의 연구들은 작은 설(說)과, 작은 이야기들이 공존하는 다원적 체계의 성격을 지닌다. 이질적인 '작은 설화' 또는 '작은 이야기'들이 공존하는 다원적 체계의 성격을 지니는 이 지식은 이질성과 특수성, 다양성이 강조되며 너와 나가 모두 존중되는 개별적인 목소리가 살아있는 사회를 지향한다(주재홍, 김영천, 2012).

이 분야의 연구 주제는 매우 다양하고 광범위하다. 지체 장애 여성의 임신, 출산, 자녀 양육 경험, 결혼 이주 여성의 공동체 경험, 여성 체육 교사의 젠더 수행 양상, 종교적 정체성에 따른 예비 교사들의 성소수자 인식, 지적 장애학교의 초임 전맹교사의 교직 적응 경험과 갈등 등이다. 즉 그동안 거대 메타내러티브에서 무시되었던 '작은 이야기'들을 통해 국지적 상황의 특수성을 드러내고 있다. 연구 방법 측면에서는 대부분 심층 면담을 통한 질적 연구 방법을 활용했고, 내러티브 인터뷰를 통한 생애사 방법을 활용한 사례(오은주, 2024)도 있었다. 특히, 신경희(2017)는 퀴어이론을 이론적 배경으로 검토하고 우리 사회에서 기피하고 있는 예비 교사들의 성소수자 인식을 연구하는데 심층 면담 외에도 저널 쓰기 방법을 활용하고 있다. 이를 통해 예비 교사들이 자신의 종교적 신념에도 불구하고 성소수자들에 대한 기존의 지배적인 이성애 중심의 인식을 해체하고 교사로서 바람직한 방향을 안내하고 있다. 이러한 질적 연구 주제의 다양화 경향은 그동안 소외된 실천적 지식과 경험에서 나온 예기치 못한 '일상적 지식, 작은 대화'(Aronowitz, 1991: 144)를 새롭게 규명하여 제시하고 있다. 이러한 연구 사례를 정리하여 제시하면 〈표 2〉와 같다.

대표적인 연구로 남상우, 이해령(2019)의「초(超)남성적 학교체육 문화 내 여자 체육 교사의 젠더 수행 이론화」이다. 이 연구는 학교체육 문화 내에서 소수자로 지내는 여자 체육 교사의 젠더 수행을 분석하였다. 그들의 연구 결과에 따르면, 여자 체육 교사들의 학교 체육문화

〈표 2〉 연구 주제가 다양화되는 연구 사례

저자 및 연구	연구 주제	연구 방법	연구 결과
김나영, 최선경 (2009). 지체장애여성이 경험하는 임신・출산・자녀양육에 관한 연구	지체장애여성의 임신, 출산, 양육 경험	• 질적 연구 • 심층 면담	배우자와의 결혼, 임신에 대한 스트레스와 충만함, 출산의 과정, 자녀 양육의 기쁨과 부담감
오은주(2024). 베트남 결혼이주여성 K씨의 한국사회 적응 경험 연구	베트남 여성의 한국 사회적응 경험	• 생애사 • 내러티브 인터뷰	K씨의 용기 있는 선택이 자신의 삶을 변화시켰고, 한국 사회 적응에 발현됨
남상우, 이해령(2019). 초남성적 학교체육 문화 내 여자체육교사의 젠더 수행 이론화	여자체육교사의 젠더 수행 경험	• 질적 연구 • 심층 면담	학교체육 문화는 운동능력 중심의 '자격 문화', '남성 선호 문화', 젠더 위계적 문화'로 나타남
신경희(2017). 종교적 정체성에 따른 여성 예비 교사들의 성소수자 인식에 관한 연구	예비 교사들의 성소수자 인식	• 질적 연구 • 저널 쓰기 • 심층 면담	교사로서 학생을 위한 책임감과 의무감의 방향성을 바람직하게 설정함
홍재영(2018). 지적장애학교 초임 전맹교사의 교직 적응과정에서 나타난 갈등	초임 전맹교사의 교직 경험	• 질적 연구 • 심층 면담	구성원 및 환경, 수업 및 내적 갈등을 겪고 있음

는 운동능력 중심의 '자격 문화', 남성이 선호되고 선택되는 '남성 선호 문화', 견고하게 쌓아진 '젠더 위계적 문화'로 나타났다. 이러한 문화적 특징 속에서 여자 체육 교사는 기존의 여성적 규범을 따르는 일종의 순종적 젠더 책략을, 아니면 남성적 가면을 쓰고 학생들과 상호작용하는 변형적 젠더 행위를, 혹은 여성성도 남성성도 아닌, 교사 정체성을 강조하거나 젠더 판단이 개입될 여지가 적은 종목을 선택하는 젠더 지우기의 책략 등을 사용하고 있었다.

두 번째 특징은 연구 주제의 다양화 경향은 그동안 우리 사회에서 오랫동안 배제되어 중심에서 밀려나 주변화되었고 강압적으로 균질화되었던 '타자' 또는 '사회적 약자'들로 확산되고 있다. 이 분야의 연구들은 이제까지 이성적 논리나 다수집단의 권력에 밀려 침묵 당해온 숨은 목소리들을 찾아 그들의 목소리가 그들의 언어로 들려지게 하고 그들이 경험한 의미를 이해하려는 특징을 보인다(유혜령, 2011). 그 결과 페미니즘, 다문화주의, 환경보호주의 등과 같은 새로운 세계관을 포함하고 있다(Denzi & Lincoln, 1994). 전통적 도덕 체계 및 기존의 정치적으로 소외되어 왔던 집단들에 대한 급진적 평등주의를 지향한다. 메타내러티브의 개념에 기반한 역사나 사회의 거대 기획은 맥락이 배제된 채 적절한 의미를 왜곡한다. 메타내러티브는 단지 실제(reality)에 대한 자신의 비전을 정당화하고 기존 권력의 토대를 유지하기 위해 차이를 억압할 뿐이다(Grbich, 2004: 26).

이 분야의 연구 주제는 결혼 제도하에서 억압당했던 여성의 삶, 이성애 중심의 사회에서 배제되었던 청소년 성소수자의 삶과 탄력성, 남성 중심의 학교 사회에서 여성 교사의 투쟁과 성장, 한국 사회에서 소외되었던 다문화아동의 삶과 학교생활, 탈북자의 삶과 적응 등 그동안 한국 사회에서 주변화되고 소외되었던 타자들에 대한 연구를 강조하고 있다. 대부분의 연구가 방법론으로 심층 면담의 질적 연구를 적용하고 있지만 생애사 면담(주재홍, 2023; 김광규, 2022)을 활용하기도 하였다. 김광규(2022)는 여성이자 교사, 노동조합 활동가였던 인물의 생애를 시대적 · 사회적 맥락 속에서 구술 생애사 방법을 통해 그녀가 어떻게 투쟁하고 성장했는지를 밝히고 있다. 이 분야의 연구들은 "초월적 기의로서의 의미의 권위에 정면 도전함으로써 해체적 비판을 체계적으로 전개"하는 특징을 보인다(Derrida, 1981: 49). 지배적이고 억압적인 모든 힘의 역학관계 및 불평등으로부터 해방과 자유를 추구하고, 나아가 기존 지배관계의 변화를 통한 소외되어 있던 집단들에 대한 권한 부여를 부르짖는 포스트모더니즘의 가치가 반영된 연구의 특징을 보이고 있다(Lather, 1993).

이 분야의 대표적인 연구로 주재홍(2023)의 「한국 청소년 성소수자들의 꿋꿋한 삶: 그들의 탄력성에 대한 생애사적 탐구」를 들 수 있다. 이 연구는 한국 청소년 성소수자들이 자신들의 전반적인 성장과 발달의 과정에서 겪는 도전과 스트레스를 어떻게 성공적으로 극복하는지 강점을 발견하고, 이들이 가진 탄력성은 어떤 것들이 있는지를 생애사적으로 규명하였다. 연구 결과에 따르면, 청소년 성소수자들은 '편견과 차별, 폭력의 경험', '성적 지향과 정체성의

〈표 3〉 '타자' 또는 '사회적 약자'들로 확산되는 연구 사례

저자 및 연구	연구 주제	연구 방법	연구 결과
김정덕(2013). 한국 사회에서 여성의 삶 들여다보기	결혼제도 중심의 여성의 삶	• 질적 연구 • 심층 면담	기혼, 비혼 여성 모두 결혼제도에서 자신을 독립적으로 객관화시키며 자유로운 존재로 성장
주재홍(2023). 한국 청소년 성소수자들의 꿋꿋한 삶	청소년 성소수자의 탄력성	• 질적 연구 • 생애사 면담	도전과 위협적인 상황에도 불구하고 그들은 '긍정적으로 적응하고 발전시키는 능력'이 있음
김광규(2022). 한 여성교사의 투쟁과 성장의 여정	여성교사의 투쟁과 성장	• 구술 생애사 • 생애사 면담	여성주의 활동가라는 의식을 구성하며 성장, 남성 중심적 성별 분업과 성의식, 성차별에 균열
김영천 외(2014). 한국 다문화아동 가르치기	다문화아동의 삶과 학교생활	• 질적 연구 • 참여 관찰 • 심층 면담	한국 다문화아동의 공부와 발달을 위하여 효과적인 지도 방법과 지원 방법 제공
이은지 외(2019). 탈북자들의 선행 교육 경험이 남한에서의 적응 및 정체성 형성에 미치는 영향에 대한 연구	탈북자들의 남한 적응 및 정체성 형성	• 질적 연구 • 심층 면담	북한에서의 교육 경험은 적응에 어려움을 겪었고, 자신의 정체성을 다양한 방식으로 새롭게 만들어 감

은폐', '정서적 · 사회적 고립과 우울' 등의 도전과 스트레스를 경험하고 있다. 그럼에도 그들은 '자신에 대한 긍정과 자존감', '사회적 관계에 대한 열망', '미래에 대한 희망과 기대', '긍정적으로 적응하고 발전시키는 능력'이 있었다.

세 번째 특징은 탈중심화 등의 해체 현상을 넘어 차연, 생성, 되기(becoming), 탈주, 사건 등의 미학을 연구에 적용하여 새로운 존재 방식을 제시하는 연구 경향을 보여주고 있다. 이것은 총체성이 각각의 부분에서 억압하고 제거한 고유한 특성과 영역을 복원하고 현실성 속에서 온전히 파악되지 않은 잠재성이라는 타자를 파악하기 위한 시도들이다. 그래서 Deleuze는 되기(becoming)를 통해 주어진 존재 방식에 저항하여 새로운 존재 방식을 제시하고 있다. 존재하더라도 끝없이 차이를 발생시키지 않으면 죽은 것과 마찬가지이다(이정우, 2008). Derrida(1986)가 '텍스트 밖에는 아무것도 없다'고 말하면서 언제나 관계성과 미분화가 존재한다고 말하는 것과 같은 맥락이다. 이에 욕망의 창조적 힘을 발휘하여 끝없는 차이를 만들어 나가려는 시도를 통해 하나의 정체성이나 주체성에 얽매이지 않고 여러 주체성들로 변이할 수 있도록 한다.

이 분야의 연구 주제는 교사, 상담자, 인권 활동가, 그리고 교육 등이고, 이들이 특정한 배치에서 벗어나 탈주를 통해 새로운 차이를 만들어 가는 것을 제안하고 있다. 이 분야의 특징은 주로 들뢰즈의 되기, 탈주, 생성, 사건 등의 개념을 이론적 개념으로 활용하고 있었다. 연구 방법으로는 심층 면담과 참여관찰의 질적 연구 외에도 후기 질적 연구를 활용하는 연구(안혜림 외, 2019; 정대현 외, 2020)도 있었다. 기존 질적 연구의 관심이 연구대상자의 주관적 경험 세계를 통해 인간 본질의 의미를 밝히는데 자료수집 및 분석 과정이 활용되었다면, 후기 질적 연구에서는 연구, 연구 참여자, 자료, 결과를 대상화하거나 분할시키지 않고 전체로 보며 모든 과정을 생성(generation)으로 본다(안혜림 외, 2019: 46). 이러한 연구들은 질적 연구의 글쓰기를 통하여 다양한 타자와 접속을 경험하고, 타자 이해를 넘어서 의식적인 '만인-되기'를 실험하고 있다(이정우, 2008). 각자 다양한 관계들에 접속하며 각자가 지닌 다양한 잠재적인 능력들을 발현하면서 능력들을 계속 증대할 수 있는 그런 존재가 되는 것을 의미한다.

대표적인 연구는 조지혜(2021)의 「청소년 인권 활동가들의 실천 행위에 관한 질적 연구: 저항, 탈주, 생성의 흐름을 중심으로」이다. 이 연구는 청소년 인권 활동가들의 실천 행위의 구성 및 의미화 과정을 탐구하고, 청소년들의 실천 행위에 담긴 교육학적 함의를 제시하고 있다. 이 연구에 따르면, 청소년 인권 활동가들의 실천 행위는 제도 안에서의 충돌과 저항, 제도 밖으로의 탈주, 새로운 제도를 만들기 위한 대안적인 생성이라는 다양한 스펙트럼 속에서 전개된다. 활동가들의 실천 행위란, 학교 교육과 사회제도를 통해 재현되고 재생산되는 청소년

〈표 4〉 새로운 존재 방식을 제시하는 연구 사례

저자 및 연구	연구 주제	연구 방법	연구 결과
안혜림 외(2019). 다시 현장으로 돌아간 한 유아교사의 사건화된 경험	유아교사의 사건화된 경험	• 후기 질적 연구 • 심층 면담	'배움'은 아이들과의 새로운 마주침을 꿈꾸는 교사로의 변형을 가져옴
김소연(2018). 상담자의 질적 연구 윤리로서의 윤리적 주체-되기	상담자들의 윤리 문제 대처	• 질적 연구 • 심층 면담	나의 존재 방식 반성 및 절대적인 타자의 얼굴에서 전달되는 무조건적인 환대에 대한 요청 수용
조지혜(2021). 청소년 인권 활동가들의 실천 행위에 관한 질적 연구	청소년 인권 활동가들의 실천 행위	• 질적 연구 • 참여 관찰 • 심층 면담	기성제도를 통해 재현되고 재생산되는 청소년에 대한 이미지와 담론들을 성찰하고 해체
정대현, 이현정(2020). 유아교사가 체험한 숲에서의 교육생성에 대한 후기질적연구	숲에서 생성된 교육의 의미	• 후기 질적 연구 • 참여관찰	'교육', '교육공간', '교육적 관계'라는 주제로 개별적 사태들이 재배치됨

에 대한 이미지와 담론들을 성찰하고 해체함으로써, 청소년 인권에 대한 민감한 감수성과 비판적인 사유의 능력을 기르는 과정이다. 더 나아가 청소년 개인의 차원에 머물던 저항 행위들을 집단적 차원의 저항 행위로 조직하면서 청소년들의 정치성과 주체성을 현실화하고자 했다.

2) 지식에 대한 권력적 탐구

한국의 포스트모던 질적 연구의 두 번째 영역은 '지식에 대한 권력적 탐구'이다. 보편타당한 지식 속에 내포된 권력의 문제를 탐구하는 이 분야는 지식과 권력의 구조적 유착 관계를 규명하기 위한 영역이다. 즉, 지식 속에서 권력이 어떻게 작동하고 있는지, 권력은 지식을 통해 어떻게 효과적으로 작동하는지를 탐구하기 위한 영역이다. 이 기준은 누구보다 지식의 객관성에 의문을 품고 그것의 정치적이고 이데올로기적 성격을 드러낸 푸코의 아이디어에 의해 개념화되었다(Foucault, 1980). 푸코에게 지식은 자의적이며, 진리란 보편적 합리성에 기반을 둔 것이 아니라 특정한 다수의 합리성과 관련이 있다. 그는 절대적인 진리나 보편적인 지식 따위는 존재하지 않는다고 강조하였다.

이 연구 영역의 첫 번째 특징은 우리 사회의 다양한 분야에서 지식 생산 과정을 담론분석 방법을 통해 분석하는 연구 경향을 보인다. 즉, 지식은 담론 특유의 선택성과 배제성을 통해 권력을 행사할 뿐만 아니라 권력 또한 지적 담론을 통해 스스로 어떻게 정당화되고 있는지를 분석하고 있다. 푸코는 담론이 어떻게 구성되는지, 담론이 어떻게 제도를 구성하는지,

〈표 5〉 지식 생산 과정을 분석하는 연구 사례

저자 및 연구	연구 주제	연구 방법	연구 결과
홍지아(2022). 젠더갈등은 어떻게 우리 사회의 주요 담론이 되었는가?	젠더갈등	• 담론분석	젠더갈등 발화는 정치권과 온라인이며, 정치인들과 남초 커뮤니티 등 소수의 담론 엘리트임
신진욱, 조은혜(2020). 세대균열의 현실, 세대담론의 재현	세대 균열	• 비판적 담론 분석 • 담론사 분석	한국의 세대관계를 일차원적인 지배/종속, 수혜/피해, 수탈/박탈 관계로 왜곡
이선우(2022). 프랑스의 위기를 진단하는 극우 담론에 대한 비판적 분석	프랑스 극우 담론	• 문서분석	프랑스 극우 담론은 이데올로기적인 맹점과 확장성의 한계를 품고 있음
박보현, 한승백(2018). 한국 스포츠의 폭력 문화에 관한 이론적 고찰	스포츠 폭력 문화	• 문헌 연구 • 심층 면담	스포츠 문화에서 자행되는 폭력은 지도법에 해당되는 지식 담론의 지위에 놓여 있음
서정훈(2015). M. Foucault의 권력 지식 관계론에 기초한 한국의 복지 담론 해석	복지 담론	• 담론 분석	복지와 성장의 균형 등 의존적이고 시혜적인 복지를 배제하는 지배적인 인식 체계 형성

또 반대로 어떻게 제도가 담론을 구성하고 규제하는지와 같은 것에 관심을 두었다. 또한 어떻게 텍스트가 현재와 같은 형태로 존재하게 되었는지를 설명하고 해석하며 그것이 진정 무엇을 의미하는지를 밝히려고 하였다(김영천, 주재홍, 2011). 이 연구들은 푸코의 담론에 대한 이러한 통찰을 바탕으로 우리 사회제도 안의 담론이 무엇을 선택하고, 무엇을 배제하는지를 체계적으로 드러내고자 하였다.

이 분야의 연구 주제는 세대 불평등, 스포츠 폭력 문화, 젠더 갈등, 복지 담론, 프랑스 극우 담론 등이고 주로 우리 사회의 지식 생산 과정을 담론분석 방법을 통해 분석하고 있다. 연구 방법은 주로 푸코의 담론분석 방법을 활용하여 한국 사회제도 안의 담론이 그 사회가 배제하고자 하는 것을 체계적으로 어떻게 배제하는지를 드러내고 있다. 특히, 신진욱, 조은혜(2020: 63)는 세대 불평등 담론 유래에 대한 분석에서 담론사 분석 방법을 활용하고 있다. “담론의 ‘행위’, ‘사건’, ‘유형’이라는 세 분석적 차원을 입체적으로 조명”하고 있다는 점에서 특징적이다. 이 분야의 연구들은 우리 사회에서 논쟁적인 주제들은 젠더, 세대, 복지, 스포츠 폭력 등에서 당연하게 받아들이고 있는 담론이 누구에 의해 어떻게 생성되고 어떻게 정당화되고 있는지를 분석하여 제시하고 있다.

대표적인 연구는 홍지아(2022)의「젠더갈등은 어떻게 우리 사회의 주요 담론이 되었는가?: 보수언론의 젠더갈등 기사 분석을 중심으로」이다. 이 연구는 최근 우리 사회의 젠더 갈등 담론이 누구에 의해 주도되고 있는지, 누구의 목소리를 반영하고 있는지, 그리고 그 내용은 무엇인지를 구체적으로 보여주고 있다. 한국의 보수언론이 생산하는 젠더갈등 담론은 발화되거나 논의되는 공간의 대부분은 정치권과 온라인이었으며, 그 이슈에 대한 주요 발화자는 정치인들과 남초 커뮤니티 등 소수의 담론 엘리트라고 분석하였다. '역차별 받는 이대남'의 전략적 소환은 '여성에 대한 구조적 성차별은 존재하지 않음'을 전제로 여성 우대정책을 펴는 여가부를 젠더갈등의 유발자로 비판하고 있다. 또한 '역차별 받는 남성'과 '남성을 혐오하는 여성'의 대립구도를 통해 젠더갈등 담론을 더욱 구체화한다. 20대 남성의 역차별에 집중하는 젠더갈등 담론으로 인해 노동 현장에서의 성차별, 돌봄노동의 젠더화로 인한 기혼 여성의 경력단절, 성폭력에 대한 여성의 일상화된 공포 등, 20대 남성의 시각에서는 보이지 않는 젠더갈등의 이슈들을 외면하거나 축소한다. 결국, 연구자는 남녀가 동등한 기회를 누리는 교육을 제외한 노동, 돌봄, 젠더화된 범죄의 영역에서 이루어지는 구조적 성차별에 대한 논의를 배제하는 기형적 젠더갈등 담론이 생산되고 있다고 비판하고 있다.

두 번째 특징은 권력이 타자의 억압을 정당화하기 위해 어떤 지식을 만들어 지배의 담론으로 유포하고 있는지를 분석하는 연구 경향이다. 푸코는 권력이 정신병자, 범죄자, 동성애 등 비정상의 실체를 규정짓는 메커니즘을 파헤친다. 즉, 지식-권력이 어떻게 지배의 장치를 만들어왔는지를 폭로한다. 그는 합리성이나 효율성이라는 이름으로 근대 모더니티가 타자들을 박해하는 것을 정당화하기 위해서 인구학, 우생학, 통계학, 정신의학 등과 같은 지식들을 만들어 지배해왔는지를 밝힌 것이다(심세광, 2007). 이 분야의 연구들은 지식-권력이 우리 사회의 약자와 소수자들을 어떻게 타자로 배제하고 있는지, 그리고 현 체제가 배제해 버린 역사와 기억을 새롭게 들추어내고 있다. 더 나아가 다문화 이주 여성과 노동자, 여성, 동성애 또는 성소수자 등 우리 사회의 소수자들에 대해 현 체제가 각인시킨 기억 이외에 새로운 기억, 대안적 기억들을 새롭게 규명하고 있다.

이 분야의 연구 주제는 외국인 가사 노동자 도입 정책, 노숙자 담론, 결혼이주여성 중심의 다문화 담론, 성소수자 관련 교육정책 등이었다. 연구 방법으로는 주로 푸코의 담론분석 방법을 활용하고 있지만 특이하게 'WPR 방법'을 활용한 연구도 있었다. 이 방법은 Bacchi의 "What's the Problem Represented to be?"(WPR) 분석틀을 준거로 분석하는 방법이다(강윤성, 손준종, 2023: 40). 이 분야의 연구들은 우리 사회의 소수자 관련 정책 담론이 어떻게 지배의 장치를 만들어 그 담론이 정당화되고 있는지를 분석하고 있다. 인종, 계급 및 성별에 대한 이해를 포함하여 일상생활 속의 고정 관념과 이데올로기가 이러한 담론적 실천을 통해 어떻게 생산되고 있는지를 분석하여 제시하고 있다.

가장 대표적인 연구로 김화연, 이나영(2024)의「외국인 가사 노동자 도입 정책에 대한 비판적 담론분석: 인종화된 젠더 질서의 재생산」이다. 이 연구는 외국인 가사 노동자 도입 정책

〈표 6〉 타자의 억압을 정당화하는 담론의 유포를 분석하는 연구 사례

저자 및 연구	연구 주제	연구 방법	연구 결과
김화연, 이나영(2024). 외국인 가사노동자 도입 정책에 대한 비판적 담론 분석	외국인 가사 노동자 도입 정책	비판적 담론 분석	'저출산'이 '국가적 위기'로 외국인 가사노동자 정책 도입과 저임금이 정당화되고 있음
석희정, 이혁구(2004). 푸코의 권력이론을 통해 조망한 노숙자 담론분석	노숙자 담론	담론분석	노숙자에 대한 담론이 배제와 포섭의 조합전략으로 형성되고 있음
홍지아(2010). 젠더적 시각에서 바라본 한국 언론의 다문화 담론	다문화 담론	비판적 담론 분석	결혼이주여성들은 엄격한 가부장적 가치의 실천자와 한국인이 베푸는 각종 시혜정책의 수혜자
강윤주, 손준종(2023). 성소수자 관련 교육정책에 대한 반동성애 담론분석	성소수자 관련 교육정책	WPR의 구체적 방법	성 본질주의, 이성애 규범성, 금욕주의 성 담론을 전제로 교육정책을 정당화 하고 있음

에 대한 담론분석을 통해 우리 사회에서 인종화된 젠더 질서가 어떻게 재생산되고 있는지를 규명하고 있다. 이 연구에 따르면, '저출산'이 '국가적 위기'로 의미화되는 과정에서 외국인 가사 노동자 정책 도입과 저임금이 정당화되고 있었으며, 이 과정에서 여성은 다시 재생산과 돌봄노동의 주체로 위치지어졌다. 이는 성별 분업 구조의 근본적인 재고가 없는 상황에서 시장화된 돌봄 및 가사노동은 교차적 차별을 심화시키는 기제가 될 수 있음을 시사한다. 돌봄의 부담을 '또 다른 여성'에게 전가하는 방식은 젠더 질서의 재생산이라는 측면에서도 문제적일 뿐만 아니라, 한국 사회에서 '위기'의 원인을 반복한다는 점에서 근본적 해결책이 될 수 없다고 비판하고 있다.

세 번째 특징은 지식-권력 두 요소가 결합되어 인간 주체가 어떻게 형성되는지를 분석하는 연구 경향을 보인다. 주체성 자체는 하늘에서 떨어지는 것이 아니라 만들어지는 것이며, 그 자체가 권력의 작동을 함축하고 있다(이정우, 2004). 달리 말해서 역사적으로 배제당하는 사람들의 정체성은 본질적 실체로 존재하는 것이 아니라, 시대와 상황에 따라 동일자가 바뀜에 따라 역사 속에서 형성되고 바꾸어 가게 된다(곽영순, 2009). 푸코의 지식-권력 틀에 따르면 개인은 담론적 실천의 산물이다. 지식은 사고하는 주체의 표상이나 모방이 아니라 담론적 실천의 산물이다. 그리고 지식은 권력을 생산한다. 이러한 점에서 주체는 권력과 지식의 공모에 의해 형성된다. 특히, 이러한 연구가 중요한 이유는 억압되고 배제된 역사와 기억을 해체하고 재구성하여 다른 기억을 제공함으로 다른 주체를 만들 수 있는 가능성을 제공하기 때문이다. 주체가 어떻게 형성되는지를 밝혀 새로운 기억을 구성해야 새로운 주체와 새로운 삶으로 거듭날 수 있다.

이 분야의 연구 주제는 마이스터고의 노동 주체 형성 기제, 남성 페미니스트 주체화의 규범, 중등 과학교사의 정체성, 태권도시범단 활동을 통해 형성되는 주체 유형 등이었다. 연구 방법으로는 심층 면담, 참여 관찰 등을 통한 질적 연구 방법을 활용하고 있었다. 푸코는 그의 전기 사유에서 주로 담론분석을 통해 타자의 정체성, 즉 주체성이 동일자에 의해 어떻게 규정되고 있는지를 분석했다. 하지만 이 분야에서 한국의 연구들은 주로 질적 연구 방법을 통해 주체 형성 기제, 유형, 규범 등을 분석하고 있다는 점이 특징적으로 차이가 있었다. 푸코가 지식-권력 복합체가 어떻게 주체를 만들었는지를 분석한 것처럼, 이 연구들은 주로 우리 사회의 학교, 젠더, 스포츠 분야에서 권력의 작동에 의해 타자의 정체성이 어떻게 규정되고 있는지를 분석하고 있다.

가장 대표적인 연구로 류지현(2024)「역담론으로서 페미니즘과 규범들: 남성 페미니스트 주체화에 개입하는 규범은 무엇인가?」를 들 수 있다. 이 연구는 남성 페미니트스트의 주체화에 개입하는 규범을 밝히고 있다. 특히, 지배담론에 대항하는 역담론(reverse-discourse)으로서 페미니즘의 대안적인 사유를 가능하게 함과 동시에 무엇이 합리적이고 도덕적인 관점인지를 제공하고 있다. 이 연구에 따르면, 남성 페미니스트들은 페미니즘 지식 생산의 주체가 아닌 '겸손하게' 배우는 위치에 있음을 반복적으로 강조했으며, '호모소셜 균열'을 주요한 정치적 목표로 설정, 수행하고 있었다. 또한, 남성 권력을 '성찰'하며 여성의 목소리를 존중하고 발언권을 빼앗지 않으려 주의를 기울이고 있었으며 이 과정에서 때때로 꼭 필요한 발화나 정당한 문제 제기조차 자제해야 하는 딜레마를 겪기도 했다. 그리고 '학습자 행동양식'과 '절제된 정치적 실천', 그리고 '조신한 남성성 규범'이 작동하고 있음을 읽어내고, 가부장제가 여성

〈표 7〉 인간 주체가 어떻게 형성되는지 분석하는 연구 사례

저자 및 연구	연구 주제	연구 방법	연구 결과
김미숙(2015). 마이스터고의 노동 주체 형성 기제에 대한 질적 사례연구	노동 주체 형성 기제	• 질적 연구 • 참여 관찰 • 심층 면담	취업이 잘되는 노동 주체로 만들기 위해서 학생들의 몸, 행동, 지식을 특정한 방식으로 훈육
류지현 2024). 역담론으로서 페미니즘과 규범들	페미니스트 주체화 규범	• 질적 연구 • 심층 면담	남성 페미니스트들은 '겸손하게' 배우는 위치에 있음을 반복적으로 강조
신세인, 이준기(2022). 중등과학교사의 유튜버 경험과 정체성에 대한 연구	중등 과학교사의 정체성	• 사례 연구 • 심층 면담	학교 안에서 한정되던 과학교사의 정체성과 욕구가 유튜브라는 새로운 공간에서 확장
김동현(2021). 태권도시범단 활동을 통해 형성되는 주체 유형	주체 형성 유형	• 질적 연구 • 심층 면담	자율적 통제, 자기희생, 위계에 의한 복종, 외형 관리의 형태로 권력에 순응하는 주체

에게 강조해 온 순응적이고 순종적인 이미지가 기계적으로 뒤집힌 채 남성 페미니스트들에게 일부 적용되고 있음을 주장한다.

3) 인간의 주관성과 위치성 탐구

한국 포스트모던 질적 연구의 세 번째 영역은 '인간의 주관성과 위치성 탐구'이다. 이 영역은 연구 수행 과정에서 은연중에 반영된 연구자의 고유한 입장을 해체하기 위한 것으로 연구자 자신의 정체성과 위치를 검토하여 이를 연구 과정과 재현에 드러내는 경향을 말한다. Guba와 Lincoln(2005)은 이러한 연구 경향을 연구자 자신에 대해 비판적으로 반성하는 과정인 성찰(reflexivity)이란 특성으로 설명하고 있다. 주체의 개념을 한낱 언어적 · 역사적 구조의 산물로 간주하는 포스트모더니즘은 인간을 특정한 시간적, 공간적 배경 속에서 자신의 고유한 입장에 근거하여 주어진 현상을 추론하고 개념화하는 것으로 이해한다(Denzin & Lincoln, 2000). 연구자의 어떤 인식이나 재현도 항상 언어, 성별, 사회계층, 인종, 민족성 등의 렌즈를 통해서 해석되고 걸러지게 되는 것이다. 이에 연구자는 자신의 맥락적 위치를 스스로 자각하고 그 특수한 조건들을 다양한 방식으로 드러내고 있다.

이 연구 영역의 첫 번째 특징은 질적 연구자가 자신의 연구에 어떤 사회적 조건과 주관이 개입했는지를 독자들에게 밝히는 경향을 보인다. 이것은 연구에 대한 연구자의 태도와 관계를 탐구하는 것으로 연구자를 객관적이고 중립적인 입장에서 연구를 수행하는 것이 아니라 불완전하고 문제화하는 것을 말한다(Alvesson & Sköldberg, 2000; Grbich, 2004). 즉, 연구 도구로서 자신에 대한 성찰로 연구의 전 과정이 외부에 대한 객관적인 탐구에 그치지 않고 자아에 대한 복잡한 물음을 던지는 것을 의미한다(김선아, 2009). 이에 연구자는 연구 과정에 어떤 영향을 미쳤을지도 모르는 자신의 관점과 태도에 대한 솔직하고 반성적인 기록이 필요하다. 예컨대, 연구 장소의 선정, 자료의 수집, 결과의 해석과 표현 등에 무의식적으로 반영된 자신의 주관성을 의식적으로 해체하는 작업이다(주재홍, 김영천, 2012).

이 분야의 연구 주제로 한국 다문화아동과 학부모의 삶, 교사의 예술성, 유치원 대체 교사의 경험 등 학교 또는 교육 관련 주제가 많았다. 연구 목적을 달성하기 위해 주로 심층 면담, 참여관찰, 수업 관찰일지, 반성 저널 등의 질적 연구와 자기 연구 방법 등을 주로 활용하였다. 특히, 김영천은 참여관찰, 심층 면담 등의 방법을 통해 수행한 질적 연구에서 '서구와 백인에 대한 열망으로 가득찬 연구자 자신의 해체'(김영천, 2011), 한 인간으로서 연구자 자신의 주관성에 대한 적극적인 반성과 비평(김영천 외, 2014)을 연구 과정에 매우 구체적으로 독자들에게 드러내고 있다. 이 분야의 연구들은 연구자가 지닌 고유한 입장과 제한된 관점을 문제시하면서 연구자의 자기반성성을 적극적으로 활용하고 있었다. 이를 통해 연구자는 자신과 다른 사람들, 문화들, 신념들과 가치들을 해석하고 분석하는데 조금이나마 더 객관적이고 진실하게 이해하고 묘사할 수 있기 때문이다.

대표적인 연구 사례로 김영천(2011)의 『가장 검은 눈동자: 한국 다문화아동의 슬픈 자화상』을 들 수 있다. 다문화아동과 그 부모들을 연구 참여자로 하여 다문화아동의 삶과 학교생활을 분석하는 이 연구에서 연구자는 서구와 백인을 열망하는 자신의 지배적 입장을 해체하고 있다. 그는 미국에서 겪은 인종적 편견과 차별의 경험들이 자신이 가졌던 "백인에 대한 동경과 '백인 되기'의 신화"는 자신이 만들어 놓은 잘못된 허상이라는 사실을 알게 되었다고 고백하고 있다(김영천, 2011: 24). 그는 이러한 경험을 연구에 드러내며 자신이 어떻게 해체되는지, 그 자신을 어떻게 해체하고 있는지 그 과정을 구체적으로 보여주고 있다. 연구자로서 저자는 서구화된 그리고 백인화된 인종관이 그동안 자신의 삶에서 어떻게 작동하였고 삶에 영향을 끼쳤는지를 적극적으로 드러냄으로써 추후에 있게 될 동남아시아 출신의 학생들에 대한 연구에 있어서 가질 수 있는 인종적 차별의식과 태도를 최소한으로 인식하고 그 영향을 최소화하려고 한 학구적 자세는 매우 교육적이면서 자기 해체적이라고 할 수 있다(주재홍, 2021).

두 번째 특징은 연구자와 연구 참여자의 사회적 구성과정에 대한 자기반성적 경향을 보인다. 이것은 연구자 자신의 역할을 축소하는 대신 연구 참여자들과 관계에 초점을 맞추는 것이다(Fontana, 2004). '저자의 제거'(Marcus and Fisher, 1999 : 김영천, 2015 : 477 재인용)나 '저자의 죽음'(Marcus and Fisher, 1999 : 김영천, 2015 : 671 재인용)으로 일컬어지듯이 포스트모던 인

〈표 8〉 어떤 사회적 조건과 주관이 개입했는지를 독자들에게 밝히는 연구 사례

저자 및 연구	연구 주제	연구 방법	연구 결과
김영천(2011). 가장 검은 눈동 한국 다문화아동의 슬픈 자화상	한국 다문화 아동의 삶	• 질적 연구 • 심층 면담 • 참여 관찰	한국 다문화아동의 삶과 학교 생활을 구체적으로 밝힘
김영천 외(2014). 한국 다문화아동 가르치기	다문화아동의 삶과 학교생활	• 질적 연구 • 참여 관찰 • 심층 면담	한국 다문화아동의 공부와 발달을 위하여 효과적인 지도 방법과 지원 방법 제공
김외순(2018). 자기연구를 통한 교사의 예술성 찾기	교사의 예술성	• 질적 연구 • 자기 연구	교사 자신의 내면의 변화에 따른 교사의 예술성을 밝힘
김효진(2018). 자기 연구를 통한 유치원 대체교사 경험의 질적 탐구	유치원 대체 교사의 경험	• 수업관찰일지 • 반성적 저널	대체교사 경험의 반성적 성찰은 체계적인 대체교사 지원제도의 개선 방향에 대한 의미를 제시

간 이해는 질적 연구의 주관적 저자로서 연구자의 위치와 지위, 권력을 문제시한다. 이에 연구자가 연구 참여자와 라포를 형성하여 연구 참여자를 이해하는 관계가 구성되도록 자신을 연구자료의 하나로 만들어야 하고 최소화된 연구자의 영향력 속에서 연구 참여자가 구성되는 과정뿐만 아니라 연구자의 구성과정에 대해서도 비판적으로 성찰해야 한다는 입장에 따라 요구되는 행위를 말한다(양영자, 2017). 예컨대, 이성애자인 연구자가 동성애를 다룬 연구에서 동성애자들에게 가깝게 다가갔다고 글에서 이야기하고 쓰기는 하지만 그들과의 연구 관계는 실제로 그렇지 못할 수가 있다. 그러한 경우에 우리가 간주하는 연구자료, 자료의 수집 과정은 그렇게 진실하다고 간주하고 평가하기가 어렵다. 그렇기 때문에 연구자들은 연구 참여자들과의 관계에 초점을 맞추어서 라포르를 형성하는 것이 매우 중요하다(주재홍, 김영천, 2012: 45).

이 분야의 연구 주제는 페미니즘 질적 연구에서 연구자의 윤리 문제와 젠더 이분법에 대한 성찰, 연구자의 연구 윤리 딜레마, 연구자 자신에 대한 분석, 질적 연구에 대한 자기성찰 등이다. 주제의 특성상 연구자 자신에 대한 성찰과 반성, 딜레마, 자기분석 등을 통해 연구자의 위치를 문제시하고 있다. 연구 방법으로는 심층 면담, 공동 인터뷰, 참과 관찰, 연구자의 성찰 일지 등의 질적 연구 방법과 포스트모던 질적 연구 방법 등을 활용하고 있었다. 특히, 시를 활용한 실험적 글쓰기를 시도하고 있는 임민정(2014)의 연구는 주목할 만하다. 그녀는 연구자료를 시로 변환하기 전에 연구자 자신이 이전에 수행했던 질적 연구 경험을 재방문하여 연구자의 위치성과 면담 과정에서 체험된 관계 맥락을 성찰하고 있다. 또한 공동 인터뷰 방법을 활용하고 있는 김보화, 지승경(2009)은 페미니스트 연구를 수행하는 과정에서 여성주의 연구 방법론과 연구자들의 의식이 충돌하는 지점을 발견하고 연구자 자신들에 대한 분석을 선행하고 있다. 질적 연구에서는 드물게 포스트모던 질적 연구 방법을 활용하고 있는 양영자(2017)의 연구도 참고할 만하다. 이 방법에 따르면 "다양한 유형의 자료는 질적 연구의 일반적인 분석 방법인 연속적 분석과 재구성적 분석 방법에 따라(Flick, 2006 : 287-307; Rosenthal, 2011 : 174-211) 분석한 후, 이를 다시 포스트모던 관점에서 자기반성적으로 성찰하고 있다(양영자, 2014: 147).

대표적인 연구로 양영자(2017)의 「질적 연구 경험에 대한 자기성찰지 : 독일로 떠난 한인 간호여성의 사회운동 과정에 대한 생애사」를 들 수 있다. 연구자는 질적 연구의 결과가 연구자의 세계관과 윤리관이 반영된 것인바, 질적 연구의 과정에 대한 자기반성적 성찰이 필요하다고 주장한다. 이에 "독일로 떠난 한인 간호여성의 사회운동 과정에 대한 생애사 연구" 경험에 기초하여, 포스트모던 접근 방법에 따라 자기반성적으로 성찰하고, 그 결과를 연구자

〈표 9〉 연구자와 연구 참여자의 사회적 구성과정에 반성적인 성찰의 연구 사례

저자 및 연구	연구 주제	연구 방법	연구 결과
김연주(2011). 페미니스트 참여 관찰 연구에 대한 성찰	연구자의 윤리 문제	참여 관찰 인터뷰	연구자는 연구 결과물뿐 아니라 과정도 참여자들에게 도움이 되는 방식으로 진행되어야 함
양영자(2017). 질적 연구 경험에 대한 자기성찰지	질적 연구 경험의 자기성찰	포스트모던 질적 연구	자기 자신과 타인, 사회에 대한 상호의 이해가 확장되는 공통적인 경험을 하게 됨
서덕희(2012). 사회적 소수자 연구 윤리로서의 '초월'	연구자의 윤리적 딜레마	연구자의 성찰일지	질적 연구자들은 윤리적 주체로 서야 하며, 이를 위해 실존적이며 교육적인 힘을 가져야 됨
김보화 외(2009). 연구자의 젠더 이분법이 연구자의 위치에 대한 질문으로 돌아오다	연구자의 젠더 이분법에 대한 성찰	공동 인터뷰	연구자들의 이분법적 전제를 사유하게 하였으며, '차이'에 대한 '성찰'을 수반하게 함
임민정(2014). 시를 이용한 질적 연구 경험으로의 초대	시를 통한 실험적 글쓰기	심층 면담	텍스트가 지닌 다의적이고 중층적인 의미를 탐구하고, 능동적 의미구성과 열린 해석 제공

의 주관성을 드러내는 데에 가장 적합한 글쓰기 방법인 자서전적 글쓰기 방법에 의해 기록하였다. 그 결과, 질적 연구의 과정은 연구 참여자가 배제된 연구계획서가 기획 · 작성 · 제출된 데 이어, 연구자의 일방향적 관계 맺기를 통해 '문화적 불청객'으로 받아들여진 관계가 형성되었고, 이후 연구자와 연구참여자 간 쌍방향적인 관계 맺기의 노력 속에서 '문화적 동료' 및 '친구'의 관계로 발전되는 변화가 이루어졌으며, 이 과정에서 자기 자신과 타인, 사회에 대한 상호의 이해가 확장되는 공통적인 경험이 이루어지고 있는 것으로 분석하였다.

4) 비언어적 상징과 표상 체계의 탐구

한국의 포스트모던 질적 연구의 네 번째 영역은 '비언어적 상징과 표상 체계의 탐구'이다. 이 분야는 연구 결과를 어떻게 표현할 것인가의 문제를 탐구하기 위한 영역이다. 연구자들이 대상과 상황을 좀 더 자유롭게 표현하고, 다양한 글쓰기 전략을 통해 연구 결과를 표현하는 연구 경향을 말한다. 언어가 실재를 반영할 수 없다는 포스트모던 철학은 인간이 언어를 통해 언어 밖의 대상을 정확하고 객관적으로 재현할 수 있다는 가능성을 거부한다(Derrida, 1981). 이에 질적 연구에서는 표현과 글쓰기에 대한 다양한 형식의 새로운 표현 양식들에 주목하게 되었다. "글쓰기와 텍스트의 특징에 대한 중요성을 강조하기 위해 문화 연구자들은 다양한 메타포를 이용한다(Alvesson & Skőldberg, 2000: 199)."

이 연구 영역의 첫 번째 특징은 연구물의 자유로운 형태와 표현형식을 방법적으로 모색한 연구 경향을 보인다. 이 분야의 연구들은 연구물의 경직된 포맷이나 글쓰기 상의 언어를

의도적으로 다양화시키는 전략을 제시한다. 전통적으로 고정된 연구물의 형태와 구성 체계를 변형시킴으로써 그 형식 자체에서 연구 결과의 일치될 수 없는 불연속적 의미를 암시적으로 부각시키는 경우도 있다(유혜령, 2011: 526). 이 연구들은 언어가 실재를 반영할 수 없다는 포스트모던 패러다임에 근거하여 대상과 상황을 좀 더 자유롭게 표현할 수 있는 방법과 전략들을 이론적으로 제시하고 있다.

이 분야의 연구 주제는 형식의 파괴와 해체, 재구성의 자유로운 실험(유혜령, 2011), 예술기반 교육 방법론(강은영, 2009; 김선아, 2009), 연행적이고 심미적 경향의 재현(배은주, 2008), 포스트모던 글쓰기 방법(이경준, 이원일, 김영준, 2011) 등에 해당하는 구체적인 글쓰기 방법들을 제시하고 있다. 연구 방법으로는 대안적이고 실험적인 글쓰기 방법들을 구체적으로 제시하기 위해 대부분 문헌 연구를 활용하고 있었다. 예컨대, 만화의 가치를 투영하고 있는 그래픽 노블의 연구 방법론(하일, 2023), 시, 소설, 연극, 자서전 등의 문학적 글쓰기 방법(김영천, 이희용, 2008) 개인적 내러티브, 탈장르적 글쓰기, 포스트모더니즘 글쓰기, 예술적 글쓰기(김영천, 주재홍, 2008; 김영천, 이동성, 2013) 등이 바로 그것이다. 이러한 연구들은 질적 연구자들이 자신과 타인의 경험을 표현하고 묘사하는데 사실적 글쓰기 방법 이외에도 다양한 표현의 방법들이 있다는 사실을 제시하고 있다. 이러한 탈장르적 글쓰기 연구 문화는 질적 연구에서 있어서 새로운 글쓰기의 세계를 창조하는데 기여하게 되었다(주재홍, 김영천, 2012).

대표적인 연구로 하일(2023)의「그래픽 노블을 통한 예술기반 연구 방법론 고찰」이다. 이 연구는 남녀노소 누구나 가볍고 쉽게 즐길 수 있는 수단으로 인식된 매체인 만화를 통한 글

〈표 10〉 연구물의 자유로운 형태와 표현형식을 방법적으로 모색한 연구 사례

저자 및 연구	연구 주제	연구 방법	연구 결과
김영천(2013b). 질적연구방법론 3: Writing	질적 글쓰기와 구체적인 방법들	문헌 연구	실험적이고 대안적인 글쓰기 방법 등의 방대한 내용을 매우 체계적으로 정리
하일(2023). 그래픽 노블을 통한 예술기반 연구 방법론 고찰	예술기반 연구 방법	문헌 연구	만화의 가치를 투영하고 있는 그래픽 노블이 갖는 방법론적 가치를 다양한 전략을 통해 제시
김영천, 이희용(2008). 질적 연구에서의 글쓰기	문학적 글쓰기	문헌 연구	시, 연극, 소설, 자서전 등의 표현 방식과 구체적인 사례
김영천, 이동성(2013). 질적 연구에서의 대안적 글쓰기 이론화 탐색	대안적 글쓰기	문헌 연구	문학적 글쓰기, 예술적 글쓰기, 포스트모던 글쓰기 방법을 제시
김영천, 주재홍(2010). 질적 연구에서의 글쓰기	다양한 질적 글쓰기 접근	문헌 연구	학문적 개인적 내러티브, 탈장르적 글쓰기, 포스모더니즘 글쓰기 방법을 구체적으로 제시

쓰기 방법에 주목하고 있다. 만화는 독특한 형식을 통해 Rodolph Töpffer(1799-1846)가 현대적 만화의 형식을 완성한 이후, 대중성을 담보로 다양한 형식과 가치를 실험하며 발전했다. 역사적 가치를 기록하기 위한 용도로, 대중을 선동하기 위한 광고물로, 그리고 매체의 홍보를 위해, 때로는 저항의 상징으로 등 다양한 형태와 용도로 변신을 거듭하며 아직도 우리 곁에 머물며 그 진가를 드러내고 있다. 만화는 이처럼 대중성이라는 강력한 수단을 통해 언어의 제약을 뛰어넘어 정보를 전달할 수 있는 매체로 기능을 수행한다. 또한 Eisner(1917-2005)는 만화의 예술적, 철학적 가능성을 시험하며 그 진가를 확인, 그래픽 노블(Graphic-Novel)이라는 만화의 새로운 가능성을 제시했다. 그의 노력 이후, 만화는 사실을 기록하고, 인간의 내면을 투영하며, 나아가 학문적 가치를 드러내기 위한 논문의 형식으로까지 그 활용범위를 넓히게 되었다. 이 연구는 이런 만화의 가치를 투영하고 있는 그래픽 노블이 갖는 연구로써의 방법론적 가치를 다양한 전략을 통해 제시하고 있다.

두 번째 특징은 연구 결과를 언어 이외의 비언어적 상징 체계 또는 자유로운 형식을 활용한 글쓰기 형식으로 표현하여 새로운 시도를 한 연구 경향을 보인다. 즉, 전통적인 방식으로 글쓰기를 하는 것이 아니라 공연 형식의 연구보고서를 작성함으로써(예: 시, 드라마, 영화, 수필, 소설 등) 독자들에게 반향을 일으킬 수 있는 기회를 제공한다(Clandinin & Connelly, 2000; 이경준, 이원일, 김영준, 2011: 94에서 재인용). 이것은 특히, 텍스트와 콘텍스트의 간극을 줄이는 새로운 표현 방식으로 '연행적 경향(performative approach)'이라 부르기도 한다(배은주, 2008: 13). 이러한 연구들은 전통적으로 고정된 연구물의 형태와 구성 체제를 변형시킴으로써, 그 형식 자체에서 연구 결과의 일치될 수 없는 불연속적 의미를 암시적으로 부각시킨다(유혜령, 2011).

이 분야의 연구 주제는 한국 다문화아동의 삶, 영유아 부모들의 교육격차에 대한 담론, 문학 상담 집단 프로그램에 기획 및 진행 경험, 그리고 디지털 시대에 블로그의 가능성과 예술적 표현 등이다. 연구 방법으로는 질적 사례연구 외에도 매우 실험적이고 대안적인 방법을 통해 연구 결과를 표현하고 있다. 특히, 류지선, 김영천(2015)은 기존의 이미지를 선택하고 재구성하는 직관적 특성의 예술적 표현 방법인 콜라주를 통해 한국 다문화아동의 삶을 정서적으로 공감하게 하고 다양한 해석과 생각을 이끌어내고 있다. 또한 김경희(2020)는 문학 상담 집단 프로그램을 기획하고 참여자들의 활동을 촉진하기 위해 강의를 했던 현장에서의 경험을 고백적-비유적 글쓰기와 다성적 시쓰기를 통해 성찰하고 있다. 이를 통해 상담과 예술(문학)교육 사이에서 실천가로서 갖는 연구자의 문제의식과 고민을 드러내고자 하였다. 김경희(2020)는 결혼이주여성을 중심으로 이주민들의 경험을 가능한 왜곡이나 굴절 없이 드러낼 수 있는 재현의 방식으로 민족지학적 이야기를 활용하고 있었다.

〈표 11〉 비언어적 상징 체계 또는 자유로운 형식으로 표현한 연구 사례

저자 및 연구	연구 주제	연구 방법	연구 결과
류지선, 김영천(2015). 질적 연구에서의 콜라주 표현기법 탐색	다문화아동의 삶 재현	콜라주	콜라주는 직관적 특성을 지니며 텍스트의 논리적 사고를 벗어나 주제를 새롭게 인식
임민정(2014). 시를 이용한 질적 연구 경험으로의 초대	부모들의 교육 격차에 대한 담론탐색	질적 사례연구	질적 연구 경험을 재방문하여 면담 과정에서 체험된 관계 맥락을 성찰하여 연구 자료를 시로 표현
손병돈(2008). 디지털 시대의 새로운 글쓰기로써 블로그의 예술적 표현에 관한 사례 연구	디지털 시대의 글쓰기	질적 사례연구	블로그 글쓰기는 스타일을 확장하고, 상호주관성 참여를 불러일으키고 나와 자아를 넘어선 표현
김경희(2020). 한 교수의 문학상담 집단 프로그램 기획 및 진행 경험에 대한 예술기반 자문화기술지	문학상담 집단 프로그램 진행 경험	예술기반 자문화기술지	연구자의 활동경험을 '세탁선' 아틀리에라는 다성적 콜라주 시로 재현
김영옥(2014). 결혼 이주여성의 경험 쓰기	결혼이주여성의 경험 쓰기	민족지 이야기	글쓰기에 내재한 주체와 텍스트, 대상, 독자 사이에는 존재하는 표현 및 소통의 문제 해결

김영옥(2014)의「결혼이주여성의 경험 쓰기: 새로운 재현 방법으로서의 민족지적 이야기 생산」은 대표적인 연구로 주목할 만하다. 이 연구는 기본적으로 모든 재현에는 왜곡이나 굴절의 위험이 불가피하게 존재한다는 문제의식에서 출발한다. 이에 민족지 이야기는 객관적 탐색과 주관적 상상력이 결합된 언어를 사용함으로써 이주민의 경험을 느끼면서 이해할 수 있도록 도울 수 있다고 주장한다. 또한 민족지 이야기는 텍스트를 구성하는 세 개의 꼭짓점, 즉 연구자와 민족지 기술의 행위자들, 그리고 독자에 대한 성찰을 텍스트 생산 과정에 포함시킨다. 이러한 재현의 방식을 통해 연구자는 글쓰기에 내재한 주체와 텍스트, 대상, 독자 사이에는 표현 및 소통의 차원에서 지속적으로 시도와 좌절, 미끄러짐과 그에 따른 협상과 봉합의 문제를 해결할 수 있다고 주장한다. 또한 현장 탐색의 차원과 주관적 글쓰기 차원 간의 긴장을 좀 더 의식적으로 진지하게 유지함으로써 '부분적 진실'의 문제를 의미 있는 성찰로 이끌 수 있다고 주장하고 있다.

5. 결론

이 연구는 한국 포스트모던 질적 연구의 주요 동향과 그 특징을 비평하고, 방법적으로 탐구하는데 목적을 두었다. 이를 통해 한국 질적 연구의 영역과 연구 문제들이 어떻게 새롭

게 규명되어야 하는가를 보다 체계적으로 제시하였다. 이러한 연구 목적을 달성하기 위해 한국의 질적 연구 분야를 메타내러티브의 거부와 차이에 대한 탐구, 지식에 대한 권력적 탐구, 인간의 주관성과 위치성 탐구, 비언어적 상징과 표상 체계의 탐구 등의 영역으로 구분하여 연구의 특징과 사례를 중심으로 제시하였다.

이에 이 연구는 한국 포스트모던 질적 연구의 특징을 논의하고 그 시사점을 제시하는 것으로 결론을 대신하고자 한다. 첫째, 한국의 포스트모던 질적 연구 분야는 포스트모더니즘 및 포스트구조주의 등의 패러다임과 인접 학문의 영향을 받아 하나의 광범위하고 복잡한 사상 체계를 갖추어 가고 있다. 이는 단순히 양적 연구와 대비되는 개념으로 행해지던 전통적인 후기실증주의적 질적 연구가 다양한 학문적 패러다임에 의해 방법론적으로 새로운 가능성을 찾으려는 과정과 시도에 기인한 것으로 보인다. 하지만, 한국의 질적 연구 분야는 포스트모더니즘의 연구 전통이 포함하고 있는 다양한 지적 패러다임에 대한 이해와 수용이 필요하다. Lather(1991)에 의해 사회과학 탐구의 네 번째 패러다임으로 분류하는 포스트모더니즘은 포스트구조주의, 포스트식민주의, 포스트비판주의, 포스트포드주의, 퀴어이론, 장애 연구, 담론분석, 민족-페미니스트 포스트구조주의, 포스트패러다임적 디아스포라, 포스트 모든 것 등의 연구 전통을 포함시키고 있다. 따라서 이러한 다양한 지적/학문적 패러다임이 가지고 있는 고유한 철학적 기반에 따른 질적 연구의 내용과 탐구 방법, 원리에 대한 성찰과 대안적 가능성에 대한 논의와 연구로 확장할 필요가 있다.

둘째, 한국의 포스트모던 질적 연구는 모더니즘의 중심화 경향을 해체하는 포스트모더니즘의 탈중심화 경향을 보인다. 더 나아가 의미의 일정한 구조적 안정성을 지향하는 구조주의의 연구 경향을 벗어나 안정된 의미를 주변부로 산포(disseminating)하는 탈구조주의 경향을 보인다(유혜령, 2011). 포스트모더니즘의 작은 이야기들의 국지적 진실(local truth)의 탐구에 관심을 보이고 있는 것이다. 하지만, 작은 이야기, 국지적 지식의 탐구에 대한 관심에도 불구하고 중심부에서 배제되고 은폐된 사회적 소수자들의 목소리를 탐구하기 위해 경주할 필요가 있다. 특히, 한국 사회가 다문화사회로 급격한 변동 · 변화 과정에서 겪고 있는 파편화되고 억압된 사회적 약자들에 대한 관심과 연구가 필요한 것이다. 예컨대, 우리 사회에서 소수자 중의 소수자라고 간주되는 '성소수자'에 대한 관심과 연구는 다문화/다문화 교육 분야에서도 '황무지'라고 불릴 정도로 연구가 부족한 실정이다.

셋째, 한국의 포스트모던 질적 연구는 담론분석을 통해 우리 사회의 다양한 지식 생산 과정에 주목하고 있다. 또한 권력이 타자의 억압을 정당화하기 위해 어떤 지식을 만들어 지배의 담론으로 유포하고 있는지, 더 나아가 지식-권력 두 요소가 결합되어 인간 주체가 어떻게 형성되는지 등을 연구하고 있다. 이러한 특징은 한국의 질적 연구가 주로 담론과 지식에 초점을 두어 지식/권력과 담론에 의해 주체가 어떻게 형성되고 탐구하고 있는 것이다. 이에 향후에는 한국의 포스트모던 질적 연구가 누적된 역사적 기억들보다는 묻혀버린 기억, 해방적 기억을 발굴하려는 시도가 필요하다. 동성애나 광인이나 수인, 여성 등에 대하여 기존 체제가 각인시킨 기억 이외에 대안적 기억들을 더듬어 보는 것이다. 억압되고 배제된 역사와 기억을 다시 구성해 내어, 각인된 현재 기억을 대신할 수 있는 다른 기억을 제공함으로써 다른 주체를 만들어보려는 것이다(곽영순, 2009).

넷째 한국의 포스트모던 질적 연구는 '인간의 주관성과 위치성'을 반영하여 연구자의 지배적인 역할과 권위를 문제시하고 있다. 즉, 질적 연구자가 자신의 연구에 어떤 사회적 조건과 주관이 개입했는지를 독자들에게 제시하거나 연구자와 연구 참여자의 사회적 구성과정에 대한 자기반성적 경향 등을 보이고 있다. 하지만 우리의 질적 연구는 포스트모더니즘의 이러한 특징, 즉 연구자의 역할을 해석자의 위치로 간주하고 인간의 주관성과 위치성을 해체하기 위한 노력들이 아직은 초기 단계이다. 따라서 연구자는 연구 과정에서 연구 대상에 대한 탐구뿐만 아니라 연구자 자신이 가는 길에 대한 진지한 성찰의 과정이 필요하다. 저자의 글쓰기가 읽을 수 있는 텍스트가 아니고 '쓰여지는' 텍스트가 되도록 연구자와 연구 참여자의 고유하고 대등한 삶의 주체적인 공동참여 상황에서 재현될 필요가 있는 것이다. 또한 Mason(1996)이 주장한 것처럼 "연구자로서 자신에 대한 자아 성찰의 과정 혹은 적극적인 반성"이 연구 과정에 제시되어야 한다(김선아, 2009: 45에서 재인용).

다섯째 한국의 포스트모던 질적 연구는 연구물의 자유로운 형태와 표현을 위해 방법적으로 다양하게 모색하고 있을 뿐만 아니라 이러한 방법을 실제로 활용하고 있다. 콜라주, 그래픽노블, 블로그 등의 예술적 표현 방법뿐만 아니라 시, 연극, 소설, 자서전 등 문학적인 글쓰기, 탈장르적 글쓰기 방법들을 제시하고 있었다. 하지만, 한국의 포스트모던 질적 연구 분야에서는 실험적이고 대안적인 표현 및 포스트모던 글쓰기는 이론적/방법적으로 논의하는 수준에 불과하다. 물론, 콜라주와 블로그, 민족지, 시 등을 활용하여 연구 결과를 표현하고 있는 연구 사례로 있지만 여전히 우리 학계에서는 소수에 불과하다. 따라서 학계에서 연구 결과물의 자유로운 형태와 표현 형식에 대한 관심과 담론을 형성하기 위한 노력들이 필요하다. 사회과학과 인문학의 장르를 넘나들며 문학적, 연행적, 영상적 재현의 형태를 취하는 연구, 연구 참여자와의 고유하고 대등한 관계를 구성하는 자서전적, 다중목소리의 대화적, 공동구성적, 역동적 맥락의 표상 방법을 취하는 글쓰기를 시도할 필요가 있다(유혜령, 2011).

마지막으로 한국 포스트모던 질적 연구는 서구 모더니즘이 추구하는 중심화 경향을 해체하고 주변부의 국지적 지식을 탐구하고 있었다. 하지만 이러한 국지적 지식과 작은 이야기들의 탐구에도 불구하고 탈식민적 관점에서 한국적/아시아적 지식 탐구와 생산으로까지는 이어지지 못하고 있었다. 따라서 한국의 포스트모던 질적 연구는 한국적/아시아적 지식 생산에 기여할 수 있도록 해야 한다. 특히, 포스트모더니즘의 탈중심화와 국지적 지식의 탐구, 인간의 주관성과 위치성 탐구 등을 고려하면 포스트모던 질적 연구는 한국과 아시아의 토착적 경험과 작은 이야기들을 탐구하기 위한 심층적인 질적 연구들이 필요하다. 특히, 한국과 아시아의 문화와 지식은 서구의 그것으로부터 자유로울 수 없다는 점에서 포스트모던 질적 연구는 탈식민적 관점에서 한국적/아시아적 현상에 대한 관심과 탐구를 위해 경주해야 한다.

참고문헌

강윤주, 손준종(2023). 성소수자 관련 교육정책에 대한 반동성애 담론분석: 혐오를 중심으로. **교육사회학연구, 33**(3), 27-73.

강은영(2009). 예술기반 교육연구 방법론에 대한 고찰. **예술교육연구, 7**(1), 45-59.

곽영순(2009). **질적 연구. -철학과 예술 그리고 교육-**. 서울: 교육과학사.

김경희(2020) 한 교수의 문학상담 집단 프로그램 기획 및 진행 경험에 대한 예술기반 자문화기술지 및 진행 경험에 대한 예술기반 자문화기술지. **교육인류학연구, 23**(1), 155-191

김광규(2022). 한 여성교사의 투쟁과 성장의 여정: 전교조 활동가 교사의 구술생애사. **역사연구, 45**, 303-339.

김나영, 최선경(2009). 지체장애여성이 경험하는 임신 · 출산 · 자녀양육에 관한 연구. **한국시민윤리학회보, 22**(2), 275-301.

김동현(2021). 태권도시범단 활동을 통해 형성되는 주체 유형. **한국스포츠사회학회지, 34**(4), 62-80.

김미숙(2015). 마이스터고의 노동주체 형성기제에 대한 질적 사례연구. **교육사회학연구, 25**(1), 51-77.

김보화, 지승경(2009). 연구자의 젠더 이분법이 연구자의 위치에 대한 질문으로 돌아오다 -인터뷰를 할 수 없네요. 저는 남성이 아니어서요.... **여성학논집, 26**(2), 257-280.

김선아(2009). 질적 연구에서 자기 성찰의 의미와 방법. **조형교육, 33**, 39-57.

김소연(2018). 상담자의 질적 연구 윤리로서의 윤리적 주체-되기. **질적탐구, 4**(2), 257-95.

김연주(2011). 페미니스트 참여 관찰 연구에 대한 성찰 -윤리적 질문을 중심으로-. **여성학논집, 28**(1), 159-197.

김영옥(2014). 결혼이주여성의 경험쓰기: 새로운 재현 방법으로서의 민족지적 이야기 생산. **여성학논집**, 31(1), 117-143.

김영천(1996). 질적/후기 실증주의 연구작업에서 고려해야 할 방법적 이슈들. **교육과정연구, 14**(3), 41-72.

김영천(1997). **네 학교 이야기: 한국 초등학교 교실 생활과 수업**. 서울: 문음사.

김영천(2011). **가장 검은 눈동자: 한국 다문화아동의 슬픈 자화상**. 서울: 아카데미프레스.

김영천(2013a). **초임교사는 울지않는다**. 서울: 아카데미프레스.

김영천(2013b). **질적연구방법론** *3: Writing*. 서울: 아카데미프레스.

김영천(2015). **질적연구방법론 II. Methods**. 2쇄, 서울: 아카데미프레스.

김영천, 이동성(2013). 질적 연구에서의 대안적 글쓰기 이론화 탐색. **열린교육연구, 21**(1), 49-75.

김영천, 이희용(2008). 질적 연구에서의 글쓰기: 문학적 표현양식들의 이해. **중등교육연구, 56**(3), 187-222.

김영천, 황철형, 박현우, 박창민(2014). 한국 다문화아동 가르치기. **용감하고 아름다운 네 교사 이야기**. 파주: 아카데미프레스.

김외순(2018). 자기연구를 통한 교사의 예술성 찾기. **미술교육연구논총, 55**, 65-104.

김정덕(2013). 한국 사회에서 여성의 삶 들여다보기: 결혼과 비혼 사례를 중심으로. **다문화교육연구, 4**(1), 121-148.

김현아, 조영아, 김요완(2014). 탈북 1인 가구의 남한생활 경험에 관한 질적 연구. **보건사회연구, 34**(4), 321-353.

김화연, 이나영(2024). 외국인 가사노동자 도입 정책에 대한 비판적 담론 분석: 인종화된 젠더 질서의 재생산. **한국사회정책, 31**(3), 181-210.

김효진(2018). 자기 연구를 통한 유치원 대체교사 경험의 질적 탐구. **유아교육학논집**, 22(5), 111-137.

남상우, 이해령(2019). 초(超)남성적 학교체육 문화 내 여자체육교사의 젠더 수행 이론화. **한국스포츠사회학회지, 32**(1), 1-19.

류지선, 김영천(2015). 질적 연구에서의 콜라주 표현기법 탐색: 한국 다문화 아동의 삶의 새로운 재현. **질적탐구, 1**(1), 1-35.

류지현(2024). 역담론으로서 페미니즘과 규범들: 남성 페미니스트 주체화에 개입하는 규범은 무엇인가?. **젠더 & 문화, 39**(2), 357-401.

박보현, 한승백(2018). 한국 스포츠의 폭력 문화에 관한 이론적 고찰: 푸코의 지식-권력 개념을 바탕으로. **한국융합과학회지, 7**(4), 54-69.

배은주(2008). 질적 연구의 최근 동향과 그 의미. **교육학인류학연구, 11**(2), 1-27.

서덕희(2007). 어윤치미크에게 말 걸기 -한 몽골 여성과의 만남을 통해 본 다문화교육-, **교육인류학연구, 10**(2), 233-267.

서덕희(2012). 사회적 소수자 연구 윤리로서의 '초월' : 국제결혼이주여성과 그 자녀들을 직면(直面)해야 하는 한 연구자의 성찰일지. **교육인류학연구, 15**(1), 93-120

서정훈(2015). M. Foucault의 권력지식 관계론에 기초한 한국의 복지담론 해석. **한국사회복지학**, 67(4), 79-101.

석희정, 이혁구(2004). 푸코의 권력이론을 통해 조망한 노숙자 담론분석. **비판사회정책, 19**, 245-281.

손병돈(2008). 디지털 시대의 새로운 글쓰기로써 블로그의 예술적 표현에 관한 사례 연구. **AURA, l8**, 131-143.

신경희(2017). 종교적 정체성에 따른 여성 예비교사들의 성소수자 인식에 관한 연구. **한국여성학, 33**(2), 245-279.

신세인, 이준기(2022). 중등과학교사의 유튜버 경험과 정체성에 대한 연구 -푸코의 헤테로토피아 개념을 중심으로-. **한국과학교육학회지, 42**(6), 579-595.

신진욱, 조은혜(2020). 세대균열의 현실, 세대담론의 재현: 세대불평등 담론의 유래에 관한 질적 담론사 연구. **시민사회와 NGO, 18**(1), 49-59.

심세광(2007). **주체의 해석학: 1981-1982, 콜레즈 드 프랑스에서의 강의**. 서울: 동문선.

안혜림, 강승지, 이연선(2019), 다시 현장으로 돌아간 한 유아교사의 사건화된 경험: 들뢰즈의 존재론에 기초한 후기 질적 연구. **유아교육연구, 39**(5), 161-187.

양영자(2017). 질적 연구 경험에 대한 자기성찰지: 독일로 떠난 한인 간호여성의 사회운동 과정에 대한 생애사연구 경험을 중심으로. **한국사회복지교육, 37**, 143-171.

오은주(2024). 베트남 결혼이주여성 K씨의 한국사회 적응 경험 연구: 슛제(F. Schütze)의 생애사 연구방법을 중심으로. **문화교류와 다문화교육, 13**(4), 67-98.

유혜령(2011). '포스트' 시대 질적 연구 방법론의 경향과 논리: 해체와 생성의 패러다임. **유아교육연구, 31**(6), 511-533.

이경준, 이원일, 김영준(2011). 특수체육 질적 연구 패러다임들의 기여와 한계. **한국특수체육학회지. 19**(1), 83-101.

이동성, 김영천, 황철형(2012). 다문화가정 아동들의 삶과 교육: 생애사적 목소리의 재구성. **다문화교육연구, 5**(1), 137-154.

이선우(2022). 프랑스의 위기를 진단하는 극우 담론에 대한 비판적 분석:: 에릭 제무르의 "프랑스의 자살"을 중심으로. **프랑스학연구, 100**, 251-277.

이수정, 김자영(2024). 10대 남자 청소년의 페미니즘 인식 유형과 그 특성에 대한 연구. **교육문화연구, 30**(1), 257-286.

이은지, 박순용, 임해경(2019). 탈북자들의 선행 교육경험이 남한에서의 적응 및 정체성 형성에 미치는 영향에 대한 연구. **교육학연구, 57**(1), 159-188.

이정우(2004). **개념 뿌리들 2**. 서울: 철학아카데미.

이정우(2008). **천하나의 고원: 소수자 윤리학을 위하여**. 서울: 돌베개.

이진경(2006). **철학의 외부**. 서울: 도서출판 그린비.

이혁규(2004). 질적 연구의 타당성 문제에 대한 고찰. **교육인류학연구, 7**(1), 175-210.

임민정(2014). 시를 이용한 질적 연구 경험으로의 초대. **幼兒教育研究, 34**(4), 35-54.

정대현, 이현정(2020). 유아교사가 체험한 숲에서의 교육생성에 대한 후기질적연구. **문화예술교육연구, 15**(5), 145-171.

조대훈(2022). 교과서 안의 젠더: 페미니즘 관점에 따른 고등학교 사회・문화 교과서의 젠더 개념 분석. **국제이해교육연구, 17**(3), 163-193.

조재식, 허창수, 김영천(2006). 교육학/교육과정 연구에서 질적 연구자가 고려해야 하는 타당도 이슈들: 그 다양한 접근들의 이해. **교육과정연구, 24**(1), 61-95.

조지혜(2021). 청소년 인권 활동가들의 실천 행위에 관한 질적 연구: 저항, 탈주, 생성의 흐름을 중심으로. **교육인류학연구, 24**(2), 153-187.

주재홍(2017) 한국의 청소년 성소수자들로부터 알게 된 그들의 삶의 이야기들: 질적 사례 연구. **교육문화연구, 23**(1), 175-215.
주재홍(2021). 한국 다문화교육 연구 텍스트 분석: 《가장 검은 눈동자》와 《한국 다문화아동 가르치기를》를 중심으로. **문화교류와 다문화교육, 10**(6), 175-204.
주재홍(2023). 한국 청소년 성소수자들의 꿋꿋한 삶: 그들의 탄력성에 대한 생애사적 탐구. **문화교류와 다문화교육, 12**(6), 21-55.
주재홍, 김영천(2012). 질적 연구의 지적 전통으로서 포스트모더니즘: 그 방법적 이슈들. **교유인류학연구, 15**(3), 29-61.
하일(2023). 그래픽노블을 통한 예술기반 연구 방법론 고찰. **미술과 교육, 24**(3), 53-71.
한광웅(2008). 교육실습에서 두 예비교사의 자기지식 구성에 대한 계보학적 사례연구. **사회과교육연구, 15**(1), 53-83.
홍재영(2018). 지적장애학교 초임 전맹교사의 교직 적응과정에서 나타난 갈등. **특수교육저널: 이론과 실천, 19**(2), 235-262.
홍지아(2010). 젠더적 시각에서 바라본 한국 언론의 다문화 담론: 경향, 동아, 조선, 한겨레 기사분석을 중심으로. **언론과학연구, 10**(4), 644-678.
홍지아(2022). 젠더갈등은 어떻게 우리 사회의 주요 담론이 되었는가?: 보수언론의 젠더갈등 기사 분석을 중심으로. **미디어, 젠더 & 문화, 37**(2), 99-155
Allen, J. C., & Garner. (1997). *Condor qatay*. Walveland Press.
Alvesson, M., & Skőldberg, K. (2000). *Reflexive methodology*. London: Sage.
Alvesson, M. (2002). *Postmodernism and social research*. Philadelphia: Open University Press.
Anderson, E. (2003). Jelly's place. *Symbolic Interaction*, *26*(2), 217-237.
Aronowitz, S. (1991). *Postmodern education: Politics, culture, and social criticism*. University of Minnesota Press.
Plowman, D. A., and Smith, A. D. (2011). The gendering of organizational research methods: Evidence of gender patterns in qualitative research, *Qualitative Research in Organizations and Management*, *6*(1), 64-82.
Austin, D. (1996). Kalesidoscope. In C. Eills, & A. Bochner (Eds.), *Composing ethnography* (pp. 206-230). CA: Alta Mira Press.
Bluebond-Langer. M. (1980). *The private worlds of dying children*. Princeton University Press.
Broom, A., Hand, K., & Tovey, P. (2009). The role of gender, environment and Individual biography in shaping qualitative interview data. *International Journal of Social Research Methodology*, *12*(1), 51-65.
Cherryholmes, Cleo H. (1988). *Power and criticism: Poststructural investigation in education*. New York: Teachers College Press.
Clandinin, D. J., & Connelly, F. M. (2000). *Experience and story in qualitative research*. San Francisco: Jossey-Bass
Deleuze, G. (1995). *Difference and Repetition*. New York: Colombia University Press.
Dension, J., & Markula, P. (2003). *Moving writing: Crafting movement in sport research*. New York: Peter Lang.
Denzin, N, K. (1994). Evaluating qualitative research in the poststructural moment: the lessons James Joyce teaches us. *International Journal of Qualitative Studies in Education*, *7*(4), 295-308.
Denzin, N. K. & Lincoln, Y. S. (Eds.) (2000). *The handbook of qualitative research*. CA: Sage. publication.
Denzin, N. K., & Lincoln, Y. S. (Eds.) (2011). *The Sage handbook of qualitative research*. CA: Sage. publication.
Denzin, N. K., Lincoln, Y. S., & Smith, L. T. (Eds.) (2008). *Handbook of critical and indigenous methodologies*. Sage.
Derrida, J. (1981). *Positions*. Chicago: The University of Chicago Press.
Derrida, J. (1986). But, Beyond...Open letter to Anne McClintock and Rob Nixon. *Critical Inquiry*, *13*, 155-170.
Derrida, J. (1997). *Of Grammatology*. Baltimore and London: Johns Hopkins Press.
Dunlop, R. (1999). *Boundary bay*. Stcccato Chapbooks.
Fontana. A. (1994). Ethnographic trend in the postmodern era. In D. R. Dickens, & A. Fontana (Eds.), *Postmodernism and social inquiry* (pp. 203-223). New York: Routledge.
Foucault, M. (1970). *The order of things*. New York: Ransom House.
Foucault, M. (1980). *Power/knowledge*. New York: Pantheon.
Freeman, M. P. (1993). *Rewriting the self: History, memory, narrative*. NY: Routledge.
Gergen, M., & Gergen, K. (2000). Qualitative inquiry. N. K. Denzin, & Y. S. (Eds.), *The handbook of qualitative research* (pp. 1025-1045). Thousand Oaks. CA: SAGE Publication.

Gottlieb, A., & Grahm, P. (1994). *Parallel worlds*. Chicago: University Chicago Press.

Guba, E. G. & Lincoln, Y. S. (2005). Pradigmatic controversies, controdiction, and emerging confulences. In N. K. Kenzin, & Y. S. Lincoln (Eds.), *Handbook of qualitative research* (pp. 105-117). Thuosand Oaks: Sage.

Jackson, A., & Mazzei, L. (2008). *Voice in qualitative inquiry: Challenging conventional, interpretive, and critical conceptions in qualitative research*. New York: Routledge.

Jackson, A., & Mazzei, L. (2012). *Thinking with theory in qualitative research: Viewing data across multiple perspectives*. New York: Routledge.

Kiesinger, E. C. (2002). My father's shoes. Art P. Bochner & C. Eills (Eds), *Ethnographically speaking: Autoethnography, literature and aesthetics* (pp. 95-114). Walnut Creek: Altamira.

Lather. P. (1993). Fertile obsession: validity after poststructuralism. *The Sociological Quarterly*, *34*(4), 673-693.

Lather. P. (1993). *Getting smart: Feminist research and pedagogy with/in postmodern*. New York: Routledge.

Leggo, C. (2007). Astonishing ailence. In J. Knowles, & L. Coles (Eds.), *Handbook of the qualitative research: Perspectives, methodologies, examples, and issues* (pp. 165-174). Thousand Oaks, CA: Sage.

Loevinge, J. (2002). Confessions of an iconoclast. *The Journal of Personality Assessment*, *79*(2), 171-194.

Lopez, G., Guajardon, M., & Scheurich, J. (1998). Windows/vebtabbas: A postmodern re-Presentation of children in migrancy. *Educational Administraction Quarterly*, *34*(3), 397-426.

Lyotard, J.-F. (1984). *The postmodern condition: A report on knowledge*. Manchester: Manchester University Press.

Marcus, G. E., & Fisher, M. M. (1999). *Anthropology as cultural critique: An experimental moment in the human science*. Chicago: University of Chicago press.

Mazzei, L. (2007). *Inhabited silence in qualitative research*. New York: Peter Lang Publishing.

McHugh, M. C. (2014). Feminist qualitative research: Toward transformation of science and society. In P. Leavy (Ed.), *The Oxford Handbook of Qualitative Research* (pp. 137-164). New York: Oxford University Press.

Moon, S. (2016). Poststructural Theorizing of "Experiences": Implications for Qualitative Research and Curriculum Inquiries. *Journal of Qualitative Inquiry*, *2*(1), 35-64.

Prendergast, M., Leggo, C., & Sameshima. P. (2009). *Poetic inquiry*. The Neverland: Sens Publishers.

Richardson, L., & Ernes, L. (2004). *Travels with Ernest*. Altamira Press.

Richardson, L. (1992). The Consequences of poetic represent. In M. Eills, G. Flaherty, & P. Newbury. (Eds.), *Investigating subjectivity: Research on lived experience* (pp. 125-137). Thousand Oaks, CA: Sage.

Richardson, L. (1997). *Fields of play*. Ruters University Press.

Richardson, R. (1990). *Writing strategies: Reaching diverse audiences*. Thousand Oaks, CA: Sage Publications.

Sarup, M. (1988). *An introductory guide to post-structuralism and post-modernism*. Hemel Hempstead: Harvester Wheatsheaf.

Scheurich, J. (1997). *Research method in the postmodern*. New York: Routledge.

Seibold, C. (2001). Qualitative research from a feminist perspective in the postmodern era: methodological, ethical and reflexive concerns. *Nursing Inquiry*, *7*(3), 147-155.

Shostak, M. (2000). *Nisa*. MA: Harvard University Press.

St. Pierre, E. A. (2023). Poststructuralism and Post Qualitative Inquiry: What Can and Must Be Thought. *Qualitative Inquiry*, *29*(1), 20-32.

Sullivan, M. A. (2000). Voices Insides Schools. *Harvard Educational Review*, *70*(2), 203-224.

Taguchi, H. (2010). Doing collaborative deconstruction as an 'exorbitant' strategy in qualitative research, Reconceptualizing. *Educational Research*, *1*(1) 41-53.

Traver, M. (2001). *Qualitative research through case studies*. CA: Sage Publications.

Watt, D. (2007). On becoming a qualitative researcher: The value of reflexivity. *The Qualitative Report*, *12*(1), 82-101.

Wax, R. (1986). *Doing fieldwork: Warnings and advice*. Chicago: University Of Chicago Press.

Zajda, J. (2020). Discourse Analysis as a Qualitative Methodology. *Educational Practice and Theory*, *42*(2), 5-21.

제 10 장

탈식민주의와 한국의 질적 연구: 역사, 발달, 그리고 전망

염태근[1](서울대학교)

1. 서론

서구 식민제국주의가 남긴 물리적 · 문화적 억압을 극복하기 위한 실천적 담론으로서 탈식민주의가 대두됨에 따라, 비서구 지역의 토착적이고 맥락적인 연구를 기반으로 새로운 탐구 영역들이 활발히 개척되고 있다. 질적 연구 분야에서도 탈식민주의적 질적 연구는 예술적 질적 연구, 포스트휴먼 질적 연구와 함께 국제적으로 주목받고 있는 주요 연구방법으로 자리 잡았다. 그러나 탈식민주의 이론과 담론에 대한 관심이 증가하고 있음에도 불구하고, 한국의 질적 연구 역사에서 탈식민주의적 탐구의 발달 과정 및 성과를 체계적으로 정리하려는 노력은 미진한 실정이다.

탈식민주의의 핵심 문제의식은 식민주의의 물리적 지배가 종식된 이후에도 문화적 · 정

1) 서울대학교 교육학과 박사과정, sdn1213@snu.ac.kr

신적 측면에서 식민주의적 영향력이 피식민지인들에게 여전히 영향을 미치고 있다는 인식에 있다(Gandhi, 1998; McLeod, 2000; 주재홍, 김영천, 2013; 홍원표, 2010). 따라서 탈식민주의는 단순히 과거 식민주의에 대한 역사적 · 정치적 비판을 넘어서, 오늘날 지속되는 식민주의적 억압에 대한 저항과 극복이라는 현재적 의미를 지니고 있다(김상률, 2006, p. 14). 래더(Lather, 2006, p. 37)는 탈식민주의를 사회과학 연구에서 '해체'를 목적으로 하는 포스트모더니즘 패러다임의 한 영역으로 규정한다. 그는 탈식민주의가 서구 중심의 메타내러티브와 불평등한 권력 관계에 도전하고 서구적 지식과 담론을 해체하는 과정에서 소외된 타자/비서구/토착민의 경험과 지식을 중시한다는 점에서 포스트모더니즘과의 연계성을 언급하였다. 따라서 탈식민주의적 질적 연구는 이러한 포스트모더니즘 패러다임에 기반해 서구 식민주의와 제국주의의 지배적 영향력을 비판적으로 고찰하며, 비서구 지역의 경험과 지식, 가치를 재조명하려는 학문적 접근을 지향한다.

지난 수십 년간 탈식민주의적 질적 연구는 역사학, 교육학, 사회학, 인류학, 문화연구 등 여러 분야에서 이론적 · 방법론적으로 발전해왔다. 대표적으로, 스미스(Smith, 1999)의 《Decolonizing Methodologies: Research and Indigenous Peoples》와 비숍(Bishop, 2005)의 〈Freeing Ourselves from Neo-Colonial Domination in Research〉가 뉴질랜드 원주민 중심의 연구를 통해 서구 중심적 연구방법론과 토착 공동체 간의 관계를 비판적으로 분석하였다. 이 연구들은 전통적 연구방법론의 식민성을 조명하고, 토착 공동체의 자율성 및 고유한 지식 체계를 고려하는 윤리적 연구방법론을 제안하며 탈식민주의적 질적 연구의 초석을 다졌다. 아프리카에서는 칠리사(Chilisa, 2012)의 《Indigenous Research Methodologies》가 서구 연구방법론이 아프리카 토착 공동체의 문화와 가치를 충분히 반영하지 못하는 점을 비판하며, 공동체 협력과 실질적 이익을 고려하는 연구방법론을 체계적으로 제안한 바 있다. 북미 원주민을 대상으로 한 코박(Kovach, 2009)의 《Indigenous Methodologies: Characteristics, Conversations, and Contexts》와 심슨(Simpson, 2017)의 〈As We Have Always Done: Indigenous Freedom through Radical Resistance〉는 원주민들이 자연과 영적 세계와의 관계 속에서 형성한 상호의존적 정체성과 자율성, 윤리 등을 탐구하며, 실증적 데이터 중심의 서구 연구방법론과 구별된 대안적 연구방법론을 제시한 바 있다. 사회학 분야에서는 다더(Darder, 2019)의 《Decolonizing Interpretive Research: A Subaltern Methodology for Social Change》가 억압받는 집단이 자기 정체성을 비판적으로 재구성하고 실제적인 사회 변화를 이끌기 위한 연구방법론을 탈식민주의적 관점에서 탐구하였으며, 덴진과 링컨(Denzin & Lincoln, 2005)의 《The SAGE Handbook of Qualitative Research(3rd ed)》와 덴진과 지아르디나(Denzin

& Giardina, 2007)의 《Ethical Futures in Qualitative Research: Decolonizing the Politics of Knowledge》 등에서는 다양한 학문 분야에서 이루어져 온 비판적이고 탈식민주의적인 질적 연구의 이론적 · 방법론적 논의가 체계적으로 정리된 바 있다.

한국에서도 지난 30여 년간 의미있는 탈식민주의적 질적 연구가 지속적으로 이루어져 왔다. 특히 교육학 분야는 질적 연구와 방법론적 탐색이 가장 적극적인 영역으로, 교사와 학생, 교육과정, 학교 문화 및 교육 제도에 대한 탈식민주의적 탐구 시도가 활성화되어왔다. 이러한 연구들은 교육 현상 이해 방식, 교육 문화, 제도 등에 내재된 서구중심주의를 비판하고, 비서구의 토착적 맥락과 인식에 기반한 지식과 이론을 생성하려는 시도를 해왔다. 이외에도 경제학, 행정학, 사회학 등 다양한 분야에서 한국적 현상을 탐구하며 서구 중심적 시각에서 벗어나려는 학문적 시도들이 이루어져 왔다(김정근 편, 2000; 김현구, 2024; 채웅준, 2019).

그러나 한국의 질적 연구 역사에서 탈식민주의적 탐구의 역사적 발전과 성과를 체계적으로 정리한 연구는 매우 부족하다. 최근 국제적으로 서구 중심의 지식 생산 구조에 대한 비판이 강화되며, 이러한 불균형을 해소하고 포용적이며 정의로운 지식 생산 체계를 구축하기 위한 필요성이 더욱 절실해지고 있다. 이러한 비판적 담론 속에서 아시아, 특히 한국적 맥락에 기반한 지식 생산의 중요성 또한 부각되고 있다(Chen, 2010). 아울러 K-pop과 K-edu, K-culture 등 한류의 국제적 확산으로 인해 아시아 및 한국적 현상에 대한 관심이 증가하면서, 한국의 토착적이며 맥락적인 인식과 가치를 반영한 탈식민주의적 질적 연구의 발달 과정과 그 성과에 대한 체계적인 정리는 더욱 시급한 일이라 하겠다.

이에 본 연구는 다음과 같은 연구문제를 설정하였다. 첫째, 국내외 사회과학 질적 연구 분야에서 탈식민주의적 탐구의 동향은 어떠한가? 둘째, 한국의 탈식민주의적 질적 연구의 주요 탐구 영역과 구체적 사례는 무엇인가? 이상의 연구문제를 바탕으로 본 연구는 한국의 탈식민주의적 질적 연구 성과를 종합적으로 고찰하고, 의의 및 향후 발전을 위한 제언을 논할 것이다. 요컨대, 이 연구는 한국의 탈식민주의적 질적 연구 성과를 체계적으로 정리함으로써 아시아 및 한국적 맥락에서의 지식 생산을 촉진하고, 이를 통해 국제 탈식민주의 연구 담론에 기여할 방향을 확인하는 데 목적이 있다.

2. 새로운 탐구 영역으로서 탈식민주의적 질적 연구

본 장에서는 국내외 탈식민주의적 질적 연구 동향을 고찰하고자 한다. 먼저 국외 사회과학 학문 분야에서 탈식민주의 이론과 담론이 미친 영향들을 검토하고, 이에 터해 각 연구 분야에서 이루어진 최근의 탈식민주의적 질적 연구 사례들을 살펴본다. 다음으로 국내 사회과학 연구 분야에서 탈식민주의 이론과 담론이 어떻게 발전해왔는지 개략적으로 검토한 후 한국 탈식민주의적 질적 연구에 이론적 · 방법론적으로 기여한 초기 주요 연구 성과들에 대해 살펴보고자 한다. 이상의 검토를 통해 국내외 탈식민주의적 질적 연구의 발전상을 조망하고, 다양한 탈식민주의적 질적 연구의 탐구 주제와 가능성에 대해 이해할 수 있을 것이다.

1) 탈식민주의적 연구의 국제적 동향과 최근 질적 연구 사례들

(1) 탈식민주의적 연구의 발달과 주요 탐구 주제들

탈식민주의를 '식민주의의 영향에 저항하며 비서구적 경험과 지식을 발견하고 생성하려는 실천적 담론'으로 정의할 때, 이는 서구의 억압과 폭력에 저항하는 정신적 · 실천적 움직임으로서 다양한 기원을 가진다. 일부 학자들은 탈식민주의의 기원을 르네상스 시기 유럽의 식민지 확장이 본격적으로 시작된 1492년 콜럼버스의 아메리카 대륙 발견에서 찾으며, 혹자는 20세기 아프리카, 아시아, 라틴아메리카 등지의 반인종주의 투쟁과 민족주의 운동을 그 연장선으로 본다(Ashcroft, Griffiths & Tiffin, 1989; Gandhi, 1998; McLeod, 2000; Mignolo, 2000).

1960~70년대에 들어서면서 식민주의와 제국주의의 억압, 착취, 문화적 침탈을 체계적으로 분석하고 이를 이론화하는 연구가 비로소 본격적으로 전개되었다. 이 시기에 탈식민주의는 학문적 담론으로 자리 잡기 시작했으며, 프란츠 파농(Frantz Fanon), 에드워드 사이드(Edward Said), 호미 바바(Homi Bhabha), 가야트리 스피박(Gayatri Spivak) 등은 이러한 담론의 형성에 결정적인 기여를 했다. 이후 맥클라우드(J. McLeod), 차일즈와 윌리엄스(P. Childs & P. Williams), 영(R. Young), 간디(L. Gandhi), 무어-길버트(B. Moore-Gilbert) 등은 초기 이론가들이 제시한 개념들을 비판적으로 재조명하고 발전시킴으로써, 탈식민주의의 탐구 영역을 심화하는 데 크게 이바지했다.

오늘날 탈식민주의적 탐구는 다음 세 가지 주요한 탐구 주제를 중심으로 발달해왔다. 첫째, 서구 중심적 인식론과 서구 식민제국주의의 잔혹함 및 교활함에 대한 비판이다. 서구는 '선진-낙후', '문명-야만'과 같은 이분법적 인식론을 통해 비서구를 열등한 존재로 규정하며, 식민주의와 제국주의의 논리를 정당화해 왔다. 이를 통해 아프리카와 아메리카 등 식민지를 낙후된 지역으로 간주하고, 비서구 사회의 인격과 가치를 체계적으로 절하했다. 그 결과, 유럽과 서구는 물질적 · 정신적 풍요를 누린 반면, 비서구 식민사회는 깊은 고통과 억압을 겪어야 했다. 따라서 이러한 탐구 주제에 기반한 연구들은 서구 식민주의의 잔혹함과 모순을 폭로해왔다.

대표적으로 조셉 콘래드(J. Conrad)는 1899년 《Heart of Darkness》에서 아프리카 식민 지배자들의 광기 어린 모습을 원주민의 야만성과 동치시킴으로써, 백인 중심주의와 인종주의의 모순을 폭로했다(Conrad, 2016). 애덤 호크쉴드(Hochschild, 1998)의 《King Leopold's Ghost》 역시 벨기에 왕 레오폴드 2세가 콩고에서 자행한 잔혹한 식민지배 방식을 상세히 드러내는 대표적인 탈식민주의적 작품이다. 동시에 이러한 식민지배의 과정은 비서구인들에게 육체적 억압과 고통만을 가한 것이 아니라, 정신적 · 문화적 붕괴를 초래하기도 했다. 프란츠 파농(Fanon, 2008)은 《Black Skin, White Masks》에서 1950년대 프랑스의 식민지였던 알제리를 사례로, 식민지인들이 지배자의 문화와 동일시하려는 모순적 욕망 속에서 정체성 분열이라는 비극을 겪는 과정을 분석했다. 그는 식민주의가 단지 물리적 폭력뿐 아니라 정신적 · 문화적 억압을 통해 작동한다는 점을 강조했다. 라틴아메리카의 연구자 엔리케 두셀(E. Dussel)과 아니발 키하노(A. Quijano)는 서구의 식민주의와 제국주의가 1492년 콜럼버스의 아메리카 대륙 발견 이후 자신의 폭력과 약탈을 은폐해 왔다고 주장한다. 이들은 역사적 검토를 통해 서구 중심적 신학, 지식, 섹슈얼리티, 경제적 생산 방식 등이 아메리카 식민지배를 정당화하는 수단으로 활용되었음을 폭로했다. 관련하여 파라스케바(Paraskeva, 2016)는 서구 중심의 인식론이 비서구적 지식과 경험을 억압하고 왜곡해 온 역사적 과정을 '인식론적 학살'(epistemicide)로 정의하며, 비서구적 현상과 경험에 대한 새로운 탐구의 필요성을 역설했다.

둘째, 서구가 왜곡한 동양 담론을 비판적으로 재해석하고, 비서구의 내러티브와 경험을 새롭게 탐구하려는 시도이다. 에드워드 사이드(E. Said)는 오리엔탈리즘을 서구가 비서구를 지배하기 위해 창조한 왜곡된 동양의 이미지로 정의했다(Said, 1978/2007). 그의 주장에 따르면, 오리엔탈리즘은 단순한 이론적 구성물이 아니라, 서구-비서구 사회 전반에 걸쳐 스며들어 서구인들의 세계관을 형성했으며, 이를 통해 서구는 동양을 단편적이고 부정확하게 이해했고, 비서구 사회는 서구적 시각에 의해 평가되고 재단되었다. 사이드는 이러한 오리엔탈리즘이 동양에 관한 진실을 반영한 것이 아니라, 서구의 권력 관계와 이익에 따라 의도적으로 구성된 것임을 강조했다. 따라서 이러한 탈식민주의적 탐구 주제의 연구들은 서구 중심의 왜곡된 인식(즉, 오리엔탈리즘)을 비판하거나, 비서구를 비서구의 시각 또는 포스트-오리엔탈리즘 관점에서 재해석하려는 시도가 중요함을 강조한다.

대표적인 예로, 루이스 프랫(L. Pratt)의 《Imperialist Eyes》(2008)은 18~19세기 유럽인들의 동양 여행 기록과 일기 등을 통해 서구가 동양을 어떻게 왜곡하고 위계적으로 인식했는지를 폭로하였다. 이 연구는 동양에 대한 서구의 편향된 담론과 시각을 드러내는 중요한 문헌으로 평가받는다. 역사 연구 차원에서는 '캘리포니아 학파'로 불리는 학자들이 유럽 중심주의적 역사 서술을 비판하며, 동아시아의 세계사적 위상을 재조명하였다. 왕펑(W. Feng), 안드레아스 군더 프랑크(A. G. Frank), 케네스 포메란츠(K. Pomeranz) 등이 이에 해당하며, 특히 포메란츠는 《The Great Divergence》에서 산업혁명 이전 양쯔강 하류 지역, 일본, 인도의 선진 지역을 영국과 비교 분석한 것으로 유명하다. 그는 유럽이 19세기까지 장기 투자 환경을 마련하지 못했고 중국처럼 인구 압박이 경제 성장에 장애가 되었음을 지적하며, 동아시아가 이미 유럽과 동등한 발전 단계에 도달해 있었다고 주장했다. 이를 통해 기존의 유럽 중심적 관점에서 소외되었던 중국을 당시 유럽과 대등한 존재로 재평가하였다. 최근 대만의 문화학자 천광싱(K. H. Chen)은 《Asia as Method》(2010)에서 아시아 학문 연구가 서구 중심으로 편향되어, 서구에서 생산된 이론을 정전(正典)으로 삼고, 비서구의 현실을 서구 이론의 실험장으로 여긴 과오를 비판하였다. 그는 아시아가 항상 낙후되고 비발전된 지역으로 간주되어 온 서구 중심적인 역사적 관점을 지적하며, 아시아 사회 간의 상호 참조를 통해 서구 중심적 학문 체계를 개편하고, 비서구 아시아가 서구와 대등하게 교류할 수 있는 다원적 지식 생산 체제를 구축해야 한다고 주장했다. 이러한 논의들은 비서구를 포함한 국제 학자들에게 큰 호응을 얻으며, 오리엔탈리즘을 극복하고 비서구적 지식을 구축하기 위한 노력에 기여하고 있다.

셋째, 서구 중심주의를 넘어선 대안적 인식론의 탐색, 즉 서구 중심 인식론에 의해 억압된 다양한 하위 주체들의 목소리를 발굴하고 이를 기반으로 대안적 지식 체계를 제시하려는 시도이다. 대표적으로, 호미 바바(H. Bhabha)는 《The Location of Culture》(1994)에서 영국 식민지였던 인도 사회를 역사적 · 문화적 관점에서 분석하며, 서구 식민 권력이 피식민지의 문화와 역사적 요소와 결합하여 형성한 혼종적 지식과 인식에 주목했다. 그는 이러한 혼종성이 식민 권력의 내적 모순을 드러내며, 피식민지인들이 이를 통해 저항의 가능성을 만들어 간다고 강조하였다. 따라서 그는 피식민지인들의 문화, 역사, 인식을 미시적으로 탐구할 필요성을 제기하였다. 한편, 서발턴 연구자들은 엘리트 계층 외의 모든 억압받는 자들을 '서발턴'이라 정의하며, 그들의 목소리를 역사에 담아내려는 노력을 지속했다. 대표적으로 가야트리 스피박(G. Spivak)은 〈Can the Subaltern Speak?〉(1994)에서 서발턴은 스스로 말하거나 대변될 수 없다고 주장하며, 연구자들이 서발턴의 목소리를 재현하는 방식에 대한 비판적 성찰을 요청했다. 스피박은 연구자들이 서발턴에게 끊임없이 말을 걸고, 그들의 목소리를 발굴하는 작업에 헌신해야 한다고 역설했다. 라지나트 구하(R. Guha)는 《Elementary Aspects of Peasant Insurgency in Colonial India》(1999)에서 19세기 인도 농민 봉기를 농민의 시각에서 재해석하며, 엘리트 중심의 역사 서술을 비판하고 농민들의 주체성과 인식적 가치를 재조명했다. 디페시 차크라바르티(D. Chakrabarty)는 《Provincializing Europe》(2000)에서 서구 중심적 역사주의의 모순을 지적하며, 역사가 유럽적 보편성과 비유럽적 특수성의 이분법적 틀을 넘어 양자의 긴장과 상호 개입 속에서 발전해야 한다고 주장했다. 이를 통해 비서구, 소수자, 서발턴의 인식에서 출발한 역사 인식의 중요성을 강조하였다. 라틴아메리카의 월터 미뇰로(W. Mignolo)는 《Local Histories/Global Designs》(2000)과 《The Darker Side of Western Modernity》(2011)에서 정치, 경제, 사회, 문화 등 다양한 영역에 내재된 서구 중심적 인식론을 비판하고, 대안적 인식론의 가능성을 모색했다. 그는 멕시코 치아파스 지역에서 시작된 사파티스타 민족 해방군 사례를 통해 서구의 민주주의와 자본주의를 이상화하지 않고 공동체적 관점에서 재해석할 필요성을 보여주며, "다른 세계는 가능하다"는 대안적 상상력을 제안했다. 비슷하게 보아벤투라 드 소우자 산토스(S. Santos)는 서구 중심주의와 근대성의 한계를 비판하며, 남반구의 인식론(epistemologies of the South)을 주장했다. 그는 서구와 비서구 사회 간의 대화가 불완전한 번역 과정에 불과하다고 지적하며, 남반구 사회에서 이루어지는 공동체 기반 연구와 사회학적 탐구를 발굴해야 한다고 강조했다(Santos, 2018).

(2) 탈식민주의적 질적 연구의 분야별 최근 사례들

이상으로, 탈식민주의 담론과 관련하여 국제적으로 수행되어 온 탐구 주제들을 간략히 살펴보았다. 이러한 연구 동향과 더불어 질적 연구 분야에서도 탈식민주의적 연구가 활발히 수행되고 있다. 이들 연구는 기존의 탈식민주의적 탐구와 이론은 물론 인류학·문화 연구 차원에서 탈식민주의적 질적 탐구의 기초를 마련한 연구들, 그리고 탈식민주의적 질적 연구의 방법론적 논의를 체계화해온 연구들을 토대로 발전해왔다(Bishop, 2017; Denzin & Lincoln, 2005; Kovach, 2009; Smith, 1999). 최근 탈식민주의적 질적 탐구는 간호 및 보건, 스포츠 및 레저, 심리학, 교육학, 사회학 등 사회과학 전반에 걸쳐 광범위하게 진행되고 있으며, 이러한 동향은 관련 국제 학술지에서도 뚜렷하게 나타난다(〈표 1〉 참조). 아래에서는 주요 국제 학술지에 게재된 대표적 사례를 통해 각 분야의 탈식민주의적 질적 탐구 동향을 개략적으로 살펴본다.

먼저, 간호 및 보건 분야에서는 *Global Qualitative Nursing Research, Qualitative Health Research*와 같은 저널에서 탈식민주의적 질적 탐구 논문이 활발히 발표되고 있다. 대표적으로, 모페트와 그의 동료들은(Moffatt, Mayan & Long, 2013) 15명의 캐나다 북부 원주민 공동체 구성원들의 결핵 치료 요양소 경험을 커뮤니티 기반 참여적 연구로 탐구하였다. 이

연구는 원주민들이 요양소에서 자신들의 문화, 언어, 그리고 전통적 치유법이 배제된 채 격리와 소외를 경험했다는 사실을 밝혔다. 이러한 경험은 현대 의료 시스템에 대한 깊은 불신을 초래하며, 원주민들의 의료 공백과 소외를 지속적으로 재생산하는 원인이 되었음을 강조했다. 이 연구는 식민주의적 영향력이 원주민 공동체 및 현대 의료 시스템에 지속적으로 미치고 있는 부정적 영향을 드러낸 사례로 주목할 만하다.

스포츠 및 레저 분야 연구에서는 *Qualitative Research in Sport, Exercise and Health*와 같은 저널에서 탈식민주의적 접근에 기반한 연구물들이 게재되고 있다. 대표적으로 포스버그와 클래벤저(Posberg & Clevenger, 2022)는 육상 선수 캐스터 세메냐(C. Semenya)를 다룬 남아프리카 및 미국 주요 매체의 담론을 분석하였다. 그들은 성별, 젠더, 인종의 관점에서 세메냐의 정체성이 매체를 통해 어떻게 구조화되었는지 비판적으로 검토했다. 연구 결과, 남아프리카와 미국 매체는 세메냐의 성적 정체성을 과학적 이분법과 인종 및 성별과 관련된 식민적 담론 속에 가두어, 여전히 서구 중심적 인식론에서 벗어나지 못했음을 보여주었다. 동시에, 연구자들은 자신들의 방법론적 성찰의 필요성을 강조했다. 그들은 세메냐를 연구의 "대상"으로 삼음으로써 주체와 대상을 이분법적으로 구분하는 식민적 관행을 무의식적으로 재생산하였음을 반성하며, 탈식민주의적 연구에서 연구자의 역할과 책임을 재검토해야 한다는 점을 제안했다.

심리학 분야에서도 *Qualitative Research in Psychology*와 *International Journal of Qualitative Studies on Health and Well-being*와 같은 저널에서 탈식민주의적 질적 탐구가 활발히 이루어지고 있다. 대표적으로 아탈라와 동료들(Atallah et al., 2018)은 심리학 연구에서 서구 이론을 넘어 비서구적 문화와 경험을 고려한 접근의 필요성을 피력했다. 이들은 서안 지구 팔레스타인 난민 가족의 회복력을 조사하며, 난민들의 회복력이 군사적 저항의식, 역사적 · 문화적 뿌리에 대한 귀환 의식, 그리고 역경과 트라우마를 이겨내기 위한 인내로 구성되어 있음을 발견했다. 연구자들은 정서적 회복 문제를 서구의 병리학적 관점에서 이해하는 것을 넘어, 지역적 · 문화적 맥락과 대안적 인식론을 기반으로 접근해야 함을 강조하였다.

사회학 및 교육학 분야에서도 *Qualitative Social Work*, *Qualitative Inquiry*, *International Journal of Qualitative Studies in Education*, *The Qualitative Report* 등의 저널에서 탈식민주의적 질적 연구가 다수 게재되고 있다. 예를 들어, 게르데스와 동료들(Gerdes et al., 2024)은 미국 샌디에이고의 바리오 로건(Barrio Logan)에 위치한 치카노 공원의 벽화를 탐구하며, 이 지역 라틴계 커뮤니티의 정체성과 젠트리피케이션(gentrification) 문제를 분석했다. 그들은 치카노 공원의 벽화가 지역민들의 문화적 저항을 상징하면서도, 동시에 경제적 · 문화적 관심을 유도하여 젠트리피케이션을 촉진하는 모순적 요소로 작용함을 지적했다. 이 연구는 지역민들의 소외와 배제가 현재도 진행 중임을 강조하며, 문화와 경제 발전의 이면에서 커뮤니티 보호와 지역민들의 실질적 이익을 함께 고려해야 한다고 주장했다. 한편, 다자(Daza, 2012)의 연구는 교육 연구를 포함한 다양한 학문 분야에서 강조되는 신자유주의적 과학주의(neoliberal scientism)의 식민적 영향을 비판적으로 고찰하고, 이를 탈식민주의적 관점에서 재구성하려는 시도를 보여준다. 그는 자서전적 연구를 통해 미국 국립과학연구재단(NSF)의 연구 보조금 프로젝트 경험을 되돌아보며, 보조금 문화가 연구를 계량화 가능한 데이터로 축소시키고, 질적 연구의 복잡성과 상황성을 배제하거나 단순화한다고 주장했다. 이러한 신자유주의적 압력 및 보조금 문화 속에서도 그는 끊임없이 연구방법론적 단순화를 해체하고 질적 연구의 복잡성을 드러내려는 의식적 시도를 함으로써 학문적·연구적 관행의 식민성을 극복(침투)할 수 있음을 강조했다.

또한, 연구방법론의 탈식민화를 위한 논의도 심층적으로 이루어지고 있다. 대표적으로 곤잘레스와 링컨(González & Lincoln, 2006; Lincoln & González, 2008)은 기존 질적 연구가 서구 맥락과 수용자 중심으로 이루어졌음을 비판하며, 탈식민주의적 연구를 위한 다섯 가지 전략을 제시했다. 이 전략에는 이중 언어 데이터 활용, 비서구적 문화적 전통과 관점의 고려, 연구자와 연구 참여자 간의 수평적 관계 구축, 다언어적 텍스트 활용, 그리고 비서구 토착민들의 현실적 기술과 접근성을 반영하는 연구 설계가 포함된다. 이들은 연구 과정에서 협력적 관계 구축, 연구자의 위치성 고려, 그리고 문화적 맥락의 섬세한 이해가 필요하다고 강조했다.

이처럼, 탈식민주의적 질적 연구는 사회 현상을 비판적이고 다각적으로 이해하는 데 중요한 역할을 하고 있으며, 다양한 분야에서 그 중요성이 점점 더 확대되고 있다.

〈표 1〉 주요 국제 학술지의 최근 탈식민주의적 질적 연구 사례들

분야	연구자(연도)	연구 제목
보건, 간호	• Moffatt et al.(2013) • Caxaj(2015) • Shahram et al.(2017) • Chowdhury et al.(2023) • Iheduru-Anderson et al.(2023) • …	• Sanitoriums and the Canadian Colonial Legacy: The Untold Experiences of Tuberculosis Treatment • Indigenous Storytelling and Participatory Action Research • Mapping the social determinants of substance use for pregnant-involved young Aboriginal women • "Think positive and don't die alone" Foreign-born, South Asian older adults' perceptions on healthy aging • A Critical Discourse Analysis of AACN's Tool Kit of Resources for Cultural Competent Education for Baccalaureate Nurses

분야	연구자(연도)	연구 제목
심리학	• Duran(2006) • Atallah et al.(2018) • Kumar & Fernando (2020) • …	• Healing the soul wound: Counseling with American Indians and other native peoples(저서) • Decolonizing qualitative research through transformative community engagement: critical investigation of resilience with Palestinian refugees in the West Bank • Decolonizing Psychology: Global Perspectives and Indigenous Insights
스포츠 레저	• Joseph & Falcous(2017) • Posberg & Clevenger (2022) • …	• Negotiating the 'Kiwi Bloke': accessing mosaic masculinities through Afro-Brazilian sport in New Zealand/AotearoaBeyond Caster as object? • Examining media constructions of Caster Semenya through decolonial thinking
사회학	• Mayuzumi(2009) • Sykes(2014) • Chubb et al(2021) • Gerdes et al(2024) • …	• Unfolding possibilities through a decolonizing project: Indigenous knowledges and rural Japanese women • Un-settling sex: researcher self-reflexivity, queer theory and settler colonial studies • Baraza as method: Adapting a traditional conversational space for data collection and pathways for change • Images of Resistance: Gentrification in Chicano Park, Barrio Logan, San Diego
교육학	• Ahser(2005) • Subreenduth & Rhee (2009) • Shahjahan(2011) • Daza(2012) • Paris(2019) • Zembylas(2024) • …	• At the Interstices: Engaging Postcolonial and Feminist Perspectives for a Multicultural Education Pedagogy in the South • A porous, morphing, and circulatory mode of self-other: decolonizing identity politics by engaging transnational reflexivity • Decolonzing the evidence-based education and policy movement: revealing the colonial vestiges in educational policy, research, and neoliberal reform • Complicity as Infiltration: The (Im)possibilities of Research With/in NSF Engineering Grants in the Age of Neoliberal Scientism • Naming beyond the white settler colonial gaze in educational research • Decolonizing trauma studies in education: implications for reorienting qualitative research practices
연구 방법론	• Lincoln & González (2008) • Donald(2011) • Al-Harden(2013) • Held(2020) • Campbell-Chudoba (2024) • Niati(2024) • …	• The Search for Emerging Decolonizing Methodologies in Qualitative Research: Further Strategies for Liberatory and Democratic Inquiry • Decolonizing Research on Palestinians: Towards Critical Epistemologies and Research Practices • Navigating the In-Between: A Cross-Cultural Researcher's Fluid Positionality in West Africa • Research Ethics in Decolonizing Research With Inuit Communities in Nunavut: The Challenge of Translating Knowledge Into Action • Decolonizing Research Methodologies: Weaving a Third Space With Métissage and Duoethnography • Indigenous Métissage: a decolonizing research sensibility

2) 한국 사회과학 및 질적 연구 분야에서 탈식민주의적 탐구 동향

한국은 일제강점기와 해방 직후 미군정의 영향을 받으면서 식민제국주의의 영향력에 크게 종속되었다. 이로 인해 해방 이후에도 일제 잔재에 대한 철저한 청산이 이루어지지 못했으며, 미국 중심의 학문, 경제, 문화적 발전 체제를 상당 부분 따르게 되었다. 그 결과, 일제식 사회과학 용어와 고등교육 체제를 비롯해 교육 운영 체제가 상당수 유지되었고, 미국의 원조를 바탕으로 성장하며 미국의 정치적, 문화적 영향력에 크게 지배받게 되었다(Chen, 2010; Lee, 2019; Seth, 2002). 해방 직후 사회경제적 폐허 상태를 정리하는 과정에서 식민적 영향에 대한 우리의 자성 역시 부족할 수밖에 없었다(김동춘, 1997; 김정근 편, 2000).

그러나 해방 직후부터 일부 학자들 사이에서 서구 의존적 학문 연구 풍토에 대한 비판과 자성의 목소리가 꾸준히 터져나왔고. 이후 민주화 운동이 활성화된 1970~1980년대에 이르러 사회과학 연구 전반에서도 민중, 토착, 현지화의 목소리가 점차 커지기 시작했다. 이러한 흐름은 본격적인 탈식민 담론으로 발전하여 사회과학 연구 분야의 주요 탐구 주제로 자리 잡았다. 2000년대를 전후로 하여서는 《우리 학문의 길》(조동일, 1993), 《한국 사회과학의 탈식민성 담론 어디까지 와있는가?》(김정근 편, 2000), 《우리 학문 속의 미국》(학술단체협의회 편, 2003) 등 초기 한국의 사회과학 연구 분야에서 이루어진 탈식민 담론을 체계적으로 정리하려는 시도가 이루어지면서 관련한 연구 성과들을 조망할 수 있게 되었다(김현구, 2024; 채웅준, 2019).

대표적으로 경제학 분야에서는 박현채, 변형윤, 정윤형 등이 토착화, 탈식민화 담론 형성의 선구적 역할을 했다. 초기 미국의 원조 경제에 의존하지 않는 경제 자립화의 필요성을 강조하며 시작된 논의는 점차 서구 경제 이론의 타당성을 의심하고, 한국의 맥락적이고 특수성에 맞는 경제 이론 개발의 필요성을 주장하는 방향으로 나아갔다.

정치학 분야에서도 문승익, 진덕규 등이 탈식민 담론 형성에 기여했다. 이들은 서구 정치학 이론과 연구방법론을 교조적으로 따르는 행태에서 벗어나, 한국의 현실 정치를 역사적, 이데올로기적, 과정적 측면에서 면밀히 탐구해야 한다고 주장했다. 특히 김웅진(2002)은 서구의 정량적 연구방법론이 한국 정치 현상의 다양성과 구체성을 충분히 담아내지 못했다고 지적하며, 정치학 연구 영역에서 질적 연구와 같은 대안적 접근이 필요함을 강조해왔다.

행정학 분야에서도 이종범, 안병영, 김광웅 등으로부터 서구 이론과 개념을 단순히 해석하거나 한국 상황에 기계적으로 적용하려는 태도를 넘어서야 한다는 목소리가 나왔다. 특히 1980년대 중반 무렵 김기언과 강신택 등은 행정학 연구에서 후기실증주의적 접근, 즉 현상학, 비판이론, 해석학 등을 강조하며 실증주의 접근만으로는 설명할 수 없었던 가치판단과 인간 인식의 문제를 심층적으로 이해할 필요성을 역설했다(김정근 편, 2000, pp. 155-180).

사회학 분야에서는 김진균과 신용하 등이 주목받았다. 이들은 한국 사회학 연구가 일제와 미국을 통해 수입된 서구 이론에 지나치게 의존하고 있다고 비판하며, 사회적 현상과 역사적 발전 과정을 기반으로 한국적 사회 이론화를 이루어야 한다고 주장했다.

교육학 분야에서는 김인회, 이돈희, 한준상, 황정규 등이 활약했다. 이들은 해방 직후 미군정의 영향 아래 미국식 교육 방식이 한국에 뿌리내리게 되었으며, 미국에서 유학한 학자들이 한국 교육학계에 막대한 영향을 미치면서 서구 이론과 관점이 무비판적으로 도입되었다고 분석했다. 특히 이종각은 《한국교육학의 논리와 운동》(1990)에서 1970~1980년대 한국 교육학의 대외 의존성을 신랄하게 비판하며, "한국화"와 "토착화"라는 용어를 통해 교육학 연구의 주체성 회복을 강조했다. 또한 《교육인류학의 탐색》(1995)에서는 교육 연구가 객관주의와 실증주의에 치우쳐 있음을 지적하며, 교육인류학적 연구방법론을 도입하려는 시도를 보였다. 그는 한국 교육학자가 수행해야 할 가장 중요한 과제로 한국 교육문화에 대한 탐구를 꼽으며, 이를 위해 비판적이고 문화적 관점에 기반한 연구방법론을 탐구해야 한다고 주장했다.

이와 같이 초기 한국 사회과학 연구에서 발달한 탈식민 담론은 크게 두 가지 특징을 가진다(c.f. 이성용, 2015; 채웅준, 2019). 첫째, 서구 이론과 관점으로 설명할 수 없는 현상들을 맥락적 관점에서 재해석하려는 시도로, 이는 서구 이론이 갖는 현실 모순을 드러냄으로써 보편성을 해체하고 토착화하려는 노력이었다. 둘째, 서구 의존적인 학문 연구 풍토에 대한 비판을 넘어 한국 사회과학의 토착적 현상을 구체적으로 탐구하고 이론화하려는 시도이다. 이러한 탈식민 담론의 확산에 따라 한국의 맥락과 현장의 경험을 미시적으로 탐구하고 이를 이론화하려는 질적 연구 및 질적 연구방법론에 대한 관심이 자연스레 커졌다.

한국에서 질적 연구는 특히 교육학 분야에서 가장 활발하게 성장했다(Kim & Cho, 2005). 따라서 초기 탈식민주의적 질적 연구 역시 교육학 분야에서 두드러지게 이루어졌다. 그중에서도 김영천(1997)의 《네 학교 이야기》는 질적 연구를 바탕으로 한국 교육 문화 현상을 탐구하고 이론화하려는 중요한 사례로 평가받는다(김정근 편, 2000, pp. 311-312). 김영천은 한국의 학교 현장이 서구 교육 이론의 실험장으로 축소된 현실을 비판적으로 인식하고, 한국의 교육 현상에 기반한 교육 이론의 토착화 가능성을 제시했다. 보다 구체적으로, 그는 한국 초등학교 교실 문화 속에서 드러나는 각종 질서들과 교실 관리 전략, 학급 문화 등을 탐구하여 서구에서 형성된 잠재적 교육과정의 한국적 이론화의 가능성을 미시문화기술적 탐구를 통해 드러냈다. 그의 연구는 교육 연구에서 형성된 탈식민 담론을 구체적 질적 연구를 통해 실천한 사례이자, 질적 연구의 가치를 높이는 효시적 연구로서 중요한 의의를 가진다.

이후 한국 교육학계에서 질적 연구가 적극적으로 주목받게 되면서 한국 교사와 학교장의 삶과 교육적 실천, 학생과 교육에 대한 인식, 교실문화의 특성 등을 한국의 고유한 맥락 속에서 탐구하려는 노력이 확대되었다. 이를 통해 교육에 대한 맥락적이고 실천적인 지식이 형성되었으며, 이는 비서구-한국의 독특한 교육적 경험과 현실에 기반한 탐구 주제들을 형성하는 데 기여했다(김영천, 1997; 이용숙, 김영천 편, 1998; 조용환, 1999). 가령, 김영천(2005)은 《미운 오리 새끼》를 통해 초임교사들의 적응과 발달에 관한 서구의 이론이 한국 초임교사들에게는 다른 방식으로 작동한다는 사실을 질적 연구를 통해 규명하였다. 그는 서구와 다른 권위주의, 장유유서, 가부장제와 같은 전통적 윤리들이 어떠한 방식으로 한국 초임 교사들에게 개입하고 있는지를 생생하게 드러냈다. 또한, 오영재(2006)는 《한국 학교 조직 질적연구》에서 기존 실증적 연구가 한국 학교 조직의 특수성을 설명하지 못한다고 지적했다. 따라서 그는 질적 연구를 통해 한국 학교 조직의 성격과 작동 기제를 구성하는 조직 구조, 인간 자원, 문화, 정치라는 네 가지 요소를 규명하였다. 그 외에도 김소희(2004)와 서근원(2008)의 연구는 한국 사회의 '교육열'을 교육인류학적 또는 내러티브적 관점에서 탐구한 사례로 주목받는다. 이들은 한국적인 교육 현상을 질적 연구를 통해 분석하며, 비서구적 탐구 주제를 구체화하고 심화시켰다고 볼 수 있다.

이후 다양한 탈식민주의 이론이 한국에 도입되고 논의되면서 질적 연구를 통한 탈식민주의적 탐구가 더욱 활성화되었다. 특히 교육학에서는 탈식민주의적 탐구를 심화시키기 위해 방법론적 탐구와 이론화 시도가 진행되었고, 스피박, 사이드, 바바 등의 탈식민주의 이론가들이 제안한 개념을 바탕으로 서구 중심적 교육과정 텍스트의 비평과 담론 분석이 이루어졌다. 또한 탈식민주의적 관점에서 교육 정책 분석과 비평을 통해 사회 문제를 진단하고, 탈식민주의적 대안을 제시하려는 노력도 활발히 전개되었다. 더불어 다문화 사회를 위한 대안적 인식론을 마련하려는 연구도 수행되면서 탈식민주의적 질적 연구의 범위가 지속적으로 확장되어왔다.

이와 같은 탈식민주의적 담론은 한국 사회과학 연구의 발전과 학문적 자립화에 크게 기여해왔다. 특히 질적 연구에 기반한 탈식민주의적 탐구는 서구 중심의 이론과 관점에서 벗어나 한국 사회와 문화의 고유한 맥락을 반영한 연구를 통해 비서구적 시각을 강화하고, 우리의 경험을 토대로 새로운 지식 체계를 구축하는 데 중요한 역할을 해왔다고 볼 수 있다.

3. 연구방법

본 연구는 국내 질적 연구 분야에서 수행된 탈식민주의적 탐구를 종합적으로 검토하고, 한국 탈식민주의적 질적 연구가 형성하고 있는 주요 탐구 영역을 개념화한 뒤 그에 따른 구체적 연구물을 소개하고자 한다. 이를 위해 Newman과 Gough(2020) 및 Gough(2007)가 제안한 체계적 문헌 분석의 프로토콜을 참조하여 자료수집을 시도하였다. 따라서 연구자는 연구 질문 재확인 → 자료 검색 엔진 선정 → 검색 키워드 설정 → 1차 수집 자료에 대한 재분류 준거 설정 → 연구 초록과 키워드, 제목을 스키밍하여 최종 검토자료를 선정하였다. 먼저, 본 연구의 문제는 "한국 질적 연구 분야에서 탈식민주의적 탐구 영역은 어떻게 전개되고 있는가? 그리고 그 예시는 무엇인가?"이다. 이 연구문제를 바탕으로 관련 키워드를 설정하고, RISS, KCI, DBPIA, KISS, 국회도서관 등 국내 전자 데이터베이스와 Google scholar를 통해 자료를 수집하였다. 사용된 키워드는 "탈식민주의, 탈식민성, 탈식민화, 포스트식민, 토착, 현지, 한국적"과 같은 탈식민주의 관련 용어와 함께 "질적 연구, 현상학, 내러티브, 사례 연구, 후기실증주의, 질적연구방법론" 등의 질적 연구 관련 용어를 조합하여 검색하였다.

이후 키워드 기반 1차 수집된 논문들에 대해서도 일정한 검토가 이루어졌으며, 이 과정에서 스미스(Smith, 1999)가 제시한 "탈식민화를 위한 연구 요소들"을 적극적으로 고려하였다. 이 요소들은 "해체와 재건", "자기 결정권의 존중과 사회 정의", "윤리", "언어", "토착적 경험의 국제화", "역사와 비평"으로 구성된다. 먼저 해체와 재건은 부정적으로 낙인찍히고 왜곡된 것들을 재조사하여 이를 언급하고 새로운 미래를 구상하는 것을 의미한다. 자기 결정권과 사회 정의는 인종, 계급, 성 등에서 소외된 사람들의 현실 인식과 지식 등을 사회적으로 정당화하는 과정이다. 윤리는 원주민과 토착민들에 대한 윤리적 태도와 연구방법을 세우는 것과 관련되며, 언어는 원주민들의 언어적 자산을 보호하는 노력과 관련된다. 또한 토착적 경험의 국제화는 글로벌 및 지역적 맥락에서 식민지 민족의 경험, 인식, 지식, 문제, 투쟁 등을 국제적 차원에서 알리고 소통하려는 시도를 뜻한다(Le Grange, 2022). 마지막으로, 역사와 비평은 토착민들의 현재를 식민적 역사적 맥락에서 비판적으로 검토하고, 이러한 현실을 지속하게 만드는 신식민주의 권력 구조를 비판적으로 평가하는 것이다(Chilisa, 2012).

따라서 본 연구자는 사회 현상을 주류 서구 관점에서 해석하지 않고 그것에 대항하는 비판적이고 비서구적 관점을 지닌 연구, 현장 중심적이고 역사적 맥락적, 문화적 특징들을 규명하려는 성격을 지닌 연구 및 그에 기반한 대안적 연구방법론을 탐색하는 연구, 그리고 서구 오리엔탈리즘적 시각에서 비관적으로 여겨졌던 주제들을 한국적이고 역사적인 맥락에 터해 긍정적으로 재해석하고 국제화하려는 시도가 이루어진 연구 등을 선별의 준거로 설정하였다. 이후 제목, 초록, 키워드 차원에서 초기 수집된 약 93편의 연구물들을 재검토하여 선별 준거에 하나 이상 포함되는 연구물들, 다시 말해 탈식민주의적 탐구의 의도와 목적이 드러나는 연구물들을 최종 수집하였다. 결과적으로 약 51편의 연구물이 최종 검토 대상이 되었다.

다음으로 수집된 구체적인 사례들을 선별한 후 한국의 맥락에 터하여 이루어진 탈식민주의적 질적 연구의 탐구 영역이 어떻게 개념화될 수 있는지에 대해 귀납적으로 고찰하였다. 결과적으로, 한국 맥락에 기반한 탈식민주의적 질적 연구의 동향은 '비서구적 연구 주제의 발굴과 국제화', '토착적 지식 및 경험에 대한 탐구와 이론화', '식민화된 주체의 성찰과 반성, 그리고 재구성', '비서구적 연구 방법에 대한 탐구'라는 네 가지 탐구 영역으로 개념화될 수 있었다. 아래에서는 각각의 개념화된 탐구 영역의 특징을 구체적으로 살펴보고, 이와 관련된 실제 연구물들을 소개한 후 대표적인 연구물들의 주요한 연구 성과를 요약한다.

4. 연구결과: 탈식민주의적 질적 연구의 한국적 적용과 사례들

1) 비서구적 연구 주제의 발굴과 국제화

한국 탈식민주의적 질적 연구의 첫 번째 탐구 영역은 "비서구적 연구 주제의 발굴과 국제화"이다. 이 탐구 영역은 다음 절에서 다룰 "토착적 지식과 경험에 대한 탐구 및 이론화"와 연관이 깊다. 다만 "토착적 지식과 경험에 대한 탐구 및 이론화"가 주로 비서구의 지식, 이론, 인식론, 현상을 심층적으로 탐구하며 내부자들의 의식 변화를 시도하는 데 초점을 맞춘다면, 본 탐구 영역은 서구 지식과 이론이 보편적 진리로 여겨지는 신화를 비판하고, 이러한 구조를 공고히 하는 시스템에 도전한다. 동시에 비서구적 연구 주제를 발굴하여 국제적 출판사에 영어로 출판하고, 이를 통해 국제적인 토론과 비판적 대화에 참여함으로써 서구와 비서구, 내부와 외부 모두의 인식 변화를 유도하는 데 목적이 있다(Anderson-Levitt, 2014; Bhahba, 1994; Chen, 2010). 즉, 이 탐구 영역에서 이루어지는 연구는 특정 학술 논의의 주제나 담론이 국제 무대에서 다양한 지정학적 맥락을 배경으로 하여 어떻게 새롭게 전이되고 혼종화 되는지를 체계적으로 분석한다. 그리고 스미스(Smith, 1999, p. 56)가 지적한 바와 같이 "서구의 연구만이 정당한 것으로 간주되는" 서구 중심의 인식론적 폭력을 비판하고 서구의 자성을 촉구한다. 궁극적으로 이러한 연구는 다양성이 인정되고 공존하는 세계를 형성하는 데 기여함을 목표로 삼는다.

비서구적 연구 주제의 발굴과 국제화를 시도하는 연구는 서구의 지식, 이론, 현상이 보편적 진리로 여겨지는 상황에서 비서구의 인식을 배제해온 '인식론적 학살'(Paraskeva, 2016)을 비판하는 데서 출발한다. 이 영역에서 활동하는 연구자들은 서구를 난공불락의 요새로 간주하지 않으며, 서구와 어떻게 상호작용할 것인가의 문제를 중점적으로 논의한다. 즉, 서구의 지식, 이론, 관점, 인식론 등이 한국의 독특한 맥락에서 어떻게 수용되고 변형되는지를 비판적으로 분석하는 것이다. 따라서 이 연구들은 서구가 비서구를 어떻게 재현하며, 비서구가 그 재현을 내면화하는 과정에서 식민 권력의 틈새가 어떻게 생겨나는지 탐구한다. 이를 통해 서구에 의해 배제되거나 왜곡된 한국 및 비서구의 고유한 현상을 발굴하고, 새로운 시각에서 분석하려는 이른바 '포스트-오리엔탈리즘'적 연구가 이 탐구 영역에서 활발히 이루어지고 있다(Jung, 2023; Said, 1978/2007; Young, 2004).

이 분야의 탈식민주의적 질적 연구들은 인류학, 문화연구, 교육학 등 다양한 학문에서 이루어져 왔다. 우선 교육학 분야에서 이루어진 연구의 예시로는 한국 혁신학교 운동의 특성 및 한국 교사들이 개발한 민주적 학교 변화 전략을 탐구한 연구(Sung & Lee, 2018)와 한국 사교육 현상에 대한 장기적이고 심층적인 연구를 바탕으로 이를 국제적 교육과정 연구의 한 분야로 자리매김하도록 기여한 연구(Kim, 2016; Kim, Jo & Jung, 2024; 김영천, 조재성, 2024)를 대표적인 사례로 꼽을 수 있다.

먼저 성열관과 이윤미(Sung & Lee, 2018)의 〈Politics and the practice of school change: The Hyukshin School movement in South Korea〉는 글로벌 탈중앙화 담론과 한국의 지역적이고 정치적인 맥락 속에서 탄생한 한국 혁신학교 운동의 실제를 교사들에 대한 심층면담, 서면 인터뷰, 각종 문헌자료 분석 등에 기반하여 고찰하였다. 이를 통해 혁신학교 운동에 참여한 교사들이 개발한 민주적 학교 변화 전략은 무엇이고, 그것이 동아시아 교육 스타일과 어떤 관련성을 맺고 있는가에 대한 탐색을 시도했다. 연구 결과, 그들은 한국의 교사들이 신자유주의적 경쟁과 시험 중심의 문화, 교사 중심의 획일적 교수법과 학생 참여 부족 등으로 표상되는 동아시아 교육 모델(Sato, 2011)에 비판적으로 대항하는 민주적 학교 변화 운동을 발전시켰음을 밝혔다. 구체적으로 교사들은 학습 공동체, 돌봄 공동체, 민주 공동체, 전문적 공동체 형성이라는 네 가지 전략을 바탕으로 학교 문화를 민주적으로 변화시켰다. 이 연구는 한국 혁신학교 운동이 동아시아 교육 스타일의 부정적 측면을 비판적으로 재구성하며, 새로운 민주적 교육 모델을 제시하는 데 중요한 역할을 했음을 보여준다. 이는 단순히 교육 시스템을 변화시키는 것을 넘어, 글로벌 교육 담론에 대한 대안적 접근을 통해 한국적 맥락을 이론화하고 국제적으로 확장하려는 시도로 평가할 수 있다.

다음으로 한국 학교교육과 사교육에 대한 탈식민주의적 탐구를 지속해온 김영천의 연구를 살펴볼 필요가 있다. 김영천은 그간 한국에서 사교육은 공교육과 대비되어 교육 불평등을 심화시키고 가계를 압박하는 부정적 요소로, 공교육의 아류나 기형적 현상으로 주로 평가되어왔다고 보았다. 실제로 이러한 평가는 국제적으로도 영향을 미쳐, 서구의 학자들이 한국의 사교육에 기반한 학습 문화를 터질 것 같은 압력밥솥이나 잔인한 경쟁 등 부정적 시각으로 이해하는데 일조하였다(e.g. Seth, 2002; Ripley, 2013). 이에 대해 김영천은 사교육을 서구 학자들에 의해 왜곡되고 부정적으로 재현된 대표적인 한국의 학습 문화로 보고 이를 포스트-오리엔탈리즘적 관점에서 연구해야 함을 역설해왔다. 그간 한국의 사교육과 학습 문화에 관한 연구를 집약한 최근 저서에서 그는 "왜 한국의 독특한 교육 모델과 학생들의 성공 사례를 연구하지 않는가?"라는 비판적 물음을 던지며 한국의 독특한 학습 문화를 탐색하고 이론화하였다(김영천, 조재성, 2024). 《K-에듀케이션》(2024)이라는 저서명으로 발간된 이 연구는, 전국의 학생, 교사, 학원 강사, 학부모들을 대상으로 한 인터뷰, 현장 참여 관찰, 교수학습 자료 분석 등을 종합적으로 활용하여, 한국의 교육 문화가 갖는 특징들을 밝혀내고 있다. 이 과정에서 한국 학생들이 국제적으로 높은 학업 성취도를 유지할 수 있는 전략으로서 사교육의 유형과 학생들의 사교육 참여 전략, 사교육 강사들의 효과적인 교수학습 전략 등을 탐구하였으며, 그 외에도 그동안 잘 조명되지 않았던 학부모들의 학습 지원 전략, 실제 학교 현장에서 벌어지고 있는 학교교육과 사교육의 연계 양상 등을 심층적으로 탐구하여 한국의 학습 문화와 교육적 성공을 새롭게 이해하는 활로를 개척하였다. 이 연구는 서구 중심적 교육 연구에 대한 맹목적 추종에 대한 성찰과 더불어, 서구의 교육 이론과 이해 방식을 한국의 사교육이라는 키워드를 통해 한국의 문화적 맥락 속에서 되받아씀(empire write back)(Ashcroft et al., 1989)으로써 서구 중심적 교육 연구 경향을 탈중심화하려는 시도로써 의의가 있다.

다음으로, 한국 대중 문화 분야에 관한 연구이다. 최근 한류의 전 세계적 부상으로 인해 문화연구 분야에서 한국의 독특한 문화적 성공 사례는 활발한 연구의 대상이 되고 있다. 따라서 정치, 경제, 문화적으로 소외되었던 동양 변방의 한국이라는 나라가, 어떻게 세계 일류 국가로 발돋움하였는지, 한국 문화의 독특한 특징을 개념화하고 이를 국제적인 맥락에서 해석하려는 시도가 계속되고 있다(Hong, 2014, 2018; Kim, 2013). 대표적으로, 한국계 미국인 저널리스트 홍은이는 《The Birth of Korean Cool》(2014)과 《The Power of Nunchi》(2018)을 통해 한국의 문화적 특성과 현상을 국제적으로 소개하고 분석하려는 노력을 기울여왔다. 홍은이의 저작들은 비록 학술적 목적에 기반한 엄밀한 방법론을 따르지는 않지만, 자서전적 경험과 관찰, 역사적 고찰을 바탕으로 한국의 사회적 · 문화적 현상을 설명하며 이를 국제화하려는 탈식민주의적 시도로 평가될 수 있다. 그녀는 "한국이 문화적, 경제적 강국으로 성장할 수 있게 된 힘은 무엇인가?"라는 질문을 탐구하며, 한국 사회의 독특한 문화적 특징을 중심으로 이를 규명하고자 했다. 우선 《The Birth of Korean Cool》(2014)에서 그녀는 한국이 가난에서 부유함으로의 극적인 전환을 이루는 동안 대중문화의 글로벌화를 국가 전략으로 활용한 과정을 설명한다. 급격한 경제 성장, 경쟁적 문화, IT 기술에 대한 집중적 투자와 발달 등이 한류의 토대가 되었으며, K-pop, 드라마, 영화, 게임 등 대중문화 산업이 아시아 시장을 넘어 글로벌 시장으로 확산되는 과정에서 정부의 계획적 지원이 중요한 역할을 했음을 강조한다. 이를 통해 한국의 문화적 특징이 단순한 문화적 수출을 넘어 정부 전략과 결합된 독특한 글로벌 성공 사례로 해석되어야 한다고 주장한다. 또한, 이러한 성공은 식민 경험, 전쟁, 경제적 어려움을 견뎌온 한국인의 끈기와 창의성의 결과임을 보여준다. 《The Power of Nunchi》(2018)에서 그녀는 한국의 독특한 개념인 "눈치"를 소개하며, 이를 개인의 성공과 행복과 연결짓는다. 눈치는 "상황과 사람의 감정을 즉각적으로 파악하고 조율하는 능력"으로 정의되며, 한국에서는 "사회적 생존 기술"로 여겨진다. 저자는 눈치가 한국 역사에서 생존과 번영의 필수 도구였음을 다양한 사례로 보여주며, 이를 한국이 "제3세계에서 선진국으로 전환"할 수 있었던 비결 중 하나로 설명한다. 구체적으로, 눈치는 세 가지 기능을 통해 한국의 경제적 · 문화적 성공에 기여했다고 주장한다. 첫째, 변화에 대한 빠른 적응으로, 한국은 글로벌 시장의 수요를 정확히 파악하고 기술과 제품을 개발하여 대응했다. 둘째, 사회적 조화와 협력으로, 공동체적 가치를 바탕으로 팀워크와 협력을 강조하며 경제적 도약과 기업 문화에 기여했다. 셋째, 글로벌 문화 확장으로, K-pop과 K-뷰티 같은 사례를 통해 소비자 트렌드를 이해하고 전략적으로 적응했다. 이처럼 그녀는 한국 문화의 독특성을 재해석하며 국제적 맥락에서 한국 성공의 기반을 이해할 수 있는 틀을 제공했다.

다음으로, 김유나 편(Kim, 2013)의 연구 《The Korean Wave: Korean Media Go Global》은 한국 대중문화의 글로벌 확산을 분석하며, 그 성공의 배경, 사회문화적 의미, 경제적 효과 등을 다룬다. 특히, 한국 대중문화의 글로벌화가 단순한 문화 수출을 넘어 지역과 세계의 혼합이라는 하이브리드적 성격을 바탕으로 새로운 국제적 정체성의 형성에 기여할 수 있음을 제시한다. 즉, 한국 문화의 성공은 아시아 문화 간의 상호 참조 그리고 서구 문화적 현상의 혼종화를 기반으로 이루어짐으로써 서구의 문화적 지배를 해체하고 문화 교류의 새로운 패러다임을 창출하는데 기여하고 있다. 그중에서도 7장 〈Negotiating identity and power in transnational cultural consumption: Korean American youths and the Korean Wave〉와 10

장 〈K-pop dance trackers and cover dancers: global cosmopolitanization and local spatialization〉은 한국 대중문화와 정체성, 권력 관계, 그리고 새로운 공동체 형성에 대한 논의를 심층적인 질적 연구를 통해 규명한 사례로 평가할 수 있다.

7장에서는 한국계 미국 청소년들의 대중문화 소비가 그들의 정체성과 권력 관계에 미치는 영향을 다룬다. 연구는 심층 면담과 참여 관찰을 바탕으로, 이들이 한국 드라마, 음악, 영화 등의 대중문화 작품을 소비하며 '한국'이라는 정서적 고향과 연결되고, 이를 통해 미국 사회에서 경험하는 소외감과 정체성 혼란을 완화하는 방식을 탐구한다. 나아가, 이러한 소비가 부모와의 공감대를 형성하여 세대 간 관계를 개선하고, 다문화적 우정을 형성하는 데 기여하는 과정을 분석한다. 이를 통해, 한국계 미국 청소년들의 대중문화 소비는 단순한 문화 향유를 넘어, 초국가적 문화공동체의 형성에 기여하고 있음을 주장한다. 10장은 K-pop 팬덤의 춤 커버 문화를 중심으로, 이들이 만들어내는 문화적 혼종성과 참여 방식을 조명한다. 연구는 사례 연구와 온라인 자료 분석을 활용하여 유튜브와 SNS 데이터를 통해 K-pop 팬들이 기존 안무를 변형하고 재해석하는 과정을 분석한다. 이러한 활동은 인종, 성별, 종교, 지역적 경계를 초월하여 새로운 문화적 의미를 창출하며, 혼종성을 강화하는 기제로 작용한다. 특히, 팬들의 참여가 단순히 수동적 소비를 넘어 창의적이고 능동적인 재창조 과정으로 이어지고 있음을 보여준다. 이상의 연구들은 질적 접근을 통해 한국 대중문화가 개인 및 집단의 정체성 형성, 권력 관계, 그리고 문화적 혼종성을 만들어가는 과정을 심층적으로 탐구한다. 이러한 시도는 한국 대중문화의 특징과 국제적 위상을 이해하는 데 중요한 기여를 하며, 한국 문화의 독특성을 글로벌 담론 속에서 재조명하려는 시도로 평가할 수 있다. 다시 말해 한국 대중문화의 글로벌 확산이 단순한 문화 수출 혹은 시대적 우연으로 치부되는 것을 넘어 그 이상의 사회적, 문화적 함의를 지니고 있음을 적극적으로 보여준다.

마지막으로, 한국의 원로 인류학자 김중순(Kim, 2011)의 저서 《Voices of Brides: The Roots and Development of Multiculturalism in Korea》는 한국의 다문화와 관련된 문화적 · 역사적 특징을 질적 연구를 통해 탐구하여 국제적으로 알린 문화인류학 분야의 사례로 꼽을 수 있다. 저자는 한국에서 태어나 미국에서 30년 이상 거주한 경험을 바탕으로, 내부자이자 외부자의 시선을 결합하여 한국 사회의 다문화 현상을 분석하였다. 그는 외국인 신부들을 대상으로 한 생애사 연구를 통해 "외국인들은 한국이 외국인에 대한 차별이 심하다고 생각하지만, 이는 편견에 불과하다"(Kim, 2011, pp. xv-xvii)고 주장하며, 한국 사회에서 다문화와 다양성을 존중하려는 인식과 태도의 긍정적 변화를 밝혀 서구의 편견에 대항하는 데 목적을 두었다. 이를 위해 한국의 가족문화, 인식, 가치관에 관한 자료들을 종합적으로 검토하였다.

특히, 국제결혼을 통해 한국에 정착한 외국인 여성들의 사례를 중심으로 이들의 적응 과정을 심도 있게 분석하였다. 연구는 국제결혼 중매업체를 통해 결혼한 베트남 여성, 종교 단체의 중매로 결혼한 일본 여성, 그리고 한국 남성과의 연애를 통해 결혼한 중국 여성의 사례를 다루며, 이들이 한국 사회에 적응해 나가는 과정을 구체적으로 조명하였다. 김중순은 이 과정에서 종교 단체를 포함한 지역 사회의 도움, 한국 가정(특히 시댁)의 이해와 배려, 그리고 교육 및 의료 지원 시스템이 중요한 역할을 한다는 점을 강조하였다. 이를 통해 외국인 신부들이 한국 사회의 구성원으로 자리 잡는 과정에서 나타나는 긍정적인 측면과 도전 과제를 동시에 탐구하였다. 그러나 김중순은 한국의 다문화정책에 대한 비판적 관점도 제시하였다. 그는 한국의 다문화 프로그램이 대체로 온순한 가정주부를 양성하려는 가부장적 이념에 기반하고 있으며, 한국어와 한국 문화를 일방적으로 주입하려는 동화주의적 성격을 지니고 있다고 지적하였다. 이러한 정책의 한계는 다문화사회의 주요 구성원인 외국인 여성들의 특성과 목소리를 충분히 반영하지 못한다는 문제로 이어진다.

김중순의 연구는 한국 다문화사회의 주요 구성원으로서 외국인 여성들의 삶과 목소리에 주목함으로써, 이들이 실제로 경험하는 삶의 형태를 깊이 이해하고, 이를 바탕으로 진정으로 포용적인 다문화정책의 방향과 방법을 고민해야 함을 제안한다. 동시에 이 책은 단순히 다문화 현상을 기록하는 데 그치지 않고, 한국 사회의 다문화주의가 단일민족 신화라는 서구의 편견을 넘어설 수 있음을 보여주며, 더욱 포괄적이고 실질적인 정책과 사회적 지원 체계를 구축하기 위해 나아가야 할 방향성을 제시하는 중요한 학문적 기여를 하고 있다.

2) 토착적 지식, 경험에 대한 탐구와 이론화

한국 탈식민주의적 질적 연구의 두 번째 탐구 영역은 "토착적 지식, 경험에 대한 탐구와 이론화"이다. 이 분야에서 수행된 연구들은 서구 학자들과 한국 연구 문화에서 충분히 탐구되지 못한 사례를 중심으로, 다양한 경험을 심층적으로 탐구하고 새로운 현상적 이해를 도모하려는 노력을 기울여왔다. 이러한 연구들은 스피박(Spivak, 1990, 1994)의 주장처럼 서구의 계서적 인식론, 즉 백인, 남성, 가부장, 자본 중심적 사고 속에서 배제되고 억압되어 온 하위 주체들을 인식하고 그들의 목소리를 심층적으로 탐구하는 데서 출발하고 있다. 또한 서구 이론과 관점들이 한국이나 비서구 맥락에서 어떻게 혼종화되어 독특한 양상으로 드러나는지 탐색하는 데도 주력하고 있다. 이러한 노력들은 앞 절에서 설명한 비서구적 주제의 발굴과 국제화를 시도하기 위한 발판이기도 하며, 동시에 고유한 맥락에 터하여 서구 사회에 의존적이지 않은 주체성을 (재)형성하는 데도 중요한 의미를 지닌다(Chen, 2010).

한국 및 비서구 맥락에서 고유한 현상을 탐구해온 연구들은 매우 다양하다. 특히 2장 2절에서 다룬 바와 같이 교육학 분야에서는 서구 학교 교육 및 교사 담론과는 다른 형태의 교사 실천, 학교 문화, 교육 풍토 등을 규명하는 비판적이고 해석적인 질적 연구들이 오랜 기간 축적되어왔다. 그리고 교육학 연구 분야 외에도 비서구의 토착적 지식과 경험을 비판적으로 탐구하려는 시도들이 상당히 오랜 기간 진행되어왔다. 아래에서는 2장 2절에서 살펴본 비서구적, 토착적 경험과 지식을 다룬 사례들 외에 추가적인 탐구 양상을 세 가지로 종합하고 각각의 대표 연구물들을 소개한다.

첫 번째 양상은 식민주의, 제국주의, 냉전의 영향력이 비서구-아시아-한국의 사회 및 개인 차원 전반에 걸쳐 어떠한 억압과 편견 등을 낳았는지를 비판적으로 탐구하는 연구이다. 이러한 연구들을 대체로 소외되고 억압받아온 하위주체의 인식, 목소리, 담론에 관한 자료들을 질적으로 분석하여 비서구의 관점에서 식민제국주의의 역사적 영향력을 비판적으로 고찰하고 있다. 대표적인 연구로는 이주희(2023)의 〈북송재일동포 일본인 처의 적응과 실천〉, 김경남의 〈1910년대 '매일신보'의 여성 담론과 식민지 여성 만들기〉, 정겨울(2022)의 〈식민 이데올로기 선전과 여성〉, 예지숙(2024)의 〈일제 강점기 영등포 지역의 장소성과 젠더〉 등이 있다. 이 중에서도 이주희(2023)의 연구는 남북한의 정치 · 경제적 맥락 그리고 일본과 한국 사이의 복잡한 역사적 관계, 마지막으로 일제강점기의 역사적 맥락 속에서 배제되고 침묵되어온 '북송재일동포 일본인 처'에 대한 생애사적 연구를 통해 일본인 처가 경험한 독특한 경험들을 조명한다. 구체적으로 이주희는 '북송재일동포 일본인 처'가 전후 일본에서 분출된 조선인들의 탈식민 압력의 직접적 대상이었으며, 그 결과 북송된 재일동포의 아내인 '일본인 처'는 민족적으로 모호한 성원권 그리고 사회적 이질감 나아가 1960년대 냉전 시대 북한 사회의 재편과정에서 강화된 권위주의, 가부장제의 강화로 인한 젠더적이고 민족적인 억압의 교차점 위에 서 있었음을 생애사적 연구를 통해 드러내고 있다. 그는 일본인 처에 대한 구술자료와 기억자료, 생애사적 기록들을 발굴하고 그들의 생애에 관한 서사를 탈식민과 냉전이라는 역사적 서사 위에 놓음으로써 한국 사회, 더 나아가 동아시아의 식민화 및 냉전이 낳은 현실과 그 문화를 이해하는 미시적 접근의 가능성을 보여준다(이주희, 2023, p. 84).

두 번째 양상은 한국 사회에 존재하는 주체들의 독특한 정체성에 대한 인식을 탐구하는 연구이다. 이러한 연구들은 대체로 소수자들의 정체성과 인식론에 대한 탐구를 통해 국가 경계를 넘어선, 소위 다문화주의적이고 초국가주의적인 타자 이해 방식에 대한 가능성을 타진하는데 주력하고 있다. 대표적인 연구로는 팽의훤과 조영한(2019)의 〈한국 화교의 인터-아시아 정체성에 대한 고찰〉, 심소현, 박윤경, 조영달(2021)의 〈서울 지역 중고등학생들이 구성하는 한국인 정체성〉, 조영달, 박선운, 박윤경, 김재근(2012)의 〈다문화가정 학생 다수 학교에 대한 비교 사례 연구〉, 유진아(2021)의 〈한국 이주 재일조선인 3세의 생애사 연구〉 등이 있다.

이 중에서도 팽의훤과 조영한(2019)의 연구는 한국에 거주하는 화교 3-4세대를 대상으로 그들이 형성하고 있는 중국, 대만, 한국에 대한 인식을 심층 면담에 기반한 질적 연구를 통해 탐구하였다. 연구자들은 이들이 특정 국가나 지역에 온전히 소속되어 있다는 감수성이 없음을 발견하였고, 이를 "제국과 식민, 냉전과 분단, 그리고 탈냉전 및 다문화 변화를 관통하면서 중국, 대만 그리고 한국에서 자신들의 전략적이고 선택적인 삶을 만들어가는 모습"이라고 해석한다(팽의훤, 조영한, 2019, p. 28). 비록 이들의 초국가성은 구조적 폭력에 의해 어느 정도 강제된 것이지만, 그들은 주어진 조건과 맥락, 환경 속에서 공유하고 있는 아시아의 역사, 문화, 언어를 혼합하여 새로운 정체성을 형성하고 있었다. 이러한 연구 결과는 소수자들이 가진 문화적, 언어적 자산을 기반으로 그들을 동질한 집단으로 규정해온 편견을 극복할 수 있게 해준다. 또한, 이 연구는 그들의 소속을 근대 국민국가(nation-state)의 경계로 국한해온 고정관념을 탈피하여, 국가를 초월한 아시아인들의 다중적이고 느슨한 연대의 가능성을 보여준다는 점에서 중요한 의의를 갖는다. 이러한 접근은 천광싱(Chen, 2010)의 아이디어와도 맞물려 있으며, 천광싱이 주장한 탈식민-탈제국-탈냉전의 방법으로서 아시아인들의 초국가적인 연대에 기반한 상호참조(inter-reference)를 가능하게 하는 기반이자 아시아인들의 주체성을 재고하는 구체적 사례로서 의미를 지닐 수 있다.

다음으로, 심소현, 박윤경, 조영달(2021)의 최근 연구는 다문화 사회로 접어든 우리나라의 청소년들이 구성하는 한국인 정체성의 의미를 탐구하기 위해 질적 사례 연구를 실시하고 그 결과를 다문화교육적 논의와 연결하고 있다. 연구자들은 고등학생들의 경우 '국적 취득'을 강조하는 반면, 중학생들은 '한국에 대한 사랑'을 한국인의 정체성 형성을 위한 자격 요건에 가장 중요한 요인들로 뽑고 있음을 발견했다. 이를 통해 연구자들은 학생들의 인식에서 국적이든 한국에 대한 사랑이든 간에, 학생들이 '바람직한 후천적 한국인'과 '바람직한 선천적 한국인'의 경계를 여전히 종족적 요소에 기반하여 설정하고 있음을 지적한다. 따라서 기존 서구의 이론들이 국민 정체성 형성의 요인들을 시민적 요인(e.g. 영토, 소속의지, 정치적 제도 권리 등), 문화적 요인(e.g. 언어, 종교) 등으로 이분 삼분하여 도식적으로 이해해온 방식은 한국의 사회 맥락에 그대로 적용하기 어려울 수 있을 뿐만 아니라, 정체성 형성 과정을 지나치게 낭만화할 수 있음을 이야기한다(심소현 외, 2021, p. 139). 이에 따라 문화적 및 시민적 요소를 가로질러 형성되어있는 한국인의 종족적 인식을 깊이 성찰하고, 그 맥락적 이유와 효과를 비판적으로 탐구하는 연구가 필요함을 강조한다. 이 연구는 한국의 맥락에서 한국인들이 소수자를 이해하고 구분짓는 과정과 타자화 기제를 비판적으로 이해하는 데 도움을 준다.

세 번째 양상은 현재까지 지속되고 있는 식민주의의 영향력을 드러내고 그것에 저항하는 현재인들의 삶, 정체성, 가치, 인식 등을 드러내는 연구물이다. 대표적 연구물로는 박혜경, 박환보(2022)의 〈탈식민주의관점에서 본 조선학교 운동회〉, 김영천, 황철형, 박현우, 박창민(2014)의 《한국 다문화아동 가르치기: 용감하고 아름다운 네 교사 이야기》 등이 있다. 이러한 연구들은 우리의 일상 속에 내재한 식민주의의 영향력을 자성하고, 일상 속 다양한 요소들의 의미를 토착적이고 맥락적인 관점에서 재해석함으로써 구체적인 탈식민주의적 저항의 가능성을 드러낸다는 점에서 의의가 있다.

박혜경과 박환보(2022)의 연구는 일본에 위치한 조선학교의 운동회에 대한 질적 연구로, 운동회 현장을 참여 관찰하고 학생, 학부모, 교원을 대상으로 한 심층 면담 및 SNS 자료 분석을 통해 조선학교의 탈식민주의적 의미를 해석하고 있다. 연구자들은 조선학교 운동회를 통해 조선학교 구성원들이 식민주의의 억압적 구조를 현재까지 의식적으로 기억하며, 운동회를 통해 일본에 대한 저항의 구도를 형성하고 있음을 발견하였다. 또한, 조선학교 운동회에서는 공식적인 언어로 조선어가 사용되는 반면, 일상적인 소통에서는 일본어가 활발히 사용되는 현상에 대해 연구자들은 일본 내 조선학교와 조선인들의 보호 전략이자 일종의 "전략적 모호성"으로 해석하고 있다(박혜경, 박환보, 2022, p. 79). 이러한 연구 결과를 바탕으로, 연구자들은 조선학교 운동회가 일본의 조선인 동화주의에 기반한 문화침략적 식민주의에 저항하는 "주체적 의식화 활동"의 성격을 지니고 있다고 결론짓고, 일본 사회와 동포 사회에서 조선학교 교육이 갖는 탈식민주의적 전략과 의의 탐색을 위한 후속 연구의 필요성을 제언하였다.

한편, 김영천, 황철영, 박현우, 박창민(2014)의 연구는 경남 지역 초등학교 교사들이 약 1년여에 걸쳐 다문화 아동의 학업 성취를 위해 노력한 현장 이야기와 기록들을 엮은 저서이다. 이 연구는 서구의 지식과 이론이 보편적이고 가치 있는 것으로 여겨져 온 서구중심주의 내지 식민주의의 영향력을 비판적으로 직시하고 이러한 현상으로부터 탈피하여 "우리의 맥락과 현실에 적합한 수업 방법과 전략을 탐색하는 것"을 뚜렷한 목표로 삼고 있다(김영천 외, 2014, p. 26). 구체적으로 이들은 "국내의 다문화 교육의 주류 연구들이 대부분 서구 이론들의 재생산이나 소개에 그치고" 있어, "태국 출신 아이, 일본 출신 아이, 베트남 출신 아이"들에 대해 "어떻게 수업을 새롭고 다르게 할 것인지에 대한 실제적이고 경험적인 지식이 전무"하다고 비판하였다(김영천 외, 2014, pp. 26-27). 이러한 현실 인식에서 출발하여 본 연구는 네 명의 초등교사들이 엮은 자서전적 이야기를 바탕으로 한국의 사회적, 교육적 현실과 다문화 학생의 특성에 기반하여 교사들이 오랜 시행착오 끝에 개발한 수업 전략과 실천 사례를 제시하고 있다. 구체적으로 그들은 다문화가정 학생들을 직접 대면하고 가르치는 경험으로부터 진단 평가, 생애사적 면담에 기반한 언어 수준 파악의 필요성, 시각자료의 중요성, 문답법에 기반한 지속적인 언어 자극의 필요성, 아동의 문화적 경험에 기반한 수업 주제 제시의 효율성 등 다문화 학생 지도에 관한 실제적이고 경험적인 지식들을 획득해나가는 과정을 생생하게 보여주었다.

3) 식민화된 주체의 성찰과 반성 그리고 재구성

한국 탈식민주의적 질적 연구의 세 번째 탐구 영역은 '식민화된 주체의 성찰과 반성 그리고 재구성'이다. 아프리카 케냐 태생의 세계적인 탈식민 문학 작가 응구기 와 티옹오(Ngugi Wa Thiongo)는 식민주의가 오늘날까지 영향을 미치고 있다고 주장하며, 그 영향을 '문화적 폭탄'이라고 규정한다. 즉, 식민주의는 곧 문화폭탄으로서 그 영향력은 정치경제 구조의 억압뿐만 아니라 피식민자의 정신을 서구 맹목적인 형태로 동화시키고 그들의 저항 의지까지 스스로 말살시켜버리도록 유도하는 것이다(Ngugi, 1986/2013, pp. 15-16). 따라서 그는 탈식민화를 위해서는 언어와 문화에서 서구 제국주의에 대한 의존에서 벗어나야 한다며, 정신의 탈식민화를 주장했다. 이러한 견해는 대만의 문화학자 천광싱이 제시한, 식민-제국-냉전을 거치며 자본주의의 선두주자이자 계몽과 진보의 상징으로 이미지화되어 온 서구를 탈피할 뿐만 아니라 그러한 서구에 의존적인 우리의 주체성을 새롭게 탈피하려는 노력이 바로 "아시아의 탈식민화를 위한 열쇠"라는 주장과 같다(Chen, 2010). 이처럼 탈식민주의적 질적 연구에서 식민화된 주체의 성찰과 반성을 통한 정체성과 인식의 재구성은 대안적 인식론과 정체성 이해를 추구하는 핵심적인 탐구 영역으로 자리매김하고 있다. 이러한 시도는 비서구적 연구 주제의 발굴과 국제화, 그리고 토착적 경험과 지식에 대한 탐구의 가장 기초적인 발판이라는 점에서 중요한 의미를 가진다.

이 탐구 영역에서 이루어지고 있는 연구물들 역시 매우 활발하고 다양하며, 아래에서는 본 탐구 주제의 주된 연구 양상을 두 가지로 종합하고 대표적인 연구물들을 소개하도록 하겠다. 첫 번째 연구 양상은 서구중심주의를 맹목적으로 추종해왔던 아시아/비서구/한국 연구자들의 자기 해체적인 성찰과 반성에 관한 연구이다. 이러한 연구들은 한국 학자들이 서구 사회가 형성한 신화, 즉 진보와 계몽의 상징으로 여겨지는 서구 사회에 알게 모르게 매료되었나, 무비판적으로 그 내러티브에 휘둘려 서구 이론과 지식을 연구해온 사례를 다룬다. 이들은 모종의 계기를 통해 자신의 정체성과 역사적 맥락을 재고하며, 서구 중심적인 메타내러티브를 해체하고 대안적인 주체성 형성을 시도하고 있다(김영천, 2011; 염태근, 2024; Jung & Kim,

2018; Kwak, 2022; Moon, 2022).

대표적으로 김영천(2011)의 《가장 검은 눈동자: 한국 다문화 아동의 슬픈 자화상》에서 드러나는 자기 해체적인 이야기를 예로 들 수 있다. 김영천은 이 텍스트를 통해 한국에 거주하는 다문화 가정 학생들의 삶을 질적 연구로 규명하고자 하였다. 이 연구는 한국 다문화 가정 학생들의 삶에 대한 실질적이고 경험적인 지식을 제공하여 교사와 연구자들에게 서구 다문화 이론이 아닌 한국 다문화 사회에 적합한 수업 전략, 지식, 이론화에 관한 기초 자료를 제공한다는 점에서 의의가 있다(주재홍, 2021). 특히 이 연구는 다문화교육 연구자로서 김영천이 스스로 가진 인식론과 태도를 비판적으로 해체함으로써 다문화교육 연구자로서의 지녀야 할 자세에 대한 시사점을 제시한다는 점에서도 의의가 있다. 이 텍스트의 내용 중에서도 저자의 탈식민주의적 자기 해체가 가장 잘 드러나는 부분은 《가장 검은 눈동자》의 시작 부분이다. 미국 대학에서 박사과정을 유학한 김영천의 경험으로 쓰인 이 부분은, 백인에 대한 동경과 백인 되기 신화에 빠져 있던 유색 인종의 삶과 경험을, 실제로 그가 유학과정에서 겪었던 차별과 편견에 기반하여 반성한다. 즉, 그는 "나는 다시 태어나면 금발 머리에 파란 눈을 가진 백인으로 태어나고 싶다"는 생각이 "백인 되기의 신화는 내가 만들어놓은 잘못된 허상이라는 것을 깨달았다"로 이어지는 과정을 자서전적으로 탐구한다(김영천, 2011, pp. 14-56). 이러한 경험을 통해 그는 자기 자신을 상대화하고 서구화된 백인 중심의 인종관이 자신의 삶에서 어떻게 작동했는지를 반성적으로 드러내어, 아시아 배경을 가진 이주 학생들이 겪는 차별, 태도 그리고 언어적 차이 등을 어떻게 연구를 통해 다루어야 할지 고찰하고 있다. 그의 이러한 성찰은 곧 다문화교육 연구 전반에 있어 타 연구자들이 경청해야 할 서구 중심적 인식과 편견에 대한 반성 촉구를 가리키고 있다.

다음으로, 문승호(Moon, 2022)의 《The Flows of Transnationalism: Questioning Identities and Reimagining Curriculum》라는 텍스트와 곽덕주(Kwak, 2022)의 〈Doing Educational Research by Taking Seriously Chen's Account of "Asia as Method": In a Korean Case of Modern Schooling〉에서 드러나는 자서전적 탐구를 또 다른 예로 들 수 있다. 먼저, 한국에서 태어나 미국에서 박사 학위를 받고 현재 미국에서 교수로 생활하는 문승호는 자서전적 생애담과 역사적, 문화적 분석을 통해 주체와 타자, 국내와 국제를 가르는 서구적 이분법에 잠식되었던 자신의 모습을 성찰적으로 발견한다(Moon, 2022). 그리고 이러한 인식을 비판적으로 해체한 후 초국가적인 정체성을 기반으로 한 교육과정 연구의 가능성에 대해 논의한다. 이러한 논의의 출발은 미국에서 생활하며 경험한 한국인 정체성에 대한 고정적 이해에 대한 의문에서 시작된다. 그는 한국 전통과 고유성에 고착된 맹목적 정체성에 대한 이해나 극단적 상대주의에 기반한 지나치게 모호한 정체성 이해 방식 모두를 비판하며 서구 중심적 이분법에서 빠져나온다. 그 결과, 그는 정체성이란 사회의 다양한 역학 관계 속에서 보다 미묘하고 복잡하게 형성됨을 깨달았다(Moon, 2022, p. 15). 따라서 그는 집단적 묘사와 동질화의 관성으로 소수자와 타자 간의 차이를 인식하고 탐구하는 기존 서구의 자유주의적 다문화주의 방식을 넘어서, 정체성을 유동적이고 복잡하게 바라보는 진정한 다양성의 필요성을 강조하며 포용적이고 다채로운 교육과정 연구의 가능성을 제시하는 것으로 나아가고 있다.

또한 곽덕주(Kwak, 2022)는 천광싱의 "Asia as method" 개념을 바탕으로 동아시아(한국)의 근대교육을 탈식민주의적으로 이해하는 사례를 제공한다. 그녀는 자신의 학창 시절 이야기와 미국에서 박사 학위 취득 후 교수자로서 겪은 경험을 탈식민주의적 관점에서 자서전적으로 탐구하였다. 구체적으로 그녀는 학창시절, 서구 합리성에 근거한 근대적 교육과정과 유교적이고 가부장적인 비공식적 학교 문화 사이에서 경험한 내적 갈등 그리고 교수자 시절 서구의 자유주의적이고 합리적인 교수 방식이 오히려 한국 학생들에게 심적인 부담을 줄 수 있다는 깨달음으로부터 다음 두 가지의 필요성을 언급하였다. 첫째, 자국 문화에 대한 비판적 접근을 통해서 동아시아(한국)의 근대성 형성에 대한 반성적 접근이 필요하다. 둘째, 서구 문화와 유산에 대한 맹목적 추종을 벗어나는 거리두기가 필요하다(Kwak, 2022, pp. 13-14). 이러한 성찰적이고 자기 해체적인 연구는 동아시아 교육 연구에 있어서 서구중심주의를 극복하고 새로운 형태의 주체성을 형성할 수 있는 가능성을 제안하는 의의가 있다.

두 번째 연구 양상은 식민화된 주체를 형성하는 보이지 않는 구조에 대한 비판과 성찰이다. 즉, 식민주의적 사고를 은폐하고 이를 정당화하는 암묵적 구조들에 대한 비판적 탐구가 주요 내용이다. 관련하여 최근 백태현(2024)의 〈베트남 참전시기 한국영화에 나타난 식민주의적 의식 연구〉, 장서란(2024)의 〈영화 '파묘'에 나타나는 탈식민성 연구〉 등 영화 텍스트에 드러나는 (탈)식민주의적 인식을 비판적으로 고찰하는 연구물들, 그리고 주재홍(2007)의 〈세계사 교과서에서 주류 담론의 한계〉, 김아영(2010)의 〈세계지리 교과서의 탈식민주의적 분석〉, Kim, Moon, Joo(2013)의 〈Elusive Images of the Other: A Postcolonial Analysis of South Krean World History Textbooks〉 등 비판적 텍스트 연구들이 있다. 특히 후자의 연구들은 교과서가 중립적인 이야기와 내용을 전달하지 않는 이데올로기의 도구라는 애플(M. Apple)과 지루(H. Giroux)와 같은 비판 교육학자들의 논의에 주목하여, 대체로 한국 학교 교과서에 대한 질적 텍스트 분석을 시도하고 있다. 구체적으로, 연구자들은 교과서 텍스트 내에서 서구 백인, 유럽, 남성 성인, 기독교, 자본주의적 가치와 관련하여 우선시되거나 동시에 배제되고 침묵되는 비서구 지식의 목소리와 가치 체계를 비판적으로 발굴하고 검토하고 있다.

이를 통해 서구 헤게모니를 강화하는 데 일조하고 있는 구조에 관한 반성을 도모하며 이를 변혁하기 위한 제도적인 제언까지 도출하고 있다는 점에서 실천적 의의를 갖는다.

대표적으로 김영천, 문승호, 주재홍(Kim, Moon, Joo, 2013)의 연구는 프레이리, 스피박, 사이드, 푸코, 파농 등 탈식민주의 이론의 형성과 발달에 기여한 핵심 사상가와 연구자들의 개념을 바탕으로 한국 세계사 교과서의 핵심 주제인 "산업혁명"과 "신대륙" 관련 서술 내용을 비판적으로 분석하고 있다. 특히 본 연구는 각 이론가들이 제안한 핵심 개념에 기반하여 텍스트를 탈식민주의적으로 분석하기 위한 탐구 질문이자 준거를 상당히 구체적으로 제시하고 있다는 점에서 탈식민주의적 질적 내용분석을 위한 모범적 사례로 참고할 만 하다(Kim et al., 2013, pp. 221-226). 연구결과, 연구자들은 아시아/비서구의 산업화에 대한 설명이 서구의 기여와 역할에 초점을 맞추어 서술되고 있음을 비판하였다. 이 과정에서 역사 및 경제 발전의 보편적 모델이 자연스럽게 서구 유럽으로 위치되고 있음을 확인하였다. 그리고 신대륙 발견과 관련하여 원주민 토착민의 입장과 피해가 은폐되고 곡해되었으며 유럽인들의 시각에서 그들의 행위를 정당화하는 기제가 교과서 기술에 반영되어 있음을 밝혀냈다. 이를 통해 연구자들은 서구중심주의적 교과서 서술 방식을 비판할 뿐만 아니라 이러한 서구 중심적 서술 구조를 암묵적으로 내면화하고 영속시키고 있는 교육과정의 구조에 대한 성찰과 연구자들의 자성을 요청하였다.

4) 비서구적 연구 방법에 대한 탐구

한국 탈식민주의적 질적 연구의 네 번째 탐구 영역은 "비서구적 연구 방법에 대한 탐구"이다. 이 분야에서 이루어진 연구들은 바바(Bhabha)와 데리다(Derrida)가 논한 '차이'에 대한 이해에 기반하고 있다. 스미스(Smith, 1999)와 영(Young, 2004), 천광싱(Chen, 2010)과 같은 탈식민주의 연구자들이 지적하였듯이, 그동안 비서구의 "차이"는 항상 서구를 기준점 또는 모델로 삼아 형성되었고, 이 차이는 수정되어야 하거나 비과학적이라는 딱지를 피하기 어려웠다. 그러나 바바(Bhabha, 1994)에 따르면 차이는 혼종성을 만들어내는 기반이 되며, 궁극적으로 이 혼종성은 결코 완전하지 못한 식민권력의 결함을 드러내고 이를 비틀어 저항할 수 있는 힘이 될 수 있다. 결국, 연구방법론적 차원에서 "차이"는 비서구적 경험과 방식, 지식을 탐구하는 방식에서 서구화되지 않는 일종의 틈새를 부각시키며, 이 차이에 대한 수용과 탐구는 오히려 비서구의 연구와 가치를 폄하하는 것이 아니라 나름의 정당성을 지니고 있음을 드러낼 수 있다. 그리고 이러한 시도를 통해 비서구-아시아의 침묵된 하위주체의 목소리를 더욱 효과적으로 발굴해낼 수 있다. 비슷하게 김영천과 정정훈(2021)은 이러한 시도를 데리다의 차연(Différance) 개념에 비추어 설명하는데, 데리다는 차연이라는 개념을 통해 동일성이 판명되고 유지되기 위해서는 차이를 규정해야 하는데 오히려 그 차이는 끊임없는 미끄러지면서 계속적으로 규정되어야 한다는 역설을 언급한 바 있다. 따라서 데리다는 동일성에 대한 강요와 강조는 환상일 뿐만 아니라, 차이를 무시하는 행위이자 폭력, 배제 그리고 차별을 만들어내는 기제로 보았다. 이러한 논의에 기반하여 김영천과 정정훈(2021, p. 658)은 비서구의 연구 방법과 절차에 관한 탐구를 "중심과 주변 동질성의 경계를 허물어 다양한 차이의 틈새들을 인정하고 또 다른 이해와 진실로 간주하려는 노력"이라고 언급하였다. 요컨대, 본 탐구 영역에서는 연구방법적 차원에서 서구가 정상이자 기준으로 제시해온 내러티브들을 과감히 해체하고, 새롭고 대안적이며 도전적인 시도를 수행해온 연구들이 포함된다.

본 탐구 주제에 기반한 연구들은 다음 두 가지 주된 연구 양상을 보인다. 첫 번째 양상은 서구 학계에서 통용되는 글쓰기 방식을 넘어 독창적이고 탈주적인 글쓰기 방식을 탐구하는 것이다. 즉, 연구 풍토에서 학술적인 글쓰기 형식으로 통용되어 온 서구 중심적 방식을 뒤엎고, 새롭고 창의적이며 도전적이고 예술적인 방식으로 글쓰기를 시도하는 것이다(임민정, 2014). 왜냐하면 스미스(Smith, 1999, pp. 37-38)가 지적하였듯이, "학문적 글쓰기의 틀과 구조는 보편성을 가장한 서구 중심적 과학성에 비추어 형성되어왔다는 사실"과 무관하지 않기 때문이다. 따라서 이러한 연구들은 전통적 학문적 글쓰기 형식을 해체함으로써 서구적 지식 생산 규범에 도전하고, 한국적이고 비서구적인 경험과 지식을 보다 효과적으로 가시화하고자 한다.

관련한 연구로는 허창수, 이주옥(2008)의 〈일상 속 숨겨진, 당연시 여기는 폭력들〉, 허창수(2011)의 〈탈식민주의 이론과 실제의 꼴라주〉, 류지선, 김영천(2015)의 〈질적 연구에서의 콜라주 표현기법 탐색: 한국 다문화 아동의 삶의 새로운 재현〉, 김영천(2005)의 《별이 빛나는 밤 2: 현장 교사와 그들의 삶》, 임민정(2014)의 〈시를 이용한 질적 연구 경험으로의 초대〉 등이 있다. 대표적으로 허창수는 "탈식민주의를 논하는 데 식민주의적(서구적) 글쓰기를 적용한다는 것은 모순(허창수, 2011, p. 24)"임을 강조하며, 예술 분야에서 발전한 탈근대적 재현 방식인 몽타주(montage)와 콜라주(collage) 기법을 교육 연구 분야에 적용하여 새로운 글쓰기를 시도하였다. 구체적으로 그는 일상 속에서 접할 수 있는 텍스트와 사진, 그림, 영화 등을 기반으로 탈식민주의 혹은 일상 속 억압과 같은 하나의 주제를 구성하는 이야기의 조각들을 다양하게 제시하였다. 이를 통해 탐구 주제의 의미를 다층적인 해석이 가능한 방식으로 제시하여 형식적이고 규범화된 학문적 글쓰기 방식을 해체하려는 노력이 필요함을 강조하였다.

류지선, 김영천(2015)은 국내 질적 연구 분야에서는 최초로 한국 다문화 아동의 삶을 콜라주 기법으로 재현하고 기존의 텍스트 중심 연구 방식과의 차이를 구체적으로 탐색함으로써, 전통적 연구 방법과 글쓰기 방식을 해체하는 탈식민주의적 연구 사례를 축적하고 있다. 보다 구체적으로 그들은 한국 다문화 아동의 삶을 효과적으로 표현하고 또 정서적 공감과 복합적인 이해를 촉진하기 위해서 다문화 아동의 삶을 드러내는 8점의 콜라주 작품을 제작하고 연구물 속에 배치하였다. 이를 통해 연구자들은 콜라주가 직관적이고 비직선적인 방식으로 주제를 인식하게 하여 전통적 텍스트에 비하여 연구자가 주제에 대해 반성적 관점과 새로운 각도에서 접근할 수 있는 기회를 열어주고, 주제에 대해 압축적이고 사실적인 묘사를 가능하게 하며, 주제에 대한 생각과 감정을 소통하는데 유익하다는 점을 발견하였다(류지선, 김영천, 2015, pp. 27-28). 이 연구는 예술적 질적 연구 방법으로서 콜라주의 유용성을 탐구했을 뿐만 아니라, 한국 다문화 아동의 삶을 서구 다문화 이론과 관점에 의존하지 않고 맥락적으로 생생하게 재구성할 수 있는 가능성을 보여준다는 점에서 중요한 의의가 있다.

또한 김영천(2005)의 연구는 질적 연구에서 경험에 대한 연구자의 해석이 갖는 절대성을 해체하고, 다양한 해석 가능성을 열어두는 포스트모던적 글쓰기 사례로 평가된다. 그는 "연구자의 해석이 언제나 객관성과 합리성을 보장받을 수 있는가"라는 비판적 질문에 대해 대안을 제시하며, 연구자의 중립적 위치에 대한 의문을 제기한다. 포스트모더니즘 패러다임의 확산으로 사회과학 연구에서 연구자의 객관적 위치에 대한 믿음이 약화되었으며, 식민주의, 인종, 젠더, 종교 등 글쓰기에 영향을 미치는 요인들에 대한 반성적 접근이 강조되어왔다(Gergen & Gerngen, 1991; Lather, 1986). 이러한 접근에 터한다면, 과거 식민지배자들이 자신을 객관적 관찰자로 설정하고 원주민을 묘사했던 방식과 같이 연구자의 글쓰기가 객관적이고 중립적이라고 주장하는 것은 식민주의적 태도를 답습하는 위험을 내포한다. 김영천은 이러한 비판적 인식을 바탕으로, 권위적이고 위계적인 학교 조직 문화에 대한 두 교사의 경험을 연구자의 해석 없이 있는 그대로 제시하였다. 구체적으로 그는 위계적 문화를 불합리한 것으로 여기는 교사의 사례와 이를 성장의 원동력으로 보는 교사의 사례를 병치하여, 연구자의 초월적 위치를 해체하고 독자들에게 보다 생생한 현장 경험의 의미를 전달했다. 이러한 글쓰기 방식은 독자들로 하여금 한국 교직 문화를 교직 문화에 대한 서구 이론과 관점에 의존하지 않고 맥락적으로 이해하도록 돕는 동시에, 다층적 해석의 가능성을 열어준다.

두 번째 연구 양상은 한국의 맥락적 독특성을 보다 잘 드러낼 수 있는 질적 연구 전략을 구체적으로 탐구하고 이를 각 연구 분야에 적용하려는 시도에 초점을 맞춘다. 이러한 연구들은 교육학뿐만 아니라 사회학, 경영학 등 다양한 분야에서 이루어지고 있으며, 한국적 맥락을 심층적으로 이해하고 서구적 이론과 방법론에 의존한 계량적 · 실증적 연구의 한계를 극복하려는 노력을 반영한다.

관련하여, 질적 연구의 신뢰도와 과학성을 평가하는 기준으로 자리 잡아온 서구 전통의 타당도 준거들을 비판적으로 검토하고, 이를 현실적 맥락에서 재구성하려는 논의가 이루어지고 있다. 이러한 논의들은 기존 타당도 준거의 한계를 지적하며 현장의 맥락과 특성을 보다 효과적으로 드러낼 수 있는 대안적 타당도를 탐구하는 연구들이 주를 이룬다. 예를 들어, 조재식, 허창수, 김영천(2006)의 〈교육학/교육과정 연구에서 질적 연구자가 고려해야 하는 타당도 이슈들〉, 김영천(2006)의 《질적연구방법론: Bricoleur》, 김경희, 김기덕, 박지영(2011)의 〈질적 연구의 타당도 담론에 관한 탐색적 연구〉에서는 다양한 전통적 타당도 준거들을 소개하는 동시에, 이러한 준거들을 지나치게 실증주의적 관점에서 적용하는 방식을 탈피하려는 대안적 논의들을 체계적으로 정리한 바 있다. 이와 같은 서구 전통 타당도에 대한 대안적 논의의 발전은 한국 연구 맥락에서도 그 적용 가능성과 의의를 탐구하려는 노력으로 이어졌다. 예를 들어, 서재성(2022)은 〈무용 질적 연구에서 대안적 타당도 탐색〉에서 패티 래더(P. Lather)가 제안한 네 가지 대안적 타당도 개념을 고찰하고, 이를 바탕으로 한국 무용 분야에서 전통적 실증주의적 타당도를 넘어 대안적 타당도를 적용하는 방안을 모색하였다. 그는 이러한 대안적 타당도 접근이 한국 무용 연구에서 무용의 창의성, 무용수의 경험, 그리고 무용 환경에 대한 심층적 이해를 가능하게 한다고 결론지었다(서재성, 2022, p. 138).

한편, 사회복지학 연구 영역에서도 전통적 질적 연구에서 제시된 연구방법과 타당도 논의를 넘어서는 접근의 필요성을 강조한 연구들이 있다. 김미옥(2007)은 〈한국 사회복지학에서의 질적 연구 경험에 관한 연구〉를 통해, 한국 사회복지학에서 활동하는 질적 연구자들이 연구의 엄격성을 확보하는 과정에서 겪는 어려움을 심층 면담과 논문 분석을 통해 탐구하였다. 연구 결과, 연구자들은 링컨(Lincoln)과 구바(Guba)와 같은 서구 학자들이 제시한 타당도 준거를 모방하면서도, 이를 교조적으로 따르는 데에서 오는 불편함과 한계를 경험하고 있었다. 김미옥은 이러한 문제를 해결하기 위해 사회복지학의 주제와 특성에 맞는 대안적 타당도 및 연구 신뢰도 확보 전략 개발에 관한 학문공동체적 노력이 필요하다고 강조했다. 예컨대, 사회복지 실천 현장의 복합적이고 상황적인 맥락을 고려하여 과정 중심, 해석 중심, 윤리적 책임성 등을 강조하는 대안적 타당도 평가 기준이 필요함을 제안하고 있다.

권지성(2014)의 〈은밀한 맥락을 찾아서: 사회복지 질적 연구를 위한 대안 접근〉 역시 기존 질적 연구 방법의 한계를 지적하며 대안적 접근의 필요성을 제안한 연구이다. 그는 한국 사회복지학 연구에서 전통적 질적 연구가 근거이론이나 현상학 같은 특정 방법론적 전통에 크게 의존하고 있어 연구 주제가 제한적이라는 점, 사회복지 현상의 복잡성을 충분히 반영하지 못했다는 점 등을 비판했다. 또한, 서구의 질적 연구방법론과 절차를 지나치게 실증적으로 따르는 관행이 현상과 경험만을 탐구하게 할 뿐, 이 두 층위를 연결하는 맥락적 구조에 대한 심층적 이해를 저해했다고 주장했다. 이러한 문제를 극복하기 위해 권지성은 질적 연구목적을 이해와 개입으로 보고, 연구의 대상을 현상, 경험, 맥락, 본질로 구분한 뒤 이들 간의 상호작용을 탐구해야 한다고 제안하며 이러한 연구방법을 '맥락-구조 분석'이라 이름지었다(권지성, 2014, p. 34). 특히 그는 전통적 질적 연구방법론 교조적으로 따르는 경직된 연구 과정를 극복하고 연구자와 연구 대상 간의 상호작용, 그리고 맥락적 이해를 추구하는 새로운 연구 접근의 필요성을 강조했다. 이처럼 김미옥과 권지성의 연구는 사회복지학이라는 맥락에서 질적 연구의 기존 틀을 비판적으로 성찰하며, 연구 주제와 특성에 적합한 대안적 방법론을 모색함으로써 한국 사회복지학에서 이루어지는 질적 연구의 깊이를 확대하는 데 기여하고 있다.

다음으로, 한국의 구체적이고 맥락적인 연구 함의를 제공하기 위해, 질적 연구가 활발히 이루어지지 않았던 연구 영역에서 질적 연구의 가능성과 가치를 제고하고 이를 효과적으로 적용하려는 전략들을 탐구한 연구들이 있다. 이러한 연구들은 교육학뿐만 아니라 사회학, 경영학 등 다양한 학문 분야에서 이루어지고 있으며, 한국적 맥락을 심층적으로 이해하려는 노력의 일환이다. 관련 사례로는 소신애(2024)의 〈개인어에 대한 질적 연구로서의 방언 연구〉, 김효근, 이현주, 문윤지(2003)의 〈한국 경영현상 분석을 위한 연구방법론의 재고〉, 박나라(2020)의 〈질적 연구의 심화와 확장: 한국 정치학 연구에서의 근거이론 방법 적용 가능성〉, 김명희(2021)의 〈5 · 18 집단트라우마 연구방법론과 새로운 진단 기준〉 등이 있다.

대표적으로 김효근, 이현주, 문윤지(2003)의 연구는 경영학 연구의 관점에서, 그동안 많은 연구들이 "서구 연구 이론을 차용하여 실증주의적 계량 연구에 주력"해왔음을 비판하고, 이러한 경향을 탈피하여 "한국 경영 현상을 한국적 상황 속에서 고찰하는 현상 기술적 이론 정립이 요구된다"고 주장하고 있다(김효근 외, 2003, pp. 60-61). 따라서 이들은 질적 연구의 가치 탐구를 바탕으로 경영학 연구를 근본적으로 재고할 것을 주장하며, 한국의 경영학을 현장 해석에 관심이 있는 실천 학문, 현상의 프로세스와 변혁을 설명하는 학문, 학제 간 및 총체적 관련성을 지향하는 학문, 서구의 경영학 이론 지식을 한국 상황에 적용하는 상황적 관점을 지닌 것으로 재개념화할 필요가 있다고 보았다. 요컨대, 그들은 질적 연구의 가치와 원리를 탐구하여, 실증적인 연구 경향에 터해 탐구되지 못했던 한국적 경영 현상 발굴 및 이론 형성의 필요성을 강조하였다.

한편, 김명희(2021)는 사회학적 관점에서 5 · 18 민주화운동과 같은 국가폭력에 의한 집단 트라우마 연구방법론의 재고를 제안하였다. 그는 기존 연구가 외상후 스트레스 장애(PTSD)라는 의학적 진단명에 의존하는 서구 트라우마 담론에 치중했다고 비판한다(김명희, 2021, p. 351). 구체적으로, 기존 연구들은 외상을 증상 중심으로 진단하고, 연구 대상을 피해자나 유가족으로 한정했으며, 처방 역시 고통의 의료화, 심리치료, 그리고 개별적 · 금전적 보상 방식으로 국한되었다(김명희, 2021, p. 365). 그러나 김명희는 5 · 18을 단순한 충격적 사건이 아니라 '국가폭력에 의한 인권침해 사건'으로 보고, 이 사건이 한국 사회에 미친 집단적 · 문화적 · 상징적 영향을 고려해야 한다고 주장한다. 특히, 금전적 보상 중심의 과거 청산 방식이 또 다른 트라우마를 형성했음을 지적하며, 연구 대상의 범위를 공동체로 확장할 것을 제안했다. 그는 의료적 통계나 숫자 중심의 접근 대신 구술 및 생애사와 같은 질적 연구 방법을 통해 트라우마 발생의 원인을 탐구해야 한다고 강조한다. 이는 연구 문제와 대상에 대한 문제의식을 근본적으로 변화시키는 접근이다. 이러한 연구는 인권이라는 보편적 가치를 심층적으로 이해하기 위한 다양한 연구방법의 가능성을 제시하며, 기존 서구 중심 담론의 한계를 넘어설 수 있는 질적 연구 방법의 가치를 보여주고 있다.

5. 나가며

이상으로 지난 30여년 간 한국의 탈식민주의적 질적 연구의 성과를 분석하여 한국의 연구 맥락에서 형성된 탈식민주의적 탐구 영역들을 네 가지로 개념화한 뒤 각 영역의 구체적인 사례를 살펴보았다. 이제 한국의 탈식민주의적 질적 연구 성과들이 국제적 탈식민주의적 연구 담론의 확산과 발달에 어떻게 기여할 수 있는지, 그 의의에 대하여 논하고자 한다. 그리고 한국 탈식민주의적 질적 연구의 발달을 위한 제언을 제시하는 것으로 글을 맺고자 한다.

우선 한국 탈식민주의적 질적 연구의 성과가 국제적 탈식민주의 담론의 확산과 발달에 기여할 수 있는 바는 다음과 같다. 첫째, 탈식민주의적 연구의 지역적 맥락과 경험을 구체화하고 확장하는데 기여한다. 한국의 탈식민주의적 질적 연구는 비서구적 특수성을 중심으로 서구 지식 체계의 한계를 비판하며, 서구 중심의 학문적 기준에 의해 배제되거나 왜곡된 비서구적 현상들을 새롭게 조명한다. 이러한 노력은 탈식민주의 담론의 지리적 범위를 구체적으로 확장시키는 데도 기여할 수 있다. 이를 통해 학문적 연구에서 한국의 연구와 사례들이 적극적인 참조 사례로 자리매김함으로써, 다양한 지역적, 문화적 맥락을 반영한 균형 잡힌 지식 생산이 가능해진다(Chen, 2010). 요컨대, 한국의 탈식민주의적 연구는 단지 특정 지역의 특수성을 다루는 것을 넘어 글로벌 학문 담론에서 비서구적 현상에 대한 새로운 시각과 경험, 이론 등을 제공하며, 보다 다양하고 풍부한 탈식민주의적 탐구의 발달 가능성을 제시한다.

둘째, 식민화된 주체의 주체성을 비판적으로 재구성하여 탈식민주의 담론의 실천적 가능성을 강화한다. 한국의 탈식민주의적 질적 연구는 피식민 주체들의 경험과 내러티브를 통해 식민주의가 남긴 억압과 모순의 구조를 드러내고, 비서구인들의 인식과 목소리를 질적 연구를 통해 복원하여 주체성 회복을 위한 실천적 전략을 제시한다. 이는 단순히 서구 중심적 이론에 대한 비판에 그치지 않고, 자기 성찰, 비판적 사고 등을 통해 구체적인 탈식민주의적 실천 방향과 가능성을 보여준다는 점에서 의의가 있다. 이를 통해 한국 탈식민주의적 연구는 과거의 억압을 비판하는 데 그치지 않고, 현재와 미래의 사회 변화와 주체성 회복을 위한 실천적인 방법을 탐구하는 것에도 기여한다.

셋째, 글로벌 학문 담론에서 지식의 다원성과 포용성을 증진한다. 한국의 탈식민주의적 질적 연구는 서구 중심의 인식론적 틀을 넘어, 사회적 · 문화적 맥락을 반영한 대안적 인식과 사례들을 제시한다. 이를 통해 글로벌 연구에서 지식의 다원성과 포용성을 증진시키고, 서구 모델에 대한 보편주의적 접근을 탈중심화한다. 한국의 탈식민주의적 질적 연구 중에서도 비서구적 경험과 관점을 국제 학술 담론에 편입시키려는 노력들은 특히, 국제적 맥락에서 서구 중심적 이론의 한계를 극복하고 다양한 문화적 맥락을 반영한 새로운 이론을 제시한다. 이러한 과정은 학문적 다양성을 촉진하며, 지식 생산의 과정에서 보다 포용적이고 다원적인 환경을 조성하는 데 기여한다. 이는 단일한 서구 중심의 이론과 방법론을 넘어서는 연구 패러다임을 발전시키며, 다양한 문화적 배경을 이해하는 데 필요한 새로운 접근 방식에 대한 논의를 심화시키는 계기가 될 것이다.

넷째, 연구방법론의 변화를 촉발하고 대안적 연구 프레임을 제시하는 데 기여한다. 한국의 탈식민주의적 질적 연구들은 기존 서구 중심의 연구방법론의 한계를 넘어, 지역적 맥락과 토착적 경험을 반영한 새로운 연구 전략과 방법론을 탐구하고 있다. 이러한 탐구는 비서구 사회에서 발생하는 복잡한 사회적 현상들을 다룰 때 필요한 새로운 연구 도구로서, 글로벌 연구에서의 방법론적 다양성을 증진시킬 수 있다.

위와 같이, 한국의 탈식민주의적 질적 연구는 국제 탈식민주의 담론 속에서 중요한 위치를 점하며, 비서구적 지식 체계와 연구방법론의 가능성을 구체화하는 데 기여하고 있다. 이러한 연구들은 단순히 서구 이론을 수용하거나 비판하는 것을 넘어, 지역적 맥락에서 새로운 해석과 적용을 통해 탈식민주의 담론의 지평을 확장하고 있다.

다음으로, 비서구-아시아의 탈식민주의적 탐구 공간으로서 한국의 질적 연구가 보다 발달하기 위한 제언은 아래와 같다. 첫째, 한국의 사회과학 현상을 연구할 때 한국을 비판적으로 상대화하는 접근이 활성화되어야 한다. 본 연구에서 소개된 주요 사례들을 살펴볼 때, 한국은 오랫동안 서구의 관점에서 불평등, 억압, 경쟁과 같은 부정적 이미지로 묘사되어 왔으며 이러한 이미지를 한국인 스스로도 내면화해 온 경향이 있다(김영천, 조재성, 2024; Kim, 2016). 동시에 이러한 경향은 정반대로 한국의 사례와 경험을 연구물 속에서 지나치게 미화할 우려를 낳기도 한다. 하지만 이러한 이분법적 태도와 인식은 모두 오리엔탈리즘의 지속(Said, 1978/2007)임을 주지할 필요가 있다. 따라서 한국의 탈식민주의적 연구들은 식민제국주의의 현재적 영향력을 비판적으로 고찰하는 대위법적 시각에서 수행되어야 할 필요가 있다(Chen, 2010; Said, 1993/2005). 즉, 서구 중심적 시각의 허상과 신화를 비판적으로 검토하면서도, 동시에 이러한 이분법적 시각에 편승하여 한국의 사례를 낭만화하는 태도를 경계해야 한다. 이러한 이분법적 인식을 넘어서, 서구의 근대성과 식민성이 비서구-한국 사회를 형성해 온 양면성을 인식하고, 이러한 요소들이 한국의 구체적 맥락 속에서 어떻게 혼종 되었는지에 대한 정교한 분석이 필요하다. 이와 같은 우리 스스로에 대한 비판적인 질적 연구가 수행될 때, 한국의 연구 성과와 사례는 국제적 지식 생산의 위계 구조를 해체하고, 대안적인 지식 생산의 구체적 사례로 평가받을 수 있을 것이다.

둘째, 탈식민주의적 질적 연구는 서구를 저항과 분노의 대상으로 삼는 관행을 반복하는 데서 반복하는 데서 벗어나, 비서구의 지식과 가치를 존중하며 상호 참조하는 연구로 나아가야 한다(Chen, 2010). 이는 한국의 지식과 이론 형성을 넘어 비서구, 특히 아시아의 삶과 경험을 인식하고 이를 국제적 차원에서 활성화하는 질적 연구를 도모할 필요성을 강조한다. 이를 위해 비서구 연구자들 간의 국제적 연대와 협력을 기반으로 비서구의 다양한 경험과 지식을 확산시키기 위한 노력이 필요하다. 이러한 시도는 '서구'를 지식 생산의 중심이 아닌, 세계를 구성하는 다채로운 모자이크의 일부분으로 인식하게 하려는 탈식민주의적 담론 발달에 기여할 것이다(Charkrabarty, 2000; Mignolo, 2000).

셋째, 탈식민주의적 연구방법론에 대한 보다 풍부한 논의가 요구된다. 탈식민주의적 질적 연구는 전통적 질적 연구와 달리 정형화된 방법론적 절차나 기법을 따르지 않으며, 특정 방법론적 전략을 고수하기보다는 탈식민주의적 경험, 지식, 주제를 발굴하고 서구에 의존하지 않는 새로운 탐구 공간을 창출하는 데 초점을 둔다(김영천, 정정훈, 2021; Kovach, 2009; Zavala, 2013). 그러나 이러한 목표를 달성하기 위해 연구자가 고려해야 할 상황, 맥락, 가치, 그리고 실제 연구 과정에서 마주하는 딜레마와 전통적 질적 연구와의 비교에 대한 논의는 여전히 중요하다. 해외에서는 이러한 논의가 활발히 진행되고 있으며, 대표적으로 Exley, Whatman & Singh(2018), González & Lincoln(2006), Keikelame & Swartz(2019), Thamibathan &

Kinsella(2021) 등이 이를 다루었다. 반면, 국내에서는 탈식민주의적 아이디어를 바탕으로 연구들이 이루어져 왔으나, 탈식민주의적인 질적 연구의 방법론적 탐색과 이론적 논의는 부족한 실정이다. 따라서 한국의 탈식민주의적 질적 연구가 개척한 탐구 영역을 더욱 확장하고 심화하기 위해서는 한국적 맥락에 맞는 탈식민주의적 질적 연구방법론에 대한 체계적이고 심도 있는 탐구가 활성화될 필요가 있다.

본 연구는 한국의 탈식민주의적 질적 연구의 성과와 사례들을 탐구함으로써, 국제적 탈식민주의 담론 속에서 한국 질적 연구의 공간이 구체적인 탈식민주의적 실천의 장으로 자리매김하는 데 중요한 기초 자료를 제공한다. 한국의 질적 연구 공간에서 탈식민주의적 연구가 지속적으로 발전하여, 국제 사회에서의 보다 균형 잡힌 지식 교류를 촉진하는데 기여할 수 있기를 기대한다.

참고문헌

권지성(2014). '은밀한 맥락'을 찾아서: 사회복지 질적 연구를 위한 대안 접근. **지역과 세계, 38**(1), 29-44.

김경남(2022). 1910년대 매일신보의 여성 담론과 식민지 여성 만들기. **젠더와 사회, 33**, 51-71.

김경희, 김기덕, 박지영(2011). 질적 연구의 타당도 담론에 관한 탐색적 연구: 주관성과 사회성의 긴장을 중심으로. **한국사회복지학, 63**(2), 155-177.

김동춘(1997). **한국 사회과학의 새로운 모색**. 창비.

김명희(2021). 5 · 18 집단트라우마 연구방법론과 새로운 진단 기준. **경제와 사회, 130**, 347-391.

김미옥(2007). 한국 사회복지학에서의 질적 연구 경험에 관한 연구: 엄격성을 중심으로. **한국사회복지학, 59**(4), 163-189.

김상률(2006). 탈식민주의를 넘어서: 세계화 시대의 탈식민 연구. **역사와 문화, 12**, 13-38.

김소희(2004). 학부모 교육열의 내러티브적 접근. **교육학연구, 42**(2), 271-313.

김아영(2010). 세계지리 교과서의 탈식민주의적 분석. **교육과정연구, 28**(3), 167-191.

김영천(1997). **네 학교 이야기: 한국 초등학교의 교실 생활과 수업**. 문음사.

김영천(2005). **미운 오리 새끼: 한국 초임교사의 일 년 생활**. 문음사.

김영천(2005). **별이 빛나는 밤2: 현장 교사와 그들의 삶**. 문음사.

김영천(2006). **질적연구방법론: Bricoleur**. 아카데미프레스.

김영천(2011). **가장 검은 눈동자: 한국 다문화 아동의 슬픈 자화상**. 아카데미프레스.

김영천, 정정훈(2021). **사회과학을 위한 질적 연구 핸드북**. 아카데미프레스.

김영천, 조재성(2024). **K-에듀케이션: BTS의 한국 학생들 어떻게 세계 1등이 되었나**?. 아카데미프레스.

김영천, 황철형, 박현우, 박창민(2014). **한국 다문화 아동 가르치기: 용감하고 아름다운 네 교사 이야기**. 아카데미프레스.

김웅진(2002). 과학적 패권과 연구방법론: '우리 방법론'의 모색. **21세기정치학회보, 12**(1), 217-229.

김정근(편). (2000). **한국 사회과학의 탈식민성 담론 어디까지 와 있는가**?. 지식산업사.

김현구(2024). 한국 사회과학의 한국화 10대 명제: 우리 학문의 길을 찾는다. **오토피아, 39**(1), 97-123.

김효근, 이현주, 문윤지(2003). 한국 경영현상 분석을 위한 연구방법론 제고: 질적연구방법론을 중심으로. **KBR, 6**(2), 47-66.

류지선, 김영천(2015). 질적 연구에서의 콜라주 표현기법 탐색: 한국 다문화 아동의 삶의 새로운 재현. **질적탐구, 1**(1), 1-35.

박나라(2020). 질적 연구의 심화와 확장: 한국 정치학 연구에서의 근거이론 방법 적용 가능성. **정치정보연구, 23**(2), 189-234.

박혜경, 박환보(2022). 탈식민주의관점에서 본 조선학교 운동회. **비교교육연구, 32**(1), 59-84.

백태현(2024). 베트남 참전시기 한국영화에 나타난 식민주의적 의식 연구. **한국영상학회논문집, 22**(1), 5-18.

서근원(2008). 교육열의 의미에 관한 한 해석: 사회적 상황의 변화와 관련해서. **교육인류학연구, 11**(1), 177-201.

서재성(2022). 무용 질적 연구에서의 대안적 타당도 탐색: 후기실증주의 타당도. **한국스포츠학회**, **20**(1), 131-140.

소신애(2024). 개인어에 대한 질적 연구로서의 방언 연구. **한국학논집**, **94**, 125-157.

심소현, 박윤경, 조영달(2021). 서울 지역 중고등학생들이 구성하는 한국인 정체성: 시민적 정체성 강조의 가능성과 한계. **다문화교육연구**, **14**(3), 117-142.

염태근(2024). 대학원 공부를 병행하는 중학교 교사의 정체성 재형성 과정에 관한 자문화기술지. **질적탐구**, 10(2), 227-253.

예지숙(2024). 일제 강점기 영등포 지역의 장소성과 젠더: 1930년대 방적 여성 노동자를 중심으로. **개념과 소통**, **33**, 163-194.

오영재(2006). **한국 학교조직 질적 연구**. 학지사.

유진아(2021). 한국 이주 재일조선인 3세의 생애사 연구: 남북일의 체류 및 거주 경험의 주체적 수용과 자기 인식을 중심으로. **질적탐구**, **7**(2), 385-409.

이성용(2015). 이론과 현실의 주객전도 바로잡기: 한국(비서구) 사회과학의 탈식민화와 새로운 패러다임 형성을 위한 이론화 방법론. **사회와이론**, **26**, 55-103.

이용숙, 김영천(편). (1998). **교육에서의 질적연구: 방법과 적용**. 교육과학사.

이종각(1992). **한국교육학의 논리와 운동**. 문음사.

이종각(1995). **교육인류학의 탐색**. 하우기획.

이주희(2023). 북송재일동포 일본인 처의 적응과 실천. **한림일본학**, **43**, 63-89.

임민정(2014). 시를 이용한 질적 연구 경험으로의 초대. **유아교육연구**, **34**(4), 35-54.

장서란(2024). 영화 '파묘'에 나타나는 탈식민성 연구. **대중서사연구**, **30**(2), 405-432.

정겨울(2022). 식민 이데올로기 선전과 여성: 만주국 시기 젠더표상의 객체화와 소비현상을 중심으로. **중국학논총**, **73**, 111-131.

조동일(1993). **우리 학문의 길**. 지식산업사.

조영달, 박선운, 박윤경, 김재근(2012). 다문화가정 학생 다수 학교에 대한 비교 사례 연구: 가능성과 한계를 중심으로. **시민교육연구**, **44**(2), 163-197.

조용환(1999). **질적 연구: 방법과 사례**. 교육과학사.

조재식, 김영천, 허창수(2006). 교육학/교육과정 연구에서 질적 연구자가 고려해야 하는 타당도 이슈들: 그 다양한 접근들의 이해. **교육과정연구**, **24**(1), 61-96.

주재홍(2007). 세계사 교과서에서 주류 담론의 한계: 이슬람의 재현에 대한 분석. **교육과정연구**, **25**(2), 171-195.

주재홍(2021). 한국 다문화교육 연구 텍스트 분석; 가장 검은 눈동자와 한국 다문화 아동 가르치기를 중심으로. **문화교류와 다문화교육**, **10**(6), 175-204.

주재홍, 김영천(2013). 다문화 교육 연구를 위한 탈식민주의 이론의 역할과 가능성. **열린교육연구**, **21**(4), 1-26.

채웅준(2019). 1990년대 이후 지식생산의 탈식민 담론에 관한 비판적 분석: 지식생산의 전 지구화를 문제화하기 위한 하나의 성찰. **언론과 사회**, **27**(1), 5-58.

팽의훤, 조영한(2019). 한국화교의 인터-아시아 정체성에 대한 고찰_중국, 대만, 그리고 한국에 대한 인식을 중심으로. **아시아리뷰**, **8**(2), 3-34.

학술단체협의회 편(2003). **우리 학문 속의 미국: 미국적 학문 패러다임 이식에 대한 비판적 성찰**. 한울아카데미.

허창수(2011). 탈식민주의 이론과 실제의 꼴라주. **교육과정연구**, **29**(3), 23-48.

허창수, 이주욱(2008). 일상 속 숨겨진, 당연시 여기는 폭력들. **교육인류학연구**, **11**(2), 173-205.

홍원표(2010). 탈식민주의와 교육과정 연구: 다문화 시대의 새로운 인식론적 기반을 찾아서. **교육과정연구**, **28**(1), 47-65.

Anderson-Levitt, K. (2014). Significance: Recognizing the value of research across national and linguistic boundaries. *Asia Pacific Education Review*, *15*(3), 347-354.

Ashcroft, B., Griffiths, G., & Tiffin, H. (1989). *The Empire writes back: Theory and practice in post-colonial literature*. Routledge.

Atallah, D., Shapiro, E., Al-Azaraq, Qaisi, Y., & Suyemoto, K. (2018). Decolonizing qualitative research through transformative community engagement: critical investigation of resilience with Palestinian refugees in the West Bank. *Qualitative Research in Psychology*, *15*(4), 489-519.

Bhabha, H. (1994). *The location of culture*. Routledge.

Bishop, R. (2005). Freeing ourselves from neo-colonial domination in research. In N. Denzin & Y. Lincoln (Eds.), *The SAGE handbook of qualitative research*. (pp. 109-138). Sage.

Charkrabarty, D. (2000). *Provincializing Europe: postcolonial thought and historical difference*. Princeton University Press.

Chen, K. (2010). *Asia as method: Toward deimperialization*. Duke University Press.

Chilisa, B. (2012). *Indigenous research methodologies*. SAGE publications.

Conrad, J. (2016). *Heart of darkness* (5th ed). W. W. Norton & Company.

Darder, A. (Ed.). (2019). *Decolonizing interpretive research: A subaltern methodology for social change*. Routledge.

Daza, S. (2012). Complicity as infiltration: The (Im)possibilities of research with/in NSF egineering grants in the age of neoliberal scientism. *Qualitative Inquiry*, *18*(9), 773-786.

Denzin, N., & Giardina, M. (Eds.). (2007). *Ethical futures in qualitative research: Decolonizing the politics of knowledge*. Routledge.

Denzin, N., & Lincoln, Y. (Eds.)(2005). *The SAGE handbook of qualitative research* (3rd ed). Sage.

Exley, B., Whatman, S., & Singh, P. (2018). Postcolonial, decolonial research dilemmas: Fieldwork in Australian indigenous contexts. *Qualitative Research*, *18*(5), 526-537.

Fanon, F. (2008). *Black skin, white mask* (C. Markmann, Trans.). Pluto Press.

Gandhi, L. (1998). *Postcolonial theory: A critical introduction*. Allen & Unwin.

Gerdes, K., Lacy, N., & Farias, S. (2024). Images of resistance: Gentrification in Chicano Park, Barrio Logan, San Diego. *Departures in Critical Qualitative Research*, *13*(1), 49-76.

Gergen, K., & Gerngen, M. (1991). From theory to reflexivitiy in research practice. In F. Steiner (Ed). *Method and reflexivity: Knowing as systematic social construction* (pp. 76-95.). Sage.

González, E., & Lincoln, Y. (2006). Decolonizing qualitative research: Non-traditional reporting forms in the academy. *Forum: Qualitative Social Research*, *7*(4), Article 1(1-14).

Gough, D. (2007). Weight of evidence: a framework for the appraisal of the quality and relevance of evidence. *Research Papers in Education*, *22*(2), 213-228.v

Guha, R. (1999). *Elementary aspects of peasant insurgency in colonial India*. Duke University Press.

Hochschild, A. (1998). *King Leopold's ghost: A story of greed, terror and heroism in colonial Africa*. Houghton Mifflin.

Hong, E. (2014). *The birth of Korean cool: How one nation is conquering the world through pop culture*. Picador.

Hong, E. (2018). *The Power of Nunchi: The Korean secret to happiness and success*. Penguin Books.

Jung, S., & Kim, Y. (2018). Becoming a qualitative researcher with a postcolonial sensibility in South Korea. *International Review of Qualitative Research*, *11*(4), 375-393.

Jung. J. (2023). Curriculum theorizing as post-colonial text: Post-Orientalism and Young Chun Kim's life's work in South Korea. *SAGE Open*, *13*(3), 1-13.

Keikelame, M., & Swartz, L. (2019). Decolonising research methodologies: Lessons from qualitative research project, Cape Town, South Africa. *Global Health Action*, *12*, 1-7.

Kim, J. (2011). *Voices of foreign brides: The roots and development of multiculturalism in Korea*. AltaMira Press.

Kim, Y. (2016). *Shadow education and the curriculum and culture of schooling in South Korea*. Palgrave Macmillan.

Kim, Y. (Ed.). (2013). *The Korean Wave: Korean media go global*. Routledge.

Kim, Y., & Cho, J. (2005). Now and forever: Portraits of qualitative research in Korea. *International Journal of Qualitative Studies in Education*, *18*(3), 355-377.

Kim, Y., Jo, J., & Jung, J. (2024). *South Korean education and learning excellence as a Hallyu: Ethnographic understandings of a nation's academic success*. Routledge.

Kim, Y., Moon, S., & Joo, J. (2013). Elusive images of the other: A postcolonial analysis of the South Korean world history textbooks. *Educational Studies*, *49*(3), 213-246.

Kovach, M. (2009). *Indigenous methodologies: Characteristics, conversations and contexts*. University of Toronto Press.

Kwak, D. (2023). Doing educational research by taking seriously Chen's account of "Asia as method": In a Korean case of modern schooling. *ECNU Review of Education*, *7*(3), 1-14.

Lather, P. (1986). Issues of validity in openly ideological research. *Interchange*, *17*(4), 63-84.

Lather, P. (2006). Paradigm proliferation as a good thing to think with: Teaching research in education as a wild profusion. *International Journal of Qualitative Studies in Education*, *19*(1), 35-57.

Le Grange, L. (2022). Decolonisation and anti-racism: Challenges and opportunities for (teacher) education. *The Curriculum Journal*, *34*, 8-21.

Lee, Y. (2019). A critical dialogue with 'Asia as method': A response from Korean education. *Educational Philosophy and Theory*, *51*(9), 958-969.

Lincoln, Y., & González, E. (2008). The search for emerging decolonizing methodologies in qualitative research: Further strategies for liberatory and democratic inquiry. *Qualitative Inquiry*, *14*(5), 784-805.

Mcleod, J. (2000). *Beginning postcolonialism*. Manchester University Press.

Mignolo, W. (2000). *Local Histories/Global Designs: Coloniality, Subaltern Knowledges, and Border Thinking*. Princeton University Press.

Mignolo. W. (2011). *The darker side of western modernity*. Duke University Press.

Moffatt, J., Mayan, M., & Long, R. (2013). Sanitoriums and the Canadian colonial legacy: The untold experiences of tuberculosis treatment. *Qualitative Health Research*, *23*(12), 1591-1599.

Moon, S. (2022). *The flows of transnationalism: Questioning identities and reimagining curriculum*. Routledge.

Newman, M., & Gough, D. (2020). Systematic Reviews in Educational Research: Methodology, Perspectives and Application. In Zawacki-Richter, O., Kerres, M., Bedenlier, S., Bond, M., & Buntins, K. (Eds.) *Systematic reviews in educational research: methodology, perspective and application* (pp. 3-22). Springer Nature.

Ngugi, T. (1986). *Decolonising the mind: The politics of Language in African Literature*. 이석호 역 (2013). **정신의 탈식민화**. 도서출판 아프리카.

Paraskeva, J. (2016). *Curriculum epistemicide: Towards an itinerant curriculum theory*. Routledge.

Posbergh, A., & Clevenger, S. (2022). Beyond Caster as object? Examining media constructions of Caster Semenya through decolonial thinking. *Qualitative Research in Sport, Exercise and Health*, *14*(6), 843-860.

Pratt, M. (2008). *Imperial eyes: Travel writing and transculturation* (2nd ed). Routledge.

Ripley, A. (2013). *The Smartest Kids in the World*. Simon & Schuster.

Said, E. (1978). *Orientalism*. 박홍규 역 (2007). **오리엔탈리즘**. 교보문고.

Said, E. (1993). *Culture and imperialism*. 박홍규 역 (2005). **문화와 제국주의**. 문예출판.

Santos, S. (2018). *The End of the Cognitive Empire: The coming of Age of Epistemologies of the South*. Duke University Press.

Sato, M. (2011). Imagining neo-liberalism and the hidden realities of the politics of reform: Teachers and students in a globalized Japan. In D. B. Willis & J. Rappleye (Eds.), *Reimaging Japanese education: Borders, transfers, circulations and the comparative* (pp. 225-246). Symposium.

Seth, M. (2002). *Education fever: Society, politics, and the pursuit of schooling in South Korea*. University of Hawaii Press.

Simpson, L. (2017). *As we have always done: Indigenous freedom through radical resistance*. University of Minnesota Press.

Smith, L. (1999). *Decolonizing methodologies: Research and indigenous peoples*. Zed Books.

Spivak, G. (1990). *The Post-colonial Critic: Interviews, Strategies, Dialogues* (S. Harasym, Ed.). Routledge.

Spivak, G. (1994). Can the subaltern speak? In P. Williams & L. Chrisman (Eds.), *Colonial discourse and postcolonial theory: A reader* (pp. 66-111). Harvester/Wheatsheaf.

Sung, Y., & Lee, Y. (2018). Politics and the practice of school change: The Hyukshin School movement in South Korea. *Curriculum Inquiry*, *48*(2), 238-252.

Thambinathan, V., & Kinsella, E. (2021). Decolonizing methodologies in qualitative research: Creating spaces for transformative praxis. *International Journal of Qualitative Methods*, *20*, 1-9.

Young, R. (2004). *White mythologies: Writing history and the West*. Routledge.

Zavala, M. (2013). What do we mean by decolonizing research strategies? Lessons from decolonizing, Indigenous research projects in New Zealand and Latin America. *Decolonization: Indigenity, Education & Society*, *2*(1), 55-71.

제11장

한국의 포스트휴먼 질적 연구

류영휘(광주교육대학교)
이연선(부산대학교)

1. 서론

포스트휴머니즘은 인간과 기술, 환경, 생명체 간의 상호작용을 새롭게 탐구하는 사회 담론으로, 21세기 들어 인공지능(AI), 유전자 편집, 사이보그 기술 등의 혁신과 함께 주목받기 시작했다(Braidotti, 2013; Haraway, 2016). 포스트휴먼 담론은 인문학에서 시작되어 인간 중심적 사고를 넘어서는 새로운 존재론적 탐구로 이어졌으며, 나아가 사회과학, 교육학, 예술, 공학 등 다양한 학문 분야로 확산되었다. 포스트휴먼 관점에 기반한 연구는 질적 연구에서도 점차 중요한 흐름을 형성하고 있다. 포스트휴머니즘이 인간과 기술, 비인간 행위자, 환경 간의 관계를 재구성하는 이론적 접근이라면, 포스트휴먼 관점에 기반한 질적 연구는 기존의 인간 경험에 대한 해석을 넘어, 인간과 비인간 행위자 간의 관계망과 물질적 요소의 작용에 대한 심층적인 탐구로 확장된다(Fox & Alldred, 2015; St. Pierre, 2013).

한국에서도 포스트휴먼 관점의 질적 연구는 사회 · 기술적 변화와 맞물려 점진적으로 확산되고 있다. 국내 질적 연구자들은 스마트 기술, 인공지능, 바이오테크놀로지 등 기술 발전에 반응하며, 연구 대상을 비인간과 기계로 확장하거나 신유물론, 행위자-연결망 이론(Actor-network Theory; ANT), 회절 분석(diffractive analysis) 등 새로운 이론적 관점을 적극적으로 탐색하고 있다. 이들은 인간의 의미를 넘어 인간과 비인간 요소가 얽혀 작용하는 방식에 주목하며(박휴용, 2019; 이연선, 2023a; 정정훈, 김영천, 2024), 연구자가 연구에 개입하는 방식, 연구 윤리, 데이터 해석의 방식 등 질적 연구 방법론에 새로운 논의를 불러일으키고 있다(서덕희, 2020; 이수한, 소경희, 2022; 정정훈, 김영천, 2021).

이와 같은 맥락 가운데 본 연구는 크게 세 부분으로 구성된다. 먼저, 한국의 질적 연구에서 포스트휴먼 관점이 어떻게 형성되어 왔으며, 어떤 지형을 이루며 전개되고 있는지를 탐색한다. 둘째, 교육학 분야를 중심으로 질적 연구 방법론별 포스트휴먼 탐구의 사례들을 검토하고, 새롭게 등장하고 있는 방법론적 실험들을 소개한다. 마지막으로 한국의 질적 연구에 포스트휴먼 연구가 제공하는 의의와 학문적 전망을 제시한다.

2. 한국의 질적 연구에서 포스트휴먼 관점의 형성과 전개

급속히 발전하는 과학기술, 환경위기, 그리고 사회적 변화의 복합적 상황 속에서 포스트휴머니즘은 전통적인 인간중심주의를 비판하고 그 경계를 넘어서는 새로운 사유와 실천의 장으로 등장하였다. 계몽주의 이후 서구 철학의 기초를 형성해 온 인간 중심의 사고는 인간의 이성과 자율성을 기반으로 대부분의 학문과 연구 영역의 기초가 되었다. 그러나 이러한 사고 방식은 인간 외의 존재와 기술적 발전에 대한 고찰을 충분히 담아내지 못했다는 비판을 받았다. 포스트휴머니즘은 이러한 휴머니즘적 관점에 대한 반성과 재구성을 촉구하며, 인간과 비인간, 물질과 기술 간의 상호작용을 강조하는 새로운 존재론적 틀을 제시한다(Braidotti, 2013; Wolfe, 2010).

포스트휴머니즘은 인문학과 생태학을 포함한 다양한 학문적 성찰과 운동에 뿌리를 두고 있지만, 특히, 페미니즘에 의해 비판적으로 발전해왔다. 1990년대 이후 페미니즘은 모든 지식이 특정한 경험과 관점에서 출현하였음을 보여주며 보편적 인간 주체의 개념을 해체하는 기반을 마련했다. 대표적으로, 페미니스트 철학자 Braidotti(2013)는 포스트휴머니즘을 통해 인간 중심적 사고를 해체하고 비인간적 존재들, 즉 기술과 환경에 대한 윤리적 고려를 주장하였으며, Haraway(2016)는 '사이보그 페미니즘' 개념을 통해 인간이 기계 및 자연과 깊이 얽혀 있으며, 상호연결성과 내부 작용을 통해 인간과 비인간 간의 경계를 허물어야 함을 강조하였다. 페미니스트 이론가이자 과학 철학자인 Barad(2007)는 신유물론적 페미니즘을 통해 물질적 개체들이 행위성과 의미를 지니며, 물질과 의미가 분리 불가능하다는 점, 물질이 인간 경험을 형성하는 데 능동적으로 참여하는 존재임 등을 통해, 인간과 비인간 행위자 모두를 포함하는 통합적이고 윤리적인 세계관을 제안한다.

포스트휴먼 페미니즘은 특히 사회과학 분야에서 연구 방법론을 근본적으로 변화시키는 데 기여하였다. 예를 들어, St. Pierre(2013)는 포스트휴먼 이론이 질적 연구에서 인간 중심적 해석학을 넘어, 자료와 연구자가 상호 작용하는 방식에 대한 새로운 관점을 제공한다고 주장하였다. Fox and Alldred(2015)는 포스트휴먼 페미니즘이 질적 연구에서 비인간적 행위자(기술, 환경, 사물 등)의 역할을 분석에 포함함으로써 연구의 초점을 인간 경험에서 더 확장된 관계적 존재론으로 이동시키는 데 기여한다고 보았다. Pacini-Kethabaw et al.(2016)의 연구는 유아교육 현장에서 어린이, 교사, 공간, 사물이 함께 얽혀 있는 배움의 과정을 분석함으로써, 전통적인 질적 연구 방법이 언어적 서술과 인간 주체의 의미 구성에 치중해왔던 것과 달리, 감각적 경험과 물질적 요소(예: 빛, 소리, 공간, 사물 등)를 연구의 주요한 구성 요소로 포함해야 한다고 주장한다. 이와 같이 포스트휴먼 페미니즘에 기반한 포스트휴먼 연구[1)]는 전통적인 인식론적 접근에서 벗어난 존재론 중심의 연구 방법, 데이터 생산에서 인간과 비인간 존재, 물질과 환경의 상호작용에 대한 고려, 연구의 주체와 객체의 경계를 허무는 방법론적 접근 등 연구 방법 전반의 패러다임 전환을 촉구하였다.

한국에서도 포스트휴먼 탐구는 여러 분야에서 중요한 연구의 흐름으로 자리매김하고 있다. 우정길(2021)에 따르면, 2020년까지 한국학술지인용색인(KCI)에서 '포스트휴먼'을 키워드로 검색한 결과 총 520편의 연구가 수행되었으며, 그중 70% 이상이 2017년 이후 이루어졌다. 이러한 동향은 국내에서 포스트휴먼 담론이 최근 급격히 확산되고 있음을 보여준다. 2018년 수행된 국내 포스트휴먼 연구에 대한 동향 분석(강승지 외, 2018)에서는 포스트휴먼 연구가 예술과 인문학 분야에서 두드러지게 증가한 반면 교육학 분야에서는 상대적으로 그 수가 적었다면, 2024년 수행된 동향 분석에서는 2019년 이후 교육학 분야에서도 포스트휴먼 관련 연구가 본격적으로 등장하고 경험 연구로 확장되는 흐름이 나타났음이 보고된다(이연선, 류영휘, 2024). 이는 국내에서 포스트휴먼 연구가 이루어지는 분야뿐만 아니라 탐구 방법

1) 포스트휴머니즘 관점에서 수행된 경험 연구는 일반적으로 '포스트휴먼 연구(posthuman research),' '포스트휴먼 탐구(posthuman inquiry),' '포스트휴먼주의 연구(posthumanist research)' 등으로 명명된다. 국내에서 해당 논의는 질적 연구의 한 갈래, 혹은 대안적 접근으로 조명, '포스트휴먼(적) 질적 연구'로 불리기 시작하였고(참고: 박휴용, 2019; 정정훈, 김영천, 2021), 질적 연구 방법을 사용해온 연구자들에 의해 사용되어 왔다. 이와 같은 상황을 고려하여, 본 연구에서는 '포스트휴먼 연구'와 '포스트휴먼 탐구', '포스트휴먼 질적 연구'를 혼용하여 사용하였다.

이 확장되고 있음을 보여준다.

한국에서 포스트휴먼 접근이 질적 연구 방법에 도입되고 성장해 온 배경은 첫째, 디지털 기술과 인공지능의 발전은 데이터 기반 연구, 바이오테크놀로지, 인공지능과의 공존을 통한 인간 경험의 재구성을 촉진하면서 기존의 인간 중심적 질적 연구에 대한 근본적인 의문을 제기하였다. 이러한 변화는 인간과 비인간의 복합적 상호작용을 탐구하는 방식으로 연구의 방식을 전환시켰다(박휴용, 2019).

둘째, 포스트휴먼 담론의 확산과 더불어 인간과 기술, 자연, 비인간 행위자 간의 경계 해체에 대한 논의가 본격적으로 시작되었다. 포스트 사조의 연구 논리들은 질적 연구가 실증주의 거대담론을 넘어, 연구 주제의 영역을 확장하고 연구 방법론을 변화시키는 실천적 변혁을 지향하도록 해왔다(유혜령, 2011). 실증주의는 관찰 가능한 경험적 데이터를 통해 보편적 진리를 발견하고자 하는 접근 방식을 취하며, 이러한 경향은 질적 연구에서도 일정 부분 유지되어 왔다. 특히, 인간 중심적 사고와 계량화 가능한 자료를 우선시하는 학문적 환경에서 질적 연구는 경험의 깊이와 의미를 탐구하는 데 한계를 느껴왔다. 이에 대항해, 포스트 사조 연구들은 탈중심화 현상과 중심부 목소리 듣기, 중층적 맥락과 역동적 흐름의 강조, 공동참여와 민주적이고 협력적인 관계성의 강조, 형식의 해체와 실험 등을 강조해왔다(유혜령, 2011). 포스트휴먼 관점의 수용은 이러한 질적 연구 방법론에 기반하되 나아가, 인간-비인간 구분을 해체하고 복합적이고 유동적인 존재 양상을 탐구할 필요성을 대두시켰다.

셋째, 질적 연구 방법론의 확장 과정에서 기존의 사례연구, 생애사 연구, 민족지학 연구 등에 포스트휴먼 관점이 수용되면서 연구 방법론의 재구성이 이루어졌다(정정훈, 김영천, 2024). 이러한 접근들은 기존 질적 연구 방법론이 연구 대상과 주제, 연구자의 위치성 등을 재고하고 확장되는데 기여하였다.

한국의 질적 연구 분야에서 포스트휴먼 관점을 취하는 초기 연구들은 포스트휴먼 질적 연구가 무엇인지에 관한 이론적 논의에 집중되었다. 포스트휴머니즘의 개념적 기초와 질적 연구에서 가능성을 탐색하는 데 초점을 맞춘 이론적 탐색이 대표적이다(박휴용, 2019; 서덕희, 2020; 정정훈, 김영천, 2021).

이후, 포스트휴먼 담론은 기존의 질적 연구 방법론과 접목되기 시작하였다. 포스트휴먼 시대 특정한 인간 경험을 다루는 생애사적 탐구를 그 예로 들 수 있다(예: 김현종, 2024). 그러나 이러한 연구들은 기존의 인간 중심적 구조를 그대로 유지한 채 비인간 요소를 부가적으로 다루는 한계를 보이기도 하였다. 여전히 인간을 중심에 두고 비인간 행위자의 역할을 단순한 보조적 요소로 간주하거나, 행위자-연결망 이론에서 강조하는 네트워크적이고 분산적인 행위성을 충분히 반영하지 못한 것이다.

신유물론과 행위자-연결망 이론과의 접점을 통해 질적 연구에서 새로운 가능성이 열리기도 하였다. 신유물론은 질적 연구에서 사물과 환경의 행위성, 인간과 비인간, 물질과 의미가 얽힌 존재론적 관계를 분석하는 데 기여하였다. 예를 들어, 탁정화, 박수연(2023)은 포스트휴먼 신유물론의 관점에서 그림책의 특성과 인간의 얽힘을 분석하였으며, 조성원, 소경희(2021)는 신유물론적 관점에서 비대면 온라인 수업에서 인간과 기계의 상호작용을 탐구하였다.

나아가, 비판적 포스트휴머니즘은 기술 발전이 인간 존재를 재구성하는 방식을 성찰하고, 기존의 인간 중심적 해석을 넘어서는 데 기여하였다. 가령 이연선(2023a, 2023b)은 기존의 질적 연구가 실증주의의 인식론적 지배에서 벗어나지 못하고 있음을 비판하며, 포스트휴머니즘과 후기질적연구의 관점을 도입해 연구 대상과 방법론의 근본적 재구성을 시도하였다. 이연선(2023a)은 신물질주의와 바라드의 행위적 실재론, 들뢰즈 철학을 기반으로 관계적 존재론을 강조하며, 유아교육의 리좀적 특성이 후기질적연구의 실험적 접근과 부합함을 제시하였다. 또, 이연선(2023b)에서는 읽기 수행성을 포스트휴머니즘의 관점에서 재해석하며, 전통적 읽기의 인식론적 한계를 지적하고, 인간과 비인간의 이분법을 해체하는 '포스트휴먼 읽기' 탐구 공동체를 제안하기도 하였다. 두 연구는 포스트휴먼적 접근이 질적 연구에서 단순한 개념적 확장을 넘어 연구자와 연구 대상의 경계를 넘어 연구자의 위치성과 윤리적 수행을 새롭게 사유하는 계기를 제공한다.

결국, 한국의 포스트휴먼 관점 연구는 이론적 논의를 넘어 연구 방법론의 변화와 실천적 탐구로 나아가는 과정에 있다고 볼 수 있다. 초기 개념적 논의에 집중되었던 연구들이 다양한 분야에서 실천에 대한 탐구로 확장되는 흐름은 이를 보여준다. 또, 포스트휴먼 관점의 질적 연구 방법론에의 접목과 방법론적 실험들은 질적 연구가 인간과 비인간의 관계를 새롭게 사유하도록 이끄는 인식론적 전환의 계기가 될 수 있음을 기대하게 한다.

한편, 한국의 질적 연구에서 각 분야별로 포스트휴먼 관점이 수용된 양상은 다음과 같다. 먼저, 인문·예술 분야에서는 인본주의적 인식론에 대한 비판이 이루어졌으며, 이에 기반하여 포스트휴먼 경험을 해석하는 연구가 진행되어 왔다(이화인문과학원, 2013). 특히, 예술 분야에서 인간과 비인간의 경계를 넘나드는 상상력과 그 의미를 분석하는 연구가 나타났다. 사이보그 아트 및 디지털 퍼포먼스를 통해 인간 신체의 확장을 탐구하고 그 경계를 재정의하는 연구(진시영, 2017), 가상현실(VR) 기술을 통한 체험이 만드는 새로운 미학적 가능성에 관한 연구(김지연, 이현진, 2024), 인공지능 퍼포먼스 사례나 인간과 인공지능이 공동 창작한 공연예술 작품을 분석한 연구(김성태, 2024; 김영윤, 조준희, 2024) 등이 등장하면서, 비인간 객체로서 인공지능의 예술 주체로서의 성립가능성에 대해 논의가 이루어졌다(유원준, 2024). 또한 미술 수업 설계에서 생성형 인공지능 활용에 대한 탐험적 연구(김양주, 2023)나 시각예술가와 생성형 인공지능 간의 협업 창작 과정에서의 상호작용의 흐름과 특성을 참여관찰과 사례를 통해 분석한 질적연구가 등장하기도 하였다(박상지, 2025). 이러한 연구들은 인간 역량의 개념을 확장하며, 생성형 인공지능을 인간의 협력적 주체로 볼 것인지, 혹은 단순한 도구적 개입으로 해석할 것인지에 대한 논의를 심화시키기도 하였다.

공학 분야에서의 포스트휴먼 연구는 인공지능, 로봇공학, 생명공학 등의 발전과 함께 나타나는 인간과 기계의 협업, 그리고 향상되고 확장되는 인간의 신체적, 정신적 능력을 주목하는 방향으로 수행되었다. 인공지능과 인간의 협력(송혜빈, 2023), 메타버스에서 생성형 인공지능을 활용한 콘텐츠 창작과 협업(조병철 외, 2023)을 다룬 연구들이 그 사례이다.

사회과학 분야에서는 다양한 주제로 포스트휴먼 관점의 질적 연구가 등장하였다. 먼저, 기계와 인간의 관계가 변화하는 가운데, 노동의 문제를 다룬 연구가 수행되었다. 예를 들어, 정종민(2024)은 스마트 기저귀 도입이라는 사건을 통해, 인간과 비인간이 얽힌 돌봄 노동에서 정동의 움직임을 추적함으로써 최신 기술과 인간이 결합된 돌봄이 무조건적인 낙관을 넘어설 필요성을 주장하였다. 공간 및 환경의 변화와 관련한 연구도 수행되었다. 이환경(2022)의 연구는 코로나 팬데믹 시기 운영되었던 QR 코드 활용 전자출입부를 디지털 기술로 도시를 재구성하는 사례로 보고, 시민들이 어떻게 포스트휴먼 신체로 훈련되고 구성되며, 그 가운데 새로운 차이와 배제가 나타나는가를 검토하였다. 서울을 중심으로 테크놀로지화한 도시의 문화 지형을 탐색하는 연구도 나타났다(이수안, 2015). 그밖에 기후 위기와 사회운동에 관한 연구들도 수행되었다. 여성농민과 이들의 공동체가 대안농업운동을 통해 인간 너머 세계를 행위자로 발견하고 새로운 생태 정치를 하는 사례를 다룬 연구가 대표적이다(김효정, 2023). 유사하게, 청소년들의 기후 시위 참여 사례를 통해, 이들이 기후 시위로 연결되는 방식을 포스휴먼의 관계적 존재론을 통해 드러낸 사례도 발표되었다(신현정 외, 2022).

이와 같이 국내 질적 연구에서 포스트휴먼 관점은 이론적 논의에 기반해, 방법론적 재구성과 실천적 확장으로 이어지는 단계에 있다. 국내 질적 연구 분야에서 탐구의 역사가 길지 않음에도 불구하고, 포스트휴먼 연구들은 인문 · 예술, 사회과학, 공학 등 다양한 분야에서 인간 중심의 연구 패러다임에 도전하는 흐름을 만들어가고 있다. 인간, 기술, 환경, 사물의 얽힌 관계를 새롭게 보도록 하는 포스트휴먼 관점은 인간 주체의 경험과 의미에 집중하는 데에서 나아가 연구자들이 방법론적 전환을 모색하도록 촉구한다. 그렇다면, 포스트휴먼 탐구는 실제 질적 연구 사례에서 어떻게 구현되고 있을까?

3. 한국의 포스트휴먼 질적 연구: 질적 연구 방법론별 사례와 방법론적 실험

본 장에서는 국내에서 특정 질적 연구 방법론이 포스트휴먼 탐구와 결합될 때 탐구 가능한 주제나 방법론적 특징이 무엇인지에 대한 관심을 고려하여(정정훈, 2024; 정정훈, 김영천, 2024), 전통적인 질적 연구 방법론의 변화와 확장을 중심으로 포스트휴먼적 접근의 질적 연구 사례를 분석한다. 이를 위해, 정정훈, 김영천(2024)의 분류를 참고하여 선정된 질적 연구 방법론 중, 국내에 발간된 연구물을 통해 확인 가능한 방법론을 검토하였다. 또한, 본 연구를 수행한 연구자들의 학문적 배경을 고려하여 포스트휴먼적 접근의 질적 연구 사례를 충분히 발굴하고 검토할 수 있는 교육학 분야로 그 범위를 한정하였다. 이에 따라 본 장에서는 (자)문화기술지, 생애사연구, 현상학적 연구, 실행 연구, 사례 연구를 연구의 방법론으로 밝힌 교육 연구 사례들을 중심으로 전통적 질적 연구 방법론의 변형 및 확장을 검토한다.[2)]

한편, 교육 분야에서 수행된 포스트휴먼 탐구 사례를 검토하는 과정에서, 상당 수의 연구들이 기존의 '질적 연구 방법'의 틀을 넘어서려는 시도를 하고 있음이 목격되기도 하였다. 이러한 시도에 참여한 연구자들은 전통적인 질적 연구 방법론을 호명하고 그 안에 자신의 연구를 위치시키는 대신, 기존의 질적 연구 방법이 가진 한계를 논의하고 새로운 연구 방법의 원칙을 탐색하였다. 이들은 포스트휴먼 존재-인식론을 기반으로 방법론을 새롭게 구성하고 이를 통해 탐구를 수행하는 방식을 보여주었다. 이러한 급진적인 시도들은 질적 연구에서 포스트휴먼적 연구 지형을 경계를 새롭게 형성하고 있다고 판단되는바, 본 장에서는 이러한 연구의 사례들도 함께 다룬다.

먼저, 한국 질적 연구에서 포스트휴먼 탐구의 사례로는 문화기술지 또는 자문화기술지를 통해 수행된 연구들이 있었다. 교육 분야로 한정할 때, 상당한 기간동안 참여 관찰을 하며 현장의 자료를 수집한 포스트휴먼 탐구는 여러 편 있었지만(예: 이진희, 이은미, 2021; 이진희, 장윤미, 2022), 문화기술지 또는 자문화기술지 통해 연구를 수행하였음을 직접적으로 명시한 연구는 아직 많지 않았다(동풀잎, 2019; 백우인 외, 2024). 문화기술지 또는 자문화기술지로 수행된 포스트휴먼 탐구의 예로, 유아들의 디지털 카메라 놀이를 참여 관찰한 동풀잎(2019)의 연구를 들 수 있다. 동풀잎(2019)은 만 5세 유아들이 자발적으로 수행하는 디지털 카메라 놀이

2) 특정 질적 연구 방법론을 호명하지 않고, 일반적인 '질적 연구'를 사용한 연구물은 본 장의 검토 대상에서 제외되었다(예: 문서연 외, 2021; 조성원, 소경희, 2022).

에서 나타나는 카메라를 통한 유아들의 주변(인간 및 비인간)과의 상호작용 및 의미 구성을 탐색한다. 이 연구에서 연구자는 전통적인 문화기술지가 인간의 문화나 행위에 주목하는 것을 넘어, 디지털 카메라와 주변 환경이 어떻게 아이들의 놀이를 변화시키고 놀이 속에서 새로운 실천과 지식을 만들어내는지를 조명한다. 가령, 카메라 촬영 시 거리와 각도로 인한 카메라 왜곡을 의도하지 않게 경험하면서 유아들은 색다른 재미를 느끼고, 새로운 놀이를 발전시킨다는 것이다. 이처럼 유아-디지털 카메라-주변 환경 간의 상호작용 속에서 의미와 문화를 이해하기 위해, 연구자는 디지털 카메라 놀이의 변화와 그 속에서 유아들의 신체의 움직임과 표현을 관찰하고, 장소와 환경에 따른 상황적 맥락을 기록하였다. 또한 생성된 사진을 바탕으로 놀이의 변화에 대해 유아들과 면담을 하기도 하였다. 연구자는 개방 코딩을 수행하는 과정에서 유아-디지털 카메라-주변 환경 간의 수많은 상호작용들이 너무나 복잡하고 서로 얽혀있는바, 놀이 속 특정 상호작용을 분류하는 것의 불가능성을 인식하였으며, 대신 카메라 놀이 속에서 상호작용을 분석하였다.

이처럼, 문화기술지에 기반한 포스트휴먼 탐구에서는 '카메라가 유아들의 놀이를 어떻게 형성하는가'라는 연구자의 질문에서 나타나듯, 문화의 주체로 분석 대상을 인간을 넘어 비인간 주체로 확장한다. 이 때, 유아-디지털 카메라-주변 환경 간 상호작용들이 너무나 복잡하게 얽혀있어 상호작용 자체를 분석했다는 동풀잎(2019)의 기록과 같이, 주요한 분석 대상은 인간외 또 다른 개별 개체를 넘어, 얽힌 관계 속 상호작용이라고 볼 수 있다.

〈표 1〉 (자)문화기술지와 포스트휴먼 탐구의 접목 사례

연구자 (연도)	연구방법론	연구의 내용	방법론적 특징
동풀잎 (2019)	문화기술지	유아들의 자발적 카메라 놀이에서 나타나는 인적 · 물리적 환경과의 상호작용과 유아들의 의미 구성	• 디지털 카메라가 아이들의 놀이를 형성하는 과정 등 비인간 주체로 문화의 주체 확장함 • 유아-디지털 카메라-주변 환경 간의 복잡하고 얽힌 상호작용을 분석함

그 수가 아직 많지는 않지만, 생애사 연구 방법과 포스트휴먼 탐구를 접목한 사례도 나타났다. 윤태성, 임경원(2023)의 연구는 흥미로운 사례를 제공한다. 윤태성, 임경원(2023)은 지적장애 특수학교인 공주정명학교를 하나의 행위자로 간주하고, 학교의 '생애'를 추적하는 생애사 연구를 수행한다. 즉, '생애'를 가진 주체를 인간으로부터 공주정명학교라는 장소로 확장하고, 어떤 지물과 인물, 그밖의 수많은 물들이 의존하여 이 학교를 둘러싼 행위자-네트

워크를 형성하고 재배치하며 학교의 일생이 되었는가를 검토한 것이다. 연구자들은 이러한 탐구를 위해 공주정명학교와 감응을 주고 받았던 24명의 인간 연구 참여자(이전부터 현재까지의 교사, 교장 교감 등)를 선정하고, 면담, 현지 자료 수집(학교요람, 학교교육계획서, 책자와 사진, 이미지 자료, 개인 블로그 자료, 동영상 자료)을 통해 자료를 구축하였다. 연구자들은 생애사 분석 방법에 따라, 정명학교라는 공간의 탄생과 형성과 관련한 연대기적 분석을 기반으로 정명학교와 함께 살아간 사람들의 살아진 삶과 사회적 맥락 속에서 장소의 사건이 가진 의미를 함께 분석하였다. 연구자들은 정명학교를 1인칭 주인공으로 한 글쓰기를 시도함으로써, 비인간 물질의 행위성을 드러내고 물질의 입장에서 인간을 기술하기 위해 노력하기도 하였다. 이러한 방법론적 노력을 시도를 통해, 연구자들은 공주정명학교 특수교육이 어떤 사물과 공간, 인물들로 구성된 아상블라주로 시대에 따라 변해왔는지, 또 이러한 공주정명학교는 국가의 특수교육 아상블라주와 어떻게 관계맺으며 변화해 왔는가를 제시한다.

윤태성, 임경원(2023)의 사례가 보여주듯, 생애사 연구과 결합한 포스트휴먼 탐구는 인간뿐만 아니라 장소와 같은 비인간 주체 또한 행위자로 설정, 어떻게 행위자들의 관계 속에 장기간에 걸친 존재의 변화를 설명할 수 있는 가능성을 보여준다. 다만, 해외에서 생애사 연구 방법으로 수행된 포스트휴먼 탐구 사례를 참조할 때(참고: 정정훈, 김영천, 2024), 생애사 연구 방법을 사용한 포스트휴먼 탐구가 반드시 비인간 주체를 생애 분석의 대상으로 해야 한다고 볼 순 없으며, 오히려 소개된 윤태성, 임경원(2023)의 사례는 하나의 흥미로운 방법론적 해석이자 시도로 볼 수 있을 것이다.

〈표 2〉 생애사 연구와 포스트휴먼 탐구의 접목 사례

연구자(연도)	연구방법론	연구의 내용	방법론적 특징
윤태성, 임경원 (2023)	생애사 연구	지적장애 특수학교인 공주정명학교의 생애	• 생애의 주체를 '인간'에서 학교라는 '장소'로 확장함으로써 역사적 시간 안에서 한 장소를 중심으로 제도와 개별 사람들의 생애가 서로 영향을 주고 받으며 형성되는가를 추적함 • 학교를 1인칭 주인공으로 하는 글쓰기를 시도함

현상학적 연구 방법을 부분적으로 또는 전체적으로 이용해 포스트휴먼 탐구를 수행한 경우도 나타났다(김지윤, 임부연, 2023; 신현정 외, 2022; 장지은, 2023). 대표적인 사례로 신현정 외(2022)의 연구를 살펴보자. 신현정 외(2022)는 2019년 청소년 기후 시위에서 나타난 기후 변화의 물질성을 탐색하고, 이러한 물질성에 감응한 행위로서 시위 현상을 탐색한다. 연구자

들은 신유물론적 관점으로 청소년 기후 시위를 이해함으로써, 청소년 기후 시위에의 참여를 기후 변화, 청소년 기후 시위 등 비인간 존재들의 물질성에 감응되고 이와 관계 맺는 가운데 나타나는 현상으로 분석한다. 이러한 분석은 '기후 문제에 열정적이던 학생들이 시위를 기획하고 어려움을 극복하여 결과를 얻었다'라는 전형적인 서사를 넘어서는 것으로, 기후 변화 교육에 새로운 관점을 제시한다.

신현정 외(2022)의 연구는 해석학적 현상학에 기반해 청소년들의 의미 세계가 다양한 마주침과 이로부터 형성된 지각들에 의해 만들어지는지를 보여준다는 점에서 주목할만하다. 예컨대, 청소년 기후 시위에 참여한 학생들이 기후 시위로 연결되는 방식은 "아토피와 천식-이사-강원도 소도시-건강-지역축제-빙어-취소-수차례-이상기온-… / 영어 시간-환경 주제-기후변화-전세계 시위-교사 제안 -모집-페북-버스 대절-단체 가입-…"과 같이 "시위로 연결되기까지 관여된 존재들의 집합체"로 표현된다(p. 94). 즉, 특정 기호가 트리거가 되어 학생들이 감응될 수 있지만, 그렇게 감응하는 몸은 인간과 인간 너머 존재들과의 마주침으로부터 수많이 형성된 미세 지각들에 의해 가능하다는 것이다. 이처럼, 포스트휴먼 탐구가 해석학적 현상학이라는 방법에 기댈 때, 의미화의 주체는 개별체로서 인간 혹은 특정 문화를 공유하는 개별체들의 집단이 아닌, 관계적 존재가 된다. 이는 포스트휴먼 탐구에서 연구 참여자의 경험에 대한 해석과 의미 형성을 개별체로서 인간에 국한하는 것이 아니라, 관계적 존재로서 해석과 의미 형성으로 이해함을 보여준다.

〈표 3〉 현상학적 연구와 포스트휴먼 탐구의 접목 사례

연구자 (연도)	연구방법론	연구의 내용	방법론적 특징
신현정 외 (2022)	현상학적 연구	'기후변화'의 물질성과 '청소년 기후 시위'의 현상학적 구조 탐색	• 기후 변화나 기후 시위 등 비인간 존재를 행위자로 설정하고, 수집된 자료에서 비인간 존재가 청소년을 감응시킨 지점들을 검토함 • 청소년들에게 감응이 일어나기까지 어떤 다양한 경로와 시점의 마주침으로부터 미세 지각들이 형성되었는가를 탐색함

실행 연구를 통해 포스트휴먼 탐구를 한 경우도 나타났다. 많은 경우, 실행 연구는 교사-연구자들에 의해 수행되었다(배한얼, 2019, 2021; 범영우, 2023; 범영우, 김미혜, 2023). 포스트휴먼 감응교육(정윤경, 2020) 등을 통해 주목받고 있는 감응(또는 정동: affect의 번역어)이 미술 교

육의 교수학습 과정에 어떻게 접목될 수 있는가를 실험해 본 배한얼(2021)의 연구나 신유물론에 기반한 행성적 관점이 지리교육의 교수학습 과정에 어떻게 적용되는가를 사례로 제시한 범영우(2023)의 연구를 예로 들 수 있다. 이러한 연구들은 포스트휴머니즘의 사유로 교육의 지배적 실천과 관점을 재고하는 실천을 연구자가 직접 수행하고 성찰하며, 기록한다는 점에서 전통적인 실행 연구의 수행 방식을 따르고 있다고 볼 수 있다.

반면, 실행 연구가 포스트휴먼 탐구와 결합할 때, 실천가 개인의 계획-실행-관찰-반성을 넘어 인간과 비인간 존재들의 관계 속에 실천의 변화를 모색하는 방법이 되기도 한다. 정선희, 김인설(2021)의 연구가 하나의 사례이다. 정선희, 김인설(2021)은 국립아시아문화전당의 사업 담당자이자 교육 담당 전문위원인 연구자가 다소간 실험적인 동시대예술교육 프로그램을 개발 및 운영하는 과정을 조명한다. 이 연구의 흥미로운 점은, 실행 연구의 목적을 취하면서도, 결과적으로 프로그램이 폐지되는 소위 '실패'의 사례를 다루었다는 점이다. 연구자들은 실험적인 예술 교육 프로그램이 운영과 중단, 재운영과 폐지를 경험하며 결국 실패로 끝이 나는 과정이 실천가 개인(들)이 아닌 인간과 비인간 행위자들에 의해 구축되는 네트워크에 의해 전개됨을 보여준다. 이는 프로그램 운영을 둘러싼 주요 사건과 이에 연루된 인간 및 비인간 행위자들의 행위, 관계가 변화하는 과정을 시각화함으로써 기록된다.

이 연구는 예술 교육 프로그램을 개발, 운영하는 실천가로서 연구자의 프로그램 개발, 운영 경험을 Callon(1986)의 '번역' 단계에 따라 분석함으로써 일반적인 실행 연구에 비해 현상을 거리를 둔 관찰자적 기술의 경향이 나타난다. 이는 독자들에게 '무엇이 실행 연구인가'에 대한 질문을 던지게 하기도 하지만, 다른 한편으로는 전통적 실행 연구가 실행의 장면에서 실천가 개인의 노력에 중심을 맞추어 온 것에서 나아가 인간과 비인간 행위자들의 네트워크를 통해 실행을 이해하도록 한다는 점에서 실행 연구와 결합한 포스트휴먼 탐구의 특징을 보여주기도 한다.

〈표 4〉 실행 연구와 포스트휴먼 탐구의 접목 사례

연구자 (연도)	연구방법론	연구의 내용	방법론적 특징
정선희, 김인설 (2021)	실행 연구	국공립문화예술기관의 예술 교육 프로그램에서 실험적인 동시대예술 프로그램이 운영되고 중단, 재운영, 폐지되는 과정	• 예술 교육 프로그램 개발과 운영의 결정을 실행가 개인뿐만 아니라 정책, 제도, 예산, 규정 등 비인간 존재과의 네트워크 속에서 파악함: Callon(1986)의 번역 단계에 따라 네트워크의 변화를 시각화함

포스트휴먼 탐구들 가운데 질적 사례 연구를 표방하는 연구는 다수 나타났다(강진아, 2024; 김예림, 2020; 김진희, 2023; 박아름, 최유현, 2024; 서덕희, 2023, 엄수정 외, 2021; 유금복 외, 2022; 유하양, 2024; 이종원 외, 2022; 한경애, 2024). 또, 질적 사례 연구라고 연구 방법론을 직접 명명한 연구들 외에도, 특정 맥락에서 수업이나 교육공동체 등 경계가 비교적 명확한 특정 '사례'를 포스트휴먼을 렌즈로 분석한다는 점에서 사례 연구의 성격을 가진 연구들도 볼 수 있었다(양병찬 외, 2021; 정용재, 2020; 하정호, 2022). 현재 교육 분야에서 사례 연구를 방법론으로 사용한 포스트휴먼 탐구 다수가 행위자-연결망 이론을 현상을 이해하는 이론적 관점으로 활용하는바, 본 연구에서는 사례 연구의 예로 행위자-연결망 이론을 이론적 렌즈이자 관점으로 활용한 서덕희(2023)의 연구를 조명하고자 한다.

서덕희(2023)의 연구는 한 고등학교 사례를 통해 AI 활용 교육이 학교로 도입될 때 거버넌스가 구축되는 과정을 둘러싼 인간과 비인간 행위자들을 조명하고, 이들의 네트워크가 만들어지는 과정을 추적한다. 연구자는 이러한 분석을 통해 AI 기반 에듀테크 활용 교육을 학교에 도입하려는 작금의 정책적 흐름 속에서 AI 활용 교육이 갖는 교육적 의미를 이해 및 적절성을 검토하고자 한다. 연구자는 비인간 행위자를 파악하고 네트워크의 구성 과정을 추적하기 위해 AI 활용 교육을 둘러싼 다양한 인간 행위자들을 면담한 자료 및 수업 관찰 자료를 바탕으로 비인간 행위자들이 어떻게 인간 행위자를 움직이게 하는가를 드러내는 데 집중한다. 이는 AI 기술, 태블릿, 미래교육 담론 등 비인간 주체가 어떤 인간을 '대변인'으로 만드는가라는 결과로 나타난다. 또 다른 한편으로 연구자는 Callon(1986)의 번역을 분석의 틀로 인간과 비인간 행위자들의 네트워크 속에서 AI 기반 에듀테크가 학교 현장에서 특정 정체성을 부여받고 이에 교사 및 학생들이 반응하는 과정을 기록함으로써 개인 의도를 넘어 관계와 역동 측면에서 거버넌스 구축을 이해하도록 한다.

본 연구가 사례 연구를 통해 포스트휴먼 탐구를 수행하는 전형이라고 볼 순 없다. 가령, 연구자가 이 연구는 인간과 비인간 행위자의 위계를 거부하되, '비인간 행위자와는 다른 성격의 인간 행위자들'의 선택과 실천을 이해하고 분석하는데 초점을 두고 있다고 밝혔듯, 이 연구는 관계적 존재론 속에서도 인간 행위자의 특이성에 대한 고민과 함께 수행되었다. 그럼에도 불구하고, 이 연구는 사례 연구를 통해 포스트휴먼 탐구가 수행될 때, 경계 지어진 사례에 대한 다각적 자료 수집과 분석, 맥락성이 풍부한 서술 등 사례 연구 방법의 강점이 나타나면서도 사례의 현상을 만들어내는 주체가 인간을 넘어 비인간 주체로 확장되고, 인간의 행위 또한 표면적으로 이해되기보다 인간과 비인간 행위자와의 관계 속에서 고려됨을 보여준다.

〈표 5〉 사례 연구와 포스트휴먼 탐구의 접목 사례

연구자 (연도)	연구방법론	연구의 내용	방법론적 특징
서덕희 (2023)	실행 연구	AI 기반 에듀테크 활용 교육 학교 도입과 관련한 교육 거버넌스 구축 과정	• AI 기술, 태블릿, 미래교육 담론 등 비인간 주체가 어떻게 인간을 '대변인'으로 만드는가를 분석하여 사례 내 '주체'를 확장함 • Callon(1986)의 번역 개념을 분석적 틀로 AI 기반 에듀테크 활용 교육이 학교에 도입되는 (또는 도입이 실패하는) 과정을 조명함으로써 개인 의도를 넘어 관계와 역동 측면에서 거버넌스 구축을 이해하도록 함

이상의 연구들과 같이, 한국의 질적 연구자들은 인간 너머 주체들의 행위성, 개인의 의도와 행위를 넘어 인간과 비인간 행위자의 관계 속에서 만들어지는 현상 등 포스트휴머니즘의 존재-인식론에 기반한 질문에 답을 하기 위해 기존 질적 연구 방법론을 수정 · 변형하며 포스트휴먼 탐구를 수행해왔다. 이러한 탐구들은 전통적인 질적 연구 방법론의 테두리 내에서 이루어졌지만, 동시에 기존의 인간 개별체를 유일한 주체로 간주했던 질적 연구 방법론을 확장하였다. 이는 정정훈, 김영천(2024)이 해외 사례들을 통해 조명한 '포스트휴먼 질적 연구'들이 국내에서도 나타나고 있음을 보여준다.

한편, 한국에서는 전통적인 질적 연구 방법을 넘어 포스트휴먼 탐구를 수행하려는 연구 흐름 또한 주목할 필요가 있다(강승지, 2024; 강승지, 이연선, 2024; 김은아, 2020; 노경민, 이연선, 2023; 박보영, 2023; 박수연, 2023; 손연주, 임부연, 2023; 신연경, 백지혜, 2024; 엄수정 외, 2022; 이연선, 2023b, 이연선, 정혜영, 2018; 이진희, 이은미, 2021; 이진희, 장윤미, 2022; 전가일, 2021; 최윤경, 임부연, 2023). 이러한 연구들은 전통적인 질적 연구 방법론을 호명하고 체계화된 방법의 논리를 차용하여 수정하지 않는다. 대신, 포스트휴먼적 존재-인식론으로 지식 생산 방법을 사유하고 이를 통해 경험 연구를 수행하는 양상을 보인다.

대표적인 예로는 방법론으로 행위자-연결망 이론을 위치시키거나 회절적 방법론에 기반해 연구를 수행하는 경우를 들 수 있다. 두 가지 흐름은 공통적으로 포스트휴먼적 존재-인식론적 사유로 나타난 방법에 기반해 연구를 수행한다.

행위자-연결망 이론은 국내에서도 비교적 일찍 소개되고 시도되었다. 앞선 사례에서 나타나듯 행위자-연결망 이론은 이론적 렌즈이자 분석의 틀로 사용되기도 하였지만, 그 자체가 질적 연구 방법론으로 논의되었던 것과 같이(이수한, 소경희, 2022), 여러 연구에서 방법론으로 접근되어 왔다(김광희, 정현선, 2024; 서유민, 이경화, 2024; 이민경, 2015; 이지원, 이정민, 2024; 전가일, 2022; 최진현, 전상학, 2020).

대표적인 사례로 최진현, 전상학(2023)의 연구를 들 수 있다. 최진현, 전상학(2023)의 연구는 행위자-연결망 이론을 이론적 렌즈이자 방법으로 '멘델의 유전 법칙'이라는 과학적 지식이 어떻게 생성되었는가를 추적한다. 연구자들은 이 유전 법칙이 40여년 간 '과학 지식'으로 인정받지 못하다가 멘델 사후에 유효성을 인정받게 되는 상황을 네트워크의 구축 또는 실패로 조명함으로써, 과학적 지식이 과학자 개인의 역량이나 우연적 발견이 아닌, 네트워크 구축 측면에서 보도록 한다. 이를 위해 연구자들은 당시 네트워크가 구축되고 작동한 방식을 추론할 수 있는 문헌 자료를 수집하고, 중요 인간-비인간 행위자들이 어떻게 새로운 네트워크 구축의 필요성에 관심을 부여하고 참여를 결심하는지, 그 결과 네트워크가 안정화되거나 해체되는지를 분석한다.

이처럼, 행위자-연결망 이론을 연구의 방법으로 위치시킴으로써 포스트휴먼 탐구는 그동안 질적 연구가 주요 분석 대상으로 삼아온 인간의 의미와 행위, 개별 인간들의 상호작용을 넘어, 네트워크라는 새로운 분석의 단위를 강조하게 된다. 또한 최진현, 전상학(2023)의 연구가 보여주듯, 탐구의 대상 혹은 연구 참여자 또한 지금 이곳의 사람들을 넘어 확장될 수 있으며, 이는 '질적 연구'의 대상이 무엇인가에 대해 질문을 던지게 한다.

〈표 6〉 전통적 질적 연구 방법을 넘어서기 위한 포스트휴먼 탐구의 시도(1)

연구자 (연도)	연구방법론	연구의 내용	방법론적 특징
최진현, 전상학 (2023)	행위자-연결망 이론	'멘델의 유전 법칙'이라는 과학적 지식의 생성 과정	• 과학자와 관련한 문헌 자료를 주요 자료로 과학적 지식 생성을 둘러싸고 구축되거나 실패하는 인간-비인간 행위자들의 네트워크를 분석함

포스트휴먼적 존재-인식론적 사유로 새롭게 나타난 방법으로는 회절적 방법론이 있다. 국내에서도 회절적 방법론으로 수행된 연구들이 나타난다(엄수정 외, 2022; 이연선, 정혜영, 2018; 이진희, 장윤미, 2022). '회절'은 파동들이 중첩될 때 발생하는 휘어짐과 퍼짐을 가리키는 물리적 개념으로, Barad(2007)에 의해 포스트휴먼 탐구에 차용되기 시작하였다. Barad(2007)는 그동안 탐구가 대상과 그것이 거울에 비친 상인 반영의 개념에 기반해 대상의 재현에 몰두해왔다면, 고정적인 존재를 상정하지 않는 관계적 존재-인식론에서는 반영이 아닌 회절 개념에 주목해야 하며, 이를 통해 우리는 앎을 얻을 수 있다고 주장한다. 즉, 주체와 대상을 고

정된 것으로 보고 재현하는 대신, 연구자와 연구 대상이 탐구의 과정에서 마주치고 얽히며 만들어내는 차이를 분석해야 한다는 것이다.

회절적 방법론에 기반해 수행한 연구된 연구 사례로는 엄수정 외(2022)를 들 수 있다. 이 연구에서 연구자들은 생태전환교육과정을 중심으로 교육의 생태적 전환이 무엇이며 생태적 전환을 지향하는 교육과정의 의미와 모습을 탐구하기 위해, Haraway(2016)의 '실뜨기' 개념을 은유로 탐구 공동체를 만들고 데이터를 생성, 분석한다. 실뜨기 탐구 공동체라고 불리는 이 공동체에 참여하는 교사-연구자들은 실뜨기 놀이를 하듯 서로를 만나 함께 글을 읽고 "생각과 감정, 표정과 몸짓을 주고 받으며 응답"하며 연구자들은 그 과정에서 나타나는 물질적-담론적 얽힘과 되기의 양상들을 기록한다(p. 12). 구체적으로, 연구자들은 이 탐구 공동체 속에서 우연히 생성되는 경험과 체화된 흔적들을 찾기 위해 주기적으로 '조각글'을 작성하고 토론하였으며, '다이어그램 방법'에 따라, 행위적 절단을 물리적으로 실천하며 데이터와 함께 되어가기를 기록하였다.

이와 같은 연구자들의 탐구하기는 이미 체계화된 방법을 '적용'하는 것이 아닌, 앎의 주체와 대상의 얽힘 속 차이와 변화라는 존재-인식론에 기반해 구체적인 탐구하기의 방법을 '생성'하는 사례를 잘 보여준다. 회절적 방법론이라는 것은 연구자가 필요할 때 꺼내어 쓸 수 있는 체계화된 도구들의 모음이 아닌, 연구 과정에서의 무수한 만남과 얽힘, 그리고 이를 통한 변화와 효과를 살피기 위한 일종의 연구-실험인 것이다.

〈표 7〉 전통적 질적 연구 방법을 넘어서기 위한 포스트휴먼 탐구의 시도(2)

연구자(연도)	연구방법론	연구의 내용	방법론적 특징
엄수정 외(2022)	회절적 방법론	생태전환교육과정의 의미와 실천 방안의 탐색	• 교사-연구자들이 실뜨기 탐구 공동체를 통해 내부작용을 통해 얽히고 되어가는 과정을 기록함 • 얽힘의 과정에서 우연히 생성되는 경험과 그 흔적을 찾기 위해 조각글을 작성하고 토론함 • 다이어그램 방법으로 조각글에 대한 행위적 절단을 물리적으로 실천하고 기록함

마지막으로, 한국의 포스트휴먼 탐구에서 최근 빈번히 등장하고 있는 방법론적 접근으로 후기질적탐구를 살펴볼 필요가 있다. 후기질적탐구는 St. Pierre(2011)에 의해 처음 제안된 대안적인 개념으로, 포스트휴먼 사회로의 전환 속, 탈인간중심적으로 인간과 사회를 사유하

는 철학에 기반해 연구 방법을 재고하는 것을 시도한다. 한국에서 지난 몇 년간 후기질적탐구에 대한 문헌 고찰이 이루어졌다면(류영휘 외, 2023; 이연선, 2023a), 최근에는 유아교육 분야를 중심으로 경험 연구의 사례가 증가하고 있다(강승지, 2024; 강승지, 이연선, 2024; 노경민, 이연선, 2023; 박보영, 2023; 박수연, 2023; 신연경, 백지혜, 2024).

예컨대, 강승지, 이연선(2024)는 후기질적탐구의 일환으로 어린이~물질에 대한 탐구를 수행하면서, 자신들의 방법을 '연구 내용과 방법론의 이항대립적 단순화의 유혹에 저항'하고 '차이 생성'을 통한 '실험의 연구'로 규정한다. 이와 같은 실험적 탐구하기는 구체적으로 어린이들의 만남을 '경청'함으로써 연구와 데이터를 다르게 보려는 시도, 내부-작용의 관점으로 참여를 봄으로써 참여관찰 대신 '함께하기'를 실천하기 위한 노력들, 그리고 다양한 관점에서 데이터를 읽고 다시 읽음으로서 재현에서 멀어지는 '다시 읽기'와 범주화하지 않고 사건의 복잡한 얽힘을 배치하는 '실험적 글쓰기' 등으로 나타나며 독자들에게 어떻게 체계화된 '방법'의 적용을 넘어 방법론적 실험이 이루어질 수 있는가를 보여준다.

이처럼 후기질적탐구에서는 세계를 얽힘 속에서 이해하는 관계적 존재-인식론으로 보면서, 우리가 오랫동안 당연한 것으로 상정해왔던 '앎'에 대한 가정들을 해체하고 이를 새롭게 이해하고자 한다. 이에 따라, 질적 연구 방법이 가정해 온 분석의 대상으로서 데이터의 성격과 데이터와의 관계, 데이터를 수집하기 위해 수행해온 참여관찰에서 연구자와 연구참여자와의 관계 등 또한 새롭게 정립하려는 실험적 시도와 논의들이 나타난다.

〈표 8〉 전통적 질적 연구 방법을 넘어서기 위한 포스트휴먼 탐구의 시도(3)

연구자 (연도)	연구방법론	연구의 내용	방법론적 특징
강승지, 이연선 (2024)	후기질적 탐구	어린이~물질과의 만남에 대한 탐구	• 연구 내용과 방법론의 이항대립적 단순화의 유혹에 저항하는 실험의 연구로 규정 • 연구와 데이터를 다르게 보기 위한 시도 • 참여관찰 대신 '함께하기'를 실천하기 위한 노력 • 재현에서 멀어지게 만드는 '다시 읽기'와 범주화하지 않는 '실험적 글쓰기'

전통적 질적 연구 방법을 넘어선 방법론적 시도로 소개된 세 흐름은 서로 배타적이지 않으며 병렬적인 관계로도 볼 수 없다. 가령, 회절적 방법론을 수행한 연구들과 후기질적탐구를 주장하는 연구들은 많은 부분에서 교집합이 있으며 실제로 한 연구 내에서 함께 배치되기도 한다(참고: Murris & Bozalek, 2019). 포스트휴먼 존재-인식론에 기반한 방법론이 가지는 탈

주적인 성격으로 인해 이러한 시도들의 관계를 구조화하는 것은 쉽지 않다. 다만, 한국에서도 이와 같은 실험적인 연구 방법들이 시도되고 연구 방법과 관련한 흐름을 만들고 있다는 점에서, 포스트휴머니즘의 관계적 존재-인식론에 기반하여 탐구하기의 방법을 생성하는 시도들을 지속적으로 주목할 필요가 있을 것이다.

4. 한국에서 포스트휴먼 질적 연구의 의의와 전망

한국의 질적 연구에서 포스트휴먼적 접근이 등장하고 확산된 과정, 그리고 질적 연구 방법론별 사례와 방법론적 실험 사례를 검토해 볼 때, 한국의 질적 연구에 포스트휴먼 관점의 수용은 다음과 같은 의의를 제공한다.

먼저, 포스트휴먼 관점의 연구는 인간 중심의 전통적 질적 연구 패러다임을 전환시키는 데 기여한다. 기존의 질적 연구는 인간 참여자의 경험, 의미, 서사에 대한 분석과 해석에 집중해 왔으며, 인간과 비인간, 물질과 정신을 이분법적으로 구분하고 인간을 중심에 놓는 휴머니즘적 관점에 기반해 있었다. 포스트휴먼적 접근은 인긴과 비인간, 물질과 기술, 환경과 데이터 간의 경계를 해체하고 이들 간의 역동적 관계를 탐색하며, 이 요소들을 동등한 연구 행위자로 간주한다. 이를 통해 인공지능, 디지털 기술, 물질, 동물, 환경 등 다양한 비인간 요소들이 인간 경험을 어떻게 구성하고 변화시키는지를 탐색할 수 있게 되며, 질적 연구의 분석 대상과 분석 방식을 새롭게 확장한다. 이러한 관점은 기존 연구가 간과해왔던 비인간 행위자들의 작용과 관계성을 드러내며, 연구 주제의 스펙트럼을 넓히고 질적 연구의 세계관 자체를 넓히는데 기여하였다고 볼 수 있다.

포스트휴먼적 접근의 질적 연구는 한국 사회의 독특한 기술,사회적 맥락에서 발생하는 현상을 깊이 있게 설명하고 문제를 해결하기 위한 통찰을 제공한다. 한국은 빠른 디지털화와 높은 기술 수용율을 보이며, QR코드 기반 전자출입부, AI 기반 에듀테크 정책 등 기술 중심의 제도와 정책을 빠르게 도입하고 있다. 이처럼 인간과 기술, 기계, 정책이 복합적으로 얽힌 현상을 전통적인 인간 중심 분석만으로는 설명하기에는 한계가 있다. 이러한 맥락에서, 포스트휴먼 접근은 기술과 인간, 정책과 기계 간의 관계를 네트워크와 얽힘으로 확장하여 분석할 수 있는 분석 도구를 제공하며, 보다 정교한 해석과 대안 모색을 가능하게 한다. 한국 사회의 기술적 역동성과 복잡한 관계성을 설명하는데 있어 포스트휴먼 질적 연구는 보다 효과적인 탐구 방식으로 주목된다.

마지막으로 인간 중심 연구 패러다임의 전환은 연구 방법론의 확장과 혁신으로도 이어진다. 포스트휴머니즘은 기존의 질적 연구 방법론들을 비인간 주체의 행위성을 드러내고 관계성을 탐색하는 방식으로 수정, 확장할 뿐만 아니라, 행위자-연결망 이론, 회절 분석 등 포스트휴먼 존재-인식론에 기반한 새로운 방법이나 후기질적탐구와 같은 방법론적 실험을 도입을 이끌었다. 이는 단순 연구 대상의 확장을 넘어, 질적 연구가 개인(들) 서사 중심적 접근을 벗어나 다양한 행위자가 관계 속에서 만들어내는 효과와 상호작용 양상을 탐색하는 복합적이고 다층적인 방향성으로 나아가도록 한다.

한편, 한국의 질적 연구에서 포스트휴먼적 접근은 인간 중심적 시각을 넘어, 인간과 비인간(기술, 사물, 환경)의 관계와 상호작용을 심층적으로 분석하는 방향으로 나아가고 있다. 이러한 변화는 포스트휴먼 탐구가 다음과 같이 발전할 가능성을 보여준다.

첫째, 인문학과 사회과학뿐 아니라 공학, 생명과학 및 데이터 과학과의 학제 간 연구가 활성화될 수 있다. 예컨대, 한국에서는 학습 환경의 디지털화가 가속화되면서 인공지능 기반 교육이 증가하는 추세이다. 이에 따라 교육 현상을 분석할 때 교사와 학생 등 인간 참여자뿐만 아니라 기술이 매개하는 요소와의 상호작용을 고려하는 움직임이 이미 나타나고 있다(서덕희, 2023; 조성원, 소경희, 2021). 이와 같이 교육을 알고리즘, 데이터 플랫폼, 학습자, 교사 등이 얽힌 관계를 포함하는 현상으로 보는 흐름이 강화된다면, 학습자의 경험의 형성과 변화를 위한 연구는 인공지능 및 알고리즘의 행위에 대한 질적 분석을 포함하게 될 것이다. 이는 교육학뿐만 아니라, 인공지능을 포함한 디지털 기술이 침투한 여러 분야에서도 동일하다.

둘째, 연구자의 윤리적 성찰에 대한 요구가 확장될 것이다. 전통적인 질적 연구에서 윤리적 고려는 주로 인간 연구 참여자의 보호에 집중되었으나, 포스트휴먼적 접근에서는 연구 과정에서 다루어지는 장소, 기술, 환경 등 비인간 주체들에 대한 상호 책임 또한 주요한 고려 사항이 된다. 이러한 변화는 비인간 존재가 인간의 경험과 관계를 구성하는 데 적극적으로 개입하고 있음을 인정하며, 연구자가 비인간 주체에 대한 윤리적 책무를 성찰하도록 요구한다. 최근 인문학과 사회과학을 중심으로 포스트휴먼 시대에 필요한 윤리에 대한 논의가 확장되고 있으며(박정식, 2023), 포스트휴먼과 트랜스 휴먼 시대의 인간 정체성에 대한 연구(김휘택, 2023), 포스트휴먼 사회에서의 인간 존엄의 문제를 다룬 연구(서윤호, 2022) 등이 이러한 흐름을 뒷받침한다. 이러한 윤리적 성찰은 질적 연구 분야에서도 기술의 행위성에 대한 책임, 비인간 존재와 인간의 관계에서 발생하는 윤리적 문제에 관한 쟁점 등을 중심으로, 포스트휴먼 윤리(posthuman ethics)를 중요한 문제로 대두시킬 수 있다.

셋째, 인터뷰 및 참여관찰 중심의 질적 연구가 비인간 행위자를 포괄하는 기술-매개적인 방식으로 확장될 것이다. 이미 국내에도 ChatGPT와의 협업을 통해 미래교육 시나리오를 도출한 연구 사례가 보고된 바 있듯(임상훈 외, 2023), AI 시스템과의 상호작용 가운데 데이터를 분석하거나 센서 기반 데이터와 인간 참여자의 경험을 함께 탐색하는 연구 등이 더욱 활발해질 것으로 예상된다. 이는 기존 질적 연구에서 인간 중심으로 진행되던 자료 수집 방식이 점차 비인간 행위자들의 데이터와 결합되며, 분석 과정에서도 기술과의 협업이 이루어지는 방향으로 변화함을 시사한다. 이러한 과정에서 데이터 생성과 분석의 기술-매개성과 이로 인한 다층성이 연구 방법론에서 중요한 요소로 부각될 것으로 예상된다.

마지막으로, 연구 방법론의 실험성이 강조되며 지속적인 혁신이 이루어질 것이다. 포스트휴먼적 접근에서 관계성은 핵심 개념이며, 모든 존재는 관계 속에서 끊임없이 변화하고 생성되는 속성을 지닌다. 따라서, 포스트휴먼적 연구에서 연구자는 단순한 관찰자가 아니라 연구 현상을 번역하고 절단하는 행위자로 기능하며, 연구자의 위치성이 비인간 행위자를 포함한 연구 참여자들과의 관계 속에서 형성된다는 점이 이미 강조된 바 있다(이수한, 소경희, 2022). 데이터 또한 이러한 관계성 속에서 이해되면서, 정적인 분석 대상이 아니라 행위성을 가진 존재로 간주하고 이를 고려한 분석을 수행할 것이 제안되어 왔다(류영휘 외, 2023; 이연선, 2023a). 이와 같은 이론적 논의를 실제 연구 과정에서 고려하기 위해, 포스트휴먼적 연구에서는 다양한 실험적 접근이 지속적으로 이루어질 수밖에 없을 것이다.

현재 한국의 질적 연구에서 포스트휴먼 연구는 빠르게 증가하며 기존의 질적 연구 방법론을 수정·확대하고 그 경계를 새롭게 그려가고 있다. 특히, 한국 사회의 전반적인 디지털화, AI 기술의 도입, 로봇 및 바이오테크놀로지의 발전 등은 포스트휴먼적 접근을 더욱 촉진하고 가속화하는 요인으로 작용하고 있다. 이러한 기술들은 단순히 연구 대상이 되는 것이 아니라, 연구 방법론 차원에서도 새로운 실험적 접근을 가능하게 하며, 전통적인 면담 및 참여관찰 중심의 질적 연구를 확장하고 혁신할 가능성을 열어준다. 국내에서 포스트휴먼적 관점에 기반한 경험 연구가 본격적으로 수행된지 10여 년이 채 되지 않았음에도 불구하고, 다양한 방법론적 실험들이 속속 등장하고 있는 상황은 앞으로 다가올 10년 간의 포스트휴먼 연구에 대한 기대를 높인다. 포스트휴먼 연구는 몇 가지 중요한 과제를 안고 있다. 특히, 비인간 행위자의 행위성을 어떻게 정의하고 분석할 것인가에 대한 이론적 정립이 요구되며, 이는 포스트휴먼 연구의 철학적 기반을 더욱 견고히 하기 위한 핵심적인 논의가 될 것이다. 또한, 포스트휴먼 관점이 기존의 질적 연구 방법과 어떻게 조율되며 발전해 나갈 것인지에 대한 논의 역시 지속적으로 이루어져야할 부분이다. 이러한 성과들이 축적된다면, 한국의 문화적 토대와 기술,사회적 맥락에 근거한 고유한 포스트휴먼 관점이 형성될 수 있을 것이며, 이는 인간 중심 연구의 한계를 넘어서는 대안적 질적 연구의 지평을 확장하는데 기여할 것으로 기대해 본다.

참고문헌

강승지, 이조은, 정혜영, 이연선(2018). 포스트휴먼 연구동향 분석을 통한 교육적 함의 탐색: 키워드 네트워크 분석을 중심으로. **어린이문학교육연구, 19**(3), 399-421.

강승지(2024). 유아교육현장에서 어린이~물질을 둘러싼 순간(mo[ve]ment) 바라보기: 후기 질적 탐구와의 얽힘으로. **영유아교육과정연구, 14**(3), 85-112.

강승지, 이연선(2024). 만남을 통한 유아교육연구의 전환: 후기질적탐구로 어린이~물질 충만하게 만나기. **교육인류학연구, 27**(3), 101-128.

강진아(2024). 영유아 학부모 "교육열" 형성에 대한 질적 사례연구: "인스타그램" 중심 "책육아" 현상에 대한 행위자-네트워크 분석. **교육학연구, 62**(2), 127-164.

김광희, 정현선(2024). 초등학생 게임 리터러시 수업에서 나타난 행위성 연구: 행위자-네트워크 이론을 중심으로. **한국게임학회, 34**(5), 91-104.

김성태(2024). **시각 예술과 인공지능의 교차점: 인공지능 창작 미술 사례를 중심으로** [석사학위논문, 고려대학교 미디어대학원].

김양주(2023). 미술 수업 설계에서 생성형 인공지능 활용에 대한 탐험적 연구. **미술교육연구논총**, 75, 1-26.

김영윤, 조준희(2024). 인간-AI 공동창작 공연예술 특성 연구: 국내 AI 공연예술작품을 중심으로. **지식과 교양, 14**, 397-424.

김왕배(2021). '사회적인 것'의 재구성과 '비(非)인간' 존재에 대한 사유. **사회와이론, 40**, 7-46.

김예림(2020). 음악을 활용한 미술수업 사례 연구: 정동(affect) 개념을 중심으로. **미술과교육, 21**(4), 23-43.

김은아(2020). 물질적 전회를 통해 본 나무와 인간의 얽힘, 그리고 상황적 지식. **교육인류학연구, 23**(2), 1-37.

김지연, 이현진(2024). VR에서의 리미널리티와 신체 감각의 확장 -몰입형 VR 퍼포먼스 〈VR_I〉를 중심으로. **기초조형학연구, 25**(6), 115-126.

김지윤, 임부연(2023). 포스트휴먼 존재로서 어린이의 발현적 연극. **영유아교육과정연구, 14**(1), 18-40.

김진희(2023). 신물질론 관점에서 융합적 스포츠 코칭 탐색. **코칭능력개발지, 26**(2), 208-217.

김현종(2024). **포스트휴먼 시대를 위한 지구과학 교사의 프로네시스**. [박사학위논문, 한국교원대학교].

김효정(2023). 기후위기 시대 여성농민운동의 생태적 전환과 다종 간 관계성의 변화. **한국여성학**, 39(2), 141-169.

김휘택(2023). 포스트휴먼, 트랜스휴먼, 그리고 인간 정체성의 분화. **다문화콘텐츠연구, 45**, 187-219.

노경민, 이연선(2023). 유아와 세상의 관계맺기에 관한 후기질적 탐구: 유아의 사진찍기를 중심으로. **교육혁신연구, 33**(1), 175-202.

동풀잎(2019). 유아들의 자발적인 디지털 카메라 놀이 속 다양하고 복잡한 상호작용 이해하기. **학습자중심교과교육연구, 19**(15), 305-324.

류영휘, 강지영, 소경희(2023). 포스트휴먼 시대의 교육과정 연구 방법: '후기질적탐구' (post-qualitative inquiry)를 중심으로. **교육과정연구, 41**(1), 53-78.

문서연, 정가윤, 김진욱, 강성은, 정동재, 안세은(2021). 유아들의 물질성 탐구를 통한 놀이의 의미: 신물질 놀이를 중심으로. **학습자중심교과교육연구, 21**(13), 599-615.

박보영(2023). 1세 영아는 어떻게 배우나?: 영아~물질의 얽힘을 통해 바라본 배움의 방식. **영유아교육과정연구, 13**(2), 68-89.

박상지(2025). **시각예술가와 생성형AI의 상호작용 연구**. [박사학위논문, 전남대학교].

박수연(2023). 미래 교육 페다고지 실천: 변혁적 역량을 신물질론으로 번역하는 후기 질적연구. **유아교육학논집, 27**(3), 153-179.

박아름, 최유현(2024). 행위자-네트워크 이론(Actor-Network Theory)을 활용한 초등교사의 발명 단원 교재 연구 모습의 이해. **한국실과교육학회지, 37**(1), 95-118.

박정식(2023). 포스트휴먼 시대의 윤리. **철학연구, 165**, 73-94.

박휴용(2019). 포스트휴먼적 존재인식론에 기반 한 질적 연구의 성격과 방법. **교육혁신연구, 29**(2), 41-68.

배한얼(2019). 영화 감상을 통한 정동 전파하기의 미술 수업. **미술과교육, 20**(4), 17-38.

배한얼(2021). 미술 수업에서의 정동: 미술 교육과정에서 시사점. **미술과교육, 22**(1), 37-56.

백우인, 고명진, 추미현, 이유진, 돌골, 하종천(2024). 행위자-연결망이론 기반 질적연구 탐구활동에 참여한 대학원생들의 협력적 자문화기술지. **문화교류와 다문화교육, 13**(6), 733-758.

범영우(2023). 지리교육에서 행성적 관점을 통한 인간-자연 관계의 적용가능성 연구. **사회과교육, 62**(1), 89-111.

범영우, 김미혜(2023). 학교 지리에서 '정동'에 기반한 글쓰기 수업의 설계와 적용. **한국지리환경교육학회지, 31**(1), 125-145.

서덕희(2020). 교육인류학과 질적 연구의 포스트휴머니즘과의 접속과 생성. **교육인류학연구, 23**(1), 1-43.

서덕희(2023). 트로이의 목마? AI 활용교육을 위한 교육 거버넌스 구축 과정에 대한 질적 사례 연구: 행위자-네트워크 이론(Actor-Network Theory)의 관점. **교육인류학연구, 26**(4), 1-43.

서유민, 이경화(2024). 비형식적 통계적 추리 교수 · 학습에서의 행위자-네트워크 분석. **학교수학, 26**(2), 237-265.

서윤호(2022). 포스트휴먼 사회에서의 인간존엄의 문제. **통일인문학, 90**, 227-254.

손연주, 임부연(2023). 놀이중심 유아교육과정의 행위 실재적 실행과 운동. **교육혁신연구, 33**(2), 133-161.

송혜빈(2023). **인간-AI 협력 역량 향상을 위한 활동중심수업 설계원리 개발** [석사학위논문, 서울대학교].

신연경, 백지혜(2024). '웅덩이'와 소나무 어린이집 영유아들의 얽힌 놀이되기. **학습자중심교과교육연구, 24**(11), 747-767.

신현정, 임성은, 강다연, 김찬종(2022). 청소년 기후 시위에 대한 현상학적 연구: 신유물론적 관점을 토대로. **환경교육, 35**(1), 82-109.

양병찬, 최정윤, 오나비나, 김미정, 이서영(2021). 지역공동체의 마을교육체계 분석: 홍동 · 장곡지역 실천에 대한 행위자-네트워크 이론을 중심으로. **평생교육학연구, 27**(3), 1-33.

엄수정, 우라미, 황순예(2021). 포스트휴먼 기후변화교육의 상상과 실천. **교육과정연구, 39**(3), 83-109.

엄수정, 문민지, 우라미, 이은혜, 황순예(2022). 생태전환교육과정: '실뜨기' 탐구 공동체의 상상과 실천 **(기본연구2022-02)**. 경기도교육연구원.

우정길(2021). 포스트휴머니즘 담론의 교육학적 수용-연구의 현황과 전망. **교육문제연구, 24**(4), 1-37.

유금복, 이종혁, 이선경(2022). 행위자-네트워크 이론으로 본 과학적 실행의 현상 생성 사례. **교과교육학연구, 26**(2), 179-190.

유원준(2024). 비인간 객체로서의 인공지능, 예술 주체로서의 성립 가능성 - 월간미술. **월간미술 칼럼**.(2025.2.19. 인출).

유하양(2024). 디지털 테크놀로지를 활용한 음악 창작 수업 실행에 관한 질적 사례 연구: 행위자-네트워크 이론에 기반하여. **음악교육연구, 53**(2), 69-96.

유혜령(2011). '포스트' 시대 질적 연구방법론의 경향과 논리: 해체와 생성의 패러다임. **유아교육연구, 31**(6), 511-534.

윤태성, 임경원(2023). 공주정명학교에 대한 생애사적 접근: 물질의 행위자성을 중심으로. **교육인류학연구, 26**(4), 115-169.

이민경(2015). 노동-유학-자녀교육의 동맹: 몽골 이주노동자 가정의 이주 · 정착 · 귀환의 행위자 네트워크(ANT). **교육문제연구, 28**(2), 85-109.

이수안(2015). 테크놀로지화한 도시와 포스트휴먼 감각적 공간 향유의 문화지형도. **대한지리학회 학술대회논문집**, 287.

이수한, 소경희(2022). 교육현상 탐구에 있어서 행위자-네트워크 이론(ANT)에 기반한 질적 연구방법론의 의미와 쟁점 탐색. **질적탐구, 8**(4), 39-65.

이연선, 정혜영(2018). 회절과 회절분석으로 예비유아교사교육을 실험하기. **교육인류학연구, 21**(1), 193-224.

이연선(2023a). 유아교육연구의 새로운 동향: 후기질적 연구에 대한 고찰. **영유아교육과정연구, 13**(2), 1-18.

이연선(2023b). 읽기수행에 관한 후기질적 연구: 포스트휴먼적 읽기와 유아교사~연구자 되기. **교육인류학연구, 26**(1), 89-115.

이연선, 류영휘(2024). 포스트휴먼 교육 연구 동향 및 내용 분석. **교육혁신연구, 34**(3), 75-95.

이종원, 박세연, 황혜림(2022). 행위자-관계망 이론으로 NCS기반 교육과정 도입과정 번역하기: S대학 사례를 중심으로. **한국콘텐츠학회논문지, 22**(1), 391-404.

이지원, 이정민(2024). 초등교사 대상 생성형 AI의 교수적 활용 사례 탐색: 행위자-네트워크 이론(ANT)을 중심으로. **정보교육학회논문지, 28**(4), 507-521.

이진희, 이은미(2021). 유아 놀이에서 물질과 의미의 '얽힘' 관찰하기: Barad의 행위주체적 실재론을 중심으로. **어린이교육비평, 11**(2), 5-42.

이진희, 장윤미(2022). 철학 이론을 회절하며 유아놀이 관찰 데이터 읽기: 스카프와의 마주침. **영유아교육과정연구, 12**(2), 50-72.

이화인문과학원(2013). **인간과 포스트휴머니즘**. 이화여자대학교 출판부.

임상훈, 이은택, 오희정(2023). ChatGPT와의 협업을 통한 포스트휴머니즘 관점의 미래교육 시나리오 도출. **교육공학연구, 39**(4), 1049-1080.

장지은(2023). 전환의 시대, '교육2030'의 변혁적 역량과 행위성의 의미 분석: 캐런 바라드의 행위적 실재론을 중심으로. **문화와 융합, 45**(6), 771-785.

전가일(2021). 반상(盤上) 위에 펼쳐진 포스트휴먼 페다고지 탐색. **교육사상연구**, 35(4), 245-287.

전가일(2022). 뉴노멀 시대 사회자본으로서 포스트휴먼 사회관계망 독특성 탐구: 공동육아조합 사례를 중심으로. **교육사상연구, 36**(3), 141-179.

정선희, 김인설(2021). 행위자-네트워크 이론에 따른 국공립문화예술기관의 예술교육 변화를 위한 실행연구: 국립아시아문화전당 'ACC 어린이예술실험실'을 중심으로. **문화예술경영학연구, 14**(2), 123-146.

정윤경(2020). 교육학의 포스트휴머니즘 수용과 포스트휴먼 감응교육 탐색. **교육철학연구, 42**(4), 187-216.

정용재(2020). '설다'와 '익다'의 너나들이: 이종네트워크로서 과학학습. **한국과학교육학회지, 40**(6), 631-648.

정정훈(2024). 포스트휴먼 문화기술지 방법론의 주요 관점과 특징 이해. **문화교류와 다문화교육, 13**(5), 669-696.

정정훈, 김영천(2021). 포스트휴먼 질적 연구: 연구과정에 대한 방법적 탐색. **질적탐구, 7**(3), 1-42.

정정훈, 김영천(2024). 학교 교육과정과 수업현상 탐구를 위한 포스트휴먼 질적 연구: 방법론적 전통과 그 예. **초등교육연구, 37**(4), 199-233.

정종민(2024). 스마트 기저귀와 인지증(치매) 돌봄: 정동적 기술적 접촉의 연결 (불)가능성. **생명연구, 73**, 139-168.

조병철, 방준성, 안성희(2023). 메타버스에서 인공지능을 활용한 콘텐츠 창작과 협업에 관한 연구. **방송공학회논문지, 28**(5), 518-529.

조성원, 소경희(2021). 비대면 온라인 수업 속 인간과 기계의 얽힘의 이야기: 신유물론적 관점에서의 이해. **내러티브와 교육연구, 9**(1), 77-101.

진시영(2017). **미디어 퍼포먼스 아트의 신체성 확장에 관한 연구-연구자의 NEW FORMS 작업을 중심으로**. [박사학위논문, 조선대학교].

최윤경, 임부연(2023). 놀이 중심 유아교육과정의 교육내용에 대한 분석: 힘 있는 지식과 얽힘의 관계적-신지식론 관점으로. **유아교육과정연구, 13**(4), 85-110.

최진현, 전상학(2023). 행위자-네트워크 이론을 활용한 과학사 교육 방안 논의: 멘델의 유전법칙을 중심으로. **Biology Education, 51**(2), 293-309.

탁정화, 박수연(2023). 백희나 그림책에 나타난 포스트휴먼 신물질론의 얽힘. **영유아교육과정연구, 13**(2), 90-120.

하정호(2022). 순천지역 교육 거버넌스에서의 권력행사 역학에 대한 행위자-네트워크 분석. **평생교육학연구, 28**(4), 31-63.

한경애(2024). 문화교육을 위한 지역연계 미술 수업 사례 연구. **미술교육논총, 38**(2), 183-211.

Barad, K. (2007). *Meeting the universe halfway: Quantum physics and the entanglement of matter and meaning*. Duke University Press.

Braidotti, R. (2013). *The posthuman*. Polite Press. 이경란, 역(2015). **포스트휴먼**. 아카넷.

Callon, M. (1986). Some elements of a sociology of translation: Domestication of the scallops and the fishermen of St Brieuc Bay. In J. Law (Ed.), *Power, action and belief: A new sociology of knowledge?* (pp. 196-233). Routledge & Kegan Paul.

Fox, N. J., & Alldred, P. (2015). New materialist social inquiry: Designs, methods and the research-assemblage. *International Journal of Social Research Methodology*, *18*(4), 399-414.

Haraway, D. (2016). *Manifestly Haraway*. University of Minnesota Press. 황희선, 역(2019). **해러웨이 선언문**. 책세상.

Murris, K., & Bozalek, V. (2019). Diffracting diffractive readings of texts as methodology: Some propositions. *Educational Philosophy and Theory*, *51*(4), 1504-1517.

Pacini-Ketchabaw, V., Kind, S., & Kocher, L.L.M. (2016). *Encounters With Materials in Early Childhood Education* (1st ed.). Routledge. 이연선, 전가일, 정혜영, 최승현, 하영유 역(2021). **물질과의 새로운 만남**. 살림터.

St. Pierre, E. A. (2013). The posts continue: Becoming. *International Journal of Qualitative Studies in Education*, *26*(6), 646-657.

Wolfe, C. (2010). Response to Christopher Peterson, "The Posthumanism to Come." *Angelaki*, *16*(2), 189-193.

제3부

다양한 학문 분야와 질적연구방법론

제 12 장

상담학 질적 연구[1)]

김명찬(인제대학교)

1. 국내 상담학 질적 연구에 대한 비판적 고찰의 필요성

국내 상담학 연구는 오랫동안 양적 연구 중심으로 이루어져 왔으며, 이는 연구의 객관성과 일반화 가능성을 강조하는 자연과학적 접근에서 비롯된 것이다. 그러나 상담학의 본질은 인간의 심리적 경험을 이해하고 돕는 데 있으며, 내담자의 개별적 맥락과 주관적 경험을 심층적으로 탐색하는 것이 필수적이다. 이러한 필요에 따라 질적 연구가 점차 상담학 연구의 중요한 방법론으로 자리 잡고 있지만, 국내 상담학 질적 연구는 여전히 몇 가지 한계를 지니고 있다. 따라서 상담학에서 질적 연구가 보다 의미 있는 발전을 이루기 위해서는 그동안의 연구 흐름을 분석하고, 현재의 연구 동향과 특징을 비판적으로 고찰하는 과정이 필요하다.

첫째, 국내 상담학 질적 연구의 역사적 흐름을 분석할 필요가 있다. 상담학에서 질적 연

1) 본 장의 작성을 위해 수고해준 김복경, 박명숙, 황아람, 강정재, 서진열 선생에게 특별히 감사의 마음을 전한다.

구가 언제, 어떤 방식으로 도입되었으며, 연구 방법론이 어떻게 발전해왔는지를 살펴보는 것은 현재 연구의 문제점을 파악하는 데 필수적이다. 상담학 질적 연구가 초기에는 실무자들의 필요에 의해 도입되었으나, 연구 방법론에 대한 충분한 논의 없이 수행된 경향이 있었다는 점에서, 상담학 질적 연구의 성장을 위해 연구의 맥락을 되돌아볼 필요가 있다.

둘째, 현재 국내 상담학 질적 연구의 동향을 분석해야 한다. 상담학 내에서 질적 연구가 차지하는 비율이 증가하고 있음에도 불구하고 특정 연구 방법론에 집중되는 경향이 있으며, 일부 연구 방법은 거의 활용되지 않고 있다. 특히 근거 이론(grounded theory), 합의적 질적 연구(CQR), 현상학 연구(phenomenology) 등이 주로 사용되며, 문화기술지(ethnography)나 사례연구(case study)와 같은 방법은 상대적으로 활용되지 않는 경향이 있다. 이러한 편중된 연구 방법의 사용이 상담학 연구의 다양성을 저해할 가능성이 있기 때문에, 질적 연구 방법의 활용 실태를 분석하고 그 원인을 탐색할 필요가 있다.

셋째, 국내 상담학 질적 연구의 특징을 비판적으로 검토해야 한다. 상담학에서 질적 연구가 증가하고 있음에도 불구하고, 연구 방법론의 철학적 기반에 대한 논의가 부족한 경우가 많으며, 연구자의 경험을 다룬 연구도 제한적이다. 또한, 상담 실무자들이 연구자로서의 정체성을 확립하기 어려운 환경이 조성되어 있어, 연구 수행에 대한 동기가 낮아지는 경향이 있다. 상담학에서 질적 연구가 실무자들에게 보다 친숙하고 의미 있는 방식으로 활용되기 위해서는 연구자의 연구 정체성을 강화하는 방안이 필요하다.

넷째, 국내 상담학 질적 연구의 질적 도약을 위한 방향성을 모색해야 한다. 연구 수행이 단순한 학문적 작업을 넘어, 상담자의 전문성 향상과 내담자 지원에 실질적으로 기여할 수 있도록 연구와 실무의 연계를 강화해야 한다. 이를 위해 연구 방법론 교육을 체계적으로 제공하고, 연구 정체성을 형성할 수 있는 기회를 확대하며, 상담학 내에서 다양한 질적 연구 방법이 균형 있게 활용될 수 있도록 학문적 환경을 조성해야 한다.

결국, 국내 상담학 질적 연구의 지속적인 발전을 위해서는 연구의 역사와 동향을 분석하고, 연구 방법론의 한계를 비판적으로 검토하며, 질적 도약을 위한 전략을 마련하는 과정이 필수적이다. 이를 통해 상담학 질적 연구가 내담자의 경험을 보다 깊이 이해하고 상담 실무에 기여할 수 있는 연구로 발전할 수 있을 것이다.

2. 과학자-실무자 틈새와 질적 연구

1) 상담학 연구에서 질적 연구의 도입

기존의 상담은 내담자의 문제가 개인의 심리적 갈등에서 비롯된다고 보고, 상담자는 이를 바탕으로 상담 목표를 설정하고 개입해왔다. 이러한 방식은 상담자에게 권한을 집중시키고, 내담자의 문제를 제한된 관점에서 바라보는 경향을 만든다. 또한, 자연과학적 접근을 중시하는 논리 실증주의(logical positivism)가 상담학 연구를 주도하며 객관적 실재를 중시해 왔다. 내담자의 심리적 어려움은 단순히 개인 내적인 문제에서 비롯된 것이 아니라, 사회문화적 환경의 영향을 받는 경우가 많다. 따라서 내담자의 고통이 개인 차원에서만 발생하는 것이 아니라는 점을 인식하고, 이를 고려한 접근이 필요하다(Constantine et al., 2007). 그렇다면 내담자의 고유한 어려움을 이해하고 담아내기 위해 어떤 연구 방법이 더 적합할까? McLeod(2011), Hoshmand(1989), Woolsey(1986)는 그동안 상담학 연구가 자연과학적 접근에 지나치게 의존하고 있다고 비판하고, 인간의 경험을 심층적으로 이해하기 위해 인문과학적 연구의 필요성을 주장했다. 예를 들어, 현상학에서는 인간이 현실을 능동적으로 구성하며, 그 행동과 환경이 상호작용한다고 본다. 이러한 관점은 내담자의 주관적 경험과 맥락을 고려함으로써, 개인의 고유성과 사회문화적 환경을 반영하는 데 기여할 수 있다. 또한, 인문과학(Human Science)은 인간 경험과 의미를 이해하는 데 필수적이며, 자연과학과는 다른 고유한 탐구 방법이 필요하다(김세균, 2009). 이는 곧 인문과학적 태도를 기반으로 한 질적 연구를 의미한다. 질적 연구에서 연구자는 외부자적 관점(etic)을 넘어, 인간을 단순히 "외부에 존재하는 대상(out there)"으로 보지 않고, 사회현상을 "내부로부터(from the inside)" 이해하려는 내부참여자적(emic) 관점에서 기술하고 설명하려 한다. 이와 같은 접근은 질적 연구의 특성과 일치하며, 상담학 연구에서 질적 연구가 유용하고 적합한 이유를 뒷받침한다(이현진, 2024; Gibbs, 2022). 이처럼 질적 연구는 내담자의 주관적 경험을 깊이 이해하도록 돕고, 상담자가 연구를 통해 내담자의 맥락을 심층적으로 파악하는 데 기여한다.

2) 상담학 연구와 질적 연구의 유사성

질적 연구가 과학자-실무자 간의 틈새를 메울 수 있는 이유는 상담학 연구와 질적 연구가 본질적으로 유사한 속성을 공유하고 있기 때문이다. 상담학은 인간의 주관적 경험과 그 내면적 의미를 탐구하는 학문이며, 이는 질적 연구가 지향하는 목표와도 일맥상통한다. 전통적인 과학자와 실무자의 역할을 비교해 보면, 이 두 집단은 연구 방법과 접근 방식에서 극명한 차이를 보인다.

예를 들어, Meehl(1954)이 정의한 과학자와 실무자의 특징을 살펴보면, 과학자는 객관성, 실증성, 통제된 환경에서의 연구를 중시하는 반면, 실무자는 주관적 경험, 맥락적 이해, 현장 중심의 접근을 강조한다. 이러한 차이는 기존 상담학 연구에서도 동일하게 나타나며, 특히 양적 연구 중심의 전통적 접근과 질적 연구 간의 차이로도 이어진다.

그러나 〈표 2〉를 살펴보면 과학자와 실무자 간의 틈새는 단순한 역할 차이가 아니라, 과학을 수학적 방법론에만 국한하는 철학적 관점과 깊이 연결되어 있음을 확인할 수 있다. 상담학 연구에서 전통적으로 강조된 양적 연구는 통제된 환경에서 객관적 법칙을 발견하는 데 초점을 맞추었으나, 질적 연구는 개별적이고 맥락적인 인간 경험을 탐구하는 것을 목표로 한다. 이러한 비교를 통해 질적 연구의 패러다임이 Meehl(1954)이 정의한 실무자의 접근 방식과 상당히 유사하다는 점을 알 수 있다. 즉, 상담학 연구를 어떻게 정의하고 바라보느냐에 따라 과학자-실무자 간의 틈새가 더욱 벌어질 수도, 혹은 하나로 통합될 수도 있음을 시사한다.

〈표 1〉과 〈표 2〉를 비교해 보면, 결국 과학자-실무자 틈새는 상담학 연구의 패러다임과 관련된다. 과학에 대한 좁은 관점을 벗어나 더 넓은 관점을 채택할 경우, 과학과 실무 간의 틈새는 줄어들게 된다. 과학과 실무 간의 틈새가 줄어들게 된다는 것은 실무자들의 관심사를 반영한다고 볼 수 있는 질적 연구의 수행이 활성화된다는 것을 의미한다. 따라서 상담학 분야에서 질적 연구의 수행은 과학자-실무자 모델의 완성을 위해서 반드시 필요한 일이라고 할 수 있다. 특히 질적 연구는 상담 실무자들에게 최적화된 연구라고도 할 수 있다. 현장의 생생한 경험을 자연적인 상황에서 관찰하고, 내부자로서 그들의 언어를 직접적으로 연구에 인용한다는 점에서 질적 연구는 상담자의 상담 관계를 연구에 그대로 이식할 수 있게 한다. 질적 연구와 상담은 패러다임의 유사성에 기반하기 때문에 수행되는 방식의 차이만 존재할 뿐, 서로가 동일한 뿌리에서 출발한다고 볼 수 있다. 상담은 대화를 통해 수행된 후 종결되고, 질적 연구는 대화를 글로 담아냄으로써 영구화한다는 차이가 존재할 뿐이다.

관련한 내용을 조금 더 세부적으로 살펴보면, 상담 과정은 내담자의 이야기를 경청하고, 이를 특정 이론에 근거하여 문제를 정의하며, 가설을 세우고 검증하는 일련의 활동으로 이루어진다. 이는 연구자가 관찰된 현상을 기반으로 연구 문제를 설정하고, 자료를 수집 · 분석하여 가설을 검증하는 질적 연구의 절차와 닮아 있다(손고은, 김명찬, 2024; Blair, 2010). 즉, 연구를 수행할 때 가설을 설정하고, 자료 수집, 분석을 통해 가설을 검증하여 결과를 도출하는 일련의 절차는 상담의 과학적 절차와 맞닿아 있다(Tang et al., 2021). 상담과 질적 연구는 문제 정

〈표 1〉 과학자 실무자를 상징하는 대표적인 형용사

전문직 정체성	과학자	실무자
	통계적 방법	임상적 방법
대표 형용사	증명가능한 객관적인 신뢰할 수 있는 엄격한 과학적인 실험적인 양적인 실증적인 수학적인	의미 있는 주관적인 전체적인 진실한 생생한 모호한 질적인 자연스러운 직관적인

* Meehl(1954; 4)의 과학자와 실무자를 상징하는 형용사 단어들의 일부를 표로 재구성

〈표 2〉 양적 연구와 질적 연구의 패러다임 비교

관련 연구	전통적 방법	질적 방법
Gelso et al.(1988)	양적인 통제된 보편적 법칙 분자적인 객관적인	질적인 자연적인 개별적인 질량의 현상학적인 현장 환경
Slife & Gantt(1999)	경험주의 수량화 보편주의 자연주의	생생한 경험 일상 언어 맥락주의 의미
Morrow & Smith(2000)	실증주의 패러다임 후기실증주의 패러다임	해석적/구성주의 패러다임 포스트모던 패러다임
Ponterotto(2005), Ponterotto & Grieger(2007)	실증주의 패러다임 후기실증주의 패러다임	구성주의-해석주의 패러다임 비판적-이념적 패러다임

의 및 탐구 과정이 유사하여 상담자는 내담자의 문제를 탐구하고 해결 방안을 찾기 위해 대화를 나누며, 질적 연구자는 연구참여자와의 대화를 통해 현상을 이해하고 의미를 분석한다. 또한, 상담에서 내담자의 언어와 행동을 해석하고 통찰을 돕는 활동은 질적 연구에서 현상의 의미를 복원하고 탐구하는 방법과 유사하다(안유진, 김명찬, 2022). 상담자는 내담자의 경험을 전체적으로 이해하려 노력하며 질적 연구자는 연구참여자와 협력적으로 의미를 구성한다.

두 과정 모두 사람 간의 만남과 소통을 통해 이루어진다는 공통점을 지닌다(Morrow, 2007).

상담과 질적 연구는 목적과 진행 방식에 차이가 있지만, 사람 간의 만남과 소통을 통해 구성된다는 점에서 공통점이 있다(Morrow, 2007). 상담자는 내담자의 삶에 대해 애정 어린 질문을 던지고 이를 탐색하는 과정에서 자신에 대해 거리두기를 하며 관찰하는 태도를 유지하고, 자신의 몸, 생각, 정서 반응을 인식한다. 질적 연구에서 연구자는 살아온 경험 설계(lived experience designs)를 활용하여 현상을 경험한 사람들의 맥락에서 의미와 이론을 개발하려 한다. 이를 위해 연구참여자의 삶에 '어떻게', '무엇을', '왜'라는 질문을 던지고, 답을 구한다(Prosek & Gibson, 2021). 질적 연구자는 연구 질문을 던지고 이를 탐구하는 과정에서 상담과 유사한 접근 방식을 취한다. 연구자는 타자의 내면적 경험을 이해하고 해석하는 과정에서 자신의 경험을 활용하며, 연구참여자와 협력적으로 소통하여 연구 초점을 명확히 하고 현상의 윤곽을 함께 탐구한다. 이러한 점은 상담자가 내담자의 삶을 이해하기 위해 다양한 정보를 통합적으로 살펴보고 상호작용 속에서 현상을 파악하려는 태도와 닮아있다. 상담과 질적 연구는 모두 상호주관성을 기반으로 하며, 모호함을 인정하고 이를 포용하는 노력을 요구한다. 상담자는 내담자의 이야기를 해석하며, 질적 연구의 방법론을 활용해 문제를 심층적으로 탐구할 수 있다. 반대로 질적 연구는 상담학이 인간 경험의 주관성과 맥락을 통합하는 데 기여하며, 상담 실무를 이론적으로 강화할 수 있는 기반을 제공한다. 두 분야는 비록 각기 다른 목표를 지향하지만, 상호 보완적 역할을 하며 실무와 연구의 통합 가능성을 제시한다.

3) 상담자의 전문성 발달을 촉진하는 질적 연구

상담자 발달은 단순한 기술 습득과 경험 축적을 넘어 자기 성찰(self-reflection)을 통해 경험을 깊이 탐구하고 이를 전문성으로 전환하는 복합적이고 심화된 과정이다. Skovholt와 Rønnestad(1992)는 자기 성찰을 상담자 발달의 핵심 기제로 정의하며, 성찰은 상담자가 자신의 한계와 강점을 이해하고, 내담자와의 관계에서 심층적인 통찰을 얻는 데 필수적인 요소라고 강조했다. 이들은 지속적이고 체계적인 성찰 없이는 상담자의 전문적 성장이 불가능하며, 성찰이 상담자의 지속적 성장과 발달을 이끄는 가장 중요한 동력임을 주장했다(Skovholt & Rønnestad, 1992). 또한, 손은정, 유성경, 심혜원(2003)은 상담자의 자기 성찰이 상담 이론과 기술적 지식을 통합하고 지속적인 전문성 발달을 이루는 데 중요한 기제임을 제시했다. 그러나 실제 상담 실무에서는 성찰이 체계적이고 구조화된 방식으로 이루어지지 않는 경우가 많으며, 이는 상담자의 전문성 발달을 저해하고 내담자와의 관계에서도 비효율적인 개입을 초래할 수 있다.

성찰이 부족한 상담자는 복잡한 상황이나 도전에 직면했을 때 불안을 느끼고 이를 회피하려는 경향을 보인다(Skovholt & Rønnestad, 1992). 이러한 회피는 문제를 충분히 탐구하지 못한 채 표면적인 결론에 도달하는 미성숙한 마무리(premature closure)로 이어지며, 이러한 반복은 위장된 발달(pseudo development)을 초래한다. 위장된 발달은 겉으로는 성장이 이루어진 것처럼 보이지만, 실제로는 전문적 행동이나 실천에서 변화가 없는 상태를 의미한다(Skovholt & Rønnestad, 1992). 이는 상담자의 성장을 저해할 뿐만 아니라, 내담자와의 관계에서 신뢰 형성과 효과적인 개입을 어렵게 만들어, 상담자에게 좌절감과 소진(burnout)을 초래하고 내담자와의 관계에 부정적인 영향을 미칠 수 있다.

초심 상담자와 숙련된 상담자는 성찰 과정에서 명확한 차이를 보인다. 초심 상담자는 경험 부족으로 인해 외부 지침과 이론에 지나치게 의존하며, 성찰의 방향성을 잡거나 감정적 경계를 설정하는 데 어려움을 겪는다(Skovholt & Rønnestad, 1992). 이들은 수행 불안과 자신감 부족으로 인해 성찰이 피상적인 수준에서 머물거나 미성숙한 마무리(premature closure)에 그치는 경우가 많다. 또한, 초심 상담자는 내담자와의 감정적 경계를 유연하게 조절하지 못하며, 과잉 몰입이나 과소 몰입을 반복해 정서적 소진이나 상담 효과 저하를 초래할 수 있다. 이론과 실무 간의 괴리와 이상화된 자기 기대는 초심 상담자가 성찰 과정을 왜곡하거나 실패 경험을 회피하게 만들기도 한다.

반면, 숙련된 상담자는 자신의 경험과 지식을 내면화하여 심층적이고 체계적인 성찰을 수행한다(Neufeldt et al., 1996). 이들은 내담자와의 상호작용에서 반복적인 패턴을 탐구하며, 이를 상담 실천의 개선과 개별화된 실천 스타일 개발로 연결한다. 숙련된 상담자는 감정적 경계를 유연하게 조절하며, 성찰과 자기 모니터링을 통해 내담자의 고통에 공감하면서도 과도하게 몰입하지 않도록 균형을 유지한다(Skovholt & Jennings, 2005). 또한, 동료 상담사, 감독자, 내담자 등으로부터 받은 피드백을 적극적으로 활용하여 지속적인 성장과 전문성을 강화한다(Skovholt, Rønnestad, & Jennings, 1997).

상담자들은 누구나 자신을 돌아보는 작업을 하고 있다. 그렇다면 상담자의 자기 성찰에는 어떠한 내용과 과정이 포함되어 있으며, 상담자들이 실제로 수행하고 있는 성찰이 개인적 성장과 전문적 발달에 실질적으로 기여하는지에 대한 의문이 제기된다.

Schön(1983, 1987)은 성찰적 실천이 전문가들이 실무 경험에 대한 비판적 탐구를 통해 실천 현장에서 유용한 실제적 지식을 구성해나가는 과정이라고 강조했다. 이는 자기성찰의 객관적 측정을 위해 자기성찰의 내용적이고 질적인 측면들을 탐구하는 작업이 필요함을 시사한다. Skovholt와 Rønnestad(1992)는 모호하고 어려운 상황 속에서 새로운 통찰을 발견하려는 진지한 의지가 상담자의 성숙에 중요한 요인이라고 주장하며, 자기성찰은 적극적이고 능동적인 자세와 주의 집중, 깊은 숙고의 과정을 요구한다고 강조했다.

기존의 피드백 중심의 성찰 방식, 수퍼비전, 교육분석 등이 유용한 도구인 것은 분명하지만, 이들만으로는 충분하지 않다. 상담자의 성찰 역량을 강화하기 위해서는 교육 분석이나 수퍼비전뿐 아니라 연구 수행 또한 필요한데, 특히 질적 연구가 상담자의 성찰 역량을 강화하는 데 최적화되어 있다고 할 수 있다. 그 이유를 살펴보면 다음과 같다.

첫째, 교육분석이나 수퍼비전에서 이루어지는 성찰 과정은 이론이나 선행 연구에 근거하기보다는 상담자와 수퍼바이저의 축적된 경험에 의해 수행될 가능성이 존재한다. 반면, 질적 연구의 수행은 이론과 선행 연구에 근거하기 때문에 이 과정에서 일어나는 상담자의 성찰은 과학적 토대에 기반할 것이라 주장할 수 있다. 앞서 언급하였듯이 상담자 모델은 과학자-실무자 모델에 근거하고 있고, 과학자-실무자란 상담 실무를 과학적 태도를 가지고 수행한다는 것을 전제한다. 따라서 상담자의 성찰 역량을 강화하는 데 도움이 되는 교육 분석과 수퍼비전 역시 과학적 태도에 근거해야 마땅하다. 그리고 이때의 과학이란 일찍이 Meehl(1954)이 주장한 수학적 접근, 혹은 논리 실증주의 접근에만 제한되어야 하는 것은 아니다. 과학자-실무자에서 말하는 과학을 어떻게 정의하느냐에 따라 교육분석과 수퍼비전의 성격이 달라지게 된다고 할 수 있다. 과학을 질적 연구의 철학적 기반인 후기실증주의, 포스트모더니즘, 사회구성주의, 해석학, 현상학의 관점에서 살펴보면, 진리란 절대적으로 존재하지 않고, 상황과 맥락에 의거하여 상호적으로 구성되고, 재구성된다는 것을 의미한다. 따라서 이러한 관점에서 과학이란 상담자나 내담자 자신의 인식이 상호작용적이고, 맥락적으로, 또 사회문화적으로 구성되는 것임을 기억하는 것을 말한다. 자기 자신과 세상을 바라보는 우리의 관점은 사회문화적으로 형성되었고, 또 맥락적으로 재구성되는 과정에 놓여 있다. 이런 점을 감안한다면, 과학적 상담이란 상담자와 내담자 인식이 모두 구성된 것임을 인식하고, 끊임없이 비판적 관점으로 인식을 탐색하는 일이 된다. 과학이란 상담자와 연구자가 가진 기존의 관점과 선입견이 사회문화적으로 구성되었다는 전제 하에 비판적으로 바라보는 일이다.

> 자신과 세상을 바라보는 나의 관점은 절대적인 것이 아니라, 사회문화적으로 구성된 것이다. 그것을 기억해야 한다.

상담자는 질적 연구의 수행을 통해서 자신의 관점을 끊임없이 비판적으로 검토하게 된다. 이러한 비판적 검토는 자신의 인식에 대한 지속적인 거리두기(distancing)와 관련된다. 그리고 이때의 거리두기를 가능하게 만드는 것이 바로 이론과 선행 연구라 할 수 있다.

둘째, 상담자의 연구 수행(또는 성찰적 글쓰기)은 상담자의 개인적, 전문적 성장에 긍정적인 영향을 주는 것으로 파악된다(김수안, 김명찬, 2023; 박태화, 김명찬, 2023; 손고은, 김명찬, 2024; 안유진, 김명찬, 2022).

이 중에서 상담 전공 대학원생들의 질적 연구 경험에 대한 연구(안유진, 김명찬, 2022)를 대표적인 사례로 살펴보면, 질적 연구의 경험은 이들에게 개인적 성장과 상담자로서의 발달을 가능하게 해주었음을 확인할 수 있다.

나 자신이 성장함

상담 전공 대학원생들은 질적연구를 진행한 후에 자신이 성장했다고 느꼈다. 자신과 대상에 대해 재경험하게 되었으며, 이 과정에서 관계를 맺는 역량이 커지게 되었다. 대상을 바라볼 때보다 유연한 태도를 보일 수 있게 되었다.(안유진, 김명찬, 2022: 26).

상담자로서의 역량이 성장함

상담 전공 대학원생들은 연구 현장에서 연구참여자들과 관계하며 상담자로서의 자신의 모습을 되돌아볼 수 있었다. 또한, 연구 현장에서 연구자로서의 태도와 상담자로서의 태도가 유사하게 느껴졌기에 연구에 도움을 받기도 했지만, 한편으로 상담자로서의 태도를 점검하고 수련할 수 있기도 했다. 면담 과정에서 연구참여자의 이야기를 이끌어내기 위해 노력하고 자신을 확인하고 점검하는 태도를 유지하기 위해 애쓰면서 상담 전공 대학원생들은 상담자로서의 역량이 성장했다고 느꼈다. 상담자로서 자신의 모습을 되돌아볼 수 있었으며 자신을 되돌아보는 과학적 태도가 스며들어 내담자를 대하는 태도가 변화하게 되었다(안유진, 김명찬, 2022: 23-24).

연구의 수행이 상담자의 개인적 변화나 전문적 변화와 관련 없을 것이라고 하는 통념과 다르게, 상담자들은 질적 연구의 수행을 통해서 개인적인 성장과 상담자로서의 성장 모두를 경험하고 있었다. 이것은 질적 연구 수행이 갖는 중요한 특성이라고 생각해 볼 수 있다. 질적 연구는 주로 참여자를 면담함으로써 자료를 수집하기 때문에, 특성상 상담과 유사한 구조를 지니고 있다고 할 수 있다. 따라서 질적 연구에서의 경험은 상담에서의 경험과 연관되고, 한 쪽에서의 성장과 발달이 다른 쪽에 긍정적인 영향을 줄 것이라는 예측이 가능하다. 안유진과 김명찬(2022)의 연구 결과는 그러한 추론과 맞닿아 있다. 같은 맥락에서 상담자의 개인적·전문적 발달을 위해서는 실무와 연구가 모두 필요하다. Skovholt와 Starkey(2010)에 따르면, 인간중심 심리치료의 창시자인 칼 로저스는 상담 실무, 상담 연구, 그리고 개인적 성찰을 통해 일생 동안 자신의 전문성을 지속적으로 강화해 나갔다고 한다. 따라서 질적 연구의 수행은 상담자의 성찰 역량을 강화함으로써 개인적 · 전문적 발달을 초래한다고 할 수 있다.

3. 국내 상담학 질적 연구의 역사

국내 상담학 분야의 질적 연구는《한국심리학회지: 상담과 심리치료》와《상담학연구》의 발달과 함께 전개되어 왔다고 볼 수 있다. 이 두 학술지는 국내 상담학을 대표하는 권위 있는 학술지로 널리 인정받고 있다. 다수의 상담학 연구 동향 연구를 살펴보면, 대개 두 개 학술지의 분석을 기반으로 하고 있음을 확인할 수 있다(권경인, 양정연, 2013; 김계원 외, 2011; 김봉환 외, 2012; 박승민, 2012; 조남정 외, 2010; 조성호, 2003; 지승희, 오혜영, 2013). 두 학술지에 등장한 질적 연구를 살펴보면, 국내 상담학 질적 연구의 역사를 가늠해 볼 수 있다. 이 절에서는 국내 상담학 질적 연구의 출현과 관련된 대표적인 논문들을 소개하고 분석하고자 한다. 이를 통해 국내 상담학 질적 연구가 어떻게 출발하였는지 살펴보고, 현재의 질적 연구 방법과 어떠한 연계성을 지니는지, 그 의미는 무엇인지 살펴보도록 하겠다. 현재 국내 상담학 질적 연구에서 가장 많이 수행되고 있는 것으로 알려진 연구 방법은 합의적 질적 연구(CQR), 근거 이론, 현상학 연구 등이다(김지연, 2018; 이현진, 김명찬, 2018). 따라서 본 절에서 분석하고자 하는 국내 상담학 질적 연구의 역사는 이 세 가지 연구 방법을 중심으로 기술되었다.

1) 초기 상담학 질적 연구와 최신 연구의 비교

먼저, 국내 상담학 연구를 대표하는 학술지에는 각각《한국심리학회지: 상담과 심리치료》와《상담학연구》가 있다. 한국학술지인용색인(https://www.kci.go.kr/kciportal/main.kci)에서 두 학술지의 이력과 현황을 살펴보면 〈표 3〉과 같다.

〈한국심리학회지: 상담과 심리치료〉의 홈페이지(https://www.krcpa.or.kr/member/index.asp)와 RISS(https://www.riss.kr/index.do) 두 곳에서 검색한 바에 따르면, 합의적 질적 연구는 2001년(문보경, 장성숙, 2001)에, 근거 이론은 2004년(백은정, 유영권, 2004)에, 현상학 연구는 2007년(이성옥, 김봉환, 2007)에 처음 게재되었음을 확인할 수 있다. 다음으로 〈상담학연구〉에서 합의적 질적 연구는 2008년(이정숙, 2008)에, 근거 이론은 2004년(최지영, 2004)에, 현상학 연구는 2005년(박희석, 2005)에 처음 게재되었다. 상담학 질적 연구에 주로 활용되고 있는 연구 방법은 2000년~2008년 사이에 게재되기 시작했음을 알 수 있다. 이것은 국내의 상담학 질적 연구의 주된 흐름이 생성된 시기가 이 시기라는 점을 보여준다고 하겠다. 미국의 상담학 분야에서 질적 연구가 대안으로 언급되기 시작하는 것이 70년대 말에서 80년 이후(Gelso, 1979; Rogers,

〈표 3〉 〈한국심리학회지: 상담과 심리치료〉 와 〈상담학연구〉의 이력과 현황

	한국심리학회지: 상담과 심리치료	상담학연구
주제어	심리과학	교육학
창간년도	1988년	2000년
등재구분	KCI 등재지	KCI 등재지
발간횟수	연 4회	연 6회
발행 논문 수	연간 평균 53건, 총 1,217건	연간 평균 101건, 총 2,326건
발행기관명	한국상담심리학회	한국상담학회
KCI IF(5년)	2.83	2.54

1985)임을 감안할 때, 시간적으로 약 20년의 격차를 보인다고 할 수 있다. 그렇다면 상담학 양대 학술지에 실린 초기의 질적 연구들은 어떠한 특성을 보이고 있을까?

그리고 문보경과 장성숙의 연구는 "상담에 대한 내담자의 불만 경험"을 주제로 삼고 있는데, 현재의 연구와 갖는 차이점이 있다. 연구자들은 합의적 질적 연구를 선택한 이유를 구체적으로 제시하고 있지 않다. 서론에서도, 그리고 연구 방법에서 어째서 합의적 질적 연구를 선택하였는지, 그리고 이 방법이 연구 주제를 어떻게 잘 반영하고 있는지에 대해서는 소개하지 않았다. 다음은 연구 방법에 대해 소개한 내용을 인용한 글이다.

> Hill, Thompson과 Nutt-Williams(1997)의 Consensual Qualitative Research 기법(합의적 질적 연구 방법)을 사용하였다. 이 방법은 면접이나 개방향 질문지를 사용해 얻은 자료를 바탕으로 내담자의 불만 내용을 범주화하고, 시간에 따른 변화과정을 고려할 수 있다(문보경, 장성숙, 2001: 37).

이정숙(2008)의 연구에서는 합의적 질적 연구를 다음과 같이 소개하고 있다.

> 이 방법은 개방형 질문지나 내러티브 면접을 통해 얻은 자료를 통해 연구대상자의 경험과정을 이해하고, 경험의 내용을 범주화하는 데에 유효하다(이정숙, 2008: 949).

같은 연구 방법을 소개하는 방식의 차이가 있는지 궁금하여 같은 역시 같은 양대 학술지에 게재된, 비교적 최근에 수행된 합의적 질적 분석의 연구 방법 파트를 보면 다음과 같이 기술된 것을 확인할 수 있다.

> 본 연구에서는 예술인 상담 경험이 있는 상담자가 많지 않고 관련 연구가 거의 없다는 점을 고

려하여, CQR을 채택하였다. 또한 박숙희(2010)가 화가, 작가, 음악가, 배우 등 예술인에게 나타나는 비예술인과 구분되는 특성을 보고하는 등 예술인들이 예술 분야에 따른 차이에도 불구하고 공통적인 특성을 보인다는 연구 결과들이 있다. 따라서 예술인을 상담한 상담자들 간에 공유하는 경험이 많을 것으로 예측되어 CQR이 최선의 분석 방법이라 판단하였다(전주원, 김은하, 2023: 392).

비교적 최근에 게재된 신지윤, 장채원, 유성경(2023)의 연구에서도 "다수의 평정팀원이 자료의 분석 및 분류에 대해 반복적으로 합의하고, 참여자의 언어 반응 빈도를 표기하고, 감수자의 피드백을 거쳐 다시 합의하는 과정을 통해 자료의 누락뿐 아니라 편향적으로 해석되는 것을 막고 객관성을 확보할 수 있다"고 세밀하게 연구 방법의 선정 이유를 밝히고 있다.

다음으로 초기 수행된 근거 이론 연구를 살펴보자. 백은정과 유영권(2004)의 연구는 "기독 남성동성애자의 스트레스와 적응과정"을 주제로 삼고 있다. 이 연구에서는 연구 방법에 대한 소개가 적은 대신에 선정 이유는 비교적 자세히 소개되었다. 하지만, 선정 이유는 근거 이론에 대한 선정 이유라기보다는 질적 연구에 대한 선정 이유에 가까웠다. 제시된 세 가지 이유는 첫째, 과정을 분석하기 위해서, 둘째, 그들의 주관적인 인식을 보기 위해서, 셋째, 가설검증보다는 귀납적인 결론을 도출하기 위해서라고 말하고 있다(백은정, 유영권, 2004: 829). 이와 같은 이유들은 근거 이론에만 적용되는 게 아니라, 질적 연구 모두에 해당하는 근거에 가깝다는 것을 확인할 수 있다. 최지영(2004)의 연구도 동일한데, 방법 선정의 이유를 "관찰과 면접을 통한 질적 연구방법"이라고 기술한 후, "실체를 이론적으로 공식화하여 얻어진 결과를 제시하는" 근거 이론이라고 기술하고 있을 뿐이다. 비교를 위해 동일 학술지에 최근에 게재된 근거 이론 논문의 연구 방법 부분을 살펴보도록 하자.

> 본 연구의 분석방법으로 근거이론을 선택한 것은 무엇보다 지금까지 기업 상담자들이 내담자 자살을 경험하고 이를 극복하는 과정과, 이에 기여한 구체적인 요인은 아직 탐색되지 않았기 때문이다. 또한, 이 과정에서 일어나는 상담자의 변화과정은 시간의 흐름을 포함하여 다양한 환경, 맥락을 고려하여 이해될 필요가 있다(박철옥, 2014). 이에 기업 상담자들이 겪은 내담자 자살 경험이 시간의 흐름에 따라 어떠한 변화의 과정을 거치면서 내적 성장에 기여하는지를 탐색하고자 하는데 근거이론이 적절하다고 판단되었다(변시영, 2020: 2041).

마지막으로 초기에 수행된 현상학 연구를 살펴보면, 방법 선정의 근거를 설명하기는 하지만 구체적이지 않다. 앞서 다룬 질적 연구들과 유사하게, 이 또한 일반적인 질적 연구의 선정 이유로 해석해도 무리가 없어 보인다.

> 이 연구는 참여자들이 시 활동을 통해 경험한 고유한 현상에 대하여 어떻게 의미를 부여하는지 그들의 입장에서 이해하는 것이다.
>
> 따라서 연구방법은 인간 경험을 중시하면서 대상자의 사고, 지각, 느낌에 대한 가치를 탐구하는 질적 연구방법이 적절하다고 판단된다(이성옥, 김봉환, 2007: 821).

> 병리적인 특성을 갖고 있는 사람들에게 심리극을 실시하여 현상학적 접근의 질적 연구를 시도하는 것은 매우 유용해 보인다. 즉, 심리극을 실시하기 전 · 중 · 후에 그들이 무엇을 경험하는지를 확인하는 것은 객관적으로 측정할 수 없는 그들의 다양한 내부 세계를 이해하는데 도움이 될 수 있기 때문이다(박희석, 2005: 14).

반면, 최근에 게재된 현상학 연구를 살펴보면, 연구 방법 선정 이유 세 가지를 제시하고 있고(신수정 외, 2024: 1682), 각각의 이유가 현상학 연구에 대한 선정 이유에 가깝다고 할 수 있다(경험의 본질적 의미 탐색, 참여자의 부여하는 경험의 의미를 알고자 함, 경험의 생생함).

2) 비교 연구를 통해 이해하는 국내 상담학 질적 연구

첫째, 초기 연구에서는 연구 방법이 간략히 소개되기만 했지, 해당 방법이 반드시 사용되어야 하는 이유에 대한 구체적인 설명은 충분하지 않았다. 이것은 초기 국내 상담학 질적 연구가 연구 참여자와의 면담을 풀어서 자료를 분석한다는 것에 조금 더 초점을 두고 있다는 것을 의미할 것이다. 초기 상담학 질적 연구는 각각의 연구 방법론 별로 어떠한 특성을 지니는지, 각각의 연구 방법이 지닌 철학적 기조가 무엇인지를 선명히 구분하려는 노력에서 시작되기보다는 상담자들의 현실적 필요에 맞게 시작되었다고 할 수 있을 것이다. 상담학 분야의 질적 연구는 앞서 언급하였듯이 과학자-실무자 틈새를 메우기 위한 노력의 일환으로 도입되었다(Gelso, 1979). 현장에서 실무로 바쁜 상담자들에게, 자신이 만난 내담자들의 문제를 면담을 통해 탐색해나가는 방식은 그 자체로 매우 매력적으로 다가올 수 있다. 특히 어려운 내담자를 만나는 과정에서 상담자가 겪는 경험을, 동병상련의 마음으로 면담을 통해 풀어가는 일 역시 상담자에게는 큰 의미이자 매력적인 작업일 것이다. 이처럼 수집되는 연구 자료 자체의 매력이, 오히려 연구 방법론의 중요성을 압도한다고 해석할 수도 있다. 물론 이러한 현상은 해당 연구 방법이 미국에서 도입된 것이기 때문에, 국내에는 아직 구체적인 방법론적 지침이 부족한 탓이라고 볼 수도 있다.

둘째, 각각의 질적 연구 방법 자체에 대한 관심보다는 독특한 사례에 대한 연구자들의 문제의식과 관심이 질적 연구를 이끌어왔다고 볼 수 있다. 초기에 수행된 질적 연구의 주제들은 다음과 같다.

"상담에 대한 내담자의 불만 경험"
"기독 남성동성애자의 스트레스와 적응과정"
"시 활동 경험의 심리적 치유과정"
"상담 및 심리치료에서 치료적 매체의 역할"
"대입 수험생 어머니의 불안과 가족 경계"
"우울집단을 위한 심리극의 주인공 경험"

이러한 주제들은 상담 실무자들에게 매우 매력적으로 다가올 수밖에 없다. 현장에서 활동하는 상담자들은 자신이 실제로 만나는 내담자들의 문제에 깊은 관심을 가지고 있으며, 어떤 프로그램이 실제로 효과적인지에 대한 궁금증도 크다. 따라서 초기 질적 연구의 주요 주제들은 대체로 내담자의 구체적인 경험이나, 내담자가 될 수 있으나 평소에는 접근하기 어려운 사람들의 이야기에 초점을 맞추는 경향이 있다. 또한 상담 프로그램이 적용되었을 때, 내담자들이 실제로 무엇을 경험하는지에 대한 탐색에도 높은 관심이 이어진다.

초기 상담학 질적 연구들은 모두 이와 같은 상담자들의 관심사와 긴밀하게 연관된 것들임을 확인할 수 있다. 내담자가 무엇을 경험하는지, 어려운 내담자는 어떤 내담자들이고, 그들을 돕기 위해서는 무엇이 필요한지, 또 내가 관심을 가지고 있는 상담 프로그램이 내담자에게 정말 의미 있는 것인지 등을 확인하는 것은 상담자들에게 중요한 관심사라 할 수 있다. 결론적으로 초기 상담학 질적 연구는 구체적인 연구 방법보다는 흥미로운 연구 주제가 더욱 부각될 수밖에 없음을 보여준다. 그러면 이러한 현상은 비단 초기 상담학 질적 연구에만 해당하는 것일까? 연구 방법의 엄격성에 대한 양대 학술지의 요구 수준이 점차 높아져 온 것은 사실이지만 여전히 상담학 질적 연구 진영에서는 각각의 질적 연구 방법에 대한 관심사보다는 연구의 대상이나 주제에 대한 관심사가 더욱 커보인다. 그 이유는 양대 학술지를 통틀어 연구 방법에 대한 연구를 찾아보기가 매우 힘들다는 점에 있다. 이러한 점에 대해서는 뒤에 4절에서 자세히 언급하겠지만, 상담학 질적 연구는 초기부터 현재에 이르기까지 연구 방법 자체에 대한 관심보다는 연구 주제나 대상에 대한 관심이 훨씬 더 강력해 보인다. 그리고 그러한 이유는 상담 연구를 수행하고, 소비하는 대부분의 전문가가 상담 실무자인 까닭일 것이다.

4. 상담학 질적 연구의 국내 동향

상담학 분야에서의 질적 연구는 일반화할 수 없는 복잡한 현상이나 대상의 고유 경험을 이해하기 위한 목적으로 실시된다(권경인, 양정연, 2013). 인간을 대상으로 하는 행동 및 정서, 심리에서 관계의 역동을 초점으로 다루고 있는 상담의 실제가 질적 연구의 취지와 맞닿아 있다. 이에 따라 상담학 영역에서 질적 연구 방법이 적용될 때, 더욱 풍부한 자료와 시사점들이 드러날 수 있게 되며, 연구의 과정을 통해 인간 문제를 이해하고 인간의 성장 및 발전을 위한 제언을 하는 데에도 도움이 될 수 있을 것이다(김지연, 2018). 또한 이러한 연구의 과정은 과학자-실무자로서 전문적인 성장을 이루어가는 과정이 될 수 있다.

본 절에서는 상담학 질적 연구의 국내 동향을 개략적으로 살펴보고, 그에 대한 본 저자의 비판적 관점을 제시하고자 한다. 국내외 상담학 질적 연구는 상담학 분야의 특성을 반영하고 있는 것으로 보인다. 따라서 상담학 질적 연구의 동향에서 상담학의 특성이 어떠한 방식으로 반영되고 있는지를 살펴보고, 이에 대해 논의하고자 한다.

1) 상담학 질적 연구의 동향과 특성

먼저 국내 상담학 질적 연구의 동향을 이해하기 위해 국외 연구의 사례를 살펴보면 다음과 같다. Flynn 등(2019)은 2002년부터 2016년까지 총 83편의 질적 연구를 분석하였는데, 현상학(Phenomenology), 근거 이론(Grounded Theory), 합의적 질적 연구(Consensual Qualitative Research; CQR) 총 3가지 연구 방법론에 대해서 분석하였다. 이에 대해 질적 내용 분석(Qualitative Content Analysis; QCA)을 수행하여 이들 전통의 일관성, 엄격성, 방법론적 정체성을 파악하고자 하였고, 두 개의 주요 저널(Counselor Education and Supervision, Journal of Counseling & Development)에서 발표된 논문을 검색하였다. 총 83편의 질적 연구(현상학 44편, 근거 이론 25편, CQR 14편)가 분석 대상이 되었다.

다음으로 국내 상담학 질적 연구의 동향을 살펴보면 다음과 같다. 먼저 연구를 위해 연구자가 조사한 상담학 양대 학회 학술지의 연구 편수 및 질적 연구 편수를 정리한 〈표 4〉에 따르면, 2020년부터 2024년까지 상담학 질적 연구는 최소 16.0%에서 최대 26.2%의 비율로 수행되었다. 전체적으로 양적 연구가 지배적으로 수행되고 있다고 볼 수 있다. 이현진, 김명찬(2018)의 연구에서 〈상담학연구〉에서 수행된 질적 연구의 비율은 7.7%~18.3%, 〈상담 및 심리치료〉에서 수행된 질적 연구의 비율은 7.5%~18.8%에 해당했다. 2012~2017년의 자료와 2020~2024년도의 자료를 비교해 보면, 상담학 내에서 질적 연구의 출판 비율을 상승세에

〈표 4〉 상담학 연구 관련 양대 학술지의 질적 연구 비교

연도	편수	상담학연구	상담학연구: 사례 및 실제	상담 및 심리치료	합	비율(%)
2020	전체	74	9	81	164	-
	질적 연구	29	6	8	43	26.2%
2021	전체	86	10	67	163	-
	질적 연구	14	6	6	26	16.0%
2022	전체	60	9	55	124	-
	질적 연구	7	4	12	23	18.5%
2023	전체	40	6	59	105	-
	질적 연구	10	5	12	27	25.7%
2024	전체	43	13	66	122	-
	질적 연구	6	5	15	26	21.3%

있음을 확인할 수 있다.

질적 연구가 상담학 진영 내에서 시간이 지날수록 높은 비율로 수행되고 있다는 점은 상담학 질적 연구가 과거에 비해 현장에 기반한 특색을 담아가고 있다는 것으로 해석할 수 있다. 실제 〈상담학연구: 사례 및 실제〉의 경우 현장에 기반한 연구를 지향하고 있다.

조금 더 구체적으로 들어가 질적 연구의 동향을 분석한 결과를 살펴보면 다음과 같다. 상담 관련 세 개 학술지에 게재된 160편의 논문을 연구방법 종류별로 분석한 연구(권경인, 양정연, 2013)에 따르면, 이 중 CQR이 47편(29.4%)으로 질적 연구 방법 중 가장 많았고, 그다음으로 근거이론이 39편(24.4%)이었으며, 주제분석이 21편(13.1%), 현상학 18편(11.3%)순으로 나타났다. 박승민(2012)이 수행한 상담학 질적 연구 경향에 대한 분석 연구에 따르면, 2003년에서 2011년까지 수행된 총 81편의 질적 연구 중 40편(49.4%)이 근거 이론, 18편(22.2%)이 CQR, 12편(14.8%)이 현상학 연구였다. 이현진, 김명찬(2018)의 국내 상담학 질적 연구 동향 분석 논문에서 2012년부터 2017년까지 수행된 〈상담학연구〉의 질적 연구를 분석한 결과에서는 현상학 35.5%(43편), 근거 이론 23.1%(28편), CQR 19.0%(23편) 등이 자주 수행된 연구 방법으로 나타났다. 〈상담 및 심리치료〉에서는 근거 이론 36.4%(12편), 현상학, CQR 등이 각각 24.2%(8편) 수행된 것으로 나타났다(이현진, 김명찬, 2018). 두 학회의 결과를 합산하면, 현상학 28.7%(52편), 근거 이론 27.1%(49편), CQR 20.4%(37편)이 다른 질적 연구 방법에 비해 더 많은 수행된 것으로 나타났다(이현진, 김명찬, 2018). 김지연(2018)의 연구에서는 상

담학연구 102편, 상담 및 심리치료 23편을 분석하였고, 주로 활용된 연구 방법에는 현상학(47편, 37.6%), 근거 이론(33편, 26.4%), CQR(26편, 20.8%) 등으로 나타났다. 학술지별 경향을 살펴본 결과, 〈상담학 연구〉에서는 현상학(41편, 40.5%), 근거 이론(28편, 27.7%), CQR(18편, 17.6%)의 순으로 많이 게재되었고, 〈상담 및 심리치료〉에서는 CQR(8편, 34.7%), 현상학(6편, 26.0%), 근거 이론(5편, 21.7%)의 순으로 나타났다(김지연, 2018). 종합적으로 보았을 때, 국내외 질적 연구 방법 중에서 가장 자주 활용되고 있는 방법에는 CQR, 근거 이론, 현상학 연구 등인 것으로 나타났다.

상담학 질적 연구에 대한 동향 연구들을 살펴본 결과 특정한 연구 방법이 주를 이루고 있었다. Creswell과 Poth(2024)가 제시한 대표적인 질적 연구 방법이 총 5가지(현상학 연구, 사례 연구, 문화기술지, 근거 이론, 내러티브 탐구)임을 감안할 때, 상담학 분야에서 이 다섯 가지 방법이 골고루 사용되고 있지는 않다는 점을 알 수 있다. 특히, 저자들이 제시하지 않은 질적 연구 방법인 합의적 질적 연구(CQR)가 국내외 상담학 질적 연구에서는 눈에 띄게 많이 수행되고 있었다. 이처럼 여러 질적 연구 방법 중에서도 세 가지 방법이 유독 많이 활용되고 있는 까닭은 무엇일까? 상담학 질적 연구 수행에서 특정 방법이 다른 방법에 비해 더욱 선호되는 것은 무슨 이유일까? 상담학에서 특정 질적 연구 방법들이 자주 활용되는 이유는 나름의 근거가 있다고 추정할 수 있다. 그 근거를 따져 보면 다음과 같다.

첫째, CQR과 근거 이론은 모두 실증주의의 영향을 받은 연구 방법이라 할 수 있고, 상담학 연구에서는 이러한 연구 패러다임이 강하게 지배하고 있다고 할 수 있다. 따라서 실증주의 패러다임의 흔적을 지닌 두 연구 방법이 널리 활용된다고 추론할 수 있다. 물론, 합의적 질적 연구처럼 이 연구 방법을 제시한 학자가 상담학자라는 점이 연구 수행에 영향을 줄 수도 있을 것이다(Hill, Thompson, & Williams, 1997). 그러나 CQR이 상담학 분야에서 널리 활용되는 보다 근본적인 이유는, 이 방법론이 근본적으로 실증주의적 패러다임에 기반하고 있기 때문일 것이다. 이점에서는 근거 이론 또한 CQR과 같은 맥락에 있다고 사료된다. 국내외를 막론하고, 근거 이론과 CQR이 상담학 질적 연구에서 두드러지게 활용되고 있는데, 이 두 연구 방법은 철학적 기반에서 모두 실증주의 영향을 확인할 수 있다. 근거 이론의 경우 다른 질적 연구 방법에 비해서 이론적 정교화 또는 분석적 일반화를 추구한다(Schwandt, 2015). 근거 이론은 기존 이론이 사회적 현상을 제대로 설명할 수 없을 때, 자료에 근거하여 현상을 설명할 수 있는 이론 도출이 가능하다는 믿음에 근거한다.

연구자들은 자신들이 수집한 자료로부터 이론이 자연스럽게 도출될 것이라고 믿으며, 발견되지 않은 진실이 존재한다고 확신한다. 이러한 형태의 근거 이론은 Glaserian 근거 이론으로도 알려져 있으며, 이는 창시자 중 한 명인 Barney Glaser의 존재론적 및 인식론적 입장을 반영한다(Mills, et al., 2007: 73-74).

이러한 관점은 근거 이론의 초기 관점으로 초기 패러다임에서 진리는 마치 단일한 것처럼 인식되고 있다. 주요 근거 이론 연구자들은 그들의 방법론을 연구자가 발견하고 기록할 수 있는 외부 현실을 가정하는 전통적 실증주의적 가정과 호환되는 것으로 기술하였다(Charmaz, 2024). CQR 역시 연구참여자 경험의 고유성을 받아들이는 동시에 참여자들 경험의 공통점을 찾는다는 차원에서 후기 실증주의(postpositivsim)의 특성을 보이는데, 후기 실증주의는 객관적 진리가 존재한다는 점을 어느 정도 전제한다. 특히 자료 분석 과정에서 참여자들이 공통적으로 언급하는 것에서부터 드물게 언급하는 순으로 개념이나 범주의 출현 빈도를 계산한다는 점에서 실증주의의 특성이 드러난다고 볼 수 있다. 다만, 우리가 진리에 대해서 얻을 수 있는 이해는 대략적이라고 전제한다는 특성을 보인다는 점에서 실증주의와 다르다(Stahl, Taylor, & Hill, 2012).

상담학 연구의 전통이 주로 논리 실증주의 패러다임에 기초했다는 점을 상기할 때, 근거 이론이나 CQR 등이 대표적인 질적 연구 방법으로 활발하게 사용되고 있다는 점은 이해가 가기도 한다. 그러나 이러한 상담학 질적 연구가 실증주의의 영향을 받고 있다는 점을 감안할 때, 질적 연구 본연의 특성을 반영한다고 주장할 수 있을 만한 연구 방법들이 조금 더 널리 활용될 필요성도 있어 보인다.

반면, 상담학 질적 연구에서 가장 활발하게 활용되고 있는 현상학 연구는 질적 연구의 패러다임에 가장 충실한 연구 중의 하나이다. 현상학 연구는 공유된 경험의 본질(essence)을 탐구하는 데 초점을 둔 연구로, 해석학적 현상학(hermeneutical phenomenology)과 초월적 현상학(transcendental phenomenology)으로 구분된다. 해석학적 현상학에서는 이해를 중시하며, 이해는 연구자와 연구참여자가 자료를 공동으로 구성함으로써 달성된다. 초월적 현상학에서는 연구자의 해석보다는 참여자의 경험에 대한 설명에 초점을 둔다(Creswell & Poth, 2024). 현상학에 대한 다양한 관점이 존재하지만 공통적으로 현상학자들은 과학적 실재론과 경험적 과학이 정신으로부터 독립적으로 존재한다고 생각하지 않는다. 현상학적 기술이란 겉으로 드러난 사물에서 그 의미로, 있는 것에서 있는 것의 본질로 돌아감으로써만 가능하다(Schwandt, 2015). 현상학은 겉으로 드러난 경험보다는 그 경험의 의미에 집중함으로써 현상 이면의 심리적 본질을 파악하려고 한다. 이러한 학술적 측면은 상담학자들에게는 매우 매력적인 것인데, 상당수의 상담학자들이 강한 심리적 태도(psychological mindedness, 심리적인 측면에서 현상과 사람을 이해하려는 태도)로 인해 상담에 입문하였기 때문이다. 심리적 태도에 대해 김명찬은 다음과 같이 기술하고 있다.

> 자신을 돌보고, 더 나아가 남을 돕고자 하는 상담자의 동기를 지속해서 강화하는 것은 높은 심리적 태도, 즉 인간 심리에 대한 끊임없는 지적 호기심이라고 할 수 있다. 인간의 삶과 행위를 심리적으로 이해하려는 지적 호기심이 없다면, 자신의 상처를 돌보려는 동기도, 또 상처 난 사람들을 이해하고 돕고자 하는 마음도 갖기 어려울 것이다(김명찬, 2025: 82).

상담자들은 현상 이면의 심리적 동기에 관심이 많다. 따라서 어떠한 현상을 그 자체로 보기보다는 그 이면에 담긴 의미를 알고자 애쓰는 사람들이라고 할 수 있다. 이런 차원에서 보면 상담학자들이 현상학 연구에 관심이 많은 이유를 어렵지 않게 추론할 수 있을 것 같다. 질적 연구자로서 상담학자들은 연구참여자가 말하고 있는 것의 숨겨진 심리적 의미를 찾고 싶어 하는 것이다. 이와 관련하여 McLeod는 현상학 연구를 다음과 같이 소개하고 있다.

> 현상학이 쉽게 적용될 수 있을 것으로 보이는 또 다른 응용 분야는 상담과 심리 치료입니다. 심리 치료에서 대부분의 치료사는 내담자가 자신의 문제에 대한 가정에 괄호치기를 하고, 자신의 경험을 자세히 설명하며, 새로운 언어로 자신의 경험에 대한 감각을 표현하고, 자아와 관계에 대한 이해를 '전복하고 새롭게 구축'하도록 격려하기 때문이다(McLeod, 2011: 86).

McLeod는 현상학 연구가 상담 분야에 잘 적용될 수 있는 이유로 현상학적 접근이 상담에서의 접근과 매우 유사하다는 점을 근거로 제시하고 있다. 상담자가 내담자를 돕게 될 때, 기존의 전제나 가설을 내려 놓고 내담자의 상황을 내담자의 입장에서 보려고 노력하는 것처럼 현상학 연구 역시 유사한 과정을 거친다고 파악한 것이다. 일찍이 칼 로저스 또한 이러한 특성을 이해하고 있었던 까닭으로 인해 인본주의 심리학에 적합한 것이 현상학 연구라고 주장한 바 있다.

> 또 다른 책으로는 Matthew Miles와 A. M. Huberman이 저술한 *Qualitative Data Analyses: A Sourcebook of New Methods*(1984)가 있으며, 제목 그대로 잘 설명된다. 현상학 연구의 이론이 최신화되었으며, 이러한 방법론을 활용한 여러 연구가 Giorgi(1984)가 편집한 최근 저서에서 소개되었다(Rogers, 1985: 12).

현상학 연구에 대한 주장을 하기에 앞서 로저스는 상담학 내에서 질적 연구의 새로운 도입이 갖는 의미를 인간 과학의 측면에서 설명하였다.

> 이 문제를 조사하면서 매우 기쁘게 놀랐다. 최근 몇 년 동안, 인문 과학(human science)에 훨씬 더 적합한 새로운 과학 모델을 개발하고 제시하는 책과 논문들이 빠르게 증가하고 있음을 발견했다. 이러한 연구들은 더 널리 알려질 가치가 있기 때문에, 몇 가지를 언급하고자 한다(Rogers, 1985: 10).

이러한 근거들을 정리해보면, 상담학자들이 관심이 있는 현상과 그것을 방법론적으로 뒷받침하는 현상학 연구는 서로 잘 들어맞는다고 추론할 수 있다. 이와 같은 추론에 근거한다면 상담학 질적 연구 중 현상학 연구가 어째서 이렇게까지 높은 비율로 수행되고 있는지를 어렵지 않게 이해할 수 있을 것이다.

이상으로 국내외 상담학에서 자주 수행되고 있는 질적 연구들에 대해 논의하였다. 근거이론과 CQR은 실증주의적 패러다임의 영향을 내포하고 있으며, 이는 상담학 연구의 전통적 패러다임과 연결된다는 점을 확인할 수 있었다. 또한, 현상학 연구가 상담학 분야에서 대표적인 질적 연구로 활발히 활용되고 있는 배경에 대해서도 조명하였다. 상담자가 내담자와의 상담 과정에서 경험의 의미와 본질을 탐색하듯, 현상학 연구 역시 참여자의 경험 속 의미를 해석하는 데 초점을 둔다는 점에서 양자 간의 접근 방식에 깊은 유사성이 있음을 확인할 수 있었다. 이러한 점이 현상학 연구가 상담학 분야에서 널리 활용되는 중요한 이유 중 하나로 작용하고 있다.

2) 국내 상담학 질적 연구의 특성에 대한 비판적 고찰

앞서 국내외 상담학 질적 연구의 동향과 특성을 살펴보았다면, 이제는 국내 상담학 질적 연구의 특성에 보다 초점을 맞춰 기술하고자 한다. 국내의 상담학 질적 연구와 국외의 상담학 질적 연구 간에는 특정 방법들이 자주 활용되고 있다는 공통된 특성을 보이고 있다. 반면, 국내의 상담학 질적 연구가 국외 연구의 동향과 다른 차이점도 존재한다. 이제 나는 그러한 차이점에 근거하여, 국내 상담학 질적 연구에서 현재 무엇이 문제인지를 비판적으로 논의하고자 한다.

첫째, 국내 상담학 질적 연구가 활성화되기 위해서는 연구 정체성에 대한 교육과 연구가 절실히 필요하다. 상담자가 자신의 분야에 대한 전문성을 지속적으로 강화하기 위해서는 연구에 대한 이해와 헌신이 전제되어야 함을 인식할 수 있어야 한다. 연구 정체성(research identity)이란 상담자가 연구에 대한 정체성을 가지고 있는지에 관한 것으로, 연구 정체성이 형성되어 있을 때 지속적으로 연구 수행을 해나가게 된다. 이와 관련한 미국의 체계를 살펴보면, 미국의 상담 및 관련 교육 프로그램 인증위원회(Council for Accreditation of Counseling and Related Educational Programs, CACREP)에서 제시하는 표준은 학생들이 전문 상담사 정체성을 가지고 졸업할 수 있도록 보장하며 특정 실무 분야에서 전문성을 개발할 기회를 제공하기 위해 설계되었다. 박사과정 졸업생들은 교육 과정 전반에서 상담 관련 지식과 기술을 모두 갖출 것을 요구하며, 이는 보편적인 상담사 기능(universal counselor functions)과 함께 전문 실무 영역(specialized practice areas)에서의 전문적 태도(professional dispositions)를 포함한다(CACREP, 2024). 이를 위해 상담교육 박사과정에서 상담, 수퍼비전, 교육, 연구 및 학문 활동, 리더십 및 옹호 활동의 다섯 가지 전문 분야의 역할을 제시하며 전문직 정체성 개발의 중요성을 강조하고 있다(CACREP, 2024). 상담전문가의 역할 중 하나가 연구에 있다는 점이 눈에 띈다.

Limberg 외(2013)의 연구자들은 상담 교육 박사과정생들이 전문직 정체성을 형성하는 과정을 탐구해서 전문직 정체성 개발에 영향을 미치는 주요 경험으로 교육 경험과 학생 지도 경험, 연구 수행 경험, 학회 참석 및 발표 경험 등을 제시하였다. 특히 연구 수행의 책임감이 상담 실무자의 사고에서 상담 교육자로의 사고로 전환하는데 크게 도움이 되었다고 밝히고 있으며, 교육과 수퍼비전, 연구참여와 같은 실질적인 학습 경험을 통해 박사 과정 학생들의 전문직 정체성을 강화할 수 있다고 제언하고 있다(Limberg et al., 2013). 박사 과정생들이 연구에 대해 논의하고, 학문적 자료를 공유하며, 서로의 논문에 대해 피드백을 제공하는 것은 연구 및 정체성 통합의 경험을 제공함으로써 전문직 정체성 개발에 중요한 경험이 된다(Dollarhide, Gibson, & Moss, 2013). 전문 상담자들은 전문성을 개발해 나가는데 지속적인 학습의 중요성을 강조하였다. 숙련 상담자들은 학습을 통해 특정 기술과 관심 분야를 더 깊이 연구하고자 하였고, 반복적인 스트레스와 좌절로 인한 소진 상태를 지속적인 학습과 자기 갱신을 통해 극복할 수 있었다고 보고하였다(Dollarhide, Gibson, & Moss, 2013). 시간이 지남에 따라 개인적 자아와 전문적 자아를 통합하는 과정으로 나아가면서 상담 활동과 개인적 경험 간의 일치감을 형성해 더 자연스럽고 조화로운 정체감을 개발할 수 있다고 하였다(Dollarhide, Gibson, & Moss, 2013).

CACREP(2024)에 제시하는 표준은 연구 기반 실천과 연구 및 평가 역량을 강조하며 연구 정체성을 전문직 정체성의 중요한 부분으로 정의하고 있다. 연구 정체성은 상담자가 자신의 전문성과 학문적 역할을 통합하여, 보다 효과적인 실무와 연구 기반 실천을 수행할 수 있도록 돕는 중요한 요소이다(Jorgensen & Duncan, 2015a). Limberg 외(2020)의 연구에 따르면 연구 정체성은 지속적이고 점진적인 발달 과정으로 처음에는 연구 정체성의 불명확성을 경험하지만 시간이 지나면서 연구 관심사를 개인적 가치와 전문적 경험과 연결 짓기 시작한다. Jorgensen과 Duncan(2015b)은 연구 정체성의 형성 과정을 세 가지 단계-정체 단계(stagnation stage), 협상 단계(negotiation stage), 안정화 단계(stabilization stage)-로 제시하고 있다. 각 단계에서 참여자들은 연구에 대한 자신의 감정과 인식을 재구성하며, 연구 활동의 중요성을 내면화하게 된다. 또한 다양한 연구 방법론을 학습하고 이를 자신의 연구 정체성과 통합하기 시작하여 자신을 연구자로 인식하면서 연구를 통해 자신의 전문직 정체성을 재구성하였다(Limberg, et al., 2020). 연구 정체성은 단순한 학문적 활동을 넘어 상담자로서의 역할과 정체성을 강화하는 핵심 요소로 작용한다(Jorgensen & Duncan, 2015b).

Jorgensen과 Duncan(2015a)의 연구에 따르면 정체성 형성에 영향을 미치는 외부 촉진 요인으로는 교수, 멘토, 연구 과목 등이 있으며, 내부 촉진 요인으로는 내적 동기와 연구에 대한 흥미, 개방적 사고방식 등으로 나타났다. 연구참여자들은 연구가 단순한 과제가 아닌 자신이 원하는 변화를 만들어낼 수 있는 수단임을 깨달으면서 점차 연구 수행에 대한 열망이 강해졌고, 연구가 실무에 미치는 영향을 인식하면서 상담자로서 연구가 필수적이라는 결론에 도달하였다(Limberg, et al., 2020). 특히 교수진의 연구에 대한 긍정적이고 지속적인 메시지가 연구 정체성 형성에 긍정적인 영향을 미치는 것으로 나타났고(Jorgensen & Duncan, 2015a), 연구를 중시하는 교수진과의 상호작용과 연구문화가 연구 정체성을 내면화하는데 효과적인 것으로 밝혀졌다(Limberg, et al., 2020). 교수진이 학생들에게 연구의 가치를 명확히 전달하고, 실제 연구 과정을 적극적으로 지원할 때 학생들의 연구 정체성이 강화될 수 있을 것이다(Limberg, et al., 2020).

둘째, 국내 상담학 질적 연구에서는 연구자의 경험에 대한 연구가 활발하게 수행되지 않고 있다. 국내 상담학 질적 연구를 살펴보면, 연구자의 경험에 대한 연구가 부족한 편이다. 연구자의 경험에 대한 연구, 특히 질적 연구 경험에 대한 연구가 필요한 까닭은 이를 통해 국내 상담학 연구자들의 특성을 이해하고, 이들에게 연구에 대한 동기를 부여함으로써 더 활발한 연구를 촉진할 수 있기 때문이다. 국내의 상담학 분야에서 수행된 연구자의 경험에 대한 연구로는 상담학 석사학위 논문작성과정에 대한 연구(박지현, 김현주, 2020), 상담학 석사과정생의 연구 경험에 대한 연구(김영진, 김명찬, 2021), 상담 전공 대학원생 질적 연구 수행 경험에 대한 연구(안유진, 김명찬, 2022), 상담 전공 대학원생의 자문화기술지 수행 경험에 대한 연구(김수안, 김명찬, 2023), 상담 전공자의 질적 연구 수행 경험에 대한 연구(손고은, 김명찬, 2024) 등이다. 연구 목록에서 확인할 수 있듯이 대부분의 연구가 나(김명찬)에 의해 수행되었다. 그것은 내가 가진 상담학 연구 혹은 상담학 질적 연구에 대한 문제의식 때문이다. 앞서 언급하였듯이 상담학에 입문하는 많은 수의 상담자들은 연구보다는 자신과 타인의 마음을 이해하고 치유하고 싶은 마음에 상담에 입문하였다. 교수가 되고자 하는 소수의 상담자를 제외하고 대부분의 상담자들은 자기 이해와 치유, 타인 조력의 동기로 대학원에 입학한다(김명찬, 2025). 따라서 이러한 마음에 대한 이해의 동기가 연구와 연결될 수 있을 때, 연구에 대한 적극성과 동기가 높아질 수 있을 것이다. 그런 차원에서 상담학 질적 연구자는 연구 과정에서 무엇을 경험하는지, 그것이 상담자 치유와 발달과는 어떻게 연계되는지, 상담학 질적 연구의 수행이 갖는 독특한 기능은 무엇인지를 연구를 통해 지속적으로 검증할 필요가 있다.

상담학 연구 수행 경험에 대한 연구 결과를 살펴보면, 처음 연구의 수행은 스스로의 필요나 동기에 의해서라기보다는 하지 않으면 안 되는 상황에서 수행되었음을 확인할 수 있다. "논문 쓰기를 권장하는 주변의 분위기", "다들 하니 해야만 한다는 압박감", "지도교수의 한마디에 논문을 쓰기로 함"(박지현, 김현주, 2020) 등 연구 수행에 대한 충분한 이해나 동기 형성이 부족한 상태에서 논문작성이 이루어지고 있음을 확인할 수 있다. 김영진과 김명찬(2021)의 연구에서도 비슷한 내용을 확인할 수 있는데, 상담전공 석사과정생들은 "연구에 대해 알지 못해 막막함"을 느끼는 상황에서 연구를 수행하였다. 이러한 경험은 모두 연구 수행을 어렵게 하거나, 연구 자체에 대한 흥미나 관심을 낮추는 경험이라 할 수 있다. 상담자 전문직 정체성의 한 축인 연구에 대해서 이처럼 부정적인 경험을 하게 된다면 상담자들은 연구를 등한시하고, 상담 실무에만 전념할 가능성이 클 것이다. 이것은 결과적으로 상담 현장을 중심으로 연구를 수행하게 되는 상담학 질적 연구의 발전을 어렵게 만드는 요인으로 사료된다. 이처럼 상담학 연구 수행 경험에 대한 연구는 연구를 수행하는 상담전문가에 대한 이해를 높여줌으로써 국내 상담학 질적 연구의 양적 · 질적 도약을 위해서 필요한 것이 무엇인지에 대한 정보를 제공할 것이다.

셋째, 국내 상담학 질적 연구에서는 다양한 질적 연구 방법론을 소개하고, 실제적인 방법을 다루는 연구가 많지 않다. 예를 들어, 국외 상담학 연구에서는 현상학 연구(Wertz, 2005), 상담 연구 설계에 질적 전통의 적용(Hays & Wood, 2011), 합의적 질적 연구(Hill et al., 2005), 참여적 실행 연구(Kidd & Kral, 2005), 실행 연구(Guiffrida et al., 2011), 문화기술지(Suzuki et al., 2005), 근거 이론(Fassinger, 2005) 등을 찾아볼 수 있다. 이 연구들은 모두 미국의 상담학회를 대표하는 두 개의 학술지에 실려 있는 연구들로, 하나는 Journal of Counseling Psychology, 다른 하나는 Journal of Counseling & Development이다. 이 두 학술지는 각각 2005년과 2011년에 질적 연구 방법론에 대한 특별호를 발간하였다. 이러한 특별호 발간을 통해서 상담학 분야에서 수행하는 질적 연구는 어떠해야 하는지를 정의하고, 구체적인 연구 방법을 소개함으로써 상담학 분야의 질적 연구 방법 활성화를 위해 필요한 실제적인 내용들을 공유하고 있음을 확인할 수 있다. 이러한 연구들 중에서 하나의 예로 상담학 분야에서 거의 수행되지 않고 있는 문화기술지를 어떻게 소개하고 있는지를 살펴보면, 상담학 질적 연구의 보급과 확산을 위해 학회 차원에서 어떠한 노력을 기울이고 있는지를 확인할 수 있다. Suzuki 등(2005)은 상담학 분야에서 문화기술지가 활발하게 수행되지 않고 있는 현실을 지적하며, 이러한 연구 수행의 활성화를 위해서 필요한 것이 무엇인지를 제시하고 있다.

> 첫째, 문화기술지를 수행하고자 하는 연구자들은 문화인류학에 대한 탄탄한 기반을 가지고 있어야 하며, 연구 대상 공동체의 사회문화적 체계에 대한 지식을 보유해야 한다. 둘째, 현장 연구에 오랜 시간을 할애해야 한다는 점은 자료 수집 기간이 길어진다는 것을 의미한다. 이러한 시간 투자는 미래의 고용(즉, 정규직)이 생산성(출판물 수)에 종종 의존하는 상담 심리학 분야의 많은 연구자들에게 어려운 일이 될 수 있다(Suzuki et al., 2005: 212).

문화기술지를 쓰려는 연구자들은 먼저 학문적 기반이 되는 문화인류학(cultural anthropology)에 대한 이해를 가져야 한다. 다음으로 연구 대상이 되는 공동체에 대한 사회문화적 맥락을 이해할 수 있어야 한다. 또한 문화기술지의 전통은 보통 자료 수집을 위해 4계절 이상을 보내야 한다는 것을 특성으로 한다. 따라서 다른 질적 연구 수행에 비해 오랜 시간이 걸린다는 문제가 있다. 정리하면, 문화기술지는 연구자가 하나의 문화 공동체를 오랜 시간을 들여 관찰하고 면담함으로써 수행하게 된다. 이처럼 연구 패러다임과 구체적인 연구 방법에 대한 이해는 문화기술지를 수행하려는 상담 연구자들에게 적합한 도움이 될 것이다.

> 대부분의 심리학 문헌은 연구자의 객관적 태도를 전달하기 위해 3인칭으로 작성된다. 반면에, 문화기술지는 종종 일인칭으로 작성되며, 이는 공동체 구성원들이 구성한 개인적 의미와 문화기술지 연구자의 적극적 참여가 전제됨을 반영한다. (중략) 상담 심리학에서 문화기술지가 연구 방법으로서의 중요성을 얻으려면, 상담 심리학 분야에서 패러다임의 변화와 학문 기관들의 학제 간 교류에 대한 진정성 있는 참여가 필요하다(Suzuki et al., 2005: 212).

또한, 문화기술지는 다른 질적 연구 방법과 달리 연구자의 일인칭 시점에서 글을 기술하게 된다. 이것은 문화기술지의 지적 전통과 연결되는 것으로, 문화기술지는 연구자가 현장에서 오랫동안 거주하며 자료를 수집했다는 점을 강조하는 게 연구의 신뢰성을 확보하는 데 핵심이다. 따라서 연구 수행에서 일인칭 시점을 사용함으로써 독자와 연구자 간의 거리를 좁히고, 연구자의 경험을 독자에게 직접 호소함으로써 정서적 공명을 촉발할 가능성이 크다. 그리고 이러한 특성을 활용하는 게 연구의 핵심이 된다.

5. 국내 상담학 질적 연구의 질적 도약을 위한 제언

이번 절에서는 국내 상담학 질적 연구의 발전을 위해 필요한 것이 무엇인지에 대해서 제언하고자 한다. 그간 양적 연구 일색이었던 국내 상담학 연구 분야는 2000년대 이후 질적 연구가 양적인 도약을 이루었다. 이러한 질적 연구의 양적 도약은 반가운 일이지만, 앞에서 다루었듯이 연구 정체성에 관한 연구, 질적 연구에 대한 연구, 연구 방법론에 대한 연구 등이 더 많이 수행되어야 한다. 이러한 점에 근거하여 국내 상담학 질적 연구의 질적 도약을 위해서 필요한 것이 무엇인지 논의해 보고자 한다.

먼저 국내 상담학 질적 연구의 질적 도약을 위해서 상담학 질적 연구의 교육 과정 전반에서 연구의 의미가 무엇인지, 연구 수행을 통해서 상담자가 무엇을 경험할 수 있는지 강조할 필요가 있다. 이를 위해 연구 정체성(research identity)과 같은 개념을 질적 연구 교육과정에 반영할 필요가 있다. 국내 상담학 질적 연구 경험을 살펴본 연구에 따르면, 연구 수행에서 문제가 되는 것은 연구 정체성, 또는 동기의 형성이라고 할 수 있다. 특히, 연구와의 단절 현상은 석 · 박사 과정에서의 연구 교육, 상담자의 실천가로서의 정체성, 그리고 전문적 실천이 연구와 분리되어 있다는 인식과 관련된다(Reisetter et al., 2004). 따라서 연구에 대한 감각을 대학원 교육과정 전반에서 일깨워 주는 게 핵심이다.

> 연구참여자들은 연구가 무엇인지 알지 못해 막막함을 느끼고 있었다. 이들은 상담과 연구가 서로 어떤 영향을 주는지 알지 못한 상태에서 연구를 시작하게 되었으며, 처음 경험해보는 연구로 인해 어떻게 연구를 해야 하는지 알지 못하고 있었다. 또한, 무엇을 연구해야 하는지 알지 못해 연구 주제조차도 정하지 못하고 있었다. 이러한 경험으로 인해 연구하는 것에 대해 부담감을 느끼게 되었으며, 연구를 시작하는 것을 어렵게 만들었다(김영진, 김명찬, 2021: 255).

상담학 석사과정생들의 연구 경험 분석에 따르면, 참여자들이 겪는 가장 큰 어려움은 연구가 무엇인지, 또 왜 연구를 해야 하는지를 이해하지 못하는 점이었다. 같은 맥락에서 연구가 상담에 갖는 의미가 무엇인지 모르는 상태에서 연구를 수행한다는 것은 어렵고, 힘든 점이 되었다. 더불어 상담학 질적 연구의 활성화를 위해서는 상담학자들에게 과학적 사고방식이 중요하다는 점을 교육과정 내내 강조할 필요가 있다.

> 상담심리학 학생들에게는 상담심리학자로서 과학적 사고방식이 필요하다. 대학원 교육 프로그램은 이를 효과적으로 심어주는 것을 목표로 한다. 연구와 연구 결과로 생산된 지식이 없다면, 상담심리학의 전문적 지위는 약화될 위험에 처할 수 있다(Scheel et al., 2018: 14).

전문성이란 지식이 상식에 근거하지 않고, 끊임없는 의문과 질문을 통해 구성되고 발견될 때 확보된다. 따라서 상담학자들이 발달하는 과정에서 지속적으로 과학적 사고방식을 강화할 수 있도록 자극하고, 이러한 사고방식이 연구를 통해서 발현될 수 있도록 안내할 필요가 있다.

둘째, 상담학 질적 연구의 발전을 위해서는 상담학 질적 연구 방법론 자체에 대한 연구, 질적 연구의 동향에 대한 연구가 정기적이고, 지속적으로 수행될 필요가 있다. 앞서 기술하였듯이 미국의 양대 상담학회에서는 특별호를 통해 이미 한 차례씩 질적 연구 방법론과 수행에 대한 일련의 연구들을 출판하였다. 이러한 연구를 출판함으로써 각 학회는 질적 연구에 관심을 가진 상담학자들이 적극적으로 연구 수행에 착수할 수 있도록 도움을 주고 있다. 이것은 상담학 질적 연구의 질적 도약을 위해서 학회 차원의 노력이 필요하다는 점을 말해 준다. 뿐만 아니라 개별 질적 연구자들 또한 단순하게 개별 질적 연구의 생산에만 전념할 것이 아니라, 상담학 질적 연구의 발전을 위해 질적 연구 방법에 대한 연구를 수행할 필요성이 있음을 말해 준다. 현재 국내의 상담학 질적 연구에는 방법론 자체를 다루는 경우가 많지 않고, 그러한 경우가 있다 하더라도 상담학 관련 학술지가 아닌 질적 연구 관련 학술지에 출판되고 있다. 질적 연구가 상담학 내에서는 수행되는 것은 아니기에 이것이 반드시 문제가 된다고 할 수는 없다. 하지만 상담학 질적 연구의 동향에서 언급하였듯이, 상담학 질적 연구의 경향은 다른 분야의 질적 연구 경향과는 차이가 있어 보인다. 특히, 상담학자가 만든 CQR, 실증주의의 뿌리를 지닌 근거 이론, 그리고 상담자들의 관심사에 가장 잘 들어맞는다고 할 수 있는 현상학 연구 등이 다른 질적 연구 방법에 비해 압도적으로 많이 활용되고 있다는 점을 감안하여 질적 연구 방법에 대한 연구가 수행될 필요가 있다. 예를 들면, 상담학에서 수행되는 현상학 연구의 특성은 무엇인지, 이 방법이 어째서 다른 방법에 비해서 더 자주 사용되는지에 대한 분석이 필요할 것으로 보인다. 또 상대적으로 많이 사용되지 않고 있는 문화기술지와 같은 방법들은 어째서 잘 활용되지 않는 것인지, 그것이 Suzuki 등(2005)이 언급한 대로 자료 수집에 오랜 시간이 들어가는 현실적 문제 때문인 것인지, 아니면 방법론에 대한 정보가 충분히 제공되지 않은 이유 때문인지 등을 확인할 필요가 있어 보인다. 이러한 연구를 통해서 국내 상담학 질적 연구가 상담학에 맞게 질적으로 고도화 되기 위해서 필요한 것이 무엇인지 파악할 수 있을 것이다.

셋째, 상담학 질적 연구에서 자문화기술지와 같이 연구자의 자전적 경험을 다루는 연구가 활발하게 수행될 필요가 있다. 상담자들은 자기 이해와 치유의 동기로 상담에 입문하는 경우가 많다(김명찬, 2025). 상담자들이 연구를 통해서 자신의 경험과 그 의미를 이해하고, 자기 자신을 치유할 수 있다면 이것은 연구에 대한 높은 동기로 작용할 수 있을 것이다. 자문화기술지는 연구자가 경험한 고통의 사회적 타당화를 제공함으로써 연구자가 자신의 주관적 경험에 매몰되는 것을 막고, 자기 경험을 객관적으로 거리두기할 수 있는 계기를 제공한다.

> 이후, 석사학위논문(자문화기술지)이 학술지에 게재가 되었고, 나는 엄마와의 관계 안에서 내가 변화된 것을 느끼는 것도 있었지만 내 논문이 게재되었다는 것에 대한 뿌듯함이 컸다. 그 한 편을 쓰고 난 이후, 아빠와의 관계를 다루는 논문을 투고해야 겠다는 생각이 생길 만큼 자신감이 생겼던 것 같다. 그리고 이전 연구에서 엄마와의 관계를 다루었던 경험을 아빠와의 관계에서 시도하며 논문을 작성했다. 한 개인의 동기부여는 이전에 경험했던 성공적인 경험이 힘이 되어서 현재를 이끌어내기도 한다. 나 역시도 이전에 논문을 게재했다는 나의 성공 경험이 모티브가 되어 두 번째 논문은 이전보다 훨씬 수월하다는 생각을 했다. 나는 과감하게 밀어붙여 연구했다(손고은, 김명찬, 2024: 41).

손고은은 학위 논문으로 작성한 자문화기술지를 학술지에 게재함으로써 자신에 대한 자부심을 경험하게 되었고, 연구에 대한 성취감을 느끼게 되었다. 그리고 연속적으로 자문화기술지를 쓰고자 하는 동기를 갖게 되었다. 개인적 고통, 수치스러운 사건을 기술함에도 불구하고, 자문화기술지가 자부심이나 성취감을 제공하는 까닭은 무엇일까? 그것은 주관적 경험을 사회문화적 맥락으로 들여다봄으로써 사회적 타당화를 경험하기 때문이라고 할 수 있다. 이러한 사회적 타당화는 이론과 선행연구에 근거해서 글을 씀으로 해서 자신의 경험에 대한 새로운 차원의 이해를 갖게 됨으로써 성취된다.

> 참여자들은 자신의 경험을 이해하고 변화하는 데 있어서 결정적인 계기로 경험에 대한 다차원적 관점과 글쓰기를 언급하였다. 즉, 경험에서 끝나지 않고 경험의 다양한 측면을 살피며 글로 기록하는 연구과정이 변화에 도움이 되었다고 보았다. 특히 참여자들은 자기이해를 촉진하는 수업이나 상담과 달리 스스로 자신의 경험에 집중하여 들여다보고 글로 적어내는 글쓰기를 통해 많은 깨달음과 변화를 경험할 수 있었다고 하였다(김수안, 김명찬, 2023: 1304).

자문화기술지를 게재한 상담자들은 연구 과정을 통해 자신의 경험을 다양한 관점에서 볼 수 있게 되었다고 보고하고 있다. 그리고 이러한 학술적 글쓰기가 상담을 받는 경험과는 다른 차원의 것임을 말하고 있다. 특히, 자기의 이야기를 학술적 글로 전환한다는 것은 훨씬 더 주체적이고 능동적인 경험이기 때문에 이러한 변화를 일으키는 데 효과적이었을지 모른다. 상담자들이 자기 이해나 치유를 위해 주로 하는 교육 분석이나 수퍼비전은 학술적 글쓰기에 비해서는 상대적으로 수동적일 수밖에 없기 때문이다. 자신의 경험을 이론과 선행 연구에 근거하여 들여다보고, 그 경험이 가진 다양한 의미들을 살피다 보면 새로운 이해에 이를 수 있게 되는 것이다. 그리고 이러한 과정은 상담자로서의 전문성 성장에도 도움이 되는 것으로 나타났다.

> 자신의 경험을 다양한 관점으로 이해해 나가는 연구 경험을 통해 참여자들은 상담자로서 내담자에게 제공할 수 있는 전문적 역량이 보다 개선되었다고 보고하였다. 구체적으로 공감, 반영, 구체화, 한계 설정 등의 상담 기술은 물론 이전보다 더 내담자의 힘을 믿고 기다리며 다양한 대안과 관점을 제공할 수 있게 되었다. 특히 자신의 경험에 대한 사회문화적인 환경을 고려하는 자문화기술지 연구 경험으로 내담자의 문제에서 환경의 영향을 더욱 고려할 수 있게 되었으며 상담자의 역전이 등을 알아차리고 조절할 수 있게 되었다(김수안, 김명찬, 2023: 1307-1308).

상담자들은 자문화기술지를 작성함으로써 공감, 반영, 구체화, 한계 설정 등의 상담 역량이 개선되었다고 보고하고 있다. "특히 자신의 경험에 대한 사회문화적인 환경을 고려하는 자문화기술지 연구 경험으로 내담자의 문제에서 환경의 영향을 더욱 고려할 수 있게 되었다"는 말은 자문화기술지가 가진 특성을 그대로 보여준다. 자문화기술지는 개인의 경험이 온전히 심리적인 문제라고 보지 않는다. 특히 수치스럽고, 고통스러운 개인의 경험도 그 근원을 따져 보면 사회문화적 영향을 받아 일어난 것이라 할 수 있다. 이러한 연구 방법의 특성으로 인해 자문화기술지 작성을 통해 고통의 사회적 타당화에 도달할 수 있다. 나의 고통과 수치가 나나 나의 가족의 열등함이나 부족함에서 기인한 것이 아니라, 사회구조적인 문제일 수 있다는 것을 인식함으로써 수치와 고통으로부터 자유로워질 수 있는 것이다. 이것은 다른 질적 연구 방법에서는 도달하기 어려운 부분으로 자문화기술지의 뿌리가 되는 문화기술지로부터 부여받는 특성이다. 따라서 상담자들이 자문화기술지 작성을 통해 교육 분석이나 수퍼비전에서 얻기 어려운 사회적 타당화를 경험함으로써 자신의 경험을 객관화하고, 거리두기할 수 있는 역량을 기를 수 있게 된다. 이런 점을 감안할 때, 상담학자들은 자문화기술지 연구를 통해 자기 이해와 치유, 그리고 상담 역량을 강화함으로써 상담학 질적 연구에 대한 높은 동기를 형성하고, 연구 수행을 통한 성취감과 자부심 또한 경험할 수 있을 것이다.

참고문헌

권경인, 양정연(2013). 상담학분야의 질적 연구 동향 분석(2000년-2012년). **상담학연구, 14**(6), 3871-3898.

김계원, 정종진, 권희영, 이윤주, 김춘경(2011). 상담심리학의 최근 연구동향: 상담 및 심리치료학회지 게재논문 분석(2000~2009). **한국심리학회지: 상담 및 심리치료, 23**(3), 521-542.

김명찬(2025). **자문화기술지의 이해와 실제**. 서울: 솔과학.

김봉환, 배주연, 오효정, 윤영선, 제갈원(2012). 상담 분야의 질적연구 동향분석(2002년~2011년). **한국심리학회지: 상담 및 심리치료, 24**(3), 729-752.

김세균(2009). 자연과학과 (인문・)사회과학의 만남: '해석학적 비판과학'으로의 학문 통합을 위하여. **한국사회과학, 31**, 3-41.

김수안, 김명찬(2023). 상담전공 대학원생의 자문화기술지 연구 수행 경험에 대한 현상학적 연구. **한국심리학회지: 상담 및 심리치료, 35**(4), 1285-1325.

김영진, 김명찬(2021). 상담전공 석사과정 대학원생이 겪은 연구의 어려움과 대처경험. **질적탐구, 7**(1), 245-277.

김지연 (2018). 국내 상담학 분야의 질적연구 동향 분석: 상담학연구, 상담 및 심리치료학회지 게재논문 분석(2013년~2017년). **질적탐구, 4**(2), 131-168.

문보경, 장성숙(2001). 상담에 대한 내담자의 불만 경험: 질적 분석. **한국심리학회지: 상담 및 심리치료, 13**(2), 33-49.

박승민(2012). 상담학 분야의 질적연구 경향 분석: 국내 학술지 논문을 중심으로. **상담학연구, 13**(2), 953-977.

박지현, 김현주(2020). 상담전공 대학원생의 석사학위 논문작성 과정에 관한 근거이론 연구. **한국사회복지질적연구, 14**(3), 121-156.

박태화, 김명찬(2023). 초심상담자의 성찰적 글쓰기 경험에 관한 현상학적 연구. **질적탐구, 9**(1), 287-313.

박희석(2005). 우울집단을 위한 심리극의 주인공 경험 분석. **상담학연구, 6**(1), 11-28.

백은정, 유영권(2004). 기독 남성동성애자의 스트레스와 적응과정: 근거이론적 접근. **한국심리학회지: 상담 및 심리치료, 16**(4), 825-842.

변시영(2020). 내담자 자살 위기와 사건을 경험한 기업 상담자의 극복 과정: 근거이론 접근. **한국심리학회지: 상담 및 심리치료, 32**(4), 2037-2063.

손고은, 김명찬(2024). 상담 전공자의 질적연구 수행 경험에 관한 자문화기술지. **학습자중심교과교육연구, 24**(24), 33-53.

손은정, 유성경, 심혜원(2003). 상담자의 자기성찰(reflection)과 전문성 발달. **상담학연구, 4**(3), 367-380.

신수정, 임수연, 김민영, 유영권(2024). 20대 청년의 또래 자살사별 경험에 관한 현상학적 연구. **한국심리학회지 상담 및 심리치료, 36**(4), 1675-1707.

신지윤, 장채원, 유성경(2023). 초심상담자의 화상 수퍼비전 경험과 전문성 향상에 대한 합의적 질적연구. **상담학연구, 24**(5), 95-128.

안유진, 김명찬(2022). 상담전공 대학원생의 질적연구 수행경험에 대한 현상학적 연구. **질적탐구, 8**(3), 1-43.

이성옥, 김봉환(2007). 시 활동 경험의 심리적 치유과정 분석. **한국심리학회지: 상담 및 심리치료, 19**(3), 819-841.

이정숙(2008). 상담 및 심리치료에서 치료적 매체의 역할: 게슈탈트치료 및 통합치료 전문가과정 참가자들의 경험을 중심으로 고찰한 질적 연구. **상담학연구, 9**(3), 943-959.

이현진(2024). 상담분야에서의 과학자-실무자 모델을 중심으로 한 연구자 경험. **학습자중심교과교육연구, 24**(13), 55-68.

이현진, 김명찬(2018). 상담학 질적 연구 동향분석(2012년~2017년): 상담 관련 국내 학술지 및 Journal of Counseling Psychology 게재논문 비교중심으로. **상담학연구, 19**(3), 73-96.

전주원, 김은하(2023). 상담자의 예술인 상담 경험에 대한 합의적 질적 연구. **한국심리학회지: 상담 및 심리치료, 35**(2), 385-411.

조남정, 최은미, 최희진, 장선철(2010). 상담학의 연구 동향 분석: 「상담학연구」학회지 게재논문(창간년도~2009). **상담학연구, 11**(2), 507-524.

조성호(2003). 상담심리학 연구 동향: 상담 및 심리치료학회지 게재논문 분석(1988~2003). **한국심리학회지: 상담 및 심리치료, 15**(4), 811-832.

지승희, 오혜영(2013). 상담 분야의 CQR 연구 동향: 2001~2010년 상담관련 국내 학술지 게재논문을 중심으로. **상담학연구, 14**(4), 2327-2349.

최지영(2004). 대입 수험생 어머니의 불안과 가족 경계에 관한 목회상담 연구. **상담학연구**, **5**(4), 1311-1330.

Blair, L. (2010). A critical review of the scientist-practitioner model for counselling psychology. *Counselling Psychology Review*, *25*(4), 19-30.

Charmaz, K. (2024). Grounded theory. In J. A. Smith (Ed.), *Qualitative psychology: A practical guide to research methods* (4th Ed., pp. 53-84). CA: Sage.

Constantine, M. G., Hage, S. M., Kindaichi, M. M., & Bryant, R. M. (2007). Social justice and multicultural issues: Implications for the practice and training of counselors and counseling psychologists. *Journal of Counseling & Development*, *85*(1), 24-29.

Council for Accreditation of Counseling & Related Educational Programs. (2024). 2024 CACREP standards. Retrieved from https://www.cacrep.org/wp-content/uploads/2024/04/2024-Standards-Combined-Version-4.11.2024.pdf

Creswell, J. W., & Poth, C. N. (2024). *Qualitative inquiry & research design* (5th ed.). Thousand Oaks, CA: Sage.

Dollarhide, C. T., Gibson, D. M., & Moss, J. M. (2013). Professional identity development of counselor education doctoral students. *Counselor Education and Supervision*, *52*, 137-150.

Fassinger, R. E. (2005). Paradigms, praxis, problems, and promise: Grounded theory in counseling psychology research. *Journal of Counseling Psychology*, 52(2), 156-166.

Flynn, S. V., Korcuska, J. S., Brady, N. V., & Hays, D. G. (2019). A 15-year content analysis of three qualitative research traditions. *Counselor Education and Supervision*, *58*(1), 49-63.

Gelso, C. J. (1979). Research in counseling: Methodological and professional issues. *The Counseling Psychologist*, *8*(3), 7-36.

Gelso, C. J. (1993). On the making of a scientist-practitioner: A theory of research training in professional psychology. *Professional Psychology: Research and Practice*, *24*(4), 468-476.

Gibbs, G. R. (2022). **질적 연구의 자료 분석**. (김종훈, 이현희, 엄수정 역). 서울: 박영스토리. (원본 출판 2002년)

Guiffrida, D. A., Douthit, K. Z., Lynch, M. F., & Mackie, K. L. (2011). Publishing action research in counseling journals. *Journal of Counseling & Development*, *89*(3), 282-287.

Hays, D. G., & Wood, C. (2011). Infusing qualitative traditions in counseling research designs. *Journal of Counseling & Development*, *89*(3), 288-295.

Hill, C. E., Knox, S., Thompson, B. J., Williams, E. N., Hess, S. A., & Ladany, N. (2005). Consensual qualitative research: an update. *Journal of Counseling Psychology*, *52*(2), 196-205.

Hill, C. E., Thompson, B. J., & Williams, E. N. (1997). A guide to conducting consensual qualitative research. *The Counseling Psychologist*, *25*(4), 517-572.

Hoshmand, L. T. (1989). Alternate research paradigms: A review and teaching proposal. *The Counseling Psychologist*, *17*(1), 3-79.

Jorgensen, M. F., & Duncan, K. (2015a). A grounded theory of master's-level counselor research identity. *Counselor Education and Supervision*, *54*, 17-31.

Jorgensen, M. F., & Duncan, K. (2015b). A phenomenological investigation of master's-level counselor research identity development stages. The Professional Counselor, 5, 327-340. Psychometric analyses and scale refinement. *The Professional Counselor*, *8*(1), 21-28.

Kidd, S. A., & Kral, M. J. (2005). Practicing participatory action research. *Journal of Counseling Psychology*, *52*(2), 187-195.

Limberg, D., Bell, H., Super, J. T., Jacobson, L., Fox, J., DePue, M. K., Christmas, C., Young, M. E., & Lambie, G. W. (2013). Professional identity development of counselor education doctoral students: a qualitative investigation. *Professional Counselor*, *3*(1), 40-53.

Limberg, D., Newton, T., Nelson, K., Barrio Minton, C. A., Super, J. T., & Ohrt, J. (2020). Research identity development of counselor education doctoral students: A grounded theory. *The Professional Counselor*, *10*(4), 488-500.

McLeod, J. (2011). *Qualitative research in counseling and psychotherapy* (2nd ed.). London: Sage.

Meehl, P. E. (1954). *Clinical vs. statistical prediction: A theoretical analysis and a review of the evidence*. Minneapolis: University of Minnesota Press.

Mills, J., Chapman, Y., Bonner, A., & Francis, K. (2007). Grounded theory: A methodological spiral from positivism to postmodernism. *Journal of advanced nursing*, *58*(1), 72-79.

Morrow, S. L. (2007). Qualitative research in counseling psychology: Conceptual foundations. *The counseling psychologist*, *35*(2), 209-235.

Morrow, S. L., & Smith, M. L. (2000). Qualitative research for counseling psychology. In S. D. Brown & R. W. Lent (Eds.), *Handbook of counseling psychology* (3rd ed., pp. 199-230). New York, NY: John Wiley & Sons.

Neufeldt, S. A., Karno, M. P., &Nelson, M. L. (1996). A qualitative study of experts' conceptualization of supervisee reflectivity. *Journal of Counseling Psychology*, *43*(1), 3-9.

Ponterotto, J. G. (2005). Qualitative research in counseling psychology: A primer on research paradigms and philosophy of science. *Journal of counseling psychology*, *52*(2), 126-136.

Ponterotto, J. G., & Grieger, I. (2007). Effectively communicating qualitative research. *The counseling psychologist*, *35*(3), 404-430.

Prosek, E. A., & Gibson, D. M. (2021). Promoting rigorous research by examining lived experiences: A review of four qualitative traditions. *Journal of Counseling & Development*, *99*(2), 167-177.

Reisetter, M., Korcuska, J. S., Yexley, M., Bonds, D., Nikels, H., & McHenry, W. (2004). Counselor educators and qualitative research: Affirming a research identity. *Counselor Education and Supervision*, *44*(1), 2-16.

Rogers, C. R. (1985). Toward a more human science of the person. *Journal of Humanistic Psychology*, *25*(4), 7-24.

Scheel, M. J., Stabb, S. D., Cohn, T. J., Duan, C., & Sauer, E. M. (2018). Counseling Psychology Model Training Program. *The Counseling Psychologist*, *46*(1), 6-49.

Schön, D. A. (1983). *The reflective practitioner: How professionals think in action*. New York: Basic Books.

Schön, D. A. (1987). *Educating the reflective practitioner: Toward a new design for teaching and learning in the professions*. New York: Basic Books.

Schwandt, T. A. (2015). *The Sage dictionary of qualitative inquiry* (4th ed.). Thousand Oaks, CA: Sage.

Skovholt, T. M., & Jennings, L. (2005). Mastery and expertise in counseling. *Journal of Mental Health Counseling*, *27*(1), 13-18.

Skovholt, T. M., & Rønnestad, M. H. (1992). Themes in therapist and counselor development. *Journal of Counseling & Development*, *70*(4), 505-515.

Skovholt, T. M., & Starkey, M. T. (2010). The three legs of the practitioner's learning stool: Practice, research/theory, and personal life. *Journal of Contemporary Psychotherapy*, *40*(3), 125-130.

Skovholt, T. M., Rønnestad, M. H., & Jennings, L. (1997). Searching for expertise in counseling, psychotherapy, and professional psychology. *Educational Psychology Review*, *9*(4), 361-369.

Slife, B. D., & Gantt, E. E. (1999). Methodological pluralism: A framework for psychotherapy research. *Journal of clinical Psychology*, *55*(12), 1453-1465.

Stahl, J. V., Taylor, N. E., & Hill, C. E. (2012). Philosophical and historical background of consensual qualitative research. In C. E. Hill (Ed.), *Consensual qualitative research: A practical resource for investigating social science phenomena* (pp. 21-32). American Psychological Association.

Suzuki, L. A., Ahluwalia, M. K., Mattis, J. S., & Quizon, C. A. (2005). Ethnography in counseling psychology research: Possibilities for application. *Journal of Counseling Psychology*, *52*(2), 206-214.

Tang, M., Coaston, S., Pbibbs, C., Dalila, N., Milholland, L., & Kathy, M. (2021). Utility of the scientist-practitioner inventory in counselor education. *Journal of Counselor Preparation and Supervision*, *13*(4), 1-23.

Wertz, F. J. (2005). Phenomenological research methods for counseling psychology. *Journal of Counseling Psychology*, *52*(2), 167-177.

Woolsey, L. K. (1986). The critical incident technique: An innovative qualitative method of research. *Canadian Journal of Counselling*, *20*(4), 242-254.

제 13장

한국의 체육 및 스포츠 연구에서 질적연구의 변화

이광호(전 연세대학교 체육교육학과 객원교수)

1. 서론

본 연구는 한국의 전 체육 및 스포츠학 분야에서 질적연구의 학문적 성과와 변화 과정을 이해하고자 한다. 1970년대 후반부터 한국의 대학에서 학과를 주도한 체육학은 응용과학의 한 분야로서 실험, 통계를 기반으로 계량적 연구패러다임 안에서 그 학문적 정체성을 확보하고, 유지하고 있다.

이러한 양적연구자들이 주류인 연구분위기에서 질적연구는 어떻게 시작되어 정착되었는지, 어떠한 연구성과들로 확산되었는지에 대한 과정적 변화를 살펴 볼 기회가 없었다. 아직까지도 질적연구에 대한 이해부족으로 논문으로서 결과의 진실성과 성과에 회의적인 문제들이 존재하는 이 시점에서 체육학 연구에 있어 질적연구의 성과를 찾아본다면 후속 연구자들에게 질적연구의 방향성과 가치성을 제시할 수 있는 기회가 될 것이다.

이러한 질적연구의 변화과정을 이해하기 위해서는 질적연구의 도입에서부터 현재까지

전 연구성과를 면밀히 드려다 볼 필요가 있다. 이에 본 연구는 1990년대 초부터 2024년까지 국내 체육학 분야에서 질적연구로 수행 된 미간행 박사학위 논문들과 비교적 논문의 수준과 질이 인정된 ISSN(국제표준일련번호)을 부여받은 등재후보지 이상의 학술지에 게재 논문의 질적연구방법과 연구주제, 연구방법론적 특징을 분석하고 분류하고자 한다.

이러한 자료에 따른 연구문제는 첫째, 주요 질적연구방법에 따른 전공영역별 연구주제의 변화를 살펴보고 둘째, 전공영역별 주요질적연구의 방법론적 특성변화를 살펴보고 셋째, 주요연구방법을 활용한 연구에서 질적연구의 확산에 기여가 되는 연구성과와 특성을 이해하고자 한다.

2. 체육 및 스포츠 분야에서 질적연구의 발달과정

한국의 체육학 연구분야에서 질적연구의 등장은 1980년대 후반에서 1990년대에 미국의 체육교육 분야에서 질적연구가 활성화되면서 국내에 도입되기 시작했다(한민석, 김은혜, 2015). 그 시작은 90년대 미주지역의 주요 대학에서 질적연구를 수행한 해외유학파들이 국내 대학으로의 진출이다. 그들의 대학원 강의를 비롯해 학회분과별 학술활동 등을 통해서 질적연구에 대한 본격적인 소개가 시작되었으며, 체육학 전문학술지에 등재되지 시작하였다.

이후 질적연구의 수행은 대학교수를 중심으로 지식형성체가 형성되기 시작한 것으로 보고되고 있다(이한주, 이정화, 고봄나, 2013). 가장 먼저 소개 된 질적연구는 체육철학 분야의 현상학적 연구이다. 체육철학은 80년대 연세대, 한양대, 세종대 등 당시 체육대학에서 주류를 형성하는 체육학 전공영역이었으며, 현상학은 체육철학이 추구하는 신체활동의 본질적 가치를 탐구하는데 유용한 이론이었다. 이러한 체험과 본질을 향한 현상학적 연구방법은 과학적 패러다임에 기울어져 있는 연구환경에 새로운 도전이 되었다.

질적연구로서 현상학적 연구방법을 시도한 첫 박사학위논문은 유태균(1992)의 '레저경험의 질적차원에 대한 현상학적 연구'이다. 이 연구는 경험의 본질을 탐구하는 연구방법으로서 현상학을 소개하고 있다는 점에서 의의가 있다. 이 연구를 바탕으로 서진교(1996), 이덕분(1997), 강유원(1999) 등의 후속 연구들이 국내 전문학술지의 하나인 한국체육학회지에 발표되면서 현상학적 연구의 방법론적 체계를 갖추기 시작하였다.

근거이론적 연구방법의 첫 등장은 학위논문보다 전문학술지인 체육학회지에 먼저 등재되었다. 이동재와 장덕선(1999)은 '스포츠 최상 수행에서의 긍정적 경험'을 발표했으며, 김미향(2002)는 스키매니아의 경험에 대한 분석연구에서 Glaser & Strauss(1967), Strauss &

Corbin(1990)이 제시한 자료분석 방법인 개방코딩, 축코딩, 선택코딩에 대한 내용을 소개했다. 이어서 김지은(2005)는 노인이 여가스포츠 활동을 통해 가족유대감을 얻는 과정을 '패러다임 모형'(Strauss & Corbin, 1990)으로 제시하면서 근거연구방법의 특성을 알리는 계기가 되었다.

2000년대 들어서면서 다양한 질적연구가 등장하기 시작했다. 2005년 한국체육학회지에는 스포츠교육학 분야에서 '현장실천가 의미-수업연구를 위한 교사와 연구자의 내러티브 탐구'(김진희, 최원준, 2005)가 발표되어 주목하였다. 또한, 같은해 함은주(2005)는 내러티브 연구방법을 통해 '글로벌 미디어스포츠 시청경험과 신자유주의적 문화정체성'를 박사학위논문으로 발표하면서 방법론적 특성을 알리는 계기가 되었다.

문화기술지 연구는 엘리트 선수, 지도자의 삶과 사회화에 주목한 '문화기술학적 연구'(김미정, 2002; 임충희, 2004; 박은지, 2005) 등을 시작으로 팀, 동호회 등을 중심으로 작은 집단 문화에 대한 연구 등으로 이어졌다. 이러한 문화기술지 연구는 2008년 이후부터 개인의 생애나 사례를 토대로 내러티브적 성격을 지닌 문화기술적 사례연구 등으로 다양하게 변형되어 활용되었으며, 내러티브 연구는 2010년 이후 '체육인 한상준의 생애사'(김재룡, 2010)와 같은 내러티브 문화기술(Narrativein Ethnography), 자기이야기(Self narrative), 체험연구 등의 여러 기법들을 혼합한 생애사, 구술사 연구가 소개되고, 인류학적 관점에서 재구성하는 맥락중심의 질적연구로 변모하기 시작했다.

이러한 4대 질적연구방법 점유율을 살펴보면 근거이론, 내러티브, 문화기술지, 현상학

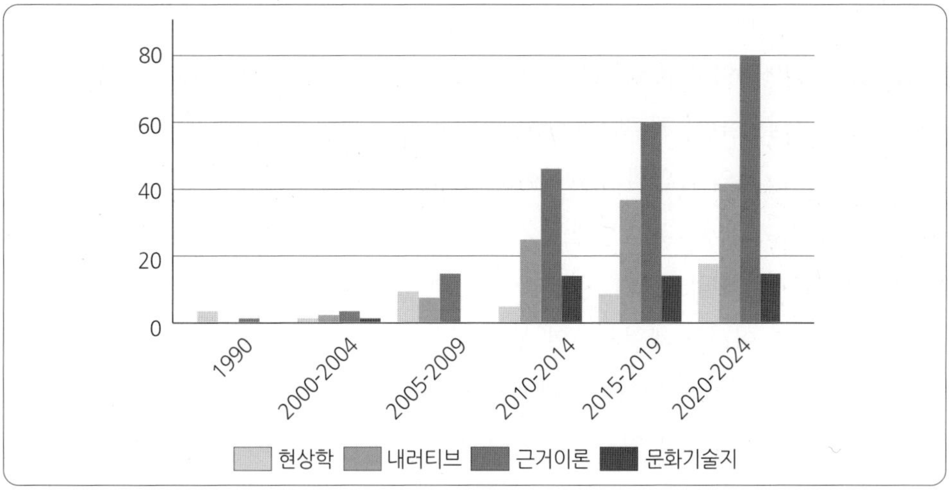

[그림 1] 4대 주요 질적연구방법의 활용변화

의 순으로 나타나고 있으며, 2000년대 이후 지속적인 증가를 나타내고 있다. 특히, 2010년대부터 근거이론적 연구방법과 내러티브 연구가 가장 많이 활용되고 있으며, 그 다음으로는 문화기술지이며, 현상학적 연구가가장 낮게 나타나고 있다.

3. 주요 질적연구방법에 따른 연구특징 분석

1) 스포츠 연구에서 현상학적 연구

체육학 분야에서의 질적연구의 출발은 90년대 초반 체육철학 분야에서 현상학에 주목하면서 시작되었다. 김숙자(1991)의 '現象學的 觀點에서 본 韓國社會體育', 윤여탁(1991)의 '運動經驗의 現象學的 分析에 關한 硏究' 등으로 체육활동에 대한 현상학적 이해를 소개하였다. 이어서 최초의 현상학적 연구는 유태균(1992)의 '레저經驗의 質的次元에 관한 現象學的 硏究'이다. 레저활동의 가치와 본질을 찾는 연구방법으로 현상학을 적용한 대표적인 연구라고 볼 수 있다. 같은 해 원정혜(1992)는 '요가수행 경험의 현상학적 접근'을 통해 신체의 내적 활동에 대한 체육적 가치를 찾고자 하였다. 이 두 편의 현상학적 연구방법은 '현상학적 접근방법을 사용한 레저경험의 연구'(전진효, 1993), '體育의 現象學的 接近'(최충환, 1993), 서진교(1996)의 '은퇴한 프로선수들의 사회적응과정에 관한 연구'에 활용되었다.

체육철학 분과는 1996년 한국체육학회 국제스포츠과학 학술대회에서 'Disciplinary Sport Philosophy: 스포츠 , 무용 생경험의 해석학적 - 현상학의 접근방법'(신현군, 송미숙, 김영선, 1996)을 소개했다. 이어서 한국체육학회지에 '리듬체조선수들의 신체성과 공간성에 관한 체험분석'(이덕분, 1997)이 게재되었으며, 학위논문으로 '청소년들의 야외등산 수련활동의 산행체험'(김건철, 1999)이 발표되었다. 특히, 강유원(1999)는 '98프랑스 월드컵 한국대표 축구선수들의 게임 경험에 관한 체험분석'에서 월드컵 축구경기 상황이라는 생생한 스포츠현장에서 경험하게 되는 게임 국면의 주관적이고도 질적인 체험 현상을 체험적 묘사(Experiential Description)와 분석(Analysis)의 방법론적 기준을 제시하면서 요가, 농구, 무용, 댄스스포츠 참여자들의 체험의 본질에 접근하려는 연구시도가 이어졌다.

2000년대 초반 이러한 체험연구의 성격에서 벗어나 스포츠활동이나 여가경험을 토대로 형성되는 이론적, 개념적 특성을 이해하려는 연구로 확장되었다. 김재환(2007)은 '골프참가자의 가족여가 경험'에 대한 연구를 통해 골프참가자가 인식하는 가족여가 경험을 실제로 처한 현실과 일상생활의 체험을 심층면담을 통하여 분석하고, 그 결과를 그들의 관점에서 이해하고 그 체험에 내재되어 있는 일상생활의 의미와 본질을 발견하고자 하였다. 또한, 박정희(2007)는 '테니스동호인의 운동중독'에 대해 현상학적 연구방법을 활용해 심층면담과 범주화, 개념화의 자료분석 방법을 적용하였다. 이진숙(2007)은 국내 최초로 '필라테스의 현상학적 체험'을 발표하였다. 그는 필라테스 체험에서 형성되는 재활과 치료효과에 대한 현상학적 특성과 가치를 해석하였다.

김태현(2007)은 'LPGA와 KLPGA 선수들의 경기상황에 대한 현상학적 분석'을 발표하였다. 이 연구는 LPGA와 KLPGA 선수들의 경기 중에 일어날 수 있는 여러 가지 상황들과 선수들의 내면적 경험의 의미를 분석 도출하는 것으로, 경기체험 중 느끼는 감정의 본질을 찾고, 경기상황에 나타나는 본질적인 요소들을 의미적으로 분류하여, 골프선수들의 내재적 의식세계와 경기 중 체험한 상황들의 본질적인 요소가 무엇인가를 밝히고자 하였다. 이어서 최정화(2008)는 '요가수행자들의 삼매체험의 현상학적 분석'을 발표하였다. 그는 9명의 연구참여자를 대상으로 삼매요가수행을 통해 삼매에 이르는 단계별 체험을 분석하였다.

2008년 이후 현상학적 연구는 각 전공 영역별 연구방식과 분석이 다양하게 나타나고 있다. 특수체육 분야의 첫 번째 현상학적 연구는 2008년 '장애인의 수중운동 경험에 관한 현상학적 연구'(양한나, 정진욱, 김현숙, 2008)이다. 수중운동교실에 참여한 4명의 장애학생을 대상으로 Giorgi의 자료분석 절차에 따라 의미단위를 나누고 이를 학문적 용어로 전환하여 기술하였고 이 중 유사한 기술을 묶어 구성요소로 범주화하였다. 같은해 김성배(2008)는 '청소년기 체험학습의 현상학적 연구'를 발표하였는데 이 연구는 체험학습에 대하여 상세하게 기록하고 분석하기 위하여 Creswell(1998, 2003)이 소개한 현상학적 연구(phenomenological study)와 사례연구(case study)적 관점을 적용하였다. 즉, 학생들이 경험하는 체험학습 현상에 대한 인식과 본질을 보다 심층적으로 이해하기 위해 질적 연구 방법 중 현상학적 연구로 진행하였으며, 단일사례 혹은 복합적인 사례에 대한 심층 분석을 하기 위해 사례연구적 관점에서 접근하였다.

2010년대 안현균(2010)은 '익스트림 스포츠에서 생생한 경험의 의미' 연구에서 Colaizzi (1978)의 현상학적 기술분석 방법을 통해 익스트림 스포츠의 생생한 경험의 본질과 의미를 규명하였다. 이후 2015년에는 '지체장애 탁구선수의 심리기술훈련 경험에 관한 현상학적 해석'(이동철, 노형규, 2015)의 연구에서 Giorgi의 기술적 현상적 방법의 4단계에 따라 17개의 하위 구성요소와 4개의 구성요소를 도출하였다.

황상현과 노형규(2023)은 '장애인 가족의 수상레저 스포츠체험에 관한 현상학적 연구'에서 장애인 16명을 대상으로 참여관찰과 심층면담으로 통해 자료를 수집해 Van Manen(1997)

의 해석학적 현상학에서 제안한 네 가지 실존체(신체성, 관계성, 공간성, 시간성)을 분석적 틀로 분석하였다.

체육철학 분야에서 현상학적 연구는 스포츠 현장에서의 윤리적 갈등, 카타르시스 등의 심리적 특성요인 등과 선수들의 직접적인 운동수행에 대한 체험분석을 토대로 철학적 의미를 부여하는 연구가 진행되었다.

스포츠 윤리에 대한 대표적인 현상학적 연구는 '태권도 심판권력으로 인한 태권도 지도자의 윤리적 갈등'(빙원철, 윤여탁, 이선장, 2009)으로 태권도 규칙 내에서 심판의 권력에 대항하는 비판적 인식을 대변하는 연구이다. 이 연구에서는 스포츠 안에 존재하는 힘의 지배구조에서 지도자가 겪어야 하는 윤리적 딜레마를 드러내고 그들의 판단과 행동에 대한 반성적 측면에서 기술하고 있다.

운동수행 중에 형성되는 '카타르시스' 와 같은 심리적 요소에 대한 대표적인 현상학적 연구는 '대학 농구 동아리 선수들의 카타리시스 경험에 관한 현상학적 연구'(빙원철,석주일,김학덕, 2009)가 있다. 순수한 아마추어 농구선수들이 운동 체험 중에 내재하고 되는 카타르시스가 어떻게 표현되는 가를 기술하고 있다. 이러한 스포츠의 직접적인 체험을 통해 형성하고 있는 스포츠의 내재적 특성을 기술하는 주요 연구들은 '골프경기의 체험현상'(김태현,김이수,강유원, 2009), '비보이댄스 체험의 현상학적 접근'(유태균,정은영, 2009), '전문직 여성의 요가수행 체험분석'(송강영, 김이정, 2010), '봅슬레이 선수들의 운동경험과 성장'(이세중, 강광배, 여인성, 2010) 등이 있다.

이러한 스포츠의 체험과 더불어 다양한 스포츠 환경에서의 경험을 분석하는 현상학적 연구로 이어졌다. 송희경(2012)는 '축구선수의 에이전트 경험에 관한 해석학적 현상학 연구'를 발표하였다. Van Manen의 해석학적 현상학적 연구의 4단계를 적용하여 신경림(1998)이 수정, 보완하여 제시한 10단계의 분석과정을 거쳐 축구선수와 Agent의 관계 속에서 발현되는 다양한 경험적 현상을 탐색하였다. 또한, 'I 미들스타리그에 참가 중학생의 체험에 관한 현상학적 연구'(김상우, 2012)는 학교스포츠클럽에서 학생들이 어떠한 체험을 하고 있으며, 초월론적 현상학을 기반으로 상호주관적인 체험세계의 의미를 밝히고 있다. 그러나 체육철학 분야에서 질적연구의 활용에 대한 부정적 인식도 따랐다. 체육학 분과의 거의 모든 연구들이 질적연구의 방법과 절차에 대해 차이를 발견하기 어려워 철학의 위상을 고려치 못하다는 김홍식(2007)의 주장에 설득력이 실리면서 체육철학 분과에서 연구시도는 감소되었다.

스포츠심리학 영역에서의 현상학적 연구는 질적연구의 활동이 다른 전공영역에 비해 상대적으로 가장 늦게 나타났다. 대부분의 연구들은 순수한 현상학적 기술보다는 다소 계량적 특성을 반영한 Giorgi와 Colaizzi의 기술분석의 방법이 주로 활용되었다. Giorgi의 기술적 분석을 활용한 첫 번째 현상학적 연구는 '태권도 수련경험을 통한 심리적 가치체득에 관한 현상학적 연구'(최영주, 2016)이다. 이 연구는 개방형 설문조사로 수집된 자료를 귀납적 내용분석의 방법으로 분석하고, 그 결과를 바탕으로 심층면담의 내용을 구체화 하는 방법을 시도하였다. 면담으로 수집 한 자료는 Giorgi의 기술적 현상학적 방법의 4단계에 따라 분석하여, 정신적 가치 16개, 정서적 가치 27개, 사회적 가치 51개, 생리적 가치 21개로 규명하고, 전문가 회의를 통해 태권도 심리적 가치 하위범주에 스포츠 운동심리 7가지 요인을 적용하였다. 이후 '국가대표 선수의 성격강점에 관한 현상학적 연구'(유현미, 2020), '요가 쁘라띠야하라 체험의 현상학적 연구'(이정희, 2020)등이 Giorgi의 4단계 분석방법을 활용하였다. 또한, Colaizzi(1978)의 현상학적 연구방법을 활용한 연구는 '부모와 지도자의 관점에서 바라본 중학교 축구선수의 인성발달 저해요인 탐색'(유영길, 원영인, 김지태, 2019), '특수체육지도자의 윤리적 갈등경험 탐색'(조가람, 강유석, 2019)등 이다.

특히, 2021년 이후에는 스포츠 상해 및 재활에 따른 심리적 변화연구에 현상학적 연구방법이 등장하였다. 배문정과 김한별(2021)은 '엘리트 선수들의 부상 트라우마 경험에 대한 현상학적 분석'에서 트라우마 경험이 있는 역도, 럭비, 배드민턴, 레슬링 선수 5명을 대상으로 자료를 수집 후 Colaizzi의 분석방법으로 33개의 주제, 10개의 주제 모음, 3개의 범주로 분류하였다. 또한, 재활과정에서의 심리적 변화에 대한 연구로서 '아이스하키 선수들의 재활과정 심리적 변화 및 복귀 후 부상 트라우마 현상에 대한 현상학적 접근'(홍성용, 이광호, 육동원, 2023)이 발표되었다.

2021년 이후 스포츠 교육학 영역에서 가장 많은 현상학적 연구가 발표되었다. 주요연구를 살펴보면 '중학교 초임체육교사의 생활지도 경험에 대한 현상학적 연구'(김승환, 김민규, 2021), '또래 관계 소외 학생들의 체육수업 경험에 대한 현상학적 연구'(김윤영, 박종율, 2021), '노인체육지도자들의 코로나에 대한 인식과 경험에 관한 연구'(권기남, 김인형, 박성혜, 2022), '초등교사의 좋은 체육수업 인식에 관한 현상학적 탐구'(나재권,이영석, 2023), '고등학교 체육교사가 인식하는 안전관리에 대한 현상학적 연구'(신미애,박영만, 2023), '초등 예비교사의 신체활동 경험과 체육교과 인식에 관한 연구: 체육교육과 심화과정 학생을 중심으로'(나재권, 이영석, 2023) 등의 연구가 발표되었다. 이 가운데 주목할 만한 연구주제는 '소외 학생'들의 체육수업 경험에 대한 연구이다. 연구자는 또래 관계 소외 경험이 있는 8명을 선정하고 심층면담, 회고록, 영화감상문 등을 통해 자료를 수집하고 귀납적 주제 분석법을 이용하여 중심의미, 드러난 주제, 본질적 주제로 구성하였다. 도출된 주제는 Van Manen이 제시한 4개의 근본적 실존체(four fundamental existentials)-신체성, 시간성, 공간성, 관계성의 범주로 해석 및 재구성하여 체육수업 경험을 현상학적으로 파악하였다. 체육수업을 통한 삶의 변화를 분석한 결과 총 61개의 중심의미와 29개의 드러난 주제, 12개의 본질적 주제를 도출하였다. 학생들은 체육수업에서 소외 해소의 가능성을 발견하고 그 안에서 소외를 벗어나기 위해 노력하여 변화된 삶을 맞이하였다. 학생들이 경험한 체육수업의 본질적 의미를 분석한 결과 총 25개의 중심의미와 12개의 드러난 주제, 4개의 본질적 주제를 도출하고, 체육수업을 '삶의 활력소', '소외 해소의 기점', '만남과 소통의 장', '관계 개선의 열쇠'로 의미화하였다. 이러한 연구결과에 따라 체육수업과 소외현상, 체육수업의 본질과 가치에 대해 논의하였다.

마지막으로 2020년 이후에는 여가 및 레크리에이션 분야 등에서 현상학적 연구방법을 활용한 다양한 연구주제들이 소개되고 있다. 이들 연구주제의 특성은 일반적이고 대중적인 스포츠보다는 특정한 대상과 종목에 주목하고 있다. '중년 여성의 승마 참여와 삶의 의미에 관한 현상학 연구'(최명명, 윤여경, 이광용, 2021)는 여가스포츠로서 승마가 중년 여성에게 어떠한 의미와 가치가 있는 가를 이해하고자 Van Manen의 해석학적 현상학 연구방법론을 기반으로 신체성, 관계성, 공간성, 시간성의 4가지 실존체를 통해 기술하였다. 또한, 차윤선(2013)은 국내에는 잘 알려지지 않은 뉴 스포츠 오리엔티어링의 참여활동에 주목하였다. 국내외 오리엔티어링 경력자의 활동 경험을 Colaizzi의 분석방법을 활용하여 희열감, 문제해결, 정신적 도전, 자아실현 및 변화, 공동체 인식의 5개 주제와 총 20개 의미 단위로 분류하였다.

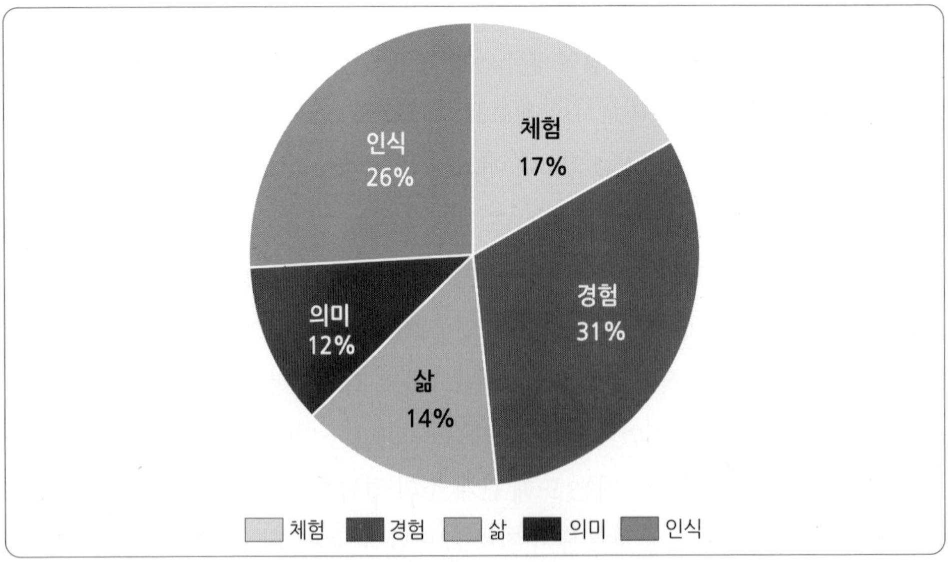

[그림 2] 현상학적 연구의 핵심주제 영역

또한, 박재만(2023)은 복합레저스포츠 시설 종사자에게서 발생하는 성장과 문제해결의 행동유형에 대한 가정을 기초로 노동과정에서 형성되는 삶의 가치를 Giorgi의 기술적 현상학적 분석 방법의 4단계 절차에 따라 범주화하여 62개의 의미단위와, 17개의 하위범주, 5개의 주제범주를 도출하였다.

2) 스포츠에서 내러티브 연구의 활용

2005년에서 2010년까지 내러티브 연구는 스포츠교육학 전공영역에서 두드러지게 나타났다. 이 시기에 주요 연구주제는 학교현장 연구로서 체육교사의 실천과 반성 그리고 수업 및 교재연구 등으로 나타났다. 대표적인 연구는 '현장실천가 의미-수업연구를 위한 교사와 연구자의 내러티브 탐구'(김진희, 최원준, 2005), '체육교사의 반성적 실천에 대한 내러티브 탐구'(김승재, 박인서, 2007), '중등체육 예비교사의 교육실습 체험에 관한 내러티브 탐구'(최희진, 2009), '초등 체육 교과서 집필 과정에 대한 내러티브 탐구'(차민철, 김기철, 안양옥, 2010) 등이다.

김승재(2007)는 중등학교 경력 체육교사의 일기를 통해 반성과 고민을 탐색하며 그것이 교사로서의 삶에 어떤 의미를 갖는지 알아보고자 하였다. 이 연구에서 연구자는 문화기술적 입장에서 '1인칭의 행위 당사자 연구'라고 제시하고 있다. 자료수집은 일기, 학생들과의 면담자료, 그리고 수업을 녹화한 영상과 그에 대한 학생들의 참관록이다. 자료를 토대로 연구자는 내러티브 주제를 네 가지로 범주화되었다. 첫째, 지속되는 고민의 과정으로써 수업, 둘째, 교사의 생활 중심에 있는 학생, 셋째, 보다 높은 위상을 갖길 바라는 체육교과, 넷째, 행복과 기쁨의 원천으로써 가족에 관한 내용이다. 이 모든 내러티브 구성내용은 연구자의 한 타래의 삶에 모두 얽혀있는 하나의 삶으로 정의내리고 있다.

연구자는 교사의 자질부족에 대한 원인을 자기반성과 성찰의 결여에서 비롯되고 있다는 점에 연구의 취지를 두었다.

> 교사 자신의 삶의 방식과 태도에 대해, 교육자로서 교육 목적, 목표 그리고 교수 학습 방법에 대해, 학생에 대한 이해와 시각에 대해, 모방의 대상자로서 자신에 대해 반성하지 않는 것에 대한 결과가 교육의 질에 관한 논란의 발단(發端)일 것이다. 그러므로 교사에게 있어 반성과 성찰의 과정은 필수 불가결한 부분이다. (김승재, 박인서, 2007, 2p)

이 연구 이전에 교사의 반성에 대한 연구는 1990년대 중반부터 본격적으로 발표었으나 반성의 내용이 대부분 기술적 기능에 집중되었으며, 우리나라의 경우에는 '반성전략과 특징'(조순묵, 이기천, 최의창, 박종률, 2002)을 거쳐 1인칭 기법으로 '학교 체육에서 반성과 성찰의 실천자로서 교사의 고충'(최원준, 김진희, 2006)이 발표되었다. 연구자는 기존의 갇혀진 연구방법론과 '나'를 나타낼 수 없었던 인식론으로 인해 교사보다는 수업 환경과 기술에 초점을 맞춘 연구가 대다수를 차지하는 것에 문제인식을 가지고 '교사 자신의 삶과 교육행위'에 주목하고자 하였다. 이 연구에서는 무엇이 내러티브 연구인가? 에 대한 개념으로 '내 이야기'에 대한 근거를 이론과 자기경험을 토대로 서술적으로 기술하면서 내러티브 연구에 대한 독자의 이해를 높이는데 기여하고 있다.

2010년 이후는 다양한 주체들의 삶과 경험에 관한 글쓰기가 등장하고 있다. 교사, 스포츠지도자, 운동선수, 삼수생, 장애인 운동선수, 소외여중생, 액티브시니어 등의 삶에 주목하고 있다. 주목할 만한 연구는 '집단 따돌림 당하는 여중생의 학교야구스포츠클럽 활동경험에 관한 내러티브 탐구'(윤현수, 2013)이다. 연구자는 집단 따돌림과 학교폭력이 위험수위를 넘었으며, 그 대책의 하나로서 체육수업에 주목했다. 연구자는 자신이 체육수업과 야구클럽지도자를 지내면서 학교에서 왕따를 당하고 있는 여학생이 야구클럽 매니저 활동을 통해 한 인간으로 성장해 가는 이야기를 그렸다. 연구참여자의 학창시절과 야구클럽 참여과정을 시공간, 관계 속에서 기술하는 이야기를 전개하였으며, 그 삶의 의미를 해석하였다.

여학생 자영은 중학교 시절 친구들로부터 집단 따돌림을 당하면서 힘든 학교생활을 하면서 야구장은 따돌림이 자행되는 교실로부터 물리적, 시간적 거리감이 확보된 도피처이자 안식처였다. 자영은 야구클럽 매니저라는 역할을 부여 받고 야구클럽 참여자들과의 멘토와 멘티의 역할상쇄를 시도하면서 새로운 인적 관계망을 형성하고 있었다. 결국 중학교 시절의 야구클럽매니저 활동경험은 따돌림으로 인해 고통 받고 있던 자영에게 큰 힘이 된 동시에 긍정적인 미래관을 형성하게 하는 빛이 되었다.

또한, 척수장애 운동선수의 장애정체성 형성 과정에 관한 내러티브 탐구(민솔희, 박종균, 2016)가 있다. 이 연구는 중도 척수장애인 운동선수의 '삶'에 주목하고, 장애 이전에 자신의 정체성, 장애 이후 재활의 과정, 그리고 스포츠를 접하는 과정과 운동선수로서의 경험을 이야기로 전개하였다. 장애 이전의 '나'로 다시 찾을 수 없는 비장애인의 삶, 비장애인 시기의 체육활동, 장애를 '단절'과 '상실'로 인식했으며, 장애 이후의 방황하던 삶을 이야기했다. 이들에게 장애인체육은 단절되었던 삶에서 또 다른 시작이었다. 삶에 대한 동기부여가 되었고, 자신에게 적합한 체육종목을 찾으며 변화된 신체의 기능에 적응해 갔다. 그들은 다시 찾은 나로 장애수용을 하고 자신감을 찾으며, 장애인으로서의 정체성을 찾아가고 있다.

스포츠 전문선수의 내러티브 연구로서 유도올림픽금메달리스트에서 국가대표지도자로 성장하는 과정에 대한 연구(남광우, 2019)가 있다. 이 연구는 올림픽 유도금메달리스트에서 올림픽 대표팀 지도자로 전향하면서 경험한 4년간의 올림픽 준비 과정에서 초임 지도자로서의 어려움, 부담감, 아쉬움 등에 이야기하고, 그 속에 숨겨진 교육적 의미를 부여했다.

스포츠인문학 분야에서 독특한 내러티브 연구로 '스피노자의 사상으로 본 어느 코치의 삶'(김승재, 박인서, 2017)이 있다. 이 연구는 내러티브 연구가 인간의 삶과 존재적 성장을 탐구하는 것과 목적이라면 이러한 인간의 삶을 철학자 스피노자가 말하는 인간의 욕망, 감정, 그리고 이성이라는 관점에서 해석하는 연구이다. 연구자는 어느 코치의 삶을 소속, 인정, 자아실현의 욕구, 외부 대상들에 의해 발생하는 기쁨, 슬픔의 감정속에서도 자신의 삶을 능동적으로 이끌어 가는 이성적 삶을 이야기하였다.

2020년대 내러티브 연구의 특징은 삶을 토대로 사회, 심리, 여가이론적 접근과 한 사람의 생애사적 연구시도가 활발하게 진행되고 있다.

주요연구를 살펴보면 '생활체육 풋살 동호회 참여자의 진지한 여가 참여 과정에 대한 내러티브 연구'(정석인, 최대혁, 안현균, 2020), '신 노년층이 체험하는 스포츠 복지인식에 대한 내러티브 탐색'(오정수, 2020), '중도포기 학생선수 출신의 진로전환 경험에 대한 내러티브탐구(구자영, 노정환, 2021)', '체육계 근로 현장에서 긱 워커(Gig Worker)로 살아남기'(김우석, 2022) 등의 연구가 있다. 직업으로서 삶을 조명하는 연구로서 김우석(2022)은 대학시절부터 선수트레이너를 시작으로 18년 차 경력의 트레이너의 직업적 삶을 통해 체육분야 일자리 현장의 어려움과 구조적 문제를 밝히고 있다. 급변하는 시대 상황에서 체육계 독립형 근로 형태의 사례를 제시하고 있다.

또한, 스포츠인의 생애에 주목하는 연구는 '한국 장애인 스포츠의 대모 황연대 생애사'(문동욱, 2021), '소프트볼 선수들의 은퇴, 직업전환, 회귀 경험 및 의미에 대한 내러티브 탐구'(최아라, 배명훈, 김영식, 2021), '베테랑 암벽등반가 삶의 변화에 대한 내러티브 탐구'(장승현, 전원재, 2022) 등이 있다.

가장 돋보이는 연구는 장승현과 전원재(2022)의 '암벽등반은 삶은 어떻게 변화시키는가?' 이다. 이 연구는 Clandinin & Connelly(2000)의 내러티브 연구방법을 이론적 근거로 3명의 베테랑 암벽등반가로부터 개인적, 사회적 상호작용(interaction), 과거 · 현재 · 미래라는 시간의 연속성(continuity), 장소의 개념으로서 상황(situation)으로 면담 질문을 구성하고 자료를 수집하였다. 결과는 3인칭 관찰자 시점에서 각 연구참여자별로 제시한 삶의 변화 7가지를 '암벽등반의 이야기'로 전개하고 있다.

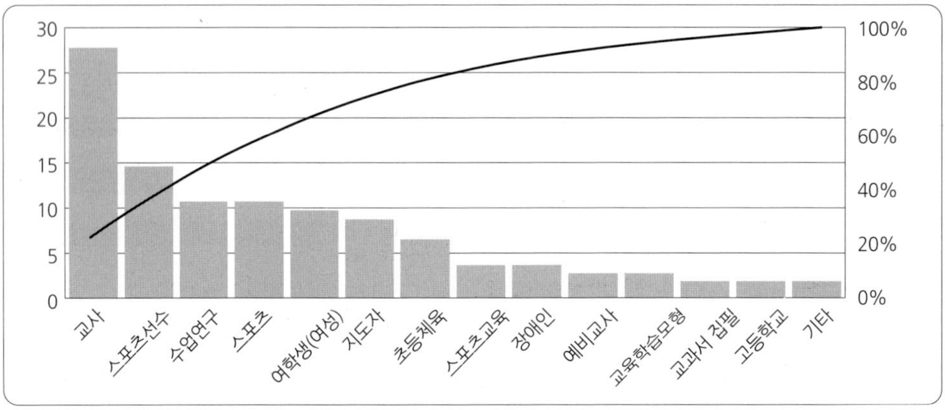

[그림 3] 내러티브 연구의 주제별 점유율

3) 스포츠에서 근거이론적 연구방법의 활용

근거이론적 연구방법을 적용한 최초의 학술연구는 스포츠심리학 영역에서 '스포츠 최상 수행에서의 긍정적 경험'(이동재, 장덕선, 1999)이다. 이후 2007년까지는 매년 1~2편의 연구가 발표되었으며, 대부분 스포츠 체험이나 경험에 대한 기술내용을 근거이론적 자료분석 방법을 활용한 연구들이다.

2008년 이후 부터는 경험에 대한 기술적 성격보다는 보다는 특정 대상이나 집단의 태도, 인식 등 사고의 변화과정에 주목한 연구들이 발표되었다. 주목할 만한 연구들은 '학생들의 진로 결정 과정'(권기남, 임수원, 이정래, 2008) '여성의 이종격투기 관람태도 형성과정과 요인'(김지훈, 김지영, 이철원, 2008), '중도 탈락 운동선수의 학교생활 적응과정'(최호진, 임수원, 권기남, 2008), '스쿠버다이빙 참여자의 매니아 되기 과정'(김진성, 박병국, 2008)이다.

2009년에 접어들면서 여가이론 형성의 과정에 대한 근거이론적 연구가 본격적으로 나타났다. 김지영과 이철원(2009)의 기혼여성 근로자의 여가제약 협상전략 과정을 시작으로 '댄스스포츠 참여활동에 따른 진지한 여가 참여과정'(정은주, 박수정, 2009), '여가참여을 통한 자기경영 형성과정'(이성철, 서광봉, 2016), '여가몰입 경험 과정 분석'(박지원, 2017), '요트참여자들의 진지한 여가경험 과정'(임진선, 2018)으로 이어지고 있다.

특히, 김지영과 이철원(2009)는 기혼여성 근로자를 대상으로 여가제약 협상전략 과정에서 여가참여, 여가제약 이론적 특성을 종합적으로 도식화하여 제시하였다. 이 연구는 Strauss & Corbin(1998)의 개방코딩을 통한 개념어 생성, 개념어 공통성 발견, 공통성에 대한 주제어, 범주화의 포화상태가 될 때까지 하위범주와 상위범주의 축코딩, 패러다임 적용, 인과적 관계

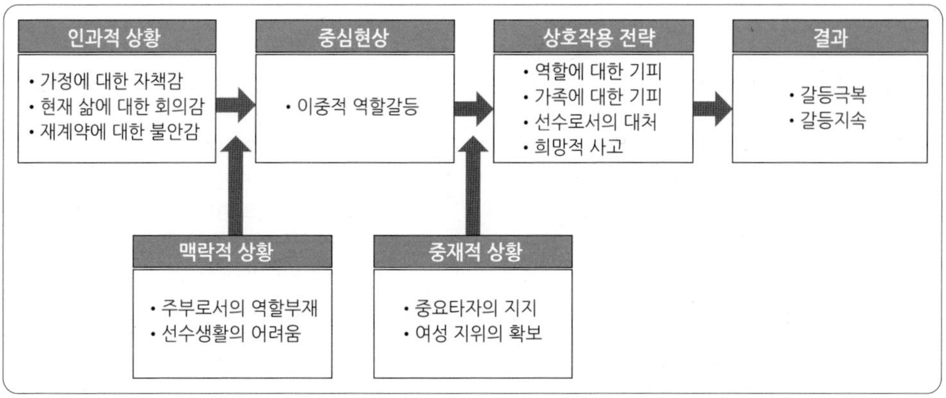

[그림 4] 기혼여성 운동선수의 역할갈등 패러다임 모형

로의 해석까지 근거이론적 연구방법적인 특성을 비교적 자세히 기술해 주면서 후속 연구에 기여하고 있다.

이론적 도식화를 패러다임 모형으로 구체적으로 제시한 연구는 김달님, 임수원, 권기남(2013)의 기혼여성 운동선수의 역할갈등에 관한 근거이론적 접근이다. 이 연구에서는 특정한 집단을 기혼여성 운동선수로 보았고, 이들의 역할갈등의 형성과정을 패러다임 모형으로 제시하고 있다.

〈표 1〉 근거이론적 연구의 핵심주제 경향

키워드	핵심주제	키워드	핵심주제
모형	• 바둑선수 심리적 강점의 개념모형구조화 • 유소년 스포츠 참여지속을 위한 활동모형 • 최상 수행경험 패러다임 모형 • E스포츠선수의 스트레스 경험의 패러다임 모형 • 스포츠 NFT의 가치체계 탐색과 시장활성화 • 중도탈락 선수의 사회연결망 형성과정 • 대학엘리트 스포츠 팀의 맨토링 • 장애인수영 경기력향상 제반요건 탐색	여가	• 예비교사의 체육가치관 형성과정 • 학교골프수업 참여자의 여가가치관 변화 • 아웃도어 레크리에이션 참여자의 친환경행동 형성과정 • 여가참여를 통한 자기경영 형성과정
참여 경험	• 미국 불법 인턴사범경험 과정의 의미와 가치 • 댄스스포츠 참여과정 및 의미 • 이벤트참여경험과 참여과정 • 승마 참여과정 및 제약극복 • 휠체어컬링의 참여과정과 참여의미 • 장애아동의 재활승마 경험 • 지체장애인의 론볼 참여동기와 참여의미 • 여대생의 필라테스 수업참여과정 • 여자축구동호인의 참여과정	문제 해결 대처	• 골프아카데미 경영에서 겪는 어려움과 문제해결 과정 • 학생운동선수 체험 경험과 대처과정 • 축구지도자의 확증편향의 경험과 대처탐색 • 국가대표선수들의 분노와 대처 • 대학여자축구선수의 재활과정과 심리적 변화 • 생계형 프로골프선수들의 현실 문제 탐색 • 체육수업 초등교사의 어려움과 교육적 요구 • 체육수업을 하는 초등교사들의 어려움과 교육적 요구 탐색
		젠더 윤리	• 여성선수들의 성폭력 경험 • 여성축구심판들의 성차별 • 체육계여성의 경력단절 극복경험

키워드	핵심주제	키워드	핵심주제
참여 경험	• 중국대학의 교육과정경험 • 체대입시 교사의 진학지도경험 • 체육 초등교사의 분노경험 탐색 • 감독의 직무스트레스 경험과정 • 중등체육교사의 수업경험 • 중등체육 교육실습생이 실습수업에서 겪는 사고변화과정 • 실습수업을 통한 수업지식 형성과정	젠더 윤리	• 여자초등예비교사 체육교육실습의 어려움과 대처방법 • 여성피겨선수의 섭식장애 경험 • 여성의 이종격투기 관람태도 형성과정 • 장애아동학대의 원인과 전개과정 탐색 • 장애인스포츠승부조작에관한고찰 • 특수교사가 장애학생 지도시 겪는 딜레마
교육	• 중등교사의 교육과정 형성배경 • 초등교사의 체육수업태도변화 • 교사수준교육과정 • 가르치는 무용가의 전문성 • 체육교육학과 학생들의 교원임용고사 준비 경험 • 체육교과교육학 연구 • 협력교사와 체육교사의 초등체육교육실습개선 • 중등체육교사의 교육과정 PPTs 및 형성 배경 • 홀리스틱학교무용교육을 위한 교사수준교육과정 • 특수체육과 학생들의 교원임용시험 준비 경험 • 초등교사의 교직 형성과정 • 초등체육교사의 전문성 형성과정 • 여자농구선수의 유소년 코칭 전문성 형성과정 • 장애인스포츠지도사의 전문성 • 특수체육 장애아동지도 경험	재사 회화	• 태권도 선수의 탈 사회화와 재사회화 과정 • 사회인 야구현황과 문제점 • 줌바 지도자의 재사회화 • 비체육계열 전공자들의 스포츠직업사회화 • 시니어 움직임 재활의 사회참여활동 • 대학운동선수 은퇴준비 • 은퇴 여성선수들의 직업전환과정 • 경력단절 여성의 역할전환 • 대학승마선수들의 은퇴 후 진로전환 • 체육교육과 학생들의 진로결정 과정 • 대학 운동부지도자의 직업정체성 형성
생애 (삶)	• 대학 축구지도자의 삶의 과정 • 대학골프특기자 학생들의 일상변화 과정 • 골프특기자의 대학생활 • 대학 골프부 신입생 적응 과정 • 초임 체육교사의 성장과정 이해 • 프로 댄스스포츠인의 삶에 대한 심리적변화 • 노인의 댄스 활동 참여와 삶의 질 • 우수 스포츠지도자로 성장하는 프로골퍼의 삶 • 지적장애아의 운동선수 되기 과정탐색 • 장애인 운동선수로서 직장취업의 변화과정 • 장애인 야구선수의 생활체육 환경적응 및 성숙의 과정	심리	• 배드민턴 선수의 시합 전 불안 극복과정 • 배드민턴 선수의 서비스 입스 경험 • 테니스 서브수행 전 불안 형성과정 • 초등체육 수업에서 그릿 기르기 • 신체활동을 통한 그릿 형성 환경탐색 • 체대입시생의 불안극복 형성과정 • 운동 그릿 형성과정 • 프로골프선수들의 심상 형성과정 • 엘리트 씨름선수의 정신력 형성과정 • 기간제 중등체육교사의 직무스트레스 형성 • 장애인 선수의 심리강화를 위한 자기결정력 • 운동부 감독교사의 교직생활 스트레스
		소비 경영	• 중년여성의 스포츠웨어 소비행동 • MZ세대들의 골프웨어 소비경험 과정 분석 • 국산 골프클럽 선택과정 • MZ세대들의 골프웨어 소비경험 • 스노보드마니아의 장소귀속감 형성과정

4) 스포츠연구에서 문화기술지의 변화

(1) 전통적 문화기술지에서 인터넷 문화기술지로

문화기술지는 작은 집단의 문화에서 거대한 팀에 이르기까지 그들만의 스포츠 문화에 대한 다양한 읽을거리를 제공해 주었다. 지금까지 잘 드러나지 않았던 스포츠 집단 내부의 이야기들은 독자의 흥미를 가져다주는데 큰 기여를 했다.

체육 및 스포츠의 문화기술지 연구는 엘리트 선수, 지도자의 삶과 사회화에 주목한 '문화기술학적 연구'(김미정, 2002; 임충희, 2004; 박은지, 2005) 등이 박사학위 논문으로 발표되면서 주목하기 시작하였다. 이 시기에 문화기술지 연구는 연구참여자들의 삶에서 드러난 사회적, 문화적 특성을 이해하는 연구들과 장기간의 참여관찰을 스포츠 집단 내부 문화적 특성을 밝히고자 하는 연구로서 '골프 프로화 과정에서 골퍼의 의식변화'(이광호, 2003)와 '골프 대중화 과정과 골퍼의 생활세계'(신은영, 2004) 등이 발표되었다. 2000년대 후반에 들어서면서 교육학 분야에서는 개인의 생애나 사례를 토대로 내러티브적 성격을 지닌 문화기술적 사례연구로서 '한 중학생의 학교 일상'(전용진, 2008), '교사의 운동부 운영'(조순묵, 2008) 등이 발표되면서 다변화되는 경향을 나타내기 시작했다.

이후 다양하게 전개되는 문화기술지 연구의 주제 또는 집단별 특성에 따라 분류를 하면 크게 '스포츠동호회', '스포츠클럽문화', '비판적 문화기술지', '장애인스포츠', '은퇴선수의 재사회화', '운동지도경험', '소비사회문화', '조직문화', '정체성', '민족문화', '역사적 기술' 등이다.

스포츠동호회를 중심으로 형성되는 문화적 특성에 대한 주요 연구들을 살펴보면 '재미한인골프협회 회원의 사회연결망'(김찬룡, 2008), '테니스동호인 랭킹문화의 특성과 기능'(강성진, 이혁기, 임수원, 2010), '하프-코리안 농구선수들의 문화적 갈등과 뿌리찾기'(박지민, 2010), '교수테니스동호회에 대한 문화기술적 이해'(임새미, 이근모, 2014), '생활체육 동호회의 조직문화 요인'(박형길, 2015), '대중 친화형 승마클럽의 문화접변'(강덕모, 2015), '배드민턴 동호인의 승급문화'(조은정, 2021), '노인수영 동호회 문화'(권재열, 이원희, 2022)등이 있다.

비판적 문화기술지의 연구는 스포츠에 존재하고 있는 사회윤리적 이슈들을 내부자적 관점에서 분류하고 기술하고 있다. 주요 연구들을 살펴보면 '여성 승마 선수로 살아가기'(한술기, 이원일, 여인성, 2013), '학생선수 폭력경험에 대한 문화기술지 연구'(정경환, 원영신, 이주연, 2018), '젠더화된 공간 초등학생들의 방송댄스 문화에 대한 비판적 문화기술지'(장용규, 김동식, 2020) 등이 발표되었다.

은퇴선수의 재사회화 과정에 대한 연구는 '국가대표출신 아이스하키 은퇴선수들의 직업전환과정'(박두제, 원영신, 2013), '프로골프선수의 직업사회화 과정'(강대성, 2013), '은퇴선수들의 생활체육 럭비동호회로의 재사회화'(김범수, 박광호, 2020), '한국여자프로농구은퇴선수의 재사회화'(곽주영, 2024), '엘리트 야구선수의 은퇴 후 사회인 야구 참여 과정과 의미'(이호중, 이근모, 임새미, 2024) 등이 있다.

스포츠지도경험과 교육과정에 관련한 문화기술적 연구는 '볼링지도자의 지도 행동특성'(정영희, 2010)을 시작으로 '교육프로그램의 지속특성'(백미숙, 2012), '해양스포츠 전문인력 양성을 위한 체육학과 교과과정 방향성 탐색'(신승환, 2013), '비판적 패다고지에 근거한 초등 체육 연구가능성 탐색'(장용규, 김동식, 2016), '체육대학 뉴 스포츠 전공 학생 지도 경험'(김동환, 조지현, 김동학, 2021) 등이 발표되었다.

스포츠 소비문화에 관련 된 문화기술적 연구는 '장 보드리야르의 소비사회이론 관점에서 본 청년기 남성의 몸만들기 문화'(허정민, 임수원, 2011), '신체활동과 웨어러블디바이스의 만남; 사회적 수용과정의 주관적 인지구조'(윤정희, 2023) 등이다. 그 밖에도 조직 및 사회문화적 특성을 밝히는 문화기술지 연구는 '프리스타일 스노보드 참여자의 하위문화적 특성에 대한 이해'(신나리, 원영신, 최영래, 2013), '진지한 여가경험을 통한 조직문화 내면화 과정'(김현태, 2018), '대학 운동선수들의 은어와 스포츠 팀 문화에 내포된 심리요인 탐색의 문화기술지'(최재섭, 권상현, 2018) 등이 있다.

특히, 최근 나노사회의 특성인 인터넷 커뮤니티 및 플랫폼 등이 활성화되면서 새로운 스포츠 참여방식에 관심을 가지고 연구자가 직접 온라인 풋살 용병모집에 참여하고 용병의 운영자와 참여자들을 연구참여자로 선정하여 진행한 문화기술지 연구로서 '나노사회의 풋살 열풍; 풋살 용병문화를 중심으로'(장민기, 김지선, 이근모, 2023)가 주목할 만하다.

(2) 자문화기술지의 활성화

전통적 문화기술지에서 인터넷 문화기술지에 이르기까지 다양한 특성변화의 하나로서 자문화기술지가 소개되었다. 초등교육학 분야의 이동성(2010, 2011a, 2011b)에 의해 소개된 자문화기술지는 지금까지 질적 연구의 동향이 제3자의 삶을 드러내는 관찰자의 태도에서 자

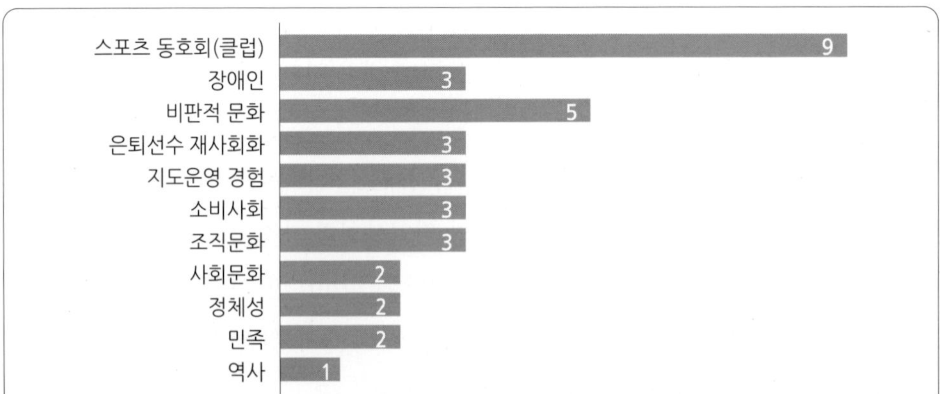

[그림 5] 전통적 문화기술지 연구주제별 점유율

신의 삶을 반성적으로 드러내는 1인칭 관점의 태도로 변화되고 있다는 점을 말해주고 있다(이영국, 안양옥, 2017; 최의창, 2016).

이러한 새로운 연구관점의 시도인 자문화기술지는 체육교육 및 스포츠 연구 분야에서도 빠르게 확산되었다. 주요 연구영역은 체육교육, 스포츠사회학, 스포츠심리, 여가 및 레크레이션, 체육사, 체육철학, 무도학 등에 이르기까지 전반적인 인문사회 전 분야이다. 현재까지 국내 등재지 이상으로 체육 및 스포츠분야에서 자문화기술지로 진행된 학술논문은 총 38편으로 나타났다. 연도별 게재현황을 살펴보면 2020년 이후 증가하고 있는 것으로 나타났으며, 2020년에는 2인 이상의 협력적 자문화기술지도 발표되었다.

〈표 2〉 자문화기술지의 내용별 주제분류

주제분류	주제내용(연도)	특징
선수지도경험	• 초등학교 운동부 지도경험(2011) • 한국비치발리볼 국가대표감독경험(2020)	• 분석적, 해석적 글쓰기 • 개방코딩으로 핵심주제 도출
직업정체성 변화	• 초등교사가 된 학생선수(2019) • 은퇴 운동선수의 경력전환(2014) • 체육교사의 임용고사 합격(2020) • 썰매종목 해설자의 정체성과 역할(2017) • PGA Class A의 변환적 삶의 여정(2017) • 생활스포츠지도사의 스포츠교육학 석사과정(2022) • 한 중국인 유학생의 체육학석사과정 경험(2021)	• 연대기적으로 범주선정 • 인생의 전환점과 전환기의 주요사건기술 • 경험사례를 종단요약 매트릭스분석 • 내러티브적 회상자료 • 7개의 변환점과 종단적 요약매트릭스 • 날짜 및 시간기준으로 매트릭스 정리 • 협력적 자문화기술지 중국어를 한국어로
자아극복의 삶	• 초등학교 교사의 마라톤 경험(2019) • 자기극복의미로서 마라톤참여경험(2021) • 청각장애인의 올림픽 출전경험(2013) • 여성산악인의 고산동반체험(2022) • 중도탈락 학생선수들의 상실과정(2010)	• 자문화기술지와 질적연구혼합 • 자전적 · 소수자 · 성찰적 • 혼합형 자문화기술지 분석 • 등반문화속에서의 체험을 강조 • 운동생애과정의 3인칭 이야기 구조(storyline)
수업연구	• 여자 전담교사의 체육수업 전문성 개발경험(2020) • 변형게임을 활용한 체육수업 운영경험(2021) • 남 교사의 표현활동 수업실천 경험(2020)	• 단어의 개념이 속하는 문화영역 발견 • 협력적 자문화기술지(동료교사 2인) • 1인칭주인공시점으로 재구성
수업연구	• 수업연구대회 참여경험과 그 이후의 삶(2021) • '통합수업 이렇게' 집필경험(2021) • 통합 체육수업 개선을 위한 경험(2021) • 대학교수의 체육수업운영(2016) • 대학체육계열전공 PPL 수업과정과 경험(2022) • 노인체육지도자의 수업경험(2021)	• 자서전적시각표, 범주화 • 협력적 자문화기술지(동료교사 3인) • 협력적 자문화기술지(동료교사 3인) • '영역분석과 분류분석'(Spradley, 1979) • Jones, Adams & Ellis(2013)의 내러티브 • 협력적 자문화기술지
교육연구회운영	• 교과교육연구회 운영경험(2022)	• 역방향심층면담 활용

주제분류	주제내용(연도)	특징
교육개발	• 공부하는 학생선수 만들기(2012) • 이해중심 게임수업 기반 영역형 개인만들기(2022)	• 자기관찰을 텍스트화 • 개인경험을 학문이라는 사회적 맥락과 연결
교내스포츠 클럽운영	• 학생주도 스포츠클럽 운영경험(2013) • 교내 학교스포츠클럽 활성화 운영경험(2021)	• 자문화기술지와 일반 질적연구분석의 혼합 • 협력적 자문화기술지
교외스포츠활동	• 학교 밖 청소년들의 스포츠활동(2020)	• 자문화기술지이면서 4명의 정보제공자 활용
온라인 교육	• 교내 온라인체육 한마당 운영경험(2021) • 코로나19 교사 교육자의 온라인 강의경험(2020) • 초등예비교사 대상 비대면온라인 강의(2022)	• 협력적 자문화기술지 • 핵심용어, 범주화, 세 가지 범주 • SNS설문지(학생생각과 의견)
셀프교사연구	• 체육교사의 교수역량 형성과정(2022) • 체육전공 초임교수의 학문적 정체성 형성(2017) • 여교사의 체육일지(2016) • 초등체육교사의 일상적 교육경험(2011)	• 문화적인공물 자료활용 • 지속적 비교법을 통해 회상하는 작업 • 일반 자문화기술지 • 소수자 문화기술지

체육교육 분야에서 통합체육(inclusive physical education)수업 개선을 위해 경험한 '나'와 '우리'를 중심으로 이야기하는 협력적 자문화기술지(collaborative self-study)는 연구자인 '나'의 경험과 협업적인 연구참여자들과의 함께 공동의 연구 문제를 해결하는 활용되었다.

연구주제는 연구자가 자기기술을 통해 독자에게 전달하고자 하는 내용을 토대로 운동부 지도경험, 직업정체성의 변화, 자아극복, 수업연구, 교육개발, 교내스포츠클럽운영, 교외스포츠활동, 온라인 수업, 셀프교사 연구 등이다.

스포츠 분야의 자문화기술지는 총 7편으로 나타났다. 주제의 성격과 내용에 따라 크게 '삶과 정체성 변화', '전문직 경험', '스포츠 체험'으로 분류하였다. 각 주제영역에 따라 연구유형, 주제특성, 자료수집, 자료분석, 묘사와 기술방법은 〈표 3〉과 같다.

연구유형은 대부분 1인 연구로서 자신만의 주관적인 삶과 체험에 대한 내러티브적인 요소를 중시한 연구들로서 독자로부터 정서적 공감을 얻는데 주력한 환기적 자문화기술지로 진행되었다. 다만, 청각 장애인의 올림픽 출전경험을 기술한 김동현과 전용관(2013)의 연구는 2인 연구로서 협력적 자문화기술지로 분류되었다.

자료수집은 자기회상, 자기성찰, 자기관찰, 기억자료 등 일반적인 자문화기술지의 자료들과 함께 문화적인공물, 서면인터뷰, 쇼셜네트워크 대화, 신문 · 잡지 기사, 언론인터뷰 기사 등이 활용되었다. 주제영역별 자료수집의 특징을 살펴보면 첫째, '삶과 정체성' 영역에서의 자료수집의 특징은 기억자료의 신뢰성을 위한 소셜미디어, 소셜네트워크, 개인블로그, 일기, 문화적 인공물 등을 활용했다. 둘째, '전문직 경험' 영역에서의 자료수집은 주요대화와 심

〈표 3〉 스포츠 관련 자문화기술지의 연구

영역	유형	제목	내용	자료수집	자료분석
삶과 정체성 변화	1인연구 (환기적)	은퇴 운동선수의 경력전환에 따른 정체성변화에 대한 자문화기술지 (최재섭, 2014)	국가대표럭비선수에서 학업을 위한 자발적 은퇴, 어학연수, 대학원 진학, 외국인 유치원 체육교사 등의 삶의 변화.	기억자료, 쇼셜미디어, 사이트, 일기, 블로그의 반성적 저널, 인터뷰, 지원서,자기소개서연구계획서, 박사학위논문	연대순 '범주화' (Bogdan & Biklen, 1982) '주요사건' Danzin(1989)
	1인 연구 (환기적)	PGA Class A의 변환적 삶의 여정에 대한 자문화기술지(강방수, 2017)	미국에서 골프자격증을 취득하면서 겪은 연구자의 경험과 체험의 과정, 그리고 학업을 지속 하는 연구자의 삶	SNS,일기장, 인터뷰 PGM 교육일정, PGA자료집,자기성찰, 골프문화적 인공물	기술적 범주기준: 7개의 분석, 종단적 매트릭스 코딩
전문 직업 경험	1인 연구 (환기적)	스포츠 해설에 대한 자문화기술지 (이세종, 2017)	썰매종목, 200여회,약400시간 이상의 중계경험을 토대로 해설자의 정체성과공신력에 대해 기술	내러티브적 회상자료, 방송 후 정리해 놓은 일기 형식의 피드백 자료, 캐스터, PD등 방송국 직원들과 나누었던 주요대화, 심층면담	반복적으로 등장하는 상황이나 문구, 단어 등으로 핵심주제도출
	1인 연구 (환기적)	한국비치 발리볼 국가대표감독경험에 관한 자문화기술지(김연, 2020)	비치발리볼 감독으로서 국제대회 및 아시안 게임 50회 이상 출전의 경험이 있으며, 이러한 경험을 토대로 감독의 경험과 역할을 기술	SNS, 메일, 주요 대화 등을 매 훈련 및 경기가 있는 날의 경기 종료 후 일기 형식의 글쓰기 자료. 연맹관계자 자료	상황과내용, SNS, 단어 등 자료들로부터 핵심주제 도출
스포츠 체험	2인 연구 (협력적)	청각장애인의 올림픽 출전경험에 대한 자문화기술지(김동현, 전용관, 2013)	청각장애인으로서 2010년 제23회 밴쿠버동계올림픽에서 봅슬레이 경기에 출전	자기회상자료 자기성찰자료, 자신에게 일어나는 행동, 감정, 인지활동의 자기관찰 자료, 서면 인터뷰, 문화적 인공물, 문헌자료	saldaῃa(2009)의 인비보 코딩(In Vivo Coding) 정의적 방법으로 감정, 가치, 대비, 평가, 종단적 분석
	1인 연구 (환기적)	자기극복 의미로서 마라톤참여경험에 관한 자문화기술지(류승원, 2021)	불우한 청소년기를 보낸 연구자가 마라톤을 매개로 '자기 극복'을 어떻게 경험 했는지 드러내고 그 가치와 의미를 기술	약 7년간의 마라톤일지, 자기회상, 자기성찰, 내러티브 글쓰기, 메모, 연구일지, 사진, 동영상, 문자, 카카오톡, 페이스북, 인스타그램 등에 올린 게시물	Ellis(2004)의 내용분석, 구조분석. Saldaña(2009)의 '감정・가치, 대비・평가' 코딩
	1인 연구 (환기적)	여성산악인의 고산동반체험에 관한 자문화기술지 (오은선, 박정호, 2022)	7대륙 최고봉과 히말라야 14좌를 모두 오른 한 여성 산악인 의 고산등반 체험과정 을 심층적으로 묘사	자기회상, 자서전적 시각표를 연대별로 구성. 등반일기 및 일상의 일기와 일자, 메모, 산악 전문 월간지와 일반 월간지, 신문과 인터넷에 실린직・간접 기사와 인터뷰 기사, 연구자가 투고한 자료. 전사하면서 느낀 점 등을 메모.	중심 키워드를 추출. 등반으로 인한 삶에 전환점이 되는 세 시점으로 범주화, Ellis(2004)의 이론을 준거로 내용분석과 구조분석.

층면담의 활용이 많았다. 셋째, '스포츠 체험' 영역은 장기간의 참여활동에 대한 내러티브적인 연대기 기술을 위해 메모, 일지, 게시물, 기사 등을 활용하였다.

자료분석은 수집된 자료가 주요대화나 면담인 경우 질적연구의 대표적인 코딩방식을 통해 주제를 도출하는 것으로 나타났다. 이에 비해 자기회상으로 부터 성찰자료, 삶의 경험과 사건들을 활용한 를 연구의 자료분석은 saldaῆa(2009)의 '인비보 코딩(In Vivo Coding)', Ellis(2004)의 '내용분석, 구조분석', 그리고 Danzin(1989)의 '주요사건' 등이 활용되었다.

'삶과 정체성' 영역은 주요사건들의 시간적 흐름에 따른 1인칭 주인공 시점의 반성적 글쓰기로 기술하였다. '전문직 경험' 영역은 본문 내 기억자료나 개인일기를 직접인용하면서 1인칭과 3인칭 시점을 혼용한 묘사와 기술이 특징이다. '스포츠체험' 영역에서 2인 이상의 협력적 자문화기술지는 3인칭 관찰자 시점의 글쓰기와 1인칭 주인공시점의 직접인용문이 활용되었다. 류승원(2021)의 연구는 1인칭 주인공 시점으로 기술하면서 3인칭 관찰자 시점으로 관련이론도 본문에 활용하였으며, 오은선과 박정호(2022)의 연구는 1인칭 주인공시점의 글쓰기와 개인일기를 본문에 직접인용하였다.

4. 질적연구가 체육 및 스포츠 연구성과에 미친 영향

지금까지 한국의 체육 및 스포츠 연구영역에서 질적연구의 도입에서부터 활용과 변화에 대해 학술논문을 중심으로 살펴보았다. 체육 및 스포츠학은 응용과학의 한 분야로서 자연과학의 연구패러다임 안에서 스포츠과학화를 추구하면서 그 학문적 정체성을 확보하고 있다. 이러한 연구패러다임 내에서 질적연구자들의 도전이 학문적 발전에 어떠한 공헌을 했으며, 그 가치는 무엇인가를 살펴보고자 한다.

첫째, 위기의 체육학 인문사회 분야의 연구활성화에 기여했다. 초창기 한국체육학을 주도한 인문사회 분야는 80년대 후반 크게 증가한 운동역학, 운동생리학 등의 자연과학 파트가 주도하기 시작하면서 위축되기 시작했다. 특히, 86, 88년도 스포츠 빅 이벤트의 성공은 스포츠과학화을 더욱 가속했으며, 이러한 기대에 부응할 수 있는 주도 학문의 대학 내 변화가 시작되었다. 자연과학 전공의 교수증원과 이에 따른 학문후속세대의 증가는 연구성과에서도 인문사회와의 큰 격차를 벌려놓게 됨으로서 미국에서 시작된 인문학의 위기가 국내 체육분야에서도 나타났다.

이러한 학문적 불균형을 어느 정도 회복하는데 질적연구는 상당한 기여를 했다. 체육학 분야에서 생소했던 질적연구의 도전에는 다른 분야의 질적연구서적이 많은 도움을 주었다.

90년대에 간호학의 신경림(1996), 교육학의 조용환(1999)을 필두로 2000년대 윤택림(2004), 유정애(2004), 이철원(2004), 박성희(2004), 조홍식(2006), 김영천(2006) 등은 질적연구의 확산에 크게 기여하였다. 특히, 이철원(2004)은 최초로 여가연구에서 내러티브 연구방법을 소개하였으며, 같은해 유정애(2004)는 질적연구논문을 작성하는 방법을 제시해 질적연구물의 학문적 체계성을 키웠다.

이를 토대로 학문후속 세대들의 질적연구에 대한 이해와 공감이 커지면서 각 전공영역별로 다양한 질적연구가 발표되고 있다. 현상학적 연구방법, 근거이론적 연구방법, 내러티브 연구로서 구술사, 생애사, 문화기술지, 자문화기술지, 사례연구, 델파이기법, 포커스그룹면담, Q-방법론, 포토보이스 등이 각 전공별 연구주제의 확장성에 기여하고 있다.

둘째, 체육 및 스포츠계의 비주류 대상들에 대한 관심이 높아졌다. 질적연구는 객관적 관점에서 다루기 어려웠던 주제에 대한 탐색이 가능하기 때문에 특정한 현상과 대상들에 대한 의미있는 분석이 가능하다.

3장에서 제시한 바와 같이 스포츠 사회적 약자로서 장애아동, 독거노인, 여성노인, 노숙자, 동성애자 등에서부터 대중의 관심을 이끌만한 대상으로 국가대표선수, 원로체육인, 비인기종목선수, 전문산악인, 운동부 감독, 노인체육지도자, 교수, 초임교사, 여교장, 교생실습생, 임용고사준비생, 교육행정가 등 각 분야별로 매우 다양하다. 이러한 특정대상에 따른 연구문제에 타당한 질적연구방법이 보완되고 연구참여자의 경험과 감정을 실질적으로 반영할 수 있는 질적연구의 형태로 진화하고 있다.

이러한 질적연구의 수행은 다양성과 포용성을 갖춘 새로운 과학자의 길을 제시하고 있다. 연구자와 참여자가 동반자로서 상호협력적인 관계를 유지하는 진정한 인간연구의 실현이다. 그들의 목소리에 귀 기울이고, 그들의 의견을 존중하고, 그들이 겪는 문제를 그들의 관점에서 이해하려는 태도가 나의 반영이며, 나를 반성하게 만든다.

셋째, 다중적인 접근으로 맥락을 이해하려는 태도와 능력을 길러주고 있다. 체육 및 스포츠 현장은 사회적, 문화적, 개인적 요인들이 긴밀하게 얽혀 있는 통합적 사회를 반영하고 있다. 질적연구는 이러한 복잡한 현상 이면을 파악하기에 매우 유용하게 활용되고 있다. 어떠한 사건이나 문제에 있어 다양한 심리적 요인, 가치인식, 행동변화 등을 다각적으로 접근할 수 있다.

예를 들어, 체육교육 현장에서 발생하는 교사와 학생 간의 상호작용, 스포츠팀 내의 조직문화 등의 연구는 그 내부 안에 숨겨진 의미와 내용을 보다 깊이 이해할 수 있다. 연구자는 스포츠에서의 단 하나의 현상이라도 단편적, 표면적으로 분석하는 것에 그치지 않고, 그 이면에 담겨진 의미와 맥락을 찾고 이해하는데 주력하고 있다.

넷째, 주관성 연구에 대한 인식을 변화시켰다. 도입초기 경직된 연구분위기에서 위축될 수 밖에 없었던 연구자들은 질적연구가 점차 확산되면서 이전 보다 더 과감한 주관성을 강조하기 시작했다. 타당도와 신뢰도 논쟁을 극복하고 단 한 사람의 개인적 경험에 대한 가치를 중요하게 다루게 되었고, 연구자가 아닌 연구참여자의 주관으로 감정, 태도, 인식, 행동 등을 이해할 수 있는 연구변화가 일어났다.

이러한 질적인 시각의 변화는 양적연구자들의 정성적 데이터에 대한 관심으로까지 이어지면서 연구대상자의 주관성을 반영하는 연구가 꾸준히 발표되고 있다. 물론 전통적 질적연구라고 볼 수 없지만 주관성을 강조한다는 측면에서 의미가 있다. 대표적으로 혼합형 연구방법과 Q-방법론 등이 있다. 혼합형 연구는 양적, 질적연구방법을 모두 활용하는 연구로서 교육, 사회, 정책 개발 등의 연구에서 활용되고 있다. 이 결과들은 체육 및 스포츠의 현장에서 발생하는 문제해결에 필요한 유용한 정보를 제공하며, 통계적 지표에만 의존했던 지난 체육정책을 비판하고 있다. 더불어 정통 심리학에서 활용한 주관성 연구인 Q-방법론은 질적연구의 장점과 양적연구의 타당도, 신뢰도 문제를 어느 정도 보완하여 학술평가에도 긍정적인 요소를 갖추면서 심리, 사회, 경영 등의 분야에서 활용도가 높아지고 있다.

참고문헌

강덕모(2015). 대중 친화형 승마클럽의 문화접변 조명. **한국체육학회지, 54**(1), 111-126.

강대성(2013). **프로골프선수의 직업사회화 과정**. 울산대학교 대학원. 미간행박사학위논문.

강방수(2017). PGA CLASS A의 변환적인 삶의 여정에 대한 자문화기술지. **교육인류학연구, 20**(4), 161-190.

강성기, 이혁기, 임수원(2010). 테니스동호인 랭킹문화와 특성과 기능. **한국체육학회지**, 49(2), 71-81.

강유원(1999). '98 프랑스 월드컵 한국대표 축구선수들의 게임 경험에 관한 체험분석. **한국체육학회지**, 38(2), 89-99.

구자영, 노정환(2021). 중도포기 학생선수 출신의 진로전환 경험에 대한 내러티브 탐구. **한국스포츠학회지, 19**(4), 927-940.

고문수(2016). 대학 교수의 체육수업 운영 '하루 일과'에 관한 자문화기술지. **한국체육교육학회지, 21**(3), 15-32.

곽주영(2024). **코트를 넘어서: 한국 여자프로농구은퇴 선수의 재사회화**. 부산대학교대학원, 미간행박사학위논문.

권기남, 김인형, 박성혜(2022). 노인체육지도자들의 코로나에 대한 인식과경험에 관한 연구. **한국스포츠교육학회지, 35**(4), 103-134.

권기남, 임수원, 이정래(2008). 체육교육과 학생들의 진로 결정 과정에 관한 근거 이론적 접근. **한국스포츠사회학회지, 21**(2), 327-342.

권재열, 이원희(2022). 노인수영동호회문화에 대한 이해. **인문사회21, 13**(6), 915-928.

김권일, 성문정, 박병도, 한창수(2017). 직장장애인의 건강체력 관리 어려움. **한국특수체육학회지, 25**(2), 53-66.

김달님, 임수원, 권기남(2013). 기혼여성 운동선수들의 역할갈등에 관한 근거이론적 접근. **한국체육학회지, 52**(5), 149-162

김동환, 조지현, 김동학(2021). 체육대학 뉴 스포츠 전공 학생 지도 경험. **한국체육학회지**, 60(5), 439-451.

김동현, 전용관(2013). 청각장애인의 올림픽 출전 경험에 대한 자문화기술지. **한국체육학회지**, 52(5), 783-791.

김명찬(2015). '상처 입은 아버지와 아들'의 회복에 대한 자문화기술지. **교육인류학 연구**, 18(4), 85-120.

김명찬(2016). 가난 극복의 경험에 대한 자문화기술지. **인간 · 환경 · 미래, 17**, 75-107.

김미정(2002). **엘리트 출신 여성의 삶에 대한 문화기술적 연구**. 경기대학교 대학원, 미간행박사학위논문.
김미향(2002). 근거이론적 접근을 통한 스키매니아의 경험연구. **한국체육학회지**, 41(5), 323-335.
김범수, 박광호(2020). 은퇴선수들의 생활체육 럭비 동호회로의 재사회화. **한국체육학회지**, 59(2), 229-242.
김선희, 권오륜(2011). 생활체육지도자의 필라테스 운동체험에 관한 현상학적탐구. **한국체육철학회지**, 19(3), 189-206.
김성배(2008). 청소년기 체험학습의 현상학적 연구. **한국체육철학회지, 16**(2), 129-142.
김승용(2024). 중학교 체육교사의 갈등경험에 관한 교육학적연구. **산업융합연구, 22**(7), 59-49.
김승환, 김민규(2021). 중학교 초임체육교사의 생활지도 경험에 대한 현상학적연구. **교육문화연구**, 27(4), 401-424.
김승재, 박인서(2017). 스피노자의 사상으로 본 어느 코치의 삶. **한국체육학회지, 56**(6), 227-239.
김승재, 박인서(2007). 체육교사의 반성적 실천에 대한 내러티브 탐구. **한국스포츠교육학회지, 14**(3), 1-20.
김연(2020). 한국 비치발리볼 국가대표 감독 경험에 대한 자문화기술지. **한국스포츠학회지, 18**(4), 927-935.
김영천, 이동성(2011). 자문화기술지의 이론적 관점과 방법론적 특성에 대한 고찰. **열린교육연구**. **19**(4). 1-27.
김영천, 김진희(2006). **질적연구방법론**. 서울: 문음사.
김우석, 2022). 체육계 근로 현장에서 긱 워커(Gig Worker)로 살아남기. **한국체육과학회지, 31**(4), 97-110.
김윤옥(1996). (교육연구를 위한) **질적 연구방법과 설계**. 서울: 문음사.
김윤영, 박종율(2021). 또래관계 소외 학생들의 체육수업 경험에 대한 현상학적 연구 Max van Manen의 해석. **한국스포츠학회지, 28**(1), 103-134.
김이정(2007). **문화기술적 접근을 통한 독신여성의 여가체험. 숙명여자대학교 대학원**. 미간행박사학위논문.
김은경, 이숙정(2018). 초등 통합학급교사의 장애학생 과학수업 인식 및 지원요구에 대한 초점집단면담연구. **특수교육교과교육연구, 11**(4), 125-157.
김지영,이철원(2009). 기혼여성 근로자의 여가제약 협상전략 과정에 대한 근거이론적 연구. **한국체육학회지, 48**(5), 289-299.
김지은(2005). **노인의 여가스포츠활동을 통한 가족유대감 얻기: 근거이론적 접근**. 국민대학교대학원, 미간행박사학위논문.
김지훈, 김지영, 이철원(2008). 여성의 이종격투기 관람태도 형성과정과 요인에 관한 근거 이론적 분석'. **한국체육학회지, 47**(1), 271-283.
김지혁(2009). 태권도 시범활동 경험에 대한 현상학적접근. **한국체육철학회지, 17**(1), 115-127.
김지형, 이재봉(2010). 태권도장 사범에 대한 부정적 인식 재고. **한국체육철학회지, 18**(2) 99-109.
김진성, 박병국(2008). 스쿠버다이빙 참여자의 매니아 되기 과정. **한국스포츠사회학회지, 21**(2), 267-283.
김진희, 최원준(2005). 현장실천가의미-수업연구를 위한 교사와 연구자의 내러티브탐구. **한국스포츠교육학회지, 12**(2), 1-22.
김진희, 최원준(2005). 현장실천가 의미-수업연구를 위한 교사와 연구자의 내러티브 탐구. **한국스포츠교육학회지, 12**(2), 1-12.
김재룡(2010). **체육인 한상준의 생애사**. 강원대학교대학원. 미간행박사학위논문.
김태현, 김이수, 강유원(2009). 골프경기의 체험현상. **한국체육철학회지, 17**(3), 115-133.
김찬룡(2008). 재미한인 골프협회 회원의 사회연결망과 사회자본의 관계에 관한 문화기술지. **한국체육학회지, 48**(1), 1-10.
김현태(2018). **진지한 여가 경험을 통한 조직문화 내면화 과정 -배드민턴 동호회를 중심으로-** 고려대학교대학원, 미간행박사학위논문.
나재권, 이영석(2023). 초등교사의 좋은 체육수업인식에 관한 현상학적탐구. **한국초등교육학회지, 34**(4), 119-136.
남광우(2019). 유도 올림픽 금메달리스트에서 국가대표지도자로 성장하는 과정에 대한 내러티브. **한국스포츠학회지, 17**(2), 1071-1082.
류승원(2021). 자기 극복(Self-Overcoming)의 의미로서 마라톤 참여 경험에 관한 자문화기술지. **질적탐구, 7**(4), 99-149.
문동욱(2021). 한국 장애인스포츠의 대모 황연대 생애사. **코칭능력개발지, 23**(1), 107-122.
민솔희, 박종균(2016). 척수장애 운동선수의 장애정체성 형성과정에 관한 내러티브 탐구. **한국특수체육학회지, 24**(4), 151-167.
문호준, 조남용(2004). 스포츠교육모형을 활용한 체육수업에서 심동적 영역평가에 관한 내러티브 연구. **한국스포츠교육학회지, 17**(3), 67-83.
박상봉, 김동식(2020). 스포츠교육연구에서 자기연구. **한국체육학회지, 59**(1), 161-176.
박성희(2004). **질적 연구방법의 이해: 생애사 연구(biography research)를 중심으로**. 서울: 원미사.
박은지(2005). 댄스스포츠지도자 직업사회화의 문화기술적 이해. **한국스포츠교육학회지, 12**(1), 175-192.
박지민(2010). **하프-코리안 농구선수들의 문화적 갈등과 뿌리찾기**. 숙명여자대학교 대학원. 미간행박사학위논문.

박지영(2007). **여성중심 스포츠에서 남성선수의 성 정체성**. 숙명여자대학교 대학원. 미간행박사학위논문.
박지원(2017). 유방암환자의 국제댄스 참여과정에서 나타난 여가몰입경험 과정분석. **한국웰니스학회지, 12**(3), 13-25.
박재만(2023). **복합레저 스포츠시설 종사자의 노동경험과 삶의가치**. 강원대학교대학원, 미간행 박사학위논문.
박형길(2015). 생활체육 동호회의 조직문화 요인 탐색. **한국엔터테인먼트산업학회지, 9**(2), 173-183.
변인숙(2010). 댄스스포츠 몰입경험의 재조명. **한국체육철학회지, 18**(3), 221-240.
빙원철, 석주일, 김학덕(2009). 대학농구동아리선수들의 카타르시스 경험에 관한 현상학적 이해. **한국체육철학회지**, 17(1), 1-17.
빙원철, 윤여탁, 이선장(2009). 심판권력으로 인한 태권도지도자의 윤리적갈등연구. **한국체육철학회지, 17**(2), 107-122.
배문정, 김한별(2021). 엘리트 선수들의 부상트라우마 경험에 대한 현상학적분석. **한국체육학회지, 60**(1), 135-151.
백미숙(2012). **'희망' YMCA 아기스포츠단 교육프로그램의 지속특성에 관한 문화 기술적 이해**. 인천대학교 대학원. 미간행박사학위논문.
서나은, 박성주(2024). 운동부 조직문화와 윤리적 의사결정. **스포츠와 윤리, 4**(1), 13-16.
서세안, 박보람(2017). 미술을 전공한 미술치료 석사과정생의 자기 작업 훈련에 관한 자문화기술지. **질적탐구, 3**(2), 221-269.
서정훈, 이경식, 김민철(2011). 기혼여교사의 여가경험 이해에 관한 문화기술지. **한국체육학회지, 50**(3), 133-142.
서진교(1996). **은퇴한 프로선수들의 사회적응과정에 관한 연구**. 한양대학교대학원, 미간행박사학위논문.
송강영,김이정(2010). 전문직여성의 요가수행체험 분석. **한국체육학회지, 49**(1), 341-350.
신경림, 김수지(1996). **근거이론의 이해: 간호학의 질적 연구 수행을 위한 방법론**. 서울: 한울미디어.
신나리, 원영신, 최영래(2013). 프리스타일 스노보드 참여자의 하위문화적 특성에 대한 이해. **한국스포츠사회학회지, 26**(2), 19-41.
신미애, 박영만(2023). 고등학교 체육교사가 인식하는 안전관리에 대한 현상학적 연구. **융합과 통섭, 6**(4), 41-61.
신승환(2013). 해양스포츠 전문인력 양성을 위한 체육학과 교과과정 방향성 탐색. **한국체육학회지, 52**(6), 359-372.
신은영(2004). **한국골프 대중화 과정과 골퍼의 생활세계에 관한 연구**. 명지대학교대학원, 미간행박사학위논문.
신현군, 이학준(2004). 오토바이폭주청소년들의심리분석. **한국체육철학회지, 12**(2), 1-13.
안현군(2005). extreme sport에서 몰입경험에 관한 연구. **한국체육철학회지, 13**(1), 1-16.
양한나(2008). 장애인의 수중운동 경험에 관한 현상학적연구. **한국특수체육학회지, 16**(2), 245-270.
오광진(2019). 특수체육학에서 전통적인 질적연구방법의 실천적 적용. **한국특수체육학회**, 27(3), 95-112.
오은선, 박정효(2022). 여성 산악인의 고산등반 체험에 관한 자문화기술지. **한국체육학회지, 61**(3), 17-31.
유영길,원영인,김지태(2019). 부모와 지도자의 관점에서 바라본 중학교축구선수의 인성발달저해요인 탐색. **한국체육학회지, 58**(2), 307-318.
유정애(2004). **(체육학에서의) 질적연구 논문작성법**. 서울: 무지개사.
유종현(2011). **엘리트 레슬링 지도자의 지도가치관에 대한 질적분석**. 명지대학교대학원. 미간행박사학위논문.
유태균,정은영(2009). 비보이댄스체험의 현상학적접근. **한국체육철학회지**, 17(3), 261-278.
유현미(2020). 국가대표선수의성격강점에관한현상학적연구. **한국콘텐츠학회논문지, 20**(8), 480-490.
유현미(2020). 여성노인의 지속적 운동참여에 관한 현상학적연구. **한국콘텐츠학회논문지**, 20(9), 494-502.
윤경(2009). **한국 남자캐디에 대한 문화기술적 이해**. 조선대학교 대학원. 미간행박사학위논문.
윤정희(2023). **신체활동과 웨어러블 디바이스의 만남: 사회적 수용과정과 주관적 인지구조**. 부산대학교대학원, 미간행박사학위논문.
윤현수(2013). 집단 따돌림 당하는 여중생의 학교야구스포츠클럽 활동경험에 관한 내러티브 탐구. **한국스포츠교육학회지, 20**(2), 159-176.
윤택림(2004). **(문화와 역사 연구를 위한) 질적연구방법론**. 서울: 아르케.
이경훈(2007). 농촌지역 여성노인들의 여가문화 인식에 관한 연구. **한국스포츠사회학회지**, 20(1), 13-27.
이광호(2003). **골프 프로화 과정에서 골퍼의 의식변화 과정에 대한 현장체험연구**. 연세대학교 대학원, 미간행박사학논문.
이덕분(1997). 리듬체조 선수들의 신체성과 공간성에 관한 체험분석. **한국체육학회지, 36**(4), 72-78.
이동기(2018). 노인의 골프교실 경험에 관한 현상학적 연구. **코칭능력개발지, 20**(4), 28-37.
이동성(2010). 초등학교 기초학습부진학생지도 경험에 대한 자문화기술지. **교육인류학연구, 13**(3), 141-168.
이동성(2011a). 초등학교 체육전담교사의 교수경험에 대한 자문화기술지. **초등교육연구, 24**(4), 45-70.

이동성(2011b). 한 교사 연구자의 변환적인 역할과 관점에 대한 자문화기술지. **교육인류학연구**, 14(2), 61-90.

이동재, 장덕선(1999). 스포츠 최상 수행에서의 긍정적 경험. **한국체육학회지, 38**(2), 328-345.

이동철,노형규(2015). 지체장애탁구선수의심리기술훈련경험에관한현상학적해석. **한국특수체육학회지, 23**(1), 1-22.

이성철,서광봉(2016). 국가대표 선수들의 여가 참여를 통한 자기경영 형성과정. **한국체육학회지, 55**(6), 583-593.

이세중,강광배,여인성(2010). 봅슬레이선수들의 운동경험과성장. **한국체육철학회지, 18**(1), 29-43.

이세중(2017). 스포츠해설에 대한 자문화기술지 연구(썰매종목 해설자의 정체성과 역할에 대하여). **한국과학예술융합학회, 31**, 269-281.

이승연, 김진원, 박휴경(2021). 노인운동지도자들의 수업 경험에 대한 자문화기술지. **노년연구, 7**(2), 19-43.

이영국, 안양옥(2017). 1인칭 체험연구의 배경과 특징 탐색: 자문화기술지와 셀프스터디를 중심으로. **한국스포츠교육학회지, 24**(3), 47-72.

이원일(2017). 운동중독 남편의 아내로 살아가기. **한국여성체육학회지, 13**(2), 53-67.

이은하(2013). **장애여성의 휠체어댄스스포츠 체험에 관한 생애사적 접근**. 경북대학교 대학원, 미간행박사학위논문.

이인경(2019). 질적연구과정돌아보기. **한국특수체육학회지, 27**(2), 123-137.

이철원(2004). **여가연구 이야기 = Narratives of leisure studies**. 서울: 대한미디어

이호중, 이근모, 임새미(2024). 엘리트 야구선수의 은퇴 후 사회인 야구 참여 과정과 의미. **한국융합과학회지, 13**(3), 39-60.

임승엽,진혁선,강재희(2024). 대한민국 제1호 트랜스젠더 운동선수의 경험을 통해 본 스포츠 포용성과 제도적 도전. **한국체육교육학회지, 29**(4), 163-176.

임새미, 이근모(2014). 교수테니스동호회에 대한 문화기술적 이해. **한국스포츠사회학회지, 27**(4), 1-26.

임진선(2018). 요트참여자들의 진지한 여가경험 과정분석과 그 의미탐색. **한국여가레크리에이션학회지, 42**(1), 25-38.

임충희(2004). **육상 단거리 엘리트 선수출신들의 탈 사회화에 관한 문화기술적연구**. 한국체육대학교 대학원, 미간행박사학위논문.

임충희(2004). **육상 단거리 엘리트 선수출신들의 탈 사회화에 관한 문화기술적연구**. 한국체육대학교 대학원, 미간행박사학위논문.

정경환, 원영신, 이주연(2018). 학생선수 폭력경험에 대한 문화기술지 연구. **한국웰리스학회지**, 13(4), 175-186.

장덕선(1999). 스포츠최상수행에서의 긍정적경험. **한국체육학회지, 38**(2), 328-345.

장민기, 김지선, 이근모(2023). 나노사회의 풋살 열풍: 풋살용병 문화를 중심으로. **한국스포츠사회학회지**, 36(1), 99-114.

정영희(2010). **볼링지도자의 지도행동 특성에 대한 문화기술적 연구**. 단국대학교대학원, 미간행박사학위논문.

장용규, 김동식(2020). 젠더화 된 공간: 초등학생들의 방송댄스 문화에 대한 비판적 문화기술지. **초등체육학회지**, 25(4), 39-60.

정윤지, 최명경, 이준성(2022). 중장년층의 성인 발레 참여 경험과 삶의 의미에 관한 현상학 연구. **한국여성체육학회지**, 36(1), 29-49.

조가람,강유석(2019). 특수체육지도자의 윤리적 갈등경험 탐색. **한국특수체육학회지, 27**(2), 139-153.

조미호(2007). **댄스스포츠 심판의 판정 전문화에 대한 질적분석**. 동덕여자대학교 대학원. 미간행박사학위논문.

조순묵, 이기천, 최의창, 박종률(2002). 초등학교 예비교사의 반성성향과 수업운영전략 분석. **한국스포츠교육학회지, 9**(2), 102-123.

조용환(1999). **질적 연구: 방법과 사례**. 서울: 교육과학사.

조은정(2021). **배드민턴 동호인의 승급 문화의 특성**. 숙명여자대학교대학원, 미간행박사학위논문.

장승현, 전원재(2022). 암벽등반은 삶을 어떻게 변화시키는가 베테랑 암벽등반가 삶의 변화에 대한 내러티브 탐구. **한국체육학회지, 61**(3), 1-15.

정석인, 최대혁, 안현균(2020). 생활체육 풋살 동호회 참여자의 진지한 여가 참여 과정에 대한 내러티브 연구. **한국체육학회지, 59**(2), 49-57.

정은주,박수정(2009). 댄스스포츠 활동의 진지한 여가 참여과정에 대한 근거이론적 접근. **한국여성체육학회지, 23**(3), 119-132.

정현철, 김대진(2020). 학습자 중심 체육수업 운영 경험에 관한 자기 연구. **한국스포츠교육학회지, 27**(2), 139-157.

차민철,김기철, 안양옥(2010). 초등 체육 교과서 집필 과정에 대한 내러티브 탐구. **한국스포츠교육학회지, 17**(1), 145-169.

최명경,윤여경,이광용(2021). 중년 여성의 승마 참여와 삶의 의미에 관한 현상학 연구. **한국체육학회지, 60**(4), 73-84.

최아라, 배명훈, 김영식(2021). 소프트볼 선수들의 은퇴, 직업전환, 회귀 경험 및 의미에 대한 내러티브 탐구. **한국체육교육학회지, 26**(1), 17-39.

최원준, 김진희(2006). 학교체육에서의 교사연구자: 반성과 성찰의 실천. **한국체육학회지, 45**(1), 351-362.

최윤희, 최윤소(2022). 유아의 신체놀이 속에 나타나는 몸짓에 관한 현상학적 의미 탐색. **체육과학회지, 10**(2), 3-25.

최의창(2016). 스포츠(교육학) 분야의 질적 연구-한질적 연구자의 하프 라이프 스토리-. **질적탐구**, 2(2), 31-55.

최재섭(2014). 한 은퇴선수의 경력전환에 따른 정체성 변화에 대한 자문화기술지. **교육인류학연구, 17**(1), 63-102.

최재섭, 권상현(2018). 대학 운동선수들의 은어와 스포츠 팀 문화에 내포된 심리요인 탐색의 문화기술지. **한국웰리스학회, 13**(3), 435-449.

최호진, 임수원, 권기남(2008). 고등학교 중도 탈락 운동선수의 학교생활 적응과정. **한국스포츠사회학회지, 21**(3), 609-624.

최희진(2009).『체육교사모임』운영 교사의 내러티브 탐구. **한국스포츠교육학회지, 16**(2), 135-154.

하정미, 좌문경(2016). 사회복지연구에서의 자문화기술지 연구방법의 가치와 적용: 공동자문화기술지를 활용하여. **한국사회복지질적연구, 10**(2). 41-75.

한슬기, 이원희, 여인성(2013). 비판적 문화기술지: 여성 승마 선수로 살아가기. **한국체육학회지, 52**(2), 41-55.

허정민, 임수원(2011). 장 보드리야르의 소비사회이론 관점에서 본 청년기 남성의 몸만들기 문화. **한국체육학회지, 50**(3), 155-164.

한민석, 김은혜(2015). 체육학에서 질적연구의 고찰. **교육인류학연구**, 18(1), 29-65.

함은주(2005). **글로벌 미디어스포츠 시청경험과 신자유주의적 문화정체성**. 연세대학교대학원, 미간행박사학위논문.

홍성용, 이광호, 육동원(2023). 아이스하키 선수들의 재활과정 심리적 변화 및 복귀 후 부상 트라우마 현상에 대한 현상학적 접근. **한국체육학회지, 62**(3), 381-396.

황관식(2008). **체육고등학교 체육교사의 운동부 운영에 관한 문화기술적 사례 연구**. 한국교원대학교 대학원. 미간행박사학위논문.

황상현, 노형규(2023). 장애인 가족의 수상레저스포츠 체험에 대한 현상학적연구. **한국특수체육학회지**, 31(4), 51-67.

Anderson, L. (2007). Analytic autoethnography. *Journal of Contemporary Ethnography*. *35*(4). 373-395.

Bouchner & Ellis (Eds). (2000). *Ethnographically speaking*. New York: Altamira Press.

Bradley J. Bakera, Xiaochen Zhoua, Anthony D. Pizzoa, James Dub, Daniel C. Funka. (2017). Collaborative self-study: Lessons from a study of wearable fitness technology and physical activity. *Sport Management Review*, *20*(2017), 114-127.

Chang, H. (2007). Autoethnography: Raising cultural consciousness of self and others. *Studies in educational ethnography*, *12*. 207-221.

Chang, H. (2008). *Autoethnography as method*. Walnut Creek. CA: Left Coast Press. Inc.

Chang, H., Ngunjiri, F. W., & Hernandez, K. C. (2013). *Collaborative autoethnography*. Walnut Creek. CA: Left Coast Press

Chang, H. (2016). *Autoethnography as method*. New York: Routledge.

Glaser, B. & Strauss, A. (1967). *The Discovery of Grounded Theory: Strategies for Qualitative Research*. New York: Aldine de Gruyter.

Goh, T. L. & Hannon, J. (2008). Noble triad or devil's triangle? An autoethnography of aneophyte university supervisor. *Graduate Journal of Sport, Exercise and Physical Education Research*, *1*, 65-80.

Mason, Jennifer. (1999). **질적 연구방법론**. 김두섭 역. 서울: 나남출판사.

Jones, S. H., Adams, T. E., & Ellis, C. (2013b). Introduction: Coming to know autoethnography as more than a method. In S. H. Jones, T. E. Adams, & C. Ellis (Eds.), *Handbook of autoethnography* (pp. 17-47). Walnut Creek. CA: Left Coast Press.

John W. Creswell. (2005). **질적 연구방법론: 다섯 가지 전통**. 조흥식(역). 서울: 학지사.

Russell, C. (1999). *Experimental ethnography: The work of film in the age of video*. Durham: Duke University Press.

Schreiber, R .S. & Stern, P. N. (2003). **근거이론 연구방법론**. 신경림 & 김미영(역). 서울: 현문사.

Shapiro, E. R., & Atallah, Gutierrez. C. (2020). cultivating Feminist Transnational Practice with Immigrant Woman: A Collaborative Autoethnography. *Women & Therapy*, *2020*, 1-22.

Strauss & Corbin(1990) Strauss, A. & Corbin, J. (1990). *Basics of qualitative research: grounded theory procedures and techniques*. Newbury Park: Sage Publication.

제 14 장

한국 다문화교육과 질적연구[1)]

최수안(건국대학교)

1. 한국 다문화교육의 여정: 사회적 변화와 학문적 탐색

2024년 12월 기준, 한국에 체류하는 외국인은 약 265만 명에 달하며, 그 수는 지속적으로 증가하고 있다(법무부 출입국 · 외국인정책본부, 2025. 1.). 한국은 2007년 체류 외국인 100만 명을 넘어섰으며, 이는 결혼이주와 방문취업제의 시행으로 조선족 이주민이 급증한 데에서 기인하였다(법무부 출입국 · 외국인정책본부, 2010: 725). 이는 단순한 인구 통계의 변화에 그치지 않고, 한국 사회의 문화적, 경제적, 교육적 구조 전반에 영향을 미치며, 다문화교육 연구의 필요성과 중요성을 본격적으로 부각시켰다.

특히, 2020년대 이후 한국 사회는 급격한 생산인구 감소와 이주민 증가라는 구조적 변화를 동시에 맞이하고 있다. 현재의 국가 수준을 유지하기 위해서는 2030년까지 414만 명 이상의 이민자가 필요할 것으로 전망되며(이민정책연구원, 2022), 이는 다문화교육이 단순한 정책적 과제를 넘어, 사회통합과 지속가능한 발전을 위한 핵심적인 요소로 자리 잡아야 함을

1) 본 장은 최수안(2024)의 논의에서 출발하였으나, 내용과 틀은 새롭게 재구성되었음을 밝힌다.

의미한다. 그러나 이러한 사회적 변화에도 불구하고, 국민들의 다문화수용성은 여전히 정체된 상태이다. 여성가족부의 '국민 다문화수용성 조사'(2022)에 따르면, 2021년 다문화수용성 점수는 52.27점으로 2012년(51.17점)과 비교해 거의 변화가 없었다(김이선 외, 2022). 이는 다문화교육 연구가 양적으로 확대되었음에도 불구하고, 사회적 인식 변화로 이어지는 데는 한계를 보였다는 점을 시사한다.

이러한 사회적 변화 속에서 다문화교육 연구는 단순히 교육적 지원을 위한 정책적 접근을 넘어, 사회적 관계 속에서 다문화적 공존과 협력을 실현하는 방향으로 발전해야 한다는 요구를 받고 있다. 이에 따라 다문화교육 연구는 특정 분과나 영역에 한정되지 않고, 교육학, 사회학, 인류학, 정책 연구 등 다양한 학문 분야에서 수행되면서 폭넓은 학문적 논의를 형성해왔다. 이는 다문화교육이 단순한 교육적 차원을 넘어 사회정책, 법제도, 문화 연구 등과 밀접하게 연결되며, 연구 결과가 정책적으로 환류될 가능성을 갖고 있다는 점에서 중요한 의미를 지닌다. 그러나 다문화교육 연구가 정책과 실천을 연결하는 과정에서 이론적 논의와 실제 사회적 변화 사이의 간극이 존재하며, 질적연구가 이 간극을 좁히는 데 어떻게 기여할 수 있는지에 대한 탐색이 필요하다.

질적연구는 다문화교육 연구와 정책적 실천 사이의 간극을 해소하는 데 중요한 역할을 할 수 있다. 기존의 양적연구는 다문화교육 정책 수립과 실태 조사에 중요한 기여를 해왔지만, 질적연구는 다문화교육 현장에서 이루어지는 실천과 개인적 경험을 심층적으로 조명하는 데 강점을 가진다. 특히, 질적연구는 이주민과 다문화가정의 목소리를 직접 반영할 수 있는 도구이며, 다문화사회를 정교하게 이해하는 데 기여할 수 있다.

이러한 점에서 한국의 다문화교육 연구가 단순한 정책적 대응을 넘어, 다문화적 공존과 협력을 실질적으로 구현하기 위한 방향으로 나아가기 위해서는 질적연구의 역할이 더욱 중요해질 것이다. 지금까지의 연구들은 다문화교육 연구의 정책적 한계나 실천적 적용의 부족을 지적하는 연구들이 많았다(박윤경, 박선운, 2021; 염태근, 소경희, 2024). 이러한 연구들은 연구와 현실 간의 괴리를 좁히려는 시도로서 중요한 의미를 가진다.

하지만 이러한 접근은 한국 다문화교육 질적연구가 쌓아온 탈식민적 지식 축적의 긍정적인 측면을 간과할 위험이 있다. 질적연구는 단순히 한계를 분석하는 데 그치는 것이 아니라, 지금까지 축적된 연구들이 어떤 의미를 가졌으며, 그것이 향후 실천적 변화로 어떻게 연결될 수 있는지를 탐색하는 작업도 병행되어야 한다. 다문화교육 연구에서 실천적 아이디어를 제공하고 정책적 개입과 연결하는 방식에 대한 논의가 지속적으로 이루어져야 하며, 이를 위해 지금까지의 연구들에서 도출된 중요한 성과들을 조망하는 과정이 필요하다.

따라서 본 장에서는 한국 다문화교육 질적연구가 지금까지 다룬 다양한 연구들을 분석하면서, 방법론 및 내용적 성과를 조명하고, 이를 기반으로 향후 연구가 나아가야 할 방향을 논의하고자 한다. 기존 연구에서 제기된 한계점과 축적해온 성과를 종합적으로 분석함으로써, 연구와 실천 간의 간극을 좁히고, 보다 실천적인 다문화교육 질적연구의 방향을 모색하는 데 초점을 맞출 것이다.

이에 본 장에서는 한국 다문화교육 질적연구의 발전사를 시기별로 분석하고, 주요 연구의 흐름과 전환점을 탐색하고자 한다. 구체적으로, ① 다문화교육 개념 도입과 연구의 시작(이전기: 1980-1992년와 태동기: 1993-2005년), ② 다문화교육이 학문적으로 정착하는 과정(도입기: 2006-2011년), ③ 연구 대상과 접근이 확장되는 과정(확장기: 2012-2020년), ④ 협력과 공존이라는 새로운 패러다임을 모색하는 과정(재정립기: 2021년~현재)으로 구분하여 논의할 것이다.

2. 한국 다문화교육의 질적연구에 대한 역사적 발달

한국은 1980년대 후반 급속한 경제성장을 경험하면서, 이주노동자, 결혼이주여성, 재외동포 등의 유입이 증가하였고, 이에 따라 인구학적 측면에서 다문화사회로의 전환이 이루어져 왔다. 이에 맞추어 다문화교육에 대한 연구도 점진적으로 발전해왔다.

전재영(2011)은 한국 다문화교육의 시기적 변천 과정을 다문화교육 이전기(1980-1992년), 다문화교육 태동기(1993-2005년), 다문화교육 준비기(2006-2011년)으로 개념화하였다. 이후, 박윤경과 박선운(2022)은 2006년 이후를 좀 더 세분화하여, 도입기(2008-2011년), 확장기(2011-2015년), 정착기(2016년~)로 구분하였다. 또한, 구정민과 강은주(2024)는 1998년부터 2021년까지의 연구 동향을 4년씩 6개의 분기로 나누어 분석하였다.

그러나 2016년 이후를 '정착기'로 명명하는 것이 적절한지에 대한 재검토가 필요하다. 코로나19 팬데믹 이후 외국인에 대한 혐오와 차별이 심화되었으며, 사회적 · 구조적 차별이 더욱 선명하게 드러났다(김강남, 2021; 윤자호, 2021; 박애리 외, 2022). 또한, 2020년을 정점으로 한국의 인구 감소가 본격적으로 시작되었으며(통계청, 2021), 이에 따라 한국 사회는 노동력 부족과 경제 유지 문제에 직면하고 있다. 이에 대응하기 위해 고학력 인재 유치, 이주노동자 확대, 필리핀 가사도우미 도입 등의 적극적인 이민 정책이 논의되고 있는 상황이다(이병하 외, 2023).

다문화교육 질적연구의 측면에서도 여전히 이들의 경험을 이해하는 측면에 한정되어 있으며, 이러한 경험을 바탕으로 적극적인 대안을 제시하거나 새로운 담론을 구축하려는 시도가 계속되고 있다(최수안, 2024). 과거 다문화교육 질적연구가 결혼이주여성이나 교원, 다문화가정 자녀 중심으로 논의되었다면, 최근에는 이주노동자, 유학생, 고숙련 인력 등으로 그 범위가 확장되고 있다. 이에 따라 기존의 연구 시기 구분을 재조정할 필요가 있으며, '정착기' 대신 '다문화교육 재정립기(2021년~현재)'를 제안하고자 한다. '재정립기'는 다문화교육이 완전히 정착된 것이 아니라, 다양한 이주민 집단의 변화와 새로운 정책적 필요에 맞추어 교육 패러다임을 재구성하고 방향성을 재정립하는 과정임을 반영한다. 따라서 기존의 연구 시기 구분을 다음과 같이 새롭게 설정하였다.

- **다문화교육 이전기(1980-1992년)**: 한국 사회에서 다문화라는 개념 자체가 논의되지 않았으며, 해외 사례 소개가 이루어진 시기이다.
- **다문화교육 태동기(1993-2005년)**: 국제결혼 증가와 외국인 노동자 유입으로 인해 다문화 사회로의 전환이 가시화되었으며, 다문화교육이 필요하다는 인식이 점차 확산된 시기이다.
- **다문화교육 도입기(2006-2011년)**: 다문화가정 자녀를 위한 교육 정책이 본격적으로 도입되었으며, 다문화교육이 제도적으로 자리 잡기 시작한 시기이다.
- **다문화교육 확장기(2012-2020년)**: 다문화교육의 대상이 결혼이주여성 및 다문화가정 자녀에서 중도입국 청소년, 이주노동자 등으로 확장되었으며, 질적연구가 활발하게 이루어진 시기이다.
- **다문화교육 재정립기(2021년~현재)**: 코로나19 팬데믹과 인구위기 속에서 이주민 정책이 변화하면서, 기존의 다문화교육 패러다임이 비판적으로 재검토되고 있으며, 협력과 공존의 방향성을 모색하는 연구가 증가하고 있는 시기이다.

3. 한국 다문화교육 질적연구의 지식 패러다임[2)]

다문화교육 질적연구에 대한 고찰은 시기별 발달 과정뿐만 아니라, 어떤 지식을 생성했는지 총체적으로 살펴보는 것이 필요하다. 이를 통해 연구의 역사성과 지식의 관계를 다층적으로 파악할 수 있다. 따라서 본 절에서는 Lather(2007)가 분류한 지식 패러다임 분류기준을 활용하여, 한국 다문화교육 질적연구에 대한 입체적인 이해를 도모한다. 지식 패러다임은 우

2) 본 절은 최수안(2024)의 연구내용을 바탕으로 재기술하였다. 최수안의 연구는 《다문화교육연구》와 《문화교류와 다문화교육》에서 2008~2024.7월까지 질적연구로 출판된 논문 112편을 바탕으로 Lather(2007)의 분류방법을 활용하여 지식 패러다임을 분석하였다. 그러나 112편의 논문이 한국 다문화교육 질적연구의 지식 패러다임에 대한 총체적인 맥락을 포괄하지 않을 수 있다는 한계가 있다.

리가 상황을 이해하고, 사고하며, 행동하도록 하는 하나의 프레임이다(Bennett, 2006). 한국 다문화교육 질적연구의 지적 토대와 연구자들의 인식론적 입장, 특정 지식 패러다임이 강조하는 가치와 한계 분석을 통해 다문화교육 질적연구가 이론적 · 실천적으로 어떠한 방향으로 확장될 수 있는지를 모색할 수 있다. 이를 통해 연구의 주요 흐름을 명확히 이해하는 것은 물론, 기존 연구가 놓친 논점이나 새롭게 개척해야 할 연구 영역을 탐색하는 데 기여할 수 있다.

질적연구에서 지식 패러다임은 연구를 통해 생성된 지식의 유형과 성격, 그리고 이 지식이 형성되는 과정과 맥락을 체계적으로 설명하는 틀을 제공한다. 이는 연구의 특정 단위 내에서는 비교적 고정된 형태로 나타나지만, 연구 과정에서 지속적으로 조정되고, 연구 결과가 독자에게 읽히는 과정에서도 새로운 해석이 추가되는 등 상호적인 측면을 지닌다. Lather(2007)는 Habermas(1983)의 논의를 바탕으로 네 가지 지식 패러다임을 제시하였다. 예측, 이해, 해방, 해체의 네 가지 패러다임은 서로 영향을 주고받으며, 특정 연구에서 단일한 패러다임만 작동하는 것이 아니라, 연구의 목적과 맥락에 따라 복합적으로 활용된다. 예를 들어, 이해의 지식 패러다임은 기존 양적연구에서 강조되던 예측의 한계를 성찰하는 과정에서 형성되었으며, 해방과 해체의 패러다임 또한 기존의 이해 중심 연구에 대한 비판적 재구성을 통해 등장하였다. 이러한 패러다임의 상호적 작동은 한국 다문화교육 질적연구에서도 확인할 수 있다.

한국의 다문화교육 질적연구에서는 이해의 지식 패러다임이 가장 두드러지게 나타난다. 이는 한국 사회에서 다문화교육과 관련된 다양한 현상들이 아직 충분히 탐구되지 않았으며, 연구자들이 정책 변화와 사회적 흐름에 맞춰 지속적으로 새로운 이해를 요구받기 때문이다(김진희 외, 2021; 남정연, 김영순, 2022; 유선영, 2023). 유선영(2023)의 연구는 '다문화가족' 개념에 대한 획일적이고 동질적인 인식에 문제를 제기하고, 다문화가족에 대한 다양한 이해를 구축하기 위하여 한-베 가족을 연구 대상으로 삼았다. 연구자는 베트남에 거주하면서 내러티브 연구를 수행하였으며, 현장 경험과 인터뷰 자료를 결합하여 다문화적 관계 형성의 과정을 탐색하였다. 이를 통해 '다문화가족'이라는 개념 자체가 국가의 경계를 초월한 삶의 다양한 방식들을 반영해야 한다는 점을 강조하였다.

다문화교육 질적연구는 다문화교육 연구가 정책적 사각지대를 발굴하고, 기존 다문화 담론에 대한 문제제기에서 시작된 연구적 배경과도 맞닿아 있다는 점에서 유선영(2023)의 연구와 같이 이해의 패러다임이라 할지라도 단순한 현상 기술을 넘어서는 특징을 가진다. 이는 질적연구가 본질적으로 기존의 이데올로기에 대한 다양한 평가와 성찰하는 특성에서도 기인한다 볼 수 있다(김영천, 1997). 그러나 일부 연구들은 기존 다문화 담론에 대한 숙고가 부족하고, 질적연구방법론에 대한 엄밀한 고려 없이 연구가 이루어지면서, 기존 담론을 무비판적으로 수용하고 강조하는 방향으로 흐르기도 한다.

해방의 지식 패러다임은 기존 권력 구조를 비판적으로 분석하고, 사회적 변화를 위한 실천적 대안을 제시하는 연구에서 나타난다. 이는 비판적 다문화교육에서 지향하는 바와 긴밀한 관련성을 가진다(Banks, 2009; Nieto, 2017). 이 패러다임에서 이루어진 연구들은 대체로 델파이 기법이나 초점집단면담 등을 활용하여 대안적 교육 모델을 제시하려는 시도를 지속해 왔다(김동진, 이슬기, 2021; 김영순 외, 2022; 오은순, 2010).

이러한 연구들은 기존 다문화교육에서 지배적인 인식과 관점을 비판하는 것에서 출발하고, 실천적인 대안을 마련한다는 데 중요한 의미가 있다. 그러나 일부 연구의 경우 새로운 대안을 마련하는 과정에서 한국인 전문가의 의견이 중심이 되는 한계가 나타나기도 한다. 다문화교육의 주체가 이주민만을 의미하는 것이 아니지만, 이주민을 위한 교육적 대안을 마련하는 연구에서 이주민의 실천적 역할을 더욱 적극적으로 고려할 필요가 있다는 점을 시사한다.

해방의 패러다임이 잘 반영된 사례로는 오영섭 외(2022)의 연구를 들 수 있다. 이 연구는 고려인 결혼이주여성의 인종문화정체성 발달 과정을 생애사 연구를 통해 분석하여, 이들이 한국 사회에서 겪는 정체성 문제를 탐구하였다. 연구자들은 고려인 여성들이 전략적으로 정체성을 구성하며, 사회적 관계 속에서 협상하는 방식을 분석하고, 기존 상담 모델의 구조적 한계를 지적하였다. 나아가, 연구 결과를 바탕으로 새로운 상담 모델의 가능성과 구체적인 전략을 제안하면서 사회적 실천과 변화 지향성을 담아냈다.

해체의 지식 패러다임은 기존의 당연하게 여겨지는 지식과 개념에 도전하고, 이분법적 사고를 분해하는 것을 목표로 한다. 권력 구조에 대항하여 특정한 대안을 제시하는 해방의 패러다임과 달리, 해체의 패러다임은 다문화교육의 개념 자체를 해체하고, 새로운 방식으로 재구성하려는 시도를 포함한다. 다만, 해방 패러다임도 실천적 대안을 제시한다는 점에서 해체와 해방이 반드시 대립되는 개념이라고 볼 수는 없다.

한학범(2021)의 연구는 기존 다문화교육의 동화주의, 다원주의, 비판적 관점을 해체하고, 다문화교육이 실제 교육 현장에서 조정되고 변형되는 방식에 주목하였다. 연구자는 사례연구를 활용하여, 교사들이 다문화교육을 실천하면서 겪는 혼재된 태도를 분석하고, 정책과 실천의 충돌 지점을 탐색하였다. 연구 결과, 교사들은 다문화교육을 실천하는 과정에서 동화주의적 태도와 비판적 태도가 혼합된 방식으로 작동하고 있음을 발견하였으며, 다문화교육의 개념 자체가 고정된 것이 아니라 맥락에 따라 변화하는 것임을 강조하였다.

이외에도 결혼이주여성에 대한 연구(강진웅, 2016; 오정미 외, 2022)가 해체적 관점을 포함하고 있지만, 이주민을 연구참여자의 경험을 바탕으로 해체의 지식 패러다임을 드러낼 때에는 이주민의 언어 사용을 세심하게 고려하는 연구 설계가 요구된다. 이를 통해 보다 다층적인 이야기를 수집할 수 있다(주재홍, 2021). 이는 더 넓은 의미에서 해체의 패러다임뿐만 아니라, 다문화교육 질적연구 전반에서 기존의 다문화 담론에 대한 해체와 더불어, 연구 설계에 대해서도 해체적 관점이 필요함을 의미한다.

4. 다문화교육 이전기(1980-1992년)와 태동기(1993-2005년): 다문화교육 개념 도입과 연구의 시작

한국에서 다문화교육이 본격적으로 논의되기 이전, 1980년대부터 2000년대 초반까지는 다문화 개념이 서서히 도입되고 교육적 논의가 점진적으로 확대된 시기였다. 이 시기는 다문화교육 연구가 본격적으로 활성화되기 전 단계로, 초기 연구들은 개념적 논의와 해외 사례를 참고하는 수준에 머물렀다. 하지만 1990년대 이후 다문화사회로의 변화가 가속화되면서, 다문화교육 연구가 본격적으로 등장하게 된다.

1980년대 한국에서 다문화교육에 대한 연구는 거의 이루어지지 않았다. 다문화사회라는 개념 자체가 한국 사회에서 중요하게 인식되지 않았기 때문이다. 김종석(1984)이 미국의 다문화교육 동향을 소개한 논문이 최초로 출판되었지만, 이후 약 10년 동안 다문화교육과 관련된 논문이 거의 발표되지 않았다. 이 시기의 연구 부재는 1980년대 한국 사회의 단일민족 중심적 사고와 국제적 이주 흐름에 대한 낮은 관심과 밀접하게 관련되어 있다. 다문화라는 개념이 정책적으로나 사회적으로 중요하게 고려되지 않았기 때문에, 학계에서도 이에 대한 연구가 활성화되지 못했다. 그러나 1988년 서울 올림픽을 기점으로 한국 사회는 급격한 경제성장을 이루게 되었다. 이로 인해 사회의 다양한 차원의 재생산을 유지하기 위해서 이주민의 필요성이 증가하였다. 실제로 이 시기 거주비자를 가진 이주노동자가 산업 현장에 배치되었고, 90년대에 이르러 국가 차원에서 결혼이주제도가 도입되었다.

한국 사회에서 다문화교육이 본격적으로 논의되기 시작한 시점은 1993년 김영삼 정부의 '세계화(全球化) 선언' 이후라 볼 수 있다. 세계화가 국가적 과제로 설정되면서, 한국 사회는 국제 사회에서 경쟁력을 갖춘 글로벌 시민을 양성하는 교육의 필요성과 동시에 전통적 가치와 한국인의 정체성을 유지하려는 교육적 요구 사이에서 균형을 맞추어야 하는 과제에 직면하게 되었다(전재영, 2011). 1990년대 후반부터는 외국인 노동자, 결혼이주여성, 귀국학생 등과 관련된 교육적 문제가 논의되면서 다문화교육 연구 필요성이 대두되기 시작했다.

태동기에는 다문화교육을 교과나 학습 활동에 통합시키고자 하는 시도들(이기숙 외, 2001; 박남수, 2000; 채정란, 1999)이 이루어졌다. 다문화교육에 대한 논의가 증가하는 상황에서 장인실(2003)은 미국에서 논의되는 다문화교육에 대한 개념을 구체적으로 소개하고, 민족이나 인종을 초월하여 평등한 교육 환경을 조성하기 위한 교육철학이라는 점을 강조하였다. 이는 한국이 단일민족 국가라는 인식이 강했던 당시 사회적 분위기 속에서, 다문화교육이 이러한 가치관에 도전하는 것일 뿐만 아니라, 개별 학습자의 다양한 배경과 경험을 고려하는 교육적 접근이 필요하다는 점을 시사하였다.

이 시기 다문화교육 연구가 이전기에 비하여 많이 이루어지기 시작했지만, 다문화에 대한 담론을 고찰하거나, 다문화교육을 적용할 수 있는 개념적 논의가 주를 이루었다. 질적이거나 양적인 차원에서의 연구는 거의 이루어지지 못했다. 실증적 연구가 적은 상황에서 일부 연구자들은 참여관찰을 활용한 질적연구를 시도하기 시작했다(구정민, 강은주, 2024). 권효숙(2003)의 연구는 귀국학생들이 한국 학교 환경에 적응하는 과정을 참여관찰을 통해 분석한 연구로, 당시 다문화교육 연구에서 질적연구 방법이 본격적으로 적용되기 시작한 대표적인 사례로 볼 수 있다. 권효숙은 '귀국반'이라는 특수한 교육 환경에서 학생들이 직면하는 문제를 심층적으로 탐색하며, 학교 내 제도적 한계와 교사 및 또래 집단과의 상호작용을 중심으로 연구를 진행하였다.

> 권효숙(2003)의 연구는 귀국학생들이 한국 학교에 적응하는 과정에서 겪는 복합적인 과제를 조명하면서, 당시 교육 현장의 한계를 드러냈다. 귀국학생들은 한국 학교 환경에 적응해야 하는 동시에, 해외에서 익힌 언어와 문화적 경험을 유지하고 발전시켜야 하는 이중적 요구에 직면했다. 그러나 학교는 이들의 외국어 능력 유지에 대한 높은 기대를 가지고 있음에도 불구하고, 이를 체계적으로 지원할 수 있는 제도적 장치는 미비한 상황이었다. 특히, 연구는 한국 학교가 귀국학생들을 바라보는 고정관념을 강조하였다. 일반적으로 학교는 귀국학생들이 영어 능력을 유지하기를 기대하지만, 실제로 이를 지속적으로 발전시킬 수 있도록 돕는 교육적 지원은 부족했다. 이로 인해 귀국학생들은 한국 학교에서 정체성 혼란을 겪거나, 언어적 측면에서 어려움을 경험하는 경우가 많았다.

이 연구가 가지는 중요한 의의는 다문화교육에 대한 실증적이고 경험적인 연구 데이터가 부족한 상황에서 귀국반 학생들을 둘러싼 맥락을 연구자의 참여관찰과 담당 교사의 목소리를 통해서 드러냈다는 데 있다. 권효숙은 귀국학생들의 교실 내 상호작용을 관찰하면서, 학생들이 어떠한 식으로 다문화적 경험을 하게 되는지 다양한 사례를 제시하여 제시하고 있다. 이를 바탕으로 귀국반이 처한 구조적 한계를 분석하고 개선 방향을 탐색하였다. 이는 한국의 다문화교육과도 밀접한 연관성을 가지며, 다문화가정 자녀들을 대상으로 하는 현재의 다문화교육이 권효숙의 귀국반 학생들의 경험과 유사한 특성을 보여준다. 예컨대 이중언어에 대한 중요성을 인지하고 있음에도 불구하고, 이것이 학교의 제도나 교사의 행동적 측면에서 실현되기 어려운 모순적 특성, 다문화교육의 표면적 실행 등은 확장기(2012-2020년) 이후에도 등장하고 있는 질적연구의 주제이다.

1980년대부터 2005년까지의 다문화교육 연구는 개념 도입에서 본격적인 연구로 발전하는 과도기적 시기였다. 1980년대에는 연구가 거의 없었으며, 1990년대 들어서야 다문화교육이 교육적 논의의 대상으로 자리 잡기 시작했다. 이 시기의 연구는 해외 사례를 참고하거나 개념적 논의를 중심으로 이루어졌으며, 실천적 연구는 제한적이었다. 그러나 2000년대 초반부터 일부 연구자들이 참여관찰과 면담을 활용한 질적연구를 시도하면서, 다문화교육 연구가 보다 심층적이고 실천적인 방향으로 나아가기 시작하였다. 이러한 흐름은 이후 다문화교육 도입기(2006-2011년)부터 보다 다양한 연구 주제와 방법론이 등장하는 데 기여하였으며, 다문화교육 연구가 학문적으로 자리 잡는 중요한 토대를 형성하였다. 즉, 이 시기는 한국 다문화교육 연구의 초석이 마련된 시기이며, 이후 발전의 기초를 다지는 과정이었다는 점에서 중요한 의미를 가진다.

5. 다문화교육 도입기(2006-2011년): 다문화교육의 정착과 탐색

2006년을 기점으로 한국에서 다문화교육 연구가 급격히 증가하기 시작했다(장인실, 차경희, 2012; 전재영, 2011; 최충옥, 조인제, 2010). 2007년에는 한국에 체류하는 외국인의 수가 최초로 100만 명을 돌파하면서(법무부 출입국 · 외국인정책본부, 2010), 다양한 이주민 집단과 다문화 교육에 대한 학문적 관심이 크게 확장되었다. 이에 따라 교과 교육, 학교 적응, 교사의 다문화 감수성, 이주민 가족의 교육적 지원 방안 등을 주요 주제로 한 연구들이 활발히 이루어졌다(전재영, 2011).

이 시기에는 다문화교육 연구의 학문적 정착을 보여주는 중요한 흐름이 나타났다. 대표적으로 다문화교육을 전문적으로 다루는 학술지가 창간[3]되면서, 본격적으로 다문화교육에 대한 연구가 활발하게 이루어지기 시작했다. 해외의 다문화교육 개념과 사례를 탐구하는 연

3) 대표적으로 이 시기 창간한 학술지로는 《다문화와 평화》(성결대학교 다문화평화연구소, 2007년 창간), 《다문화교육연구》(한국다문화교육학회, 2008년 창간), 《다문화사회연구》(숙명여자대학교 아시아여성연구원, 2008년 창간) 등이 있다.

구가 활발해졌으며(박윤경, 박선운, 2022; 박종도, 2019; 채영란, 2021), 여성가족부의 2008년 다문화가족지원정책, 교육부의 2012년 다문화학생 교육 선진화 방안 등의 정책적 변화와 맞물려, 정책 중심의 연구 또한 증가하였다(이상진, 장인실, 2024; 채영란, 2021).

도입기에는 해외 다문화교육 사례를 소개하거나, 한국과 비교하는 연구가 많이 수행되었다. 그러나 이러한 연구들은 단순한 사례 도입이 아니라, 한국적 상황에서 어떻게 수용할 수 있을 것인가에 대한 비판적 논의로 이어졌다(장인실, 2006; 최충옥, 2009; 하윤수, 2009). 다문화교육의 필요성이 증가하면서, 기존의 서구적 개념을 그대로 적용하는 것이 아니라, 한국 사회의 역사적 · 문화적 맥락에 적합한 다문화교육 패러다임을 구축해야 한다는 인식이 확산되었다(홍원표, 2010). 이에 따라, 다문화가정 자녀들이 경험하는 교육적 어려움(윤갑정, 고은경, 2006; 서현, 이승은, 2007), 교사들이 다문화교육을 실천하는 과정에서 직면하는 어려움(박미경, 엄정애, 2007; 하은영, 2008) 등을 탐구하는 기초연구들이 이루어졌다. 이는 다문화교육 질적연구의 기반을 다지는 중요한 과정으로, 참여자들의 경험적 맥락을 깊이 이해하려는 시도에서 비롯되었다고 볼 수 있다. 이러한 연구의 흐름 속에서, 질적연구 방법론에 대한 논의도 활발해졌으며, 연구자들은 다문화교육 연구 현장에서의 방법론적 고민과 적용 가능성을 탐색하기 시작했다(김영천 외, 2010; 이동성 외, 2010).

김영천 외(2010)는 다문화가정 학생의 삶과 교육을 생애사적으로 탐구하는 과정에서 인터뷰 가이드 개발의 세부 과정과 결과를 제시하고 있다. 연구자는 총 6개의 영역을 설정하여 인터뷰 가이드의 체계적 구성을 제안했으며, 이를 통해 향후 연구자들에게 실질적인 지침을 제공했다는 점에서 의의가 있다. 또한, 인터뷰 가이드 개발 과정에서 질문 수정 및 보완의 과정을 구체적으로 기술함으로써, 연구자가 인터뷰를 설계하고 조정하는 방법론적 방향성을 제시했다. 이동성 외(2010)의 연구는 다문화교육 현장에서 연구자가 경험하는 방법론적 딜레마와 이슈를 정리하고, 이를 해결하기 위한 과정들을 탐색한 연구이다. 연구자는 현장 접근, 심층 면담, 타당도 확보라는 세 가지 측면에서 연구자가 직면하는 현실적 문제를 분석하고, 구체적 해결 방안을 제시했다는 점에서 의미가 있다. 김영천 외(2010)가 인터뷰 가이드 개발을 통해 연구 설계의 기초를 마련했다면, 이동성 외(2010)는 연구 과정에서의 실천적 고민과 해결 방안을 탐색하며 연구자의 태도와 접근 방식의 중요성을 강조했다는 점에서 의의를 가진다.

이후 다문화교육 질적연구에서 다문화 배경을 가진 연구참여자들의 경험을 연구할 때, 연구참여자를 비롯하여, 연구참여자의 경험과 관계된 다양한 사람들과 맥락을 복합적으로 탐구하는 경향성이 증가하였다. 또한 질적연구의 초점이 구조적 맥락이나 전반적인 특성을 제시하던 것에서 벗어나 연구참여자의 관점에서의 심층적이고 특수한 맥락과 실질적인 한계에 주목하기 시작했다. 최성보(2011)는 다문화가정 초등학생의 학교생활적응을 심층적으로 탐구하기 위하여 다문화가정 초등학생과 학부모, 교사, 대학생 멘토 교사 등을 의도목적 표집을 통해 다문화가정 자녀들이 학교 현장에서 겪는 구체적인 어려움과 적응 과정 등을 그들의 목소리에 기반해서 분석을 실시하였다. 또한 오만석(2011)은 다문화가정의 어려움에 대한 일반적인 경향성을 제시하는 양적연구와 전반적인 이해만을 도모했던 질적연구가 실시되던 풍토에서 이루어진 의미있는 연구물이라 할 수 있다.

또한 다문화교육 질적연구에서는 연구참여자의 경험을 탐구하는 데서 나아가, 연구 결과를 실천적 지원과 정책적 개입으로 확장하려는 흐름이 나타났다. 오은순(2010)은 다문화가정 자녀의 어려움을 분석하는 기존 연구의 한계를 인식하고, 질적연구에서 도출된 주제를 기반으로 전문가 집단의 의견을 수렴하여 구체적인 지원방안을 모색하였다. 이는 질적연구적 접근이 다문화교육 연구에서 정책 및 실천과 결합되는 흐름으로 발전하는 과정의 일부로 볼 수 있다.

이상의 연구들은 다문화가정 학생들을 어떻게 효과적으로 지원할 것인가에 대해 다양한 방법을 활용하여 본격적으로 이루어졌음을 보여주는 사례라 할 수 있다. 그러나 도입기의 연구들은 다문화가정을 '지원이 필요한 대상'으로 설정하는 경향이 강했다. 다문화가정 자녀들이 겪는 어려움을 분석하고, 교사와 학부모가 이들을 어떻게 지도해야 하는지에 대한 연구가 많았으며, 다문화교육이 정책적 차원에서 '다문화가정 학생들에게 어떤 혜택을 제공할 것인가'라는 방식으로 접근되었다. 이러한 흐름 속에서, 서덕희(2011)의 연구는 기존의 접근과 차별성을 가지는 흥미로운 시도를 보여주었다.

서덕희(2011)는 다문화교육을 단순한 제도적 틀로서가 아니라, 일상적 삶 속에서 형성되는 과정으로 간주하며, 이를 구체적인 삶의 맥락 속에서 탐구하고자 하였다. 연구자는 결혼이주여성들과의 생애사적 탐구를 통해, 다문화적 상황에서 이루어지는 교육적 과정이 개별적 경험과 사회적 구조의 영향을 동시에 받는다는 점을 분석하였다. 특히, 기존 연구들이 다문화가정 자녀의 학업 성취나 적응 문제에 집중했던 것과 달리, 서덕희는 몸, 감각, 관계 맺기와 같은 요소들이 다문화교육에서 어떤 의미를 가지는지를 조명하였다. 또한, 연구참여자들의 생애사와 내러티브 탐구를 결합하는 방법론적 시도를 통해, 연구자는 연구자 자신의 오감으로 체험한 모든 것을 해석의 근거로 삼았다. 이는 다문화교육이 단순히 정책적 지원이나 제도적 실천에 국한되는 것이 아니라, 개인의 몸과 감각을 통해 체험되고 구성되는 과정임을 강조하는 중요한 연구적 접근이었다. 이 연구는 제도적으로 확립된 다문화교육이 사실은 삶과 동떨어진 것이 아니라, 일상에서 끊임없이 이루어지는 것임을 강하게 일깨워준다. 또한, 질적연구가 단순한 서술을 넘어, 다문화교육의 의미를 보다 깊이 이해하고 실천적으로 접근하는 데 어떤 울림을 줄 수 있는지를 보여주는 중요한 연구라 할 수 있다.

〈서덕희(2011). 세 여성의 삶, 세 차원의 다문화교육: 결혼이주여성들과의 만남을 통한 질적 탐구. 교육인류학연구, 14(1), 1-42.〉

해석의 준거로서 연구자의 체험

연구자는 연구를 시작할 때, 결혼이주여성들을 '도움이 필요한 존재'로 바라보는 전형적인 시각을 가지고 있었다. 이는 단순히 연구자의 개인적 편견이 아니라, 한국 사회 전반에서 널리 퍼져 있는 당연한 규범이자 암묵적 지식이었다. 연구자는 이러한 시각을 무의식적으로 내면화한 상태에서 연구를 시작했지만, 연구참여자들과의 만남과 지속적인 상호작용을 통해 점차 자신의 인식이 변화하는 경험을 하게 된다.

연구참여자들이 단순한 교육의 '수혜자'가 아니라, 자신들의 삶 속에서 새로운 지식을 생산하고, 이를 공유하며, 서로 배우는 존재라는 점을 발견한다. 연구자는 이러한 변화의 경험을 단순한 연구 과정이 아니라, 연구 해석의 주요 준거로 삼는다. 즉, 연구참여자들의 실천을 분석하는 과정에서 연구자 자신의 인식 변화가 반영되며, 연구자는 자신의 경험을 통해 결혼이주여성들의 삶을 더욱 깊이 이해하게 된다. 이러한 접근은 기존의 연구자 중심적 분석에서 벗어나, 연구자가 체험한 변화를 통해 연구참여자들의 실천과 의미를 해석하는 과정 자체가 연구의 일부가 되는 방식으로 전개된다. 연구자의 변화된 시각이 연구참여자들의 경험을 바라보는 프레임에 영향을 미쳤다는 점에서, 연구의 해석적 통찰은 연구자의 체험 속에서 형성된다고 볼 수 있다.

연구자와 연구참여자의 관계성

기존의 질적연구에서는 연구자가 연구참여자의 경험을 '기록'하고 '분석'하는 위치에 있었던 반면, 이 연구에서는 연구자가 연구참여자들과의 관계 속에서 자신의 기존 관점을 반추하고, 연구참여자들이 자신의 삶을 구축해 가는 방식을 새롭게 이해하는 과정이 이루어진다. 연구자는 연구참여자들을 단순한 연구 대상이 아니라, 다문화적 삶을 함께 살아가며 의미를 형성해 가는 공동 생산자로 바라본다. 연구참여자들은 기존의 사회적 틀 속에서 수동적인 존재로 인식되었지만, 연구자와의 관계 속에서 자신들의 경험을 적극적으로 발화하며, 연구 과정에도 영향을 미치는 주체적인 역할을 수행한다. 이러한 연구자-참여자의 상호작용은 연구자 자신의 위치성을 끊임없이 성찰하게 만들며, 기존의 연구자 중심적 시각에서 벗어나 보다 동등한 연구 관계를 형성하도록 이끈다.

또한, 연구참여자들과의 상호작용을 통해, 다문화교육이 단순한 정책적 지원이 아니라, 실제 삶 속에서 수행되는 과정이라는 점을 인식하게 된다. 연구참여자들은 한국 사회에서 부여된 역할에 단순히 순응하는 것이 아니라, 다양한 방식으로 대응하고 협상하며 자신의 삶을 구성해 나간다. 이는 연구자가 기존에 가졌던 '다문화교육 = 지원'이라는 공식적인 틀을 넘어서, 다문화교육이 개별적 삶의 실천 속에서 구성되고 변형되는 과정임을 깨닫게 하는 계기가 된다.

다문화교육의 체현성

세 명의 결혼이주여성의 생애사적 탐구를 통해 다문화교육이 단순히 교육적 지원이나 정책적 개입의 영역에 한정되지 않음을 강조한다. 특히, 연구참여자들이 자신의 몸을 통해 관계를 맺고, 갈등을 조정하며, 새로운 사회적 역할을 수행하는 과정 자체가 다문화교육의 한 형태임을 보여준다. 세 명의 결혼이주여성의 생애사적 탐구를 통해, 그들의 '몸'이 드러내는 다문화교육의 과정을 이해하려는 접근을 시도하였다. 다만 연구에서 연구참여자들의 모든 생애와 사회적 맥락을 충분히 제공하는 데 한계가 있었기 때문에, 연구자는 연구참여자들의 과거, 현재, 미래를 중심으로 한 생애 내러티브를 구성하는 전략을 활용하여 한국 사회의 문화적 맥락 속에서 다문화교육을 탐구하는 방식을 취하였다. 이 연구는 결혼이주여성들의 삶 속에서 다문화교육이 어떻게 '체현되는가'를 탐색하며, 이를 도구적, 인지적, 초월적 차원으로 구분한다. 이러한 다문화교육의 과정은 학교 교육과 같은 제도적 공간에서만 이루어지는 것이 아니라, 결혼이주여성들이 일상 속에서 관계를 맺고, 갈등을 조정하며, 사회적 역할을 수행하는 과정 자체가 다문화교육의 실천이라는 점을 강조한다.

다문화교육 도입기(2006-2011년)는 한국 사회에서 다문화교육 연구가 본격적으로 자리잡기 시작한 시기로, 정책적 논의와 연구적 관심이 동시에 증가한 시기였다. 이 시기의 연구들은 해외 다문화교육 개념과 사례를 도입하면서도, 단순한 수용이 아닌 한국적 맥락에서 이를 어떻게 적용하고 변형할 것인가에 대한 논의를 발전시키는 데 주력하였다. 또한, 다문화교육 연구가 개별 학문 분야에 국한되지 않고, 교육학, 사회학, 인류학 등 다양한 분야에서 교차적으로 연구되기 시작한 점도 중요한 특징이다.

도입기의 연구들은 다문화가정과 그 구성원들이 경험하는 어려움을 폭넓게 탐색하고 이해하는 데 집중했으며, 이러한 연구들을 통해 다문화교육이 정책적 차원을 넘어 실질적인 교육적 지원과 연결될 필요성이 있음을 시사하는 중요한 결과를 제공했다. 질적연구의 필요성이 강조되면서 다문화교육 현장에서 질적연구에 대한 방법론적 논의도 이루어졌다. 도입기 초기 연구들이 다문화가정과 관련된 전반적인 어려움을 탐색하는 데 집중했으나, 점차 보다 초점화된 연구로 발전해 갔다. 그러나 이 시기의 연구들은 다문화가정 학생을 '지원해야 할 대상'으로 바라보는 경향이 강했으며, 다문화교육을 단순히 다문화가정 학생들의 적응을 돕는 교육적 접근으로 규정하는 흐름이 지배적이었다.

이동성 외(2010)와 서덕희(2011)의 연구는 이들이 직접적으로 비판적 패러다임을 명시하지는 않았지만, 연구자들이 기존의 지식, 관계, 위치성을 반추하고 문제화한다는 점에서 비판적 인식을 내포하고 있다. 예컨대 이동성 외(2010)의 연구는 연구자가 다문화가정 자녀를 연구하는 과정에서 권력 관계와 라포 형성의 딜레마를 분석하며, 연구자의 위치성이 연구참여자의 경험에 영향을 미친다는 점을 인식하고 있다. 이는 기존 연구들이 연구자 중심의 시각에서 연구참여자를 '객체'로 취급했던 방식과 대비되며, 연구자가 단순한 관찰자가 아니라 연구참여자와 상호적인 관계 속에서 연구가 이루어져야 한다는 점을 강조하는 측면에서 비판적 인식을 담고 있다고 볼 수 있다. 또한 서덕희(2011)의 연구는 연구자가 자신의 인식이 연구참여자와의 관계 속에서 변화하는 과정을 적극적으로 성찰하고 있으며, 다문화교육이 단순한 정책적 지원이 아니라, 개인의 삶과 관계 속에서 형성되고 수행되는 과정이라는 점을 강조한다. 이는 기존의 다문화교육 연구가 주로 제도적 측면(지원, 정책, 적응)에 초점을 맞추었던 방식과 차별되며, 연구자 스스로가 연구 속에서 변형을 경험한다는 점에서 비판적 질적연구의 요소를 내포하고 있다.

도입기의 질적연구들은 다문화교육이 정책적 차원을 넘어, 연구자와 교육 실천가들이 어떻게 현장에서 다문화성을 이해하고 적용하는지를 탐구하는 방향으로 연구를 확장하는 계기를 마련했다. 또한, 연구 대상과 방법론이 점차 다변화되면서, 이후 다문화교육 연구가 보다 비판적이고 실천적인 접근으로 발전하는 데 중요한 출발점이 되었다.

6. 다문화교육 확장기(2012-2020년): 변혁을 위한 연구의 확장

2010년대 중반부터 한국 사회의 다문화교육 연구는 새로운 방향으로 확장되었다. 확장기에는 다문화교육에 관한 질적연구가 크게 증가했다(박윤경, 박선운, 2021). 다문화사회에서 발생하는 복합적인 경험과 관계를 보다 심층적으로 이해하기 위해, 질적연구의 필요성이 높아진 것이다. 태동기와 도입기에서는 양적연구가 다문화사회의 실태를 파악하는 데 기여했다면, 확장기에서는 질적연구가 보다 변혁적인 관점을 제공하며, 다양한 집단의 목소리를 탐구하는 역할을 수행하였다. 방법론적 차원에서 '질적연구'라는 포괄적인 용어를 사용한 논문이 다수 출판되었는데, 질적연구의 구체적인 방법론을 적시하지 않는 연구가 증가한 것에 대해서 두 가지 이유를 유추할 수 있다.

첫째, 다문화사회의 다층적인 문제와 상황 속에서 연구문제가 특정한 방법론에서 다루어지기 어려운 경우 질적연구의 유연성을 강조하기 위하여 질적연구라는 포괄적인 명칭을 채택한 것일 수 있다. 예를 들어, 임혜정(2017)은 자료수집으로 참여관찰과 면담을 활용하여 연구참여자들의 경험과 실천, 변화양상을 강조하였다. 이 연구는 공동체와 교육 실천의 문화적 맥락을 탐구한다는 점에서 문화기술지, 연구자와 연구참여자의 협력적인 관계형성이라는 점에서 참여연구, 연구참여자들의 삶과 교육 실천을 이야기로 재구성했다는 점에서 내러티브 연구적 특성을 혼합하고 있다. 반면, 장혜진(2015)의 연구는 다문화가정 유아를 가르치는 교사의 태도를 탐구하면서, 사례연구로서의 방법론적 접근을 명확히 명시하고 있다. 이 연구는 특정한 공간인 '교실'을 중심으로 연구를 수행하였으며, 연구참여자인 교사들의 태도와 실천이 다문화교육과 어떻게 연결되는지를 분석하였다. 이를 위해 참여관찰과 면담을 주요 자료수집 방법으로 활용하면서도, 연구의 초점이 개별 사례의 심층적 탐구에 맞추어졌기 때문에 사례연구의 틀을 유지하였다.

둘째, 질적연구의 방법론적 유연성을 강조하는 경향뿐만 아니라, 각각의 질적연구 방법론에 대한 공통점과 차이점에 대한 충분한 논의가 부족했기 때문일 수도 있다. 확장기에 접어들면서 질적연구가 크게 증가하였고, 이에 따라 질적연구의 필요성에 대한 공감대도 널리 형성되었다. 특히, 자료수집 및 분석과 같은 기술적 측면에 대한 관심이 높아지면서, 연구자들은 질적연구를 다문화교육에 대한 실천적인 시사점을 얻을 수 있는 방법론으로 적극적으로 활용하였다. 그러나 상대적으로 질적연구의 철학적 · 이론적 전통에 대한 논의는 충분히 이루어지지 않았으며, 연구자들 사이에서도 다양한 질적연구 방법론의 본질적 차이를 명확히 인식하는 데 한계가 있었다.

주제적 차원에서 교육 방향성에 대한 심도 있는 연구 등이 다양하게 이루어졌다(박윤경, 박선운, 2022; 채영란, 2021). 예컨대 다문화가정 자녀가 청소년기에 도달하면서 교육적 · 사회적 적응 문제가 본격적으로 대두되면서(이상진, 장인실, 2024), 관련 연구가 다양한 연구문제와 방법론을 활용하여 탐구되었다(김건숙 외, 2014; 손혜진, 2020). 한편 결혼이주여성에 대한 연구는 2007년을 정점으로 감소하는 경향을 보였지만, 여전히 주요 연구 분야로 자리 잡았다(박종도, 2019). 연구자들은 한국의 다문화사회 전환 과정에서 나타난 다양한 집단(이주 여성, 다문화가정 아동, 중도입국 청소년, 이주노동자 등)의 삶을 조명하며, 보다 실천적이고 다층적인 연구로 확장해 나갔다(안지영, 김지훈, 2014; 장인실 외, 2012).

이동성 외(2012)의 연구는 확장기 초기의 대표적인 연구로, 생애사적 접근을 활용하여 다문화가정 아동들의 경험을 탐구하였다. 생애사 연구는 개인들의 삶의 전체적 모습을 조망하여 그 정체성을 사회문화적 특수성 속에서 파악하는 것으로 연구참여자들이 가진 경험적이고 실제적인 지식을 찾으려는 질적연구 방법이다(김영천, 정정훈, 2021). 연구자들은 다문화가정 아동들의 삶과 교육을 둘러싼 제 당사자들을 목적표집하고, 이들의 복수적인 목소리에 기초하여 다문화가정 아동들의 생생한 생활세계와 실재를 제시하였다. 이러한 접근은 다문화 배경의 연구참여자들이 주체성과 자율성을 제시하는 기존의 연구들(서덕희, 2011; 조혜영 외, 2008; 최성보, 2011)에서 더 나아간 입체적 접근이라 할 수 있다.

〈이동성, 김영천, 황철형(2012). 다문화가정 아동들의 삶과 교육: 생애사적 목소리의 재구성. 다문화교육연구, 5(1), 137-154.〉

생애사적 목소리를 통한 다문화교육의 재구성

다문화교육 연구에서 연구참여자의 경험을 있는 그대로 드러내고 해석하는 것은 단순한 사례 기술을 넘어, 다문화적 삶의 맥락을 더욱 깊이 이해하는 과정이다. 생애사적 접근은 연구참여자들의 목소리를 중심으로 다문화적 정체성과 경험을 재구성할 수 있도록 한다. 이동성 외(2012)의 연구는 내러티브 인터뷰와 포커스그룹 인터뷰(FGI)를 주요 자료로 활용하면서도, 연구참여자들의 기억자료(memory data), 자기반성적 글쓰기, 편지, 이메일, 생활기록부 등의 다층적 자료를 결합하여 보다 입체적인 이해를 도모하였다.

이러한 연구 접근은 연구자의 시선이 아닌 연구참여자의 목소리를 중심으로 교육적 경험을 해석하고 서술하는 방식을 강조한다. 연구참여자들의 생애사적 이야기를 통해 드러나는 것은 단순한 개인의 경험이 아니라, 그들이 위치한 사회적 맥락 속에서 형성된 다문화적 관계와 교육적 현실이다. 또한, 이러한 접근을 통해 연구자는 특정 정책이나 제도에서 포착하지 못하는 개인적 경험과 감정, 관계 속에서 형성되는 학습과 적응의 의미를 탐색할 수 있다.

다문화가정 아동들의 교육적 경험과 생활세계의 다층성

다문화가정 아동들의 교육적 경험은 단순히 언어적·문화적 차이에서 기인하는 것이 아니라, 복합적인 사회경제적 요인과 제도적 구조 속에서 형성되는 다층적인 과정이다. 이 연구는 다문화가정 아동들이 학교에서 겪는 어려움이 단순한 한국어 능력 문제를 넘어, 가족의 사회적 배경, 교사의 인식, 학교의 제도적 한계 등 다양한 맥락에서 영향을 받는다는 점을 강조하였다.

연구자들은 다층적 자료를 결합하여 다문화가정 아동들의 교육적 경험이 개별적이고도 다층적인 방식으로 구성됨을 보여주었다. 다문화가정 아동들이 겪는 학업적 · 사회적 도전이 단일한 방식으로 설명될 수 없으며, 부모의 출신국가, 학력, 경제적 수준, 한국어 능력, 가정 내 교육 지원 체계 등 다양한 요인과 얽혀 있음을 드러내었다.

이러한 연구 접근은 다문화가정 아동들을 단순히 '특수한 지원이 필요한 집단'으로 바라보는 기존의 시선에서 벗어나, 그들의 교육적 경험이 어떻게 구성되고 변화하는지를 보다 입체적으로 탐색하는 데 기여한다. 특히, 기존의 정책 중심적 연구들이 다문화가정 아동들의 어려움을 일반화하거나 제도적 해결책을 모색하는 데 집중했던 반면, 본 연구는 각 아동이 속한 교육적 맥락과 생활세계 속에서 학습과 관계 형성이 어떻게 이루어지는지를 분석함으로써, 다문화교육이 보다 유연하고 개별화된 접근을 필요로 한다는 점을 시사한다.

다문화교육에서 시혜적 지원과 상호공존

다문화교육에서 시혜적 지원과 상호공존의 문제는 여전히 해결되지 않은 과제로 남아 있다. 연구자들은 다문화가정 아동들의 교육적 환경을 개선하기 위해 실천적 아이디어를 제시하면서도, 이러한 접근이 다문화교육의 흐름과 긴장 관계에 놓일 수 있음을 인식한다. 이 연구가 제시하는 중요한 시사점은, 질적 연구를 통해 다양한 연구참여자들의 관점을 반영함으로써, 시혜적 지원과 상호공존이 반드시 대립되는 개념이 아님을 보여주었다는 점이다. 연구자는 다문화가정 아동뿐만 아니라 어머니, 교사 등 다양한 교육 주체들의 목소리를 분석하면서, 다문화가정 아동들이 단순히 교육의 수혜자가 아니라 주체적 존재로 자리 잡을 수 있도록 하는 접근이 필요함을 강조한다. 이는 개별적 지원이 단순한 동화나 적응을 목적으로 해서는 안 되며, 다문화교육이 보다 포괄적이고 통합적인 관점에서 이루어져야 한다는 점을 시사한다. 특히, 연구는 생태학적 접근을 통해 다문화교육이 특정한 소수 집단을 위한 것이 아니라, 교육 시스템과 지역사회, 학급 공동체 전반에서 유기적으로 이루어져야 함을 강조한다. 이는 다문화가정 아동들을 주변화하지 않고, 그들의 개별성과 고유성을 존중하는 방식으로 교육 환경을 조성하는 것이 핵심임을 보여준다. 질적연구를 통해 도출된 이러한 제언은 다문화교육이 단순한 보상적 조치에서 벗어나, 주류 사회 내에서 자연스럽게 공존할 수 있는 구조적 변화를 모색하는 데 기여할 수 있음을 시사한다.

확장기에는 연구의 방향성이 보다 깊이 있는 질적 접근으로 이동하면서, 다문화교육이 단순한 지원이나 정책적 차원의 문제가 아니라, 개인의 경험 속에서 어떻게 형성되고 변화하는지를 탐색하는 연구들이 증가하였다. 질적연구는 특정한 이론적 관점과 연구자의 입장에 따라 연구 대상을 다층적으로 조망할 수 있는 특징을 가지며, 이는 다문화교육 연구에서도 중요한 역할을 수행하였다.

다문화교육 질적연구에서 생애사 연구, 내러티브 연구, 사례연구 등 다양한 방법론이 활용되면서 연구참여자의 경험을 보다 정교하게 분석할 수 있는 시도가 이루어졌다. 이는 단순히 다문화가정 아동이나 이주민의 어려움을 기술하는 것이 아니라, 그들의 경험이 개인적 · 사회적 · 구조적 요인과 어떻게 맞물려 있는지를 탐색할 수 있도록 한다. 예를 들어, 같은 다문화가정 아동을 연구하더라도 생애사적 접근은 그들의 성장 과정과 시간의 흐름 속에서 교육적 경험이 어떻게 형성되는지를 강조하는 반면, 내러티브 연구는 개인이 자신의 경험을 어떻게 해석하고 의미화하는지를 중심으로 분석할 수 있다.

이러한 질적연구의 풍부한 접근 방식은 다문화교육 연구에서 특히 중요한 의미를 갖는다. 다문화교육은 단순한 정책적 개입이나 교육 프로그램 설계만으로 해결될 수 있는 문제가 아니며, 개별 학습자의 경험과 교육적 환경, 사회적 관계 속에서 학습이 어떻게 이루어지는지를 총체적으로 이해하는 것이 필수적이다. 질적연구는 이러한 다문화교육의 다층적인 맥락을 조망할 수 있도록 하는 중요한 연구 방법론으로 자리 잡았으며, 인과관계를 확인하는 양적연구와는 차별되는 질적연구만의 고유한 강점이 본격적으로 부각된 시기라 할 수 있다.

교사 대상 연구에서도 질적연구의 특성이 드러나는 흐름을 확인할 수 있다. 예를 들어 확장기 이전 연구에서 교사들은 교육을 제공하는 입장에서 연구되었다면, 확장기 연구들은 교사 역시 다문화교육을 실천하는 과정에서 학생들과 함께 성장하는 존재로 인식하기 시작했다(김기영, 2014). 이러한 질적연구의 흐름과 변화는 문화교육이 단순히 정책적 차원에서 논의되는 것이 아니라, 교사 개개인의 교육철학과 실천을 강조하는 현장의 목소리가 더욱 중요하게 반영될 필요가 있음을 시사한다.

염세미와 손주한(2016)은 예비 교사의 협업 과정을 심도 있게 탐구함으로써, 예비 교사들의 개선 의지와 문제의식과는 별개로 실제적 경험의 부족이나 편향된 시각, 새로운 도전의 어려움이 있음을 확인하였다. 이성회(2016)의 연구 또한 34명의 교사를 대상으로 면담 및 포커스그룹 인터뷰를 통해 다문화교육의 실천 과정에서 교사들이 겪는 딜레마를 탐색하였으며, 특히 학교현장의 경직된 교사 문화나 평가 중심의 교육 시스템이 새로운 교육 시도를 어렵게 만든다는 점을 강조하였다. 앞선 두 연구가 교사들의 다문화교육 실천 과정에서의 구조적 어려움과 제도적 한계를 분석하는 데 초점을 맞추었다면, 장혜진(2015)의 연구는 참여관찰을 통해 이러한 어려움이 교사들의 '침묵'으로 표출되는 방식을 보다 심층적으로 탐구했다는 점에서 차별성을 가진다.

장혜진(2015)은 교사들이 다문화가정 유아들과 마주하며 다문화교육을 실천하는 과정에서 경험 속에서 '다름'보다는 '같음'을 강조하며, 다문화가정 유아가 경험하는 부정적 상호작용에 대해서 적극적으로 자신의 의견을 표출하지 않았다. 이들의 이러한 '침묵'은 다문화가정 유아가 일반가정의 유아와 다르지 않다는 교사들의 인식과 더불어, '다문화'를 교실 안에서 강조하지 않는 것이 다문화가정 유아를 위한 적절한 태도라고 인식하고 있었기 때문이다. 따라서 교사들의 침묵은 아무것도 하지 않는 것이 아니라, 침묵이라는 하나의 행위를 통해 다문화적 교실 환경을 평등하게 일구어 나가고자 하는 적극적인 행위로 해석될 수 있다. 그럼에도 불구하고 이동성 외(2012)가 제기한 것과 유사한 맥락에서 침묵과 적극적 개입의 적절한 균형이 이루어져야 함을 강조하였다.

확장기에는 다문화교육이 학교 내에서만 이루어지는 것이 아니라, 지역사회와의 연계를 통해 보다 포괄적인 교육적 환경을 조성해야 한다는 논의가 활성화되었다. 대표적으로 오연주(2018)의 연구는 다문화교육이 개별 교실이나 학교 단위에서만 논의되는 것이 아니라, 지역사회 차원의 협력과 연계를 통해 보다 실질적인 교육적 효과를 도모할 필요가 있음을 강조하였다. 이는 다문화교육이 단순히 학교 교육과정에 머무르는 것이 아니라, 사회적 네트워크 속에서 작동하는 과정임을 보여주었으며, 지역사회 기관, 다문화지원센터, 부모 교육 프로그램 등과의 연계 필요성을 시사하였다.

기존에 활발하게 이루어졌던 결혼이주여성에 대한 연구는 상대적으로 감소하는 경향을 보였으나, 연구의 방향성은 보다 심층적인 분석으로 전환되었다. 이전 연구들이 결혼이주여성의 한국 사회 적응과 정책적 지원 방안을 중심으로 논의되었다면, 확장기 연구들은 단순한 적응과 지원의 논리를 넘어, 기존 사회 구조에 대한 비판적 성찰을 바탕으로 개개인의 경험을 보다 심층적으로 탐구하는 방식으로 변화하였다(강진웅, 2016; 박규택, 2017; 이은아, 2012).

임혜정(2017)의 연구는 이러한 연구 흐름 속에서, 다문화교육을 아래로부터의 운동으로 바라보고, 결혼이주여성이 다문화교육의 주체로 자리 잡는 과정에 주목하였다. 임혜정은 주요 자료수집 방법으로 참여관찰과 인터뷰를 병행하였다. 이는 연구참여자들의 경험을 다층적으로 이해하고자 하는 중요한 시도로, 특히 참여관찰은 연구참여자들의 경험을 이해하는데 연구자가 머리로만이 아닌, 몸과 마음으로 이해할 수 있도록 한다. 또한 연구참여자들이 미처 인지하지 못했던 일상적인 내용들을 연구자가 발견하도록 돕는다(김영천, 2008). 임혜정은 이 연구를 통해 다문화교육의 주체로서 결혼이주여성을 탐구하고, 다문화교육의 구조적 한계와 새로운 가능성을 제시하였다. 다시 말해 다문화교육이 이주민 개인의 성장과 인식 개선뿐만 아니라, 지역사회 및 시민사회와의 협력 속에서 더욱 확장될 필요가 있음을 강조하였다. 이는 오연주(2018)가 제안한 지역사회 연계의 중요성과도 연결되며, 다문화교육이 단순히 특정 계층을 위한 것이 아니라, 사회적 공존과 학습을 위한 장이 되어야 한다는 점을 시사한다.

임혜정(2017)의 연구는 결혼이주여성들이 다문화교육의 수동적 대상이 아니라, 교육의 주체로서 역할을 수행하는 과정을 심층적으로 분석하였다. 연구자는 결혼이주여성들이 다문화강사로 활동하며 자신들의 경험을 교육에 반영하고, 이를 통해 다문화사회에서 동등한 주체로 인정받는 과정에 주목하였다. 특히, 다문화교육이 지속가능한 형태로 확장되기 위해서는 개별적인 활동을 넘어 시민사회와 지역사회와의 긴밀한 협력이 필수적임을 강조한다. 현재 다문화교육이 이주민의 성장과 인식 개선에 집중되어 있지만, 실질적인 사회적 변화는 선주민들의 교육과 성장 없이는 이루어지기 어렵다는 점에서, 다문화교육의 대상과 범위를 확대할 필요가 있다는 것이다. '아래로부터의 운동'은 다문화교육의 지속 가능성을 위한 조건으로 다문화교육이 국가 주도의 일방적인 정책이 아닌, 이주민과 시민사회가 함께 만들어가는 과정이 되어야 함을 강조한다. 이는 다문화교육이 단순히 이주민의 한국 사회 적응을 돕는 차원이 아니라, 한국 사회 전체가 다문화적 공존을 학습하고 실천하는 장으로 확장될 필요가 있음을 시사한다.

다문화교육 연구에서 질적연구는 단순한 경험 서술을 넘어, 특정한 교육적 현상과 경험이 어떠한 맥락 속에서 형성되고 변화하는지를 조망하는 중요한 도구로 작용한다. 확장기 이후 다문화교육 연구에서 나타난 다양한 접근 방식은 다문화교육이 단일한 정책적 해결책으로 환원될 수 없으며, 오히려 다층적이고 맥락적인 접근을 통해 보다 정교한 논의로 발전해 나가야 한다는 점을 시사한다. 특히, 연구자들은 연구참여자의 경험을 심층적으로 탐색하기 위해 내러티브 연구, 생애사 연구, 사례연구, 문화기술지 등 다양한 질적연구 방법론을 적용하며, 다문화교육의 맥락적 특성을 반영하는 데 주력하였다.

특히 확장기의 질적연구들은 단순히 다문화사회 구성원들에 대한 기초자료를 제공하는 차원을 넘어, 질적연구가 어떻게 실천적이고 구체적인 대안을 제시할 수 있는지에 대한 중요한 아이디어를 제공했다. 연구자들은 연구자의 위치성과 연구참여자의 관계성을 보다 성찰적으로 재고찰하고, 특정한 교육적 경험이 어떠한 맥락에서 형성되는지를 탐색하기 위해 참여관찰, 심층면담, 초점집단면담(FGI) 등의 방법을 적극적으로 활용하였다. 이를 통해 다문화교육이 특정 집단의 지원과 적응을 목표로 하는 것이 아니라, 다문화사회 전반에서 형성되는 복합적인 관계와 교육적 맥락을 탐색하는 과정임을 강조하며 연구의 범위가 확장되었다.

이와 동시에 질적연구 방법론이 확장되면서 연구방법 자체에 대한 성찰도 필요해졌다. 확장기의 연구들은 다양한 질적연구 방법론을 적용했지만, 일부 연구들은 특정한 연구방법을 명시하지 않은 채 '질적연구'라는 포괄적인 틀을 유지하는 경우도 있었다. 이는 다문화사회의 복잡성을 반영하기 위한 연구방법의 유연성을 의미할 수도 있지만, 동시에 연구자들이 질적연구의 방법론적 차이를 충분히 고려하지 못한 결과일 수도 있다. 또한 연구참여자 측면에서 다문화가정 아동과 결혼이주여성에 대한 연구가 활발하게 이루어진 반면, 이주노동자, 유학생, 난민 등 다른 이주민 집단에 대한 연구는 상대적으로 부족하였다(이민경, 2013). 또한, 이주민 당사자의 목소리를 직접 반영하려는 시도에도 불구하고, 여전히 다문화교육 연구는 정책 담당자, 교사, 한국인 전문가의 시각에서 분석되는 경향이 남아 있었다(최수안, 2024).

7. 다문화교육 재정립기(2021년-): 협력과 공존을 위한 전환

코로나19 팬데믹은 한국 사회의 여러 문제를 드러냈으며, 특히 이주민과 다문화가정의 취약성이 극명하게 노출된 사건이었다. 이주민들은 마스크 구매, 재난지원금 지급, 코로나19 진단 검사 등의 과정에서 차별을 경험하였으며, 이러한 문제들은 이주민의 인권 침해와 한국 사회 내 인종차별적 구조를 적나라하게 드러내는 계기가 되었다(윤자호, 2021). 경제적 측면에서도 이주민들은 더욱 불안정한 위치에 놓이게 되었다. 팬데믹 상황에서 비정규직과 저소득층 이주민 가정이 더 큰 경제적 충격을 받았으며, 이는 다문화가정의 생계와 자녀 교육 환경에 직접적인 영향을 미쳤다(남재현, 이래혁, 2023). 또한, 다문화가정 자녀들은 원격수업과 디지털 격차로 인해 교육권을 침해받았으며, 교육적 지원이 부족한 현실이 더욱 심각하게 인식되었다(이은혜, 장인실, 2021).

이와 동시에 한국 사회의 다문화수용성도 후퇴하는 경향을 보였다. 국민 다문화수용성 점수가 오히려 하락하였으며, 국내 언론에서도 다문화가정에 대한 부정적이고 차별적인 인식이 증가하는 양상을 보였다(박나래, 김한근, 2024). 이러한 상황은 단순히 팬데믹의 일시적 현상이 아니라, 한국 사회에서 다문화가 여전히 주변화되고 있으며, 다문화교육의 방향성 또한 근본적으로 재정립될 필요가 있음을 시사한다(김강남, 2021). 예컨대 다문화가정 자녀들은 현재까지도 여전히 차별과 배제의 상태에 놓여 있다.

이러한 맥락에서 재정립기에는 미성년자인 다문화가정 자녀에 대한 연구에서 확장하여, 성인이 된 다문화가정 자녀들의 가족관계, 정체성 확립 등에 관한 연구가 수행되었다(고용환, 박시균, 2023; 김재훈 외, 2022; 김진희 외, 2021). 이러한 종단적 접근은 한국의 다문화정책이 이들의 삶에 미치는 영향력을 종단적으로 인사이트를 제공해줄 뿐만 아니라, 성인기 다문화가정 성인기 자녀들의 심도 있는 목소리를 담아냈다는 데 중요한 의미가 있다. 특히 김재훈 외(2022)의 연구는 합의적 질적연구(Consensual Qualitative Research, CQR)를 활용하여 연구팀 내에서의 선입견에 기반한 분석과 해석이 아닌 연구참여자들의 명시적이고 미묘한 차별경험을 탐구하였다. 또한 다문화가정 청소년들의 차별경험에 대한 빈도를 제시하여 차별경험에 대한 맥락을 전달하였다.

> 김재훈, 연규진, 장현진, 김민선(2022)의 연구는 한국에서 성장한 다문화 가정 청년들이 경험하는 차별을 질적으로 분석하기 위해 합의적 질적연구(Consensual Qualitative Research, CQR) 방법을 활용하였다. 연구팀은 부모 중 한 명이 한국 국적을 지닌 국제결혼 가정의 자녀인 만 19세~34세의 청년 12명을 대상으로 심층 면담을 진행하고, 면담 자료를 분석하였다. 이 연구는 기존 다문화교육 연구가 주로 다문화가정 자녀의 아동·청소년기 경험에 초점을 맞춰 왔음에도 불구하고, 성인이 된 다문화가정 청년들의 사회적응 과정에서 차별과 편견이 지속되고 있음을 밝힌다. 연구 참여자들은 일상에서 미묘한 차별과 명시적인 차별을 경험했으며, 이는 미디어 속 다문화 가정에 대한 부정적 고정관념, 직접적인 무시와 따돌림, 제도적 차별 등 다양한 형태로 나타났다. 차별을 예상하고 다문화적 배경을 선택적으로 드러내거나, 차별을 내재화하면서도 반감을 갖는 등 다층적인 대응 방식이 확인되었다. 또한, 이러한 경험이 장기적으로 영향을 미쳐 부정적 정체성을 형성하거나, 편견에 둔감해지는 태도를 보이는 경우도 발견되었다. 연구에서 활용된 합의적 질적연구(CQR) 방법은 연구자 간의 합의를 통해 연구자의 편견을 최대한 배제하고, 연구참여자들의 다양한 경험을 깊이 있게 탐색할 수 있는 장점이 있다. 다문화교육 재정립기에 수행된 본 연구는 다문화교육 연구가 보다 심화된 형태로 발전하고 있으며, 차별을 경험한 당사자의 목소리를 중심으로 한 연구가 확대되고 있음을 보여주는 중요한 사례로 평가할 수 있다.

김재훈 외(2022)와 같이 재정립기에 출판된 연구들은 단순한 관련 연구 분야의 확장을 넘어, 기존 연구에 대한 비판적 성찰과 연구자로서의 위치성에 대한 재고라는 특징을 보여준다. 또한 확장기까지 축적된 다문화교육 질적연구들을 되돌아보며, 어떠한 연구들이 간과되었는지, 어떤 방식으로 연구가 수행되었는지 보다 면밀하게 탐색하려는 경향이 나타났다. 다문화가정 자녀들이 성장하는 과정에서의 미묘한 차별경험에 대한 탐구, 그리고 연구참여자의 관점을 최대한 드러내고자 하는 시도는 한국 사회의 구조적 차원에 내재되어 있는 프레임에 대한 비판적 시각을 드러냈다.

이러한 논의는 다문화가정 출신 개인들의 경험을 보다 심층적으로 분석하는 연구와 맞물려, 다문화사회에서 '한국인'의 정체성이 어떻게 구성되고 유지되는가에 대한 연구로도 이어진다. 심소현 외(2021)의 연구는 한국 사회에서 시민적 정체성이 강화되고 있다는 기존 논의에 대한 비판적 검토에서 출발한다. 기존 연구들은 한국 사회에서 종족적 정체성이 점차 약화되고, 법적 · 제도적 요건을 중심으로 한 시민적 정체성이 강조되고 있음을 보고해왔다. 그러나 이 연구는 만약 시민적 요소가 강화되고 있다면, 왜 이주민에 대한 수용성은 여전히 낮은 수준에 머물러 있는가라는 질문을 제기하며, 기존 연구의 가정에 문제를 제기한다. 이 연구는 서울 지역 중 · 고등학생들을 대상으로 질적 사례 연구를 수행하여, 한국인 정체성이 표층적 인식과 심층적 인식에서 어떻게 차이를 보이는지를 분석한다. 특히, 이주민에 대한 수용성 여부를 단순한 개념적 질문이 아니라, 구체적인 이주민 집단별 판단 과정을 탐색함으로써, 한국인 정체성이 단순한 시민적 개념이 아니라 사회적 맥락에 따라 유동적으로 작동하는 요소임을 밝혀낸다.

〈심소현, 박윤경, 조영달(2021). 서울 지역 중 · 고등학생들이 구성하는 한국인 정체성: 시민적 정체성 강조의 가능성과 한계. 다문화교육연구. 14(3), 117-142.〉

기존 학계 논의에 대한 비판적 검토

이 연구는 기존 학계에서 주장하는 '한국 사회에서 시민적 정체성이 강화되고 있다'는 담론을 비판적으로 검토한다. 기존 연구들은 시민적 정체성이 강조될수록 다문화적 포용성이 증가할 것이라는 가정을 바탕으로 논의를 전개해왔다. 그러나 이 연구는 한국 사회에서 시민적 정체성이 강조되더라도, 여전히 특정한 이주민 집단에 대한 배타성이 유지되는 현상을 설명하지 못하는 한계가 있음을 지적한다. 즉, 형식적으로는 시민적 요소(법적 요건, 사회적 기여도 등)가 한국인 정체성을 결정하는 중요한 기준으로 제시되지만, 실제로는 종족적 요소(출신 배경, 문화적 동질성 등)가 여전히 강하게 작동하고 있다. 이러한 점에서 기존 논의가 지나치게 이상적인 전제를 바탕으로 진행되었다는 점을 문제 삼고, 보다 현실적인 맥락에서 한국인 정체성을 분석해야 함을 강조한다.

자료 수집의 브리콜라주적 접근

전통적인 사례연구는 주로 반구조화된 인터뷰와 참여관찰을 통해 특정 대상의 경험을 탐색하는 방식으로 이루어진다. 그러나 이 연구에서는 이슈 스토리 기반 면접 자료를 개발하고 초점집단 면접(FGI)을 수행하는 방식을 채택함으로써 연구참여자들의 경험을 보다 유기적으로 탐색할 수 있도록 하였다. 이러한 접근은 연구 참여자들의 자발적이고 심층적인 반응을 유도하고, 면접 과정에서 보다 자연스럽게 의견을 이끌어낼 수 있도록 한다는 점에서 기존의 질적연구 방법과 차별성을 갖는다. 이러한 방법론적 선택은 중·고등학생이라는 연구대상에 특히 적합하였다. 청소년들은 단순한 개방형 질문보다는 구체적인 상황을 기반으로 한 질문에서 보다 적극적으로 반응하는 경향이 있으며, 이슈 스토리 방식은 그러한 참여를 극대화하는 효과를 가져왔다. 이 연구에서의 자료 수집 방법은 기존의 인터뷰 기반 사례연구를 넘어서는 복합적이고 창의적인 질적연구 접근을 보여주었다는 점에서 의의가 크다.

사회적 맥락 속에서 유동적으로 형성되는 시민적 정체성

한국 사회에서 시민적 정체성은 단순히 법적 요건만으로 형성되는 것이 아니라, 사회적 맥락에 따라 유동적으로 변형되는 특징을 지닌다. 기존 연구들은 한국인의 정체성을 이분형(종족적 vs. 시민적), 삼분형(종족적 vs. 문화적 vs. 시민적), 사분형(여러 요인의 혼합) 모델을 활용하여 분석해왔으나, 연구자들은 한국 사회에서 '국민'과 '민족' 개념이 중첩적으로 인식되기 때문에 이러한 모델들이 현실을 충분히 설명하지 못할 가능성이 크다고 지적한다. 이 연구는 청소년들의 시민적 정체성이 상황적 요인에 따라 조정될 수 있는 개념적 유연성을 지니고 있음을 밝혀냈다. 연구참여자인 중·고등학생들은 한국인의 자격 요건을 묻는 추상적인 질문에서는 비교적 개방적이고 시민적 요소를 강조하는 경향을 보였다. 그러나 특정 이주민 집단(예: 동남아 출신 이주민, 고려인, 조선족, 외국인 유학생 등)에 대해 한국인 여부를 판단할 때는 오히려 종족적 요소를 강조하는 태도를 보였다. 이는 한국 사회에서 시민적 정체성이 공적으로 강조되고 있음에도 불구하고, 여전히 종족적·문화적 요인이 실질적으로 작동하고 있음을 보여준다.

2021년 이후 한국 사회의 또 다른 주요 변화는 인구 감소와 이에 따른 인구위기 담론의 본격화이다. 2021년, 한국의 인구는 공식적으로 감소하기 시작했으며, 노동력 확보 및 지역사회 유지 방안으로 이주민 유입과 정착이 중요한 국가적 과제가 되었다(김강남, 2021). 이러한 정책적 흐름과 그동안의 다문화교육 연구에서 형성된 논의 흐름을 토대로 이주민이 단순히 '도움이 필요한 집단'이 아니라, 한국 사회의 중요한 구성원으로서 이들을 어떻게 재정립할 것인가에 대한 논의로 이어졌다. 이에 따라 이주민의 학업, 진로, 일 경험에 대한 다양한 질적연구가 수행되었다(김도혜, 2021; 남정연, 2024; 채향화, 김창대, 2022). 이와 관련하여 이예지(2024)의 연구는 베트남 출신 유학생들의 유학-취업-귀환-한국 재이주-정주 과정에서 작동하는 다양한 사회적, 제도적 경계를 탐색하고, 그들의 초국적 이동 전략을 분석하는 흥미로운 연구라 할 수 있다.

이예지(2024)의 연구는 유학생들이 학업 후 한국에서 취업을 희망하지만, 제도적 한계와 노동 시장 구조로 인해 비자발적으로 본국으로 귀환하는 현실을 지적한다. 또한, 일부 유학생들은 한국 유학 자본을 활용하여 베트남 현지 한국기업에서 경력을 쌓은 후, 다시 한국으로 재이주하는 경로를 모색하는 전략적 실천을 수행한다. 이는 단순한 유학 후 취업의 문제가 아니라, 한국과 베트남을 넘나들며 경제적, 사회적 자본을 구축해가는 과정으로 해석될 수 있다. 기존의 다문화교육 논의가 다문화가정 자녀와 이주노동자의 교육적 적응에 초점을 맞추었다면, 이제는 유학생과 같은 전문 인력 이주자의 경로를 분석하는 연구로 확장되고 있음을 시사한다. 이는 단순히 다문화교육을 '소수자를 위한 지원'이 아닌, 한국 사회의 지속 가능성을 위한 정책적 과제로 바라보아야 한다는 점에서 중요한 의미를 갖는다.

질적연구에서 특정한 방법론을 강조하는 것은 연구의 명확성과 일관성을 높이는 중요한 역할을 하지만, 복합적인 현상의 경우 한계가 있다. 이예지(2024)의 연구 또한 특정한 질적연구의 방법론을 명시하지 않았는데, 이는 유학생들의 초국적 경계를 넘는 과정의 복잡성에서 기인한 것으로 사료된다. 다만 이론적 논의를 통해 연구자의 문제의식을 명확히 하고, 분석 기준을 정립함으로써 특정 방법론을 명시하지 않은 연구의 유연성을 보완하고자 하였다.

다문화교육 연구는 재정립기에 접어들면서 기존 연구들에 대한 성찰과 비판적 재해석을 바탕으로 더욱 심화된 논의로 발전하고 있다. 코로나19 팬데믹과 인구감소 등의 사회적 변화 속에서 다문화가정과 이주민의 경험이 보다 복합적으로 구성되고 있음이 강조되었으며, 이를 반영하는 다양한 연구들이 등장하였다. 특히, 미성년자인 다문화가정 자녀에서 성인으로 성장한 이들의 삶을 조망하는 종단적 연구, 차별과 배제의 미묘한 양상을 탐구하는 연구, 다문화교육의 정책적 영향력을 분석하는 연구 등 새로운 연구 영역이 확장되었다.

방법론적 측면에서도 기존의 질적연구 접근을 확장하는 시도가 이루어졌다. 예를 들어, 김재훈 외(2022)의 연구는 합의적 질적연구(CQR)를 적용하여 연구자의 선입견을 배제하고 연구참여자의 경험을 보다 신중하게 해석하는 방식을 도입하였다. 또한, 심소현 외(2021)의 연구에서는 이슈 스토리 기반 면접과 초점 집단 면접을 활용하여 연구참여자들이 보다 자발적이고 심층적으로 자신의 인식을 드러낼 수 있도록 하였다. 이러한 방법론적 실험들은 기존의 반구조화 인터뷰나 참여관찰 방식에서 나아가, 연구참여자의 경험을 더욱 입체적으로 탐색할 수 있는 가능성을 제시했다는 점에서 긍정적인 평가를 받을 수 있다.

그러나 한편으로는 재정립기 연구들이 여전히 해결해야 할 과제도 존재한다. 우선, 연구

방법론의 다양성이 확대되고 있지만, 질적연구 방법론 간의 융합과 통합적 접근을 위한 논의가 부족하다는 점이 지적될 수 있다. 예컨대, 이예지(2024)의 연구는 초국적 이동을 경험하는 유학생들의 복합적 현실을 분석하면서도, 질적연구 방법론이 어떻게 융합되었는지 명시하지 않았다. 이러한 특성은 확장기 임혜정(2017)의 연구에서도 드러난다. 이는 연구대상의 복잡성을 반영하기 위한 선택이지만, 다문화교육 분야에서의 질적연구방법론에 대한 논의가 확장되기 위해서는 방법론의 융합에 대한 과정이 세부적으로 제시될 필요가 있다.

또한, 연구의 초점이 점차 확대되면서 다문화교육 연구가 단순히 교육적 차원의 문제를 넘어서 사회구조적 · 정책적 맥락을 고려하는 방향으로 나아가야 한다는 점도 강조된다. 다문화가정 자녀뿐만 아니라, 이주노동자, 유학생, 귀환 이주민 등 다양한 이주민 집단이 교육과 사회적 적응 과정에서 겪는 경험을 분석하는 연구가 더욱 필요하며, 이를 통해 다문화교육이 한국 사회 전반의 구조적 변화를 반영하는 학문으로 발전해야 한다.

8. 한국 다문화교육 질적연구의 20년: 성찰과 재구성, 그리고 그 이후

한국 다문화교육 질적연구의 발전 과정은 단순한 연구의 양적 증가를 넘어, 사회적 변화와 맞물리며 학문적 · 실천적 발전을 거듭해왔다. 다문화교육이 본격적으로 논의되기 시작한 도입기(2006-2011년)에는 다문화가정 자녀와 교사를 중심으로 연구가 진행되었으며, 확장기(2012-2020년)에는 연구 대상이 중도입국 청소년, 이주노동자, 지역사회 등으로 확장되면서 질적연구가 활성화되었다. 이후 재정립기(2021년~현재)에서는 연구 주제가 보다 심층적으로 변화하며, 단순한 적응과 지원을 넘어 다문화교육의 구조적 · 실천적 문제를 재구성하는 연구들이 증가하고 있다. 이러한 발전 과정에서 한국 다문화교육 질적연구는 몇 가지 중요한 성과를 이루었다.

첫째, 연구의 초점이 심층적으로 변화하며 한국적 다문화교육 지식이 구축되었다. 초기 연구들은 다문화가정 자녀, 결혼이주여성, 교사들이 직면하는 일반적인 어려움을 밝히는 데 초점을 맞추었다. 그러나 확장기 이후에는 자녀교육, 학교생활 적응, 정체성 형성, 교사의 침묵과 같은 보다 구체적이고 심층적인 주제들이 연구되었다. 이러한 흐름은 단순한 외국 사례의 차용이 아니라, 한국 사회의 다문화적 맥락에 맞는 독자적인 연구 기반을 구축하는 과정이었다. 이 과정에서 한국적 다문화교육 지식이 구축되었다는 점이 중요한 성과다. 한국 다문화교육 연구는 서구적 다문화 개념을 단순히 적용하는 방식에서 벗어나, 한국 사회의 특수한 역사적 · 사회적 맥락을 반영하는 방식으로 발전해왔음을 알 수 있다.

그러나 다문화교육 연구에서 특정 집단(박윤경, 박선운, 2021; 이민경, 2013) 및 이해의 지식 패러다임에 대한 편중은 개선되어야 할 지점이다. 이는 여러 가지 이유가 있겠지만, 정책 환경에 따른 사회 분위기가 연구의 방향성에 영향을 주고 있다는 것을 핵심적인 이유로 꼽을 수 있다(이민경, 2013; 전재영, 2011). 질적연구자들이 연구문제를 구체화하는 과정에서 연구자가 거주하는 사회의 지배적인 맥락에서 벗어나는 것은 쉬운 일이 아니다. 한국의 다문화정책은 여전히 특정 집단에게 한국어교육과 한국문화적응을 강조하는 특성이 나타나고(김기영, 2017), 불분명한 철학과 이론적 편향, 실천의 어려움(장한업, 2021)과 같은 문제를 내포하고 있다. 그러나 질적연구자를 둘러싼 당연시되는 세계를 비판적으로 인식하는 것은 쉬운 일이 아니다(김광기, 2001). 또한 물리적으로 많은 시간과 돈이 투자되는 질적연구에서 연구비를 확보하는 현실적인 문제는 한국 다문화정책을 적극적으로 고려하게 만든다. 그럼에도 불구하고 다문화교육 질적연구가 가진 실천적인 힘을 고려하고, 정책에서 소외된 다양한 집단을 발굴하고, 이미 연구된 주제에 대한 해방 및 해체의 패러다임 관점에 대한 연구가 필요하다.

둘째, 다문화교육에서 질적연구 방법론에 대한 관심이 높아지고, 적극적인 활용이 이루어지고 있다. 태동기 연구들은 주로 서술적 분석에 의존했지만, 도입기 이후에는 방법론에 대한 구체적인 지침을 제공하는 논의(김영순 외, 2018; 김영천 외, 2010; 김영천, 정정훈, 2021)와 더불어, 생애사 연구, 참여관찰, 내러티브 분석 등 다양한 질적연구 방법이 적극 활용되었다. 또한 이주민 연구참여자와 한국 배경의 연구자와의 관계성에서 오는 성찰이 증가하였고, 이에 대한 대안으로 연구자의 경험도 함께 서술하거나, 연구참여자의 다양한 맥락을 관찰하는 시도들이 이루어졌다. 최근에는 합의적 질적연구 등의 방법이 활용되며, 연구자의 해석이 연구참여자들의 경험과 어떻게 조응하는지에 대한 고민이 더욱 심화되었다.

연구방법론의 발전은 한국 다문화교육 연구가 단순한 경험 기술에서 벗어나, 체계적인 연구 설계를 갖춘 학문적 기반을 확립하는 데 기여했다. 그러나 다문화교육 질적연구를 통해 질적연구의 실천적 힘이 강화되기 위해서는 연구자는 자신의 연구문제를 적절하게 해결할 수 있는 질적연구방법에 대한 깊이 있는 고민과 탐구가 필요하다. 또한 이주민 연구참여자와 이주민이 아닌 연구자의 관계는 일반적인 질적연구에서의 관계보다 세심하게 고려되어야 한다. 예컨대 인터뷰를 하는 과정에서 사용하는 언어, 참여관찰에서 연구자가 어떤 관찰의 정도를 유지하는지에 대한 고민이 필요하다. 뿐만 아니라, 이주민들과 함께 연구하고, 이주민들이 연구를 주도할 수 있는 질적연구 생태계를 마련하는 노력도 요구된다. 다문화사회에 대한 다양한 목소리가 보다 직접적으로 유입되고, 연구자와 연구참여자 간의 관계성이 더욱 긴밀하게 형성될 수 있는 연구 환경을 구축하는 것이 중요하다.

셋째, 연구 대상이 확대되면서 다문화교육의 사회적 역할이 변화하고 있다. 도입기와 확장기에는 다문화가정 자녀와 교사를 중심으로 연구가 집중되었으나, 이후 연구들은 이주노동자, 귀환 이주민, 유학생, 지역사회로까지 확장되었다. 특히, 최근 연구들은 성인이 된 다문화가정 자녀들의 삶과 경로를 분석하며, 이들이 한국 사회에서 어떻게 정체성을 형성하고 사회적 관계를 구축하는지를 탐색하는 방향으로 발전하고 있다. 다문화교육 질적연구가 한국의 사회구조적 측면에서 영향을 받지만, 반대로 정책에서 인지하지 못하는 다양한 내러티브를 제공할 수 있는 중요한 통로가 된 것이다.

따라서 다문화사회에서 이루어지는 질적연구는 한국 다문화교육의 복잡성과 역동성을 강조할 필요가 있다. 이를 통해 다문화교육이 특정 누군가만을 위한 것이 아니라, 한국 사회 전체가 함께하는 협력적 과정임을 밝히고, 다문화교육의 방향성을 선도해야 한다. 앞으로의 다문화교육 질적연구는 단순히 특정 집단의 경험에 대한 이해를 넓히는 것뿐만 아니라, 이들의 경험이 이미 지금 여기에서 이루어지고 있으며, 함께 실천하고.. 다양한 이야기를 해체함으로써, 협력적 공존을 위한 새로운 연구 방향을 모색하는 데 중점을 두어야 할 것이다.

넷째, 한국의 다문화교육 질적연구는 다양한 현장 경험과 개별적 서사를 조명하는 데 중요한 기여를 해왔지만, 연구 성과가 실질적인 사회적 · 정책적 변화와 어떻게 연결되는지는 여전히 불확실하다. 다문화교육 연구가 본격적으로 이루어진 지 약 20여년이 되었음에도 낮은 국민 다문화수용성 점수에서 알 수 있듯이 여전히 다문화 편견과 차별이 존재하며, 학교현장에서도 다문화교육과 관련된 모순과 갈등이 지속되고 있다. 물론, 한국에서 다문화교육 연구가 미국이나 유럽에 비해 비교적 짧은 역사를 가지고 있어 시행착오가 발생하는 과정일 수도 있다. 그러나 이를 자연적인 흐름으로 방치하기에는 다문화사회는 이미 한국 사회의 일상 속에 깊숙이 자리 잡고 있다.

따라서 다문화교육 질적연구는 심층적인 탐구와 한국적 지식 구축을 넘어, 정책적 환류를 통해 실질적인 사회적 변화를 이끌어내는 방향으로 나아가야 한다. 연구 성과가 다문화교육을 실천하는 학교, 교육 기관, 시민사회 단체와 공유될 수 있도록 학문과 실천의 연계를 강화하는 모델을 개발할 필요가 있다. 구체적으로는 연구자뿐만 아니라 교사, 이주민 활동가, 정책 담당자 등 다양한 주체들이 연구 과정에 참여하고, 연구 결과가 교육 및 정책 실행으로 연결되는 구조를 마련해야 한다. 또한, 연구자가 연구참여자의 목소리를 분석하는 것에서 나아가, 이주민과 선주민이 함께 다문화교육을 기획하고 실행하는 '참여적 연구(Participatory Research)' 모델을 확장할 필요가 있다. 이러한 접근을 통해 다문화교육 연구는 단순한 학문적 축적을 넘어, 정책적 개입과 실천적 전환을 촉진하는 중요한 역할을 수행할 것이다.

향후 다문화교육 질적연구는 보다 구조적 접근을 통해 다문화적 공존을 실천하는 방법을 모색해야 한다. 단순히 특정 집단의 경험을 분석하는 것에서 나아가, 다문화사회의 변화를 이끌어낼 수 있는 실천적 대안을 탐색하는 연구가 필요하다. 연구자들이 정책 입안자, 실천가, 그리고 이주민과 협력하여 연구 성과를 환류하고, 교육과 정책 현장에서 적용할 수 있는 구체적 모델을 제시하는 것이 중요하다. 다문화교육 질적연구는 한국 사회가 보다 포용적이고 지속가능한 사회로 전환하는 과정에서 핵심적인 역할을 해야 한다. 연구가 단순히 학문적 논의로 머무는 것이 아니라, 현실적 실천과 연결될 때, 다문화교육은 보다 의미 있는 사회적 변화를 만들어낼 수 있을 것이다.

참고문헌

강진웅(2016). 한국사회 결혼이주여성의 정체성 비교: 통섭적 관점에서 바라 본 정체성의 동학. **다문화교육연구, 9**(1), 1-24.

고용환, 박시균(2023). 다문화가정 자녀들의 한국 사회적응 경험에 관한 질적연구 -한국 사회 문제점과 차별 경험을 중심으로-. **다문화사회와 교육연구, 15**, 29-55.

구정민, 강은주(2024). 1998-2021년간의 유아다문화교육 국내 학술 연구동향. **학습자중심교과교육연구**, 24(3), 79-96.

권효숙(2003). "귀국반" 구성원의 상호이해 과정. **교육인류학연구, 6**(1), 1-27.

김강남(2021). 코로나19로 달라진 이주배경아동의 학습과 일상. **다문화와 평화, 15**(1), 118-142.

김건숙, 최은미, 이호준(2014). 농촌지역 다문화가정 청소년의 또래관계 친밀감 경험에 관한 질적 분석. **아시아교육연구, 15**(2), 51-81.

김광기(2001). 당연시되는 세계와 자기 기만. **현상학과 현대철학, 18**, 388-416

김기영(2014). 다문화 멘토링 프로그램에 참가한 멘토의 '동반성장' 사례연구. **다문화교육연구, 7**(1), 29-50.

_____(2017). 한국 다문화교육 정책의 변화과정에 관한 연구. **입법과 정책, 9**(1), 371-393.

김도혜(2021). 한국 지방 대학 유학생의 노동 경험 연구: A 대학 베트남, 몽골 유학생을 중심으로. **다문화사회연구, 14**(1), 5-35.

김동진, 이슬기. (2021). 학교 다문화교육의 현황 분석: 연구자, 교사, 학생의 인식을 중심으로. **문화교류와 다문화교육, 10**(5), 253-275.

김영순 외(2018). **질적연구의 즐거움**. 창지사.

김영순, 최승은, 최수안, 김은희. (2022). 다문화 대안학교로서의 인천한누리학교 통합교육 구상에 관한 연구. **문화교류와 다문화교육, 11**(1), 69-96.

김영천(2008). **질적연구방법론**. 문음사.

김영천, 이동성, 황철형(2010). 다문화가정 학생 연구를 위한 인터뷰 가이드의 개발과정: 현장으로부터의 이야기. **다문화교육연구, 3**(2), 5-35.

김영천, 정정훈(2021). **사회과학을 위한 질적연구 핸드북**. 아카데미프레스.

김이선, 최윤정, 정연주, 장희명, 이명진, 양계민(2022). **2021년 국민 다문화수용성 조사**. 서울: 여성가족부.

김재훈, 연규진, 장현진, 김민선(2022). 다문화 가정 청년들의 차별 경험에 대한 합의적 질적연구. **아시아교육연구**, 23(4), 841-871.

김종석(1984). 미국 다문화교육의 이론적 고찰. **미국학논문집**, 5, 35-60.

김진희, 이로미, 권진희(2021). 다문화배경 청년의 자기정체성에 관한 질적 탐색. **다문화교육연구, 14**(1), 117-146.

남재현, 이래혁(2023). 코로나19와 물질적 어려움: 팬데믹 상황에서 누가 더 경제적으로 취약한가. **한국사회복지학, 75**(3), 11-37.

남정연(2024). **결혼이주여성의 자영창업 경험에 나타난 주체성 탐색**. 인하대학교 박사학위논문.

남정연, 김영순(2022). 다문화가정 방문교육지도사의 돌봄 서비스: 실천에 관한 의미 탐색. **문화교류와 다문화교육**. **11**(2), 179-205.

박규택(2017). 사이존재로서 결혼이주자와 로컬의 다문화와 초국가적 공간화 - 대구광역시 결혼이주여성의 생애사 사례. **문화역사지리, 29**(2), 78-92.

박나래, 김한근(2024). 국내 언론의 다문화가정 논의 키워드 분석 및 동향 분석 연구: 2006년~2023년 신문 기사를 중심으로. **문화교류와 다문화교육, 13**(3), 49-76.

박남수(2000). 다문화 사회에 있어 시민적 자질의 육성 - 사회과를 통한 다문화교육의 모색. **사회과교육**, ??(33), 101-117.

박미경, 엄정애(2007). 결혼이민자 가정의 유아를 담당하는 교사가 느끼는 어려움. **한국교원교육연구, 24**(1), 5-29.

박애리, 이해님, 임유진(2022). 코로나19 시기 결혼이주여성과 자녀의 인권: 변화된 자녀양육과 심리적 상태를 중심으로. **가족과 문화**, 34(3), 1-26.

박윤경, 박선운(2021). 다문화교육 질적 연구의 동향과 과제. **교육인류학연구, 24**(1), 39-63.

박윤경, 박선운(2022). 다문화교육의 연구 동향 분석:『다문화교육연구』(2008-2021)를 중심으로. **다문화교육연구, 15**(4), 111-132.

박종도(2019). 토픽 모델링을 활용한 다문화 연구의 이슈 추적 연구. **한국문헌정보학회지**, 53(3), 273-289.

법무부 출입국 · 외국인정책본부(2010). **2009 출입국 · 외국인정책 통계연보**. 서울: 법무부 출입국 · 외국인정책본부.

법무부 출입국 · 외국인정책본부(2025.1.). **2024년 12월 출입국외국인정책 통계월보**. 서울: 법무부 출입국 · 외국인정책본부.

서덕희(2011). 세 여성의 삶, 세 차원의 다문화교육: 결혼이주여성들과의 만남을 통한 질적 탐구. **교육인류학연구, 14**(1), 1-42.

서현, 이승은(2007). 농촌지역의 국제결혼 가정 자녀가 경험하는 어려움에 관한 연구. **열린유아교육연구**, 12(4), 25-47.

손혜진(2020). 다문화 청소년 내담자의 '학교 적응 경험'에 대한 현상학적 연구. **다문화교육연구, 13**(3), 27-54.

심소현, 박윤경, 조영달(2021). 서울 지역 중 · 고등학생들이 구성하는 한국인 정체성: 시민적 정체성 강조의 가능성과 한계. **다문화교육연구**, 14(3), 117-142.

안지영, 김지훈(2014). 저소득층 국제재혼가족 전혼자녀(前婚子女)의 가족 경험에 대한 탐색적 연구. **가족과 문화, 26**(4), 25-57.

염세미, 손주한(2016). 다문화 교실 환경을 고려한 제 2 언어 통합 교과 모형 개발 과정에서 나타나는 예비 교사 협업의 발전가능성. **다문화교육연구, 9**(3), 107-133.

염태근, 소경희(2024). 국내 다문화교육정책 관련 연구물들에 관한 비판적 연구: 탈식민주의적 관점에서. **다문화교육연구, 17**(2), 1-25.

오만석(2011). 다문화가정 자녀교육의 현실과 과제: 여섯 가정을 중심으로. **다문화교육연구, 4**(1), 43-77.

오연주(2018). 다문화가정 초등학생 자녀의 학교적응에 있어 다문화가족지원센터의 역할. **문화교류와 다문화교육, 7**(3), 79-99.

오영섭, 김영순, 김도경, 정연주(2022). 고려인 결혼이주여성의 인종문화정체성 발달에 관한 생애사적 연구: 다문화상담의 가능성. **문화교류와 다문화교육, 11**(3), 159-192.

오은순(2010). 다문화가정 학생을 위한 한국어교육 지원 실태 및 요구 분석: 델파이 조사를 통한 전문가 인식을 중심으로. **다문화교육연구, 3**(2), 37-69.

유선영(2023). 베트남 거주 한베 국제결혼 가족의 이주 경험에 관한 연구. **문화교류와 다문화교육, 12**(2), 147-178.

윤갑정, 고은경(2006). 다문화적 배경을 가진 유아의 한국유아교육기관에서의 생활에 대한 질적 연구. **유아교육연구, 26**(2), 147-168.

윤자호(2021). 고용허가제 흐름과 이주노동자 실태 - 비전문취업자(E-9), 방문취업자(H-2)를 중심으로. **한국노동사회연구소 이슈페이퍼, 2021**(16), 1-38.

이기숙, 이경미, 강경아(2001). 요리활동을 통한 다문화교육. **교과교육학연구, 5**(2), 21-39.

이동성, 김영천, 황철형(2012). 다문화가정 아동들의 삶과 교육: 생애사적 목소리의 재구성. **다문화교육연구, 5**(1), 137-154.

이동성, 김지인, 이다해(2010). 우리나라 다문화교육 현장작업(fieldwork)에서 경험하는 방법론적 딜레마와 이슈들. **다문화교육연구, 3**(1), 5-27.

이민경(2013). '다문화교육' 연구동향과 쟁점: 교육사회학 연구에의 시사점을 중심으로. **교육사회학연구, 23**(4), 177-205.

이민정책연구원(2022). **한국의 인구구조와 외국인 정책 방향: 이민자유입, 사회통합, 거버넌스**. 서울: 이민정책연구원.

이병하 외(2023). **주요국 해외인력 유입의 사례 및 사회 · 경제적 효과**. 국회예산정책처 연구용역.

이상진, 장인실(2024). 토픽모델링을 활용한 다문화교육 연구 동향 분석 -『다문화교육연구』를 중심으로-. **다문화교육연구, 17**(2), 143-160.

이성회(2016). 세계시민교육에 대한 교사들의 인식과 현실적 딜레마. **다문화교육연구, 9**(2), 31-56.

이예지(2024). 한베 노동시장에서 졸업 유학생의 초국적 경계 넘기: 베트남 유학생의 유학-취업-귀환-한국 재이주-정주 경험을 중심으로. **다문화콘텐츠연구**, 47, 213-270.

이은아(2012). **도시 결혼이주여성의 경계적 위치와 모성의 확장적 구성/재구성에 관한 연구**. 이화여자대학교 박사학위논문.

이은혜, 장인실(2021). 코로나시대 다문화가정 밀집지역 초등학교의 원격수업 운영 연구. **다문화교육연구, 14**(1), 71-93.

임혜정(2017). **'아래로부터의 운동'으로서 결혼이주여성의 다문화교육**. 한국외국어대학교 박사학위논문.

장인실(2003). 다문화 교육(Multicultural Education)이 한국 교사 교육과정 개혁에 주는 시사점. **교육과정연구, 21**(3), 409-431.

장인실(2006). 미국 다문화 교육과 교육과정. **교육과정연구, 24**(4), 27-53.

장인실, 서덕희, 이지현(2012). 재혼국제결혼이주여성의 삶과 적응에 관한 사례연구: 중국출신 여성들을 중심으로. **한국교육학연구**, 18(2), 143-175.

장인실, 차경희(2012). 한국 다문화교육의 연구동향 분석: Bennett이론에 근거하여. **한국교육학연구, 18**(1), 283-302.

장한업(2021). 교육부의 다문화교육 대책(2006~2021)에 대한 비판적 고찰 및 제언. **문화교류와 다문화교육, 10**(6), 1-21.

장혜진(2015). 다문화가정 유아에 대한 교사의 침묵에 대한 고찰. **현대사회와다문화, 5**(2), 139-160.

전재영(2011). 다문화교육 연구의 메타 분석적 접근. **초등도덕교육**, 35, 29-54.

조혜영, 서덕희, 권순희(2008). 다문화가정 자녀의 학업수행에 관한 문화기술적 연구. **교육사회학연구**, 18(2), 105-134.

주재홍(2021). 한국 다문화교육 연구 텍스트 분석:《가장 검은 눈동자》와《한국 다문화아동 가르치기를》를 중심으로. **문화교류와 다문화교육, 10**(6), 175-204.

채영란(2021). 텍스트마이닝 분석을 활용한 다문화교육 연구동향 분석. **유아교육연구**, 41(6), 333-350.

채정란(1999). 다문화 교육의 관점에서 본 '우리 나라'와 '다른 나라' 생활주제 분석. **한국유아교육연구, 2**, 88-115.

채향화, 김창대(2022). 재한 조선족 고학력자의 진로결정과정에 관한 연구: 한국 취업 결정자를 대상으로. **다문화교육연구. 15**(4), 27-48.

최성보(2011). 다문화가정 초등학생의 학교생활적응 탐색. **다문화교육연구, 4**(2), 105-130.

최수안(2024). 한국 다문화교육의 질적연구 지식 패러다임 분석: Lather 의 분류방법을 중심으로. **다문화교육연구, 17**(4), 47-73.

최충옥(2009). 외국의 다문화교육정책 동향과 시사점. **비교교육연구**, 19(2), 175-191.

최충옥, 조인제(2010). 다문화교육 연구의 동향과 향후 과제. **다문화교육, 1**(1), 1-20.

통계청(2021). **장래인구특별추계(2020-2070년)**. 대전: 통계청.

하윤수(2009). 미국 다문화교육의 동향과 사회과 교육과정. **사회과교육, 48**(3), 117-132.

하은영(2008). 유아교육 실제에서의 다양한 가족의 반영과 유아교사가 인식하는 어려움 및 지원요구. **한국교원교육연구, 25**(1), 53-75.

한학범(2021). 인천 지역 교원들의 다문화교육 개선 요구사항에 대한 다문화교육 관점 분석. **문화교류와 다문화교육, 10**(4), 29-60.

홍원표(2010). 탈식민주의와 교육과정 연구: 다문화 시대의 새로운 인식론적 기반을 찾아서. **교육과정연구, 28**(1), 47-66.

Banks, J. A. (2009). *The Routledge international companion to multicultural education* (Vol. 32). Routledge.

Bennet, D. (2006). Expanding the knowledge paradigm. *Vine*, **36**(2), 175-181.

Habermas, J. (1983). **인식과 관심**(강영계, 역). 고려원. (Original work published 1971).

Lather, P. (2007). *Getting lost: Feminist efforts toward a double(d) science*. SUNY Press.

Nieto, S. (2017). Re-imagining multicultural education: New visions, new possibilities. *Multicultural Education Review*, *9*(1), 1-10.

제 15장

한국 미술/미술교육 분야에서의 질적 연구: 역사와 그 특징들의 탐구

류지선(진주교육대학교)
조신영(서울대학교)

1. 서론

이 장에서 연구자들은 질적 연구의 관점에서 한국 미술과 미술교육에서의 질적 연구 역사와 그 특징들을 탐구하고자 한다. 먼저, 질적 연구의 특성이 어떻게 미술과 이어지는가는 미국의 미술교육자 아이스너의 글에서 살펴볼 수 있다. 질적 연구의 특성은 '이미 밖에 존재하는' 세계만이 아니라 인간이 만드는 작품이나 물체에도 적용할 수 있다. 질적인 문제에 능숙해지는 것은 경험할 가치가 있는 것을 경험하거나 창조하는 능력을 요구한다. 그리고 이런 경험을 예술이라고 부른다(Eisner, 1998). 이처럼 질적 연구에서 요구되는 창조적 경험을 예술로 간주하는 아이스너의 관점은 질적 연구와 미술의 밀접한 연관성을 잘 드러내고 있다.

한국 미술과 미술교육에서 질적 연구라는 용어는 2000년대 초반부터 사용되기 시작한다. 그러나 용어의 사용과는 상관없이 주제와 내용적인 측면에서 미술과 미술교육은 본질적으로 질적 연구의 영역이라고 할 수 있다. 미술과 미술교육의 가장 두드러진 특성의 하나는 기존 경험과 결과의 반복이나 모방이 아닌 독창성의 추구이다. 독창성의 정의는 다양하지만 무엇보다도 다른 것과 구별되는 독특함을 의미한다. 또한 미술과 미술교육은 하나의 고정된 지식이 아닌 해석과 소통을 추구하면서 개인의 주관적인 경험에 따른 인식의 다양성을 강조한다. 이와 같은 여러 미술과 미술교육의 특성은 일반화가 아닌 특정한 사례 중심으로 현상을 새롭게 이해하고자 하는 질적연구의 지향점과도 일맥상통한다. 구체적인 질적연구의 범주를 적용해 본다면 작가의 생애 연구는 생애사, 작품 분석은 자문화기술지와 내용분석, 한국적 담론의 추구는 탈식민, 현장프로그램 적용은 실행연구 등으로 나누어 볼 수 있다. 또한, 사회 · 문화의 여러 현상에 대해 이해하고 표현하며 소통하고자 한다는 점에서 현상학적 연구의 범주에 속할 수 있다. 다시 말해 미술과 미술교육은 질적 연구라는 직접적인 용어의 사용과 구체적인 개념과 방법에 대한 인식이 없다고 해도 내용과 방법에 있어서 질적 연구라고 할 수 있다.

이에 본 연구에서는 미술과 미술교육의 많은 분야가 본질적으로 질적 연구의 특성을 지니고 있다는 관점에서 1980년대 이후의 연구들을 분석하여 질적 연구의 역사와 그 특징들을 고찰하고자 한다. 이를 통해 미술과 미술교육을 질적 연구의 시각에서 새롭게 이해함으로써 앞으로의 연구를 진행하는데 있어 방법론적 토대를 마련하고자 한다. 본 연구는 미술과 미술교육이 간과하여 왔던 질적 연구에 대한 심층적인 이해와 필요성을 상기시키고자 한다.

2. 한국 미술과 미술교육에서의 질적연구의 역사적 발달

본 연구에서는 미술과 미술교육에서 질적 연구가 어떻게 전개되었는가를 살펴보기 위해 학회지와 서적, 학위 논문을 연구의 대상으로 하였다. 연구 대상의 시간은 1950년대 이후부터 2023년까지로 설정하였으나 본격적인 학회지의 출현이 1980년대 이후에 이루어졌다는 점에서 연구 대상의 대부분은 80년대 이후의 연구이다. 학회지로는 현대미술사학회, 현대미술학회, 한국근대미술사학회, 서양미술사학회, 한국미술사학회, 초등미술교육학회, 미술교육학회, 기초조형학회 등을 대상으로 하였다. 이들 학회는 모두 학술등재지로 미술과 미술교육에 관한 전반적인 연구 경향을 파악하기에 적합하다고 보았다. 그리고 연구자 개인의 작품을 연구 대상으로 하는 실기 논문의 경우는 서울대와 홍익대의 박사학위논문을 연구 대상으로 선정하였다. 이는 두 대학이 한국 미술대학의 역사에서 차지하는 위상과 더불어 실기 분야의 박사학위 논문에서 중심적 역할을 한 것을 고려한 것으로, 작품 논문의 전반적인 특성을 분석하기에 적합하다고 생각하였다. 검색어로는 '질적 연구', '정체성', '탈식민', '페미니즘', '현상학', '체험', '경험' 등의 질적 연구에서 많이 사용하는 키워드를 중심으로 하였다. 주제어 검색에 따라 연구 목적에 부합하는 경우 위에서 언급하지 않은 학회와 타 대학의 석박사 논문도 연구 대상에 포함하였다. 이 장에서는 작가와 작품, 미술 사조, 교육 등의 여러 연구 중에서 질적 연구에 부합하는 연구들을 중심으로 하여 전반적인 현황을 살펴보고자 한다.

미술과 미술교육에서 주요한 연구 대상인 작가와 작품은 서로 분리될 수 없는 관계이다. 그러므로 작가의 생애를 깊이 탐구하는 것은 작품의 조형적 특성만이 아닌 그 맥락을 이해하고 감상하는데 있어 중요한 출발점이 된다. 작가 연구는 작가의 생애와 경험을 다룬다는 점에서 질적연구의 생애사와 자문화기술지의 영역에 속한다고 할 수 있다. 미술과 미술교육에서 작가 연구는 주로 평전과 전기의 형태로 이루어지고 있다. 작가 연구에서 평전의 시작점으로는 시인 고은(1973)이 쓴 이중섭 평전으로 볼 수 있다. 고은(1973)은 충실한 자료수집을 바탕으로 이중섭에 대한 비평적 사고를 전개하였다. 작가 평전에 대한 연구로는 박래부(2000), 정규웅(2003), 정중헌(2006), 최열(2011, 2016), 최광진(2016), 유홍준(2002, 2018), 진환기념사업회(2020) 등이 있다. 정규웅(2003)은 나혜석의 생애를, 정중헌(2006)과 최광진(2016)은 천경자의 생애를 탐구하였다. 최열(2011)의 박수근 평전은 작가 전체의 생애를 11단원으로 구분하여 생애의 전환점과 이에 따른 작품의 변화를 기술하였다. 그리고 유홍준(2018)은 추사 김정희의 생애를 10장으로 나누어 설명하면서 삶과 예술을 총체적으로 서술하였다. 이 밖에 작가의 삶과 작품을 다룬 단행본은 정현웅(1992), 김형국(1993, 1997), 김현숙(2002), 이경성(2006), 김영기, 유홍준(2004), 오광수(2005), 이구열(2011), 최종태(2017), 케이트 림(2019), 박승숙(2019), 정영목(2001, 2023) 등이 있다. 이중 이경성(2006)은 김환기의 삶과 예술을 고찰하였고 케이트 림(2019)은 단색화의 대표 작가인 박서보의 삶과 작품을 탐구하였다. 그리고 정영목(2023)은 가족과 교유관계, 남겨진 글을 통해 장욱진의 생애와 작품을 통시적으로 고찰하고 있다. 작가 연구에서 본격적인 생애사 연구의 방법을 도입한 예로는 김현정(2023)의 연구를 들 수 있다. 김현정(2023)은 이중섭의 작품만이 아니라 생애에 나타난 생태체계(개인, 가족, 사회)와 가족레질리언스를 연구하여 작품에 미친 영향을 연구하였다. 한편, 이원규(2023)와 양은희(2021)는 미술평론가 고유섭, 방근택의 생애를 탐구하였다. 미술교육과 관련한 생애사 연구로는 이혜솔(2021), 공완욱(2022) 등의 연구가 있다. 이혜솔(2021)은 작가의 생애사를 중심으로 한 미술 감상 방안을 연구하였으며 공완욱(2022)은 초등학교 미술 수석 교사의 직업 정체성을 생애사 연구를 통해 탐구하였다.

작가의 기억을 바탕으로 한 구술사적 방법을 사용한 연구들 역시 작가의 삶을 재구성한다는 점에서 생애사 연구에 해당한다. 여기에 해당하는 연구들로는 한국미술기록보존소 자료집(2009), 김경연(2011), 신수경(2011), 김은지(2021), 성지영(2022) 등의 연구가 그것이다.

한국미술기록보존소 자료집(2009)은 유영국, 장우성, 김영국 등의 구술을 통해 전반적인 생애 및 특정 시기의 화단과 교육의 상황 등을 기술하였다. 김경연(2011)은 한국화가 이숙자의 구술을 바탕으로 1970년대 한국화단의 특성을 파악하였고, 신수경(2011)은 조평휘를 중심으로 하는 구술사 분석을 통해 현대 수묵화의 의미를 다루었다. 그리고 성지영(2022)은 탈북미술가들의 구술자료를 중심으로 북한 미술교육에 대한 질적 연구를 진행하였다. 시각예술 분야 구술 기록 기술 요소 개선 방안에 대한 연구로는 박나라보라(2019)가 있다

연구자 자신의 작품을 대상으로 하여 분석하는 연구는 미술대학에서 실기 학위 논문의 형식으로 이루어지고 있다. 실기 학위 논문은 대체적으로 논문 작성자가 자신의 주관적 경험과 인식을 바탕으로 작품을 창작하고 이에 대한 해석과 의미를 다룬다. 이런 점에서 실기 학위 논문은 개인의 주관적 체험을 깊이 성찰하고, 사회 안에서 타인과 밀접하게 관계를 맺고 영향을 주고 받는 자기에 대한 사회, 문화, 정치적 이해를 글로 풀어내는 작업(Jones, 2005)인 자문화기술지라고 할 수 있다. 실기와 관련된 박사 학위 논문은 홍익대에서는 2005년, 서울대에서는 2009년부터 발표되기 시작한다. 2010년대 이후로는 여러 미술대학에서 실기 박사과정이 개설되면서 실기 박사 논문의 수는 빠르게 증가하는 양상을 보이고 있다. 실기 학위 논문은 연구의 내용과 목적이 자문화기술지와 다르지 않으면서도 구체적인 연구 방법으로 활용하고 있는 것이 드문 편이다. 이에 비해 미술교육에서는 자문화기술지를 구체적인 방법론으로 사용하고 있다. 이와 관련된 연구로는 서제희(2015), 임지영(2016), 최명숙(2021, 2022), 박지희, 이지연(2021), 백애정(2021), 홍원표(2023) 등의 연구가 있다. 최명숙(2021)은 학습자가 경험하는 지역에서의 미적 체험의 중요성을 강조하면서 자문화기술지를 통하여 미술 교육적 의미를 기술하였다. 백애정(2021)의 연구는 미술창작 · 감상과 관련된 미술 교사의 지각을 자문화기술지를 통해 탐구하여 그 의미를 밝히고 있다. 그리고 직접적으로 문화기술지 방법을 밝힌 연구의 사례로는 서제희(2010), 진정선(2013), 장지영(2017) 등이 있다. 서제희(2010)는 미술교육의 공간은 교사와 아동의 권위구조로 이루어지는 것으로 인식하면서 교사의 권위가 미치는 영향을 문화기술지의 방법으로 탐구하였다. 장지영(2017)은 10명의 미술작가를 연구 대상으로 선정하고 문화기술지의 방법을 사용해 미술 기록 생산과 활용에 관한 질적 연구를 수행하였다. 그 밖에는 문화기술지로서의 미술평론을 다룬 김병수(2006)의 연구가 있다.

1950년대 이후 한국 미술은 서구 미술의 영향을 받으면서 1960년대의 앵포르멜과 1970년대의 단색화 등이 집단적 미술 운동으로 전개되었다. 해당 연구로는 앵포르멜 연구(태성근: 1974, 김한: 1975, 윤난지: 1997, 2017, 김영호: 2000, 정무정: 2001, 최은영: 2004, 김미정:

2004, 김희영: 2008, 김허경: 2011, 2016, 박파랑: 2010, 2018, 이승현: 2019 등), 단색화 연구(조광석: 2002, 고충환: 2010, 윤진섭: 2012, 2022, 구진경: 2015, 서진수 외: 2015, 진휘연: 2015, 정윤미: 2016, 정연심: 2017, 안선미: 2020, 김이순: 2022 김복영: 2019a, 2019b, 서성록: 2014, 2022 등) 등이 있다. 윤난지(1997)는 앵포르멜의 태동 과정과 특성을 기술하면서 전통 예술관의 연결성을 고찰하였다. 그리고 2017년 연구에서는 한국의 앵포르멜 미술이 서구 미술을 수용한 문화 혼성의 형식이면서도 자의적인 수용의 결과임을 강조하였다. 김희영(2008)은 한국 앵포르멜 담론 형성의 재조명을 통해 시대적 정당성을 고찰하였다. 이승현(2019)은 서구와 일본과의 비교를 통해 앵포르멜과 단색화가 세계미술의 보편성을 공유하면서도 한국적인 차이를 드러내고 있음을 밝히고 있다. 구진경(2015)은 1970년대 단색화를 둘러싼 정체성 논란에 대해 실증적인 자료의 제시를 통해 단색화 담론이 주체적으로 형성되었음을 강조하였다. 그리고 원영태(2021)는 한국 '단색화'론에 제시된 '한국성'에 대한 자연 과학적 해석을 통해 새로운 시각을 모색하였다. 위의 연구들은 서구 미술의 영향에서 비롯된 앵포르멜과 단색화를 대상으로 하여 한국 미술의 정체성을 탐구하고 있다는 점에서 탈식민적 질적 연구로 볼 수 있다.

1980년대 등장한 민중미술을 대상으로 하는 연구들로는 서미라(1992), 강선미(1994). 성완경(1999), 윤난지(2007), 최열(2009), 윤범모(2009), 채효영(2008), 최태만(2009), 이대범(2009), 김현화(2011a, 2011b, 2021), 오경미(2013) 등이 있다. 초기 민중 미술 관련 연구들은 외세에 저항하는 사회 변혁운동이라는 관점의 연구들이 대부분인데 권력관계의 차원에서 발생하는 여러 문제점들을 다룬다는 점에서 비판적 질적연구로 분류할 수 있다. 윤난지(2007)는 기존의 민족주의 담론에서 벗어나 민중 미술을 다국적 자본주의의 영향을 받은 제 3세계의 혼성적 공간으로 파악하였고 현실의 이런 문화 지정학적 위치를 잘 드러낸다는 점에서 한국적인 미술로 평가하였다. 그리고 오경미(2013)의 연구는 민중 미술에 내포된 성별 정치학의 문제를 제기하고 민중 주체에서 차이와 구분으로 타자화되었던 여성의 존재를 여성주의 관점에서 고찰하였다.

미술과 미술교육에서 탈식민주의가 본격적인 주제로 언급되는 시기는 1990년대 후반부터이다. 초기의 연구로는 조광석(1998), 진휘연(1998)과 강태희(1999), 정영목(1999), 최태만(2001)등이 있다. 먼저, 조광석(1998)은 1970년대의 한국 단색화를 대상으로 하여 미국의 미니멀 아트와의 비교를 통해 한국 미술의 정체성에 대해 고찰하였다. 진휘연(1998)은 탈식민 대신 후기식민주의라는 용어를 사용하면서 한국의 추상표현주의를 탈식민주의 관점에서 비판적으로 다루고 있다. 그리고 강태희(1999)는 전후 한미 관계와 미술의 탈식민주의를 다루고 있는데 구체적인 작가와 작품이 아닌 전반적으로 탈식민과 관련된 이론적 배경을 강조하였다. 정영목(1999)은 문화 식민주의의 관점에서 한국 근대미술을 한국과 일본의 관계를 통해 고찰하였다. 2010년을 기점으로 하여 탈식민주의와 관련된 연구가 증가하는데 진휘연(2008), 백정원(2009), 김홍희(2010), 윤진이(2010), 박남희(2013), 박미애(2013), 최범(2015), 김학량(2015), 정현(2015), 김정아(2016), 홍선표(2016), 양은희(2019), 박채희(2020), 정채경, 장민한(2022) 등의 연구가 있다. 이중 민중미술을 탈식민주의 관점에서 접근한 연구로는 박미애(2013), 정채경, 장민한(2022)의 연구가 있다. 박미애(2013)는 민중미술을 기존 민족주의 담론이 아닌 탈식민주의 관점에서 고찰하였다. 정채경, 장민한(2022) 역시 민중미술을 탈식민주의 관점에서 모순의 각성, 저항, 연대의 세 가지 서사로 분석하였다. 한편, 윤진이(2010)는 민중 미술에 의해 삶과 분리된 형식적 미술이며 서구 미술의 모방으로 비판받았던 모노크롬 회화를 탈식민주의 관점에서 탐구하였다. 그리고 양은희(2019)는 한국미술이 식민주의의 일방적인 희생자가 아니라 이미 서구 미술의 영향을 한국적으로 내재화한 혼성적 특성이 있다는 시각에서 이와 관련한 탈식민주의 논의를 기술하였다. 집단적 미술 운동이 아닌 개별 작가를 대상으로 한 탈식민 연구의 예로는 진휘연(2008)과 김학량(2015)의 연구가 있다. 진휘연(2008)은 서양 미술의 형식과 개념의 연관성을 통해서 한국 미술을 분석하는 것에 대해 비판적으로 기술하면서 김수자의 작품을 탈식민적 관점에서 다루었으며, 김학량(2015)은 연구를 통해 한국화 작가인 이응노의 해방 이후부터 1950년대 후반의 사생 작품이 사생이라는 방법을 통해 식민지 근대성을 벗어나 탈식민적 근대성을 이룬 것으로 파악하였다. 그리고 홍선표(2016)는 한국 미술의 정체성 논의가 미학과 예술학 분야가 중심이 되어 이루어진 것을 비판하며 미술사학과의 통합적 비평을 통해 그 허상을 밝히고자 하였다.

미술교육에서의 탈식민적 연구로는 김현정(2008), 김형숙, 남기현(2012), 박정애(2012), 박채희(2020), 조유정(2016) 등의 연구가 있다. 김현정(2008)은 초등미술 교육과정과 교과서의 내용을 분석하여 그 안에 내재된 오리엔탈리즘을 파악하고 이를 극복하기 위한 교육적 실천을 모색하였다. 김형숙, 남기현(2012)은 글로벌시대의 디아스포라의 개념을 정의하고, 이를 겪게 되는 문화 정체성에 관한 혼란과 발달의 과정을 다문화 미술교육 프로그램을 통해 고찰하였다. 박정애(2012)는 다문화 미술교육을 통해 타자와의 차이를 이해하는 것뿐만이 아니라 자아정체성을 탐구하는 것을 목적으로 하였다. 그리고 박정애(2012)는 하이브리드 미술 제작 사례를 통해 하이브리드 미술 작품이 정체성의 형성에 어떠한 영향을 미치는지와 관련된 교수법을 모색하였다. 박채희(2020)는 탈식민주의 페미니즘에 기반한 시각문화 미술교육을 통해 학생의 개인 정체성 확립을 모색하였다. 조유정(2016)은 탈식민주의 미술을 활용하여 청소년의 문화정체성 확립을 위한 수업을 연구하였다.

민중 미술 연구와 같이 권력관계의 차원에서 현상들을 이해하고자 하는 비판적 질적 연구의 탐구 영역으로는 계급, 인종, 젠더, 장애, 성지향성, 나이 등이 있다. 미술과 미술교육에서 비판적 질적 연구에 해당하는 젠더와 페미니즘 관련 연구의 예들은 다음과 같다. 김홍희(1998), 이현주(2004), 정헌이(2004), 이문정(2005), 조선령(2007), 길주영(2009), 김현주(2013, 2020), 박현화(2013), 정연심(2013), 구정화(2013), 최열(2013), 양은희(2014), 전혜숙(2015), 박일호(2016), 임혜송(2019), 임성훈(2019), 박소현(2019, 2020), 홍선표(2022), 최세연(2022), 윤난지 외(2024) 등이 있다. 페미니즘과 포스트모던 이론가인 김홍희(1998)는 페미니즘을 넘어서는 젠더의 정의를 다루었다. 정헌이(2004)의 연구는 미술사학을 기계적 이미지 중심으로 이해하는 것을 비판하며 젠더를 비롯한 타자의 시선으로 서구와 남성 중심주의 시각을 극복할 것을 강조하였다. 그리고 최열(2013)은 근대 한국 미술사에서 잊혀진 존재들인 1910년대의 기생 출신인 여성 화가들을 탐구하였다. 김현주(2013)와 박현화(2014)는 민중 미술에 내재된 남성 우월과 여성 배제와 차별을 각각 페미니즘과 젠더 연구의 패러다임으로 새롭게 재해석하였다. 박은선(2016)은 남성 중심의 미술계에서 발생하는 젠더 감수성의 문제를 비판적 시각에서 기술하였다. 그리고 최세연(2022)은 한국 페미니즘과 교육과정의 페미니즘 교육을 분석하고 1세대 페미니즘을 넘어서는 확장된 젠더 정체성 교육의 필요성을 강조하였다.

젠더 이외의 비판적 연구들로는 우선 사회의 편견과 차별을 극복하기 위한 남영림(2015)과 박해인(2018)의 연구를 들 수 있다. 남영림(2015)은 미술교육에서의 장애에 대한 기존 담론들을 비판적으로 고찰하고 이를 통해 미술교육에서의 시사점을 기술하고 있다. 그리고 박해인(2018)은 문화적 다양성에만 초점을 두었던 기존의 다문화 교육의 문제점을 지적하고, 사회적 편견과 불평등을 자각하고 정의와 평등성의 가치를 강조하는 비판적 다문화 교육의 수업 방안을 연구하였다. 김형숙(2008)은 한국 미술교육을 지식과 권력의 관점에서 비판적으로 접근하면서 특히 전통을 강조하는 미술교육이 권력과 밀접하게 연관되어 있음을 밝힌다. 교과서의 시각 이미지를 해체적으로 분석한 연구로는 김형숙, 곽세하(2014), 손지현, 이규정(2017) 등의 연구가 있다. 김형숙, 곽세하(2014)는 중학교 미술교과서에 나타나는 여성 이미지를 다문화 교육의 관점에서 분석하고 교과서의 개선 방향을 제시하였다. 손지현, 이규정(2017)은 인권 친화적 관점에서 현행 미술과 교과서 시각 자료의 문제점을 분석하고 대안을 모색하였다. 홍선표(2000)은 식민주의사관과 반식민주의사관, 또는 내셔널리즘과 모더니즘 같은 근대적 이념 모델을 통해 형성된 '한국 미술사' 인식틀의 형성 과정과 이에 대한 문제점을 비판적으로 고찰하면서 극복 방안을 제시하고 있다. 최태만(2005)은 권력화되어가는 비엔날레가 글로벌리즘에 대한 저항이 아닌 오히려 그것을 강화한다는 비판적 시각을 제시하였다.

1980년대 이후 한국 사회와 문화 전반에 밀어닥친 포스트모더니즘은 미술과 미술교육에서도 많은 영향을 미쳤다. 미술창작에서의 포스트모더니즘은 장르 구분의 해체, 복합적 매체의 사용, 대중문화의 수용 등과 같은 조형의 변화로 이어졌다. 이론적 연구와 관련된 미술과 미술교육의 포스트모던 연구는 홍선표(2004), 조주연(2006), 이은영(2012), 손지현(2012), 고홍규(2015), 전혜숙(2015), 류지영(2016), 박소현(2016), 김황기(2016), 강수미(2018) 등의 연구가 있다. 홍선표(2004)는 방법론적 자기반성을 통해 한국 회화사의 인식 틀과 패러다임을 탈구축하고 재구축을 과제화하면서 해결 전망을 모색하였다. 이은영(2012)은 기존 미술 교사의 정체성이 지배적 담론에 의해 고정되는 것을 비판하면서 포스트모더니즘의 철학적 토대에서 정체성의 성찰적 전환을 탐구하였다. 손지현(2012)은 포스트모더니즘의 관점에서 다문화 미술교육의 이론과 교육과정의 접근 방안, 미술 교과서를 양적, 질적으로 분석하여 미술작품을 통한 문화적 · 미적 다원성의 학습과 비판적 사고력 신장, 삶과 통합된 미술과 교수학습 방안을 제시하였다. 고홍규(2015)는 한국 사회의 다문화 교육 담론에 대한 비판적 관점에서 비판적 질적 연구와 포스트모던 질적 연구의 방법을 통해 다문화 미술교육에 있어 의미 있는 시사점을 파악하고자 했다. 전혜숙(2015)은 피부를 다양한 방식으로 다루는 여섯 명의 미술가들의 작품을 중심으로 생물학적, 의학적, 사회문화적, 정신분석적 맥락에서 피부의 의미를 고찰하여 이들의 작업이 피부가 지녀 온 모든 이분법적 경계를 허물고 있음을 기술하였다. 박소현(2016)은 1970년대 이중섭 관련 평전과 영화가 이중섭 신화를 만들어낸 배경을 고찰하고 이를 통해 이중섭에 대한 신화를 비판적으로 해체하고 있다. 김황기(2016)는 창작이 중심인 미술교육에서 이루어지고 있는 이성주의적 분석의 문제점을 비판하면서 미술교육이 지향해야 할 방향성을 탐구하였다. 류지영(2016)은 미술감상교육에서의 '능력'에 대해 포스트모더니즘 관점에서 문제점과 내용, 적용 방안, 과제를 구체적으로 살펴보았다. 강수미(2018)는 '포스트-온라인'개념과 조건을 논제로 '수행성(performativity)'이론을 중심으로 2000년대 말 이후 달라진 노동, 몸, 관계, 탈진실(post-truth) 문제를 조망하고 포스트-온라인 조건과 함께 현상된 현대 미술의 다른 미적 수행성을 탐구하였다.

미술과 미술교육에서 질적 연구라는 용어의 직접적인 사용은 안금희(2001)의 연구를 시작점으로 한다. 그 이후로는 김형숙(2004, 2018), 김선아(2005), 김지균(2011) 등이 미술교육과 관련된 독특한 경험과 인식, 문제점 등을 어떤 방법으로 연구하고 기술할 것인가와 관련하여 질적 연구를 탐구하였다. 안금희(2001)는 질적 연구가 다른 교과와 구별되는 미술 경험의 맥락, 흐름에 대한 심층적 분석과 미술교육 현장 개선에 실제적으로 이바지할 수 있다고 기술하였다. 그리고 김선아(2005)는 미술교육의 현황에 비추어 질적 연구 방법론의 필요성과 실제(reality)에 대한 기본적인 질적 연구의 접근방식을 논하였다.

실행연구는 연구가설을 설정하고 검증하여 연구가 종료되는 것이 아니라 한가지 연구 문제의 해결과 반성적 실천을 포함한 또 다른 연구 문제로 이어지는 자기 순환적인 구조로 이루어진다. 이러한 실행연구는 성격상 미술보다는 미술교육에서 주로 많이 이루어지고 있다. 미술교육에서 실행연구의 방향과 방법론에 대한 고찰을 다룬 연구로는 손지현(2015)이 있다. 구체적인 실행연구들은 감상, 시각적 문해력, 미술통합 수업 등 다양한 주제로 이루어지고 있다. 먼저 감상과 관련된 실행연구로는 박은숙(2002), 안금희(2006), 안금희, 라현숙(2006), 김사라(2018), 김보영(2022) 등이 있다. 이중 김사라(2018)는 오랫동안 감상 교육의 방법으로 사용해 왔던 펠드만 감상의 한계점을 비판하고 대화주의를 통한 감상 교육의 실행 방안을 연구하였다. 시각적 문해력과 관련된 실행연구로는 이현아(2017), 김한솔(2021), 손지현, 김영주, 이혜선(2023), 손유림, 김형숙(2023) 등의 연구가 있다. 이현아(2017)의 연구는 그림책 창작의 경험이 학습자에게 어떤 인식변화를 줄 수 있으며 이것이 시각적 문해력 증진에 어떤 의미를 가지는지에 대해 실행연구를 통해 고찰하였다. 그리고 김한솔(2021)은 학습자의 반응 중심 학습법이 시각적 문해력 향상에 효과적인 영향을 끼치는지를 살펴보았다. 손지현, 김영주, 이혜선(2023)은 미술교육에서 디지털 리터러시의 개념, 구성 요소, 역량 등을 탐색하고, 교사에게 필요한 디지털 리터러시를 제안하였다. 손유림, 김형숙(2023)은 디지털 리터러시의 구성 체계를 기반으로 데이터 시각화 교육 프로그램을 개발 및 적용해 봄으로써 미술을 통한 디지털 리터러시 교육의 가능성을 제안하였다. 데이터 시각화와 관련된 다른 연구로는 김현정(2018)은 데이터 시각화 수업 실행에 관한 질적 연구를 수행하였다.

미술 통합 수업 관련 실행연구로는 서제희(2019), 김형숙, 최기호(2015), 김양주(2021), 김시정, 양선희, 박윤미(2022) 등이 있다. 김양주(2021)는 이제까지의 통합미술 교육이 이론적 논의를 통해서 이루어진 것을 비판하고 질적 연구 방법을 활용하여 학습자 중심의 통합 미술 교육을 살펴보고 실행을 연구하였다. 또한 이은주(2018)는 미술을 매개로 한 사회관계 재인식을 위한 사회 비평적 프로그램은 어떻게 구현되고 이 과정에서 얻게 되는 체험의 본질이 무엇인지를 참여적 실행연구를 통해 연구하였다. 경험에 기반한 실행연구로는 옥영희(2016), 김형숙, 조슬기(2016) 등의 연구가 있다. 김형숙, 조슬기(2016)는 내러티브 기반 미술 교육과 관련된 실행연구를 진행하였다. 이소정, 고홍규(2020)와 이선혜, 박정기(2022)는 각각 미술 문화와 재외 동포 이해를 위한 실행연구를 하였다. 이소정, 고홍규(2020)의 연구는 초등 미술 교과에서 미술문화 이해 능력 신장을 목적으로 한 프로젝트 수업의 개발과 적용을 통한 교육적 실천의 개선을 모색하였다. 그리고 이선혜, 김선아(2019, 2021, 2022)는 세계시민 교육에 관련된 실행연구를 진행하였다. 공공 미술 및 박물관과 관련된 실행연구로는 장신정, 박지현, 장웅조(2019), 정혜연(2022) 등이 있다. 장신정, 박지현, 장웅조(2019)는 문화예술경영을 전공하는 연구자들이 공공 미술 관련 연구전시의 기획, 연구, 제작, 설치, 그리고 운영의 전반적인 과정에 직접 참여하여 학생들의 공공 미술에 대한 이해와 인식의 변화 및 교육적 효과를 고찰하였다. 정혜연(2022)은 박물관의 온라인 교육 역시 교육활동 참여자가 그들의 관심을 반영하고 삶을 변화시킬 수 있어야 한다는 시각 아래 예비 박물관 · 미술관 교육자들이 관객 참여와 상호 작용이 이루어질 수 있게 하는 교육 프로그램의 설계에 대해 연구하였다. 교사를 대상으로 하는 실행연구로는 신채린(2020), 김수진(2022), 김양주(2023)가 있다. 신채린(2020)은 미술 교사의 특정 성에 대한 치우침에 관한 실행연구를 하였다. 김수진(2022)과 김양주(2023)는 각각 초등 예비교사를 위한 지시문 기반 예술프로그램과 동료평가를 위한 실행연구를 진행하였다.

질적 연구의 다양한 지적 전통 중에서 최근 등장한 연구 방법인 온라인 질적 연구의 경우 2020년 1월 시작된 코로나-19(COVID-19)의 팬데믹 상황을 겪은 후 그 연구의 양이 가파르게 많아졌다. 팬데믹의 영향으로 미술과 미술교육 분야에서도 역시 온라인 교육이 이전보다 더욱 강조되고 온라인 수업을 위한 교재 연구 및 콘텐츠를 개발하는 노력이 늘어났다. 온라인, 디지털, 미술, 미술교육, 질적연구 등의 키워드를 이용하여 학술논문과 학위 논문 자료를 검색하였을 때 2020년부터 2023년 사이에 검색된 연구의 양이 그 이전까지의 연구의 양보다 많은 것으로 나타났다. 정다은(2020), 심영옥(2020), 박예원, 권지연(2020), 백근아, 허윤정(2020), 이경화, 오마리아(2020), 진용염, 김선아(2021), 김주령(2021), 이주옥, 강인애, 손기가(2021), 이정은(2022), 정혜연(2022), 김지영, 김형숙(2022), 유주영, 정지혜(2023) 등의 연구가 있다. 특히 미술교육 분야에서 이전의 디지털 패러다임과 코로나 시대에 대한 대응의 결합으로 관련 기술에 대한 집중적인 관심을 통해 디지털, 인공지능 활용 미술교육의 다양한 가능성을 탐구하는 연구가 늘어나고 있는 추세임을 확인할 수 있었다. 이 밖에도 현상학적 연구나 사례연구를 표방한 다수의 연구들이 있었으나 개념의 정확한 이해와 적용에서 부족한 점이 있다고 여겨져 본 연구에서는 따로 다루지는 않았다.

3. 한국 미술과 미술교육에서의 질적연구 패러다임

앞서 살펴본 바와 같이 미술과 미술교육에서 질적 연구라는 용어를 처음 사용하는 시기는 2001년이다. 시기적으로 볼 때 미술과 미술교육에서의 질적 연구는 다른 연구 영역에 비해 뒤늦은 편이라고 할 수 있다. 그 이후로 미술과 미술교육에서의 질적 연구는 다양한 주제와 방법론에서 점차 증가하고 있다. 이제까지 살펴본 미술과 미술교육에서 질적 연구의 역사적 발달에 관한 고찰을 바탕으로 생애사, 자문화기술지, 문화기술지, 탈식민 연구, 비판적 질적 연구, 포스트모던 질적 연구, 실행연구의 일곱 가지 방법론으로 분류하여 대표적인 연구의 사례를 살펴보면 다음과 같다.

첫째, 미술과 미술교육에서의 생애사 연구는 작품을 창작하는 작가 연구가 중심을 이루고 있다. 작가의 작품으로부터 미술과 미술교육이 출발한다는 점에서 작가에 대한 연구가 많은 것은 매우 자연스럽다고 할 수 있다. 작가의 생애를 전반적으로 고찰하는 작가 연구는 주로 평전과 전기의 형식을 통해 이루어지고 있다. 최초의 평전인 고은(1973)의 이중섭 평전을 시작으로 하여 초기에는 박수근, 나혜석, 천경자 등 비교적 널리 알려진 작가 연구가 주를 이루었다. 2000년대 이후로 점차적으로 디아스포라 작가나 월북 작가를 비롯한 다양한 작가들에 대한 연구들로 확장되고 있다. 그리고 비단 작가뿐만이 아니라 미술계의 일원인 평론가와 큐레이터를 대상으로 한 평전 연구도 이루어지고 있는데 이는 미술을 구성하는 다양한 주체에 대한 관심의 확대라는 점에서 의미가 있다. 그리고 양적인 증가와 더불어 연구 방법에 있어서도 단순한 사실의 기록이나 나열에 머물지 않고 점차 작가의 삶과 작품의 상호 연관성을 깊이 탐구하는 연구들이 나타나고 있다(〈표 1〉 참조).

최열(2011)의 〈박수근 평전〉은 삶과 작품의 상호 연관성을 깊이 있게 다루었다는 점에서 생애사 연구의 한 사례가 될 수 있다. 최열은 박수근의 전반적인 생애를 대상으로 하여 변화가 일어나는 사건이나 연도를 기준으로 모두 10개의 단원으로 구분하고 각 단원마다 삶과 작품, 가족과 사회와의 관계 및 그것들이 작품에 끼친 영향 등을 상세히 기술하였다. 박수근

〈표 1〉 생애사 연구 사례 예시

연구	연구 주제	연구 방법
박수근 평전 (최열, 2011)	박수근 생애와 작품 연구	생애사 연구 : 51년간의 박수근의 생애에 관련된 문서와 작품 분석
화가 이중섭 생애에 나타난 작품 경향과 생태체계 및 가족 레질런스 연구 (김현정, 2023)	이중섭의 작품 창작에 미친 가족의 영향을 연구	생애사 연구 : 1940-56년까지의 이중섭 작품 제목 분석 및 작품 분석, 문서 분석, 성격유형 분석
예술가-교사(teaching artist)의 정체성 구축 과정에 관한 생애사 연구 (전수연, 2024)	예술가-교사의 체험의 과정과 의미를 고찰	생애사 연구 : 연구 참여자 8인의 생애에 대한 심층 면담 및 분석

그림의 주된 소재였던 나목(裸木)과 관련한 글의 부분을 인용하면 다음과 같다. "'한국의 가을 하늘은 몹시 맑고, 단풍나무는 앙상한 나무 줄거리로 변해가고 있습니다.' 1962년 10월, 미국에 있는 마가렛 밀러에게 보낸 편지에서 박수근은 앙상한 나무 줄거리를 묘사해 보였다. 전쟁 이후 폐허와도 같은 땅 위에 풍성한 나무가 있을 리 없다. 고난의 길에서 풍성한 잎사귀들이 자라나기를 인내하며 기다리는 사람. 다시 말해 앙상한 나목은 곧 자기 자신이었던 것이다." 이처럼 소재의 하나인 나목에 대해 최열은 당시의 사회적 분위기를 같이 연결시키면서 박수근의 시각을 기술하고 있다.

김현정(2023)은 이중섭의 생애에서 중요한 의미와 비중을 차지하는 가족의 영향이 어떻게 작품 창작에 영향을 미쳤는가를 생애사의 방법으로 연구하였다. 김현정(2023)은 이중섭의 생애를 주요 연보로 정리하였으며, 개인의 생애에 미치는 환경의 영향을 알기 위해 생태체계를 개인 체계, 가족 체계, 사회체계로 나누어 분석하였다. 개인 체계는 성격유형과 건강 상태를 중심으로 살펴보았으며, 가족 체계는 가족 구성, 가족관계, 가족 형태를 중심으로 분석하였다. 사회체계는 지역사회(친구, 선후배, 이웃)와 시대적 상황으로 나누어 분석하였다. 김현정(2023)의 연구는 가족학적 관점에서 이중섭의 생애사를 연구했다는 점에서 기존 예술사적 미학적 관점의 분석과 구별되는 특징을 가진다.

전수연(2024)은 8명의 시각 예술전공 연구 참여자들의 전반적인 생애 과정을 이해하면서 예술가-교사의 체험이 어떤 의미를 지니는지를 탐구하였다. 전수연(2022)은 연구의 목적을 다음과 같이 적고 있다. "문화예술교육에서 예술가-교사 개인의 특징이 교육에 고스란히 드러나기에 예술가-교사 전체를 하나로 묶어서 바라보는 것이 아니라 이들 한 명 한 명이 어떠한 삶을 살아왔고 어떠한 철학을 지니는지를 파악하여 개인의 생애를 돌아보는 것이 중요하다고 생각하였고, 나아가 8명의 예술가-교사 연구 참여자의 삶을 관통하는 다양한 정치 · 경제 · 사회적인 맥락을 확인할 수 있다고 보았다." 이를 위해 전수연(2024)은 문화예술교육을 진행하고 있는 예술가-교사(팀티칭을 포함한 문화 예술교육 경험이 2년 이상)와 예술 활동 경력 5년 이상인 시각예술 전공의 예술가-교사(최근 3년 이내 전시회 참가 경력 또는 예술창작 관련)에 해당하는 8명을 의도적 표본 수집의 방법으로 선정하였다. 연구 참여자와의 면담은 3개월에 걸쳐 총 3회(회당 60-90분)를 진행하였으며 면담한 내용을 연구 참여자가 직접 확인하도록 하는 '1차 구성원 면담' 방식을 사용하였다. 그리고 개방 코딩의 과정을 통해 반복적 비교 분석으로 하위범주와 상위 범주를 도출하는 방식을 사용하였다. 자료의 분석을 바탕으로 전수연(2024)은 크게 네 가지, 즉 '예술가로서 활동하게 해주는 버팀목', '정체성을 확인해 주는 좌표 역할', '사회와 소통하는 채널', '예술교육을 통한 사회공헌'이라는 네 가지 의미를 결과로 도출

〈표 2〉 문화기술지 연구 사례 예시

연구	연구 주제	연구 방법
미술 수업에서 교사의 권위에 관한 문화기술적 연구: 나의 수업 다시 보기, 우리의 수업 다시 보기 (서제희, 2010)	미술 수업에서 교사의 권위가 올바른 교육적 의미를 주고 있는지에 대한 반성적 성찰	문화기술지 : 수업 자료 및 성찰일지 분석
자폐아 미술 교사의 삶에 대한 문화기술지 (진정선, 2013)	자폐아를 가르치는 미술 교사의 일상과 삶이 가지는 의미	문화기술지 ; 연구 참여자 3인을 대상으로 한 심층 면담과 참여관찰, 수업 자료 분석
미술 작가의 기록 생산과 활용에 관한 질적연구 (장지영, 2017)	미술 작가의 기록 생산과 활용에 내재되어 있는 맥락들을 문화적으로 이해	문화기술지 : 연구 참여자 8인을 대상으로 한 심층 면담 및 문헌 연구

시켰다. 전수연(2024)의 연구는 생애사 연구를 통해 국내에서 활동하는 예술가-교사에 대한 이해를 돕는 기초자료를 도출했다는 점에서 의미가 있다.

생애사 연구는 사회적으로 해석한 개인적 삶의 이야기라는 점에서 반드시 널리 알려진 인물만을 연구 대상으로 하지는 않는다. 이런 점에서 본다면 미술과 미술교육에서의 생애사 연구는 아직까지는 비교적 널리 알려진 인물에 치우치고 있는 편이다. 그리고 생애사 연구의 방법에서는 연구자와 연구 참여자가 상호작용하는 구술면담이 중요한 연구 수단인데 대부분 작고한 인물들을 대상으로 하고 있다는 점에서 제한적인 측면이 있다.

둘째, 인간의 삶 속에서의 다양한 문화 현상을 다루는 문화기술지 연구는 미술과 미술교육에서 아직 활발한 편이 아니다. 문화기술지 연구의 사례로는 〈표 2〉와 같다.

서제희(2010)와 진정선(2013)의 연구는 모두 미술교육을 담당하는 미술 교사를 대상으로 하고 있으며 문화기술지를 연구 방법으로 사용하였다. 그러나 미술교육에서 교사의 권위를 성찰하고 있는 서제희(2010)의 연구는 연구자 자신을 연구 참여자로 했다는 점에서 문화기술지가 아닌 자문화기술지로 분류할 수 있다. 진정선(2013)의 연구는 특수아 통합교육이 양적인 확대가 이루어지는 상황에서 자폐아를 지도하는 미술 교사 3인을 대상으로 하여 미술 교사들이 현장에서 겪는 어려움과 삶에 대한 실존적 연구를 목적으로 하였다. 연구 방법으로는 심층 면담, 참여관찰, 수업 자료의 수집 등을 통해 문화기술지 연구를 수행하였다. 연구 참여자를 대상으로 하는 심층 연구는 3개월 동안 총 12회 이루어졌으며 반 구조화된 개별 면담으로 1차 면담과 2차 면담으로 구성하였다. 참여관찰은 초등학교 특수반 미술 수업을 4회, 기관에서의 수업을 2회 걸쳐 참여하여 이루어졌다. 진정선(2013)의 연구는 특정한 사회적 맥락 내의 상호 작용에 초점을 두었다는 점에서 미시적 문화기술지라 할 수 있다. 장지영(2017)의 연구는 미술가 10명을 대상으로 하여 미술 작가들의 기록 생산과 활용, 인식 등에 관한 문화를 탐구하였다는 점에서 문화기술지에 부합하는 사례라고 할 수 있다. 예비조사 포함 6개월간의 자료 수집기간 동안 이메일을 통해 연구 취지, 연구 참여 동의서, 예상 질문지를 보내고 허락을 구하는 방식으로 모두 10명의 연구 참여자를 모집하였다. 연구 방법으로는 심층 면담을 사용하여 5개월 동안 진행하였다. 이 과정에서는 미술작가의 기록 생산과 활용 경험, 기록관리 경험, 기록관리에 대한 인식이라는 3가지 범위를 구분하여 그에 맞는 구체적인 질문을 설정하였다. 장지영(2017)의 연구가 보여주듯이 작가들 역시 사회와 문화의 일원으로 어떤 문화적 주제나 이슈 등을 선정하는가에 따라 다양한 문화기술지 연구가 가능함을 알 수 있다. 그럼에도 불구하고 미술과 미술교육에서는 전반적으로 문화기술지 연구의 사례가 부족한 편이다. 작가와 관객, 교사와 학생 모두 사회적 구성원이자 집단을 형성하고 있다는 점에서 미술과 미술교육에서 탐색할 수 있는 불평등, 역량 강화 등의 다양한 여러 주제들에 대한 문화기술지 연구의 적용과 시도가 요구된다고 할 수 있다.

셋째, 미술과 미술교육에서 자문화기술지 연구로는 연구자 개인의 작품을 연구 대상으로 하는 실기 논문과 미적 체험과 자각을 다루는 연구가 있다. 개인적 주관적인 경험과 인식으로부터 출발해서 사회 · 문화적 맥락을 탐구하고 자신의 작품을 분석적으로 기술한다는 점에서 실기 논문은 자문화기술지의 대표적인 사례이다(〈표 3〉 참조).

실기 논문 중에서 명시적으로 연구 방법에서 자문화기술지를 표방하지는 않았지만 내용적 측면에서 자문화기술지의 특성을 잘 보여주고 있는 예로는 송수영(2020)의 〈'주변'에서 '개별'로 향하는 작품 연구〉이다. 송수영(2020)은 이 연구에서 육아를 담당하는 여성이자 작

〈표 3〉 자문화기술지 연구 사례 예시

연구	연구 주제	연구 방법
'주변'에서 '개별'로 향하는 작품 연구 (송수영, 2020)	개별성이 주변화되는 경험을 바탕으로 소외를 넘어서는 '개별'의 모색	자문화기술지 : 2005-2019년도의 삶에 대한 작품 분석과 문헌연구
미술 교사, 지각(知覺)의 의미를 말하다: 자문화기술지를 중심으로 (백애정, 2021)	미술 체험의 과정에서 보여지는 지각의 의미를 자문화기술자인 연구자가 어떻게 인식하고 있는가를 모색	자문화기술지 : 2년간의 수업자료 및 자아 성찰일지 및 인터뷰 분석
공산성, 나 그리고 존재론적 조우: 미적 체험에 대한 자문화기술지 (최명숙, 2021)	공산성의 미적 체험에 대한 미술 교육적 의미를 모색	자문화기술지 : 10회의 현장 방문을 통한 성찰일지 및 면담, 문헌 연구

가로서 겪은 창작 활동과 미술계에서 자신이 겪은 개인적이고 주관적인 경험을 성찰하였다. 그리고 이를 바탕으로 미술의 중심부에서 부정적인 것으로 간주하는 주변부의 유약함과 나약함이 실은 주체의 개별성을 인식하는 중요한 요소임을 강조하였다. 자신의 경험을 사회적 맥락으로 연결하는 송수영의 글은 다음과 같다.

"그렇게 감쪽같이 숨기며 살다 보면 자신조차 자기 내부에 무엇이 있는지 잊어버리기도 한다. 주변의 개별성을 회복하는 미술 작품은 그렇게 억눌리고 잊어버린 우리 내면의 개별성을 발견하게 한다. 사회에서 부정적인 것으로 간주되는 '연약함'이 섬세함과 같은 긍정적인 의미로 새롭게 드러나는 작품을 통해, 관람자는 자기 내면의 억눌리고 잊혀진 '연약함'의 특성, 즉 자신의 개별성과 연결되는 것이다."

자신의 작업에 대한 글쓰기에 출발하여 이것과 연계되는 미술계의 상황과 맥락을 파악하고 개별성에 대한 인식과 연대로 나아가고자 하는 송수영(2020)의 연구는 자문화기술지의 좋은 사례이다.

한편, 성찰적 자문화기술지의 방법을 사용하여 미술 교사인 연구자 자신을 성찰한 백애정(2021)의 연구가 어떻게 진행되었는지를 살펴보면 다음과 같다. 이 연구의 실행 과정은 기초 연구, 자료 수집, 자료 분석(코딩), 결과 분석으로 이루어졌다. 백애정(2021) 연구의 자료 수집은 기억 자료, 자기성찰 자료, 수업자료 및 관찰자료, 학생들의 자기성찰 일지, 인공물 자료, 문헌 자료 등과 그 외 본 연구의 수행을 위해 선정한 연구 참여자를 대상으로 한 e-mail 인터뷰 및 전화 인터뷰 자료 등으로 구성된다. 자료의 수집 기간은 2018년 11월부터 2020년 9월까지이다. 그리고 자문화기술지의 특성상 연구 참여자가 연구자 자신이었지만 수집된 자료와 연관이 있는 6명의 학생들을 대상으로 하여 2019년 2월과 3월에 1차에서 3차에 걸쳐 실시하였다. 그리고 자료 분석과 결과 분석은 2019년 2월부터 2020년 12월 사이에 진행되었는데 연구의 종료까지 자료 수집과 분석은 순환적으로 진행하였다. 백애정의 일부 글을 인용하면 다음과 같다.

"연구자는 미술 교사 한 개체로만 존재하지 않는다. 나와 타자, 그리고 세계와의 경계가 무너지는 곳, 그 언저리로부터 낚아챈 의미의 생성은 시대가 속한 역사와 사회와 문화 등과도 연루된 것이다. 본 장에서 보여지는 나는 자기성찰적 자아(Me)이자 사회문화적 자아이며 변증법적 자아이다."

여기서 알 수 있듯이 백애정(2021)은 인간으로서의 개체적 삶과 미술 교사로서의 삶이 분리될 수 없다는 자각을 자문화기술지의 방법을 통해 드러내고 있다.

최명숙(2021)은 성찰적 자문화기술지의 방법을 통해 공주에 위치한 공산성을 대상으로 한 미적 체험의 미술 교육적 의미를 탐구하였다. 연구의 총 기간은 15개월로 2020년 6월부터 2021년 9월까지이다. 모두 10번을 현장 방문하였고 이 과정에서 느끼고 체험한 점을 시와 수필 등의 성찰 일지로 작성하였다. 그리고 공산성을 비롯한 주변 환경을 사진과 동영상으로 찍어서 기록하였다. 또한 공주를 근거지로 하는 자연 미술가와의 인터뷰, 다수의 문헌 자료를 분석자료로 하였다. 분석자료의 코딩을 통해 인간의 무지, 공산성 사람들, 백제의 미라는 하위범주를 도출하였고 존재 체험으로서의 미술, 미적 체험의 확장이라는 두 가지 상위범주를 이끌어내었다. 그리고 지나친 주관성에 빠지거나 편협하지 않도록 공산성이 있는 충청지역의 미술교육자 1인과 타지역의 미술교육자 1인에게 연구 내용을 검토하도록 하였다.

현재 미술교육에서의 자문화기술지는 미술 교사가 자신을 연구 대상으로 하는 연구들이 주를 이루고 있으며 아직까지 많은 편은 아니지만 점차 증가하는 추세이다. 이에 비해 미술에서 자문화기술지에 대한 관심은 많이 부족한 편이라고 할 수 있다. 특히 대부분의 실기 논문은 자문화기술지이면서도 제대로 된 질적 연구 방법을 사용한 경우는 드물다고 해도 지나친 말이 아니다. 여기에는 여러 이유가 있겠지만 논문을 지도하고 가르치는 미술 대학 교수들의 질적 연구 방법론에 대한 관심 부족이 가장 큰 이유라고 할 수 있다. 그리고 또 다른 이유로는 창작자들이 실기 학위 논문을 창작과 연관된 연구의 일환이 아닌 단지 학위를 받기 위한 절차적 과정으로만 여기는 인식의 문제를 들 수 있다. 다른 학문의 경우 박사 논문을 본격적인 연구를 위한 출발점으로 여기는 것에 비해, 미술 실기 박사 논문은 학위를 위해서 작성하는 것이라는 인식이 대부분이다. 이런 인식은 이론 연구와 창작 활동을 병행하는 것은 어렵고 힘들며 결국은 창작 활동에 집중할 것이라는 생각이 주를 이루는 것에서 비롯된다고 할 수 있다. 즉, 창작 우선의 관점에서 볼 때 실기 학위 논문은 연구의 새로운 시작점이 아니라 연구의 끝이자 마지막으로 여기게 된다. 이같이 박사 논문을 단지 창작 활동을 위한 도구적 수단이자 통과의례로 여기는 관점이 팽배한 상황은 연구 역량을 기르기 위한 발전적 개념과 방법에 대한 고민과 성찰이 부족해지는 결과로 이어지고 있다. 구체적인 방법론 없이 조형적 측면에 치우친 작품 분석은 왜 이런 작품을 하게 되었는지에 대한 근본적인 맥락과 이유를 설명하기에는 부족하다고 할 수 있다. 이 같은 문제점을 해결하기 위해서는 먼저 작품의 분석과 글쓰기가 창작과 별개가 아니며 창작 과정에 대한 이해를 깊게 하고 창작의 관점을 새롭게 할 수 있다는 인식의 전환이 요구된다고 할 수 있다. 또한, 동시대 한국에서 창작한 작품을 연구 대상으로 하면서도 정작 작품 분석의 근거로 삼는 이론적 토대는 서구 미술 이론과 작가인 경우가 대부분이다. 이는 여전히 한국 미술이 서구 중심주의 시각에서 자유롭지 못하다는 것을 의미한다. 하나의 작품이 개인의 주관적 영역만이 아닌 개인이 경험하는 사

〈표 4〉 비판적 질적 연구 사례 예시

연구	연구 주제	연구 방법
페미니즘 미술가의 시각문화교육 경험에 대한 내러티브 탐구 (김은지, 2021)	페미니즘 미술가의 시각문화교육에 대한 경험을 통한 시각문화교육에 대한 의미의 탐색과 실천적 전략의 모색	비판적 질적 연구 : 학습자 10명을 대상으로 한 수업의 참여관찰과 자료 연구 및 자료 분석
민중미술에 나타난 남성성 연구: '동성 사회적 욕망'과 '성 정치'의 관점에서 (박현화, 2014)	민중미술의 남성성을 젠더 연구의 패러다임으로 새롭게 고찰	비판적 질적 연구 : 민중미술 작품의 분석 및 문헌 연구
한국 미술교육에서 장애 담론에 대한 논의와 시사점에 관한 연구 (남영림, 2015)	미술교육에서 다뤄진 장애 담론에 대한 비판적 논의 및 장애와 관련된 미술교육의 시사점 도출	비판적 질적 연구 : 문헌 연구와 분석

회 · 문화적 토대 위에서 만들어진다고 한다면 서구 이론의 틀에만 기대어 맥락과 근거를 설명한다는 것은 문제점으로 지적할 수 있다.

넷째, 기존의 제도나 자료 속에 존재하는 인식이나 사고에 대한 반성과 성찰을 추구하는 비판적 질적 연구이다. 비판적 질적 연구는 기존 연구들에서 오랫동안 사용하던 관점에 대해 새로운 관점으로 바라보는 것을 목적으로 한다(〈표 4〉 참조).

김은지(2021)는 페미니스트 미술가의 교육 경험을 통해 페미니즘 관점의 시각문화교육이 왜 필요한지를 고찰하고 어떻게 실행될 수 있는지를 탐구한다. 이 연구의 자료 수집 기간은 2019년 9월 21부터 2020년 11월 20일까지 총 14개월이다. 그리고 페미니스트 미술가의 교육 경험을 관찰하기 위한 구체적인 사례로는 성인 학습 공동체 OOOO학교의 '몸: 여성, 퀴어, 장애' 수업을 선정하였다. 해당 수업은 학습공동체의 학습자 10명을 대상으로 6주간에 걸쳐 12차시로 진행되었으며 참여관찰과 자료연구를 병행하였다. 연구 참여자의 변화와 소감을 소개하면 다음과 같다. 연구 참여자 빨강은 "보여주신 이미지들은 저한테 익숙한 그림들이었지, 그것들이 문제가 된다는 생각이나, 인식은 되지 않던 상태였으니까...(중략) 근데 이제는 '왜 저렇게 표현하지?'하고 생각하게 됐어요." 그리고 또 다른 연구 참여자 주황은 "무언가를 재현할 때 정말 심사숙고해야 되겠다고 생각했어요. '재현한다'는 게 생각을 그대로 드러나는 것 같아요. 재현에 내가 사물을 바라보는 방식이 그대로 드러나게 된다는 걸 알았죠." 이 같은 연구 참여자들의 소감에서 시각문화에 내재한 편견과 차별을 인식하게 되었음을 알 수 있다. 김은지(2021)의 연구는 페미니스트 미술가의 실제적인 교육 경험에 대한 고찰을 통해 실행 가능한 전략을 모색한다는 점에서 의미가 있다. 이를 통해 시각문화에 내재 되어 있는 권력관계의 불평등을 개선하고자 한다는 점에서 비판적 질적 연구의 특징을 가지고 있다.

한편, 박현화(2014)는 서구 자본주의에 대한 저항으로 민중 미술을 해석하는 민족주의 담론에서 벗어나 그 안에 감춰졌던 남성성과 성적 차별을 페미니즘 정신 분석학의 방법을 통해 고찰하였다. 민중 미술의 작품을 젠더적 관점에서 분석한 박현화(2014)에 의하면 민중 미술의 작품에 나타나는 '강인한 남성성'에 대비되는 '훼손된 여성성'은 남성 중심의 가학적인 태도와 권력을 나타내는 것이다. 이 연구는 젠더화된 권력 관계의 맥락 속에서 민중 미술 속의 남성성을 비판적으로 기술함으로써 민중 미술에 대한 기존의 민족주의 담론을 넘어서는 새로운 시각의 필요성을 강조하였다.

남영림(2015b)의 연구는 미술교육에서 다뤄진 장애 담론에 대한 비판적 논의 및 장애와 관련된 미술교육의 시사점을 도출하는 것을 목적으로 한다. 기존의 장애 담론과 관련해서 남영림(2015b)은 창의적이고 표현 기능면에서 우월한 비장애인의 미술과 창의적이지 못하고 기능적으로 단순하고 표현력 면에서 열등한 장애인 미술이라는 이분법적 담론이 교사들에게 존재하고 있는 것은 아닌가라는 질문을 던진다. 장애인을 치료나 복지의 대상이 아니라 소외된 문화적 그룹으로 볼 것을 강조한 남영림(2015b)은 시각문화 속의 장애 이미지에 대한 비판적 탐구의 교육 내용 수립, 미술교육 과정 및 정책 수립에 장애인의 목소리 반영, 장애 예술가와 장애 학생들 작품의 교과서 수록을 제안하고 있다. 남영림(2015b)의 연구는 미술교육 현장에서 장애가 어떻게 인식되고 있는지를 비판적으로 고찰하고 장애인을 대상으로 한 미술교육의 개선 방안을 제시하였다는 점에서 비판적 질적 연구의 좋은 사례라고 할 수 있다.

미술과 미술교육에서의 비판적 질적 연구는 페미니즘의 시각에서 이미지에 내포된 차별과 억압의 이데올로기를 드러내고자 하는 연구들이 많은 부분을 차지하고 있다고 할 수 있다. 그리고 다문화사회로의 변화를 반영하여 이와 관련된 차별이나 선입견을 극복하는 연구들이 2010년대 이후 등장하고 있는 경향을 나타내고 있다.

다섯째, 오랫동안 이어져 온 서구 중심의 인식과 가치체계를 비판하고 자신의 정체성을 성찰하고자 하는 탈식민적 연구는 개인의 독창적인 시각과 인식의 표현을 추구하는 미술과 미술교육에서 그 필요성이 크다고 할 수 있다. 미술과 미술교육에서의 탈식민 연구는 1990년대 후반 이후부터 본격적으로 이루어지고 있다(〈표 5〉 참조).

윤난지(2017)의 연구는 모든 문화는 다른 문화와의 관계에서 만들어지는 혼성물이라는 관점에서 1960년대 한국 앵포르멜 미술이 서구의 미술 사조를 수용했다는 사실 자체가 아닌 어떻게 다름으로 변화시켰는지를 주목하였다. 다시 말해 받아들이는 주체의 능동적 시선을 강조하였다. 윤난지(2017)에 의하면 한국의 앵포르멜 미술은 미국 추상표현주의와 프랑스

〈표 5〉 탈식민적 질적 연구 사례 예시

연구	연구 주제	연구 방법
한국 앵포르멜 미술의 '또 다른' 의미 (윤난지, 2017)	한국의 앵포르멜을 수용 주체의 시선에서 고찰함으로써 문화 수용의 능동성을 드러내고자 함	탈식민적 질적 연구: 문헌 연구, 내용분석
탈식민주의 관점으로 본 민중미술 서사 연구 정채경, 장민한(2022)	민중미술을 탈식민주의 관점에서 분석하여 세계사적 의미와 동시대 미술의 가치를 모색	탈식민적 질적 연구: 문헌 연구, 내용분석
문화정체성 구축을 위한 다문화미술교육: 디아스포라 작가 탐구를 통한 실행연구 김형숙, 남기현(2012)	디아스포라 작가 탐구를 통한 문화 정체성 구축을 위한 다문화 미술교육의 모색	탈식민적 질적 연구 : 15명의 학생을 대상으로 한 프로그램 실행과 심층 면담. 문헌 연구, 참여관찰, 내용분석

앵포르멜 미술 사이에서, 그 둘과 다양한 방식으로 연계되면서도 둘 어디에도 완전히 속하지 않는 '또 다른' 종류의 전후 추상미술로서의 위치에 속한다. 또한 윤난지(2017)는 한국의 앵포르멜 미술이 작가의 개인적인 예술적 실험이 아니라 미술 제도 더 나아가서는 사회체제의 개혁을 의미한다고 보았다. 그리고 이 지점에서 한국 앵포르멜 미술은 서구 미술의 일방적 수용이 아닌 특수한 시대성을 반영하는 정체성을 가진다고 기술하였다.

정채경, 장민한(2022)은 한국의 민중 미술을 탈식민주의 관점에서 분석하고자 하였다. 이들은 탈식민주의 담론을 분석하여 미술의 세 가진 실천 유형을 사회 모순을 인식하도록 하는 '각성', 지배 세력에 대항해 투쟁하거나 하거나 민중의 결집을 강조하는 '저항 및 연대', 미래의 비전을 제시하는 '이상 추구'의 세 가지 유형을 도출하였다. 그리고 이를 80년대의 민중미술부터 민중 미술의 계보를 잇는 2000년대 미술까지 적용하여 민중 미술의 서사가 어떻게 전개되고 변화되어 왔는지를 살펴보았다. 이러한 정채경, 장민한(2022)의 연구는 민중 미술을 탈식민주의 관점에서 탐구하는 것에 머물지 않고 현재 진행되고 있는 동시대 미술로서의 가치를 찾고자 했다는 점에서 의미가 있다.

김형숙, 남기현(2012)은 글로벌 시대의 디아스포라의 개념을 정의하고, 디아스포라를 겪게 되는 문화 정체성에 관한 혼란과 발달의 과정을 다문화 미술교육 프로그램을 통해 고찰하여 학습자의 문화 정체성을 함양하고자 하였다. 미술 프로그램은 중학교 3학년 학생 15명을 대상으로 3차시로 진행하였고 수업 후에는 무작위로 남학생과 여학생을 각각 4명씩 선정하여 비구조화된 면담을 실시하였다. 그리고 표현 결과물은 학생의 설명과 작품 설명서를 통해 결과를 분석하였다. 연구의 타당도를 높이기 위해 참여관찰, 심층 면담. 작품 설명서분석, 작품 분석 등의 복합적인 연구 방법으로 현상을 연구하는 삼각 검증법을 사용하였다. 프로그램 수업 후 변화된 학생들의 인식은 아래의 문장에서 확인할 수 있다.

> "나 자신도 몰랐던 나의 모습을 다른 사람에게 보여준다는 것이 처음에는 어려웠다. 내 장점과 단점에 대해 정확히 알게 되었고 나라는 사람에 대해서 더욱 잘 알게 되었다."(학생A)

> "태어나서 지금까지 쭉 자라온 이곳은 나도 모르는 새 영향을 많이 받은 듯 하다. 말투부터 성격까지 조금씩은 다르지만 알고 보면 이 지역 색이 많이 묻어난다. .... 내가 사는 이 동네와 지역은 나와 뗄 수 없는 부분이다."(학생B)

> "저는 언제나 나의 정체성의 근본은 내가 속한 자국에 있다고 생각했어요. 하지만 날이 갈수록 글로벌해지고 다양한 문화가 혼합되는 세상에 혹시라도 나와 우리의 주체성이 흔들리지 않을까 라는 걱정이 들었어요. ....나에 대한 신념을 가지고 다른 문화를 받아드리려는 생각을 갖는 것이 중요하다는 생각이 들었어요."(학생C)

김형숙, 남기현(2012)의 연구는 여러 문화들이 공존하는 포스트모던 시대에서 타자의 이해를 통한 확장된 정체성을 모색한다는 점에서 민족주의 담론의 한계를 벗어난 탈식민 연구의 좋은 사례이다.

여섯째. 미술과 미술교육에서 포스트모던 질적 연구는 2000년대 이후 본격적으로 이루어지고 있다. 형식적 모더니즘에 대항하는 포스트모더니즘 미술과 관련된 연구들은 1980년대부터 이루어지고 있지만 대부분 포스트모더니즘 이론을 다루고 있다는 점에서 질적 연구의 방법적 이슈를 다루는 연구와는 거리가 있다. 포스트모던 질적 연구는 거대 담론을 거부하고 지역적이며 맥락적 인식의 탐구와 자기반성, 하나의 고정된 의미가 아닌 열린 시각과 다중적 의미를 추구하는 것을 의미한다(〈표 6〉 참조).

홍선표(2004)의 연구는 한국 미술사를 이해하는 데 있어 오랫동안 근대적 이데올로기의 틀 안에서 식민주의사관과 반(反)식민주의사관, 또는 외부적 이식론과 내재적 발전론의 대립적 구조로 전개되었던 점을 지적하였다. 그리고 이런 비판적 인식을 바탕으로 서구 모더니즘의 진화론적 관점에서 벗어나 통섭적 관점을 가질 것을 강조하였다. 또한 미술사의 여러 영역뿐만 아니라 인접 학문과의 소통을 통해 기존의 단선적이고 단면적인 연구에서 벗어나 그동안 배제되었던 복합적인 미술 문화를 연구하는 다층적 시각이 필요함을 주장하였다. 홍선표(2004)에 의하면 '한국회화사'에 대한 기존의 관점과 인식틀을 비판하고 새로운 진로를 모색하는 것은 편향과 차별의 왜곡과 타자 표상의 종속에서 벗어나는 것을 의미한다. 이와 같

〈표 6〉 포스트모던 질적 연구 사례 예시

연구	연구 주제	연구 방법
'한국회화사' 재구축의 과제: 근대적 학문의 틀을 넘어서 (홍선표, 2004)	서구의 근대적 이데올로기와 언어로 규정된 '한국회화사'의 틀에 대한 반성과 재구축의 모색	포스트모던 질적 연구 : 문헌 연구와 분석
한국의 다문화 교육 담론에 대한 비판적 논의의 고찰과 미술교육에의 시사점에 관한 연구 (고홍규, 2015)	한국의 다문화 교육에 대한 비판적 담론의 고찰과 이를 통한 미술교육에서의 시사점 모색	포스트모던 질적 연구 : 문헌 연구와 분석

은 홍선표(2004)의 연구는 지역적 특성과 자기반성, 다층적 의미라는 포스트모던 질적 연구의 방법적 이슈를 잘 반영하는 사례이다.

한편, 고홍규(2015)는 기존 한국 다문화 교육 담론이 주로 이론적 차원에서 서구 중심의 다문화 이론의 수용과 적용이라는 틀에서 이루어졌다는 것을 지적하였다. 그리고 주류 문화에 소수자들을 동화시키려는 동화주의적 접근이었다는 점을 비판하였다. 이런 비판적 관점에서 고홍규(2015)는 다문화 교육 담론이 한국 사회의 독특한 상황을 바탕으로 논의되어야 하며 인권과 평등, 사회적 정의의 실현이라는 다문화 교육의 궁극적 목표를 지향할 것을 주장하였다. 다문화 교육에서의 서구 중심적 이론의 수용과 적용을 비판하고 한국적 상황에 맞는 다문화 교육의 필요성을 주장한 고홍규(2015)의 연구 역시 지역적이며 맥락적 인식을 강조하는 포스트모던 질적 연구의 좋은 사례라고 할 수 있다. 미술교육에서의 포스트모던 질적 연구는 대체적으로 다름과 차이의 이해를 강조하는 다문화주의와 관련되어 이루어지고 있는 특성이 있다.

일곱째, 실행연구는 교사가 수업, 생활지도, 평가 등에 관련된 새로운 개입, 즉 교육활동을 수행하면서 그 개입이 어떤 변화를 초래하는지 면밀히 살피는 연구이다(조용환, 2015). 국내의 경우 1990년대부터 교육 관련 연구에서 주목받기 시작하여 점차 활성화되었다. 미술교육에서 실행연구는 프로그램 개발 및 적용 연구, 효과적인 교수 학습 방법을 탐색하는 연구 등이 많았다. 연구 기법으로는 주로 참여관찰과 일지, 연구자(학생)들의 소감문 및 활동지, 그림과 사진, 자료조사, 심층 면담 등의 다양한 연구 기법을 활용하고 있다. 한편으로는 실행연구를 표방하면서도 연구 과정의 분석과 반성을 통한 실행 단계가 없이 개발 프로그램의 적용과 결과 분석에 머물고 있는 연구들도 있었다. 교육 분야에서의 실행연구가 현장 연구(field study)와 유사하게 인식되는 경우가 있지만, 실행연구는 단순히 교육 현장을 대상으로 연구하는 것이 아니라 현장에 적극적으로 '참여'하는 실천가에 '의한' 연구로 구분되어 이해되어야

〈표 7〉 실행연구 사례 예시

연구	연구 주제	연구 방법
초등학생을 위한 문제 기반 학습 중심 미술과 세계 시민교육에 관한 실행연구 - 초등학교 4학년 중심으로 (이선혜, 김선아, 2022)	문제 기반 학습 중심 미술과 세계시민 교육의 프로그램을 개발하고 교육 현장에서의 실행연구를 통해 학생들이 전 지구적인 도전과제에 대한 문제 해결책을 모색하는 과정에서 의미 있는 교육적인 변화상에 대해 논의	실행연구 : 참여관찰, 전문가의 관찰일지, 수업자료, 심층 면담, 성찰일지
학습자 중심의 통합 지향 미술교육을 위한 실행연구 (김양주, 2021)	통합 미술교육을 실행하고 있는 국내외 두 교수의 수업 현장을 살펴봄으로써 학습자 중심 통합 미술교육이 어떠한 양상으로 이루어지는지를 이해하고 이를 교육의 관점에서 고찰	실행연구 : 참여관찰, 심층 면담, 현지 자료조사
소통 능력 신장을 위한 동영상 활용 시각문화 미술교육에 관한 실행연구: 초등학교 3학년 중심으로 (이선혜, 2023)	시각문화의 하나인 동영상을 활용한 시각문화 미술교육을 실행해 봄으로써 학생들의 소통 능력 신장 측면에서 교육적 의의 탐구	문헌 연구, 참여관찰, 전문가의 관찰일지와 자문, 수집된 자료 분석(코딩), 심층 면담, 성찰일지
소셜미디어의 상호작용적 특성에 기반한 미술교육의 확장 가능성 탐색을 위한 실행연구 (김시내, 2018)	소셜미디어의 상호작용적 특성에 기반한 미술교육 프로그램의 개발 및 실행연구를 통해 미술교육의 목적, 내용과 방법의 확장 가능성을 탐색	실행연구 : 3년간의 프로그램 개발 및 수정 적용, 심층 면담 및 참여관찰, 수업 자료의 분석,

한다. 실행연구 과정 속에 실행적인 성찰과 반성이 반영되어 더 나은 실행으로 실제를 개선하고자 함이 드러난 연구의 예를 살펴보면 〈표 7〉과 같다.

이선혜, 김선아(2022)는 초등학생을 위한 문제 기반 학습 중심 미술과 세계 시민교육을 실시함에 있어 연구 주체자인 교사가 학습자의 의미 있는 교육 변화를 산출하기 위해 실행연구를 수행하였다. 연구자들은 사전 문헌 연구를 토대로 프로그램을 개발하여 계획된 수업 내용으로 구체적인 수업 지도안을 구상하고, 창의적 체험 활동 시간을 이용하여 수업을 진행하였다. 이 연구에서는 미술교육 전문가 3인의 관찰일지, 연구자(학생)들의 소감문 및 활동지 등의 실제 수업, 사후 심층 면담과 연구자의 성찰 일지를 자료로 사용하였다. 그리고 수업 절차는"1차 수업 계획 → 1차 수업 실행 → 수업 관찰 → 수업 반성 → 수정된 2차 수업 계획 → 2차 수업 실행 단계 → 수업 관찰 → 수업 반성 평가 → 수정된 3차 수업 계획(프로그램) 제시"와 같이 진행되었다. 수업의 대상은 4학년 1개 반(27명)을 대상으로 하였으며 1차 실행으로 4차시를 진행하였고 그것을 보완 후 다시 2차 실행으로 4차시를 진행하였다. 이 과정에서 미술교육 전문가 3인은 실제 수업을 참관하고 관찰일지를 작성하였으며 실행 수업에 대한 의견을 제시하였다. 이선혜, 김선아(2022)의 연구는 실행연구의 성찰과 반성적 특징과 함께 연구가 곧 실행이 되고 실행이 연구가 되는 순환적인 질적 실행연구의 특징을 반영하고 있다.

또 다른 실행연구로는 김양주(2021)의 연구를 들 수 있다. 김양주(2021)는 연구자가 통합미술 교육 수업을 지도하면서 경험했던 어려움과 문제 의식을 가지고 통합 지향 미술교육을 위한 이상적인 교육 방법과 교육 내용을 모색하였다. 김양주(2021)의 연구는 3명의 교수 연구 참여자, 3명의 성인 참여자, 8명의 고등학생 참여자가 참여하였으며 참여관찰, 심층 면담, 현지 자료조사를 중심으로 자료를 수집하였다. 교수 연구 참여자가 진행하는 수업에는 2회와 15회에 걸쳐 참여관찰을 하였다. 그리고 성인 참여자를 대상으로 한 수업은 주당 2회로 총 10회(20시간)를 진행하였고 고등학생 참여자를 대상으로 한 수업은 주 1회로 총 8회(16시간)를 진행하였다. 김양주(2021)는 이러한 자료의 분석을 통해 통합 지향 미술교육을 기획하고 실행하였다. 그리고 과정에 대한 반성과 재실행으로 시도한 변화와 학생 개인의 삶 속에서 드러난 통합 지향 미술교육의 가능성을 보여주며 학습자 중심 통합 미술교육의 연구가 더 필요함을 제시하였다. 김양주(2021)의 연구는 실행연구의 단계별로 구분하여 연구 방법을 설명하고 분석함으로써 실행연구의 실증적이고 실천적인 측면을 잘 보여주고 있다.

김시내(2018)는 소셜미디어의 상호작용적 특성에 기반하여 미술교육의 내용과 방법들을 새로운 지평으로 확장시킬 수 있는 가능성을 모색하였다. 실행연구의 기간은 3년으로 서울의 초등학교에서 2015년 1월부터 진행된 프로그램 개발을 거쳐 2017년 7월까지 세 차례의 수업을 반성과 수정을 거쳐 실시하였다. 미술교육 과정에서 추출한 주제를 가지고 새로운 매체를 적용하여 수업 모델을 개발하였고 3학년부터 6학년 학생을 대상으로 수업을 시행하였다. 2015년에는 미술동아리를 대상으로 20시간 수업을 진행하였고, 이 결과를 바탕으로 수정 후 2016년에는 다시 3개 반과 미술동아리를 대상으로 각각 10시간과 20시간의 수업을 진행하였다. 그리고 2차 수업 후 다시 프로그램 수정을 하고 1개 반을 대상으로 프로젝트를 진행하였다. 김시내(2018)의 연구는 실행연구를 통해 소셜미디어의 상호작용적 매체적 특성에 기반한 공동체적 가치를 추구하는 미술교육의 확장적 시도가 많은 가능성이 있음을 확인하고 있다. 이론과 실천의 조화를 추구해 온 우리나라 미술교육의 특성을 고려할 때 미술교육에서 이와 같은 질적 실행연구에 더 많은 관심을 가질 필요성이 있다고 여겨진다.

4. 결론 및 시사점

이제까지의 고찰을 바탕으로 한국 미술과 미술교육의 질적연구에 대한 결론은 다음과 같다.

첫째, 미술과 미술교육에서는 명시적으로 질적연구임을 밝히지 않더라도 내용적 측면에서 이미 질적 연구의 특성을 가진 연구가 많이 이루어지고 있다고 할 수 있다. 평전과 실기논문 등은 연구 내용과 방법 그 자체가 생애사 연구와 자문화기술지의 특성을 가지고 있다. 이는 보편적 지식이 아닌 개성적이고 독창적 표현과 인식을 강조하는 미술과 미술교육이 본질적으로 질적 연구의 지향점과 맥락을 같이 하는 것으로 볼 수 있다.

둘째, 미술과 미술교육에서 질적 연구는 증가하는 추세에 있지만 미술교육과 비교할 때 미술에서의 질적 연구에 대한 관심은 상대적으로 부족한 편이다. 하나의 작품이 관객과 소통하면서 문화를 형성하는 미술은 조형적 측면만이 아닌 맥락에 대한 깊이 있는 분석과 성찰이 요구된다. 그리고 불가분의 관계에 있는 미술 작품과 작가의 삶을 연구하는데 있어 질적 연구의 여러 방법이 효용성을 가진다는 점에서 앞으로 더 적극적인 관심을 가질 필요가 있다.

셋째, 미술교육에서 질적 연구는 여러 방법론과 주제에서 이루어지고 있지만 아직은 초기 단계로 구체적인 방법론의 적용에 있어서는 여러 가지 부족한 점이 있다. 자문화기술지와 문화기술지의 혼돈이라든지 현상학적 연구에 대한 잘못된 이해 등을 확인할 수 있었다. 그러므로 앞으로는 개념과 방법론에 대한 정확한 이해, 주제에 맞는 방법론의 적용 등과 같이 질적 연구에 대한 정교한 이해와 적용이 요구된다고 할 수 있다.

한국 미술과 미술교육에서의 질적연구의 전개에 관한 이번 연구는 논문 중심의 연구를 다루었는데 이 점에서 정작 현장에서 만들어지는 이미지와 작품을 본격적으로 다루지 못한 한계점이 있다. 포스트모더니즘 이후 절대적인 진리의 확실성을 의심하고 있는 것과 마찬가지로 언어로 구성된 연구가 실재를 표상하지 못한다는 인식 등이 확산하고 있는 추세이다. 언어와 비교해서 이미지는 다양한 해석과 이해가 더 용이하며 경직된 글쓰기 형식을 해체하는 하나의 대안이 될 수 있다. 특히, 대중문화의 시각 이미지들에는 인종, 젠더, 이데올로기, 편견, 관습 등 여러 사회문화적 담론이 담겨져 있다. 그러므로 이러한 시각 이미지를 대상으로 하는 미술과 미술교육은 더 적극적으로 질적 연구에 관심을 기울일 필요가 있다. 더 나아가서는 이미지를 통한 상징과 재현은 언어 중심의 질적 연구가 가지는 한계점을 극복하고 새로운 틀로 확장하는데 기여할 수 있을 것으로 여겨진다.

서구와 구별되는 아시아적 담론의 추구에 있어 한국 미술과 미술교육에서의 질적 연구는 다른 영역에 비해 더 큰 가능성을 가지고 있다고 할 수 있다. 최근 이른바 한류가 전 세계적으로 위상을 떨치고 있지만 한류의 대부분이 대중문화라는 점에서 근본적인 한국 문화의 특성이 무엇인지를 성찰할 필요성이 있다. 지역과 문화, 풍토 등이 결합되어 형성되는 미술은 한 나라의 문화적 정체성을 보여주는 대표적인 분야이다. 그리고 한국 미술은 서구와 다른 오랜 독자적인 문화적 전통과 상징을 가지고 있다. 이런 점에서 탈식민적 연구를 비롯한 질적 연구의 여러 방법들은 한국 미술의 전통과 계승에 대한 심층적인 성찰과 인식을 가능하게 하는 통로가 될 것이다. 이를 통해 한국 미술과 미술교육이 추구하는 문화적 정체성을 구체적으로 탐색하고 실현할 수 있을 것으로 여겨진다.

인공지능의 시대에서 무엇보다도 강조되는 것은 인간의 창의력이다. 그리고 남과 다른 창의력은 계량적으로 측정될 수 없는 고유한 경험과 인식을 바탕으로 할 때 가능하다. 무엇보다도 창의성과 소통을 강조하는 미술과 미술교육에서는 왜 이렇게 표현하고 무엇을 느꼈는가에 대해 끊임없는 질문을 던지고 있다. 이런 점에서 미술과 미술교육은 현상에 대한 맥락을 이해하고 반성을 통해 새로운 시각을 추구하는 질적 연구를 적극적으로 수용할 필요성이 있다고 생각된다.

참고문헌

고충환(2010), 1970년대와 단색파 회화. **미술평단, 96**, 152-167.

고홍규(2015), 한국의 다문화교육 담론에 대한 비판적 논의의 고찰과 미술교육에의 시사점에 관한 연구. **미술교육논총**. **29**(1), 109-131.

구정화(2013). 근대의 기획, '현모양처'에 대한 여성화가들의 상징투쟁. **한국근현대미술사학, 26**, 99-130.

구진경(2016). 1970년대 한국 단색화 담론과 백색 미학 형성의 주체 고찰. **서양미술사학회논 문집, 45**, 39-68.19

강선미(1994). **80년대 민중 미술 고찰: 오윤의 목판화와 임옥상 작품의 민화적 요소를 중심으로**. 부산대학교 석사학위논문.

강수미(2018). 다른 미적 수행성: 현대미술의 포스트온라인 조건. **美學・藝術學研究, 53**, 3-39.

강주희, 이성은(2014). 벤 윌슨(Ben Wilson)의 게릴라 아트를 통한 사회참여미술 프로젝트 사례 연구. **미술교육논총, 28**(3), 251-274.

강태희(1999). 전후 한미관계와 미술의 탈식민주의. **서양미술사학회논문집, 11**, 231-254.

공완욱(2021). 미술교육에서 문화 다양성 교육 실천 방안 탐색. **造形敎育, 77**, 21-46.

공완욱(2022). 초등학교 미술 교과 수석 교사의 직업 정체성에 관한 생애사 연구. **미술교육 연구논총**. **69**, 23-51.

구진경(2015). **1970년대 한국 단색화 운동과 국제화**. 성신여대 박사 학위 논문.

김경연(2021). 1970년대 한국화에 대한 기억: 이숙자 구술을 중심으로. **한국근현대미술사학**. **22**, 137-154.

김백균(2006). 예술과 전통 그리고 정체성 -현대 한국화의 모순과 갈등. **현대미술학회**, 10, 7 -35.

김선아(2005). 미술교육 연구의 방법론적 고찰: 질적 연구방법론을 중심으로. **조형교육, 26**, 37-54.

김선아(2009). 질적 연구에서 자기성찰의 의미와 방법 - 미술교육 연구방법론적 탐구. **조형교육, 33**, 39-57.

김시내(2018). **소셜미디어의 상호작용적 특성에 기반한 미술교육의 확장 가능성 탐색을 위한 실행 연구**. 서울대학교 박사학위논문.

김시정, 양선희, 박윤미(2022). 아동발달지원 목적의 미술-언어 융복합형 프로그램 개발을 위한 실행 연구. **학습자중심 교과 교육 연구, 22**(1), 87-102.

김이순(2022). 서구 모더니즘과 동양정신의 접점. 단색화. **미술평단, 144**, 24-41.

김영호(2000). 앵포르멜 미술의 이론과 수용의 문제. **미술평단**. **58**, 4-22.

김양주(2021). **학습자 중심의 통합 지향 미술교육을 위한 실행 연구**. 서울대학교 박사학위논 문.

김양주(2023). 예비 미술교사들의 팀 학습에서 동료평가 적용에 대한 실행 연구. **미술교육 연구 논총, 72**, 55-80.

김은지(2021). **페미니즘 미술가의 시각문화교육 경험에 대한 내러티브 탐구: 성인 학습자의 평생학습을 중심으로**, 한국교원대학교 석사 학위 논문.

김영기, 유홍준 글; 국립현대미술관 편저(2004). **李鷹魯**. 서울: 디자인코리아.

김영순(2022). **질적 연구와 문화기술지 이해**. 패러다임북.

김영천, 조재식, 허창수(2006). 교육학/교육과정 연구에서 질적 연구자가 고려해야 하는 타당 도 이슈들: 그 다양한 접근들의 이해. **교육과정학회**, 24(1), 61-96.

김영천(2012). 질적 연구방법으로 생애사연구의 성격과 의의. **교육문화연구**, **18**(3), 5-43.

김정희(2006). 한지(韓紙): 종이의 한국 미학화. **현대미술사학회**, **19**, 195-236.

김정희(1999). 국내 젊은 작가들에게 나타난 서구미술 수용의 문제. **현대미술학회**, **1**, 105-153.

김미정(2004). 한국 앵포르멜과 대한민국미술전람회: 1960년대 초반 정치적 변혁기를 중심으로. **한국근대미술사학**. **12**, 301-342.

김보영(2022). **포스트 코로나 시대의 박물관 · 미술관 온라인 전시감상교육을 위한 참여적 실행 연구: 〈참여적 박물관〉 이론을 중심으로**. 홍익대학교 석사학위논문.

김복영(2019a). 단색화 반세기, 그 평가에 대한 평가. **월간미술**, **31**(7) No. 414, 120-124.

김복영(2019b). 단색화 반세기를 말한다. 1, 박서보의 〈묘법〉, 그 미학적 요소들. **미술과 비평**, **53**, 59-76.

김병수(2006). 문화기술지로서 미술평론. **미술평단**, **80**, 19-28.

김사라(2018). 펠드만 감상의 대안을 찾아서: 바흐친의 대화주의 관점에서 바라본 미술 감상 교육 실행연구. **미술과 교육**, **19**(3), 81-112.

김수진(2022). 예비 교사를 위한 지시문 기반 예술 교육 프로그램 개발 및 적용 실행 연구: 현대 미술과 동시대 미술을 중심으로. **造形教育**, **84**, 43-74.

김주령(2021). 한지를 활용한 한국화 교육 사례연구: 온라인 교육을 중심으로. **미술교육연구 논총**, **64**, 107-132.

김지균(2011). 미술교육연구에서의 질적 연구: Kenneth R. Beittel의 인간성적 연구를 중심 으로. **미술교육논총**, **25**(2), 31-52.

김지영, 김형숙(2022). 비대면 시각문화예술교육을 통해 본 프로그램 개발 및 실행 연구. **미술과 교육**, **23**(1), 207-235.

김한(1975). **韓國에 있어서 앵포르멜(Informel)運動의 定着과 그 展開에 관한 연구**. 홍익대학교 석사학위논문.

김한솔(2021). **시각적 문해력 신장을 위한 감상수업 실행 연구**. 고려대학교 석사학위논문.

김허경(2011). **호남 앵포르멜의 미술사적 의의와 재평가에 관한 연구**. 전남대학교 박사학위논 문.

김허경(2016). 한국 앵포르멜의 '태동 시점'에 관한 비평적 고찰. **한국예술연구**, **14**, 113-137.

김현정(2008). **오리엔탈리즘 해체를 위한 초등미술교육과정의 방향과 교육적 실천 모색**. 한국 교원대학교 석사학위논문.

김현정(2018). **고등학교 미술과 정보디자인 교육으로서 데이터 시각화 수업 실행에 관한 질적 연구**. 서울대학교 박사학위논문.

김현주(2013). 한국현대미술사에서 1980년대 '여성미술'의 위치. **한국근현대미술사학**, **26** , 131-167.

김현주(2020). 한국 현대미술사에서 페미니즘 연구사. **美術史論壇**, **50**, 57-79.

김현화(2011a). 1980년대 민중미술: 반풍요와 반개방. **美術史學**, **25**, 69-98.

김현화(2011b). 민중미술:「원시(原始)를 꿈꾸다」, 바타이유(G. Bataille)와 루카치(G. Lukács) 사상으로 접목 고찰. **미술사와 시각문화**, **10**, 322-352.

김현화(2021). **민중미술**. 파주: 한길사.

김형국(1993). **그 사람 장욱진**. 서울: 김영사.

김형국(1997). **장욱진: 모더니스트 민화장(民畵匠)**. 서울: 열화당.

김형숙(2004). **시각문화교육, 방법과 실천**. 서울: 시공사.

김형숙(2018). **한국 미술교육의 지평**. 파주: 교육과학사.

김형숙, 곽세하(2014). 다문화교육 관점으로 본 2009 개정 중학교 미술교과서에 실린 여성이미지. **예술교육연구**, **12**(1), 통권24호, 35-51.

김형숙, 남기현(2012). 문화정체성 구축을 위한 다문화미술교육: 디아스포라 작가 탐구를 통 한 실행연구. **한국 국제 미술 교육 학회**, **13**(2), 63-85.

김형숙, 조슬기(2016). 내러티브 기반 미술교육의 실천: 초등학교 3, 4학년 실행연구를 중심으로. **미술교육논총**, **30**(4), 113-140.

김형숙, 최기호(2015). 미술과 중심 융합교육의 수업목표 개발과 적용을 목적으로 초등 예술캠 프를 위한 미술과 중심 융합교육 프로그램의 디자인 연구. **造形教育**, **56**, 131-156.

김형숙(2008). 한국 미술교육에서 읽은 지식과 권력. **기초조형학연구**. **9**(6), 155-172.

김홍희(1998). 젠더: 제3의 성을 향하여… . **미술평단**, **51**, 76-93.

김황기(2005). 미술교육에서의 질적 연구 방법의 탐색. **한국 미술 교육학회**, **19**(2), 81-96.

김황기(2016). 분석에 반대한다: 미술교육의 지성주의적 접근에 대한 비판. **미술교육논총**, **30**(2), 63-84.

김희영(2008). 한국 앵포르멜 담론 형성의 재조명을 통한 시대적 정당성 고찰. **한국근현대미술 사학**, **19**, 69-93.

길주영(2009). **다문화 미술교육을 적용한 페미니즘 미술의 통합적 지도 방안 연구: 중등 미술교육을 중심으로**. 숙명여자대학교 석사학위논문.

남영림(2015). 한국 미술교육에서 장애 담론에 대한 논의와 시사점에 관한 연구. **미술과 교육**, **16**(3), 1-18.

류지영(2016). 미술 감상교육에서의 '능력': 포스트모더니즘형 능력의 감상교육에 대한 시좌. **조형교육**, **60**, 101-129.

박남희(2013). 오리엔탈리즘을 넘어서, 세계 미술 속의 한국 현대 공예: 2013청주국제공예비 엔날레 ≪마더 & 차일드≫전의 의미와 시각. **美術史學報**, **40**, 7-34.

박라나보라(2019). **시각예술 분야 구술기록 기술요소 개선방안에 관한 연구**. 이화여자대학교 석사학위논문.

박래부(2000). **화가 손상기 평전: 39까지 칠한 사랑과 절망의 빛깔**. 서울: 중앙M&B.

박소현(2016). '이중섭 신화'의 또 다른 경로(매체)들: 1970년대의 이중섭 평전과 영화를 중심으로. **한국근현대미술사학**, **32**, 121-158.

박소현(2019). '#미술계_내_성폭력' 운동과 미술사학의 과제: 미투운동 시대, '페미니즘 미술 사 리부트'를 위하여. **한국근현대미술사학**, **38**, 131-161.

박소현(2020). 김홍희의 페미니즘/포스트모더니즘 미술사론과 이불의 역사적 위상. **한국근현 대미술사학**, **40**, 415-445.

박승숙(2019). **권태를 모르는 위대한 노동자: 박서보의 삶과 예술**. 서울: 인물과사상사.

박예원, 권지연(2020). 팬데믹 시대 미술관의 '장소적 경험' 구축에 대한 사례 연구: 서울시립 북서울미술관 어린이 전시 ≪물체주머니≫를 중심으로. **박물관학보**, **39**, 297-329.

박은숙(2002). **Vygotsky의 사회적 상호작용 접근을 감상학습에 적용한 실행 연구: 초등학교 5,6학년을 중심으로**. 전주교육대학교 석사학위논문.

박일호(2016). 페미니즘 미술의 전개와 그 의의. **기초조형학연구**, **17**(5), 289-298.

박정애(2012). 차이, 정체성의 이슈와 다문화 미술교육. **미술교육연구논총**. **31**, 141-165.

박지희, 이지연(2021). 파견 초등 교사의 미술 수업 전문성에 대한 자문화기술지. **미술과 교육**, **21**(3), 95-116.

박채희(2020). **탈식민주의 페미니즘을 기반한 시각문화미술교육(VCAE): 중등 미술교육에서 학생의 개인 정체성 확립을 중심으로**. 고려대학교 석사학위논문.

박파랑(2010). 1950년대 앵포르멜 운동과 방근택: 현대미협을 중심으로. **美術史學報**, **35**, 343-386.

박파랑(2018). 1950년대 동양화단의 앵포르멜 미술과 書. **美術史學**, **35**, 255-284.

박현화(2014). **민중미술에 나타난 남성성 연구: '동성사회적 욕망'과 '성정치'의 관점에서**. 조선대학교 박사 학위 논문

박해인(2018). **비판적 다문화교육을 위한 미술 수업 지도 방안 연구: 문제중심학습을 중심으로**. 한양대학교 석사학위논문

백근아, 허윤정(2020). 온라인 콘텐츠를 활용한 미술관 교육 프로그램 사례 분석: 젠킨스의 뉴 미디어리터러시로. **한국융합학회논문지**, **11**(9), 125-134.

백애정(2021). **미술 교사, 지각(知覺)의 의미를 말하다: 자문화기술지를 중심으로**. 한국교원대 학교 박사학위논문.

백정원(2009). **현대 미술에서 나타나는 탈식민주의 연구**. 이화여자대학교 석사학위논문.

서미라(1992). **1980년대 민족미술운동에서의 현실주의에 관한 연구: 집단운동의 선언문을 중심으로**. 전남대학교 석사학위논문.

서성록(2014). 우리나라 단색화의 미적 특질. **미술평단**, **114**, 38-51.

서성록(2022). 단색화의 모국어적 조형. **미술평단**, **144**, 42-56.

성완경(1999). **민중미술 모더니즘 시각문화: 새로운 현대를 위한 성찰-성완경의 미술비평**. 서울: 열화당.

서진수 편저(2015). **단색화 미학을 말하다: 채우고 다시 비워낸 회화**. 파주: 마로니에북스.

서제희(2010). 미술수업에서 교사의 권위에 관한 문화기술적 연구: 나의 수업 다시 보기, 우리 의 수업 다시 보기. **미술과 교육**, **11**(1), 85-104.

서제희(2015). "자기 연구(self-study)"를 통한 미술교육 연구에의 적용 및 가능성. **미술과 교육**. **16**(1), 89-106.

서제희(2014). **미술 교사의 성장 체험에 관한 자전적 성찰 연구**. 서울대학교 박사학위논문.

서제희(2019c). 예술기반 탐구방법을 활용한 미술 중심의 융합 수업에 관한 실행연구. **미술과 교육**, **20**(2), 93-107.

성지영(2022). 북한 미술교육에 관한 질적연구: 탈북미술가들의 구술자료를 중심으로. **미술과 교육, 23**(4), 83-118.

손유림,김형숙(2023). 디지털 리터러시 함양을 위한 데이터 시각화 미술교육 프로그램 개발 및 적용. **미술교육논총, 37**(4), 22-46.

손지현(2012). 다문화 미술교육의 접근 방안 연구. **미술교육연구논총, 31**, 167-190.

손지현(2015). 미술교육에서 실행연구의 방향과 방법론에 관한 고찰. **미술교육연구논총, 40**, 51-72.

손지현, 김영주, 이혜선(2023). 미술교육에서 디지털 리터러시와 교사의 디지털 리터러시 연구. **미술교육논총, 37**(1), 1-30.

손지현, 이규정(2017a). 인권친화적 관점에서 현행 미술과 교과서 시각자료의 문제점과 대안. **미술과 교육, 18**(1), 69-101.

송수영(2020). **'주변'에서 '개별'로 향하는 작품 연구**. 서울대학교 박사학위논문.

신경애(2015). 내러티브와 미술, 그리고 교육. **내러티브와 교육연구, 3**(3), 27-42.

신수경(2011). 구술사적 분석을 통한 한국 현대 수묵화 읽기: 조평휘를 중심으로. **한국근현대 미술사학. 22**, 155-174.

신채린(2020). 미술교육에서 여 교수자의 발화에 담긴 여성 편향적 지도 개선을 위한 실행연 구: 남녀 아동의 성차와 미술 교원의 여성 편중 현상을 중심으로. **造形敎育, 73**, 153-188.

심영옥(2020). 온라인박물관 · 미술관 플랫폼 사례 분석 및 시사점: 국립기관을 중심으로. **造形敎育, 76**, 51-67.

안금희(2001a). 미술교육에서의 질적 연구 동향. **교육 인류학 연구, 4**(3), 111-151.

안금희(2001b). 미술교육에서 질적 연구와 교육 개선. **교육마당 21, 237**, 57-62.

안금희, 라현숙(2006). 미술관 체험 활동을 통한 미술 감상 프로그램의 실행 연구. **미술교육논총, 20**(2), 251-283.

안금희(2010). 미술교육에서 창의성에 관한 담론 고찰. **미술교육 연구 논총, 28**, 109-141.

안선미(2020). 한국 단색화 비평 연구: 용어의 모호성과 '한국적'의 재고. **기초조형학 연구, 21**(2), 161-173.

양은희(2014). 텍스트와 실천 사이에서: 1980년대 이후 한국에서의 페미니즘 미술 이론의 수용, 전개, 그리고 전망. **한국 근현대 미술사학. 27**, 391-413.

양은희(2019). 한국 현대미술의 코즈모폴리터니즘과 탈식민주의의 고민. **국립현대미술관 연구 논문, 11**, 112-138.

양은희(2021). **방근택 평전: 전위와 계몽을 향한 미술평론가의 여정**. 성남: HEXAGON.

오경미(2013). **민중미술의 성별화된 민중 주체성 연구: 1980년대 후반의 걸개그림을 중심으로**. 한국예술종합학교 석사학위논문.

오광수(2003). **김기창(金基昶)과 박래현(朴崍賢): 구름 사내(雲甫)와 비의 고향(雨鄕)**. 서울: 재원.

옥영희(2016). 창조의 관점에서 본 '가르침의 예술성'에 관한 교육학적 이해: 예술 기반 교육 연구에 기초한 실행 연구. **造形敎育, 60**, 209-244.

유주영, 정지혜(2023). 박물관 온라인 전시의 방향성 모색: 전시 관람자 반응을 기반으로 하는 질적 사례연구. **미술과 교육, 24**(3), 135-156.

유홍준(2018). **추사 김정희: 산은 높고 바다는 깊네**. 파주: 창비.

윤난지(1997). 한국 추상미술의 태동과 앵포르멜 미술. **미술평단, 46**, 51-60.

윤난지(2007). 혼성공간으로서의 민중미술. **현대미술사연, 22**, 271-311.

윤난지(2017). 한국 앵포르멜 미술의 '또 다른' 의미. **美術史學報, 48**, 123-154.

윤난지 외 지음(2024). **그들도 있었다: 한국 근현대 미술을 만든 여성들**. 서울: 나무연필.

윤범모(2009). 현실과 발언 창립과 민중미술 운동의 태동. **월간미술, 21**(11), 102-105.

윤진섭(2022). 단색화의 세계화를 둘러싼 논의의 필요성. 미술평단, **144**, 57-60.

윤진이(2010). 한국 모노크롬미술의 '정체성담론'에 대한 탈식민주의적 고찰. **인문논총, 63**, 115-147.

이구열(2011). **나혜석: 그녀, 불꽃같은 생애를 그리다**. 파주: 서해문집.

이경성(2006). **우정의 架橋 / 김환기**. 서울: 환기미술관.

이경화, 오마리아(2020). 농촌 초등 6학년 8명의 영어 미술 교과 통합수업에서 영어책 만들기 실행연구. **학습자중심 교과 교육 연구, 20**(4), 803-827.

이대범(2009). **민중 미술과 민중 주체성: 민중문화예술운동과 민중 미술의 상관관계 연구**. 한국예술종합학교 석사학위논문.

이문정(2005). 한국 근대 여성 미술가의 작품에 나타난 여성성 연구: 나혜석, 박래현, 천경자를 중심으로. **현대미술학논문집**, 9, 177-214.

이선혜, 김선아(2019). 초등학교 통합 교육과정에 기초한 미술과 세계시민교육에 관한 기초 연구. **造形敎育, 70**, 81-98.

이선혜, 김선아(2021). 세계 시민교육을 위한 그림책 활용 미술교육에 관한 실행 연구: 초등학 교 1학년 대상 공감능력 중심으로. **造形敎育, 80**, 163-189.

이선혜, 김선아(2022). 초등학생을 위한 문제 기반 학습 중심 미술과 세계 시민교육에 관한 실 행 연구: 초등학교 4학년 중심으로. **미술과 교육. 23**(2), 129-152.

이선혜, 박정기(2022). 재외동포 이해를 위한 미술교육에 관한 실행 연구: 초등학교 4학년 대상으로. **한국디자인문화학회지, 28**(1), 345-356.

이소정, 고홍규(2020). 미술문화이해능력 함양을 위한 '여.문.다. 프로젝트' 실행 연구: 초등학 교 6학년을 중심으로. **미술교육논총, 34**(4), 147-177.

이수진, 김선아(2023). 자기결정력 향상을 위한 발달장애 청소년 미술교육에 관한 질적 사례연 구, **조형 교육, 0**(85), 117-145.

이승현(2019). **한국 앵포르멜과 단색화의 물질과 행위에 대한 비교문화적 고찰: 서구 및 일 본 전후미술과의 차이를 중심으로.** 홍익대학교 박사학위논문.

이은영(2015). '성찰적 전환'을 통한 미술 교사의 정체성 형성. **미술교육 연구 논총, 31**, 23-48.

이은주(2018). **미술을 매개로 한 관계 형성: 사회비평적 미술교육에서 학습자의 예술 경험에 대한 참여적 실행 연구**, 홍익대 박사학위논문.

이원규(2023). **고유섭 평전: 한국미술사의 선구자**. 파주: 한길사.

이정은, 최고운(2022). 한국의 국립박물관 온라인 융합 전시 분석 현황 연구: 국립박물관 52개 소의 온라인 전수조사 중심으로. **한국과학예술융합학회, 40**(3), 373-386.

이주옥, 강인애, 손기가(2021). 지역연계 참여적 학습에 의한 온라인 박물관 프로그램 사례: 디지털 시민성 함양을 중심으로. **造形教育, 79**, 291-321.

이현정, 김선아(2020). 미술교육 파트너십의 목표 형성 과정에 관한 질적 사례연구 - 기업연계 미술영재교육 프로그램을 중심으로, **조형교육, 75**, 357-378.

이현아(2017). **시각적 문해력 증진을 위한 그림책 창작 수업에 대한 실행연구**. 서울교육대학 교 석사학위논문.

이현주(2004). **페미니즘 미술의 감상 및 비평 지도방안 연구: 자아정체성 함양 및 양성평등 교육을 중심으로**. 국민대학교 석사학위논문.

이혜솔(2021). **작가 생애사 중심 미술 감상 지도방안 연구: 고등학교 미술 감상과 비평 교과목을 중심으로**. 한양대학교 석사학위논문

임지영(2016). 우리는 학교와 함께 행복해질 수 있을까?: 학교에서 경험하게 되는 소외에 관한 자전적 탐구. **미술과 교육, 17**(3), 41-68.

임성훈(2019). 현대미술에 재현된 몸의 변용에 대한 미학적 고찰. **현대미술학논문집, 23**(2), 157-174.

임혜송(2019). **젠더-권력 체제에 대한 저항으로서의 자아 이미지: 클로드 카엔의 문학과 자화상 사진의 관계 고찰**. 국민대학교 박사학위논문.

원영태(2021). 한국 '단색화'론에 제시된 '한국성'과 이의 자연 과학적 해석에 관한 연구. **기초 조형학연구, 22**(1), 239-258.

전수연(2022). **예술가-교사(teaching artist)의 정체성 구축 과정에 관한 생애사 연구**. 서울대 학교 박사학위논문.

전혜숙(2015). 피부: 경계가 무너지는 장소, **서양미술사학회 논문집. 43**, 115-139.

장지영(2017). **미술작가의 기록 생산과 활용에 관한 질적 연구**. 한성대학교 석사학위논문.

장신정, 박지현, 장웅조(2019). 공공미술 리서치 전시를 통한 문화예술교육 실행연구. **문화예술 교육연구, 14**(1), 55-82.

정규웅(2003). **나혜석 평전: 내 무덤에 꽃 한 송이 꽂아주오**. 서울: 중앙M&B출판

정다은(2020). 온라인 미술교육을 통해 살펴본 포스트 코로나 시대 미술교육 변화에 관한 사례연구. **미술과 교육, 21**(3), 67-94.

정연심(2013b). 2세대 페미니즘 이후의 페미니즘 미술비평. **한국근현대미술사학**, 제**26**, 169-193.

정연심(2017). 한국단색화의 이야기 공간: 이일의 환원과 확산. **미술평단, 127**, 63-77.

정영목(1999). 한국 근대미술과 문화 식민주의: 한국과 일본의 관계를 중심으로. **서양미술사 학회논문집, 11**, 209-224.

정영목(2001). **장욱진 Catalogue raisonn?: 유화**. 서울: 학고재.

정영목(2023). **단순한 그림 단순한 사람 장욱진**. 서울 소요서가: 연구소 오늘.

정윤미(2016). **미술비평 분석을 통한 단색화의 정체성 연구**. 홍익대학교 석사학위논문.

정무정(2001). 추상표현주의와 한국 앵포르멜. **미술사 연구, 15**, 247-262.

정중헌(2006). (채색과 풍물로 독창적 화풍 일군) **천경자의 환상여행: 천경자 평전**. 서울: 나 무와 숲.

정채경, 장민한(2022). 탈식민주의 관점으로 본 민중 미술 서사 연구. **인문 사회 21, 13**(3), 2135-2150.

정헌이(2004). 상상계로서의 미술사: 미술사학에 있어서 젠더의 문제. **美術史學, 18**, 179-213.

정혜연(2022). 참여와 공유를 창조하는 교육프로그램 설계: 예비 박물관/미술관 교육자를 위 한 대학원 수업의 실행 연구. **미술과 교육, 23**(2), 173-197.
조광석(1998). 한국적 미니멀에서 나타난 한국성. **현대미술학 논문집, 2**, 159-176.
조광석(2002). 한국 미술과 단색화. **미술 평단, 66**, 5-19.
조선령(2007). 한국 페미니즘 미술의 어제와 오늘: 80년대 여성주의 미술과의 연결점을 중심 으로. **문화과학, 49**, 177-191.
조용환(1999). 질적 기술, 분석, 해석. 교육 인류학 연구. 2(2), 27-63.
조유정(2016). **청소년 문화정체성 확립을 위한 탈식민주의 미술을 활용한 미술 수업 연구**. 국민대학교 석사학위논문.
조윤주(2020). **지역사회 탐구에 기반한 공동체 중심 미술 지도 방안 연구: 초등학교 5학년을 중심으로**. 한국교원대학교 석사학위논문
조주연(2006). 지역에 대한 이해의 중요성을 존중합니다: 다문화주의와 미술교육, **미술교육 연구 논총. 19**(2006 .8), 121-139.
진용염, 김선아(2021). 온라인 미술비평에 관한 질적 사례연구: 중국의 '추서(丑书)' 전시회 중단 사례를 중심으로. **造形教育, 79**, 471-497.
진정선(2013). 자폐아 미술 교사의 삶에 대한 문화기술지. **미술과 교육, 14**(2), 141-169.
진환기념사업회 엮음(2020). **진환 평전: 되찾은 한국 근대미술사의 고**. 파주: 살림 출판사.
진휘연(1998). 추상표현주의와 후기식민주의 이론의 비판적 고찰: 모더니즘의 후기식민주의적 실천. 한국미술사교육학회, **미술사학, 12**, 155-173.
진휘연(2008). 한국 현대미술을 위한 비평 이론: 김수자의 작품을 통해본 후기식민주의와 그 너머. **造形, 29**, 143-159.
진휘연(2015). 계몽과 담론사이: 한국 단색화 비평 논의 연구. **美術史學, 30**, 371-399.
채효영(2008). **1980년대 민중미술 연구: 문학과의 관련성을 중심으로**. 성신여자대학교 박사 학위논문.
최광진(2016). **찬란한 고독, 한의 미학: 천경자 평전**. 고양: 미술문화.
최명숙(2021). 공산성, 나 그리고 존재론적 조우: 미적 체험에 대한 자문화기술지. **미술교육논총, 35**(4), 149-170.
최명숙(2022). 미적 체험이 일어나지 않음에 대한 자문화기술지: 사비 백제의 흔적을 중심으로. **미술교육논총, 36**(4), 244-265.
최범(2015). 한국공예의 식민성이란 무엇인가?. **공예+디자인, 15**, 57-59.
최열(2009). 1980년대 민중미술론의 기원과 형성. **미술 이론과 현장, 7**, 35-60.
최열(2013). 망각 속의 여성: 1910년대 기생 출신 여성화가. **한국근현대미술사학, 26**, 69-98
최열(2011). **시대공감: 박수근 평전**. 파주: 마로니에북스.
최열(2014). **이중섭 평전: 신화가 된 화가, 그 진실을 찾아서**. 파주: 돌베개.
최은영(2004). **한국 앵포르멜 회화에 관한 연구**. 충남대학교 석사학위논문.
최종태(2017). **장욱진, 나는 심플하다**. 파주: 김영사.
최세연(2022). **주디 시카고 미술교육 모델로 본 페미니즘 미술교육의 확장성 연구**. 전남대학교 석사학위논문.
최태만(2001). 알렉산드리아니즘: 현대미술에 있어서 오리엔탈리즘. **현대미술학 논문집, 5**, 122-153.
최태만(2005b). 과연 비엔날레는 세계화의 전도사인가?. **미술이론과 현장, 3**, 85-106.
최태만(2009). 1980년대 한국사회와 민중미술: 대중소비사회의 시각이미지와 비판적 리얼리 즘의 재고. **미술이론과 현장, 7**, 7-32.
추미경, 안금희(2007). 초등 미술 수업 딜레마에 관한 질적 연구. **조형교육, 29**, 545-584.
케이트 림(2019). **박서보 = Park, Seo-bo: 단색화에 담긴 삶과 예술**. 서울 마로니에북스.
홍선균(2000). '韓國美術史'인식틀의 비판과 새로운 모색. **미술사 논단, 10**, 291-304.
홍선표(2004). '한국 회화사' 재구축의 과제: 근대적 학문의 틀을 넘어서. **美術史學研究. 241**, 105-125.
홍선표(2016). 한국미술 정체성 담론의 발생과 허상. **美術史論壇**, 289-297.
홍선표(2022). 한국 현대미술사에서 '단색조 회화'의 연구 동향. **美術史論壇, 50**, 7-27.
홍원표(2023). 한 서양화가의 시각장애인 대상 오감 미술교육에 관한 자문화기술지. **기초조형학연구, 24**(6), 535-549.
Chang, H. (2008). *Autoethnography as method*, Walnut Greek, CA: Left Coast Press.
Eisner, Elliot W. (1998). *The enlightened eye: Qualitative inquiry and the enhancement of educational practice.*
Jones, S. H. (2005). Autoethnography, legitimation, and autoethnography: An autoethnographic writing story. *International Journal of Qualitative methods, 2*(1), 18-28

제 16 장

한국 교육사회학연구에서 질적연구 동향

김경년(강원대학교)
황정숙(한림대학교)

1. 서론

질적연구는 인간의 사회적 행위가 공유된 법칙에 따라 일관되게 이루어지기 보다는 서로의 행동을 의미있는 것으로 받아들이고 그것을 해석 또는 상황 정의하면서 상호작용한다고 본 해석적 패러다임 속에서 탄생되었다. 교육과 사회의 관계를 설명하는 데 초점을 둔 교육사회학 분야에서 질적연구는 인간의 사회적 행동을 정량적이고 측정가능한 용어로만 설명하는 데는 한계가 있다는 인식 속에서 형성되었다. 교육현상을 이해하는데 개인의 주관적 경험과 맥락을 중시하는 질적연구는 교육과 관련된 인간의 사회적 행동과 상호작용의 복잡성에 대한 통찰력을 포착할 수 있다는 점에서 양적연구만으로는 설명하기 어려운 지점을 드러내는 데 유용하다.

교육사회학 분야에서 질적연구의 일반적인 목표는 교육현상을 이해하는 데 유용한 개념을 개발하고 개인의 경험, 인식, 행동과 이러한 것에 부여된 의미를 이해하는 데 있다. 따라서 교실 환경에서 교사와 학생들이 왜 특정 방식으로 행동하는지, 교육제도에 의해 학생과 학부모는 어떻게 영향을 받는지, 학생들의 태도가 어떻게 형성되는지, 학교 문화와 관습이 왜 그러한 방식으로 발전했는지 등 교육현상과 관련한 인간의 행동을 이해하기 위해서는 질적연구 방법을 활용하는 것이 적절할 것이다.

질적연구를 이해하기 위한 가장 직접적이고 직관적인 방법은 질적연구를 통해 가장 잘 답할 수 있는 질문이 무엇인지를 확인하는 것이라 할 수 있다. 질적연구에서 연구 질문과 목표를 설정하는 것은 질적연구의 전체 과정을 전개하는 데 있어 매우 중요하다. 양적연구는 "얼마나 자주?"라는 질문에 중점을 둔다면, 질적연구는 "무엇을 어떻게?"라는 질문에 관심을 둔다. 따라서 질적연구는 현상을 기술하고 해석함으로써 무슨 일이 일어나고 있는지를 밝힐 수 있도록 설계된다. 또한 현상을 계량화하고 측정하기 위해 대상을 축소하는 관점을 취하기보다는 인간 행동의 고유한 복잡성을 보존하려는 관점을 취한다. 질적연구에서 풍부하고 묘사적인 자료는 교육현장에서 사회적 행동을 이해하는 데 중요한 패턴과 주제를 드러낼 수 있다.

교육사회학 분야에서 질적연구는 맥락적이고 교수-학습 과정에 민감한 지식을 생산하고, 전통적으로 교육을 바라보았던 관점과 이해에 새로운 방향성을 제시하는 데 기여해왔다 (Riehl, 2001). 특히 학교와 지역사회에 대한 폭넓은 사회학적 시각을 제시하였다. 예컨대, 개별 학교의 경계를 넘어 학교가 사회적 역학에 어떻게 포함되고 영향을 받는지, 사회문화가 교육에 어떻게 영향을 미치는지에 대하여 불평등, 다양성과 포용성, 교육과정에서 문화적 헤게모니 등 교육이 문화적 규범을 전달하고 변화시키는 방법에 대한 비판적이고 실천적 지식을 제시하였다. 또한 조직으로서 학교를 이해하기 위해 다양한 관점을 통합하며 학교가 어떻게 운영되고 요구에 적응하며 더 넓은 사회 시스템에 영향을 미치는지를 혁신과 형평성의 관점에서 제시하였다.

이 장에서는 한국 교육사회학 분야의 질적 연구 동향을 살펴보고자 한다. 이를 위해 한국교육사회학회의 학술지「교육사회학연구」에 게재된 논문 중 질적연구를 수행한 논문들을 분석대상으로 하여 연구영역, 연구주제, 연구참여자, 연구방법, 자료수집 방법 등을 종합적으로 분석하고자 한다.「교육사회학연구」에 나타난 질적연구의 동향에 관한 본 연구의 결과는 지난 약 35년 동안 교육사회학 분야의 질적연구의 발자취를 돌아보고, 나아가 질적연구자에게 의미있는 시사점을 제공할 수 있을 것이다.

2. 연구 분석틀

학술지「교육사회학연구」의 질적연구 동향 분석을 위하여 다음과 같은 과정을 거쳤다.

첫째, 국내외 질적연구 동향에 대한 선행연구를 검토하여 분석 기준을 설정하였다. 둘째, 1990년 1권 1호부터 2023년 33권 4호까지「교육사회학연구」에 게재된 788편의 논문을 전수조사한 후, 그 중 질적연구로 수행된 논문 220편을 추출하였다. 셋째, 분석 기준을 바탕으로 동향을 분석하고 시사점을 도출하였다.

「교육사회학 연구」에 게재된 220편의 분석대상 논문을 10년 단위로 분류한 결과, 1990년부터 1999년까지 43편, 2000년부터 2009년까지 65편, 2010년부터 2019년까지 78편, 그리고 2020년부터 2023년까지 34편으로 나타났다(〈표 1〉 참고).

1) 연구 영역 및 주제

분석대상 논문의 연구영역과 연구주제 분류 기준은 Halsey(Halsey, Floud, & Anderson, 1965; Halsey, et al., 1997; Karabel, & Halsey, 1977)의 연구를 참고하였다. 교육사회학 연구 주제에 대해서 다양한 분류기준이 존재한다(김경근, 2012; 김경식, 안우환, 2003; 김영화, 2011; 양정호, 2023). 선행연구의 분류 기준은 양적연구와 질적연구를 모두 포함하고 있어 질적연구에 특화된 것은 아니다. 본 연구는 Halsey가 제시한 교육사회학의 정체성으로 사회과학적 특성을 수용하여 질적연구 논문에서 교육과 사회의 관계를 조명하고자 하였다. 교육과 사회의 관계는 사회의 요구에 따라 교육의 변화를 모색하는 전통적인 시각뿐만 아니라 교육을 통하여 사회변화를 추구하는 적극적 성격도 포함된다. 교육사회학의 사회과학적 성격은 사회, 경제, 문화, 정치 등의 맥락에서 고려될 수 있다(〈표 4〉 참고).

첫째, 교육사회학의 사회적 성격은 교육과 사회구조의 상호작용을 통해 사회적 평등, 정의 등에 관한 것이다. 교육의 사회적 성격은 가족 배경, 사회 경제적 지위, 문화적 가치, 사회정의 문제의 교차점에 의해 형성되며, 누가 교육 기회로부터 혜택을 받는지, 어떻게 혜택을 받는지에 대한 것이다. 하위영역으로는 가족/계층 지위, 학부모 문화, 학업성취, 교육격차(정

〈표 1〉 교육사회학연구(1990~2023)에 게재된 질적연구 논문 수

기간	총 논문	질적연구 논문
2020-2023	99편	34편
2010-2019	254편	78편
2000-2009	236편	65편
1990-1999	199편	43편
총 편수	788편	220편

의론, 불평등), 양성평등, 다문화, 교육복지, 학력사회(교육열, 사교육, 자녀교육) 등을 포함한다.

둘째, 교육사회학의 경제적 성격은 교육이 더 넓은 경제 및 노동 시스템과 어떻게 상호 작용하고 영향을 미치는지에 관한 것이다. 교육은 경제 시스템과 깊이 얽혀 있으며, 노동시장 참여, 경제적 이동성, 자본주의 경제의 전반적인 기능을 위한 중요한 동인으로 작용한다. 하위영역으로는 자본주의, 노동시장 진출(선발, 임금), 성인 및 직업교육, 비정규직 등을 포함한다.

셋째, 교육사회학의 문화적 성격으로 학교 내에서 행동양식으로서 문화에 관한 것이다. 교육의 문화적 본질은 교육 환경과 시스템 내 모든 구성원 간의 관계를 형성하는 상호작용, 가치 및 규범을 반영한다. 교육은 단지 지식을 전달하는 것이 아니라 리더십, 관계, 규범 및 행동이 학생들의 지적, 사회적 발달을 지원하는 문화적 환경을 조성한다. 학교의 조직적 특성, 학교문화, 교사-학생 관계는 문화적 틀을 형성한다. 하위영역으로 학교조직(물리적 구성, 공사립, 대안교육, 농촌학교), 학교문화(리더십), 교직(교사 직무/태도), 교육과정(지식), 교사(교수)-학생 관계/상호작용, 학생 행동/비행/부적응/규율, 청소년문화 등을 포함한다.

넷째, 교육사회학의 정치적 성격은 국가, 학교, 학부모, 교사, 학생 등 다양한 이해당사자들이 정책, 이념, 제도적 구조를 통해 교육 이해관계자들의 가치와 이익이 어떻게 갈등하고 조정되는지에 관한 역동적인 상호작용으로 이해될 수 있다. 이는 권력 구조를 반영 및 재생산하고, 경쟁적인 이해관계를 가진 다양한 이해당사자들을 참여시키며, 신자유주의 개혁부터 시민권 및 인권 옹호에 이르기까지 더 광범위한 이념적 대립을 포함한다. 하위영역으로 학교 재구조화(선택, 혁신, 평준화, 신자유주의, 경쟁), 학교교육 통제(책무성, 평가, 대학입시), 학부모 참여와 부모교육, (공교육)교육개혁, 지역사회(협력), 통일교육/북한교육, 시민교육/시민단체, 교권, 학생인권, 교사공동체, 교사-학부모 관계 등을 포함한다.

2) 연구 참여자

「교육사회학연구」에 게재된 논문에서는 연구 참여자의 범주를 개인과 집단에 국한하지 않고, 학교, 교실, 교과서, 교육정책, 교육 관련 문서 등도 포함하고 있다. 연구 참여자는 학생, 교사, 대학생처럼 단일 집단일 수도 있지만, 교사+학생, 교사+학부모, 교사+학생+학부모처럼 두 개 이상의 집단이 함께 포함되는 경우도 많다. 또한 개인이나 집단이 아닌 학교(교실), 교과서, 교육정책, 교육 관련 문서 등이 연구 참여자로 설정되는 경우도 있다.

본 연구에서는 이러한 특성을 고려하여 보다 상세히 분석하기 위해 연구 참여자를 다음과 같이 분류하였다. 교육 단계별로 유아, 초 · 중 · 고(학생, 교사, 학부모, 교사+학생, 교사+학부모, 교사+학생+학부모, 교사+학교, 학생+학부모, 학교(교실), 교과서, 초 · 중 · 고 관련 문서), 대학

(대학생, 교수), 일반(성인, 시민단체)으로 구분하였으며, 교육단계로 분류하기 어려운 정책 및 기타 항목도 포함하였다.

3) 연구방법

연구방법의 분류 기준은 Creswell(2015), Merriam(2009), 김영천과 이현철(2017), 조용환 외(2022), 박휴용(2023)이 제시한 질적연구방법을 참고하여 설정하였다. Creswell(2015)은 연구자의 경험과 개인적 관심을 중심으로 질적연구방법을 사례연구, 현상학, 내러티브 탐구, 문화기술지, 근거이론으로 제시하였다. 김영천, 이현철(2017)은 최근 질적연구에서 사례연구나 현상학, 근거이론, 문화기술지와 같은 전통적 질적연구방법 이외에도 다양한 질적연구방법이 활용되고 있음을 강조하며, 열다섯 가지 질적연구방법을 제시하고 있다. 조용환(2022)도 다양한 전통 속에서 등장한 질적연구의 스무 가지 하위 갈래 방법을 소개하고 있다. 이에 본 연구는 Creswell(2015), Merriam(2009), 국내연구(김영천, 이현철, 2017; 박휴용, 2023; 조용환 외, 2022)를 참고하고,「교육사회학연구」의 저자들이 거론하고 있는 질적연구방법을 포함하여 내러티브, 현상학적 질적연구, 근거이론, 문화기술지, 사례연구, 생애사 연구, 자문화기술지, 통합연구, 담론분석으로 1차 분류하였다.

교육사회학연구에 게재된 논문 특히 학술지 발간 초기 논문들 중 구체적인 연구방법을 기술하지 않았지만 면담이나 참여관찰 등 질적연구 방법을 활용한 연구들은 기본질적연구로 분류하여 연구대상에 포함시켰다. Merriam(2009)은 자료를 수집하고 분석하는 과정에서 질적연구의 특징을 반영하는 연구를 '기본적 질적연구'로 정의하며, 이를 질적연구의 한 범주로 포함시켰다. 또한, 이론이나 선행연구를 이용하여 내용분석을 하거나, 기사, 교과서, 미디어 자료 등을 분석해 그 속에 포함된 주제와 의미를 도출하는 내용분석 방법도 연구방법에 포함하였다. 전통적으로 내용분석은 단순히 텍스트에 포함된 내용을 분석하기 위한 자료분석 기법으로 인식되었으나 최근에는 자료를 분석하고 자료의 의미를 해석하는 질적연구 방법 중 하나로 사회과학의 경험적 연구에 활용되고 있다(박휴용, 2023. p. 315). 본 연구에 적용한 질적연구 방법 분류는 〈표 2〉와 같이 내러티브, 현상학적 질적연구, 근거이론, 문화기술지, 사례연구, 생애사 연구, 자문화기술지, 통합연구, 담론분석, 내용분석, 기본질적연구 등 11가지이다.

4) 자료수집 방법

질적연구의 자료 수집은 면담, 참여관찰, 문서 등 다양한 방법으로 이루어진다. 본 연구

〈표 2〉 질적연구 방법 분류

구분	설명	Creswell	Merriam	조용환	김영천, 이현철	박휴용
내러티브	개인 또는 소수 집단의 이야기를 통해 그들이 살아온 경험을 상세히 탐색	○	○	○	○	
현상학	인간이 경험한 현상의 본질을 탐구	○	○	○	○	○
근거이론	자료를 체계적으로 분석해 이론 형성	○	○	○	○	○
문화 기술지	특정 집단의 일상적 세계를 이해하고 기술	○	○	○	○	○
사례연구	단일 또는 집합사례에 대한 심층적 탐색을 통해 특정 사례를 이해	○	○	○		○
생애사 연구	개인의 생애 경험을 중심으로, 개인의 삶이 속한 사회적 · 문화적 맥락을 이해			○	○	○
자문화 기술지	연구자 자신의 개인적 경험을 중심으로, 그것을 사회적 · 문화적 맥락 안에서 탐구			○	○	
통합연구	단일연구에 질적 접근과 양적 접근을 모두 활용				○	○
담론분석	언어나 상징의 사용을 통해 사회적 현실이 어떻게 구성되고, 권력 관계와 의미가 어떻게 형성되는지 탐구			○	○	○
내용분석	관찰이나 면담을 사용하는 대신, 텍스트 분석			○	○	○
기본 질적연구	인터뷰나 참여관찰 활용		○			

에서는 해당 연구에서 연구자가 언급한 주요 자료수집 방법을 중심으로 크게 면담, 참여관찰, 문서, 질문지로 나누었다. 면담은 면담의 수단이나 매체, 연구 참여자의 수 등에 따라 여러 가지 형식이 있다(김영천 2016). 본 연구에서는 면담의 종류에 심층면담, 집단면담, 포커스 그룹 면담, 전화면담, 이메일 면담 등을 포함하였다.

본 연구에서는 연구자가 현장에 존재하면서 연구 참여자에게 직접적으로 노출된 경우를 참여관찰로 보았다. 반면, 연구자가 주요 자료수집 방법으로 면담을 언급하면서 '관찰'을 면담의 보충자료로 사용한 경우나 영상시청 등 비참여관찰이라 언급한 경우는 '참여관찰'로 분류하지 않고 '관찰'로 분류하였다.

자료수집에서 질문지는 통합연구에서 주로 활용하였기에 질문지를 자료수집 방법에 포

〈표 3〉 교육사회학연구(1990~2023)에 게재된 질적연구논문 분석준거

<table>
<tr><th>구분</th><th colspan="4">하위준거</th></tr>
<tr><td>연구 주제</td><td colspan="4">• 사회: 가족/계층 지위, 학부모 문화, 학업성취, 교육격차(정의론, 불평등), 양성평등, 다문화, 교육복지, 학력사회(교육열, 사교육, 자녀교육)
• 경제: 자본주의, 노동시장 진출(선발, 임금), 성인 및 직업교육, 비정규직
• 문화: 학교조직(물리적 구성, 공사립, 대안교육, 농촌학교), 학교문화(리더십), 교직(교사 직무/태도), 교육과정(지식), 교사(교수)-학생 관계/상호작용, 학생 행동/비행/부적응/규율, 청소년문화
• 정치: 학교 재구조화(선택, 혁신, 평준화, 신자유주의, 경쟁), 학교교육 통제(책무성, 평가, 대학입시), 학부모 참여와 부모교육, (공교육)교육개혁, 지역사회(협력), 통일교육/북한교육, 시민교육/시민단체, 교권, 학생인권, 교사공동체, 교사-학부모 관계</td></tr>
<tr><td>연구 참여자</td><td colspan="4">• 유아
• 초중고(학생, 교사, 학부모, 교사+학생, 교사+학부모, 교사+학생+학부모, 교사+학교, 학생+학부모, 학교(교실), 교과서, 초중고 관련 문서)
• 대학(대학생, 교수)
• 일반(성인, 시민단체)</td></tr>
<tr><td>연구 방법</td><td>• 사례연구
• (자)문화기술지
• 현상학적 질적연구</td><td>• 근거이론
• 생애사 연구
• 내러티브</td><td>• 통합연구
• 담론분석
• 내용분석</td><td>• 일반질적연구</td></tr>
<tr><td>자료 수집</td><td colspan="4">• 면담(면담, 면담+문서, 면담+관찰, 면담+관찰+문서)
• 참여관찰(참여관찰+면담, 참여관찰+현장녹음, 참여관찰+면담+문서)
• 문서
• 질문지(질문지+면담, 질문지+관찰+면담, 질문지+관찰+문서)</td></tr>
</table>

함하였다. 다수의 연구에서 다양한 자료 수집 방법을 함께 활용하는 것으로 나타나 연구 방법을 다시 면담(면담, 면담+문서, 면담+관찰, 면담+관찰+문서), 참여관찰(참여관찰+면담, 참여관찰+녹취, 참여관찰+면담+문서), 문서, 질문지(질문지+면담, 질문지+면담+관찰, 질문지+관찰+문서)로 세분화하였다. 구체적인 분석 준거는 〈표 3〉과 같다.

3. 분석 결과

1) 연구주제

(1) 연구주제의 대분류 분포

교육사회학의 사회과학적 성격을 반영한 유목별 연구주제로는 사회적 성격의 논문이 33%로 가장 높은 빈도를 보였다(〈표 4〉 참고). 그 다음으로는 정치적 성격의 논문이 32%, 문화

〈표 4〉 교육사회학연구(1990~2023)에 게재된 질적연구논문의 연구주제 분포

대분류	소분류	빈도	%
사회	가족/계층 지위, 학부모 문화	11	5.0
	학업성취	1	.5
	교육격차(정의론, 불평등)	4	1.8
	양성평등	16	7.3
	다문화	19	8.6
	교육복지	4	1.8
	학력사회(교육열, 사교육, 자녀교육)	18	8.2
	소계	73	33
경제	자본주의	2	.9
	노동시장 진출(선발, 임금)	2	.9
	성인 및 직업교육	6	2.7
	비정규직	2	.9
	소계	12	5
문화	학교조직(물리적 구성, 공사립, 대안교육, 농촌학교)	11	5.0
	학교문화(리더십)	2	.9
	교직(교사 직무/태도)	15	6.8
	교육과정(지식)	11	5.0
	교사(교수)-학생 관계, 상호작용	4	1.8
	학생 행동/비행, 부적응, 규율	16	7.3
	청소년 문화	5	2.3
	소계	64	29
정치	학교 재구조화(선택, 혁신, 평준화, 신자유주의, 경쟁)	16	7.3
	학교교육 통제(책무성, 평가, 대학입시)	11	5.0
	학부모 참여, 부모교육	5	2.3
	(공교육)교육개혁	4	1.8
	지역사회(협력)	3	1.4
	통일교육, 북한교육	14	6.4
	시민교육, 시민단체	9	4.1
	교권, 학생인권, 교사공동체, 교사-학부모 관계	9	4.1
	소계	71	32
계		220	100.0

적 성격의 논문이 29% 분포를 보였다. 경제적 성격의 논문은 5%로 가장 낮은 분포를 보였다.

첫째, 사회적 성격의 논문에서 주로 다루어진 주제는 다문화, 양성평등, 가족/계층 지위 등이었으며, 학업성취도 관련 주제는 덜 다루어진 것으로 나타났다. 다문화 주제가 많이 다

루어진 이유로는 교육사회학에서 문화적 다양성을 추구하며, 다양한 문화적 배경을 가진 학생들이 직면한 도전과 기회에 관한 관심을 두기 때문으로 해석된다(이수민 외, 2023; 채소린, 2021; 서덕희, 테레사편, 2017; 이민경, 2016). 양성평등 논문은 교육 접근, 기회 및 결과에 있어 성별의 차이를 검토하여 포용성을 촉진하려는 연구자의 의지가 담겨있다고 볼 수 있다(남유진, 유성상, 2023; 이혜정, 2012; 안재희, 오재림, 유숙남, 2008). 가족/계층 지위 관련 주제는 계층에 따라 부모의 참여가 학생들의 자원과 기회, 교육 결과에 미치는 영향을 반영한다(김미숙, 상종열, 2015; 조현기, 손준종, 2023; 황정숙, 2021; 이혜정, 박진아, 남미자, 2017)

둘째, 경제적 성격의 논문에서 성인 및 직업교육 이외의 항목들은 다른 소분류의 빈도보다 낮다(김미란, 2020; 김미숙, 2015; 김정숙, 2013; 이자형, 2014; 이준석, 백정선, 2017). 질적연구를 수행한 논문 중에서 경제적 성격의 논문 빈도가 낮게 나타난 이유를 특정하기는 어렵지만 경제 관련 문제를 규명하는 데 질적연구가 상대적으로 덜 적합하기 때문으로 유추해볼 수 있다. 질적연구는 다양한 관점과 심층적인 통찰력을 제공하는 풍부하고 미묘한 주제를 탐구하는 데 적합하다. 경제적 하위 범주가 통계 데이터, 수치와 같은 정량화 가능한 측면에 초점을 맞추면 질적연구에서 일반적으로 조사하는 상세하고 주관적인 경험이나 사회적 역학을 제공하지 못한다.

셋째, 문화적 성격의 논문에서, 교육 환경은 문화적 범주와 깊이 얽혀 있으며 교사, 학생 및 더 넓은 학교 공동체 간의 관계를 정의하는 상호작용, 가치 및 규범과 관련된다. 학교 조직, 교직 문화, 커리큘럼, 학생 행동/위법 행위, 부적응과 같은 주제에 대한 교육사회학 연구의 빈도가 높은 것은 이러한 요소가 학교의 사회적 환경을 형성하는 데 중요한 역할을 하기 때문이다(김영화, 2014; 김재윤, 2023; 김진영, 2023; 이세희, 전하람, 2023; 최윤진, 2018). 학교는 배움의 장소일 뿐만 아니라 문화적 가치, 규범, 사회적 상호작용이 강화되거나 도전받는 사회의 축소판이기도 하다(김영천, 1996; 정형수, 양정호, 2023; 황순희, 1990). 조직 구조, 문화적 역동성, 커리큘럼 체계가 학생의 행동과 적응에 어떻게 영향을 미치는지 이해하는 것은 교육 불평등을 해결하고 학생 성과를 개선하며 긍정적인 학교 분위기를 조성하는 데 필요하다(김현성, 2004; 오경희, 한대동, 정소영, 2015; 성열관, 이형빈, 2014). 이러한 연구 주제는 학교가 어떻게 더 넓은 사회 구조를 반영하고 학생들의 사회적 발전과 정체성을 형성하는지 밝히는 데 기여한다.

넷째, 정치적인 성격의 논문에서는 학교 구조조정, 교육에 대한 책임성, 시민교육, 교권 및 학생 인권, 통일교육 등의 주제가 높은 빈도를 보였다. 이는 교육정책을 통해 가치와 이익이 어떻게 갈등하고 조정되는지에 관한 역동적 상호작용에 대한 교육사회학적 관심이 높음을 시사한다(권순정, 유주영, 2021; 양희준, 2022; 이광현, 2018; 이규빈, 김희연, 유성상, 2023). 이러한 연구 주제는 교육과 권력 역학의 교차점을 반영하며, 학교는 지식을 전달할 뿐만 아니라 사회적 불평등, 정치적 이데올로기 및 시민적 책임을 강화하거나 도전하는 기관의 역할을 하고 있음을 보여준다(박선웅, 2002; 정진화, 2014; 이기일, 성열관, 2012). 정치적 성격의 연구는 교육정책 결정을 알리고, 교육 개혁에 영향을 미치며, 교육 접근 및 결과의 형평성을 촉진하는 데 기여한다(이경림, 정제영, 강대중, 2020; 신재영, 2005; 조정하, 고영일, 1999). 또한 (반)신자유주의, 민주화, 사회정의 운동과 같은 세계 각국에서 일어나는 정치 변화는 국가 발전과 사회 통합에 중요한 영향을 미치기 때문에 교육사회학 연구에서는 이러한 정치적 문제에 관심을 두고 있다(김민호, 2007; 김성천, 2009; 배은주, 2014; 오유진, 손준종, 2016).

(2) 연구주제의 소분류 분포

[그림 1]에 제시된 연구주제별 소분류 분포를 보면, 다문화 주제를 다룬 논문이 19편으로 가장 많았다(이경희, 2011; 조용환, 1990; 채소린, 2021). 다음으로 학력사회(18편; 김재윤, 2023; 남미자, 배정현, 오수경, 2019; 이민경, 2007; 황순희, 1993), 양성평등(16편; 안재희, 오재림, 유숙란, 2008; 추병식, 2005; 허장수, 2004), 학생 행동/비행, 부적응, 규율(16편; 김경식, 1998; 김현성, 2004; 최영신, 2001), 학교 재구조화(16편; 서봉언, 2020; 이광현, 2018; 임재일, 복건수, 2021), 교직 사회(15편; 고형일, 이두휴, 1997; 양연동, 2020; 오정란, 2003; 이명우, 1997), 통일교육/북한교육(14편; 김선, 임수진, 2017; 안승대, 2003; 임해경 외, 2014) 순이다. 반면에 학업성취(김경근, 최윤진, 2017; 성열관, 김정숙, 2015), 학교문화(리더십)(김영천, 1996), 비정규직(손준종, 2019), 노동시장 진출(이자형, 2014), 자본주의(김미숙, 1999) 등을 주제로 한 논문은 매우 제한적이다.

다문화 연구가 「교육사회학연구」에서 많이 다뤄지는 이유는 다문화 가정 학생 수의 증가와 관련하여 이들이 겪는 사회적 편견, 학업 부진 등이 주요 연구 주제로 떠오르고 있기 때문으로 보인다. 예를 들어, 이민경과 김경근(2009)은 이주 근로자 가정의 청소년을 대상으로, 이들이 한국 사회에 적응하며 살아가는 전략을 분석하였다. 연구는 경제적 어려움, 문화적 차이, 사회적 편견 등으로 인해 발생하는 사회적 배제와 소외 상황을 조명하며, 청소년들이 이러한 환경 속에서 스스로 삶을 주도적으로 꾸려 나가는 방식을 탐구하였다. 또한, 박철희(2009)는 초등학교 사회와 도덕 교과서를 다문화 교육의 관점에서 비판적으로 분석하며, 자민족중심주의적 서술 방식의 문제점을 지적하였다. 이와 같은 연구들은 다문화 학생들이 겪는 어려움을 해결하기 위해 정책을 개선하고, 교육적 실천 방향을 모색하는 데 중요한 기여를 하고 있다.

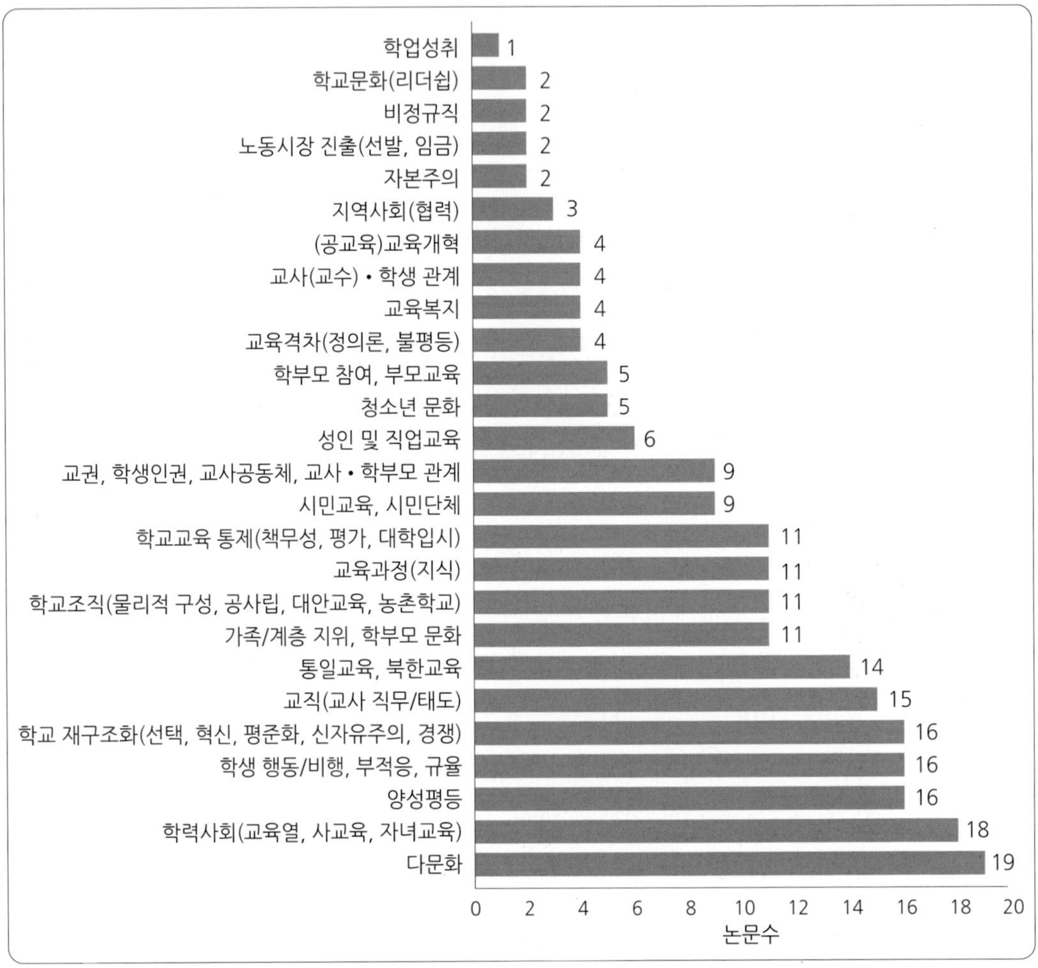

[그림 1] 교육사회학연구(1990-2023)에 게재된 질적연구 연구주제별 논문 수 분포

학력사회와 관련된 연구들은 한국 사회의 학력 중심 구조가 계층이동과 불평등에 미치는 영향을 분석하며 지속적으로 주목받고 있다. 학력사회는 단순히 교육 성과를 좌우하는 문제가 아니라, 사회 구조적 문제와도 깊이 연결되어 있다. 예를 들어, 박종석(2018)은 고교 중퇴자 증가 현상을 학력주의와 연관지어 설명하고 있다. 그는 고교 중퇴자들이 학업을 이어가는 과정에서 소득 계층의 차이가 어떤 영향을 미치는지를 분석하고, 학력주의가 개인의 삶과 사회 전반에 미치는 영향을 논의하고 있다.

양성평등도 교육사회학에서 성별에 따른 학업성취와 직업선택의 격차가 사회적 불평등의 중요한 원인이 되기 때문에 자주 연구 주제로 다뤄진다. 민무숙과 이정희(2005)의 논문은 한국의 공학 분야에서 여성들이 직면한 문제들을 다양한 각도에서 조망하며, 성별 고정관념과 관련된 장벽을 극복하기 위한 실질적인 개선 방안을 모색하였다. 이 외에도 교육사회학 질적연구에서 자주 다뤄지는 학생 행동/비행, 부적응, 규율과 같은 주제는 단순히 개인적 문제로 한정할 수 없으며, 사회적 맥락, 문화적 배경, 가정환경, 또래 관계, 학교 환경 등 다양한 요인의 영향을 받는다. 이러한 복합적 맥락을 탐구하는 데 질적연구가 적합하다. 예를 들어, 손형국과 양정호(2014)는 복교생을 대상으로 심층 면담과 관찰을 통해 학업중단의 원인을 개인적, 가정적, 사회적 측면에서 분석하고, 이를 바탕으로 복교생들의 학교 적응을 위한 정책적 대안을 제안하고 있다.

(3) 연구주제의 시기별 분포

〈표 5〉와 같이 분석대상 논문의 연구 주제를 10년 단위로 구분한 결과, 모든 시기에 가장 많이 다루어진 주제는 학생 행동, 위법 행위, 부적응, 규율, 교육 문화 등으로 나타났다. 2000년대 이후에는 다문화, 학력사회, 학교 재구조화, 통일교육/북한교육, 교육과정, 시민교육/시민단체 등의 주제가 많이 다루어졌다. 2010년대부터 학교 재구조화, 가족/계층지위, 학교교육 통제, 교권/학생인권/교사-학부모관계 등의 연구주제가 주목을 받기 시작했다. 양성평등, 통일교육/북한교육은 1990년대와 2000년대에는 자주 다루어진 연구주제였으나, 2010년대 이후에는 상대적으로 빈도가 낮다. 다만, 2020년대 논문은 대상 기간이 4년(2020~2023)이라는 점을 고려하여 해석할 필요가 있다.

(4) 연구주제의 정권별 분포

〈표 5〉에 제시된 교육사회학의 연구주제는 집권 정부의 성격에 따라 달라질 수 있다. 정부의 이념적 입장은 국가 교육 의제를 형성하게 되는데, 이는 교육과 사회의 관계를 분석하는 학문인 교육사회학 분야의 연구에도 반영되고 있다. 보수 정부[노태우(90-92), 김영삼(93-97), 이명박(08-12), 박근혜(13-16), 윤석열(22-)]와 진보 정부[김대중(98-02), 노무현(03-07), 문재인(17-21)]는 서로 다른 교육정책과 사회적 가치에 우선순위를 두고 있다. 보수적인 정부는 전통적인 가치, 권위, 규율, 장점 기반 교육을 강조하여 표준화, 책임, 도덕 교육과 같은 문제에 초점을 맞춘다. 이와 대조적으로 진보적인 정부는 형평성, 사회 정의, 포용성, 학생 권리를 우선시하여 다문화주의, 교육 평등, 포용적 교육 관행을 강조한다.

교육사회학연구는 대체로 진보적인 성격을 띠고 있어 연구주제가 종종 형평성, 사회 정의 및 포용성에 초점을 맞춘다. 진보적인 정부가 집권하면 교육정책은 교육에 대한 평등한 접근, 다문화, 사회적 불평등 감소와 같은 문제에 우선순위를 두는 경우가 많다. 교육사회학

〈표 5〉 교육사회학연구(1990~2023)에 게재된 질적연구논문의 출판시기별 연구주제 분포

연구주제	출판시기				전체
	1990	2000	2010	2020	
다문화	2	7	8	2	19
학력사회(교육열, 사교육, 자녀교육)	2	4	8	4	18
양성평등	4	8	1	3	16
학생 행동/비행, 부적응, 규율	5	5	4	2	16
학교 재구조화(선택,혁신,평준화,신자유주의,경쟁)	1	4	7	4	16
교직(교사 직무/태도)	4	4	6	1	15
통일교육, 북한교육	1	9	4	0	14
가족/계층 지위, 학부모 문화	2	1	5	3	11
학교조직(물리적 구성, 공사립, 대안교육, 농촌학교)	2	3	5	1	11
교육과정(지식)	1	5	4	1	11
학교교육 통제(책무성, 평가, 대학입시)	2	1	5	3	11
시민교육, 시민단체	1	5	1	2	9
교권, 학생인권, 교사공동체, 교사-학부모 관계	0	2	5	2	9
성인 및 직업교육	4	0	1	1	6
청소년 문화	2	2	1	0	5
학부모 참여, 부모교육	2	1	1	1	5
교육격차(정의론, 불평등)	2	0	1	1	4
교육복지	0	1	3	0	4
교사(교수)-학생 관계	1	0	2	1	4
(공교육)교육개혁	1	1	1	1	4
지역사회(협력)	0	1	1	1	3
자본주의	2	0	0	0	2
노동시장 진출(선발, 임금)	0	0	2	0	2
비정규직	0	0	2	0	2
학교문화(리더십)	2	0	0	0	2
학업성취	0	1	0	0	1
계	43	65	78	34	220

자는 포용적 교육, 학생 권리, 시민교육, 사회적 이동성을 촉진하는 학교의 역할과 같은 연구주제를 선택하여 정부 정책을 옹호하는 경향을 보인다(김지연, 박순용, 2021; 양연동, 2020; 최준호, 2008; 황성희, 2021). 반면에 보수적인 정부가 집권할 경우에는 정책 초점이 사회 정의를 덜 강조하고 성과 기반 결과에 더 중점을 두면서 사회 계층을 강화하고 사회 안정을 유지하는 교육의 역할로 바뀌는 경향이 있다. 교육사회학자는 교육 시스템에서 소외된 집단이 직면한

〈표 6〉 교육사회학연구(1990~2023)에 게재된 질적연구논문의 정권시기별 연구주제 분포

연구주제	정권시기		전체
	보수정권	진보정권	
가족/계층 지위, 학부모 문화	8	3	11
학업성취	0	1	1
교육격차(정의론, 불평등)	3	1	4
양성평등	7	9	16
다문화	15	4	19
교육복지	3	1	4
자본주의	0	2	2
노동시장 진출(선발, 임금)	2	0	2
성인 및 직업교육	3	3	6
비정규직	1	1	2
학교조직(물리적 구성, 공사립, 대안교육, 농촌학교)	7	4	11
학교문화(리더십)	2	0	2
교직(교사 직무/태도)	10	5	15
교육과정(지식)	5	6	11
교사(교수)-학생 관계	2	2	4
학생 행동/비행, 부적응, 규율	9	7	16
청소년문화	2	3	5
학력사회(교육열, 사교육, 자녀교육)	8	10	18
학교 재구조화(선택, 혁신, 평준화, 신자유주의, 경쟁)	7	9	16
학교교육 통제(책무성, 평가, 대학입시)	8	3	11
학부모 참여, 부모교육	3	2	5
(공교육)교육개혁	0	4	4
지역사회(협력)	0	3	3
통일교육, 북한교육	3	11	14
시민교육, 시민단체	5	4	9
교권, 학생인권, 교사공동체, 교사-학부모 관계	4	5	9
계	117	103	220

체계적 장벽을 연구 주제로 선택하여 정부 정책을 비판하는 경향이 있다(김정아, 2018; 이기일, 성열관, 2012; 정진화, 2014; 조현기, 순준종, 2023).

〈표 6〉을 보면, 가족/계층 지위, 양성평등, 다문화, 학교조직, 교직문화, 학력사회, 학교교육 통제 등에 대한 연구주제가 보수정권에서 자주 등장하는 이유는 교육사회학의 비판적 관점이 반영된 것으로 해석할 수 있다(강태중, 강충서, 2013; 김현우, 1995; 이혜정, 박미희, 2020; 황

순희, 1993). 반면, 통일교육/북한교육, 양성평등, (공교육)교육개혁 등에 관한 연구주제가 진보 정권에서 더 자주 노출되는 것은 교육사회학연구의 옹호적 관점이 반영된 것으로 볼 수 있다 (김영화, 2005; 안승대, 2006; 조정아, 2007).

2) 연구 참여자

(1) 연구 참여자의 분포

〈표 7〉에 제시된 연구 참여자를 세분화하여 분석한 결과를 보면, 교사 60편, 학생 37편, 대학생 19편, 정책 15편, 교사+학생 15편, 교과서 13편, 성인 10편, 등의 순으로 나타났다. 이러한 분석 결과는 교사와 학생이「교육사회학연구」의 주된 연구 참여자임을 보여준다. 분석대상 논문 중에는 복수의 연구 참여자를 함께 탐색한 논문도 34편(16%)이 있었는데, 특히, 초 · 중 · 고 교육단계 논문에서 두드러지게 나타났다. 구체적으로 교사+학생 연구가 15

〈표 7〉 교육사회학연구(1990~2023)에 게재된 질적연구논문의 연구 참여자 분포

구분		빈도(편수)	퍼센트
유아		2	.9
초중고	학생	37	16.8
	교사	60	27.3
	학부모	2	.9
	교사+학생	15	6.8
	교사+학부모	7	4.1
	교사+학생+학부모	6	2.7
	교사+학교	4	1.8
	학생+학부모	2	.9
	학교	6	2.7
	교과서	13	5.9
	교육관련 언론기사	9	4.1
대학	대학생	19	8.6
	교수	3	1.4
일반	성인	10	5.9
시민단체		4	1.8
정책		15	6.8
기타		6	2.7
합계		220편	100.0

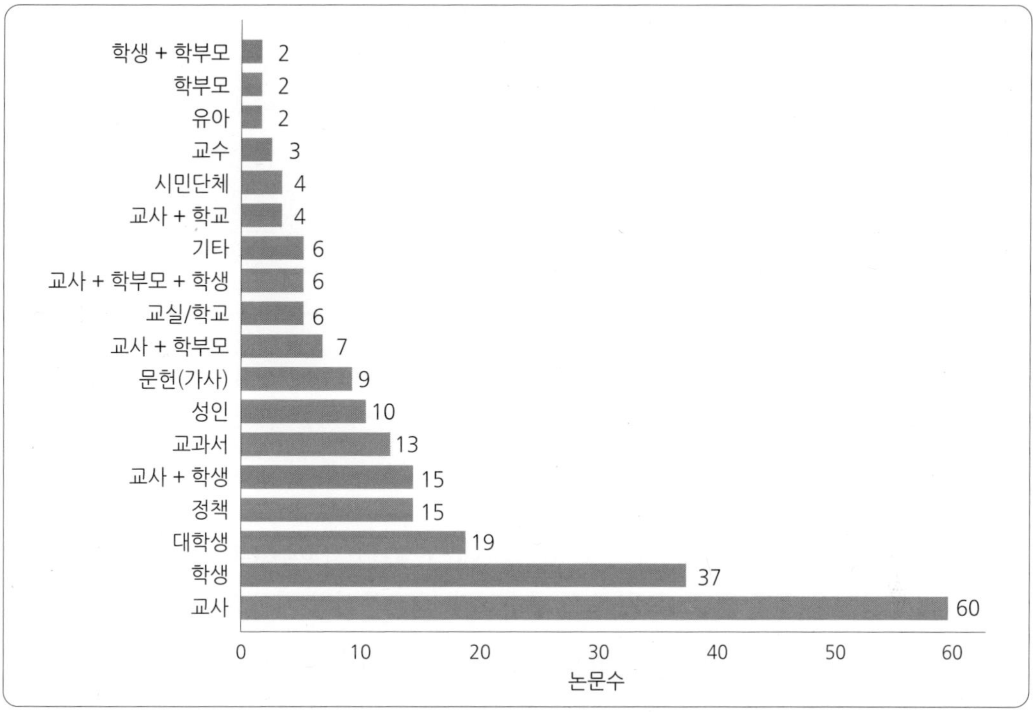

[그림 2] 연구 참여자 분포

편(6.8%)이었으며, 교사+학부모 7편(4.1%). 교사+학생+학부모 6편(2.7%), 교사+학교 4편(1.8%), 학생+학부모 2편(0.9%) 순이었다. 초 · 중 · 고 단계에서 복수의 연구 참여자를 함께 탐색하는 것은 교육 현장에서의 상호작용을 깊이 있게 탐구하기 위한 목적으로 해석된다. 이러한 연구는 교사와 학생, 학부모 간의 관계, 교육적 실천, 학습 환경, 그리고 이들이 경험하는 사회적 맥락을 동시에 고려함으로써, 교육과정에서 발생하는 다양한 사회적 · 문화적 영향을 종합적으로 이해하려는 의도가 반영된 결과로 볼 수 있다(김영화, 2006; 김성천, 2009; 이민경, 김경근, 2010; 한영욱, 김미숙, 2020).

(2) 연구 참여자의 교육단계별 분포

〈표 8〉에 제시된 분석대상 논문의 연구 참여자 분포를 교육단계별로 살펴보면, 유 · 초 · 중 · 고가 185편(84.1%)으로 압도적으로 높게 나타났다. 그 다음으로는 대학 24편(10.9%), 성인 9편(4.1%), 혼합이 2편(0.9%) 순으로 나타났다. 이러한 분포는「교육사회학연구」의 주된 관심 영역이 성인기 교육보다는 학령기 교육에 있음을 의미한다.

〈표 8〉 교육사회학연구(1990~2023)에 게재된 질적연구 논문의 연구 참여자의 교육단계별 분포

교육단계	빈도	%
유초중고	185	84.1
대학	24	10.9
성인	9	4.1
혼합	2	.9
합계	220	100.0

3) 연구방법

(1) 연구방법별 분포

[그림 3]에 제시된 연구방법별 분포를 살펴보면, 사례연구가 62편(28.2%), 담론분석이 32편(14.5%), 통합연구가 30편(13.6%) 순으로 나타났다. 내용분석과 기본질적연구는 각각 23편(10.5%)으로 비슷한 비율로 나타났으며, 문화기술지는 22편(10.0%), 내러티브와 현상학은 각각 8편(3.6%), 근거이론은 5편(2.3%), 생애사는 4편(1.8%), 자문화기술지는 3편(1.4%)으로 나타났다.

「교육사회학연구」에서 질적연구의 방법으로 사례연구의 활용 비중이 상당히 높은 것으로 나타났다. 반면, 내러티브, 근거이론, 생애사, 자문화기술지 등은 상대적으로 활용 비중이 낮았다. 이러한 결과는 교육사회학에 게재된 질적연구에서 연구방법의 편중 현상이 크다는 점을 보여준다. 특히, 교육사회학의 질적연구에서 근거이론, 자문화기술지, 생애사 연구의

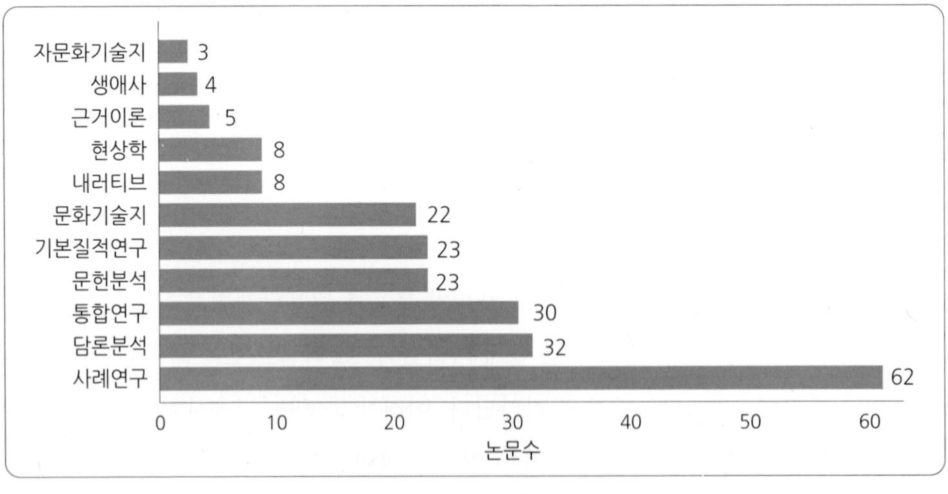

[그림 3] 연구방법별 분포

활용은 매우 제한적이었다.

교육사회학에 게재된 질적연구 논문의 연구방법을 종합적으로 살펴본 결과는 다음과 같다. 전체적으로 연구자가 해당 연구방법을 왜 사용하였는지 설명하지 않거나 설명이 부족한 논문이 많았다(김은주, 1991; 최기영, 1995; 노경주, 1999; 류방란, 2005) 이들 논문은 대체로 연구자가 수행한 연구방법에 대해 구체적 근거를 제시하지 않고 자료수집 방법과 자료분석 절차만 설명하고 있다. 이러한 문제점은 특히 기본질적연구와 사례연구에서 두드러지게 나타났다. 다만 사례연구의 경우, 2000년대 이전의 연구에서는 해당 연구가 연구문제, 연구목적, 현상을 바라보는 관점 등에서 왜 사례연구를 선택했는지 구체적으로 설명하지 않은 연구들이 많았으나 2010년 이후에는 사례연구를 수행한 이유를 구체적으로 밝힌 논문들이 증가하고 있다(서덕희, 2011; 서덕희, 테레사펀, 2017; 임해경 외, 2019). 교육사회학연구에 게재된 서덕희와 테레사펀(2017)의 사례연구를 소개하면 다음과 같다.

사례연구 사례

서덕희와 테레사펀(2017)은 5-6년에 걸쳐 한국태생 국제결혼 가정에서 성장한 두 명의 청소년을 대상으로 종단적 사례연구를 진행하였다. 이 연구는 종단적 사례연구를 통해 시간의 흐름에 따른 두 청소년의 진로 형성과정과 그 맥락적 변화 및 지속성을 효과적으로 연구하였다. 특히, 단일 시점이 아닌 여러 시점에서 자료를 수집함으로써 진로 형성 과정을 보다 체계적으로 이해할 수 있었다. 자료수집 과정에서는 청소년 당사자뿐만 아니라 그들의 어머니와 자매들까지 연구 참여자로 포함시켰으며, 인터뷰 외에도 가정에서의 직접 참여관찰과 문헌 조사 등 다양한 방법을 활용하여 사례를 총체적으로 이해하려고 노력하였다. 연구는 특정 사례를 통해 한국태생 국제결혼가정 청소년의 진로 형성과정을 설명하고, 이를 바탕으로 보편적인 진로 지원 방안을 제안하였다.

출처: 서덕희,테레사펀(2017). 한국태생 국제결혼가정 청소년의 진로 형성 과정에 관한 종단적 사례연구.

(2) 연도별 연구방법

〈표 10〉은 연구방법별 분포를 시기별로 분석한 결과를 제시한 것이다. 담론분석과 내용분석은 시기별로 큰 차이를 보이지 않았다. 사례연구는 꾸준히 증가하는 추세인데, 특히 2010년대에 크게 증가하고 있다. 교육사회학에 게재된 질적연구 중 현상학 활용 논문은 많지 않으나 2010년 이후 증가 추세에 있다. 2010년대 이후 연구자들이 단순히 현상을 기술하

는 것을 넘어, 현상의 본질적 의미를 이해하려는 경향이 있음을 보여준다. 현상학적 연구 사례 이수민 외(2023)의 연구를 소개하면 다음과 같다.

현상학적 연구 사례

이주 어머니는 타자(他者)인가? 이수민 외(2023)는 결혼이주여성을 타자로 규정해왔던 연구 흐름에 대하여, 이들이 정말 타자인 지를 밝히고자 하는 목적으로 현상학적 연구 방법을 활용하고 있다. 현상학 문헌에서 논의되는 몸, 공간, 시간, 관계와 같은 주제들을 방법론적으로 구현한 van Manen의 현상학적 질적연구의 방법을 활용하고 있으며, 연구질문 역시 van Manen의 응용현상학의 네 가지 실존체인 몸, 시간, 공간, 관계를 중심으로 구성하고 있다. 저자들은 7명의 아시아 이주 어머니를 면담하여 이주 어머니는 정주민과의 시선 투쟁 관계에 들어선다는 의미에서의 타자로 존재한다는 결론을 내리고 있다.

출처: 이수민 외(2023). 이주 어머니(migrant mother)는 타자(他者)인가?

반면, 문화기술지를 활용한 논문은 1990년대와 2000년대에 비해 2010년 이후 감소하고 있다. 이러한 감소는 문화기술지가 현장연구에 기초하기 때문에 다른 연구보다 시간과 노력이 많이 소요되며(최종열 외, 2018) 연구자가 연구 대상 집단에 접근하기 점점 어려워지는 상황과 연관이 있는 것으로 해석된다. 특히 교육사회학처럼 교사나 학생이 주요 연구 대상인 경우 학교현장을 통해 수행되어야 하지만 연구자의 접근이 제한되는 경우가 많다. 한편, 통합연구는 1990년대부터 2010년대까지 꾸준히 수행되었으나, 2020년에서 2023년 사이에는 수행되지 않고 있다. 통합연구 방법은 연구에서 질적 접근과 양적 접근을 모두 활용한 실용적 접근방법으로 통합연구에 대한 관심은 나날이 커지고 있다(김영천, 이현철, 2017). 그럼에도 불구하고 교육사회학에서 통합연구가 감소하고 있는 것은 특이한 점이다. 통합연구의 사례로 김영화(2006)의 연구를 소개하면 다음과 같다.

통합연구 사례

김영화(2006)는 우리나라 교육시민단체의 조직 및 운영을 의사결정구조, 시민의 참여도, 단체 간 연계 및 네트워크, 재정 기반, 정체성과 특성화 측면에서 진단하기 위해 통합연구를 수행하였다. 연구는 먼저 교육시민단체 여덟 곳을 선정하여 사례연구를 진행한 뒤, 그 결과를 바탕으로 질문지를 개발하여 교육시민단체 활동가, 교육관료, 학자, 교사, 학부모 등 교육 관련 주체 494명을 대상으로 설문조사를 실시하였다. 또한, 사례연구와 설문조사에서 드러나지 않은 주체들의 경험과 인식을 구체적으로 파악하고자 추가로 심층면담을 진행하였다. 김영화는 이 연구에서 질적 · 양적 데이터를 유기적으로 결합해 교육시민단체의 실태와 문제점을 분석하고, 각 단체의 조직적 특성과 활동의 효율성을 평가하였다.

출처: 김영화(2006). 한국 교육시민단체의 조직 및 운영 진단

〈표 10〉 교육사회학연구(1990~2023)에 게재된 질적연구논문의 연구방법과 출판시기별 분포

연구방법	출판시기				계
	1990	2000	2010	2020	
담론분석	9	8	8	7	32
내러티브	1	2	4	1	8
사례연구	8	15	28	11	62
현상학	0	1	4	3	8
자문화기술지	0	0	1	2	3
문화기술지	6	11	1	1	22
근거이론	0	2	2	1	5
내용분석	5	7	7	4	23
생애사	1	0	3	0	4
통합연구	10	11	9	0	30
기본질적연구	4	8	10	4	23
계	43	65	78	34	220

(3) 연구방법별 연구 참여자 분포

〈표 11〉에 제시된 연구방법별 연구대상 분포를 살펴보면 다음과 같다. 담론분석 연구에서는 성소주자교육정책(강윤주, 손준종, 2023), 인성교육정책(강희영, 남유진, 김현수 2022), 농촌교육정책(서덕희, 2019), 남북학교육정책(안승대, 2003) 등 대부분 교육정책을 대상으로 한 연구가 많았다. 교육정책은 단순히 교육 체계를 개선하거나 개혁하는 목적만을 갖는 것이 아니라, 사회적 가치, 이데올로기, 정치적 논리 등이 반영된 결과물이다. 담론분석을 통해 정책 문서나 발표에서 사용되는 언어, 용어, 표현 방식 등을 분석하면, 해당 정책이 어떤 사회적 가치나 이념을 내포하고 있는지, 어떤 특정 집단의 이익을 대변하는지 등을 파악할 수 있다. 담론분석의 사례로 서덕희(2019)의 연구를 소개하면 다음과 같다.

담론분석 연구 사례

서덕희(2019)는 국가의'적정규모 학교'교육정책이 농촌교육을 오히려 침체시키고 있음을 밝히기 위해 비판적 담론분석 방법을 활용하였다. 서덕희(2019)는 국가의'적정규모 중학교 육성사업'과 관련된 정책문건과 보도자료를 중심으로 교육정책 담론에서 교육이 어떻게 의미화되고 이러한 담론이 농촌학교 교육의 현실을 어떻게 구성하는지 살펴보았다. 연구 결과, '적정규모 학교'를 육성하는 것이 교육복지 차원에서 농촌교육을 살리는 방안이라는 주장이 담론화되는 과정에서 소규모학교 통폐합의 부작용이 은폐되고 있음을 지적하였다. 이는 국가의 교육정책이 교육활동을 제약하는 방식을 드러낸 비판적 담론분석 연구의 좋은 사례라 할 수 있다.

출처: 서덕희(2019)."적정규모 학교"라는 담론의 질서: 농촌 교육정책에 대한 비판적 담론분석

내러티브와 자문화기술지 연구에서는 연구 대상이 대부분 교사이다. 내러티브 연구 총 7편 중 6편이 교사를 대상으로 한 연구인데, 교사생활에 대한 어려움(이규빈, 김희연, 유성상, 2023), 해직교사 경험(손준종, 2018), 담임교사 경험(손형국, 양정호, 2014) 등이다.

자문화기술지 연구는 총 3편 수행되었는데 모두 교사를 대상으로 한 연구이다. 사례연

〈표 11〉 교육사회학연구(1990~2023)에 게재된 질적연구논문의 연구방법과 연구 참여자별 분포

연구방법	연구 참여자																	
	유아	학생	학부모	교사	학생 + 학부모	교사 + 학생	교사 + 학교	교사 + 학부모	교사 + 학부모 + 학생	교실 / 학교	교육정책	교과서	언론기사	대학생	교수	성인	시민단체	기타
담론분석	-	3	-	5	-	-	-	-	-	1	11	4	6	1	-	-	-	1
내러티브	-	-	-	6	-	-	-	1	-	-	-	-	-	1	-	-	-	-
사례연구	-	9	2	21	1	8	-	2	1	2	1	1	-	5	1	5	-	3
현상학	-	1	-	3	-	1	-	-	1	-	-	1	-	1	-	-	-	-
자문화기술지	-	-	-	3	-	-	-	-	-	-	-	-	-	-	-	-	-	-
문화기술지	2	5	-	4	1	3	1	1	2	-	-	-	-	-	-	-	3	-
근거이론	-	1	-	-	-	-	-	-	-	-	-	1	-	3	-	-	-	-
내용분석	-	5	-	3	-	-	1	-	-	1	2	6	3	1	-	-	-	1
생애사	-	1	-	1	-	-	-	-	-	-	-	-	-	-	-	2	-	-
통합연구	-	8	-	6	-	1	1	1	1	2	1	-	-	5	1	1	1	1
기본질적연구	-	4	-	8	-	2	1	2	1	-	-	-	-	2	1	2	-	-
계	2	37	2	60	2	15	4	7	6	6	15	13	9	19	3	10	4	6

구, 현상학, 기본질적연구에서도 교사 대상 연구가 가장 많았다. 한편, 근거이론 기반 연구는 총 5편 중 대학생 3편, 학생 1편, 교과서 1편으로 나타났다. 내용분석 연구에서는 교과서와 학생 대상 연구가 많았고 통합연구에서는 학생 대상 연구와 교사 대상 연구가 대부분이었는데, 학생 8편, 교사 6편, 대학생 5편으로 나타났다.

4) 자료수집 방법

(1) 자료수집 방법 분포

〈표 12〉에 제시된 자료수집 방법에 대한 분석 결과를 살펴보면 다음과 같다, 총 220편의 질적연구 논문 중 면담을 주요 자료수집 방법으로 활용한 논문은 102편(46.4%), 문서자료 61편(27.7%), 참여관찰 29편(13.2%), 질문지 28편(12.7%) 순으로 나타났다.

분석대상 논문들의 자료수집 방법으로 가장 많이 활용된 것은 면담이다. 그중 단일 자료수집 방법으로 면담만을 사용한 논문이 61편(27.7%)으로 나타났다. 면담은 관찰이 어려운 상황에서 연구 참여자의 내적 세계를 이해하거나, 특정 상황에 대한 다양한 관점을 수집하는 데 효과적인 방법으로 평가된다(김영천, 2016).

자료수집 방법으로 면담만을 활용한 논문을 살펴보면, 면담 방법으로는 주로 반구조화나 비구조화 면담을 사용하였다. 그런데 해당 논문 중 일부는 면담 방법만 제시하고 어떤 내용으로 면담을 진행하였는지 그 질문 내용을 구체적으로 제시하지 않고 있다(민무숙, 이정희, 2005; 김정원, 2006). 구조화된 면담이든 비구조화된 면담이든 면담이 어떻게 구성되었는가는 연구 결과에 영향을 미칠 수 있다(김영천, 2016). 따라서 면담을 수행할 때에는 면담 방향을 결정해 주는 면담 내용을 연구목적에 적절하게 구성할 필요가 있다.

면담의 횟수도 대부분 1회 또는 1~2회로 제한된 경우가 많다(김병욱, 2002; 성열관,김정숙, 2015). 면담의 횟수는 연구 목적에 따라 달라질 수 있지만 가장 개괄적 면담일지라도 믿을 만한 결과를 얻기까지 여러 번의 면담이 필요하다(Glesne, 2017). 1차 면담이 끝난 후에도 예상치 못한 추가 질문이 생기거나 연구자의 관점이 변할 수 있기 때문에 면담 과정에서 이러한 가능성을 고려해야 한다(김병찬 외, 2022). 그런데 심층면담을 진행하였음에도 면담 횟수가 1회에 그친 사례도 있다(박종석, 2018). 반면 논문에서 면담 방법과 면담 내용, 면담 횟수 등 면담 과정을 상세히 기술한 논문도 있다(이두휴, 2004; 서근원, 2011; 송혜은, 정바울, 2019). 해당 논문에서는 자료수집 방법으로 면담을 수행하면서 그 과정을 상세히 기술함으로써 면담을 통해 얻고자 했던 주요 정보가 무엇인지, 그리고 그것이 연구의 목적과 어떻게 연결되는지를 구체적으로 드러내고 있다.

질적연구에서 면담이나 참여관찰은 중요한 자료수집 방법이지만 분석대상 논문들 중 참여관찰을 수행한 논문은 매우 적다. 참여관찰은 연구자가 연구 현장에 직접 머물며 관찰과 기록을 통해 현장의 상황, 활동, 사람들, 그리고 그곳에서 나타나는 의미를 파악하고자 할 때 유용한 연구 방법이다(김영천, 2016). 이러한 점에서 참여관찰은 교육사회학의 질적연구에도 효과적인 자료수집 방법이 될 수 있다. 그럼에도 불구하고 참여관찰 방법을 사용한 논문은 29편에 불과하다. 참여관찰을 수행한 연구는 주로 문화기술지 연구가 많으며, 대부분 면담이 병행되고 있다. 그러나 이러한 연구들 중 상당수는 참여관찰의 절차를 구체적으로 설명하지 않고 있다(배은주, 2006; 김미숙, 2008; 전은희, 2013). 참여관찰을 효과적으로 수행하려면, 현장에 들어가기 전 관찰할 항목을 체계적으로 정리해야 한다. 이를 위해 누가, 무엇을, 어떻게, 언제 관찰할 것인지와 관찰한 내용을 어떻게 분석할 것인지에 대한 명확한 기준을 세워야 하며 이러한 기준은 연구 결과에 큰 영향을 미친다(김영천, 2016). 그러나 참여관찰을 활용한 대부분의 연구는 관찰 대상이나 관찰 기간만 간략히 언급했을 뿐, 관찰 내용이나 기록 방식, 그리고 이를 분석하는 구체적인 방법에 대해서는 설명이 부족하다(김정원, 2007; 김성천, 2009; 김지연, 박순용, 2021). 참여관찰을 활용한 문화기술지 사례를 살펴보면 다음과 같다.

문화기술지 사례

정형수와 김경식(2023)은 초등학생들이 자발적으로 학급 규칙을 제정하고 실천하는 과정에서 나타난 변화와 성장을 문화기술지 연구로 탐구하였다. 연구자는 담임교사로서 학생들과의 친밀한 관계를 바탕으로, 학생들의 자발성을 방해하지 않고 내부자의 시각에서 자료를 수집하고 분석하였다. 11주 동안 학급 회의와 규칙 실천 과정을 참여관찰하며 학생들의 언행과 대화를 기록하고, 자신의 성찰도 함께 작성하였다. 또한 개별 학생과의 면담을 통해 자료를 보완하였다. 연구 결과, 학생들은 학급 규칙을 학교생활의 판단 기준으로 활용하며 인성과 사회성 측면에서 성장하였다. 그러나 규칙과 관련해 권한 남용이나 청탁과 같은 문제도 일부 발생하였다. 이 연구는 문화기술지 연구를 통해 학급 내 학생들의 상호작용과 갈등 해결 과정을 생생히 기록하며, 문화기술지의 강점인 맥락적 이해를 잘 보여주었다.

출처: 정형수, 김경식(2023). 초등학생들의 자치적인 학급 규칙 제정 및실천 과정에 대한 참여관찰 연구.

〈표 12〉 교육사회학연구(1990~2023)에 게재된 질적연구논문의 자료수집 방법별 분포

자료수집 방법		빈도	%
면담	면담	61	27.7
	면담+문서	16	7.3
	면담+관찰	7	3.2
	면담+관찰+문서+기타	18	8.2
	소계	102	46.4
참여관찰	참여관찰+면담	20	9.1
	참여관찰+면담+문서	7	3.2
	참여관찰+현장녹음	2	0.9
	소계	29	13.2
문서	문서(문헌, 인터넷, 동영상, 드라마, 웹툰)	61	27.7
질문지	질문지+면담	15	6.8
	질문지+면담+관찰	7	3.2
	질문지+관찰+문서	6	2.7
	소계	28	12.7
합계		220편	100.0%

(2) 연구방법별 자료수집 분포

〈표 13〉에는 연구방법별 자료수집 방법을 제시하고 있다. 담론분석과 내용분석은 자료수집 방법으로 문서 활용이 가장 많았다. 내러티브, 사례연구, 현상학, 근거이론, 생애사, 기본질적연구는 면담이 가장 많았다. 문화기술지는 참여관찰과 면담을 병행한 자료수집이 대부분이고 자문화기술지는 연구 특성상 자기관찰기록이나 일기, 자전적 기록 같은 각종 문서를 주요 자료수집 방법으로 채택하고 있었다.

연구방법별 자료수집 분포에서 두드러진 특징을 살펴보면 다음과 같다. 먼저, 사례연구의 경우, 자료수집 방법으로 면담만 수행한 연구가 28편으로 가장 많다. 사례연구의 자료수집방법은 면담뿐 아니라 참여관찰, 문서정보 수집, 기록물 수집 등 다양하다. 실제로 좋은 질적 사례연구로 평가되는 연구는 다양한 자료수집 방법을 사용하고 있다(Yin, 2018). 그런데 교육사회학 연구에 게재된 사례연구는 상당수가 면담을 통해 자료수집을 하고 있다. 이러한 특징은 기본질적연구에서도 나타나는데, 사례연구에서처럼 기본질적연구에서도 자료수집을 위해 면담만 수행한 연구가 가장 많다. 이를 통해 사례연구나 기본질적연구를 수행하는 연구자들이 자료를 수집할 때, 연구의 목적에 맞는 자료수집 방법을 충분히 고려하지 않고

가장 기본적인 자료수집 방법인 면담에 치중하고 있음을 알 수 있다.

내러티브나 현상학, 근거이론 또한 자료수집 방법으로 면담을 가장 많이 수행하는 것으로 나타나고 있다. 내러티브, 현상학, 그리고 근거이론 연구에서 전형적으로 수행되는 자료수집 방법은 면담이라고 할 수 있다(Creswell, 2015). 분석대상 논문 중 내러티브, 현상학, 근거이론 연구들은 각각의 연구 유형에 적합한 자료수집 방법을 활용하고 있다고 볼 수 있다.

내러티브 연구에서는 개인의 경험 이야기 또는 집단적 이야기를 면담한 연구가 총 6편, 집단의 경험을 글로 기술한 체험기술 자료 연구가 1편 있다. 현상학 연구에서는 자료수집의 전형적 형태인 면담을 활용한 논문 4편, 면담과 관찰, 문서를 병행한 논문이 3편 있다. 근거이론 연구에서는 모든 논문이 자료수집 방법으로 면담을 통해 수행되고 있다. 근거이론의 경우, 면담이 자료수집에서 중심 역할을 수행한다(Creswell, 2015). 근거이론 연구 사례를 소개하면 다음과 같다.

근거이론 연구 사례

김진영(2023)은 Strauss와 Corbin(1998)의 근거이론 방법론을 활용하여 대안교육 특성화학교 교원 16명의 교육 가치관 형성과정을 탐구하였다. 이 연구는 면담 자료를 분석하여 개방코딩, 축코딩, 선택코딩의 세 단계를 거쳐 진행되었다. 개방코딩 단계에서는 면담 자료에서 유사한 개념을 도출하고 이를 하위범주와 상위범주로 체계화하였다. 축코딩 단계에서는 도출된 범주를 바탕으로 패러다임 모형을 구성하여 교원의 가치관 형성과 주요 과정을 설명하였다. 마지막으로 선택코딩 단계에서는 핵심 범주를 중심으로 다른 범주를 통합하고 정교화하여 연구 결과의 이론적 가치를 높였다.

이 연구는 대안교육 특성화학교 교원의 삶과 가치관 형성과정을 분석하여, 이들이 학교 현장에서 어떤 생각과 태도를 가지고 있는지에 대한 이해를 제공하였다. 또한 기존에 특정 이론으로 설명되지 않았던 현상을 근거이론 방법론과 패러다임 모형을 통해 보다 명확하고 직관적으로 드러내고자 하였다.

출처: 김진영(2023). 대안교육 특성화학교 교원의교육가치관 형성에 관한 연구

문화기술지 연구에서는 관찰과 면담이 가장 인기 있는 자료수집 형태이지만, 연구자는 관찰과 면담, 문서, 인공물 등을 통해 자료를 광범위하게 수집하기도 한다(Creswell, 2015). 교육사회학에 개재된 문화기술지 연구들은 참여관찰과 면담을 병행한 논문이 10편으로 가장 많다. 그 외 참여관찰과 면담, 문서를 통해 자료수집을 한 논문이 4편, 참여관찰과 현장동영

〈표 13〉 교육사회학연구(1990~2023)에 게재된 질적연구논문의 연구방법과 자료수집별 분포

연구방법	자료수집										
	면담	문서	면담 + 문서	면담 + 관찰	면담 + 관찰 + 문서	참여관찰 + 면담	참여관찰 + 현장동영상 /녹음	참여관찰 + 면담 + 문서	질문지 + 면담	질문지 + 관찰 + 면담	질문지 + 관찰 + 문서
담론분석	2	28	2	-	-	-	-	-	-	-	-
내러티브	6	1	1	-	-	-	-	-	-	-	-
사례연구	28	2	7	3	10	9	-	3	-	-	-
현상학	4	1	-	-	3	-	-	-	-	-	-
자문화기술지	-	3	-	-	-	-	-	-	-	-	-
문화기술지	-	-	-	2	1	10	2	4	-	-	-
근거이론	5	-	-	-	-	-	-	-	-	-	-
내용분석	-	21	2	-	-	-	-	-	-	-	-
생애사	2	-	1	1	-	-	-	-	-	-	-
통합연구		2	-	-	-	-	-	-	15	7	6
기본질적연구	14	3	3	1	4	1	-	-	-	-	-

상/녹음이 2편 있었다.

4. 결론

1) 연구결과 요약

본 연구는 교육사회학연구의 창간 연도인 1990년부터 2023년까지 게재된 788편의 논문 중 220편의 질적연구의 동향을 분석하였다. 분석 준거로서 연구영역과 연구주제, 연구참여자, 연구방법, 자료수집 방법 등을 적용하여 교육사회학 연구에서 질적연구의 동향과 특징을 도출하고자 하였다.

첫째, Halsey(Halsey, Floud, & Anderson, 1965; Halsey, et al., 1997; Karabel, & Halsey, 1977)가 제시한 교육사회학의 사회과학적 성격을 고려하여 질적연구 논문의 연구영역과 주제를 사회, 경제, 문화, 정치로 대분류하였다. 사회적 성격의 논문이 35.5%, 정치적 성격의 논문이 32.9%, 문화적 성격의 논문이 26.1%, 경제적 성격의 논문은 5.5%로 가장 낮은 분포를 보였다. 경제 관련 문제를 규명하는 데 질적연구가 상대적으로 덜 적합하다고 유추해볼 수 있다. 연구주제별로 분류한 분포를 보면, 다문화를 다룬 논문이 19편으로 가장 많다. 다음으로 학

력사회(18편), 양성평등(16편), 학생 행동/비행, 부적응, 규율(16편), 학교 재구조화(16편), 교직사회(15편), 통일교육/북한교육(14편) 순이다. 반면에 학업성취(1편), 학교 조직문화(리더십), 비정규직, 노동시장 진출, 자본주의 등을 주제로 한 논문은 매우 제한적이다.

둘째, 소분류 연구주제를 10년 단위로 시기별로 구분하여 분석한 결과는 학생 행동, 위법 행위, 부적응, 규율, 교육 문화 등은 모든 시기에 걸쳐 연구된 주제이다. 2000년대 이후에는 다문화, 학력사회, 학교 재구조화, 통일교육/북한교육, 교육과정, 시민교육/시민단체 등의 주제가 많이 다루어지고 있다. 2010년대부터 학교 재구조화, 가족/계층지위, 학교교육 통제, 교권/학생인권/교사-학부모관계 등의 연구주제가 주목을 받기 시작한다. 양성평등, 통일교육/북한교육은 1990년대와 2000년대에는 주요 연구주제였으나, 2010년대 이후에는 상대적으로 덜 다루어지고 있다.

셋째, 교육사회학은 대체로 진보적인 성격은 띠고 있어 연구주제가 종종 형평성, 사회정의 및 포용성에 초점을 맞추고 있다. 진보적인 정부가 집권하면 교육정책은 교육 평등, 다문화, 사회적 불평등 감소와 같은 문제에 우선순위를 두는 경향이 있다. 교육사회학자는 포용적 교육, 학생 권리, 시민교육, 사회적 이동성을 촉진하는 학교의 역할과 같은 연구 주제를 선택하여 정부 정책을 옹호하는 경향을 보인다. 반면에 보수적인 정부가 집권할 경우에는 정책 초점이 사회 정의를 덜 강조하고 성과 기반 결과에 더 중점을 두면서 사회 계층을 강화하고 사회 안정을 유지하는 교육의 역할로 바뀌는 경향이 있다. 교육사회학자는 교육 시스템에서 소외된 집단이 직면한 체계적 장벽을 연구 주제로 선택하여 정부 정책을 비판하는 경향이 있다.

넷째, 질적연구의 주요한 연구 참여자는 교사와 학생이다. 연구 참여자의 분포를 보면, 교사(60편), 초중고 학생(37편), 대학생(19편), 정책(15편), 교과서(13편), 성인(10편)의 순서로 나타나고 있다. 한편, 복수의 연구 참여자를 대상으로 하는 논문도 34편(16.3)이 있었는데 특히, 초 · 중 · 고 교육단계에서 뚜렷하다. 교사+학생 연구가 15편, 교사+학부모 연구가 7편, 교사+학생+학부모 연구가 6편이다. 연구 참여자를 교육단계별로 살펴보면, 유 · 초 · 중 · 고가 185편(84.1%)으로 압도적으로 높게 나타나고 있다. 이것은 「교육사회학연구」의 주된 관심 영역이 대학 혹은 성인 교육보다는 초중고 학령기 교육에 있음을 의미한다.

다섯째, 연구방법으로 사례연구가 62편(28.2%), 담론분석이 32편(14.5%), 통합연구가 30편(13.6%) 순으로 나타나고 있다. 내용분석과 기본질적연구는 각각 23편(10.5%)으로 비슷한 비율로 나타났으며, 문화기술지는 22편(10.0%), 내러티브와 현상학은 각각 8편(3.6%), 근거이론은 5편(2.3%), 생애사 연구는 4편(1.8%), 자문화기술지는 3편(1.4%)으로 나타난다. 또한 시기별로 연구방법에 차이가 있다. 담론분석과 내용분석은 시기별로 큰 차이가 나지 않으나 현상학 활용은 많지 않았다. 사례연구는 2010년대 이후에 증가하는 추세인 반면에 문화기술지를 활용한 논문은 감소 추세이다. 문화기술지는 시간과 노력이 많이 들며 연구 참여자에게 접근하기 어려워지는 상황과 연관이 있다. 한편, 통합연구는 1990년대부터 2010년대까지 꾸준히 수행되고 있으나, 2020년 이후에는 목격되지 않는다. 담론분석 연구에서는 교육정책을 대상으로 한 연구가 많다. 사례연구, 현상학, 기본질적연구, 내러티브, 자문화기술지 연구에서는 교사가 많다. 근거이론 기반 연구는 매우 제한적이다.

여섯째, 자료수집 방법으로 면담 106편(46%)을 가장 많이 활용하고 있으며, 문서자료 61편(27%), 참여관찰 29편(13%), 질문지 28편(12%) 순으로 나타난다. 연구방법별 자료수집 방법을 살펴보면 담론분석과 내용분석은 문서 활용이 가장 많고 내러티브, 사례연구, 현상학, 근거이론, 생애사 연구, 기본질적연구는 면담이 가장 많다. 문화기술지는 참여관찰과 면담을 병행한 자료수집이 대부분이고 자문화기술지는 자기관찰기록이나 일기, 자전적 기록 같은 각종 문서를 주요 자료수집 방법으로 채택하고 있다.

2) 질적연구의 성과

1990년부터 2023년까지 「교육사회학연구」에 게재된 질적연구는 교육현상과 사회적 상호작용의 복잡성을 심층적으로 탐구하여 교육과 관련된 다양한 행위에 대한 사회학적 설명력을 높임으로써 교육사회학의 학문적 발전에 크게 기여하고 있다. 주요 성과는 다음과 같다.

첫째, 교육사회학 분야에서 질적연구는 양적인 성장과 질적인 성장을 거듭하면서 교육현상을 사회학적으로 설명하는 데 기여해왔다. 「교육사회학연구」에 게재된 질적연구는 창간 이래 2023년 현재까지 지속적으로 증가함으로써 양적으로 성장해왔다. 1990년대에는 43편, 2000년대는 65편, 2010년대는 78편의 질적연구가 게재되었다. 2023년 현재 시점까지 34편의 논문이 게재되었음을 고려할 때, 2020년대에도 질적연구의 증가 추세는 지속될 것으로 보인다. 이러한 증가 현상은 교육사회학 분야에서 질적연구에 대한 관심이 높아지고 있음을 반영하는 결과인 동시에, 질적연구 방법이 교육현상에 대한 사회학적 설명력을 높이는 데 유용한 도구임을 보여주는 결과로 해석할 수 있다. 한편, 「교육사회학연구」에 게재된 질적연구는 교육현상과 관련한 주요 주제와 이슈들을 폭넓고 깊이 있게 다루고 있다는 점에서 연구주제의 다양성을 확보하는데 기여해왔다. 연구방법적 측면에서도, 1990년대에는 분석기준에서 제시한 11가지 방법 중 8가지 방법이 활용되었지만, 2010년대 들어 11가지 방법이 모두 활용되는 양상을 보였다. 사례연구와 담론분석이 주된 연구 방법으로 자리 잡고 있으며, 문화기술지와 근거이론, 자문화기술지, 현상학, 생애사 등의 다양한 방법론이 점진적으로 도입되고 있다. 이러한 방법론적 다양성은 현상과 데이터를 다층적으로 분석할 수 있게 되어 교육사회학 연구를 더욱 풍부하게 만들고 있다. 이는 교육사회학 분야의 질적연구가 연구주제와 연구방법적 측면에서도 다양성을 확보하고 있음을 보여준다.

둘째, 교육사회학 분야의 질적연구는 단순히 교육의 사회적 성격을 조명하는데 그치지 않고 일상의 교육 장면으로 들어가 교육과 관련한 개인이나 집단의 행위를 내부적 관점에서 이해하고 사회적 상황과 맥락에 비추어 해석함으로써 교육현상에 대한 사회적 의미체계를 밝히는 데 기여해왔다. 질적연구는 교육현상에 대한 양적접근의 한계를 극복하기 위한 대안적 방법론으로서 인간행위의 유사성이나 보편성에 밝히는 데 관심을 둔 양적연구와는 달리 인간 행위의 특수성이나 주관성을 드러내는 데 관심을 둔다. 이에 따라 교육사회학 분야의 질적연구는 교육과 관련된 개인이나 집단의 사회적 행위의 주관적 의미를 드러내고, 나아가 그러한 행위가 사회의 구조적인 맥락에서 비롯된 사회적 상호작용의 결과임을 밝히는 데 기여했다. 교육사회학 분야의 질적연구의 결과는 한국인들의 독특한 교육 관련 행위에 대한 사회학적 설명력을 한층 높이는데 기여할 것이다.

셋째, 교육사회학 분야의 질적연구는 교육현장에서 발생하는 불평등과 차별의 문제를 분석함에 있어 행위자의 실제적 경험에 근거함으로써 관련 문제를 해결하는 데 유용한 지식과 정보를 제공하는 데 기여해왔다. 「교육사회학연구」에 게재된 질적연구는 전통적으로 교육사회학의 주요 관심 영역인 교육불평등과 차별의 문제에 많은 관심을 갖고 있다. 특히 다문화, 양성평등, 학업성취 등의 주제를 통해 교육이 사회적 배경에 따라 어떤 영향을 받는지 심층적으로 탐구함으로써 취약한 환경에 놓인 학생들이 겪는 문화적 차별과 학업 부진의 원인을 구체적으로 밝히는 데 기여해왔다. 「교육사회학연구」를 통해 축적된 질적연구의 결과는 교육문제나 정책문제를 개선하는데 필요한 실질적인 기초 자료와 교육기회의 불평등을 해소하기 위한 대안을 제시하는 데 유용한 정보를 제공할 수 있을 것이다.

넷째, 교육사회학 분야의 질적연구는 학교라는 조직이 가진 문화적 특성과 그 내부의 상호작용을 심층적으로 분석하는 데 중요한 기여를 해왔다. 교사와 학생 간의 관계, 학생들의 행동 규범, 학교 문화의 형성과 변화 과정을 탐구한 연구들은 학교가 단순히 지식을 전달하는 공간에 그치지 않고, 사회적 가치와 문화적 규범을 재생산하거나 이를 도전하는 공간임을 보여준다. 특히, 연구자가 참여자와 직접 상호작용하며 수집한 생생한 자료를 토대로 학생들이 규칙을 통해 사회적 책임감을 형성하고 갈등을 해결하는 과정, 학교 공동체 내에서 협력과 소통의 문화를 구축하는 과정 등을 심도 있게 밝히는 데 기여하였다. 또한 교육현상의 주요 행위자인 교사, 학생, 학부모 등 내부 참여자의 경험을 통해 교육 현장을 총체적으로 이해하고자 했다는 점에서도 의미가 크다. 다수의 연구에서 초·중·고등학교 교사와 학생이 주요 연구참여자로 선정되기는 했지만, 최근에는 이민 가정의 청소년, 다문화 배경의 부모, 교육정책 담당자, 그리고 비공식 교육 환경에 속한 학습자 등 다양한 그룹의 목소리도 반영되고 있다는 점에서 고무적이다. 이러한 측면은 교육사회학 분야의 질적연구가 교육 행위자의 다양한 목소리를 담아냄으로써 다층적인 교육 현장에 대한 이해를 확장하는 데 중요한 기능을 수행하고 있음을 보여준다.

3) 향후 질적연구 발전을 위한 과제

이상의 연구 결과를 바탕으로 향후 교육사회학 질적연구의 과제와 방향성에 대한 시사점을 제시하자면 다음과 같다.

첫째, 전통적 연구주제에 대한 현대적 재해석, 사회변화를 반영한 새로운 주제의 발굴 등을 통해 연구의 지속가능성을 높일 필요가 있다. 교육사회학 질적연구에서는 다문화, 시민교육, 학교 재구조화 등을 다룬 연구들은 증가하는 반면, 양성평등과 통일교육 등 전통적 연구에서 강조되었던 일부 주제들에 대한 학문적 관심은 급격히 감소하는 경향을 보였다. 연구주제에 대한 이러한 경향성은 최근 우리사회가 직면하고 있는 교육과 사회에 대한 문제의식이 교육사회학의 질적연구에서도 그대로 반영하고 있음을 보여준다. 다만, 양성평등이나 통일교육 등의 주제는 전통적으로 교육사회학에서 중요하게 다루어져 왔던 주제인 만큼 현대적 관점에서 이를 재조명하고 재해석함으로써 연구의 지속성을 높일 필요가 있다. 더불어, 디지털 전환, 인공지능 도입, 팬데믹 이후 교육환경의 변화나 디지털 격차로 인해 발생할 수 있는 교육 불평등과 사회적 격차와 같은 주제에 대한 관심을 높이는 것도 중요하다. 이러한 주제들은 교육의 형식과 내용, 방법에 대한 근본적인 재검토가 필요한 시점에서 의미있는 시사점을 줄 수 있을 것이다. 아울러, 교육 연구는 정치적 성향에 따라 지나치게 영향을 받지 않고 학문적 독립성을 유지해야 하며, 형평성과 포용성이라는 기본 가치를 중심으로 교육의 공공성과 민주적 역할을 강화할 수 있는 지속 가능한 연구 주제를 발굴해야 한다.

둘째, 학교교육 중심의 연구의 대상을 확장 시킬 필요가 있다. 분석대상 논문의 주요 연구대상은 초·중·고 단계의 교사와 학생으로 나타났다 이는 교육사회학연구 분야의 질적연구가 학교교육에 집중되어 있음을 시사한다. 연구대상에 대한 이러한 경향은 학교교육과 관련한 주요 현상이나 쟁점을 드러내는 데는 유효하지만, 유아교육, 고등교육, 기타 비형식

교육과 같은 초중등 학교교육 이외의 교육이 지닌 독특한 맥락과 그로 인해 나타날 수 있는 다양한 문제들을 충분히 조명하지 못한다는 점에서 한계가 있다. 고등교육은 학령기 교육과는 상당히 다른 특징을 지니고 있다. 특히, 고등교육 단계에서 대학생들이 경험하는 다양한 문제들은 교육사회학의 주요 관심사인 계층이동과 사회 불평등의 문제와도 매우 밀접하게 연관되어 있다. 한편, 비형식 교육은 공교육 체계 밖에서 이루어진다는 점에서 제도교육과는 다른 맥락에 노출되어 있다. 따라서 비형식 교육 청소년들이 공교육 체계를 떠난 이유, 대안교육의 효과, 그리고 비공식적 학습 경험에 관한 질적연구는 그 자체로도 중요한 의미가 있지만, 학교교육의 문제를 드러낼 수 있다는 점에서도 질적연구자들이 주목해야 할 주제들이다. 이러한 연구는 공교육 체계에서 소외된 집단을 더 잘 이해하고, 이들의 다양한 학습 경로를 지원하기 위한 실질적인 방안을 제시할 수 있다는 점에서 의미가 있다. 한편, 연구의 대상을 학생과 교사를 넘어 학부모(보호자), 교육행정가, 그리고 지역사회 교육공동체 등 교육과 관련된 다양한 이해당사자를 포괄할 수 있도록 확장할 필요가 있다. 특히 학생, 교사와 더불어 교육의 핵심 주체인 학부모에 대한 학문적 관심을 높일 필요가 있다. 학부모는 학교교육을 포함한 교육의 전 영역에서 전 방위적 영향력을 발휘하는 존재로서 한국사회의 다양한 교육현상들과 매우 밀접하게 관련되어 있다. 질적연구를 통한 학부모에 대한 심층적인 분석은 입시, 사교육, 교육경쟁 등 다양한 우리사회가 마주하고 있는 다양하고도 복잡한 교육 현상을 제대로 이해하고 관련 문제를 풀어가는 데 중요한 단초를 제공할 수 있을 것이다.

셋째, 특정 연구방법에 불균형적으로 편중되는 현상을 극복해야 할 것이다. 교육사회학 분야에서 주로 활용되는 연구방법은 사례연구, 담론분석, 통합연구였다. 그 중에서도 사례연구는 다른 연구방법에 비해 높은 활용 비중을 보였다. 연구방법에 대한 이러한 편중 현상은 연구자들이 사례연구를 기본적인 접근법으로 간주하고 이를 무비판적으로 채택하기 때문일 가능성이 있다. 사례연구는 특정 현상을 심층적으로 탐구하는 데 유용한 도구이지만, 체계적인 연구 설계와 분석 과정이 결여될 경우, 연구의 질을 저하시킬 위험이 있다(Yin, 2018). 따라서 연구자들이 연구 방법을 선택할 때 연구의 목적과 질문에 가장 적합한 방법이 무엇인지 신중하게 검토할 필요가 있다. 아울러 다양한 질적연구방법의 활용 가능성을 좀 더 적극적으로 모색할 필요가 있다. 교육사회학 분야에서 내러티브, 현상학, 근거이론, 생애사 연구는 그 활용 빈도가 낮은 편이다. 하지만 이들 질적연구 방법은 교육사회학 분야에서 새로운 관점을 제시할 수 있는 잠재력이 있다. 근거이론은 복잡한 사회현상 간의 관계성을 체계적으로 모형화하여 간결하고 효과적으로 설명할 수 있다는 장점을 지닌다(최종열 외, 2018). 또한, 현상학적 연구는 교육에 관여하는 사람들의 일상적 경험과 관점을 심층적으로 파악함으로써, 그들이 실제로 경험하는 교육활동의 의미를 탐구할 수 있는 강점을 제공한다(김병욱, 2010). 생애사 연구는 참여자의 생생한 이야기를 통해 교육 현상이 형성된 맥락을 이해할 수 있는 기회를 제공한다는 점에서 교육학 분야에서 주목할 만한 연구방법이다(김영천, 한광웅, 2012). 따라서, 연구자들은 다양한 연구방법을 활용하여 교육사회학적 현상을 다각도로 조망함으로써 보다 풍부하고 심층적인 학문적 통찰을 제공할 필요가 있다.

넷째, 자료수집 과정에서 면담에 지나치게 의존하는 문제를 극복하고, 연구 목적에 맞는 체계적이며 다각적인 자료수집 방안을 마련할 필요가 있다. 질적연구에서 면담에 과도하게 의존하는 경향은 연구 결과의 깊이와 신뢰도를 저하시킬 위험이 있다. 특히, 연구의 목적과 연구 대상의 특성을 충분히 반영하지 않은 채 면담만을 자료수집 도구로 채택할 경우, 단편적이고 제한적인 결과로 이어질 수 있다. 교육사회학 질적연구에서 면담만을 활용한 연구는 29.5%로 가장 많으며, 많은 연구가 면담 횟수를 1~2회로 제한하고 있다. Sediman(2009)은 심층면담이 제대로 이루어지기 위해서는 최소 세 번 정도의 면담을 해야 한다고 주장한 바 있다. 질적연구에서의 자료수집은 연구자와 참여자 간 신뢰 관계를 형성하고, 심층적이며 다층적인 데이터를 수집할 수 있는 방식으로 이루어져야 한다. 이를 위해 연구자들은 자료수집 단계에서 충분한 시간을 투자해 연구 현장과 참여자를 깊이 탐구해야 한다. 한정된 시간 내에 급히 진행되는 면담과 참여관찰은 질적연구의 본질적 가치를 저해할 위험이 있다. 또한, 연구자들은 윤리적 고려와 참여자의 맥락에 대한 깊은 이해를 바탕으로 체계적이고 반복적인 자료수집 전략을 수립해야 한다.

참고문헌

강태중, 강충서(2013). 사교육 담론에 담긴 학교 교육의 의미역사적 고찰. **교육사회학연구, 23**(4), 1-28.
강윤주, 손준종(2023). 성소수자 관련 교육정책에 대한 반동성애 담론 분석: 혐오를 중심으로. **교육사회학연구. 33**(3), 27-73.
강희영, 남유진, 김현수(2022). 인성교육과 민주시민교육 정책의 관계적 특성 연구. **교육사회학연구, 32**(4), 1-36.
권순정, 유주영(2021). 코로나 19 이후 중학교 학생들의 학교 교육 경험 탐색: 숲속중학교 사례를 중심으로. **교육사회학연구, 31**(3), 35-58.
고형일, 이두휴(1997). 장거리 통근 교사의 교직문화에 관한 연구. **교육사회학연구, 7**(2), 23-53.
김경근(2012). 교육사회학연구 20년: 궤적, 성취, 그리고 과제. **교육사회학연구, 22**(1), 25-49
김경근, 최윤진(2017). 교육열 현상으로서의 저출산: 중산층 기혼자의 자녀 수 결정 배경과 양육방식. **교육사회학연구, 27**(2), 1-34.
김경식(1998). 생애사적 연구를 통한 고교 중퇴생 삶의 문화탐구. **교육사회학연구, 8**(1), 123-144.
김경식, 안우환(2003). 한국교육사회학의 연구 동향 분석. **교육사회학연구, 13**(2), 47-65.
김미란(2020). 생활예술 동호회의 문화적 실천이 갖는 가능성과 한계: 하늘마을극단 청명의 사례. **교육사회학연구, 30**(2), 1-42.
김미숙(1999). 상고생 되기: 학교지식, 상징적 사회적 차별화 그리고 주체성 형성과정. **교육사회학연구, 9**(1), 103-129.
김미숙(2008). 일반고의 교수학습 질 분석: 계층이 다른 평준화 고등학교를 대상으로. **교육사회학연구, 18**(2) 1-30.

김미숙(2015). 마이스터고의 노동주체 형성기제에 대한 질적 사례연구. **교육사회학연구, 25**(1), 51-77.

김미숙, 상종열(2015). 중산층 밀집지역에 거주하는 중산층 학부모들 자녀교육문화: 분당구 사례. **교육사회학연구, 25**(3), 1-30.

김민호(2007). 세계화에 따른 지역 교육의 변화에 대한 비판적 분석-'제주국제자유도시'추진 사례를 중심으로. **교육사회학연구, 17**(2), 23-48.

김병욱(2002). 교사의 집단적 행동의 동인(動因)과 그 형성과정의 특성 분석. **교육사회학연구, 12**(2), 63-80.

김병욱(2010). 현상학적 교육 연구를 위한 주요 개념의 명확화 및 보완적 탐색. **교육사회학연구, 20**(1), 25-44.

김병찬, 임종헌, 문지윤, 최상은(2022). 교육행정 분야 질적 연구 동향 및 문제점 분석-「교육행정학연구」 학술지 논문을 중심으로-. **교육행정학연구**, 307-352

김선, 임수진(2017). 분단초기(1945-1967) 북한 고등교육에서의 소련 제도의 전이와 변용. **교육사회학연구, 27**(3), 1-28.

김성천(2009). 학교 혁신의 핵심 원리: 교장공모제를 실시한 D 중학교를 중심으로. **교육사회학연구, 19**(2), 59-89.

김성천, 남미자(2009). 외고 입시체제와 교육과정의 문제점과 개선 방안. **교육사회학연구, 19**(3), 51-77.

김영화(2005). 북한의 경제발전을 위한 교육의 과제. **교육사회학연구, 15**(2), 45-64.

김영화(2006). 교육시민단체 활동의 공과와 과제. **교육사회학연구, 16**(2), 31-59.

김영화(2011). 미국과 영국의 교육사회학 연구 동향. **교육사회학연구, 21**(3), 1-26.

김영화(2014). 대안학교 졸업생은 어떤 삶을 살아가고 있는가?. **교육사회학연구, 24**(3), 63-97.

김영천(1996). 교실질서의 성취와 회복: 한국 초등학교 교실에서의 관리/통제(management) 에 대한 미시문화기술적 연구. **교육사회학연구, 6**(2), 67-91.

김영천, 한광웅(2012). 질적연구방법으로 생애사연구의 성격과 의의. **교육문화연구, 18**(3), 5-43

김영천(2016). **질적연구방법론I. Bricoleur**(2판). 파주: 아카데미프레스.

김영천, 이현철(2017). **질적연구: 열다섯가지 접근**. 파주: 아카데미프레스.

김은주(1991). 고정적 학생관에 의한 교실일탈의 비일관적 규정 과정 연구. **교육사회학연구, 1**(2), 137-151.

김정숙(2007). 여자 대학생들의 직업포부는 어떻게 형성되는가?: 가정과 노동시장에서의 성 별 분업에 대한 인식과 대응 양식을 중심으로. **교육사회학연구, 17**(1), 77-108.

김정숙(2013). 비정년트랙 전임교수의 삶에 관한 연구. **교육사회학연구, 23**(2), 81-119.

김정아(2018). 교사의 인정투쟁: 교원성과급정책에 대한 교원노조의 저항을 중심으로. **교육 사회학연구, 28**(3), 31-56.

김정원(2006). 국내 몽골 출신 외국인 근로자 자녀 학교교육 실태 분석. **교육사회학연구, 16**(3), 95-129.

김정원(2007). 교육복지와 학교의 역할: 교육복지투자우선지역 지원사업을 중심으로. **교육사회학연구, 17**(4), 35-61.

김지연, 박순용(2021). 학교 밖 교육복지공동체의 실천적 의미. **교육사회학연구, 31**(1), 1-30.

김재윤(2023). 초등학교 초임교사의 직업적 삶에서 능력주의 담론에 대한 자문화기술지. **교육사회학연구, 33**(2), 1-32.

김진영(2023). 대안교육 특성화학교 교원의 교육가치관 형성에 관한 연구. **교육사회학연구, 33**(2), 103-128.

김현우(1995). 교육학 문헌에 나타난 여성 관련 내용의 분석. **교육사회학연구, 5**(1), 177-194.

김현성(2004). 집단 따돌림 담론을 통해 본 청소년 주체형성과정과 그 효과에 관한 연구. **교육사회학연구, 14**(3), 41-63.

남미자, 배정현, 오수경(2019). 교육열, 능력주의 그리고 교육 공정성 담론의 재고(再考): 드라마 〈SKY 캐슬〉의 담론 분석을 중심으로. **교육사회학연구, 29**(2), 131-167.

남유진, 유성상(2023). 학교 안 여성혐오의 유통 양상과 특성에 대한 연구. **교육사회학연구, 33**(3), 105-149.

노경주(1999). 교사-학생 상호작용에서 교환되는 교실 언어의 유형연구. **교육사회학연구, 9**(2), 97-119.

류방란(2005). 일반계 고등학교 교육과정 편성 관행의 유지와 변화. **교육사회학연구, 15**(1), 113-137.

민무숙, 이정희(2005). 공학 분야 전공 여성들의 교육과 직업경험 분석. **교육사회학연구, 15**(2), 65-93.

박선웅(2002). 학생다운 몸의 규율과 학교 위기. **교육사회학연구, 12**(3), 75-99.

박철희(2007). 다문화 교육의 관점에 기초한 초등 사회 · 도덕 교과서 내용에 대한 비판적 고찰. **교육사회학연구, 17**(1), 109-129.

박종석(2018). 고교 중퇴자들의 학교 밖 학력주의 경험과 그 추구: 부모의 사회경제적 배경에 따른 진학과정의 차이를 중심으로. **교육사회학연구, 28**(2), 87-125.

박휴용(2023). **인문사회 질적 연구 방법론: 핵심원리 및 연구가이드**. 전주: 전북대학교출판문화원.

배은주(2006). 청소년센터의 대안적 학습의 특징과 교육적 시사점 탐색. **교육사회학연구, 10**(2), 61-83.

배은주(2014). 혁신학교 운영의 특징과 갈등 탐색. **교육사회학연구, 24**(2), 145-180.

서근원(2011). 그들은 왜 서로 다른 교사가 되었을까?: 사회화의 다양성에 관한 질적 사례 연구. **교육사회학연구, 21**(4), p.89-124.

서덕희(2011). 농촌 국제결혼가정 아동들의 학교생활에 대한 맥락적 이해: 전남 소규모 초등학교에 대한 질적 사례연구. **교육사회학연구, 21**(2), 87-120.

서덕희, 테레사편(2017). 한국태생 국제결혼가정 청소년의 진로 형성 과정에 관한 종단적 사례 연구. **교육사회학연구, 27**(3), 57-98.

서덕희(2019). 적정규모 학교라는 담론의 질서: 농촌 교육정책에 대한 비판적 담론분석. **교육사회학연구, 29**(2), 195-233.

서봉언(2020). 고교학점제 도입과 학교의 변화. **교육사회학연구, 30**(3), 55-79.

성열관, 이형빈(2014). 수업시간에 자는 중학생 연구: 수업참여 기피 현상에 대한 근거이 론. **교육사회학연구, 24**(1), 147-171.

성열관, 김정숙(2015). 빈곤의 책임에 대한 고등학생들의 윤리적 추론 방식. **교육사회학연구, 25**(2). 69-95.

손준종(2018). 전교조 해직교사의 해직경험에 관한 기억 연구. **교육사회학연구, 28**(1), 63-97.

손준종(2019). 기간제 교사의 신분 부정의와 도덕적 배제에 대한 내러티브 탐구. **교육사회학연구, 29**(4), 89-123.

손형국, 양정호(2014). 초등학교 6학년 담임교사 되기. **교육사회학연구, 24**(3), 161-193.

송혜은, 정바울(2019). 변화 촉진자 또는 보수적 동인?: 경력전환교사(second career teachers)의 특성에 대한 탐색적 연구. **교육사회학연구, 29**(4), 125-145

신재영(2005). 교육개혁 체험 연구: '이해찬 1 세대'의 내러티브를 중심으로. **교육사회학연구, 15**(1), 163-187.

안승대(2003). 해체론적 관점에서 본 남북한 교육이념의 분단구조적 특성과 대안탐색에 관한 연구. **교육사회학연구, 13**(1), 135-159.

안승대(2006). 체제이념적 접근에 따른 통일교육원 교육자료분석 및 평가. **교육사회학연구, 16**(1), 107-132.

안재희, 오재림, 유숙란(2008). 한국, 스웨덴, 독일의 여교수확대정책 비교 분석. **교육사회학연구, 18**(1), 67-91.

양연동(2020). 초등교사의 교육평가 경험에 대한 자문화기술지. **교육사회학연구, 30**(1), 111-142.

양정호(2023). 교육사회학 70년 학문적 성과와 과제. **교육사회학연구, 33**(3), 1-26.

양희준(2022). 코로나19 유행 초기 정부의 개학 정책에 작용한 사회적 규칙성(social regularity). **교육사회학연구, 32**(2), 139-161.

오경희, 한대동, 정소영(2015). 초등 여아들의 또래문화: 카스(카카오스토리)를 중심으로. **교육사회학연구, 25**(1), 157-188.

오유진, 손준종(2016). 만들어진 학교와 만들어진 학생: 고백 실천으로서의 학교프로파일 연구. **교육사회학연구, 26**(4), 31-67.

오정란(2003). 사회문화적 맥락에서 본 초등학교에서의 교육실습 경험의 의미 분석. **교육사회학연구, 13**(3), 167-190.

이광현(2018). 학생부종합전형의 쟁점분석과 대입제도 개선방향. **교육사회학연구, 28**(3), 57-95.

이경림, 정제영, 강대중(2020). '조국 사태'이후 문재인 정부 대입제도 개편 과정을 다룬 신문 사설의 프레임 분석 연구. **교육사회학연구, 30**(2), 75-103.

이경희(2011). 한국 다문화교육 정책에 대한 비판적 고찰. **교육사회학연구, 21**(1), 111-131.

이규빈, 김희연, 유성상(2023). 각자도생하는 학교, 고립된 교실, 자책하는 교사: 10년차 교사 선영의 내러티브 탐구. **교육사회학연구, 33**(4), 71-105.

이기일, 성열관(2012). 학생인권은 교권에 대립하는가?: 교권 대 학생인권 프레임에 대한 비판적 담론분석. **교육사회학연구, 22**(4), 171-197.

이두휴(2004). 농어촌지역 학교의 교직문화연구. **교육사회학연구, 14**(1), 69-99.

이명우(1997). 초등학교 신임교사 사회화의 해석학적 연구고찰. **교육사회학연구, 7**(1), 127-144.

이민경(2007). 중산층 어머니들의 자녀교육 담론: 자녀교육 지원 태도에 대한 의미 분석. **교육사회학연구, 17**(3), 159-181.

이민경(2016). 국제결혼가정 자녀들의 정체성 재구성. **교육사회학연구, 26**(1), 101-120.

이민경, 김경근(2009). 이주 근로자가정 청소년들의 적응전략. **교육사회학연구, 19**(2), 107-132.

이민경, 김경근(2010). 이주가정 학부모들의 자녀교육 욕구: 자녀교육 욕구 표출 양상과 의미화. **교육사회학연구, 20**(2), 129-156.

이수민, 부태희, 조승우, 김경식(2023). 이주 어머니(migrant mother)는 타자(他者)인가?: 아시아 이주 어머니의 자녀교육에 관한 현상학적 연구. **교육사회학연구, 33**(2), 65-102.

이세희, 전하람(2023). 학부모인 교사는 어떻게 사교육을 받아들이는가?: G 시의 중등교원 사례를 중심으로. **교육사회학연구, 33**(1), 165-201.

이자형(2014). 비인지적 능력과 일자리의 관계에 관한 맥락적 이해. **교육사회학연구, 24**(2), 209-241.

이준석, 백정선(2017). 실천공동체(CoP) 학습경험에서 나타난 구성원들의 실천(praxis) 형성 과정. **교육사회학연구, 27**(3), 135-156.

이혜정(2012). 1970년대 고등교육을 받은 여성의'공부'경험과 가부장적 젠더규범. **교육사회학연구, 22**(4), 227-266.

이혜정, 박미희(2020). 여성 교사 연구에 대한 젠더 분석: 교육 연구에서 여성 교사는 어떻게 표상되는가?. **교육사회학연구, 30**(1), 179-211.

이혜정, 박진아, 남미자(2017). 빈곤, '공부' 그리고 학교. **교육사회학연구, 27**(2), 101-140.

임재일, 복건수(2021). 혁신교육 동향에 기초한 마을교육공동체 주요 특성 탐색: 혁신교육 3.0을 중심으로. **교육사회학연구, 31**(4), 141-173.

임해경, 채소린, 한마음, 박순용(2019). 북한교사의 역할과 권한에 대한 질적 사례연구. **교육사회학연구, 29**(1), 53-84.

전은희(2013). 국제결혼가정 내 갈등에 대한 질적 사례 탐구: 캐나다인 결혼이주민 남성의 가정을 중심으로. **교육사회학연구, 23**(3), 201-238.

정진화(2014). 교사주도 학교개혁 운동의 등장. **교육사회학연구**, 24(2), 243-276.

정형수, 김경식(2023). 초등학생들의 자치적인 학급 규칙 제정 및실천 과정에 대한 참여관찰 연구. 교육사회학연구, **33**(4), 153-183.

정형수, 양정호(2023). 코로나19 시기 초등학생 자녀의 비대면 온라인 수업에 따른 학부모의 경험에 대한 질적연구. **교육사회학연구, 33**(2), 33-63.

조용환(1990). 가상놀이의 경계에 대한 이해: 미국 한 마을에 사는 한국 어린이들의 가상놀이에 대한 문화기술적 사례연구. **교육사회학연구, 1**(1), 67-74.

조용환, 박순용, 염지숙, 서근원, 강대중, 서덕희(2022). **질적연구 전통별 접근**. 서울: 학지사

조정아(2007). 교육에서의 실리주의와 교육의 불균등발전. **교육사회학연구, 17**(4), 109-131.

조정하, 고형일(1999). 창의적 학생 육성을 위한 학교개혁의 방향 탐색. **교육사회학연구, 10**(1), 99-124.

조현기, 손준종(2023). '아동 관련 법'은 어떻게 교육문제로 구성되었는가: 교육의 사법화를 중심으로. **교육사회학연구, 33**(4), 31-70.

채소린(2021). 중국 출신 이주청소년들이 경험한 초국적 불안정성: 학력 중단 이후 교육 및 진로탐색 경험을 중심으로. **교육사회학연구, 31**(3), 177-211.

최기영(1995). 유치원 '규칙정하기' 활동에 대한 민속지학적 연구. **교육사회학연구, 5**(1), 173-194.

최영신(2001). 비행청소년의 학교 중퇴와 대안학교. **교육사회학연구, 11**(3), 127-152.

최윤진(2018). 혁신학교 학부모 동아리 참여 의의와 제약. **교육사회학연구, 28**(1), 99-140.

최종열, 김성경, 김귀옥, 김은정(2018). **문화사회학의 관점으로 본 질적연구 방법론**. 서울: 휴머니스트.

최준호(2008). 한국 사회과 교과서의 노동교육 내용 서술체계 분석-제4차와 제7차 교육 과정을 중심으로. **교육사회학연구, 18**(2), 135-169.

추병식(2005). 가부장적 성윤리의 재생산. **교육사회학연구, 15**(3), 263-286.

한영욱, 김미숙(2020). 혁신학교의 수업공개연구와 학생들의 학습 경험 탐색. **교육사회학연구, 30**(2), 105-134.

허창수(2004). 한국교육에서의 젠더 평등과 공평-여성 연구에 대한 개념 확장의 필요성-. **교육사회학연구, 14**(2), 219-246.

황순희(1990). 상징전략에 의한 학교문화의 재생산과정: 일본의 인문계 S고교의 사례를 통하여. **교육사회학연구, 1**(1), 151-168.

황순희(1993). 학력의 사회적 기능: 아이덴티티의 준거 사회적 자본의 축척. **교육사회학연구, 3**(1), 157-177.

황성희(2021). 사회자본의 교육적 활용에 관한 질적연구: 저소득층 가정의 성공사례를 중심으로. **교육사회학연구, 31**(3), 213-246.

황정숙(2021). 중산층 전업 어머니의 자녀교육 경험과 모성 재구성에 관한 탐색. **교육사회학연구, 31**(4), 245-275.

Creswell, J. W. (2013). *Qualitative inquiry and research design: Choosing among five approaches* (3rd ed.; 조흥식 외, Trans.). 학지사. (Original work published 2013)

Glesne, C. (2017). *Becoming qualitative researchers* (안혜준, Trans.). 아카데미프레스. (Original work published 2016)

Halsey, A., Lauder, H., Brown, P., Wells, A.(1997). Education: culture, economy and soc Anderson, A. (1965). Education, Economy, and Society: A Reader in the Sociology of Education. New York: Free Press.

Karabel, J., Halsey, A.(1977). *Power and ideology in education*. New York: Oxford University Press

Merriam, S. B. (2009). *Qualitative research: A guide to design and implementation*. Jossey-Bass.

Riehl, C. (2001). Bridges to the future: The contributions of qualitative research to the sociology of education. *Sociology of education*, 115-134.

Seidman, I. (2009). *Interviewing as qualitative research: A guide for researchers in education and the social sciences* (3rd ed.; 안혜준 & 이승연, Trans.). 학지사. (Original work published 2006)

Yin, R. K. (2021). *Case study research and applications: Design and methods* (신경식 외, Trans.). 한경사. (Original work published 2017)

제 17 장

한국 무용학 분야에서의 질적연구

박혜연(서울대학교)
신주영(서울교육대학교)

1. 서론

무용은 인간의 신체 표현을 통해 문화적 정체성과 미적 가치를 전달하는 예술 장르로서 오랜 역사를 지니고 있다. 그러나 학문적 관점에서 무용학이 체계적인 연구 대상으로 자리 잡은 것은 비교적 최근의 일이다(김수인, 2016; 나경아, 2005). 한국에서는 무용학이 학문적 정당성을 확보하고 이를 체계적으로 발전시키기 위해 다양한 노력이 이루어져 왔다. 특히 연구 방법론의 다각화는 한국 무용학의 성장을 이끄는 핵심 과제로 논의되어 왔다. 초기 무용학 연구는 주로 양적 방법론에 의존했으나, 1990년대 이후 질적연구 방법론이 본격적으로 도입되면서 학문으로서 새로운 국면을 맞이하게 되었다.

질적연구는 인간의 경험, 의미, 맥락을 심층적으로 탐구하는 데 중점을 둔 연구 접근법으로(조용환, 1999), 무용의 본질적 특성과 밀접하게 연관되어 있다. 무용은 단순한 신체 움직임이 아니라, 춤을 추는 행위자의 사상, 감정, 그리고 사회문화적 경험을 포괄하는 예술 형태로 이해된다(Hanna, 1987). 무용 동작에는 행위자의 내면세계와 이들이 속한 환경 및 맥락이 반영되며, 이는 질적연구가 탐구하고자 하는 심층적이고 맥락적 특성과 부합한다. 따라서 무용을 연구하는 데 있어 질적연구는 유용한 도구로 평가받으며(박중길, 2004), 무용학이 학문으로서 발전하는데 중요한 방법론적 틀을 제공한다.

한국 무용학에서 질적연구는 1990년대 초부터 점차 주목받기 시작했다. 김말복(1993)의 '현상학적 무용 해석의 과제'는 한국 무용학에서 질적연구의 초석을 마련한 사례로 평가된다. 이를 기점으로 2000년대 들어 무용학 분야에서 질적연구가 본격적으로 확산되었는데, 학문적, 사회적 요인이 복합적으로 관여된 것으로 해석 된다 한국 무용학 박사 학위자의 증가, 유학을 통한 선진 연구 방법론의 도입, 타 학문 분야와의 교류 활성화 등으로 무용학에서는 새로운 연구 방법론을 수용하는 흐름이 강화되었으며, 질적연구가 활성화되었다. 이러한 변화는 무용학의 학문적 정당성과 체계성을 강화하려는 노력과 함께, 무용을 심층적으로 탐구하려는 요구에 의해 촉진되었다.

오늘날 한국 무용학에서 질적연구는 단순한 연구방법론을 넘어, 무용의 예술적 가치와 사회문화적 맥락을 탐구하는 중요한 틀이 되고 있다. 그러나 한국 무용학에서 질적연구의 도입과 확산이 비교적 짧은 시간 안에 급속히 이루어진 만큼, 현재 연구 동향을 종합적으로 분석하고 평가하는 작업이 부족한 상황이다. 또한 질적연구가 다양한 연구 현장에 광범위하게 확장되고 있음에도 불구하고, 특정 방법론에 대한 과도한 의존, 연구 접근 방식의 다양성 부족, 연구 질적 수준의 불균형 등과 같은 문제점이 지적되고 있다(김수인, 2014; 박중길, 2004; 한만석, 신주영, 2014). 특히, 한국적 특수성과 아시아적 맥락에서 질적연구가 가지는 의의와 역할에 대한 체계적 논의는 여전히 미흡한 실정이다. 따라서 한국의 무용학 질적연구를 심층적으로 조망하는 방법론적 성찰이 요구된다.

본 장에서는 한국 무용학 분야에서의 질적연구 전반을 고찰하고, 그 현황을 분석하며 시사점을 도출하는데 목적이 있다. 이를 위해 첫째, 한국 무용학 분야에서 질적연구가 각 방법별로 어떻게 연구가 이루어져 왔는지를 체계적으로 분석한다. 둘째, 한국 무용학 분야에서 질적연구의 특성을 탐색한다. 셋째, 한국 무용학 질적연구가 아시아적 담론으로서 지닌 시사점을 도출한다. 이를 통해 한국 무용학 질적연구의 현 주소를 진단하고, 향후 무용학 연구에서 보다 발전적인 방법론적 토대를 마련하는 데 기여하고자 한다.

2. 한국 무용학 질적연구의 역사적 발전

한국 무용학에서 질적연구는 그 발전 과정에서 다양한 연구방법을 통해 심화되었으며, 이는 무용학의 연구 지평을 확장하는 중요한 역할을 했다. 본 절에서는 한국 무용학에서 질적연구가 어떻게 연대별로 발전해 왔는지를 살펴보며, 각 연구방법의 주요 연구자들과 그들의 기여를 중심으로, 1990년대부터 2020년대까지의 질적연구의 변화와 성과를 연대기적으로 살펴본다(표 1).

〈표 1〉 한국 무용학 질적연구의 역사적 발전 단계

시기	구분	특성	주요 연구방법의 등장
1990년대	태동기	질적연구의 초기 시도	현상학 연구
2000년대	발전기	질적연구의 발전과 다각화	생애사 연구, 내러티브 탐구, 사례 연구, 실행 연구, 근거이론 연구
2010년대	심화기	질적연구의 정착과 정교화	자문화기술지 연구, 실기기반 연구
2020년대	확장기	질적연구의 확장과 융합	-

1) 1990년대 '태동기': 질적연구의 초기 시도

1990년대는 한국 무용학에서 질적연구가 본격적으로 시도되기 시작한 시기로, 특히 현상학적 접근이 초기 질적연구의 중심이었다. 무용을 단순한 기교나 양적 지표로 분석하는 데서 벗어나, 신체 경험과 예술적 의미에 대한 심층 탐구가 이루어지기 시작했다. 이 시기 연구들은 무용 현상을 해석학적 · 현상학적 관점에서 바라보며, 기존 연구 방식의 한계를 극복하려는 움직임을 보여주었다.

당시 무용학 연구는 주로 문헌 고찰이나 양적 분석에 의존해왔으나, 현장의 맥락성과 실천성을 충분히 담아내지 못한다는 한계가 인식되었다. 이러한 인식은 무용 현장에서의 실천적 경험과 신체적 감각을 보다 깊이 있게 탐색할 수 있는 질적 접근에 대한 필요성을 불러왔으며, 현상학을 필두로 한 질적연구의 시도는 무용학 연구 지형의 전환점을 마련하는 계기가 되었다.

2) 2000년대 '발전기': 질적연구의 발전과 다각화

2000년대는 한국 무용학에서 질적연구가 본격적으로 발전하고 방법론적 스펙트럼이

다각화된 시기였다. 현상학적 접근은 이 시기에도 중심적인 방법론으로 자리매김했으며, 무용수의 신체 경험과 그에 수반되는 의미를 심층적으로 분석하는 다양한 연구들이 등장하였다. 이들 연구는 무용 창작과 교육 장면에서 현상학의 적용 가능성을 실증적으로 제시하며, 무용학 연구의 해석적 지평을 넓히는 데 기여했다.

또한, 생애사 연구가 본격적으로 도입되면서 무용가 개인의 삶과 시대적 배경을 통합적으로 조명하려는 시도가 본격화되었다. 특히, 예술인 구술사 채록 사업을 계기로 무용가의 생애를 질적으로 분석하는 연구들이 꾸준히 발표되었으며, 이는 무용사의 맥락적 이해를 심화하는 데 중요한 역할을 했다. 이와 더불어, 무용교육 현장의 실제 맥락과 교수자의 경험을 중심으로 하는 내러티브 탐구가 나타나면서, 교육적 실천에 대한 성찰적 탐구도 점차 활기를 띠기 시작했다.

이 시기에는 사례연구도 점진적으로 시도되었으며, 무용수업과 공연의 실제 사례를 통해 교육·치료 현장의 특수성과 맥락성을 드러내는 데 활용되었다. 비록 제한적이었지만, 이러한 사례연구는 무용 현장의 복합성과 실천성을 질적으로 탐색할 수 있는 가능성을 보여주는 출발점이 되었다.

한편, 실행연구의 등장은 무용교육의 현장성을 반영한 대표적인 변화로 평가된다. 교사와 연구자가 함께 수업을 계획하고 실행하며 반성하는 과정이 연구로 이어졌고, 이는 교수학습 전략 개선과 교육 프로그램 개발에 실질적인 영향을 미쳤다. 근거이론 연구 역시 이 시기에 도입되었는데, 이는 무용수의 신체 이미지나 교육 현상의 구조적 특성을 분석하는 데 활용되었으며, 분석 중심의 질적 접근을 통해 이론 구성 가능성을 모색하였다.

3) 2010년대 '심화기': 질적연구의 정착과 정교화

2010년대는 질적연구가 무용학 내에서 하나의 학술적 방법으로 정착되고, 연구방법론의 적용이 더욱 정교화된 시기였다. 현상학적 접근은 이 시기에도 활발히 활용되었으며, 신체 경험에 대한 심층적 탐구뿐 아니라, 미학적 해석과 교육적 실천을 연결하는 연구로 확장되었다. 이는 무용수의 감각적 체험과 그 의미를 탐색하는 데 있어 현상학이 주요한 도구로 기능하고 있음을 보여준다.

생애사 연구 역시 이 시기에 주목받았으며, 원로 무용수의 삶과 예술적 궤적을 탐색하는 데 그치지 않고, 무용교육자나 실천가의 생애를 통해 교육 현장의 구조와 변화 과정을 분석하는 방향으로도 발전하였다. 이는 무용학의 역사성과 실천성을 통합적으로 조명하는 데 기여하였다.

내러티브 탐구는 무용수 개인의 공연 경험이나 전통 계승의 과정을 구체적 서사로 구성함으로써, 무용 현장에서의 개인적 의미와 집단적 문화를 함께 해석하는 통로가 되었다. 교육 현장에서 이루어진 무용수업 경험에 대한 내러티브 분석도 활발하게 이루어졌으며, 수업 참여자의 목소리를 기반으로 교육적 맥락을 분석하는 질적 접근이 두드러졌다.

또한 사례연구가 치료, 창작, 교육 등 다양한 하위 분야로 확산되며 무용학 내 주요 질적 방법으로 자리매김하였다. 특히 현장성, 맥락성, 구체성이라는 사례연구의 특성이 무용교육과 무용치료의 복합적인 구조를 조망하는 데 효과적으로 작용하였다.

이 시기에는 새로운 질적 접근의 등장이 또 하나의 전환점이 되었다. 자문화기술지는 연구자 자신이 무용수 혹은 실천가로서의 위치에서 수행한 경험을 서술하고 분석함으로써, 무용학의 내적 성찰과 문화적 맥락을 동시에 탐색하는 연구 방법으로 자리 잡았다. 아울러 실기기반 연구는 무용 창작 과정을 학문적으로 탐구하는 시도로 본격화되었으며, 몸의 체험을 기반으로 한 연구는 이론과 실기를 통합하는 새로운 방법론적 가능성을 제시하였다.

4) 2020년대 '확장기': 질적연구의 확장과 융합, 그리고 새로운 방향

2020년대는 한국 무용학 질적연구의 외연이 확장되고, 다양한 연구방법 간의 융합이 본격적으로 시도된 시기였다. 현상학적 접근은 여전히 중심적인 연구방법으로 자리했으며, 무용수의 감각적 경험과 창작 과정에서의 상호작용, 교육적 실천을 통합적으로 탐구하는 방식으로 진화하였다. 이를 통해 무용수의 주관적 체험에 대한 해석뿐 아니라, 그 미학적 · 교육적 의미를 재조명하는 성과가 도출되었다.

자문화기술지와 내러티브 탐구는 무용수 개인의 내면적 체험을 분석하는 데 강점을 보이며 더욱 활발히 활용되었다. 자문화기술지는 무용 실천가로서의 자기 경험을 통해 무용의 사회 · 문화적 맥락을 조망하는 데 기여하였으며, 내러티브 탐구는 개별 경험의 서사를 중심으로 그 내재된 의미 구조와 변화 과정을 심층적으로 분석함으로써, 무용 현장의 사회적 맥락과 정서적 층위를 함께 해석하는 데 기여하였다.

이 시기에 사례연구는 무용치료, 창작, 교육, 진로 탐색 등 다양한 주제 영역으로 확장되었으며, 무용 현장의 복합성과 실천성을 반영하는 주요한 질적 접근으로 자리매김하였다. 특히 개별 사례의 경계성과 맥락성을 정교하게 분석함으로써, 무용학 질적연구의 학문적 깊이와 사회적 실용성을 동시에 강화하는 데 기여하였다.

한편, 2020년대 중반 이후 실기기반 연구는 무용학 내에서 보다 체계적으로 확장되며 중요한 흐름으로 자리 잡았다. 창작 과정에서의 심리적 · 신체적 체험을 기록하고 분석함으로써, 이론과 실천을 연결하는 학문적 틀로 정착되었으며, 무용의 예술적 성과를 보존하는 방법론으로도 기능하였다. 이 연구방법은 무용의 교육적, 역사적, 문화적 가치를 후속 세대에 전달하는 데 있어 실질적인 기여를 하고 있으며, 한국 무용학의 독자적인 질적연구 방법으로서의 위상을 굳건히 하고 있다.

종합적으로 봤을 때, 한국 무용학에서 질적연구는 시대별 흐름 속에서 다양한 연구 방법을 수용하며 지속적으로 발전해 왔다. 1990년대에는 초기적 시도가 이루어졌고, 2000년대와 2010년대에는 연구 방법론이 본격적으로 정립되고 심화되기 시작하였다. 2020년대에 들어서는 질적연구의 범위와 적용 영역이 확장되면서, 다양한 방법론이 무용학의 중요한 연구 기법으로 자리 잡았다. 한국 무용학에서 질적연구는 단순히 연구 방법론의 발전을 넘어서, 한국 무용학의 정체성과 학문적 깊이를 더욱 다채롭게 만들어가는 중요한 원동력이 되었다.

3. 한국 무용학 질적연구의 주요 방법별 전개와 사례

본 장에서는 무용학 분야에서 수행된 질적연구의 동향을 분석하기 위해 학술지 논문을 연구 대상으로 삼았다. 연구 대상의 시기는 무용학에서의 질적연구가 본격적으로 시작된 것이1990년대 초부터인 점을 고려하여, 1990년대부터 2024년으로 설정하였다. 자료 수집은 학술검색 데이터베이스를 활용하여 수행하였다. 첫째, '무용', '질적연구'의 키워드를 중심으로 검색하여 연구자가 연구방법 및 제목에서 질적연구임을 명시한 연구물만을 대상으로 포함하여 총485편의 논문을 수집하였다. 둘째, 485편의 논문에 대한 탐색을 통해 무용학에서 주로 활용된 질적연구 방법을 발견하게 되었으며, 각 질적연구 방법의 키워드를 중심으로 추가 검색을 실시한 결과, 총 426편의 논문으로 재분류되었다. 셋째, 이중 질적연구 방법이 명확하지 않거나 중복되는 연구를 제외하여, 현상학(42편), 생애사(12편), 사례연구(45편), 실행연구(10편), 근거이론(14편), 자문화기술지(18편), 내러티브 탐구(26편), 실기기반(24편)으로 총 191편이 선정되었다.

우선 무용학에서 수행된 질적연구에 대해 체계적인 분석을 실시하였다. 특히 각 방법별로 연도별 현황, 연구주제, 연구방법, 하위 학문 분야를 분석의 주요 준거로 설정하였다. 이를 바탕으로 연구의 흐름과 전반적인 동향을 포괄적으로 이해하고자 하였다. 또한, 각 질적연구 방법에서 대표성을 지닌 연구 사례를 선별하여 구체적으로 제시하였다. 김영천(2016)이 제시한 좋은 질적연구의 평가기준을 고려하고, 조용환(1999)이 제시한 질적연구 속성이 잘 드러내면서 대표성을 띄는 연구를 제시하고자 하였다. 이를 통해 무용학에서 질적연구가 어떠한 방식으로 수행되고 있는지를 심층적으로 고찰하고자 하였다. 다음 절에서 무용학 분야의 질적연구의 특성과 학문적 의의를 도출할 수 있는 근거를 마련하였다.

1) 현상학 연구

'현상학 연구(Phenomenological Research)'는 개인이 체험한 경험의 본질과 의미를 탐구하는 철학적 접근으로, 무용학에서는 '몸'과 그 움직임의 경험을 학문적 탐구의 중심에 놓는 데 중요한 기여를 해왔다(Fraleigh, 1996; Sheets-Johnstone, 1980). 이 접근은 경험을 있는 그대로 이해하려는 현상학적 태도를 바탕으로, 개인의 신체적 경험이 지닌 문화적 · 상징적 맥락을 분석한다(이남인, 2014). 현상학 연구는 선입견을 배제하고 경험의 본질에 다가서고자 하며, 이를 통해 무용학에 독창적이고 심층적인 학문적 통찰을 제공한다(김현정, 한석진, 2017).

한국 무용학에서 현상학 연구는 김말복(1993)이 '현상학적 무용 해석의 과제'를 다룬 연구를 통해 시작되었다. 이후 황인주(1994)가 '무용의 이해를 위한 방법론적 연구'와 '해석학적 현상학을 이용한 즉흥무용 작품과정에 대한 연구'를 발표하며, 현상학 연구의 기틀을 다졌다. 무용학에서의 현상학 연구는 2000년대 이후 본격적으로 발전하였으며, 주로 영미권 학자들의 방법론을 수용하며 성장해 왔다. 특히 메를로 퐁티(Merleau Ponty)의 신체철학을 기반으로 신체 경험과 그 의미를 탐구하는 연구들이 이루어졌으며, 이는 무용 창작, 교육, 전통과 현대적 맥락 등 다양한 분야에 적용되었다. 2024년 현재까지 총 42편의 논문이 발표되었으며, 현상학적 접근은 무용학에서 신체 경험의 본질과 맥락적 의미를 심층적으로 탐구하는 주요 연구 방법으로 자리 잡고 있다(표 2).

〈표 2〉 현상학 연구의 연도별 현황

년도	연구
1990-1999	김말복(1993), 황인주(1994, 1999)
2000-2010	김윤희 · 신현군(2002), 황미숙 · 권오륜(2002), 김정은 · 신현군(2003), 장정윤(2003), 주현아 · 여인성(2003), 차옥수(2003), 황미숙 · 권오륜(2003), 김윤희(2004), 권옥희(2004), 최윤정 · 이소현(2004), 배소심 · 최경실(2005), 이애경 · 백재화(2007), 성재형(2009), 최경실(2009), 송성아(2010)
2011-2020	김지선 · 박한울 · 김운미(2011), 황인주(2011), 이희나(2012, 2013), 임용자(2014), 정연수 · 정예수(2014), 황인주(2015), 김세라(2016),
2021-2024	이혜민 · 조남규(2021), 박성혜(2022), 백현순(2022), 백현순 · 김양희(2022), 손가예(2022), 임현숙 · 임경원(2022), 오세복 · 이유리(2022), 조선령(2022), 이지설(2023), 정연수(2023a, 2023b), 정유담(2023), 김아롱 · 조은숙(2024), 문현주 · 신혜선(2024), 박혜진 · 김욱동(2024), 장서현 · 한정미(2024)

현상학 연구의 주된 주제를 살펴보면 다음과 같다(표 3). 이 연구는 주로 무용수의 춤 경험과 그 의미를 탐구하는 데 초점을 둔다. 이를 통해 타인의 시각에서 무용수의 경험을 분석하고, 현상학적 신체관을 체계적으로 조명하려는 시도가 이어지고 있다. 또한 전통춤의 표현과 미학적 해석을 다루는 연구가 활발히 진행되고 있으며, 최근에는 전통적인 장르 구분을 넘어 대중문화 속 춤의 문화적 역할을 현상학적 관점에서 탐구하는 경향이 두드러진다. 현상학 연구에서는 주로 심층면담, 참여관찰, 문헌 검토 등을 통해 자료를 수집하며, 텍스트 분석, 사례 분석, 질적 분석, 현상학적 분석 등의 방법으로 이를 분석한다. 이들은 무용수의 신체적 경험과 정체성 해석에 초점을 맞추며, 특히 '몸'과 감각을 중심으로 한 관점은 무용 현상학 연구의 핵심 이론적 기반이 된다. 나아가 무용수의 신체적 경험을 체화된 시각에서 분석함으로써, 춤이 개인의 정체성 형성과 사회문화적 맥락에 미치는 영향을 심층적으로 고찰하고자 한다.

〈표 3〉 현상학 연구의 주요주제 및 연구방법

연구 주제	주요 학문분야	자료 수집	자료 분석
무용수 춤 경험, 현상학적 신체관, 교육 경험, 표현의 의미, 미학적 해석	무용철학 무용교육학 특수무용교육학	• 심층 면담 • 참여 관찰 • 문헌 검토	• 텍스트 분석 • 사례 분석 • 질적 분석 • 해석학적 분석

대표적인 현상학 연구를 살펴보면 다음과 같다(표 4). 주현아, 여인성(2003)은 남성 무용수 7명을 대상으로, 그들이 직업 무용수로서 무용을 시작하고 수행해 나가는 과정에서 경험하는 의미를 탐구하였다. 이들은 심층 면담과 참여 관찰을 통해 '무용 시작의 의미', '무용 경험의 의미', '남성 무용수의 세계', '남성 무용수의 미적 표현의 의미'를 분석하였고, 그 결과 '무용과의 만남', '춤추는 나', '성과 춤'이라는 세 가지 주제를 도출하였다. 이 연구는 무용이 사회 · 문화적 흐름을 반영하는 상징적 예술이며, 시대에 따라 그 의미가 변화한다고 설명한다. 이러한 변화 속에서 남성 무용수는 여성 무용수의 보조자가 아닌 춤의 주체로 인식되고 있음을 강조한다. 기존 연구가 문헌 기록이나 평론, 비평 중심으로 남성 무용수의 역할과 기능에 초점을 맞추었던 데 비해, 이 연구는 남성 무용수의 생생한 경험과 체험을 바탕으로 그들의 정체성을 현상학적으로 규명한 점에서 중요한 의의를 지닌다.

최윤정, 이소현(2004)은 무용에서 체험하는 '완전한 순간', 즉 몰입 경험의 본질과 특성,

그리고 그 내면적 구도를 탐색하였다. 현대무용수 15명을 대상으로 한 인터뷰를 통해 무용 체험의 구조를 묘사하였으며, 이를 '전초 과정', '몰입 과정', '해결 과정'의 세 단계로 구분하였다. 이 연구는 무용수가 경험하는 몰입의 순간을 현상학적 환원과 분석을 통해 설명하면서, '완전한 순간'의 내면적 구도를 드러낸다. 특히 무용 수행 경험을 시간의 흐름에 따라 단계별로 구분함으로써, 몰입 체험의 의미와 내면적 구조를 현상학적 차원에서 구조화하였다는 점에서 의의가 있다. 또한 무용수의 춤 경험이라는 비가시적인 차원의 경험을 질적 연구 방법, 특히 현상학적 환원을 통해 텍스트화하였다는 점에서, 본 연구는 무용학에서 현상학 연구로서 중요한 의미를 지닌다.

임현숙, 임경원(2022)은 지적장애 무용단원의 생활세계를 살피고, 무용 활동에 대한 경험과 그 의미를 현상학적으로 탐구하였다. 무용단원 5명, 지도자 1명, 특수교사 2명을 대상으로 면담과 참여 관찰을 실시하고, Van Manen의 시간성, 공간성, 관계성, 신체성 개념에 기반해 자료를 재구성 · 분석하였다. 그 결과 도출된 10개의 주제는 지적 장애 무용단원의 삶과 공연 활동이 사회와 연결되는 중요한 통로임을 보여준다. 이 연구는 '경험의 의미'를 중심에 두는 현상학의 태도에 따라, 참여자의 이야기를 1인칭 시점으로 제시하고 참여 관찰 공간을 구체적으로 묘사함으로써 체화된 경험의 본질을 생생하게 드러낸다. 또한 연구자는 자신의 위치성과 성찰을 명확히 드러내고, 현상학적 환원과 판단 중지를 반복적으로 수행함으로써 연구의 진실성과 타당성을 확보하였다. 이는 무용학에서 현상학 연구의 이론적 · 방법론적 가능성을 잘 보여주는 사례라 할 수 있다.

〈표 4〉 현상학 연구의 사례

연구자(연도)	연구 제목	연구 분야	연구 내용
주현아, 여인성 (2003)	남성 직업무용수의 무용경험에 관한 해석학적 현상학 연구	무용철학	남성 무용수의 생애 경험을 바탕으로, 무용과 정체성 형성의 상호작용을 현상학적으로 분석함
최윤정, 이소현 (2004)	현대 무용에서의 완전한 순간: 현상학적 접근	무용철학	현대무용수의 몰입 체험을 세 단계 구조로 분석하고, '완전한 순간'의 내면적 구도를 현상학적으로 해석함
임현숙, 임경원 (2022)	지적장애 무용단원의 생활세계를 통해 바라본 무용활동의 교육적 의미	특수무용교육학	지적장애 무용단원의 체화된 경험을 1인칭 시점에서 탐구하고, 시간성 · 공간성 · 관계성 · 신체성 기반으로 교육적 의미를 분석함

2) 생애사 연구

'생애사 연구(Life History Research)'는 개인이 경험한 역사이자, 그 경험 속에 축적된 사회적 맥락과 변화의 흔적을 담고 있다(조용환, 1999). 이는 개인의 삶의 과정을 통해 시간의 흐름에 따른 과거, 현재, 미래의 변화를 입체적으로 탐구하며, 그 과정에서 맥락성을 강조한다(이동성, 2015; Dhunpath, 2000). 이러한 접근은 무용수의 일상적이고 개인적인 삶을 역사적·문화적 차원에서 조명하고, 변화하는 사회현상을 재구성함으로써 무용이 지닌 문화적 흐름과 의미를 구체화하는 데 강점을 가진다.

한국 무용학에서 생애사 연구는 김승일, 강여주, 장동환(2003)이 발표한 '송범 생애사 관점에서 바라본 신무용 분석'을 기점으로 시작되었다. 이 연구 분야는 창작 과정이나 작품 분석에 비해 상대적으로 적은 주목을 받았으며, 무용의 예술적 표현을 중심으로 하는 학문적 경향으로 인해 생애사 방법론의 도입이 다소 늦어졌다. 또한, 무용수 개인의 경험과 생애를 체계적으로 기록하고 분석하는 질적 연구 방법론에 대한 학문적 준비와 관심 역시 부족했던 점도 영향을 미쳤다. 2003년 한국문화예술위원회의 '원로 예술인 구술사 채록' 사업을 계기로, 2004년부터 본격적인 생애사 구술채록이 시작되었으며, 이는 무용학에서 생애사 연구의 시발점이 되었다고 평가된다(이호신, 2007). 이러한 흐름 속에서 초기 무용학 연구는 주로 원로 무용수의 삶과 작품 분석에 초점을 맞췄으며, 이후 연구자들은 생애사 방법론을 활용해 개인의 삶과 예술적 경험을 보다 맥락적으로 조명하고자 하였다. 생애사 연구는 무용수의 개인적 경험과 역사적 맥락을 함께 탐구함으로써, 무용학의 인문학적 깊이를 더하는 데 중요한 역할을 하고 있다. 2024년 현재까지도 다양한 무용수들의 삶과 작품을 다룬 연구가 지속적으로 이어지고 있다(표 5).

〈표 5〉 생애사 연구의 연도별 현황

년도	연구
1990-1999	-
2000-2010	김승일 · 강여주 · 장동환(2003), 조영들(2009)
2011-2020	이병준 · 이유리(2014, 2015), 이미희(2019)
2021-2024	성은경 · 박용남 · 박은지 · 송미숙(2021), 오덕자 · 윤정옥(2021), 오덕자 · 정원정 · 심경은(2021), 이동숙(2021), 김일륜 · 이효녕(2022), 최용원 · 유화정(2023), 이다혜 · 이나라(2024)

생애사 연구의 주된 주제를 살펴보면 다음과 같다(표 6). 생애사 연구는 개별 무용수의 생애와 그들의 무용 교육 현장에서의 직업 사회화 및 정체성 형성을 탐구하는 데 초점을 맞춘다. 연구 주제는 두 가지 축으로 나뉘는데, 하나는 개별 무용수의 생애사를 분석하는 연구이며, 다른 하나는 무용 교육 현장에서 직업 사회화와 정체성 형성에 주목하는 연구이다. 생애사 연구는 주로 내러티브 인터뷰, 구술 채록, 문헌 조사 등을 통해 자료를 수집하고, 주제 분석, 담화 분석 등을 통해 자료를 분석한다. 특히 근현대사에서 중요한 인물이나 작고한 인물을 대상으로 한 연구가 활발하며, 이는 한국 무용의 역사적 맥락을 정리하는 데 중요한 기초가 된다. 다만, 연구자와 연구 참여자 간의 구술 면담을 통한 심층적 상호작용이 제한적이라는 점은 한계로 지적된다. 그럼에도 불구하고 2015년 이후 무용 직업 사회화와 관련된 생애사 연구가 점차 확장되고 있으며, 이는 무용 교육과 직업 환경 간의 상호작용을 더욱 심층적으로 조명하는 연구 흐름으로 볼 수 있다.

〈표 6〉 생애사 연구의 주요주제 및 연구방법

연구 주제	주요 학문분야	자료 수집	자료 분석
무용수의 생애, 무용교육 현장, 직업 사회화, 정체성	무용사학 무용교육학 안무학	• 내러티브 인터뷰 • 구술 채록 • 문헌 조사	• 주제 분석 • 담화 분석

대표적인 생애사 연구를 살펴보면 다음과 같다(〈표 7〉 참조). 김승일, 강여주, 장동환(2003)은 송범의 생애사 관점에서 신무용을 시대별로 구분하여 시대적 배경에 따른 예술 활동과 특징, 춤의 특성, 예술관 등을 분석하였다. 연구자는 송범의 생활담을 무용 활동의 맥락에서 재구성한 점에서 생애사 연구로서 의의가 있다. 연구 방법은 심층 면담을 통해 연구 참여자의 생생한 이야기를 수집하였고, 송범의 안무 노트, 무용 일기, 팸플릿, 신문 스크랩, 공연 작품 등 신무용의 범주에 속하는 기록과 문서를 통해 연구 참여자의 생애담을 재구성하였다. 이에 따라 송범 무용의 태동기, 활성기, 중흥기, 전성기를 시대별로 제시하고, 한국무용에서 전통무용이 현대적 감각을 통해 신무용으로 재창조되는 과정을 서술하였다. 이 연구는 생애담을 통해 궁중무용과 민속무용을 무대화하면서 신무용이라는 새로운 무용사조가 만들어진 역사적 사실과 한국무용극 발전의 문화적 맥락을 조명했다는 점에서 생애사 연구로서 중요한 의미를 지닌다.

이병준, 이유리(2015)는 안무가들의 일상적 경험이 문화적으로 학습되고 전유되는 과정을 생애사 관점에서 분석하고 해석하였다. 이를 위해 10년 이상의 안무 경력을 가진 6명의 안무가를 대상으로 내러티브 인터뷰를 실시하여, 연구 참여자가 과거의 기억을 이야기 형태로 재구성하도록 유도하였다. 이 연구는 안무가의 생애곡선을 구체적인 내러티브로 제시하며, 한국 안무자의 학습이 제도적인 시스템에 의해 교육되는 것이 아니라 안무가의 경험과 일상생활에서 습득된다는 점을 경험적으로 드러낸다. 이는 안무가의 학습 경험에 대해 구체적인 자료를 제공할 뿐만 아니라, 생애곡선을 통해 이를 시각화하였다는 점에서 생애사 연구로서 중요한 가치를 지닌다.

최용원, 유화정(2023)은 스트릿 댄서의 생애 경험과 이들이 속한 주변 문화의 다양한 가치가 어떻게 교육적 경험으로 전환되는지를 생애사 방법론을 통해 탐구하였다. 이 연구에는 총 6명의 참여자가 참여하였으며, 연구자 중 2명은 스트릿댄스 공동체의 내부자이자 교육자로, 1명은 외부자의 시각에서 연구에 참여하였다. 내부자 연구자들은 구술 채록을 주도하였고, 외부자 연구자는 선행연구 및 수집된 자료와의 비교를 통해 연구의 진실성과 타당성을 확보하는 역할을 수행하였다. 아울러 인터뷰는 도입 질문, 후속 질문, 엄밀한 조사 질문, 상술 질문, 직접 질문, 간접 질문, 구조적 질문, 침묵, 해석적 질문 등 총 9가지 질문 유형을 활용하여 구성되었다. 이 연구는 생애사 접근을 통해 스트릿댄스 교육의 변화 양상을 조망하고자 하였으며, 특히 기존 전통무용 범주를 넘어 스트릿댄스를 학술적 연구의 영역으로 끌어들였다는 점에서, 무용학에서의 생애사 연구로서 중요한 의의를 지닌다.

〈표 7〉 생애사 연구의 사례

연구자(연도)	연구 제목	연구 분야	연구 내용
김승일, 강여주, 장동환(2003)	송범 생애사 관점에서 바라본 신무용 분석	무용사학	심층면담과 기록을 통해 인물의 무용 활동을 시대별로 재구성하고, 신무용의 역사 · 문화적 맥락을 조명함
이병준, 이유리(2015)	안무가들의 문화적 학습에 관한 생애사적 연구	안무학	내러티브 인터뷰를 통해 비형식적 학습 경험을 생애곡선으로 시각화하고 해석함
최용원, 유화정(2023)	국내 스트릿댄스 교육의 변화 흐름에 관한 생애사적 연구	무용교육학	내부자 · 외부자 협력 방식과 구술 채록을 통해 스트릿댄스의 교육적 전환 과정을 생애사적으로 분석함

3) 사례 연구

'사례 연구(Case Study)'는 연구자가 관찰, 인터뷰, 시청각 자료, 문서 등 다양한 자료를 수집하여, 특정 사례를 장기간 심층적으로 탐구하고 이를 구체적으로 묘사하며 주제를 질적으로 분석하는 연구 방법이다(Creswell, 2012). 다만 질적 사례 연구에서의 사례란 독특성, 경계성, 체계성, 복합성을 지닌 분석 단위로, 이를 통해 현상을 총체적으로 이해할 수 있는 특성을 갖추어야 한다(Merriam, 2009). 이러한 관점에서 무용학과 무용 현장이 지닌 고유한 특수성은 질적 사례연구가 지향하는 분석의 토대를 제공한다.

한국 무용학에서 사례 연구는 김승일, 김종욱(2002)의 '예술고등학교 무용교사의 수업 환경과 교수방법에 대한 인식' 발표를 기점으로 시작되었으며, 2000년대 초반까지는 사례연구가 비교적 드물게 수행되었다. 그러나 2010년대 이후 발표 논문 수가 점차 증가하는 양상을 보였고, 특히 2017년과 2020년에는 무용 동작치료 및 교육 현장을 다룬 사례연구가 각각 4편 이상 발표되며 활발한 흐름을 보였다. 2022년은 사례연구가 가장 활발히 이루어진 시기로, 무용치료, 교육, 창작, 진로 등 다양한 연구 주제로의 확장이 뚜렷하게 나타난다. 현재까지 총 45편의 사례 연구가 발표되었으며, 사례연구는 무용학 분야에서 주요한 질적 접근법으로 자리 잡고 있다(표 8).

〈표 8〉 사례 연구의 연도별 현황

년도	연구
1990-1999	-
2000-2010	김승일 · 김종욱(2002), 박부희(2005), 김현주(2007), 민들레(2007), 유태균 · 김재은(2009), 우민경(2010)
2011-2020	이지설 · 안병주(2012), 박지원 · 김제영 · 김지영(2013), 함지선(2013), 제갈숙영(2014), 이지혜(2015), 김지현(2016), 장은정(2017), 조정숙(2017), 임수진 · 문영(2017), 홍미성(2017), 윤필규 · 노미라 · 김재은(2017), 정연정 · 김승일(2018), 강숙영 · 김승일(2018), 박혜연 · 조미혜(2018), 추언아 · 남현우(2019), 황혜연 · 김승일(2019), 김상철 · 김승일(2020), 김민정 · 김승일(2020), 이지숙 · 이해준 · 박미진(2020), 이춘양 · 김수민 · 이현주(2020)
2021-2024	염지원(2021), 유지영(2022), 이시현 · 안병순(2022), 이제성 · 이숙영 · 안창식(2022), 이나영 · 박휴경 · 김지나(2022), 김승혜(2022), 윤정아(2022), 박휴경 · 정원정 · 김희진 · 이나영(2022), 이승연 · 정원정 · 박휴경(2022), 주현아(2023), 김혜미(2023), 이해리 · 박성주(2023), 차민영 · 전지윤 · 홍미성 · 김달우(2023), 문수현 · 박혜진 · 김영미(2024), 최지선 · 최연실(2024), 김주영 · 이숙영 · 기보배(2024), 김희진 · 김수연 · 박휴경(2024), 왕소단 · 김인술(2024)

사례 연구의 주된 주제를 살펴보면 다음과 같다(표 9). 2000년대에는 치료 분야에서 청소년의 트라우마 회복, 중년 여성의 질병 극복, 노인의 정서 안정 경험을 중심으로, 교육 분야에서는 교사의 수업 실천, 무용 전공자의 진로 경험 등을 조망하는 현장 중심의 사례 연구가 주를 이루었다. 이 시기의 연구들은 주로 면담, 참여관찰, 문헌 조사 등을 활용하여 수업 사례

나 공연 경험을 질적으로 탐색하였다. 반면, 2020년 이후에는 무용의 창작 과정, 디지털 콘텐츠 활용, 전통예술 보존 등 사회적 · 기술적 변화에 주목하는 연구들이 등장하면서, 연구 주제가 보다 다층적이고 다학문적인 양상으로 확장되고 있다. 연구 대상 또한 아동에서 노인까지 폭넓게 분포하며, 심층면담, 수업 및 공연 관찰, 자기서사 작성, 영상자료 분석 등을 통해 자료를 수집하고, 주제 분석, 맥락 분석, 내러티브 해석 등의 방법으로 분석하였다. 이러한 접근은 무용학의 교육 · 치료 · 창작 전반을 통합적으로 탐구할 수 있는 가능성을 열며, 질적 사례연구의 학문적 의의를 한층 확장시키고 있다.

〈표 9〉 사례 연구의 주요주제 및 연구방법

연구 주제	주요 학문분야	자료 수집	자료 분석
무용교육, 무용공연 실천 경험, 무용진로 경험	무용교육학 무용사회학 무용치료 무용심리학	• 심층 면담 • 참여 관찰 • 문헌 조사 • 자기 서사 • 영상자료 분석	• 주제 분석 • 맥락 분석 • 내러티브 해석

대표적인 사례 연구를 살펴보면 다음과 같다(〈표 10〉 참조). 김현주(2007)는 초등학생을 위한 창의적 움직임 수업에서 예술 통합적 모티프 이론을 활용한 프로그램을 구성하고, 그 교육적 효과와 실행 가능성을 질적 사례 연구 방식으로 탐색하였다. 초등학생들을 대상으로 창의적 수업을 실시하고, 참여 관찰, 면담, 설문조사를 통해 자료를 수집하였으며, 특히 전인교육적 가치에 주목하여 교육 현장에서의 실천적 의미를 분석하였다. 이론적 논의에 그치지 않고 실제 적용 가능성을 검토했다는 점에서, 이 연구는 질적 사례 연구의 실천 중심적 특성을 잘 보여주는 대표적 사례라 할 수 있다.

임수진, 문영(2017)은 문화예술교육 현장에서 활동 중인 예술강사의 수업 사례를 중심으로, 댄스 리터러시의 교수 · 학습 방법론을 탐색한 현장 중심의 사례 연구를 수행하였다. 또한 질적 접근을 통해 정형화된 양적 분석을 지양하고, 교육과정과 수업 운영의 실제, 예술강사의 실천적 지식과 교육 철학을 드러내는 데 초점을 두었다. 이 과정에서 사례의 맥락성과 복합성을 반영한 분석을 통해 교육 현장의 실제적 통찰을 제공했다는 점에서 의의가 크다.

김주영, 이숙영, 기보배(2024)는 전문 무용수의 완벽주의 성향이 무대 공연에 미치는 영향을 탐색하였다. 연구는 무용수 개인의 심리적 특성과 예술 실천 간의 관계를 실제 사례를 통해 심층적으로 고찰하였으며, 참여자의 경험을 중심으로 정성적 분석을 실시하였다. 기존의 완벽주의 연구가 심리학적 관점에서 정량적 접근에 치우쳤던 데 비해, 이 연구는 무용 현장의 실제 맥락을 반영한 질적 사례 연구로서, 무용수의 심리적 특성이 공연 수행에 미치는 영향을 구체적으로 조명한 점에서 학문적 의의를 지닌다.

〈표 10〉 사례 연구의 사례

연구자(연도)	연구 제목	연구 분야	연구 내용
김현주 (2007)	예술 통합형 창의적 움직임 교육에 관한 질적 사례연구	무용교육학	예술 통합 이론을 적용한 초등 수업을 실행하고, 교육적 효과를 질적으로 탐색함
임수진, 문영 (2017)	댄스 리터러시 함양을 위한 예술강사 우수 수업사례 질적 분석	무용교육학	예술강사의 우수 수업사례를 통해 실제 교수·학습 방법을 질적으로 분석함
김주영, 이숙영, 기보배(2024)	전문 무용수의 완벽주의 성향과 무대 공연에 관한 사례연구	무용심리학	무용수의 심리와 공연 수행 간 관계를 실제 사례를 통해 조명함

4) 실행 연구

'실행 연구(Action Research)'는 현장의 문제를 해결하고 개선하기 위해, 연구자와 실천가가 협력하여 계획-실행-관찰-반성의 순환적 과정을 반복하는 질적연구 방법론이다. 이는 단순한 이론적 탐구를 넘어 실제 교육 및 현장의 변화를 도모하며, 참여자의 경험과 맥락을 중시한다(Creswell, 2012). 무용학은 예술적 표현, 신체적 움직임, 사회·문화적 맥락이 결합된 학문으로, 실행 연구의 실천적이고 맥락 중심적인 특성과 잘 맞닿아 있다. 특히 무용 교육, 치료, 창작 등 다양한 하위 분야에서의 실행 연구는 교육 프로그램 개발과 현장 적용을 통해 실질적인 변화를 이끌어내는 데 기여한다.

한국 무용학에서 실행 연구는 황혜선(2007)이 '메타인지 학습방법을 활용한 접촉 즉흥 수업에 관한 실행 연구'를 발표하면서 시작되었으며, 이후 2000년대 초반까지 2편의 논문이 발표되며 점차 주목받기 시작했다. 2010년대에는 5편의 연구가 발표되며 실행 연구의 주제가 다양화되고 확장되었고, 2021년부터 2024년까지는 총 3편의 논문이 발표되었다. 현재까지 발표된 실행 연구는 총 10편이며, 2020년대 이후의 연구 편수가 이전 시기와 비교해 상대적으로 적은 것이 특징이다. 이러한 경향은 사회적 상황, 연구 자원의 제약, 무용 교육의 온라인 전환 등과 관련이 있으며, 실행 연구가 새로운 교육적 가능성을 탐색해 나가는 과정에 있음을 시사한다(표 11).

〈표 11〉 실행 연구의 연도별 현황

년도	연구
1990-1999	-
2000-2010	황혜선(2007), 서예원(2009)
2011-2020	최의창 · 홍애령(2013), 윤지은(2016), 김지영 · 홍애령 · 김은혜(2018), 하영미 · 이지영 · 홍애령 · 김지영(2018), 김지영 · 박정주 · 박제인 · 홍애령(2019)
2021-2024	김경미(2023), 홍애령(2023), 임수진(2024)

실행 연구의 주된 주제를 살펴보면 다음과 같다(표 12). 2000년대에는 메타인지 학습과 문제해결학습을 통한 수업 개선에 초점을 맞추어 교육적 실천이 탐구되었다. 자료는 관찰, 인터뷰, 피드백, 성찰을 통해 수집되었으며, 내용 분석과 사례 분석 중심의 질적연구가 수행되었다. 연구 대상은 초등학생과 무용 수업 참여자였다. 2010년대에는 발레정신, 역사, 인성, 법 교육 등과 무용을 융합하는 다학제적 접근이 시도되었다. 자료 수집은 설문, 관찰, 인터뷰, 문헌 분석 등으로 이루어졌고, 주제 분석, 내용 분석, 사례 분석과 함께 기술통계가 병행되었다. 연구 대상은 중학생과 대학생이었다. 2020년대에는 코로나19 팬데믹 이후의 사회적 · 기술적 맥락에 주목하여, 리더십 함양, 초등교육 실천 등의 주제가 다루어졌다. 자료는 관찰, 인터뷰, 설문, 퍼포먼스 기록을 통해 수집되었고, 내용 분석과 기술통계를 활용하여 분석되었으며, 연구 대상은 초등학생부터 성인까지 다양화되었다. 이러한 실행 연구들은 무용교육의 교육, 치료, 창작 기능을 통합적으로 탐구하며, 무용교육 프로그램의 개발과 개선, 사회적 문제 해결을 위한 무용 활용, 창의적 교수법 개발에 기여함으로써 무용학의 학문적 · 실천적 발전에 중요한 역할을 하고 있다.

〈표 12〉 실행연구의 주요주제 및 연구방법

연구 주제	주요 학문분야	자료 수집	자료 분석
무용교육 프로그램 계발과 적용, 융합적, 무용교육 실천, 수업 개선 및 교수학습 전략	무용교육학	• 수업 관찰 • 인터뷰 • 반성적 저널 및 일지 • 문헌 분석	• 실천적 분석 • 내용 분석 • 혼합 분석

대표적인 실행 연구를 살펴보면 다음과 같다(표 13). 서예원(2009)은 문제해결학습 모형

을 적용한 표현활동 수업 개선을 위한 실행 연구를 통해, 초등학교 체육수업 내 표현활동 영역에 문제해결 중심의 교수 · 학습 전략을 도입하고, 그 실행 과정을 질적으로 탐색하였다. 이 연구는 문제해결학습이라는 교육 모형을 체육과 표현활동 수업에 구체적으로 적용하고, 수업 관찰, 반성적 저널 작성, 참여자 면담 등 다양한 질적 자료를 수집하여, 실행 연구의 특징인 계획-실행-관찰-성찰의 순환 구조를 충실히 따랐다. 표현활동을 통한 창의력 및 사고력 함양, 교사의 전문성 신장, 학생의 주체적 학습 경험 확대라는 교육적 가치를 중심으로 수업을 재구성한 사례로서, 현장 중심 교수 · 학습 전략 개선을 목표로 한 실행 연구로 학술적 · 실천적 의의가 크다.

김지영, 홍애령, 김은혜(2018)는 역사 콘텐츠 융합 무용교육 프로그램 실행 연구를 통해, 무용교육과 역사교육을 통합한 융합 교육 프로그램을 개발하고 이를 현장에 적용하여 실행 과정을 분석하였다. 이 연구는 역사 인물과 사건을 무용으로 재해석하고 창작하는 수업 구성을 통해, 학습자의 역사적 사고력과 표현 능력 간의 상호작용을 도모하였다. 초 · 중등 학습자를 대상으로 수업이 진행되었으며, 참여 관찰, 수업일지, 면담 자료, 학습자 산출물 분석 등 다양한 질적자료를 활용하여 프로그램 실행을 체계적으로 기술하였다. 또한 교사와 연구자의 협업, 참여자 중심 수업 운영, 교육과정의 맥락적 조정 등 실행 연구의 순환 구조와 현장 지향적 특성을 충실히 반영하였다. 무용교육이 타 교과와의 통합을 통해 신체적 · 정서적 · 인지적 학습을 동시에 이끌어낼 수 있는 교육적 가능성을 실증적으로 보여주었다는 점에서 학술적 의의가 크다.

김경미(2023)는 '2022 꿈의 무용단 운영사업' 사례를 중심으로, 초등학생을 위한 무용교육 프로그램을 개발 · 실행하고 그 적용 가능성과 교육적 효과를 탐색하였다. 이 연구는 무용교육이 단순한 기술 습득이나 신체 표현을 넘어서, 학생들의 자존감, 사회성, 창의성 향상 등 전인적 성장에 기여할 수 있다는 관점에서 교육 내용을 설계하였다. 자료는 수업 관찰, 심층 면담, 활동 일지, 결과물 분석 등을 통해 수집되었으며, 실행 연구의 순환적 과정을 충실히 따랐다. 또한 교사로서의 연구자 역할과 수업에 대한 반성적 성찰이 수업 개선으로 이어지는 실천적 구조를 보여주었다. 특히 이 연구는 정책 연계형 실행 연구라는 점에서 주목되며, 무용교육의 공공성 확대와 지역사회 예술교육의 실천 가능성을 탐색한 사례로서, 현장 밀착형 실행 연구의 대표적 모델이자 학문적 · 실천적 기여가 큰 연구로 평가된다.

〈표 13〉 실행연구의 사례

연구자(연도)	연구 제목	연구 분야	연구 내용
서예원 (2009)	문제해결학습 모형을 적용한 표현활동 수업개선을 위한 실행연구	무용교육학	문제해결 중심 전략을 수업에 적용하고, 실행 과정을 통해 수업 재구성과 교육적 효과를 탐색함
김지영, 홍애령, 김은혜(2018)	역사콘텐츠 융합 무용교육 프로그램 실행연구	무용교육학	역사와 무용을 통합한 수업을 실행하고, 학습자 반응과 수업 운영의 적합성을 분석함
김경미 (2023)	초등학생 대상 무용교육 프로그램 개발 및 적용을 위한 실행연구	무용교육학	전인적 성장을 목표로 수업을 실행하고, 성찰과 평가를 통해 프로그램의 교육적 가능성을 검토함

5) 근거이론 연구

'근거이론 연구(Grounded Theory Research)'는 체계적인 분석을 통해 경험적 데이터로부터 이론을 도출하는 질적 연구 방법이다(Glaser & Strauss, 1967). 이 접근법은 오픈 코딩, 축 코딩, 선택 코딩의 과정을 통해 무용수의 경험 속에서 반복되는 패턴을 식별하고, 이를 사회적 · 문화적 맥락에서 해석한다. 무용학에서는 무용수의 삶의 궤적을 시간적 흐름과 연결하여 탐색하며, 변화하는 사회현상 속에서 무용의 의미를 재구성하는 데 주력한다. 이를 위해 면담, 참여관찰 등 다양한 질적 자료를 활용하여 무용수의 주관적 경험을 심층적으로 분석하며, 무용이 지닌 역사적 · 문화적 맥락을 구체화한다. 근거이론은 무용학 연구에서 무용수의 개인적 · 사회적 경험을 구조화함으로써, 무용의 본질과 사회적 가치를 드러내는 데 기여한다. 이러한 분석은 무용의 문화적 흐름을 다층적으로 조망하고, 새로운 이론적 통찰을 제시할 수 있는 기반을 마련한다.

한국 무용학에서 근거이론 연구는 오덕자, 박진희, 김지영(2007)의 '초등학교 무용 특기적성 활동에 관한 근거이론적 접근'을 통해 처음 시도되었다. 이후 근거이론은 무용교육, 전문성 형성, 정체성 탐색, 현대 사회적 맥락에 따른 무용의 역할 등 다양한 주제로 확장되며 점진적인 발전을 보여주었다. 2000년대 후반까지는 근거이론을 적용한 연구가 상대적으로 드물었으나, 2010년대 이후부터는 연구 편수가 증가하고, 주제와 연구 대상 또한 다양화되는 경향을 보였다. 특히 2021년에는 무용지도자의 전문성, 문화다양성 인식, SNS 활용 등 다양한 현상에 주목한 3편의 근거이론 연구가 발표되었으며, 이는 연구영역의 확장을 시사한다. 2022년은 근거이론이 가장 활발하게 적용된 시기로, 무용수의 정서 표현 과정이나 학생의 무용 향유 경험 등 주제가 더욱 세분화되고 심화되었다. 2024년까지 총 14편의 근거이론 연구가 발표되었으며, 이는 무용학 분야에서 심리적 경험, 교육적 맥락, 사회적 역할을 심층적으로 탐색하는 대표적인 질적 연구 접근법으로 자리매김하고 있다(표 14).

〈표 14〉 근거이론 연구의 연도별 현황

년도	연구
1990-1999	-
2000-2010	오덕자 · 박진희 · 김지영(2007), 김지영 · 박진희(2007)
2011-2020	곽정운 · 강여주(2014), 김지영 · 이원일(2016), 김미숙(2017), 박혜연(2017), 김경민(2019), 홍애령(2019)
2021-2024	김영란 · 정윤덕(2021), 류진욱 · 김지영 · 홍애령(2021), 안창용(2021), 김한나 · 박수영(2022), 이영주 · 김덕진(2022), 이혜경(2024)

근거이론 연구의 주요 주제를 살펴보면 다음과 같다(표 15). 이들 연구는 무용가의 심리적 경험, 교육적 맥락, 사회적 역할을 체계적으로 분석함으로써, 무용 현상의 구조적 이해를 도출하고자 하였다. 이를 통해 무용이 개인의 정체성 형성, 사회적 상호작용, 문화적 맥락에 미치는 영향을 다층적으로 분석하였다. 2000년대에는 무용 전공자의 신체 이미지 인식과 학생의 무용 활동 경험에 주목하며, 심리적 · 교육적 맥락을 중심으로 탐구가 이루어졌다. 특히, 무용교육 현장의 실제 사례를 바탕으로 무용가의 정체성과 교육적 역할을 심층적으로 조명하였다. 2010년 이후에는 슬럼프 극복, 진로 탐색, 문화 다양성 수용, SNS 활용 등 보다 다층적이고 현대적인 주제로 확장되었다. 무용학 분야에서 수행된 근거이론 연구는 심층 면담, 참여 관찰, 문헌 조사, 영상 자료 등 다양한 질적 자료수집 방법을 활용하였으며, 오픈 코딩, 축 코딩, 선택 코딩을 포함한 코딩 절차와 패러다임 모형 분석, 주제 분석, 맥락 분석 등의 체계적인 분석 기법을 적용하였다. 연구 대상은 무용 전공자, 무용수, 학생, 지도자 등으로 점차 다양화되었으며, 이는 무용교육학, 무용심리학, 무용사회학, 전문성 개발 등 다양한 학문 분야와의 연계를 통해 무용의 실천적 · 이론적 가치를 심화시키고 학문적 의의를 확장하는 데 기여하고 있다.

〈표 15〉 근거이론 연구의 주요주제 및 연구방법

연구 주제	주요 학문분야	자료 수집	자료 분석
무용수의 심리 경험, 무용지도자의 전문성 함양 과정, 무용수의 신체 이미지 형성	무용심리학 무용교육학 무용사회학	• 심층 면담 • 참여 관찰 • 문헌 조사 • 영상 자료	• 오픈코딩, 축코딩, 선택 코딩 • 패러다임 모형 분석 • 주제 분석 • 맥락 분석

대표적인 근거이론 연구는 다음과 같다(표 16). 오덕자, 박진희, 김지영(2007)의 연구는 그 대표적 사례로, 초등학교 무용 특기적성 활동에 참여한 학생들의 경험과 그 교육적 의미를 근거이론 방법을 통해 심층적으로 탐색하였다. 이 연구에서는 초등학생을 대상으로 심층면담과 참여관찰을 실시하여 자료를 수집하고, 오픈 코딩, 축 코딩, 선택 코딩의 단계를 거쳐 학생들의 경험을 구조화하고 그 맥락을 분석하였다. 그 결과 자기표현력 향상, 자신감 증진, 사회적 상호작용 촉진 등 무용활동의 교육적 가치가 도출되었다. 특히 이 연구는 이론적 분석에 그치지 않고 초등교육 현장에서의 실천적 가능성까지 제시하였다는 점에서, 근거이론 연구의 적용과 확장 가능성을 보여주는 대표적인 사례로 평가된다.

김미숙(2017)의 연구는 한국무용 전공 대학생의 진로 탐색 과정을 근거이론 방법을 통해 심층적으로 분석하였다. 연구자는 무용 전공자를 대상으로 심층면담과 문헌조사를 실시하여 데이터를 수집하였으며, 진로 선택에 영향을 미치는 심리적 요인과 사회적 맥락을 탐구하였다. 이 연구는 무용 전공자의 정체성 형성, 사회적 기대, 직업 탐색의 현실 등을 구조화하여 분석함으로써, 진로 형성 과정의 복합적인 특성을 드러냈다. 특히, 무용 전공자의 진로 탐색 경험을 중심 현상, 인과적 조건, 맥락적 조건, 중재적 조건, 상호작용 전략, 결과라는 근거이론의 패러다임 모형에 따라 분석하였다는 점에서, 근거이론 연구의 방법론적 특징과 학문적 의의를 잘 보여주는 사례로 평가된다.

류진욱, 김지영, 홍애령(2021)은 장애예술에 참여하는 무용가들의 문화다양성 수용 과정을 근거이론 방법을 통해 심층적으로 탐색하였다. 연구자는 무용가들을 대상으로 심층면담, 참여관찰, 자기서사, 공연 영상자료 등을 활용하여 다양한 질적 자료를 수집하였으며, 이를 바탕으로 무용가의 사회적 역할, 포용적 예술의 가치, 문화다양성에 대한 인식 변화 과정을 체계적으로 분석하였다. 또한 근거이론의 패러다임 모형과 맥락 분석을 적용하여, 문화다양성 수용의 과정을 구조적으로 도출하였다. 특히, 연구 결과를 '상황모형'으로 통합 제시함으로써 독자의 이해를 돕고 설명의 설득력을 강화하였다는 점에서, 근거이론 연구의 분석 체계와 이론 생성의 과정을 잘 보여주는 대표적 사례로 평가된다.

〈표 16〉 근거이론 연구의 사례

연구자(연도)	연구 제목	연구 분야	연구 내용
오덕자, 박진희, 김지영(2007)	초등학교 무용특기 적성활동에 관한 근거이론적 접근	무용교육학	심층면담과 참여관찰을 통해 초등 무용활동의 효과를 구조화하고, 교육적 가능성을 분석함
김미숙 (2017)	한국무용 전공 대학생들의 진로 탐색 경험에 관한 근거이론적 접근	무용심리학	무용 전공자의 진로 경험을 패러다임 모형에 따라 분석하고, 진로 형성의 맥락을 탐색함
류진욱, 김지영, 홍애령(2021)	장애예술에 참여하는 무용가들의 문화다양성 수용과정에 관한 근거이론 접근	무용사회학	장애예술 무용가의 문화다양성 수용 과정을 질적으로 분석하고, 상황모형으로 구조화함

6) 자문화기술지 연구

'자문화기술지 연구(Autoethnographic Research)'는 연구자가 자신의 경험을 주요 자료로 활용하여 그 의미를 탐구하는 독특한 질적 연구 방법이다(이동성, 2012; Chang, 2008). 무용은 타 예술 장르와 달리, 신체를 직접적인 매개로 하여 주관적 경험과 감정을 표현하는 예술 형태로, 그 움직임은 단순한 동작을 넘어 개인의 경험, 의도, 목적이 내재된 표현적 행위로 해석된다. 관객 또한 이 움직임을 각자의 삶의 맥락과 관점에 따라 주관적으로 해석하게 되므로, 무용수의 춤을 객관적으로 평가하거나 정형화된 방식으로 설명하기에는 한계가 존재한다. 따라서 무용수 자신이 연구의 주체가 되어 내면적 경험과 표현 과정을 탐색하는 자문화기술지 방법은, 무용이라는 예술이 지닌 복합적이고 다층적인 본질을 드러내는 데 매우 유효한 연구 접근이라 할 수 있다.

한국 무용학에서 자문화기술지 연구는 고현정(2013)의 '자문화기술지의 학문적 적용 과정과 무용 자문화기술지 방법론 연구'를 통해 본격적으로 시작되었다. 초기 연구에서는 자문화기술지가 무용수 자신의 경험과 창작 과정을 탐색하는 데 필요한 학문적 필요성과 정당성을 강조하였다. 이후 한동안 연구가 활발하지 않았으나, 2019년을 기점으로 매년 3~4편의 관련 논문이 지속적으로 발표되며 다시 활기를 띠기 시작하였다. 최근의 연구들은 무용수 자신의 내면적 경험과 예술적 실천을 심층적으로 분석함으로써, 자문화기술지가 무용학에서 유의미한 질적 접근 방법임을 입증하고 있다. 2024년 현재까지 총 18편의 자문화기술지 연구가 발표되었으며, 이는 무용의 주관적이고 내면적인 본질을 학문적으로 조명하고 이론화하는 데 중요한 기여를 하고 있다(표 17).

〈표 17〉 자문화기술지 연구의 연도별 현황

년도	연구
1990-1999	-
2000-2010	-
2011-2020	고현정(2013), 유미희(2016), 곽영은(2017), 이혜진 · 전병운(2017), 오소희(2019), 장우선(2019), 장유진 · 소혜진(2019)
2021-2024	김정은 · 신현군(2020), 유미희(2020), 윤명화(2020), 김희진 · 박휴경 · 정원정(2022), 이강순(2022), 이미희(2022), 손영민 · 정숙희(2023), 김행화 · 이강순(2024), 우선영 · 정유진 · 임병노(2024), 장소정(2024), 정희정(2024)

자문화기술지 연구는 무용 교사의 교수 경험과 수업 현장의 실제를 중심으로, 무용교육의 사회적 맥락과 실천적 변화를 탐색하는 데 초점을 둔다(표 18). 이러한 연구에서는 자기 성찰일지, 수업 관찰 기록, 학생의 내러티브, 교육 자료, 영상 자료 등을 통해 다각적인 질적 자료를 수집하며, 내용 분석, 구조 분석, 맥락 분석 등의 방법을 적용하여 연구 결과를 도출한다. 특히 코로나19 이후 비대면 수업이 확산되면서 자문화기술지를 활용한 연구가 활발히 이루어지고 있으며, 무용교육에서의 사회화 과정과 교육 실천의 변화 양상을 조명하려는 시도가 두드러진다. 일부 연구에서는 무용교사나 안무가의 창작 과정과 공연 이후의 경험을 중심으로 자문화기술지를 적용하고 있으며, 이는 무용 창작과 실천의 과정을 자문화적 관점에서 심층적으로 해석함으로써, 무용교육의 사회문화적 맥락을 보다 입체적으로 조망하려는 시도로 볼 수 있다. 이러한 연구는 작품 창작 및 공연 실천에 관한 연구자료로서 비평문, 공연 영상 등의 자료를 적극적으로 활용하고 있으며, 이를 통해 무용교육과 실천에 대한 새로운 해석 틀과 이론적 관점을 제시하고자 한다.

〈표 18〉 자문화기술지 연구의 주요주제 및 연구방법

연구 주제	주요 학문분야	자료 수집	자료 분석
교수경험, 수업 경험	무용교육학 안무학	• 자기 성찰일지 • 수업 관찰 • 학생 심층 면담 • 교육 자료 • 영상 자료	• 내용 분석 • 구조 분석 • 맥락적 분석

대표적인 자문화기술지 연구를 살펴보면 다음과 같다(표 19). 윤명화(2020)는 연구자 본인이 안무한 작품을 자문화기술지 방법으로 분석함으로써, 공연에서 드러나지 않은 창작 과정과 안무가의 내면적 가치관이 관객에게 어떻게 수용되는지를 탐구하였다. 이를 위해 연구자는 개인적인 성찰 자료와 안무 기록, 동료 교수 및 가족과의 인터뷰 자료를 수집하고 분석하였다. 본문에서는 '나'라는 1인칭 시점을 유지하며, 안무자가 창작 과정에서 겪은 성찰과 가치관뿐 아니라 무대미술, 소품, 의상, 조명 등 작품 구성 요소를 구체적으로 서술하였다. 이 연구는 무용수의 움직임 특징과 공연 후 작품에 대한 평가까지 연구자의 회상을 바탕으로 기록하고 있으며, 자문화기술지의 내러티브적 서술 방식을 통해 안무가의 예술 실천을 심층적으로 드러낸다. 특히, 이 연구는 기존 무용 자문화기술지 연구가 주로 교수자의 수업 경험과 교육적 성찰에 초점을 맞추었던 것과 달리, 안무자 개인의 창작 경험을 중심으로 한 첫 사례라는 점에서 방법론적 · 학문적 의의를 지닌다.

정희정(2024)은 특수교육 현장에서 발생하는 다양한 상황에 능동적으로 대응하기 위해 필요한 교수자의 실천적 지식의 중요성을 강조하였다. 이러한 실천적 지식은 교수자의 경험을 바탕으로 축적되며, 다양한 교육적 상황에서의 반성적 성찰을 통해 정교하고 유연한 교수 전략으로 발전한다는 점을 주장하였다. 그러나 이와 같은 실천적 지식에 대한 체계적인 연구가 부족하다는 문제를 지적하며, 자문화기술지 방법을 통해 특수교육 현장에서 교수자의 경험과 지식을 탐색할 필요성을 제기하였다. 이를 위해 연구자는 약 5년간 강의한 수업 자료, 자기 회상 자료, 성찰 일지, 현장 일지 등을 수집하여 분석하였다. 자문화기술지 연구 방법을 통해 연구자는 자신의 삶과 교수자로서의 성장 과정을 돌아보며, 실천적 지식의 형성과 그 의미를 성찰하였다. 이 연구는 무용교육자의 자기 고백적 자문화기술지 연구를 바탕으로, 무용학에서 상대적으로 소외되어온 특수무용교육 분야에 기초 자료를 제공하며, 자문화기술지 방법의 적용 가능성을 확장했다는 점에서 학문적 의의가 크다.

김행화, 이강순(2024)은 학교교육 현장과 예비교원 양성기관에서 현직교사와 예비교사의 표현 영역 지도 역량을 모색하기 위해, 2년간 운영된 비대면 무용교육 봉사 경험을 자문화기술지 방법으로 성찰하고 분석하였다. 연구 참여자는 연구자인 '나'를 포함하여 비대면 무용교육 봉사 운영진인 현직교사 9명, 예비교사 9명, 그리고 수업에 참여한 초등학생 42명으로 구성되었다. 자료는 2년간의 수업 계획서, 회의록, 설문지 및 만족도 조사, 참여관찰 일지, 연구자의 성찰 일지 등을 수집하여 분석하였다. 연구자는 무용 비대면 교육프로그램 운영 경험을 바탕으로, 코로나19로 변화한 교육환경에 유연하게 적응하고 이를 사회적 맥락과 연결 짓는 현장 친화적 글쓰기 방식을 제안하였다. 특히 이 연구는 1인칭 시점의 자문화적 글쓰기 형식을 유지하면서, 연구자 자신의 수업을 직접 참여 관찰하고 심층적으로 분석하였다는 점에서, 무용 교수 경험에 대한 자문화기술지 연구 사례로서 의미 있는 기여를 한다.

〈표 19〉 자문화기술지 연구의 사례

연구자(연도)	연구 제목	연구 분야	연구 내용
윤명화(2020)	창작무용 사면에 대한 자문화기술지적 작품분석 연구	안무학	안무자가 자신의 창작 과정을 자기회상을 통해 자문화기술지 형식으로 분석함
정희정(2024)	발달장애 대학생의 장애무용 수업 실천적 지식 형성 과정에 관한 자문화기술지	무용교육학	특수교육 현장에서의 교수 경험과 실천적 지식을 자기 고백적으로 성찰하고 서술함
김행화, 이강순 (2024)	초등교사의 비대면 무용교육봉사 경험에 관한 자문화기술지	무용교육학	비대면 수업 운영 경험을 1인칭 시점에서 분석하고 교육 현장과 연결함

7) 내러티브 탐구

'내러티브 탐구(Narrative Inquiry)'는 연구자가 자신의 경험을 이야기하고, 이를 반복적으로 해석 · 재해석하는 과정을 포괄하는 질적 연구 방법이다(염지숙, 2001; Clandinin & Connelly, 2004). 이 방법은 연구 참여자와 장소, 환경, 맥락 간의 상호작용에서 형성되는 경험에 초점을 두며, 이야기하기와 다시 이야기하기 과정을 통해 현장 텍스트, 연구 텍스트, 최종 텍스트의 작성 절차를 따른다. 이러한 특징은 무용수와 안무가의 주관적 경험을 깊이 있게 탐색하는 데 효과적이며, 무용수 또는 교육자의 경험 기반 성장과 정체성 형성을 탐구하는 데 유용하게 적용된다. 이를 통해 무용의 경험적 맥락을 심도 있게 해석할 수 있다.

한국 무용학에서 내러티브 탐구는 박지숙(2008)의 '무용전공생의 교육 실습 경험과 그 의미를 탐구한 연구'를 통해 본격적으로 도입되었다. 초기 연구는 예비교사의 양성과 교사 사회화 과정을 중심으로 이루어졌으며, 학교 현장에서의 무용교육과 학생의 수업 경험을 탐색하는 데 초점을 두었다. 2020년 이후에는 무용수의 공연 경험, 전통무용의 계승 과정 등을 다루는 주제로 확장되었으며, 무용계에서의 내러티브 탐구 적용 범위가 점차 확대되고 있다. 내러티브 탐구는 경험을 이야기화 하고, 그 의미를 탐구하는 과정에서 연구자와 참여자의 협력적 관계를 중시하며, 서사적 구조를 통해 복합적인 정체성과 문화적 맥락을 해석하게 한다. 2024년 현재까지 총 26편의 내러티브 탐구 관련 논문이 발표되었으며, 이는 무용학 분야에서 개인의 경험을 구체화하고 그 의미를 심층적으로 해석하는 데 중요한 질적 접근으로 자리매김하고 있다(표 20).

〈표 20〉 내러티브 탐구의 연도별 현황

년도	연구
1990-1999	-
2000-2010	박지숙(2008, 2009)
2011-2020	김지영 · 윤정은(2014), 박승순 · 홍선미(2017), 전영국(2017), 방서영 · 이의재(2019), 손원미 · 전순희(2020), 채주희 · 박혜연(2020)
2021-2024	강지선 · 최경아 · 안현균(2021), 손원미 · 전순희(2021), 윤소정 · 신현군 · 김정은(2021), 추나영 · 장승현(2021), 고효영 · 윤수미(2022), 김경미 · 이병준(2022), 민애경(2022), 최명진 · 여인성 · 김상윤(2022), 고효영 · 윤수미(2023), 김지은(2023), 김지인 · 조은숙(2023), 송남은(2023), 유지숙 · 김승일(2023), 고민정 · 김원정(2024), 권지현 · 홍혜전(2024), 손영민(2024), 신채롱(2024), 정희정(2024)

내러티브 탐구는 교사와 학습자 간의 상호작용 속에서 형성되는 이야기를 중심으로, 무용교육에서의 학습과 성장 과정을 탐색하는 데 초점을 둔다(표 21). 이 방법론은 무용교육 분야에서 학습자의 경험을 시간적 · 맥락적 흐름 속에서 이해하고, 교육적 전환점을 조명하는 데 효과적인 접근으로 자리매김하고 있다. 내러티브 탐구는 반성적 저널, 현장 노트, 메모, 일기, 인터뷰 등의 다양한 방법을 통해 질적 자료를 수집하며, 수집된 자료는 내용 분석, 구조 분석, 내러티브 윤곽 잡기 등을 통해 현장텍스트, 연구텍스트, 최종텍스트로 구성된다. 이러한 절차를 통해 교사와 학습자의 경험을 서사적 구조 속에서 심층적으로 해석하고, 그 관계성과 성장 과정을 교육적 의미로 전환하는 데 중점을 둔다. 그러나 아직도 무용학 연구 현장에서는 '내러티브 탐구'와 '내러티브 연구'를 명확히 구분하지 않고 혼용하는 경향이 있으며, 이로 인해 방법론적 혼동이 발생하기도 한다. 염지숙(2020)은 연구자가 내러티브 탐구를 적용할 때, 그 방법론이 내포하는 인식론적 · 존재론적 가정을 명확히 인식하고 신중하게 접근할 필요가 있음을 강조하였다.

〈표 21〉 내러티브 탐구의 주요주제 및 연구방법

연구 주제	주요 학문분야	자료 수집	자료 분석
몰입경험, 교육경험, 수업비평, 수업실천, 사회화 과정	무용교육학 무용사회학	• 반성적 저널 • 현장 노트 • 메모 • 일기 • 심층 면담	• 내용 분석 • 구조 분석 • 내러티브 윤곽잡기

대표적인 내러티브 연구를 살펴보면 다음과 같다(표 22). 박지숙(2008)은 무용 교육 현장의 개선을 목적으로, 무용전공생이 교육실습 중 겪는 다양한 경험의 의미를 내러티브 탐구 방법을 통해 심층적으로 탐색하였다. 기존의 교사 연구에서 주로 활용되던 설문지 기반의 양적 연구가 개인의 특수성을 반영한 상호작용과 실제 교육현장의 맥락을 드러내는 데 한계가 있음을 지적하며, 내러티브 탐구가 보다 적합한 접근 방식임을 강조하였다. 연구자는 무용전공생의 교육실습 경험을 '이야기하기'와 '다시 이야기하기'의 과정을 통해 현장 텍스트를 구성하고, 이를 연구 텍스트로 발전시켰다. 마지막 단계에서는 연구 참여자와 연구자가 공동으로 텍스트를 분석하고, 연구자의 경험에 의미를 부여하며 텍스트의 사실성과 해석의 타당성을 검토하였다. 이 연구는 무용전공생의 교육실습 경험을 구체적이고 서사적으로 조명하였으며, 자료 수집과 분석 절차를 체계적으로 도식화함으로써 내러티브 탐구의 이상적인 적용 사례로서 학문적 의의를 지닌다.

윤소정, 신현균, 김정은(2021)은 여성 무용수가 출산 이후 겪는 경험과, 이들이 직면하는 사회적 인식, 정체성의 변화, 그리고 몸에 대한 미적 기준의 고정관념을 내러티브 탐구 방법을 통해 분석하였다. 기존의 선행연구들은 여성 무용수의 직업 만족도, 스트레스 요인, 은퇴 후 삶 등을 주로 계량적으로 분석하거나, 사회화와 재사회화 과정에 초점을 두는 경향이 있었다. 그러나 출산과 육아 이후의 삶에 주목한 연구는 매우 제한적이었으며, 본 연구는 이러한 공백을 내러티브 탐구를 통해 심층적으로 조명하였다는 점에서 학문적 의의가 크다. 이 연구는 연구 참여자인 여성 무용수들의 생생한 삶의 이야기를 탐색하고, 그 경험을 의미화함으로써, 기존의 계량적 연구들이 충분히 포착하지 못했던 여성 무용수의 주체적 삶과 내면의 변화를 서사적으로 드러낸 사례로 주목받는다.

고민정, 김원정(2024)은 무용전공자 3인의 내러티브를 통해 무용수에서 무용교육자로 전환되는 삶의 변화를 내러티브 탐구 방법으로 분석하였다. 이 연구는 무용 전공자가 교육자로 성장해가는 과정을 연구 참여자의 언어로 생생하게 기술함으로써, 정체성 전환의 심리적 · 사회적 맥락을 구체적으로 조명하였다. 특히 내러티브 탐구의 절차인 현장 텍스트, 연구 텍스트, 최종 텍스트 구성 과정을 충실히 따르고 세부적으로 서술하여 방법론적 타당성을 확보하였으며, 무용학 분야에서 내러티브 탐구의 대표 사례로 학문적 의의를 지닌다.

〈표 22〉 내러티브 탐구의 사례

연구자(연도)	연구 제목	연구 분야	연구 내용
박지숙 (2008)	무용전공생의 교육실습 경험에 대한 내러티브 탐구	무용교육학	무용전공생의 실습 경험을 이야기 구성과 분석 과정을 통해 서사적으로 재구성함
윤소정, 신현균, 김정은(2021)	출산 후 직업 무용수가 느끼는 '사회적 몸'과 '정체성'에 관한 내러티브 탐구	무용사회학	출산 후 여성 무용수의 정체성과 몸의 경험을 주체적 이야기로 구성하여 내면 변화를 조명함
고민정, 김원정 (2004)	무용전공자의 '행복한 삶' 탐색 과정에 관한 내러티브: 무용수 삶에서 '교육자'의 삶으로	무용교육학	무용수에서 교육자로의 전환 과정을 참여자의 언어로 구성하며 정체성 변화를 내러티브로 분석함

8) 실기기반 연구

'실기기반 연구(Practice-based Research)'는 예술 창작 활동 자체를 학문적 탐구의 중심에 놓는 접근법으로, 1984년 호주 홀론공대학교와 시드니공과대학교에서 박사학위 과정으로 제도화되며 본격적으로 도입되었다. 이후 1990년대 초 후기구조주의, 페미니즘, 공연연구의 발전과 맞물려, 영국 대학의 예술 교수들을 중심으로 이론 중심의 학문 환경을 비판하고 새로운 연구 패러다임으로서 실기기반 연구가 본격적으로 추진되었다(조기숙, 2013; Leavy, 2020). 이후 영국의 주요 예술대학들이 실기기반 연구를 박사학위 과정으로 공식 인정하면서, 그 중요성과 학문적 위상은 더욱 확대되었다. 무용 분야에서 실기기반 연구는 안무가들이 자신의 작품을 연구 대상으로 삼아, 공연 이후 소멸될 수 있는 창작 과정을 글쓰기와 기록을 통해 보존하고, 안무의 생성 과정과 작품의 예술적 · 학문적 영속성을 확보하기 위한 방식으로 자리 잡았다.

한국에서 실기기반 연구는 조기숙(2009)이 '춤의 새로운 비전을 위한 고찰: 몸의 체험을 기반으로 한 연구와 성찰'이라는 논문을 통해 학술적으로 처음 도입하였다. 이후 조기숙(2013)은 '무용에서 실기를 기반으로 한 연구에 관한 고찰: 개념과 과정을 중심으로'를 통해 실기기반 연구의 개념과 절차를 보다 구체적으로 제시하였다. 2013년 이후 실기기반 연구는 주로 '무용역사기록학' 학술지를 중심으로 발표되었으며, 무용 창작 과정과 그 결과를 기록하고 보존함으로써 작품의 예술적 · 학문적 영속성을 확보하는 데 중점을 두었다. 2024년 현재까지 총 24편의 실기기반 연구 논문이 발표되었으며, 이 방법론은 무용 창작과 학문적 성찰을 통합하는 주요한 연구 접근 방식으로 자리매김하고 있다(표 23).

〈표 23〉 실기기반 연구의 연도별 현황

년도	연구
1990-1999	-
2000-2010	조기숙(2009)
2011-2020	장지혜 · 조기숙(2012), 정이와 · 조기숙(2012), 조정희 · 조기숙(2012), 정연수(2013), 조기숙(2013, 2014), 김미레 · 조기숙(2014), 조정희 · 조기숙(2014), 강현숙 · 조기숙(2016), 한혜주(2016), 전영국(2017), 천소정 · 조기숙(2018)
2020-2024	라세영 · 최상철(2021), 박해리(2021), 신채롱 · 김형남(2021), 홍세희(2021), 김정아 · 조기숙(2022), 정이와 · 조기숙(2022), 조은지(2022), 정석지(2023), 손영민(2024), 신숙경(2024), 장운규(2024)

실기기반 연구의 주된 주제를 살펴보면 다음과 같다(표 24). 실기기반 연구는 안무자의 작품 창작 과정과 무용 창작에서의 신체적 경험을 탐구하는 데 초점을 둔다. 이 연구에서는 춤의 체험을 반추하고, 이를 언어로 표현한 뒤, 다시 춤을 추는 과정을 통해 탐구를 진행한다. 자전적 글쓰기, 공연 및 안무 자료, 작업 노트, 관객 피드백 등을 활용하여 자료를 수집하며, 이들을 기반으로 신체적 경험 분석, 관객 반응 분석, 자기 성찰적 분석을 거쳐 창조적 해석으로 이어지는 최종 연구 텍스트를 구성한다. 실기기반 연구는 신체적 경험을 분석의 중심에 두고, 이를 통해 춤의 의미와 체험적 해석을 도출하며, 무용 창작의 주제와 내용을 심층적으로 탐색한다. 이러한 연구는 질적 연구의 특성을 따르며, 자료 수집과 분석이 동시다발적으로 이루어지는 점에서 독창적인 접근을 보여준다. 특히 무용수의 신체적 경험을 중심으로 한 해석이 연구의 핵심 방법론으로 작용한다.

〈표 24〉 실기기반 연구의 주요주제 및 연구방법

연구 주제	주요 학문분야	자료 수집	자료 분석
무용작품 창작과정, 체험과 해석	안무학	• 자전적 저널 • 공연 및 안무 자료 • 작업 노트 • 관객 피드백	• 신체적 경험 분석 • 관객 반응 분석 • 자기 성찰적 분석

대표적인 실기기반 연구를 살펴보면 다음과 같다(표 25). 김미레, 조기숙(2014)은 연구자의 작품 〈Holon〉의 전 과정에서 '몸의 체험'을 통한 의미를 탐구하고 체험하는 몸에 주목하였다. 이 연구는 작품의 구상 단계부터 연습과 공연에 이르는 전 과정을 통해'몸의 체험'을 탐

색하고, 이를 '실기기반 연구'의 방법론을 통해 분석하고 있다. 연구자는 작품의 철학적 토대를 마련하고, 연습과 공연 과정에서의 작업 노트, 참여자 간 상호작용, 그리고 터득한 '몸적 학습'을 체계적으로 기록하였다. 또한 공연 중 느낀 여러 감정과 의미를 공연 영상의 반복 시청을 통해 자료화하였으며, 작품 안무의 전 과정을 실기기반 연구 절차에 따라 의미화하고, '몸적 학습' 개념을 안무와 신체적 체험을 통해 탐구하였다. 이 연구는 무용 창작의 전 과정을 구체적으로 분석한 실기기반 연구의 사례로서, 실기를 바탕으로 한 실행연구로서의 가능성과 학문적 의의를 함께 제시하고 있다.

박해리(2021)는 다양한 삶의 갈등 상황을 주제로 안무하고 작품을 구상하였다. 이를 위해 안무, 연습, 공연의 전 과정을 문헌자료, 연습일지, 공연 사진, DVD, 영상 등의 형태로 체계적으로 자료화하였다. 또한 안무일지와 연습일지를 작성하여 주요 연구 자료로 활용하였다. 수집된 자료는 '경험 틀' 이론을 바탕으로 사회적 의미를 탐색하며 분석되었으며, 연구자는 안무의 주제 선정부터 연습, 공연에 이르는 과정을 분석표 형식으로 기술하였다. 아울러 구체적인 사진 자료를 함께 제시함으로써, 실기기반 연구를 수행하는 초보 연구자들이 연구 절차와 사례를 이해하고 참고하기에 유용한 자료로서의 의의를 지닌다.

신숙경(2024)은 연구자가 직접 안무한 작품을 실기기반 연구의 방법론을 통해 학문적으로 탐구하였다. 이 연구는 공연이 끝남과 동시에 사라지는 춤의 순간성과 일회성을 극복하고, 공연된 작품을 텍스트화 하고 역사화 했다는 점에서 중요한 학문적 의의를 지닌다. 또한 무용교육을 통해 배출된 무용연구자들이 무용학을 독립된 학문 영역으로 자리매김하는 데 기여하고 있으며, 무용 연구의 독자성 확립과 연구 시스템 구축을 위한 실기기반 연구의 활성화가 변화하는 무용교육 현장과 연구 패러다임에 부합하는 의미 있는 시도로 평가된다.

〈표 25〉 실기기반 연구의 사례

연구자(연도)	연구 제목	연구 분야	연구 내용
김미레, 조기숙 (2014)	무용작품 〈Holon〉에 관한 연구: 몸적 학습(Somatic Learning)을 기반으로	안무학	안무 전 과정을 기록하고, 체험 기반의 '몸적 학습' 개념을 실기기반 연구로 탐구함
박해리(2021)	무용작품 〈틀〉에 관한 연구	안무학	안무와 공연 전 과정을 자료화하고, 작품의 사회적 의미를 분석해 실기기반 연구 방법을 적용함
신숙경(2024)	무용작품 〈Concept〉에 관한 연구: 데페이즈망을 중심으로	안무학	작품 창작과 공연 과정을 분석하고, 일회성 무용을 텍스트화 하며 실기기반 연구의 가능성을 제시함

4. 한국 무용학 질적연구의 특성

1) 무용학에서 질적연구의 확장과 세분화

한국 무용학에서 질적연구는 초기의 제한된 접근을 넘어 다양한 방법론을 수용하며 확장, 세분화되고 있다. 초기 무용학에서의 질적연구는 양적연구 방법론이 지배적이었던 패러다임에서 벗어나, 현상을 심층적이고 맥락적으로 이해하고자 하는 인식론적 기반 위에서 진행되었다(박중길, 2004). 당시에는 특정 질적연구 방법론의 세부적인 틀을 활용하기보다는, 이러한 철학적 접근 자체를 질적연구로 명명하며 연구를 수행하는 경향이 강했다. 따라서 초기 연구들은 연구 제목과 방법에서 '질적연구'라고 명시하고 있지만, 실제로 양적연구와 대비된 연구방법으로만 인식할 뿐 질적연구의 구체적인 방법을 적용하는 데에는 한계가 있었다.

그러나 시간이 흐르면서 무용학 연구에서는 질적연구 방법론의 이론적 기틀이 점차 확립되었고, 이를 기반으로 특정 질적연구 방법을 중심으로 한 세분화된 연구가 활발히 이루어지기 시작하였다. 초기에는 현상학적 접근의 비교적 단일한 틀에 의존하였으나, 최근 들어서는 내러티브 탐구, 실기기반 연구 등 다양한 연구방법이 수용되며 점차 심화되는 양상을 보이고 있다. 특히, 초기 연구에서는 철학과 교육학 등 무용학의 특정 하위 분야에만 질적연구가 집중되었으나, 최근에는 사회학, 안무학 등 다양한 학문 분야와의 접점을 넓히며 질적연구 방법론의 적용 범위가 지속적으로 확대되고 있다.

이러한 질적연구의 확장과 세분화는 무용을 단순히 동작과 기술의 분석 대상으로 바라보는 관점에서 벗어나, 무용이 지닌 다양한 의미와 역할을 이해하려는 시도의 결과로 해석할 수 있다. 무용학에서 질적연구의 발전은 무용이라는 예술을 단순히 공연 예술로서 연구하는 것을 넘어, 인간 경험과 사회적 현상의 맥락에서 탐구하려는 학문적 전환을 반영한다. 이러한 변화는 무용학이 단순히 예술 연구의 부속적 위치에 머물지 않고, 독립적 학문 분야로 자리매김하는 데 중요한 동력으로 작용하였다. 나아가, 질적연구의 활성화는 한국 무용학이 학문으로서의 기반을 마련하는 데도 큰 기여를 한 것으로 평가할 수 있다.

2) 무용학 질적연구의 다양한 주제 논의

한국 무용학 연구는 다양한 주제와 장르를 중심으로 질적연구를 수행하며 학문적 지평을 넓히고 있다. 2000년 이전 한국 무용학 연구는 한국무용, 발레, 현대무용이라는 전통적인 삼분법적 장르 구분을 중심으로 이루어졌다. 물론 무용이라는 분야에 포괄적으로 접근하며 장르 구분과 관계없이 이루어지는 연구도 존재하였지만, 여전히 장르를 기반으로 한 연구가 주를 이루었다. 이러한 영향을 받아 초기의 무용학 질적연구도 전통적인 장르를 중심으로 이루어졌으나, 최근에는 무용학에서의 세부 학문 분야인 사회학, 교육학, 안무학과 스트릿댄스나 K-pop 댄스와 같은 장르에서도 질적연구가 활발히 진행되고 있다. 이는 현대 사회 속에서 무용을 다각적으로 이해하려는 학문적 시도라고 평가할 수 있다.

그중 한국 무용학의 질적연구에서 다양한 주제가 논의되고 있다는 점은 주목할 만하다. 이는 질적연구가 적용되는 학문 분야와 장르가 확장되고, 연구 방법론이 세분화됨에 따라 나타나는 자연스러운 현상으로 해석할 수 있다. 전통적으로 무용 경험의 본질과 의미를 탐구하는 연구에서 출발한 질적연구는 점차 연구 초점을 확장하여 무용과 관련된 사람들과 그들의 경험을 조명하는 연구로 나아가고 있다. 특히 남성 및 장애 무용수, 학교무용 및 특수무용 교육자 등 무용과 관련된 다양한 주체를 중심으로 한 연구들이 활발히 이루어지고 있으며, 이 과정에서 철학, 교육학, 안무학, 사회학 등 다양한 학문적 관점이 적용되고 있다. 이를 통해 연구 주제가 보다 세밀화 되고 다면화되는 경향이 드러나며, 그간 학문적 영역에서 조명 받지 못했던 무용에서의 현상과 경험적 측면을 탐구하려는 시도가 활발히 이루어지고 있음을 확인할 수 있다.

무용학 질적연구의 주제의 확장은 무엇보다 무용학 연구의 새로운 담론과 시각을 형성하는 데 중요한 기반을 제공한다는 점에서 의의가 있다. 무용이 단순히 기능적, 미학적 연구 대상으로만 머물지 않고, 개인과 공동체의 정체성, 문화적 교류, 교육환경의 변화 등 현대 사회가 직면한 다양한 문제를 이해하고 해결하는 데 기여할 수 있는 학문임을 보여준다. 한국 무용학 질적연구자들이 폭넓은 질문과 새로운 탐구 방향을 갖게 다각적인 주제로 접근한다는 점은 매우 괄목 할만한 현상이라 할 수 있다.

3) 무용의 특수성을 반영한 질적연구

한국 무용학의 질적연구는 무용이라는 예술 형식의 고유한 특수성을 충실히 반영하는 독창적인 연구방법을 통해 발전하고 있다. 무용은 비언어적이고 체험적인 예술 형태로, 신체적 경험과 움직임을 통해 감정과 메시지를 전달한다. 이러한 특성은 기존의 텍스트 기반 중심의 연구 방법으로는 충분히 포착하거나 해석하기 어려운 측면을 내포하고 있다. 따라서 무용의 본질과 경험을 심층적으로 이해하기 위해 새로운 방법론을 모색할 필요가 있다. 이러한 맥락에서 한국 무용학 질적연구는 구술채록, 심층면담 등의 전통적인 방법을 활용하는 동시에, 비디오 분석, 움직임 분석, 참여 관찰 등 비언어적이고 시각적 접근법을 발전시키는 것으로 보여진다.

또한 한국 무용학에서는 실기기반 연구가 중요한 위치를 차지하는 특성을 보인다. 연구자가 직접 창작과 공연 과정에 참여하며, 이를 통해 얻어진 체화된 경험을 바탕으로 한 심층적 분석은 무용의 본질적 요소를 드러내는 데 효과적이다. 이는 무용의 창의적이고 정서적인 본질을 탐구하는 데 적합한 방법론적 틀을 제공하며, 단순한 퍼포먼스를 넘어 예술적 경험을 학문적으로 조명할 수 있다는 점에서 가치가 있다.

무용의 특수성을 반영한 질적연구는 예술과 학문을 융합하는 새로운 형태의 연구 모델을 제시하고 있다. 무용학에서 발전된 이러한 연구들은 창작 과정의 내재적 의미와 연구자의 체험적 참여를 결합하여, 학문적 탐구와 예술적 실천 간의 경계를 허물고 있다. 이는 무용학 질적연구가 기존의 틀을 넘어 새로운 학문적 지평을 여는 데 기여한다고 볼 수 있다. 특히 이러한 접근은 연구자와 참여자가 동등한 위치에서 예술과 학문을 함께 만들어가는 협력적 과정을 통해 새로운 지식을 창출한다는 점에서 중요한 의의를 가진다.

4) 무용학 세부분야별, 질적연구 방법별 활용도의 차이

한국 무용학의 세부분야별 질적연구 활용도에는 차이가 발견된다. 초기에는 무용 철학 및 교육학 분야에 편중되어 질적연구가 활발히 이루어진 반면, 무용과학 분야에서는 주로 신체적 기능이나 생리적 분석에 중점을 두어 질적연구 활용이 제한적이었다. 그러나 최근에는 양적 데이터와 질적 접근을 결합해 무용수의 신체 기능과 심리적 경험을 다각적으로 탐구하려는 연구가 증가하고 있다. 이는 기존 연구 방식에서 한 걸음 나아가 현상을 통합적으로 이해하려는 시도로 볼 수 있다.

또한 질적연구 방법별 활용도에도 차이가 나타난다. 현상학적 연구는 무용학에서 압도적으로 많이 활용되는 반면, 근거이론 연구와 같은 방법론은 여전히 제한적으로 사용되고 있다. 이는 무용학이 특정 연구 주제에 적합한 방법론을 선택하는 경향을 반영하는 동시에, 덜 활용된 방법론들이 가진 잠재성을 보여준다. 앞으로 다양한 세부 질적연구 방법론을 적용함으로써 무용학 연구의 깊이와 폭을 더욱 확장할 가능성이 존재한다.

한국 무용학의 질적연구는 분야별 특성과 연구 주제의 요구를 반영하며 점진적으로 발전하고 있다. 지금까지 상대적으로 덜 활용되었던 연구 방법론을 탐구하고, 이를 다양한 분야에 적용한다면 무용학의 지평이 확대될 수 있을 것이다. 나아가, 질적연구의 다양한 방법론들이 통합적으로 활용된다면, 무용학이 다학문적, 융합적 학문으로 자리매김하는 데 중요한 전환점이 될 것이다.

5. 아시아적 담론으로서의 한국 무용학 질적연구의 시사점

한국의 무용학 연구에서 나타나는 질적연구의 특성은 아시아적 담론으로서 중요한 시사점을 제공한다. 이는 서양의 무용학 연구와 비교했을 때 독특한 관점과 방법론을 보여주며, 글로벌 무용학 담론의 다양성을 확대하는 데 기여하고 있다. 아시아적 담론으로의 한국 무용학 질적연구의 시사점을 살펴보면 다음과 같다.

첫째, 한국의 무용학 연구에서는 각 세부 분야의 특성에 맞는 질적연구방법이 발전하고 있다. 예를 들어, 무용철학 분야에서는 현상학적 연구가 주로 활용되고 있으며, 무용교육 분야에서는 내러티브 탐구 연구가 많이 사용되고 있다. 이러한 방법론의 선택은 각 분야의 고유한 학문적 요구와 무용학의 맥락적 특성을 반영한다. 무용철학에서는 무용 동작의 의미를 철학적으로 탐구하기 위해 현상학적 접근이 적합한 반면, 무용교육 분야에서는 내러티브 탐구를 통해 학교 현장과 무용 현장에서 나타나는 교수자와 학생과 무용수들의 교육경험과 체험을 통한 의미를 효과적으로 탐구할 수 있다. 이러한 경향은 각 분야의 고유한 특성과 연구 목적에 부합하는 방법론을 선택하고 발전시키는 것으로, 무용학의 다양한 측면을 심도 있게 탐구할 수 있다는 점에서 의의를 갖는다.

둘째, 한국 무용학의 질적연구에서는 모학문의 이론을 적극적으로 활용하여 연구 결과를 해석하는 경향성은 의미가 있다. 예컨대 무용교육학이라고 한다면 모학문인 교육학에 기반 하여 매우 심도있는 논의가 진행된다는 것이다. 단순한 현상 기술이나 표면적 분석을 넘어, 깊이 있는 이론적 기반을 토대로 한 심층적 해석을 지향한다. 무용철학 연구에서는 동서양의 미학이론을 바탕으로 무용 동작의 의미를 다층적으로 해석하려는 시도가 이루어지고 있다. 무용교육학에서도 교육학의 다양한 이론과 개념을 무용교육 현장에 적용하여 교육 과정과 결과를 심층적으로 분석하고 해석하려는 연구들이 증가하고 있다. 이러한 경향은 무용학의 세부 학문 분야에서 모학문의 이론적 토대를 적극적으로 수용함으로써, 무용학이 독립적 학문으로서의 학술적 기반을 강화할 수 있도록 돕는다.

셋째, 한국의 무용학 질적연구는 무용학의 고유한 이론을 창의적으로 발전시키고, 이를 새로운 해석과 담론의 틀로 확장하고 있다는 점에서 시사점을 지닌다. 한국의 무용학 연구는 모학문 뿐만 아니라 무용학의 교유한 개념을 결합하여 무용 현상의 본질과 맥락을 새롭게 조망하려는 창의적인 접근을 시도한다. 예를 들어, 한국 전통무용의 미학적 특성을 연구하는 과정에서 문화적 의미를 심층적으로 탐구하거나, 현대무용 창작 과정에 사회적 담론을 접목하여 해석하려는 시도가 이를 뒷받침한다. 이러한 접근은 단순히 기존의 이론을 차용하는 데 그치지 않고, 연구 주제에 따라 새로운 해석 틀을 창조적으로 구축하며 무용학 고유의 학문적 정체성을 강화한다. 이 과정에서 한국 무용학은 독창적인 담론을 형성하고, 글로벌 무용학 연구에 새로운 통찰을 제공하는 중요한 학문적 기반을 다질 수 있을 것이다.

한국 무용학은 세부학문의 특성과 결합된 질적연구 세부방법의 심화, 무용학의 고유한 특성과 모학문 간의 창의적 결합을 통해 향후 아시아적 담론을 주도하며 세계 무용학의 다양성을 확장하는 데 기여할 것으로 기대된다.

6. 결론: 한국 무용학 질적연구의 르네상스를 기대하며

한국 무용학 분야에서 질적연구의 전반적인 현황을 고찰하고, 이를 토대로 주요 시사점을 도출하였다. 한국 무용학 분야의 질적연구에 대한 진단과 결론은 다음과 같다.

무용학에서 질적연구는 초기에는 현상학적 연구에 기반하여 주로 무용철학과 교육학을 중심으로 시행되었다. 그러나 최근 들어 다양한 질적연구 방법의 접근을 시도하며, 무용학의 세부 학문 분야 전반에 걸쳐 활용되는 양상을 보이고 있다. 특히 질적연구 주제가 다각화되고, 무용의 특수성을 반영한 세부 방법론이 창의적으로 적용되고 있다는 점은 매우 고무적이다. 이는 무용학의 본질적 특성을 심층적으로 탐구하고, 무용 경험의 본질을 다양한 관점에서 조명할 수 있는 가능성을 확장하는 데 크게 기여하고 있다.

한국 무용학 연구에서 질적연구는 단순한 연구 방법론을 넘어 아시아적 담론으로서도 중요한 의의를 지닌다. 각 세부 학문 분야에서 본질적 특성에 맞춘 질적연구 방법과 질적연구 방법이 발전하고 있다는 점, 무용학의 고유한 이론을 창의적으로 발전시키며 이를 새로운 해석과 담론의 틀로 확장하고 있다는 점은 아시아 무용학 연구에 중요한 학문적 시사점을 제공한다. 이는 무용학의 지역적, 문화적 특수성을 반영한 연구 성과로 평가받을 수 있다.

그러나 이러한 성과에도 불구하고, 한국 무용학 분야에서 질적연구는 여전히 몇 가지 과제를 안고 있다. 먼저 질적연구의 특정 방법을 따른다고 하지만 그 체계성에는 다소 아쉬움이 남는다. 연구주제에 알맞은 적절한 질적연구 방법을 선정할 뿐 아니라, 자료 수집과 분석의 과정을 치밀하고 구체적으로 기술하려는 노력이 요구된다. 또한 질적연구를 표방하면서도 기존 양적연구의 글쓰기 방식에 제한되는 모습을 보인다. 무용의 현상과 경험이 지닌 질적 속성을 효과적으로 드러내기 위해서는 '질적 글쓰기'를 보다 체계적으로 강화할 필요가 있다. 연구의 외연 확장이 어느 정도 궤도에 오른 지금, 내연을 심화하며 연구의 내실을 기하는 단계로 진입해야 할 것이다.

앞으로 한국 무용학의 질적연구는 현재의 성과와 한계점을 명확히 인식하고 이를 보완하며, 새로운 학문적 지평을 열어가는 데 기여해야 한다. 이러한 과정에서 질적연구는 무용의 특수성과 본질을 반영한 독창적 담론을 형성함으로써, 한국 무용학의 질적연구 르네상스를 선도할 것으로 기대된다. 나아가, 한국 무용학 질적연구의 지속적인 발전과 내실화는 무용학이 지닌 학문적 정체성과 가치를 더욱 공고히 하는 동시에, 아시아적 담론으로서의 가능성을 세계적으로 확장하고 증명하는 데 핵심적인 역할을 할 것이다.

참고문헌

강숙영, 김승일(2018). 중년여성의 무용 활동을 통한 삶의 균형 분석. **한국무용학회지, 18**(2), 27-34.

강지선, 최경아, 안현균(2021). 예술고등학교 무용전공 학생들의 삶에 대한 내러티브 탐구. **한국발육발달학회지, 29**(3), 427-438.

강현숙, 조기숙(2016). '고유수용감각'에 기반 한 무용 창작과정 연구. **무용역사기록학, 40**, 55-78.

고민정, 김원정(2024). 무용전공자의 '행복한 삶' 탐색 과정에 관한 내러티브: 무용수 삶에서 '교육자'의 삶으로. **한국여성체육학회지, 38**(4), 87-114.

고현정(2013). 자문화기술지의 학문적 적용과정과 무용 자문화기술지 방법론 연구. **한국무용교육학회지, 24**(1), 35-53.

고효영, 윤수미(2022). 한국전통춤 중견무용수의 공연경험 의미 탐색. **한국무용연구, 40**(4), 119-140.

고효영, 윤수미(2023). 내러티브 관점에서 바라본 중견무용수의 공연인식 변화과정 탐색. **한국무용연구, 41**(4), 105-126.

곽영은(2017). Gains and Losses of a Resident Dance Group: An Auto-ethnography. **무용예술학연구, 65**(3), 43-65.

곽정운, 강여주(2014). 대학 무용 전공자의 슬럼프 극복 방안에 관한 근거이론 분석. **한국무용학회지, 14**(1), 1-12.

권옥희(2004). 메를로-퐁티의 신체론으로 본 무용교육의 현상학. **한국무용교육학회지, 15**(2), 147-165.

권지현, 홍혜전(2024). 발달장애무용수의 춤 활동에 관한 내러티브 탐구. **한국무용학회지, 23**(4), 37-47.

김경미(2023). 초등학생 대상 무용교육 프로그램 개발 및 적용을 위한 실행연구: '2022 꿈의 무용단 운영사업' 사례를 중심으로. **문화예술교육연구, 18**(5), 121-148.

김경미, 이병준(2022). 노인 무용교육을 위한 교수학습방법 탐구: 미적 발달이론을 기반으로. **문화예술교육연구, 17**(5), 205-225.

김경민(2019). 학교무용예술강사의 직업 정체성 갈등에 관한 근거이론적 접근. **대한무용학회논문집, 77**(5), 1-17.

김기화, 백현순(2017). 춤추는 '몸'인식에 대한 현상. **한국무용연구, 35**(3), 29-50.

김말복(1993). 현상학적 무용해석의 과제. **한국문화연구원 논총, 62**(1), 163-188.

김미례, 조기숙(2014). 무용작품에 관한 연구: 몸적 학습(Somatic Learning)을 기반으로. **무용역사기록학, 32**, 1-20.

김미숙(2017). 한국무용 전공 대학생들의 진로탐색 경험에 관한 근거이론적 접근. **한국무용연구, 35**(3), 97-122.

김민정, 김승일(2020). 무용교사의 자유학기제 수업인식. **한국무용학회지, 20**(2), 55-68.

김상철, 김승일(2020). 상해를 경험한 무용수의 재활 성공사례. **한국무용학회지, 20**(1), 85-99.

김세라(2016). 메를로-퐁티의 현상학을 기반으로 한 무용에서의 창작자: 수용자 소통 연구. **대한무용학회논문집, 74**(1), 1-14.

김수인(2014). 한국과 미국 무용학회지의 질적 연구와 학문적 글쓰기 동향. **무용예술학연구, 49**(4), 21-45.

김수인(2016). 학문분과로서 무용의 다면성에 대한 고찰: 무용의 신체, 교육, 예술, 학문의 사회학적 측면을 중심으로. **무용예술학연구, 60**(3), 17-36.

김승일, 강여주, 장동환(2003). 송범 생애사 관점에서 바라본 신무용 분석. **한국체육학회지, 42**(6), 621-631.

김승일, 김종욱(2002). 예술고등학교 무용교사의 수업환경과 교수방법에 대한 인식. **한국스포츠교육학회지, 9**(1), 95-108.

김승혜(2022). 안무가의 작품 창작과정에서 감정이입 경험에 대한 질적 사례연구. **학술대회, 2022**(6), 133-134.

김아롱, 조은숙(2024). 전문무용수의 펠든크라이스 ATM(Awareness Through Movement) 수업 경험에 관한 현상학적 연구. **무용예술학연구, 96**(3), 39-64.

김영란, 정윤덕(2021). 무용 지도자의 전문성 형성 과정: 근거이론 방법을 활용하여. **한국사회체육학회지, 85**, 225-240.

김영천(2016). **질적연구방법론 1: Bricoleur**. 서울: 아카데미프레스.

김용흠(2023). 수행성 관점으로 바라본 방희선 안무 '돌아오지 않는 강': 내러티브 탐구 중심로. **무용예술학연구, 90**(1), 67-81.

김윤희(2004). 신체경험에 관한 현상학적 연구의 이론적 및 방법론적 근거. **움직임의 철학: 한국체육철학회지, 12**(2), 251-266.

김윤희, 신현군(2002). 살풀이 춤 체험의 해석학적 현상학 연구. **움직임의 철학: 한국체육철학회지, 10**(1), 79-113.

김은진, 홍미성, 홍혜전(2025). 느린학습자 아동의 STBT 무용프로그램 참여 경험에 대한 사례연구. **한국무용과학회지, 42**(1), 1-24.

김일륜, 이효녕(2022). 조선음악무용연구회의 활동상과전통연회적 특징 연구. **한국민속학, 76**, 233-274.

김정아, 조기숙(2022). 무용작품 〈멈추지 않는 순간〉에 관한 연구: 윤회 특성을 기반으로. **연기예술연구, 25**(1), 21-40.

김정은, 신현군(2003). 발레무용수의 신체현상학 : Gabriel Marcel의 실존, 현상학적 신체관을 중심으로. **움직임의 철학: 한국체육철학회지, 11**(1), 317-350.

김정은, 신현군(2020). 온라인 무용창작수업에 대한 교수경험연구. **영남춤학회지, 8**(2), 83-101.

김주영, 이숙영, 기보배(2024). 전문 무용수의 완벽주의 성향과 무대 공연에 관한 사례연구. **한국체육교육학회지, 29**(5), 143-154.

김지선, 박한울, 김운미(2011). 무용콩쿠르경험에 대한 해석학적 현상학 연구: 한국무용전공 입시생을 중심으로. **예술과 과학기술, 7**(3), 157-195.

김지영, 박정주, 박제인, 홍애령(2019). 무용을 통한 인성 및 법 교육: 중학교 자유학기제 '춤추는 법(法)' 교육프로그램 개발에 관한 실행연구. **학습자중심교과교육연구, 19**(7), 1061-1084.

김지영, 박진희(2007). 무용전공자의 신체이미지 형성과정에 관한 근거이론적 분석. **대한무용학회논문집, 51**, 63-82.

김지영, 윤정은(2014). 초등학교 창의적 체험활동의 무용 수업 비평에 관한 내러티브 탐구. **무용예술학연구, 50**(5), 39-57.

김지영, 이원일(2016). 문화예술교육을 위한 가르치는 무용가(Dance Teaching Artist)의 전문성 형성과정에 관한 근거이론 접근. **한국여성체육학회지, 30**(3), 139-154.

김지영, 홍애령, 김은혜(2018). 역사콘텐츠 융합 무용교육 프로그램 실행연구. **한국문학과 예술, 26**, 317-353.

김지은(2023). 점토와 신체 움직임을 활용한 미술치료사의 예술기반 내러티브 탐구. **신체심리연구, 8**(2), 33-55.

김지인, 조은숙(2023). 크리스탈 파이트의 작품에서 나타난 움직임 내러티브 탐구:「트라우마, Betroffenheit」,「성명서, The Statement」를 중심으로. **무용예술학연구, 91**(2), 53-66.

김지현(2016). 젊은 안무가의 창작활동에 대한 사례 분석. **한국무용학회지, 16**(1), 1-12.

김태희, 신현군, 김정은(2019). 무용수간의 커뮤니케이션 현상학: 박병천류 진도북춤 수행. **한국무용연구, 37**(1), 151-183.

김한나, 박수영(2022). 발레리나의 정서표현성 형성 경험에 관한 연구: 근거이론 방법론 접근. **대한무용학회논문집, 80**(1), 73-92.

김행화, 이강순(2024). 초등교사의 비대면 무용교육봉사 경험에 관한 자문화기술지. **한국초등체육학회지, 29**(4), 31-48.

김현정, 한석진(2017). 무용학의 현상학적 접근에 대한 비판적 이해. **무용예술학연구, 63**(1), 19-34.

김현주(2007). 예술 통합형 창의적 움직임 교육에 관한 질적 사례연구. **무용역사기록학, 12**, 45-77.

김혜란(2017). 공간 형태와 표현적 요소의 적용에 따른 움직임 시각화의 양상과 의미: 라반 공간조화 이론과 움직임의 현상학적 해석을 기반으로. **한국영상학회 논문집, 15**(5), 37-48.

김혜미(2023). 온라인 플랫폼 무용 교육 콘텐츠 활용에 관한 질적 사례연구. **학술대회, 2023**(06), 78.

김홍식(2016). 한국 체육학에서의 현상학적 연구와 방법적 적합성. **움직임의 철학: 한국체육철학회지, 12**(2), 251-266.

김희진, 김수연, 박휴경(2024). '진지한 여가'로서 중년여성들의 '라인댄스 무용단' 활동 경험. **학습자중심교과교육연구, 24**(19), 987-1003.

김희진, 박휴경, 정원정(2022). 전문무용인들의 라인댄스 강사 활동경험에 대한 자문화기술지. **대한무용학회논문집, 80**(1), 111-131.

나경아(2005). 무용의 학문정립에 관한 고찰. **민속무용, 7**, 11-32.

라세영, 최상철(2021). Murray Schafer의 사운드스케이프 개념을 바탕으로 한 무용작품 〈RE: discovery〉의 창작과정 연구. **한국콘텐츠학회논문지, 21**(6), 425-434.

류진욱, 김지영, 홍애령(2021). 장애예술에 참여하는 무용가들의 문화다양성 수용과정에 관한 근거이론 접근. **한국무용과학회지, 38**(1), 45-67.

문현주, 신혜선(2024). 한국 고등교육기관의 스트리트 댄스 교육 제도화에 대한 현상학적 연구: 교수자와 학습자의 관점으로. **무용예술학연구, 96**(3), 65-81.

민들레(2007). 대학생의 무용공연제작 경험에 관한 사례연구. **한국무용학회지, 7**(2), 43-51.

민애경(2022). 두 무용수의 전환의 삶에 대한 내러티브 탐구. **내러티브와 교육연구, 10**(3), 59-83.

박부희(2005). 좋은 무용교과수업을 위한 사례연구: 일반 고등학교를 중심으로. **한국무용연구, 23**, 1-20.

박성혜(2022). 무용 활동에서 청소년의 정서 경험 탐색. **홀리스틱융합교육연구, 26**(3), 137-162.

박성호(2019). 무형문화재 전수자의 전수교육 경험 연구. **영남춤학회지, 7**(2), 83-112.

박승순, 홍선미(2017). 직장인의 무용경험에 대한 내러티브 탐구. **한국체육과학회지, 26**(1), 825-841.

박중길(2004). 무용교육에서의 질적연구. **한국체육학회지, 43**(4), 745-758.

박지숙(2008). 무용전공생의 교육실습 경험에 대한 내러티브 탐구. **예술교육연구, 6**(2), 19-33.

박지숙(2009). 무용전공생의 교사사회화 과정에 대한 내러티브 탐구. **무용역사기록학, 16**, 25-51.

박지원, 김제영, 김지영(2013). 대학 교양무용 수업의 반성적 실천 사례. **한국콘텐츠학회논문지, 13**(11), 626-635.

박해리(2021). 무용작품 〈틀〉에 관한 연구. **무용역사기록학, 61**, 43-65.

박혜연(2017). 무용교육의 미적 체험과 교수전략에 관한 근거이론적 접근. **한국무용학회지, 17**(2), 1-14.

박혜진, 김욱동(2024). 국내 스트릿댄스의 메카, 문 나이트클럽에 대한 연구. **한국무용학회지, 24**(3), 43-56.

박휴경, 정원정, 김희진, 이나영(2022). 중년의 현대무용 전공인들의 라인댄스에 대한 이야기보따리 풀기: 입문계기를 중심으로. **학습자중심교과교육연구, 22**(4), 695-707.

방서영, 이의재(2019). 무용전공 고등학교 초임체육교사의 교직 적응에 관한 내러티브 탐구. **교과교육학연구, 23**(5), 409-421.

배소심, 최경실(2005). 무용학: 몸의 현상학을 통한 춤예술의 존재론적 본성. **한국체육학회지, 44**(6), 1059-1069.

백현순(2022). 한국무용창작 작품주제 분석에 따른 심리 연구. **국제문화예술, 3**(2), 63-73.

백현순, 김양희(2022). 온라인 무용수업 경험 및 무용공연인식에 대한 현상학적 분석. **한국무용연구, 40**(4), 25-43.

서예원(2009). 문제해결학습 모형을 적용한 표현활동 수업개선을 위한 실행연구. **한국무용교육학회지, 20**(2), 29-56.

성은경, 박용남, 박은지, 송미숙(2021). 생활무용 강사의 생애사적 이해를 통한 직업사회화 과정 연구. **영남춤학회지, 9**(1), 101-121.

성재형(2009). 메를로 퐁티의 '몸의 현상학'에 대한 무용의 신체관 연구. **움직임의 철학: 한국체육철학회지, 17**(3), 163-179.

손가예(2022). 안무가들이 생각하는 안무가에게 요구되는 역할과 자질에 관한 현상학 연구. **한국무용과학회지, 39**(4), 57-72.

손영민(2024). 지역문화 발전을 위한 지역무용가의 역할과 필요 역량: 안동의 문화정책과 한국예총 안동지회 활동을 중심으로. **한국무용연구, 42**(3), 155-180.

손영민, 정숙희(2023). 접촉즉흥의 치유적 기능 및 활용방안 연구. **예술과 과학기술, 19**(1), 9-37.

손원미, 전순희(2020). 무용 지도자의 연기 전공 입시 무용 특기 지도 경험에 관한 내러티브 탐구. **한국무용연구, 38**(4), 71-107.

송남은(2023). 이펙추에이션(effectuation) 관점에서 본 무용가의 예술기업가정신: 현대무용가 차진엽의 내러티브 탐구를 중심으로. **문화예술경영학연구, 16**(3), 103-135.

송성아(2010). 전통춤 기술(記述)의 논리와 체계적 범주. **무용역사기록학, 20**, 19-50.

신숙경(2024). 무용작품「Concept」에 관한 연구: 데페이즈망을 중심으로. **무용역사기록학, 73**, 60-92.

신채롱(2024). 출산 후 무용수의 '다시 춤추는 몸'에 대한 내러티브 탐구. **한국무용학회지, 24**(3), 97-110.

신채롱, 김형남(2021). VR 콘텐츠를 활용한 무용작품 〈세 개의 방〉 창작과정 연구. **한국무용학회지, 21**(2), 1-16.

신하라(2017). 메를로 퐁티 원리를 적용한 접촉 · 즉흥무용 연구. **영남춤학회지, 5**(1), 129-148.

안창용(2021). 프리랜서 무용 강사들의 SNS 활용에 관한 근거이론적 접근. **대한무용학회논문집, 79**(4), 155-174.

염지숙(2001). 내러티브 탐구(Narrative Inquiry): 그 방법과 적용. **질적연구학회 학술대회 지료집, 2001**(2), 37-45.

염지숙(2020). 내러티브 탐구 연구방법론에서 관계적 윤리의 실천에 대한 소고. **유아교육학논집, 24**(2), 357-373.

염지원(2021). 워킹맘 자녀의 긍정적 상호작용을 위한 무용동작치료 단일사례연구. **무용동작심리치료연구, 5**(2), 65-87.

오덕자, 박진희, 김지영(2007). 초등학교 무용특기 적성 활동에 관한 근거이론적 접근. **한국체육과학회지, 16**(1), 747-755.

오덕자, 윤정옥(2021). 국가무형문화재 태평무 최초 보유자 강선영 생애담을 통한 노년기 삶의 의미. **남도민속연구, 43**, 171-195.

오덕자, 정원정, 심경은(2021). 국가무형문화재 태평무 명예 보유자 강선영의 생애담을 통해 본 중년기 삶의 의미. **실천민속학연구, 37**, 225-256.

오세복, 이유리(2022). 메를로 퐁티의 현상학적 관점에서 무용의 철학적 의미. **한국체육무용과학회지, 2**(1), 65-72.

오소희(2019). 무용교사의 수행체험을 통해서 본 무용교육의 가치와 의미 자문화기술지를 통한 분석. **무용역사기록학, 53,** 181-201.

우민경(2010). 무용공연 대중화와 콘텐츠개발을 위한 제製作자 사례분석. **한국무용학회지, 10**(1), 49-63.

우선영, 정유진, 임병노(2024). 중등교육 무용예술강사의 지역연계 교수경험에 관한 자문화기술지. **한국콘텐츠학회논문지, 24**(11), 570-589.

유미희(2016). 자문화기술지를 통해 본 한 교육대학 교수의 무용교수경험 탐구. **무용예술학연구, 60**(3), 109-122.

유미희(2020). 교육대학 온라인 무용수업경험에 대한 자문화기술지연구: 신체표현활동 강의를 중심으로. **무용예술학연구, 79**(3), 1-13.

유지영(2022). 한국무형문화재 춤 DB 구축 연구에서의 고려사항 탐색: 경험적 사례연구. **한국무용연구, 40**(3), 43-69.

유지숙, 김승일(2023). 내러티브 탐구를 통한 살풀이춤 전수자의 정체성 연구. **한국무용학회지, 23**(1), 127-141.

유태균, 김재은(2009). 직업 무용수의 삶에 투영된 은퇴. **움직임의 철학: 한국체육철학회지, 17**(2), 355-372.

윤명화(2020). 창작무용 샤먼(Shaman)에 대한 자문화기술지적 작품분석 연구. **한국무용연구, 38**(2), 183-214.

윤소정, 신현군, 김정은(2021). 출산 후 직업무용수가 느끼는 '사회적 몸'과 '정체성'에 관한 내러티브 탐구. **대한무용학회논문집, 79**(3), 219-234.

윤정아(2022). 무용 창작과정에서의 DMT 프로그램 적용 사례연구. **무용동작심리치료연구, 6**(2), 65-82.

윤지은(2016). 예술춤 활성화를 위한 교양무용교육의 효율적 방안: 실행연구(action research)를 중심으로. **무용역사기록학, 4,** 247-269.

윤필규, 노미라, 김재은(2017). 중년여성들의 라인댄스 참여경험과 의미. **한국무용학회지, 17**(2), 79-90.

이강순(2022). 초등학교 예비교사 대상 비대면 온라인 동영상 '신체표현활동' 강의에 대한 자문화기술지. **한국초등체육학회지, 28**(1), 97-109.

이나영, 박휴경, 김지나(2022). 국가직무능력표준(NCS) 도입의 필요성 탐색: A대학 무용교육 사례를 중심으로. **학습자중심교과교육연구, 22**(2), 807-826.

이남인(2014). 현상학과 질적연구: 응용현상학의 한 지평. **철학연구, 105,** 111-122.

이다혜, 이나라(2024). 한국발레의 선구자 박금자의 춤 생애사 연구. **대한무용학회논문집, 82**(3), 264-289.

이동성(2012). **질적연구와 자문화기술지.** 서울: 아카데미프레스.

이동성(2015). **생애사 연구.** 서울: 아카데미프레스.

이동숙(2021). 은방초 생애사로 본 남성무용수의 상징과 의미. **한국융합과학회지, 10**(3), 177-192.

이미희(2022). 구화 청각장애인 무용수의 교육경험에 의한 자문화기술지. **대한무용학회논문집, 80**(1), 267-288.

이병준, 이유리(2014). 예술강사의 직업생애사 연구: 학교문화예술교육 무용강사를 중심으로. **문화예술교육연구, 9**(5), 1-20.

이병준, 이유리(2015). 안무가들의 문화적 학습에 관한 생애사적 연구: 한국무용가를 중심으로. **문화예술교육연구, 10**(4), 1-18.

이보람, 최대혁, 안현균(2022). 성인 여성의 현대무용 경험에 관한 연구. **한국체육학회지, 61**(5), 13-27.

이애경, 백재화(2007). 현상학적 관점에서의 한국 전통춤의 표현적 의미. **예술과 과학기술, 3**(2), 9-32.

이정민, 유화정(2021). 소매틱 경험과 의미에 대한 협력적 자문화기술지: 라반 바르테니에프 연구소의 바르테니에프 펀더멘털 교육 과정을 중심으로. **한국무용학회지, 21**(3), 89-103.

이정화, 우녕루, 이해준(2025). 노인 무용교육프로그램 메디발레(우아댄스) 지도 사례연구. **대한무용학회논문집, 83**(1), 279-305.

이제성, 이숙영, 안창식(2022). 온라인 융합수업 플랫폼 제작 사례 연구: 무용과 미술 교과 융합수업. **한국체육교육학회지, 27**(4), 65-76.

이지설(2023). 초등학생의 댄스게임 경험과 댄스리터러시 함양. **움직임의 철학: 한국체육철학회지, 31**(2), 71-87.

이지설, 안병주(2012). 댄스게임 체험에 따른 신체적 · 정서적 무용교육효과. **한국게임학회 논문지, 12**(4), 65-75.

이지숙, 이해준, 박미진(2020). 스캠퍼기법을 활용한 무용창작프로그램 창작과정 경험의 의미. **한국무용학회지, 20**(2), 105-116.

이지혜(2015). 초등학생과 학부모의 무용 활동 인식 분석. **한국무용학회지, 15**(2), 23-34.

이춘양, 김수민, 이현주(2020). 여가로서의 결혼이주여성 문화예술 활동 경험 탐색. **학습자중심교과교육연구, 20**(5), 1089-1113.

이혜경(2024). 한국무용수의 무대공연 전 불안 형성 극복과정의 근거이론 패러다임 모형 연구. **한국무용과학회지, 41**(2), 45-57.

이혜민, 조남규(2021). 무용전공생들의 필라테스 체험에 대한 현상학적 연구. **한국무용과학회지, 38**(4), 59-75.

이혜진, 전병운(2017). 지적장애 특수학교 방과후 학교 무용강사의 수업 경험. **특수교육논집, 21**, 117-146.

이호신(2007). 한국문화예술위원회 아르코예술정보관의 예술사 구술채록사업 운영현황. **무용역사기록학, 13**, 105-130.

이희나(2012). 메를로-퐁티의 몸 현상학과 춤 경험에서의 의미. **춤과 지성, 4**, 153-182.

이희나(2013). 춤의 감각적 소통과 존재의미 연구: 메를로-퐁티의 현상학 및 존재론을 바탕으로. **무용역사기록학, 30**, 183-199.

임수진(2024). 전통과 현대를 잇는 리더십 요소 탐색: 댄씽킹(Dan-Thinking) 융합교육과정으로 함양하는 리더십. **한국무용학회지, 24**(1), 39-52.

임수진, 문영(2017). 댄스 리터러시 함양을 위한 예술강사 우수 수업사례 질적 분석. **한국예술연구, 17**, 171-194.

임용자(2014). 교육과 예술의 통합적 실천도구로서의 타말파 표현예술치료의 현상학적 관점에 관한 연구. **무용역사기록학, 32**, 185-202.

임현숙, 임경원(2022). 지적장애 무용단원의 생활세계를 통해 바라본 무용활동의 교육적 의미. **교육인류학연구, 25**(2), 75-117.

장서현, 한정미(2024). 메를로 퐁티의 몸 현상학 관점을 통한 감각경험 연구: 한정미의 작품 〈움큼〉을 중심으로. **대한무용학회논문집, 82**(2), 199-219.

장소정(2024). 발레 교육자의 러시아 심층 발레교육프로그램 기획 및 진행 경험에 관한 자문화 기술지: 캐릭터 댄스를 중심으로. **무용예술학연구, 95**(2), 167-180.

장우선(2019). 자문화기술지를 통한 무용 예술강사의 지도경험 성찰. **무용예술학연구, 73**(1), 161-174.

장운규(2024). 무용 작품 레미제라블의 연구. **연기예술연구, 34**(2), 137-156.

장유진, 소혜진(2019). 표현예술매체 경험을 통한 음악치료사의 성장에 관한 자문화기술지. **신체심리연구, 5**(1), 35-77.

장은정(2017). 트라우마를 가진 노인들의 자기회복을 위한 무용동작치료 사례연구. **무용동작심리치료연구, 1**(2), 43-56.

장정윤(2003). 현대무용의 발전에 나타난 철학사상: 현상학을 중심으로. **한국무용교육학회지, 14**(1), 95-113.

장지혜, 조기숙(2012). 오딜을 재해석한 무용작품 〈나에게 스며들다〉의 창작과정에 관한 연구. **무용역사기록학, 27**, 125-149.

전영국(2017). 순천만 흑 두루미 춤을 추는 자전적 경험에 관한 예술 기반 탐구 사례. **내러티브와 교육연구, 5**(3), 219-247.

정석지(2023). 무용작품「만개(滿開)」에 관한 연구. **무용역사기록학, 69**, 147-175.

정연수(2013). 현대무용 〈균형의 조건〉 작품분석: "Performing Body"개념 적용. **무용역사기록학, 30**, 201-218.

정연수(2023a). 창의적 움직임을 위한 예술 작품 창작 구성 체계: 메를로-퐁티와의 조우. **한국무용학회지, 23**(3), 15-26.

정연수(2023b). 창작자 중심 연구를 적용한 〈태권, 춤을 품다〉 작품분석. **스포츠인류학연구, 18**(4), 73-112.

정연수, 정예수(2014). 안무가의 몸에 관한 현상학적 소묘. **움직임의 철학: 한국체육철학회지, 22**(2), 237-248.

정연정, 김승일(2018). 무용수의 신체열등감 극복사례. 한국무용학회지, 18(2), 63-72.

정유담(2023). 연기전공 대학생의 즉흥무용프로그램 참여 경험에 관한 현상학적 탐구. **한국무용학회지, 23**(3), 93-102.

정이와, 조기숙(2012). 무용작품 〈매듭처럼 맺히는 침〉에서의 몰입체험에 관한 몸학적 연구. **무용역사기록학, 25**, 105-121.

정이와, 조기숙(2022). 무용작품「경계에서」의 연구. **연기예술연구, 25**(1), 55-74.

정희정(2024). 발달장애 대학생의 장애무용 수업 실천적 지식 형성 과정에 관한 자문화기술지. **학습자중심교과교육연구, 24**(21), 431-448.

정희정, 김태훈(2024). 실용무용 전공 만학도의 대학원 진학동기와 성장 과정에 관한 내러티브 탐구. **한국무용과학회지, 41**(3), 1-17.

제갈숙영(2014). 전문무용수 직업전환의 문제인식. **한국무용학회지, 14**(1), 45-60.

조기숙(2009). 춤의 새로운 비전을 위한 고찰 몸의 체험을 기반으로 한 연구와 성찰을 위하여. **무용역사기록학, 17**, 169-195.

조기숙(2013). 무용에서 '실기에 기반을 둔 연구'에 관한 고찰: 개념과 과정을 중심으로. **무용역사기록학, 31**, 229-255.

조기숙(2014). 무용연구에서 데이터의 생산 및 관리에 관한 연구: '실기기반 연구'를 중심으로. **무용역사기록학, 33**, 35-61.

조선령(2022). 장소 특정적 무용(Site-Specific Dance)의 미학에 대한 현상학적 연구: 송주원의 〈풍정. 각〉 시리즈를 중심으로. **미학예술학연구, 67**, 108-132.

조영둘(2009). 지방대 무용과 여교수의 생애사. **한국스포츠리서치, 20**(1), 39-50.

조용환(1999). 질적연구 동향과 과제. **교육인류학연구, 2**(1), 91-121.

조은지(2022). 무용작품「사이의 여백」에 관한 연구. **무용역사기록학, 66**, 203-232.

조정숙(2017). 학교부적응 남자고등학생들의 무용동작치료 프로그램 경험에 대한 연구. **무용동작심리치료연구, 1**(2), 5-21.
조정희, 조기숙(2012). 춤추는 몸의 인식에 관한 탐구: 무용작품의 체험분석을 통하여. **무용역사기록학, 24**, 149-172.
조정희, 조기숙(2014). 무용수의 '몸 주체성' 인식에 기반한 안무자의 작품분석: 무용작품 〈Walk 〉를 중심으로. **무용역사기록학, 35**, 235-261.
주현아(2023). 대학 실용무용 전공자의 졸업 후 진로전환 경험에 대한 질적 사례연구. **한국실용무용학회지, 1**(2), 54-66.
주현아, 여인성(2003). 남성 직업무용수의 무용경험에 관한 해석학적 현상학 연구. **한국체육학회지, 42**(6), 117-128.
차민영, 전지윤, 홍미성, 김달우(2023). 지역사회 노인여성의 훌라와 함께하는 삶 들여다보기. **한국무용학회지**, 22(4), 39-56.
차옥수(2003). 진주검무의 무용학적 이해와 교육적 의미. **움직임의 철학: 한국체육철학회지, 11**(1), 223-246.
채주희, 박혜연(2020). 무용교육 가치의 인식확장을 위한 셀프 내러티브 탐구: 교사연구자의 무용교육 워크숍 체험을 중심으로. **무용역사기록학, 56**, 135-160.
천소정, 조기숙(2018). 무용작품 〈닿을 수 없는〉 연구: 소마체험을 중심으로. **연기예술연구, 11**(1), 137-157.
최경실(2009). 춤 표현에 대한 현상학적 고찰. **한국무용학회지, 9**(2), 9-21.
최명진, 여인성, 김상윤(2022). 한국 무용가들의 한국 전통춤 '승무'몰입경험에 관한 내러티브 탐구. **한국체육과학회지, 31**(2), 559-570.
최용원, 유화정(2023). 국내 스트릿댄스 교육의 변화 흐름에 관한 생애사적 연구. **한국무용학회지, 22**(4), 79-91.
최윤정, 이소현(2004). 현대 무용에서의 완전한 순간: 현상학적 접근. **움직임의 철학: 한국체육철학회지, 12**(1), 381-400.
최의창, 홍애령(2013). 통합적 발레정신 교육프로그램 개발 및 실행 연구. **한국스포츠교육학회지, 20**(3), 29-52.
최지선, 최연실(2024). 친족 성폭력 피해 청소년의 치유를 위한 무용동작치료 경험 사례 연구. **무용동작심리치료연구, 8**(2), 1-23.
추나영, 장승현(2021). 무용전공자의 '체육학자 되기'과정. **교사교육연구, 60**(3), 451-462.
추언아, 남현우(2019). 소년원학교 청소년의 무용동작치료경험에 대한 질적 사례연구. **예술심리치료연구, 15**(1), 71-93.
하영미, 이지영, 홍애령, 김지영(2018). 문제중심학습(PBL)기반의 무용교육 모델 개발에 관한 실행연구. **한국콘텐츠학회 종합학술대회 논문집. 5**, 531-532.
한만석, 신주영(2014). 무용학 질적연구의 주제 및 동향 분석. **한국무용연구, 32**(1), 189-219.
한미영, 이소영(2004). 무용에서의 몰입경험(II). **움직임의 철학: 한국체육철학회지, 12**(1), 401-426.
한혜주(2016). 몸적학습을 통한 '몸의 인격성'체험연구. **무용역사기록학, 40**, 271-302.
함지선(2013). 중등 예비 체육교사의 무용수업 참여 후 수업 실천 가능성 탐색. **한국체육교육학회지, 18**(3), 143-159.
홍미성(2017). 60대 여성 유방암환자의 라인댄스 인생살이. **한국무용학회지, 17**(3), 43-52.
홍세희(2021). 무용작품 〈나와 나타샤와 흰당나귀〉 창작과정 연구. **연기예술연구, 24**(4), 119-138.
홍애령(2019). 홀리스틱 학교무용교육을 위한 교사수준 교육과정의 근거이론 패러다임 모형 연구. **홀리스틱융합교육연구, 23**(3), 153-169.
홍애령(2023). 무용의 사회적 역할로서 코로나 블루 완화를 위한 움직임 퍼포먼스 실행연구. **한국무용과학회지, 40**(3), 1-15.
황미숙, 권오륜(2002). 현상학을 통한 무용예술에서의 신체관. **움직임의 철학: 한국체육철학회지, 10**(2), 419-435.
황미숙, 권오륜(2003). 통영검무의 현상학적 해석과 미적 연구. **움직임의 철학: 한국체육철학회지, 11**(2), 315-336.
황인주(1994). 무용이해를 위한 방법론 연구. 대한무용학회, 16, 247-259.
황인주(1999). 해석학적 현상학을 이용한 즉흥무용 작품과정에 대한 연구. **대한무용학회논문집, 25**, 281-296.
황인주(2011). George Balanchine 작품의 미적 연구: 아프리카 무용특성을 중심으로. **무용역사기록학, 22**, 127-145.
황인주(2015). 철학적 탐구를 위한 무용 연구 방법론에 관한 연구. **예술과 과학기술, 11**(4), 165-183.
황혜선(2007). 메타인지 학습방법을 활용한 접촉즉흥 수업에 관한 실행연구. **한국무용학회지, 7**(1), 17-28.
황혜연, 김승일(2019). 안무가가 인지한 무대의상 연구. **한국무용학회지, 19**(2), 1-12.
Chang, H. (2008). *Autoethnography as method.* Walnut Creek, CA: Left Coast Press, Inc.
Clandinin, D. J., & Connelly, F. M. (2004). *Narrative inquiry: Experience and story in qualitative research.* Jossey-Bass.
Clandinin, D. J., & Connelly, F. M. (2004). Knowledge, narrative and self-study. In *International handbook of self-study of teaching and teacher education practices*. Dordrecht: Springer Netherlands.
Creswell, J. W. (2012). *Qualitative inquiry and research design: Choosing among five approaches* (2nd ed.). Sage Publications.
Dhunpath, R. (2000). Life history methodology: 'Narradigm' regained. *Qualitative Studies in Education, 13*(5), 543-551.

Fraleigh, S. H. (1996). *Dance and the lived body*. University of Pittsburgh Pre.

Glaser, B. G., & Strauss, A. L. (1967). *The discovery of grounded theory: Strategies for qualitative research*. Aldine Publishing.

Hanna, J. L. (1987). *To Dance is Human: A Theory of Nonverbal Communication*. University of Chicago Press.

Kvale, S. (1996). *InterViews: an introduction to qualitative research interviewing*. Sage.

Leavy, P. (2020). *Method meets art: Arts-based research practice*. Guilford publications.

Merriam, S. B. (2009). *Qualitative research: A guide to design and implementation*. Jossey-Bass.

Sheets-Johnstone, M. (1980). *The phenomenology of dance*. University of Wisconsin Press.

Wang, S., & Kim, I. (2024). Creative dance as an aesthetic educational tool for fostering innovation: A qualitative case study of Chinese engineering undergraduates. **지역과 문화, 11**(2), 177-204.

Wang, Zhi Quan(2018). 메를로-퐁티의 현상학 관점에서 본 오하드 나하린의 가가 움직임 언어에 관한 연구. **무용예술학연구, 68**(1), 89-102

제4부 포스트 오리엔탈리즘과 한국 질적연구의 미래

제 18 장

한국 인식론과 질적연구: 연구의 "개벽"을 위한 탐구

문승호(로욜라 대학교 시카고)

1. 들어가는 말[1)]

이 연구에서는 한국의 인식론이 질적연구 방법론에 제시할 수 있는 새 지평을 탐구하고, 그 역동성을 통해 질적연구자가 자신의 상상력과 문화적 자산을 바탕으로 이론적 · 방법론적 틀을 창출하고자 한다. 인식론(epistemology)은 철학의 한 분류로서 지식(ἐπιστήμη)에 대한 철학적 담론인데, 기본적으로 지식과 진리에 대한 논의가 그 핵심이다. 앎의 상태, 지식의 습득, 지식의 표현, 중요한 지식 결정에 내포된 사회-정치-경제적 담론 등을 포괄한다(전경옥, 2006). 이 논문은 한국의 역사적 및 철학적 유산을 바탕으로, 질적 탐구에서 인식론적-방법론

1) 이 장에 수록된 내용은 2024년 *Asian Qualitative Inquiry Journal*에 영어로 출간한 "Korean Epistemology and Research: Centering Local Epistemologies in Qualitative Inquiry" 논문을 한국어로 번역한 것임을 명시한다. Moon, S. (2024). Korean epistemology and research: Centering local epistemologies in qualitative inquiry. *Asian Qualitative Inquiry Journal*, *3*(2), pp. 89-99.

적 가능성을 탐구한다. 많은 학자들이 다양한 관점에서 한국 철학과 인식론의 흐름을 묘사하고 이론화하는 작업에 참여하는 가운데, 저자는 관계성이라는 틀을 통해 한국 인식론의 중심 주제를 연구한다. 관계성의 문제는 한국 사상에 면밀히 흐르는데, 무와 유의 얽힌 존재 방식을 반영하 듯 유동적이고 역동적인 개념으로 작용한다. 유교, 불교, 도교, 그리고 샤머니즘과 같은 주요 한국 사상 체계가 각기 독특한 방식으로 세계관, 지식, 진리를 논의하는 반면, 관계성을 중심으로 한 인식론은 질적 연구자가 관심을 가지고 연구할 가치가 있다. 한국 인식론은 다양한 차원의 주제와 방법론을 포괄하는데, 여기에는 인간 본성(性)에 대한 논의, 사단칠정론(四端七情論爭)의 탐구, 명리학(命理學), 풍수지리(風水地理), 한의학(韓醫學)을 통해 구체화되는 천지인(天地人)의 관계 등을 포괄한다(이대희, 1999). 이 논문은 다양한 담론 중 특정 담론에 더 주요한 가중치를 부여하지 않는다. 다만, 저자의 경험과 관점을 바탕으로 관계성을 이 논문에서의 주요 개념으로 소개하며, 관계성을 한국 인식론의 구체적인 예로 탐구한다. 이 논문은 한국 인식론이라는 다면적이고 비수렴적인 주제에 대한 담론을 상상하고 탐구하는 출발점이 되며, 향후 한국 인식론에 뿌리를 둔 질적 연구 방법론을 구상하는 데 기반을 제공할 수 있으리라 기대한다.

이 논문은 세 가지 주요 부분으로 구성된다. 첫 번째 부분인 "관계성: 인식의 흐름과 역동"에서는 관계성을 중심 주제로 삼아 한국 인식론의 전체 흐름을 개괄한다. 특히, 유교, 불교, 도교 사상에 기반하여 존재와 관계의 맥락을 탐구하며, 무(無)와 유(有)의 개념에 대한 통찰을 제공한다. 두 번째 부분에서는 한국 인식론의 주요 흐름을 바탕으로 질적 연구자들이 참조할 수 있는 구체적인 연구를 제시한다. 마지막으로 저자는 질적 연구자들이 직면하는 도전 과제를 짚어 보고, 이론적 및 방법론적 맥락에서 독창적인 인식론적 틀을 활용하기 위한 제안을 제시한다.

2. 관계성: 인식의 흐름과 역동[2)]

한국 사상에서 관계성은 단순한 철학적 개념을 넘어, 모든 존재와 현상이 서로 맞물려 흐르고 변하는 역동적인 세계관을 제시한다. 관계성으로서의 한국의 인식론이란 인간, 자연, 우주를 단순히 존재하는 독립 개체로 보는 것이 아니라, 끊임없이 변화하고 상호작용하며 새로운 의미를 창출하는 역동적인 존재와 진리의 개념이다. 질적연구에서 관계성의 존재론에

2) 이번 장에 제시한 한국학의 기본 아이디어는 비출간된 문승호(2013)의 보고서 "다문화 교육정책에 대한 성찰적 제언: 통합과 다양성"을 기반으로 한다. 이 장에 수록된 일부 내용들은 이 보고서의 내용과 중복됨을 알린다.

대한 탐색은 인간 간의 관계, 인간과 사회, 인간과 우주, 문화적 차이의 생성담론과 정치성, 그리고 자연 간의 상호작용을 더욱 깊이 이해하는 중요한 통찰을 제공한다. 후기구조주의에 기초한 여성주의 이론에서는 서구 계몽사상, 인본주의에 반기를 들면서 관계 중심의 인간론을 피력하고 있다. 대표적으로 Judith Butler(1999, 2022)는 인간 간의 상호의존성을 강조하면서, 한 개인의 주체성이나 정체성 역시 미리 존재한다기 보다, 타인과의 교류를 통해 결과적으로 형성되는 수행성으로 정의한다. Braidotti(2019)를 중심으로 논의하는 최근의 후기휴머니즘 역시 자율적이고 이성적인 인간상에 대한 반론으로 의존적인 인간의 존재성을 설파한다. 이들 이론을 접하면서 자연스레 자연과의 상호의존성, 타인과의 의존성을 강조하는 한국의 인식론을 떠오를 수 밖에 없었다. 그 관계성 역시 순차적이고 미리규정된 대상 끼리의 관계가 아니라, 열려 있고 변화무쌍하는 역동적인 관계로 설명된다.

한국 사상의 흐름을 관통하는 관계성은 모든 존재가 상호 연결되고, 서로 영향을 주고받는다는 본질적인 통찰을 전제로 한다. 전통적인 방식의 비교교육학이나 비교문화학에서는 서구- 비서구라는 이분법적 구도를 통해 자아와 타자를 설명해 왔다. Said(1979)는 이러한 타자화가 단순히 인식론적 문제에 그치지 않고 정치적, 윤리적 문제로 이어진다고 지적한다. 주체와 객체를 이분법적으로 나누는 과정에서 주체는 대개 중심에 위치하며, 객체는 주변부에 머무르게 된다. 이러한 타자화는 한국 인식론 및 비교 연구와 관련된 담론에서도 쉽게 관찰할 수 있는데, 이는 존재와 인식의 이분화를 초래하기 마련이다.

최근 출간된 논문에서 Kim(2024)은 아시아다움을 정형화하거나 낭만화하는 것을 거부하는 역동적이고 맥락적인 차원에서의 비교학 및 교육과정학 연구의 방법론을 주장한다. 그는 Chen(2010)의 "Asia as method" 개념을 바탕으로 아시아 문화 간의 상호 참조, 문화 간의 비판적 연결 및 혼합, 그리고 교육과정학 연구를 문화적 상상력과 주체성을 형성하는 공간으로 재구상할 것을 제시한다. 그는 서구의 인식론을 사고의 기준으로 책정하는 대신, 아시아를 인식론적 담론의 중심으로 재배치하는 것을 지지하지만, 동시에 문화 담론에서 서구/동양 또는 식민자/피식민자라는 이분법의 재생산을 우려한다. 대신 그는 Moon(2012)을 인용하면서 권력, 문화, 주체성의 복잡성과 교차성을 인식하는 초국가적 접근을 요청하며, 자아/타자의 정적이고 집단적인 이분법적 접근을 초월하는 교육과정학 및 문화학 연구를 촉구한다(Kim, 2024). 이른바 서구 문화는 주로 개인주의에 뿌리를 둔 것으로 설명하고, 동양 문화, 특히 한국 문화는 집단주의에 기반한다고 묘사하는 일은 다반사다(Hofstede & Hofstede, 2005). 이러한 환원주의적인 문화 해석 방법은 한국 문화의 복잡성을 무리하게 단순화한 집단주의라는 서사를 창출하고, 동시에 타자에 대한 고정관념을 강화하는 문제가 심각한 도구로 작용한다. 특히 Spivak(2007)은 탈식민주의 맥락에서 문화적 관계의 다면성을 강조하며, 백인 구원주의(White savorism)를 영속화할 뿐만 아니라 이러한 복잡한 문화적 역동성을 간과하는 서구 중심의 기술을 비판한다. 이러한 고정관념에 기반한 경험의 일반화는 복잡다난한 한국 문화를 집단주의라는 도식으로 꿰어 맞추려는 문제점을 낳을 뿐만 아니라, 객체를 소외시키는 지름길이다. 물론 농경사회에 기반을 둔 동양 문화권 내에서 집단주의 의식이 역사적으로 존재했었다. 그러나 자본주의와 신자유주의에 근거한 한국의 현대 사회까지 집단주의라는 무리한 도식으로 끼워 맞추기보다, 한국의 인식론에 대한 또 다른 접근법이 필요할 따름이다. 저자는 문화적 차이와 같음을 기술하는 방법으로 문화, 역사, 철학, 정치경제적 흐름과 맥락을 기술하는 중요성을 간파해 왔다(Moon, 2022).. 관계의 인식론 역시 이러한 방법의 일환으로 소개하고자 한다.

1) 존재와 관계성의 인식론

한국 인식론에서 이러한 관계성은 겉보기에는 대립적이고 이분화된 요소들이 실제적으로 상호 의존하여 세계를 구성하고, 그 관계 속에서 모든 것이 유기적으로 연결된다는 점을 보여준다. 무엇보다 한국의 도교에서 관계성의 철학은 심도 있게 드러난다. 도덕경 2장에 두드러지는 유무상생(有無相生)/장단상비(長短相比)의 개념과 도덕경 40장의 천하만물 생어유 유생어무(天下萬物 生於有 有生於無)는 유와 무, 길고 짧음, 크고 작음과 같은 대립되는 특성들이 서로를 필요로 하며, 이 관계 속에서만 그 의미가 드러난다는 점을 강조한다. 예를 들어, 밤이 존재하기 때문에 낮의 개념이 있을 수 있고, 부드러움이 있기 때문에 단단함이 존재한다. 처음부터 절대적이거나 독립적으로 존재하는 개념이나 사물은 없다는 논리이다. 도교에서 관계성은 대립적이면서도 서로를 보완하는 존재의 방식이다. 이 관계는 고정된 것이 아니며, 끊임없이 변화하고 상호작용하는 세계를 드러내는 역동성이다. 유와 무의 상보적인 관계성은 상호 배타적이지 않고, 창조의 관계에서 서로 의지하는 양상을 지향한다. 이를 일상으로 비유하자면, 인간의 삶은 늘 타인이나 다른 맥락 들과의 관계 속에서 의미를 갖는다.

우리가 타인과의 관계 속에서 매 순간 새롭게 태어나고 성장하며 자연과의 상호작용 속에서 생존할 수 있는 것처럼, 도교적 관계성은 존재의 다면성을 이해하는 중요한 관점을 제공한다. 도교와 마찬가지로 한국 불교에서도 자신들의 용어를 접목하여 그 관계성을 다룬다. 불교의 연기(緣起) 사상은 모든 존재가 독립적으로 존재하는 것이 아니라, 서로 얽히고 설킨 인연에 의해 형성된다는 철학에 기반한다(김영진&홍창성, 2023). 이는 우리가 일상에서 경험하는 모든 사건과 현상이 고정된 것이 아니라, 끊임없이 변화하고 서로에게 영향을 미친다는 사실을 상기시킨다. 예를 들어, 원효는 마음과 인식의 작용을 통해 우리가 인식하는 세계가 어떻게 상호작용을 통해 변화하고 형성되는지를 설명한다. 원효의 일심(一心) 사상은 모든 존재의 관계성을 논의하는데, 일체가 서로 연결된다는 연기론을 바탕으로 타인과의 관계를 심리적, 윤리적 관점에서 설명한다. 하나의 생각이 마음에서 떠오르면 그 생각이 곧 세상에 드러나기 마련인데, 이는 인간의 인식과 세계가 긴밀하고 유기적으로 연결되어 있기 때문이다. 이는 관계성이 단순히 외적인 상호작용이 아닌, 내면의 변화와 연결된 깊은 철학적 작용임을 보여준다. 불교의 관계성은 특히 일상의 경험을 통해 쉽게 이해할 수 있다. 한 나무가 자라기 위해서는 땅, 물, 햇빛, 그리고 바람과 같은 여러 요소들이 필요하다. 이렇듯 모든 것이 서로 의존하고, 그 의존 속에서 존재가 형성되는 것이 바로 연기의 원리이다. 물론 이 인식론은 이것도 좋고 저것도 좋다는 식의 허무주의나 무책임한 진리 상대주의를 표방하는 것은 아니다(Kim, 2014). 한국 불교에서의 관계성은 일상 속에서 우리의 삶과 끊임없이 교차하는 현상으로, 존재의 의미를 더욱 다층적으로 이해하게 만든다.

관계성에 대한 한국의 인식론에서 유교 전통을 간과할 수 없다. 제도화된 유교주의가 군신유의, 부자유친, 부부유별, 장유유서와 같은 계층과 지위 중심의 실천윤리를 제공하는 것으로 해석되기도 하고, 여성주의와 평등사상의 관점에서 신랄히 비판받는다. 저자 역시 질적 연구자가 이러한 고전적 유교전통에 입각하여 한국의 문화나 인식론을 고정화하는 틀로 사용하는 것을 경계하며, 한국유교에 대한 심도 있고 복합적인 재해석이 필요하다고 본다. 그러한 맥락 속에서 저자는 정치철학과 존재론의 중요한 덕목으로 작용하는 유교사상 중 화(和) 사상과 관계성에 주목하며, 이를 질적연구에서도 활용할 수 있는 가능성을 본다.

유교의 핵심 덕목 중 하나인 "화(和)"는 단순한 조화가 아니라, 상호 관계 속에서 균형을 이루는 깊이 있는 철학적 원리를 담고 있다. 중용(中庸)은 유교에서 화를 설명하는 핵심 내용으로서, 중용이란 단순히 중간 지점에 머물거나 이도 저도 아닌 중립적인 태도를 의미하지 않는다. 이우영(2012)은 중용을 크게 도(道)로 설명한다. 중(中)은 한쪽으로 기울지 않으면서도 지나치거나 모자람이 없는 상태이고, 용(庸)은 준수하지만 영원성을 내포한다. 중용은 극단을 피하면서 적절한 균형 상태를 유지하는 것, 그리고 이 균형 상태가 일상 속에서도 유지됨을 강조하는 개념이다. 중용 1장의 천인론은 다음과 같이 시작한다. "중(中)은 천하의 근본이며, 화(和)는 천하의 도(道)이다. 중과 화에 도달하면 천지 만물이 제자리를 찾아 번성하게 된다(中也者 天下之大本也 和也者 天下之達道也)." 이우영(2012)과 Li(2006)는 이 구절을 해석함에 있어, 중(中)은 화(和)에 다다르는 과정이자 방법이며, 화가 없으면 천지 만물은 제자리를 잃고, 번영하지 못할 것이라고 제시한다. 이는 화의 철학이 모든 존재 간의 상호 의존성과 상생과 공존에 대한 철학적 메시지를 담고 있음을 보여준다.

저자는 이처럼 화(和)의 개념이 관계성 속에서 더욱 깊은 의미를 지닌다고 주장한다. 단순한 한 쪽의 희생을 강요하면서 진행되는 외적 조화나 안정이 아닌, 존재와 존재 간의 상호작용을 통해 이루어지는 역동적인 관계성의 철학으로 해석한다. 유교의 화(和)의 의미는 개인적 차원, 인간 간의 조화(和), 그리고 인간과 천지만물과의 차원으로 확장된다. 질적연구는 필요불가결하게 인간 간의 삶과 갈등 그리고 함께 살아가는 인류 공동체로서의 삶에 촛점을 맞춘다. 유교의 화(和) 전통은 형이상적인 이해뿐만 아니라 사회 윤리적 의미를 내포하는 면에서 그 의미가 크다. 화(和)는 중용에서 논의하듯이 도의 차원에서 인식해야 하고, 무수한 존재들 사이의 관계성을 통해서만 논의 가능하다. 탈맥락적이고 보편적인 화(和)란 불가능하며, 천지만물간의 교류와 관계성을 바탕으로 통합적인 접근이 필수적이다.

특히 유교에서 화(和)란 획일적이고 완벽한 동의를 전제하지 않으며, 다양성과 상생의 역동적인 과정을 의미한다. 조화로움을 추구하는 유교의 사상의 관점에서 볼 때, 자신의 존재는 타인과의 관계 속에서 더욱 선명하게 그 존재가 드러나게 되고, 그 어느 존재도 다른 존재보다 절대적으로 우월하다 말할 수 없다. 나의 존재는 상호간의 발전과 성장을 위해 상보적인 관계 속에서 존재하는데, 이러한 관계성이야 말로 화(和)의 정수이다(Li, 2006). 관계성에 대한 촛점은 다름이나 대치를 하나의 갈등이나 대립으로 간주하는 것이 아니라, 화(和)를 위한 필수전제조건으로 인식된다. 만약 다름으로 인해 전개되는 갈등상황이 없다면 그 존재 자체는 단순히 같음에 머물 뿐 화(和)로 승화되지 못하는 것이다(홍승표, 2008; Li, 2006). 자아와 타자간의 관계성에 중점을 두는 화(和)의 사상은 어느 한 문화적 집단(예, 중산층 한국 남자)을 한국적 가치의 표본으로 삼으려는 가부장적이고 패권적인접근을 재고하는 중요한 얼개가 된다. 관계성 중심의 화(和)의 관점에서 보았을 때 획일적이고 고착화된 방식의 자아와 타아의 이해는 화(和) 사상에서 지양한다. 오히려 관계성 중심의 화(和) 사상은 후기구조 주의에서 논의하듯이 맥락과 담론을 통해 한 개인의 정체성과 지식-권력의 관계가 역동적으로 변화하는 면모를 뒷받침 한다고 하겠다. 결과적으로 한국인/비한국인, 중산층/저소득층, 남성/여성, 이성애/동성애와 같은 이분법적인 사고방식이 타인에 대한 수용과 자기 성찰을 저지하는 요소로 작용할 때, 유교의 화(和) 정신은 사회-경제-정치적 맥락에서 새롭게 규정되는 정체성과 억압에 대한 의미를 제공한다.

이처럼 양과 음의 조화, 무와 유를 통한 상생의 도가 철학, 그리고 조화를 중심으로 하는 유교사상은 질적연구에서 다양성과 통합을 새롭게 조망할 수 있는 흥미롭고 중요한 인식론의기초를 마련한다. 서구 인본주의의 인식론적 전통에서는 유와 무를 서로 대립하는 개념으로 인식하며, 문화적 차이도 마치 흑백 논리처럼 쉽게 양분화 된다. 이를 테면, 한국의 문화와 대립되는 비한국인의 문화가 존재하듯 문화해석의 논리를 펼쳐가기 쉽다. 사회개혁과 사회정의를 위해 근본적으로 구조적인 변화가 필요하다는 비판 이론은 매우 중요하다. 하지만 진정한 사회 변화를 위해 흑백의 논리에서 벗어난 또 다른 이론적 기초가 질적 연구 내에서도 꼭 필요하다고 강조한다. 그런 의미에서 관계성에 기초한 한국의 인식론은 사회를 해석하고 문제의 본질을 꿰뚫는 또 다른 주요한 관점이 될 수 있다. 여기서의 핵심은 예측 불가능한 임의성과 유연성의 인식론이다. 노자사상에서 보듯이 정해진 틀이나 계획이 진정한 자연스러움을 방해하듯, 질적 연구는 지나치게 정형화된 절차에 얽매이지 않고 더 유연하게 접근해야 한다. 질적연구의 탄생 이후 수 십년이 지난 지금 아이러니하게 그 연구방법이 제도화되고 정형화되고 있는 실정이다. 인터뷰, 참여관찰, 성찰일지, 삼각기법, 심층기술 등과 같은 일정한 절차와 방법을 거쳐 자료를 수집하고, 주제별로 그 자료를 제시하는 방식으로 정형화되곤 한다. 이러한 정형화된 방법론을 넘어, 한국의 정서나 문화를 설명하는 질적연구의 방식도 다변하는 관계성에 중점을 두는 역사적, 경제정치적, 맥락적 흐름에 대한 분석이 필요하다고 주장한다. 물처럼 자유롭고 유동적인 도가의 철학은 질적 연구, 특히 후기질적연구 논의에서 새로운 방법론을 제시할 수 있는 가능성이 존재한다.

2) 존재론적 성찰과 질적연구: 무의 유, 유의 무

한국 인식론의 두드러진 특성 중 하나는 있음과 없음 사이의 복잡한 모순이자 깊은 이해에 있다. 유와 무의 상생 관계성에 집중했던 앞선 논의를 넘어, 이번 장에서는 없음과 있음에 대한 인식론적 성찰과 질적연구에 대한 시사점을 논하고자 한다. 질적 연구자는 현장에서 '있음'과 '없음'의 문제에 주목할 필요가 있으며, 이는 단순한 참여와 존재의 여부가 아닌, 그 깊은 인식론적 의미를 탐구하는 작업이다. 무엇이 없고 있고의 문제, 존재의 유무성에 대한 담론은 단순한 유무의 대립을 넘어, 무의 철학적 깊이를 들여다보는 과정이기도 하다. 질적 연구자가 가정하는 '있음'의 실상와 허구는 무엇인가? 질적연구자가 현장에서 "직접" 관찰하였다고 가정하는 인식의 근거와 이에 내포된 문제점은 무엇인가? 질적연구자가 성찰일지를 통해 새롭게 배우고 깨달음을 얻었다고기술하는 과정에서의 있음과 획득이란 무엇을 함축하고, 이에 담긴 실질적 문제는 무엇인가? 한국인식론에 기반한 이러한 질문은 질적 연구자가 현상을 바라보고 분석하는 데 새로운 틀을 제공한다.

한국 철학에서 '없음,' 즉 '무'는 결핍의 의미를 넘어서, 존재의 본질을 이해하는 중요한 개념으로 다뤄진다. 정세근(2006)은 무의 존재론적 의미를 심도있게 논의한 바 있다. 무엇보다 무는 단순한 결핍이 아니라, 전체를 포괄하는 개념이다. 무는 단순하거나 비어 있는 상태가 아닌, 존재와 비존재를 넘어서는 새로운 가능성을 열어주는 기반이다. 다시 말해 무는 유의 반대개념이 아닌, 유를 위한 가능태로 존재하며, 유의 출발점이자 회귀점이다. 선불교에서 흔히 회자되는 일화가 유와 무의 존재론을 쉽게 설명한다. 유명한 학자가 유명한 선불교 스님을 찾아가 참된 지식에 대해 물어보는 장면이다. 방문자 앞에서 스님은 아무 말 없이 찻사발을 기울이며 이미 차로 가 득 찬 잔에 차를 채워나간다. 찻잔에 차가 가득 고여 있음에도 불구하고 그 스님은 여전히 차를 채우고 있다. 철철 넘쳐흐르는 차를 보며 그방문자는 스님에게 왜 멈추지 않는지 추궁하고, 그 스님은 지식도 기존의 선입견을 모두 비운 상태에서 새로운 앎이 가능하다고 화답한다. 이 장면은 기존의 지식과 선입견이 가득 차 있으면 깨달음이 들어갈 여지가 없음을 상징적으로 보여준다(Wang&Olson, 2009).

질적 연구에서 있음과 없음의 한국 인식론은 결과 중심의 인식을 재고하는 과정과 맞닿아 있다. 이 철학은 연구자가 세상을 바라보는 방식을 재구성하며, 질적 연구에서 중요한 연구자와 참여자의 성찰일지 작성 과정에서도 이 새로운 시각은 의미 있게 적용될 수 있다. 질적연구자가 기존 인식의 틀을 넘어선 사고를 이끌어낼 수 있는 계기를 제공하리라 본다. 페미니즘, 특히 후기구조주의에 근거한 질적연구 방법론에서 자기성찰과 자서전적 연구는 매우 중요한 방법론이다(Miller, 2005). 이는 자신에 대한 되돌아봄이고, 연구 참여자들의 응답에 대한 비판적인 분석이 되며, 궁극적으로는 삶의 경험을 사회적, 정치적, 문화적 맥락 속에서 이론화하는 작업이다. 한국 선불교에서 자기 성찰은 그 핵심 중 핵심이다. 다만 기존의 후기 실증주의에 기반한 질적연구 방법에서 자기성찰은 자신과 타인을 더욱 더 잘 파악하고 이해하기 위한 도구라면, 선불교에서 말하는 인식적 깨달음은 커다란 오산이자 실수이다.

승산 스님의 유고집(Seung Sahn, 2006)에 보면 깨달음에 대한 선문답이 담겨있다. 깨닫지 못함이 진정한 깨달음이라는 역설적인 가르침이다. 승산 스님은 자신의 눈을 직접 볼 수 없는 인간이 눈을 직접 보려함이 벌써 큰 실수라고 강조한다. 거울에 비친 눈은 진짜 눈이 아니기 때문이다. 진정함, 깨달음, 자아 등과 같은 개념이 모두 없음 즉 공이라는 의미이다. 선불교를 인용하지 않지만, Pillow(2003)가 제시하는 자기성찰연구에 대해 비판적인 접근은 유-무에 대한 존재론과 상통하는 면이 있다. 그녀는 전통적인 후기 실증주의식 질적연구에서 자기 성찰 연구는 거울 속에 비친 자아의 모습을 성찰하고, 창을 바라보듯 타인을 이해하며, 문화적 차이를 발견하여 기술하고, 결국 이러한 자아, 타자, 진리에 대한 이해를 글로 표현하는 과정을 거치는 문제점을 지적한다. Pillow(2003)는 이러한 인문주의적 성찰 모델을 방해하며, 불편함의 성찰(reflexivity of discomfort)을 제안한다(p. 188). 그녀는 보편화되고 편안한 성찰을 넘어서는 불편한 성찰로 질적연구자들을 초대한다. 불편한 성찰이란 단일화된 자아/타자, 진리에 대한 확실성, 현실에 대한 부정이며, 연구자가 예측 불가능한 사람들의 갈등에 참여하는 것이라고 논의한다. 이는 혼란스럽고 복잡하며, 담론적으로 구성된 현실, 정체성, 기억에 대한 연구이기도 하다. Pillow가 숭산 스님과 같은 선불교 스님과 성찰에 대해 직접적으로 대화를 나눴거나 개인적으로 선불교에 심취해 있지는 않다. 하지만 그 둘 사이에는 깨달은 자아에 대한 확실성에 대한 부정, 인간의 인식 한계 앞에서의 겸허함, 그리고 진리에 대해 열린 마음이라고 생각한다. 다양성에 대해 가르치고 질적연구를 수행하는 저자로서는 숭산 스님과 같은 한국 선불교 스님들의 가르침이 새삼 새롭고 중요하게 다가온다.

이와 같은 유와 무에 대한 한국학적인 조명은 다양한 방면으로 해석 가능하다. 비판적 인종이론에서는 백인중심, 서구 중심의 세계관에 대한 반발로 결핍이론을 자산이론으로 대치해야 한다는 움직임이 있다. 잔에 반쯤 찬 물을 보고, 남겨진 부분에 집중하기 보다 이미 채워진 부분에 촛점을 맞추자는 논의이다. 자산-기반 공동체 개발(Asset-based community development: ABCD) 모형은 기존에 빈곤/소외지역을 바라보는 시각을 결핍이 아닌 자산으로 바라보는 인식의 전환을 요청한다(García, 2020). 저자 역시 자신 중심에 대한 논의에 반기를 내 걸 수 없다. 풀뿌리식 공동체 형성의 핵심이자 자생적 성장을 촉진하는 인식론이기 때문이다. 하지만 정치적, 제도적으로 재생산되는 불공정 문제를 바라보는 관점에서 있음과 없음에 대한 한국의 인식론은 새로운 시각을 제공할 수도 있다. 자산-결핍이라는 이분법을 유-무의 관점에서 보자면, 유는 무에서 비롯하고 무 또한 유와의 역동성에서 비롯한다. 태극의 유무의 역동성이 보여주듯이, 자산-결핍이라는 상보적인 개념이 어떻게 정치적, 경제적, 문화적 역동성 내에서 생산되고 재생산되는 지 조망해볼 필요성이 대두된다. 아이러니하게도 자산-결핍이라는 정형화되고 이중적인 구도로 문제를 바라다보면, 이 둘 사이의 역동성에 내재하는 힘, 쉽게 말해 권력의 흐름과 사회문화적 움직임을 간과하기 쉽다(Moon, 2022).

유와 무의 통합적인 존재론은 지식과 실천이라는 기존의 이분법적인 논의를 재고하는 또 다른 틀이 되기도 한다. 신유학에 흐르는 지행합일의 철학은 참 지식이 무엇인지 논의하게 한다. 공감, 배려, 공존의 가치들이 불평등을 해소하는 시발점으로 지식 차원에서 많이 논의되고 있다. 저자의 관심은 지식에 머무는 인식론이 아니라, 한국의 신유학에서 논의하듯이 지식과 행위가 맞물리는 인식론이다. 군자의 모습이 고루하고 고리타분하게 들리기도 하지만, 군자가 되기 위해 노력하는 인간상의 핵심이 바로 지식을 행위와 결부하는 지행합일에 있다고 본다. 페미니즘에 기반한 질적연구에서 연구를 통해 연구자와 연구참여자의 삶이 모두 모습을 연구의 중요성으로 강조하곤 한다(Lather, 2007). 변혁적 타당성이라는 용어를 굳이 차용하지 않더라도, 한국의 인식론에 흐르는 지행합일은 질적연구에서 주요한 주제로 상기할 만 하다.

3. 한국인식론에 근거한 질적연구의 사례와 가능성

많은 독자들은 그렇다면 한국 인식론을 어떻게 질적 연구에 접목할 수 있을지 관심을 가질 것으로 생각된다. 이 질문은 한국의 독특한 철학적 전통을우리 시대의 질적 연구 방법론에 통합하려는 노력의 일환이며, 질적 연구자들에게는 매우 중요한 과제가 될 수 있다. 한국의 인식론이 그 범위가 다양하고 깊이가 심오하여, 어디서부터 시작할지 고민이 앞섰다. 그러나 의외로 친근하고 신선한 책과 논문을 발견하면서 물꼬가 트였다. 네 명의 유아교육을 전공한 한국인 학자-엄마들이 미국에서 자녀 양육과 관련한 어려움과 교육적 시사점을 질적연구 방식으로 책(Han et al., 2023)도 내고, 그 몇 해 전에 주류 저널에 ReZoom©ing our academic home using Suda(수다)라는 제목의 논문도 간행하였다(Meacham et al., 2021). 이들의 연구는 한국 문화, 특히 유아교육과 관련한 삶의 경험의 분석을 넘어, 한국인이라면 익숙한 삶의 양식이자 문화인 수다를 이론적 기초이자 방법론으로 이론화 하였다. 수다 방법론으로 삶의 경험을 매우 참신하면서도 생동감 있게 선보였다. 영어권 독자들을 위해 수다를 어떻게 설명할 지 난감해하는 저자들의 노력이 사뭇 생소하면서도 한편으로는 뿌듯했다. 저자들은 수다를 심도 있게 떠들기(chatting extensively)라고 직역하기에는 역부족이라는 점을 기술하고, 이를 질적연구 방법론과 이론적 기초로 이론화했다. 저자 역시 흔히 "다들 모여서 뭐 했어?"라는 질문에 "그냥 수다 떨다 왔어"라고 응대하는 한국인의 일상의 경험과 표현을 주요 연구방법론으로 승화시킨 모습에 신선한 충격을 받았다. 보통 모여서 그냥 수다 떨다 왔다고 말하지만, 그 표현 안에는 같이 모인 이들끼리 서로 삶에서 겪는 어려움을 나누고, 공감해주고, 해결책을 모색하고, 그러면서 치료 받고 활기를 얻는 등 삶의 희노애락이 함축되어 있기 때문이다. 이 접근법은 질적 연구에서 전통적인 반구조화 또는 심층 인터뷰 방법과 차별화되며, 자발적인 관계적 역동성과 주체성, 그리고 문화적 "차이"에 대한 공동체적 이해를 우선시 한다는 점에서 독특하다. 기존의 연구방법론과 달리, 수다 방법론은 대화의 주제와 흐름을 보다 유연하고 자연스럽게 탐구할 수 있는 가능성을 제공한다. 이러한 개방성은 연구자와 연구참여자가 협력을 통해 연구물을 창출하고, 깊은 상호연결되고 예상치 못한 안목을 기르는 밑받침이 된다. 더 나아가 정형화되고 엄격한 틀에 의존하는 기존의 질적연구 방법과 달리, 수다 방법론은 관계적이고 공동체적인 과정을 강조하며, 인간 상호작용의 예측 불가능성을 풍부하고 진심 어린 자료를 수용하는 원천이다. 전통적인 질적연구에서 사용하는 비구조화된 심층 면담이나 인터뷰 방식과는 사뭇 다른 형태의 연구 방법론임에는 틀림없다. 아울러 이 책의 저자들은 수다가 그들만의 편안한 학문적 가정이 되었다고 고백한다(Han et al., 2023). 이는 백인 남성 중심의 제도화된 미국 대학의 학문적 공간과는 다른, 위계질서 없이 삶의 경험을 자유롭게 수다 떠는 또 다른 공간이다. 이와 더불어 수다는 단순한 대화의 장이 아니라, 기존의 백인 남성 중심의 대학 문화와 그 체제에 저항하는 방법이었으며, 공감과 배려를 중심으로 한 참신한 학문적 대화 방식이었다. 결국 저자들은 수다를 단순한 한국인들의 잡담 문화 차원이 아니라, 상대를 배려하고 기존의 백인남성 중심의 대학 문화와 체제에 저항하는 수단으로서 그 중요성을 인식론적으로 제시하였다. 수다라는 한국인에게 친숙하고 일상적인 삶의 방편이 연구방법론이자 인식론으로 재구성할 수 있는 가능성을 보여주는 훌륭한 연구이기에 이 논문의 주제와 직결된다고 생각된다. 앞에서 관계성으로서의 한국인식론을 기술한 바 있는데, 수다 방법론은 한국의 정서와 삶을 반영한 질적 연구 방법론의 구체적인 사례로 볼 수 있다. 이는 한국인들의 삶의 방식과 친밀한 관계 속에서 삶의 진리나 감정을 이해하는 방식이 되며, 연구자들은 수다 방법론을 주요한 질적연구방법으로 재해석하였다. 저자도 한국학에 관심을 갖게 되면서 몇 가지 방법론적이고 인식론적인 연구 시도를 한 경험이 있다. 혹시 독자에게 영감을 줄 수 있으리라는 바람으로 이미 논문에 게재된 몇 가지 논문을 소개하고 이와 더불어 아직 연구에는 착수하지 않았지만, 다른 질적연구자들이 참여했으면 하는 연구주제도 소개하고자 한다.

1) 다산학과 질적연구

저자가 적극적으로 활동하는 학회 중 영어권 이외의 철학자의 교육학 논의에 관심있어하는 미국교육과정학회(American Association for the Advancement of Curriculum Studies)의 TICS(Task Force of Internationalization of Curriculum Studies)라는 학습공동체가 있다. 세계 도처에서 모인 학자들의 모임이고, 저자는 한국의 사상가 중 누구를 소개하면 좋을 지 구상하던 중 다산 정약용이 가장 먼저 떠올랐다. 저자가 새로운 연구를 구상 중이던 2011년은 정약용(1762-1836)의 탄생 250주년을 맞이하면서 세간의 관심이 높아졌고, 저자 역시 다산의 사상을 개요로나마 영어권 독자에게 소개하고 싶었다. 다산에 대해서는 한국철학 시간에 배운 내용이 전부이고 미약했지만, 성기호설을 기초로 다산이 지녔던 인간관과 교육관을 18-19세기의 개혁정신과 평등의 관점에서 제시하였다(Moon, 2013). 다산은 중용 1장에 주해를 달면서, 인간 본성은 천명으로 주어진 것이 아닌 인간의 매일의 결단을 통해 이루어진다고 해석하였다.

이 해석은 그 당시 아주 획기적이었다. 정통 유학의 성선설과 성악설의 이분법에서 벗어나, 다산은 인간의 본성은 기호라고 인식하고, 그 선택의 가능성을 부각시켰다. 다만 악을 좇는 것은 비탈길을 내려오는 것과 같이 쉽지만, 선을 추구하는 것은 비탈길을 오르는 것보다 훨씬 더 어렵기에 매일매일의 유교적 덕성 쌓기를 강조하였다. 인간본성에 대한 논의는 인간학뿐만 아니라 질적연구 내에서도 충분히 논의해야 할 중요성이 있다. 질적연구 내에서 인간의 행위와 정체성을 연구하는 논문이라면 비판이론이나 후기구조주의에서의 인간과 사회에 대한 담론과 더불어 성기호설을 기저로 정체성과 행위에 대해 논의해 보아도 의미가 깊을 것이다.

2) 무위와 질적연구

무위자연하면 도교의 기본 철학으로 한국인에게 익히 알려진 문구이다. 저자는 경쟁 중심과 결과 중심의 학교개혁을 논하는 미국교육학의 문화 속에서, 이 쟁점에 새로운 관점으로 접근하였다. 정치가나 교육 행정가들은 자신의 업적을 위해 무언가 계속 바꾸고 개혁하자고 몸부림 치지만, 결국 정치 이익에 바탕한 이러한 개혁들이 인간을 소외시키고 불평등을 악화시키는 결과를 초래한다. 저자는 춘추전국시대에 노자가 논의했던 무위의 정치철학을 이론적 틀로 사용하여 미국 개혁을 재조명하였다(Moon, 2015). 무위자연은 정치철학이자 인식론으로서 그 의미가 크다. 무위의 무는 없음의 반대로서의 개념이 아닌, 유를 존재하게 하고 유와 상보적인 관계를 맺는 존재론적으로 중요한 개념이다. 무위라 하면 단순히 행위가 없는 상태가 아닌, 적극적이고 자연에 순응하는 행동방식이다. 자연법칙으로의 회귀, 이기심 없는 행위, 억지로 노력하지 않는 방향, 시기 적절하거나 애초부터 개입이 필요 없게 하는 행위 들이 무위자연 법칙이다. 앞서 언급한 바와 같이, 질적연구에서 자기성찰지는 점점 실증적이고 문화보고의 수단으로 자리 잡아가는 양상을 보이고 있다. 예를 들어 참여관찰과 심층 인터뷰에 대한 확신을 삼각기법이라든지, 반복되는 핵심 주제를 산출하면서 그 결과를 제시한다. 무위자연의 철학을 바탕으로 존재론적으로 그리고 인식론적으로 알 수 없음이나 글로 표현할 수 없는 애매모호함에 대한 담론과 수용이 필요한 시점이다. 연구 윤리의 문제에 있어서도 연구자와 연구참여자 간의 관계가 자연적인 물흐름처럼 이루어지고, 연구자 개인의 이익이 아닌 참여집단의 이익을 도모하는 이기심을 벗어나는 연구의 방향도 생각해 볼 만 하다. 더 나아가 무위의 개념을 질적연구자들이 여러 방편으로 해석할 수 있으나, 무위에 내포된 무지나 불문명함이 부정적인 개념이 아닌, 현실의 복잡성과 예측 불가능한 삶의 현장을 조금이나마 제시하는 인식의 틀로 작용하리라 본다. 자기성찰지의 방향성을 제시함에 있어, 무와 무위의 개념이 더욱 요청되는 상황이다.

3) 서당과 지식-실천의 의미

근대 학교 교육은 서구에서 탄생하고 제도화 된 개념으로, 우리가 흔히 생각하는 학교라는 모습만이 참되고 선진화 된 교육의 모습이라고 착각하게 만든다. 그러나 나라와 민족을 막론하고 역사적으로 교육에 대한 열망과 실천은 다양한 모습으로 전개되었고, 한국에서도 자생적으로 발생하고 면멸히 이어지는 교육의 모습들이 존재한다. 특히 한국에서 서당은 마을 공동체를 중심으로 형성된 학습의 장이다. 서당에서 이루어지는 교육에 대한 조망은 한국의 인식론이 어떠한 방식으로 전달되고 그 시대의 교육받은 인간상에 대한 기대치와 현실의 모습을 보여주는 좋은 틀이 되리라는 신념이 있다. 특히 지식과 실천의 문제가 양립되지 않고 지식-실천이 통합된 모습으로 전개되는 모습은 과히 주목할 만 하다(Moon, 2018). 그리고 진정한 학습은 개인적으로 영역으로서 지식을 쌓고 이에 대해 보상이 주어지는 형태가 아닌, 공동체 속에서 타인과의 관계성 속에서 발현되는 공동체적 실천성을 기반을 둔다(김민재, 2014). 서당의 모습과 이른 바 서당교육과정은 마을 공동체에 따라 다르게 전개되었지만, 질적연구자들은 학습 공동체의 다양한 모습을 관찰하고, 지역 공동체 중심으로 전개되는 교육의 모습에 관심을 기울일 수 있다.

4) 문화적 유사점과 차이점의 논쟁과 소통

질적 연구, 특히 문화기술지적 연구에서는 문화의 차이점에 대한 기술과 이론화가 핵심적인 요소로 자리 잡고 있다. 참여 관찰이나 심층 분석을 통해 진행되는 문화기술지 연구는 주류 문화와는 다른 독특하고 토착적인 문화를 깊이 있게 탐구하고 성찰한다. 이러한 연구는 양적 연구에서 다루지 못하는 구체적인 삶의 현장을 드러내고, 그 공동체 속에서 살아가는 참여자들의 생생한 이야기가 녹아 있는 큰 장점이 있다. 일부 연구자들은 질적연구에서 큰 반향을 일으키고 있는 자문화기술지의 이론적 기초로 포스트모던 철학을 언급하면서, 거대서사에 대한 거부, 일원성의 해체를 통한 다양한 삶의 맥락에 대한 조명, 삶에서 벌어지는 우연성을 강조하면서 경험과 인식에 대한 중요성을 설파하기도 한다(주인석 외, 2021). 이러한 기존의 문화기술지 연구를 위한 이론적 바탕으로 물론 서구의 이론이 도움이 될 수도 있지만, 이보다 한 걸음 나아가, 한국인식론 특히 원효의 화쟁론과 같은 세계관은 또 다른 인식론으로 자리잡을 수 있다.

원효의 화쟁론은 같음과 다름이 동시적으로 존재하며, 상호 보완적일 수 있다는 철학적 통찰을 제공한다. 그는 같음과 다름을 절대적인 이분법으로 나누지 않는다. 두 존재가 전적으로 같지도 않고, 전적으로 다르지도 않으며, 같음 속에 다름이 있고 다름 속에 같음이 공존한다는 점에서 차이와 공통점은 서로 얽혀 있다. "같음은 다른 것들 중에서 같은 것을 변별하는 것이고, 다름은 같은 것 중에서 다른 것을 드러내는 것이다"(원효, 조성환, 2023, p. 122 재인용).

이런 맥락에서 같음과 다름을 구분하는 작업은 단순한 논리적 차원에 머무는 것이 아니라, 정치사회적 담론의 형성 과정에서 중요한 역할을 한다. 원효의 화쟁론에 특히 주목할 만한 이유는 이 개념이 자유 인본주의처럼 막연히 모든 존재가 소중하다는 당위의식으로 끝나지 않기 때문이다. 이 철학은 문화적 중립성과 맹목적 존중이 초래할 수 있는 위험성을 경계하며, 후기구조주의 철학과 마찬가지로 담론의 형성 과정에서 같음과 다름이 사회정치적 맥락 속에서 어떻게 재탄생하는지를 탐구한다. 이는 문화 간의 차이를 기술하는 기존 질적 연구에 새로운 틀을 제공하며, 차이를 존중하면서도 그 이면에 숨겨진 권력 관계와 담론의 역동성을 조망하는 더 깊이 있는 접근을 가능하게 한다. 구체적으로 말해, 질적 연구자는 한 문화의 독특한 가치 체계를 이해하면서도 그 문화가 형성되는 과정에서 발생하는 정치적, 경제적 맥락을 고려해야 한다. 화쟁론에 기반한 문화이해의 접근이란 문화적 다양성을 인식하는 가운데, 다양한 인식들이 어떤 권력 구조 속에서 형성되고, 유지되고, 제도화 되고, 담론을 통해 정치화 되는지를 함께 탐구하는 것이 질적 연구에서 중요하다.

5) 역경과 자아-타아-공동체의 문제

최근 한국뿐만 아니라 세계적으로도 역경(易經)에 대한 관심이 높아지면서, 저자 역시 다른 연구자와 함께 역경 20장의 '보다(觀).'라는 의미를 교육과정학내에서 새로운 담론으로 발전시킨 적이 있다(Moon & Guo, 2020). 이 논문에서 저자는 존재론적, 인식론적 관점에서 나와 너의 관계를 자서전적 경험과 연결하며, 이를 공명지조(共生之鳥)라는 개념을 통해 재해석했다. 공명지조는 하나의 몸에 두 개의 머리가 달려 있어 하나의 생명이 다치면 다른 머리도 생존할 수 없다는 고대의 상징적 새이고, 자아중심의 세계관을 재고하는 중요한 은유이기도 하다. 질적연구자들이 한국의 철학적 개념이나 공론화 된 삶의 경험들을 이미지나 내러티브로 풀어나가는 작업을 보여주는 좋은 사례이다. 저자도 공생지조의 개념을 익히 알고 있었으나, 2019년 교수가 뽑은 올해의 사자성어라는 담론 안에서 이 개념을 영어로 학계에 소개한 사례이다. 공명지조의 개념은 질적 연구에서 자아와 타자의 관계성, 즉 정체성과 사회 불평등의 문제를 다루는 데 중요한 새로운 틀을 제공한다. 기존의 연구에서는 자아를 거울에 비친 모습으로, 혹은 자화상처럼 개별적이고 고립된 존재로 분석하는 경향이 많았다. 그러나 공명지조는 자아와 타자가 서로 분리된 존재가 아니라, 서로에게 깊이 영향을 미치는 관계적 존재임을 강조한다. 질적 연구자들이 한국의 철학적 개념을 내러티브나 이미지로 풀어내는 작업이 필요한 시점이다. 예를 들어, 한국 전통 사상이나 개념에 기초하여 자아와 타자의 관계를 탐구하며, 타자와의 공존을 중심으로 한 정체성 연구를 수행하고 이미지로 풀어낼 수 있다. 이러한 연구는 자아-타자 관계를 '거울과 창'의 상징으로 이해하는 전통적 접근을 넘어, 상호의존적이고 역동적인 관계성을 탐구하는 새로운 방식이다. 이를 통해 자아와 타자 간의 경계는 고정된 것이 아니라 끊임없이 변화하고 상호작용하는 것임을 발견할 수 있다. 이러한 연구는 특히 사회적 불평등 문제를 다루는 데 있어서 자아와 타자가 단순한 이분법적 구도가 아닌, 상호작용 속에서 어떻게 새로운 관계성을 형성하는지를 제시할 수 있다.

4. 나아가는 글: 창조와 수용으로서의 한국인식론과 질적연구

저자는 한국의 인식론이 단순히 전통적인 사상의 복원이나 철학적 수구를 넘어 끊임없이 외부 사상과의 접촉과 고민 속에서 변화하고 창조되어 온 역동적이고 독창적인 분야라고 주장한다. 한국의 인식론은 지식, 앎, 그리고 관계성의 개념들이 서로 영향을 주고받는 과정을 통해 꾸준히 변형되고 재구성되어 왔다. 이는 고정화된 경계를 허물고, 개체들이 관계 속에서 변화를 거듭하는 방식으로 이해될 수 있다. 조성환(2023)은 "한국의 철학자들: 포함과 창조의 새길을 열다"라는 책에서 한국의 대표 철학자들을 면밀히 분석하면서, 그 면밀히 흐르는 특성을 포함과 창조라는 주제로 상정하였다. 한국의 인식론은 중국고전사상이나 서양 철학과 대비되는 특수성에 한정된 정형화 존재가 아니라, 복잡성과 불확실성의 미학 속에서 새로운 가능성을 탐구하는 혁신의 주체이다.

이 논문에서 소개해 온 한국 인식론의 중요성과 관심을 바탕으로 저자는 질적연구와 관련한 주요 쟁점을 제시하고 향후 질적연구 방법론의 방향성을 모색하고자 한다. 범국가적으로 토착적, 지역적 인식론에 대한 관심이 새로운 연구 패러다임으로 자리 잡고 있다. 저자는 *Multicultural Education Review*와 같은 주요 학술지에서 부편집장과 편집위원으로 활동하고, 적극적으로 여러 학술지에 제출된 원고를 심사하는 과정에서 인식론적 및 방법론적 딜레마를 자주 접하게 된다. 저자는 이러한 체험들은 질적 연구에서 한국의 인식론을 어떻게 더 깊게 탐구하고 발전시킬 수 있을지에 대한 주요한 질문으로 이어지게 되는데, 특히 기존의 서구 중심적 패러다임을 넘어서는 새로운 방법론적 가능성을 모색하는 데 중요한 단초를 제공한다. 질적연구 관련 학회지나 여타 질적연구자들의 연구 활동을 보면 각자 나름대로의 인식론과 시대정신에 맞추어 열심히 노력하는 모습을 엿볼 수 있다. 대표적인 예로서는 영어권에서 진행되고 있는 최신의 질적연구의 이론들을 국내에 소개하고 이를 한국 현실에 어떻게 접목하는 지에 관심을 가지면서 세계 학자들과 질적연구의 "언어"를 공유하고자 애쓰는 연구자들이 있다. 포스트휴머니즘이나 포스트질적연구에 대한 수용 자체가 그 대표적인 예이다(정정훈&김영천, 2021). 질적연구 자체가 "서구," 특히 미국에서 유입된 방법론이기에, 수용과 접목에 집중하는 노력은 당연히 꼭 필요하다고 본다.

질적연구자들의 연구 활동의 또 다른 면모는 현상학이나 자문화적연구지 같이 이미 제도화된 기존의 질적연구의 이론적/방법론적 기초들을 바탕으로, 교육학, 간호학, 상담학을 아우르는 한국인들의 삶의 경험을 소개하는 방법이다. 한국어뿐만 아니라 영어로 출판되는 이러한 질적연구는 문화의 다양성을 강조하기 위해 서구의 체험과 구별된 한국인이나 한국에서의 경험을 기술하려는 의미있는 문제의식으로 출발한다. 이들 연구는 이론적 기초나 방법론으로 한국적인 경험과 내용을 기존의 보편화 이론적 틀에 담아낸다. 대표적인 이론으로는 James Banks(1993)의 다문화 교육의 다섯 가지 핵심 요소, Gloria Ladson-Billings(1995)의 문화적으로 적합한 교육(culturally relevant pedagogy), Geneva Gay(2020)의 문화적으로 적합한 수업(culturally responsive teaching) 그리고 Paris(2012)의 문화적으로 지속 가능한 교수법(culturally sustaining pedagogy) 등이 있다. 예를 들어 한국의 문화현상을 설명하는 기초로 유교문화를 소개하거나, 한국에 거주하는 새터민이나 이주민들의 삶을 심층 기술하면서 비판적 인종 이론(critical race theory)에 기반한 이론을 활용하는 경우가 많다. 이러한 연구는 비판적 인종이론이나 페미니즘과 같은 기존 이론이 지니는 "보편성"을 바탕으로 한국인의 삶의 체험을 풀어나간다. 인류가 보편적으로 경험하는 패권, 권력, 소외와 같은 문제를 해석하고 설명하는 데 중요한 틀이 된다.

저자는 이러한 시대적 흐름과 연구적 맥락을 존중하면서도, 커다란 문제의식을 저버릴 수가 없다. 무엇보다 앞에 언급한 이론들, 특히 다문화와 관련한 이론들을 비판 없이 접목하기에 앞서, 그러한 이론이 탄생한 사회적, 정치적, 문화적 배경에 대한 재고가 필요하다고 강조한다. 유색인종 연구자들을 중심으로 발전해 온 비판적 인종 이론은 미국의 노예 신분사회와 원주민 학살이라는 치명적인 역사적 상처와, 기득권의 패권을 정당화하기 위해 제도화된 인종차별 문제를 해결하려는 구체적인 역사적 맥락에서 탄생한 이론들이다. 어찌보면 그러한 미국만의 독특하고 구체적이고 배경 아래에서 탄생한 이론들이 다양한 삶의 경험을 이론화하는 과정에 인식론적인 충분한 고민 없이 한국 상황에 접목되는 시도가 불편하게 느껴지기도 한다. 또 다른 방편으로 미국 중심의 인식론적 제국주의가 한국이라는 장소에서 탄생하고 재탄생하는 과정이 될 수도 있다는 우려를 거둘 수 없다.

이러한 문제 의식 가운데 탈식민주의 질적 연구자들은 서구 계몽주의 중심의 사고방식에 대응하는 방식으로서의 한국적 인식론의 필요성을 설파하기도 한다. 저자 역시 서구중심의 세계관이 마치 가치 중립적이거나 표준이고, 비서구권의 삶의 방식은 미개하거나 발전이 필요한 결핍이론으로 접근하는 데 문제의식을 갖는다. 최근 토착적 인식론에 대한 관심과 탈식민화/탈제국주의의 일환으로 전개되는 한국 인식론에 대한 자립적 학문 작업은 너무나 중요하다(윤택림, 2003). 그러나 서구 중심의 인식론, 존재론, 그리고 세계관에 대한 반격(talk back)으로 한국의 인식론을 서구 대 한국이라는 이분법적 도식으로 설명하려니, 또 다른 문제가 도사리고 있다. 많은 학자들이 지적하듯, 단순히 계몽주의/인본주의 중심의 서구 인식론과 대조되는 개념으로서의 "유일무이한" 한국적 인식론은 또 다른 정형화된 고정관념을 형성할 위험에 처해있다. "한국적"이라는 범주가 그 의도와는 달리 한국 내의 다양한 경험을 한민족, 중산층, 남성중심의 세계관으로 일반화하고 획일화하는 것은 아닌지 고민하게 된다.

역사적으로 한국 철학자들은 불교, 유교, 도교, 그리고 근현대의 기독교 사상을 무분별하게 수용하지 않고, 오히려 그것을 더욱 풍부하고 다층적으로 창조해 왔다. 예를 들어, 불교가 삼국시대에 도입되었을 때, 단순히 인도나 중국에서 전달된 사상에 머물지 않고, 원효를 비롯한 훌륭한 선승들을 통해 고유한 한국 불교로 재해석되었다는 점을 지적할 수 있다. 원효의 심학과 화쟁론을 통해 신라시대에 예술과 건축에서 보여준 한국의 인식론과 예술은 그 대표적인 예다. 조선 시대 유교가 정통적 도덕 철학에서 개혁적인 실학으로 발전해온 역사적 맥락은 한국 사상이 단순히 과거의 유산을 보존하거나 외부의 유입을 무조건 수용하는 데 그치지 않고, 능동적으로 변화와 개혁을 주도해왔다는 사실을 부각할 수 있다. 한국인식론은 또한 복잡성과 불확실성을 내포한 학문이며, 이러한 특성이 창조적 가능성과 혁신의 동력이 되어 왔다. 대표적인 예로 동학의 창시자 수운 최제우는 19세기 말 한반도가 처한 서학과 서양제국주의에 맞서 동학을 창시하고, 유불선 사상을 답습하기 보다 이에 대한 독창적인 해석과 적용을 통해 시천주, 개벽, 보국안민이라는 실천 중심의 인식론을 창출했다(김성문 외, 2022; Moon, 2017). 다시 말해, 한국의 인식론은 끊임없이 자기 혁신을 이루어내며 새로운 학문적 패러다임을 창출해온 경험이 풍부하다는 자부심이 있다.

이러한 한국적 인식론에 대한 새로운 조명과 맞물려, 질적연구자 역시 한국의 철학적 전통과 인식론을 기반으로 색다른 연구방법론을 모색해 갈 수 있으리라 희망한다 질적연구자들도 한국의 인식론이 지닌 이러한 창조와 포용의 맥락 안에서 방법론을 새롭게 창조하는 당면과제가 있고, 또한 이를 잘 헤쳐 나가리라는 인식론적 유산이 존재한다. 질적연구는 엄연히 말해 서구에서 탄생했고, 여타 학문 분야처럼 한국으로 유입된 인식론적 제국주의의 잔재일 수 있다. 그러나 질적연구방법론의 보편성과 획일화에 맞서서 질적연구자들은 한국의 인식론을 통해 새로운 연구방법론을 구상하고 창출해 갈 수 있으리라 믿는다.

이 논문은 한국의 인식론이라는 수렴 불가능한 주제에 대해 다양한 담론을 창출하고 탐색하는 데 좋은 시발점이 되고, 추후 한국 인식론에 기반한 질적 연구 방법론을 구상해 나아가는 데 좋은 발판이 되리라 기대해 본다. 저자는 이 논문에서 한국 인식론의 주제 중 하나로 "관계성"의 관점에서 그 흐름을 기술하였다. 유불선이라는 한국의 주류사상들이 각자 독자적인 방법으로 세계관, 지식, 진리에 대해 논의하지만, 관계성을 중심으로 풀어나가는 인식론이 질적 연구자들에게 하나의 좋은 예시가 되리라는 희망을 담아본다. 질적 연구자들, 특히 토착적 인식론과 지역학에 관심 있는 이들은 상호작용과 상호관계성이 다양한 세계관의 해석과 지식 (재)생산의 형성과정을 재고할 수 있고, 토착적 인식론에 기반한 역사해석이 또 다른 인식론적-방법론적 실천으로 접목되리라 희망한다. 결국 이 연구는 다양한 배경을 존중하고 자랑스러워하는 질적 연구자들이 자신의 인식론과 문화유산을 재평가하고, 존재론적 상호 연결성과 인식론적 관계성의 미학을 인식하도록 촉구하고자 한다. 질적연구자들은 단순한 한국학의 보존과 서구와의 대립이라는 이중구도를 넘어서는 새로운 유기체로서의 질적 연구를 상상하고 실행해야 할 과업이 있고, 또한 충분히 그 과업을 실행할 수 있는 경험과 저력이 있다. 한국 인식론에 근거한 질적연구의 미래는 복잡성과 불확실성의 창조적 잠재력을 기반으로 더욱 혁신적이고 주체적인 학문적 길을 열어갈 것이라는 전망으로 이 글을 마친다.

참고문헌

김영진, 홍창성(2023). 연기와 공: 연기하는 것은 공하지만 공한 것이 반드시 연기하지는 않는다. **철학사상**, **89**, 219-248.

김민재(2014). 전통 서당수업의 강과 훈육이 지니는 초등도덕교육적 함의. **초등도덕교육**, **44**(1), 29-60.

김성문, 백민정, 백영서, 유영주(2022). 새로운 한국학과 개벽이라는 화두. **창작과비평**, **50**(3), 93-128.

문승호(2013). 다문화 교육정책에 대한 성찰적 제언: 통합과 다양성(정책보고서). 교육부, 서울대학교 한국인적자원연구센터. 비간행본.

윤택림(2003). 한국학 연구방법의 모색: 문화기술지적 방법(ethnographic method)을 중심으로. **정신문화연구**, **26**(1), 107-124.

이대희(1999). **한국의 인식론: 한국인들의 세상보기**. 대영문화사.

이우영(2012). **한 권으로 읽는 사서삼경**. 서울: 글로불스

조성환(2023). **한국의 철학자들: 포함과 창조의 새 길을 열다**. 모시는 사람들.

전경옥(2005). 한국 여성 정치사 연구의 인식론과 방법론. **세계지역연구논총**, **24**(3), 301-324.

정세근(2006). 무의 감흥: 노자에서 데리다까지. **도가철학과 서양 철학의 만남**(한국도가철학회 역음, pp. 245-264). 예문서원.

정정훈, 김영천(2021). 포스트휴먼 질적연구: 연구과정에 대한 방법적 탐색. **질적탐구**, **7**(3), 1-42.

주인석, 이현진, 김명찬(2021). 2015-2020년 질적탐구 학회지에 게재된 논문의 연구 동향 분석. **질적탐구**, **7**(2), 1-28.

홍승표(2008). 유교사상을 통해 본 다문화사회. **유교학연구**, **107**, 69-89.

Banks, J. A. (1993). Multicultural education: Historical development, dimensions, and practice. *Review of Research in Education*, **19**(1), 3-49.

Braidotti, R. (2019). *Posthuman knowledge*. Polity.

Butler, J. (1999). *Gender trouble: Feminism and the subversion of identity* (10th anniversary ed.). Routledge.

Butler, J. (2022). *What world is this? A pandemic phenomenology*. Columbia University Press.

Chen, K. H. (2010). *Asia as method: Toward deimperialization*. Duke University Press

García, I. (2020). Asset-based community development (ABCD): Core principles. In R. Phillips, E. Trevan, & P. Kraeger (Eds.), *Research handbook on community development* (pp. 67-75). Edward Elgar Publishing.

Gay, G. (2018). *Culturally responsive teaching: Theory, research, and practice* (3rd ed.). Teachers College Press.

Han, S., Kim, J., Meacham, S., & Wee, S. (2023). *Supporting Korean American children in early childhood education: Perspectives from mother-educators*. Teachers College Press.

Hofstede, G., & Hofstede, G. J. (2005). *Cultures and organizations—software of the mind: Intercultural cooperation and its importance for survival* (2nd ed.). McGraw-Hill.

Jung, S. (2006). Mu-ui gameung [The resonance of nothingness]. In *From Laozi to Derrida: The encounter of Daoist philosophy and Western philosophy* (Korean Society for Daoist Philosophy, Trans., pp. 245-264). Yemoon Seowon.

Kim, D. (2024). Taking 'Asia as method' seriously in decolonizing comparative curriculum studies in South Korea. *Journal of Curriculum Studies*, *56*(2), 207-219.

Kim, H. (2014). Nothingness in Korean Buddhism: The struggle against nihilism. In J. Liu & D. L. Berger (Eds.), *Nothingness in Asian philosophy* (pp. 230-245). Routledge.

Ladson-Billings, G. (1995). Toward a theory of culturally relevant pedagogy. *American Educational Research Journal*, **32**(3), 465-491.

Lao Tzu. (1963). *A source book in Chinese philosophy* (W.-T. Chan, Trans.). Princeton University Press.

Lather, P. (2007). *Getting lost: Feminist efforts toward a double(d) science*. State University of New York Press.

Li, C. (2006). The Confucian ideal of harmony. *Philosophy of East and West*, *56*(4), 583-603.

Meacham, S., Kim, J., Wee, S., & Kim, K. (2021). ReZoom©ing our academic home using Suda (수다). *Qualitative Inquiry*, *28*(6). [https://doi.org/10.1177/10778004211002771]

Miller, J. L. (2005). *Sounds of silence breaking: Women, autobiography, curriculum*. Peter Lang.

Moon, S. (2012). Cultural translation: Curricular discourse with/in internationalization of curriculum studies.*Transnational Curriculum Inquiry*, *9*(1), 1-19.

Moon, S. (2013). Tasanhak, Korean Neo-Confucianism, and curriculum studies: Complicating conversations in human nature, knowledge, and justice. *Journal of the American Association for the Advancement of Curriculum Studies*, *9*(1), 1-18.

Moon, S. (2015). Wuwei (non-action) philosophy and actions: Rethinking and actions in school reform. *Educational Philosophy and Theory*, *47*(5), 455-473.

Moon, S. (2017). Donghak, self/other, and social transformation: Towards diverse curriculum discourses on equity and justice. *Educational Philosophy and Theory*, *49*(12), 1146-1160.

Moon, S. (2018). Seodang: A pilgrimage toward knowledge/action and "us-ness" in the community. *Cogent Education*, *5*(1). [https://doi.org/10.1080/2331186X.2018.1516498]

Moon, S. (2022). *The flows of transnationalism: Questioning identities and reimagining curriculum*. Routledge.

Moon, S., & Guo, W. (2021). Curriculum theorizing of self-other for change: To see, to observe, and to contemplate through I-Ching (The Book of Change). *The Curriculum Journal*. [https://doi.org/10.1002/curj.142]

Paris, D. (2012). Culturally sustaining pedagogy: A needed change in stance, terminology, and practice. *Educational Researcher*, *41*(3), 93-97.

Pillow, W. S. (2003). Confession, catharsis, or cure? Rethinking the uses of reflexivity as methodological power in qualitative research. *International Journal of Qualitative Studies in Education*, *16*(2), 175-196.

Said, E. (1979). *Orientalism*. Vintage.

Seung Sahn. (2006). *Wanting enlightenment is a big mistake: Teachings of Zen master Seung Sahn* (H. Gak, Ed.). Shambhala.

Spivak, G. C. (2007). *Other Asias*. Wiley-Blackwell.

Wang, H., & Olson, N. (Eds.) (2009). *A journey to unlearn and learn in multicultural education*. Peter Lang.

제 19 장

한국학 질적 연구

이신아(툴레인대학교)

1. 서론

2020년에 듀크 대학교 출판사에서 출판된 *Queer Korea*는 한국의 퀴어 문제에 대해 초점을 맞춘 첫 번째 책으로 많은 관심을 받았고, 2023년 도서출판 '산처럼'을 통해 한국어판으로도 출판되었다. 하지만 이 책의 한 챕터인, "Ripples of Trauma"와 그 챕터의 연구자인 Timothy Gitzen의 2018년도 미네소타 대학교 인류학과 박사학위 논문에서 심각한 연구 윤리 위반이 있었다는 것이 한국의 퀴어 활동가들과 피해자들에 의해 알려졌다. 본 연구는 이 사건을 한 개인의 문제로 축소하는 대신, 이러한 비윤리적 관행을 가능하게 한 미국 학계내의 구조적 문제를 비판적으로 분석한다.

본 연구의 연구자는 2023년 탈식민주의적 한국학을 논의하기 위한 작은 워크숍에 참여하였고, 미국과 유럽을 포함한 서구에서 한국학을 연구하는 신진 연구자들과 대학원생들이 주요 워크숍 구성원들이었다. 많은 참가자들이 퀴어 코리아 문제의 심각성을 인지하고 있었고 본인들이 미국 내 학계, 대학에서 겪은 인종적이고 식민적인 배제와 차별의 문제도 공유하였다. 참가자들은 한국계 미국인, 한국에서 미국으로 유학을 온 연구자들이 백인 남성 위주의 주류 한국학계에서 주변화되는 문제와 권위와 권력을 가진 이들의 관점과 연구를 비판하는 목소리를 제기하거나 연구를 진행하기 어려운 구조적 문제를 지적했다.

이 연구는 미국 내 한국학의 주류 계보가 지닌 인종적이고 식민주의적인 문제를 비판하기 위해, 서구 학계내의 유색인종 학자들과 탈식민주의 학자들의 비판을 살펴본다. 또한, 한국학의 질적이고 비판적인 발전을 위해 탈식민주의적 인식과 실천을 강조한다. 이 연구는 퀴어 코리아 사건을 통해 미국 내 한국학에서 나타나는 식민주의적이고 인종적인 시각에 대해 논의하고, 그러한 시각을 반영한 비윤리적 연구의 출판이 가능하게 한 미국 학계 내의 관행과 제도적 실패에 대해서도 비판한다.

이 연구에서 '한국학'은 한국학 프로그램이나 학과를 의미하는 것이 아니라, 한국 사회에 대한 연구와 관점으로 포괄적으로 이해된다. 역사학, 인류학, 정치학, 사회학, 아메리칸 스터디즈, 경제학, 여성학 등 다양한 학문 분야에서 이루어진 한국 사회와 역사에 대한 연구들이 포함된다. 다만, 이 연구는 미국과 한국(남한)의 정치적 관계에 주목하고 있으므로 북한학에 대한 논의는 포함하지 않는다.

2. 미국내 한국학의 계보에 대한 비판

미국 학계 내 한국학의 계보에 대한 다양한 학자들의 견해를 살펴봄으로써, 한국학의 구조적이고 역사적인 문제를 이해하려 한다. 이는 후에 논의할 퀴어 코리아 사태가 단순히 연구자와 편집자의 개인적인 윤리적 문제인지, 아니면 구조적인 문제에서 비롯된 것인지를 논의하기 위함이다.

콜롬비아 대학교 역사학과에서 한국학을 가르쳤고 후에 윤리적 문제로 해임된 Armstrong(2014)은, 미국 내 주류 한국학 계보를 크게 두 가지 분파로 나누는데, 하나는 Wagner, Palais, Eckert의 전통을 잇는 "하버드-워싱턴 대학" 이고, 다른 하나는 "콜롬비아-시카고 대학" 라인으로, Ledyard와 Cumings의 전통을 따르는 분파이다. 그에 따르면, 한국에 대한 연구를 시작한 제1세대는 선교사들이었고, 제2세대는 미군, 제3세대는 평화유지단(Peace Corps), 제4세대는 한국계 미국인들로 구성되었다고 설명하고 있다. 구체적으로, 1880년대 중반부터 미국 선교사 그룹은 한국 내 교육 및 의료 발전에 지대한 공헌을 하였으며, 한국의 역사, 언어, 문화 등을 미국에 소개한 선구자들이었다고 주장한다. 제2차 세계대전 후, 한국은 미국 정부의 주요 관심 국 중 하나가 되었고, 한국에 관한 학문이 본격적으로 미국 학계와 대학에 도입되었다고 한다. Armstrong에 따르면, 미군의 한국 주둔과 개입이 미국 내 한국학 발전의 중요한 역사적 계기였다. 예를 들어, Armstrong은Wagner를 한국학의 시초라고 설명하는데,Wagner는 1945년부터 1948년까지 미군으로 한국에 주둔한 후, 하버드 대학을 졸업하고 역사학과 교수로 임용되었다. Armstrong은 비록 Wagner가 단 두 개의 연구물만 남기고 연구자로서 큰 업적을 남기지는 못했지만, 1981년에 하버드 대학 내 한국학 센터(the Korea Institute)의 첫 디렉터로 활동하며, 다음 세대 한국학 연구자들을 많이 배출했다는 점에서 그를 한국학의 진정한 설립자(true founder)라고 주장한다(p.38).

Armstrong은 Palais와 Ledyard를 Wagner와 함께 중요한 한국학의 선구자로 손꼽고 있다. Palais는 1955년 하버드 대학을 졸업한 후, 미국 국방부 산하 연구 기관인 몬터레이 외국어 연구소에서 한국에 대해 공부했다. 그 후 예일 대학에서 일본 역사학 석사 과정을 마친 후, 하버드 대학에서 Wagner의 지도 아래 홍선대원군에 관한 논문으로 박사 학위를 받는다. 1968년부터 Palais는 미국 시애틀에 있는 워싱턴 대학에서 재직하며 여러 제자들을 배출한다. 제자들의 이름과 재직 중인 학교와 소속 학과를 다음과 같이 소개하는 이유는 한국학의 계보가 연구의 질적 다양성과 주제 및 내용의 깊이를 바탕으로 발전해왔는지, 아니면 소속된 대학의 명성과 교수라는 지위를 바탕으로 이어져왔는지를 살펴보기 위해서이다. 또한, 어느 학과에서 한국학을 가르치고 있는지를 파악하기 위해 다음과 같은 정보를 기재한다. Palais는 Duncan (UCLA, Asian Languages and Cultures), Robinson(Indiana University, East Asian Languages and Cultures), Baker(University of British Columbia, Asian Studies), 신기욱(Stanford University, Sociology), Eckert(Harvard University, East Asian Languages and Civilizations), 김선주(Harvard University, East Asian Languages and Civilizations)와 같은 다음 세대 한국학 학자들을 배출한다. 또한 Palais는 1969년부터 *Journal of Korean Studies*를 출간하는 업적을 쌓는다(p. 38). Ledyard도 Palais처럼 몬터레이에서 한국어를 공부하였고, 후에 일본과 한국에서 미군으로 주둔한 뒤, UC 버클리 대학에서 세종대왕과 한국어에 관한 박사 논문을 마친 후 콜롬비아 대학에서 재직한다.

Armstrong은 제 3세대 한국학 연구자들로 미국 평화 봉사단(Peace Corps) 출신들을 언급하는데, 그 예로 Shultz(University of Hawai'i at Manoa, School of Pacific and Asian Studies), Cumings(University of Chicago, History), Sorensen(University of Washington, School of International Studies), Kendall(American Museum of Natural History) 등이 있다. 또한 Armstrong은 제 4세대 한국학 연구자로 자신을 포함한 이남희(UCLA, Asian Languages and Cultures) 등을 언급하며, 이들은 모두 Cumings의 제자들이다. 더불어 Palais의 지도 학생이었던 Eckert의 제자들

인 박유진(University of Pennsylvania, History), 황경문(Australian National University, School of Culture, History and Language) 또한 제 4세대 학자들에 포함된다.

위에서 살펴 보았듯이, Armstrong의 한국학 계보는, 특히 제 3세대까지의 계보는, 백인 남성 중심이며, 유명 연구중심 대학, 종신 교수직, 그리고 역사학 중심이라는 점에서, 그 계보에 속하지 않는 다른 중요한 한국학 연구자들과 학문적 기여는 연구가 주변화되었다. UC 버클리 대학에 재직중인 사회학자인 Lie(2016)는 하버드-워싱턴 중심의 계보와 하버드 대학의 동아시아학 패러다임을 비판한다. Lie는 한국학 전문가들(Senior Koreanists)이 문제적 하버드 동아시아학의 패러다임을 재생산하고 있는 이유와 한국학이 지적으로 빈곤한 원인에 대해 설명한다(p. 4). 그는 미국 내 한국학이 Wagner 이전에도, 하버드 이외의 곳에서도, 역사학과가 아닌 다른 학문 분야를 통해서도 존재해왔으며 이어져 왔다고 주장한다.

Lie에 따르면, Wagner보다 앞선 시기인 1943년에 버클리 대학에서 한국어 교육 수업이 열렸었다. 또한, McCune은 1946년에 한국 역사에 대한 강의를 시작했다. McCune은 1938년에 한국어를 영어로 음역하는 맥큐-라이샤워 방식(McCune-Reischauer system)을 고안한 것으로 잘 알려져 있으며, 그의 박사 논문은 미국에서 한국어 자료를 활용한 선구적인 논문이기도 하다. 그러나 McCune은 이른 나이에 사망하였고, 그의 후임으로 Rogers가 1953년에 버클리 대학에서 한국학을 가르쳤으며, Scalapino도 1949년부터 버클리에서 한국학을 가르쳤다. 특히 Rogers의 『한국어 문법 개요(*Outline of Korean Grammar*)』는 1956년에 출판되었는데, 이는 Wagner가 하버드에서 가르치기 2년 전의 일이다. 이러한 근거를 바탕으로 John Lie는 버클리가 한국학의 지성적 중심지로 여겨지지 않는다는 점에 의문을 제기한다(pp. 5-6). Lie는 버클리 이외에도 워싱턴 대학, 하와이 대학, 웨스턴 미시간 대학, 콜롬비아 대학 등이 1950년대와 60년대에 한국학의 발전에 큰 공헌을 했으며, 이는 하버드-워싱턴 계보가 형성되기 이전부터 시작된 계보였다고 주장한다(p. 6). 또한 1960년대부터는 대학 이외의 다양한 연구 기관을 통한 한국학의 제도화가 시작되었다고 주장한다(p. 7). 예를 들어, 1966년에는 *The Association for Asian Studies* 내에서 *The Committee on Korean Studies*가 설립되었고, 1968년에는 첫 번째 한국학 회의(the first national conference on Korean Studies)가 열렸다. 또한 *Korean Economist*(1968), Asian Forum(1968), *The Journal of Korean Studies*(1969)와 같은 학술지의 발간도 이루어졌다(Lie, 2016, pp. 7-8).

계보는 자연스럽게 계승되거나 불가피하게 내려오는 것이 아니라, 논쟁을 통해 끊임없이 구성되는 것이다(Lie, 2016, p. 9). Lie의 지적에 따르면, Wagner가 한국학의 진정한 설립자로 여겨지는 이유는 이상한 삼단 논법 때문이라고 설명한다. 즉, “Wagner는 하버드 교수이다; 하버드는 세계에서 가장 훌륭한 대학이다; 그러므로 Wagner는 한국학 분야에서 최고의 학자여야 한다"는 논리이다. 또한 Lie는 지위(status)와 위치(position)가 Armstrong식 계보에서 가장 중요한 요소로 여겨졌다고 강조한다. Wagner는 학문적 업적을 대단히 남기지 못했음에도 불구하고, 하버드 대학교 종신 교수로서 지도 학생들을 배출할 수 있었고, 그의 제자인 Palais는 워싱턴 대학에서 한국학을 가르치면서 베이비붐 세대의 학생들을 끌어들였다. 그 후 많은 이들이 미국 내 주요 연구 대학에서 교수직을 얻을 수 있었다. 따라서 Wagner는 이들의 교수의 교수로서 한국학의 기원과 원천이 될 수 있었던 것이다.

Lie는 하버드를 중심으로 한 역사학 중심의 계보와 학계 내 종신 교수직의 영향력에 대해 비판한다. 그는 이러한 구조가 하버드 이외의 학교나 역사학 이외의 학문 분야, 그리고 종신 교수직을 가지지 못한 이들의 공헌을 계보에서 배제시킬 수 있음을 지적한다. 이러한 배제는 한국학이 대학이라는 기관 내에서 표면적인 발전에 치중하게 되어, 질적으로 충분히 발전하지 못한 원인이라고 볼 수 있다. 또한 Lie는 Armstrong식 계보가 디아스포라 한국인들을 배제해 왔다고 간단히 언급하며(p. 12), 몇몇 이훈구, 서두수, 이정식와 같은 디아스포라 한국인들의 이름과 연구를 소개한다.

한국에서 미국으로 유학을 간 학자들이 한국학의 계보와 관련하여 언급되지 않거나 그들의 공헌에 대한 인식이 미국 내 주류 한국학에서 깊지 않은 것은 단지 우연의 산물이 아니다. 과거의 인물이나 역사를 어떻게 기록하고 해석하며 조명하는지가 계보학의 핵심이며, 이러한 기록, 해석, 조명을 누가 어떻게 하느냐에 따라 누군가의 이름, 업적, 그리고 과거의 기록은 과대평가되거나 잊혀질 수 있다. Armstrong식 미국 내 한국학의 계보는 주로 유명 대학들의 종신 교수직을 부여 받은 인물들, 특히 백인 미국인 남성들을 중심으로 형성되며, 학계 내 제자-스승 관계, 즉 학연을 중심으로 구성된다. 이와 같은 계보에서는 학연과 대학이라는 제도권에 속하지 않거나 종신 교수직을 가지지 못한 이들, 그리고 초기 디아스포라 한국인들의 업적과 기록은 쉽게 지워진다. 그렇기 때문에 그들의 기록과 연구물을 기억하고 재조명하는 것은 기존 주류 한국학 계보의 구조적 문제를 수정하고, 이를 다양화할 수 있는 중요한 방법이 될 수 있다.

1896년 충청도에서 태어난 이훈구는 수원농림전문학교를 졸업한 후, 미국 캔자스 주립대학교에서 농학 석사 학위를 취득하고, 박사 논문 *A History of Land Systems And Policies In Korea*[1]을 작성하고 1929년에 위스콘신 대학교에서 농업경제학 박사 학위를 받았다. 이후

1) 이 논문에서 저자의 이름이 Lee, Hoon Koo라고 타이핑 되어있고 그 옆에 손글씨로 Yi, Hun-gu라고 적혀 있다. 논문의 원본은 다음 링크에서 확인 가능하다. https://babel.hathitrust.org/cgi/pt?id=wu.89032256307&seq=10

1936년, 시카고 대학 출판사를 통해 출판된 그의 저서 *Land Utilization and Rural Economy in Korea*는 당시 한국에 관한 정보, 특히 영어로 된 정보가 거의 없었던 상황에서 한국의 토지 이용과 농촌 경제에 대해 중요한 설명을 제공한다. 이 연구는 한국의 환경적 및 산업적 조건을 설명하며, 농업, 토지 이용법, 토지 소유 및 임대, 자연 자원, 그리고 농업 경제의 다양한 측면을 다룬다. 이 책의 마지막 장에서는 일본의 식민지화에 대해서도 논의한다. 이 연구는 132개의 차트와 12개의 지도를 포함하고 있다. Wagner가 그의 박사 학위 논문을 수정해 *The Literati Purges: Political Conflict in Early Yi Korea*을 1974년에 출판했다는 점과 비교하면 Wagner가 한국학의 최초 설립자로 여겨지는 것이 의아하게 느껴지는 지점이다. 1931년 한국으로 돌아온 이훈구는 숭실 전문학교에서 근무를 시작한다.

서두수는 1907년에 한국에서 태어나 경성 제국 대학을 졸업한 후, 연희전문, 경성대학 등에서 교수로 재직하다가 1949년 미국 유학을 떠났다. 1952년에 콜롬비아 대학에서 박사 학위를 받은 후, 하버드 대학교에서 방문교수로서1952년부터 1955년까지 한국학 강의를 했다. 흥미로운 점은 서두수가 하버드 대학교에서 최초로 한국학을 강의한 인물이었다는 사실이다. 하버드 대학교에서 중국어 강의가 처음 개설된 것은 1879년이었고, 1913년에는 동아시아 사상 수업이 개설되었다. 이후 중국과 일본에 관련된 강의들이 개설되었지만, 한국어와 한국 사회에 관한 강의는 1952년이 되어서야 개설되었고, 서두수는 워싱턴 대학교에 임용될 때까지 하버드에서 3년 동안 한국 관련 모든 수업을 담당했다. 서두수가 떠난 후 3년이 지나서 Wagner가 임용되었고, 하버드에서 한국 관련 수업은 다시 개설될 수 있었다. 서두수에 대한 이러한 기록은 마치 식민지 사회에서 원주민들의 흔적이 사라지는 것처럼, Wagner-Palais 계보 안에서는 서두수의 기록이 존재하지 않는다(Lie, 2016, p. 10).

이정식(Chong-Sik Lee)은 1931년 북한 안주에서 태어나 한국 전쟁 중 서울로 피난을 갔다. 언어에 재능이 있었던 그는 독학으로 영어를 공부했으며, 1954년에 미국으로 건너가 UCLA에서 학사 및 석사 학위를 취득한 뒤, UC버클리 대학에서 정치학 박사 학위를 받았다. 그는 Scalapino와 함께 1973년에 *The Communism in Korea*를 출간했다. 또한, 1963년에 출간된 *The Politics of Korean Nationalism*은 한국 민족주의와 역사를 중국과 일본과의 관계에서 비판적으로 분석한 중요한 연구로 평가된다. 이정식은 1963년부터 펜실베니아 대학교 정치학과 조교수로 부임하여, 해당 대학 역사상 첫 한국학 수업을 담당했다. 또한, 1997년에는 펜실베니아 대학교에서 한국학 프로그램 설립에 기여했다.

이훈구, 서두수, 이정식과 같은 디아스포라 한국인들의 기록과 업적이 미국 내 한국학의 주류 계보에서 배제되듯이, 역사학에 속하지 않은 중요한 질적 연구들 역시 그 업적이 제대로 평가되고 있지 못하다. Lie는 하버드를 졸업한 후 UC 버클리대학 정치학과에서 1949년부터 재직한 Scalapino와 인류학 분야에서 활동한 연구자들이 한국학의 질적 발전에 많은 공헌을 했지만, 이들이 역사학과에 소속된 학자들이 아니기 때문에 하버드 역사학과와 Wagner를 중심으로 하는 한국학 계보에서는 그들의 공헌이 제대로 기억되지 않는다고 지적한다(2016, p. 12).

예를 들어, 평화유지단으로 한국을 방문했던 인류학자 Kendall은 박사 후 대학 대신 American Museum of Natural History에 재직하고 있다. Kendall의 한국 무당에 대한 연구는 질적 연구에 중요한 방법론 및 한국 사회에 무속에 대한 흥미로운 관점을 제시한다. Kendall은 1977-1978년 사이에 영수 엄마(Yongsu's Mother)라는 무당의 생애사(Life history method)를 통해 한국의 무당과 경험을 사회적이고 경제적인 맥락에서 분석하고 있다(1988). 정보 제공자가 임으로 자신의 인생과 사건을 구성하여 말할 수 있고, 기억과 자기 표현이 선택적일 수 있기 때문에 많은 인류학자들이 생애사 연구 방법에 대한 비판적 시각을 가지고 있으며, 특히 여성 정보 제공자의 경우 남성의 언어를 통해 자신의 삶을 설명해야 할 수 있기 때문에 해석의 측면에서 어려울 수 있다는 비판이 존재한다(1988, p. 12). Kendall은 영수 엄마를 목소리를 빼앗긴 여성이 아닌 스토리텔러로서 강조하며, 연구자의 기록이나 해석에 의존하는 것 보다 연구 대상자들이 왜 이 이야기를 어떻게 하는지를 이해하는 것이 중요하다고 말한다. 또한 Kendall은 연구자로서 자신의 위치성을 인식하고, 연구 과정과 연구 대상과의 상호작용을 면밀히 기술하며 생애사 연구 과정을 투명하게 설명한다. 1985년에 출간된 *Shamans, Housewives, and Other Restless Spirits*에서는 Chŏn 씨 가족과 네 명의 무당을 중심으로 한 민족지를 통해서 굿을 한국의 중요한 전통 의례로 조명하며, 이 의례에서 여성들의 참여 방식에 주목한다. 기존의 서구 사회에서 이러한 의례들이나 샤머니즘이 주변적인 것으로 여겨진 것과 달리, Kendall은 이러한 의례가 한국의 가정과 마을 조직의 중요한 구성 요소라고 설명한다.

일리노이 대학교(University of Illinois at Urbana-Champaign) 인류학과에서 많은 한국계 제자들을 배출하고, 미국에 있는 아시아 학생들의 교육 경험 연구와 한국 현대 사회 연구에 큰 기여를 한 Abelmann은 질적 연구의 측면에서도 중요한 업적을 남겼다. 1980년대부터 한국의 연구 참여자들과 알게 된 Abelmann은 1992년부터 2001년까지 8명의 한국 중년 여성들과의 인터뷰를 통해 한국의 압축적 근대성을 분석한다. 급변한 한국 사회에서 계급 이동에 대한 꿈과 부를 축적하려는 움직임 사이에서, 교육은 매우 중요한 도구였고, 또한 여성은 이러한 계급 재생산의 중심에 서 있었다고 주장한다. 계급 이동을 추구하는 과정에서 여성들이 겪는 모순을 한국 사회의 변화와 근대성 형성이라는 맥락에서 설명하는 이 연구는 한국 사회의 변화를 '아래에서부터'(from below) 분석하고 있다.

한국계 인류학자인 E. Kim은 해외 한국 입양인들을 연구하며, 한국 입양의 문제를 개인의 가족사적 문제로 다루는 것이 아니라, 한국 해외 입양을 가능하게 한 복잡한 사회적, 문화적, 정치적 맥락을 분석하고 있다. 특히, 한국으로 돌아간 성인 입양인들, 사회복지사, 입양인 활동가, 학자들, 언론인들과의 인터뷰를 진행하고, 입양인들의 국제 회의와 한국 정부 주관의 모국 방문 프로그램을 민족지적 방식을 통해 연구하고 있다. 책의 제목이기도 한 *Adopted Territory*는 국가, 인종, 정체성, 입양에 관한 기존의 지배적 담론에 저항하며, 입양인들이 스스로 형성한 저항 담론을 만들어내는 공간을 의미한다. 한국인임에도 "진짜" 한국인이 될 수 없고, 백인 가정에서 자랐지만 완전히 백인 사회에 속할 수 없는 입양인들의 *in-betweenness* 경험과 입양인으로서의 정체성이, 해외 입양을 가능하게 한 지배 담론에 저항하는 인식과 새로운 담론을 생성해낼 수 있음을 질적 연구를 통해 입증하고 있다(2010).

한국계 사회학자 N. Kim은 한국에서 미국으로 이주한 한국인들이 이해하는 인종과 민족의 개념을 미국과 한국에서의 민족지를 통해 연구하고 있다. 이 연구는 미국과 한국의 역사적, 경제적, 군사적 측면에서의 종속적 관계와 문화적 헤게모니로 인해 한국인들이 이주하기 이전부터 인종적 이데올로기를 인식하고 있다고 주장한다. 또한, 한국계 미국인 100여 명과 인터뷰를 통하여, 한인들의 흑인, 백인, 라티노에 대해 어떻게 인식하고 다른 인종들 사이에서 한국인의 인종적 위치를 어떻게 설정하려 하는지를 연구한다. 미국으로 이주한 한인들을 질적 연구함으로써 제국주의와 인종주의가 디아스포라와 어떻게 교차하는지, 그리고 이러한 교차점에서 한국계 이주자들의 인종 개념 형성 및 미국 사회 내에서의 지위 향상을 초국가적이고 역사적 맥락에서 분석한 이 연구는 인종, 디아스포라, 질적 연구에 많은 기여를 하고 있다(2008).

인류학 박사인 Ryang은 디아스포라 한국인들과 역사학과 이외의 학문 분야의 연구자들의 업적이 주류 한국학의 계보에서 제대로 평가되지 못한 구조적 원인을 심도 있게 논의 한다(2016). Ryang은 제2차 세계대전 이후에야 미국 학계에 한국학이 본격적으로 진입했다는 Armstrong의 주장을 반박한다. Armstrong의 관점은 미국 내 초기 한국학자들, 이민자들, 망명자들의 연구와 기록을 전혀 고려하지 않고, 일본의 패망과 미국의 한국(동아시아) 지역 점령 이후에야 비로소 '남한'이라는 존재가 미국 학계에 등장했다고 보는 Armstrong의 관점은 한국을 일본 제국의 일부로 인식하고 일본의 부속물이나 하위 존재로 보는 경향을 낳았고(p. 4), 한국에 대한 인식의 중요도가 일본과 중국에 비해 두 번째, 세 번째로 밀려날 수 있게 한다는 점을 지적한다(p. 5).

Ryang은 미국 내 한국학의 구조적 문제를 논의하면서, 1980년대 미국에서 한국학 연구가 주로 미국인 학자들에 의해 수행되었음을 지적한다(p. 10). 미국 내 일본학의 발전 경로와 비교할 때, 일본학은 일본에서 미국으로 유학을 온 학자들, 일본계 미국인 학자들, 그리고 미국인 학자들이 함께 일본학에 대한 논의를 발전시켜 나갔으며, 이는 일본 사회의 다양한 사회 문제에 대한 다각적인 시각을 가능하게 했다고 주장한다. 하지만 한국학의 경우, 70년대와 80년대를 걸쳐 많은 한국 유학생들이 있었음에도 불구하고, 이들은 미국 학계에서 자리 잡기가 힘들었고(p. 10) 이로 인해 한국학 내부의 다양한 견해가 생겨나는 것을 저해하였다. 예를 들어, Wagner는 근대 이전 한국을 연구하고, Palais는 식민지 시대 한국을 연구하였는데, 60년 이후의 한국학 연구들이 여전히 주로 근대 이전과 식민지 역사를 다루고 있어 한국 사회의 복잡한 현실을 미국 내 한국학이 충분히 반영하지 못했다고 주장한다(p. 6).

물론, 일본과 한국의 경우를 단순히 비교할 수는 없다. 일본학의 경우에는 80년대에 이루어진 경제적 발전과 산업화에 대한 학문적 관심이 있었고, 남한은 냉전 시대에 미국의 군사적 중요지로 주로 여겨졌기 때문에 다른 주제에 대한 학문적 관심이 제한적이었을 수 있다. 또한, 한국의 군사 독재 시대와 반공주의로 인해 연구자들이 급변하는 근대사와 현대사에 대한 자료를 구하는 데 어려움을 겪었을 가능성도 있다. 그럼에도 불구하고, 한국은 미국의 전략적 요충지로서만 관심을 받았다는 점, 그리고 미국 학계 내에서 한국 출신 학자들이 영향력을 갖지 못한 채 주로 미국인 학자들이 대학 내에서 한국학의 주요 보직을 맡게 되면서 한국학 내부의 다양한 시각과 비판적 목소리가 생겨나지 못한 점은 중요한 구조적 문제점이 존재한다.

Ryang이 언급한 미국인 학자들이 한국학 관련 주요 대학에서 자리를 차지하게 되는 구조적 문제에 대한 논의는 논의에 더해, 이 연구는 미국내 한국학계에서 "정통" 한국학 연구자로 여겨지는 이들이 대부분 백인 남성이라는 점을 지적한다. 제도 내부, 즉 주요 연구 대학에서 종신직 교수직을 지닌 백인 남성들이 한국학의 주류로 여겨지는 현상은 미국 내 한국학에 존재하는 인종적, 성별적, 구조적 위계를 잘 보여준다. 이러한 차별적 구조를 논의하기 위해서는 미국 학계 및 서구 학계 내의 구조적 차별에 대한 학자들의 논의를 살펴볼 필요가 있다.

3. 서구 학계 내의 구조적 배제: 인종과 성별을 중심으로

백인 남성들의 관점이 주요 담론을 장악하는 것은 한국학에만 국한되지 않는다. 파키스탄인 아버지와 잉글랜드인 어머니 사이에서 태어나 호주에서 자란 비판적 인종 이론학(Critical Race Theory) 학자인 Ahmed는 2017년 자신의 저서에서 '인용의 정치학(Politics of Citation)'의 필요성을 주장하며, 오직 유색인종 혹은 여성 연구자들의 연구만을 본인의 저서에서 인용하겠다고 말한다. Ahmed는 백인 남성의 연구를 인용하지 않겠다고 선언하는데, 여기서 '백인 남성'은 단지 개별적인 학자가 아니라, 백인 남성이 주류를 이루고 있는 대학, 기관, 제도(institution)을 의미한다(p.16-17). 서구 학계에서 대부분의 학문 분야가 백인 남성의 시각에 의해 지배되며, 그들의 연구가 '고전'으로 여겨져 더 많이 인용되고 인정받는 반면, 유색인종과 여성들의 중요한 연구와 기록은 종종 지워지거나 인용되지 않는다는 점을 비판하면서 Ahmed는 백인 남성 중심의 제도적 차별에 저항하기 위해 자신만의 엄격한 인용의 정치학을 적용한다.

텍사스 대학의 인류학과와 아프리카/아프리카 디아스포라 학과의 교수인Smith는 최근 "흑인 여성을 인용하라(Cite Black Women)"라는 운동을 시작했다. Smith는 2017년 참석한 한 학회에서 자신의 연구가 아무런 인용 없이 표절 되었음을 발견하고, 이 사건은 "흑인 여성을 인용하라"라는 운동을 시작하는 계기가 되었다. 스미스는 흑인 여성을 인용한다는 것은 "우리가 사고하는 것을 재구성하는 것을 의미하며 이는 계보적 유산과 연구자들의 노동, 시간, 에너지를 존중하는 것"이라고 주장한다(Bookman, 2023).

캐리비안의 트리나다드 출신 아버지와 오스트리안 어머니 사이에서 태어나서 유년 시절을 트리니다드에서 보낸 런던 대학교의 인종, 신앙, 문화학 교수인Mirza는 서구 학계 내의 유색 인종 여성들의 경험을 이야기하며 백인 남성 중심의 서구 학계를 비판한다. 1990년대 흑인 여성 교수로 최초로 임용된 그는 "특별한 사례(special case)"로 여겨졌고, "다양성 트로피(diversity trophy)"로 취급되었으며, 연구 기금 등의 실질적 지원은 없었으나, 대학 뉴스의 1면에 실리고, 많은 행사와 모임에 "다양성 전문가"이자 "트로피"로 초대되었다(Mirza, 2014, p. 5).

Mirza는 1970년대 이후 탈식민 연구가 발전했으나 여전히 대부분의 대학과 연구기관은 백인 중심적이며, 타자화되어온 유색인종 여성들의 연구와 기록을 통해 제도적 인종차별(institutional racism)을 비판하고 분석한다. 그에 따르면, 캠브리지 대학교의 70% 이상의 교수와 강사들이 캠브리지 대학에서 학위를 받았고, 삼분의 일이상은 다른 대학에서 근무한 적이 없으며, 대다수는 20년 이상 캠브리지에서 근무하고 있다는 연구를 인용하며, 백인 중심적이고 엘리트적인 문화가 어떻게 자가 강화(self-reinforcing)되는지를 비판한다(Schneider-Ross, 2001, Mirza, 2018에서 재인용, p.7). 사회학자인 Puwar는 대학 내 유색인종 교수나 강사들이 쉽게 유아화(infantilization)되거나 단지 "인종 전문가"로만 여겨지며, 보이지 않는 부담(the burden of invisibility)과 함께 과도한 감시(hyper-surveillance)를 경험한다고 말한다. Puwar는 백인 남성들은 대학이라는 공간에서 "자연스럽게" 존재하는 반면, 백인이 다수를 이루는 곳에서 유색인종은 그 공간을 침범하는 자들로 여겨진다고 주장한다(Puwar, 2001, 2004, 재인용 in Mirza, 2018, p. 7). 흑인 여성 최초로 미국 사회학 학회 회장을 역임한 Collins는 1960년 이후 미국 사회에서 흑인 여성들의 수가 대학, 사법부, 언론 분야 등 다양한 분야에서 증가하며, 이로 인해 "새로운 억제의 정치"(politics of containment)가 등장했다고 주장한다. 기존에 백인 남성 중심이던 분야에 유색인종의 등장은 그들이 기관 내에 존재는 하되 "인종화되지 않은 채(unraced)" 존재하기를 강요당하며 감시된다고 말한다(Collins, 1998, 재인용 in Mirza, 2018, p. 4).

이러한 구조적 문제는 단지 한 대학이나 한 국가 내에서만 발생하는 것이 아니다. 구조적 차별은 국가의 경계를 넘어 전 세계적으로 존재한다. 콜롬비아 대학교 역사학과에서 한국학을 가르쳤던 Armstrong의 연 구들에서 표절과 자료 조작의 윤리적 문제가 밝혀졌고, 학생을 성추행한 사실이 드러나 2020년에 해당 대학에서 해임당했다. Armstrong의 비윤리적 사례는 서구 학자들이 연구한 비서구 사회에 대한 연구물과 비서구 언어로 작성된 문서 자료, 진행된 질적 자료들의 진위 여부와 표절을 검증할 수 있는 제도적, 구조적 장치의 부족함을 잘 보여준다. 이는 특정 지역이나 언어권의 연구가 정당하게 평가되지 않거나, 부당하게 왜곡될 수 있는 위험을 내포하고 있음을 시사한다.

구체적으로, Armstrong의 2013년에 발간된 책 *Tyranny of the Weak: North Korea and the World, 1950-1992*는 미국 역사학회에서 동아시아 역사 분야의 최고 책에 수여하는 John K. Fairbank 상을 받았으나, Lankov, Szalontai, Myers, Tertitskiy와 같은 북한학 연구자들로부터 강한 비판을 받았다. 고려대학교 북한학과에 재직 중인 Szalontai는 Armstrong의 연구가 자신의 2006년 책 *Kim Il Sung in the Khrushchev Era: Soviet-DPRK Relations and the Roots of North Korean Despotism, 1953-1964*를 90회 이상 표절했으며, 자료의 조작도 있었다고 주장했다. Szalontai는 Armstrong이 자신의 책을 표절한 것 외에도, Armstrong의 책에서 사용된 러시아와 동독의 아카이브 문서들 중 많은 부분이 실제로 존재하지 않는 조작된 자료들이었다고 밝혔다(Flaherty, 2019). 콜롬비아 대학은 이에 대해 조사에 착수했고, 해당 출판물이 표절로 판명되었으며, Armstrong의 2005년 논문 또한 Szalontai의 책을 표절한 것으로 드러나 저널에서 철회되었다. Armstrong은 이후 미국 역사학회에서 받은 상을 반환하고,

성추행[2] 사건이 추가되면서 2020년 콜롬비아 대학을 떠나게 되었다.

백인 엘리트 남성 중심의 사고방식은 서구 학계의 주류 담론을 장악하고 있고, 이들이 주요 대학 내에서 자리를 차지하고 있기 때문에 유색인종, 이민자, 여성들의 연구 업적과 발자취가 학계 내에서 제대로 평가받지 못하는 구조적 문제를 초래한다. 또한, Armstrong의 사례는 이러한 백인 남성 중심의 학계가 다른 문화와 국가를 연구할 때, 특히 비서구권 국가들(동유럽을 포함)과 그 문화를 다룰 때 나타나는 식민지적 사고와 관행을 잘 보여준다.

백인 남성과 서구 중심의 사고방식은 식민주의와 결합하여 국경을 초월하며 그 권력을 확장한다. 이러한 서구 학계 내의 인종적, 젠더적 구조적 차별은 식민주의와 교차할 때 더욱 뚜렷해지며, 그 결과 피식민지의 사람들과 문화는 인종적, 문화적 차별 뿐만 아니라, 여성의 경우 젠더적 차별까지 더해져 이중, 삼중의 억압을 경험하게 된다. Puwar가 말한 유색인종 교수들을 유아화하는 문제나, Collins가 지적한 "인종화되지 않은 채" 존재하길 바라는 "새로운 억제의 정치"가 식민주의와 교차할 때 발생하는 억압의 다층성에 대해 탈식민 이론들을 통해서 살펴보자.

4. 서구 학계 내의 식민적 시각[3]

식민주의란 다른 국가를 물리적, 군사적, 정치적, 경제적, 종교적, 문화적으로 지배하며, 식민지의 자원, 인력, 노동력, 문화를 착취하는 것을 의미한다. 탈식민주의 학자들은 서구 중심의 지식 생산, 권력 구조, 역사적 내러티브가 어떻게 식민지 착취를 정당화하고, 식민주의의 유산이 피식민지가 정치적으로 독립한 이후에도 문화적, 정치적, 사회적으로 부정적인 영

---

2) 이 연구에서는 성추행 사건에 대해 구체적으로 언급하지 않지만, 2024년 현재, 한 유명 대학의 한국학 센터 디렉터이자 한국학계에서 널리 알려진 교수가 아시아계 대학원생을 성추행한 사건에 대한 법적 절차가 진행 중이다. 그러나 해당 대학은 이 사건에 대해 아직 공식적인 입장을 밝히지 않았으며, 그 교수에게는 유급 휴직이 부여된 상태다. 학계 내에서는 권위 있는 교수들이나 종신 교수직을 보장받은 인물들에 의한 대학원생에 대한 성추행 사건이 발생하는 경우가 종종 있지만, 그들의 명성과 대학의 이익 관계 등으로 인해 교수들이 실제로 해고되거나 심각한 징계를 받는 경우는 극히 드물다. 이러한 사례들은 학계 내에서 권력의 남용과 성추행 문제에 대한 제도적 무관심이 어떻게 맞물려 있는지를 잘 보여준다.

3) 한국은 일본의 식민지 지배를 경험한 후 독립을 이루었으나, 여전히 군사적, 정치적, 경제적으로 미국과 의존적이고 종속적인 관계를 유지해 왔다. 한국 학계에는 탈식민주의와 관련된 중요한 연구들(김상률, 2006; 박숙자, 2012; 오인영, 2002; 이경원, 2002; 이옥순, 2002; 최성환, 2009; 태혜숙, 2004; 주재홍, 김영천, 2013)이 많지만, 이 연구는 미국 내 한국학과 학계에서 나타나는 인종적, 식민적, 성적 차별에 대한 비판에 초점을 맞추고 있기 때문에, 한국 학계의 주요 연구들보다 미국 학계 내의 탈식민주의 논의들을 이 연구에서는 주로 인용하고 있다.

향을 지속적으로 미치는지를 비판한다. 또한 탈식민주의 여성학자들은 인종과 젠더의 차별이 식민주의와 결합하여 제국주의와 가부장제라는 이중적인 억압 구조를 어떻게 만들어내는지 설명한다. 이들은 서구=발전=근대, 비서구=전근대=미개한 문화라는 서구의 관점과, 서구의 학문이 열등한 비서구를 돕고 구원한다는 구원자적, 선지자적, 식민지적 시각을 어떻게 강화 시키는지를 비판한다.

본격적 논의를 시작하기 전에, 이 연구에서의 탈식민주의의 의미를 설명하자면, 이 연구에서의 탈식민주의는 Decolonialism에 가깝다. Postcolonialism과 Decolonization의 차이를 명확하게 구분하기는 어렵지만, Postcolonialism이론의 발전은 인도계 학자들이 많은 기여를 하였으며, 식민 이후 피식민지 사회의 문제를 식민의 역사와 연계하여 비판하는 이론이다. Decolonialism은 주로 원주민학을 연구하는 학자들과 남미 학자들에 의해 많이 논의된다. Decolonialism은 식민은 여전히 진행 중이며, 이론을 넘어서 구체적인 실천이 함께 이루어져야 한다는 주장이 많다. 최근에 벌어진 퀴어 코리아 사건에서 보듯이 여전히 미국 내 한국학에서 식민적 인식과 비윤리적 관행이 진행되고 있다는 점과 이러한 관행과 인식을 비판하고 고치기 위한 실천을 강조하기 위해, 이 연구에서의 탈식민은 Decolonialism을 의미한다. 하지만, 아래에서 설명하는 Spivak등의 연구자들은 Postcolonialism 이론의 선구자이다.

인도에서 태어나 캘커타 대학에서 공부한 후, 미국에서 비교문학으로 박사학위를 받은 Spivak은 *Can the Subaltern Speak?*(1994)라는 저서를 통해 서구 중심의 인식 체계를 "지식적 폭력(epistemic violence)"이라고 비판한다. 지식적 폭력이란 서구의 지적 체계를 통해 식민지의 "불안정한" 주체성을 타자로(Other) 구성하고, 이러한 서구 지식인들의 인식이 하위주체(서발턴)의 목소리와 정체성을 왜곡하거나 말살할 수 있다고 주장한다(p. 76). 특히 Spivak은 데리다나 푸코와 같은 서구의 좌파, 남성 지식인들의 사고 체계를 비판하는데, 이들 서구 지식인들이 하위주체를 대변(represent)한다고 주장하지만, 실제로는 서구 지식인 자신들을 투명한(transparent) 존재로 대변하며(p. 70), 피식민지의 타자를 자신들의(Self) 그림자로 설정함으로써, 결국 서구의 정체성을 확립하고 우월성을 강화하는데 이용한다고 설명한다(p. 75).

Spivak은 식민지의 불안정한 주체들을 동질적인 존재로 간주하지 않는다. 그녀는 피식민지의 "제3세계 여성들"이 처한 복잡한 구조와 이중적인 차별을 강조한다. 제국주의와 가부장제 사이에서, 스스로 주체를 구성하려는 시도와 타인에 의해 객체로 형성되는 사이에서 피식민지 여성은 사라지게 되지만, 이는 공허함 속으로 사라지는 것이 아니라 전통과 근대화 사이에 갇힌 "제3세계 여성"이라는 위치로 전치된 형상으로, 폭력적인 왕복 운동 사이로 사라지는 것이라고 주장한다(p. 102). Spivak은 사티(Sati, 인도의 과부 순장 문화)를 예로 들며, 서구 학자들이 인도 문화에 대한 이해 없이 단지 미개한 식민지 문화의 피해자로서 여성을 객체화 한다고 비판한다. 그녀는 사티가 발생하는 복잡한 사회적, 문화적, 경제적 요인들에 대한 이해와 여성들의 경험 및 내러티브는 전혀 고려되지 않은 채, 단지 백인 남성이 피식민지 남성으로부터 피식민지 여성을 구하려는(the white man saves the brown woman from the brown man, p. 92) 구원자로서의 태도에 지나지 않는다고 주장한다. Spivak은 이러한 관점을 생산하고 강화하는 주요 매개체가 서구의 지식 체계와 서구 지식인 남성들의 시각이라고 지적한다.

인도 출신 학자로서 예일대 여성학과 교수인 Grewal 역시 식민주의자들의 구원자적 인식에 대해 비판한다(2013). 그녀는 '명예 살인(honour killing)'이라는 개념이 서구 언론과 인도의 엘리트들 사이에서 어떻게 생성되고 순환되는지를 분석한다. Grewal은 Said의 『오리엔탈리즘』(1978)을 토대로 성별화된 오리엔탈리즘에 대해 이야기하며, 가부장제의 개념을 미국과 유럽에서 비서구로 외주화(outsourcing)하여, 가부장제를 단지 비서구 사회의 문제로 전치한다고 주장한다(p. 6). 또한 Grewal은 서구 언론이 비서구 여성을 피해자로만 재현함으로써, Spivak이 언급한 것처럼 백인 남성이 피식민지 여성을 피식민지 남성으로부터 구해낸다는 구원자로서의 인식을 재생산한다고 비판한다(p. 2). Grewal은 '명예 살인'이라는 단어가 서구 미디어에서 생산한 개념으로, 이는 비서구 사회의 후진성, 폭력성, 야만성을 암시한다고 주장하며, 여전히 서구가 자신을 문명화된 사회로, 비서구 사회를 문명화되지 않은 사회로 규정하려는 식민적 관점의 투영이라고 설명한다(pp. 3-5). 예를 들어, 백인 남성의 여성에 대한 폭력은 단지 개인의 문제로 여겨지지만, 명예 살인은 미개하고 병적인 비서구의 문화의 문제로 여겨진다고 지적한다(p. 7). 또한 Grewal은 인도 내부의 내재된 식민지성을 비판하며, 인도의 언론과 지식인들은 명예 살인이 시골이나 소도시 같이 발전하지 않은 곳의 엘리트들이 벌이는 일이며, 인도 내의 발전된 도시에서는 명예 살인이 일어나지 않고, 오히려 비판한다는 태도를 취함으로서 근대화되지 않은 인도의 문화와 자신들을 구분짓는데 이는, 오히려 서구의 식민지적 사고를 답습하는 것이라 주장한다(pp. 9-10).

팔레스타인계 인류학자 Abu-Lughod는 "무슬림 여성은 정말로 구원이 필요한가?"(2002)라는 논문에서 문화적 상대주의와 타자성에 대해 연구한다. 이 논문은 Spivak과 Grewal의 관점과 유사하게, 서구가 비서구(the rest of the world) 여성들을 그들의 미개한 문화 및 억압적 구조에서 구해야 한다는 식민주의적 시각과, 이를 근거로 정당화되는 서구의 군사적, 정치적 개입을 비판한다. Abu-Lughod는 서구의 구원 담론이 식민지 여성을 단지 피해자로만 규정하며(p. 784), 서구는 무슬림 여성을 하위주체로 간주하여 그들이 오직 서구에 의해 재현될 수 있음을 구원 내러티브를 통해 정당화한다고 말한다(p. 785). 서구 담론에서는 히잡을 여성 억압과 구속을 나타내는 상징으로 간주하며, 이러한 여성들에게 서구적 자유와 권리를 부여해야 한다는 구원적 관점을 갖고 있다고 비판한다. Abu-Lughod는 이러한 시각이 무슬림 사회와 현지 여성들에 대한 무지에서 비롯된 것임을 비판한다. 그는 많은 무슬림 여성들이 히잡을 자발적으로 선택하거나 문화적 또는 종교적 이유로 착용한다는 점을 강조하며, 이는 그들의 주체적인 결정의 결과로, 여성들의 삶과 문화의 일부분임을 강조한다(pp. 786-787). 따라서 서구적 시각에서 단순히 해방과 억압을 이분법적으로 나누는 것에 대해 비판하며, 이는 무슬림 여성들의 문화적, 종교적 배경과 주체성을 무시하는 행위라고 주장한다. 이러한 이분법적 사고는 결국 서구 중심적인 권력 관계를 재생산하고, 타자를 통해 서구의 정체성을 재확립하려는 과정이라고 비판한다(p. 789).

아랍과 이슬람에 대해 연구하는 Wadud는 방글라데시 공장 여성 노동자들에 대한 연구를 통해 Abu-Lughod와 유사한 주장을 펼친다(2009). 그녀는 방글라데시 공장 여성 노동자들을 단지 자본주의적 착취의 피해자로 보는 서구 중심적 구출 담론을 비판하며(p. 30), 이 여성들의 복잡한 경험과 선택, 자기 결정권에 대한 이해와 존중이 필요하다고 주장한다(pp. 24, 28). Wadud의 연구는 글로벌 자본주의 시스템과 식민주의적 관점이 어떻게 제3세계 여성들을 피해자로 한정하고 타자화 하는지에 대한 문제를 제기한다는 점에서 흥미롭다.

지금까지 살펴본 탈식민주의 연구자들은 Said의 오리엔탈리즘(1978)의 주요 비판에 페미니스트 관점을 추가하여 탈식민주의 연구를 발전시키고 확장하였다. 팔레스타인 출신으로 미국 학계에서 자리잡은 Said는 서구 중심의 지식 담론이 어떻게 비서구 세계, 특히 아랍과 이슬람 세계를 형성하며, 이를 통해 서구의 정체성을 구축하는지를 설명한다. 동양(Orient)은 단순한 지리적 위치가 아니라, 동양에 대한 담론과 지식을 구성하는 것이며(p. 3), 이는 서구와 비서구 간의 권력 관계를 반영하는 것이다. 또한, 동양학자(orientalist)는 중립적인 학문적 관찰자가 아니라, 동양을 정의하고 지배하기 위해 동양에 대해 말하는 강력한 주체이다(p. 94). 동양의 열등함을 상징하는 개념을 통해 자신들을 구성함으로써 유럽은 자신들의 우월성을 입증하려 한다(p. 7). 즉, 서구가 자신들의 정체성을 정의하기 위해서는 열등한 비서구의 미개한 타자들이 필요하다는 것이다. Spivak은 서구 지식인들이 복화술을 통해 하위 계층의 침묵을 대신한다고 비판한다. 즉, 하위주체는 진정한 목소리를 낼 수 없으며, 서구 지식인들의 목소리와 식민지적 · 서구적 관점에 의해서만 의미가 발현된다고 주장한다(p. 104). Spivak과 Said의 관점을 결합해 보면, 서구 지식인들, 특히 백인 남성이 주도하는 서구 학계에서 동양을 연구하고 타자를 만들어내는 과정은, 결국 서구와 백인 남성 본인들의 정체성과 권력을 공고히 하고, 식민지 침략의 과거와 현재를 정당화한다는 점을 알 수 있다.

5. 탈식민주의적 질적연구와 윤리

질적 연구는 기존의 학문적 계보와 기록에서 중요하게 다뤄지지 않았거나 타자화 되었던 소수자들의 산 경험(lived experience)을 중요시하고, 구술, 내러티브 및 그들의 생활 양식과 문화를 통한 지식을 추구한다는 점에서 간주간적 학문 분야(interdisciplinary)에서 많이 사용되어 왔다. 1960년대 미국 사회는 인권 운동과 여성 운동을 통해 젠더, 인종, 장애, 섹슈얼리티에 대한 논의가 활발해졌고 , 이는 대학 내 여성학, 아프리카학, 장애학, LGBTQ학, 원주민학 등의 간주간적 분과 학문이 생겨나는 배경이 되었다. 또한, 초국가적(transnational) 연구와 지역학문(area studies)에 대한 관심 또한 높아졌는데 이는 비서구 사회의 복잡성을 깊이 있게 연구하고, 비서구를 기존의 서구 중심적 시각에 대한 비판적이고 주체적인 지식 생산의 공간으로 인식하려는 움직임에서 시작되었다.

서구의 백인 남성 중심의 오랜 계보, 제도, 기관에서 잊혀지고 지워졌던 이들의 기록과 경험을 재기억하고 새로운 계보를 쓰며, 소수자들과 하위 주체들의 목소리를 통해 새로운 지식을 추구한다는 점에서 탈식민지적 질적 연구의 중요성을 알 수 있다. 그러나 동시에 연구자가 연구 대상자를 관찰하고 대화하며 해석하는 과정에서 연구자와 연구 대상자 간의 권력 관계를 포함한 윤리적 문제가 발생할 수 있다. 특히, 국가 간, 서구와 비서구 간의 구조적 · 역사적 권력 차이가 여전히 존재한다는 점에서 이러한 윤리적 문제에 대한 성찰과 주의가 필요하다.

인류학자Oppenheim(2016)은 한국이 미국과 첫 번째 조약을 맺은 1882년부터 제2차 세계대전이 끝난 1945년 사이에 미국 인류학자들이 한국을 연구한 연구물, 개인 노트, 서신 등을 이용하여, 이 기간동안 한국이 미국 인류학에서 중요한 관심 대상이 아니었다는 일부의 편견과는 달리, 아시아의 전선(An Asian Frontier)으로서 미국 인류학의 중요한 관심 대상이었음을 설명한다. Oppenheim은 당시 유럽과 미국의 인종주의적 관점이 이 초기 연구들에 투영되었으며, 이는 한국을 미개하고 서구화가 필요한 사회로 인식하는 결과를 낳았다고 주장한다. 그는 과거 인류학 연구들이 문화적 차이를 설명하려는 것을 넘어, 서구적 기준에 맞추어 한국의 사회적 제도가 그 기준에 도달하지 못한다고 보고, 한국의 가부장제나 사회적 계급 문제 등을 과도하게 단순화하여 후진적이고 원시적인 문화로 묘사했다고 비판한다. Oppenheim은 인종주의와 문화적 편견이 전 세계적으로 식민지를 확장하려는 서구의 정치적 맥락과 맞물려 있었음을 지적하며, 인류학의 식민주의적 타문화 연구 관행을 비판한다. 또한, Oppenheim은 언어가 문화를 이해하는 데 핵심적인 요소라고 여기는데, 당시의 인류학자들이 한국어를 배우거나 한국인들과 직접 소통하는 데 관심이 없었기 때문에, 언어적 한계로 한국인들의 사회문화적 복잡한 뉘앙스와 맥락을 놓쳤고, 그로 인해 왜곡된 해석을 낳을 수 있었다고 본다(4장).

독일에서 태어나고 미국에서 박사 학위를 받은 뒤 미국과 유럽에서 활동해 온 인류학자 Fabian(1983)은 인류학 연구에서 연구 대상을 타자(Other)화하는 과정을 시간의 개념으로 설명한다. 그에 따르면, 인류학자들은 전통적으로 '우리는 지금(here and now)에 살고, 우리의 연구 대상은 저기와 그때(there and then)에 사는 것'으로 간주한다. 즉, 타자는 우리와 동시대에 존재하지 않는 것으로 여겨진다고 주장한다. Fabian은 인류학자들에게 시간은 단순히 변하지 않는 자연적 현상이 아니라, 근대적인 것과 원시적인 것, 진보적인 것과 후진적인 것의 경계를 설정하는 사회적 구성물이라고 말한다. 이러한 경계는 연구의 주체들과 타자들 사이의 권력과 불평등을 정당화하고, '과거에 사는 이들'을 '지금 우리가 사는 이곳'으로 진보 시켜야 한다는 식민적인 지식 체계를 정당화한다고 한다. Fabian은 인류학자들의 임무가 타문화의 '진실'을 드러내는 것이 아니라, 식민지적 현상을 유지하기 위해 지식을 생산하는 것이었다고 비판한다.

최근에는 질적 연구의 식민주의 적이고 비윤리적인 문제들을 비판하며 탈식민지적인 관점과 방법론을 제시하는 탈식민주의적 연구들이 활발히 진행되고 있다. 뉴질랜드 학자Smith(2021)는 탈식민지적(Decolonizing) 방법론을 원주민에 대한 연구를 통해 탐구한다. Smith는 "연구"라는 용어 자체가 유럽 식민주의와 연결되며, 피식민지의 사람들에게 그 용어는 고통스러운 기억이라고 말하며, 식민주의적 연구들이 어떻게 원주민들을 "발견"하고 타자에 대해 "주장"(Claiming)하는지를 비판한다. Smith는 원주민 공동체가 스스로 진행 중인 25개의 다양한 프로젝트를 제시하며, 이러한 주체적인 연구들이 문화적 생존, 자기결정권, 치유, 복원, 그리고 사회 정의와 같은 주제를 목표로 진행되고 있다고 한다(pp. 164-165). 25개의 프로젝트 중에는 주장(claiming), 증언, 스토리텔링, 재기억하기, 재현하기, 읽기, 이론 구성 등을 포함하고 있으며, 식민주의적 연구에서는 단지 연구의 대상이었던 사람들이 스스로 주체가 되어 자신들의 역사를 다시 기억하고, 증언하고, 이론을 만들어내며 그런 지식들을 어떻게 공동체 구성원들과 다시 나누는지를 설명한다(6장). Smith는 이러한 프로젝트들이 서구 학문에서 사용된 기존의 식민주의적 방법론과 완전히 다른 것은 아니지만, 그 차이를 만드는 것은 원주민 실천(Indigenous practices)이며, 이러한 실천과 결합하는 방법론은 식민주의적 관행에서 소외되었던 그룹들을 재중심에 두는 역할을 한다고 주장한다.

캐나다 연구자들인 Brown과 Strega는 비판적 연구 방법론을 제기하며, 기존의 연구 방법들이 식민주의, 성차별, 성적 소수자 차별, 인종차별 등의 억압적 체제를 생산해냈고, 이는 서구 이성애자 남성 중심의 권력 구조를 강화했다고 본다. 이러한 기존의 연구와 방법에 저항하기 위해 원주민 공동체가 자체적으로 연구를 이끌어가는 것이 중요하며, 이는 자체적인 지식 체계를 회복하고 자신들의 권리와 정체성을 강화하는 문화적 실천이기도 하다고 주장한다. 예를 들어, 스토리텔링은 원주민 공동체에서 매우 중요한 문화 관습이자 지식의 전달 방식인데, 저자들은 이러한 점에서 스토리텔링이 중요한 연구 방법론이 될 수 있다고 본다. 이는 단지 추상적인 이론이 아니라 실제의 경험과 이야기를 중심으로 다루어져야 하며, 원주민 커뮤니티에서 스스로 이야기를 구성하는 방식과 내용을 왜곡 없이 전달하기 위해서는 연구자와 연구 참여자 간의 평등한 관계 설정이 매우 중요하다고 강조한다. 또한, 구술사 역시 식민주의자 중심의 역사에서 배제된 목소리를 재조명하는 측면에서 중요한 연구 방법이라고 말한다(9장). 구술사나 스토리텔링은 기존에 존재하던 연구 방법론이지만, 기존의 연구 방법과 다른 방식으로 이를 사용하기 위해서는 연구자의 윤리적 책임과 연구 참여자들 과의 관계, 상호 존중이 중요함을 강조한다. 그들은 연구 대상이 단지 객체가 아니라 주체로서 적극 참여해야 한다는 점을 강조하며, 연구자는 연구 참여자의 권리를 존중하고 그들의 의견을 반영하는 방식으로 연구가 진행되어야 한다고 말한다.

질적 연구에서 연구자의 윤리의 중요성을 강조하는 많은 연구들(Tracy, S.J. 2010; Guillemin & Gillam, 2004; Creswell & Poth, 2017; ; Pillow, 2003; Flick, 2014; Liamputtong, 2010; Kvale & Brinkmann, 2016)이 존재한다. 교육학에서 질적 연구를 비판적으로 접근한 최근 연구(McLewis et al., 2023)에 따르면, 기존의 교육학 내에서의 연구 방법론과 방법은 식민주의 적이고 백인 이성애자 남성의 관점이 주류라는 한계가 존재한다. 연구자들은 주류 관점에 대한 저항적 방법론과 방법에 대해 논의하기 위해 여성학의 민족지 방법, 퀴어 이론, 비판적 인종 이론 등을 살펴보고(p. 55) 질적 연구의 식민지성을 극복하기 위해서는 위치성(positionality)과 성찰성(reflexivity)이 중요함을 강조한다. 위치성이 연구자의 정체성과 사회적 위치에 대한 이해가 연구의 과정과 결과에 끼치는 영향에 대한 것이라면, 성찰성은 이를 실천하는 과정이다. 페미니스트 연구자들은 성찰성을 "연구자, 연구 참여자, 그들의 공동체, 그리고 학문적 청중들이 복잡하고 역동적인 관계 속에서 권력을 어떻게 생성하고, 사용하고, 지속시키며, 재구성하는지에 대해 비판적으로 성찰하는 것"(Knight et al., 2004, McLewis et al., 2023에서재인용 p. 61) 이라고 정의한다. 단순히 연구자가 자신의 위치성에 대해 인식하는 것이 연구 윤리의 끝이 아니라, 연구 과정 뿐만 아니라 출판 후에도 연구자의 지식이 연구 대상자의 커뮤니티 및 사회 전반에 끼칠 수 있는 영향에 대한 책임까지 고려해야 한다는 점을 강조한다.

특히 여성학자이자 교육학자인 Pillow(2003)는, 질적 연구에서 성찰성의 실천 방법으로 자기 인식으로서의 성찰성, 타자 인식으로서의 성찰성, 진리(truth)로서의 성찰성, 그리고 초월(transcendence)로서의 성찰성을 제시하며, 이에 더해 "불편한(uncomfortable) 성찰성"의 필요성도 강조한다. 불편한 성찰성이란 "지식을 추구하면서도 동시에 이러한 앎을 불확실한 것으로 위치시키는 성찰성"을 의미하며, "자신이나 연구 대상에 대한 앎을 불편하고 완벽히 담아낼 수 없는 것으로 인식하는 것"이다(p. 188). 필로우의 불편한 성찰성이 중요한 의미는, 연구자가 지식을 추구하되 그 지식이 절대적이거나 완벽할 수 없다는 것을 인식해야 하며, 연구 과정에서 연구자 자신과 연구 참여자에 대한 이해가 불완전하고 불확실할 수 있음을 인지해야 한다는 것이다. 이러한 불확실성과 불편함을 피하거나 해결하려 하기보다는 오히려 그 부분을 연구의 중요한 부분으로 받아들여야 한다. 즉, 연구자가 어떤 문화나 집단을 연구할 때, 자신의 선입견과 한계를 인정하고, 자신의 해석이 절대적인 진리가 아닐 수 있음을 인식해야 하며, 이는 연구의 진실성과 윤리성을 높이는 중요한 접근 방식이다.

남미, 북미, 뉴질랜드의 원주민들은 피식민지적 억압에서 지워지고 침묵 당했던 기록과 기억을 재복원하고 자신들의 커뮤니티를 치유하기 위해 노력하고 있으며, 연구자들은 그들의 치유 과정에서 연구자들의 위치성과 성찰성, 원주민 들과의 관계에 대한 민감성을 강조하는 질적 연구의 방법론과 방법을 고민해오고 있다. 또한, 많은 학자들이 우리가 생산해오고 소비하는 지식이 불완전하고 불확실할 수 있다는 점에 대해서 강조한다.

하지만 후에 살펴볼 퀴어 코리아 사건은 Oppenheim(2016)과 Fabian(1983)이 지적한 과거 서구 인류학자들의 인종적이고 식민지적 인식과 윤리적 문제가 여전히 존재함을 보여준다. 이는 백인 남성의 관점이 지배해 온 서구 학계에서, 자신들이 생산하고, 출판하고, 인용하며, 재생산해온 지식들을 유일한 진리(the truth)로 인식해 온 데서 기인한 것으로 보인다. 오랫동안, 그리고 현재도, 자신들의 연구 대상인 비서구 세계의 하위주체들은 그들에게 반박할 수 없으며, 그들이 주요 보직을 맡고 있는 서구의 주요 연구 대학과 기관들은 그들의 지식 생산을 지지하고 물적, 제도적 기반을 마련해준다. 이러한 관행과 구조 속에서 그들의 진리의 불완전성은 의심받기 힘들며, 그들의 진리를 증명하기 위해 사용된 데이터와 연구 대상자 들과의 관계의 비윤리적 관행에 관한 합당한 의심과 문제 제기는 쉽게 이루어지기 힘들다.

6. 식민을 통한 탈식민 연구 I: 퀴어 코리아 사건 개요

많은 연구자들이 서구 중심의 식민지적 지식 생산과 질적 연구의 윤리적 문제들을 비판해 왔지만, 최근 벌어진 퀴어 코리아 사건은 미국 내 한국학과 타문화를 연구하는 데 있어 여전히 구조적인 권력 문제가 존재함을 보여준다. 이 연구는 퀴어 코리아 문제가 서구 학계와 비서구 학계 간의 불평등한 권력 관계에서 비롯되었으며, 비서구 연구 대상을 타자로 인식하는 식민적 시각, 연구자들의 위치성과 성찰성 결여, 백인 남성 중심의 연구 기관과 출판사의 식민주의 적이고 비윤리적인 제도적 관행들이 이러한 권력 관계와 윤리적 문제를 비가시화함을 비판한다.

2020년에 듀크 대학교 출판사에서 출판된 *Queer Korea*는 한국의 퀴어에 초점을 맞춘 첫 번째 책으로, 한국학과 퀴어 이론 분야에서 많은 관심을 받았다. 사회학자 Jung(2024)은 퀴어 코리아 사건을 미국 학계 내에서 퀴어 이론의 제도적 구축이라는 맥락에서 분석한다. Jung에 따르면, 2000년대부터 퀴어 이론은 성(sexuality)이라는 측면을 확장하여 성(gender)과 인종, 제국주의, 식민주의가 어떻게 교차하는지 분석하는 중요한 도구로 자리잡아 왔다(pp.518-519). 그러나 퀴어 이론이 기존의 규범에 대항하는 이론임에도 불구하고, 기존의 제도와 체제 속에서 그 이론이 발전해야 한다는 모순이 존재한다. 이는 연구를 수행하고 가르치며 연구물을 출판하기 위해서는 물적 자원과 기관(institution)의 지원이 필요하기 때문이다(p.520). 또한 퀴어 이론의 생산과 재생산은 몇몇 소수의 기관과 일부 연구자에게 독점적으로 이루어지고 있다. 예를 들어, 퀴어 이론을 가르치는 프로그램들은 대부분 미국의 주요 대학들에 집중되어 있고 듀크 대학 출판사는 퀴어 이론에 관한 많은 연구물을 출판해 왔으며, 퀴어 이론 시리즈의 33명의 저자 또는 편집자 중 26명은 2023년 기준으로 미국의 엘리트 대학에서 전임 교수직을 맡고 있는 연구자들이다(p.521).

Jung은 퀴어 이론의 불균형이 극대화되는 지점은 바로 미국과 그 외 다른 지역들 간의 격차라고 주장한다. 이는 미국 학계가 퀴어 이론을 생산하는 주된 장소이고, 나머지 지역은 그 이론을 단지 소비하고 재생산하는 곳이라고 여겨지는 점에서 식민지적이고 구조적인 불평등을 지속시키고 있다. 이러한 퀴어 이론의 식민지성은 새로운 것이 아니다. 비서구 지역은 오랫동안 미국 중심의 퀴어 이론에서 시간적, 공간적 "외부"로 위치 지워져 왔으며, 비서구의 성별에 대한 인식이나 행위 양식이 서구와 근본적으로 다르다고 보는 시각은 결국 서구와 비교하여 다르다는 것을 의미한다. 또한, 비서구 지역은 서구의 퀴어 이론을 발전시키기 위한 데이터, 영감(inspiration), 상상력의 원천으로 작용해 왔다(p.525).

퀴어 코리아의 편집자인 Todd Henry는 UC 샌디에고 대학에서 교수로 재직 중이며, 해당 학교 소개 페이지에 따르면 그는 한국 근현대사의 전문가이며, 제국주의와 식민주의를 중심으로 퀴어 연구를 한다고 소개되어 있다. 또한, 그의 새로운 연구 방향과 그 결과물로서 *Queer Korea* 출판이 언급되어 있다. 퀴어 코리아의 편집자 서문을 통해 Henry는 자신이 20년 넘게 한국의 퀴어 커뮤니티와 깊이 관계를 맺어 왔음을 언급하며, 서구 중심의 퀴어 이론을 "지방화(provincialize)"하는 것이 중요하고 한국의 성소수자들을 식민지, 내전, 국가 분단, 냉전 등 20세기 수많은 비극 속에서 생존하기 위해 싸워온 이들이라는 생존적 인식론의 연장선상에서 이해해야 한다고 말한다.

하지만 Henry가 서문에서 말한 설명과는 달리, *Queer Korea*의 윤리적 문제와 식민지적 시각이 한국의 퀴어 활동가들 및 이 사건의 피해자들에 의해 제기된다. 2021년 6월, 한 한국 퀴어 활동가가 퀴어 코리아의 저자들에게 보낸 이메일에서, *Queer Korea* 한 챕터인 "Ripples of Trauma"를 쓴 Gitzen은 연구에서 퀴어 커뮤니티 사람들의 실명과 소속 기관을 그대로 밝히고 있으며, 매우 사적인 이야기를 트라우마의 자료로 사용하는 비윤리적인 문제를 범하고 있음을 밝혔다. 더욱 큰 문제는 이들에게 인터뷰 동의나 실명 사용에 대한 설명을 하지 않았고 동의를 구하지도 않았다는 것이다. 또한, Gitzen의 미네소타 대학교 인류학 박사 논문에도 한국의 수많은 퀴어 활동가들의 실명과 단체, 개인적이고 사적인 이야기들이 동의 없이 포함되어 있었다. 이에 대해 세 명의 퀴어 활동가는 Gitzen, Henry, 듀크 대학교 출판사, 미네소타 대학교, 그리고 *Queer Korea* 다른 저자들과 번역자들에게 연락을 시도했다(Decolonizing Korean Studies Collective, 2024).

이 문제를 제기한 활동가가*Queer Korea*의 저자들에게 영어와 한국어로 보낸 33페이지 분량의 이메일에는, 책이 출판된 후 아는 동료로부터 Gitzen의 연구에 자신이 언급되었다는 이야기를 듣고 처음에는 본인의 연구가 인용된 것으로 이해했지만, 나중에 연구 대상으로 등장한 사실을 알게 되었다고 한다. 활동가는 호의와 신뢰를 가지고 Gitzen과 나눈 대화가 결국 그의 학위 논문에 필요한 사례, 즉 '한국 사회의 끔찍한 사례' 중 하나로 전락한 사실에 분노했다. 또한, 다른 활동가들도 대부분 실명으로 언급되었고, 그들의 괴로움, 고통, 트라우마 경험이 동의 없이 기술되었다는 사실도 알게 된다. 그 가운데는 실제 경험과 다른 내용이 마치 사실인 듯 적혀 있기도 했다고 한다.

2020년 11월, 이들은 Gitzen과 Henry에게 이메일을 보냈고, 그 후 듀크 대학교 출판사 담당자인Kenneth Wissoker 와 미네소타대학교 연구 윤리 담당 부서에 연락을 했다. Gitzen에게는 공식 사과와 *Queer Korea*에서 연구물을 철회할 것을 요구했으나, Gitzen은 듀크 대학교 출판사와 대화 후 철회가 아닌 수정이 가능하다고 말했다. 사과문에 대해 Gitzen은 그럴 용의가 있다고 했으나, 결국 이루어지지는 않았다. Gitzen에 따르면, 그의 박사 학위 논문 담당 교수인Valentine은 사과문 대신 연구 윤리를 주제로 하는 학술 논문을 작성할 것을 제안했다고 한다.

활동가들은 재차 사과문 작성을 요구했으나, Gitzen은 듀크 대학교 출판사를 핑계로, 출판사에서도 그의 논문 지도 교수와 같은 의견을 가지고 있으며, 이는 사과문 수정이 논문에 대한 또 다른 관심을 촉발할 수 있기 때문이라고 했다. 후에 그의 해당 연구물은 수정이라는 최초의 의견 대신 온라인 버전에서는 철회되고 2차 출판물에서도 철회되었다. 사과문 작성 대신 Gitzen은 2023년에 성명서(A response to recent accusations)[4]를 자신의 웹사이트에 게시했으며, 그는 자신이 출판 및 철회 과정에서 "완전히 투명하게" 행동했으며, 다시 한번 그가 그 사건에 대해 공개적인 성명을 하지 않은 이유는 한국 피해자들의 신원이 드러나는 것에 대한 우려 때문이라고 주장했다. 피해자들은 그의 연구물에서 동의 없이 폭로된 자신들의 신원, 동의 없이 공개된 사적인 내용들, 그리고 자신들의 힘들었던 경험이 누군가의 연구 자료로 전락했다는 점에서 깊은 고통을 호소하며, Gitzen이 그에 대해 책임감을 가지고 사과문을 발표하기를 요구했으나 그는 피해자들의 신원을 걱정한다는 이유로 끝까지 사과문을 공개하지 않는 모순적 태도로 일관한다.

활동가가 공개한 바에 따르면, 편집자인Henry는 2020년 11월 이메일에서 자신이 보통의 편집자들보다 더 꼼꼼하게 작업을 수행했다고 주장하며, 한국어로 "저 본인에게 책임이 있다는 것을 뜻하지는 않습니다" 라고 말했다. 얼마 후, 또 다른 이메일에서 영어로 "말씀드릴 수 있는 사항은 더 이상 없으며, 이와 관련하여 추가적으로 궁금하시거나 요구 사항이 있으시면 미네소타 대학교 IRB 담당자나 듀크 대학교 출판사에 직접 문의 바랍니다"(2020년 12월 3일) 라고 응답했다. 또한 그는 "이와 같은 윤리 문제가 또다시 생기지 않게 하기 위해, 앞으로 한국 퀴어 연구의 가이드라인을 만들겠다"고 밝혔다. 이에 활동가는 한국에서 연구 윤리에 관한 기준이 이미 확립되어 있음에도 불구하고, 존재하지 않을 것이라 여기는 태도를 지적했다.

활동가는 2020년 12월 듀크 대학교 출판사 와도 연락을 취했으며, 담당자Wissoker는 영어로 쓴 짧은 이메일 답장에서 "연락 주셔서 감사합니다. 이 연구가 불편을 끼쳐서 유감입니다. 저자와 편집자와의 신뢰를 바탕으로 필요한 수정을 최대한 빠르게 진행하기 위해 노력

---

4) Timonthy Gitzen, A Response to Recent Accusations, https://www.timothygitzen.com/statement, April 27, 2023.

해왔습니다. 수정이 완료될 때까지 온라인 버전의 책 판매를 중지하겠습니다. 이 편지는 연말 연후 기간에 접수되었으며, 사무실은 새해까지 휴무입니다... 새해가 지나고 사무실이 재개되면 더 완전한 답변을 드리겠습니다"라고 했다. 그러나 몇 달이 지나도 연락이 오지 않았고, 활동가는 2021년 4월에 다시 연락을 시도했으나 그는 답변하지 않았다.

듀크 대학 출판사는 피해자들의 이메일에 처음 한 번 답변한 이외에는 답장을 하지 않았고, 자신들의 출판물이 한국 퀴어 활동가들에게 끼친 피해에 대해 어떠한 조치도 적극적으로 취하지 않았다. 퀴어 이론 연구물들을 출판하는 미국 내 출판사 중 가장 권위 있는 곳으로 여겨지는 듀크 대학 출판사는 피해자들에 대한 무책임한 태도로 일관했다. 활동가는 Henry와 나눈 이메일을 공개하는데, 이 이메일에서 Henry는 자신이 Wissoker와 나눈 대화를 인용하는데, Wissoker는 Henry에게"우리 레벨 정도 되는 연구자들이 그들이 배운 기준에 따라 연구하고 있으며, 선의를 가지고 있다고 생각합니다" 라고 말한다. 어떤 맥락에서 이러한 대화가 오갔는지 알 수는 없지만, Wissoker의 "우리 레벨 정도"가 의미하는 것은 미국의 권위 있는 대학의 교수와 출판사를 언급하는 것으로 여겨진다. 그러나 소속 대학의 명성, 종신 교수직, 유명한 기관이라는 지위가 윤리와 도덕성을 보장하지 못한다는 사실은 유색인종 연구자들과 탈식민주의 연구자들의 비판을 통해 알 수 있다.

Henry는 한국의 퀴어 활동가들 뿐만 아니라 연구자과 한국학 및 퀴어 이론 학계내에서 권위 있는 사람으로 통한다. 그는 연세대학교에서 2020년 가을학기 동안 수업을 진행했으며, 이 수업에서 학생들과 함께 Gitzen의 논문을 읽기도 했다. 이러한 논란에도 불구하고, 그가 권위 있는 연구자여서 가능했던 일인지, *Queer Korea*는 도서출판 '산처럼'을 통해 한국어판으로 2023년에 번역되어 출판되었다. Henry는 한국어판 서문에서 퀴어 코리아 사건을 다음과 같이 언급한다. "이 책의 원고를 묶은 편집자로서 나는 모든 당사자와 긴밀히 협력하여 이러한 과실을 바로잡고, 그것이 초래한 피해를 줄이기 위해 할 수 있는 모든 일을 했다… 이 번역본은 불균등한 지식 생산의 지정학과 연구 위치성의 문제에 대한 민감성은 유지한 채, 급변하는 윤리적 기준의 최고 수준에 따라 한반도의 퀴어에 관한 수준 높은 학문을 모든 독자가 누릴 수 있게끔 하는 개정을 반영한다."

Henry는 피해를 줄이기 위해 최선을 다했다고 주장하지만, 그와 퀴어 코리아의 다른 저자와의 이메일 교신에서 그가 보인 행동을 보면, 그가 말한 최선의 의미에 대해 의문이 생긴다. 활동가가 저자들에게 이메일을 보낸 후, Henry는 저자들에게 연락하여 피해자들의 말이 정확한 것이 아니며, 활동가들이 자신들을 비난하고 공격하고 있으며, 그들은 선을 넘었고 이는 법적 문제를 일으킬 수 있다고 저자들에게 경고하며 활동가들과 직접 대화하지 말 것을 당부한다.

한 저자는 Henry와 출판사에게 자신이 탈식민 연구를 하는 연구자이기 때문에, 한국어 번역본을 포함한 출판물에서 자신의 챕터를 삭제해달라고 요청한다. 하지만 출판사 담당자 Wissoker는 이미 출판된 책이 도서관들에 배포되었고, 수정본이 출간되더라도 챕터를 제외한 선례를 기억할 수 없다는 이유로 이 저자의 요청을 거부한다. 또한 한국어 버전은 다른 문제이므로 Henry와 상의하라고 한다. 그러나 저자의 요청은 결국 거부되고, 이 저자의 허락없이 그 챕터가 포함된 채 한국어본이 출판된다.

한국어 번역본이 출판된 후, 활동가 남웅[5]은 행동하는 성소수자 인권연대의 웹진에 퀴어 코리아 사건에 대한 글을 남긴다. 남웅은 자신이 "아무하고나 나누고 싶지 않았던 고릿적 이야기"가 Gitzen의 논문에서 "투쟁의 흔적으로 거창하게 해석"되고 있다고 지적하며, Gitzen과는 구두와 서면을 포함한 어떤 경로로도 동의가 이루어지지 않았음을 밝힌다. 박사 논문의 경우는 더 심했는데, 활동가들의 실명과 사생활이 기록되어 있었고, 활동가 자신도 모르는 사이 자신의 이야기가 먼 나라 여기저기서 읽힐지도 모르고, 더구나 한국어로 한국에서 출판된다고 하니 마음이 급해 졌다고 한다. 남웅은 Gitzen의 박사 논문이 징계와 재심사가 아닌 수정처리만 되었고, 추후에 Gitzen의 챕터를 *Queer Korea*에서 제외하기로 한 결정은 Gitzen을 통해서 들었으며, 편집자인 Henry나 출판사로 부터는 어떠한 연락도 없었다는 점을 지적한다(2023).

남웅의 글이 실린 한 달 후, Henry는 자신의 페이스북을 통해 성명서를 발표하며, 미네소타 대학교와 듀크 대학 출판사와의 소통 과정에서 피해자들의 프라이버시 침해를 최소화하기 위한 편집 권한을 행사했다고 밝히며, 그의 제한된 한국어 실력으로 소통의 장애(barrier)가 있었다고 언급한다. 그는 20년 넘게 한국에 대해 연구하고, 한국어를 읽고, 소통하고, 가르치는 데 능숙하며, 이러한 한국어 능숙함으로 많은 연구 성과물을 낼 수 있었음에도 불구하고 왜 피해자 들과의 소통에서는 그의 언어가 장애가 되었는지 의문이다. Henry는 자신의 챕터를 제외해달라고 요청한 다른 저자의 요청을 무시한 것에 대해서는 언급하지 않았다.[6]

---

5) 이 연구에서 다른 활동가들의 이름은 공개하지 않지만, 남웅은 자신의 이름으로 공개 웹진에서 비판적인 목소리를 내고 있고, 중요한 지적 비판의 저자라는 점에서, 남웅의 이름을 밝히고 그의 글을 인용한다.

6) Todd Henry on Facebook, March 3, 2023. https://www.facebook.com/story.php?story_fbid=pfbid0ekuYo3vAa9AZVTCdzPSJ6rNeGGYzh4dVxhDC5Hd2SYdy1BtfxUxRboksRESLa9gyl&id=764316977&mibextid=qC1gEa&paipv=0&eav=AfZgiV40TipZi0rEnwNpl5sk6phxFrQ8Z_h7e-shy5UOKsBs2ONt3a9fHOeLeuzmd7c&_rdr

7. 식민을 통한 탈식민 연구 II: 퀴어 코리아 사건의 구조적·식민지적 문제

Henry는 그의 성명문에서 최선을 다해 Gitzen의 박사 논문을 포함한 연구물들이 출판되는 것에 대한 큰 우려를 여러 대학 언론들에게 전달했고, 다른 학자들에게도 Gitzen의 연구 문제점에 대해 알리고 있다고 한다. 하지만 퀴어 코리아 사건이 큰 문제인 이유는 이 문제가 단지 Gitzen이라는 한 개인의 윤리적 문제에 그치지 않기 때문이다. 사실 Gitzen의 박사 논문 통과와 *Queer Korea*의 출판은 학계 내 구조적 문제와 윤리를 검증하는 시스템의 실패를 보여준다. Gitzen의 연구는 미리 걸러질 수 있는 여러 제도적 장치들이 존재했음에도 불구하고 출판되었다. 예를 들어, 미네소타 대학교 인류학과의 박사 논문 검증 과정, 같은 대학의 IRB(윤리심사위원회, Institutional Review Board), 퀴어 코리아 편집자 로서의 Henry의 역할, 듀크 대학 출판사, 그리고 Henry의 성명문에 따르면, Gitzen의 *Queer Korea*에 제출된 원고는 한국학에서 종신직 트랙(tenure-track)에 있는 교수와 퀴어 스터디즈에서 종신직(tenure-track) 트랙에 있는 교수들이 심사했다고 한다. 이처럼 많은 검증 시스템이 있었지만 비윤리적인 연구를 걸러내지 못했고, 문제가 알려진 후에 그 사건의 수습 과정에서도 무성의와 무책임이 존재했을 뿐 피해자들의 피해 회복을 돕는 제도나 절차는 찾아보기 힘들다.

Lie(2016)는 한국학의 계보에 대한 비판적 논문에서 연구의 질보다는 어느 대학에 소속되어 있는지, 대학 내 종신직에 재직하고 있는지, 누구의 제자인지가 한국학의 주요 연구를 결정하는 기준이 된다고 주장한다. 이번 퀴어 코리아의 문제는 결코 한 개인의 윤리적 문제만이 아니다. 이 사건은 미국 내 학계에서 대학의 명성, 지위, 학연이 연구의 질과 윤리성 까지도 검증하는 기준이 되는 관행이 존재하는지에 대한 합리적 의문을 제기한다. Wissoker가 언급한 "우리 레벨 정도 되는 연구자들이 그들이 배운 기준에 따라 연구하고 있으며, 선의를 가지고 있다고 생각합니다"라는 문장에서 '우리 레벨'을 명성과 지위로 해석한다면, 이러한 권위와 권력이 그들의 윤리성도 보장한다고 믿고, 그들 사이의 이러한 구조적 특혜를 바탕으로 한 신뢰가 연구를 검증하는 시스템을 대체하고 있는 것으로 보인다.

Ahmed(2017)는 인용의 정치학에 대해 언급하며, 백인 남성의 글을 인용하지 않는 것은 개인이 아니라 그들의 역사와 관점이 주가 된 기관과 제도를 언급하는 것이라고 한다. 백인 남성 중심의 학계는 그들의 연구를 서로 인용하고 재생산하며 자신들의 지적 권위를 공고히 한다. 퀴어 코리아 사건에서 보인 저자, 편집자, 출판사의 행동과 관행은 서구 학계에서 지식의 재생산이 특정 지위와 인종의 권력을 재생산하는 도구는 아닌지 하는 의심을 들게 한다.

문제를 제기한 활동가들은 이번 사건이 인종 차이와 서구-비서구라는 위계에서 발생한 문제라고 주장하며, 남웅은 "우리가 미국에 사는 중산층 백인 엘리트였다면 같은 내용으로 문제 제기를 할 때 같은 태도와 방식으로 대응할까?"(2023)라는 의문을 제기한다. 또한, 처음으로 문제를 제기한 활동가는 Gitzen, Henry, Wissoker 모두 백인 남성이라는 점에 주목하며 구조적 인종주의에 대해 이야기한다. Henry와 출판사와의 소통 과정에서 비 영어권, 유색인종이 제기하는 항의와 비판이 얼마나 쉽게 무시되고 침묵 되는지를 경험했기 때문일 것이다. 그는 "저와 다른 피해자가 아시아인 퀴어가 아니라 북미에서 활동하는 백인 사회 운동가였거나 북미 학계에 소속된 백인 연구자였더라면 어땠을까요? 피해자들이 영어를 유창하게 구사하고 북미 학계와 운동에 영향력을 행사하는 내부인 이었다면 어땠을까요? ... 듀크 대학교 출판사에서 단행본을 출간할 만큼 저명한 인물이었다면?"이라는 중요한 질문을 던진다.

Armstrong과 Gitzen의 사례는 활동가들이 제기한 인종적이고 식민적인 위계가 어떻게 연구 대상을 착취하고, 연구 과정과 연구물을 조작할 수 있게 하는지를 잘 보여준다. Armstrong은 존재하지 않는 아카이브와 데이터를 마치 실제 있는 것처럼 조작했는데, 이는 북한학을 연구하고, 비서구 또는 동유럽의 데이터를 다룬다는 점에서, 자신의 연구의 진위 여부를 알아차릴 사람 혹은 시스템이 없을 것이라고 여겼기 때문일 수도 있다. 실제로 그의 책은 출판되었고 권위 있는 상을 받기까지 했다. 어쩌면 그가 한국학의 주류 계보에 속하고, 콜롬비아 대학의 종신 교수라는 타이틀이 연구의 진위 여부를 검증하는 시스템을 쉽게 통과할 수 있게 해줬을지도 모른다. Gitzen 또한 아마도 자신이 허락 없이 데이터로 사용한 연구 대상자들이 미국에서 멀리 떨어진 한국에 살고, 영어를 모국어로 쓰지 않는다는 이유로 그들이 자신의 연구에 접근 할 수 없을 것이라고 여겼을 수도 있다.

또한, 앞서 소개한 여성학자이자 교육학자인 Pillow(2003)가 지적하듯, 연구자는 자신의 지식이 불완전하고 불확실하다는 사실을 인정하며, 자신의 선입견과 한계를 받아들여야 한다. 그러나 Gitzen과 Armstrong은 서구 백인 남성 지식인들이 오랫동안 믿고 추구해온 '유일한 진리'로 자신의 연구물이 인정받기를 바랐던 것은 아닐까 하는 의문이 든다. 아니면, 경쟁적이고 신자유주의적인 학계에서 더 자극적이고 그럴듯한 데이터와 스토리가 필요했기 때문일까. 진리에 대한 서구 남성 지식인들의 인식과 믿음, 혹은 학계의 관행과 구조가 그들이 연구 윤리를 지키지 않은 원인인지는 확실히 알 수 없다. 그러나 분명한 점은, 연구자의 윤리를 어겼다는 것이며, 이들의 비윤리적 행위를 검증하는 시스템이 실패했다는 것이다.

인종적이고 식민주의적 문제는 이후에도 계속해서 이어진다. 2023년 5월, 이 사건의 피해자들과 연대하며 지지하는 50여 명의 한국학 연구자들이 한국어로 성명을 발표했다. 이들은 영어 번역본도 준비하려 했으나, Henry가 이를 알게 되면서 신진 학자들이 성명서에 서명하고 발표하는 것에 대해 "안전 문제"를 우려하는 입장을 표명했다. 이러한 염려로 성명서는 철회되었고, 결국 발표되지 못했다. 미국 내 한국학 분야가 그리 넓지 않고, 한국학 교수 채용 기회가 다른 분야에 비해 많지 않기 때문에 Henry라는 권위 있는 연구자의 "우려" 표명은 신진 연구자들에게 영향을 미칠 수 밖에 없다. 이는 특히 한국에서 유학 온 학자들, 즉 미국 내 한국학 분야에서 활동하는 주니어 교수나 대학원생들이 유색인종이고 비서구 출신이라는 점에서 얼마나 취약한 위치에 놓여 있는지를 여실히 보여준다. 미국 학계 내의 한국 출신 학자들은 Collins가 말한 것처럼 "인종화되지 않은 채" 존재해야 하는지도 모른다(Collins, 1998, 재인용 in Mirza, 2018, p. 4). 한국 출신이므로 한국학에 대해(서만) 연구하기를 바라는 기대는 받을지는 몰라도, 인종적이고 구조적인 문제 앞에서는 "인종화되지 않은 채" 조용히 있기를 강요 당하고 있을 수도 있다.

권력과 위계의 문제는 한국어 번역팀과의 작업 과정에서도 드러난다. *Queer Korea*의 한국어 번역자들의 성명서에 따르면, 한국의 자생적 성소수자 및 퀴어 연구 공동체인 "성소수자 대학원생/신진 연구자 네트워크"의 구성원들이 번역을 맡았으며, 대부분이 대학원생과 신진 연구자들로 구성되어 있다. 저자, 편집자, 출판사는 번역자들에게 Gitzen의 연구에 윤리적 문제가 있다는 정보를 제공하지 않았고, 후에 이를 알게 되었을 때, 한국어판에 이러한 윤리적 문제를 알리는 '옮긴이의 글'을 싣기를 원했지만, 초안을 작성하여 출판사에 보냈을 때 출판사는 이를 받아들이지 않았다. 출판사는 피해 당사자를 거론하면 새로운 피해를 발생시킬 수 있으며, 그로 인해 추가적인 소송이나 보상 문제가 발생할 수 있다고 경고했다. 또한, 이들은 "출판사-저자-편집자 사이의 논의 과정에서 번역자의 위치는 다소 배제되어 있었고… 번역자 대부분이 신진 연구자들로서 불안정한 지위와 관련된 문제가 있었을 것이다. 그 과정의 끝에 남은 것은 무력감과 소진이었다… 모든 피해자들과 이 문제를 공론화한 남웅 모두 소외와 소통 불가능성에 직면했다"고 언급한다(Decolonizing Korean Studies Collective, 2024).

Spivak은 "하위주체는 말할 수 있는가"라는 중요한 질문을 던지며, 하위주체들이 동질적이지 않다는 사실과, 피식민지 여성들의 강요 받는 침묵과 타자화 됨을 비판한다. 이러한 타자화와 침묵은 퀴어 코리아 사건에서도 드러났다. 미국 학계에서 한국에서 유학 온 신진 학자들과 대학원생들은 인종적, 비서구권 출신이라는 점에 더해 영어가 모국어가 아니거나 미국 시민권이 없다는 이유로 학계 내에서 복합적인 불안정한 위치에 놓여 있으며, 이러한 불안정성으로 인해 그들은 비판의 목소리를 내기 쉽지 않다. 또한 한국어 번역자들 역시 퀴어학을 공부하는 대학원생이나 신진 연구자들이기 때문에, 미국의 저명한 한국학 권위자인 Henry와 협상하거나 소통할 수 있는 위치에 있다고 말하기 힘들다.

마지막으로, 이번 퀴어 코리아 사건은 미국의 IRB 규제가 타문화나 타국가에 대한 연구에 제대로 적용될 수 있는지에 대한 문제점을 제기한다. 나치 의사들의 비윤리적 인체 실험이 뉘른베르크 재판에서 밝혀진 후, 이를 계기로 1947년에 인구 대상 연구의 첫 국제 윤리 기준이 수립되었다. 미국에서는 1974년에 국가연구법(National Research Act)이 제정되면서 IRB가 제도화되었다. 그러나 서구권에서 시작된 IRB의 절차와 형식, 사용되는 용어는 타국가나 다른 문화권에 대한 연구에서 성찰성과 민감성을 기하는 데 한계가 있다. 또한, IRB는 의료계와 생명과학계의 비윤리적 연구 강행에 대한 비판과 주의에서 시작되었기 때문에, 사회과학 및 인문학 분야의 연구 특성에 대한 숙고가 IRB에 잘 투영되지 않았다. 보건 정책 분야의 IRB 관련 연구들에 의하면, 경제적으로 부유하지 않은 국가들을 연구할 때 윤리 지침과 규정, 예를 들어 지역사회 참여, 사전 동의, 연구의 이익과 초래할 수 있는 문제에 대한 연구 대상자와의 사전 공유 등이 필수적으로 요구 되지만 실제 연구에서는 이러한 절차가 잘 적용되지 않는다고 지적한다(Bhutta, 2002). 또한, IRB 규제의 관료화에 대한 지적도 있다. 연구자가 윤리적 문제에 직면했을 때, 이러한 문제들의 실질적인 해결책보다는 관료적 윤리(bureaucratic ethics)로 처리된다는 것이다(Heimer and Petty, 2010). 실질적인 교육이나 타문화권에 대한 이해를 돕기 위한 가이드라인과 규제는 부족하고, 단지 연구 승인을 위한 형식적인 문서 제출만 요구된다는 것이다. 하지만 사회과학과 인문학 분야에서는 IRB의 문제점, 특히 타문화나 국가를 연구할 때 IRB 규제의 중요성에 대한 연구는 찾아보기 힘들다.

Gitzen이 박사학위를 받은 미네소타 대학교의 IRB 가이드라인[7]을 살펴보면, 과학계 및 의료계의 경우 연구 프로포절의 IRB 심사 패널이 8명으로 구성되는 반면, 사회과학 분야에서는 단 2명으로 제한된다. 또한, 인터내셔널 연구를 진행할 때 참고할 수 있는 2장짜리 자료(form: HRP-336)에는 '현지 문화와 사회 규범', '현지 여성과 아이들의 역할', '현지 문화에서 가족과 커뮤니티에서의 동의 과정' 등과 같은 현지의 인식이 미국과 다를 수 있음을 인지하라는 일반적인 지침만이 포함되어 있다.

연구 계획서에는 국제 연구나 현지 이민자 연구 장소에 대한 설명을 첨부할 것을 요구하는 프로토콜이 있으며, 그 프로토콜에 따라 연구자는 데이터를 어떻게 수집하고 사용할지, 누가 그 데이터에 접근할 수 있는지 등을 기재해야 한다. 하지만 이는 미국 내 연구 계획서와 큰 차이가 없으며, 연구 대상자가 서명해야 하는 부분에만 통역자 여부나 연구 대상자가 영

7) University of Minnesota. (n.d.). HRP-103 Investigator manual. University of Minnesota. Retrieved January 5, 2025, from https://research.umn.edu/sites/research.umn.edu/files/hrp-103_-_investigator_manual_google_doc.pdf

어를 구사하는지에 대한 질문이 포함되어 있을 뿐이다. 또한 EU 국가들을 연구할 때 요구되는 트레이닝은 의료계나 일부 과학 분야에 한정되며, 타국가나 다른 문화를 연구할 때 발생할 수 있는 문제점에 대한 별도의 트레이닝이나 지침은 없다. 물론 인터뷰 동의서를 받아야 한다는 조항은 있지만, 연구자의 필드워크가 끝난 후 해당 동의서의 원본을 확인하지 않는 절차적 한계도 존재한다. IRB의 윤리 규정 문제는 미네소타 대학만의 문제가 아닐 것이다. IRB는 타문화를 연구할 때 연구자가 지녀야 할 위치성, 성찰성, 민감성, 그리고 연구 참여자를 보호하기 위한 적극적 고찰이 반영되어 있지 않으며, 이러한 제도적 한계 혹은 방임이 이번 퀴어 코리아 사건의 원인 중 하나였다.

8. 결론

퀴어 코리아 사건은 우리에게 많은 숙제를 남겨준다. 이 글을 마무리하며, 미국 내 한국학 질적 연구의 탈식민화를 위해 우리에게 남겨진 숙제들과 책임에 대해 말해보려 한다. 우선, 위치(position)보다는 위치성(positionality)에 대한 진지한 고찰이 필요하다. 위치성이란, 연구자의 정체성과 배경이 자신의 연구와 연구 참여자와의 관계에 미치는 영향을 성찰하는 것을 의미한다. 하지만, 인종적 차별과 식민지적 관행이 여전히 존재하는 현재의 미국 내 한국학에서는 이러한 위치성보다는 연구자의 위치가 연구자의 연구물 출판을 용이하게 해주는 주요 자원으로 작용해왔다. Armstrong의 Wagner-Palais식의 주류 한국학 계보는 '진정한' 한국학자와 그 계보에서 배제되는 이들 사이의 게이트 키퍼 역할을 하였으며, '진정한' 한국학자들은 주요 대학에서의 지위를 통해 학계 내에서 그 권력을 공고히 해왔다. 예를 들어, 저널 편집위원회나 대학 내 위원회 등에서 주요 자리를 맡고 있는 이들은 혁신적인 제안이나 원고를 기각할 수 있었고, 그들의 권력이 공고해질수록 한국학의 내용적 다양화와 질적 비판성은 떨어질 수밖에 없었다(Lie, 2016, pp. 24-25).

한국학의 외형적 확대와 대학 내 제도화가 가능했던 또 다른 이유는 많은 학자들이 미국 내 한국학에서 주요 대학에서 보직을 맡고, 큰 규모의 연구 지원금을 받을 수 있었기 때문이다. 이는 1990년 초부터 한국 정부, 한국 국제 교류재단(Korean Foundation), 한국학 중앙 연구원(The Academy of Korean Studies)의 미국 내 학자들에 대한 막대한 지원 덕분에 가능했다. Ryang은 그러한 지원이 한국학의 위상을 미국 학계 내에서 고양시켰지만, 동시에 그 기관들이 가끔 교수 채용 과정이나 자금 지원에 관여하기도 했다고 주장한다(p. 11).

실제로 많은 미국 주요 연구 대학의 한국학 교수와 박사 후 연구자들이 한국 국제 교류재단과 한국학 중앙 연구원의 해외 한국학 지원 프로그램을 통해 규모가 큰 연구를 진행하거나 주요 보직을 맡게 되었다. 예를 들어, Armstrong은 한국 국제 교류재단의 교수로서 콜롬비아 대학교에서 재직했고, Gitzen은 한국 국제 교류재단의 지원을 통해 인디애나 대학교에서 박사 후 과정을 지낼 수 있었다. 그러나 해외 연구 기관에 속해 있더라도 한국 시민권을 가진 연구자는 한국 국제 교류재단이나 한국학 중앙 연구원의 연구 기금이나 해외 한국학 지원 사업에 지원할 수 없다. 이 기관들의 해외 한국학 지원 프로그램들은 해외 시민권이나 영주권을 지닌 사람들에게만 지원 자격을 부여하고 있기 때문이다. 이와 같은 제도와 구조는 해외에서 한국을 연구하는 학자들 간의 불균형을 심화 시키며 특히 한국 출신 연구자들이 기회의 장에서 배제되는 문제를 야기한다. 일본학 재단(Japanese Foundation)과 다른 나라들의 지역 연구 활성화 지원 프로그램에서는 본국의 시민권자에게 지원 자격을 주지 않는 경우가 흔치 않다. 한국국제교류재단과 한국학중앙연구원은 해외에서 한국학을 성장시키기 위해 해외에 거주하는 한국 출신 학자들보다는 현지 학자들에게 지원을 해야 한다고 생각할 수도 있지만, 이러한 접근은 오히려 한국학의 질적 발전을 저해할 수 있다. 해외에서 한국학을 진흥시키는 것이 목적이라면, 시민권의 여부보다는 해외의 기관이나 대학에서 재직 중이거나 재학 중인 것을 기준으로 삼는 것이 더 합리적일 것이다.

Ryang(2016)은 미국 내 일본학계에서 다양한 연구 주제와 다각적인 관점을 지닌 질적으로 의미 있는 연구들이 이루어진 이유로, 일본을 연구하는 미국인, 일본계 미국인, 일본에서 유학 온 학자들 간의 힘과 관점의 균형을 맞추며 다양한 비판을 나눌 수 있었기 때문이라고 한다. 그에 반해 한국학은 특정 집단들에게만 지위와 자원이 주어졌기 때문에, 한국에서 온 학자들은 쉽게 자리를 잡을 수 없는 구조에 처해 있었고, 그만큼 한국학의 주제나 관점도 제한적이었음을 비판한다(p. 10). 이 연구의 본문에서 탈식민주의 학자들 및 유색인종 학자들의 출신을 소개한 이유는, 서구 학계에서 탈식민 이론 등의 분야에서 비판적 목소리를 내는 많은 학자들이 비서구에서 태어난 후 미국에서 공부하고 자리 잡은 이들이라는 것이다. 즉, 미국 주류와는 다른 위치성을 지닌 그들의 경험과 관점이 다양한 비판적 학문 분야에서 중요한 터닝 포인트를 제공하고, 그 분야의 다양성과 질적 향상을 이끌어낸다는 점에서 중요한 의미를 갖는다.

퀴어 코리아 사건에서 보듯이, 미국 내 한국인 출신 신진 연구자들은 여전히 복합적인 억압 기제 속에서 살아가고 있으며, 이는 그들이 비판적 목소리를 내거나 주류 한국학과 소위 '대가'라고 불리는 학자들과는 다른 관점을 제시하기 어렵게 만든다. 또한, 그들은 한국학을 연구하는 미국인이나 한국계 미국인 동료들과는 달리, 한국 정부에서 지원하는 연구 기금을 받지 못하는 구조적 불평등에 처해 있다.

한국 국제 교류재단과 한국학 중앙 연구원이 한국 시민권자들의 연구 지원을 배제하는 이유는 정확히 알 수 없으나, 필자는 이를 우리 안에 존재하는 식민지성이라 이해한다. 최근에는 미국 뿐만 아니라 유럽과 호주 등 다양한 국가들, 그리고 한국계 미국인들도 많은 지원을 받고 있지만, 초기에는 대부분의 연구 기금이 주로 미국 내 백인 남성들에게 집중되었던 점에서, 백인 남성들이 한국학 연구에 적합한 자격을 가진 집단으로 여겨졌다고 볼 수 있다. 한국을 제대로 연구하고 우리의 목소리를 대변할 수 있는 그룹은 미국 내 백인 남성들이라는 우리안에 내재된 오리엔탈리즘과 식민주의가 이러한 구조적 불평등에 기인한 것은 아닐까.

오리엔탈리즘적 권력은 서구가 말하는 대상을 구성하는 힘과, 그 대상에 대한 진리의 체제를 생산하는 힘을 독점함으로써 재생산된다. 이를 통해 서구 주체의 정체성과 우월성을 확립하고 권력을 강화할 수 있다. 서구 백인 남성들에게 유리한 제도를 마련하고 이를 통해 연구 기금을 지원함으로써 한국을 타자화하고 대변할 수 있는 위치를 우리 스스로 부여하면서, 그들의 위치는 공고해지는 반면, 우리는 주체적으로 우리의 지식을 구성하고 목소리를 낼 기회를 잃고 있는 것은 아닌지 의문이 든다. Spivak이 주장한 것처럼, 피식민지 사람들이 주체가 되는 것이 힘든 이유는 그들 스스로 말할 수 없기 때문이다. 퀴어 코리아 사건에서 피해자들은 연구 데이터로 전락했고, 그들과 연대했던 미국 내 신진 연구자들 및 한국의 번역자들은 Henry와 듀크 대학 출판사라는 거대한 권력 앞에서 침묵을 강요당하고 있다.

한국학의 발전을 위해서는 해외에서 연구하는 한국인 학자들만 지원을 해야 한다고 주장하는 것이 아니다. 미국 내의 엘리트적, 구조적, 인종적인 한국학의 주류 계보에서 배제되어 왔던 연구자들의 연구를 지원하고, 그들이 학계 내에서 목소리를 낼 수 있도록 해야 한다는 것이다. 한국을 연구하는 미국인 학자, 한국계 미국인 학자, 그리고 한국에서 유학 온 학자들 간의 균형이 한국학이 더 다양한 주제를 비판적으로 성장시킬 수 있는 발판을 만들 것이며, 구조적 배제와 차별에 적극적으로 대항할 수 있게 할 것이다.

연구를 출판하기 위해서는 게이트키퍼들의 승인이 필요하다. 그렇기 때문에 그들과는 다른 관점의 비판적 연구가 진행되거나 출판되기 어렵다. 오히려 게이트키퍼들을 만든 구조를 강화시킬 수 있는 연구를 해야 출판이 가능하다. 즉, 그들을 위한 연구를 해야 한다. 우리가 서구의 한국학 내에서 기존의 권위를 가진 이들을 위해 스스로 타자가 되어 우리에 대한 글을 쓰고, 기존의 권위를 가진 이들이나 그들의 제자들에게 물적, 제도적 지원을 하며, 우리 스스로를 배제할 때, "우리는 서구의 권위와 문화적 차이를 확립하는 그들의 프로젝트에 공모"(Abu-Lughod, 2001, p. 105)하는 것이다.

활동가 남웅의 글이 2023년 2월에 발표된 후, Queer Research Ethics Council이라는 익명의 연구자 그룹은 트위터 계정을 만들고 남웅의 에세이를 영어로 번역[8]하여 발표했다. 이들은 퀴어 코리아 사건이 한국에 대한 앵글로-아메리칸 학자들의 민족지적 지식 생산에서 식민주의적이고 인종 차별적인 관행을 드러낸다고 지적하며, 피해자들과 함께 연대하고 행동할 것을 다짐한다고 밝혔다. 또한, 한국학의 탈식민지화 방안을 고민하는 연구자들은 *Decolonizing Korean Studies Collective*라는 웹사이트를 만들어 퀴어 코리아 사건에 대한 개요와 기록을 남기고 있으며, 여러 의견을 교환하는 장을 만들어가고 있다. 비록 한국 내 번역자 그룹과 신진 연구자들, 그리고 미국 내 한국학을 연구하는 신진 연구자들의 목소리는 인종적이고 구조적인 시스템 앞에서 좌절되기도 했지만, 여전히 많은 연구자들은 불안정한 지위와 상황에도 불구하고 비판적 목소리를 내고 있다. 이러한 학자들의 노력으로 미국 내 한국학은 점차 다양한 분야에서 그 지평을 넓혀가고 있으며, 본문에서 살펴 보았듯이 흥미로운 질적 연구들도 많이 등장하고 있다. 미국 내 한국학의 지평을 넓혀가고, 퀴어 코리아 사건이 보여준 바와 같이 한국학 연구와 질적 연구에서 언제든 발생할 수 있는 제도적 폭력, 권력의 불균형, 식민지적 시각, 비윤리적인 관행을 바꾸기 위해서는 우리 안의 식민지성에 대한 비판과 현재 학계에서 주변부에 위치한 비판적 학자들을 지원하고 연대해 나갈 실천의 방향을 찾아야 한다. 그러한 성찰과 실천 없이는 우리의 연구와 목소리는 서구를 위한 그림자에 불과할 것이다.

참고문헌

김상률(2006). 탈식민주의를 넘어서: 세계화 시대의 탈식민 연구. **역사와 문화, 12**, 13-38.

남웅, “유감, 팀 Gitzen과『퀴어 코리아』”, 2023년 2월 25일, **행동하는 성소수자 인권연대의 웹진**, https://lgbtpride.tistory.com/1791.

박숙자(2012). **속물 교양의 탄생-명작이라는 식민의 유령**. 서울: 푸른역사.

오인영(2002). 포스트식민주의 이론의 이해와 수용. **동양학, 32**, 69-85.

이경원(2002). 아체베와 응구기: 영어제국주의와 탈식민적 저항의 가능성. **안과밖, 12**, 66-85.

이옥순(2002). **우리 안의 오리엔탈리즘**. 서울: 푸른역사.

주재홍, 김영천(2013). 다문화 교육 연구를 위한 탈식민주의 이론의 역할과 가능성. **열린교육연구, 21**(4), 69-93.

최성환(2009). 다문화주의와 타자의 문제. **다문화콘텐츠연구, 6**, 131-154.

태혜숙(2014). **한국의 탈식민 페미니즘과 지식생산**. 문화과학사.

Abu-Lughod, L. (2001). ‘Orientalism’ and Middle East Feminist Studies. *Feminist Studies*, *27*(1), 101-113. https://doi.org/10.2307/3178451

Abu-Lughod, L. (2002). Do Muslim Women Really Need Saving? Anthropological Reflections on Cultural Relativism and its

8) https://docs.google.com/document/d/1YO7JlQupnHbJaxeZtgRZMFqtixglfdkpkKZhr8SXhzQ/edit?tab=t.0#-heading=h.ojmcsy7ocyde

Ohers. *American Anthropologist, 104*(3), 783-790. https://doi.org/10.1525/aa.2002.104.3.783

Ahmed, S. (2017). *Living a Feminist Life*. Duke University Press. https://doi.org/10.1515/9780822373377

Armstrong, C. (2005). 'Fraternal Socialism': The International Reconstruction of North Korea, 1953-62. *Cold War History, 5*(2), 123-145.

Armstrong, C. (2013). *Tyranny of the Weak: North Korea and the World, 1950-1992* (1st ed.). Cornell University Press.

Armstrong, C. (2014). Development and Directions of Korean Studies in the United States. *Journal of Contemporary Korean Studies, 1*(1), 27-40.

Banks, S. (2001). Ethical Issues in the Health Care Profession: The Role of Researcher in Addressing Social Inequality. *International Journal of Social Work, 10*(3), 30-40.

Bhutta, Z. A. (2002). Ethics in International Health Research: A Perspective from the Developing World. *Bulletin of the World Health Organization, 80*(2), 114-120.

Bookman, A. (2023, January). Black Women's academic Work is Not for the Taking. *Life & Letters*. https://lifeandletters.la.utexas.edu/2023/01/black-womens-academic-work-is-not-for-the-taking/

Brown, L., & Strega, S. (2005). *Research as Resistance: Critical, Indigenous and Anti-oppressive Approaches*. Canadian Scholars' Press.

Creswell, J. W., & Poth, C. N. (2017). *Qualitative Inquiry and Research Design: Choosing among Five Approaches* (4th ed.). SAGE Publications.

Decolonizing Korean Studies Collective. (n.d.). *Decolonizing Korean Studies Collective*. Retrieved January 5, 2025, from https://dkscollective.com

Dedication. (1969). *Journal of Korean Studies, 1*(1), 15. https://dx.doi.org/10.1353/jks.1969.0004

Fabian, J. (1983). *Time and the Other: How Anthropology Makes its Object*. Columbia University Press.

Flaherty, C. (2019, September 13). Fake Citations Kill a Career. *Inside Higher Ed*. https://www.insidehighered.com/news/2019/09/13/fake-citations-kill-career

Grewal, I. (2013). Outsourcing Patriarchy: Feminist Encounters, Transnational Mediations, and the Crime of 'Honour Killings'. *International Feminist Journal of Politics, 15*(1), 1-19. https://doi.org/10.1080/14616742.2012.755352

Guillemin, M., & Gillam, L. (2004). Ethics, Reflexivity, and 'Ethically Important Moments' in Research. *Qualitative Inquiry, 10*(2), 261-280.

Heimer, C. A., & Petty, J. (2010). Bureaucratic Ethics: IRBs and the Legal Regulation of Human Subjects Research. *Annual Review of Law and Social Science, 6*, 601-626. https://doi.org/10.1146/annurev.lawsocsci.093008.131454

Jung, M. (2024). Queer Theory Impossible. *Inter-Asia Cultural Studies, 25*(3), 517-532. https://doi.org/10.1080/14649373.2024.2336736

Kendall, L. (1985). *Shamans, Housewives, and Other Restless Spirits: Women in Korean Ritual Life*. University of Hawaii Press. https://doi.org/10.1515/9780824844837

Kendall, L. (1988). *The Life and Hard Times of a Korean Shaman: Of Tales and the Telling of Tales*. University of Hawaii Press. https://doi.org/10.1515/9780824845858

Kim, D. (2024). Taking 'Asia as method' Seriously in Decolonizing Comparative Curriculum Studies in South Korea. *Journal of Curriculum Studies, 56*(2), 207-219. https://doi.org/10.1080/00220272.2024.2314585

Kim, E.J. (2010). *Adopted Territory: Transnational Korean Adoptees and the Politics of Belonging*. Duke University Press.

Kim, N. Y. (2008). *Imperial Citizens: Koreans and Race from Seoul to LA*. Stanford University Press.

Kvale, S., & Brinkmann, S. (2009). *InterViews: Learning the Craft of Qualitative Research Interviewing*. SAGE Publications.

Liamputtong, P. (2010). Performing Qualitative Cross-cultural Research: An Introduction. In *Performing Qualitative Cross-cultural Research* (pp. 1-30). Cambridge University Press. https://doi.org/10.1017/CBO9780511812705.003

Lie, J. (2016). The Tangun Myth and Korean Studies in the United States. *Transnational Asia, 1*(1). https://doi.org/10.25613/y8g5-wh68

McLewis, C. C., et al. (2023). Feminist and Critical Approaches to Gender in Qualitative Research. In *International Encyclopedia of Education* (4th ed., pp. 55-66). Elsevier Ltd. https://doi.org/10.1016/B978-0-12-818630-5.11006-1

Mirza, H. S. (2015). Decolonizing higher education: Black feminism and the intersectionality of race and gender. *Journal of Feminist Scholarship*, *7*(Fall), 1-12.

Oppenheim, R. (2016). *An Asian Frontier: American Anthropology and Korea, 1882-1945*. University of Nebraska Press.

Pillow, W. (2003). Confession, Catharsis, or Cure? Rethinking the Role of Reflexivity in Qualitative Research. *International Journal of Qualitative Studies in Education*, *16*(2), 175-196.

Rogers, M. C. (1956). *Outline of Korean grammar. Department of Oriental Languages*, University of California, Berkeley.

Ryang, S. (2016). The Transnational (re)turn of Korean Studies. *Transnational Asia*, *1*(1). https://doi.org/10.25613/e3x8-4x24

Said, E. W. (1978). *Orientalism* (1st ed.). Pantheon Books.

Scalapino, R. A., & Lee, C.-S. (1973). *Communism in Korea* (Vols. 1-2). University of California Press.

Smith, L. T. (2021). *Decolonizing Methodologies: Research and Indigenous Peoples* (3rd ed.). Zed Books. https://doi.org/10.5040/9781350225282

Spivak, G. (1994). Can the Subaltern Speak? In P. Williams & L. Chrisman (Eds.), *Colonial discourse and postcolonial theory: A reader* (pp. 66-111). Columbia University Press.

Tracy, S. J. (2010). Qualitative Quality: Eight 'big-tent' criteria for Excellent Qualitative Research. *Qualitative Inquiry*, *16*(10), 837-851.

Wadud, A. (2009). Do Bangladeshi Factory Workers Need Saving? Sisterhood in the post-sweatshop era? *Feminist Review*, *92*(1), 18-32.

Wagner, E. (1974). *The literati Purges: Political Conflict in Early Yi Korea*. Harvard University Press.

Yi, H.-G. (1929). *A history of land systems and policies in Korea.*

제20장

포스트 오리엔탈 질적연구: 개념과 방법적 탐구

정정훈(부산대학교)
김영천(진주교육대학교)

1. 서론

기존의 질적 연구는 서구 중심적 인식론과 방법론에 기반하여 발전해왔으며, 이는 비서구적 문화, 경험, 인식론, 존재론을 주변화시킨다는 문제를 지니고 있다(Nkrumah, 1965; Paraskeva, 2011; Sosa Santos, 2014). 이러한 서구 중심적 패러다임은 지식 생산과 연구 과정에서 비서구적 지역의 문화적 다양성과 사회적 독특성을 충분히 반영하지 못하고, 종종 이를 단순화하거나 동질화하는 문제를 초래해왔다(Takayama, 2016; Mohanty, 2003). 특히 아시아와 같은 비서구적 지역에서는 서구적 연구 모델과 이론을 무비판적으로 차용함으로써, 지역 고유의 사회 · 문화적 맥락과 경험이 질적 연구에 적절히 반영되지 못한다는 문제가 지속적으로 제기되고 있다(Tong, 2011; Chang & Huang, 2017; 주재홍, 2016; 허창수, 2011). 이는 아시아 지역의 학문적 주체성과 연구의 독창성을 훼손하며, 해당 지역의 연구자들에게 서구 중심적 지식 생산 구조에 의존하도록 하는 경향을 강화한다(Mbembe, 2015).

이러한 상황에서 탈식민주의는 학문적 다양성과 형평성을 증진하기 위한 중요한 대안을 제시한다. 탈식민주의는 서구 중심적 담론과 연구 방법론에 내재된 지식의 비대칭적 권력 관계를 비판하고, 비서구 지역의 고유한 역사적 · 사회적 맥락을 반영한 새로운 학문적 실천의 중요성을 강조한다(Smith, 1991; Loomba, 2002). 그러나 기존의 질적 연구 담론은 여전히 서구 중심적 구조의 영향에서 완전히 벗어나지 못한 상태이며, 비서구 지역, 특히 아시아 맥락의 다층성과 복잡성 탐구를 위한 패러다임으로 발전하고 있지 못한 상황이다(Chen, 2010; Kim, 2010; Kim, Moon, & Joo, 2013; Jung, 2018, 2023). 따라서 아시아의 독특한 역사적, 사회적, 문화적 맥락을 반영한 새로운 연구 담론의 필요성이 대두되고 있다. 이 새로운 담론은 오리엔탈 관점의 한계를 넘어, 아시아적 관점과 경험을 중심으로 질적 연구를 재구성하고, 새로운 학문적 실천 방향을 제시하기 위한 노력이다(Said, 1978; Dabashi, 2017).

이에 저자들은 "포스트 오리엔탈 질절 연구"를 개념화를 통해 서구 중심적 지식 생산 구조를 해체하고, 아시아 내부의 다양성과 고유한 맥락을 중심으로 한 질적 연구의 발전에 기여하고자 한다. 또한, 이 연구는 아시아 고유의 독창적 학문 담론을 제시함으로써 탈식민 연구의 새로운 방향을 제시한다. 이 연구는 비서구 지역의 학문적 주체성을 강화하고 지식 생산의 다원성 촉진에 기여할 것이다.

2. 아시아 탈식민 담론

탈식민주의는 서구 중심의 세계관과 가치관이 지배적으로 작용했던 역사적 맥락을 비판하고 이를 극복하려는 지적 · 문화적 실천으로 등장하였다. 유럽의 제국주의는 강제적으로 유럽 중심의 세계관을 전 세계에 주입했으며, 이러한 영향은 여전히 사회, 정치, 학문적 구조에 깊이 뿌리내리고 있다. 물리적 식민 지배가 대부분 종식된 이후에도 서구 중심의 지식 체계와 가치관은 문화적 · 학문적 공간에서 지배적인 담론으로 남아 있으며, 이는 탈식민주의의 중요성을 더욱 부각시켰다(Paraskeva, 2011). 이 과정에서 과거 식민 지배의 비판을 넘어 현재의 글로벌 담론에서 배제된 목소리를 포용하고, 지역적 맥락에 기반한 새로운 지식을 생산하며 학문적 다양성을 증진하고 있다. 이러한 탈식민주의 담론은 교육학, 문학, 역사학, 철학, 사회학 등 다양한 학문 분야에 걸쳐 확산되며, 글로벌 학문 생태계의 균형과 다원화를 위한 중요한 역할을 하고 있다.

이러한 탈식민 담론의 국제적 확산 속에서 아시아 탈식민주의 또한 하나의 담론으로 발전하였다(Takayama, 2017). 아시아의 탈식민 담론은 서구 식민 지배의 역사적 경험을 비판적으로 검토하고, 서구 중심의 지식 체계에서 벗어나 아시아 고유의 지적·문화적 주체성을 회복하려는 시도에서 출발한다. 아시아의 식민 경험은 단순히 유럽 제국주의의 지배를 넘어, 일본 제국주의와 같은 내적 식민주의를 포함한다. 이에 아시아 탈식민 담론은 서구와 비서구 간의 권력 관계뿐만 아니라 아시아 내부의 권력 역학 복합적으로 논의한다. 이에 아시아 탈식민 담론은 서구의 보편주의적 서사에 도전하며, 현재에도 지속되고 있는 서구 중심적 지식 체계와 인식론에 대한 도전을 통해 아시아적 세계관과 토착적 방법론을 학문적 담론으로 정당화하려는 실천적 과제를 제기한다.

아시아 탈식민 담론은 철학, 문화, 사회현상, 예술, 건축, 교육 등 매우 다양한 영역과 학문 분야에서 서구 중심적 지식 생산에 대응하는 대안적 담론을 제안한다(Sosa Santos, 2014). 예를 들어, Chen(2010)의 Asia as Method를 들 수 있다. 이 개념은 다민족적, 다문화적, 초국적 정체성과 위치성을 중심으로 아시아 문제를 탈식민적 담론과 연결시키는 데 중요한 역할을 하고 있다. 이와 같은 노력은 아시아에서의 학문적 독립성과 학술적 자생력을 강화하며, 지역적 정체성을 기반으로 한 학문적 주체성을 확립하고자 한다. 이 담론은 철학, 경제학, 문학, 교육학, 정치학 등 다양한 학문 분야 그리고 일본, 한국, 중국, 대만 등과 같은 다양한 국가의 탈식민 담론의 발전에 기여하고 있다(Chen, 2010). 이와 더불어 Hall의 The West and the Rest: Discourse and Power(1992)는 서구와 비서구 간의 이분법적 사고를 비판하며, 담론 속에서 작동하는 권력 역학과 그 결과로 나타나는 문화적 불평등을 분석하였다. 또한, Bhabha의 The Location of Culture(2012)는 문화적 혼종성과 탈식민적 주체 형성 과정을 조명하며, 동양과 서양의 상호작용 속에서 형성되는 새로운 정체성과 담론의 가능성을 제시하였다. 이러한 선구적 작업은 아시아 연구자들이 서구 중심적 시각을 넘어서 아시아적 맥락에서의 독창적 탐구 질문과 방법론을 연구할 수 있는 학술적 기초를 제공하였다.

그리하여 일련의 질적 연구를 통한 새로운 아시아 이해와 지식 생산의 노력은 탈식민적 담론으로서 아시아 질적연구의 개념화에 중요한 역할을 한다고 하겠다. 이러한 노력은 다양한 학문분야에서 이루어지고 있다. 특히, 문화연구에서는 아시아의 색채와 고정관념이 미적 기준과 사회 계급 역학에 미친 영향을 분석하며, 지역적 특성과 문화적 독창성을 탐구한다(Chang & Huang, 2017). 건강학에서는 아시아의 건강 문제를 탈식민적 접근으로 다루고, 참여적 방법론을 활용하여 소외된 목소리를 증폭시키는 데 주력한다(Kumagai & Najeeb, 2024). 관광학에서는 아시아의 관광을 젠더와 탈식민주의 관점에서 분석하며, 연구자의 관점과 정체성을 중심으로 연구 주제를 심층적으로 탐구한다(Rajaratnam, 2018). 미디어학에서는 아시아의 문화적 표현과 정체성을 탈식민적 관점에서 분석하며, 매체를 재해석하고 공동체 기반 이야기를 통해 지배적 서사에 도전한다(Mishra, 2024). 여성학에서는 아시아 여성의 고정관념을 비판적으로 분석하며, 여성의 정체성과 생존 전략을 탈식민 페미니즘 관점에서 탐구한다(Velma, & Alan, 2024). 교육학에서는 아시아의 교육과정과 세계시민교육에서 탈식민적 접근을 통해 지속 가능성과 문화적 맥락의 중요성을 강조하며, 지역적 전통과 글로벌 표준을 조화롭게 반영하는 방안을 제안한다(Gupta, 2020).

이러한 새로운 역사적 동향에 근거하여 최근 들어 아시아 탈식민 담론은 아시아 각 지역의 탈식민 과제와 실천을 보다 세분화하여 탐구하는 방향으로 나아가고 있다. 즉, 아시아를 하나의 전체로 보는 관점과 달리 동아시아, 동남아시아, 남아시아, 중앙아시아, 서아시아, 북아시아 등 각 지역의 역사와 맥락에 기초한 탈식민 담론의 개척이 이루어지고 있다. 예를 들어, 동아시아의 탈식민 담론은 식민지 경험과 전후 냉전 체제를 배경으로 민족적 정체성과 근대화를 중심으로 전개되었다. 한국은 일제강점기와 전후 미국 중심의 국제 질서 속에서 민족주의와 근대화 담론을 결합하며 식민성의 잔재를 극복하려 했으며(강진연, 2012), 일본은 가해국으로서의 역사적 위치와 서구 제국주의와의 차별화를 동시에 논의해왔다(Kim & Wang, 2024). 대만은 중국과의 정치적 긴장 속에서 독립적 정체성을 구축하려는 담론이 중심이다(Hsieh, 2023). 동남아시아의 탈식민 담론은 식민 지배의 구조적 잔재와 문화적 혼종성을 주요 주제로 삼으며, 필리핀은 미국 식민지와 신식민주의적 지배를 중심으로 담론을 확장하고 있으며(San Juan, 2000), 베트남은 프랑스 식민과 전쟁을 거치며 탈식민적 국가 건설을 논의하고, 말레이시아와 인도네시아는 민족 · 종교적 갈등과 전통적 가치의 융합을 시도하고 있다(Day, 2022). 서아시아에서는 유럽 식민주의와 현대 제국주의 간의 상호작용 속에서 팔레스타인 문제, 이란의 근대화와 이슬람 혁명, 이라크의 민족 · 종교 갈등 극복 등이 논의되고 있다(Mohammadpour, 2024).

이렇듯 아시아 탈식민 담론은 단순히 서구 중심의 지식 체계에 대한 비판을 넘어, 지역적 맥락과 역사를 기반으로 새로운 학문적 가능성을 탐색하는 지적 실천으로 자리 잡고 있다. 이러한 담론은 아시아의 다양한 지역과 맥락 속에서 독자적인 지식 체계를 정당화하고 학문적 주체성을 확립하려는 노력을 통해, 서구 중심적 이분법을 해체하며 세계적인 학문적 다원화를 지향하고 있다. 특히, 동아시아, 동남아시아, 서아시아 등 각 지역의 역사적 경험과 사회적 현실은 탈식민 담론의 구체적 실천으로 나타나, 학문과 교육의 새로운 지평을 열고 있다. 이는 단지 과거의 식민 경험을 재조명하는 것을 넘어, 현재와 미래의 세계적 담론 속에서 아시아의 목소리를 강화하고, 학술적 독립성과 지역적 정체성을 바탕으로 한 글로벌 학문 생태계를 구축하는 데 중요한 역할을 하고 있다. 앞으로의 탈식민 담론은 각 지역적 특수성을 넘어선 상호 연결성과 협력을 통해 더욱 풍부하고 혁신적인 학문적 지평을 제시할 것이다.

3. 포스트 오리엔탈 질적연구의 개념화

포스트 오리엔탈 질적연구는 탈서구/탈식민적 질적 연구의 새로운 실천과 연구 개념으로서 김영천과 정정훈이 2023년 아시아 질적 탐구 학회 국제학술대회에서 처음 제안하였다. 그 이후 이들은 다음과 같이 이 개념을 학문적으로 정의하였다.

> 포스트 오리엔탈 질적 연구는 아시아의 문화, 경험, 그리고 일상생활에 대한 탈식민적 질적 연구 실천과 지식 생산을 통해, 아시아에 대한 기존의 불평등한 연구 담론에 저항하고, 아시아에 대한 새롭고 공정한 지식과 이론화를 탐구한다.

위 정의에 포함된 용어처럼 포스트 오리엔탈 질적 연구는 오리엔탈리즘이 내포한 아시아에 대한 열등하고 부정적 묘사와 재현에서 벗어나, 아시아의 현상과 실제를 탈서구적 관점에서 질적연구의 실천과 이론화를 통하여 이해하고 설명하려는 비판적 탐구를 의미한다. 그리하여, 서구 식민적 관점에서 이루어진 아시아에 대한 재현과 지식 생산의 역사에 저항하고, 보다 새롭고 토착적인 시각에서 아시아에 대한 긍정적 · 문화적 · 다문화적 · 문화 상대적 관점에서 아시아의 현상을 탐구하며, 이를 새로운 국제 학술 담론의 탈식민적 지식으로 정립하는 것을 목적으로 한다.

이러한 목적 아래 이 개념은 다음과 같은 구체적인 특징을 갖는다. 첫째, 포스트 오리엔탈 질적 연구는 서구가 아시아를 특정 방식으로 규정하고 이질화했던 서구 중심의 해석과 지식 생산에 저항한다. 이는 서구 중심 학문이 아시아를 타자로 규정하며, 동양을 고정되고 이국적인 이미지로 표상했던 역사적 과정과 그로 인한 지적 · 문화적 편향성을 문제 삼는 데에서 출발한다. 즉, 아시아를 단순히 서구의 타자화된 대상이 아닌, 능동적이고 주체적인 지식 생산의 장으로 재구성하고자 한다. 이를 통해 포스트 오리엔탈 질적 연구는 서구 중심적 학문 구조와 인식 체계를 해체하고, 아시아의 관점에서 새로운 학문적 지평을 열어가는 데 기여하고자 한다.

둘째, 이 접근은 서구 담론 속에서 배제되거나 왜곡된 동양의 목소리와 서사를 질적 연구를 통해 발굴하고 이를 이론화한다. 예를 들어, 동양의 공동체 중심적 가치, 전통적 지혜,

그리고 식민 경험 속에서 형성된 저항적 서사를 탐구하며, 이를 통해 기존의 서구 중심적 이론과 대비되는 새로운 지식 체계를 제시한다. 이러한 작업은 구체적인 현장 연구와 참여적 방법론을 통해 동양 내부의 경험과 목소리를 기록하고, 이를 학문적으로 해석함으로써 동양 고유의 관점에서 설명 가능한 이론 창조에 기여한다. 아시아 사회의 이질성과 복잡성을 강조하는 이러한 관점은, 서구 중심적 서사의 균질화 경향을 약화시키고, 연구 방법론이 문화적으로 민감하며 비서구 사회의 현상과 경험에 대한 내부자로서의 해석과 재현을 보장하려는 탈식민주의의 목표와 일치한다.

셋째, 이 연구 개념은 아시아를 연구하는 아시아 출신 연구자들과 서구 학자들 모두에게 자신이 은연중에 내면화한 서구 중심의 아시아에 대한 관점과 편견을 비판적으로 성찰하고 해체하도록 요구한다. 이는 연구자들이 자신의 학문적 훈련과 교육 과정에서 학습된 서구적 사고와 오리엔탈리즘적 시각이 연구의 관점과 방법론에 어떻게 작용했는지를 드러내고, 이를 바탕으로 새로운 연구자로서의 정체성을 성찰하도록 촉구한다. 연구자들은 자신의 세계관과 학문적 입장에 내재된 다양한 주관성(문화적 편향, 권력 관계, 그리고 무의식적인 이질화의 과정)을 노출시키고 비평함으로써, 보다 자기반성적인 연구 태도를 갖추게 된다. 이러한 과정은 단순히 서구적 시각을 비판하는 데 그치지 않고, 연구자가 자신의 위치성과 인식론적 한계를 인정하며, 이를 넘어서는 대안적 접근을 탐구하도록 이끈다.

넷째, 포스트 오리엔탈 질적 연구는 탈서구적이고 보다 공정한 방식으로 아시아에 대한 새로운 지식을 생산하고 이를 유포함으로써, 미래 교육과 학문적 · 전문적 대화에서 중요한 자료로 활용될 수 있도록 한다. 이는 아시아 맥락과 문화적 특수성을 반영한 지식 생산을 통해 기존의 서구 중심적 서사와 균형을 맞추려는 시도이다. 이렇게 생성된 새로운 지식은 아시아 지역의 역사와 문화를 보다 정확하고 공정하게 이해하는 데 기여한다. 이를 통해 교육과 학문 후속세대 양성에서 아시아적 관점을 확장하고, 글로벌 학술 담론에서 아시아의 목소리를 정당하게 포함시키는 기반이 된다. 나아가 이러한 자료는 글로벌 학문 생태계에서 보다 동등하고 정의로운 대화를 가능하게 하고, 지역적 다양성을 존중하는 학문적 다원화에 기여한다.

이와 같이, 포스트 오리엔탈 질적 연구는 아시아에 대한 보다 공정하고 토착적인 새로운 지식을 생산함으로써, 아시아 지역 사회가 자신들의 존재와 정체성을 긍정적으로 인식하고 자부심을 고취할 수 있도록 한다. 이는 아시아 학자, 시민, 학생들이 무의식적으로 내면화한 의식의 식민화를 해체하고, 프란츠 파농(Fanon)이 지적한 것처럼 서구인이 아니라는 이유로 타자로 규정된 아시아인의 심리적 · 문화적 열등감을 극복하는 것을 목표로 한다. 이러한 지식 생산은 단순히 학문적 담론의 확장을 넘어, 아시아인의 주체성을 회복하고 서구 중심의 지식 체계에 도전하는 실천적 역할을 한다. 따라서, 이러한 연구는 지식을 생산하는 과정 자체를 실천적 활동으로 간주하는 'Research as Praxis'의 역할을 수행한다.

4. 포스트 오리엔탈 질적 연구의 다섯 단계

이러한 연구 개념의 이론화를 위해, 저자들은 아시아에 대한 아시아 학자들과 서구 학자들의 연구 지식과 실천이 크게 다섯 가지 단계로 나타남을 문서와 문헌의 내용분석을 통해 규명하였다. 이러한 분석을 기반으로, 저자들은 이 다섯 단계를 학문적으로 개념화하고, 이를 질적 연구의 다섯 가지 형태로 특징화하였다. 저자들은 아시아에 대한 질적 연구자들이 자신의 연구 결과나 내용을 설명하는 방식이 이 다섯 단계 중 하나에 해당할 것이라고 추측하며, 각 단계는 독립적이지만 동시에 연속성을 지닌다고 보았다. 즉, 낮은 단계는 보다 서구적이고 식민적인 관점을 포함하며, 단계가 높아질수록 탈서구적이고 탈식민적인 연구 의식과 지식을 담고 있는 것으로 이해될 수 있다. 이러한 단계적 접근은 질적 연구가 단순한 지식 생산을 넘어 서구 중심적 담론에서 벗어나, 아시아적 시각과 경험을 학문적으로 정당화하는 과정을 이해할 수 있다.

1) 계몽으로서의 서구: West as Enlightenment

첫 번째 단계인 "계몽으로서의 서구"는 탈식민 의식이 결여된 단계로, 질적연구가 서양의 식민적 관점과 지식 그리고 이론을 그대로 모사하고 재현하는 연구를 뜻한다. 이 단계에 있는 연구자는 서구의 인식론, 존재론, 방법론, 지식, 개념, 이론을 유일한 진리로 간주한다. 이에 비서구적인 경험과 현상에 대한 자신의 연구를 서구적 이론과 해석에 비추어 그 적절성을 논의하는 것이 학술적으로 의미 있는 것이라고 생각한다. 이 단계 연구자들은 자신들의 연구가 서구 질적 연구의 관점, 용어, 이론을 단순히 수용하거나 모방함으로써, 자신들의 연구와 연구자로서의 자신의 정체성이 "식민화"되어 있다는 사실을 인식하지조차 못한다. 그들은 질적 연구가 서구의 연구와 방법론을 복사하고 재창조해야만 올바르고, 타당하며, 가치 있는 것이라 믿는다. 이 단계에서는 동양의 진리를 말하는 주체가 서구가 되며, 동양은 원시적이고 비합리적이며 열등하다고 간주된다(Said, 1978). 이 관점은 서구의 지식과 이해 방식이 우월하며 표준으로 채택되어야 한다고 믿는다. 즉, 이 관점은 비서구 문화를 열등하게 보고, 비서구 지역의 토착적 지식과 문화적 차이와 가치를 무시한다는 점에서 비판을 받는다.

서구 이론을 무비판적으로 적용한 연구 사례는 다양한 국가의 연구들에서 쉽지 않게 찾을 수 있다. 예를 들어, 한국 학생들의 학습 스트레스와 사교육 의존(Kang & Jang, 2024; 김혜숙, 한대동, 오경희, 2011), 일본의 집단주의 문화와 과도한 사회적 억압(Guo, 2022), 중국 가족 중심의 과도한 교육 기대(소황제 현상)(Fong, 2004), 인도 카스트제도의 지속적 영향과 성차별(Pawar, 2024), 필리핀의 해외 노동 의존과 가족 해체(Pratt, 2012), 말레이시아 민족 간 갈등과 교육 불평등(Ting & Lee, 2019) 등이 있다. 이러한 연구들은 전형적인 서구적 연구주제와 연구 목적 그리고 동양적 관점과 맥락을 거의 고려하지 않은 대표적인 연구들이다.

이러한 사례에 대한 분석을 통해 저자들은 포스트 오리엔탈 질적 연구의 첫 단계에서 나타나는 아시아 관련 질적 연구의 특징을 다음처럼 제시한다.

- **서구에서 다루어지는 연구 주제 선정:** 연구 주제가 서구에서 이미 정립된 이론적 틀이나 사회적 이슈에 의해 주도적으로 선택된다. 이는 비서구 사회의 고유한 역사적, 문화적 맥락을 간과하고 서구의 문제의식을 일방적으로 수용하는 경향을 보인다.
- **서구 이론에 근거한 연구문제:** 연구문제는 서구에서 개발된 이론과 프레임워크를 중심으로 설정되며, 비서구적 관점이나 경험은 문제 정의에서 배제된다. 이는 서구의 학문적 기준을 절대적인 것으로 간주하며, 지역적 다양성과 특수성을 반영하지 못하는 결과를 초래한다.
- **서구 이론과 개념 중심의 자료 분석:** 자료 분석 과정에서 서구 이론과 개념이 일관되게 사용되며, 비서구적 경험과 맥락은 분석 틀 안에서 충분히 드러나지 못한다. 이러한 분석 방식은 지역적 데이터의 복잡성을 단순화하거나 왜곡할 가능성을 높인다.
- **서구 이론을 확증하는 연구결론:** 연구결론은 기존의 서구 이론을 검증하거나 확증하는 데 초점을 맞추며, 비판적 관점보다는 이론적 정당성을 강화하려는 경향이 있다. 이는 새로운 이론적 가능성이나 대안적 설명을 모색하기보다는 서구 학문 체계의 권위를 공고히 하는 역할을 한다.
- **비서구적 해석 가능성의 부재:** 연구는 비서구적 맥락에서 가능한 대안적 해석이나 지역적 관점을 포함하지 못하며, 결과적으로 서구 중심적 담론을 재생산한다. 이는 지역 사회의 고유한 목소리와 관점을 학문적 담론에서 배제하고, 비서구적 지식 생산의 기회를 축소시킨다.

이러한 특징에 해당하는 연구들은 쉽지 않게 찾을 수 있다. 예를 들어, 김혜숙 외(2011)의 연구는 서구에서 다루어지는 연구 주제와 연구 문제를 선정한 예이다. 이 연구는 학습에 대한 관심과 열정을 다분히 학습열(education fever)로 간주하는 서구적 관점을 다르고 있다. 이에 학생들의 사교육 참여 경험과 문화를 '사교육 의존'으로 부정적인 관점으로 접근하였다. 분석은 주로 서구적 학습 효과와 경쟁 논리 중심의 담론을 바탕으로 진행되었으며, 사교육을 통해 성취와 경쟁이 강조되는 학습 문화를 지적하였다. 연구 결과, 사교육에 대한 의존 의식은 학교교육에 대한 불신, 자기주도 학습의 부재, 경쟁적 학습문화의 심화 등으로 나타났으며, 이는 서구 중심의 경쟁 담론과 문화적 절대주의를 반영하면서 학생들의 학습과 학습문화에 대한 편협한 해석을 보여준다.

또한, Clay Williams(2017)의 East Asian Learners 또한 동아시아 학습자들의 특징을 서구적 관점에서 관찰하고 분석한다. 이는 동아시아 학습자들이 속한 고유한 문화적 · 역사적 맥락을 간과하고, 서구 학습자들과의 차이를 강조하는 데 초점을 맞다. 자료 분석에서 이 연구는 서구 학문에서 정의된 개념들, 예를 들어 개인주의 대 집단주의, 권력 거리, 불확실성 회피 등이 주된 틀로 사용된다. 이러한 분석 방식은 동아시아 학습자들의 실제 경험과 맥락을 완전히 반영하지 못하며, 동아시아 교육 시스템의 복잡성과 고유성을 단순화하는 결과를 초래할 수 있다. 마지막으로 이 연구는 서구 이론을 확증하는 연구결론을 제시한다. 동아시아 학습자들이 교사 중심 교육을 선호하고, 불확실성을 회피하며, 시각적 학습 자료에 의존한다는 기존 서구적 관점을 강화하는 데 초점을 맞춘다. 이는 동아시아 학습자들의 행동과 관점을 단순화하고, 대안적 해석 가능성을 제한하며, 서구 학문 체계의 우위를 간접적으로 정당화하는 결과를 낳는다.

이렇듯 '계몽으로서의 서구' 단계에서 연구자들은 자신의 연구 실천과 자세가 서구 중심의 담론과 권력 구조에 의해 식민화되어 있다는 사실조차 인식하지 못하는 상태에 있다. 이러한 연구자들의 상태는 프레이리가 언급한 '주술적 의식(magical consciousness)'으로 설명될 수 있는데, 이는 자신을 억압하는 현실을 당연한 것으로 받아들이며 비판적 사고를 하지 않는 상태를 의미한다(Freire, 1996). 예를 들어, 소작농이 지주에 의해 착취당하면서도 그 착취를 당연하게 받아들이는 것처럼, 이 단계의 연구자들은 자신들의 연구가 서구 중심적 지식 체계와 권위에 종속되어 있음을 인식하지 못한다. 이러한 연구자들은 서구 연구자들에 의해 만들어진 '백색 신화'라는 우월성과 권위의 틀 안에서 사고하며 연구를 진행한다(Young, 2004).

이러한 단계의 연구는 아시아 현장에 대한 질적 연구를 수행했음에도 서구의 입장, 전제, 이론을 그대로 모사함으로써 오리엔탈리즘적 지식 생산에 적극적으로 기여하고 있다고 볼 수 있다. 이는 국지적이고 토착적인 관점의 존재와 가치를 해석하거나 평가하지 못하며,

비서구적 지식 체계를 무시하거나 배제하는 관행을 통해 지식 생산 과정에서의 권력 불균형을 지속시키는 문제를 낳는다. 서구 중심의 접근법은 비서구 문화를 본질화하고 균질화하며, 고정관념을 강화하고 다양한 경험과 주체성을 희석시키는 결과를 초래한다(Mohanty, 2003; Said, 1978; Spivak, 1988). 이는 글로벌 지식 생산에서 기존의 지배적 상징적 질서를 고착화할 가능성을 높이며, 상징적 질서가 정체성과 주체성의 구성에 미치는 영향을 통해 서구의 인식론, 이론, 방법론을 표준적이고 우월한 이해 방식으로 간주하는 담론 구조를 강화한다.

2) 거짓으로서의 서구: West as False Truth

포스트 오리엔탈 질적 연구의 두 번째 단계는 '거짓으로서의 서구'로 개념화되며, 이 단계에서는 아시아에 대한 특정한 묘사나 이해가 계몽적 진리라기보다는 편향된 산물임을 밝히고 비판적으로 드러낸다. 이 단계의 연구는 아시아 내부에서 이루어진 질적 연구와 서구에서 수행된 아시아 관련 연구를 통해, 아시아를 왜곡하거나 문화적 절대주의 관점으로 바라본 서구적 이해를 분석하고 비판하는 데 초점을 맞춘다. 특히, 서구의 지식과 권위가 보편적 진리가 아니라 특정한 이념적 · 역사적 · 문화적 맥락에서 형성된 구조적 왜곡의 산물임을 자각하며, 서구 담론이 아시아를 대리적 목소리로 대상화하고 왜곡해 왔음을 지적한다(Spivak, 1988). 이러한 연구는 아시아의 경험과 현상이 서구적 프레임에 갇혀 본연의 의미를 잃고, 서구적 권위를 정당화하는 도구로 활용되어 왔다는 비판적 인식을 드러낸다. 이를 바탕으로 연구자는 서구적 관점에 내재된 편향성을 발견하고, 아시아와 비서구의 문화, 역사, 경험이 종종 원시적이고 미개하다는 서술로 폄하되었음을 비판하며, 잘못 묘사되거나 고정관념적으로 재현된 사실을 드러내는 데 주력한다(Said, 1978; Spivak, 1988).

21세기 들어 많은 탈식민 연구자들이 동양과 비서구 지역에 대한 서구적 해석의 문제와 한계를 비판적으로 논의하고 있다. 그 예로, 한국의 복지국가 모델을 서구 중심의 담론에서 탈피하여 한국적 특수성을 강조한 연구(Powell & Kim, 2014), 중국의 문화혁명에 대한 서구적 편향 해석이 정치적 · 문화적 오해를 초래했음을 비판한 연구(Backhouse, 2012), 대만 민족 정체성과 문화적 독립성을 서구 학계가 본질화한 경향을 비판한 연구(Chen, 2010), 필리핀의 식민 경험과 그 사회적 결과를 서구적 문명론으로 단순화한 관행을 분석한 연구(Podolska & Fisun, 2021), 한국계 미국인의 문화적 재현 문제를 비판적으로 분석하며 다문화주의의 한계를 드러낸 연구(Sprague, 2022; Sung, 2009), 그리고 서구 페미니즘이 제3세계 여성들을 단일화된 서사로 축소시키는 문제를 지적한 연구(Mohanty, 2003) 등이 있다.

이러한 연구 분석에 기초하여 연구자들은 '거짓으로서의 서구'에 해당하는 질적연구의 특징을 다음과 같이 제시한다.

- **서구적 해석의 한계를 드러내는 연구 주제 선정**: 연구 주제는 아시아 및 비서구 지역에 대해 기존 서구 중심적 해석이 가지는 왜곡과 편향성을 드러내는 데 초점을 맞춘다.
- **서구 담론의 구조적 편향성을 비판하는 연구 문제 선정**: 연구문제는 서구 이론과 관점이 특정 지역을 단순화하거나 왜곡함으로써 발생한 오해와 편향을 비판적으로 검토한다.
- **서구 중심적 자료의 재해석과 비서구적 자료의 복원**: 기존 서구 자료와 이론을 비판적으로 재검토하며, 서구의 주장과 결론에 저항하고 맞지 않는 새로운 국지적/토착적/내부자적 지식과 자료들의 이용. 지역적 자료와 구술사, 토착적 지식을 포함하여 비서구적 관점에서 데이터를 새롭게 해석한다.
- **서구 이론의 한계와 대안적 관점 제시**: 연구결과는 서구 이론이 가지는 메타 내러티브로서 그 적용의 한계를 명확하게 지적하며, 비서구적 맥락에서 생성된 대안적 이론이나 새로운 해석틀을 제시한다.

이러한 특징이 실제 연구에서 어떻게 나타나는지 구체적 예시로서 제시하고자 한다. 교육학은 이러한 탈식민적 비평이 활발하게 이루어지고 있는 분야다(Vickers, 2018; Kim, Moon, & Joo, 2023; Rhee, 2013). 먼저, 서구적 해석의 한계를 드러내는 연구 주제와 관련하여, 김영천, 문승호, 주재홍(2013)의 연구는 한국 고등학교 세계사 교과서에서 신항로 개척과 산업혁명에 대한 서술이 서구의 시각에 편향되어 있음을 비판적으로 분석한다. 이를 통해 연구자들은 서구 중심적 해석이 아시아적 맥락에서 가지는 한계를 명확히 보여준다.

서구 담론의 구조적 편향성을 비판하는 연구 문제와 관련하여, Jeong-eun Rhee(2013)의 연구는 Chen Kuan-Hsing의 Asia as Method를 이론적 틀로 활용하여 한국의 사회과 교과서에서 나타나는 서구 중심적 담론을 검토한다. Rhee는 교육 내용과 담론 구조 전반에서 비서구적 맥락을 지속적으로 배제하고 재생산하고 있음을 강조한다. 이러한 분석은 서구 중심적 담론이 가진 구조적 편향성을 구체적으로 드러내며, 아시아적 시각을 반영하지 못하는 한계를 비판한다. 서구 중심적 자료의 재해석과 비서구적 자료의 복원 측면에서는, 김영천 외 연구가 교과서 서술에서 신항로 개척과 산업혁명과 같은 서구적 사건들이 어떻게 재현되는지를 분석하며, 이러한 서술이 한국과 아시아의 역사적 공헌을 주변화시키는 방식을 비판적으로 검토한다. 서구 이론의 한계와 대안적 관점 제시와 관련하여, Kasiyan(2022)의 연구 "Becoming White: The Problem of Fine Art Neocolonization in Postcolonial Era"는 "백인이 되는 것"이라는 개념을 통해 서구적 미학이 비서구적 예술 표현과 토착적 관점을 억압했던 방식에 대한 구조적 문제를 명확히 드러낸다. 마지막으로, 이 연구는 서구 이론을 대체할 수 있는 독립적이고 지역 중심적인 인식론적 틀의 필요성을 강조한다. 연구자는 서구 중심의 헤게모니를 해체하고, 비서구적 맥락에서 새로운 이론적 가능성과 해석의 중요성을 부각시키며, 이를 통해 탈식민적 지식 생산의 방향성을 제시한다.

이 단계에서는 탈식민적 사고가 초기의 전환점을 맞이하며, 연구자는 서구 지식 체계와 이론적 구조가 절대적이거나 객관적인 진리가 아니라 권력과 담론의 산물임을 자각하기 시작한다. 이러한 인식은 '예비적 자각(preliminary awareness)'으로 설명되며, 이는 연구자가 자신이 속한 지식 생산 과정에 내재된 식민적 위계와 권력의 논리를 직면하고 비판적으로 이해하려는 시도를 의미한다(Young, 2004). 그러나 이 단계의 연구는 여전히 서구 담론의 영향력 안에 머물러 있으며, 서구 중심적 지식을 비판하는 데 집중하지만 완전히 벗어나거나 대안적 지식 체계를 창출하지 못하는 경향을 보인다. 이 과정에서 연구자는 동양의 가치를 회복하려는 시도를 하지만, 종종 서구 담론의 틀 안에서 비판을 전개함으로써 비판적 성찰을 넘어선 대안을 제시하지 못하는 한계를 지닌다. 예를 들어, 서구적 진리가 부정확하다는 점을 입증하려는 시도가 서구의 이론적 도구와 용어에 의존하여 이루어지는 경우, 이는 서구 담론의 구조를 오히려 강화할 위험을 초래한다. 이러한 점에서 "거짓으로서의 서구" 단계는 서구 중심적 지식 체계의 권위와 진리성을 해체하려는 초기 단계로, 이후 더욱 발전된 탈식민적 상상력과 대안적 지식 생성을 위한 기초적 토대를 제공한다.

3) 차이로서의 동양: East as Difference

"차이로서의 동양" 단계는 동양을 서구와 비교해 열등하게 보는 오리엔탈리즘적 시각에서 벗어나, 동양의 문화와 경험을 독립적이고 고유한 가치를 가진 존재로 인정하는 접근이다. 이는 동양의 특성과 가치를 서구적 기준이 아닌 동양 자체의 맥락에서 평가하며, 동양을 독자적인 주체로 인정하는 데 초점을 둔다. 구체적으로 서구에서 다루어지는 연구주제에 대해서 연구할 경우, 서구적 관점에서의 해석이 아니라 비서구적, 아시아적, 토착적 관점에서 연구를 수행하고 서구적 해석과 '다른' 연구결과를 제시한다. 이 단계에서는 동양을 서구와 동등한 위치에서 이해하며, 동양의 상징, 언어, 예술, 표현 등이 자신만의 의미와 가치를 지닌 독립적 산물로 간주된다. 포스트모던 인식론에 기반한 이 접근은 절대적 진리나 단일한 메타내러티브를 부정하며, 지식이 발달적이거나 위계적인 것이 아니라 각 지역과 문화에 따라 독립적으로 존재할 수 있음을 인정한다(Lyotard, 1984; Said, 1978). 이를 통해 서구 중심의 지식 체계가 비서구적 지식을 주변화하는 한계를 비판하며, 동양의 경험과 현상이 서구와 다르다는 점을 열등함이 아닌 차이로 재구성한다. 이 단계의 연구는 서구적 해석에 의존하지 않고 동양의 맥락에서 새로운 해석과 결과를 만들어내며, 서구 이론의 한계를 드러내는 동시에 동양적 관점과 가치를 부각시킨다.

아시아 연구자들은 교육, 예술, 정체성 등 다양한 분야에서 서구 중심적 해석을 넘어서 아시아 고유의 맥락과 가치를 조명하며 그 "차이"를 드러내는 연구들을 수행하고 있다. 그 예로서, 아시아적 비즈니스 매니지먼트 문화 연구(Gamage & Wickramasinghe, 2012), 아시아 교육문화와 학습의 특징 연구(Park, 2014; Takayama, 2016; Jung, 2018; Kim & Jung, 2021; Kim & Jung, 2018, 2023; Chan & Elliott, 2002), 아시아 예술의 전통적 상징성 논의(Simanullang, 2023), 아시아인의 정체성 형성과 투쟁에 관한 연구(Liu, 2020), 대만 유아교육은 지역적 맥락과 특수성을 반영하여 탈식민적 분석(Huang, 2013), 그리고 필리핀 소수민족 교사의 삶에 관한 연구(Lopez, Coady, & Ekid, 2019) 등이 있다. 이러한 연구들은 아시아를 독립적이고 고유한 가치를 가진 주체로 재조명하며, 서구 중심의 해석에서 벗어나 탈식민적 학문적 담론의 확장을 위한 기초를 제공한다.

이 단계에 해당하는 질적 연구는 다음과 같은 특징을 지닌다.

- **서구적 주장과 이론에 대한 비판적 연구 문제:** 서구의 주장이나 이론이 아시아 지역의 문화와 사회적 맥락에서 어떻게 다른지를 비판적으로 탐구하며, 그 차이를 규명한다. 이를 통해 기존의 서구 중심적 담론이 아시아적 현상을 충분히 설명하지 못하는 한계를 드러낸다.
- **서양에서 다루지 않는 토착적 연구 주제 탐구:** 연구는 서구 학문에서 논의되지 않거나 간과된 아시아 지역의 고유한 문화적 · 사회적 주제를 탐구하여 토착적 가치를 조명한다.
- 동양적 관점, 이론, 인식론에 기초한 자료 분석: 자료 분석은 유교, 불교, 도교 등 동양 철학과 사상에 기반하여 이루어지며, 지역적 맥락과 고유한 인식론을 중심으로 진행된다.
- **새로운 비서구적 연구 결과 제시:** 연구는 서구 중심의 해석을 벗어나 기존 서양의 연구 결론과 다른 새로운 아시아 지식과 결론을 제시한다.
- **아시아적 상징과 표현체계를 활용한 연구 결과 제시:** 연구 결과는 아시아의 고유한 상징과 서사, 예술적 표현 방식을 활용하여 동양적 가치와 특수성을 효과적으로 전달한다.

이러한 특징은 다음 연구들에서 명료하게 확인할 수 있다. Gamage와 Wickramasinghe(2012)의 연구는 서구의 기업가정신 개념이 아시아의 문화적 맥락에 적합하지 않음을 비판적으로 탐구한다. 이 연구는 서구 중심의 기업가정신 이론이 아시아 사회의 집단주의적 가치와 관계 중심의 경제 관행을 충분히 반영하지 못한다는 점을 지적한다. 동북아시아 학생들의 학습전략과 학습문화에 관한 연구는 서구 학문에서 논의되지 않거나 간과된 동아시아 지역의 고유한 교육적 맥락과 학습문화를 탐구한다. 이 연구는 동아시아 학생들의 그림자 교육과 같은 비공식적 학습 형태를 중심으로 학습의 사회적, 문화적 구조를 분석하며, 이러한 토착적 주제가 교육 연구에서 가지는 중요성을 조명한다(Kim & Jung, 2023). Chan과 Elliott(2002)의 연구는 유교적 전통이 강한 홍콩 교사 교육 학생들의 인식론적 믿음을 탐구하며, 동아시아의 철학과 가치 체계를 기반으로 한 자료 분석을 보여준다. 이 연구는 지식의 원천과 확실성에 대한 학생들의 믿음이 유교적 가르침인 권위와 교육의 중요성을 강조하는 문화적 영향 아래 형성되었음을 나타낸다. 김영천(1997)의 연구는 한국 초등학교의 잠재적 교육과정을 분석하며, 서구적 연구 결과와 다른 독창적인 결과를 제시하였다. 이 연구는 미국 교실 문화에 대한 필립 잭슨의 분석(Jackson, 1968)과는 달리, 한국의 교실 문화에서 복종, 성공과 실패, 성차별이라는 독특한 주제를 탐구하여 한국적 교육 문화를 드러냈다. Zhang(2019)의 연구는 중국 건축에 나타난 문화적 상징을 통해 아시아적 표현체계를 탐구하였다. 연구는 아시아적 상징 체계를 통해 중국 건축의 독특한 가치와 미학을 효과적으로 전달하며, 서구적 건축 해석과는 다른 고유한 관점을 제시하였다.

이 단계는 질적 연구에서 내부자의 관점과 토착적 이해를 강조하며, 동양의 현상과 경험을 서구 이론의 보조적 사례가 아닌 독창적이고 가치 있는 연구 주제로 인정하는 시작점이다. 연구자는 탈식민적 관점에서 서구 중심의 지식 체계가 가진 구조적 편향과 한계를 비판하며, 비서구적 맥락과 문화를 온전히 이해하고자 노력한다. 동양의 상징, 언어, 예술 등은 서구적 기준에 종속된 위치에서 벗어나 독립적이고 고유한 의미를 가진 산물로 간주되며, 이러한 접근은 토착적 지식과 경험을 복원하고 재구성하여 학문적 주체로서 자리매김하려는 시도를 포함한다. 연구자는 동양적 경험의 고유한 가치와 의미를 심층적으로 탐구하며, 이를 통해 새로운 지식 생산의 가능성을 열어가고, 서구 중심적 권력 구조를 해체하려는 '예비적 자각(preliminary awareness)'을 경험한다(Young, 2004). 이 단계는 탈식민적 사고를 심화시키며, 동양과 서양 간 대등한 학문적 대화를 촉진하고, 세계 지식 생산에서 동양적 경험과 문화가 독립적이고 대등한 역할을 할 수 있는 가능성을 열어주는 전환점으로 작용한다.

4) 유토피아로서의 동양: East as Utopia

'유토피아로서의 동양'은 서구에 비해서 우월하거나 동양만의 독창적인 문화적 · 역사적 요소를 규명하고 탐구하는 단계이다. 이 단계의 연구자들은 동양을 독립적이고 창의적인 연구와 지식 생산의 공간으로 간주하며, 서구와 비교했을 때 동양이 가진 독특하고 우월한 동양적 경험과 실제의 발굴에 관심을 가진다. 즉, 이 단계의 연구는 질적 연구의 본질적 특징인 새로운 해석과 지식을 창출하여 서구가 가지지 못한/개념화하지 못한 역사적 산물과 그 가치들을 아시아 질적연구로부터 찾아내고 인정하는 노력을 뜻한다. 여기서 이야기하는 '유토피아'라는 용어는 가장 이상적인 실제가 서구에서 나타나는 것이 아니라 오히려 아시아에서 찾을 수 있다는 은유를 뜻한다. 그러한 점에서 유토피아의 대표적 장소로 불리는 샹그릴라가 아시아의 히말라야에 존재하고 있다는 현실 역시 이를 관련지어 설명한 것이다. '유토피아로서의 동양'은 이러한 어원을 재구성하며, '아무 데도 없는 곳'을 동양의 '좋은 곳' 혹은 '서양이 다다르지 않은 곳'을 지칭한다. 이에 이 용어는 서구적 담론에서 간과되거나 인정받지 못했던 아시아 역사, 문화, 현상과 경험을 담은 공간과 가능성을 의미한다.

'유토피아로서의 동양' 단계에서 동양 문명이 이루어낸 서구에 앞선/능가하는 역사적 작업과 작품들, 그리고 이론들과 문화적 유산을 탐구하는 연구가 활발히 이루어진다. 예를 들어, 한국의 금속 활자 인쇄술은 고려 시대에 이미 구현되어 동아시아가 초기 대중 커뮤니케이션 기술의 선구자였음을 보여주며(박병선, 2013), 중국 당나라 시대의 지폐 도입은 무역과 상업을 촉진하며 경제 시스템의 혁신을 이끌었다(Peneder, 2022). 인도의 수학적 기여는 0의 개념화와 초기 미적분학의 발전을 통해 현대 수학의 기초를 형성한 사례로 꼽히며(Joseph, 2000), 또한, 한류(Hallyu)에 관한 연구는 한국 대중문화가 음악, 드라마, 영화 등을 통해 글로벌 관객에게 미친 영향과 문화 세계화의 역학을 조명하며(Anderson et al., 2014), 태국 음식 문화는 전통적 요리와 현대적 기술의 융합을 통해 독창적인 맛과 지속 가능성을 보여주는 사례로 연구되고 있다(Phichonsatcha et al., 2022; Yin & Ardsmiti, 2024). 이러한 연구들은 동양의 고유한 역사적·문화적 유산을 탐구하며, 서구 중심적 역사 서술을 넘어선 대안적 담론을 구축하고 있다.

이 단계 질적 연구는 다음과 같은 특징을 보여준다.

- **연구 목적으로 동양의 독창적 성취와 우월성 탐구**: 연구는 동양이 서구보다 앞서거나 독창적으로 발전시킨 요소와 실천을 학문적으로 조명한다. 이를 통해 동양이 단순히 서구의 영향을 받은 존재가 아니라, 독립적이고 창의적인 문명을 이루어왔음을 강조한다.
- **유토피아로서 동양 현상에 대한 내부자적 접근**: 연구자는 연구 현장에서 완전한 내부자로서 동양적 맥락과 현상을 깊이 탐구하며, 자료 수집과 해석을 통해 동양의 실천과 실제를 풍부하게 드러낸다.

- **동양적 개념과 용어의 적극적 활용**: 연구는 동양 고유의 문화적, 학술적 개념과 용어를 중심에 두고 서구적 해석을 보완하거나 대체한다.
- **서구 이론의 보조적 활용**: 연구에서 서구 이론과 개념은 동양적 관점과 맥락을 강화하거나 비교 분석의 도구로 사용된다. 연구의 주된 틀은 동양적 시각에 기반하며, 서구적 관점에 의존하지 않는다.
- **풍부한 경험적 대안적 동양적 내러티브 생산**: 이 단계의 연구는 동양의 역사, 문화, 경험에서 비롯된 다양하고 구체적인 내러티브 생산한다. 이를 통해 새로운 지식과 이론을 구축하는 데 기여한다.
- **연구결론으로 아시아적 실제와 모델 제안**: 연구는 서구의 기존 주장과 결론을 비판적으로 분석하거나 유지하면서도, 아시아적 실제와 현상에 기반한 대안적 지식과 모델을 제안한다.

이러한 특징을 잘 드러내는 질적 연구를 소개하고자 한다. 먼저, 연구 목적으로 동양의 독창적 성취와 우월성을 잘 드러낸 연구는 역사적 자료를 질적으로 분석하여 한국의 인쇄 기술이 구텐베르크 활판 인쇄 이전에 독창적으로 발전했음을 조명한 연구를 들 수 있다(Park, 2014). 연구는 7~14세기 한국의 인쇄 기술과 무구정광 대다라니경을 중심으로, 이 경전이 한국에서 기원했음을 다양한 증거로 입증한다. 또한, 동아시아의 지식 교류와 상호 발전을 강조하며, 동양 문명의 독립적이고 창의적인 성취를 부각한다. Razvi(2007)의 연구는 내부자적 접근에 기반한 질적 연구의 예가 될 수 있다. 이 연구는 인도 구자라트의 여성 풀뿌리 지도자들의 경험을 심층적으로 분석하며, 억압적 사회 구조 속에서 여성들이 자립과 사회 변화를 이루는 과정을 밝힌다. 연구는 동양적 맥락에서 실천된 독자적 정의 모델과 지도력 발전의 단계를 제시하며, 비서구적 관점에서 동양의 사회와 문화를 풍부하게 드러낸다.Kawano(2011)는 동양의 토착 개념과 용어를 적극적으로 활용하여 서구적 해석을 대체하는 질적 연구를 수행하였다. 기(Ki), 코토타마(Kototama), 신도(Shindo) 등 일본 고유의 개념을 중심으로, 생명 에너지, 진동, 말의 힘, 우주와의 조화라는 일본의 세계관을 교육학적 관점에서 조명하였다. Xu(2024)의 연구는 동양적 관점을 중심에 두고 서구 이론을 보조적으로 활용하여 동서양 미학 교육의 보편성과 차이를 비교 분석하였다. Thanakwang et al.(2014) 는 태국 노인의 활동적 노화 개념을 질적으로 탐구하며, 문화적으로 풍부한 대안적 내러티브를 생산한다. 연구는 태국 전역에서 수집한 데이터를 통해 활동적 노화의 6가지 핵심 주제를 도출하였다.

유토피아로서의 동양은 아시아를 독특한 가치와 전통을 가진 '유토피아'로 상상할 수 있는 이론적 토대를 제공하며, 이를 통해 아시아는 서구 헤게모니 담론을 넘어 독립적이고 자율적인 지식 체계로 자리매김할 수 있는 가능성을 보여준다. 이 접근은 아시아의 경험과 지식을 단순한 대안으로서가 아니라, 세계적 담론에서 동등하게 인정받는 지식 체계로 재구성하며, 탈식민 방법론의 핵심적 요소로 기능한다(Ashcroft, Griffiths, & Tiffin, 2003). 이러한 과정에서 연구자는 해방적 의식(liberatory consciousness)을 가진 주체로서 자신의 정체성과 문화적 유산을 재발견하고, 이를 바탕으로 기존의 지배 구조에 저항하며 독립적 주체로 자리매김한다(Fanon, 1963). 이 단계에서 연구자는 동양의 독창성과 문화적 다양성 회복을 위한 지역화(localization)를 추구하며(Norberg-Hodge, 2000), 탈식민적 상상력을 구체적으로 구현하려는 노력을 통해 서구 중심적 보편주의를 넘어서 새로운 대안적 학문 체계를 마련한다. 결국, '유토피아로서의 동양'은 서구 중심적 담론의 해체를 넘어 새로운 지식 생산의 가능성과 방향성을 탐구하며, 동양적 가치와 문화적 유산을 세계 지식 체계에 통합하려는 실천적 전환의 중요한 단계로 평가된다.

5) 유목으로서의 동양: East as Nomad

'유목으로서의 동양'은 동양적 질적 연구를 통해 서구에서 다루어지지 않은/개념화되지 않은 새로운 지식과 이론을 창조하려는 단계로, 기존 서구 중심적 담론을 가장 급진적이고 창조적으로 넘어서려는 포스트 오리엔탈 연구 접근이다. 이 접근은 동양의 역사적 · 문화적 경험과 존재론적 구조를 기반으로 새로운 인식론적 틀을 구축하며, 이를 통해 서구 중심 학문 체계를 전복하고 대안적 학문 지평을 여는 것을 목표로 한다. 특히, '유목'이라는 개념은 고정된 이분법적 사고를 탈피하고 끊임없이 이동하며 다양한 가능성을 탐구하는 지적 실천을 의미하며, 이 단계는 특정 문화나 이론에 얽매이지 않고 동양의 지식 체계를 재구성하고 진화시키는 과정에 중점을 둔다(Deleuze & Guattari, 1987). 이 단계의 연구자들은 서구의 틀에 의존하지 않고, 독립적이고 주체적인 태도로 자신만의 언어와 개념을 창출하며, 동양적 지식 체계를 새롭게 재구성하려는 의식을 갖는다. 이러한 태도는 들뢰즈(Deleuze)가 제안한 '유목적 지성(nomadic intellect)' 개념을 반영하며, 이는 경계와 고정된 위계를 거부하고 유동적이고 탈중심화된 사고를 실천하는 것을 의미한다. 유목적 지성은 특정한 이론적 틀에 얽매이지 않고, 다양한 지식 체계와 문화적 맥락을 자유롭게 넘나들며 새로운 담론적 공간을 창출한다. 이를 통해 '유목으로서의 동양'은 서구 중심 패러다임을 넘어 새로운 담론적 "공간 생산(production of space)"을 가능하게 하며, 동양적 지식과 가치를 기반으로 한 다원적이고 창의적인 학문적 실천을 열어나간다(Lefebvre, 1991).

'유목으로서의 동양'에 해당하는 노력은 21세기 들어 보다 적극적으로 이루어지고 있다. 그 예로서는 아시아 교육/학습 문화에 기초한 "그림자 교육과정(shadow curriculum)"과 "탈경계 학습문화(transboundary learning culture)"의 이론화(Kim & Jung, 2021, 2023), 아시아적 학술 담론 개념의 이론화로서 "Asia as Method"(Chen, 2010)과 "Mega-Asia"(Shim, 2006), 웰빙 담론 개념으로 태국의 '산욱(Sanuk)'(Chaloemtiarana, 2009), 비폭력 철학 개념으로서 인도의 아시마(Ashima)(Jayawickrama, 2024) 등 많은 아시아 문화적 개념과 실천들이 국제적 담론의 일부로서 활발하게 논의되고 있다. 이 단계에 해당하는 연구의 특징은 다음과 같다.

- **탈서구적 지식 생산으로서의 연구 목적**: 이 단계의 연구는 동양적 경험과 실제를 기반으로 기존의 서구 중심적 지식 체계를 넘어서는 새로운 지식, 이론, 개념을 창조하는 것을 목표로 한다. 이러한 목적은 동양적 관점에서 세계 학문 담론을 혁신적으로 확장하고 재구성하려는 의지를 반영한다.
- **서구 이론의 한계 규명 및 통합적 · 변증법적 해석**: 연구는 서구 이론이 가진 한계와 편향을 비판적으로 검토하며, 동양적 현장 작업의 결과를 바탕으로 새로운 통합적이고 변증법적인 해석을 제시한다. 이를 통해 서구와 동양의 지식을 융합하여 제3의 종합적이고 대안적인 입장을 도출한다.
- **탈중심적 · 탈영토화된 분석**: 연구는 기존 서구 중심의 고정된 분석 틀과 경계를 넘어서, 유동적이고 창조적인 지식과 관점을 창출하려는 노력을 강조한다. 이러한 접근은 기존 질적 연구에서 오차로 간주되거나 딜레마로 여겨졌던 탈주적 자료들을 새로운 지식을 찾는 데 있어 중요한 자원으로 재해석하며, 기존 서구 중심적 질적 연구가 놓쳤던 의미 있는 통찰을 도출한다.
- **연구결과로서 새로운 동양적 언어와 개념의 창조**: 연구는 동양적 경험과 문화를 설명할 수 있는 독창적인 언어와 개념을 창출하며, 이를 통해 기존 학문 담론에 새로운 대안을 제시한다. 이러한 언어와 개념은 동양적 지식 체계를 세계적으로 인정받는 학문적 담론으로 자리매김하게 한다.
- **새로운 국제적 담론 형성 추구**: 연구는 동양적 지식과 가치를 중심으로 한 국제적 담론 형성을 목표로 하며, 다원적이고 포괄적인 학문 생태계를 구축하는 데 기여한다. 이는 동양이 세계 학문 공동체에서 독립적이고 중심적인 역할을 수행할 수 있는 가능성을 열어준다.

Kim과 Jung(2019)의 연구는 교육학 분야에서 아시아의 교육 현상과 문화를 반영한 새로운 개념을 창출하려는 대표적인 사례로, 탈서구적 지식 생산의 목적을 보여준다. 이 연구는 그 제목(Conceptualizing Shadow Curriculum: Definition, features and the changing landscapes of learning cultures)에서도 알 수 있듯이 탈식민적/탈서구적 현상에 기초한 이론화를 목표로 한다. 이들은 또한 서구 이론의 한계를 비판적으로 검토하고, 동양적 접근을 바탕으로 이를 변혁적으로 재해석한다. 이는 단순히 기존 서구 이론을 보완하는 데 그치지 않고, 서구와 동양의 지식을 융합하여 새로운 통합적이고 변증법적인 해석을 제시한다. 나아가, 이 연구는 탈중심적 · 탈영토화된 분석을 통해 교육 담론에서 새로운 가능성을 제시한다. '그림자 교육과정' 개념은 공교육과 사교육의 경계, 정상과 비정상, 주체와 타자로 구분짓는 모더니즘적 해석에서 벗어난 포스트모던적 탈경계적 해석의 창조적 힘을 드러낸다. 이는 아시아가 서구 학문의 주변부가 아닌, 능동적이고 중심적인 역할을 수행하는 학문적 주체임을 증명한다. 이러한 연구에 기초하여 그들은 동양적 학습 현상과 경험에 기초한 새로운 개념으로 탈경계 학습 문화(transboundary learning culture)를 이론화하였다. 이를 통해 연구자들은 기존의 학교 중심의 교육과 학습 연구 담론에 새로운 관점을 제시하였다. 또한 이 개념에 기초한 학술지(*Beijing International Review of Education*)의 특별호(Transboundary learning cultures and academic success in schooling: Understanding Asia-Pacific Practices)로 출간됨으로써, '새로운 국제적 담론 형성을 추구'한다는 이 단계 질적연구의 특징을 잘 드러내는 연구라고 할 수 있다.

'유목으로서의 동양' 단계는 학문적 담론의 탈영토화를 통해 서구 중심적 지식 체계를 넘어 새로운 학문적 가능성을 탐구하는 접근이다. 탈영토화는 특정 지식이나 문화가 고정된 경계와 권력 구조를 초월하여, 새로운 맥락과 관계 속에서 재구성되는 과정을 의미한다(Deleuze & Guattari, 1987). '유목으로서의 동양' 질적 연구는 이러한 맥락에서 동양적 지식 체계와 문화를 고정된 서구 중심의 틀에서 해방시키고, 이를 탈영토화하여 다층적이고 유동적인 학문적 지평을 열어간다. 연구자는 특정 국가나 문화에 얽매이지 않고, 이동성과 혼종성을 적극적으로 탐구하며, 이를 통해 동양적 가치와 경험을 새로운 방식으로 조명한다. "문화적 유목주의"처럼, 이 연구 접근은 동양적 관점에서 기존 서구 중심적 담론을 전복하고, 학문과 문화의 새로운 경계를 창출하는 데 초점을 둔다(Appadurai, 2003). 따라서, '유목으로서의 동양' 질적 연구는 고정된 지식 체계를 넘어 동양적 경험의 유동성과 가능성을 강조하며, 기존 권력 구조를 해체하고 대안적 학문 담론을 구축하는 실천적 전환을 이끈다. 이는 단순히 서구적 분석 틀을 보완하는 데 그치지 않고, 동양적 지식을 중심에 둔 새로운 국제적 학문 생태계를 형성하려는 노력의 핵심이라고 할 수 있다.

5. 결론

포스트 오리엔탈 질적 연구는 단순히 기존 오리엔탈리즘의 비판에 머물지 않고, 이를 초월하여 아시아 맥락에 적합한 독창적이고 진정성 있는 연구 담론을 제안함으로써 학문적 변혁을 추구한다. 첫째, 포스트 오리엔탈 질적 연구는 서구 중심적 학문 패러다임에 도전하며, 아시아 고유의 사회적 · 문화적 · 역사적 맥락을 반영한 새로운 지식 생산과 연구 방법론을 정립하고자 한다. 이를 통해 비서구적 지역과 그 구성원들의 목소리를 강화하고, 이들의 경험을 연구 중심에 위치시킴으로써 학문적 다양성을 증진시키고자 한다. 둘째, 기존의 유럽 중심적 서사를 해체하고, 탈식민주의적 관점을 확장함으로써 질적 연구의 담론적 지형을 재구성하려 한다. 셋째, 연구자들이 자신의 연구를 비판적으로 성찰할 수 있도록 지원하며, 연구 과정에서의 문화적 민감성과 윤리적 책임을 고취시키고자 한다. 넷째, 학제적 통합을 통해 탈식민 질적 연구의 다차원적 접근을 제시함으로써, 글로벌 지식 생산과 확산의 역동성을 증대하려 한다. 마지막으로, 토착적 인식론과 방법론을 활용하여 아시아 사회의 독특한 현상을 설명할 수 있는 실질적이고 구체적인 지적 도구를 제공하는 데 기여하고자 한다.

이러한 기여는 Research as Praxis(Lather, 1986)의 관점에서 특히 중요한 의미를 가진다. 포스트 오리엔탈 질적 연구는 연구를 단순한 지식 생산의 과정으로 바라보지 않고, 그것을 사회적 변화를 이끄는 실천적 행위로 간주한다. 이는 연구자들이 자신의 연구와 사회적 책임을 연결지어 학문적 담론을 실질적 변혁의 도구로 활용하도록 촉진한다. 포스트 오리엔탈 질적 연구는 연구자들에게 지속적인 자기성찰과 비판적 의식을 요구하며, 이들을 통해 새로운 방법론적 혁신과 문화적 이해를 창출해내고자 한다. 이를 위해 학자들은 각자의 맥락에 적합한 새로운 학문적 방향을 모색해야 한다. 포스트 오리엔탈 질적 연구는 이러한 탈식민적 학문 활동의 핵심적인 지침이 될 수 있다. 즉, 포스트 오리엔탈 질적 연구는 학자들에게 단지 비판적 성찰을 요구하는 것에서 나아가, 진정한 변화를 이루기 위한 적극적이고 실천적인 참여를 독려하고 있다.

참고문헌

강진연(2012). 한국의 탈식민 국가형성과 동아시아 냉전체제. **사회와 역사**, **94**, 49-86.

김영천(1997). **네 학교 이야기: 한국 초등학교의 교실생활과 수업**. 문음사.

김혜숙, 한대동, 오경희(2011). 고등학생의 학업 스트레스와 사교육 의존도의 관계. **한국교육심리학회지**, **25**(2), 123-145.

박병선(2013). 유네스코 세계기록유산 [직지] 간행과 의미. **한국전통문화연구**, **12**, 5-28.

주재홍(2016). 탈식민주의와 질적 연구: 방법적 이슈들. **교육과정연구**, **34**(4), 1-25.

허창수(2011). 탈식민주의 이론과 실제의 꼴라주. **교육과정연구, 29**(3), 23-48.

Anderson, C. S., Balica, E., Balmain, C., Iadevito, P., Kida, P., Mazaná, V., ... & Yoon, S.(2014). *The global impact of South Korean popular culture: Hallyu unbound.* Lexington Books.

Appadurai, A. (2003). The production of locality. In J. Carver (Ed.), *Counterworks: Managing the diversity of knowledge* (pp. 208-229). Routledge.

Ashcroft, B., Griffiths, G., & Tiffin, H. (2003). *The empire writes back: Theory and practice in post-colonial literatures.* Routledge.

Backhouse, R. (2012). The Cultural Revolution and its Western misinterpretation: A reconsideration. *Asian Studies Review, 36*(3), 345-367.

Bhabha, H. K. (2012). *The location of culture.* Routledge.

Chaloemtiarana, T. (2009). Making new space in the Thai literary canon. *Journal of Southeast Asian Studies, 40*(1), 87-110.

Chan, K. W., & Elliott, R. G. (2002). Exploratory study of Hong Kong teacher education students' epistemological beliefs: Cultural perspectives and implications on beliefs research. *Contemporary Educational Psychology, 27*(3), 392-414.

Chang, W., & Huang, Y. (2017). Education and the decolonization of knowledge: Rethinking the global and local in comparative education. *Comparative Education Review, 61*(3), 445-464.

Chen, K. H. (2010). *Asia as method: Toward deimperialization.* Duke University Press.

Dabashi, H. (2017). *Post-orientalism: Knowledge and power in a time of terror.* Routledge.

Day, T. (Ed.). (2022). *Clearing a space: Postcolonial readings of modern Indonesian literature* (Vol. 202). Brill.

Deleuze, G., & Guattari, F. (1987). *A thousand plateaus: Capitalism and schizophrenia* (B. Massumi, Trans.). University of Minnesota Press. (Original work published 1980)

Fanon, F. (1963). *The wretched of the earth* (R. Philcox, Trans.). Grove Press. (Original work published 1961)

Fong, V. L. (2004). *Only hope: Coming of age under China's one-child policy.* Stanford University Press.

Freire, P. (1996). *Pedagogy of the oppressed* (M. B. Ramos, Trans.; 3rd ed.). Continuum. (Original work published 1970)

Gamage, H. R., & Wickramasinghe, A. (2012). Western perspectives on entrepreneurship and their sensitivity in the context of Asian cultures. *International Journal of Entrepreneurship and Small Business, 17*(4), 525-537. https://doi.org/10.1504/IJESB.2012.047649

Guo, Z. (2022, January). A review of social and cultural causes of hikikomori: Collectivism in Japan. In *Proceedings of the 2021 International Conference on Public Art and Human Development* (ICPAHD 2021) (pp. 727-731). Atlantis Press. https://doi.org/10.2991/assehr.k.220110.138https://doi.org/10.2991/assehr.k.220110.138

Gupta, A. (2020). Preparing teachers in a pedagogy of third space: A postcolonial approach to contextual and sustainable early childhood teacher education. *Journal of Research in Childhood Education, 34*(1), 43-58. https://doi.org/10.1080/02568543.2019.1692100

Hall, S. (1992). The West and the rest: Discourse and power. In S. Hall & B. Gieben (Eds.), *Formations of modernity* (pp. 275-331). Polity Press.

Hsieh, S. (2023). *Pluralizing postcoloniality from a standpoint of margins: A historical detour of global health and imperial regimes in postwar Taiwan through the traces of the marginalized* (Doctoral dissertation). University of California.

Huang, T. (2013). Cultural analyses in a Taiwanese kindergarten: A postcolonial reflection and study. *International Journal of Educational Development, 33*(1), 15-24. https://doi.org/10.1016/j.ijedudev.2012.01.004

Jackson, P. W. (1968). *Life in classrooms.* Holt, Rinehart and Winston.

Jayawickrama, J. (2024). Understanding the concept of Ahimsa in a violently divided society: A historical and personal account of Sri Lanka during conflict times. *Gandhi Marg, 46*(1), 47-64.

Joseph, G. G. (2000). *The crest of the peacock: Non-European roots of mathematics* (2nd ed.). Princeton University Press.

Jung, J. H. (2018). Decolonizing educational/curriculum studies in East Asia: Problematizing shadow education in South Korea. *Inter-Asia Cultural Studies, 19*(2), 269-281. https://doi.org/10.1080/14649373.2018.1459024

Jung, J. H. (2023). *Curriculum theorizing as post-colonial text: Post-Orientalism and Young Chun Kim's life's work in South Korea.* SAGE Open, 13(3), 21582440231196416. https://doi.org/10.1177/21582440231196416

Kang, M. S., & Jang, H. Y. (2024). Exploring the lives of Korean college students who attempted suicide: A qualitative study. *Asian Nursing Research*, *18*(4), 393-400. https://doi.org/10.1016/j.anr.2023.09.002

Kasiyan, K. K. (2022). "Becoming White": The problem of fine art neocolonization in the postcolonial era. *Humanus: Jurnal Ilmiah Ilmu-ilmu Humaniora*, *21*(1), 68-82. https://doi.org/10.22146/jh.74598

Kawano, Y. (2011). *Japanese Indigenous knowledges and impacts of vibrating energy: Pedagogical implication in education* (Master's thesis). University of Toronto. TSpace. https://tspace.library.utoronto.ca/handle/1807/30091

Kim, S., & Wang, M. (2024). Conclusion: Imagining pluriversal development knowledge production via Japan as method. In K. A. Lee & T. Y. Chen (Eds.), *The semantics of development in Asia* (pp. 203-218). Routledge.

Kim, Y. C. (2010). Transnational curriculum studies: Reconceptualization discourse in South Korea. *Curriculum Inquiry*, *40*(4), 531-554. https://doi.org/10.1111/j.1467-873X.2010.00504.x

Kim, Y. C., & Jung, J. H. (2019). Conceptualizing shadow curriculum: Definition, features, and the changing landscapes of learning cultures. *Journal of Curriculum Studies*, *51*(2), 141-161. https://doi.org/10.1080/00220272.2018.1519772

Kim, Y. C., & Jung, J. H. (2021). *Theorizing shadow education and academic success in East Asia: Understanding the meaning, value, and use of shadow education by East Asian students*. Routledge.

Kim, Y. C., & Jung, J. H. (2023). Shadow curriculum as a new form of curriculum: Its evolution, definition, and implications for curriculum studies. In R. J. Tierney, F. Rizvi, & K. Erkican (Eds.), *International encyclopedia of education* (Vol. 7, pp. 288-295). Elsevier.

Kim, Y. C., Jo, J. S., & Jung, J. H. (2023). *South Korean education and learning excellence as a Hallyu*. Routledge.

Kim, Y. C., Moon, S., & Joo, J. (2013). Elusive images of the other: A postcolonial analysis of South Korean world history textbooks. *Educational Studies*, *49*(3), 213-246. https://doi.org/10.1080/00131946.2013.783777

Kumagai, A. K., & Najeeb, U. (2024). Dialogues across difference: Teaching for social justice and inclusion in health professions education. *Medical Education*, *59*(1), 11. https://doi.org/10.1111/medu.14928

Lather, P. (1986). Research as praxis. *Harvard Educational Review*, *56*(3), 257-278. https://doi.org/10.17763/haer.56.3.bj2h231877069482

Lefebvre, H. (1991). *The production of space* (D. Nicholson-Smith, Trans.). Blackwell. (Original work published 1974)

Liu, H. Y. (2020). South Asians in "Asia's World City": Postcolonial identity struggles and artistic self-representation in Hong Kong. *Culture and Local Governance*, *7*(1), 1-16.

Loomba, A. (2002). *Colonialism/postcolonialism* (2nd ed.). Routledge.

Lopez, M. P. S., Coady, M. R., & Ekid, A. G. F. (2019). Rural Indigenous teachers' lived experiences in mother tongue education in the Philippines: Counter-stories of resistance. *Journal for Critical Education Policy Studies*, *17*(3), 132-169.

Lyotard, J.-F. (1984). *The postmodern condition: A report on knowledge* (G. Bennington & B. Massumi, Trans.). University of Minnesota Press. (Original work published 1979)

Mbembe, A. (2015). *Decolonizing knowledge and the question of the archive*. Wits Institute for Social and Economic Research.

Mishra, T. (2024). Decolonial strategies and the Southasian imagination: Auto-narrative, archival responses and counter-narratives. In G. Smith & R. Patel (Eds.), *The Routledge companion to global photographies* (pp. 78-92). Routledge.

Mohammadpour, A. (2024). Decolonizing voices from Rojhelat: Gender-othering, ethnic erasure, and the politics of intersectionality in Iran. *Critical Sociology*, *50*(1), 85-106. https://doi.org/10.1177/08969205231196802

Mohanty, C. T. (2003). *Feminism without borders: Decolonizing theory, practicing solidarity*. Duke University Press.

Nkrumah, K. (1965). *Neo-colonialism: The last stage of imperialism*. Nelson.

Norberg-Hodge, H. (2000). *Ancient futures: Learning from Ladakh* (2nd ed.). Random House.

Paraskeva, J. (2011). *Conflicts in curriculum theory: Challenging hegemonic epistemologies*. Palgrave Macmillan.

Park, H. O. (2014). The history of pre-Gutenberg woodblock and movable type printing in Korea. *International Journal of Humanities and Social Science*, *4*(9), 101-110. http://www.ijhssnet.com

Pawar, J. S. (2024). A qualitative study on gender equity and women's rights in India. *International Journal of Social Sciences*, *6*(1), 45-60.

Peneder, M. (2022). Digitization and the evolution of money as a social technology of account. *Journal of Evolutionary Economics*, *32*(1), 175-203. https://doi.org/10.1007/s00191-021-00743-2

Phichonsatcha, T., Pentrakoon, D., Gerdsri, N., & Kanjana-Opas, A. (2022). Extending Indigenous knowledge to unveil the evolutionary journey of food preferences and socio-cultural phenomena. *Appetite*, *170*, 105884. https://doi.org/10.1016/j.appet.2022.105884

Podolska, T. V., & Fisun, K. H. (2021). To the problems of postcolonial feminism (on the example of the Philippines). *Feminist Studies Review*, *64*(2), 78-95. https://doi.org/10.26565/2306-6687-2021-64-02

Powell, M., & Kim, K. (2014). The 'Chameleon' Korean welfare regime. *Social Policy & Administration*, *48*(6), 626-646. https://doi.org/10.1111/spol.12061

Pratt, G. (2012). *Families apart: Migrant mothers and the conflicts of labor and love*. University of Minnesota Press.

Rajaratnam, S. D. S. (2018). Qualitative research in tourism: Reflections of an Asian researcher. In K. K. Sharma & A. Gupta (Eds.), *Asian qualitative research in tourism: Ontologies, epistemologies, methodologies, and methods* (pp. 241-254). Springer. https://doi.org/10.1007/978-3-319-98767-4_15

Razvi, M. (2007). *Post-colonial feminism in India: Model of emergent female grassroots leaders in Ahmedabad, Gujarat* (Doctoral dissertation). University of Delhi.

Rhee, J. E. (2013). Methodology of leaving America for Asia: Reading South Korea's social studies textbooks through Chen Kuan-Hsing's Asia as method. *Qualitative Research in Education*, *2*(3), 328-354. https://doi.org/10.4471/qre.2013.30

Said, E. W. (1978). *Orientalism*. Pantheon Books.

San Juan, E. (2000). *Beyond postcolonial theory*. Palgrave Macmillan.

Shim, D. (2006). Hybridity and the rise of Korean popular culture in Asia. *Media, Culture & Society*, *28*(1), 25-44. https://doi.org/10.1177/0163443706059278

Simanullang, P. (2023). The impact of colonial thinking legacy on the production of knowledge about the fine arts in Southeast Asia. *Indonesian Journal of History Education*, *8*(1), 33-44.

Smith, M. (1991). *Burma: Insurgency and the politics of ethnicity*. Zed Books.

Sosa-Santos, B. (2014). *Epistemologies of the South: Justice against epistemicide*. Routledge.

Spivak, G. C. (1988). Can the subaltern speak? In C. Nelson & L. Grossberg (Eds.), *Marxism and the interpretation of culture* (pp. 271-313). University of Illinois Press.

Sprague, J. (2022). Ghost in the kitchen: Multiracial Korean Americans (re)defining cultural authenticity. *Genealogy*, *6*(2), Article 35. https://doi.org/10.3390/genealogy6020035

Sung, Y. K. (2009). *A post-colonial critique of the (mis)representation of Korean-Americans in children's picture books* (Doctoral dissertation). University of Arizona.

Takayama, K. (2016). Deploying the post-colonial predicaments of researching on/with "Asia" in education: A standpoint from a rich peripheral country. *Discourse: Studies in the Cultural Politics of Education*, *37*(1), 70-88. https://doi.org/10.1080/01596306.2014.927114

Takayama, K. (2017). Imagining East Asian education otherwise: Neither caricature, nor scandalization. *Asia Pacific Journal of Education*, *37*(2), 262-274. https://doi.org/10.1080/02188791.2017.1295185

Thanakwang, K., Soonthorndhada, K., & Mongkolprasoet, J. (2012). Perspectives on healthy aging among Thai elderly: A qualitative study. *Nursing & Health Sciences*, *14*(4), 472-479. https://doi.org/10.1111/j.1442-2018.2012.00700.x

Ting, S. H., & Lee, D. P. Y. (2019). Determinants of primary school choice in Malaysia: School proximity and ethnicity-related reasons. *Journal of School Choice*, *13*(2), 228-254. https://doi.org/10.1080/15582159.2019.1606369

Tong, J. (2011). Micro-study on travel process of "identity" in postcolonial theory in Chinese context. *Theory and Practice in Language Studies*, *1*(5), 541-546. https://doi.org/10.4304/tpls.1.5.541-546

Velma, G., & Alan, G. (2024). Deconstructing stereotypes in the liminal phases: A postcolonial feminist analysis of an educated woman in prostitution. *World Journal of English Language*, *14*(4), 122-130.

Vickers, E. (2018). Review of The strong state and curriculum reform: Assessing the politics and possibilities of educational change in Asia, edited by Leonel Lim and Michael W. Apple—with a response from the authors. *London Review of*

Education, *16*(2), 362-364.

Williams, C. H. (2017). *Teaching English in East Asia*. Springer.

Xu, S. (2024). A dialogue between Eastern and Western aesthetic views: A comparative study on modern and contemporary aesthetic education from a cross-cultural perspective. *International Journal of Aesthetic Education*, *1*(1), 46-56.

Yin, Z., & Ardsmiti, N. (2024). Cultural identity and glocalization—A case study of Thai restaurants in Kunming. Humanities, *Arts and Social Sciences Studies*, *24*(2), 364-379.

Young, R. J. (2004). *White mythologies*. Routledge.

Zhang, D. (2019). Cultural symbols in Chinese architecture. *Architecture and Design Review*, *1*(1), 1-17.

끝 맺는 말

정정훈(부산대학교)
김영천(진주교육대학교)
조재성(광주교육대학교)

이 책은 1980년대 이후 한국에 소개되고 수입된 서구의 질적 연구가 한국이라는 아시아의 새로운 탐구 공간에서 어떻게 싹트고 발전하며, 나아가 확산하였는지를 역사적 해석의 주제로 탐구하기 위해 기획되었다. 이에 따라, 1980년대 이후 2023년까지 한국의 질적 연구 각 분야에서 뛰어난 연구자들을 통해, 전체적으로는 질적 연구패러다임이, 구체적으로는 질적 연구의 다양한 연구패러다임 속에서 다채로운 연구방법이 얼마나 발전하고 확립되었는지 그리고 그 역사적 의미와 공헌이 무엇인지를 한 권의 역사적 서적으로 정리하여 그 가치를 규명하고자 하였다. 이를 통해, 아시아에서 가장 선진적인 질적 연구공간인 한국에서 이루어진 질적 연구의 역사적 발전 성과를 종합적으로 규명하고, 한국의 질적 연구 공동체를 중심으로 향후 연구 방향을 기획하고자 하였다.

다행히도 많은 선도 연구자들이 참여해주었으며, 자신의 오랜 연구 분야에서 질적 연구가 어떻게 수행됐는지, 그리고 그 한국적 노력의 결과와 가치는 무엇인지를 밝히기 위해 약 1년 동안 해당 분야의 수많은 논문과 저서를 분석하고 분류해주었다. 더 나아가, 각 연구자의 전문적인 판단, 비평, 그리고 오랜 지혜를 바탕으로 한국의 질적 연구 발전 약 50년사를 하나의 책으로 엮어, 이를 읽고 감상하며 학습할 수 있는 이정표적인 역사서를 출간할 수 있도록 기여하였다. 이러한 학술적 작업은 약 50년이 지난 한국 질적 연구의 역사에서 이와 같은 주제를 다룬 전문서적이 없었다는 점에서 그 가치가 매우 크다고 할 수 있다. 더 나아가, 아시아에서 새로운 사회과학 연구 담론이자 방법론으로서 질적 연구가 어떻게 한 아시아 국가에서 정착하고, 서구와는 다르게 발전해 왔는지를 조명하는 국제적 연구 기록이 부족하다는 점에서, 이 책이 국제적 담론으로서 갖는 의미는 더욱 중요하다고 하겠다. 이는 Edward Said(1978)가 『오리엔탈리즘』에서 서구의 지식 생산 방식이 어떻게 비서구를 재현하고 규정했는지를 비판했던 논의를 확장하여, Spivak(1988)의 『*Can the Subaltern Speak?*』에서 제기된 주변부 지식의 독자적 정당성과 생산 방식을 조명하는 데에도 중요한 시사점을 제공한다.

약 1년 동안 이루어진 이 책의 저술은, 한편으로는 한국의 질적 연구를 국제적 질적 연구의 한 연구 공간으로 상정하고 그 확산 과정을 묘사하고 기록했다는 점에서 그 자체로 의미 있는 작업이다. 그러나 다른 한편으로는, 이 책의 제목인『포스트 오리엔탈리즘과 한국의 질적 연구: 1980-2030』이 시사하듯, 식민적 담론에서 시작된 한국/아시아의 질적 연구가 과연 서구의 질적 연구와는 다른 방식으로 새로운 지식 생산을 위한 연구방법론으로써 중요한 역할을 하고 있는지를 규명하고 소개하는 데 목적이 있다. 이는 Mignolo(2011)의 '지적 탈식민화'(epistemic decolonization) 개념과 맞닿아 있으며, 한국의 질적 연구가 단순히 서구적 연구방법론을 수용하는 데 그치지 않고, 고유한 지식 생산 체계를 발전시켜 온 과정과 그 의미를 강조하는 것이다.

그러한 점에서, 이 책의 저자들은 각 장(chapter)의 저술에서 질적 연구가 강조하는 '이해'와 '발견'의 개념처럼, 단순히 한국에서의 질적 연구 적용과 실천이 무엇을 발견했고 무엇을 새롭게 이해했는지에만 머문 것이 아니다. 대신, 이러한 새로운 지식이 질적 연구의 원대한 목적과 맞닿아, 서구와는 다른 비서구적 · 아시아적 · 다문화적 · 범국제적 지식을 규명하고 이를 새롭게 이론화할 수 있는지를 논의하고자 하였다. 물론, 이러한 대담한 탈식민적 목적이 이 책을 통해 명확하게 드러나 있지는 않지만, 각 장에서 다룬 수많은 한국의 연구들을 자세히 읽고 고민해 본다면, 한국의 질적 연구가 서구에서는 다루지 못했던 새로운 주제, 방법, 현상 등에 대해 얼마나 선구적인 연구들을 수행해 왔는지를 확인할 수 있다. 나아가, 서구의 주제, 방법, 연구 결과, 그리고 기존의 지식과 일치하지 않는 새로운 비서구적 지식과 탐구 과제들이 존재함을 깨닫게 될 것이다(Mignolo, 2000).

이에, 이 책에서 소개된 다양한 영역의 대표적인 연구 작품들을 분석하고 연구 결과를 종합하는 작업은 단순히 한국 연구자들의 문헌 분석 결과에 한정되지 않는다. 오히려, 인간 · 문화 · 일상생활에 관한 문화 연구의 관점에서 기존의 서구적 지식과 내면화 중심의 연구 문화, 강의, 그리고 지식 전달의 전통을 넘어, 새로운 방식의 훈련 · 교육 · 탐구가 필요하다는 점을 시사한다. 또한, 이러한 노력은 식민주의 탐구의 역사적 한계를 지닌 채 출발한 한국의 질적 연구가, 많은 한국 및 아시아 질적 연구자들이 수행해 온 단순한 모사와 재현을 넘어서, 질적 연구의 아시아적 특징과 그 문제점을 극복하고, 새로운 아시아적 묘사 · 이해 · 이론화를 위한 근본적인 목적을 달성할 가능성을 열어 줄 것이다. 이는 de Sousa Santos(2014)가 주장한것처럼 지식 생산의 다원성을 인정하고 지역적 맥락에서의 학문적 독창성을 강조하는 작업이 될 것이다.

그러한 점에서, 이 책이 한국의 미래 질적 연구자들과 질적 연구자가 되기를 희망하는 용기 있는 젊은 학자들에게 자신의 학문적 정체성과 전문성을 향상시킬 수 있는 하나의 길잡이가 되기를 바란다. 또한, 질적 연구자가 되기 위해서는 특정한 하나의 질적 연구방법론이나 지적 전통만을 배우고 적용해서는 안 된다는 점에서, Lather(2006)의 질적연구 패러다임 표가 제시해주는 다양한 질적연구의 영역들이 한국에서는 어떻게 학문적으로 적용되고 실천되었는지를 이 책의 모든 장을 읽고 배우는 일 역시 이들에게는 중요한 학문적 훈련과 진지한 대화의 기회를 제공할 것이다. 이러한 점에서, 이 책은 미래 한국의 질적 연구 관련 대학원 강의에서 중요한 역사적 텍스트이자 촉매적 텍스트로 기능하며, 한국 질적 연구의 역사적 전통을 바탕으로 더욱 정교하고 발전된, 그리고 서구와는 차별화된 새로운 사회과학 지식 · 개념 · 이론화를 창출할 수 있는 지적 능력을 함양하기 위한 학문적 훈련의 텍스트로 활용되기를 바란다.

참고문헌

de Sousa Santos, B. (2014). *Epistemologies of the South: Justice against epistemicide*. Routledge.

Lather, P. (2006). Paradigm proliferation as a good thing to think with: Teaching research in education as a wild profusion. *International Journal of Qualitative Studies in Education, 19*(1), 35-57.

Mignolo, W. D. (2000). *Local histories/global designs: Coloniality, subaltern knowledges, and border thinking*. Princeton University Press.

Mignolo, W. D. (2011). *The darker side of Western modernity: Global futures, decolonial options*. Duke University Press.

Said, E. W. (1978). *Orientalism*. Pantheon Books.

Spivak, G. C. (1988). Can the subaltern speak? In C. Nelson & L. Grossberg (Eds.), *Marxism and the interpretation of culture* (pp. 271-313). University of Illinois Press.

저자 소개

편저자

김영천

진주교육대학교 교육학과 교수로서 1998년부터 이 대학에서 교육과정학 그리고 질적연구방법론을 강의하고 있다. 한양대학교와 동 대학원을 졸업하고 미국 오하이오 주립대학교에서 교육과정학과 질적연구 전공으로 박사학위를 받았다. 문화관광부와 대한민국학술원 등 국가 연구기관으로부터 총 8회에 걸쳐서 우수 학술 저서상을 수상하였다. 구미의 질적연구 전문 학술지인《International Journal of Qualitative Studies in Education》아시아 지역 편집장을 역임하였다. 한국질적탐구학회를 전영국 교수와 창립하였고 2020년에 아시아 질적탐구 학회(Asian Qualitative Inquiry Association)를 창립하고 제1대 회장을 역임하였다.

지난 30년 동안 저자는 한국교육과정학과 교육학 분야 그리고 사회과학 분야에 교육과정과 수업 연구방법론 그리고 질적연구방법론의 확산과 정립을 목적으로 연구해왔다. 이에 총 60여 권의 저서를 출간하였고 약 90편의 논문을 국내 · 외 학술지에 게재하였다. 정정훈 교수와 함께 "Shadow Curriculum"의 개념을『세계 교육학 대백과사전(International Encyclopedia of Education, 4/e)(Elsivier, 2021)』에 등재하였다. 2021년부터 포스트오리엔탈적 교육학 이론 아래서 국제적으로 타자화되고 부정적으로 재생산되고 있는 한국과 동북아시아의 역사적/토착적인 교육문화의 우수성을 국제적으로 알리는 영어 글기를 하고 있다.

정정훈

부산대학교의 연구교수로 재직 중이며, 연구 분야는 교육과정 개발 및 이론화, 탈식민 연구, 교사교육, 질적연구방법론 등을 포함한다. 캐나다 브리티시컬럼비아 대학교(University of British Columbia)에서 교육과정학 전공으로 철학박사 학위를 취득하였다. 미운 오리 새끼』로 우수학술도서상을 수상하였으며, 현재 아시아질적탐구(Asian Qualitative Inquiry Journal)의 편집장, 아시아질적탐구학회 학술대회위원장 및 한국질적탐구학회 이사를 맡고 있다. 『South Korean Education and Learning Excellence as Hallyu(Routledge, 2023)』, 『Theorizing Shadow Education and Academic Success in East Asia(Routledge, 2021)』, 『Shadow Education as Worldwide Curriculum Studies(MacMillan, 2019)』, 『The Concept of Care in Curriculum Studies(2016)』, 『사회과학을 위한 질적연구 핸드북(2021)』, 『교육과정학과 수업연구 방법론(2020)』 등을 포함하여 30편 이상의 학술지 논문과 8권의 저서를 집필하였다. 교육과정 연구, 사교육(그림자 교육), 탈식민 서사를 긴밀히 연결하며, 동아시아 및 그 외 지역의 교육 실천을 심도 있게 성찰하고 철학적으로 조명하는 연구에 중점을 두고 있다.

조재성

광주교육대학교 교육학과 조교수로 재직 중이다. 진주교육대학교와 동대학원을 졸업하고, 한양대학교에서 교육과정 전공으로 박사학위를 받았다. 그는 초등학교 교사로 재직한 경험을 토대로 질적연구와 실행연구를 활용한 교육과정 개발, 창의적 체험활동, 학교와 교실 문화 탐구 등에 매진하고 있다. 저서로는 『South Korean Education and Learning Excellence as a Hallyu(2023)』, 『실행연구: 이론과 방법(2016)』이 있으며, 논문에는 〈교육대학교에서의 '창의적 체험활동 교육론' 교과목 개발과 운영에 관한 실행연구(2024)〉, 〈교육 현장을 위한 한국적 실행연구 모델 개발(2023)〉 등이 있다.

기고자

권향원

아주대학교 행정학과 및 과학기술정책대학원 부교수로 재직 중이다. 성균관대학교 행정학과와 서울대학교 행정대학원을 졸업하고, 미국 USC(University of Southern California)에서 박사학위를 받았다. 정부부문의 조직관리 전략 및 정책부문의 전략적 기획 부문을 연구하고 있으며, 대상집단 및 정책고객의 심리와 행태를 이해하기 위한 질적연구의 이론과 방법을 토착화 및 고도화하는 데에 매진하고 있다. 저서로는 『AI로 정부를 대전환하라(2025)』, 『정책학(2022)』 등이 있으며, 논문에는 〈교육대학교에서의 '창의적 체험활동 교육론' 교과목 개발과 운영에 관한 실행연구(2024)〉, 〈교육 현장을 위한 한국적 실행연구 모델 개발(2023)〉 등이 있다.

김경년

고려대학교 영어교육과 졸업. 펜실베니아 주립대학교 석 · 박사학위 취득하였으며, 강원대학교 교육학과 교수이다. 관심 분야는 교육의 사회 · 경제적 효과, 네트워크, 지역사회와 교육, 교육과 복지, 성인교육, 사회자본, 집합행동의 딜레마, 행동경제학 등이다. 경력으로는 한국교육사회학회 이사 및 편집위원, 한국평생교육학회 편집위원, 행정고시(42회), 교육부(국가인적자원개발), 서울시교육청(교육정책총괄 · 정책개발 · 교육복지 · 평생교육 · 교원노사관계 팀장) 등 이다.

김명찬

전주교육대학교를 졸업하였고, 서강대학교 교육대학원 석사 및 서울대학교 교육학과 박사 과정에서 상담을 전공하였다. 현재 인제대학교 상담심리치료학과 교수로 재직 중이고, 한국질적탐구학회 부회장직을 맡고 있다. 현재까지 총 130편 이상의 논문을 게재하였고, 이 중 60편 이상이 자문화기술지 관련 논문이다. 대표 논문으로 〈나는 왜 서울대학교 박사가 되어야 했나?(2015)〉, 〈자녀가 있는 중년남성의 이혼 관념 재구성 경험에 관한 자문화기술지(2022)〉 등이 있고, 대표 저서로는 『자문화기술지의 이해와 실제(2025)』가 있다.

김재윤

전주교육대학교와 동대학원을 졸업하고, 한국교원대학교에서 교육사회 및 평생교육 전공으로 박사학위를 받았다. 현재 초등학교와 교원양성대학에서 학생들을 가르치고 있으며, 다양한 질적연구 방법론(자문화기술지, 생애사 연구, 질적 사례연구)에 대한 관심과 탐구를 바탕으로 교육 현장과 교사의 생애 실천에 대한 이론화 작업을 지속적으로 수행해오고 있다. 저서로는『지역과 삶, 학교 교육의 미래(2025)』,『초등 사회 진짜 문해력 3~4학년 시리즈(2023)』 등이 있으며, 논문에는 〈마을교육과정의 평생교육으로서 성격 및 특질 탐색(2024)〉, 〈작은 학교 살리기를 위한 정책적 시도 고찰(2023)〉 등이 있다.

김진한

서울대학교 대학원 교육학과 평생교육전공에서 〈콜브(D. Kolb)의 경험학습이론에 대한 해석학적 연구: 가다머의 철학적 해석학 입장에서〉로 석사학위를 취득하였다. 이후 동대학 동학과 박사과정에 진학하여 현재 박사수료생으로 박사학위논문을 작성하고 있다. 관심사로는 평생학습이론, 평생교육법, 학습생애사, 체화학습 등이 있다.

김필성

부산대학교 지역혁신역량교육연구센터에서 미래교육공동체연구실장을 맡고 있다. 동국대학교 사회학과를 졸업하고, 경북대학교에서 고고인류학을 전공했으며, 동대학원에서 교육과정 전공으로 박사학위를 받았다. 내러티브 탐구 및 생애사 연구방법을 활용한 교사의 수업경험 탐구 및 교육과정 실행을 연구했다. 최근에는 학교를 넘어서 지역과 삶을 교육과정에 통합하는 장소 기반 교육과정 연구에 매진하고 있다. 저서로는『아빠는 죽어도 학원은 죽지 않는다(2012)』,『한국 최고의 학원 Top7(2015)』가 있고, 역서로는『미네르바의 탄생, 교육의 미래(2021)』,『미래교육과정과 액티브러닝 학습설계(2023)』가 있다. 논문에는 〈내러티브 탐구 과정의 의미에 대한 고찰(2019)〉, 〈학교자율시간 운영 지원을 위한 교수학습자료 활용 방안(2025)〉 등이 있다.

류영휘

광주교육대학교 교육학과 조교수로 재직 중이다. 미국 Columbia University, Teachers College에서 교육과정 전공으로 박사학위를 받았다. 이주 배경 학생들과 교육과정, 질적연구방법, 교육과정이론에 관심을 가지고 연구하고 있다. 주요 연구물로는 〈Racism without race in South Korea: Linguistic racism within a curriculum embracing language diversity(2025)』,『Critical inquiry with children as an unlearning process: A South Korean case of critical inquiry centering learning from children(2023)〉, 〈포스트휴먼 시대의 교육과정 연구 방법: '후기질적탐구(post-qualitative inquiry)'를 중심으로〉 등이 있다.

류지선

서울대학교에서 미술학 박사학위를 취득하였으며, 현재 진주교육대학교 미술교육과에서 교수로 재직하고 있다. 35회의 개인전 및 다수의 단체전을 개최하였다. 질적연구로는 〈질적연구에서의 콜라주 표현기법 탐색: 한국 다문화 아동의 삶의 새로운 재현(2015)〉가 있다. 콜라주적 글쓰기와 탈식민적 관련 질적 연구 등을 진행하고 있다. 저서로는『탈식민주의와 한국의 현대미술(2025)』이 있다.

문승호

교육과정학 연구와 심미교육의 권위자로, 현재 로욜라 시카고 대학교(Loyola University Chicago) 교육학과 정교수로 재직 중이다. 한국인식론과 교육과정이론, 예술과 사회정의, 내러티브 탐구를 중심으로 펼쳐지고 있으며, 주요 저서로『ARtS와 질적연구 이론과 현장의 만남(2021, 황여림 번역)』,『The Flows of Transnationalism: Questioning Identities and Reimagining Curriculum(2022, Routledge)』,『The Curriculum Foundations Reader(Ryan, Tocci, & Moon, 2020)』등이 있다. Maxine Greene Institute 이사, Educational Philosophy and Theory 국제 편집위원(2020-2024), Multicultural Education Review 부편집장, 미국 교육학회(AERA)의 유교, 도교, 불교와 교육(CTBE) 연구분과 회장, 교육학 교수회(Society of Professors of Education) 이사직을 맡으며 교육학 분야의 전문성을 인정받고 있다. 2011년 미국 Columbia University, Teachers College에서 교육과정학과 수업으로 박사학위를 취득했으며, 한국에서는 수원가톨릭대학교에서 철학과 신학을, 한양대학교에서 교육학을 전공하였다.

박혜연

선화예술 중 · 고등학교와 서울대학교에서 무용을 전공하고, 동대학원에서 석 · 박사 학위를 취득하였다. 이후 연구, 교육, 공연의 세 가지 축을 중심으로 활동을 이어가고 있다. 2022 국가 교육과정 개발 연구진과 중 · 고등 교과서 집필진으로 참여하였으며, 현재는 서울대학교 학술연구교수로서 학교무용교육, 무용교육과정, 표현활동 교육 등의 연구에 매진하고 있다. 저서 및 역서로는『무용교육탐구(2016)』,『미드웨이 무용교육론(2017)』이 있으며, 질적연구 관련 논문으로는 〈초등교사의 표현활동 교수역량 함양 경험에 관한 내러티브 연구(2023)〉, 〈한류문화콘텐츠로서의 한국무용교육 국내우수사례 탐색(2022)〉 등이 있다.

신서원

인제대학교 상담심리치료학과 조교수로 재직 중이다. 서울대학교 지구환경시스템공학부를 졸업하고, 동대학 교육학과 교육상담전공으로 석사학위를 취득하였으며, The University of Iowa에서 재활 및 상담자 교육(Rehabilitation and Counselor Education)으로 박사학위(Ph.D)를 받았다. 구성주의 근거이론과 해석 현상학적 연구에 관심이 많으며, 대표적인 연구로는 〈Perceptions of Friends of College Students with Suicidal Crises in South Korea: Factors Affecting Gatekeeping Behavior(2025)〉, 〈Critical Incidents related to Peer Supervisees in Group Supervision and their Influence(2021)〉, 〈친구의 자살 위기에 대한 대학생들의 대처과정 탐색: 근거이론 접근(2025)〉 등이 있다.

신주영

국립국악고등학교와 상명대학교에서 무용을 전공하고, 고려대학교에서 석 · 박사 학위를 취득하였다. 한국문화예술위원회 공연예술아카데미 연출 · 안무자 과정을 수료하고 다수의 공연 및 콩쿨에 참여하였으며, 한국무용학회 신진연구자상을 수상하였다. 무용과 체육교육 관련 강의와 현장의 경험을 바탕으로 표현활동, 무용교육, 교육과정, 질적연구방법론 등 관련 연구에 힘쓰고 있다. 현재는 서울대학교에서 강사로 재직하고 있다. 질적연구 관련 논문으로 〈무용학 질적연구 주제 및 동향 분석(2014)〉, 〈무용전공 체육학 대학원생의 정체성 형성과정(2018)〉 등이 있다.

양영자

이화여자대학교에서 교육과정을 전공하며 석사논문 〈교육과정 연구에서의 철학적 접근과 사회학적 접근〉과 박사논문 〈한국 다문화교육의 개념 정립과 교육과정 개발 방향 탐색〉으로 학위를 받았다. 이후 교대와 사대의 학부 및 대학원에서 교육과정과 다문화교육 관련 과목을 11년간 약 219학점 가르치며, 중앙교육연수원과 시 · 도 교육청, 학교 등에서 다수의 교원연수 강의도 진행하였다. 현재는 한국교육과정평가원 부연구위원으로서 국가교육과정연구센터에서 교육과정 연구를 수행하고 있으며, 서울교대 교육전문대학원 다문화교육 전공 강사로 출강하고 있다.

교육과정, 다문화교육, 교원교육 영역에서 주제에 따라 적절한 질적 연구방법론을 활용해 연구하고 있다. 주요 논문으로는 〈한 교육과정 교육자의 교육경험에 대한 자서전적 탐구(2019)〉, 〈한국 다문화교육 의미에 대한 재고: 한나 아렌트 '인간의 조건'으로부터의 통찰(2015)〉, 〈교육 영역에서 이주배경 소수자 명명과 유형화 문제: 대화적 방법론으로서의 이중문화기술지(duoethnography)(2023)〉, 〈교사는 왜 교직을 떠나며 어디로 가는가: 두 초등교사 출신 교과교육 연구자의 교직 경험과 전환 경험에 대한 내러티브 탐구(2023)〉 등이 있으며, 공저로는『교육과정 연구방법론(2023)』,『한국에서의 다문화주의: 현실과 쟁점(2007)』등이 있다.

염태근

한국교원대학교와 동대학원을 졸업하고, 서울대학교에서 교육과정 전공으로 박사과정에 있다. 현재 중등학교 교사로 재직 중이며 주요 관심사는 다문화교육, 탈식민주의 교육과정 이론화, 질적연구방법론, 교사 연구, 국가교육과정 개발 등이다.

유주영

서울대학교 교육학과에서 평생교육전공으로 박사학위를 받았다. 현재는 대구교육대학교 교육학과에서 학생들을 가르치고 있다. 교육복지와 교육기회, 연구방법론 등에 관심을 가지고 연구하고 있다. 〈교육 연구방법으로 계보학의 가능성과 의의〉(2023), 〈교정교육의 목적과 기능에 관한 질적연구〉(2021) 등의 논문을 발표하였다.

이광호

한양대학교 체육학과를 졸업하고, 연세대학교 대학원에서 체육학 석사, 사회체육학 박사학위를 받았다. 석사논문은 국선도 체험의 소매틱적 특성을 현상학적 연구방법으로 기술하였으며, 박사논문은 프로골퍼들의 훈련과정에서 나타나는 의식변화 과정을 장기간의 참여관찰을 동반한 문화기술지 연구로 진행하였다. 지금까지 약 60여 편의 질적연구논문을 발표했으며, 대학 및 대학원 강의와 저술활동을 이어가고 있다. 주요 강의는 연세대학교 일반대학원에서 객원교수로서 질적연구방법론 I, II를 강의했으며, 현재는 세종대학교 대학원에서 질적연구방법론, 체육철학, 스포츠사회학 등을 강의하고 있다. 최근 주요 논문은 〈무명의 은퇴 투어프로 선수가 골프아카데미 경영에서 겪는 어려움과 문제해결 과정에 대한 근거이론적 접근(2022)〉, 〈여중생들의 학교스포츠 클럽축구팀 문화와 지도특성 연구(2023)〉, 〈뉴 시니어 골프마니아의 골프소비인식에 관한 CIT분석(2023)〉 등이 있다.

이동성

진주교육대학교를 졸업하고, 한국교원대학교에서 석사학위를 그리고 부산대학교에서 박사학위를 받았다. 그는 오랜 교사 경력과 다양한 질적 연구방법론(자문화기술지, 생애사 연구, 질적 사례연구, 현상학, 근거이론)으로 교육과 삶 그리고 문화를 탐구해오고 있다. 한국질적탐구학회 제3대 회장을 역임하였고, 한국교육사회학회, 한국평생교육학회, 한국초등교육학회 등에서 이사와 편집위원으로 활동하고 있다. 저서로는 『질적연구와 자문화기술지(2판)(2020)』, 『생애사 연구(2015)』, 『작은 학교가 희망이다(2018)』, 『미래교육 · 학교자치로 가는 길(2022)』 등이 있다.

이신아

한국에서 정치학 학사와 사회학 석사 학위를 취득하고, 미국에서 여성학 박사 학위를 받았다. 현재는 뉴올리언스의 Tulane University의 Gender and Sexuality Studies에서 Professor of Practice로 재직 중이다. 주요 연구 관심 분야는 해외 입양, 모성, 질적 연구 방법, 페미니스트 페다고지, 아시안 디아스포라, 탈식민주의이다. 최근 출판된 연구로는 〈Leaving 'home' in search of 'homeland': Untold Narratives of Transnational Korean Adoptees〉 in Displacement, Mobility, and Diversity in Korea: Diaspora within Homeland(Routledge, 2024)와 Narrative Culture 12(1), 2025에 실린 〈From Personal to Collective: Asian American Counter-Narratives in the COVID-19 Era〉가 있다.

이연선

부산대학교 유아교육학과 교수로 재직 중이다. 미국 Columbia University, Teachers College에서 국제교육학 전공으로 박사학위를 받았으며, 질적연구, 현대철학, 놀이와 배움, 유아교육의 대안담론에 관심을 가지고 있다. 주요 역서로는『포스트휴먼 어린이(2021)』,『유아교육과 대안적 내러티브(2021)』,『질적연구 및 평가 방법론(2017))』등이 있고, 저서로는『미래학교를 위한 놀이와 교육(2020)』과『한국 공교육 미래방향제안(2013)』등이 있다. 최근 연구물로는 〈유아교사의 감각적 조응을 통한 공간 생성 연구(2025)〉, 〈만남을 통한 유아교육연구의 전환(2024)〉, 〈읽기수행에 관한 후기질적연구(2023)〉 등이 있다.

조신영

서울대학교 미술대학 서양화과를 전공하고 같은 대학원에서 석사학위, 중앙대학교에서 교육학 석사학위를 받았다. 현재 선화예중 강사로 재직하는 동시에 서울대학교 미술교육 전공 박사과정에 재학 중이며 미술관 교육, 질적 연구 방법론 등의 연구에 관심을 갖고 매진 중이다. 저서로는『탈식민주의와 한국의 현대미술(2025)』이 있다.

주재홍

진주교육대학교에서 교수로 재직하고 있다. 전주교육대학교와 홍익대대학원을 졸업하고, 한국학중앙연구원에서 교육학 전공으로 박사학위를 받았다. 오리엔탈리즘, 탈식민주의, 포스트구조주의, 포스트모더니즘 등의 철학, 인문학 등의 담론을 통해 교육과정 이론화에 매진하고 있다. 최근에는 다문화주의, 다문화교육, 특히 성소수자를 대상으로 한 질적 연구를 통해 그들의 삶과 탄력성에 대한 연구에 관심을 갖고 있다. 저서로는『포스트모던 패러다임과 교육학/교육과정연구(2011)』『우리안의 만들어진 동양(2009)』등이 있으며, 논문에는 〈한국 청소년 성소수자들의 꿋꿋한 삶: 그들의 탄력성에 대한 생애사적 탐구(2023)〉, 〈한국 다문화교육 연구 텍스트 분석:『가장 검은 눈동자』와『한국 다문화아동 가르치기를』(2021)〉, 〈교육과정연구에서의 해체적 방법론의 적용과 그 가능성의 탐색(2020)〉 등이 있다.

지연정

이화여자대학교 사회과교육과 역사교육 전공을 졸업하였고, 동대학원에서 박사학위를 받았다. 현재는 숭실대학교, 연세대학교, 이화여자대학교에서 강의를 하고 있다. 논문에는 〈역사교사들의 현장학습 인식과 실천(2020)〉, 〈국내 역사교육 실행연구에 대한 방법적 탐구(2023)〉, 〈질적연구방법으로서 문서분석의 방법적 탐구(2024)〉 등이 있다.

최수안

건국대학교 연구교수로 재직하고 있다. 인하대학교와 경인교육대학교 대학원을 졸업하고, 인하대학교에서 다문화교육학 전공으로 박사학위를 받았다. 질적연구를 기반으로 이주여성들의 교차적 위치성을 탐구하며, 피지컬 환경에서의 공동체 경험과 학습 실천을 연구하고 있다. 현재 결혼이주여성의 디지털 생활세계에 관한 통합적 연구의 인문사회학술연구교수 연구책임자로서, 디지털 환경에서의 이주여성의 경험을 다층적으로 조명하고 있다. 주요 논문으로는 〈Interpretative Phenomenological Analysis on 'Becoming a Mother' of Female Marriage Migrants(2023)〉, 〈좋은 자조모임에 대한 결혼이주여성의 인식 유형 탐색(2022)〉 등이 있다.

황정숙

강원대학교 교육학과 졸업하고 동대학원에서 석・박사학위 취득하였다. 관심 분야는 자녀교육과 부모 역할, 학부모 교육열, 성인교육, 학교폭력 등이다. 현재 한국교육사회학회 연구조직위원이며, 강원대학교와 춘천교육대학교 등에 출강하고 있다.